**6., vollständig überarbeitete Auflage**

Nick Edwards, Sarah Hull, Laurie Isola,
Stephen Keeling, Todd Obolsky, Andrew Rosenberg,
AnneLise Sorenson, Claus Vogel, Greg Ward

# USA
# Der Westen

**STEFAN LOOSE**
TRAVEL HANDBÜCHER

# Inhalt

## Themen

# USA Der Westen
# Die Highlights

Der Westen der Vereinigten Staaten hat so viel zu bieten, dass es unmöglich ist, alles auf einer einzigen Reise zu sehen. Die folgenden Seiten bieten einen Ausblick auf die Highlights – grandiose Nationalparks, spannende Aktivitäten, unvergessliche Autotouren und schillernde Städte.

**1** **AUSTIN** Die South by Southwest ist die beste Musikmesse der Welt. Jedes Jahr im März spielen hier Hunderte von Bands alles, nur keinen Mainstream. S. 117

**2** **ROCKY MOUNTAINS** Nirgends sind die Schneeverhältnisse so gut und die Pisten besser in Schuss als in den Rockies. Da macht Skifahren richtig Laune. Und auch im Sommer ist die imposante Bergwelt ein Paradies für Freizeitsportler. S. 154

**3**

**YELLOWSTONE NATIONAL PARK** Der Pionier aller amerikanischen Parks ist an Attraktionen nicht zu toppen: fluoreszierende Quellen, Geysire, tiefe Schluchten und Wiesen, auf denen die verschiedensten Tiere grasen. S. 196

**4**

**GLACIER NATIONAL PARK** Außer 50 Gletschern bietet der schönste Park Montanas eiskalte Seen, mächtige Wasserfälle und Wiesen, die sich im Sommer in ein Blütenmeer verwandeln. S. 223

**5**

**FELSSIEDLUNGEN** In Wüstengebieten wie dem Bandelier National Monument in New Mexico haben die Vorfahren der Pueblo-Indianer ihre Spuren hinterlassen. Die Felssiedlungen erinnern an eine geheimnisvolle Welt. S. 248

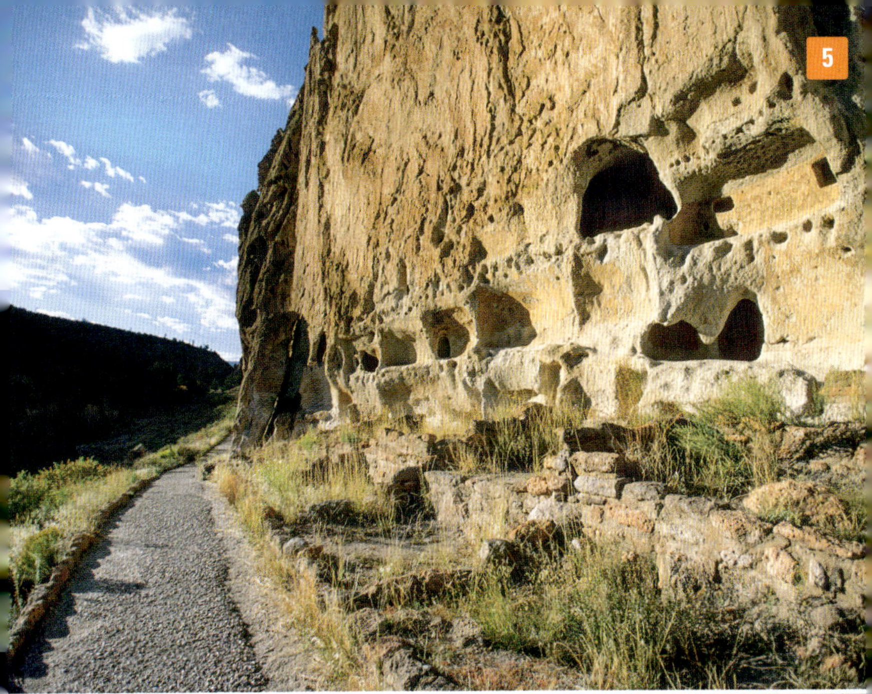

5

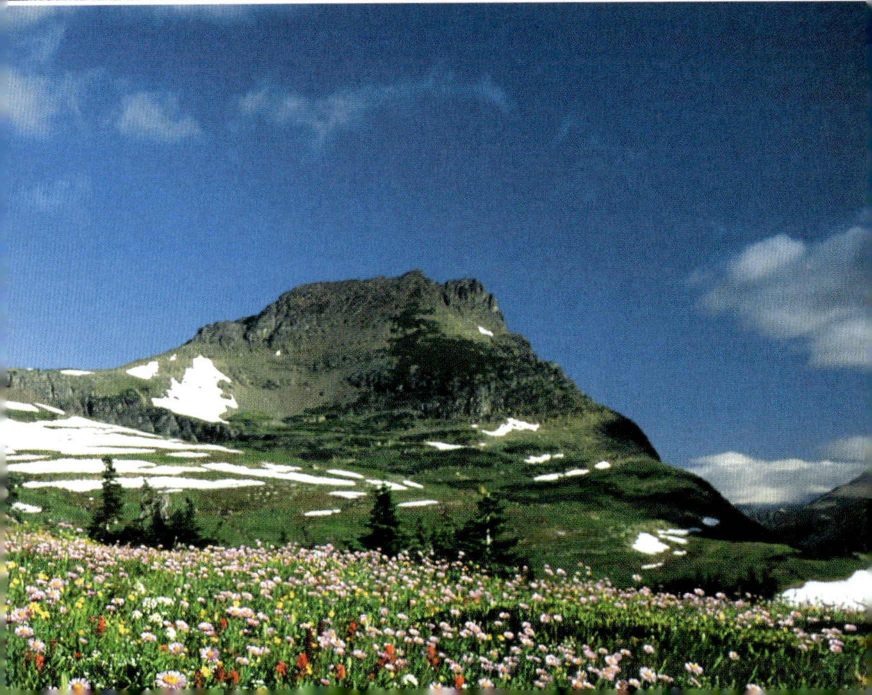

**6 GRAND CANYON** Eine
Landschaft wie von einem
anderen Stern, die auf viele Arten
erkundet werden kann. Die 450 km
lange Schlucht zählt nicht ohne
Grund zu den großen Naturwundern
der Welt. Ein unvergleichliches
Abenteuer. S. 276

**7 MONUMENT VALLEY**
(Abb. Folgeseite) Für Besu-
cher ist es der Inbegriff des Wilden
Westens – für die Navajo heiliges
Land. S. 284

**8** **LAS VEGAS** Ein bisschen Venedig, ein bisschen Paris, Rom, Ägypten – der legendäre Strip hinterlässt einen bleibenden Eindruck. Auch in der Reisekasse. Nicht umsonst trägt die Stadt den Beinamen „Sin City". S. 308

**9** **LOS ANGELES** Rastlose Metropole und Welthauptstadt des Entertainments: L.A. hat viele Facetten und verbindet Glitz und Glamour der Filmindustrie mit dem lässigen Beachlife an den Stränden der Santa Monica Bay. S. 338

**10**

**10** **YOSEMITE NATIONAL PARK** 1000 m hohe Felswände, etliche Wasserfälle und tolle Wanderwege. Kurz: genau das Richtige für Aktive. S. 381

**11** **HIGHWAY 1** Die schroffe Küstenlinie von Big Sur macht den Trip von San Francisco nach Los Angeles zum Autokino, in dem ein Naturfilm läuft. S. 389

**10**

GLACIER POINT

FOUR MILE TRAIL

**12** **SAN FRANCISCO** Auch wenn sich sein Zauber oft hinter Nebelschleiern versteckt: San Francisco ist eine der schönsten Städte der USA. Mit der berühmten Cable Car lassen sich die multikulturellen Bezirke der Stadt wunderbar erkunden. S. 398

**13** **REDWOOD NATIONAL PARK** Die höchsten Bäume der Welt strahlen majestätische Erhabenheit aus – sie sind hoch wie Wolkenkratzer und so breit, dass man hindurchfahren kann. S. 445

**14** **CRATER LAKE** (Abb. Folgeseite) Einer der tiefsten Seen der Welt erstrahlt in dunkelstem Blau – ein unvergesslicher Anblick. Seine Entstehung verdankt der Crater Lake in Oregon einem Ausbruch des Mount Mazama. S. 502

**12**

# Reiseziele und Routen

Seit fünf Jahrhunderten zieht das „Land der unbegrenzten Möglichkeiten" Reisende mit großen Träumen im Gepäck an. Die ersten Pioniere sahen in Amerika ein jungfräuliches Land, ein Paradies, mit dem die Ureinwohner offenbar nichts anzufangen wussten und das nur darauf wartete, in die „Neue Welt" verwandelt zu werden. Millionen von Einwanderern aus Europa und Asien folgten in der Hoffnung auf eine bessere Zukunft für sich und ihre Nachkommen. Schließlich erlangten auch die hierher verschleppten afrikanischen Sklaven den Status freier Bürger, und Amerika präsentierte sich vor den Augen der Welt als selbstbewusste, einheitliche Nation.

Wer die USA besucht, bringt bestimmte Vorstellungen mit. Der amerikanische Einfluss ist weltweit so prägend, dass man schon beim ersten Besuch das Gefühl hat, auf Schritt und Tritt Bekanntem zu begegnen: Längst vertraut aus Film und Fernsehen sind die Skylines, das Geräusch der Polizeisirenen und die endlosen von Diners gesäumten Highways.

Dieses Buch will Reisende zu den „Highlights" der westlichen USA begleiten, wobei jedem die Möglichkeit offensteht, am Rand des Wegs noch jede Menge Interessantes zu entdecken.

# Reiseziele

## Ab in die Natur

Von den surrealen Tafelbergen des Monument Valley bis zur dramatischen Küstenlandschaft in Kalifornien – mit Naturwundern ist der Westen der Vereinigten Staaten überreich gesegnet. Viele Besucher, die zum ersten Mal hierher kommen, sind fast erschlagen von der Vielfalt und den Dimensionen der Landschaften. Selbst als Städtefreak sollte man sich wenigstens ein paar dieser überwältigenden Naturerlebnisse gönnen.

### Die schönsten Nationalparks

**Big Bend**, Texas. Eine wildromantische, farbenprächtige Wüstenidylle an der mexikanischen Grenze, wo der Rio Grande einen eleganten Schlenker macht. Auch Wildwasserfreaks kommen hier auf ihre Kosten. S. 148

### Der Wilde Westen

Mit keiner Gegend der USA sind Mythos und Geschichte so stark verwoben wie dem Wilden Westen, der zu weiten Teilen noch so aussieht wie zu Zeiten der Pioniere, Goldsucher, Cowboys und Indianer.

In **Lincoln** (S. 259), New Mexico, kann man die Spuren von Billy the Kid verfolgen, in **Tombstone** (S. 267), Arizona, den Showdown im OK Corral miterleben, und am **Little Bighorn** (S. 211), Montana, die Berghänge erklimmen, wo General Custer bei seinem „Last Stand" ums Leben kam.

Colorado und Kalifornien stecken voller Geisterstädte, deren Bewohner sich verabschiedeten, als die Vorkommen der Gold- und Silberminen erschöpft waren. An die Trecks der riesigen Rinderherden erinnert unter anderem **Fort Worth** (S. 138) in Texas.

Viele der amerikanischen Ureinwohner leben immer noch in den Jagdgründen ihrer Vorfahren, vor allem im Südwesten, wo Hopi und Acoma in Pueblodörfern hoch oben auf den entlegenen Mesas siedeln. Die Navajo sind im **Monument Valley** (S. 284) unterwegs, und die Havasupai bestellen nach wie vor ihr Land am Rande der sagenhaften Wasserfälle tief unten im **Grand Canyon** (S. 276).

**Bryce Canyon**, Utah. Mit „bizarr" ist diese Landschaft nur ungenügend beschrieben: Das Konglomerat aus spitzen Sandsteintürmen leuchtet in allen möglichen Rot-, Orange- und Gelbtönen, die an ein Flammenmeer irgendwo im Niemandsland Utahs erinnern. S. 295

**Canyonlands**, Utah. Der Colorado und der Green River durchschneiden dieses verwirrende Labyrinth aus Canyons und Plateaus, dafür gibt's weit und breit keine Straße. Mehrere Hundert Meilen Wanderwege warten auf unternehmungslustige Entdecker. S. 299

**Crater Lake**, Oregon. Der Name sagt's schon: Ein See von hypnotischem Blau füllt den Krater eines ehemaligen Vulkans, nachdem dessen oberer Rand einbrach. In seiner Mitte durchstößt ein weiterer Vulkankegel die Wasseroberfläche. S. 502

**Glacier**, Montana. Wasserfälle, Bergwiesen, Felsmassive – the Rockies at their best! S. 223

**Redwood**, Kalifornien. Die eindrucksvollen, mehr als 100 m hohen Baumriesen stellen alles in den Schatten. S. 445

**Yellowstone**, Wyoming. Dieser Park mit seinen sprühenden Geysiren, den vor sich hin blubbernden Schlammlöchern, verwunschenen Seen, hohen Bergen, Wölfen und Bisons ist wirklich ein Naturwunder. S. 196

**Yosemite**, Kalifornien. Egal, ob man einfach nur im Yosemite Valley herumspaziert oder die schroff aufragenden Felsen erklimmt: Dieses geologische Märchenland ist ein Muss für jeden, der nach Kalifornien kommt. S. 381

## Architektur

Von Anfang an spielte die Architektur in der Entwicklung des kulturellen und politischen Lebens der USA eine tragende Rolle. Bis heute sind die Amerikaner bestrebt, ihre nationale Identität durch architektonische Meisterleistungen zu untermauern. Bestes Beispiel: die abgefahrenen Gebäudenachbauten am **Las Vegas Strip** (S. 309).

Auch die Ureinwohner und die Einwanderer aus den verschiedensten Nationen sind mit zahllosen Gebäuden repräsentiert, von den märchenhaft schönen Adobehäusern des **Taos Pueblo** in New Mexico (S. 250) bis hin zu den imposanten **spanischen Missionen** entlang der kalifornischen Küste (S. 331, S. 355 und S. 386).

### Früher amerikanischer Stil

Dass die monumentale Bauweise der Griechen und Römer in der noch jungen Republik großen Anklang fand, ist kein Zufall. Damit versuchten die Gründerväter, etwas von der Würde und den Idealen der Antike in die Neue Welt zu importieren. Welche Visionen sie hatten, um ihr Land zu gestalten, macht ein Besuch der National Mall in Washington DC deutlich.

- **San Francisco, CA** Obwohl viele der viktorianischen Gebäude San Franciscos dem Erdbeben und Feuer von 1906 zum Opfer fielen, stehen in Haight-Ashbury, Pacific Heights oder am Alamo Square immer noch genügend aussagekräftige Beispiele, die an die guten alten Zeiten erinnern, als Italianate-, Queen-Anne- und Eastlake-Stil angesagt waren. S. 398

- **Anasazi Country im Südwesten** Die Ureinwohner der USA zählten zu den genialsten Architekten des Landes, allen voran die Anasazi (auch Ancient Pueblo genannt). Ihre *cliff dwellings* (Felssiedlungen), *kivas* (Versammlungsräume) und Great Houses können in der Four Corners Region im Südwesten besichtigt werden. Chaco Canyon (S. 257), Mesa Verde (S. 187) und Canyon de Chelly (S. 286) gehören zu den spektakulärsten Ruinen, aber auch das beeindruckende Taos-Pueblo hat seinen Reiz. S. 250

- **The Serra Missions, CA** Father Junipero Serra und seine katholischen Missionare sind als spirituelle Lehrer der Ureinwohner zwar ziemlich umstritten, aber immerhin hinterließen sie 21 wunderschöne spanische Missionen im Stil des ausgehenden 18. Jahrhunderts. Sie reihen sich an der kalifornischen Küste zwischen San Francisco und San Diego wie Perlen einer Kette auf. S. 331, S. 355 und S. 386

- **Hearst Castle, CA** Das Domizil des Zeitungsmilliardärs William Randolph Hearst ist eines der extravagantesten Häuser der Welt. Wände, Decken und Fußböden ließ Hearst in europäischen Kirchen und Schlössern abbauen. Gotische Kamine und maurische Fliesen, mittelalterliche Wandteppiche und Unmengen antiker Vasen zieren die zahllosen Räume und Hallen. Das Ganze ist umgeben von einem riesigen, privaten Safaripark, in dem einst Löwen, Tiger, Bären und Zebras lebten. S. 389

- **Las Vegas, NV** Seit langem gilt die Sin City als Ikone der Pop-Architektur. In den 1960ern machten die grellen Neonreklamen und die funkelnden Lichter Furore, heute buhlen Imitationen von Schlössern, Pyramiden, tropischen Inseln sowie die Bonsai-Versionen von Paris, Venedig oder New York um Aufmerksamkeit. S. 308

Die frühen Siedlungen im amerikanischen Niemandsland hatten jedoch mit der pompösen Hauptstadt wenig gemeinsam. Hier entstanden Blockhütten, Handelsposten aus Holz und mit Schindeln gedeckte Bauernhäuser. Die spanischen Siedler in den entlegenen Weilern im äußersten Südwesten bauten im Missions- und Kolonialstil, aber in dem Maße, wie sich das Land zu einer nationalen Einheit entwickelte, haben sich auch die verschiedenen Baustile vermischt.

## Europäische Einflüsse

Im 19. Jh. überschwemmten importierte Stile die USA. Die prachtvollen georgianischen Herrensitze im Nordosten erinnerten an den britischen Landadel, auch wenn ihre Besitzer ihr Geld möglicherweise mit Rumschmuggel und Grundstücksspekulation verdienten. Die neogotischen Kathedralen suggerierten eine alte katholische Ordnung, wurden aber meist von Bapisten –

später von Mormonen – erbaut. Und die Prärie-städtchen im Mittleren Westen putzten sich mit einem bunten Patchwork aus imitierten ägyptischen Tempeln, Schweizer Chalets und Villen im Tudor-Stil heraus.

Den nachhaltigsten Einfluss hatte der abwechslungsreiche viktorianische Stil, der ganze Städte prägte – von **San Francisco** (S. 398) bis zu den Bergwerksgemeinden in den Rocky Mountains (besonders sehenswert: **Crested Butte**, S. 182). Aber um 1900 waren auch diese Formen nicht mehr monumental genug für die wachsenden Ambitionen der US-Bürger. Wieder einmal besann man sich auf das alte Rom, denn nur die Antike schien Adäquates bieten zu können. In den folgenden Jahrzehnten entstanden pompöse Banken und Bibliotheken, die wie Tempel aussahen, die skrupellosen Gutsbesitzer ließen sich Kaiserpaläste hinstellen, und Bahnhöfe erinnerten an die Thermen von Caracalla.

## Moderne Architektur

In den 1920er- und 1930er-Jahren boomte die amerikanische Architektur – bestes Beispiel dafür sind die **Art-déco-Türme** des Empire State Buildings und des Chrysler Buildings in New York, die sich an den früheren Arbeiten von Louis Sullivan orientierten, der als der Erfinder des Wolkenkratzers gilt.

Im übrigen Amerika schuf Frank Lloyd Wright große Bauwerke, Meilensteine seiner langen, außergewöhnlichen Karriere. Und Europäer wie Mies van der Rohe kamen über den großen Teich, um hier einige ihrer besten Arbeiten zu realisieren.

Auch wenn die Architektur fast genauso anfällig für kurzlebige Trends ist wie die Mode – moderne Stahl-und-Glas-Kuben wurden von pfiffigen, postmodernen Fantasiestrukturen abgelöst, und die Entwicklung geht weiter – so haben die Stars der Zunft doch Stile und Formen geschaffen, die Bestand haben. Die strengen Betonkolosse von Louis Kahn (der international vielleicht mehr Anerkennung fand als zu Hause; sein berühmtestes Werk ist das Salk Institute in **La Jolla**, Kalifornien, S. 333) und die harten, weißen Kanten von Richard Meier, der das **Getty Center** (S. 350) in Los Angeles schuf, sind nur zwei Beispiele für amerikanische Kreativität und haben in dem riesigen Land einen unverkennbaren, bleibenden Eindruck hinterlassen.

# Musik und Film

Besonders spannend ist es, die Entstehungsorte der amerikanischen Pop-Kultur zu sehen: Aus Popsongs bekannte Ortsnamen stehen plötzlich auf Straßenschildern, man findet sich an Schauplätzen aus Hollywoodfilmen wieder oder kann die Reiseroute des eigenen Lieblingsromanhelden nachvollziehen (S. 506).

## Der Sound der Staaten

Musik ist das Lebenselixier der USA, und jede einzelne Meile entlang der Highways weckt Erinnerungen an Lieblingssongs und -interpreten. Musikliebhaber aus aller Welt pilgern in die Städte, die den Jazz, Blues, Country, Soul und R&B hervorgebracht haben.

Rap- und Hardcore-Fans zieht es in erster Linie nach **Los Angeles** (S. 338), während **Seattle** (S. 453) ein Hotspot für die Indie-Szene ist. Als Sprungbrett für den Nachwuchs dienen Uni-Städte wie **Austin** (S. 117), Texas. Und nicht zu vergessen **Las Vegas** (S. 308): Hier gastiert jeder Live-Act irgendwann einmal.

## Bekannte Kulissen

Viele berühmte Filmszenen wurden an Orten gedreht, die entweder nicht für die Öffentlichkeit zugänglich oder nur im Rahmen von Führungen durch die großen Filmstudios (S. 356) zu besichtigen sind. Es gibt aber auch Drehorte, die Besucher ohne großes Brimborium willkommen heißen. Hier ein paar der bekanntesten:

- **2001: Odyssee im Weltraum** (Stanley Kubrick, 1968). Monument Valley, Arizona. S. 284
- **Blade Runner** (Ridley Scott, 1982). Los Angeles: Million Dollar Theater, Bradbury Building. S. 342
- **Boulevard der Dämmerung** (Billy Wilder, 1950). Paramount Studios, Melrose Ave. S. 345
- **Chinatown** (Roman Polanski, 1974). U. a. Santa Catalina Island, Los Angeles. S. 353
- **Citizen Kane** (Orson Welles, 1941). Hearst Castle, Kalifornien, als Inspiration für das „Xanadu" im Film. S. 389
- **Der Clou** (George Roy Hill, 1973). Santa Monica Pier, Kalifornien. S. 352
- **Das Ding aus einer anderen Welt** (Christian Nyby / Howard Hawks, 1951). Glacier National Park, Montana. S. 223
- **Du sollst mein Glücksstern sein** (Stanley Donen/Gene Kelly, 1952). Chinese Theatre, Hollywood. S. 344
- **Früchte des Zorns** (John Ford, 1940). Petrified Forest, Arizona. S. 272
- **Gier** (Erich von Stroheim, 1923). Death Valley, Kalifornien. S. 371
- **Die Höllenfahrt der Poseidon** (Ronald Neame, 1972). Queen Mary, Long Beach. S. 353
- **Galaxy Quest – Planlos durchs Weltall** (Dean Parisot, 1999). Goblin Valley, Utah. S. 301
- **Ocean's 13** (Steven Soderbergh, 2007). Bellagio Hotel, Las Vegas. S. 312

## Autorentipps

Unsere weit gereisten Autoren haben alle Ecken dieses riesigen, großartigen Landes erkundet. Hier ihre persönlichen Highlights:

**Die schönsten Highways** Der kalifornische Hwy-1 erschließt die Schönheiten der Küste des Bundesstaats (S. 389). Die Going-to-the-Sun Road (S. 223) ist eine atemberaubende Strecke durch den Glacier National Park.

**Die besten Kleinbrauereien** Seit den 1990er-Jahren erleben die USA eine Craft-Bier-Revolution, angeführt von Brauereien wie der Lost Coast Brewery in Eureka, (S. 445). Von der Full Sail Brewing Company in Hood River (S. 494) bieten sich spektakuläre Ausblicke. Die älteste Kleinbrauerei in Oregon ist Bridgeport Brewing in Portland (S. 492), einem besonders fruchtbaren Boden für Kleinbrauer.

**Klassische Diner** Nur wenige amerikanische Wahrzeichen erfreuen sich so großer Beliebtheit wie die klassischen Diner am Straßenrand, in denen oft rund um die Uhr Hamburger, Apfelkuchen und starker Kaffee serviert werden. L. A. wartet mit Rae's Diner auf, der schon in vielen Filmen einen Auftritt hatte (S. 360), und Pann's, einem der wundervollsten aller Googie-Diner (S. 360). Der 66 Diner in Albuquerque, (S. 255), ermöglicht eine Zeitreise zurück in die 50er-Jahre.

**Top-Spots für wilde Tiere** Die USA beeindrucken mit einem unglaublichen Reichtum an wilden Tieren. Besonders in Nationalparks wie dem Yellowstone (S. 196) und Grand Teton (S. 202) haben Wapitis und Rotwild, Elche und gewaltige Grizzlybären ein geschütztes Zuhause. Vor der Küste von Washington und Kalifornien (S. 332) kann man Wale erspähen.

**Berühmte Veranstaltungsorte für Livemusik** Die USA strotzen vor Konzertstätten mit langer Tradition. Der Continental Club in Austin ist ein entspannter Laden für interessante Country-, Folk- und Americana-Musik (S. 124), The Fillmore in San Francisco eine altehrwürdige Hippie-Ikone (S. 415). So gut wie unschlagbar in Sachen Rock-Nostalgie ist das Whisky-a-Go-Go in Los Angeles, der ehemalige Tummelplatz der Doors (S. 363).

 Das sind natürlich noch längst nicht alle **unsere Empfehlungen**. Unsere Lieblingshotels, -cafés und -restaurants haben wir im gesamten Buch mit dem Loose-Koffer gekennzeichnet.

- **Parallax View – Zeuge einer Verschwörung** (Alan J. Pakula, 1974). Seattle. S. 453
- **Planet der Affen** (Franklin J. Schaffner, 1968). Lake Powell, Utah. S. 305
- **Die Rückkehr der Jedi-Ritter** (Richard Marquand, 1983). Redwood National Park, Kalifornen. S. 445
- **Shining** (Stanley Kubrick, 1980). Timberline Lodge, Oregon. S. 495

- **Star Trek IV – Zurück in die Gegenwart** (Leonard Nimoy, 1986). Monterey Bay Aquarium. S. 393
- **Thelma und Louise** (Ridley Scott, 1991). Arches National Park, Utah. S. 301
- **Vertigo – Aus dem Reich der Toten** (Alfred Hitchcock, 1958). San Francisco, Golden Gate Bridge und das Fairmont Hotel, Nob Hill. S. 407

REISEZIELE UND ROUTEN

**San Francisco und der Nordwesten**

**Denver und die Rocky Mountains**

**Kalifornien: Küste und Parks**

**Die Canyon-Route**

**Kalifornien: Städte und Wüsten**

**Texas**

**Der Südwesten**

KANADA

Olympic Peninsula
Seattle
Tacoma
Astoria
Mt. Rainier NP
Mt. St. Helens
Portland
Newport
Mt. Hood
Eugene
WASHINGTON
OREGON
IDAHO
Bandon
Crater Lake NP
Boise
Sun Valley
Yellowstone NP
Redwood NP
Klamath Falls
Craters of the Moon
Grand Tenton NP
Cody
Buffalo
Eureka
Jackson
Humboldt Redwoods NP
Lassen Volcanic NP
WYOMING
Napa Valley
Sacramento
Lake Tahoe
Casper
UTAH
Rock Springs
Laramie
San Francisco
Jamestown
Yosemite NP
Green River
Grand Junction
COLORADO
Cheyenne
Rocky Mountains NP
Boulder
NEVADA
Capitol Reef NP
Aspen
Denver
Monterey
Sequoia/ Kings Canyon NP
Bryce Canyon NP
Moab
Arches NP
Black Canyon of the Gunnison NP
Colorado Springs
Death Valley
Las Vegas
Zion NP
Canyonlands NP
Cortez
Silverton
KALIFORNIEN
Bakersfield
Monument Valley
Mesa Verde NP
Hoover Dam
Durango
Great Sand Dunes NP
Santa Barbara
Los Angeles
Grand Canyon NP
Canyon de Chelly
Taos
Long Beach
Palm Springs
Flagstaff
Bandelier NM
Santa Fe
San Diego
Joshua Tree NP
Anza-Borrego Desert
Sedona
ARIZONA
Albuquerque
NEW MEXICO
Fort Worth
Dallas
TEXAS
Roswell
White Sands NM
Las Cruces
Fredericksburg
Houston
Carlsbad Caverns NP
Austin
Big Bend NP
San Antonio
Galveston
Der Südwesten
Corpus Christi
Padre Island
MEXIKO
MEXIKO

0    200 Meilen

- **Die Vögel** (Alfred Hitchcock, 1963). Bodega Bay, Kalifornien. S. 442
- **Zabriskie Point** (Michelangelo Antonioni, 1969). Death Valley, Kalifornien. S. 371
- **Zurück in die Zukunft** (Robert Zemeckis, 1985). Universal Studios, Los Angeles. S. 356
- **Zwölf Uhr mittags** (Fred Zimmermann, 1952). Columbia. Die alte Dampflok steht im Railtown 1897 State Historic Park, Jamestown. S. 434

Echte Fans pilgern an den Schauplatz ihrer Lieblingsserie: Albuquerque in New Mexico (S. 252) erlebt einen wahren Ansturm von Besuchern, die die Drehorte von **Breaking Bad** und **Better Caul Saul** ansteuern und „Blue Meth"-Bonbons oder einen „Heisenberg Hat" kaufen.

# Reiserouten

Es gibt kaum ein Land, das so einfach zu bereisen ist wie die USA. Eine Unterkunft findet sich eigentlich immer, und fast überall wird gutes und billiges Essen serviert. Wie man die Staaten erlebt, hängt dabei sehr vom Transportmittel ab.

Mit Abstand am besten bewegt man sich mit dem **eigenen Fahrzeug**. Es dauert schon eine ganze Weile, bis das Vergnügen, die endlosen Highways entlangzurauschen und sich dabei vom Radio mit Blues- und Country-Musik berieseln zu lassen, seinen Reiz verliert. Mietwagen sind billiger als in Europa, an jeder Hauptstraße gibt es günstige Motels, und die Benzinpreise sind relativ niedrig. Wer ohne eigenes Fahrzeug unterwegs ist, findet in diesem Buch auch Angaben über Flug-, Bus- und Bahnverbindungen.

Jede der folgenden Routen ist mit dem Auto gut in **zwei bis drei Wochen** zu schaffen. Sie können natürlich nach Belieben ergänzt, miteinander kombiniert oder auch in umgekehrter Richtung gefahren werden.

## Texas

Die Tour startet in **Dallas** (S. 132). Von hier geht's ins 30 Meilen entfernte **Fort Worth** (S. 138), das sich noch etwas Wild-West-Feeling be-

wahrt hat. Nächster Stopp ist die Hauptstadt **Austin** (S. 117), bekannt für ihre coole Musikszene. Über das „deutsche" **Fredericksburg** (S. 126) führt die Route weiter ins hübsche **San Antonio** (S. 127). Wer genügend Zeit hat, sollte von hier nach Westen in den kaum besuchten **Big Bend National Park** (S. 148) fahren. Wer lieber ans Meer möchte, macht sich von San Antonio auf nach **Corpus Christi** (S. 114) mit der vorgelagerten **Padre Island** (S. 115). Nächster Halt ist **Houston** (S. 105) mit seinen Museen und dem guten Nachtleben. Von hier lohnt sich ein Tagesausflug nach **Galveston** (S. 112), bevor es zurück nach Dallas geht.

## Denver und die Rocky Mountains

Das Gebiet der Rockies ist viel zu groß, um alle Highlights auf einer Reise zu besuchen. Manche wie der **Glacier National Park** (S. 223) liegen ziemlich weitab vom Schuss. Die folgenden beiden Routen beginnen in **Denver** (S. 158).

Die erste schließt auch Teile des Südwestens mit ein. Sie führt zuerst nach Norden über **Boulder** (S. 167) durch den **Rocky Mountain National Park** (S. 168) und anschließend nach Westen in den glamourösen Wintersportort **Aspen** (S. 174).

Der nächste Stopp, **Grand Junction** (S. 180), ist eine gute Basis für einen Besuch des Colorado National Monument. Von Grand Junction führt die Route nach Utah in die Nationalparks **Arches** (S. 301) und **Canyonlands** (S. 299). Weiter geht's nach Cortez und in den **Mesa Verde National Park** (S. 187). Das interessante **Durango** (S. 185), 40 Meilen östlich, ist Startpunkt einer tollen Bahnfahrt nach **Silverton** (S. 186). Hier beginnt auch der 200-Meilen-Rundweg San Juan Skyway. Im Anschluss geht es entweder über den **Great Sand Dunes National Park** (S. 166) oder den **Black Canyon of the Gunnison National Park** (S. 181) weiter nach **Colorado Springs** (S. 164) und zurück nach Denver.

Eine andere Route führt von Denver über **Cheyenne** (S. 190) und die **Bighorn Mountains** (S. 195) nach **Cody** (S. 195). Nur ein Stück westlich liegt der berühmte **Yellowstone National**

Park (S. 196). Nach ein paar Tagen im Park geht's weiter nach **Jackson** (S. 206), einer guten Basis für Ausflüge in den **Grand Teton National Park** (S. 202). Wer noch Zeit hat, kann entweder weiter zu den unheimlichen **Craters of the Moon** (S. 226) und **Boise** (S. 229) fahren oder nach **Sun Valley** (S. 227) zum Skilaufen (nur im Winter). Salt Lake City (S. 305) ist etwa 400 Meilen entfernt. Ansonsten führt der Weg zurück über Rock Spring, Rawlins und Laramie wieder nach Denver.

## Der Südwesten

Startpunkt ist **Albuquerque** (S. 252). Erster Stopp auf dem Weg nach Süden sind die Dünen des **White Sands National Monument** (S. 260). Weiter geht's nach Osten in den **Carlsbad Caverns National Park** (S. 258), dann in die Ufostadt **Roswell** (S. 259). Auf dem Weg nach Norden lohnt **Santa Fe** (S. 242) ein paar Tage Aufenthalt. Von hier sollte man einen Ausflug zum **Bandelier National Monument** (S. 247) machen, bevor man weiter nach **Taos** (S. 248) fährt. Im Anschluss geht's nach Nordosten über **Durango** (S. 185) und **Mesa Verde** (S. 187) ins **Indian Country** (Monument Valley, Canyon de Chelly, S. 284) und von hier zurück nach Albuquerque. Wer mehr Zeit hat, sollte vor der Rückfahrt noch einen Abstecher zum **Grand Canyon** (S. 276) machen.

## Die Canyon-Route

Von **Las Vegas** (S. 308) geht's nach Nordosten in den **Zion National Park** (S. 289); dann weiter über den **Bryce Canyon National Park** (S. 295) und **Highway 12** zum **Capitol Reef National Park** (S. 298). Von dort führt der Weg über **Lake Powell** (S. 305) durchs **Monument Valley** (S. 284) zum **Grand Canyon** (S. 276). Alternative bei mehr Zeit: der Schlenker durch das Goblin Valley (Hwy-20), den Canyonlands NP, Moab und Arches NP. 80 Meilen südöstlich des Grand Canyon liegt das schöne **Flagstaff** (S. 273). Hier beginnt der US-89A durch das **Red Rock Country** (S. 292) über Sedona und Jerome. Anschließend geht's zurück nach Las Vegas mit kurzem Stopp am gewaltigen **Hoover Dam** (S. 314).

## Kalifornien

### Städte und Wüsten
Wer genug von Hollywood und Disneyland hat, verlässt **Los Angeles** (S. 338) Richtung **San Diego** (S. 328). Von hier geht's nach Osten durch die Anza-Borrego Desert. Es folgen **Joshua Tree National Park** (S. 370) – eventuell mit Abstecher nach **Palm Springs** (S. 367) – und **Death Valley** (S. 371), bevor man sein Glück in **Las Vegas** (S. 308) versuchen kann, bevor es zurück nach L. A. geht.

### Küste und Parks
Diese Route beginnt in **Los Angeles** (S. 338). Sie führt zunächst die traumhafte Küstenstraße **Highway 1** hoch nach **San Francisco** (S. 398). Von dort geht's landeinwärts durchs **Napa Valley** (S. 439) und/oder **Goldgräberland** (S. 431) zum **Lake Tahoe** (S. 436). Anschließend stehen die Nationalparks **Yosemite** (S. 381), **Sequoia** und **Kings Canyon** (S. 378 und S. 379) auf dem Programm, bevor man sich auf den Rückweg nach Los Angeles macht.

## San Francisco und der Nordwesten

Los geht's in **San Francisco** (S. 398). Von hier fährt man die Küste hoch zu den Baumriesen im **Humboldt Redwoods State Park** und **Redwood National Park** (S. 444). Über Bandon, Newport und Astoria erreicht man schließlich die wunderschöne **Olympic Peninsula** (S. 472). Nächster Halt ist **Seattle** (S. 453), eine gute Basis für Ausflüge zu den Inseln im Puget Sound (S. 465 und 466). Anschließend führt die Route über den **Mount Rainier National Park** (S. 480) wieder nach Süden zum gespenstischen Vulkan **Mount St. Helens** (S. 481). **Portland** (S. 484), ist ein guter Ausgangspunkt für den 150-Meilen-Rundweg durch die **Columbia River George** und zum **Mount Hood** (S. 494). Anschließend geht's zum **Crater Lake National Park** (S. 502), bevor hinter Klamath Falls wieder Kalifornien erreicht ist. Auf halbem Weg nach San Francisco lohnt noch ein Stopp im **Lassen Volcanic National Park** (S. 447).

# Klima und Reisezeit

## Klima

Das Klima in den USA ist regional sehr unterschiedlich. Generell ist es an der Küste moderater als im Binnenland.

Während die Westwinde trockene Luft über den Kontinent führen, die im Sommer extrem heiß und im Winter sehr kalt sein kann, bringen tropische Luftmassen aus dem Golf von Mexiko viel Feuchtigkeit und hohe Temperaturen mit sich. Sie können ungehindert das Mississippi-Delta hinauf bis nach Kanada vordringen. Auf der anderen Seite ist dieses Gebiet auch ungeschützt den eisigen Winden aus der Arktis ausgesetzt. Beim Zusammentreffen beider Luftmassen kommt es zu extremen Temperaturschwankungen mit Hagelstürmen, Tornados und Blizzards.

Die Temperaturen in den Rockies hängen eng mit der jeweiligen Höhenlage zusammen. Jenseits der Berge im Süden liegen die weiten und unwirtlichen Wüsten des Südwestens, und viele Landstriche befinden sich im Regenschatten der kalifornischen Gebirgsketten. In Städten wie Las Vegas und Phoenix steigt das Thermometer regelmäßig auf mehr als 40 °C, aber die Luftfeuchtigkeit ist meist nicht so hoch. Im Winter kann es klirrend kalt werden und manche Gebiete sind dann durch Schneeverwehungen vom Rest der Welt abgeschnitten – zwischen Oktober und April ist an einen Besuch der Mesa Verde oder des North Rim des Grand Canyon kaum zu denken.

Westlich der Barriere der Cascade Mountains gelangt man an die fruchtbare nördliche Westküste, die einzige Region des Landes, in der der Winter die meisten Regenfälle bringt. Das ganze Jahr über herrscht ein Klima wie in Mitteleuropa: feucht, mild und selten richtig heiß. Das Wetter in Kalifornien entspricht mehr oder weniger den Idealvorstellungen der meisten Menschen, jedoch klettert das Quecksilber im Süden erheblich höher als im Norden, wo genügend Schnee fällt, um die Berge zu einem beliebten Skigebiet zu machen. In San Francisco ist es milder und kühler als in seiner Umgebung, während über dem in einem Tal gelegenen Los Angeles oft eine Smogglocke hängt.

## Reisezeit

Ein Trip nach **Texas** ist das ganze Jahr über möglich, beste Reisezeiten sind aber Frühling (April–Juni) und Herbst (Sep–Nov). Dann ist es kühler und nicht so voll. Im Sommer kann es in Texas sehr heiß werden, und im Winter, der Nebensaison, schließen einige der größeren Freizeitparks.

Als Faustregel für die **Rocky Mountains** gilt: je höher, desto kühler. Die beste Zeit für Wanderer ist von Juni bis August, Skifahrer kommen von Dezember bis Februar auf ihre Kosten. Schön kann auch der Herbst sein, wenn die Nationalparks leerer, das Laub bunter und die Tiere aktiver sind. Allerdings ist es ab Oktober schon recht kühl. Als „Matschsaison" gilt der Frühling, wenn die Schneeschmelze einsetzt.

Im **Südwesten** herrscht im Sommer der größte Andrang, obwohl die Temperaturen mit 40 °C fast unerträglich sind. Wanderer, Radfahrer und Kanuten sollten besser zwischen Mitte September und Mitte Oktober reisen, wenn die Massen abgezogen sind und das Herbstlaub in allen möglichen Rottönen leuchtet. Gute Monate für einen Trip in die Wüste sind April und Mai, wenn

---

### Wettervorhersage

Die tägliche Wettervorhersage liefert der **Weather Channel,** im Fernsehen, als **App** oder unter ⌨ **www.weather.com**

---

allerdings morgens neblig sein, vor allem zwischen Mai und Juni. Im Winter gehen die Temperaturen etwas zurück, und es beginnt ein scheinbar endloser Regen, der große Erdrutsche auslösen kann. Im Winter sind die Wüsten im Landesinneren auch tagsüber warm, nachts allerdings extrem kalt. In den Bergen der Sierra Nevada und um den Lake Tahoe können sich Skifahrer im Winter über bestens präparierte Pisten freuen.

Das Klima an der Küste **Nordkaliforniens** ist feuchter und kühler als im Süden. Die Winter sind zwar mild, aber feucht. In San Francisco kann es wegen der ungeschützten Lage am nördlichen Zipfel der Halbinsel das ganze Jahr über kühl sein. Oft endet ein sonniger Morgen gegen Mittag in dichtem Nebel. Nur eine Meile landeinwärts scheint dagegen die Sonne.

Der **Nordwesten** ist deutlich kühler als Kalifornien. Am wärmsten ist es hier zwischen Ende Juni und September, mit viel Sonne und blauem Himmel. Die Winter sind mild, aber oft deprimierend grau und verregnet. Im westlichen Washington kann es auch im Sommer viel regnen.

die Wildblumen blühen. Wer an die Sommerferien gebunden ist, braucht sich dennoch keine Sorgen zu machen: Mit zunehmender Höhenlage sinken auch hier die Temperaturen. Außerdem werden in den Sommermonaten die besten Feste gefeiert (S. 40). Im Winter ist es in den Bergen sehr kalt, aber die Parks, die dann noch geöffnet haben, sind oft gerade schneebedeckt am schönsten. In Wintersportorten wie Telluride und Taos herrscht dann Hochbetrieb.

In **Südkalifornien** ist das Wetter von Mai bis Oktober am besten. Entlang der Küste kann es

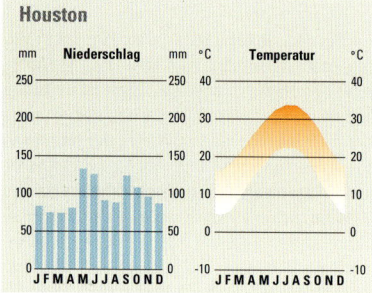

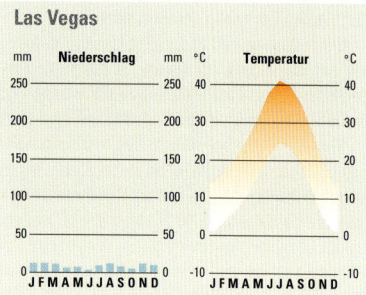

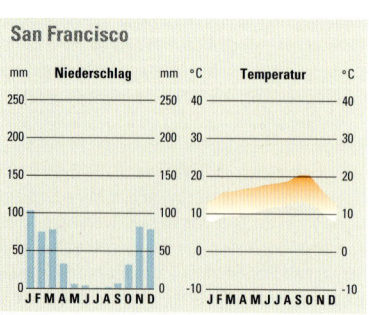

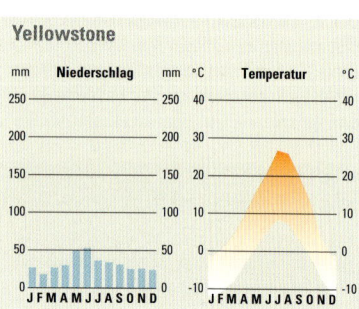

# Reisekosten

Die **durchschnittlichen Kosten** einer Reise hängen natürlich stark davon ab, welche Ziele angesteuert werden. Ein Abstecher nach Texas ist in puncto Übernachtung, Essen und Souvenirs nicht sehr kostspielig, aber dafür muss man die Benzinkosten einkalkulieren (momentan $2 bis $2,50 pro Gallone).

In Städten wie San Francisco, Seattle oder San Diego ist man hingegen relativ billig unterwegs, wird aber für Hotel, Mahlzeiten und Shoppen weit mehr ausgeben. Eine einfache Faustregel: Die Preise steigen je nach Größe und Glamourfaktor des Ortes. Außerdem gut zu wissen: Bei fast jedem Einkauf schlägt noch eine *sales tax* (Umsatzsteuer) zu Buche, die je nach Bundesstaat von unter 3 % bis über 8 % variiert; in Großstädten kann es sogar noch teurer werden. (Montana und Oregon haben keine regionale Umsatzsteuer.) Manche Städte (vor allem die, wo die meisten Touristen hinfahren) haben auch eine extra *hotel tax* von 15 % eingeführt, die auf den Zimmerpreis aufgeschlagen wird.

Wer nicht zeltet oder in Hostels schläft, wird den größten Teil seines Budgets für **Übernachtungen** ausgeben. Die Zimmerpreise der Motels und Hotels fangen bei etwa $55 an, in den großen Städten liegen sie eher bei $85. Außerhalb der Saison sind Preisnachlässe möglich. Im Bereich der Luxushotels gibt es preislich nach oben hin natürlich keine Grenzen; wer mag, kann für eine exklusive Suite locker eine vierstellige Summe hinlegen. In vielen Hotels kann man für $15–25 ein Zusatzbett für eine dritte Person bekommen.

Ganz anders sieht's bei der Verpflegung aus – leckeres **Essen** bedeutet nicht automatisch ein Loch in der Reisekasse, und die Auswahl reicht vom einfachen (aber trotzdem guten) Hamburgerstand bis zum Nobelrestaurant mit Starkoch. Man kann durchaus schon mit $20 am Tag satt werden, aber realistischer sind rund $40.

Öffentliche **Verkehrsmittel** sind normalerweise nicht übertrieben teuer, und am besten fährt man mit Mehrtages- oder Wochenkarten, die in den meisten Städten angeboten werden. Mit einem Mietwagen für $150–225 pro Woche lässt sich das Land sehr viel einfacher bereisen – und bei mehreren Personen möglicherweise auch billiger – als mit öffentlichen Verkehrsmitteln. Größere Hotels in Städten bitten Gäste mit Autos häufig fürs Parken zur Kasse – und das nicht zu knapp.

Die in diesem Reiseführer angegebenen **Eintrittspreise** gelten für Erwachsene. Preise für Kinder sind nur angegeben, wenn sie deutlich darunter liegen oder sich das Angebot gezielt an Familien richtet. Unter sechs Jahren ist der Eintritt oft frei.

## Was kostet wie viel?

| | |
|---|---|
| **Wasser, Cola** | $1–2,50 |
| **Bier** | $3–5 |
| **Kaffee** | $3 |
| **Frühstück** | $5–10 |
| **Mittagessen** | $5–15 |
| **Abendessen** | $20–40 |
| **Hotelzimmer** | ab $85 |
| **Motelzimmer** | ab $55 |
| **Schlafsaalbett** | $20–40 |
| **Camping** | $20–40 |
| **Parkeintritte** | $5–25 |
| **National Parks Pass** | $80 |
| **Skiausrüstung pro Tag** | $30 |
| **Ticket für ein Baseballspiel** | $10–15 |
| **1 Gallone Benzin** | $2–2,50 |
| **Leihfahrrad pro Tag** | $15–50 |
| **Mietwagen pro Woche** | $150–225 |

# Travelinfos von A bis Z

Auf eigene Faust durch den Westen der USA? Kein Problem. Vieles jenseits des großen Teichs funktioniert ähnlich wie bei uns. Aber nicht alles. Die Travelinfos geben Antworten auf all die praktischen Fragen, die sich vor der Reise und unterwegs stellen: Soll ich ein Auto mieten? Wo bekomme ich vor Ort Informationen? Was ist in den Nationalparks zu beachten? Muss ich die Unterkünfte reservieren? Und wie viel Trinkgeld war noch mal üblich?

TYPISCH AMERIKANISCH UND SUPER LECKER: PASTRAMI-SANDWICH

## Kurz und knapp

**Flugdauer** Frankfurt – Los Angeles 11 Std.

**Einreise** Deutsche, Österreicher und Schweizer reisen bis 90 Tage visafrei; vorher online Einreisegenehmigung einholen.

**Geld** Beliebtestes Zahlungsmittel ist die Kreditkarte. US-Dollar lassen sich an den meisten Geldautomaten mit Karte ziehen.

**Zeitverschiebung** Kalifornien, Nevada und der Nordwesten: MEZ minus 9 Std. Südwesten und Rockies: MEZ minus 8 Std.

## Inhalt

# Anreise

## Mit dem Flugzeug

Wer den Westen der USA bereisen will, muss sich erst einmal entscheiden, in welche Region es gehen soll (Tipps dazu auf S. 23). Wenn dann feststeht, ob man die Rockies, die Wüsten im Südwesten, die kalifornische Küste oder den Nordwesten erkunden will, kann man sich nach einem Flug zu einem der großen Airports in der Region umsehen.

Außer den amerikanischen Gesellschaften fliegen auch europäische Airlines zu günstigen Tarifen über den Atlantik. Selbst einige asiatische Airlines nehmen beim Zwischenstopp in Frankfurt Passagiere auf.

**Flugtickets** sind von Juli bis September am teuersten. In der Zwischensaison von April bis Juni und im Oktober zahlt man weniger. Die besten Angebote gibt es in der Nebensaison von November bis März – ausgenommen Ostern, Thanksgiving, Weihnachten und Neujahr, dann wird's richtig teuer und die Flüge sind früh ausgebucht. Meist kostet es etwas mehr, am Wochenende zu fliegen. Die Preisangaben beziehen sich auf Flüge während der Woche und sind einschließlich Steuern.

In der Neben- oder Zwischensaison kostet ein Flug nach San Francisco um 780 €, in der Hauptsaison muss man mit mindestens 1100 € rechnen. Die auf den Websites der Fluggesellschaften angebotenen Tarife sind inzwischen oft genauso günstig wie die Angebote der großen Reiseportale oder die Flüge neuer Billig-Airlines wie Wow Air können nur über deren Website gebucht werden.

Wer viel sehen will, ist mit einem **Flugpass** gut beraten. Dieser muss allerdings vor der Anreise gekauft werden (S. 61). Bei einem **Gabelflug** muss man am Ende der Reise nicht wieder zum Ankunftsflughafen zurück. Es kann aber sein, dass für den Mietwagen ein ziemlicher Aufpreis fällig wird, wenn er in einem anderen Bundesstaat abgegeben wird (S. 61).

Die Wahl eines Fluges sollte aber nicht nur vom Preis abhängen. Man kann mit der einen Gesellschaft viel länger unterwegs sein als mit

Der Klimawandel ist vielleicht das dringlichste Thema, mit dem wir uns in Zukunft befassen müssen. Wer reist, erzeugt auch $CO_2$: Der Flugverkehr trägt mit einem Anteil von bis zu 10 % zur globalen Erwärmung bei. Wir sehen das Reisen dennoch als Bereicherung: Es verbindet Menschen und Kulturen und kann einen wichtigen Beitrag für die wirtschaftliche Entwicklung eines Landes leisten. Reisen bringt aber auch eine Verantwortung mit sich. Dazu gehört darüber nachzudenken, wie oft wir fliegen und was wir tun können, um die Umweltschäden auszugleichen, die wir mit unseren Reisen verursachen. Wir können insgesamt weniger reisen – oder weniger fliegen, länger bleiben und Nachtflüge meiden (da sie mehr Schaden verursachen). Und wir können einen Beitrag an ein Ausgleichsprogramm wie 🖥 **www.atmosfair.de** leisten.

Dabei ermittelt ein Emissionsrechner, wie viel $CO_2$ der Flug produziert und was es kostet, eine vergleichbare Menge Klimagase einzusparen. Mit dem Betrag werden Projekte in Entwicklungsländern unterstützt, die den Ausstoß von Klimagasen verringern helfen.

nachdenken · klimabewusst reisen

atmosfair

der anderen, obwohl sich die reine **Flugdauer** kaum unterscheidet. Nonstop benötigt man etwa elf Stunden von Frankfurt nach San Francisco, zwölf Stunden nach Las Vegas und 13 Stunden nach Seattle. Auf dem Rückflug nach Europa hat man den Wind im Rücken. Daher ist die Flugzeit um ein bis zwei Stunden kürzer.

Alle europäischen Gesellschaften starten mit einem Zubringerservice ab ihrem Heimatflughafen (British Airways ab London, Air France ab Paris, Lufthansa ab Frankfurt …). Vom Kauf eines One-way-Tickets in die USA ist abzuraten. Im Vergleich zu einem Rückflugticket ist es alles andere als billig. Außerdem läuft man Ge-

## Pauschalangebote

Für alle größeren Städte gibt es **Pauschalpakete**, die Flug und Übernachtung umfassen. So hat man den organisatorischen Kleinkram vom Hals, zahlt unterm Strich aber eher etwas mehr. Nachteil: Man ist unterwegs nicht mehr flexibel und das Angebot beschränkt sich weitgehend auf mittlere bis teure Unterkünfte. Gutscheinsysteme für bestimmte Hotelgruppen sind in der Regel kein guter Deal.
Wer sich für einen Mietwagen entscheidet, kann mit den **Fly&Drive**-Angeboten von Online-Reisebüros oder Fluggesellschaften meist viel Geld sparen.

fahr, bei der Ankunft nicht ins Land gelassen zu werden, da die Beamten vermuten könnten, man wolle in den Staaten bleiben.

## Fluggesellschaften

**Aer Lingus**, 🖳 www.aerlingus.com
**Air Canada**, 🖳 www.aircanada.com
**Air France**, 🖳 www.airfrance.de
**Air India**, 🖳 www.airindia.com
**Alaska Airlines**, 🖳 www.alaskaair.com
**Alitalia**, 🖳 www.alitalia.com
**American Airlines**, 🖳 www.americanairlines.de
**Austrian Airlines**, 🖳 www.aua.com
**British Airways**, 🖳 www.ba.com
**Delta Air Lines**, 🖳 www.delta.com
**Emirates**, 🖳 www.emirates.com
**Frontier Airlines**, 🖳 www.flyfrontier.com
**Hawaiian Airlines**, 🖳 www.hawaiianair.com
**JetBlue**, 🖳 www.jetblue.com
**KLM**, 🖳 www.klm.com
**Lufthansa**, 🖳 www.lufthansa.com
**Mesa Airlines**, 🖳 www.mesa-air.com
**Midwest Express**, 🖳 www.midwestairlines.com
**Northwest Airlines**, 🖳 www.nwa.com
**Norwegian Air**, 🖳 www.norwegian.com
**Southwest**, 🖳 www.southwest.com
**Swiss**, 🖳 www.swiss.com
**United Airlines**, 🖳 www.unitedairlines.de
**US Airways**, 🖳 www.usair.com
**Virgin Atlantic**, 🖳 www.virgin-atlantic.com
**Westjet**, 🖳 www.westjet.com
**Wow Air**, 🖳 www.wowair.com

## Flüge online buchen

Diese **Flugsuchmaschinen** haben in Tests gut abgeschnitten:
🖳 www.momondo.de
🖳 www.kayak.de
🖳 www.swoodoo.com
🖳 www.skyscanner.de

# Botschaften und Konsulate

## Vertretungen der USA in Europa

### Deutschland
**Botschaft der USA**
Pariser Platz 2, 10117 Berlin, ✆ 030/2385174, 🖳 german.germany.usembassy.gov
Postanschrift und Konsularabteilung:
Clayallee 170, 14195 Berlin, ✆ 030/83050
**Generalkonsulate**
40227 Düsseldorf, Willi-Becker-Allee 10
✆ 0211/7888927
60435 Frankfurt a. M., Gießener Straße 30
✆ 069/75350
20354 Hamburg, Alsterufer 27/28
✆ 040/41171100
04107 Leipzig, Wilhelm-Seyfferth-Straße 4
✆ 0341/213840
80539 München, Königinstraße 5, ✆ 089/28880

### Österreich
**Botschaft der USA**
Boltzmanngasse 16, 1090 Wien
✆ 01/313390, 🖳 german.austria.usembassy.gov
Visaabteilung: Parkring 12a, 1010 Wien
✆ 01/5125835, ✉ consulatevienna@state.gov

### Schweiz
**Botschaft der USA**
Sulgeneckstrasse 19, 3007 Bern
✆ 031/3577011, 🖳 bern.usembassy.gov

Daran denken: Die US-Vertretungen sind auch an allen amerikanischen Feiertagen geschlossen.

## Ausländische Vertretungen in den USA

### Deutschland

**Deutsche Botschaft**
2300 M Street NW, Washington DC 20037
☎ 202/298-4000, 🖥 www.germany.info
**Generalkonsulate**
Houston, 1330 Post Oak Blvd, Suite 1850
☎ 713/627-7770, 📠 627-0506
Los Angeles, 6222 Wilshire Blvd, Suite 500
☎ 213/930-2703, 📠 930-2805
San Francisco, 1960 Jackson Street
☎ 415/775-1061, 📠 775-0187

### Österreich

**Österreichische Botschaft**
3524 International Court NW
Washington DC 20008, ☎ 202/895-6700
📠 895-6750, 🖥 www.austria.org
**Generalkonsulat**
Los Angeles, 11859 Wilshire Boulevard
Suite 501, ☎ 310/444-9310, 📠 477-9897

### Schweiz

**Schweizer Botschaft**
2900 Cathedral Avenue NW
Washington DC 20008-3499, ☎ 202/745-7900
📠 387-2564, 🖥 www.eda.admin.ch/washington
**Generalkonsulate**
Los Angeles, 11766 Wilshire Boulevard
Suite 1400, ☎ 310/575-1145, 📠 575-1982
San Francisco, 456 Montgomery St, Suite 1500,
☎ 415/788-2272, 📠 788-1402.

# Essen und Trinken

**Fast Food** gehört natürlich zu jeder USA-Reise, aber es gibt noch mehr: Jede Region hat ihre eigene Küche, und **internationale Restaurants** finden sich nicht nur in den großen Städten, sondern oft auch da, wo man sie nicht unbedingt erwartet. In vielen ländlichen Regionen, insbesondere in Nevada und Zentral-Kalifornien, gibt es zum Beispiel überraschend viele baskische Restaurants.

## Essen gehen

In den großen Städten kann man praktisch jederzeit alles bekommen, worauf man Lust hat. Überall gibt es Restaurants, durchgehend geöffnete Diner und Straßenstände, die bis spät abends Essen verkaufen. Ansonsten weisen entlang der Highways und Hauptstraßen flackernde Neonreklamen auf Restaurants, Fastfood-Lokale und Cafés hin. Unabhängig von der Art des Essens und des Lokals ist der Service in der Regel sehr aufmerksam – was nicht zuletzt der Institution des **Trinkgelds** (S. 43) zu verdanken ist. Das Bedienungspersonal ist auf Trinkgelder angewiesen und verdient damit das meiste. Ein Trinkgeld von 15–20 % auf den Rechnungsbetrag (ohne Steuer) ist üblich, alles darunter wird als Beleidigung aufgefasst.

## Regionale Küchen

In vielen Regionen der USA hat sich eine eigene Küche ausgebildet, bei der die vor Ort erhältlichen Zutaten mit den kulinarischen Traditionen der Einwanderergruppen der Gegend zusammenkommen. Man könnte also durchaus eine tolle USA-Reise unternehmen, indem man die einzelnen Regionalküchen erkundet. Oft werden diese Gerichte in einfachen, von den Einheimischen frequentierten Restaurants am Straßenrand serviert. Vor allem im Mittleren Westen, in den Rockies und in Texas spielt Rindfleisch eine große Rolle, während an der nördlichen Pazifikküste die Speisekarten von Fisch und Meeresfrüchten dominiert werden.

In der **Cajun-Küche**, einer französisch beeinflussten Landküche, die ihre Wurzeln in den Bayous Louisianas hat und ursprünglich auf die Verwertung von Mahlzeitresten zurückgeht, wird viel Schweinefleisch verwendet, etwa in *chitlins* (Schweinskutteln) und den würzigen Würstchen *boudin* und *chaurice*. Würstchen werden außerdem aus Seafood wie Flusskrebs und sogar Alligator hergestellt.

Traditionelles Essen aus dem Schwarzen Süden – auch als **Soul Food** bekannt – ist köstlich, aber auch sehr kalorienreich. Es lohnt sich aber, Ausschau zu halten nach *grits* (Maisgrütze mit

Butter) und *collard greens* (Kohl), nach knusprigem Brathähnchen und zahnarztfreundlichen Pralinen. **Barbecue** – mariniertes Fleisch, meist vom Schwein oder Rind, mit einer Reihe kräftiger, scharfer Soßen – stammt aus den Südstaaten, ist aber auch in Texas sehr gut.

Im **Südwesten** folgen die indianischen Ureinwohner weiterhin ihren eigenen kulinarischen Traditionen; überall gibt es zum Beispiel das *frybread* der Navajo, eine Art gebratener Taco, der mit Rinderhack serviert wird.

Die **California Cuisine** – Nouvelle cuisine mit frischen regionalen Zutaten – ist gesundheitsbewusst und hat auch einen ästhetischen Anspruch: Die Gerichte werden in kleinen, aber kunstvoll arrangierten Portionen serviert, zu entsprechend hohen Preisen. Für ein Menü mit mehreren Gängen und Wein sollte man mit mindestens $50 rechnen. **New American Cuisine** ist regional adaptierte kalifornische Kochkunst; zumeist handelt es sich dabei um gesündere Varianten regionaler Klassiker.

Schließlich lohnt es, nach regionalen Varianten **amerikanischer Klassiker** Ausschau zu halten. Standard-Burger und Hot Dogs gibt es überall, aber wer Gelegenheit hat, sollte von Letzterem auch mal die Los-Angeles-Version probieren: Hier wird das Würstchen mit Käse und Chili in eine Tortilla gerollt. Überall finden sich zudem Diner, die ihre Burger mit einem frischen Brötchen, handgeformten Fleischklops und einfallsreicher Garnitur zubereiten.

Für **Steak**-Fans führt der Weg nach Texas oder andere Cowboy-Staaten wie Montana und Wyoming. Nirgendwo kommt das Fleisch frischer auf den Teller – oder in größeren Portionen.

## Andere Küchen

Besonders in den Städten, in denen sich durch die Zuwanderung ethnische Viertel herausgebildet haben, sind Varianten der jeweiligen Heimatküche entstanden, wie in der Chinatown von San Francisco. **Mexikanisches Essen** ist so weit verbreitet, dass es schon fast als einheimisch gilt, vor allem in den Grenzgebieten von Südkalifornien, Texas und des Südwestens. Im Gegensatz zum original mexikanischen Essen

### Fleischlos glücklich?

Zumindest in den Großstädten haben **Vegetarier** und Veganer kaum Probleme. Außerhalb kann es passieren, dass sich die Auswahl auf Eier, überbackene Käsesandwiches und schlaffe Salate beschränkt.

werden mehr frische Zutaten verwendet, wenn auch nach wie vor Reis und schwarze Bohnen oder Feuerbohnen die Grundlage aller Gerichte sind, Letztere oftmals *refried*, also gekocht, zerstampft, gebraten und variantenreich mit Tortillas (dünnen Maiskuchen) serviert. Die weichen Fladen werden mit Bohnen, Reis, Käse, Tomaten und Hackfleisch gefüllt und aus der Hand gegessen *(burritos)* oder mit Soße übergossen *(enchiladas)*. Die knusprig gebackene Variante wird gefüllt und zusammengeklappt *(tacos)* oder mit Zutaten belegt *(tostadas)*.

In Texas und dem Südwesten dominiert die **Tex-Mex-Küche**, deren typischstes Gericht Chili con Carne ist. Billiger kann man kaum essen gehen, und das zu jeder Tageszeit: Ein Abendessen inklusive Getränke kostet selten mehr als $10.

**Italiener** gibt es fast überall: Die Küche der Toprestaurants in den Großstädten konzentriert sich eher auf den nördlichen Teil des Stiefels. Die tomatenlastige, üppige Küche des Südens wird in einfachen Lokalen mit karierten Tischdecken und Dean-Martin-Fotos an der Wand serviert. Auch Pizzerien gibt es in jeder Ausprägung, von der Gourmetvariante bis zu billig und gut. In der Abteilung **Asiatisch** sind die indischen Restaurants in den Städten meist besser als auf dem Land. Angesichts der steigenden Zahl indischer Einwanderer gibt es aber immer mehr Ausnahmen von dieser „Regel". In den Chinatowns der großen Städte ist die chinesische Küche hervorragend und oft auch billig, aber Vorsicht vor den üblen „Chop-suey"- und „Chow-mein"-Buden am Stadtrand und in der Provinz. Japanische Küche, früher vor allem entlang der Küste und in den Städten zu finden, verbreitet sich immer mehr. So gibt es inzwischen Sushi-Läden in allen Preislagen und an den Autobahnen Teriyaki-Ketten. Mit die beste und günstigste Küche bieten thailändische und vietnamesische Restaurants. Auf deren Karte steht manchmal auch panasiatische Küche.

## Getränke

Eine ausgesprochene Trinkerstadt mit vielen Lokalen – und noch mehr Anekdoten über berühmte Schriftsteller und ihre Exzesse – ist San Francisco. Aber auch andernorts muss man in der Regel nicht lange nach einer angenehmen Kneipe suchen. Um Alkohol trinken oder kaufen zu dürfen, muss man 21 Jahre alt sein. Auch wenn man schon ein paar Jahre älter aussieht, kann es passieren, dass der Ausweis verlangt wird.

Jeder Bundesstaat regelt in eigenen, nicht immer nachvollziehbaren Gesetzen *(blue laws)*, wann, wo und unter welchen Bedingungen **Alkohol** gekauft werden darf. Weit verbreitet ist das sonntägliche Verkaufsverbot. In manchen „trockenen" Gegenden ist Alkohol sogar ganz verboten.

In einigen wenigen Bundesstaaten – etwa in Utah (wegen der mormonischen Mehrheit) – darf der Alkoholgehalt im Bier maximal 3,2% betragen; normales Bier hat fast doppelt so viel. Es bleiben aber noch genügend liberalere Gegenden, wo Alkohol von 6 Uhr morgens bis 4 Uhr morgens an sieben Tagen der Woche gekauft und getrunken werden kann. Übrigens: Wenn eine Happy Hour mit *rail drinks* oder *well drinks* angeboten wird, dann werden die Cocktails oder Mischgetränke mit den Spirituosen zubereitet, die der Barmixer griffbereit hat – und nicht den teureren, die weiter oben stehen.

### Bier

Die beliebtesten amerikanischen **Biere** sind leichte, mit reichlich Kohlensäure versetzte, einheimische Marken, aber es gibt jede Menge Alternativen. Der Trend zur Mikrobrauerei ging vor einigen Jahrzehnten in Nordkalifornien los, und noch heute zählt die Pioniermarke Anchor Steam zu den Spitzenbieren. An der Westküste gibt es nach wie vor die meisten Kleinbrauereien und selbst kleinere Städte bieten eine gute Auswahl an guten, von Hand gebrauten Bieren. Mit zahlreichen solchen Brauereien wartet Portland in Oregon auf. Passionierte Biertrinker kommen von weit her, um die Biere der verschiedenen Brauereien zu probieren.

Los Angeles, San Diego, Seattle, die Bay Area, Denver und andere Städte können gut mithalten und sogar in Nestern wie Whitefish, Montana, wird man fündig: Hier sind die Biere von Great Northern Brewing unbedingt zu empfehlen. Auch die texanische Marke Lone Star hat eine große Fangemeinde. Tatsächlich finden sich inzwischen in jeder nennenswerten Stadt Kleinbrauereien und Brauereipubs. Fast alle servieren auch günstiges, herzhaftes Essen, um eine gute Grundlage zu schaffen. Weitere Infos über Kleinbrauereien bietet 🖥 www.craftbeer.com.

### Wein

Kalifornien, in geringerem Maße auch Oregon, Washington und ein paar andere Bundesstaaten (Texas, Ohio und sogar Hawaii) sind für ihre **Weine** bekannt. Die besten kalifornischen Weine kommen aus dem Napa und Sonoma Valley, darunter kräftige Rote wie Merlot, Pinot Noir und Cabernet Sauvignon, aber auch erfrischende Weiße wie Chardonnay und Sauvignon Blanc. Viele Touristen pilgern in diese Täler zu Weinproben in den unterschiedlichsten Betrieben, vom kleinen Hofgut mit Traktoren und Heuwagenfahrten bis zu schicken Anwesen mit moderner Kunst. In Oregon erfreut sich das Willamette Valley eines guten Rufs, vor allem für seinen Pinot Noir. Die besten Weingüter im Staat Washington liegen in den Gebieten Yakima Valley, Columbia River Gorge und Walla Walla. Auch in anderen Staaten haben sich Weingüter etabliert, etwa in Arizona, die teilweise interessante Tropfen hervorbringen. Auf Touren und Verkostungen für Besucher wird in den jeweiligen Regionalkapiteln hingewiesen.

# Feste und Feiertage

Neben den landesweiten Feiertagen gibt es ein buntes Durcheinander von regionalen und örtlichen Veranstaltungen: Kunstgewerbeausstellungen, Frühlingsfeste, ethnische Karnevals, Musikfestivals, Rodeos, Wettbewerbe im Sandburgenbau und vieles, vieles mehr.

Einige sind so interessant, dass es sich lohnt, die Reiseplanung danach auszurichten. Allerdings sind diese Veranstaltungen entsprechend überlaufen, Unterkunft und Transport sollten also frühzeitig gebucht werden. Und natürlich ziehen zu solchen Zeiten die Preise empfindlich an.

**Independence Day** (4. Juli), der Unabhängigkeitstag, ist ein gesetzlicher Feiertag in den USA. Man nimmt sich Zeit für ein Picknick, schaut sich den Fahnenappell, die imposanten Feuerwerke, Paraden, Schönheitswettbewerbe oder sonstige Veranstaltungen an, die zu Ehren der 1776 unterschriebenen Unabhängigkeitserklärung stattfinden.

**Halloween** (31. Oktober) bewegt ebenfalls die Massen. Traditionell laufen zu Halloween Kinder gruselig kostümiert durch die nächtlichen Straßen, um an den Türen ihrer Nachbarn zu klingeln und Süßigkeiten zu erbitten. In einigen größeren Städten finden aber inzwischen zu Halloween riesige Partys statt: In West Hollywood in Los Angeles und im Castro-Viertel in San Francisco verkleiden sich die Leute und gehen in Scharen zu den großen Umzügen und ausgelassenen Straßenfesten.

**Thanksgiving Day** (vierter Donnerstag im November) entspricht unserem Erntedankfest und ist ein Familienfest, zu dem die studierenden Sprösslinge ins Nest zurückkehren, um sich dort mit gebratenem Truthahn vollzustopfen und der ersten amerikanischen Siedler zu gedenken.

# Feste und Events

Ausführlichere Informationen zu den genannten Veranstaltungen sowie die genauen Termine sind im jeweiligen Ortskapitel aufgeführt, Auskünfte erteilen auch die jeweiligen örtlichen Stellen. Umfassende Veranstaltungskalender für bestimmte Regionen können darüber hinaus von den jeweiligen State Tourist Offices (S. 44) angefordert werden.

## Januar
**National Cowboy Poetry Gathering**, Elko, NV, 🖥 www.westernfolklife.org
**Sundance Film Festival**, Park City, UT, 🖥 festival.sundance.org

## Februar
**Academy Awards** (die „Oscars"), Los Angeles, CA, 🖥 www.oscars.org

## März
**South by Southwest Music Festival**, Austin, TX, 🖥 sxsw.com

## April
**Gathering of Nations Pow Wow**, Albuquerque, NM, 🖥 www.gatheringofnations.com
**Coachella Music & Arts Festival**, Coachella, CA, 🖥 www.coachella.com
**Fiesta San Antonio**, San Antonio, TX, 🖥 www.fiesta-sa.org

## Mai
**Folk Festival**, Kerrville, TX, 🖥 www.kerrville-music.com
**Tejano Conjunto Festival**, San Antonio, TX, 🖥 www.guadalupeculturalarts.org

## Juni
**Little Bighorn Days**, Hardin, MT, 🖥 www.littlebighornreenactment.com
**Texas Folklife Festival**, San Antonio, TX, 🖥 www.everfest.com
**Bluegrass Festival**, Telluride, CO, 🖥 www.bluegrass.com

## Juli
**Cheyenne Frontier Days**, Cheyenne, WY, 🖥 www.cfdrodeo.com
**National Basque Festival**, Elko, NV, 🖥 www.elkobasqueclub.com

## August
**Burning Man** (bis September), Black Rock City, NV, 🖥 www.burningman.com
**Inter-Tribal Indian Ceremonial**, Gallup, NM, 🖥 www.theceremonial.com
**Indian Market**, Santa Fe, NM, 🖥 www.swaia.org
**Pickathon**, Happy Valley, OR, 🖥 www.pickathon.com

## September
**America's Oktoberfest**, Cincinnati, OH, 🖥 www.oktoberfestzinzinnati.com

## Ferien und gesetzliche Feiertage

Die traditionellen **Sommerferien** dauern vom Memorial-Day-Wochenende, dem letzten Montag im Mai, bis zum Labor Day, dem ersten Montag im September. Viele Parks, Sehenswürdigkeiten und Visitor Center sind in dieser Zeit länger oder auch nur während dieser Zeit geöffnet. Im Buch ist dieser Zeitraum als „Sommer" angegeben. Ansonsten werden bestimmte Monate genannt.

Ämter, Behörden (auch Postämter) und Banken sind an diesen **landesweiten Feiertagen** geschlossen:

| | |
|---|---|
| **1. Jan** | New Year's Day |
| **dritter Mo im Jan** | Martin Luther King's Birthday |
| **dritter Mo im Feb** | President's Day |
| **letzter Mo im Mai** | Memorial Day |
| **4. Juli** | Independence Day |
| **erster Mo im Sep** | Labor Day |
| **zweiter Mo im Okt** | Columbus Day |
| **11. Nov** | Veteran's Day |
| **vierter Do im Nov** | Thanksgiving |
| **25. Dez** | Christmas Day |

**Great American Beer Festival**, Denver, CO,
⌨ www.greatamericanbeerfestival.com
**Hopi Native Arts & Cultural Festival**,
Flagstaff, AZ, ⌨ www.hopiallnativefestival.com
**Panhandle South Plains Fair**, Lubbock, TX,
⌨ www.southplainsfair.com
**Monterey Jazz Festival**, Monterey, CA,
⌨ www.montereyjazzfestival.org
**Pendelton Round-Up**, Pendleton, OR,
⌨ pendletonroundup.com
**Fiestas de Santa Fe**, Santa Fe, NM,
⌨ www.santafefiesta.org
**Bumbershoot**, Seattle, WS, ⌨ bumbershoot.org

### Oktober

**International Balloon Fiesta**, Albuquerque, NM,
⌨ www.balloonfiesta.com
**Art & Pumpkin Festival**, Half Moon Bay, CA,
⌨ www.pumpkinfest.miramarevents.com

**Voodoo Experience**, New Orleans, LA,
⌨ thevoodooexperience.com
**Helldorado Days**, Tombstone, AZ,
⌨ www.tombstonehelldoradodays.com

# Frauen

Allein reisende Frauen können sich in den USA ziemlich problemlos bewegen. Die Metropolen vermitteln ein größeres Sicherheitsgefühl als vielleicht erwartet. Trotzdem gelten dieselben Verhaltensregeln wie in jeder Stadt: Es ist nicht ratsam, durch unbeleuchtete Straßen zu gehen; wenn es keinen Bus oder keine U-Bahn gibt, besser ein Taxi nehmen.

In den Bars und Clubs der größeren Städte wird eine Frau ohne Begleitung normalerweise in Ruhe gelassen. In ländlichen Regionen fällt eine allein reisende Frau mehr auf. Die meisten Leute werden unweigerlich davon ausgehen, dass sie eine Autopanne oder sonstiges Pech hatte und Hilfe anbieten. Sollte der Wagen tatsächlich auf einem Highway liegen bleiben: am besten im Auto sitzen bleiben und auf eine Polizeistreife warten. Wer das eigene Handy in den USA nicht nutzen kann, sollte sich für einen geringen Aufpreis mit dem Mietwagen ein **Mobiltelefon** ausleihen.

Frauen sollten in den USA niemals **trampen** oder Tramper mitnehmen. Wenn jemand am Straßenrand ein vermeintliches Problem mit einem liegen gebliebenen Fahrzeug hat und anderen Fahrzeugen signalisiert anzuhalten, sollte man tunlichst weiterfahren und vielleicht die Polizei verständigen, damit diese den Liegengebliebenen hilft.

Wenig genutzte **öffentliche Verkehrsmittel** sind nachts zu meiden. Menschenleere Bushaltestellen müssen zwar nicht gefährlich sein, tragen aber auch nicht zu einem Gefühl der Sicherheit bei. Es ist sinnvoll, sich mit anderen Frauen zusammenzutun. Im Greyhound sollten Frauen versuchen, nahe beim Fahrer zu sitzen.

Sollte es wirklich zum Allerschlimmsten gekommen sein, gibt es in praktisch jeder Stadt eine Vergewaltigungs-, Krisen- und **Beratungsstelle** (Rape Counselling Service). Wenn nicht, wird der örtliche Sheriff einen Bericht aufnehmen und die Frau notfalls ins Hotel begleiten lassen. In Krisensituationen (Vergewaltigung) hilft auch die National Organization for Women, ℘ 202 628 8669, 🖥 www.now.org, eine zentrale Organisation für Frauenangelegenheiten. NOW-Filialen sind den örtlichen Telefonbüchern und der Website zu entnehmen.

## Veranstalter

**Gutsy Women Travel**, Anaheim, CA, ℘ 866 464 8879, 🖥 www.gutsywomentravel. com. Internationale Agentur, die praktische Hilfestellung gibt und Trips für allein reisende Frauen organisiert.
**Her Ladyship**, Tavernier, FL, ℘ 888 688 6744, 🖥 www.ladyshipsailing.com. Segelturns und -kurse für Frauen, z. B. zum Nordwestpazifik und zu den Britischen Jungferninseln.
**The Women's Travel Group**, Bloomfield, NJ, ℘ 646 309 5607, 🖥 www.thewomenstravel group.com. Stellt ausgefallene Routen für komfortable Reisen zusammen und arrangiert Roomsharing sowie diverse Aktivitäten.

# Geld

## Währung und Banken

Landeswährung ist der US-Dollar. Es gibt **Scheine** zu $1, $2, $5, $10, $20, $50 und $100. Ein Dollar entspricht 100 Cents, die als **Münzen** im Wert von 1¢ (penny), 5¢ (nickel), 10¢ (dime) und 25¢ (quarter) in Umlauf sind.

Die Schalter der **Banken** sind Mo–Do 9–17 Uhr und Fr 9–18 Uhr geöffnet. Große Banken sind Wells Fargo, US Bank und Bank of America.

| Wechselkurse | | | |
|---|---|---|---|
| 1 € | = US$1,09 | 1 US$ | = 0,92 € |
| 1 sFr | = US$1 | 1 US$ | = 1 sFr |
| Aktuelle Wechselkurse gibt es auf der Website 🖥 www.x-rates.com | | | |

## Reisekasse

### Bargeld
Die Reisekasse in bar dabeizuhaben ist riskant, da bei Diebstahl alles weg ist. Größere Mengen transportiert man am besten in einem Bauchgurt unter der Kleidung.

### Geldautomaten
Geldautomaten sind überall zu finden. Besitzt man eine **Bank**- oder **Sparkassenkarte** mit Cirrus- oder Maestro-Symbol und Geheimzahl, kann man an allen Automaten mit dem entsprechenden Symbol Geld abheben. Standorte unter 🖥 www.maestrokarte.de oder ℘ 800 4247787. Die Gebühren können je nach Bank variieren. Am geringsten sind sie bei einer amerikanischen Partnerbank der eigenen Bank – vor der Abreise nachfragen.

### Kreditkarten
Kreditkarten sind das übliche Zahlungsmittel in Hotels, Restaurants und Geschäften, mit Ausnahme einiger kleinerer Läden, die keine Karten akzeptieren. Wer ein Auto oder Fahrrad mieten will, muss normalerweise eine Kreditkarte als Sicherheit vorlegen, auch beim Einchecken im Hotel wird darum gebeten. Bezahlen kann man später trotzdem auch in bar. Informationen und Sperrnummern:

**Zentraler Sperrnotruf:** ℘ +49/116 116
**American Express,** Karte sperren:
℘ +49/69 9797 200, 🖥 www.american express.com/germany
**Visa,** Karte sperren: ℘ 1 800 847 2911 (gebührenfrei), 🖥 www.visa.de
**MasterCard,** Karte sperren: ℘ 1 800 627 8372, 🖥 www.mastercard.com

Es ist ratsam, eine bestimmte Summe als Guthaben auf dem Kreditkarten-Konto zu deponieren, denn sobald der vorgegebene Kreditrahmen überzogen ist, wird die Karte gesperrt. Auf einigen Kreditkarten-Konten werden sogar Zinsen gezahlt, die gar nicht unattraktiv sind. Hier lohnt es sich auf jeden Fall, sich vorher zu informieren. Verlust oder Diebstahl sind sofort zu melden, damit die Karte gesperrt werden kann. Bei

## Trinkgeld

Für die Kellner macht das Trinkgeld den Großteil ihres Lohns aus, und hier zu knausern kommt einer Beleidigung gleich. In Bars und Restaurants wird 15–20 % des Rechnungsbetrages (ohne Steuer) auf dem Tisch liegen gelassen. Wer in einer Bar an der Theke sitzt, sollte pro bestellter Runde mindestens einen Dollar für den Barkeeper liegen lassen; wenn die Bestellung mehr als zwei Getränke umfasste, entsprechend mehr. Dem Hotelpagen gibt man mindestens $2 pro Gepäckstück; wuchtet er mehrere schwere Koffer ins Obergeschoss, ist er entsprechend höher zu entlohnen. Ein Taxifahrer erwartet ebenfalls 15 % Trinkgeld – und am besten auf 50¢ oder einen Dollar aufrunden.

Mietwagen oder Flügen, die mit der Karte bezahlt werden, kann je nach Kreditkartenvertrag eine Unfallversicherung inklusive sein.

# Gesundheit

Im Notfall ist ärztliche Hilfe sofort zur Stelle – bezahlt wird später. Die landesweite **Notrufnummer**, unter der auch ein Krankenwagen angefordert werden kann, ist ✆ 911.

**Ärzte** stehen in den Gelben Seiten unter „Clinics" oder „Physicians and Surgeons". Das einfache Beratungshonorar beträgt $50–100 und muss im Voraus bezahlt werden. Weitere Leistungen wie medizinische Tests oder Röntgenuntersuchungen kosten wesentlich mehr. Medikamente *(medications)* sind ebenfalls teuer – alle Quittungen für die Rückerstattung durch die Auslandskrankenversicherung aufheben (S. 66).

Bei kleineren Problemen hilft auch ein *drugstore* weiter, eine Mischung aus Drogerie und **Apotheke** *(pharmacy)*. Allerdings braucht man für die meisten Medikamente – etwa Schmerzmittel auf Codeinbasis – ein ärztliches Rezept.

USA-Reisende schlagen sich in der Regel nur mit harmlosen Problemen herum, zum Beispiel dem **Zeitunterschied**. Da bei Ankunft in den USA ein um fünf bis neun Stunden verlängerter Tag durchlebt wird, gerät der körpereigene Rhythmus aus dem Takt. Man sollte sich für die ersten zwei bis drei Tage nicht allzu viel vornehmen. Wer regelmäßig Medikamente einnehmen muss, sollte sich bei seinem Hausarzt darüber informieren, wie der Einnahmerhythmus an die neue Zeitzone angepasst werden muss.

Für die Einreise in die USA sind keine **Impfungen** vorgeschrieben.

### Reisemedizinische Infos

**CDC**, 🖥 www.cdc.gov/travel. Die offizielle Seite der US-Regierung zum Thema Reisemedizin
**Centrum für Reisemedizin**, 🖥 www.crm.de
**International Society for Travel Medicine** 🖥 www.istm.org. Listet Kliniken, die auf Reisemedizin spezialisiert sind
**Reisemedizinisches Zentrum am Tropeninstitut Hamburg**, 🖥 www.gesundes-reisen.de
**Robert-Koch-Institut**, 🖥 www.rki.de

# Informationen

## Fremdenverkehrsämter

Jeder Bundesstaat besitzt ein eigenes **State Tourist Office**, das Besucher mit einer Vielzahl kostenloser Karten, Flyer und Broschüren versorgt – zu überlaufenen Touristenfallen ebenso wie zu unentdeckten Kleinoden. Man kann während der Reise nach den staatlichen **Welcome Centers** Ausschau halten, die sich normalerweise an den großen Highways in der Nähe der Bundesstaatsgrenzen befinden. Solche in viel

## Goethe-Institute

Die Goethe-Institute, 🖥 www.goethe.de, verfügen über eine gute Bibliothek und deutschsprachige Zeitungen und Zeitschriften. Wer möchte, kann hier Deutsch sprechende Amerikaner kennenlernen. Außerdem werden Ausstellungen, Konzerte, Theater- und Filmvorführungen organisiert. Es gibt Institute in Los Angeles und San Francisco.

besuchten Staaten vergeben nicht selten ganze Stapel interessanter Rabatt-Coupons für Unterkünfte und Gaststätten.

Zusätzlich hat fast jede Stadt ein oder mehrere **Visitor Centers** – oft Convention and Visitors Bureau oder abgekürzt CVB genannt –, in denen man sich gründlich über die Gegend informieren kann. Auch die Handelskammern (Chambers of Commerce) sind gute Anlaufstellen. Die jeweiligen Adressen sind im Regionalteil angegeben.

## Telefonnummern und Websites

**Arizona**, USA ✆ 866/275-5816, 🖥 www.arizonaguide.com
**California**, USA ✆ 877 225 4367, 🖥 www.visitcalifornia.com
**Colorado**, USA ✆ 800 265 6723, 🖥 www.colorado.com
**Idaho**, USA ✆ 800 847 4843, 🖥 www.visitidaho.org
**Montana**, USA ✆ 800 847 4868, 🖥 www.visitmt.com
**Nevada**, USA ✆ 800 638 2328, 🖥 www.travelnevada.com
**New Mexico**, USA ✆ 800 545 2070, 🖥 www.newmexico.org
**Oregon**, USA ✆ 800 547 7842, 🖥 www.traveloregon.com
**Texas**, USA ✆ 800 888 8839, 🖥 www.traveltex.com
**Utah**, USA ✆ 800 882 4386, 🖥 www.utah.com
**Washington**, USA ✆ 800 544 1800, 🖥 www.experiencewa.com
**Wyoming**, USA ✆ 800 225 5996, 🖥 www.wyomingtourism.org

## Landkarten

Von den State Tourist Offices und Welcome Centers erhält man kostenlos Landkarten, die als Orientierungshilfe und für die Routenplanung meist völlig ausreichen.

Empfehlenswert sind außerdem die Karten von Rand McNally für jeden Bundesstaat, zusammengefasst im **Rand McNally Road Atlas** (in Deutschland bei Hallwag erschienen). Preiswertere Bundesstaat- und Regionalkarten ($3–7)

### Regierungswebsites

**Deutsches Auswärtiges Amt**
🖥 www.auswaertiges-amt.de

**Österreichisches Außenministerium**
🖥 www.bmeia.gv.at

**Eidgenössisches Departement für auswärtige Angelegenheiten**
🖥 www.eda.admin.ch

**US State Department** 🖥 travel.state.gov

sind problemlos an jeder Highway-Tankstelle zu haben.

Die **American Automobile Association**, kurz AAA oder „Triple A", ✆ 877 244 9790, 🖥 www.aaa.com, stellt Mitgliedern internationaler Partnerclubs, dazu gehören auch der ADAC, ÖAMTC und der TCS, kostenloses Kartenmaterial zur Verfügung und leistet Hilfe rund ums Auto. Die nächstgelegene Filiale kann telefonisch erfragt werden; mitzubringen ist der Mitgliedsausweis oder zumindest eine Kopie des Ausweises inkl. Mitgliedsnummer.

Wer detaillierteres Kartenmaterial sucht, ist mit Thomas Guides, 🖥 www.thomasguidebooks.com, gut beraten ($22–40). Sehr genaue Park- und topografische Karten vergeben das **Bureau of Land Management**, 🖥 blm.gov, und der **Forest Service**, 🖥 www.fs.fed.us/maps.

Die beste Quelle für detaillierte und großformatige Atlanten ist **Benchmark Maps**, 🖥 www.benchmarkmaps.com, in deren elegantem Design selbst entlegene Staubpisten ausgesprochen hübsch aussehen.

# Internet

Fast alle Hotels und viele Cafés und Restaurants bieten ihren Gästen gebührenfreies WLAN; in einigen gehobenen Hotels muss man jedoch dafür bezahlen. **Internet-Cafés**, wo man für $3– 5 pro Stunde online gehen kann, werden inzwischen immer seltener. Fast alle öffentlichen Bibliotheken haben einen kostenlosen Internetzugang – hier muss man aber oft warten und die Nutzungsdauer ist begrenzt.

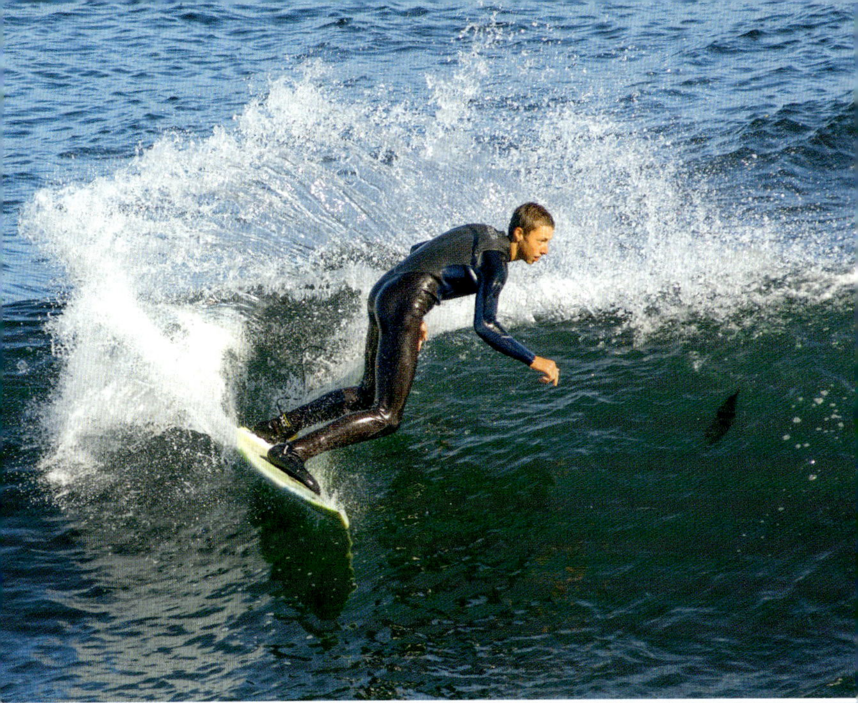

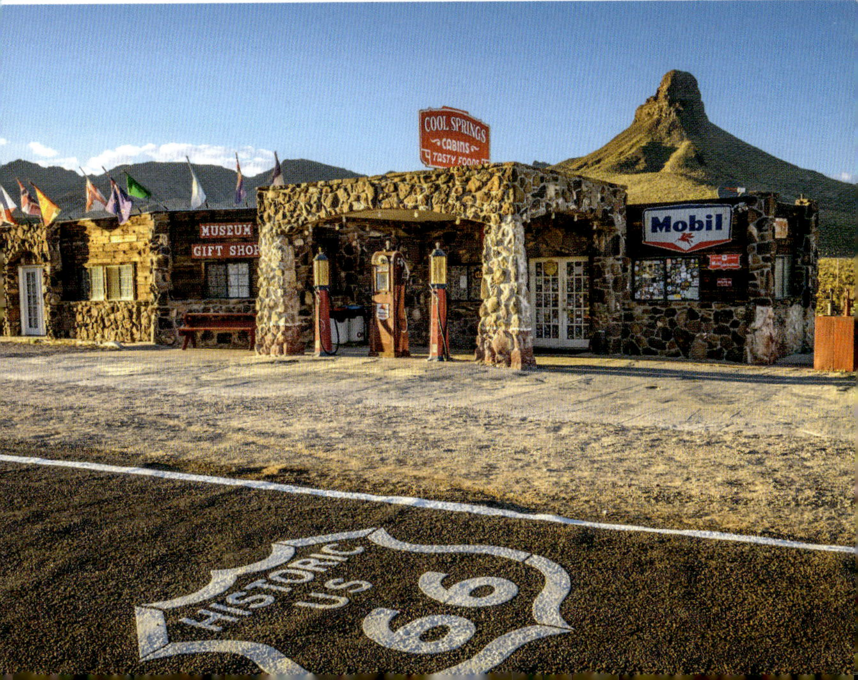
COOL SPRINGS
CABINS
MUSEUM
GIFT SHOP
Mobil
HISTORIC
US
66

# Kinder

Kinder unter zwei Jahren fliegen auf Inlandstrecken kostenlos und auf internationalen **Flügen** für 10 % – allerdings ohne Anspruch auf einen eigenen Sitzplatz. Zwei- bis zwölfjährige Kinder zahlen in den meisten Fällen die Hälfte. In Bussen und Bahnen gelten gewöhnlich ähnliche Ermäßigungen.

Mietwagenfirmen stellen normalerweise für rund $10 pro Tag einen Kindersitz zur Verfügung – der im Übrigen für Kinder unter vier Jahren gesetzlich vorgeschrieben ist. Allerdings ist es ratsam, sich rechtzeitig zu vergewissern oder aber selbst einen mitzubringen, da der Nachfrage manchmal größer ist als das Angebot.

Toll für Familien sind **Wohnmobile** (RVs) – Näheres auf S. 61.

Selbst die günstigsten **Motels** bieten Zimmer mit zwei Betten, sodass man also nicht für ein teures „Familienzimmer" oder gar ein zweites Zimmer zahlen muss.

Fast alle **Sehenswürdigkeiten** bieten ermäßigten Eintritt für Kinder. In den meisten größeren Städten gibt es ein Naturkundemuseum oder Aquarium, zum Teil auch spezielle Museen für Kinder mit jeder Menge Möglichkeiten zur aktiven Betätigung. Auch die State und National Parks bieten Aktivitäten für Kinder an. Alle Filialen der großen Restaurantketten sind mit Hochstühlen ausgestattet und bieten spezielle Gerichte für Kinder. Noblere familienfreundliche Restaurants halten oft Malstifte für die Kleinen bereit.

Ein Verzeichnis von Attraktionen, Veranstaltungen und Aktivitäten für Kinder in den USA bietet die nützliche Website 🖳 www.nickel odeonparents.com.

## Einreise

Kinder brauchen für die Einreise einen eigenen Reisepass, der Eintrag im Pass der Eltern reicht nicht aus. Kinderausweise oder Kinderreisepässe, die nach Oktober 2006 ausgestellt wurden, können nicht für die visafreie Einreise benutzt werden. Statt ein teures Visum zu beantragen, lohnt es sich aber, dem Kind einen regulären Reisepass ausstellen zu lassen.

Unabhängig vom Alter benötigen Kinder auch eine eigene Esta-Genehmigung (S. 66, Visa).

# Maße und Elektrizität

Für europäische Touristen, die das metrische System gewohnt sind, ist das amerikanische System nur schwer zu durchschauen. 12 *inches* ergeben 1 *foot* und 3 *feet* sind 1 *yard*. 1 *mile* besteht aus genau 5280 *feet*, also 1760 *yards*. 1,2 miles bedeuten als Entfernungsangabe natürlich nicht 1 *mile* und 2 *yards*, sondern eben eins-komma-zwei Meilen.

Doch damit nicht genug, das Gewicht wird in *ounces* und *pounds* angegeben (1 *ounce* = 28,35 g, 1 *pound* 453 g), wobei 16 *ounces* 1 *pound* ergeben. Flüssigkeiten wiederum werden in *pints*, *quarts* und *gallons* abgemessen, wobei 2 *pints* 1 *quart* ergeben, 4 *quarts* = 1 *gallon* (1 *pint* = 0,47 l, 1 *quart* = 0,94 l, 1 *gallon* = 3,785 l). Jeder, der einmal versucht hat, den Benzinverbrauch seines Autos von *gallon/mile* auf Liter/100 km umzurechnen, wird das Dezimalsystem bis an sein Lebensende preisen! Auf vielen Straßenkarten sind neben Meilen allerdings auch Kilometer angegeben.

Temperaturen werden stets in Fahrenheit angegeben, wobei der Fahrenheit-Nullpunkt bei -32 ° Celsius liegt und der Siedepunkt (100 °C) bei +212 °F. Wasser gefriert bei 32 °F (= 0 °C), 70 °F (21 °C) ist eine angenehme Temperatur, doch es kann im Sommer im Landesinneren oft heißer als 100 °F (38 °C) werden. Zum Umrechnen von Temperaturen gilt folgende Formel: (Grad Fahrenheit - 32) x 5 : 9 = Grad Celsius.

## Längenmaße

| | | |
|---|---|---|
| 0,39 *inches* (in) | = | 1 Zentimeter (cm) |
| 1 *inch* (in) | = | 2,54 Zentimeter (cm) |
| 3,28 *feet* (ft) | = | 1 Meter (m) |
| 1 *foot* (ft) | = | 0,31 Meter (m) |
| 1,09 *yards* (yd) | = | 1 Meter (m) |
| 1 *yard* (yd) | = | 0,91 Meter (m) |

## Kleider- und Schuhgrößen

Die USA sind ein wahres **Shoppingparadies** – vom luxuriösen Rodeo Drive in Beverly Hills, Los Angeles, bis zu kleinen Märkten, die neben Obst und Gemüse auch Kunsthandwerk und Kuriositäten anbieten.

Amerikanische Kleider- und Schuhgrößen unterscheiden sich von den deutschen. Für nahezu alle Käufe wird **sales tax** fällig (S. 33).

### Damenkleidung

| USA | 10 | 12 | 14 | 16 | 18 | 20 | | |
|-----|----|----|----|----|----|----|----|----|
| D | 38 | 40 | 42 | 44 | 46 | 48 | | |

### Damenschuhe

| USA | 5 | 6 | 7 | 8 | 9 | 10 | 11 | |
|-----|----|----|----|----|----|----|----|----|
| D | 36 | 37 | 38 | 39 | 40 | 41 | 42 | |

### Hemden

| USA | 14 | 15 | 15,5 | 16 | 16,5 | 17 | 17,5 | 18 |
|-----|----|----|------|----|------|----|------|----|
| D | 36 | 38 | 39 | 41 | 42 | 43 | 44 | 45 |

### Herrenschuhe

| USA | 7 | 7,5 | 8,5 | 9 | 9,5 | 10 | 10,5 | 11 | 11,5 |
|-----|----|-----|-----|----|-----|----|------|----|------|
| D | 39 | 40 | 41 | 42 | 42,5 | 43 | 44 | 45 | 46 |

### Herrenanzüge

| USA | 34 | 36 | 38 | 40 | 42 | 44 | 46 | 48 |
|-----|----|----|----|----|----|----|----|----|
| D | 44 | 46 | 48 | 50 | 52 | 54 | 56 | 58 |

| 0,62 *miles* (mi) | = | 1 Kilometer (km) |
|---|---|---|
| 1 *mile* (mi) | = | 1,61 Kilometer (km) |

### Hohlmaße

| 8,45 *gills* (gl) | = | 1 Liter (l) |
|---|---|---|
| 1 *gill* (gl) | = | 0,12 Liter (l) |
| 2,11 *pints* (pt) | = | 1 Liter (l) |
| 1 *pint* (pt) | = | 0,47 Liter (l) |
| 1,06 *quarts* (qt) | = | 1 Liter (l) |
| 1 *quart* (qt) | = | 0,95 Liter (l) |
| 0,26 *gallons* (gal) | = | 1 Liter (l) |
| 1 *gallon* (gal) | = | 3,79 Liter (l) |

### Flächenmaße

| 0,16 *square inches* | = | 1 cm² |
|---|---|---|
| 1 *square inch* | = | 6,45 cm² |

| 10,76 *square feet* | = | 1 m² |
|---|---|---|
| 1 *square foot* | = | 0,09 m² |
| 1,2 *square yards* | = | 1 m² |
| 1 *square yard* | = | 0,84 m² |
| 0,25 *acres* | = | 1 m² |
| 1 *acre* | = | 4047 |

### Gewichte

| 0,04 *ounces* (oz) | = | 1 Gramm (g) |
|---|---|---|
| 1 *ounce* (oz) | = | 28,35 Gramm (g) |
| 2,20 *pounds* (lb) | = | 1 Kilogramm (kg) |
| 1 *pound* (lb) | = | 0,45 Kilogramm (kg) |
| 0,16 *stones* (st.) | = | 1 Kilogramm (kg) |
| 1 *stone* (st.) | = | 6,35 Kilogramm (kg) |
| 0,08 *quarters* (qt) | = | 1 Kilogramm (kg) |
| 1 *quarter* (qt) | = | 11,4 Kilogramm (kg) |

## Elektrizität

Die **Stromspannung** in den Staaten beträgt 110 V. Außerdem sind die Stecker anders als in Europa. Einige der Adapter, die es in Europa zu kaufen gibt, passen trotz aller Versprechungen nicht.

# National Parks und Outdoor-Aktivitäten

Die USA bieten großartige Landschaften und viel Wildnis mit dichten Wäldern, tiefen Schluchten und hohen Bergen. Besonders im Westen des Landes lässt sich die ganze atemberaubende Schönheit der weiten amerikanischen Landschaft erleben, sei es in den Rockies, den roten Felswüsten im Südwesten oder in den drei Westküstenstaaten.

## National Parks und Monuments

Der **National Park Service** verwaltet sowohl die National Parks als auch die National Monuments. Seine Rangers leisten hervorragende Arbeit, versorgen Besucher mit Infos und Ratschlägen, unterhalten die Pfade und organisieren Aktivitäten wie kostenlose geführte Wanderungen und Vorträge am Lagerfeuer. Theoretisch schützt ein **National Park** ein landschaftlich besonders schönes Gebiet und umfasst vielgestaltiges Terrain mit herausragenden Beispielen bestimmter Landschaftsformen und einzigartiger Flora und Fauna. Am bekanntesten sind der Yellowstone mit seinen sprühenden Geysiren und den Wapiti- und Bisonherden und der Yosemite mit seinen schroffen Felswänden und herabstürzenden Wasserfällen. Ein **National Monument** hingegen ist viel kleiner und konzentriert sich manchmal nur um eine einzige archäologische Ausgrabungsstätte oder ein geologisches Phänomen, wie den Devil's Tower in Wyoming. Insgesamt gibt es in den USA etwa 400 geschützte Gebiete, darunter weitere Kategorien wie National Seashores, Lakeshores, Battlefields und Historic Sites.

National Parks eignen sich normalerweise wunderbar zum **Wandern** – fast alle besitzen ein ausgedehntes Netz an Pfaden. Um sie ausschließlich zu Fuß zu erkunden sind sie jedoch viel zu weitläufig (Yellowstone etwa ist größer als Delaware und Rhode Island zusammen). Sogar in den seltenen Fällen, in denen ein Park mit öffentlichen Transportmitteln erreichbar ist, braucht man mit ziemlicher Sicherheit dennoch einen eigenen fahrbaren Untersatz, um in das Gelände vordringen zu können.

Die meisten Parks und Monuments verlangen Eintrittspreise von $5–25 für ein Fahrzeug inkl. sämtlicher Passagiere für eine Woche. Der **Inter-agency Annual Pass** – auch als „America the Beautiful Pass" bekannt – ($80) ist in allen Parks und Monuments oder über 🖥 store.usgs.gov/pass erhältlich. Er gilt ab Kauf ein Jahr lang für den Inhaber und sämtliche im selben Fahrzeug Mitreisenden für alle National Parks und Monuments und für Gebiete, die vom US Fish and Wildlife Service, dem Forest Service oder dem BLM (s. unten) verwaltet werden. Gebühren für Campingplätze oder Permits für Wandern im Hinterland oder Rafting werden extra gezahlt.

Hotelähnliche Unterkünfte gibt es nur in den größeren Parks, aber jeder Park und jedes Monument hat in der Regel mindestens einen guten Campingplatz. Häufig findet man nahe den Parkgrenzen auch Motels. Mit einem kostenlosen Permit in der Tasche dürfen Backpacker normalerweise auch wild zelten, das heißt in Gegenden, zu denen keine Straße führt. In sehr gut besuchten Parks wird aber nur eine begrenzte Zahl an Permits vergeben.

## Sonstiges staatliches Gelände

National Parks und Monuments sind oft von nicht mehr ganz ursprünglichen **National Forests** umgeben, die ebenfalls staatlicher Verwaltung unterstehen, aber längst nicht so streng geschützt werden. Zwar befinden sich auch hier oft einladende, ländliche Campingplätze, doch handelt es sich um „Land of Many Uses". Das bedeutet, dass in begrenztem Rahmen Holzeinschlag oder eine andere Art der Nutzung erlaubt ist, etwa als Skigebiet.

Die Seite des **National Park Service**, 🖥 www.
nps.gov, informiert über die Hauptattraktionen
der Nationalparks, aktuelle Öffnungszeiten,
beste Besuchszeiten, Eintrittspreise, Wanderwege und Einrichtungen für Besucher.

Verschiedene weitere Behörden verwal-
ten eine ganze Reihe von Naturschutzgebieten,
Flussregionen, Erholungsgebieten usw. Größter
Teilhaber ist das **Bureau of Land Management**
(BLM), eine Unterabteilung der US-Regierung.
Umweltschützer streiten seit langem und ohne
absehbares Ende mit Erschließungsunterneh-
men, Ranchern und der Förderindustrie über die
Nutzung bzw. den angeblichen Missbrauch des
bundeseigenen Lands.

Die dem jeweiligen Bundesstaat unterstehen-
den **State Parks** und **State Monuments** sind oft
ausgesprochene Naherholungsgebiete – eingerichtet zum Schutz weniger aufsehenerregender
Stätten – und verfügen daher über bessere
Campingplätze als die Nationalparks.

# Camping und Wandern

Die ideale Art, die sagenhaften Landschaften
hautnah (und günstig) zu erleben, ist, mit dem
Mietwagen herumzufahren und auf staatlichen
oder bundesstaatlichen Campingplätzen zu
übernachten. Ein Stellplatz auf einem typischen
öffentlichen Campingplatz kostet kaum mehr als
$30. Wenn es zu bestimmten Jahreszeiten kein
Wasser gibt, ist das Übernachten oftmals sogar
kostenlos. Kommerziell betriebene – meist weniger idyllische – Campingplätze, von denen es
in der Nähe großer Städte geradezu wimmelt,
verlangen meist $20–40. Sie gleichen allerdings
eher Freilufthotels mit Läden, Restaurants usw.
Wer in der Hochsaison zelten möchte, sollte entweder rechtzeitig buchen oder die begehrtesten
Gegenden meiden.

**Zelten im Hinterland** der National Parks ist
für gewöhnlich kostenlos, erfordert aber ein
Permit. Bevor man in entlegene Gebiete auf-
bricht oder zu einer Tour, die länger als einen

halben Tag dauert, sollte man einen Ranger über
die Pläne informieren und sich nach dem Wetter und den örtlichen Gegebenheiten erkundigen. Ins Gepäck gehören ausreichend Essen
und Trinken, um auch für Notfälle gewappnet
zu sein, außerdem Kartenmaterial und eventuell Ausrüstung. Wichtig zu wissen: Ist Feuer
machen erlaubt? Doch selbst wenn, ist ein Cam-
pingkocher immer die bessere Wahl. Wo möglich, sollte man auf schon benutzten Stellen
campen. Gibt es keine Toiletten, sollten menschliche Fäkalien mindestens 30 m von der nächsten Wasserquelle entfernt vergraben werden.

## Gesundheit

Wanderer sollten niemals aus Flüssen oder Bächen trinken – man kann nie wissen, was weiter stromaufwärts ins Wasser gelangt ist. **Giar-
diasis** ist eine Infektion des Verdauungstrakts,
ausgelöst von Parasiten, die über fäkal verunrei-
nigtes Wasser oder Lebensmittel aufgenommen
werden. Die Symptome treten ein bis zwei Wochen nach der Infektion auf: Durchfälle, Bauch-
krämpfe, Blähungen, Müdigkeit, Gewichtsver-
lust und Erbrechen. Wasser, das nicht aus dem
Hahn kommt, muss mindestens fünf Minuten ab-
gekocht oder mit einem Entkeimer gereinigt werden, der auch gegen Giardia-Erreger wirksam ist.

**Wandern** in geringer Höhe sollte keine größeren Probleme verursachen, wenn auch die
Schwärme von **Stechmücken** in Wassernähe
ziemlich lästig sein können. Avon Skin-so-soft
oder DEET-haltige Mittel sind eine wirksame Ab-
wehr. Es ist ratsam, sich unterwegs regelmäßig
auf **Zecken** *(ticks)* zu untersuchen. Diese unan-
genehmen Blutsauger, die sich gern auf Menschen herabfallen lassen, übertragen oft Bakte-
rien. Wer gebissen worden ist, kann einen Park
Ranger um Rat fragen. Eine Zeckenart überträgt
**Borreliose** (Lyme-Krankheit), eine ernste Erkran-
kung, die das Gehirn angreifen kann. Eine allabendliche Untersuchung der Haut ist wichtig.

Meiden sollte man vor allem die **Poison Oak**
(amerikanischer Lacksumach), ein Busch mit
dreiständigen Blättern und glatter, glänzender
Oberfläche. Er wächst an der Westküste in der
Nähe von Eichen. Wer mit Poison Oak in Berührung gekommen ist, sollte so bald wie möglich
Körper und Kleidung mit Seife und kaltem Was-

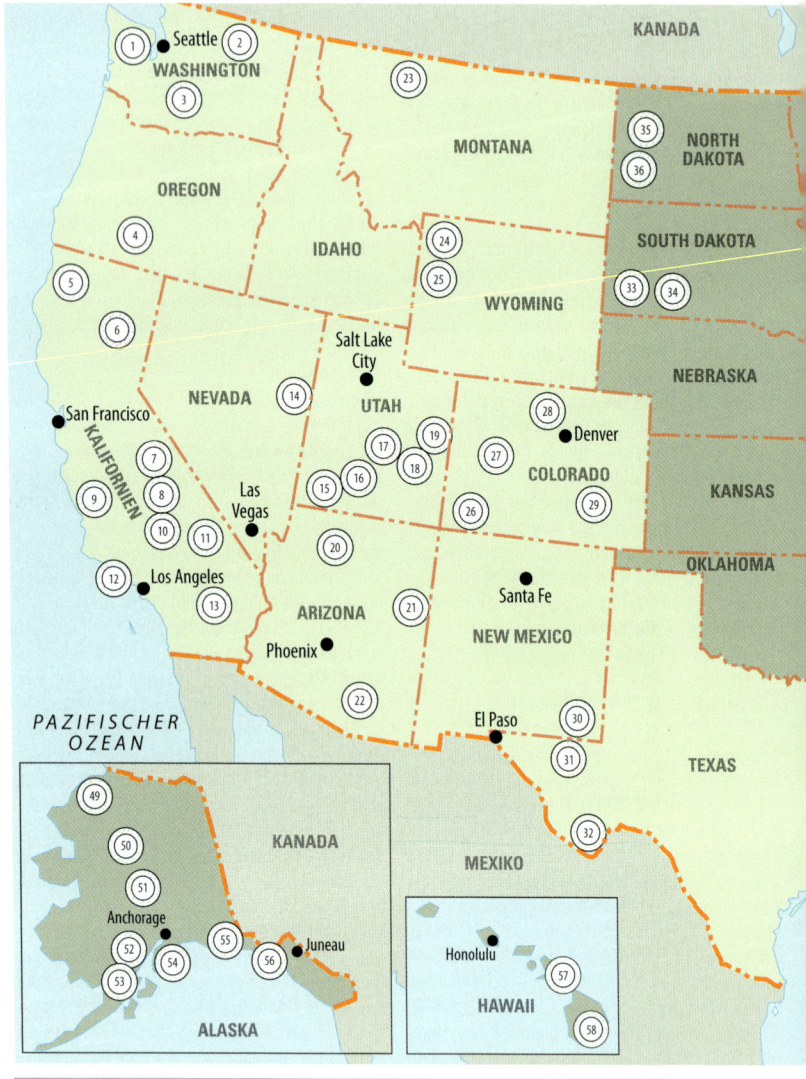

| | | | |
|---|---|---|---|
| **1** Olympic, WA | **9** Pinnacles, CA | **17** Capitol Reef, UT | **25** Grand Teton, WY |
| **2** North Cascades, WA | **10** Sequoia, CA | **18** Canyonlands, UT | **26** Mesa Verde, CO |
| **3** Mount Rainier, WA | **11** Death Valley, CA | **19** Arches, UT | **27** Black Canyon of the Gunnison, CO |
| **4** Crater Lake, OR | **12** Channel Islands, CA | **20** Grand Canyon, AZ | **28** Rocky Mountain, CO |
| **5** Redwood, CA | **13** Joshua Tree, CA | **21** Petrified Forest, AZ | **29** Great Sand Dunes, CO |
| **6** Lassen Volcanic, CA | **14** Great Basin, NV | **22** Saguaro, AZ | **30** Carlsbad Caverns, NM |
| **7** Yosemite, CA | **15** Zion, UT | **23** Glacier, MT | **31** Guadalupe Mtns, TX |
| **8** Kings Canyon, CA | **16** Bryce Canyon, UT | **24** Yellowstone, WY | **32** Big Bend, TX |

# Nationalparks

NEW HAMPSHIRE
MAINE
VERMONT

MINNESOTA

WISCONSIN

MICHIGAN

MASSACHUSETTS

NEW YORK

RHODE IS.

CONNECTICUT

New York City

NEW JERSEY

IOWA

Chicago

Detroit

PENNSYLVANIA

INDIANA

OHIO

DELAWARE

MARYLAND

Washington DC

ILLINOIS

WEST VIRGINIA

St Louis

KENTUCKY

VIRGINIA

MISSOURI

Nashville

NORTH CAROLINA

TENNESSEE

ARKANSAS

Memphis

Little Rock

Atlanta

SOUTH CAROLINA

MISSISSIPPI

ALABAMA

GEORGIA

ATLANTISCHER OZEAN

LOUISIANA

Houston

New Orleans

FLORIDA

Golf von Mexiko

Miami

Boston

Lake Superior

Lake Michigan

Lake Huron

Lake Erie

Lake Ontario

| | | |
|---|---|---|
| **33** Wind Cave, SD | **41** Cuyahoga Valley, OH | **49** Kobuk Valley, AK | **57** Haleakala, HI |
| **34** Badlands, SD | **42** Great Smoky Mtns, TN | **50** Gates of the Arctic, AK | **58** Hawaii Volcanoes, HI |
| **35** T. Roosevelt (north), ND | **43** Congaree, SC | **51** Denali, AK | |
| **36** T. Roosevelt (south), ND | **44** Shenandoah, VA | **52** Lake Clark, AK | |
| **37** Voyageurs, MN | **45** Acadia, ME | **53** Katmai, AK | |
| **38** Isle Royale, MI | **46** Everglades, FL | **54** Kenai Fjords, AK | |
| **39** Hot Springs, AR | **47** Biscayne, FL | **55** Wrangell-St Elias, AK | |
| **40** Mammoth Cave, KY | **48** Dry Tortugas, FL | **56** Glacier Bay, AK | |

ser waschen und nicht kratzen! In schweren Fällen lässt man sich im Krankenhaus ein Antihistaminikum oder eine Adrenalininjektion geben.

Unangenehme Folgen hat auch der Kontakt mit dem ähnlich aussehenden und im ganzen Land verbreiteten **Poison Ivy** (Giftefeu). Am besten beherzigt man bei beiden Pflanzen den allgemeinen Rat: „Finger weg von Pflanzen mit dreizähligen Blättern!"

# Bergwandern

Bei Gebirgstouren in größeren Höhen, wie den mehr als 4000 m hohen Rockies oder in der kalifornischen Sierra Nevada, sind besondere Vorsichtsmaßnahmen einzuhalten. Noch im Juli kann Schnee fallen, und im Frühjahr herrscht Lawinengefahr, ganz zu schweigen vom Schmelzwasser, das harmlose Bäche in lebensgefährliche Wildwasser verwandelt. Auch mit plötzlichen Wetterumschwüngen ist zu rechnen.

**Höhenkrankheit** kann selbst durchtrainierte Sportler befallen. Deshalb sollte man die ersten Tage über 2000 m ruhig beginnen, viel Wasser, keinen Alkohol trinken, kohlenhydratreich essen und sich gegen die Sonnenstrahlung schützen.

# Wüstenwandern

Nur wer gut vorbereitet ist, kann sich in der Wüste sicher fühlen. Es gibt viele Gefahren, vor allem bei Wanderungen außerhalb der State-Park-Grenzen, denen man mit einer guten Planung und gesundem Menschenverstand begegnen sollte. Auch Autofahrer die **Vorsichtsmaßnahmen** beachten: reichlich Wasser und Proviant mitnehmen und niemals ohne eine gute Landkarte starten. Man sollte versuchen, einen großen Teil der Strecke bereits am frühen Morgen zurückzulegen, mittags wird es zu heiß zum Wandern. In fast allen Parks müssen sich Wanderer vor dem Start eintragen, was vor allem für diejenigen wichtig ist, die allein losgehen. Wer sich verlaufen hat, sucht sich ein schattiges Plätzchen und wartet ab, denn nicht rechtzeitig zurückgekehrte Wanderer werden die Ranger früher oder später suchen.

Lange Hosen und ein langärmeliges Hemd sind in der Wüste die beste Bekleidung. Breitkrempige Hüte und Sonnenbrillen bewahren vor Kopfschmerzen, die durch das grelle Wüstenlicht auftreten können. Eine weitere Gefahr bilden *flash floods*, plötzliche Überschwemmungen. Nach sintflutartigen Niederschlägen können sich ausgetrocknete Flussbetten von einer Minute zur anderen in tosende Ströme verwandeln – also nie in einem ausgetrockneten Flussbett zelten und ein überflutetes Gebiet erst durchqueren, wenn das Wasser zurückgewichen ist.

In der Wüste ist unbedingt darauf zu achten, reichlich **Wasser** mitzunehmen. Eine Wanderung unter typischen Sommerbedingungen erfordert eine enorm große Flüssigkeitsaufnahme. Es kann gefährlich sein, erst dann zu trinken, wenn man durstig ist. Appetitmangel und fehlender Durst können erste Symptome einer lebensbedrohlichen **Dehydrierung** sein, und wenn dazu noch Schwäche und Übelkeit auftreten und man nicht schwitzen kann, sollte dringend ein Arzt aufgesucht werden. Man sollte immer genau wissen, ob es auf der geplanten Strecke Wasser gibt; die Ranger wissen über den aktuellen Stand der Dinge Bescheid. Trotzdem muss man natürlich für alle Fälle ausreichend Wasser mitnehmen.

Wer einen Ausflug mit dem **Auto** plant, sollte jede Menge Wasser und Leuchtsignale, einen Erste-Hilfe-Kasten, ein Schlangenbiss-Set, Streichhölzer und einen Kompass dabeihaben. Sinnvoll sind außerdem eine Schaufel, Reifenpumpe und ein Ersatzkanister mit Benzin. Einen überhitzten Motor schaltet man nicht aus, sondern stellt den Wagen mit der geöffneten Motorhaube in den Wind und gießt Wasser auf den Kühler. Dabei die Klimaanlage abschalten und die Heizung aufdrehen, damit sich der Motor schnell abkühlt. Im Notfall sollte man sich nicht vom Auto entfernen, denn es ist schwieriger, eine umherirrende Person als ein Auto zu finden.

# Abenteuerurlaub

Die Möglichkeiten für Abenteuerurlaub in den USA sind endlos: von Wildwasser-Rafting auf dem Colorado River bis zu Mountainbiking in den vulkanischen Cascades, Reiten im Big Bend

National Park am Rio Grande in Texas und grandiosen Klettertouren an den Monolithen des Yosemite Valley. Mit einer ausführlichen Auflistung könnte man einen zweiten Band füllen.

Einige Orte haben sich zu echten Abenteuerzielen entwickelt, wie etwa Moab in Utah (S. 303). In den Regionalkapiteln dieses Buches werden Guides, Ausrüster und Touranbieter empfohlen.

## Wilde Tiere

Von den meisten Tieren geht keine Gefahr aus. Nur **Bären**, Berglöwen und Klapperschlangen könnten Probleme bereiten. Deswegen ist es wichtig, einige Verhaltensregeln zu kennen.

Bären wird man höchstens innerhalb der Nationalparks begegnen. In diesem Fall darf man nicht schnell weglaufen, sondern sollte vorsichtig den Rückzug antreten. Es sind vor allem die Lebensmittel, die ihre Begierde wecken. Beim Zelten sollte alles Essbare in luftdichten Behältern aufbewahrt werden. Am besten hängt man Lebensmittel und Abfälle in einiger Entfernung vom Zeltplatz an einen hohen, kräftigen Ast. Niemals sollte man sich dazu hinreißen lassen, Bären zu füttern. Zwischen eine Mutter und ihr Junges zu geraten, ist ebenfalls absolut zu vermeiden. Die Jungtiere mögen niedlich sein, zornige Mütter sind es mit Sicherheit nicht.

### Schlangen und Kleingetier

Obwohl die Wüsten Heimat einer ganzen Anzahl **giftiger Tiere** sind, haben Menschen von ihnen kaum etwas zu befürchten. Wenn man sich an bestimmte, einfache Regeln hält, dürfte eigentlich nichts passieren. Man sollte Tiere nicht anfassen, beim Spazierengehen die Augen offen halten, beim Klettern aufpassen, wo man hingreift, Schuhe, Kleidung und Bettzeug vor Gebrauch ausschütteln und sich zurückziehen, sobald man ein gefährliches Tier sieht, damit es sich nicht bedroht fühlt und sich in Ruhe aus dem Staub machen kann. Egal, ob Schlange, Spinne oder Skorpion: Wer gebissen oder gestochen worden ist, sollte eine kalte Kompresse um die Wunde legen, die entsprechende Stelle abbinden, damit sich das Gift nicht weiter verbrei-

ten kann, viel Wasser trinken und so schnell wie möglich professionellen Rat einholen (notfalls beim Ranger, besser noch beim Arzt). Niemals die Stelle aufschneiden oder/und aussaugen. Es ist nicht verkehrt, ein *snakebite kit* (Schlangenbiss-Set) dabeizuhaben. Man bekommt es in den meisten Ausrüstungsläden.

# Post

Die Schalter der Postämter haben meist Mo–Fr 9–17 Uhr und Sa 9–12 Uhr geöffnet. **Luftpost nach Europa** dauert etwa eine Woche und kostet $1,10 bis zu einer Unze (ca. 4 Blatt Papier oder 28 g).

**Innerhalb der USA** kosten Briefe bis zu einer Unze 46¢. Adressiert wird ein Brief in folgender Reihenfolge: Name, Straße (wobei die Hausnummer vor den Straßennamen kommt), Stadt und Abkürzung des Bundesstaates (Kalifornien z. B. CA) und zum Schluss eine fünfstellige Zahl, der **Zip code**. Diese amerikanische Variante der Postleitzahl ist sehr wichtig, denn jedes Postzustellamt hat einen anderen *zip code*. Den örtlichen *zip code* kann man dem Telefonbuch entnehmen oder im Internet auf der Seite des US Postal Service, ⌨ www.usps.com, finden.

Die Vorschriften für **Pakete** sind streng: Die Verpackung muss im Postamt gekauft und genau nach Anleitung verschlossen werden, Genaueres steht auf den ersten Seiten der Yellow Pages. Geht das Paket ins Ausland, muss eine grüne Zollerklärung ausgefüllt werden.

# Reisende mit Behinderungen

Im internationalen Vergleich ist man in den USA bestens auf Rollstuhlfahrer und Körperbehinderte eingestellt. Alle öffentlichen Gebäude, einschließlich Hotels und Restaurants, sind barrierefrei und haben Behindertentoiletten. Fast alle Bürgersteige, zumindest in den Städten, sind an den Straßenecken abgeflacht, und viele öffentliche Transportmittel besitzen Einstiegshilfen – in den U-Bahnen gibt es Aufzüge und viele Busse können für Rollstuhlfahrer „in die Knie" gehen.

## Informationen

Die meisten Fremdenverkehrsbüros bieten Infos für Reisende mit Behinderungen.

**SATH**, die Society for Accessible Travel and Hospitality in New York, ✆ 212 447 7284, ⌨ www.sath.org, ist ein gemeinnütziges Netzwerk aus Reisebüros, Veranstaltern, Hotels und Fluglinien sowie Menschen mit Behinderungen. Anfragen werden an kompetente Stellen weitergeleitet, die Antwort kann aber dauern. **Mobility International USA** in Eugene, Oregon, ✆ 503 343 1284, ⌨ www.miusa.org, erteilt Infos und führt Austauschprogramme für Behinderte durch.

In Deutschland gibt die **Nationale Koordinationsstelle Tourismus für Alle** (NatKo), Kirchfeldstr. 149, 40215 Düsseldorf, ✆ 0211/336-8001, ✉ info@natko.de, ⌨ www.natko.de, der sieben deutsche Behindertenverbände angehören, Infos zu Behindertenreisen.

## Transport

Der Americans with Disabilities Act von 1990 verpflichtet **Fluggesellschaften**, die Mehrzahl ihrer Leistungen behindertengerecht anzubieten. Wer auf ständige Hilfe angewiesen ist, kann normalerweise kostenlos eine Begleitperson mitbringen. Es ist ratsam, Sonderwünsche mindestens einen Tag im Voraus anzumelden.

Fast alle **Amtrak**-Züge haben besondere Abteile für Behinderte. Blinde, taube oder aus einem anderen Grund auf einen Begleithund angewiesene Reisende können diesen kostenlos mitnehmen; allerdings muss 24 Stunden vorher Bescheid gegeben werden. Besondere Zuginformationen für Schwerhörige gibt es unter ✆ 800 523 6590 (TTY/TDD).

Eine Fahrt mit **Greyhound** ist dagegen erheblich komplizierter. Hat man es tatsächlich geschafft, den Rollstuhl in einen Bus zu hieven, der dafür nicht ausgerüstet ist, fährt die Begleit-

person allerdings umsonst mit, sofern man eine ärztliche Bescheinigung über die Notwendigkeit einer Begleitung vorweisen kann. Die Angestellten der Intercity-Busse sind gesetzlich dazu verpflichtet, Behinderten samt Rollstuhl beim Einsteigen zu helfen.

Die **American Public Transportation Association** in Washington DC, ✆ 202 496 4800, ⌨ www. apta.com, hat aktuelle Informationen über behindertengerechten Nahverkehr in den Städten.

Die **American Automobile Association**, ⌨ www.aaa.com (Telefonnummern für die einzelnen Staaten auf der Website nachschauen), gibt für behinderte Autofahrer die Broschüre *Handicapped Driver's Mobility Guide* heraus. Größere Autoverleihfirmen bieten ohne Aufpreis Mietwagen mit Handbedienung an (allerdings nur in der teuersten Kategorie). Sie müssen frühzeitig reserviert werden.

# Schwule und Lesben

Die Gay-Szene konzentriert sich vor allem auf die Großstädte. San Francisco ist wahrscheinlich die größte Schwulen-/Lesbenstadt der Welt. Ganz allgemein genießen Homosexuelle beiderlei Geschlechts entlang der Westküste eine Freizügigkeit, von der man anderswo kaum zu träumen wagt. In praktisch jeder großen Stadt gibt es ein schwul-lesbisches Viertel, im Regionalteil dieses Buches sind entsprechende Adressen angegeben. Je ländlicher allerdings die Region, desto weniger liberal sind die Ansichten, und homosexuelle Traveller tun gut daran, eine gewisse Zurückhaltung zu üben.

Überregionale **Szeneführer** gibt es in jedem guten Buchladen. Bob Damron in San Francisco, ⌨ www.damron.com, macht die besten und verkauft sie sehr preiswert online. Dazu gehören der *Men's Travel Guide* ($18,36), ein Jahrbuch im Taschenbuchformat mit umfassenden Listen von Hotels, Bars, Clubs etc., *Women's Traveller* ($15,16) mit einer ähnlichen Auflistung für Lesben, der *Damron City Guide* ($18,36), der über Unterkünfte und Unterhaltung in den größeren Städten informiert und *Damron Accommodations* ($19,16) mit einer detaillierten Auflistung von mehr als 1000 Unterkünften weltweit für Lesben und Schwule.

*Gayellow Pages* in New York, ⌨ www.gay ellowpages.com, produziert ein nützliches Verzeichnis von Dienstleistungsunternehmen für Schwule in den USA und Kanada ($25, als CD-ROM $10).

*The Advocate*, ⌨ www.advocate.com, ist ein zweimonatliches US-weites Gay-Magazin ($3) mit Sitz in Los Angeles, das allgemeine Infos und Anzeigen bringt. Und zu guter Letzt: Die **International Gay & Lesbian Travel Association** in Fort Lauderdale, Florida, ✆ 954 776 2626, ⌨ www.ig lta.org, bietet Schwulen und Lesben auf Reisen eine Fülle von Adressen, Tipps und Informationen.

# Sicherheit

Niemand wird behaupten, in den USA gäbe es keine Kriminalität. Außerhalb der Metropolen wird man damit aber weniger in Berührung kommen als in den Großstädten. Aber auch der schlechte Ruf, den etwa Los Angeles hat, ist mitunter übertrieben. Zumindest tagsüber ist man hier verhältnismäßig sicher, sofern man sich nicht in die falschen Viertel verirrt. Nachts hingegen gibt es durchaus Gegenden, die absolut gemieden werden sollten. Manchmal liegen sie nur einen Block von der Touristenmeile entfernt.

In den Städten sind alle größeren Touristenviertel und Gegenden für Nachtschwärmer hell beleuchtet und von reichlich Polizei überwacht. Mit umsichtiger Planung und einem wachsamen Auge auf die eigenen Habseligkeiten lassen sich in der Regel Probleme von vornherein vermeiden.

## Sicher im Auto

Zu Übergriffen auf Touristen in **Mietwagen** kommt es zwar nicht mehr so häufig wie noch vor einiger Zeit, Vorsicht ist dennoch angebracht. In größeren Städten sollten sich am Wagen keinerlei Hinweise wie beispielsweise ein spezielles Nummernschild befinden, die ihn leicht als Mietfahrzeug identifizieren. Unter keinen Umständen sollte man in der Stadt in unbeleuchteten oder scheinbar verlassenen Gegenden anhalten, vor allem nicht, wenn jemand auf einen vorgeblichen Schaden am Fahrzeug aufmerksam macht und zum Anhalten auffordert. Gleiches gilt im Falle eines Auffahrunfalls von hinten – keinesfalls sofort anhalten, sondern bis zur nächsten, gut beleuchteten, belebten Stelle fahren und ✆ 911 anrufen. Wertgegenstände sind außer Sichtweite, am besten im Kofferraum oder im Handschuhfach zu verstauen.

## Marihuana und andere Drogen

In den letzten Jahren ist der **Konsum** von Marihuana als Freizeitdroge in einer Reihe von US-Bundesstaaten **legalisiert** worden, zuerst in Colorado (s. Kasten S. 158), Oregon, Washington und Alaska, gefolgt im November 2016 von Kalifornien, Massachusetts und Maine. In diesen Staaten kann *pot,* wie Marihuana in den USA gemeinhin genannt wird, in lizenzierten Geschäften gekauft werden, doch bisher gibt es nirgends Coffeeshops wie in Amsterdam. Ob nur Einheimische Marihuana kaufen dürfen und wie viel erworben werden darf, variiert von Staat zu Staat. Der Konsum in der Öffentlichkeit ist zumeist jedoch nach wie vor verboten.

Paradoxerweise ist Marihuana **auf US-Ebene** nach wie vor **illegal**, doch hat das in den genannten Bundesstaaten bisher zu keinerlei Problemen geführt. In mehr als 20 weiteren Staaten ist der Konsum von Marihuana zu medizinischen Zwecken erlaubt, jedoch nur mit Genehmigung. In den Staaten, in denen Marihuana noch immer illegal ist, kann man für den Besitz der Droge auch dann bestraft werden, wenn man sie anderswo legal erworben hat – daher sollte man sie in solchen Fällen nicht über die Bundesstaatsgrenzen mitnehmen. Andere Drogen sind auf Bundes- sowie bundesstaatlicher Ebene nach wie vor verboten, sodass der Besitz streng bestraft werden kann.

## Verlust von Pass und Reiseschecks

Generell sollten Wertsachen nicht im Zimmer, sondern im Hotelsafe verwahrt werden. Am schlimmsten ist der Verlust des **Reisepasses**; ohne ihn kommt man nicht nach Hause. In diesem Fall sollte man sich sofort an das nächste Konsulat wenden und um die Ausstellung eines **behelfsmäßigen Ausweises** bitten. Adressen siehe S. 37.

Ein weiteres, häufig auftretendes Problem sind verloren gegangene **Reiseschecks**. Die Firma, die sie ausgestellt hat, muss sofort telefonisch benachrichtigt werden. Sofern kein Verdacht auf Betrug besteht, erhält man innerhalb von wenigen Tagen neue Schecks, manchmal sogar etwas Bargeld zur Überbrückung.

## Ausweise

Ausweise sollte man immer dabeihaben. Führerscheine, Pässe und Kreditkarten werden in den USA allgemein als Ausweis akzeptiert. Wer ohne Führerschein beim Autofahren erwischt wird, wandert dafür ins Gefängnis.

# Sport

Abgesehen vom Spaß, den man als Zuschauer bei einem Baseballspiel oder bei einem Footballmatch haben wird, vermittelt der Besuch von Sportveranstaltungen ganz besondere Eindrücke einer Stadt und ihrer Bewohner. Die spektakulärsten Auftritte bleiben zwar fast immer den Profiteams vorbehalten, aber auch Begegnungen renommierter College-Mannschaften, Baseballspiele kleinerer Vereine und sogar freitagabends ausgetragene Footballspiele von Highschool-Teams bieten auf kurzweilige Weise Einblick in die Mentalität eines Orts.

Nähere Infos zu den wichtigsten Teams aller Sportarten sind in den Städtekapiteln dieses Buchs zu finden oder auf den Websites der jeweiligen Ligen: ⌨ www.mlb.com (Baseball), ⌨ www.nba.com (Basketball), ⌨ www.nfl.com (American Football), ⌨ www.nhl.com (Eishockey) und ⌨ www.mlssoccer.com (Fußball).

## Baseball

Angesichts der Fülle der in der Oberliga MLB (Major League Baseball) ausgetragenen Spiele – innerhalb einer Saison insgesamt 162 an der Zahl, und von April bis September sowie während der Playoffs im Oktober normalerweise mindestens fünf pro Woche –, ist Baseball der Sport, in dessen Genuss Reisende am leichtesten kommen. Stadien wie L.A.s prachtvolles Dodger Stadium machen das Erlebnis perfekt. Daneben ist Baseball mit Eintrittspreisen ab $10–15 für einen Sitzplatz eines der preiswertesten Sportspektakel, und Karten sind in der Regel problemlos zu bekommen.

## American Football

Ganz anders als beim Baseball ist es beim **Profi-Football**: Eintrittskarten sind horrend teuer, zudem fast unmöglich zu bekommen (sofern das Team nur einigermaßen gut ist), und die meisten Spiele werden in anonymen, bunkerartigen Stadien weit draußen in den Vororten ausgetragen. In einer Bar vor dem Fernseher hat man sicherlich mehr davon.

**College-Football** bietet weit mehr Spannung, Stimmung und billigere Preise. Wer Großveranstaltungen wie die Neujahrsspiele in der Rose Bowl live miterleben möchte, muss auf ein Wunder hoffen, um an Karten zu kommen. Ist man gerade in der entsprechenden Gegend, lohnen große Spiele wie USC gegen UCLA in jedem Fall.

## Basketball

Große Emotionen entfesselt auch Basketball. Die nicht enden wollenden **Playoff-Runden** der Profis ziehen sich bis in den Juni hin. Das einmonatige College-Turnier, genannt „March Madness", gilt vielen als das aufregendste Sportspektakel des Landes und wird in vielen kleinen bis mittelgroßen Städten im ganzen Land ausgetragen.

## Eishockey

Eishockey, meist einfach nur Hockey genannt, wurde lange Zeit nur in Kanada und im hohen Norden der USA gespielt. Aber jetzt hat das Hockeyfieber auch das übrige Land erfasst. Karten, vor allem für Spiele der erfolgreicheren Mannschaften, sind begehrte Mangelware und teuer.

## Fußball

*Soccer* hingegen ist immer noch eher ein Freizeitsport, vor allem für Kids. Wer sich für Fußball interessiert, sieht sich eher die Spiele internationaler Teams an, zum Beispiel Englands Premier League. Die gute Nachricht für Touristen ist, dass es in jeder mittelgroßen Stadt mindestens eine Kneipe gibt, wo Spiele aus Europa und Lateinamerika übertragen werden. Adressen und Termine unter 🖳 www.livesoccertv.com.

## Golf

Einst die Domäne reicher Geschäftsleute, erfreut sich Golf seit einigen Jahren einer breiteren Anhängerschaft, dank berühmter Golfer wie Tiger Woods und dem Bau zahlreicher städtischer und öffentlicher Golfplätze. Hier bestehen auch die einfachsten Zugangsmöglichkeiten zu einem Platz; die Platzgebühren betragen je nach Zustand des *greens* zwischen ungefähr $15 und $50. Auf privaten Golfplätzen ist es unterschiedlich geregelt, unter welchen Bedingungen Nicht-Mitglieder spielen dürfen (nachzulesen auf den Websites). Die Gebühren

sind hier allerdings höher und können bei den Spitzenplätzen $100 p. P. betragen.

## Skifahren

Man findet im ganzen Land hervorragende Skigebiete. Jene im Osten können sich allerdings kaum mit denen der Rockies wie Vail und Aspen in Colorado und der Sierra Nevada in Kalifornien messen. Liftkarten sind für $45–100 pro Tag zu haben, Ausrüstung gibt es ab $30 pro Tag zu mieten.

Eine preiswerte Alternative zum alpinen Skisport ist der **Langlauf**. In den Bergen entlang der Westküste und in den Rockies laden zahllose Lodges zu einem Aufenthalt ein. Neben Unterkunft in rustikalem Ambiente bieten sie Ausrüstung und Kurse ab $20 pro Tag inkl. Skier, Schuhe und Stöcke an, daneben auch Pauschaltouren inkl. aller Kosten am Wochenende für etwa $200.

# Telefon

In den USA gibt es mehr als 100 *area codes* – dreistellige regionale **Vorwahlnummern**, die der siebenstelligen Rufnummer vorausgehen, wenn man aus dem Ausland anruft (dann zuerst 001) oder aus einem anderen Vorwahlbereich (dann vor dem *area code* immer eine 1 wählen). Verwirrend ist, dass innerhalb der Grenzen mancher Städte unterschiedliche Vorwahlnummern gelten. In diesem Buch findet sich daher zu jedem einzelnen Ort und ggf. zu jedem Stadtvier-

| Internationale Vorwahlen | |
|---|---|
| **Nach Europa** | |
| Deutschland | 01149 |
| Österreich | 01143 |
| Schweiz | 01141 |
| **In die USA** | |
| aus Deutschland, Österreich und der Schweiz | 001 |

tel der jeweilige *area code*. In einigen Städten müssen auch innerhalb des Vorwahlbereichs alle zehn Ziffern gewählt werden. Nummern, die mit 800 beginnen – sowie immer häufiger mit 888, 877 und 866 – sind gebührenfrei, können aber nur von innerhalb der USA angewählt werden; die meisten Hotels und viele Unternehmen haben eine gebührenfreie Nummer, die jeweils auf der Website zu finden ist.

**Auslands-** und **Ferngespräche** sind – sofern man nicht alle seine Telefonate über Skype, 🖵 www.skype.com, abwickelt – am günstigsten mit einer Prepaid-Telefonkarte, die Zeitungsläden und Lebensmittelgeschäfte vor allem in den Städten verkaufen. Sie sind billiger als vergleichbare Karten der großen Telefongesellschaften wie AT&T. Die Tarife für Gespräche in die meisten europäischen Länder liegen nur bei ein paar Cent pro Minute. Mit der Karte kann man von jedem normalen Tastentelefon anrufen, an öffentlichen Telefonen wird es aber etwas teurer.

Wer sein eigenes **Handy** (nur Triband und Quadband) benutzen möchte, sollte sich vorab bei seiner Telefongesellschaft nach den Roaming-Gebühren erkundigen. Preiswerter ist es, eine amerikanische SIM-Karte einzusetzen, damit ändert sich aber natürlich die Telefonnummer. Sollte das Handy *(cell phone)* in den USA nicht funktionieren, lässt sich auch eins mieten; siehe zum Beispiel 🖵 www.triptel.com oder www.telestial.com.

# Transport

Die Entfernungen in den USA sind so groß, dass man sich sehr gut überlegen sollte, wie man sich von einem Ort zum andern bewegt. **Amtrak**, die Eisenbahngesellschaft, unterhält ein Schienennetz, das oft durch sehr reizvolle Regionen führt, und zwischen den größeren Städten gibt es in der Regel gute **Busverbindungen**. Aber auch in ländlichen Gegenden kann man mit guter Planung die interessantesten Orte relativ problemlos per Bus erreichen.

Am einfachsten reist es sich aber immer noch mit dem **Auto**. Viele lohnende Ziele liegen abseits der Zentren und auch wenn ein Nationalpark

## Nostalgiezüge

Die glanzvolle Ära der Eisenbahn erleben – das kann man in einer Reihe von historischen Bahnen und Panoramazügen (mal sind es Dampfloks, mal Schmalspurbahnen) entlang alter Bergbaustrecken. Einige sind einfach nur pures Touristenvergnügen und drehen in ein bis zwei Stunden eine Runde durch schöne Landschaft, andere können einen tatsächlich in entlegenen Gebieten absetzen, die ansonsten nur schwer erreichbar sind. Die Preise richten sich nach der Fahrtdauer. Die reizvollsten Strecken sind in den entsprechenden Abschnitten in diesem Buch beschrieben, so etwa auf S. 185.

irgendwie mit dem Bus zu erreichen ist, ist man ohne Auto vor Ort ziemlich eingeschränkt und lässt sich einen Teil des Vergnügens entgehen.

## Eisenbahn

Mit den Zügen des nationalen Bahnunternehmens Amtrak, 📞 800 872 7245, 🖵 www.amtrak. com, reist man zwar bequem, aber selten schnell, und das Netz ist recht lückenhaft. Auf Fernstrecken verkehren ein oder höchstens zwei Züge am Tag, sodass in ganzen Landstrichen der einzige Zug des Tages morgens um drei oder vier durchkommt. Die Amtrak-Haltestellen sind durch Nahverkehrszüge oder mit dem gut funktionierenden Thruway-Busdienst (ebenfalls von Amtrak betrieben) mit kleineren Orten verbunden, allerdings längst nicht flächendeckend.

Auf bestimmten Strecken kann eine Zugfahrt teurer sein als der Greyhound-Bus oder gar das Flugzeug. Der Normalpreis von New York nach Los Angeles liegt bei Buchung im Internet mindestens einen Monat im Voraus bei etwa $185 (einfach), allerdings gibt es auch Sonderangebote, besonders außerhalb der Hochsaison (Sep–Mai, Weihnachten ausgenommen). Dann kann man für rund $230–300 von Küste zu Küste und wieder zurück fahren. Daneben gibt es verschiedene Bahnpässe (s. Kasten S. 61).

Ob Pass oder nicht, man sollte auf jeden Fall reservieren – am besten so früh wie möglich. Denn alle Passagiere müssen einen Sitzplatz haben, und manche Züge sind schnell ausgebucht. Schlafwagenabteile kosten für ein bis zwei Personen zusätzlich zum Fahrpreis ab $400 pro Nacht (drei volle Mahlzeiten inkl.). Aber auch die Standardwagen sind überraschend geräumig, und es gibt ja immer noch die Speise- und Lounge-Wagen, mit Bar und manchmal Panoramafenstern.

## Busse

Mit dem Bus reist man in Amerika am billigsten. Die größte Busgesellschaft **Greyhound**, ✆ 800 231 2222 oder ✆ 214 849 8100 (5–1 Uhr Central Standard Time), 🖥 www.greyhound.com, verbindet fast alle Städte nennenswerter Größe. In ländlichen Gegenden kann es vorkommen, dass der Bus nur einmal am Tag vorbeikommt – wenn überhaupt. Angehalten wird nur für kurze Essenspausen an Fastfood-Stationen oder für einen Fahrerwechsel.

Um unangenehme Situationen zu vermeiden, setzt man sich nicht zu weit vom Fahrer weg und sollte möglichst noch bei Tageslicht am Zielort ankommen. Viele Bushaltestellen befinden sich (zumindest in größeren Städten) in ziemlich üblen Gegenden. In vielen kleineren Ortschaften dienen das Postamt oder eine Tankstelle gleichzeitig als Greyhound-Haltestelle samt Fahrkartenverkauf. Reservierungen, entweder persönlich am Busbahnhof, online oder über die kostenlose Telefonnummer, sind nicht obligatorisch, aber empfehlenswert. Merkwürdigerweise garantiert eine Reservierung aber keinen Sitzplatz, sodass man sich also früh in die Warteschlange einreihen sollte. Unter Umständen muss man auf den nächsten Bus warten, aller-

### Adressen für Bahn und Bus

**Amtrak**, 🖥 www.amtrak.com

**Greyhound**, 🖥 www.greyhound.com

**Green Tortoise**, 🖥 www.greentortoise.com

**STA Travel**, 🖥 www.statravel.com

### Green Tortoise

Auf Langstrecken gibt es eine prima Alternative zum anstrengenden Trip im Greyhound: **Green Tortoise**. Die Busse sind mit Kojen samt Schaumstoffmatratze, Kühlschränken und Stereoanlage ausgestattet. Sie verkehren vor allem im Westen und Nordwesten des Landes, fahren teilweise aber auch bis New Orleans, Washington DC und New York. Zu den Highlights zählen der California Cruiser (11 Tage; $569) und verschiedene Cross-Country-Strecken (14 Tage; ab $1150); Essen und Nationalparkgebühren kosten extra.

Insgesamt werden mehr als **30 verlockende Routen** angeboten, alle mit genug Zwischenaufenthalt zum Wandern, Raften oder Baden in heißen Quellen usw. Die Zentrale von Green Tortoise befindet sich in San Francisco, ✆ 415 956 7500 oder 800 867 8647, 🖥 www.green tortoise.com.

dings setzt Greyhound, wenn viele Leute warten, vielleicht einen zweiten Bus ein.

Die **Fahrpreise** für kürzere Entfernungen liegen durchschnittlich bei 25¢ pro Meile, auf längeren Strecken werden häufig Rabatte eingeräumt. Infos über Ermäßigungen gibt es auf der Website.

Andere Busunternehmen sind zum Beispiel Trailways, ✆ 800 776 7581, 🖥 www.trailways. com, das einige Landesteile mit einem feinmaschigeren Busnetz abdeckt, und Green Tortoise (s. Kasten).

## Flugzeug

Trotz guter Billigairlines – allen voran Southwest und JetBlue – sind Inlandflüge nicht mehr ganz so attraktiv wie vor einiger Zeit. Die Treibstoffpreise explodieren, Verbindungen werden gestrichen, Standardservice kostet extra und Tickets sind durchgehend deutlich teurer geworden. Um einen wirklich günstigen Flug zu erwischen, muss man mindestens drei Wochen im Voraus reservieren, außerhalb der Hauptsaison fliegen und einen Tarif wählen, der *non-refunda-*

KANADA

*ATLANTISCHER OZEAN*

400 Meilen

0

Boston
New York City
Atlantic City
Montreal
Niagara Falls
Philadelphia
Washington D.C.
Toronto
Pittsburgh
Cleveland
Cincinnati
Louisville
Nashville
Charleston
Savannah
Jacksonville
Orlando
Detroit
Atlanta
Birmingham
Tampa
*Lake Ontario*
*Lake Erie*
*Lake Michigan*
*Lake Superior*
Milwaukee
Madison
Chicago
Memphis
New Orleans
Duluth
Minneapolis-St Paul
Omaha
St Louis
Kansas City
Little Rock
Oklahoma City
Dallas
Fort Worth
Houston
San Antonio
MOUNT RUSHMORE
Denver
Santa Fe
Albuquerque
El Paso
BIG BEND N.P.
MEXIKO
YELLOWSTONE N.P.
Salt Lake City
GRAND CANYON N.P.
Flagstaff
Phoenix
Tucson
Glacier Park
Las Vegas
Reno
Bakersfield
YOSEMITE N.P.
Los Angeles
San Diego
Vancouver
Seattle
Portland
Oakland
San Francisco

*ATLANTISCHER OZEAN*

**Amtrak-Strecken**

*ble* ist – Umbuchungen können dann $100 oder mehr kosten.

Mit etwas Planung ist Fliegen aber immer noch billiger als Zugfahren, wenn auch teurer als der Bus. Wo sich das Flugzeug für kurze Strecken anbietet, stehen entsprechende Infos im Regionalteil dieses Buches. Ansonsten kann man sich direkt bei den Fluggesellschaften (S. 36) über Flugpläne und Preise informieren.

# Mietwagen

Für manchen ist die Vorstellung den Highway entlang zu rauschen – am liebsten im Cabrio mit aufgedrehtem Radio – der Hauptanreiz für eine Reise in die Staaten. Das romantische Bild, das uns zahllose Road Movies vermitteln ist gar nicht so weit von der Wirklichkeit entfernt – wobei man auch ohne Alkohol, Drogen und Sex unterwegs viel Spaß haben kann. Mit einem Auto lässt sich eine ganz individuelle Route planen, und die kaum vorstellbare Weite der Landschaft wird ein unvergessliches Erlebnis bleiben.

Innerhalb der Städte steht nicht unbedingt der Spaßfaktor an oberster Stelle, aber auch hier ist ein Auto das praktischste Transportmittel, zumal der Nahverkehr außerhalb der großen Zentren nicht sehr gut ausgebaut ist. Viele urbane Regionen sind aufs Autofahren ausgelegt und erstrecken sich meilenweit in alle Himmelsrichtungen – Los Angeles und Houston sind typische Beispiele –, sodass die eigentlichen Sights womöglich 15 oder 20 Meilen vom Hotel entfernt sind – oder auch nur jenseits des Highways, den man zu Fuß nicht überqueren kann.

## Voraussetzungen

Um ein **Auto** zu **mieten**, muss man den Führerschein seit mindestens einem Jahr haben. Wer jünger als 25 ist, könnte Probleme bekommen oder wird eine höhere Versicherung bezahlen müssen. Autovermietungen erwarten in der Regel eine Kreditkarte als Sicherheit. Einige wenige Firmen akzeptieren auch eine Kaution in bar, dann aber mindestens $500, worauf man sich aber nicht verlassen sollte.

Alle großen **Mietwagenfirmen** haben ein Büro am Flughafen, jedoch ist es oft billiger, ein

## Geld sparen mit Pässen

### Amtrak

Den **USA Rail Pass**, landesweit gültig für eine bestimmte Anzahl von Fahrten innerhalb eines bestimmten Zeitraumes, gibt es für 15 Tage/8 Fahrten ($459), 30 Tage/12 Fahrten ($689) und 45 Tage/18 Fahrten ($899). Der California Rail Pass gilt an sieben Reisetagen innerhalb von 21 Tagen und kostet $159. Die Pässe können über die Amtrak-Website www.amtrak.com gekauft werden. Verkaufsstellen in Europa sind z. B. MESO Reisen, Otto-Suhr-Allee 59, 10585 Berlin, ☎ 030/212 3419 0, ✉ 030/212 3419 27, 🖥 www.meso-berlin.de, und North America Travelhouse, CRD International, Stadthausbrücke 1–3, 20355 Hamburg, ☎ 040/300 6160, ✉ 040/300 61655, 🖥 www.crd.de.

### Flugpässe

Bei mehreren Flügen innerhalb der USA kann sich ein **Flugpass** lohnen. Pässe müssen vor der Abreise gekauft werden und sind oft an die Gesellschaft, mit der man den Atlantik überquert, oder an einen Zusammenschluss von Fluglinien (wie Star Alliance) gebunden. Man kauft eine bestimmte Anzahl von Flügen, Meilen oder Coupons. Andere Angebote bringen ausländischen Reisenden Ermäßigungen auf US-Inlandstrecken, auch dafür muss das Ticket schon zu Hause gekauft werden. Es lohnt sich, die Tarife verschiedener Fluggesellschaften zu vergleichen.

Fahrzeug bei einer innerstädtischen Filiale zu mieten. Reservierungen laufen über eine Zentrale, sodass man online oder über die landesweiten gebührenfreien Telefonnummern gut die Tarife vergleichen kann. Die Konditionen können sehr unterschiedlich sein. Für manche Städte oder Bundesstaaten ist die Automiete durchgehend günstiger als für andere. Fly&Drive-Angebote sind immer ein guter Deal und bei den großen Mietwagenfirmen gibt es zum Teil bis zu 60 % Frühbucher-Rabatt. Wer reserviert, aber noch nicht bezahlt hat, sollte eine schriftliche Buchungsbestätigung mit Preisangabe dabei-

## Autofahren in den USA

Europäer dürfen mit ihrem gültigen Führerschein in den USA Auto fahren, es empfiehlt sich aber, einen internationalen **Führerschein** dabeizuhaben.

Entfernungen werden in Amerika in *miles* (Meilen) angegeben; eine Meile sind etwa 1,6 km. Unseren Autobahnen entsprechen die sechsspurigen **Interstate Highways**. Amerikaner wechseln gern und häufig die Spur, oft ohne zu blinken, und überholen rechts *und* links. Große Schilder über der Fahrbahn kündigen die Teilung einer Straße an. *Exits* (Abfahrten) sind ausgeschildert, in seltenen Fällen ist die Abfahrt auch auf der linken Spur. **State Highways** und **US Highways** sind etwas schmaler und ändern häufig ihren Namen, wenn sie durch Städte führen.

Für einige Straßen und Brücken werden Mautgebühren *(toll)* verlangt. In Wohngebieten sind die Straßen oft im rechtwinkligen Raster angelegt. Nicht nur in Wohngebieten kommt es vor, dass an einer **Kreuzung** oder Einmündung an jeder Straße ein „4-Way Stop"- oder „All-Way Stop"-Schild steht. Wer zuerst ankommt, fährt in diesem Fall auch zuerst weiter. Bei längeren Schlangen geht es auf diese Weise automatisch reihum. Im Zweifelsfall verständigt man sich durch Handzeichen. An einer roten Ampel darf man normalerweise rechts abbiegen, wenn kein Verkehr von links kommt, es sei denn, ein Schild „no turn on red" verbietet dies ausdrücklich.

Gesetzlich ist jeder gehalten, sich dem allgemeinen Verkehrsfluss anzupassen, dieser rauscht aber manchmal mit 80 mph dahin, obwohl das *speed limit* (**Höchstgeschwindigkeit**) je nach Staat 55–75 mph (88–121 km/h) beträgt. Falls man von der Polizei angehalten wird, sollte man im Wagen bleiben, die Hände auf dem Lenkrad lassen und nicht ins Handschuhfach oder in eine Tasche fassen, da die Polizisten glauben könnten, man greife nach einer Waffe.

**Ordnungswidrigkeiten**, für die man zur Kasse gebeten wird, sind etwa Halten an der Autobahn, Wenden an Stellen mit durchgezogener Linie, sich auf den Vordersitzen nicht anschnallen oder mit leerem Tank liegen bleiben. Beim Falschparken (z. B. neben rot markierten Randsteinen oder zu nahe an Hydranten – Mindestabstand 3 m) kann es vorkommen, dass man nicht nur einen Strafzettel bekommt, sondern das Auto abgeschleppt wird oder die Räder blockiert werden.

Im Interesse der eigenen **Sicherheit** empfiehlt es sich, vor allem nachts die belebten Highways nicht zu verlassen und unsichere Viertel zu meiden. Um sich vor Überfällen zu schützen, verriegeln Amerikaner im Stadtverkehr ihre Autos von innen. Es ist nicht ratsam, Tür oder Fenster zu öffnen, wenn sich jemand dem Wagen nähert, um (angeblich) nach dem Weg zu fragen. Wertsachen möglichst außer Sichtweite verstauen!

haben. In der Nebensaison ist ein Kleinwagen *(subcompact)* manchmal schon für $150 pro Woche zu bekommen, üblich sind eher $35–40 pro Tag oder etwa $220 pro Woche inkl. Steuern.

Kleine lokale Autovermietungen haben oft günstigere Angebote, dabei kann man aber auch reinfallen – am besten so viele Infos wie möglich einholen. Auch bei den großen Firmen, deren Preise pro Woche meist $50–100 über denen der örtlichen Anbieter liegen, kann die Qualität der Wagen sehr unterschiedlich sein. Marktführer wie Alamo, Hertz und Avis haben neuere Autos mit niedrigerem Tachostand sowie zuverlässigere Pannenhilfen. Wichtig sind außerdem **unbegrenzte Freikilometer** und man

sollte wissen, dass $200 oder mehr aufgeschlagen werden, wenn das Auto in einem anderen Bundesstaat wieder abgegeben wird.

### Kleingedrucktes und Versicherung

Die einzige erforderliche **Versicherung** ist die Unfallversicherung (Collision Damage Waiver, manchmal auch Liability Damage Waiver, LDW). Damit ist das eigene Fahrzeug versichert (gegen damit verursachte Schäden an anderen Fahrzeugen ist es ohnehin in jedem Fall versichert). Die Beiträge zur Unfallversicherung schlagen mit $12–20 pro Tag zu Buche. Einige Kreditkartengesellschaften bieten dem Benutzer automatisch eine CDW, man sollte sich vorher erkundigen. Einen Schutz vor Unfallkosten bietet auch eine recht günstige Jahrespolice von Insurance 4CarHire, 🖳 www.insurance4carhire.com.

Die **American Automobile Association (AAA)**, 📞 800 222 4357, 🖳 www.aaa.com, bietet kostenlose Landkarten und Hilfestellung bei **Autopannen** auch für Mitglieder einiger europäischer Automobilclubs wie des deutschen ADAC. Ansonsten steht für den Fall einer Panne eine Notrufnummer am Armaturenbrett. Wer kein Handy dabeihat, kann mit dem Auto eins mieten – oft zahlt man so gut wie nichts, wenn man das Telefon dann doch nicht braucht – und in größeren Städten gehören sie immer öfter zum Standard.

## Mietwagenfirmen

**Alamo**, 🖳 www.alamo.de
**Avis**, 🖳 www.avis.de
**Budget**, 🖳 www.budget.de
**Dollar**, 🖳 www.dollarrentacar.de
**Enterprise**, 🖳 www.enterprise.com
**Hertz**, 🖳 www.hertz.de
**Holiday Autos**, 🖳 www.holidayautos.de
**National**, 🖳 www.national.de
**Sixt**, 🖳 www.sixt.de
**Thrifty**, 🖳 www.thrifty.com

## Vergleichsportale

🖳 www.billiger-mietwagen.de
🖳 https://mietwagen.check24.de
🖳 www.happycar.de

# Radfahren

In vielen Städten gibt es Radwege und Stadtbusse, in denen (außen festgemacht) Fahrräder mitgenommen werden können. Reizvoller ist es aber in ländlichen Gebieten. Hier haben die Straßen breite Seitenstreifen und der Verkehr hält sich meist in Grenzen. Ausgesprochen billig ist das Vergnügen jedoch nicht, es sei denn, man bewegt sich fast ausschließlich per Rad und bringt sein eigenes mit. Fahrräder können für $15–50 pro Tag oder zu günstigeren Wochenpreisen gemietet werden. Vermietungen findet man in Strand- und Universitätsnähe oder in Gebieten, die sich gut zum Radfahren eignen. Informationen geben die örtlichen Visitor Centers.

## Trampen

Trampen ist in der Regel in den USA eine **ganz schlechte Idee**, besonders für Frauen. Zum einen weiß man nie, an wen man gerät, zum anderen kann es stellenweise lebensgefährlich sein, dicht an der Fahrbahn herumzustehen. In vielen Bundesstaaten ist *hitchhiking* sogar illegal und man muss mit einer Geldstrafe rechnen – wenn nicht sogar mit einer Nacht hinter Gittern. Dennoch ist Trampen in ländlicheren Gegenden mit schlechten oder gar nicht vorhandenen öffentlichen Verkehrsmitteln noch immer recht weit verbreitet.

Die gemeinnützige Organisation **Adventure Cycling Association** in Missoula, Montana, 📞 406 721 1776 oder 800 755 2453, 🖳 www.adventurecycling.org, verkauft Karten zu verschiedenen Routen, auf denen alles eingetragen ist, was ein Radler unterwegs braucht. Viele Bundesstaaten geben auch eigene Infobroschüren für Radfahrer heraus (Tourist Offices s. S. 44).

Wichtig sind gute Landkarten, etwas Werkzeug, ein Fahrradhelm (in vielen Staaten und Gemeinden gesetzlich vorgeschrieben) und eventuell eine Radlerhose.

Wer in die Pedale treten will, sollte die Interstates tunlichst meiden (dort macht's keinen Spaß und die meisten sind für Radfahrer eh verboten) und sich an befestigte Landstraßen halten. Außerdem können Riesenbrummis wie Wohnmobile, gigantische Lkw (oft mit 18 Rädern) oder Langholztransporter beim Vorbeifahren einen solchen Sog auslösen, dass es den armen Radler unweigerlich in die Straßenmitte zieht.

**Backroads Bicycle Tours**, 📞 800 462 2848, 🖳 www.backroads.com, und der Hostelverband HI-AYH (S. 66) organisieren mehrtägige Radtouren, mit Zelt oder Übernachtung in Landgasthöfen; örtliche Anbieter werden im Regionalteil dieses Buches genannt. Tipps zu Radreisen weltweit und eine Übersicht über Radreiseveranstalter bietet das Info-Portal 🖳 **www.radreise-service.de**.

Greyhound, Amtrak, und die großen Fluggesellschaften nehmen gegen Gebühr Fahrräder mit – demontiert und in einen Karton verpackt.

# Übernachtung

Das Übernachten ist meist der größte Posten in der Reisekasse, besonders in den Städten. Aber egal, wo man unterwegs ist, ein gutes, bezahlbares Motel oder Hotel findet sich fast immer. Und wer ein paar Dollar mehr ausgibt, kann sich in traumhaften historischen Hotels und Lodges einquartieren.

Die im vorliegenden Buch angegebenen Preise beziehen sich auf das billigste DZ während der Hochsaison. Die Zimmerpreise der **Motels und Hotels** fangen bei etwa $55 an, in den großen Städten eher bei $85. Außerhalb der Saison sind erhebliche Preisnachlässe möglich. Im Bereich der Luxushotels gibt es preislich nach oben hin natürlich keine Grenzen; wer mag, kann für eine exklusive Suite locker eine vierstellige Summe hinlegen. In vielen Hotels kann man für $15–25 ein Zusatzbett für eine dritte Person bekommen.

Wer allein unterwegs ist, zahlt mehr, denn *Singles* (Einzelzimmer) sind in der Regel Doppelzimmer, die zu einem kaum niedrigeren oder gleich zum Doppelzimmerpreis angeboten werden. Ein **Dormbett** im Hostel kostet $20–40 pro Nacht, aber Sauberkeit und Sicherheit können zu wünschen übrig lassen. Die Ersparnis im Vergleich zum Motel ist oftmals nur minimal, es sei denn, man reist allein. In einigen Regionen ist **Camping** eine preiswerte – und reizvolle – Alternative, siehe „National Parks und Outdoor-Aktivitäten" S. 48. Weitere Möglichkeiten, ein Zimmer zu finden, bieten sich im Internet über ⌨ www.airbnb.com und ⌨ www.couchsurfing.org.

Es ist üblich, das Zimmer mit Kreditkarte im Voraus zu bezahlen, zumindest für die erste Nacht. Einige Hotels akzeptieren auch noch Bargeld. Reservierungen – in den Touristengebieten im Sommer ein Muss – werden nur bis 18 Uhr gehalten, im Fall einer vorher angekündigten späten Ankunft auch länger.

Übrigens: In manchen Städten – wahrscheinlich ausgerechnet in denen, die ganz oben auf der Reisewunschliste stehen – wird eine **Hotelsteuer** erhoben, die den Übernachtungspreis unterm Strich um bis zu 15 % erhöht.

Und noch etwas: Abgesehen von den im Buch angegebenen örtlichen Telefonanschlüssen besitzen viele Hotels auch **kostenlose Telefonnummern** (*freephone numbers;* stehen auf der jeweiligen Website), die innerhalb der USA gewählt werden können.

## Hotels und Motels

Die meisten im Buch aufgeführten Unterkünfte sind als „Hotels" zu bezeichnen; Motels („Motor-Hotels") findet man vor allem an großen Ausfallstraßen, die Parkplätze meist direkt vor der Zimmertür, um den kürzesten Weg zwischen Kofferraum und Bett zu gewährleisten. Nur in der allerbilligsten Kategorie entsprechen die Zimmer nicht immer dem üblichen Standard von ein bis zwei Doppelbetten, Fernseher, Telefon, Wasserkocher, Bad mit Wanne oder Dusche und einem Stapel weißer Handtücher. An dieser Einrichtung ändert sich eigentlich wenig, ob man nun $55 oder $85 zahlt. Bei mehr als $85 ist das Zimmer ein wenig größer und die Einrichtung umfangreicher, vielleicht gibt es einen Pool, Bügeleisen und Bügelbrett und Qualitäts-Kabel-TV (HBO etc.). Fast alle Hotels und Motels bieten inzwischen WLAN, vielleicht aber nur in der Lobby.

Am günstigsten sind meist die kleinen, unabhängigen Motels. Sie verschwinden zumindest in den Ballungszentren aber langsam. Entlang der großen Interstates spricht einiges dafür, ein paar Dollar mehr auszugeben und in den Ablegern der landesweiten **Motelketten** zu übernachten. Die Bandbreite reicht von den verlässlichen und billigen Super 8 und Motel 6 (ab $55) über Days Inn und La Quinta (ab $65) zum komfortableren Holiday Inn Express und Marriott (ab $85).

In der **Nebensaison** sind viele Motels und Hotels nicht ausgelastet, sodass sich vielleicht ein besserer Preis aushandeln lässt, besonders in Unterkünften, die nicht zu einer Kette gehören. Auch wenn man länger als eine Nacht bleibt, lohnt es sich nachzufragen.

In den Gratisbroschüren, die in Visitor Centers und in den Welcome Centers in der Nähe der Grenzen zwischen den Bundesstaaten ausliegen, finden sich außerdem **Discount Coupons**, mit denen sich einiges sparen lässt – aber vorher das Kleingedruckte lesen! Online-Tarife sind für gewöhnlich günstiger, manchmal sogar erheblich.

Die wenigsten der billigen Hotels und Motels nehmen den Konkurrenzkampf mit den allgegenwärtigen Diners auf, die Frühstück servieren. Deshalb gibt es nur in wenigen ein **Frühstück**, obwohl in der Lobby (Rezeption) oft kostenlos Kaffee in Styropor-Bechern ausgeschenkt wird. Mit Glück bekommt man dazu Gebäck und Obst oder Müsli – das Ganze firmiert dann als *continental breakfast*.

## Bed & Breakfast

Bed & Breakfast ist eine – manchmal luxuriöse – Alternative zu gewöhnlichen Hotels, die immer beliebter wird. Kleinere B&Bs bestehen oft nur aus einigen möblierten Zimmern bei einer Familie. Selbst die größten haben nicht mehr als zehn Zimmer, manchmal weder Fernseher noch Telefon, dafür jede Menge Plüsch und viktorianische Gemütlichkeit, für manch einen vielleicht zu anheimelnd.

Wem diese gewollt niedliche Behaglichkeit zusagt, dem bieten sich im ganzen Land zahlreiche Unterkünfte dieser Art. Dabei sollten aber ein paar Dinge bedacht werden: In den B&Bs ist man kein anonymer Gast wie in einem Kettenhotel, sondern es wird vielleicht erwartet, dass man sich mit den Gastgebern und den anderen Gästen unterhält, besonders beim Frühstück. In einigen B&Bs gibt es außerdem Sperrstunden, sodass es entweder nicht möglich ist oder es auf wenig Begeisterung stößt, wenn die Gäste lange nach Mitternacht nicht mehr ganz nüchtern ins B&B zurückwanken. Am besten schaut man sich vorher im Internet an, was die einzelnen B&Bs erlauben bzw. nicht erlauben – oft gibt es dafür eine längere Liste.

Im Preis für ein Doppelzimmer – je nach Lage und Saison zwischen $85 und $275 – ist immer ein Frühstück inbegriffen. Die entscheidende Frage ist: Hat das Zimmer ein eigenes Bad? Die meisten B&Bs bieten das, wenn auch das Flair alter Häuser durch moderne Einbauten oft lei-

det. Am oberen Ende des Spektrums besteht der Unterschied zwischen einem „Boutiquehotel" und einem B&B manchmal nur darin, dass das B&B keiner Kette angehört, sondern privat betrieben wird.

Bed & Breakfast Inns sind oft monatelang im Voraus ausgebucht, es ist also sinnvoll, rechtzeitig zu reservieren. In manchen Regionen gibt es zentrale Reservierungsbüros.

## Historische Hotels und Lodges

Vor allem im Westen der USA gibt es in vielen Orten historische Hotels, ob aus der Zeit des Eisenbahnbaus oder aus der Glanzzeit der Route 66 in den 40er- und 50er-Jahren. Wer nostalgisches Flair mag und auf modernste Ausstattung verzichten kann, findet hier echte Perlen. Die besseren verlangen $200 oder mehr, im Schnitt zahlt man eher $100–150 für ein Zimmer ohne Luxus, aber mit Atmosphäre und Retro-Einrichtung.

Einige Nationalparks haben traditionsreiche Hotels mit besonderer Architektur, **Lodges** genannt, die nicht übermäßig teuer sind. Einziger Nachteil: Sie sind meist lange im Voraus ausgebucht. Zu den besten zählen El Tovar und die Grand Canyon Lodge am South bzw. North Rim des Grand Canyon, das Old Faithful Inn in Yellowstone und die Glacier Park Lodge im Glacier National Park.

## Hostels

Zwar sind Hostels in den USA dünner gesät als Jugendherbergen in Europa, doch Unterkünfte für Rucksackreisende und Budgettraveller sind auf dem Vormarsch. Sofern man zu zweit oder zu mehreren reist, schläft es sich hier allerdings kaum billiger als in einem Motel. Daher ist ein Hostel vor allem für diejenigen geeignet, die eine Vorliebe für Jugendherbergsbetrieb und Geselligkeit haben. Allerdings sind viele Hostels mit öffentlichen Transportmitteln nicht erreichbar, und in den Städten liegen sie oft weit von den Sehenswürdigkeiten entfernt. Dasselbe gilt erst recht für ländliche Gegenden, doch da kann

## Adressen

Straßen in größeren Städten sind meistens rasterförmig angelegt und bilden regelmäßige Häuserblocks. Die Hausnummer wird vom Block, in dem das Haus steht, abgeleitet; jeder Block hat eine andere Anfangsnummer. Blocknummern beginnen bei 1, meist im Zentrum der Stadt. Entsprechend wäre „620 S Cedar Avenue" sechs Blocks südlich des Stadtzentrums. „Südlich" entnimmt man dem „S". Daher ist es sehr wichtig, sich solche Buchstaben wie „NW" oder „SE" genau zu merken, denn 3620 SW Washington Boulevard ist vom 3620 NE Washington Boulevard schrecklich weit entfernt.

die Abgeschiedenheit gerade den besonderen Reiz ausmachen.

Inzwischen sind die meisten Hostels unabhängig vom Netzwerk des HI-AYH (Hostelling International–American Youth Hostels, ☎ 240 650 2100, ⌨ www.hiusa.org)). Viele sind nichts weiter als umfunktionierte Motels: Die „Dorms" sind muffige Zimmer, in die ein paar Stockbetten gestellt wurden und die bei Bedarf auch als Doppelzimmer vermietet werden. Normalerweise bringt man Laken oder einen Schlafsack mit. Ein Bett im Dorm kostet $20–40, ein Doppelzimmer $40–60; in den größeren Städten liegen die Preise eher am oberen Ende der Skala. Die wenigen HI-Hostels haben eine abendliche Sperrstunde und getrennte Räume für Jungs und Mädchen.

### Jugendherbergswerke

Über die folgenden Jugendherbergswerke bekommt man nicht nur die **JH-Mitgliedschaft**, gültig in angegliederten Hostels weltweit, sondern auch den *International Youth Hostel Guide* mit einer umfassenden Auflistung von Hostels.
**DJH Service GmbH,**
⌨ www.jugendherberge.de
**Österreichisches Jugendherbergswerk,**
⌨ www.jungehotels.at
**Schweizer Jugendherbergen,**
⌨ www.youthhostel.ch
**Hostelling International – American Youth Hostels,** ⌨ www.hiayh.org

# Versicherungen

Eine **Auslandskrankenversicherung** gehört auf jeden Fall ins Gepäck. Nur wenige private Krankenkassen schließen den weltweiten Schutz im Krankheitsfall ein. Speziell bei Krankenhausaufenthalten kann sehr schnell eine erhebliche Summe zusammenkommen, die aus eigener Tasche bezahlt werden müsste. Ist man versichert, kann man die Kosten gegen Vorlage der Rechnungen zu Hause geltend machen. Allerdings gibt es Einschränkungen, vor allem bei Zahnbehandlungen (nur Notfallbehandlung) und chronischen Krankheiten (Bedingungen durchlesen). Die **Rechnung**, die später bei der Versicherung einzureichen ist, sollte diese Angaben enthalten:

- Name, Vorname, Geburtsdatum, Behandlungsort und -datum
- Diagnose
- erbrachte Leistungen in detaillierter Aufstellung (Beratung, Untersuchungen, Behandlungen, Medikamente, Injektionen, Laborkosten, Krankenhausaufenthalt)
- Unterschrift des behandelnden Arztes
- Stempel

Auslandskrankenversicherungen werden von fast allen großen Versicherern und einigen Kreditkartenorganisationen angeboten. Es gibt auch **Jahresverträge**, allerdings decken die meisten nur Reisen von jeweils bis zu 42 Tagen, manche acht Wochen, ab.

Wer eine teure Reise gebucht und ein höheres Storno-Risiko hat, kann über eine **Reiserücktrittsversicherung** nachdenken. Sie muss in der Regel bis bis 30 Tage vor dem Beginn der Reise abgeschlossen werden und sollte auch den Reiseabbruch abdecken. Wer mehrmals im Jahr verreist, sollte auch Jahresverträge checken.

# Visa

Nach wie vor gilt für Staatsbürger zahlreicher Länder, darunter Deutsche, Österreicher und Schweizer, die Visa-Waiver-Regelung. Sie erlaubt die **visafreie Einreise** für einen Aufenthalt bis zu 90 Tagen.

Dazu muss die **Einreisegenehmigung** schon **vor Abreise online** eingeholt werden, und zwar über das Electronic System for Travel Authorization (Esta). Besucher sollten ausschließlich die offizielle Esta-Webseite 🖥 https://esta.cbp. dhs.gov oder den Link auf der Botschaftsseite nutzen, 🖥 www.us-botschaft.de. Auch wenn das System die Genehmigung in der Regel sofort erteilt, wird empfohlen, den Antrag spätestens drei Tage vor der Reise zu stellen. Die Einreisegenehmigung (mit einer Genehmigungsnummer) ist zwei Jahre lang gültig oder – wenn dieser früher ungültig wird – bis zum Ablaufen des Reisepasses. Die Genehmigung kostet $14, nur zahlbar per Kreditkarte online direkt bei Antragstellung. In der Regel muss man bei der Ankunft in den USA nicht die Genehmigungsnummer angeben, es ist allerdings sicherer, sie sich zu notieren oder noch besser: den „Authorization-Approved"-Ausdruck mitzunehmen, besonders wenn irgendwelche Sicherheitswarnungen in Kraft sind.

Dagegen wird man bei der Einreise nach dem Ausreisedatum gefragt, nach dem Ticket für Rück- oder Weiterflug und nach einer ausreichend gefüllten Reisekasse. Eventuell muss man auch eine Adresse in den USA angeben – die Adresse der Unterkunft für die erste Nacht ist dabei ausreichend.

Jedem Reisenden steht außerdem die **US-VISIT-Prozedur** bevor: Dabei werden sämtliche Fingerabdrücke digital erfasst und ein Porträtfoto geschossen (Brille abnehmen).

Angehörige anderer Staaten sollten sich bei den US-Botschaften (S. 36) oder unter 🖥 travel.state.gov erkundigen, ob sie ein Visum brauchen. Wer vorbestraft ist oder angibt, Kommunist zu sein, hat keine Aussicht auf ein Visum.

Das Ausreisedatum, das bei der Einreise in den Pass gestempelt wird, sollte man in jedem Fall beachten. Das Department of Homeland Security (DHS) hat die Kontrollen verschärft, und wer den Aufenthalt auch nur um wenige Tage **überzieht**, muss auf langwierige Befragungen gefasst sein. Es kann auch passieren, dass beim nächsten USA-Besuch die Einreise verweigert wird. Einen Antrag auf **Verlängerung** des Aufenthalts stellt man rechtzeitig vor Ablauf im nächsten Büro des Department of Homeland Security. Adressen stehen unter den „Federal Government Offices" am Anfang des Telefonbuchs. Die Beamten gehen automatisch davon aus, dass man illegal in den Staaten arbeitet und erwarten, dass man ihnen das Gegenteil beweist, etwa indem man ausreichende finanzielle Mittel nachweist. Es kann helfen, einen unbescholtenen einheimischen Freund mitzubringen, der einen guten Leumund bescheinigen kann. Man wird auch erklären müssen, warum man nicht schon vorab entsprechend geplant hat.

# Zeit und Kalender

## Zeitzonen

Das Gebiet der USA erstreckt sich über vier Zeitzonen auf dem Kontinent:

Die **Eastern Standard Time** (EST) an der Ostküste liegt sechs Stunden hinter der MEZ. Um 10 Uhr in New York ist es in Berlin 16 Uhr.

Die **Central Standard Time** (CST), deren Grenze von Chicago nach Süden verläuft und im Westen Texas sowie die Great Plains einschließt, liegt eine Stunde hinter der Ostküstenzeit (10 Uhr in New York ist 9 Uhr in Dallas).

Die **Mountain Standard Time** (MST) umfasst die Rocky Mountains und einen Großteil der südwestlichen Bundesstaaten. Sie liegt zwei Stunden hinter der Ostküstenzeit (10 Uhr in New York ist 8 Uhr in Denver).

Die **Pacific Standard Time** (PST) gilt an der Westküste (einschließlich Nevada), sie liegt drei Stunden hinter der Ostküstenzeit (10 Uhr im Big Apple ist 7 Uhr in San Francisco).

In den USA werden die Uhren am zweiten Sonntag im März auf **Sommerzeit** umgestellt und am ersten Sonntag im November.

## Datum

Das Datum wird in den USA größtenteils anders geschrieben als in Europa: Der 1/8/18 ist der 8. Januar, *nicht* der 1. August 2018.

# Geschichte

Die Geschichte von Nordamerika umfasst wesentlich mehr als nur die der Vereinigten Staaten. Die folgenden Seiten beschränken sich wegen der gebotenen Kürze auf einen kurzen Abriss der Besiedlung und politischen Geschichte jener ungleichen Regionen, aus denen sich die heutigen Vereinigten Staaten von Amerika zusammensetzen.

YOSEMITE NATIONAL PARK

## Inhalt

## Steckbrief USA

**Offizieller Name**
United States of
America

**Staatsform**
Föderale Republik

**Hauptstadt** Washington, D.C.

**Staatsoberhaupt und Regierungschef**
Donald Trump (45. Präsident)

**Fläche** 9,8 Mio. km²

**Einwohnerzahl** rund 316 Mio.

**Anteil der Stadtbevölkerung** 81 %

**Sprache** Englisch, lokal auch Spanisch

**Religionen** 67 % Christen, 2 % Juden,
1,6 % Mormonen, 1 % Muslime

**Internetzugang** 80 % der Haushalte

**Facebook-Nutzer** etwa 168 Mio.

**Glücksindex** Platz 14 von 155

**Pro-Kopf-Einkommen** 50 000 US-Dollar

**Straßennetz** 5,6 Mio. Meilen (9 Mio. km)

**Touristen pro Jahr** 77,5 Mio. (2015)

# Die ersten Bewohner

Die wahren Pioniere Nordamerikas, nomadische Jäger und Sammler aus Sibirien, setzten wahrscheinlich vor 17 000 Jahren erstmals ihren Fuß auf das Gebiet des heutigen **Alaska**. Während der letzten Eiszeit, als der Meeresspiegel fast 100 m niedriger lag, war der eurasische Kontinent vorübergehend durch eine „**Landbrücke**" (tatsächlich handelte es sich um eine riesige Ebene, die in der Nord-Süd-Ausdehnung knapp 1000 km maß) mit Amerika verbunden.

Zu jener Zeit gehörte Alaska de facto eher zu Asien als zu Nordamerika, da es durch Gletscherfelder vom heutigen Kanada und den südlicheren Gebieten abgeschnitten war. Wie bei einer Luftschleuse war die Region zu unterschiedlichen Zeiten in verschiedenen Richtungen „geöffnet": Den ersten, aus dem Westen kommenden Migranten, die sich gar nicht darüber im Klaren waren, dass sie Asien verlassen hatten, war zunächst der Weg nach Osten versperrt.

Im Anschluss war möglicherweise über mehrere Generationen die Verbindung zurück nach Asien blockiert, aber dafür hatte sich eine neue Passage in östlicher Richtung geöffnet. Mit der Eisschmelze wurde schließlich eine ganz neue Route nach Nordamerika frei, die aber nicht aus einem Korridor an der Pazifikküste bestand, sondern östlich der Rocky Mountains bis in die Great Plains verlief.

Die Motivation für die Migration nach Süden war sicherlich die Jagd auf große Säugetiere, insbesondere das **Mammut**, das in Eurasien schon so gut wie ausgestorben war. Die Neuankömmlinge stießen auf reiche Jagdgründe, denn Amerikas indigene „**Megafauna**" bestand aus Mammuts, Mastodonten, Riesenfaultieren und Bisons mit gewaltig langen Hörnern, die bis dahin allesamt ihre Evolution durchlaufen hatten, ohne dabei einen Angst- oder Schutzmechanismus gegen menschliche Jäger zu entwickeln.

## Die Neue Welt wird bevölkert

Innerhalb von 1000 Jahren siedelten sich in Nord- und Südamerika insgesamt zehn Millionen Menschen an. Das hört sich zunächst nach einem phänomenalen Bevölkerungswachstum an; um jene Bevölkerungszahl zu erreichen, bedurfte es jedoch lediglich einer Gemeinde von 100 Menschen, die auf dem neuen Kontinent ankam, sich dann 13 km pro Jahr vorarbeitete und dabei ein Bevölkerungswachstum von jährlich 1,1 % zu verzeichnen hatte. Das **Massenaussterben** der amerikanischen Megafauna trifft zeitlich derart exakt mit dem Eintreffen der Einwanderer zusammen, dass der Mensch mit Sicherheit dafür verantwortlich gemacht werden kann. Die Neuankömmlinge löschten die riesigen Tiere an einem bestimmten Ort auf einen Schlag aus, um dann auf der Suche nach neuer Beute weiterzuziehen.

Durch das Aussterben der großen Landsäugetiere waren die zukünftigen amerikanischen Zivilisationen nicht in der Lage, diejenigen Tierarten zu domestizieren, denen in der „Alten Welt" eine entscheidende wirtschaftliche Bedeutung zukam. Ohne Rinder, Pferde, Schafe, Ziegen oder ähnliche Nutztiere fehlten ihnen die Mittel, große Siedlungen mit Nahrung und Kleidung zu versorgen, es mangelte ihnen an Zugtieren für Pflüge oder Fahrzeuge mit Rädern, und es

## ZEITLEISTE

**ca. 60 Mio. Jahre v. Chr.**

Durch den Zusammenstoß zweier mächtiger Kontinentalplatten entsteht die nordamerikanische Landmasse und es erheben sich die Rocky Mountains.

**15 000 v. Chr.**

Die ersten Nomadenvölker gelangen von Asien nach Alaska.

fehlten Tiere für den Transport und damit auch das Potenzial für neue Eroberungen. Erschwerend kam hinzu, dass die meisten menschlichen Krankheiten, die später aus anderen Teilen der Welt nach Amerika eingeschleppt wurden, mit domestizierten Tieren in Verbindung standen und die amerikanischen Ureinwohner keine Möglichkeit hatten, Abwehrkräfte gegen jene Krankheiten zu entwickeln; auf der anderen Seite gab es auch keine indigenen Krankheiten, die den Invasoren etwas hätten anhaben können.

Mindestens drei verschiedene **Einwanderungswellen** schwappten über Alaska nach Nordamerika. Die Neuankömmlinge siedelten sich jeweils in einer weniger ertragreichen Umgebung an als ihre Vorgänger und passten sich den dortigen Bedingungen an. In einer zweiten Einwanderungswelle, etwa 5000 Jahre nach der ersten, kamen die **„Na-Dené"** oder Athapasken – die Vorfahren der Haida im Nordwesten sowie der Navajo und Apachen im Südwesten. Die dritte Einwanderungswelle fand ihre Nische weitere 2000 Jahre später im Eis des arktischen Nordens und bestand aus den Vorfahren der **Aleüten** und der **Inuit**.

## Frühe Siedlungen

Die erste bekannte Siedlung auf dem Gebiet der heutigen Vereinigten Staaten datiert 12 000 Jahre zurück und wurde bei Meadowcroft im Südwesten Pennsylvanias entdeckt. 500 Jahre später war im Südwesten des nordamerikanischen Kontinents eine Zivilisation vorherrschend, die als **Llanokultur** (früher Cloviskultur) bezeichnet wird. Zu den nachfolgenden Untergruppen gehören die Landwirtschaft betreibenden Algonquin im heutigen New England sowie Stämme wie die

Chumash und Makah, die an den Küsten des Pazifischen Ozeans im amerikanischen Nordwesten Jagd auf Fische, Otter und sogar Wale machten.

Doch nirgendwo gab es eine Zivilisation, die sich in puncto Wohlstand und kultureller Entwicklung mit den großartigen Städten des alten Mexiko hätte messen können. Der Einfluss jener weit entfernten Kulturen färbte aber auch nach Norden ab. Der Anbau von Feldfrüchten wie Bohnen, Kürbissen und Mais begünstigte die Entstehung großer Gemeinden, und auch den religiösen Kulten des Nordens, einschließlich derer, die rituelle Menschenopfer forderten, werden Gemeinsamkeiten mit zentralamerikanischen Glaubensvorstellungen zugeschrieben. Die sogenannten **Moundbuilders** (Hügelbauer) aus dem Ohio- und dem Mississippi-Tal errichteten Stätten wie den Great Serpent Mound im heutigen Ohio und Poverty Point in Louisiana. Die auffälligste dieser frühen Zivilisationen, die heute als **Hopewell** bezeichnete Kultur, erlebte ihre Glanzzeit etwa in den ersten vier Jahrhunderten nach Christi Geburt. Später entwickelte sich die Stadt **Cahokia** vor den Toren des heutigen St. Louis zum größten präkolumbischen Zentrum Nordamerikas. Das Stadtzentrum Cahokias wurde von einem riesigen Hügel beherrscht, auf dem ein Tempel thronte; ihre absolute Blüte erlebte sie zwischen 1050 und 1250.

In den Wüsten des **Südwestens** hatte die Hohokam-Siedlung Snaketown in der Nähe des heutigen Phoenix bereits mit denselben Bewässerungsproblemen zu kämpfen, von denen die Region auch heute noch geplagt wird. In der Nähe führten die **Vorfahren der Pueblo-Indianer** eine Existenz als Korbmacher und entwickel-

| 11 000 v. Chr. | ca. 2500 v. Chr. | 900 |
| --- | --- | --- |
| Fast alle großen nordamerikanischen Säugetierarten sind im Aussterben begriffen – Ursache ist vermutlich die übermäßige Bejagung durch den Menschen. | Von Mexiko ausgehend breitet sich der Ackerbau auch in Nordamerika aus. | Überall im Südosten der heutigen USA entstehen Siedlungen der sogenannten Mississippi-Kultur: stadtartige Niederlassungen mit Behausungen unter Erdhügeln. |

ten um 200 n. Chr. die Töpferkunst. Sie wohnten in eingefriedeten Dörfern (später als Pueblos bezeichnet), möglicherweise um sich vor der Bedrohung durch die zur Sprachfamilie der Athapasken zählenden Invasoren zu schützen, darunter auch die von Norden her vorstoßenden Apachen. Die „Städte" der Vorfahren der Pueblo-Indianer wie Pueblo Bonito in New Mexikos Chaco Canyon – ein ehemaliges Zentrum des Türkishandels mit den mächtigen Azteken – und der „Klippenpalast" bei Mesa Verde in Colorado zählen zu den beeindruckendsten Hinterlassenschaften der amerikanischen Ureinwohner. Auch wenn die Vorfahren der Pueblo-Indianer im 12. Jh. nach einer verheerenden Dürre in mehrere Untergruppen zersplitterten, werden viele der Siedlungen ihrer unmittelbaren Nachfahren auch heute noch genutzt. Selbst Jahrhunderte der Migration und Kriege vermochten die Wüstenfarmer in den **Hopi Mesas** von Arizona und die Bewohner der Pueblos **Taos** und **Acoma** in New Mexico nicht aus ihren Siedlungen zu vertreiben.

Die Schätzungen zur Gesamtbevölkerungszahl der amerikanischen Ureinwohner zum Zeitpunkt der Ankunft der Europäer gehen weit auseinander. Für den gesamten amerikanischen Kontinent kann ein mittlerer Wert von 50 Mio. Menschen zugrunde gelegt werden, wobei den vielleicht 5 Mio. in Nordamerika etwa 400 verschiedene Sprachen zugeschrieben werden.

# Erste Kontakte mit Europäern

Das größte europäische Seefahrervolk des frühen Mittelalters, die **Wikinger**, gründeten um 982 eine Kolonie in Grönland, die unter der energischen Führerschaft von Erik dem Roten zur Ausgangsbasis für Seereisen entlang der geheimnisumwitterten Küste nach Westen wurde. **Leif Eriksson** alias „Leif der Glückliche" verbrachte den Winter 1001/1002 an einem Ort, der inzwischen als L'Anse aux Meadows im nördlichen Neufundland identifiziert wurde. Die klimatischen Verhältnisse mögen damals wesentlich günstiger gewesen sein als heute, aber es ist nach wie vor unklar, was es mit den „Trauben" auf sich hat, nach denen er das Land **Vinland** nannte.

In den folgenden zwölf Jahren wurden weitere Expeditionen in Angriff genommen, die weiter nach Süden führten, möglicherweise sogar bis in das heutige Maine. Aber nach wiederholten Zusammenstößen mit dem Volk, das die Wikinger als **Skrälinge** oder „Wichte" bezeichneten – wahrscheinlich handelte es sich um Inuit, die zu jener Zeit ebenfalls Neuankömmlinge in diesen Breiten waren –, sahen sie sich veranlasst, ihre Pläne für eine dauerhafte Besiedlung aufzugeben.

## Christoph Kolumbus

Weitere fünf Jahrhunderte gingen ins Land, bis es am 12. Oktober 1492 zum entscheidenden Ereignis für den Kontakt Amerikas mit der Außenwelt kam: **Christoph Kolumbus** landete im Auftrag der spanischen Krone auf den Bahamas.

Nur vier Jahre später „entdeckte" der englische Seefahrer John Cabot offiziell Neufundland, und schon bald errichteten besonders Fischer aus Großbritannien provisorische Lager in einer Region, die später als New England bekannt wurde, um dort im Winter ihren Fang zu räuchern.

| 1001–02 | 1050 | 1492 |
|---|---|---|
| Leif Eriksson segelt von Grönland aus nach Nordneufundland, das er „Vinland" nennt. | Im Chaco Canyon im Südwesten der USA erlebt die Kultur der Pueblo-Indianer ihre Blütezeit. | Christoph Kolumbus geht auf den Bahamas an Land. |

Im Laufe der folgenden Jahre wurden diverse Expeditionen unternommen, um die amerikanische Ostküste zu kartografieren. So segelte 1524 der Italiener **Giovanni Verrazano** an der Küste Maines entlang, die er wegen des feindseligen und herablassenden Verhaltens seiner Ureinwohner als „Land der bösen Menschen" bezeichnete, und erreichte schließlich die Mündung des Flusses, der einmal den Namen Hudson River erhalten sollte. Anfangs bestand die große Hoffnung, von Nordosten her einen Seeweg zu finden, der nach China führt – die sagenumwobene **Nordwestpassage**. Der Franzose **Jacques Cartier** war der Ansicht, der St.-Lorenz-Strom könnte jene Passage sein, und erforschte ab den 1530er-Jahren in diversen Expeditionen die Region um die Großen Seen. Seinem Versuch, jenes Gebiet zu besiedeln, war kein Erfolg beschieden; einige unerschrockene Fallensteller und Händler wagten sich aber sogar noch tiefer Richtung Westen vor.

## Spanische Vorstöße

Weiter südlich hatten sich die Spanier 1513 langsam von der Karibik Richtung Norden vorgearbeitet, bis eine von **Ponce de León** geleitete Expedition auf der Suche nach dem Jungbrunnen im heutigen Palm Beach landete und der Region den Namen **Florida** gab. Nach der lukrativen Eroberung Mexikos kehrten die Spanier 1528 unter Panfilo de Narváez zurück, erlitten allerdings im Golf von Mexiko Schiffbruch. Einer von Narváez' Unteroffizieren, **Cabeza de Vaca**, überlebte und verbrachte die folgenden sechs Jahre mit drei Schiffskameraden auf einer außergewöhnlichen Odyssee durch Texas und den Südwesten. Mal als Sklaven gehal-

ten, mal als Propheten verehrt, gelangten sie schließlich 1534 wieder zurück nach Mexiko, wo sie von goldenen Städten tief in der Wüste berichteten, die als die **Sieben Städte von Cíbola** bekannt wurden.

Einer von Cabeza de Vacas Gefährten war ein schwarzafrikanischer Sklave namens **Estevanico der Mohr**, ein Riese von Gestalt. Um nicht wieder in die Sklaverei zurückkehren zu müssen, erklärte er sich dazu bereit, die Route für eine neue Expedition auszukundschaften. Nachdem er sich allein, nur von zwei kolossalen Windhunden begleitet, auf den Weg ins Landesinnere gemacht hatte, wurde er 1539 in Zuni Pueblo ermordet. Im darauf folgenden Jahr erbrachte **Francisco Vázquez de Coronado** mit einer kompletten Expeditionsmannschaft den enttäuschenden Beweis, dass die Sieben Städte von Cíbola gar nicht existierten.

Sie erreichten den Grand Canyon und trafen unterwegs auf die Hopi. Hernán Cortés, der Eroberer des Aztekenreiches, hatte inzwischen den Umriss der Halbinsel Baja California vermessen, und 1542 segelte Juan Cabrillo die Küste Richtung Norden bis nach Kalifornien hinauf, verfehlte aber die Bucht von San Francisco wegen des dort vorherrschenden Nebels.

Auch wenn die in Nordamerika gefundenen Schätze nicht mit den geplünderten Reichtümern der Azteken und Inkas mithalten konnten, so kam es doch immer wieder zu weniger spektakulären Entdeckungen, die der Wirtschaft im alten Europa neuen Aufschwung brachten, darunter auch neuartige Nahrungsmittel wie die Kartoffel oder die reichen Kabeljaufischgründe im Nordatlantik. Die Spanier errichteten als erste europäische Nation eine dauerhafte Niederlassung

| 1524 | 1513 | 1528 |
| --- | --- | --- |
| Giovanni Verrazano erkundet die amerikanische Ostküste und erreicht schließlich die Mündung eines Flusses, der später den Namen Hudson River erhalten soll. | Eine von Ponce de León geleitete Expedition erreicht aus der Karibik kommend das heutige Palm Beach und gibt der Region den Namen Florida. | Ein spanisches Expeditionsschiff kentert vor Florida; Cabeza de Vaca und drei weitere Überlebende, erreichen nach acht Jahren Wanderung Mexiko-Stadt. |

in den heutigen Vereinigten Staaten, als sie 1565 an der Küste Floridas die Siedlung **St. Augustine** gründeten, die 1586 von Sir Francis Drake in Schutt und Asche gelegt wurde. 1598 gelang es den Spaniern, die Pueblo-Indianer zu unterwerfen und die Kolonie Nuevo México am Rio Grande zu gründen. Es handelte sich dabei eher um ein missionarisches als um ein militärisches Unternehmen, dessen Fortbestand stets gefährdet war, da die neue Kolonie durch riesige Wüstengebiete vom restlichen Mexiko getrennt war. Ungeachtet dessen wurde 1610 mit dem Bau der neuen Hauptstadt **Santa Fe** begonnen.

## Das Wachstum der Kolonien

Die starke Rivalität zwischen England und Spanien im ausgehenden 16. Jh. erstreckte sich auf große Teile der Welt. Englische Abenteurer und Freibeuter forderten die spanische Vorherrschaft an beiden Küsten Nordamerikas immer wieder heraus. Sir Francis Drake sicherte sich 1579 sein Anrecht auf Kalifornien, fünf Jahre bevor **Sir Walter Raleigh** im Namen der jungfräulichen Königin Elizabeth I. die Kolonie **Virginia** an der Ostküste in Besitz nahm. Die 1585 von ihm abgesetzten Kolonisten gründeten die kurzlebige Siedlung **Roanoke**, die heute als geheimnisumwitterte „Verlorene Kolonie" in Erinnerung ist.

Die amerikanischen Ureinwohner waren anfangs selten feindselig gestimmt. Bis zu einem gewissen Punkt waren die europäischen Neuankömmlinge auch darauf angewiesen, Freundschaft mit den Einheimischen zu schließen. Die meisten hatten die Reise über den Atlantik gewagt, um religiöse Freiheit oder Wohlstand zu erlangen, hatten aber nicht die Fertigkeiten, sich eine Existenz auf der banalen Grundlage der Subsistenzwirtschaft aufzubauen. Die erste dauerhafte Siedlung in Virginia, **Jamestown**, wurde am 24. Mai 1607 von Captain John Smith gegründet, der sich beklagte: „Das Meer mag voller Fische sein, die Luft voller Vögel, der Wald voller Tiere, doch sie sind so wild und ihre Reviere so groß, und wir sind so schwach und so unwissend, dass wir ihnen kaum etwas anhaben können." So kam es nicht überraschend, dass sechs von sieben Kolonisten das erste Jahr ihrer Ankunft in der Neuen Welt nicht überlebten.

Mit der Zeit lernten die Siedler jedoch die Methoden für einen erfolgreichen Anbau der seltsamen Feldfrüchte, die in diesen ungewohnten Breiten gediehen. Für die britische Regierung war die Gründung der Kolonien ein rein kommerzielles Unterfangen, das Pflanzen und Früchte hervorbringen sollte, die auch in der Heimat angebaut werden konnten; dass die Kolonisten auch persönliche Ziele verfolgen könnten, wurde gar nicht in Erwägung gezogen. Nach anfänglichen Misserfolgen mit Zucker und Reis fand Virginia schließlich seine Bestimmung: Im Jahr 1615 wurde die erste **Tabakernte** eingefahren (der dafür verantwortliche Großpflanzer John Rolfe ist heute besser als Ehemann von Pocahontas bekannt).

Eine erfolgreiche Tabakplantage erforderte vor allem zwei Dinge im Übermaß: Land und Arbeitskräfte. Doch kein Engländer, der etwas auf sich hielt, ging nach Amerika, um für andere zu schuften. Und als 1619 das erste Schiff mit 20 afrikanischen **Sklaven** in Jamestown landete, konnte dessen Kapitän eine rege Nachfrage

| 1565 | 1579 | 1607 |
| --- | --- | --- |
| Pedro Menéndez de Avilés gründet St. Augustine in Florida. | Francis Drake nimmt Kalifornien, das für eine Insel gehalten wird, für die englische Krone in Besitz. | Englische Kolonisten legen den Grundstein für Jamestown im heutigen Virginia. |

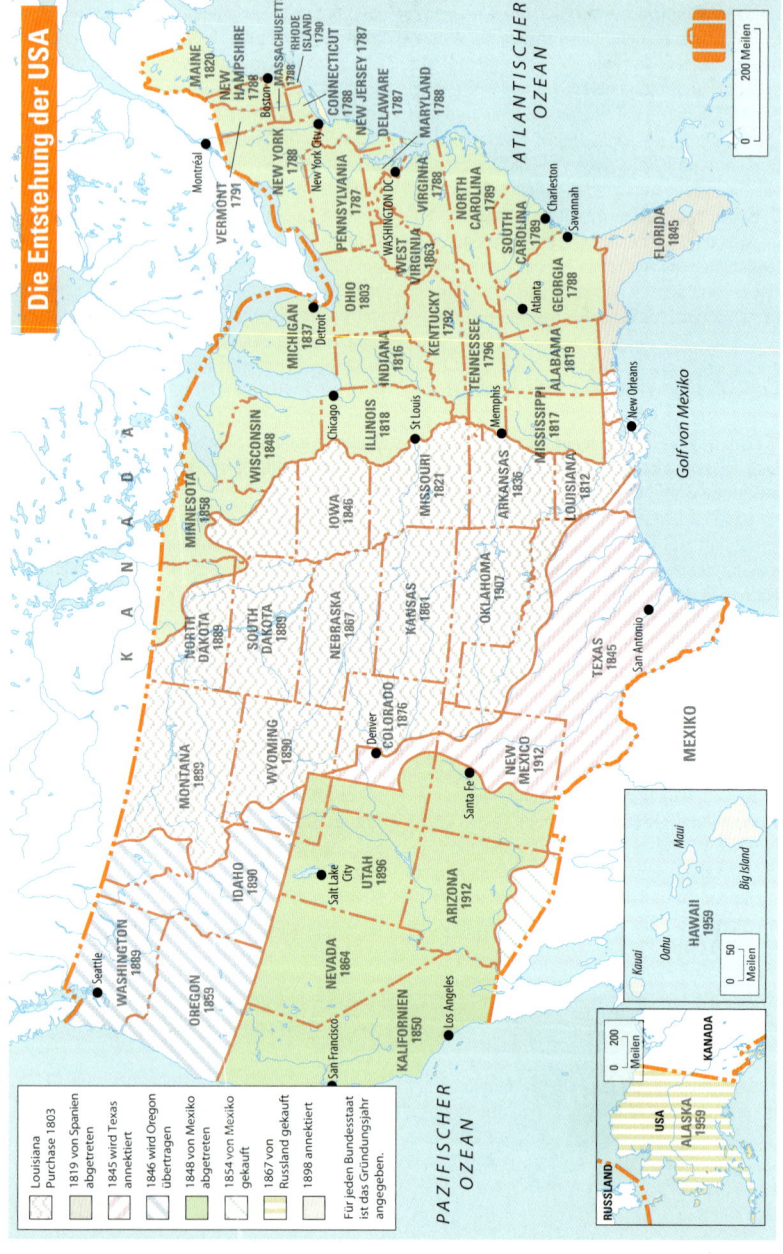

Die Entstehung der USA

MAINE
1820

NEW
HAMPSHIRE
1788

RHODE
ISLAND
1790

MASSACHUSETTS
1788

Boston

CONNECTICUT
1788

NEW JERSEY 1787

DELAWARE
1787

MARYLAND
1788

Montréal

VERMONT
1791

NEW YORK
1788

New York City

PENNSYLVANIA
1787

WASHINGTON DC

VIRGINIA
1788

NORTH
CAROLINA
1789

SOUTH
CAROLINA
1788

Charleston

Savannah

ATLANTISCHER
OZEAN

200 Meilen

0

FLORIDA
1845

OHIO
1803

WEST
VIRGINIA
1863

KENTUCKY
1792

TENNESSEE
1796

GEORGIA
1788

Atlanta

ALABAMA
1819

MICHIGAN
1837

Detroit

INDIANA
1816

ILLINOIS
1818

Chicago

St Louis

MISSISSIPPI
1817

Memphis

New Orleans

Golf von Mexiko

WISCONSIN
1848

MINNESOTA
1858

IOWA
1846

MISSOURI
1821

ARKANSAS
1836

LOUISIANA
1812

K A N A D A

NORTH
DAKOTA
1889

SOUTH
DAKOTA
1889

NEBRASKA
1867

KANSAS
1861

OKLAHOMA
1907

TEXAS
1845

San Antonio

MEXIKO

MONTANA
1889

WYOMING
1890

COLORADO
1876

Denver

NEW
MEXICO
1912

Santa Fe

IDAHO
1890

UTAH
1896

Salt Lake
City

ARIZONA
1912

WASHINGTON
1889

Seattle

OREGON
1859

NEVADA
1864

KALIFORNIEN
1850

San Francisco

Los Angeles

PAZIFISCHER
OZEAN

Maui

Oahu

Kauai

HAWAII
1959

Big Island

0    50
Meilen

0    200
Meilen

KANADA

RUSSLAND

USA

ALASKA
1959

Louisiana
Purchase 1803

1819 von Spanien
abgetreten

1845 wird Texas
annektiert

1846 wird Oregon
übertragen

1848 von Mexiko
abgetreten

1854 von Mexiko
abgetreten

1867 von
Russland gekauft

1898 annektiert

Für jeden Bundesstaat
ist das Gründungsjahr
angegeben.

für seine Fracht verzeichnen. Zu jener Zeit arbeiteten in Südamerika bereits eine Million Sklaven für ihre weißen Herren.

## New England

Die als „**Pilgerväter**" in die Geschichte eingegangenen 102 **Puritaner** legten Ende 1620 mit ihrem Schiff *Mayflower* am Cape Cod vor der Küste des heutigen Boston an und gründeten schon bald eine eigene Kolonie in Plymouth. Allein im ersten Winter starben 50 von ihnen, und möglicherweise hätte kein einziger überlebt, wäre es nicht zur zufälligen Begegnung mit dem außergewöhnlichen **Squanto** gekommen. Der amerikanische Ureinwohner war bereits zwei Mal entführt und nach Europa verschleppt worden, aber beide Male war ihm die Flucht zurück in die Heimat gelungen. Während seiner Streifzüge durch Europa hatte er vier Jahre lang als Kaufmann in London gearbeitet und zeitweilig auch in Spanien gelebt. Nachdem er erst vor kurzem wieder nach Hause gekommen war und feststellen musste, dass sein gesamter Stamm in der Zwischenzeit von den Pocken dahingerafft worden war, beschloss er, sich mit den Engländern zusammenzutun. Unter seiner Anleitung gelang es den Neuankömmlingen schließlich, ihre erste Ernte einzufahren, die entsprechend mit dem großen **Thanksgiving** (Erntedankfest) gefeiert wurde.

Von größerer Bedeutung für die Geschichte New Englands war jedoch 1630 die Gründung einer neuen Kolonie etwas weiter nördlich an der Küste namens Naumkeag (später Salem) durch die englische Handelsgesellschaft Massachusetts Bay Company. Ihr Gouverneur **John Winthrop** zog aber schon bald weiter, um auf der Halbinsel Shawmut eine neue Hauptstadt zu gründen, nämlich die Stadt **Boston** mit einer eigenen Universität, der University of Harvard. Seine Utopie von einer „Stadt auf einem Hügel" erstreckte sich allerdings nicht auf ein Teilen dieses Paradieses mit den Indianern; er argumentierte, die Ureinwohner hätten das Land nicht „unterworfen", und es handle sich daher um ein „Vakuum", über das auch die Puritaner nach ihren eigenen Vorstellung verfügen dürften.

Der Glaube half so manchem Siedler, die anfänglichen Entbehrungen zu ertragen, doch der Kolonie als Ganzes gelang es nicht, ihre starke religiöse Identität zu bewahren. Die Hexenprozesse von Salem 1692 hatten erheblichen Anteil an der Abkehr von der Vorstellung, die Neue Welt wäre dem alten Europa moralisch überlegen. Erste Splittergruppen verließen schon bald darauf die Gegend, um weiter südwestlich die konkurrierenden Siedlungen Providence und Connecticut zu gründen.

Zwischen 1620 und 1642 verließen insgesamt 60 000 Emigranten ihre englische Heimat Richtung Amerika, das waren 1,5 % der Gesamtbevölkerung. Die Neuankömmlinge auf der Suche nach Arbeitsmöglichkeiten ließen sich meist in den schon etablierten Kolonien nieder, wo sie zu einer Verwässerung des religiösen Eifers der Puritaner beitrugen. Gruppen auf der Suche nach geistiger Freiheit tendierten hingegen zu einem gründlichen Neuanfang. So entstand **Maryland** 1632 als Zufluchtsort für Katholiken, und 50 Jahre später wurde **Pennsylvania** von den Quäkern gegründet.

Die Engländer waren jedoch nicht allein in Amerika. Nachdem Sir Henry Hudson 1609 er-

| 1610 | 1619 | 1620 |
|---|---|---|
| Die Spanier gründen Santa Fe als Hauptstadt New Mexicos; im Südwesten werden zunehmend Pferde gehalten. | Auf einem niederländischen Schiff werden die ersten 20 afrikanischen Sklaven nach Virginia gebracht. | Rund 100 Puritaner gelangen an Bord der Mayflower nach Nordengland und errichten dort die Kolonie Plymouth. |

neut Manhattan entdeckt hatte, „kauften" die **Holländer** 1624 diesen Landstrich, wenngleich es sich bei den Indianern, die das Geld entgegennahmen, um nomadisierende Stämme handelte, die ebenso wenig Anspruch auf das Land hatten wie die Käufer. Die 1625 gegründete holländische Kolonie Neu-Amsterdam bestand gerade einmal 40 Jahre lang, bevor sie von den Engländern erobert und in **New York** umbenannt wurde. Zu jener Zeit hatten sich bereits viele Holländer am Unterlauf des Hudson River niedergelassen.

## Ausbreitung nach Westen

Unterdessen hatten die **Franzosen** 1673 von ihrer Ausgangsbasis an den Großen Seen die Entdecker Joliet und Marquette entsandt, um den Lauf des Mississippi zu erforschen. Sie kehrten zurück, nachdem sie sich davon überzeugt hatten, dass der Strom tatsächlich in den Golf von Mexiko mündete. Ihre Reise ebnete den Weg für die Gründung der ebenso riesigen wie unklar definierten Kolonie **Louisiana** 1699. Der Grundstein für die Stadt **New Orleans** an der Mündung des Mississippi wurde 1718 gelegt.

Während die Spanier sich in Florida etabliert hatten, lief es im Südwesten weniger gut. Mit der blutigen **Pueblo-Revolte** von 1680 wurden die Spanier vollständig aus New Mexico vertrieben, kehrten jedoch zwölf Jahre später in umso stärkerer Zahl zurück. In der Folge begann sich eine seltsame religiöse und kulturelle Synthese aus traditionellen und hispanischen Elementen herauszubilden. Die Präsenz der Spanier war zu jener Zeit nicht ernsthaft gefährdet.

Auch die Verhältnisse im „wilden" Hinterland veränderten sich. Die als *frontier* bezeichnete Siedlungsgrenze im Osten wurde stetig weiter nach Westen verschoben, indem die Kolonisten den Indianern das Land wegnahmen, sei es mit oder ohne Begründung durch einen „Aufstand" oder eine „Rebellion" zur Rechtfertigung des Blutvergießens. Der größte Todfeind der amerikanischen Urbevölkerung waren jedoch die **Pocken**, die sich schon lange vor den Europäern ihren Weg tief ins Innere des Kontinents gebahnt hatten.

Während die Bevölkerungszahl der Indianer immer weiter abnahm, kam es auch zu großen Wanderbewegungen. Die ursprünglichen Bewohner der Region waren sesshafte Bauern gewesen, die aber auch Büffel jagten, indem sie sie über steile Felsvorsprünge in die Tiefe stürzen ließen. Als die **Pferde**, die die indianischen Ureinwohner wahrscheinlich von den Spaniern erbeuteten, in den großen Ebenen Einzug hielten, entstand eine völlig neue, nomadische Lebensweise. Stämme wie die Cheyenne oder Apachen vertrieben ihre Feinde, rissen die Herrschaft über riesige Landgebiete an sich und bemächtigten sich mit Begeisterung der europäischen Feuerwaffen, als diese kurz darauf eingeführt wurden. Alle Faktoren zusammen sorgten für die Entstehung einer sehr dynamischen, aber durch und durch instabilen Kultur, die in immer stärkerem Maße auf den Handel mit Europäern angewiesen war.

## Die Amerikanische Revolution

Im **18. Jh.** florierten die amerikanischen Kolonien. In den Städten Boston, New York und ganz besonders **Philadelphia** hatte sich eine wohlhabende, gebildete und eloquente Mittelklasse

| 1620–1644 | 1664 | 1682 |
|---|---|---|
| 60 000 Einwanderer kommen aus England in die Neue Welt und lassen sich zumeist in den bereits etablierten Kolonien nieder. | Aus der niederländischen Siedlung Neu Amsterdam wird nach der Eroberung durch die Engländer die Stadt New York. | Eingewanderte Quäker gründen die Stadt Philadelphia. Der Entdecker Sieur de la Salle erhebt für Frankreich Anspruch auf das Tal des Mississippi, das spätere Louisiana. |

herausgebildet. Diese Gesellschaftsschicht war immer weniger gewillt, die Ungerechtigkeiten in der Beziehung zwischen den Kolonien und dem Mutterland widerspruchslos hinzunehmen. Die Amerikaner durften ihre Produkte nur an Großbritannien verkaufen, während der gesamte transatlantische Warenverkehr mit britischen Handelsschiffen abgewickelt werden musste.

Eine vollständige Unabhängigkeit wurde zwar erst gegen Ende des Jahrhunderts als ausdrückliches Ziel formuliert, doch der Hauptfaktor, der eine Autonomie in den Bereich des Möglichen rückte, waren die wirtschaftlichen Auswirkungen des innereuropäischen Konfliktes, der als der **Siebenjährige Krieg** in die Geschichte einging. Offiziell dauerte der Krieg in Europa von 1756–63, doch in Nordamerika waren die Kämpfe bereits etwas früher ausgebrochen.

Nachdem die Engländer 1755 massenhaft französische Siedler aus Akadien in Nova Scotia vertrieben hatten (die sich dann in einer monumentalen Wanderung nach Louisiana aufmachten, wo sie bis heute unter der Bezeichnung **Cajuns** leben), machten sich die Briten daran, ganz Kanada zu erobern. General Wolfe bereitete dem Krieg ein Ende, indem er 1759 die **Kapitulation von Québec** erzwungen hatte. Die Franzosen traten Louisiana aber lieber an Spanien ab, statt es in die Hände der Engländer fallen zu lassen. Gleichzeitig übernahm Großbritannien die Kontrolle über Florida, das aber kurze Zeit später wieder an Spanien zurückfallen sollte. Während alle europäischen Monarchen aufgrund angehäufter Schulden praktisch handlungsunfähig waren, wurde den Briten schließlich klar, dass sich der Kolonialismus in Amerika nicht so profitabel betreiben ließ wie in jenen Teilen der Welt, wo man die einheimische Urbevölkerung dazu zwingen konnte, für ihre Herren aus Übersee zu arbeiten.

Mitbestimmt wurde die Szenerie damals von einem Ernst zu nehmenden Widersacher, dem sogenannten **Irokesenbund**. Zeugnisse der Irokesenkultur, zu deren Kennzeichen unter anderem militärisches Expansionsstreben und sogar Menschenopfer zählten, finden sich in der Region um die Großen Seen seit etwa 1000 n. Chr. Die südlichen Irokesen befanden sich ständig im Konflikt mit den Algonquin und den Huron und hatten sich daher im 18. Jh. zu einer Liga aus fünf Stämmen oder Nationen zusammengeschlossen. Beteiligt waren die Seneca, die Cayuga, die Onondaga, die Oneida und die Mohawk, die allesamt im Norden des heutigen US-Bundesstaates New York beheimatet waren. Die sowohl von den Franzosen als auch von den Engländern umworbenen Irokesen verfolgten gegenüber beiden Nationen einen unabhängigen Kurs.

Benjamin Franklin, der Verhandlungen zwischen den Irokesen und den streitbaren Vertretern Pennsylvanias, Virginias und Marylands beiwohnte, schrieb 1751 sinngemäß, dass ungebildete Wilde wohl kaum in der Lage gewesen wären, eine derartige Union zu schmieden, die bereits seit Generationen Bestand habe und unauflöslich erscheine; und ebenso unwahrscheinlich wäre es wohl, dass sich eine ähnliche Union zwischen zehn oder zwölf englischen Kolonien als impraktikabel erweisen würde.

1763 kam es zu einem erfolglosen Aufstand des von Häuptling **Pontiac** angeführten Stammes der Ottawa, der die geldknappen Engländer zu dem Schluss kommen ließ, dass Amerika dringend eine eigene stehende Armee benötigte und

| 1692 | 1718 | 1749 |
|---|---|---|
| In Salem, Massachusetts, werden 18 angebliche Hexen hingerichtet. | Sieur de Bienville, Gouverneur von Louisiana, gründet New Orleans. | Der Wissenschaftler, Erfinder und Staatsmann Benjamin Franklin erfindet den Blitzableiter. |

man von den Kolonisten ja wohl erwarten könnte, die notwendigen Mittel dafür aufzubringen.

1765 führten die Briten das sogenannte **Stempelsteuergesetz** ein, das eine direkte Abgabe an die britische Krone auf sämtliche juristische Dokumente und Druckerzeugnisse in den Kolonien vorsah. In der festen Überzeugung, es dürfe keine Besteuerung ohne politische Repräsentation geben („No taxation without representation"), trafen sich Delegierte aus neun Kolonien im Oktober 1765 zu einer Protestversammlung gegen die Stempelsteuer. Zu jenem Zeitpunkt war der für das Gesetz verantwortliche britische Premierminister jedoch bereits von König George III. entlassen worden, und das Gesetz wurde 1766 endgültig wieder aufgehoben.

Im Jahr 1767 versuchte sich der britische Schatzkanzler Townshend in der Heimat politisch zu profilieren, indem er unter der Ankündigung „Ich traue mich, Amerika zu besteuern!" ein Programm von Einfuhrzöllen auf bestimmte Waren in die Wege leitete. Daraufhin sahen sich die von **Samuel Adams** beeinflussten Kaufleute von Massachusetts zu einem Boykott gegen englische Produkte veranlasst, dem sich mit Ausnahme von New Hampshire alle anderen Kolonien anschlossen. Am 5. März 1770 wurden Townshends Gesetze durch den neuen Premierminister Lord North wieder außer Kraft gesetzt. Zufällig hatte am gleichen Tag aber eine mit Steinen werfende Menge das Zollhaus in Boston umstellt. Dabei kam es zum sogenannten **Bostoner Massaker**, als fünf Menschen durch Schüsse von Wachmännern getötet wurden. Dennoch nahmen die meisten Kolonien in der Folge den Handel mit Großbritannien wieder auf, sodass die große Krise noch einige Jahre Aufschub erhielt.

Im Mai 1773 entlastete Lord North mit dem **Teegesetz** die hoch verschuldete Ostindische Kompanie von ihren Zöllen auf Exporte nach Amerika, während die Amerikaner weiterhin Abgaben auf die Einfuhr von Tee zahlen mussten. Massachusetts rief die anderen Kolonien auf, sich gemeinsam zur Wehr zu setzen, und seine Bürger führten am 16. Dezember die sogenannte **Boston Tea Party** an, enterten drei mit Tee beladene Schiffe und warfen 342 Kisten mit der wertvollen Fracht ins Meer.

Das empörte britische Parlament machte sich daraufhin an die Verabschiedung mehrerer Gesetze, die in ihrer Gesamtheit von den Amerikanern als nicht hinnehmbare Zwangsmaßnahme empfunden wurden und die unter anderem die Schließung des Bostoner Hafens und die Auflösung der Regierung von Massachusetts vorsahen. **Thomas Jefferson** verurteilte das neue Gesetzespaket als den systematischen Versuch, Amerika in die Sklaverei zu zwingen. Als Reaktion darauf fand am 5. Mai 1774 in Philadelphia der **Erste Kontinentalkongress** statt, an dem Vertreter aller Kolonien außer Georgia teilnahmen.

## Der Unabhängigkeitskrieg

Am 18. April 1775 kam es dann zum Ausbruch des Krieges, als General Gage, der Gouverneur von Massachusetts, 400 britische Soldaten entsandte, um das Waffendepot in **Concord** zu zerstören, damit das Arsenal nicht in die Hände der Rebellen fallen konnte. Der Silberschmied **Paul Revere** wurde von den Bostoner Bürgern auf seinen legendären Kurierritt nach Concord geschickt, um die dortigen Rebellen zu warnen. Die anrückenden Engländer wurden daraufhin bei Lexington von 77 amerikanischen Patrioten,

| 1759 | 1765 | 1770 |
|---|---|---|
| Der britische General James Wolfe erzwingt die Kapitulation von Québec und beendet dadurch den Siebenjährigen Krieg in Nordamerika. | Die Bevölkerung von New England widersetzt sich der britischen Verwaltung: „no taxation without representation" (keine Besteuerung ohne parlamentarische Vertretung). | Beim Massaker von Boston feuern britische Ordnungshüter in die Menge und töten fünf Kolonisten. |

den sogenannten „Minutemen", zu einem ersten Gefecht gestellt.

Der Kongress machte sich daran, in Boston eine Armee auf die Beine zu stellen und entschied sich um des Erhalts der Union willen für einen Oberbefehlshaber aus den Südstaaten namens **George Washington**. Während der Krieg wütete, bildeten alle Kolonien ihre eigenen Regierungen, erklärten sich zu eigenständigen Staaten und überließen ihren Politikern die Definition der Gesellschaft, die sie zu bilden beabsichtigten. Die Ideen des Druckschriftverfassers Thomas Paine – ganz besonders das Pamphlet *Common Sense* (Gesunder Menschenverstand) – hatten, zusammen mit den Vorstellungen des Irokesenbundes, einen großen Einfluss auf die amerikanische **Unabhängigkeitserklärung**. Die von Thomas Jefferson verfasste Schrift wurde am 4. Juli 1776 vom Kontinentalkongress in Philadelphia angenommen. Die ursprünglich von Jefferson, der selbst Sklavenhalter war, eingearbeiteten Klauseln gegen die Sklaverei wurden mit Rücksicht auf die Südstaaten gestrichen; erhalten blieb dagegen ein Absatz, in dem die Geschäfte des Königs mit „unbarmherzigen indianischen Wilden" angeprangert wurden.

Für die Briten nahm der Amerikanische Unabhängigkeitskrieg zunächst einen recht erfolgreichen Verlauf. General Howe überquerte mit einer 20 000 Mann starken Armee den Atlantik, nahm New York und New Jersey ein und überwinterte 1777/78 in Philadelphia. Das Lager von Washingtons Armee befand sich unweit davon in Valley Forge, wo seine Soldaten bei eisigen Temperaturen beinahe den Kältetod starben. Schon bald wurde jedoch klar: Je länger es den Amerikanern gelang, eine große Entscheidungs-schlacht zu vermeiden, desto wahrscheinlicher würden die Engländer ihre Linien auf dem Vormarsch durch den riesigen und fremden Kontinent auseinanderziehen müssen. So wurde beispielsweise die Expedition von General Burgoyne, die in Kanada aufgebrochen war, auf ihrem Marsch nach New England von den Rebellen per Guerillataktik derart zugesetzt, dass er sich im Oktober 1777 schließlich gezwungen sah, bei Saratoga zu kapitulieren.

Andere europäische Mächte eilten den Amerikanern mit Freude zu Hilfe. Benjamin Franklin führte eine äußerst erfolgreiche Delegation nach Frankreich an, um ausländische Unterstützung zu erbitten, und schon bald wurde die junge amerikanische Flotte von den Franzosen und den Spaniern dabei unterstützt, die britischen Verbindungen auf dem Seeweg abzuschneiden. Das Ende der Auseinandersetzungen nahte, als Cornwallis, der Nachfolger Howes, den Befehl erhielt, sich bei Yorktown zu verschanzen, bis die Royal Navy ihm zu Hilfe kommen würde, doch die Franzosen riegelten die Chesapeake Bay komplett ab und verhinderten so das Eintreffen der Verstärkung. Cornwallis ergab sich der Kontinentalarmee am 17. Oktober 1781.

Der darauf folgende **Frieden von Paris** garantierte den Amerikanern ihre Unabhängigkeit zu großzügigen Konditionen. Die Engländer überließen ihre verbündeten amerikanischen Ureinwohner, einschließlich die Irokesen, der Rache der Sieger, und George Washington marschierte im November 1783 in New York ein, nachdem die Briten die Stadt verlassen hatten. Florida blieb weiterhin in spanischem Besitz.

Der Kongress der Vereinigten Staaten trat erstmals 1789 zusammen und läutete die spätere

| 1773 | 1775 | 1776 |
|---|---|---|
| Bei der Boston Tea Party werfen 200 Kolonisten drei Schiffsladungen Tee ins Meer, um gegen die britischen Zollbestimmungen zu demonstrieren. | „Mit einem Schuss, der rund um die Welt gehört wurde" beginnt der Unabhängigkeitskrieg; George Washington übernimmt das Kommando über die Kontinentalarmee. | Am 4. Juli wird die Unabhängigkeitserklärung unterzeichnet. |

## Die Verfassung

Mit der 1787 unterzeichneten und ein Jahr später ratifizierten Verfassung der Vereinigten Staaten von Amerika wurde die folgende Regierungsform festgelegt:

Die gesamte **Legislative** wurde dem Kongress der Vereinigten Staaten übertragen. Die untere der beiden Kammern, das Repräsentantenhaus, sollte alle zwei Jahre neu gewählt werden. Seine Mitglieder setzten sich entsprechend der Bevölkerungszahl der „freien Bürger" eines jeden Einzelstaates plus „drei Fünftel aller anderen Bürger" (gemeint waren die Sklaven) zusammen. In das Oberhaus, den Senat, entsandte jeder Einzelstaat zwei Senatoren, die nicht direkt gewählt, sondern von den Legislativen der jeweiligen Einzelstaaten bestimmt wurden. Jeder Senator trat eine Amtszeit von sechs Jahren an, wobei alle zwei Jahre die Amtszeit eines Drittels der Senatoren ausläuft.

Die **Exekutive** oblag dem Präsidenten, der gleichzeitig oberster Befehlshaber der Land- und Seestreitkräfte war. Er sollte alle vier Jahre gewählt werden, und zwar von so vielen „Wahlmännern" aus jedem Einzelstaat, wie der Zahl der Senatoren und Repräsentanten jenes Staates entsprach. Jeder Einzelstaat durfte selbst entscheiden, auf welche Weise die Wahlmänner bestimmt wurden, wobei sich fast alle für direkte allgemeine Wahlen entschieden. Dennoch hält sich bis heute die Unterscheidung zwischen der Anzahl der „allgemeinen Stimmen", die ein Präsidentschaftskandidat im ganzen Land erzielt, und der Anzahl der in jedem Einzelstaat erzielten „Wahlmännerstimmen", die über das tatsächliche Ergebnis entscheidet. Ursprünglich galt auch die Regelung, dass der Kandidat mit dem zweitbesten Ergebnis bei den Wahlen automatisch Vizepräsident wurde.

Der Präsident konnte gegen die Beschlüsse des Kongresses ein Veto einlegen, das jedoch seinerseits durch eine Zweidrittelmehrheit in beiden Häusern wieder überstimmt werden konnte. Das Repräsentantenhaus wurde ermächtigt, in Fällen von Verrat, Bestechung oder „anderen schweren Straftaten und Vergehen" ein Amtsenthebungsverfahren *(impeachment)* gegen den Präsidenten einzuleiten, woraufhin der Senat ihn mit Zweidrittelmehrheit des Amtes entheben konnte.

Die **Judikative** wurde einem Obersten Gerichtshof, dem sogenannten Supreme Court, übertragen, wobei der Kongress über die Anzahl der Gerichte untergeordneter Instanzen entscheiden konnte.

Die Verfassung wurde bis heute durch 27 Verfassungszusätze, die sogenannten Amendments, modifiziert. Für bedeutende Änderungen sorgten folgende Zusätze: Nr. 14 und 15, mit denen 1868 und 1870 Männer schwarzer Hautfarbe das Wahlrecht erhielten; Nr. 17, mit dem 1913 allgemeine und direkte Wahlen der Senatoren eingeführt wurden; Nr. 18, mit dem 1920 das Wahlrecht für Frauen eingeführt wurde; Nr. 22, mit dem 1951 die Präsidentschaft auf maximal zwei Amtszeiten beschränkt wurde; Nr. 24, mit dem 1964 die Einzelstaaten daran gehindert wurden, mittellose afroamerikanische Bürger durch eine Kopfsteuer an ihrem Wahlrecht zu hindern; und Nr. 26, mit dem 1971 das Mindestalter für Wahlberechtigte auf 18 Jahre herabgesetzt wurde.

| 1777 | 1781 | 1783 |
|---|---|---|
| General Washington schlägt sein Winterquartier in Valley Forge auf. | Von See und von Land bedrängt, kapituliert der britische Kommandant Lord Cornwallis in Yorktown. | Der Frieden von Paris beendet formal den Amerikanischen Unabhängigkeitskrieg zwischen Großbritannien und den 13 nordamerikanischen Kolonien. |

Tradition ein, den siegreichsten Generälen der Nation auch die politische Macht zu übertragen, indem er George Washington zum ersten Präsidenten wählte. Eine weitere Ehrung erhielt der erfolgreiche Befehlshaber durch die Benennung der neuen Hauptstadt **Washington DC**, deren Standort mit Absicht an der Grenze zwischen Nord- und Südstaaten gewählt wurde.

# Das 19. Jahrhundert

Im ersten Jahrhundert ihres Bestehens expandierten sowohl die Fläche als auch die Einwohnerzahl der neuen **Vereinigten Staaten von Amerika** mit geradezu phänomenaler Geschwindigkeit. Die weiße Bevölkerung Nordamerikas betrug um 1800 etwa fünf Millionen, dazu kamen eine Million afrikanische Sklaven, von denen 30 000 im Norden lebten. Von jener Gesamtbevölkerung waren 86 % innerhalb eines 50 Meilen breiten Streifens an der Atlantikküste angesiedelt. Es gab aber keine Metropole in den USA, die es mit Mexiko-Stadt hätte aufnehmen können, das bereits knapp 100 000 Einwohner zählte. New York und Philadelphia erreichten jene Marke aber schon 20 Jahre später, und 50 Jahre darauf hatte New York schon die Millionengrenze überschritten.

Die Politik der Engländer war dahin gegangen, die Siedler davon abzuhalten, in Gebiete westlich der Appalachen vorzudringen, wo sie sich außerhalb britischer Kontrolle befänden. Abenteurer wie **Daniel Boone** machten sich jedoch ab den 70er-Jahren des 18. Jhs. an die Überquerung der Berge und drangen bis nach Tennessee und Kentucky vor. Schon bald fuhren auch die ersten behelfsmäßigen Flöße – gebaut aus den Brettern, die später zum Bau von Holzhütten dienten – den Ohio hinunter, den einzigen Richtung Westen fließenden Fluss auf dem nordamerikanischen Kontinent.

## Der Louisiana Purchase

1801 gaben die Spanier Louisiana wieder an Frankreich zurück, allerdings unter der ausdrücklichen Zusicherung der Franzosen, das Land dauerhaft in Besitz zu halten. Doch Napoleon erkannte schon bald, dass er nicht genügend Soldaten für eine Verteidigung seiner amerikanischen Besitzungen aufbringen konnte und entschloss sich daher, das Territorium 1803 für 15 Millionen Dollar an die Vereinigten Staaten zu verkaufen. Die im Rahmen dieses **Louisiana Purchase** erworbenen Landgebiete erstreckten sich weit über die Grenzen des heutigen Louisiana hinaus, und Präsident Thomas Jefferson entsandte umgehend die Forscher **Lewis und Clark** zur Vermessung des Territoriums. Mit Hilfe von Sacagawea, ihrer angeheuerten Führerin vom Stamm der Schoschonen, folgten sie dem Lauf der Flüsse Missouri und Columbia bis zum Pazifischen Ozean; in ihrem Gefolge kamen Fallensteller und Jäger, um in der Wildnis der Rocky Mountains ihr Glück zu versuchen. Die **Russen** hatten zu jener Zeit bereits die Pazifikküste im Nordwesten des amerikanischen Kontinents erreicht und mehrere befestigte Außenposten errichtet, wo sie mit Biber- und Otterfellen handelten.

Die Versuche der Engländer, eine transatlantische Handelsblockade zu verhängen, die ursprünglich als Schachzug gegen Napoleon gedacht war, eröffneten der aufstrebenden Nation die erste Gelegenheit, ihre militärischen Mus-

| 1787 | 1789 | 1803 |
|---|---|---|
| In Philadelphia wird die Verfassung unterzeichnet. | George Washington wird als erster Präsident der Vereinigten Staaten vereidigt. | Sein Nachfolger Thomas Jefferson kauft für 15 Mio. Dollar das westlich des Mississippi gelegene Louisiana. |

keln spielen zu lassen. Auch wenn es einem britischen Überfallkommando gelang, Washington DC einzunehmen und das Weiße Haus niederzubrennen, so bot der **Krieg von 1812** aber in erster Linie einen Vorwand, gegen die mit den Engländern verbündeten amerikanischen Ureinwohner vorzugehen. So wurde **Tecumseh**, Häuptling der Shawnee, in der Nähe von Detroit geschlagen, und **Andrew Jackson** rückte am südlichen Mississippi gegen die Creek vor.

Jacksons Feldzug gegen die Seminolen in Florida versetzte die USA in die Lage, die spanische Regierung zu stürzen und die Abtretung des Gebietes zu verlangen. Jackson wurde zur Belohnung zum ersten Gouverneur des neuen Staates ernannt und später zum Präsidenten der Vereinigten Staaten gewählt. Während seiner Amtszeit in den 30er-Jahren des 19. Jhs. ging Jackson sogar noch weiter und machte sich daran, die amerikanischen Ureinwohner aus allen Staaten östlich des Mississippi zu vertreiben. Die unfruchtbare Region, die später Oklahoma heißen sollte, wurde als „Indianerterritorium" ausgewiesen und zum neuen Siedlungsgebiet für die „Fünf zivilisierten Stämme" erklärt. Zu den Creek und den Seminolen sowie den Choctaw und den Chickasaw aus Mississippi kamen schließlich noch diejenigen Cherokee aus der unteren Appalachen-Region, die ihren vier grauenhafte Monate dauernden Zwangsmarsch, den sogenannten **Trail of Tears**, überlebt hatten.

## Manifest Destiny und Mexikanisch-Amerikanischer Krieg

Für die Bürger der jungen Republik war es nur ein kleiner Schritt von der Erkenntnis, ihr Land könnte sich irgendwann über den gesamten Kontinent ausdehnen, bis zu der Vorstellung, man habe eine quasi religiöse Verpflichtung, jenes Land in Besitz zu nehmen. Vereinfacht lief diese Doktrin unter dem Schlagwort „**Manifest Destiny**" mehr oder weniger auf die Überzeugung „Macht geht vor Recht" hinaus, doch in der Praxis ließen sich unzählige Pioniere von der Vorstellung inspirieren, sie würden den Willen Gottes erfüllen, und machten sich auf den Weg über die großen Ebenen, um sich im Westen des Landes eine neue Existenz aufzubauen.

Inzwischen hatte Mexiko seine Unabhängigkeit von Spanien erlangt. Die spanischen Besitzungen im Südwesten des nordamerikanischen Kontinents hatten sich nie zu ausgewachsenen Kolonien entwickeln können, und so übernahmen nun die in immer größerer Zahl eintreffenden Amerikaner langsam die Vorherrschaft gegenüber den hispanischen Siedlern. In **Texas** rebellierten die Amerikaner 1833 unter Führung von General Sam Houston, und kurze Zeit nach der legendären Niederlage in der Schlacht von Fort **Alamo** im Jahre 1836 besiegten sie schließlich die von General Santa Anna angeführte mexikanische Armee. Texas wurde zur eigenständigen und unabhängigen Republik erklärt.

Der darauf folgende **Mexikanisch-Amerikanische Krieg** war von Seiten der Amerikaner ein Akt unverfrorener Aggression. In dem Konflikt kämpften die Generäle des Amerikanischen Bürgerkriegs noch Seite an Seite für das gleiche Ziel. Der Krieg endete nicht nur mit der Annexion von Texas, sondern auch von Arizona, Utah, Colorado, Nevada, New Mexico und 1848 schließlich auch Kalifornien. Eine symbolische Zahlung der USA von 18,25 Millionen Dollar an die mexikanische Regierung wurde in An-

| 1814 | 1829 | 1830 |
|---|---|---|
| Britische Soldaten brennen das Weiße Haus nieder und stoßen bis Baltimore vor, werden jedoch zurückgeschlagen. | Der aus einfachen Verhältnissen stammende Andrew Jackson wird siebter Präsident der Vereinigten Staaten. | Mit dem Indian Removal Act wird die gesetzliche Grundlage für die Zwangsumsiedlung der indianischen Ureinwohner aus den Gebieten östlich des Mississippi geschaffen. |

lehnung an den Louisiana Purchase getätigt. Die Kontroverse um die Frage, ob die Sklaverei in den neuen Staaten für legal erklärt werden sollte, erübrigte sich durch die Nachricht aus Kalifornien, dass in der Sierra Nevada Gold gefunden worden war. Der folgende **Goldrausch** sorgte für die Entstehung der ersten größeren Stadt in Kalifornien, San Francisco, und für eine massive Einwanderung freier weißer Siedler in ein Land, das für eine auf Plantagen basierende Wirtschaft völlig ungeeignet war.

Die Befürworter von „Manifest Destiny" hatten ihre Aufmerksamkeit bis dahin kaum auf den **Pazifischen Nordwesten** gerichtet, der auf dem Papier noch zu Britisch-Kanada gehörte. Doch als 1841 der Oregon Trail den Weg in diese Region bahnte, waren die Amerikaner gegenüber den englischen Siedlern schon bald in der Überzahl. 1846 wurde die Grenze in einem überraschend freundschaftlichen Vertrag entlang des 49. Breitengrads fixiert, wo sie im Osten Kanadas ebenfalls verlief, während die gesamte Insel Vancouver Island den Engländern überlassen wurde.

## Der Amerikanische Bürgerkrieg

Die nationale Einheit der Vereinigten Staaten von Amerika stand von Anfang an auf wackligen Beinen. Es war sehr große Sorgfalt darauf verwandt worden, eine **Verfassung** zu schaffen, die gleichzeitig dem Bedürfnis nach einer starken Bundesregierung und dem Streben der Einzelstaaten nach größtmöglicher Autonomie gerecht werden sollte. Um dies zu erreichen, wurde der Kongress aus zwei Kammern zusammengesetzt – einem **Repräsentantenhaus**, in dem die Anzahl der Vertreter eines jeden Einzelstaates nach dessen Einwohnerzahl festgelegt wurde, und einem

**Senat**, in dem jeder Einzelstaat, ungeachtet seiner Größe, zwei Mitglieder hatte.

So gelang es, auch wenn die Verfassung rein theoretisch keine Aussage zum Thema der **Sklaverei** machte, die Befürchtungen der weniger bevölkerungsstarken Staaten des Südens zu verringern, die Wähler im Norden könnten sie zur Abschaffung ihrer *peculiar institution* („eigentümliche Institution"), wie die Sklaverei verharmlosend genannt wurde, zwingen und so ihre gesamte Wirtschaft in den Ruin treiben.

Dieses System konnte jedoch nur funktionieren, wenn es gleich viele „freie" Staaten wie Sklaven haltende Staaten gab. In der Praxis konnte dieses Gleichgewicht nur gewahrt werden, indem man jedes Mal, wenn ein neuer Staat in die Union aufgenommen wurde, noch einen weiteren Staat mit entgegengesetzter Einstellung zur Sklaverei aufnahm. Infolge dieser Umstände bot die Aufnahme eines jeden neuen Staates stets Anlass für endlose Intrigenspiele. Der **Missouri-Kompromiss** von 1820, unter dem Missouri als Sklaven haltender und Maine als freier Staat aufgenommen wurden, war noch recht unkompliziert im Vergleich zu den Ausweichmanövern und taktischen Spielchen beim Gerangel um die Aufnahme von Texas, denn der Mexikanische Krieg wurde im Norden vielfach als bloße Landnahme zur Schaffung neuer Sklavenstaaten verurteilt.

Abolitionistische Ansichten waren jedoch bis Mitte des 19. Jhs. selbst im Norden nicht sehr weit verbreitet. Bestenfalls hegten die Nordstaatler, nachdem die Sklavenimporte aus Afrika 1808 beendet worden waren, vage Hoffnungen, dass sich die Sklaverei als Anachronismus erweisen und irgendwann von selbst verschwin-

| 1831 | 1836 | 1847 |
|---|---|---|
| Unter Führung von Nat Turner kommt es in Virginia zu einem Sklavenaufstand. | Texas erklärt seine Unabhängigkeit von Mexiko; vier Tage später werden die Aufständischen von Soldaten General Santa Anas getötet. | Eingewanderte Mormonen gründen Salt Lake City. |

den würde. Wie sich herausstellte, erfuhren die Plantagen im Süden einen enormen Rentabilitätsschub durch die Erfindung der Baumwollentkörnungsmaschine und die erhöhte Nachfrage nach fertig produzierten Baumwollerzeugnissen als Folge der **Industriellen Revolution**. Die Situation veränderte sich schließlich durch das schnelle Wachstum der Nation als Ganzes, wodurch es immer schwieriger wurde, die politische Balance zwischen Nord- und Südstaaten aufrechtzuerhalten.

1854 spitzte sich die Lage zu, als der **Kansas-Nebraska Act** Guerilla-Aktionen und Scharmützel zwischen rivalisierenden Siedlern auslöste, weil jenes Kompromissgesetz für beide Einzelstaatenkandidaten die Selbstbestimmung in der Sklavenfrage vorsah. Im gleichen Jahr wurde die **Republikanische Partei** gegründet, die es sich zum Ziel setzte, eine weitere Ausbreitung der Sklaverei zu verhindern. Entflohene ehemalige Sklaven wie Frederick Douglass lösten inzwischen mit ihren Berichten große moralische Entrüstung bei ihrer Zuhörerschaft im Norden aus, während der zu Herzen gehende, die Sklaverei anprangernde Roman *Onkel Toms Hütte* von Harriet Beecher Stowe eine bis dahin beispiellose Zahl von Lesern fand.

Im Oktober 1859 führte **John Brown**, ein weißbärtiger und furchtloser, aus den blutigsten Nahkämpfen von Kansas hervorgegangener Veteran, einen spektakulären Überfall auf ein US-Waffenlager in Harpers Ferry (heute West Virginia) an, um Waffen für einen Sklavenaufstand zu beschaffen. Er wurde jedoch schnell von den Streitkräften unter dem Kommando von Robert E. Lee gefasst und binnen weniger Wochen gehängt. Kurz vor seinem Tod sagte er noch: „Ich bin jetzt fest davon überzeugt, dass die Verbrechen dieses schuldigen Landes nie anders gesühnt werden können als mit Blut."

Der republikanische Präsidentschaftskandidat für die Wahlen von 1860 war der weitgehend unbekannte **Abraham Lincoln** aus Kentucky. Er gewann in keinem einzigen Südstaat, aber da die Demokraten in eine nördliche und eine südliche Fraktion gespalten waren, wurde er mit 39 % der Gesamtstimmen gewählt. Nur wenige Wochen später, am 20. Dezember, trat South Carolina als erster Staat aus der Union aus. Am 4. Februar 1861 wurden die **Konföderierten Staaten von Amerika** ausgerufen, denen sich Mississippi, Florida, Alabama, Georgia, Louisiana und Texas anschlossen. Ihr erster (und einziger) Präsident war der ebenfalls aus Kentucky stammende **Jefferson Davis**; bei der Amtseinführung bemerkte sein Vizepräsident, die neue Regierung sei „die erste in der Weltgeschichte, die auf der großen physischen und moralischen Wahrheit basiert, dass der Neger dem weißen Mann nicht ebenbürtig ist". Lincoln trat sein Amt im März 1861 an und verkündete: „Es ist nicht meine Absicht, direkt oder indirekt gegen die Institution der Sklaverei in den Staaten vorzugehen, wo sie bereits besteht. Ich glaube, ich kein Recht dazu habe, und ich habe auch kein entsprechendes Bedürfnis."

## Die Anfänge des Kriegs

Nur wenige Wochen später brach der **Bürgerkrieg** (auch Sezessionskrieg genannt) aus. Die ersten Schüsse fielen am 12. April, als die Unionstruppen ihren Stützpunkt Fort Sumter vor Charleston (South Carolina) mit Nachschub versorgen wollten, dabei aber von den Konföderier-

| 1848 | 1858 | 1859 |
|---|---|---|
| Nach der Niederlage im Mexikanisch-Amerikanischen Krieg tritt Mexiko Kalifornien und New Mexico für 18,25 Mio. Dollar an die USA ab. | Abraham Lincoln formuliert seinen berühmten Ausspruch: „A house divided against itself cannot stand" (Wenn ein Haus mit sich selbst uneins wird, kann es nicht bestehen). | Der Abolitionist John Brown besetzt das staatliche Waffenarsenal in Harpers Ferry, West Virginia, und wird später dafür hingerichtet. |

| 1860 | 1861 | 1862 |
| --- | --- | --- |
| Die Wahl Lincolns (Foto) zum Präsidenten löst die Abspaltung der Südstaaten aus, die sich in den Konföderierten Staaten von Amerika zusammenschließen. | Mit dem Artillerieangriff auf Fort Sumter in South Carolina beginnt der Amerikanische Bürgerkrieg. | Präsident Lincoln erklärt alle Sklaven auf dem von den Konföderierten kontrollierten Gebiet für frei. |

ten unter Beschuss genommen und schließlich zur Aufgabe gezwungen wurden. Lincolns unmittelbare Reaktion bestand darin, eine Armee gegen den Süden aufzustellen, woraufhin sich Virginia, Arkansas, Tennessee und North Carolina der Konföderation anschlossen. Innerhalb eines Jahres hatten beide Armeen insgesamt 600 000 Soldaten unter Waffen stehen. Robert E. Lee hatte das Kommando von beiden Seiten angeboten bekommen und entschied sich für die Konföderierten, während George McLellan erster Oberbefehlshaber der Unionstruppen wurde. Obwohl die beiden rivalisierenden Hauptstädte Washington DC und Richmond (Virginia) nur 100 Meilen voneinander entfernt lagen, erreichten die Kriegshandlungen während der folgenden vier Jahre fast alle Regionen südlich von Washington und östlich des Mississippi.

Verfolgt man das Auf und Ab der militärischen Feldzüge – von den Siegen der Konföderierten in den ersten Jahren über Grants erfolgreiche Belagerung von Vicksburg 1863 und Shermans verheerenden „Marsch zum Meer" 1864 bis zu Lees endgültiger Kapitulation in Appomattox im April 1865 –, so verliert man leicht die Tatsache aus den Augen, dass der Ausgang des Krieges nicht in erster Linie ein Ergebnis von Feldherrnkunst, sondern vielmehr von wirtschaftlicher (und militärischer) Stärke war. Der **Union** mit 23 Nordstaaten und mehr als 22 Millionen Menschen stand die **Konföderation** mit elf Südstaaten und nur neun Millionen Menschen gegenüber.

An potenziellen Kämpfern konnte der Norden anfangs auf 3,5 Millionen weiße Männer im Alter zwischen 18 und 45 Jahren zurückgreifen (später wurden auch Afroamerikaner rekrutiert), während der Süden nur rund eine Million potenzielle Soldaten aufbieten konnte. Letztlich kämpften rund 2,1 Millionen Männer für die Union und 900 000 für die Konföderierten. Von den 620 000 gefallenen Soldaten kam ein überproportional großer Anteil von 258 000 aus dem Süden. Das war ein Viertel der männlichen weißen Bevölkerung im wehrfähigen Alter.

Unterdessen war der Norden nicht nur in der Lage, seinen Handel mit den anderen Weltnationen fortzuführen, weil die industrielle und landwirtschaftliche Produktion aufrechterhalten werden konnte, sondern schnürte den Konföderierten auch noch mit einer vernichtenden **Seeblockade** die Luft ab. Die Südstaaten finanzierten ihre Kriegsanstrengungen in erster Linie durch den Neudruck von Papiergeld im Wert von 1,5 Milliarden Dollar, das aufgrund der Inflation praktisch seinen gesamten Wert verlor.

Trotz allem waren die Konföderierten einem Sieg zeitweise viel näher, als gemeinhin angenommen wird. Den Südstaatentruppen unter General **Robert E. Lee** gelang es wiederholt, den Gegner auszumanövrieren und auf Gebiete der Union vorzudringen; dadurch ergab sich in jedem der drei aufeinanderfolgenden Jahre von 1862–64 eine handfeste Möglichkeit, die Moral der Nordstaatentruppen zu brechen, wodurch dort möglicherweise Kriegsgegner an die Macht gekommen wären und einem Frieden zugestimmt hätten.

Der Amerikanische Unabhängigkeitskrieg hatte bereits gezeigt, wie ein solcher Konflikt gewonnen werden konnte: Die Union musste, wollte sie den Krieg für sich entscheiden, in den Süden einmarschieren, ihn besetzen und die Südstaatentruppen schlagen, während der Süden lediglich so lange hätte durchhalten müs-

| 1865 | 1867 | 1869 |
|---|---|---|
| Am 9. April kapituliert der konföderierte General Robert E. Lee vor dem General der Union, Ulysses Grant; fünf Tage später fällt Lincoln einem Attentat zum Opfer. | Die Vereinigten Staaten kaufen für 7,2 Mio. Dollar Alaska vom russischen Zarenreich. | Thomas Adams erfindet den modernen Kaugummi. |

sen, bis der Norden der Kriegsanstrengungen überdrüssig geworden wäre.

Die unerschrockene Taktik der konföderierten Generäle Lee und Jackson, die ständig Gegenangriffe initiierten und den Feind in Gefechte verwickelten, hat letztlich wohl auch zur Niederlage des Südens beigetragen. Die unerbittliche und unnachgiebige Strategie des totalen Krieges der Unionsbefehlshaber Grant und Sherman sorgte letztlich für eine langsame Zermürbung des Widerstands im Süden. Eine besondere Ironie liegt in der Tatsache, dass die Konföderierten, hätten sie um Frieden ersucht, bevor Lee ihnen neue Hoffnung einflößte, auf dem Verhandlungsweg die Abschaffung der Sklaverei möglicherweise hätten verhindern können. Aber je länger der Krieg dauerte, desto mehr Sklaven flohen in die Nordstaaten, während schwarze Soldaten an der Front für die Union kämpften, sodass die Sklavenbefreiung schließlich unvermeidlich wurde. Lincoln traf die politische Entscheidung, die im Einklang mit seiner moralischen Überzeugung stand, 1862 mit der Verkündigung seiner **„Emanzipationserklärung"**. Der **13. Verfassungszusatz**, mit dem die Sklaverei endgültig abgeschafft wurde, ließ noch bis 1865 auf sich warten.

### „Reconstruction"

Abraham Lincoln fiel nur wenige Tage nach Beendigung des Krieges einem Attentat zum Opfer. Seine Ermordung war auch Ausdruck der tiefen Verbitterung weiter Teile der Bevölkerung, die einen erfolgreichen **Wiederaufbau** höchstwahrscheinlich auch dann verhindert hätte, wenn Lincoln am Leben geblieben wäre. Nachdem männliche Schwarze 1870 das Wahlrecht erhalten hatten, gab es eine kurze Periode, während

der in den Südstaaten auch politische Vertreter mit schwarzer Hautfarbe gewählt wurden, doch da nicht ernsthaft versucht wurde, ehemaligen Sklaven den Erwerb von Grundbesitz zu ermöglichen, kam es zu einer raschen Verschlechterung der Rassenbeziehungen im Süden. Weiße Überlegenheit propagierende Organisationen wie der Ku-Klux-Klan, der nominell ein Geheimbund war, aber unverschämt öffentlich auftrat, sorgten dafür, dass den Afroamerikanern im Süden ihr Wahlrecht praktisch wieder genommen wurde. Wer aktiv an Reformen in den Südstaaten mitarbeitete, geriet entweder als *carpetbagger* (ein Opportunist aus dem Norden, der sich im Süden persönlich zu bereichern versuchte) oder als verräterischer *scalawag* (ein Kollaborateur aus dem Süden) in Verruf.

Die Nachwirkungen des Amerikanischen Bürgerkriegs dauerten alles in allem fast 100 Jahre. Während sich die Südstaaten selbst zu einem Jahrhundert rückständigen Provinzdaseins verdammten, brach für die übrigen wiedervereinigten Staaten eine Periode der Expansion und des Wohlstands an.

### Die Indianerkriege

Mit der Fertigstellung der transkontinentalen Eisenbahn 1867 wurde „Manifest Destiny" eine unbestreitbare Tatsache. Unter den ersten, die nach Westen zogen, befanden sich Soldaten der Bundesarmee, in der Veteranen der Union und der Konföderierten unter derselben Fahne gegen die noch verbliebenen amerikanischen Ureinwohner zu Felde zogen. Ein Vertrag nach dem anderen wurde abgeschlossen, nur um sofort wieder gebrochen zu werden, wenn es zweckdienlich erschien, was meistens bei der

| 1870 | 1876 | 1876 |
| --- | --- | --- |
| Hiram R. Revels aus Mississippi zieht als erster schwarzer Senator in den Kongress ein. | In der Schlacht am Little Bighorn besiegen Krieger der Sioux die Siebte US-Kavallerie und töten General George Custer. | Mark Twain veröffentlicht *Die Abenteuer des Tom Sawyer*, das erste auf Schreibmaschine verfasste Buch. |

| 1881 | 1890 | 1892 |
|---|---|---|
| Pat Garrett tötet Billy the Kid in Fort Sumner (Foto), New Mexico; am O.K. Corral in Tombstone, Arizona, kommt es zu der berühmten Schießerei. | Im Massaker von Wounded Knee tötet die Siebte US-Kavallerie mehr als 300 Angehörige der Sioux. | Erste Anlaufstelle für Immigranten wird das zu New York gehörende Ellis Island; bis zur Schließung 1954 wurden hier 12 Mio. Einwanderer abgefertigt. |

Entdeckung von Gold oder anderen Edelmetallen der Fall war.

Doch die Indianer waren durchaus in der Lage zurückzuschlagen, wenn die Weißen zu weit gingen oder sie regelrecht in die Verzweiflung trieben. Die Niederlage, die General George Custer 1876 bei Little Bighorn von Sitting Bull und seinen Sioux- und Cheyenne-Kriegern beigebracht wurde, rief den geballten Zorn der Regierung hervor. Binnen weniger Jahre wurden Anführer wie Crazy Horse von den Oglala-Sioux und Geronimo von den Apachen zur Kapitulation gezwungen und ihr Volk in Reservate gesteckt. Ein letzter Akt des Widerstands war der visionäre und messianische Kult der Geistertanzbewegung, deren Anhänger von der Überzeugung beseelt waren, sie könnten durch die korrekte Einhaltung ihrer Rituale ihre verlorene Existenz zurückerlangen in einem Land, das auf wundersame Weise von den weißen Eindringlingen befreit war. Auch die Verfolgung derartiger Ziele wurde als feindseliger Akt interpretiert, und seinen Höhepunkt erreichte der militärische Kleinkrieg gegen die Bewegung 1890 im Massaker von Wounded Knee in South Dakota.

Eine bedeutende Strategie im Kampf gegen die Plains-Indianer bestand darin, sie auszuhungern, bis sie sich schließlich ergaben. Das erreichten die Weißen dadurch, dass sie die riesigen Büffelherden und damit die wichtigste Nahrungsquelle der Indianer vernichteten. General Philip Sheridan drückte es folgendermaßen aus: „Um eines dauerhaften Friedens willen (...) tötet, häutet und verkauft den Büffel, bis er ausgelöscht ist. Dann könnt ihr eure Prärien mit buntgescheckten Milchkühen und fröhlichen Cowboys besiedeln." Sehr viel tiefgreifendere Auswirkungen auf den Gang der Geschichte als die Aktivitäten der bis heute verklärten Cowboys zeitigten jedoch die hart schuftenden Bergarbeiter in den Minen und die immer weiter um sich greifenden Familienfarmen.

## Industrialisierung und Einwanderung

Das ausgehende 19. Jh. stand im Zeichen massiver Einwanderung nach Nordamerika, wobei die Immigration aus Europa an der Ostküste in etwa derjenigen aus Asien an der Westküste entsprach. Wie in der Kolonialzeit neigten nationale Gruppierungen dazu, Enklaven in bestimmten Regionen zu bilden, beispielsweise Farmer aus Skandinavien in Minnesota und den nördlichen Ebenen, Schafhirten aus dem Baskenland in Idaho und Bergarbeiter aus dem englischen Cornwall in Colorado. Im Südwesten zählte dagegen die harte Arbeit des Einzelnen weniger als die kollektive Anstrengung der Gemeinschaft. Die Mormonen waren vor der religiösen Verfolgung bis nach Utah geflohen und wurden so die ersten weißen Siedler, die sich in der gnadenlosen Wüste durchzuschlagen versuchten.

Am schnellsten wuchsen die Großstädte, ganz besonders New York, Chicago und Boston. Aufgrund ihrer industriellen und wirtschaftlichen Stärke lockten die Metropolen nicht nur Einwanderer aus ganz Europa an, sondern auch aus dem Alten Süden – vor allem ehemalige Sklaven, die jetzt zumindest ihren Aufenthaltsort frei wählen durften.

Das Gebiet der USA reichte nun von Küste zu Küste und hatte damit beinahe die heutigen Ausmaße erreicht, vor allem als Außenminister William Seward 1867 zustimmte, der krisengeschüttelten russischen Regierung für 7,2 Mil-

| 1896 | | 1901 |
|---|---|---|
| Basierend auf dem Fall Plessy versus Ferguson, in dem die Verfassungsmäßigkeit von getrennten Zugabteilen für Weiße und Schwarze in Louisiana verhandelt wurde, trifft | der Oberste Gerichtshof die Grundsatzentscheidung „separate but equal" (getrennt, aber gleich), eine Rechtfertigung der Rassentrennung zwischen Schwarzen und Weißen. | Nach der Ermordung von Präsident McKinley wird der 42-jährige Theodore Roosevelt jüngster US-Präsident aller Zeiten. |

lionen Dollar das Territorium **Alaska** abzukaufen. Der Kauf wurde zunächst als „Sewards Torheit" verspottet, doch es dauerte nicht lange, bis dort große Goldfunde gemacht wurden.

Die diversen US-Präsidenten jener Zeit ab dem siegreichen General Grant sind heute mehr oder weniger in der Anonymität verschwunden, wenn man sie mit den Großindustriellen und Financiers vergleicht, die in der amerikanischen Wirtschaftswelt die Fäden zogen. Zu jenen „**Räuberbaronen**" gehörten Männer wie John D. Rockefeller, der bereits 70 % der Ölvorkommen auf der Welt kontrollierte, bevor überhaupt jemand begriffen hatte, dass es lohnend war, sie zu kontrollieren; oder Andrew Carnegie, der ein Vermögen anhäufte, indem er das Bessemer-Verfahren in die Stahlproduktion einführte; oder auch J.P. Morgan, dem es um die grundlegendste aller Waren ging, nämlich um Geld. Der Erfolg jener Männer basierte auf der Bereitschaft der Regierung, beim Widerstand gegen die Entwicklung einer starken Arbeiterbewegung zu kooperieren. Streiks wie der Eisenbahnerstreik 1877, der Bergarbeiterstreik in Tennessee 1891 und der Stahlarbeiterstreik in den Hütten von Pittsburgh 1892 wurden gewaltsam niedergeschlagen.

Das 19. Jh. stand außerdem im Zeichen der Entwicklung einer eigenständigen amerikanischen Stimme in der **Literatur**, die es zunehmend überflüssig machte, dass Besucher aus England der Welt die Vereinigten Staaten „erklärten". Von den 1830er-Jahren an erschien eine ganze Reihe neuer Schriftsteller auf der Bildfläche, die ihre neue Welt aus einem eigenen Blickwinkel beschrieben. Die Ergebnisse waren sehr vielfältig und beinhalteten die selbstbeobachtenden Essays eines Henry Tho-

reau, die morbiden Visionen eines Edgar Allan Poe, die monumentalen Romane eines Herman Melville und die unbezähmbare Poesie eines Walt Whitman, dessen endlos überarbeitetes Hauptwerk *Grashalme* eine Lobeshymne auf die junge Republik darstellte.

Praktisch jede führende Persönlichkeit aus dem Amerikanischen Bürgerkrieg verfasste mindestens einen Band äußerst lesenswerter Memoiren, während so unterschiedliche Berühmtheiten wie Buffalo Bill Cody und der Schausteller P.T. Barnum ihre lebendigen Autobiografien veröffentlichten. Seine großartigste Ausdrucksform fand das schier grenzenlose nationale Selbstbewusstsein in der kraftvollen Alltagssprache von **Mark Twain**, dessen Schilderungen vom Leben an der Siedlungsgrenze in Romanen wie *Huckleberry Finn* dem Rest der Welt den vielleicht nachhaltigsten Eindruck des amerikanischen Charakters vermittelten.

Viele Amerikaner betrachteten den 1890 von der Zensusbehörde verkündeten offiziellen „Abschluss" der Besiedlung im Westen als gleichbedeutend mit dem Verlust ihrer göttlichen Bestimmung „Manifest Destiny" und machten sich daher auf die Suche nach neuen, noch weiter entfernten Grenzen. Ihren Höhepunkt erreichten jene **imperialistischen Unternehmungen** 1898 mit der Annexion des Königreiches von **Hawaii**, die selbst der damalige Präsident Cleveland mit den Worten „gänzlich ohne Berechtigung (...) nicht nur Unrecht, sondern eine Schande" verurteilte, sowie der Eroberung von Kuba und den Philippinen während des **Spanisch-Amerikanischen Krieges**, der **Theodore Roosevelt** in das Amt des Präsidenten verhalf. Sein Wahlspruch war zwar das afrikanische Sprichwort *Speak*

| 1906 | 1917 | 1919 |
| --- | --- | --- |
| Ein gewaltiges Erdbeben verwüstet San Francisco. | Kriegseintritt der Vereinigten Staaten in den Ersten Weltkrieg | Mit dem 18. Verfassungszusatz wird die Prohibition eingeführt. |

*softly and carry a big stick* (Sprich leise, aber hab stets einen Knüppel zur Hand), doch war er, um der Wahrheit die Ehre zu geben, nicht gerade als Freund der leisen Töne bekannt.

Während seiner Präsidentschaft tat Roosevelt einiges, um die Spaltungen und Risse innerhalb der Nation zu kitten. Neue Gesetze, die für eine Eindämmung der schlimmsten Exzesse der Räuberbarone und des wuchernden Kapitalismus sorgten, linderten die Unzufriedenheit in der Bevölkerung, ohne die wirtschaftliche Basis ernsthaft zu gefährden oder der Arbeiterbewegung zu viel Macht zu verleihen. Das 20. Jh. war erst ein Jahrzehnt alt, da waren die Vereinigten Staaten endgültig davon überzeugt, das stärkste und reichste Land der Erde zu sein, auch wenn sich der Rest der Welt dessen noch nicht ganz bewusst war.

## Das 20. Jahrhundert

Die ersten Jahre des 20. Jhs. brachten viele Neuerungen mit sich, die später typisch für das moderne Amerika sein sollten. Allein im Jahr 1903 gelang Wilbur und Orville Wright der erste erfolgreiche Flug mit einem motorisierten **Flugzeug**, und Henry Ford gründete seine Firma Ford Motor Company. Dank Fords enthusiastischer Übernahme des Fließbandes, der neuesten technischen Errungenschaft auf dem Gebiet der Massenproduktion, startete die Stadt Detroit mit Volldampf in die neue Ära der **Automobilindustrie**, die sich rasch zum bedeutendsten Wirtschaftszweig in Amerika entwickelte. Zu jener Zeit zogen die Musikrichtungen **Jazz** und **Blues** die Aufmerksamkeit der gesamten Nation

auf sich. 1911 wurde in Hollywood das erste Studio zur Produktion von **Kinofilmen** eingerichtet, und der erste große Kassenschlager kam 1915 in Form einer schamlosen Verherrlichung des Ku-Klux-Klan mit dem Film *Die Geburt einer Nation* von D. W. Griffith.

Anfang des 20. Jhs., in einer Zeit des wachsenden **Radikalismus**, wurden die Nationale Vereinigung zur Förderung der farbigen Bevölkerung (National Association for the Advancement of Colored People, NAACP) und der sozialistische Arbeiterbund International Workers of the World (die sogenannten „Wobblies") ins Leben gerufen. Auch die Kampagne für das Frauenwahlrecht rückte in den Blickpunkt des öffentlichen Interesses. Schriftsteller wie beispielsweise Jack London und Upton Sinclair, dessen Roman *Der Dschungel* die Bedingungen auf den Schlachthöfen von Chicago beschrieb, und Jack London sprachen den Massen aus der Seele.

Obwohl Präsident Wilson es schaffte, die Vereinigten Staaten einige Jahre lang aus dem **Ersten Weltkrieg** herauszuhalten, war das schließliche Eingreifen der USA am Ende entscheidend. Nach den Wirren der Oktober-Revolution in Russland und dem Kriegsende engagierten sich die Vereinigten Staaten für die Überwachung des Friedens. Wilson hatte den Vorsitz bei den Nachkriegsverhandlungen, die 1919 zum Versailler Vertrag führten, doch aufgrund isolationistischer Tendenzen in der Heimat verzichteten die USA darauf, dem Völkerbund beizutreten, der auf Anregung Wilsons zur Wahrung des Weltfriedens gegründet worden war.

In den Vereinigten Staaten wurde 1920 der 18. Verfassungszusatz verabschiedet, der den Verkauf und die Verbreitung von Alkohol un-

| 1920 | 1925 | 1927 |
|---|---|---|
| Mit dem 19. Verfassungszusatz erhalten Frauen das Wahlrecht auf Bundesebene. | F. Scott Fitzgerald, der für seine Ära die Bezeichnung Jazz Age prägt, veröffentlicht *Der große Gatsby*. | Der Film *The Jazz Singer* mit Al Jolson ist der erste Tonfilm, der kommerziellen Erfolg verzeichnen kann. |

ter Strafe stellte, während der 19. Verfassungszusatz schließlich allen amerikanischen Frauen das Wahlrecht einräumte. Wie es überhaupt dazu kam, dass die **Prohibition** sich derart durchsetzen konnte, erscheint auch heute noch ein wenig rätselhaft, denn in den Metropolen der „Wilden Zwanziger" wurde sie alles andere als begeistert aufgenommen. Das Alkoholverbot führte zu keinem spürbaren Anstieg der Moral im Land. Stattdessen entwickelte sich insbesondere Chicago zu einem Zentrum der Bandenkriege zwischen Schwarzhändlern und Gangstern wie Al Capone und seinen Rivalen.

Die beiden auf Wilson folgenden republikanischen Präsidenten taten nicht viel mehr als sich zurückzulehnen und zuzuschauen, wie die „Wilden Zwanziger" sich entfalteten. Zumindest bis zu seinem frühen Tod erfreute sich **Warren Harding** außerordentlicher Beliebtheit, doch ging er schließlich als einer der unfähigsten US-Präsidenten in die Geschichte ein, auch weil sich seine engsten Mitarbeiter besonders durch Filz und Korruption hervortaten.

Ob **Calvin Coolidge** überhaupt irgendetwas getan hat, lässt sich auch nicht mehr mit Bestimmtheit sagen. Was in Erinnerung blieb, ist seine Laisser-faire-Haltung, sein im Durchschnitt vierstündiger Arbeitstag und ein Ausspruch, den er kurz nach seiner Amtseinführung von sich gab: „Vier Fünftel unserer Probleme würden sich von selbst erledigen, wenn wir uns einfach nur zurücklehnten und gar nichts täten."

## Weltwirtschaftskrise und New Deal

Bis Mitte der 20er-Jahre hatten sich die Vereinigten Staaten zu einer industriellen Großmacht entwickelt, die für mehr als die Hälfte aller weltweit produzierten Waren verantwortlich zeichnete. Nachdem die Nation zunächst den Weg in eine neue Ära des Wohlstands gebahnt hatte, zog sie jedoch plötzlich den Rest der Welt mit in den Strudel des wirtschaftlichen Zusammenbruchs. Die Folgen der „Großen Depression" waren einfach zu weitreichend, um nur eine einzige Ursache gehabt zu haben. Zu den möglichen Faktoren zählen überzogene amerikanische Investitionen in die krisengeschüttelte europäische Wirtschaft nach dem Ersten Weltkrieg, in Verbindung mit hohen Zöllen auf Importe, die eine echte ökonomische Erholung in Europa verhinderten.

Konservative Kommentatoren jener Zeit interpretierten den katastrophalen **Börsencrash an der Wall Street** vom Oktober 1929 eher als Symptom einer bevorstehenden Wirtschaftskrise denn als eine ihrer Ursachen. Aber das bereits an Aberglauben grenzende Vertrauen in die Börse vor dem Zusammenbruch weist die typischen Merkmale klassischer Spekulationsbooms auf. Allein am sogenannten „Schwarzen Freitag" kam es zu derartigen Massenverkäufen von Aktien, dass ein Gesamtverlust von zehn Milliarden Dollar zu verzeichnen war – das war mehr als die Hälfte der gesamten Geldmenge, die zu jener Zeit in den USA im Umlauf war. Innerhalb der folgenden drei Jahre schrumpfte die industrielle Produktion um 50 %, die Staatseinnahmen sanken um 38 % und die Zahl der Arbeitslosen stieg von 1,5 auf 13 Millionen.

Das nationale Selbstbewusstsein, auf welch wackligen Beinen es auch stehen mochte, spielt seit jeher eine entscheidende Rolle in der Geschichte der Vereinigten Staaten, und Präsident Hoover war nicht der Mann, der es hätte

| 1929 | 1932 | 1941 |
| --- | --- | --- |
| Der Zusammenbruch der New Yorker Börse stürzt die USA in die Große Depression. | Franklin D. Roosevelt verspricht den Amerikanern eine Politik des „New Deal" (staatliche Wirtschaftshilfen). | Nach dem japanischen Überraschungsangriff auf Pearl Harbor treten die USA in den Zweiten Weltkrieg ein. |

wiederherstellen können. Die Situation besserte sich erst 1932, als der aus einer Patrizierfamilie stammende **Franklin Delano Roosevelt** als Präsidentschaftskandidat für die Demokraten antrat und mit seiner Ankündigung eines umfassenden innenpolitischen Reformpakets einen überwältigenden Wahlsieg verzeichnen konnte. Bei seiner Amtseinführung Anfang 1933 stand das amerikanische Bankensystem vor dem totalen Kollaps. Roosevelt benötigte die inzwischen sprichwörtlichen „100 Tage", um die Stimmung im Land mit Hilfe strenger neuer Gesetze und Richtlinien grundlegend zu verändern.

Unter Ausnutzung der Vorteile des neuen Mediums Radio bediente sich Roosevelt der sogenannten „Fireside Chats" (Plaudereien am Kamin), um Amerika die Krise auszureden. Zu seinen ersten Einsichten zählte die Erkenntnis, dass die Zeit reif war für ein Bierchen, und somit erklärte er das Experiment der Prohibition für beendet. Seine Politik des **New Deal** hatte zahlreiche Ausprägungen, doch ein allgemeines Merkmal war der massiv zunehmende Einfluss der amerikanischen Bundesregierung.

Zu den Errungenschaften von Roosevelts Innenpolitik gehören die für die Einleitung des wirtschaftlichen Aufschwungs zuständige Behörde National Recovery Administration, die für die Schaffung von zwei Millionen neuer Arbeitsplätze verantwortlich war, die Einführung einer Arbeitslosenversicherung mit dem Social Security Act (den Roosevelt mit den Worten kommentierte „kein verdammter Politiker wird jemals mein Sozialprogramm kippen"), die Arbeitsbeschaffungsbehörde Public Works Administration, unter deren Federführung Staudämme und Highways im ganzen Land errichtet wurden, und

die Bundeskörperschaft Tennessee Valley Authority, die als staatliches Stromerzeugungsunternehmen die wohl größte Annäherung an den institutionalisierten Sozialismus in der Geschichte der USA darstellt. Komplettiert wurde das Paket durch Maßnahmen zur Legitimierung der Rolle der Gewerkschaften und zur Revitalisierung der durch Erosion entstandenen und als „Dust Bowl" (Staubschüssel) bezeichneten Trockengebiete in den Great Plains.

Anfangs sah sich Roosevelt selbst als Populist, der in der Lage war, Unterstützung aus allen Bereichen der Gesellschaft zu mobilisieren. 1936 stellten aber selbst führende Arbeitgeber – und der Oberste Gerichtshof – klar, dass er sogar in ihren Augen mehr als genug für die Ankurbelung der Wirtschaft getan hatte.

Roosevelt brachte es auf vier aufeinanderfolgende Amtszeiten, was zuvor noch keinem Präsidenten gelungen war, und zementierte im Laufe seiner politischen Karriere seinen Ruf als Anwalt für die Rechte des kleinen Mannes.

Nachdem die Arbeitsbeschaffungsmaßnahmen des New Deal gegriffen und Amerika wieder auf die Füße verholfen hatten, wurden die industrielle Produktion und das technologische Know-how im **Zweiten Weltkrieg** unter dem enormen Erfolgsdruck des Siegenmüssens in neue Sphären katapultiert. Auch diesmal hielten sich die USA zunächst aus dem Krieg heraus, bis sie schließlich quasi zur Teilnahme gezwungen wurden, nachdem Japan 1941 einen Präventivschlag auf den amerikanischen Marinestützpunkt Pearl Harbor auf Hawaii geführt hatte. Sowohl im Pazifik als auch in Europa sollten sich das Leistungspotenzial und die wirtschaftliche Stärke der Amerikaner schließlich durchsetzen.

| 1945 | 1950 | 1954 |
|---|---|---|
| Präsident Truman beschließt den Abwurf der Atombomben auf Hiroshima und Nagasaki, damit endet der Zweite Weltkrieg. | Im Juni eskaliert der Konflikt in Korea und es beginnt der Koreakrieg. | Der Oberste Gerichtshof erklärt die Rassentrennung an Schulen für verfassungswidrig. |

Roosevelt starb im April 1945, nachdem er auf der Jalta-Konferenz mit Stalin und Churchill das Fundament für die Nachkriegsaufteilung gelegt hatte. Daher sollte es seinem Nachfolger Harry Truman vorbehalten sein, im August 1945 die schicksalsschwere Entscheidung bezüglich des Abwurfs der neu entwickelten Atombombe auf Hiroshima und Nagasaki mit all seinen verheerenden Folgen zu treffen.

## Der Kalte Krieg

Nach dem siegreichen Ende des Krieges zeigte Amerika keine Bestrebungen, seine isolationistische Haltung aus den 30er-Jahren wieder aufzunehmen. Mit reichlich hoffnungsfroher Rhetorik beteiligte sich Truman am Aufbau der **Vereinten Nationen** und implementierte den **Marshallplan** zur Beschleunigung des europäischen Wiederaufbaus. Doch dann verkündete Winston Churchill 1946 in Missouri, dass Europa nunmehr von einem „Eisernen Vorhang" geteilt würde, und Josef Stalin wurde beinahe über Nacht vom Verbündeten zum Feind.

Der folgende Kalte Krieg sollte mehr als vier Jahrzehnte dauern und wurde zeitweise mit erbitterter Härte – wenngleich häufig in Stellvertreterkriegen – in den verschiedensten Regionen der Erde ausgefochten, während in den Kampfpausen gigantische wirtschaftliche Ressourcen in die Anhäufung immer destruktiverer Waffenarsenale gepumpt wurden.

Zu einer der folgenschwersten Episoden kam es gleich in den Anfangsjahren, als Truman noch im Amt war, mit dem Ausbruch des **Koreakrieges** im Juni 1950. Der Streit über die willkürliche Aufteilung der koreanischen Halbinsel in die beiden getrennten Staaten Nord- und Südkorea führte schon bald zu einer Pattsituation zwischen den USA und China, während Russland auf seine Chance lauerte. Nach zwei Jahren endete das blutige Kräftemessen ohne zählbares Ergebnis, außer dass Truman inzwischen von dem genialen **Dwight D. Eisenhower** abgelöst worden war, dem bislang letzten Kriegshelden, der zum amerikanischen Präsidenten aufstieg.

Die Eisenhower-Jahre werden häufig als Ära inhaltsloser Selbstgefälligkeit betrachtet. Nachdem Senator **Joseph McCarthy**, der sowohl das US-Außenministerium als auch Hollywood als fanatische antikommunistische Geißel geplagt hatte, sich schließlich mit seinen Attacken gegen das Militär selbst diskreditiert hatte, schien das Amerika der Mittelklasse in den Vorstädten mit Absicht in einen tiefen Dämmerschlaf zu fallen. Dabei nahmen grundlegende gesellschaftliche Veränderungen langsam Gestalt an. Im Zweiten Weltkrieg hatten viele Frauen und Angehörige ethnischer Minderheiten Arbeitsstellen in Fabriken bekommen und sich an regelmäßige Lohneinnahmen gewöhnt. Zahlreiche Amerikaner aus ärmlichen Gegenden erkannten damit plötzlich, dass ein besserer Lebensstil in anderen Regionen ihres Landes für sie durchaus erreichbar war.

Dank des Ausbaus des **nationalen Highway-Netzes** und der enormen Zunahme privater Kraftfahrzeuge sahen sich viele US-Bürger ermutigt, den Amerikanischen Traum an einem Ort ihrer Wahl zu verwirklichen. In Kombination mit der zunehmenden Mechanisierung auf den Baumwollplantagen des Südens führte dies zu einer erneuten **Massenabwanderung** von Schwarzen aus den ländlichen Südstaaten in die urbanen Zentren des Nordens, und in geringerem

| 1955 | 1962 | 1963 |
|------|------|------|
| In einem Bus in Montgomery, Alabama, weigert sich die schwarze Näherin Rosa Parks, einem Weißen ihren Sitzplatz abzutreten. | John Glenn wird als erster US-Astronaut in den Weltraum geschickt; Präsident Kennedy setzt sich in der Kubakrise gegen die Sowjets durch. | Martin Luther King Jr. hält seine berühmte Rede „I Have a Dream"; Präsident Kennedy stirbt bei einem Attentat. |

GESCHICHTE

Ausmaß auch Richtung Westen. In **Kalifornien** hatten die Städte ein rapides Wachstum zu verzeichnen, wobei besonders die Luft- und Raumfahrtindustrie in Los Angeles tausende Arbeitswillige anlockte.

Ebenfalls in den 50er-Jahren erreichte das **Fernsehen** schließlich fast jeden Haushalt des Landes. Zusammen mit der Schallplatte sorgte es für die Entstehung einer Unterhaltungsindustrie, die sich schon bald als dazu in der Lage erwies, die Bedürfnisse von ganz unterschiedlichen Konsumenten zu befriedigen, die bis dahin kaum als solche identifiziert worden waren. Von 1954 an rückte dann die **Jugendkultur** immer mehr in den Blickpunkt der Öffentlichkeit: Elvis Presley nahm *That's All Right Mama* auf, Marlon Brando spielte die übellaunige Hauptrolle in *Die Faust im Nacken,* und James Dean glänzte in *Denn sie wissen nicht, was sie tun.*

## Die Bürgerrechtsbewegung

Die **Rassentrennung** in öffentlichen Einrichtungen, die im Süden des Landes auch nach Beendigung des Bürgerkriegs die Norm geblieben war, wurde schließlich 1954 vom Obersten Gerichtshof in dem Rechtsstreit Brown gegen die Schulbehörde von Topeka für illegal erklärt. Doch genau wie ein Jahrhundert zuvor betrachteten die Südstaaten das Thema eher als eine Angelegenheit der Staatenrechte und nicht der Menschenrechte, und wer das Gesetz einzuführen versuchte oder auch nur seine Stimme gegen die Nichteinführung erhob, hatte mit schwersten Repressalien zu rechnen.

Als sich die Afroamerikanerin Rosa Parks 1955 in einem Bus in Montgomery (Alabama) weigerte, ihren Sitzplatz einem weißen Mann zu überlassen, führte dies zu einem erfolgreichen Massenboykott und brachte den 27-jährigen Geistlichen **Martin Luther King** an die Spitze der Bürgerrechtsbewegung. Zu einer weiteren Konfrontation kam es 1957 an der Central High School in Little Rock (Arkansas), woraufhin sich der zögernde Präsident Eisenhower schließlich gezwungen sah, die Nationalgarde aufmarschieren zu lassen, um die die Aufhebung der schulischen Rassentrennung in einem unwilligen Einzelstaat gewaltsam durchzusetzen.

Die mit äußerst knappem Vorsprung ausgegangene Wahl von **John F. Kennedy** zum Präsidenten im Jahre 1960 markierte den Anfang großer Veränderungen in der amerikanischen Politik, auch wenn seine Maßnahmen im Nachhinein gar nicht so radikal erscheinen mögen. Mit 43 Jahren war er der jüngste amerikanische Präsident aller Zeiten, auch der erste katholische. Er war im wahrsten Sinne des Wortes bereit, nach den Sternen zu greifen. So setzte er alles daran, die USA beim Wettlauf ins All zum Sieg zu führen, nachdem man bis dahin beschämenderweise hinter der Sowjetunion hergehinkt war. Die beiden folgenden Jahrzehnte sollten jedoch insgesamt von Desillusionierung, Niederlagen und Verzweiflung gekennzeichnet sein. Waren die Jahre unter Eisenhower einfach nur langweilig gewesen, so sollten die 60er aufregender werden, als es den Amerikanern lieb war

Der Glanz und Glamour ausstrahlende Kennedy war zu Lebzeiten zwar tatsächlich ein beliebter Präsident, doch nach seiner Ermordung wurden er und seine Regierungszeit praktisch mit einem eher ungerechtfertigten Heiligenschein versehen. Einen großen politischen Er-

| 1968 | 1969 | 1974 |
|---|---|---|
| Der Vietnamkrieg spaltet die amerikanische Gesellschaft; Martin Luther King Jr. und Robert Kennedy werden ermordet. | Neil Armstrong setzt als erster Mensch einen Fuß auf den Mond. | Wegen seiner Verwicklung in den Watergate-Skandal tritt Richard Nixon zurück. |

folg hatte er allerdings unbestritten zu verzeichnen, als es 1962 zur sogenannten **Kubakrise** kam. Nachdem das US-Militär russische Raketenstützpunkte auf der Karibikinsel glücklicherweise noch entdeckt hatte, bevor die Raketen abschussbereit waren, konnte Kennedy den russischen Ministerpräsidenten Chruschtschow schließlich dazu bewegen, die Raketen wieder abzuziehen. Das vorangegangene Jahr war dagegen für Kennedy weniger erfolgreich verlaufen, als er die gescheiterte Invasion Kubas in der **Schweinebucht** zu verantworten hatte und Amerika noch tiefer in den andauernden Kampf gegen den Kommunismus in Vietnam verstrickte, indem er immer mehr „Berater" nach Saigon entsandte.

Ein propagandistisch hervorragend vermarkteter Sympathiebekundungsanruf bei der Ehefrau von Martin Luther King, während ihr Mann eine seiner zahlreichen Freiheitsstrafen in den Gefängnissen der Südstaaten verbüßte, mag eine Rolle bei Kennedys Wahlerfolg gespielt haben. Ansonsten identifizierte sich der Präsident nicht unbedingt mit den **Bürgerrechtlern**. Dennoch konnte die Bewegung zunehmend Erfolge verbuchen, auch dank weltweiter Fernsehübertragungen von Auswüchsen wie den Übergriffen der Polizei von Birmingham auf friedliche Demonstranten 1963. Der große Moment der Bewegung kam im Spätsommer desselben Jahres, als Martin Luther King bei einer Großdemonstration in Washington seine elektrisierende Rede *I Have a Dream* („Ich habe einen Traum") hielt. King bekam später den Friedensnobelpreis, weil er sich stets bedingungslos für Mahatma Gandhis Prinzip des gewaltlosen Widerstands ausgesprochen und daran gehalten hatte.

Ein wohl gleichermaßen wichtiger Faktor hinsichtlich der Tatsache, dass auch die amerikanische Mittelschicht damals erkannte, etwas an der Rassendiskriminierung ändern zu müssen, war die radikalere und beunruhigendere Rhetorik des Bürgerrechtlers **Malcolm X**. Er vertrat die Meinung, dass auch Menschen schwarzer Hautfarbe sehr wohl das Recht besäßen, sich gegen jegliche Form von Übergriffen zu verteidigen.

Nachdem Kennedy im November 1963 einem Attentat zum Opfer gefallen war, brachte sein Nachfolger **Lyndon B. Johnson** einige Gesetze auf den Weg, die den entscheidenden Forderungen der Bürgerrechtsbewegung Rechnung trugen. Doch selbst zu jener Zeit ebbte der gewaltsame Widerstand der weißen Bevölkerung in den Südstaaten nicht ab. Nur die langwierige, gewissenhafte und gefährliche Arbeit der Massenregistrierung schwarzer Wähler im Süden konnten die dortigen Politiker zum Nachgeben gebracht werden.

Bei den Wahlen von 1964 konnte Johnson einen erdrutschartigen Sieg verzeichnen, doch seiner Vision von einer „**Großen Gesellschaft**" sollte keine rosige Zukunft beschieden sein. Stattdessen hatte er mit den außenpolitischen Schwierigkeiten des Kriegs in **Vietnam** zu kämpfen, wo das Engagement der Vereinigten Staaten jedes vernünftige Maß überschritt und kaum noch zu kontrollieren war. Der Widerstand gegen den Krieg in der Bevölkerung wuchs umso stärker, je mehr amerikanische Todesopfer in Vietnam zu beklagen waren, und aufgrund der drohenden Einberufung zum Kriegsdienst nahm die rebellische Stimmung innerhalb der amerikanischen Jugend zu. Besonders in San Francisco hörte man gern auf das Motto des Psyche-

| 1980 | 1987 | 1991 |
| --- | --- | --- |
| Iranische Studenten stürmen die US-Botschaft in Teheran, Ronald Reagan gewinnt die Präsidentschaftswahlen gegen Jimmy Carter. | In seiner Rede vor der Berliner Mauer fordert Reagan: „Mr Gorbachev, tear down this wall!" | Mit der Besetzung Kuwaits durch den Irak beginnt der Golfkrieg. |

delicpropheten Timothy Leary *Turn On, Tune In, Drop Out* („Mach an, mach mit, brich aus"). Im „Summer of Love" 1967 verwandelten sich die einzelgängerischen Beatniks der 50er-Jahre auf wundersame Weise in eine ganz neue Generation von Hippies.

Schon lange hatte Martin Luther King immer wieder gepredigt, dass Gerechtigkeit innerhalb der Gesellschaft nur durch wirtschaftliche Gleichstellung zu erreichen sei. Diese Botschaft erhielt eine neue Dringlichkeit, als 1965 und 1967 in den Ghettos von Los Angeles und Detroit Rassenunruhen ausbrachen und die Black Panthers auf der Bildfläche erschienen, eine bewaffnete Widerstandstruppe in der Tradition des in der Zwischenzeit ermordeten Malcolm X. Während Martin Luther King den Vietnamkrieg verurteilte, musste Muhammad Ali seinen Titel als Schwergewichtsweltmeister im Profiboxen wieder abgeben, weil er sich mit den Worten „Mich hat noch kein Vietcong Nigger genannt" geweigert hatte, der Armee beizutreten.

1968 drohte das gesellschaftliche Gefüge in den Vereinigten Staaten vollends auseinander zu brechen. Kurz nachdem Johnson seine Kandidatur für die Wahlen Ende des Jahres wegen seiner rapide schwindenden Beliebtheit zurückziehen musste, wurde Martin Luther King in einem Motel in Memphis erschossen. Als nächstes fiel JFKs Bruder **Robert Kennedy** einem Attentat zum Opfer, nachdem er sich für die Benachteiligten des Landes stark gemacht und sich um die Präsidentschaftskandidatur der Demokraten beworben hatte. Es bedurfte keiner Verschwörungstheorien um zu erkennen, dass die vielen Toten einen dunklen Schatten auf die Seele Amerikas geworfen hatten.

## Von Richard Nixon bis Jimmy Carter

Irgendwie – vielleicht weil die brutale Niederschlagung der Antikriegsdemonstrationen bei der Democratic Convention in Chicago das Schreckgespenst der Anarchie wieder hervorgebracht hatte – endete das von Trauer und Elend geprägte Jahr 1968 mit der Wahl des Republikaners **Richard Nixon** zum Präsidenten. Dank seiner tadellosen konservativen Referenzen gelang es Nixon, harmonischere Beziehungen zwischen den USA und China herzustellen, doch der Krieg in Vietnam zog sich weiter hin und hatte bereits 57 000 Amerikaner das Leben gekostet.

Als die USA schließlich mit der geheimen Bombardierung Kambodschas begannen, um den Sieg zu erzwingen, erreichte die Opposition in der Heimat einen neuen Höhepunkt, sodass es letztlich einfacher erschien, die ursprünglichen Ziele gegen einen „ehrenhaften Frieden" einzutauschen. Die Meinungen darüber, wann genau der Krieg sein Ende fand, gehen auseinander. Für die einen war es 1972, als Henry Kissinger und Le Duc Tho der Nobelpreis für die Aushandlung eines Friedensvertrages verliehen wurde, wobei zumindest Le Duc Tho die Größe besaß, die Auszeichnung abzulehnen – für die anderen war es 1975, als sich die Amerikaner schließlich endgültig aus Saigon zurückzogen.

Während Nixons erster Amtszeit fanden sich US-Bürger aus allen Bevölkerungsschichten, die in den 60er-Jahren politisiert worden waren, in **gesellschaftlichen Bewegungen** zusammen. Feministinnen kämpften für das Recht auf Abtreibung und einen Verfassungszusatz zur Gleichberechtigung; homosexuelle Männer schlugen in der New Yorker Stonewall Bar zurück, nachdem die Polizei zum x-ten Male eine Razzia durchge-

| 1993 | 1995 | 1998 |
|------|------|------|
| Bei einem Bombenanschlag auf das World Trade Center werden sieben Menschen getötet und etwa 1000 verletzt. | Die Detonation einer Lastwagenbombe in Oklahoma City fordert 168 Todesopfer. | Präsident Clinton schwört vor Gericht: „I did not have sexual relations with that woman". |

führt hatte; die amerikanischen Ureinwohner formierten sich zur Indianerbewegung American Indian Movement, und selbst Gefängnisinsassen versuchten sich zu organisieren, was in blutigen Fehlschlägen wie der Stürmung des Gefängnisses von Attica 1971 endete.

Nixon beauftragte diverse Bundesbehörden mit der Überwachung der neuen Radikalen, doch der größte Albtraum der Regierung waren nach wie vor die Antikriegsdemonstranten. Die zunehmend haarsträubenderen verdeckten Operationen gegen echte und potenzielle Widersacher kulminierten 1972 in dem verpfuschten Versuch eines Einbruchs in das Nationale Hauptquartier der Demokraten in dem Washingtoner Gebäudekomplex **Watergate**. Zwei Jahre dauerten die Ermittlungen, bis Nixons Rolle bei der nachfolgenden Vertuschung schließlich bewiesen werden konnte. 1974 erklärte er seinen **Rücktritt**, bevor der Senat ein Amtsenthebungsverfahren einleiten konnte. Nachfolger wurde **Gerald Ford**, der zuvor von Nixon zum Vizepräsidenten ernannt worden war.

Nachdem die Republikaner ihren Kredit zunächst verspielt hatten, wurde 1976, im Jahr des 200-jährigen Bestehens der Vereinigten Staaten, **Jimmy Carter**, der Gouverneur von Georgia, als rechtschaffener Außenseiter mit sauberer Vergangenheit zum neuen Präsidenten gewählt. Doch Carters enthusiastische Versuche, seine baptistischen Prinzipien auf Themen wie globale Menschenrechte anzuwenden, wurden schon bald als naiv, wenn nicht gar als „unamerikanisch" verunglimpft.

Ein Unglück folgte auf das nächste: So hatte Carter die Nachricht zu überbringen, dass dem Land eine **Energiekrise** bevorstand. Noch schlimmer wirkte sich aus, dass nach dem Sturz des Schahs im Iran Mitarbeiter der US-Botschaft in Teheran von islamischen Revolutionären als Geiseln genommen wurden. Carters fehlgeschlagene Versuche zur Befreiung der Geiseln ließen seine Hoffnungen auf eine Wiederwahl 1980 praktisch auf den Nullpunkt sinken. Sein Nachfolger wurde eine völlig andere Persönlichkeit, nämlich der ehemalige Schauspieler **Ronald Reagan**.

## Die Jahre von Reagan bis Clinton

Mit Reagan kam ein ganz neuer Präsidententyp ins Weiße Haus. Im Gegensatz zu seinem quasi arbeitssüchtigen Vorgänger machte er eine Tugend aus seinem lockeren Verständnis des Präsidentenamtes, getreu seinem scherzhaften Ausspruch: „Harte Arbeit soll ja noch niemanden umgebracht haben, aber warum soll ich das Risiko eingehen?" Jene Laisser-faire-Haltung wurde besonders in seiner inländischen Wirtschaftspolitik offenkundig, unter der die Menschen alle Freiheiten besaßen, so viele Reichtümer anzuhäufen, wie es eben ging.

Dank der allgemeinen Wahrnehmung, dass Reagan kaum mitbekam, was um ihn herum geschah, blieb seine Beliebtheit auch nach einer Reihe von Skandalen ungebrochen, darunter auch die komplizierte **Iran-Contra-Affäre**.

Reagans nachhaltigste Leistung datiert aus seiner zweiten Amtszeit, in der es ihm gelang, eine Phase der **Entspannungspolitik** mit Michail Gorbatschow einzuleiten, dem neuen Staatspräsidenten der von Reagan zuvor als „Reich des Bösen" titulierten Sowjetunion.

Als erster direkt gewählter Vizepräsident seit 150 Jahren zog **George Bush** 1988 ins Weiße

| 2000 | 2001 | 2003 |
|---|---|---|
| Der Oberste Gerichtshof erklärt George W. Bush zum Gewinner der Präsidentschaftswahlen. | Am 11. September kommen beim schwersten Terroranschlag in der Geschichte der USA mehr als 3000 Menschen ums Leben. | Um einen angeblichen Angriff des Iraks auf die USA mit Massenvernichtungsmitteln zu verhindern, beginnen die USA unter George W. Bush den Irakkrieg. |

Haus ein. Trotz seiner großen Erfahrung in der Außenpolitik tat Bush nicht viel mehr, als voller Erstaunen mit anzusehen, wie sich die Domino-Theorie plötzlich in ihr Gegenteil verkehrte. In Osteuropa brach ein kommunistisches Regime nach dem anderen zusammen, bis schließlich sogar die große Sowjetunion in ihre Einzelteile zerfiel. Unter Bushs Führung wurden 1991 die irakischen Invasoren mit der **Operation Desert Storm** aus Kuwait vertrieben – einem Unternehmen, das nur 100 Stunden dauerte und so gut wie keine Menschenleben auf amerikanischer Seite kostete.

Allein die von den Wählern nach Beendigung des Wettrüstens sehnsüchtig erwartete „**Friedensdividende**", also das Freiwerden enormer finanzieller Mittel aus Rüstungsprojekten für zivile Zwecke, wurde niemals Wirklichkeit. Der Wahlkampf von 1992 konzentrierte sich eher auf innen- als auf außenpolitische Themen, und zwölf Jahre republikanischer Regierung endeten mit der Wahl des Gouverneurs von Arkansas, **Bill Clinton**.

Die ersten beiden Amtsjahre des neuen Präsidenten waren dadurch gekennzeichnet, dass es ihm nicht gelang, bestimmte Wahlversprechen einzulösen, besonders die von seiner Frau Hillary propagierte Reformierung des Gesundheitswesens. Das nutzten die Republikaner aus, um 1994 die Mehrheit im Kongress zu übernehmen. Dennoch gelang dem „Comeback Kid" die Wiederwahl. Am Präsidentenstuhl festzuhalten erwies sich dann aber angesichts peinlicher Enthüllungen aus seinem Sexualleben doch als erheblich schwieriger. Letztendlich kam der Senat jedoch mit seinem angestrebten **Amtsenthebungsverfahren** gegen Clinton nicht durch.

Als Clinton aus dem Präsidentenamt schied, boomte die Wirtschaft. Sein früherer Vizepräsident **Al Gore** schaffte es dennoch, die Präsidentschaftswahlen 2000 nach einem zähen Ringen knapp gegen seinen republikanischen Gegner **George W. Bush** zu verlieren. Die endgültige Entscheidung hing von einer Neuzählung der Stimmen in Florida ab, wo die Angelegenheit allerdings durch diverse Unregelmäßigkeiten und Fehler noch verkompliziert wurde, sodass die letztinstanzliche Entscheidung schließlich dem konservativen **Supreme Court** oblag. Der ernannte Bush zum Wahlsieger. Zu jener Zeit erwartete man, dass der Vorwurf einer „gestohlenen" Wahl seine Präsidentschaft ernsthaft beeinträchtigen würde. Auch der Oberste Gerichtshof verlor an Ansehen, weil seine Entscheidung vielerorts keineswegs als unvoreingenommen beurteilt wurde.

Das alles trat jedoch ein Jahr später vollkommen in den Hintergrund, als die grauenhaften Ereignisse vom **11. September 2001** der heimischen Wirtschaft und vor allem dem Nationalstolz der Amerikaner einen verheerenden Schlag versetzten. Fast 3000 Menschen starben bei dem schlimmsten **Terroranschlag** in der Geschichte der Vereinigten Staaten, als zwei entführte Flugzeuge in die Zwillingstürme des **World Trade Center** in New York City und ein weiteres in das Washingtoner **Pentagon** gesteuert wurden und explodierten. Die Angriffe wurden schnell als das Werk der Terrororganisation al-Kaida unter Führung des aus Saudi-Arabien stammenden Terroristen **Osama bin Laden** enttarnt, und wenige Wochen später erklärte Prä-

| 2004 | 2005 | 2008 |
| --- | --- | --- |
| Als erster Bundesstaat legalisiert Massachusetts gleichgeschlechtliche Ehen. | Hurrikan „Katrina" fegt über die Golfküste hinweg und verwüstet New Orleans. | Barack Obama gewinnt als erster Afroamerikaner die Präsidentschaftswahlen. |

sident Bush den zeitlich unbegrenzten Krieg gegen den Terrorismus.

Bush sah sich mit einer neuen, veränderten Welt konfrontiert und so machte er sich kurzerhand daran, das Regelwerk der Diplomatie und des internationalen Rechts umzuschreiben. 2002 erklärte er, dass die USA das Recht besäßen, **Präventivkriege** zu führen: „Wenn wir warten, bis Bedrohungen voll und ganz Gestalt annehmen, werden wir zu lange gewartet haben. […] Wir müssen die Schlacht zum Feind bringen, seine Pläne durchkreuzen und den schlimmsten Bedrohungen begegnen, bevor sie auftreten."

2001 wurde nach einer von den USA angeführten Invasion die Kontrolle in **Afghanistan** übernommen. 2003 fiel ein ähnliches Kommando im **Irak** ein unter dem Vorwand, der irakische Diktator **Saddam Hussein** würde Massenvernichtungswaffen entwickeln. Saddam wurde gestürzt, später gefangen genommen und schließlich exekutiert. Mittlerweile hat sich herausgestellt, dass diese Waffen gar nicht existierten, und Irak versank im Bürgerkrieg.

Trotz einer Welle von Finanzskandalen, allen voran dem Zusammenbruch des mächtigen Energiemultis **Enron**, wurde Bush 2004 wiedergewählt und blieb für eine zweite Regierungsperiode im Amt. Seine Wiederwahl trug nicht dazu bei, die verhärteten Fronten in seinem Land aufzubrechen. Außerdem versagte die Bush-Regierung kläglich, als **Hurrikan Katrina** 2005 in New Orleans und entlang der Golfküste schwerste Schäden anrichtete.

Dass die Demokraten bei den Kongresswahlen 2006 nach zwölf Jahren Alleinherrschaft der Republikaner sowohl im Senat als auch im Repräsentantenhaus die Mehrheit erringen konnten, wurde vor allem als ein Statement des Volkes gegen den Irakkrieg gewertet. Auch der kometenhafte Aufstieg des Senators **Barack Obama** aus Illinois – und die Tatsache, dass er sich gegen Hillary Clinton als Präsidentschaftskandidat durchsetzen konnte – lag zu einem großen Teil daran, dass er einer der wenigen Politiker war, die sich klar gegen diesen Krieg aussprachen. Mit seinem optimistischen Credo vom möglichen Wandel, seinen rhetorischen Fähigkeiten und der klugen Nutzung neuer Medien im Wahlkampf schaffte er es, auch jüngere Wähler und Minderheiten zu mobilisieren.

Letztendlich war es wohl die Wucht der einsetzenden **Wirtschaftskrise**, die Obama bei den Wahlen im November 2008 zum Triumph über John McCain verhalf. Nach dem Bankrott der Investmentbank Lehman Brothers – der größten Pleite in der Geschichte der USA – war abzusehen, dass keine Branche von den Folgen der faulen Immobilienkredite verschont bleiben würde.

Die landesweite Begeisterung darüber, dass Obama es als erster Afroamerikaner ins US-Präsidentenamt geschafft hatte, verflog jedoch bald. Obgleich es ihm schließlich gelang, eine **Gesundheitsreform** durchzuboxen, die sogenannte **Obamacare**, scheiterte er bei der Umsetzung vieler anderer Wahlversprechen. Vor allem schaffte er es nicht, das Gefangenenlager in Guantanamo Bay zu schließen, und seine Initiativen im Nahen Osten liefen so gut wie ins Leere. Der einzige Moment während seiner ersten Amtszeit, in dem die gesamte Nation Obama rückhaltlos Beifall spendete, war im Jahr 2011, als US-Soldaten Osama bin Laden aufspürten und töteten. Der „Arabische Frühling" im selben Jahr mit den Regierungsumstürzen in

| 2010 | 2013 | 2014 |
|------|------|------|
| Verheerende Ölpest im Golf von Mexiko | Der ehemalige Geheimdienstmitarbeiter Edward Snowden enthüllt Überwachungs- und Spionagepraktiken der National Security Agency (NSA). | Nach dem Tod von Michael Brown kommt es zu schweren Unruhen in Ferguson, Missouri. Es folgt eine landesweite Protestwelle gegen rassistisch motivierte Polizeigewalt. |

Tunesien, Ägypten und Libyen erwischte ihn dagegen scheinbar kalt, und der Tod des US-Botschafters bei einem Terroranschlag auf das US-Konsulat im libyschen **Bengasi** 2012 beschädigten seine Glaubwürdigkeit und die von Außenministerin Hillary Clinton. Auch das militärische Engagement in Afghanistan ging weiter, inzwischen der längste Kriegseinsatz in der Geschichte der USA.

Die reibungslose Wiederwahl 2012 verdankte Obama zum großen Teil der Tea-Party-Bewegung, die die Republikaner immer weiter in die rechte Ecke abdrängte. Die republikanische Mehrheit im Repräsentantenhaus versuchte auch danach mit allen Mitteln, Präsident Obamas Agenda zu torpedieren. Ende 2013 nahm sie einen insgesamt zweiwöchigen **Government Shutdown** (Stilllegung der US-Regierung) in Kauf, und weigerte sich anschließend, auch nur einen einzigen der für den Supreme Court nominierten Kandidaten anzuerkennen.

Im Verlauf seiner zweiten Amtszeit musste Obama zunehmend ohne die Unterstützung der Republikaner regieren; er leitete die Annäherung an Kuba ein und handelte ein Atomabkommen mit dem Iran aus. Wer jedoch gehofft hatte, sein Aufstieg zum Präsidenten könne den Beginn einer neuen, versöhnlichen „post-rassistischen Ära" einläuten, sah sich getäuscht. Als Reaktion auf die Gleichgültigkeit der Behörden angesichts gewaltsam zu Tode gekommener junger schwarzer Männer formierte sich schließlich die Bewegung „**Black Lives Matter**".

Als Kandidaten für die Präsidentenwahlen 2016 schickten die Republikaner entgegen aller Erwartungen den Immobilienmogul **Donald Trump** ins Rennen. Der hatte zwar bis dahin als ungehobelter Clown gegolten, doch war es Trump als Moderator der Fernsehshow *The Apprentice* gelungen, sein Image als erfolgreicher Geschäftmann aufzupolieren. Auf der politischen Bühne machte er zum ersten Mal auf sich aufmerksam, als er auf den „Geburtsfehler" Obamas hinwies: Angeblich war Obama außerhalb der Vereinigten Staaten geboren worden und damit von einer Präsidentschaftskandidatur ausgeschlossen. Umfragen und Experten prognostizierten einhellig eine Wahlschlappe für Trump und einen Sieg seiner demokratischen Konkurrentin, der weitaus erfahreneren und besser qualifizierten **Hillary Clinton**. Sie konnte jedoch die Vorwürfe nicht entkräften, wonach sie während ihrer Amtszeit als Außenministerin über ihren privaten E-Mail-Server Nachrichten verschickt hatte, ein Vorgehen, das ein gewaltiges Sicherheitsrisiko beinhaltete. Und in einem sensationellen Überraschungserfolg triumphierte Trump.

Bei Drucklegung (nur wenige Monate nach Trumps Amtsantritt) hielt die Welt noch immer den Atem an und hoffte, dass **Präsident Trump** Abstand von seinen während dem Wahlkampf gemachten aufhetzenden und teilweise widersprüchlichen Wahlversprechen nehmen würde. Doch vieles davon verfügte er schon in seiner ersten Woche im Amt per Erlass: den Mauerbau an der Grenze zu Mexiko, die Aufweichung des Gesundheitsreform. Das Einreiseverbot für Bürger aus sieben muslimischen Ländern wurde inzwischen per Gerichtsbeschluss ausgesetzt. Dennoch sieht es so aus, als würden die wichtigsten Errungenschaften der Ära Obama in der Versenkung verschwinden – zusammen mit der einhergehenden Hoffnung auf eine bessere Welt.

| 2016 | 2016 | 2017 |
|---|---|---|
| Obama besucht Kuba, als erster US-Präsident seit 88 Jahren – Höhepunkt eines Annäherungsprozesses, der Handel, Verkehr und diplomatische Beziehungen wiederbelebt. | Zur Überraschung der ganzen Welt wird Donald Trump zum 45. Präsidenten der Vereinigten Staaten gewählt. | Bilanz nach 100 Tagen im Amt: Bis April hat Trump bereits zentrale Wahlversprechen zurückgenommen. Seine Umfragewerte sind schlechter als die aller seiner Vorgänger. |

# Texas

Texas zehrt bis heute von der Erinnerung, zwischen 1836 und 1845 eine eigen-
ständige Nation gewesen zu sein. Seine 27 Mio. Einwohner fühlen sich da-
durch sehr verbunden und sind stolz, dass ihr Staat anders ist als der Rest der
USA. Die gewaltigen Ausmaße – 700 Meilen von Ost nach West und über 800
Meilen von Nord nach Süd – sorgen für eine ungeheuere geografische Vielfalt.
Kurzum: Texas hat Einiges zu bieten.

# Stefan Loose Traveltipps

**Rio Grande Valley** Winzige alte Grenzstädtchen prägen eine der am wenigsten besuchten Regionen des Staates. S. 116

**1** **Austin** Die Livemusik-Hauptstadt der USA: An Austins Musikszene reicht so schnell nichts ran. S. 117

**River Walk, San Antonio** An diesem reizenden, kopfsteingepflasterten Weg finden sich einige der besten Restaurants und Bars der Stadt. S. 127

**Fort Worth** Vom Viehtrieb im Hexenkessel der Stockyards bis zu den Weltklassegalerien im Cultural District – Fort Worth ist das bestgehütete Geheimnis von Texas. S. 138

**Marfa** Eine unwahrscheinlich minimalistische Künstlergemeinde inmitten der Wüste von West-Texas. S. 147

**Big Bend National Park** Hier rauscht der Rio Grande durch gewaltige Schluchten in abgeschiedener Landschaft – ein Traum für Wanderer. S. 148

MARFA

AUSTIN

## Inhalt

Texas' **Küste** erstreckt sich über 350 Meilen von Port Arthur, Zentrum der petrochemischen Industrie und Geburtsort von Janis Joplin an der Grenze zu Louisiana, bis zum Delta des Rio Grande, der sich Richtung Nordwesten schlängelt und eine natürliche Grenze zu Mexiko bildet. Dieser östliche Teil des Bundesstaats ist von einer interessanten Mischung aus Großstadtleben und ländlicher Provinzialität geprägt.

Der sumpfige, waldreiche Osten scheint eher zum Bundesstaat Louisiana zu gehören als zum lieblichen **Hill Country** im Zentrum oder den landwirtschaftlich genutzten Ebenen des Pan-

handle im Norden. Und die subtropische **Golf-küste** hat mit den gebirgigen **Wüsten** im Westen von Texas kaum etwas gemein. Ebenso dramatisch sind die **Klimaunterschiede**: Im Panhandle schneit es häufig, während beispielsweise die feuchte Hitze von Houston oft kaum auszuhalten ist. Insgesamt gibt es 35 Städte mit 100 000 oder mehr Einwohnern. Und jedes der größeren Touristenziele weist ganz eigene Charakterzüge auf.

So vermittelt die sehr spanisch anmutende Stadt **San Antonio** mit ihrer mexikanischen Einwohnerschaft und historischen Bedeutung ein völlig anderes, eher beschauliches Gefühl als die kommerzgesteuerten Großstädte **Houston** oder **Dallas**. **Austin** wiederum erfreut sich einer lebendigen Musikszene und einer alternativ geprägten, unabhängigen Geisteshaltung. In einem sind sich die Texaner jedoch stets einig, nämlich in ihrem Stolz auf ihren Staat: Texas ist etwas ganz Besonderes, und seine freundlichen Bewohner sind sich dessen auch bewusst.

## Geschichte

Zu den ersten Bewohnern von Texas zählten die indianischen Caddo im Osten und die Stämme der nomadischen Coahuiltec weiter südlich. Die Comanchen, die im 17. Jh. von den Rockies her kamen, sahen sich bald in Gefechte mit goldhungrigen Spaniern verwickelt. Im 18. Jh. begannen die Spanier mit dem Bau von Missionen und Festungen. Als Mexiko 1821 die Unabhängigkeit von Spanien erlangte, übernahm es die spanischen Nordamerika-Besitzungen, darunter Texas.

Anfänglich herrschte in Mexiko eine große Bereitschaft zur Öffnung des Landes, und Siedler wurden mit offenen Armen aufgenommen. So etablierte Stephen F. Austin mehrere angloamerikanische Kolonien in den Tälern des Brazos und Colorado. Das mexikanische Regierungsoberhaupt General Santa Ana sah jedoch die Einheit Mexikos bald durch die angloamerikanischen Autonomieansprüche gefährdet, und seine zunehmend restriktiven Maßnahmen führten schließlich zur acht Monate dauernden **texanischen Revolution** von 1835–36.

Die kurzlebige **Republik Texas**, die Teile des heutigen Oklahoma, Kansas, New Mexico, Colorado und Wyoming einschloss, verlieh dem Bundesstaat seine Identität. 1845 schloss sich Texas der Union an, unter der Bedingung, auf Wunsch wieder austreten zu können – dieser uralte Vorbehalt spielt neuerdings in der texanischen Politik wieder eine Rolle. Dem Einfluss der Siedler aus den Südstaaten und deren auf Sklavenarbeit basierender Baumwollproduktion ist es zu verdanken, dass sich Texas während des Bürgerkriegs (1860–65) in die Reihen der **Konföderierten** eingliederte.

Während der Rekonstruktion strömten Siedler aus Nord und Süd hierher, und der Spruch *Gone*

*to Texas* wurde zum geflügelten Wort für jeden, der vor dem Gesetz, einer Schuldenlast oder einer unglücklichen Liebesgeschichte geflohen war. Es war auch die Zeit der großen Rindertrails, bei denen frei lebende Longhorns im Süden und Westen von Texas zusammengetrieben und nach Kansas auf die Eisenbahn verfrachtet wurden. Die Vorliebe der Texaner, wie der Amerikaner überhaupt, für **Cowboy-Romantik** wurzelt in jener Ära. Die typische Cowboy-Kleidung, also Stetson, Stiefel und Bandana, ist eine Art Nationaltracht.

### 20. und 21. Jahrhundert

Neben Ackerbau und Viehzucht spielte das **Erdöl** eine bedeutende Rolle. Nach dem ersten großen Ölfund in Spindletop auf der Golfküste 1901 schwenkte die texanische Wirtschaft sozusagen über Nacht von der Landwirtschaft zur Industrialisierung um. Städte schossen aus dem Boden, und Farmer, die bis dahin gedacht hatten, ihr Land tauge nur als Viehweide, verkauften ihren Besitz für mehrere Millionen Dollar.

Heute produziert Texas ein Fünftel des Öls der Vereinigten Staaten, und der Anblick der Ölpumpen, die von der Ferne wie pickende Riesenvögel wirken, ist aus dem Landschaftsbild nicht mehr wegzudenken. Dennoch wird auch das Engagement des Staates in Sachen erneuerbarer Energien immer deutlicher: Überall aus den Ebenen des Panhandle ragen **Windkrafträder** empor.

# Houston

Die viertgrößte Stadt der Vereinigten Staaten ist ein echter Moloch mit verstopften Highways und hoher Luftfeuchtigkeit. Trotzdem hat die Stadt durchaus ihre Reize, basierend auf einer unglaublichen Energie, dem ungebrochenen texanischen Stolz und vor allem einer sympathischen Selbstironie. Gut ausgestattete Museen, eine renommierte Kunstszene und ein lebendiges Nachtleben sorgen dafür, dass bei Touristen keine Langeweile aufkommt.

Wer nur wenig Zeit hat, sollte sich auf die fabelhaften Galerien im **Museum District** und **Her-**

mann Park konzentrieren, die vom rund fünf Meilen nordöstlich gelegenen **Downtown** am besten per Straßenbahn zu erreichen sind. Am sympathischsten präsentiert sich die Stadt in **Montrose**, das sich mit dem Museumsviertel überschneidet und westlich von Downtown erstreckt.

Drei Meilen weiter westlich liegt **Uptown**, das wegen seines riesigen und recht noblen Einkaufszentrums an der Interstate 610 („Loop") auch **Galleria** genannt wird. Die rund 300 Geschäfte und Restaurants der Galleria-Mall säumen den Post Oak Boulevard Richtung Norden: Abgesehen vom reichhaltigen Shopping- und Essensangebot gibt es hier jedoch kaum etwas zu entdecken.

## Geschichte

Die Existenz der Stadt basiert seit eh und je auf wilder Spekulation im Zeichen wirtschaftlicher Höhenflüge und Talfahrten. 1837 gründeten zwei Brüder und Bodenspekulanten auf diesem sumpfigen Fleckchen Erde die erste Siedlung – sie träumten davon, daraus die Hauptstadt der neugeborenen Republik Texas zu machen. Doch schon bald wurde Houston von der vielversprechenderen Siedlung Austin überflügelt, aber es schaffte es immerhin, sich als Handelszentrum zu etablieren.

Als 1901 erstmals **Erdölvorkommen** in der Gegend entdeckt wurden, wurde das Öl, zusammen mit Baumwolle und Baugelände, zum Grundstock riesiger Privatvermögen. Im Verlauf des Jahrhunderts pumpten immer mehr steinreiche Philanthropen Geld in schicke Galerien und imponierende Wolkenkratzer. Dank seines kolossalen Selbstbewusstseins überstand Houston sogar die verheerenden Ölkrisen in den 1980er-Jahren und in jüngerer Zeit den **Enron**-Skandal.

In Houston etabliert sich inzwischen auch eine kleine, aber im Anwachsen begriffene Zahl von Fachleuten, die **alternative Energien** voranbringen möchten. Am zukunftsträchtigsten sind in Texas Sonnen- und Windenergieprojekte. Mehr als ein Viertel des Energiebedarfs der Stadt wird bereits jetzt durch Windenergie gedeckt. In der Innenstadt haben mehrere **Megakirchen** – mit redegewandten prominen-

ten Pastoren wie dem nichtkonfessionellen Joel Osteen – ihre Zentrale. Sie besitzen eine enorme soziale, kulturelle und sogar politische Macht und locken teilweise bis zu 50 000 Besucher in den (öffentlichen) Sonntagsgottesdienst.

## Downtown

Die Skyline von Houston ist ein spektakuläres Symbol für Kapitalismus, Ehrgeiz und Reichtum, und das zeigt sich nirgendwo besser als in Downtown. Die Aussichtsplattform im 60. Stockwerk des **Chase Tower**, 600 Travis St, dem höchsten Gebäude des Staates, bietet einen weiten Blick über das Stadtgebiet. ⏱ Mo–Fr 9–17 Uhr, Eintritt frei. Ebenfalls bemerkenswert sind der nahe, von Philip Johnson entworfene Penzoil Place, 711 Louisiana St, und das JP Morgan Chase Building, 712 Main St, mit seiner Lobby, die ein Art-déco-Meisterwerk ist.

### Sam Houston Park

⏱ tgl. Sonnenauf- bis Sonnenuntergang ■ Museum ⏱ Di–Sa 10–16 Uhr ■ Eintritt frei; Führungen 10, 11.30, 13 und 14.30 Uhr, $15
Der **Sam Houston Park** zu Füßen der Wolkenkratzer ist eine hübsche Grünanlage mit restaurierten Gebäuden aus dem 19. Jh., darunter befindet sich ein kleines **Museum** der Historical Society. Führungen durch die Häuser beginnen in der 1100 Bagby St.

## Museumsviertel und Montrose

Fünf Meilen südwestlich der Innenstadt liegen die ruhigen, von Eichen gesäumten Straßen des **Museumsviertels**, das sich – ungewöhnlich für Houston – gut zu Fuß erkunden lässt. Die Sehenswürdigkeiten konzentrieren sich im Wesentlichen in zwei großen Ausstellungskomplexen. Einer davon steht ganz im Zeichen der Sammlungen der Ölmillionäre John und Dominique de Menil.

Die Menil-Galerien und das Houston Center for Photography liegen im Bezirk **Montrose**, der sich westlich von Downtown ausbreitet und zu den angesagtesten Stadtvierteln gehört. Die

Hauptstraße des Viertels ist die **Westheimer**. Sie atmet viel erfrischendes Szeneflair mit allerhand skurrilen Tattoo-Studios, Secondhand-Boutiquen, experimentellen Kunstgalerien und urigen Trödelläden. In Montrose konzentriert sich schon lange eine sehr offene **LGBT-Szene**, leicht zu erkennen an der hohen Dichte einschlägiger Bars und Clubs.

Das Museumsviertel erstreckt sich in südlicher Richtung zum **Hermann Park** und zum attraktiven Gelände der **Rice University**, beide mit der Straßenbahn zu erreichen. Der gleich hinter dem **Mecom Fountain** gelegene Park mit seinem japanischen Meditationsgarten ist ein schönes Fleckchen für ein Eis und einen gemütlichen Spaziergang.

## Menil Collection

1533 Sul Ross St ▪ ⊕ Mi–So 11–19 Uhr ▪ Eintritt frei ▪ ✆ 713 525 9400, ▭ www.menil.org
Die private **Menil Collection** befindet sich in einem fantastischen Museumsgebäude, das von Renzo Piano entworfen wurde. Die erlesenen Werke reichen von paläolithischen Steingravuren bis zu surrealistischen Gemälden.

## Rothko Chapel

3900 Yupon St ▪ ⊕ tgl. 10–18 Uhr ▪ Eintritt frei ▪ ▭ www.rothkochapel.org
Ein kurzer Spaziergang in östlicher Richtung führt zur kleinen **Rothko Chapel**. Sie enthält 14 von den Menils in Auftrag gegebene, düstere Wandgemälde des Künstlers Mark Rothko. Der abgebrochene Obelisk auf dem kleinen Platz vor der Kapelle ist Martin Luther King gewidmet.

## Houston Center for Photography

1441 W Alabama St ▪ ⊕ Mi und Do 11–21, Fr 11–17, Sa und So 11–19 Uhr ▪ Eintritt frei ▪ ▭ www.hcponline.org
Das **Houston Center for Photography** präsentiert Arbeiten aufstrebender amerikanischer Fotografen. Zwar verfügt das kleine Center nicht über eine eigene Sammlung, präsentiert aber immer wieder visuelle Kunst, die zur besten des gesamten Südwestens gehört. Das Center bietet außerdem das ganze Jahr über zahlreiche hervorragende Kurse und Workshops an – mehr Informationen dazu auf der Website.

## Museums of Fine Arts

1001 Bissonnet St, Ecke 5601 Main St ▪ ⊕ Di und Mi 10–17, Do 10–21, Fr und Sa 10–19, So 12.15–19 Uhr ▪ Eintritt $15, Do frei ▪ ✆ 713 639 7300, ▭ www.mfah.org
Im großen **Museum of Fine Arts**, Bissonet, Ecke Main St, ist eine Auswahl erlesener Kunstwerke verschiedener Epochen zu sehen, von Renaissancekunst bis zu seltenen afrikanischen Goldobjekten. Zwei Flügel sind ausschließlich den dekorativen Künsten vorbehalten. Draußen im **Cullen Sculpture Garden** erheben sich direkt über den Skulpturen von Matisse und Rodin die Wolkenkratzer.

## Houston Museum of Natural Science

5555 Hermann Park Drive ▪ ⊕ tgl. 9–17 Uhr ▪ Eintritt $25, Kinder $15, Do 14–17 Uhr frei ▪ ✆ 713 639 4629, ▭ www.hmns.org
Die Ausstellungen des **Houston Museum of Natural Science** im Hermann Park sind weitestgehend auf Kinder ausgerichtet, doch in der **Wiess Energy Hall** können auch volljährige Besucher anhand kleiner Versuche den Flüssigkeitsgrad verschiedener Rohöle miteinander vergleichen und entscheiden, welche Technologie – Solar, Wind oder Erdwärme – ihrer Meinung nach die weltweite Energiekrise lösen könnte. Im **Cockrell Butterfly Center** ⊕ tgl. 9–17 Uhr, Eintritt $9), einem dreistöckigen Gewächshaus, schlendern die Besucher zwischen exotischen Schmetterlingen durch eine schwüle Regenwald-Umgebung.

### ÜBERNACHTUNG

Preiswerte Hotels konzentrieren sich in drei Gebieten: nahe dem Reliant Stadium (südwestlich von Downtown) sowie am I-45 und I-10. Jede Menge exklusivere Kettenhotels für Geschäftsreisende befinden sich in Downtown und im Viertel Galleria. B&Bs sind eine willkommene Alternative in einer nicht gerade heimeligen Stadt wie Houston, und auch Billigunterkünfte stehen zur Verfügung.
**Hotel ZaZa**, 5701 Main St, ✆ 713 526 1991, ▭ www.hotelzaza.com/#houston. Trendiges Dekor und Themensuiten wie „Casablanca"

rund um einen eleganten Pool. Zahlreiche Annehmlichkeiten. Gute Lage beim Hermann Park und den Museen. $294

**La Colombe d'Or**, 3410 Montrose Blvd, ☎ 713 524 7999, 🖥 www.lacolombedor.com. Altmodisches, aber luxuriöses Hotel in bester Museumslage und die eleganteste Wahl der Stadt. Wer sich keine der 9 „Villen" leisten kann, sollte sich wenigstens in der kleinen eleganten Hotelbar einen Cocktail genehmigen. $295

🏨 **La Maison in Midtown**, 2800 Brazos St, ☎ 713 529 3600, 🖥 www.lamaison midtown.com. Zentrales und sehr komfortables B&B mit hübschen Zimmern und zum Beispiel Whirlpools. $169

**The Lancaster**, 701 Texas Ave, ☎ 713 228 9500, 🖥 www.thelancaster.com. Lady Bird Johnsons' erste Wahl unter den Houston-Hotels liegt im Herzen des Theater District – ein tolles Hotel alter Schule mit unterschiedlichen Zimmern und Suiten, Frühstücksbuffet (inkl.) und gehobenem Restaurant. $174

**Magnolia Hotel**, 1100 Texas Ave, ☎ 713 221 0011, 🖥 www.magnoliahotelhouston.com. Modernes Boutiquehotel in erstklassiger Lage in Downtown. Die meisten Zimmer sind überraschend geräumig und verfügen über alle möglichen Einrichtungen. Auf dem Dach gibt's einen recht großen Pool, und es bieten sich von hier oben vor allem abends wunderbare Ausblicke. $69

🏨 **Morty Rich Hostel**, 501 Lovett Blvd, Montrose, ☎ 713 636 9776, 🖥 www. hiusa.org/houston. Eindeutig das beste Hostel in Houston: Schon beim Anblick der eleganten Fassade wird das deutlich. Swimmingpool, Klimaanlage im gesamten Haus, kostenloses WLAN, von Freiwilligen geführte Stadttouren und kleines Frühstück. Dorms $26, DZ $70

**Breakfast Klub**, 3711 Travis St, ☎ 713 528 8561, 🖥 www.thebreakfastklub.com. Hier waren Barack Obamas Wahlkampfhelfer häufig anzutreffen, da sie ihr Büro gleich auf der anderen Straßenseite hatten. Einzigartiges Frühstücksangebot wie Chicken Wings oder Waffeln, aber auch traditionellere Morgenkost für rund $10. 🕐 Mo–Fr 7–14, Sa und So 8–14 Uhr.

**Goode Company BBQ**, 5109 Kirby Rd, ☎ 713 522 2530. Gutes Barbecue zu vernünftigen Preisen mit großen Portionen Rinderbrust (abends $15,25), *pecan pie* ($5,25 pro Stück) und Tischen unter freiem Himmel. Mit weiteren Filialen, von denen einige auf Fisch und Meeresfrüchte spezialisiert sind. 🕐 tgl. 11–22 Uhr.

🏨 **Mi Sombrero**, 2401 N Shepard Drive, ☎ 713 862 7244. Ein seit 1978 bestehender, authentischer Tex-Mex-Treff wenige Meilen nördlich von Downtown. Ausgezeichnetes Preis-Leistungs-Verhältnis: Abendspeisen wie z. B. Hühnchen-Tacos ab etwa $5. 🕐 Mo–Do und So 7–21, Fr und Sa 7–22 Uhr.

**Pappas Bros. Steak House**, 5839 Westheimer Rd, ☎ 713 780 7352, 🖥 www.pappasbros.com. In einer Kulisse aus Ledernischen, Marmorsäulen, Mahagonivertäfelung und Messing-Zierelementen wird z. B. eine großzügige Portion von im Hause trocken gereiftem Rindfleisch serviert; Filet mignon ab $46. 🕐 Mo–Do 17–22, Fr und Sa 17–23 Uhr.

**RDG + Bar Annie**, 1800 Post Oak Blvd, ☎ 713 840 1111, 🖥 www.rdgbarannie.com. Innovative Küche des Südwestens von Starkoch Robert del Grande. Die Gerichte im RDG Grill Room sind etwas extravaganter; der Fasan mit Zimt und Pilzen kostet $49. In der erschwinglicheren Bar Annie kostet ein Sloppy Joe aus geräucherter Rinderbrust mit Blaukäse $18. 🕐 Mo–Do 11.30–22, Fr 11.30–22.30, Sa 17–22.30 Uhr.

An Möglichkeiten zum Ausgehen mangelt es in Houston nicht. In Downtown gibt's zwar einige gute **Bars**, munterer geht's jedoch in **Montrose** zu, besonders an der Westheimer Road.

### Bars und Livemusik

🏨 **Anvil Bar & Refuge**, 1424 Westheimer Rd, ☎ 713 523 1622, 🖥 www.anvilhouston. com. Schicke Cocktailbar in einem alten

**Houston**

**ESSEN**
- Breakfast Klub 4
- Goode Company BBQ 5
- Mi Sombrero 1
- Pappas Bros. Steak House 3
- RDG + Bar Annie 2

**ÜBERNACHTUNG**
- Hotel ZaZa 6
- La Colombe d'Or 5
- La Maison in Midtown 3
- The Lancaster 1
- Magnolia Hotel 2
- Morty Rich Hostel 4

— METRO-Rail

**BARS UND LIVEMUSIK**
- Anvil Bar & Refuge 4
- AvantGarden 3
- The Big Easy 6
- Catbird's 2
- Continental Club 5
- Notsuoh 1

TEXAS

0 — 500 m

Wortham Theater Centre

Bayou Place

Sam Houston Park

Alley Theatre

City Hall

THEATER DISTRICT

Chase Tower

Penzoil Place

Bibliothek

Texaco Plaza

JP Morgan Chase Building

Minute Maid Park

Discovery Green

Mistown Park

Baldwin Park

Buffalo Bayou Park

MEMORIAL DRIVE

Buffalo Bayou

ALLEN PKWY

Buffalo Bayou

MONTROSE BLVD

TAFT STREET

TAFT STREET

FLORA STREET

WESTHEIMER ROAD

HAWTHORNE STREET

W ALABAMA STREET

CROCER STREET

COLUMBUS STREET

MONTROSE BLVD

MARCONI STREET

PEVETO STREET

WAUGH DRIVE

ROSINE STREET

DUNLAVY STREET

DUNLAVY STREET

ELMEN STREET

MORSE STREET

MONTROSE BLVD

YOAKUM BLVD

GRAUSTARK STREET

YUPAN STREET

VAN BUREN STREET

WINDSOR STREET

COMMONWEALTH STREET

WESTHEIMER RD

MONTROSE

The Menil Collection

Houston Center for Photography

Rothko Chapel

Contemporary Arts Museum,

Houston Museum of Natural Science ▶

Rice University, Reliant Park ▶

I-10, George Bush Intercontinental Airport ◀

www.stefan-loose.de/usa

Reifengeschäft mit fachkundig zubereiteten Drinks für etwa $9–12 sowie einer großen Auswahl an Fassbieren. Eine der angesagteren Bars in Houston, aber selten überfüllt. ⏲ tgl. 16–2 Uhr.

**AvantGarden**, 411 Westheimer Rd, ☎ 832 287 5577, 🖥 www.avantgardenhouston.com. Vielseitige Bar mit Livemusik von lokalen Bands auf mehreren Bühnen in einem dreistöckigen Gebäude. Draußen steht ein Brunnen aus recycelten Tequila-Flaschen. ⏲ tgl. 18–2 Uhr.

**The Big Easy**, 5731 Kirby Drive, ☎ 713 523 9999. Die Kneipe im Viertel Rice Village lockt sonntags mit Live-Zydeco und ansonsten mit Blues ein munteres Publikum an. Der Eintritt beträgt höchstens $5 – umso mehr bleibt fürs Bier. ⏲ tgl. 20–5, Fr ab 17 Uhr.

**Catbird's**, 1336 Westheimer Rd, ☎ 713 523 8000. Relaxte Kreativköpfe genießen ihr billiges Lone-Star-Bier in dieser geselligen Bar mit netter Terrasse und abendlichen Specials. ⏲ tgl. 15–2 Uhr.

**Continental Club**, 3700 Main St, ☎ 713 529 9899, 🖥 www.continentalclub.com/houston. Dieser stilvolle Livemusiktreff an der Straßenbahnlinie ist mit dem bekannten Original in Austin (S. 124) verwandt. Nichts für Klaustrophobiker – auch wenn es hinten eine Terrasse gibt. Gutes Angebot an Livemusik und Getränken zu normalen Preisen. ⏲ unterschiedlich, siehe Website.

**Notsuoh**, 314 Main St, 🖥 www.notsuoh.com. Altbewährte Downtown-Bar mit regelmäßiger Livemusik, Dichterlesungen und WLAN. Frequentiert von jungen Künstlern und Jazzmusikern und mit einem alten Neonschild versehen, das da lautet „The Home of EASY CREDIT". ⏲ tgl. 18–2 Uhr.

### Theater

Der **Theater District**, ein 17 Blocks umfassender Bezirk westlich der Milam St zwischen Congress St und Capitol St, für den ordentlich die Werbetrommel gerührt wird, bietet reichlich Auswahl an **darstellender Kunst**. Veranstaltungshinweise enthält die kostenlose *Houston Press,* 🖥 www.houston press.com.

**Alley Theatre**, 615 Texas Ave, ☎ 713 220 5700, 🖥 www.alleytheatre.org. Unabhängiges Theater mit verschiedensten Darbietungen auf zwei Bühnen.

**Wortham Theater Center**, 501 Texas Ave, ☎ 832 487 7000, 🖥 www.worthamcenter.org. Opulente Opern- und Ballettbühne, auf der auch populäre Theaterstücke gespielt werden.

### INFORMATIONEN

**Visitor Center**, 1300 Avenida de las Americas, ☎ 713 437 5557, 🖥 www.visithoustontexas. com. ⏲ tgl. 7–22 Uhr.

### NAHVERKEHR

Das Zentrum von Houston erstreckt sich rund um die Kreuzung von I-10 (San Antonio–New Orleans) und I-45 (Dallas–Galveston), allerdings dehnt sich die Stadt über eine riesige Fläche aus, sodass die Sehenswürdigkeiten weit auseinanderliegen.

**Taxifahren** ist teuer. Daher sollte man nach Möglichkeit ein **Auto mieten**; alle großen Autoverleiher sind an den Flughäfen vertreten. Houstons **öffentliche Verkehrsmittel** sind für eine Stadt dieser Größe meist bestürzend ineffizient. Von Nutzen ist immerhin die in Downtown verkehrende **METRO-Rail**-Straßenbahn. Das rund 8 Meilen lange Nord-Süd-Schienennetz verläuft im Wesentlichen entlang Main und Fenin Street zwischen der University of Houston (UH) und Reliant Park. Genau dazwischen liegt die Haltestelle Museum District. Tickets kosten je nach genutzten Zonen ab $1,25; Downtown und die umliegenden Gebiete liegen in Zone 1. METRO bietet zugleich Dutzende von Busverbindungen, u. a. den kostenlosen und umweltfreundlichen GreenLink-Bus (Mo–Fr 6.30–18.30 Uhr) mit 18 Haltestellen in Downtown.

Auch **Radfahren** ist eine Option; die Stadtbusse transportieren Fahrräder vorne am Bus. Drei-Gang-Räder gibt's für $25 am Tag bei der Houston Bicycle Company, 404 Westheimer, ☎ 713 522 3622, 🖥 www.houstonbicycle company.com.

TEXAS

### Busse und Eisenbahn

Der **Greyhound-Busbahnhof,** ℰ 713 759 6565, befindet sich recht zentral in der 2121 Main Street; der **Amtrak-Bahnhof** liegt in der 902 Washington Avenue am Westrand von Downtown, mit einer tgl. Verbindung nach SAN ANTONIO (5 1/4 Std.).

**Greyhound-Busse nach**:
AUSTIN (4x tgl., 3 Std.),
DALLAS (10x tgl., 4 1/4 Std.),
EL PASO (4x tgl., 18 1/4 Std.),
FORT WORTH (10x tgl., 7 Std.),
SAN ANTONIO (7x tgl., 3 1/4 Std.).

### Flüge

Der **George Bush Intercontinental Airport**, 23 Meilen nördlich der Innenstadt, ℰ 281 230 3100, wird von mehreren Fluggesellschaften angeflogen. Die **Taxifahrt** von hier nach Downtown kostet $60.

Der kleinere **William P. Hobby Airport**, ℰ 713 640 3000, 🖵 www.houstonhobby.com, 7 Meilen südöstlich der Innenstadt, wickelt Inlandflüge ab und ist vor allem ein wichtiges Drehkreuz der Fluggesellschaft Southwest Airlines. Eine **Taxifahrt** von hier nach Downtown kostet $40. Minibusse von **Super-Shuttle** (ab $23 vom Intercontinental, $19 vom Hobby Airport), ℰ 800 258 3826, 🖵 www.supershuttle.com, bringen Reisende zu den Hotels in Downtown und zur Galleria Mall westlich von Downtown. Zusätzlich verkehren von beiden Flughäfen METRO-Busse, ℰ 713 635 4000, 🖵 www.ridemetro.org.

# Die Umgebung von Houston

Eine Fahrt durch die wuchernden Vorstädte Houstons erscheint nicht gerade verlockend, aber es gibt hier durchaus ein paar lohnende Ziele zu entdecken. Die bekanntesten sind das **Space Center Houston** nördlich der Stadt, wo sich lange Zeit das Zentrum des US-amerikanischen Weltraumprogramms befand, und der **San Jacinto Battleground**, ein wichtiger Schauplatz im texanischen Kampf für die Unabhängigkeit von Mexiko. Gerade noch im Rahmen eines Tagesausflugs von Houston erreichbar ist das **Big Thicket National Preserve** mit insgesamt 40 Meilen Wanderwegen durch unterschiedliche Habitate.

## Space Center Houston

1601 NASA Pkwy, 25 Meilen südlich von Houston am I-45 ▪ 🕐 Mo–Fr 10–17, Sa 10–18, So 10–19 Uhr ▪ Eintritt $24,95, Kinder $19,95, Parken $6 ▪ 🖵 www.spacecenter.org

Seit dem Start von Gemini 4 im Jahr 1965 liegt die Kontrolle über die Raumfahrt in den Händen des **Johnson Space Center** der **NASA** im **Space Center Houston**. Mit Stolz bemerken die Einheimischen, dass das erste Wort, das seinerzeit auf dem Mond gesprochen wurde, „Houston" war.

Das Nervenzentrum der Internationalen Raumstation bietet fesselnde Einblicke in den heutigen Stand der Weltraumforschung. Auf Tram-Touren blicken die Besucher hinter die Kulissen diverser Einrichtungen der NASA. Es ist allerdings sehr überlaufen, und die vielen jungen Besucher verleihen ihm fast schon Disney-World-Charakter.

## San Jacinto Battleground

3523 Independence Pkwy S, 22 Meilen östlich von Houston abseits des La Porte Freeway ▪ 🕐 tgl. 9–18 Uhr ▪ Eintritt frei ℰ 409 479 2421, 🖵 www.sanjacinto-museum.org

Der **San Jacinto Battleground** war 1836 Schauplatz einer 18-minütigen Schlacht, bei der die Mexikaner vernichtend geschlagen wurden. An dieses Ereignis erinnert das **höchste Steinsäulendenkmal der Welt** (174 m). Für $4 bringt ein Aufzug Besucher zur Aussichtsplattform, die den Blick auf das einstige Schlachtfeld freigibt. Nicht weit entfernt liegt in der Buffalo Bayou das Schlachtschiff *Texas* vor Anker.

## Big Thicket National Preserve

6102 Farm to Market Rd 420, 97 Meilen von Houston am US-69/287, Kountze, Texas ▪ Visitor Centre ⊕ tgl. 9–17 Uhr ▪ Eintritt frei ▪ ✆ 409 951 6800, 🖥 www. nps.gov/bith

Die **Big Thicket National Preserve** birgt bemerkenswerte Naturschätze aus den Wüsten des Südwestens, der Prärie und den Appalachen, doch auch Sümpfe und Bayous sind hier zu finden. Einst war das Gebiet Rückzugsort für Gesetzlose, entflohene Sklaven und Spieler; heute findet man hier eine äußerst vielfältige **Tier- und Pflanzenwelt**. Unter anderem lassen sich Rehe, Alligatoren, Gürteltiere, Opossums und Raubkatzen sowie fast 200 Vogelarten beobachten.

Das **Visitor Centre** wartet mit zahlreichen Informationen und Broschüren zum Wandern, Kanufahren und Zelten im Schutzgebiet auf. Eine einfache Einführung bietet der nette **Kirby Nature Trail**, ein 2 Meilen langer Rundweg am Village Creek entlang. Er beginnt 2,5 Meilen östlich des Besucherzentrums.

# Die Golfküste

Die zahlreichen Apartmenthäuser an der **Golfküste** zeugen davon, dass diese Gegend ein beliebtes Erholungsziel ist. Das Klima reicht von mild in **Galveston** bis subtropisch an der mexikanischen Grenze. Galveston wurde zweimal von verheerenden Hurrikanen heimgesucht, im Jahr 1900 und erneut 2008. Doch der Wiederaufbau schreitet voran, und die relativ alte Stadt wartet noch immer mit einigen historischen Highlights und Shopping-Möglichkeiten auf – eine deutlich ruhigere Alternative zu Houston. Für die Erkundung der relativ unberührten Strände im Norden der **Padre Island National Seashore** bietet sich **Corpus Christi** als Basis an.

## Galveston

1890 war die betriebsame Hafenstadt Galveston – an der Nordspitze von Galveston Island (Südende des I-45) – viel größer als Houston,

und so mancher europäische Neuankömmling beschloss, gleich in der sogenannten „Queen of the Gulf" zu bleiben. Doch nach dem Bau des Houston Ship Canals im Anschluss an die Hurrikane von 1900, die über 6000 Menschenleben gekostet hatten – siehe Erik Larsons tolles Buch *Isaacs Sturm* –, ging die Küstenstadt ihrem Niedergang entgegen.

Der hübsche Historic District und die Beliebtheit des Ortes bei Houstonern auf der Suche nach einem Sommerausflugsziel haben Galveston in einem gewissen Ausmaß wiederbelebt. Die pastellfarbenen, lang gestreckten Häuser, die sogenannten *Shotgun Houses,* erinnern an New Orleans, während die Bars und die Typen am Strand eher Jimmy Buffetts Songs über Seeleute und Schmuggler ins Gedächtnis rufen.

### Downtown

Das historische Innenstadtviertel **The Strand** aus dem 19 Jh. ist mit Gaslaternen, schicken Geschäften, Restaurants und Galerien aufgepeppt worden. Hier gibt es auch Museen, zum Beispiel das **Texas Seaport Museum** am Pier 21, abgehend von der Water St, mitten in einem Geschäfte- und Restaurantkomplex. Seine Ausstellung ist dem Hafen und dessen Bedeutung für Handel und Einwanderung im 19. Jh. gewidmet. ⊕ tgl. 10–17 Uhr, $12 inkl. Zutritt zur *Elissa,* einem Dreimaster von 1877.

Zwischen der Straße The Strand und den Stränden im Süden stehen überall historische Gebäude, die im Rahmen von Führungen zu besichtigen sind. Eines der Highlights ist der pompöse **Bishop's Palace**, 1402 Broadway Avenue. ⊕ Sommer tgl. 10–18, sonst 10–17 Uhr, Eintritt $12, Führungen tgl. 13.30 Uhr.

### Die Strände

Die **Strände** am Seawall Boulevard sind recht steinig und zum Schutz vor den Gezeiten und Hurrikanen seit mehr als 100 Jahren hinter einem zehn Meilen langen Wall verborgen. Eine typische Aktivität für Galveston ist die gemütliche Fahrt beim Sonnenuntergang auf **Strandrädern** ($8 pro Std., $25 pro Tag) der Island Bicycle Company, 1808 Seawall Blvd, ✆ 409 762 2453, 🖥 www.islandbicyclecompany.com. Der **Stewart Beach** am Ostrand der Stadt bietet vielfältige Einrichtungen und jede Menge Platz zum Sonnenbaden. 15 Meilen westlich von Downtown liegt der beliebte und relativ ruhige **Jamaica Beach**.

## Galveston Island State Park

14901 FM 3005 ▪ ⏲ tgl. 24 Std. ▪ Eintritt $5 ▪ ☎ 409 737 1222, ▭ www.tpwd.texas.gov

Der **Galveston Island State Park** sechs Meilen westlich des Zentrums umfasst rund 800 ha Marschland und ist ein wahres Paradies für Vogelbegeisterte, besonders während der Zeit des Vogelzugs im Frühjahr und Herbst. Mehrere einfache Pfade führen zur Golf- und zur Buchtseite der Insel. Um das einzigartige Habitat einer Barriereinsel hautnah zu erleben, begibt man sich am besten mit einem **Kajak** auf einen der gewöhnlich ruhigen Wasserwege rund um den Park. Kajaks verleiht Caribbean Breeze, 1021 61st St, Galveston, ☎ 409 740 0400; Einerkajaks $25 für 2 Std., $50 für 8 Std., Zweierkajaks $40 für 2 Std., $70 für 8 Std.

## Moody Gardens

An der Abfahrt 61st St vom I-45 ▪ ⏲ tgl. 10–18 Uhr ▪ Tagespass $60, auch Eintritt zu einzelnen Attraktionen möglich ▪ ☎ 800 582 4673, ▭ www.moodygardens.com

Am westlichen Stadtrand liegt Galvestons größte (Familien-)Attraktion, die touristischen **Moody Gardens**. Das Herzstück der Anlage bilden drei riesige Glaspyramiden, außerdem gibt es hier ein IMAX-Kino, einen Regenwald und ein Aquarium. Hohe Eintrittspreise und Besuchermassen machen die Moody Gardens zu einem eher zweifelhaften Vergnügen, doch bei schlechtem Wetter ist ein Besuch durchaus in Erwägung zu ziehen.

**Coastal Dreams**, 3602 Avenue P (Bernardo de Galvez), ☎ 409 770 0270. Äußerst reizvolles und gemütliches B&B mit drei gut ausgestatteten Zimmern, einer Suite und einem Schwimmingpool. Ein echter Genuss ist das im Preis inbegriffene Frühstück – allein dafür lohnt es sich, hier zu übernachten. $149

**Gaido's Seaside Inn**, 3700 Seawall Blvd, ☎ 409 761 5504, ▭ www.gaidosseaside.com. Saubere und gastfreundliche Unterkunft ohne Schnickschnack mit recht großem Pool und kostenlosem Frühstück. $89

**Galveston Island State Park Campground**, 14901 FM 3005, ☎ 409 737 1222, ▭ www.tpwd.texas.gov. Der State Park wartet mit verschiedenen netten Zeltplätzen auf. Die Plätze am Golf sind gut ausgestattet, die an der Bucht verfügen über fließendes Wasser, aber keinen Strom. Stellplätze an der Bucht $15, am Strand $25

**Hotel Galvez**, 2024 Seawall Blvd, ☎ 409 765-7721, ▭ www.hotelgalvez.com. Das stilvolle, 1911 erbaute Hotel ist die bei Weitem exklusivste Unterkunft auf der Insel, mit schön gestaltetem Pool, stattlicher Lobby, Restaurant (s. u.) und Lobby-Bar. Parken $10. $279

**Brews Brothers Brew Pub**, 2404 Strand, ☎ 417 763 2739. Riesige Auswahl an Craftbieren, darunter ein paar aus eigener Produktion; lange Öffnungszeiten. Freundliches, fachkundiges Personal, Zigarrensalon im hinteren Bereich und moderner eingerichtet als ein normaler Brewpub. ⏲ tgl. 11–2 Uhr.

**Galvez Bar and Grill**, Hotel Galvez, 2024 Seawall Blvd, ☎ 409 765 7721, ▭ www.hotelgalvez.com. Das elegante und kürzlich renovierte Hotelrestaurant serviert ansprechend zubereitete Gerichte mit Schwerpunkt auf Fisch und Fleisch, z. B. Garnelen-Krebs-Fondue ($16). Guter Sonntagsbrunch. ⏲ Mo–Sa 6.30–10, 11–14 und 17–22, So 6.30–10.30, 11–14 und 17–22 Uhr.

**MOD Coffeehouse**, 2126 Post Office St, ☎ 409 765 5659. Freundlicher Coffeeshop in Downtown mit Fairtrade- und organischem Kaffee, kostenlosem WLAN und gesunden Gerichten wie Hummus mit Pitabrot ($4,95). ⏲ Mo–Fr 7–22, Sa und So 8–22 Uhr.

**Mosquito Cafe**, 628 14th St, ☎ 409 763 1010, ▭ www.mosquitocafe.com. Dieses Frühstücks- und Mittagslokal hat sich mit leckeren Salaten und Eistees beliebt gemacht. Empfehlenswert sind z. B. *Thai chicken salad* ($11) und Tacos mit gegrillten Garnelen ($13,29). ⏰ Di–Sa 8–21, So 8–15 Uhr.

📦 **Old Quarter Acoustic Cafe**, 413 20th St, 📞 409 795 7777, 🖥 www.oldquarter acousticcafe.com. Super Veranstaltungsort für Folk, Alternative-Country und Blues. Nur Barzahlung. Die meisten Konzerte beginnen um ca. 20 Uhr. ⏰ Mi–Sa, unterschiedlich.

**The Spot**, 3204 Seawall Blvd, 📞 409 621 5237, 🖥 www.thespot.islandfamous.com. Lebendige Bar und nettes Familienrestaurant mit treuer Kundschaft, tollem Ausblick auf den Golf, vier Bars und drei Dutzend TVs. Das Essen ist besser als die meisten denken; Tipp: die *shrimp kisses* (mit *pepper jack*-Käse gefüllte und in Bacon gehüllte Garnelen) für $11. ⏰ Mo–Do und So 11–22, Fr und Sa 11–23 Uhr.

## INFORMATIONEN

**Visitor Center**, 23rd St und Broadway, 📞 409 797 5143, 🖥 www.galveston.com. ⏰ tgl. 9–17 Uhr.

## TRANSPORT

Die **Autofahrt** von Houston nach Galveston ist problemlos. Sobald die I-45 die Insel erreicht hat, heißt er Broadway und führt als Hauptdurchgangsstraße durch die Stadt.
**Greyhound** kommt in der 714 25th St an, zu erreichen per Taxi vom Zentrum für $8.

# Corpus Christi

Das lockere **Corpus Christi** erreicht man von San Antonio auf dem I-37 oder von Houston oder Galveston aus über die zweispurige Küstenstraße Hwy-35. Die ursprüngliche Handelsniederlassung wurde 1919 von einem Hurrikan zerstört, kam aber wieder auf die Beine. Heute lebt Corpus Christi von einem militärischen Ausbildungszentrum, der Ölindustrie und der Schifffahrt. Die Stadt ist außerdem ein Ziel für Outdoor-Enthusiasten: Angeln, Segeln, Vogelbeobachtung und andere Wassersportarten (hauptsächlich auf der anderen Seite des Channel auf Pad-

re Island) sind hier äußerst beliebt. Doch es gibt auch ein paar lohnende kulturelle Attraktionen. Für einen Bummel sind die Straßen von Corpus Christi nicht besonders geeignet, aber im beschaulichen **Heritage Park**, 1581 N Chaparral, 📞 361 826 3410, laden zwölf viktorianische Häuser und Gärten zur Erkundung ein; ⏰ Di–Do 9–17, Fr 9–14, Sa 11–14 Uhr, Eintritt frei.

## Art Museum of South Texas

1902 N Shoreline Blvd ▪ ⏰ Di–Sa 10–17, So 13–17 Uhr ▪ Eintritt $8 ▪ 🖥 www.artmuseum ofsouthtexas.org

Die umfangreiche Sammlung des **Art Museum of South Texas** dreht sich um bildende Kunst und Kunsthandwerk aus Amerika. Das atemberaubende weiße Gebäude, das von dem bekannten Architekten Philip Johnson entworfen wurde, bietet beste Sicht auf die Frachter in der Corpus Christi Bay und die tollenden Delfine in deren Bugwasser. Im Museum gibt es auch ein ausgezeichnetes kleines Mittagsrestaurant: das Dobson Café.

## ÜBERNACHTUNG UND ESSEN

**Executive Surf Club/Water Street Oyster Bar**, 309 N Water St, 📞 361 884 7873. Alteingesessener Livemusik-Spot mit Fisch- und Sushibar und guten Burgern – ein echtes Schnäppchen ist der Garnelenburger für $6,29. Dank der abendlichen Specials – dienstags gibt's Pints für $2 – ist es oft voll. Auch die Auftritte von Livebands aus der Umgebung lohnen einen Besuch. ⏰ Mo–Do und So 11–23, Fr und Sa 11–24 Uhr.

**House of Rock**, 511 Starr St, 📞 361 882 7625. Mit seinen vielen Veranstaltungen ist dieser Laden die beste Adresse für Rockkonzerte, auch wenn es manchmal schwierig ist, einen gemütlichen Platz zu ergattern. Der Barbereich – mit einer großen Bierauswahl – ist nicht ganz so voll und kostet keinen Eintritt. ⏰ tgl. 11–2 Uhr.

**V Boutique Hotel**, 701 N Water St, 📞 361 883 9200, 🖥 www.vhotelcc.com. Mit seiner tollen Lage ist das stilvolle V die beste Unterkunft der Stadt. Mit Fitnessraum und kreativem vietnamesischen Restaurant (⏱ mittags und abends). $179

**The Yardarm**, 4310 Ocean Drive, ✆ 361 855 8157. Restaurant mit maritimem Motto in einem niedlichen gelben Haus an der Bucht, mit ausgezeichneten Seafood-Platten zu vernünftigen Preisen sowie einem reichhaltigen Seafood-Eintopf ($25,50). ⏱ Di–Sa 17.30–22 Uhr.

### INFORMATIONEN

**Visitor Center**, 1590 N Shoreline Drive, ✆ 800 766 2322, 🖥 www.visitcorpuschristitx.org. ⏱ tgl. 9–17 Uhr.

### TRANSPORT

Der **Greyhound**-Busbahnhof liegt zentral in Downtown, 702 N Chaparral St.
Der internationale **Flughafen**, ✆ 361 289 0171, befindet sich etwa 10 Meilen westlich des Stadtzentrums; ein Taxi in die Innenstadt kostet rund $30.
Die CCRTA, ✆ 361 289 2712, 🖥 www.ccrta.org, betreibt das städtische **Busnetz**, mit Zielen auch im Umland der Stadt (einfache Fahrt $0,75). Die Website bietet Karten der zahlreichen Linien.
Ein **Trolley** verbindet tagsüber die wichtigsten Sehenswürdigkeiten mit den Hotels (Mo–Sa, $1,25, Tageskarte $1,75); die Haltestellen sind mit einem „B" gekennzeichnet. Von März bis Ende September fährt eine **Passagierfähre** von der Peoples St zum North Beach (hin und zurück $3).

## Padre Island National Seashore

Eingang in der 20420 Park Rd 22, ⏱ 24 Std ▪ Eintritt Fahrzeuge $10, Fußgänger und Radfahrer $5

Die vom National Park Service verwaltete **Padre Island National Seashore** ist leider kein unverfälschtes Paradies mehr; die Dünenlandschaft wird nach und nach zugebaut und am Strand selbst herrscht erheblich mehr Verkehr als man denken würde. Doch die Insel eignet

sich immer noch bestens zum Beobachten von Vögeln sowie für Wassersport wie Windsurfen und Kajakfahren. Wer raus aufs Wasser möchte, sollte einen Stopp bei **Worldwinds**, Bird Basin Rd, 4,5 Meilen nordwestlich des Visitor Center, ✆ 361 949 7472, 🖥 www.worldwinds.net, einlegen. Hier erhält man Ratschläge für Ausflüge und kann Kajaks ($45/Tag) sowie Surfbretter (ab $50/Tag) leihen.

Zu den beliebtesten Aktivitäten auf der Insel zählen neben Wassersportaktivitäten Spaziergänge an den meilenlangen **Stränden**. Wer zwischen Herbst und Frühjahr hier ist, hat gute Chancen, Zugvögel wie Pelikane, Seeschwalben und Turmfalken zu beobachten.

Am Parkeingang gibt's ein **Visitor Center**, 20420 Park Rd 22, ✆ 361 949 8068, 🖥 www.nps.gov/pais, ⏱ unterschiedlich. Das Center informiert auch darüber, wann junge Meeresschildkröten ausgewildert werden.

## Port Isabel und South Padre Island

Der elegante Queen Isabella Causeway nordöstlich von Brownsville verbindet **Port Isabel**, den Heimathafen einer der größten kommerziellen Fischereiflotten von Texas, mit **South Padre Island**, einem der landesweit beliebtesten Springbreak-Reiseziele. Wie zu erwarten, geht das Freizeitangebot kaum über Aktivitäten im und am Wasser und studentische Bierseligkeit hinaus.

Für die meisten Besucher ist das völlig ausreichend, doch Port Isabel hat auch ein paar interessante Museen zu bieten, wie es sich für einen Ort mit einem stolzen maritimen Erbe gehört. Das beste von allen ist das **Treasures of the Gulf Museum**, 317 E Railroad Ave, ✆ 956 943 7602, 🖥 www.portisabelmuseums.com, das die Geschichte von drei spanischen Galeonen erzählt, die im 16. Jh. In der Nähe der Küste sanken. Das **Port Isabel Historical Museum** im selben Gebäude zeigt Stücke aus dem Mexikanisch-Amerikanischen Krieg. Jeweils ⏱ Di–Sa 10–16 Uhr, Eintritt $3.

## ÜBERNACHTUNG

**South Beach Inn**, 120 E Jupiter Lane, ☎ 956 761 2471, ⌨ www.southbeachtexas.com. Ruhige Option, ein paar Blocks vom Strand entfernt, mit Pool und recht guten Zimmern mit kleiner Küche. Dank der gelben Fassade ist das Inn leicht zu finden. $139

**Southwind Inn**, 600 Davis St, Port Isabel, ☎ 956 943 3392, ⌨ www.southwindinn.com. Freundliches, einfaches Inn zwei Blocks vom Wasser entfernt, mit guten Einrichtungen wie kleinen Küchen, Kabel-TV und Pool. Ist schneller ausgebucht als andere Unterkünfte im Ort – vorausbuchen empfiehlt sich also. $60

**Wanna Wanna**, 5100 Gulf Blvd, Beach Access 19, South Padre Island, ☎ 956 761 7677, ⌨ www.wannawanna.com. Unterkunft am Strand mit 15 sauberen, wenn auch etwas in die Jahre gekommenen Zimmern, im ersten Stock mit Meerblick. Ein beliebter Treff ist die angeschlossene Strandbar (☉ Mo–Do 11.30–23, Fr–So 11.30–24 Uhr), wo es einfache Grillgerichte gibt. $129

## ESSEN UND UNTERHALTUNG

**Manuel's**, 313 E Maxan St, Port Isabel, ☎ 956 943 1655. Das gesichtslose mexikanische Lokal lockt mit riesigen Portionen einfacher Gerichte jede Menge Gäste an, z. B. mit sehr leckeren Burritos mit Wurst, Ei und Kartoffeln ($5,25). Nur Barzahlung. ☉ Di–So 7–14 Uhr.

**Palm Street Pier**, 204 W Palm St, South Padre Island, ☎ 956 772 7256, ⌨ www.palmstreet pier.com. Abgeschiedenes Restaurant mit Blick auf die Laguna Madre. Hier kann man den Sonnenuntergang bei gebratenen Garnelen ($17) und Burgern ($10) genießen. ☉ tgl. 11–22 Uhr.

**Will and Jack's Burger Shack and Beer Garden**, 413 E Maxan St, Port Isabel, ☎ 956 640 7440. Altmodisches Lokal hinter dem Leuchtturm; ausgezeichnete Burger mit saftigem, schmackhaftem Fleisch in verschiedenen Varianten (bis $10). Im gemütlichen Biergarten hinter dem Imbiss spielen manchmal Bands. Nur Barzahlung. ☉ Mo–Do und So 11–21, Fr und Sa 11–22 Uhr.

# Laredo und das Rio Grande Valley

**Laredo** (250 000 Einw.) liegt am südlichen Ende des I-35 – das nördliche Ende befindet sich 1600 Meilen entfernt in Duluth, Minnesota. Eine viel befahrene und streng von der Grenzpatrouille kontrollierte Brücke am Ende der Convent Avenue verbindet die USA mit Mexiko. Eskalierende Gefechte zwischen mexikanischen **Drogenkartellen** haben Laredo in den letzten Jahren den Ruf einer gefährlichen Stadt eingebracht, das größte Gefahrenpotenzial liegt jedoch auf der anderen Seite der Grenze in der mexikanischen Schwesterstadt.

Mitten auf dem Hauptplatz, zwei Blocks nördlich des Rio Grande, steht die schöne **St. Augustin Cathedral**, 200 St. Augustin Ave. Im Inneren befindet sich ein modernes Wandgemälde, auf dem die Kreuzigung dargestellt ist, und vor der Kirche wurde eine Steingrotte angelegt. Ansonsten hat Laredo nicht viel zu bieten. Doch die Stadt ist stärker als vielleicht jede andere in Texas von der **Latino-Kultur** geprägt, was sich vor allem in der lokalen Küche und in den omnipräsenten Hip-Hop-Klängen zeigt.

## Das Rio Grande Valley

Südöstlich von Laredo durchquert der US-83 (der **Zapata Hwy**) das **Rio Grande Valley**, ein subtropisches Stück Südtexas, das abseits der üblichen Reiserouten liegt. Das 180 Meilen lange Tal, eigentlich ein Delta, das oft von Überschwemmungen heimgesucht wird, enthält wenige echte Sehenswürdigkeiten, dafür aber eine Reihe stimmungsvoller Bauernsiedlungen mit kleinen Ortszentren, die sich in den letzten 200 Jahren kaum verändert haben und einen Abstecher in den Süden auf jeden Fall lohnen.

### ÜBERNACHTUNG UND ESSEN

**El Meson de San Agustin**, 908 Grant St, Laredo, ☎ 956 712 9009. Beliebtes, aber schwer zu findendes Lokal gegenüber der Kathedrale, dessen mexikanisches Essen zum besten in Texas gehört. Neben einem Tagesmenü gibt's Gerichte für $6–8 wie Hühnchen-*flautas* mit Avocado, Reis und Bohnen. ◷ Mo–Sa 11.30–16 Uhr.

 **La Posada Hotel**, 1000 Zaragoza St, Laredo, ☏ 956 722 1701, ⌨ www.laposada.com. Historisches, hübsches Hotel am Hauptplatz. Mit geräumigen, gut ausgestatteten Zimmern, Lobby mit Cocktailbar und zwei Outdoor-Pools. $109

**1 HIGHLIGHT**

# Austin

Als Mirabeau B. Lamar, seines Zeichens Präsident der Republik Texas, 1839 vorschlug, die **Hauptstadt** vom sumpfigen, ungesunden Houston nach Austin zu verlegen, befand sich hier, am Ufer des Colorado River, eine winzige Siedlung. Die ersten Gebäude mussten noch unter Waffenschutz und den feindseligen Blicken von auf den umliegenden Hügeln lauernden Comanchen errichtet werden, aber die Stadt wuchs und gedieh unaufhaltsam.

Austin macht nicht viel Aufhebens um seinen Status als Hauptstadt des Bundesstaats. Seit den 60er-Jahren ist es Anlaufpunkt für Maler, Musiker und Schriftsteller. Viele Besucher kommen nur der lebendigen **Musikszene** wegen. Inzwischen hat sich zwar eine gewisse Selbstzufriedenheit breitgemacht, und das Attribut „alternativ" wird wie ein Marketingwerkzeug eingesetzt, doch nach wie vor zieht es viele erfolgshungrige Künstler hierher.

Das durch den Technologie-Boom angetriebene Bevölkerungswachstum erforderte den Bau brandneuer Hochhauskomplexe, die nicht ganz zur beschaulichen Kleinstadtatmosphäre passen. Für **Radfahrer** ist Austin aber zweifellos immer noch die beste Stadt in Texas, und der riesige und ansprechende Campus der University of Texas trägt noch einiges zum angenehmen Flair bei. Die ausgedehnten Parks der Stadt laden zum Wandern und Radfahren ein und Austin ist auch ein guter Ausgangspunkt für Erkundungen des grünen **Hill Country** im Westen.

## Downtown

Blickfang der Skyline ist die rote, über 90 m hohe Kuppel des **State Capitol**, das in der Nähe der meisten interessanten Stätten der Stadt liegt und somit eine gute Orientierungshilfe darstellt, insbesondere abends, wenn die Kuppel angestrahlt ist. Die Leuchter, Läufer und selbst die Türangeln zieren Lone Stars und andere Texas-Motive. ◷ Mo–Fr 7–22, Sa und So 9–20 Uhr. Es finden auch kostenlose Führungen statt; Zeiten unter ☏ 512 305 8400 erfragen. Im Süden grenzt die Innenstadt an das aufgestauten Colorado River, den Lady Bird Lake (früher Town Lake).

### Congress Avenue

Die **Congress Avenue**, die an Geschäften und Bürohäusern vorbei vom Capitol zum Lady Bird Lake hinunter führt, ist die Schlagader von Downtown. Das hervorragende Museum **the Contemporary Austin**, 700 Congress Ave, ⌨ www.thecontemporaryaustin.org, erkundet die neuesten Trends auf dem Gebiet der modernen Kunst. Präsentiert werden zumeist aufstrebende Künstler, wobei die Qualität für gewöhnlich recht hoch ist. ◷ Di–Sa 11–19, So 12–17 Uhr, Eintritt $5. Der **Laguna-Gloria-Campus** des Museums, 3809 West 35th St, beeindruckt mit einem coolen Skulpturengarten.

Das **Mexic-Arte Museum**, 419 Congress Ave, ⌨ www.mexic-artemuseum.org, wartet mit einer Sammlung traditioneller und moderner lateinamerikanischer Kunst auf. Den Platzmangel macht das Museum durch eine sorgfältige Auswahl der hauptsächlich mexikanischen Arbeiten und eine ausgeklügelte Präsentation wett. ◷ Mo–Do 10–18, Fr und Sa 10–17, So 12–17 Uhr, Eintritt $5, So und im Dez frei.

### Sixth Street und Umgebung

Eine Querstraße der Congress Avenue ist die Bar- und Partystraße **Sixth Street**. Wer tagsüber die Innenstadt erforscht, kann sich hier das

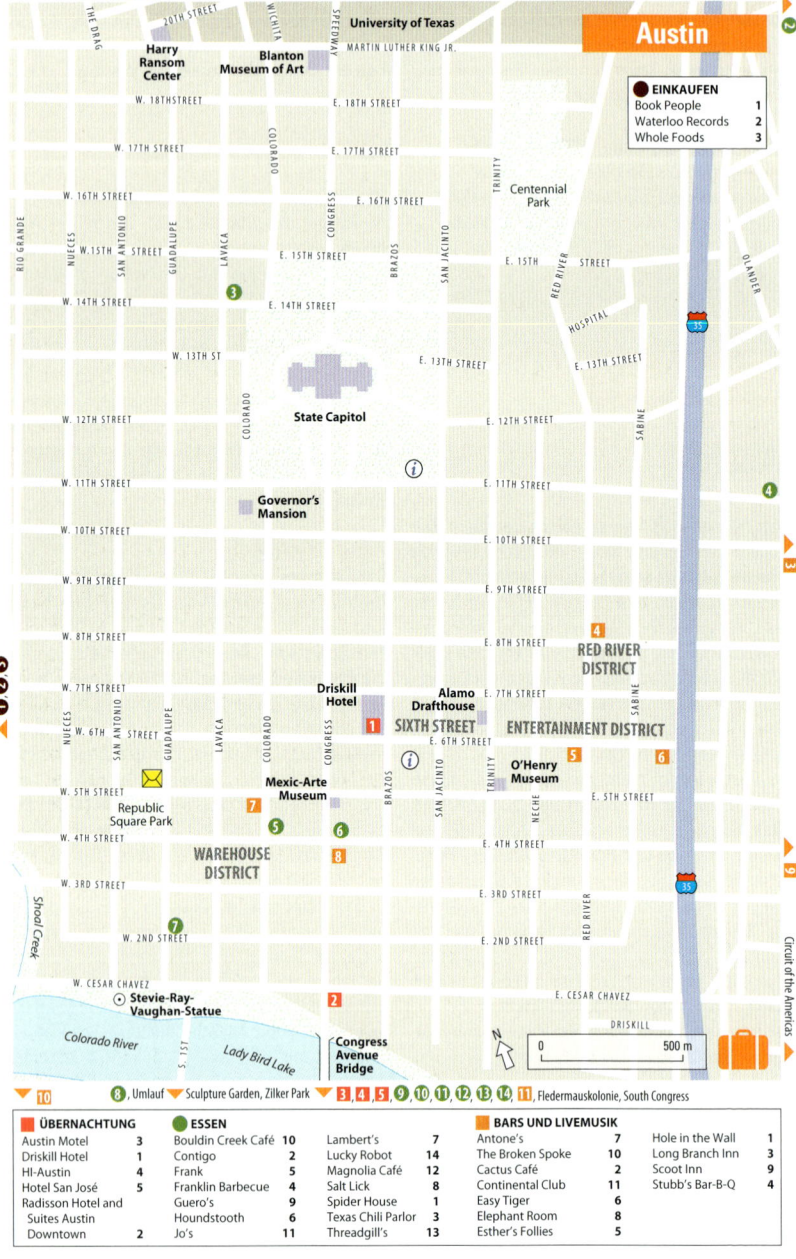

**Austin**

TEXAS

EINKAUFEN

| | |
|---|---|
| Book People | 1 |
| Waterloo Records | 2 |
| Whole Foods | 3 |

University of Texas

Harry Ransom Center

Blanton Museum of Art

Centennial Park

State Capitol

Governor's Mansion

RED RIVER DISTRICT

Driskill Hotel

Alamo Drafthouse

SIXTH STREET

ENTERTAINMENT DISTRICT

O'Henry Museum

Mexic-Arte Museum

Republic Square Park

WAREHOUSE DISTRICT

Stevie-Ray-Vaughan-Statue

Colorado River

Lady Bird Lake

Congress Avenue Bridge

DRISKILL

0 — 500 m

Shoal Creek

Circuit of the Americas

, Umlauf ▼ Sculpture Garden, Zilker Park ▼ 3, 4, 5, 9, 10, 11, 12, 13, 14, 11, Fledermauskolonie, South Congress

| ■ ÜBERNACHTUNG | | ● ESSEN | | | | ■ BARS UND LIVEMUSIK | | | |
|---|---|---|---|---|---|---|---|---|---|
| Austin Motel | 3 | Bouldin Creek Café | 10 | Lambert's | 7 | Antone's | 7 | Hole in the Wall | 1 |
| Driskill Hotel | 1 | Contigo | 2 | Lucky Robot | 14 | The Broken Spoke | 10 | Long Branch Inn | 3 |
| HI-Austin | 4 | Frank | 5 | Magnolia Café | 12 | Cactus Café | 2 | Scoot Inn | 9 |
| Hotel San José | 5 | Franklin Barbecue | 4 | Salt Lick | 8 | Continental Club | 11 | Stubb's Bar-B-Q | 4 |
| Radisson Hotel and | | Guero's | 9 | Spider House | 1 | Easy Tiger | 6 | | |
| Suites Austin | | Houndstooth | 6 | Texas Chili Parlor | 3 | Elephant Room | 8 | | |
| Downtown | 2 | Jo's | 11 | Threadgill's | 13 | Esther's Follies | 5 | | |

## Die Fledermäuse von der Congress Avenue Bridge

Wer zwischen März und November nach Austin kommt, sollte in der Dämmerung einmal dorthin spazieren, wo die Congress Avenue den Lady Bird Lake überquert, um die 1,5 Mio. **Mexikanischen Blütenfledermäuse** zu erleben – die größte städtische Fledermauskolonie der Welt –, wenn sie abends als schwarze Wolke unter der Brücke hervorströmen (dass die Fledermäuse sich auch wirklich sehen lassen, ist allerdings nicht garantiert). Die Aussicht von der Brücke ist hervorragend, aber man muss hier mit Verkehrslärm, anderen Besuchern und Guano-Gestank rechnen. Eine andere Möglichkeit, das Spektakel zu beobachten, bietet die Fahrt auf einem Ausflugsschiff von Capital Cruise, 🖳 www.capitalcruises.com/bat-watching, $10. Auch das Bat Observation Center des *Austin American-Statesman* auf der Südostseite der Brücke bietet eine gute Sicht auf die Tiere.

winzige **O. Henry Museum**, 409 E Fifth St, ✆ 512 472 1903, 🖳 www.austintexas.gov/department/o-henry-museum, anschauen, das einem der berühmtesten Schriftsteller von Texas gewidmet ist: William Sydney Porter. Es befindet sich in einem altehrwürdigen Wohnhaus, und vor allem das Rosenholz-Piano mit Perlmutt-Intarsien ist bemerkenswert. Oder man kühlt sich in der eleganten Lobby des **Driskill Hotel** an der Kreuzung Sixth und Brazos (S. 120) ein bisschen ab. Samstagvormittags lohnt der ausgezeichnete **Bauernmarkt** der Stadt, Republic Square Park, W 5th und Guadalupe St, einen Besuch; ⏲ Sa 9–13 Uhr.

Westlich von Downtown, an der Kreuzung North Lamar Boulevard und Sixth Street, befinden sich der beste Musik- und der beste Buchladen der Stadt: **Waterloo Records** (600 N Lamar Blvd) und **Book People** (603 N Lamar Blvd). Und hier ist auch der Flagship-Store der Bio-Lebensmittelkette **Whole Foods** (525 N Lamar Blvd).

## South Congress

Auf der anderen Seite der Brücke liegt **South Congress** – auch SoCo genannt –, ein angesagtes Szeneviertel mit abgefahrenen Geschäften, Kneipen und Restaurants. Hier kann man leicht einen netten Nachmittag vertrödeln und dabei z. B. die Läden Uncommon Objects (ungewöhnliche Antiquitäten), Allen's Boots (erstklassige Wild-West-Ausstattung) und Friends of Sound (gebrauchte Schallplatten) inspizieren. Am Straßenrand werden an den **Imbisswagen** hausgemachte Leckereien wie Cupcakes, Tacos und

BBQ-Sandwiches verkauft; Näheres zum Angebot auf 🖳 www.austinfoodcarts.com.

## Zilker Park und Umlauf Sculpture Garden

2100 Barton Springs Rd ▪ Barton Springs Pool ⏲ Ende März–Ende Sep Mo–Mi und Fr–So 5–22, Do 5–9 und 19–22 Uhr ▪ Eintritt $8, nur Barzahlung ▪ Umlauf Sculpture Garden ⏲ Di–Fr 10–16, Sa und So 13–16 Uhr ▪ Eintritt $5 ▪ 🖳 www.umlaufsculpture.org

Der knapp 150 ha große **Zilker Park**, der vielleicht schönste Park der Stadt, ist eine tolle Adresse an heißen Nachmittagen in der Stadt. Eine der Hauptattraktionen ist der **Barton Springs Pool**. An der Robert E. Lee Road, südlich des Barton Springs Pool, liegt der **Umlauf Sculpture Garden**, eine Oase des Friedens mit über 100 Skulpturen.

## University of Texas

Der Campus liegt nördlich von Downtown und wird im Großen und Ganzen begrenzt durch MLK Jr Blvd, Guadalupe St, Dean Keeton St und Red River St

Die Präsenz der University of Texas ist überall in Austin deutlich zu spüren und wesentlicher Bestandteil des Stadtcharakters. Das gilt vor allem für die Studentenrestaurants, Secondhand-Boutiquen und Buchhandlungen auf dem „Drag", dem Abschnitt der **Guadalupe Street** vom Martin Luther King Boulevard am Campus entlang nach Norden zur 24th Street.

### Der Campus

Das Öl hat die University of Texas („UT") zu einer der reichsten der Welt gemacht, und kaum eine andere Universität besitzt eine derartige Kaufkraft, wenn es um seltene und wertvolle Bücher geht. Die Manuskriptsammlung im **Harry Ransom Center** steht den Studenten nur unter strengster Bewachung für ihre Arbeit zur Verfügung. Zu den Ausstellungsstücken der **Kunstgalerie** in der Südwestecke des Campus, ⌨ www.hrc.utexas.edu, gehören eine Gutenberg-Bibel und die erste Fotoaufnahme der Welt. ⏱ Di, Mi und Fr 10–17, Do 10–19, Sa und So 12–17 Uhr, Eintritt frei.

Die stille und schöne **Battle Hall** von 1911, beherbergt die Architekturbücherei der Universität. Bemerkenswert ist die schablonierte Fachwerkträgerdecke.

Die beste Aussicht Austins genießt man bei Sonnenuntergang von der Spitze des **Texas Tower**, nahe der Kreuzung von 24th und Guadalupe, ✆ 877 475 6636, ⌨ www.utexas.edu/tower. Die Teilnahme an einer Führung ($6) ist vorab anzumelden; ⏱ siehe Website.

## LBJ Library and Museum

2313 Red River St ▪ ⏱ tgl. 9–17 Uhr ▪ Eintritt $8 ▪ ✆ 512 721 0200, ⌨ www.lbjlibrary.org

Das **LBJ Library and Museum** am Ostrand des Campus erzählt die Geschichte des ersten aus Texas stammenden Präsidenten der USA, Lyndon B. Johnson.

## Circuit of the Americas

9201 Circuit of the Americas Blvd ▪ Eintritt bei Veranstaltungen unterschiedlich; Führung $25 ▪ Führungen Sa und So 10–16 Uhr ▪ ⌨ www.circuitoftheamericas.com

Die 2012 erbaute, 5,5 km lange Rennstrecke rund zehn Meilen vom Stadtzentrum sollte die Formel Eins wieder in die USA bringen. Neben dem jährlichen United States Grand Prix finden hier auch andere Rennen sowie Konzerte und weitere Events statt, teils im Freilufttheater Austin360. Auto- und Architekturfans können an einer Tour über das 600 ha Gelände teilnehmen und sich dieses vom 76 m hohen Turm aus der Vogelperspektive anschauen.

**Austin Motel**, 1220 S Congress Ave, ✆ 512 441 1157, ⌨ www.austinmotel.com. Dieses ausgefallene Motel mit einfachen Zimmern und Tradition seit 1938 im hippen SoCo ist besonders bei gastierenden Musikern beliebt. Gegenüber liegt der altehrwürdige Continental Club. $150

**Driskill Hotel**, 604 Brazos St, ✆ 512 439 1234, ⌨ www.driskill.hyatt.com. Dieses attraktive historische Downtown-Hotel mit seiner opulenten Marmorlobby und den renovierten Zimmern ist Austins vornehmste Adresse. Wer sich einen Aufenthalt nicht leisten kann, sollte sich zumindest einen nachmittäglichen Whiskey Sour in der Lobby gönnen. $299

**HI-Austin**, 2200 Lakeshore Blvd, ✆ 512 444 2294, ⌨ www.hiaustin.org. Günstige Unterkunft direkt am Südufer des Lady Bird Lake mit sauberen Zimmern. Die vorwiegend jungen Gäste können die ganze Nacht in der Sixth St feiern, da es hier keinen Zapfenstreich gibt. Dorms $27, DZ $60

**Hotel San José**, 1316 S Congress Ave, ✆ 512 444 7322, ⌨ www.sanjosehotel.com. Das schicke Boutiquehotel in South Congress war früher ein Motel. Große Auswahl an minimalistischen Zimmern, teils mit Gemeinschaftsbad. Zur Anlage gehören hübsche Grünflächen und ein winziger Pool. Nebenan liegt das coole Café Jo's (S. 121). Zur Happy Hour im Außenbereich finden sich auch Bewohner des Viertels ein, vor allem wegen der Micheladas (Bier-Mixgetränk). Zimmer $211, Hofsuiten $320

**Radisson Hotel and Suites Austin Downtown**, 111 Cesar Chavez Ave, ✆ 512 478 9611, ⌨ www.radisson.com. Die mit einer Verbeugung vor den knalligen Farben der 1960er-Jahre eingerichteten Zimmer sind stilvoller als zu erwarten. Ganztägig geöffnetes Restaurant, Pool und Fitnessraum sowie praktische Lage fürs Sightseeing im Zentrum am Ende der Congress Street Bridge. $249

### Cafés

**Jo's**, 1300 S Congress Ave, ☎ 512 444 3800, 🖥 www.joscoffee.com. Das erste und immer noch sehr beliebte Jo's serviert Kaffee aus vor Ort gerösteten Bohnen sowie eine gute Auswahl an sättigenden Sandwiches (zumeist um $8,95) und Backwaren. Filiale in Downtown in der 242 W 2nd St. ⊙ tgl. 7–21 Uhr.

**Houndstooth**, 401 N Congress Ave, ☎ 512 394 6051, 🖥 www.houndstoothcoffee.com. Von Einheimischen betriebener moderner Laden für echte Kaffeenerds; das Personal und die Baristas sind genauso freundlich wie fachkundig. ⊙ Mo–Fr 6.30–19, Sa und So 8–17 Uhr.

### Restaurants

**Bouldin Creek Café**, 1900 S 1st St, ☎ 512 416 1601. Nahe South Congress. Freundliche Mitarbeiter servieren in diesem vegetarischen Café den ganzen Tag über hausgemachtes Frühstück zu fairen Preisen (ein Omelett aus drei Freilandeiern mit zwei Beilagen kostet $8,95). ⊙ Mo–Fr 7–24, Sa und So 8–24 Uhr.

**Contigo**, 2027 Anchor Lane, ☎ 512 614 2260. Lockeres, beliebtes Restaurant in East Austin mit Tischen auf einer Terrasse und Gerichten wie Kaninchen mit Klößen ($15), Wurst mit Sauerkraut ($11) und Rote Bete mit eingelegten Erdbeeren ($8). Weiter draußen als die meisten anderen Restaurants, lohnt aber die Anreise. ⊙ Mo–Do 17–23, Fr und Sa 17–24, So 10–14 Uhr.

**Frank**, 4th St, Höhe Colorado St, ☎ 512 494 6916, 🖥 www.hotdogscoldbeer.com. Wer hat heutzutage eigentlich noch Appetit auf Hotdogs? Doch so wie hier hat man sie bestimmt noch nie gegessen, und auch nicht so köstlich, aus Antilope, Ente oder Alligator oder auch ganz gewöhnlich aus Rind- oder Schweinefleisch, mit z. B. einer Sriracha-Aioli oder einer Blaubeer-Habanero-Espresso-Barbequesoße. Satt machen auch das *poutine* und die Reuben-Pommes. ⊙ tgl. 11–24 Uhr.

🔲 **Franklin Barbecue**, 900 E 11th St, ☎ 512 653 1187. Schon lange bevor das Restaurant öffnet, bilden sich hier lange Schlangen – und das ist kein Wunder. Die

Das Festival **SXSW (South by Southwest)**, 🖥 www.sxsw.com, läuft zehn Tage Mitte März. Es hat sich zur größten Musik- und Filmmesse der USA gemausert. In den letzten Jahren hat sich das Festival außerdem zu einer der wichtigsten Bühnen für die Technologiebranche entwickelt, die in Austin immer mehr Fuß fasst und hier ihre neuesten Errungenschaften präsentiert.

Doch das Vergnügen ist nicht billig: Tickets für sämtliche Filme, Konzerte und Veranstaltungen kosten im Vorverkauf $1345, vor Ort sogar $1745. Eine Sammelkarte für alle Konzerte kostet im Vorverkauf $650 (vor Ort $895), und es gibt auch separate Karten für Filmveranstaltungen und Networkingevents.

Wer sich das nicht leisten kann, profitiert trotzdem, denn in der Stadt ist während des Festivals mächtig was los, und Hunderte **inoffizielle Gigs und Veranstaltungen** stehen für jedermann offen. Die meisten Einheimischen interessiert eigentlich auch gar nicht, was bei der Messe vor sich geht; für sie ist das Festival eine tolle Möglichkeit, in ihren Lieblingskneipen einige der besten Bands der Welt spielen zu sehen.

Rinderbrust ($20) oder Pulled Pork ($17) sind extrem schmackhaft, und die Desserts wie die Bananen-Bourbon-Pastete bilden das perfekte Ende eines Mittagessens, für das sich das Warten auf jeden Fall lohnt. ⊙ Di–So ab 11 Uhr so lange, bis kein Fleisch mehr da ist, oft gegen 14 Uhr.

**Guero's**, 1412 S Congress Ave, ☎ 512 447 7688. Spezialität dieses munteren Restaurants jenseits der Brücke und südlich der Innenstadt sind *tacos al pastor* ($10,39) und Fajitas (kleine für $14,49). Es sind auch vegane und glutenfreie Gerichte erhältlich. ⊙ Mo–Mi 11–22, Do und Fr 11–23, Sa und So 8–23 Uhr.

**Lambert's**, 401 W 2nd St, ☎ 512 494 1500. Dieses selbsterklärte „noble BBQ-Restaurant" verpasst texanischen Standardgerichten einen modernen Pfiff. Gemüse und Fleisch kommen von Bauernhöfen der Region. Die über Eichenholz geräucherten Schweinerippchen ($19) und die Riesengarnelen mit Maisgrütze ($28) sind hervorragend. ⊕ tgl. 11–14.30 und 17.30–22 Uhr.

**Lucky Robot**, 1303 S Congress Ave, ✆ 512 444 8081, 🖥 www.luckyrobotrestaurant.com. Kreative Sushi-Kombinationen und Schüssel-gerichte sowie verspielt-künstlerische Einrichtung in SoCo. Aus dem R2-D2 auf dem Tisch kommt übrigens Sojasoße. ⊕ Mo–Fr 11–22, Sa und So 10–22 Uhr.

**Magnolia Café**, 1920 S Congress Ave, ✆ 512 445-0000. Das rund um die Uhr geöffnete Café ist ein lokaler Geheimtipp für Tex-Mex- und Ingwerbrot-Pancake-Frühstück ($6,50 pro Stapel) – das weckt die Lebensgeister nach einer durchzechten Nacht in South Congress. ⊕ 24 Std.

🧳 **Salt Lick**, 18300 FM 1826, Driftwood, ✆ 512 858 4959, 🖥 www.saltlickbbq.com. Eine halbstündige Pilgerreise für Fleischfreunde in Austin. Dies ist die erste Filiale, und die Schlangen sind immer noch genauso lang wie eh und je – Hauptgrund dafür sind die Teller mit Rinderbrust (ab $16,95). Die Atmosphäre ist sehr freundlich, und auch mit Fremden kommt man hier problemlos ins Gespräch. Bier selbst mitbringen. ⊕ tgl. 11–22 Uhr.

**Spider House**, 2908 Fruth St, ✆ 512 480 9562, 🖥 www.spiderhouseaustin.com. Der Insider-Liebling punktet eher durch sein abgedrehtes Flair, sein freundliches Personal und seine Auswahl an Bieren als durch das zwar gute, aber nicht besonders spannende Essen. Schön ist die Terrasse hinterm Haus. ⊕ tgl. 11–2 Uhr.

**Texas Chili Parlor**, 1409 Lavaca St, ✆ 512 472-2828. Dieses Mittagslokal nahe dem State Capitol in Downtown wird auch von Politikern und ihrem Gefolge frequentiert. Das Chili kommt in Schüsseln ($3,75–6,95) unterschiedlicher Schärfe; die XXX-Version hat's in sich! ⊕ Mo–Sa 11–2, So 11–24 Uhr.

**Threadgill's**, 6416 N Lamar Blvd, ✆ 512 451 5440, 🖥 www.threadgills.com. Diese Austiner Institution nördlich von Downtown existiert bereits, seit Kenneth Threadgill die erste Bierausschanklizenz nach der Prohibition erhielt. In den 1960er-Jahren setzten sich hier sogar Hippies und Rednecks an einen Tisch.

Threadgill's gilt als Geburtsstätte des Austin-Sounds und erfreut bis heute seine Gäste mit Livebands und bodenständiger Südstaaten-küche wie *fried green tomatoes* ($7,50) und paniertes Beefsteak ($14,95). ⊕ Mo–Sa 11–22, So 10–21.30 Uhr.

Austins **Nachtleben** ist legendär. Die Kneipen und Clubs der Sixth Street sind inzwischen touristisch geprägt und voller betrunkener Leute in den Zwanzigern, dafür gibt's anderswo in **Downtown** viele gute Läden, oder man nimmt ein Taxi nach außerhalb. Viele Bars sind gleichzeitig Livemusik-Läden.

**Veranstaltungshinweise** sind der Tageszeitung *Austin American-Statesman,* 🖥 www.austin 360.com, der Wochenzeitung *Austin Chronicle,* 🖥 www.austinchronicle.com, und den Web-sites 🖥 www.austintexas.org und 🖥 www. do512.com zu entnehmen.

### Bars

🧳 **Easy Tiger**, 709 E 6th St, ✆ 512 614 4972. Stets voller Biergarten in Innenstadtnähe mit angeschlossener Bäckerei. Die schicke Inneneinrichtung ist von nackten Backstein-wänden und warmem Licht geprägt, draußen gibt's Tischtennisplatten und einen Bach. 30 Biere vom Fass ($4,50–9) sowie eine ein-drucksvolle Whiskeykarte und Kneipenkost wie hausgemachte Würste in Brezelbrötchen ($8). ⊕ Biergarten tgl. 11–2 Uhr, Bäckerei 7–2 Uhr.

**Hole in the Wall**, 2538 Guadalupe St, ✆ 512 302 1470. Alteingesessene Kneipe in der Nähe des UT-Campus mit Billardtischen, Live-Americana-Music und superbilligen Getränken ($2,75 für ein Papst Blue Ribbon). ⊕ Mo–Fr 11–2, Sa und So 15–2 Uhr.

🧳 **Long Branch Inn**, 1133 E 11th St, ✆ 512 472 5591. Schummrig, künstlerisch an-gehauchter Laden mit einer kleinen Bühne, einer hübschen alten Holztheke und sich lang-sam drehenden Deckenventilatoren. Mitten in einem neuerdings sehr angesagten Viertel gelegen. ⊕ tgl. 17–2 Uhr.

**Scoot Inn**, 1308 E 4th St, ✆ 512 394 5486. Selbe Betreiber wie das Long Branch Inn. Es zieht ein

## Der Austin-Sound

Obwohl Austins Folk-Revival in den 1960ern aufsehenerregend genug war, um Janis Joplin auf dem Weg von Port Arthur, Texas, zu Starruhm in Kalifornien zu katapultieren, hat sich die Stadt erst in den 70er-Jahren einen eigenen Namen als Zentrum der *outlaw country music* gemacht. **Willie Nelson** und **Waylon Jennings**, enttäuscht von Nashville, initiierten eine Musikrichtung, die Country and Western wieder aufleben ließ, versetzt mit einem scharfen Schuss Rock 'n' Roll.

Die Zuhörer in Austin, weit entfernt von den konservativeren Honky Tonks in den Plains, erwiesen sich als äußerst aufgeschlossen gegenüber experimentellen Kreuzungen der verschiedensten Musikrichtungen.

Der „Austin-Sound" von heute ist eine Mischung aus Country, Folk und Blues mit starken psychedelischen und „alternativen" Anklängen. Die Tradition schwarzer texanischer Bluesmusiker wie Blind Lemon Jefferson und Blind Willie Johnson ist ebenso lebendig wie der rockige Bar Blues von Stevie Ray Vaughan und wird zum Beispiel bei Antone's gepflegt. Und ganz unabhängig von der Stilrichtung lebt die Konzerttradition in der Reihe Austin City Limits, 🖥 www.acltv.com, fort: mit Konzerten in kleinen Räumlichkeiten in Downtown, die schon seit mehr als 40 Jahren aufgezeichnet und im öffentlichen Fernsehen gesendet werden.

ähnliches, allerdings etwas jüngeres Publikum an und hat einen hübschen Biergarten sowie manchmal Livemusik. ⏲ Di–So 18–2 Uhr.

### Livemusik

🧳 **Antone's**, 305 E 5th St, ✆ 512 814 0361, 🖥 www.antonesnightclub.com. Diese Austiner Institution ist gerade umgezogen, sie ist aber zum Glück weiterhin der beste Bluesclub der Stadt. In dem heißen und stickigen Schuppen treten berühmte lokale und nationale Künstler auf. ⏲ tgl. 20.30–2 Uhr.

**The Broken Spoke**, 3201 S Lamar Blvd, ✆ 512 442 6189, 🖥 www.brokenspokeaustintx.net.

Unprätentiöses Restaurant (gute Steaks) und Honky-Tonk-Dancehall im Süden Austins. Die scheunenartige Halle zieht die besten Country und Western-Musiker von Texas an. ⏲ Di–Do 11–24, Fr und Sa 11–2 Uhr.

**Cactus Café**, 2247 Guadalupe St, ✆ 512 475 6515, 🖥 www.utexas.edu. Bar und folkorientierter Livemusikladen im Gebäude der Studentenvereinigung der UT, toll für akustische Musik. ⏲ Mo–Do 11–24, Fr 11–2, Sa 20–2 Uhr.

🧳 **Continental Club**, 1315 S Congress Ave, ✆ 512 441 2444, 🖥 www.continentalclub.com. Dieser alteingesessene Club ist die beste Adresse der Stadt für lautstarken Country oder bluesigen Folk nach Austin-Art. ⏲ Mo 18–2, Di–Fr 16–2, Sa und So 15–2 Uhr.

**Elephant Room**, 315 Congress Ave, ✆ 512 473 2279, 🖥 www.elephantroom.com. Austins bester Laden für Live-Jazz: Die dezent eingerichtete Kellerbar ist zwar düster und eng, bietet aber regelmäßig tolle Konzerte. ⏲ Mo–Fr 16–2, Sa und So 20–2 Uhr.

**Stubb's Bar-B-Q**, 801 Red River St, ✆ 512 480 8341, 🖥 www.stubbsaustin.com. Auf Bühnen drinnen und draußen spielen landesweit bekannte Bands unterschiedlicher Musikrichtungen. Sonntags ist Gospel-Brunch angesagt, mit guter Rinderbrust nach Texas-Art, Würstchen und Rippchen (Kombiteller $14,95–18,95). ⏲ Mo–Do 11–22, Fr und Sa 11–23, So 11–21 Uhr.

### Sonstiges

🧳 **Alamo Drafthouse**, 320 E 6th St, ✆ 512 861 7020, 🖥 www.drafthouse.com. Kino mit mehreren Locations. Es bietet eines der besten Filmerlebnisse der ganzen USA. Außerdem werden einheimisches Bier und frische Speisen direkt an den Platz serviert.

**Esther's Follies**, 525 E 6th St, ✆ 512 320 0553, 🖥 www.esthersfollies.com. Austins bestes Kabarett. Die Vorstellungen verbinden satirische Seitenhiebe auf Politiker mit Gesangs- und Tanzeinlagen im texanischen Stil. Vorstellungen Do 20, Fr und Sa 20 und 22 Uhr.

**UT Performing Arts Center**, 23rd St, Ecke Robert Dedman Drive, 🖥 www.texasperformingarts.org.Das Performing Arts Center der Universität bietet Veranstaltungen von Weltrang, z. B.

internationale Tanzensembles, Theater und Livemusik. Am meisten ist zu den Vorlesungszeiten los.

## INFORMATIONEN

**Visitor Center**, 602 E 4th St, ✆ 866 GO AUSTIN, 🖥 www.austintexas.org. ☉ Mo–Fr 9–17, Sa und So 10–17 Uhr.

## NAHVERKEHR

Austin ist gut zu Fuß zu erkunden, da die meisten interessanten Orte dicht beieinanderliegen. Außerdem verfügt die Stadt über eines der besten Radwegenetze der USA.

### Fahrräder

Fahrräder vermietet der **Bicycle Sport Shop**, 517 S Lamar Blvd, unmittelbar südlich von Barton Springs, ✆ 512 477 3472, 🖥 www. bicyclesportshop.com. City-Bikes kosten ab $40 für 24 Std. oder $30 für einen halben Tag, dazu muss man noch ein Schloss mieten. ☉ Mo–Fr 10–19, Sa 9–18, So 11–17 Uhr. Eine Radkarte der Stadt kann auf der Website des Ladens und auf 🖥 www.austintexas.gov heruntergeladen werden; im Visitor Center und in Fahrradgeschäften gibt's die Karte in gedruckter Form, außerdem Karten vom tollen Town Lake Hike and Bike Trail.

### Stadtbusse

Die Busse von **Capital METRO**, ✆ 512 474 1200, 🖥 www.capmetro.org, verbinden die Innenstadt mit anderen Stadtteilen und dem Campus (einfache Fahrt $1,25; Expressbusse $3,50).

### MetroRail

Eine **MetroRail**-Strecke führt von Downtown 32 Meilen Richtung Norden nach Leander.

## TRANSPORT

Der **Austin-Bergstrom International Airport**, ✆ 512 530 2242, 🖥 www.austintexas.gov/ airport, liegt acht Meilen südwestlich der Stadt. Nach Downtown gelangt man per **Taxi** (ca. 20 Min., $25) oder mit **Bussen** von Super-

Shuttle, ✆ 512 258 3826, 🖥 www.super shuttle.com ($12). Der Stadtbus Nr. 100 fährt alle 20 Min. (außer spät am Abend und früh morgens) vom Flughafen in die Innenstadt.

### Busse

Der **Greyhound-Busbahnhof**, ✆ 512 458 4463, liegt etwa fünf Meilen nördlich von Downtown in der 916 E Koenig Lane.

**Busse nach:**
DALLAS (16x tgl., 3 3/4 Std.),
FORT WORTH (8x tgl., 4 Std.),
HOUSTON (4x tgl., 3 Std.),
SAN ANTONIO (12x tgl., 1 3/4 Std.).

### Eisenbahn

Der **Amtrak-Bahnhof**, ✆ 512 476 5684, befindet sich am Ostrand des Zentrums am 250 N Lamar Blvd.

**Züge nach:**
DALLAS (1x tgl., 5 3/4 Std.),
HOUSTON (2x tgl., 3 1/2 Std.),
SAN ANTONIO (1x tgl., 3 1/2 Std.).

# Das Hill Country

Die Hügellandschaft des **Hill Country** mit seinen Seen und Tälern, nördlich und westlich von Austin und San Antonio, wurde hauptsächlich von Apachen und Comanchen bewohnt, als die ersten deutschen und skandinavischen Siedler eintrafen. Viele der Farmersiedlungen, die nach dem Beitritt von Texas zu den Vereinigten Staaten 1845 gegründet wurden, gibt es auch heute noch, etwa **New Braunfels** (berühmt für seine Würste, Backwaren und neuerdings auch für Wassersport), **Fredericksburg** und **Luckenbach**. Hier wird vereinzelt noch immer ein deutscher Dialekt gesprochen, und das deutsche Erbe ist auch in der lokalen Küche und Musik lebendig (*Conjunto* z. B. ist eine Mischung aus Tex-Mex- und Akkordeonmusik). Die Region ist ein beliebtes Ausflugsziel, das mit wunderbaren Aussichtspunkten und Bademöglichkeiten lockt und herrlich gelegene Campingplätze zu bieten hat.

TEXAS

# New Braunfels

30 Meilen nördlich von San Antonio am I-35 liegt **New Braunfels**. Es wurde 1845 von deutschen Einwanderern, hauptsächlich Handwerkern und Künstlern, gegründet und entwickelte sich rasch zu einem Handelszentrum. Heute lebt die Gemeinde wie der unmittelbar nordöstlich gelegene, ebenfalls historische Schwesterort **Gruene** vom Tourismus. Die beiden Flüsse Comal und Guadalupe sind bestens geeignet für einfaches **Rafting** und **Tubing**. Wem der Sinn weniger nach Outdoor-Aktivitäten steht, kann im Ortszentrum zahlreiche Antiquitätengeschäfte, Galerien und restaurierte Gebäude begutachten.

## ÜBERNACHTUNG UND ESSEN

**Heidelberg Lodges**, 1020 N Houston St, ✆ 830 625 9967, 💻 www.heidelberglodges.com. Die verschiedenen Zimmer, Suiten und *casitas* sind rustikal, aber dank der Lage am Comal ein Schnäppchen. Motelzimmer $65, 1-/2-Zimmer-Apartments $80, Casitas $225

**Huisache Grill**, 303 W San Antonio St, ✆ 830 620 9001. Der Huisache Grill serviert zu vernünftigen Preisen raffinierte moderne Küche, z. B. mittags gegrilltes Portobello-Sandwich ($10) und abends Schweinelende mit Pekannusskruste ($17). ⏱ tgl. 11–22 Uhr.

**Pat's Place**, 202 S Union Ave, ✆ 830 625 9070. Das bei den Einheimischen wegen des lockeren Ambientes und der supergünstigen Preise beliebte Pat's serviert einfache Leckereien zumeist für unter $9. ⏱ tgl. 11–22 Uhr.

## UNTERHALTUNG

**Gruene Hall**, 1281 Gruene Rd, ✆ 830 606 1281, 💻 www.gruenehall.com. Im stimmungsvollen Saal treten seit Jahrzehnten Country-Stars auf, gewöhnlich immer rappelvoll. ⏱ Mo–Mi 11–23, Do und Fr 11–24, Sa 10–1, So 10–21 Uhr.

## SONSTIGES

### Aktivitäten
Der alteingesessene Anbieter **Rockin' R**, 1405 Gruene Rd, ✆ 830 629 9999, 💻 www.

rockinr.com, ist einer der besten Veranstalter von Rafting- und Tubing-Touren im Ort, mit Verleih sowie Gruppentouren auf dem Guadalupe River.

### Informationen
**Visitor Center**, Ausfahrt 187 vom I-35, ✆ 800 572 2626, 💻 www.newbraunfels.com. Unterkunftsverzeichnis und Infos zum Leihen von Rafts und Tubes. ⏱ Mo–Fr 8–17 Uhr.

# Fredericksburg

Am Wochenende bevölkern gut situierte Tages-ausflügler aus San Antonio und Austin die Main Street von **Fredericksburg** mit ihren attraktiven Spezialgeschäften und ausgefallenen Tea Rooms. Das **Pioneer Museum**, 325 W Main St, umfasst mehrere Gebäude, u. a. eine Kirche und einen Laden. ⏱ Mo–Sa 10–17, So 12–16 Uhr, Eintritt $5.

Zum **National Museum of the Pacific War**, 340 E Main St, gehört das Nimitz Steamboat Hotel, das tatsächlich einem Dampfschiff ähnelt. Das Museum bietet einen historischen Lehrpfad, der an Flugzeugen, Panzern und Geschützen vorbeiführt, sowie einen japanischen Ziergarten. ⏱ tgl. 9–17 Uhr, Eintritt $14.

## ÜBERNACHTUNG

**The Full Moon Inn**, 3234 Luckenbach Rd, ✆ 830 997 2205, 💻 www.fullmooninn.com. Die ländlichen Cottages und Hütten, 10 Meilen südöstlich von Fredericksburg, stehen im verschlafenen Musikernest Luckenbach, das durch Songs von Willie Nelson und Waylon Jennings unsterblich wurde. Auf dem knapp 5 ha großen Anwesen kann man gut baden und angeln; Frühstück ist im Preis inbegriffen. $160

**Lady Bird Johnson RV Park Campground**, 432 Lady Bird Drive, ✆ 830 997 4202, 3 Meilen südwestlich vom Hwy-16. Camping auf einer Fläche im hübschen Lady Bird Johnson Municipal Park. Telefonische Reservierung Mo–Fr 8–17 Uhr. $10, Wohnmobil-Stellplätze $35

**Sunday House**, 501 E Main St, ✆ 830 997 4484, 💻 www.sundayhouseinn.com. Von den zahlreichen preiswerten Hotels an der E Main St ist dies eine der luxuriöseren Übernachtungsoptionen, mit Swimming Pool und Flachbildfernsehern. $110

**Becker Vineyards**, 464 Becker Farms Rd, Stonewall, ℡ 830 644 2681, ⌨ www.becker vineyards.com. Das Hill Country ist eine aufstrebende **Weinregion**, und das beste Weingut hier ist Becker Vineyards, 11 Meilen östlich von Fredericksburg abseits des Hwy-290. Eine Flasche Cabernet Merlot für $21,95 ist ein echtes Schnäppchen. ⊕ Mo–Do 10–17, Fr 10–18, So 12–18 Uhr.

**Friedhelm's Bavarian Inn**, 905 W Main St, ℡ 830 997 6300. Spezialisiert auf handfestere Mahlzeiten wie Knödel und Sauerkraut (Hauptgerichte um $9) sowie Steaks. ⊕ Di–So 11–22 Uhr.

**Opa's Smoked Meat**, 410 S Washington St, ℡ 830 997 3358. Wer sich für ein Picknick oder einen Tagesausflug mit Proviant eindecken möchte, sollte bei Opa's vorbeischauen. Hier gibt's alle möglichen Wurst- und Fleischvarianten wie Bratwurst (450 g $11,95) und Jalapeño-Rindfleisch (900 g $22,95) sowie deutsche Beilagen und Backwaren. ⊕ Mo–Fr 8–17.30, Sa 8–16 Uhr.

# San Antonio

Das bezaubernde San Antonio hat weder die Skyline einer Ölstadt noch liegt sie in einer Wildwest-Landschaft. Kurz: Es entspricht in keiner Weise dem typischen Bild von Texas. Und doch hat es in der Geschichte des Staates eine entscheidende Rolle gespielt.

Obwohl sich hier die bunte soziale und ethnische Mischung von Texas zeigt und etwa deutsche Einflüsse in der Architektur spürbar sind, ist die moderne Stadt vorwiegend hispanisch. Auch als siebtgrößte Stadt der USA hat sich San Antonio seine Gelassenheit bewahrt und zählt zu den nettesten Fleckchen in Texas für einen mehrtägigen Aufenthalt.

San Antonio zu Fuß zu entdecken macht Spaß, da die Hauptsehenswürdigkeiten wie **River Walk**, **Alamo**, **Market Square** und **Hemis-Fair Park** nahe beieinanderliegen. Etwas weiter außerhalb, aber immer noch gut zu Fuß erreichbar, sind der **King William Historic District** und das benachbarte **Blue Star Contemporary Arts Center**.

## Geschichte

1691 von spanischen Missionaren gegründet, wurde die Stadt durch die legendäre **Schlacht von El Alamo** im März 1836 berühmt, in der General Santa Anna eine zusammengewürfelte Gruppe von Texanern schlug, die für die Unabhängigkeit Mexikos kämpften.

Nach dem amerikanischen Bürgerkrieg entwickelte sich San Antonio zu einer wüsten *Sin City* im Herzen des texanischen Öl- und Rinderreiches. Bei schweren Überschwemmungen in den 1920er-Jahren wurde ein großer Teil der Innenstadt zerstört, doch ein gut durchdachtes **Wiederaufbauprogramm** legte den Grundstock für eine Zukunft als Touristenziel. In neuester Zeit sind zahlreiche gewaltige Hotels entstanden. Auch das **Militär** hat mit vier Stützpunkten in der Metropolregion eine starke Präsenz.

## River Walk

Seit ihrer Gründung spielt der San Antonio River eine Schlüsselrolle in der Geschichte der Stadt. Nach den verheerenden Überschwemmungen während der 1920er-Jahre und den folgenden Ölfunden gab es Pläne, den Fluss auszubetonieren. 1939 begann man stattdessen mit dem Bau des Paseo del Rio oder **River Walk**, des heute unbestrittenen ästhetischen und kommerziellen Zentrums von San Antonio. Beiderseits des jadegrünen Wassers erstreckt sich ein 2,5 Meilen langer, gepflasterter Fußweg, zu dem Stufen von der Hauptstraße hinunterführen und an dem sich jede Menge Restaurants und Bars aneinanderreihen.

### La Villita

**La Villita** („das Städtchen") am River Walk, gegenüber dem HemisFair Park, bezeichnet das ursprüngliche Siedlungsgebiet von San Antonio. Hier lebten von Mitte bis Ende des 18. Jhs. *mexican squatters*, also Landbesetzer. Erst als die auf einer Anhöhe gelegene ungeordnete Ansammlung von Stein- und Adobehäusern den Überschwemmungen von 1819 standzuhalten vermochte, entwickelte sie sich zu einer angesehenen Gegend. Heute ist sie ein National Historic District, eine Art Künstlerviertel, und besteht in erster Linie aus überteuerten Geschäften.

TEXAS

# Der Alamo

300 Alamo Plaza ▪ ⏱ tgl. 9–17.30 Uhr ▪ Eintritt frei ▪ 🖥 www.thealamo.org

San Antonios auffälligstes Wahrzeichen ist der Alamo. Er liegt mitten in Downtown. Der Ort ist untrennbar mit der **Schlacht** verknüpft, die hier 1836 ausgefochten wurde und einen entscheidenden Wendepunkt im Kampf der Texaner für ihre Unabhängigkeit von Mexiko markierte. Der Alamo wurde durch zahlreiche Kinofilme und Lieder unsterblich und ist heute der Inbegriff texanischen Geistes. Seine Berühmtheit hat jedoch kaum etwas mit seinem ursprünglichen Zweck zu tun.

Die Spanier erbauten den Alamo Anfang des 18. Jhs. als erste einer Reihe katholischer Missionen entlang des San Antonio River. Von 1745 bis 1775 blühten die Missionen, doch auf Dauer konnten sie den Überfällen der Apachen und Comanchen nicht standhalten und wurden daher im frühen 19. Jh. aufgegeben.

Die berüchtigte Schlacht von El Alamo fand am 6. März 1836 statt. Dabei griffen 5000 mexikanische Soldaten den inzwischen zur Festung ausgebauten Alamo an. Er wurde von knapp 200 Rebellen, die für die texanische Unabhängigkeit kämpften, verteidigt. Angetrieben von ihrem Schlachtruf „Sieg oder Tod!", hielten die Männer 13 Tage lang die Festung, bis sie von den mexikanischen Soldaten getötet wurden.

Eine Busladung von Touristen nach der anderen fällt hier ein und wird im Schnellverfahren durchgeschleust, denn der Alamo ist ein Pflichtstopp für jeden, der sich für den einzigartigen texanischen Stolz und die berühmte Starrköpfigkeit der Texaner interessiert. Allerdings wird keine andere Gefühlsäußerung als absolute Ehrfurcht geduldet – ein Schild fordert Besucher sogar dazu auf, ihre Kopfbedeckung abzunehmen.

# Buckhorn Saloon and Museum

318 E Houston St ▪ ⏱ Sommer tgl. 10–20, sonst 10–17 Uhr ▪ Saloon Eintritt frei, Museum $19,99 ▪ 🖥 www.buckhornmuseum.com

Wie wär's mit einer maßlos verkitschten Americana-Ausstellung? Dann geht nichts über den **Buckhorn Saloon and Museum**. Während San Antonios Glanzzeit als Rinderstadt brachten Cowboys, Fallensteller und Viehhändler Rinderhörner in den ehemaligen Buckhorn Saloon, um dafür einen Drink zu kassieren. Die riesige, lebendige Bar im Old West-Stil wurde schließlich komplett nach Downtown verlegt. Heutzutage sitzen hier die Gäste bei Steak und Bier, in Gesellschaft von Hunderten über den Raum verteilten Hörnern und Geweihen. Auf einer gesonderten Etage gibt es eine Sammlung von Jagdtrophäen und ein ebenso informatives wie unterhaltsames Museum zur texanischen Geschichte.

# San Fernando Cathedral und Market Square

Westlich des Flusses schlägt das spanische Herz San Antonios. Dort befindet sich die reizende, 1731 erbaute **San Fernando Cathedral**, 115 Main Plaza, eine der ältesten Kathedralen der Vereinigten Staaten. Samstags, zur Mariachi-Messe um 17.30 Uhr, kann die Kirche die Besucher kaum fassen.

Der **Market Square**, ein paar Häuserzeilen weiter nordwestlich, datiert von 1840. Mit seinen Straßenrestaurants und Marktständen ist er ein lohnenswertes Ziel, besonders während der jährlichen Fiestas wie Cinco de Mayo und Día de los Muertos. El Mercado, das Innere der Markthalle, ist eine Fundgrube für Souvenirs, Schmuck und Kuriositäten.

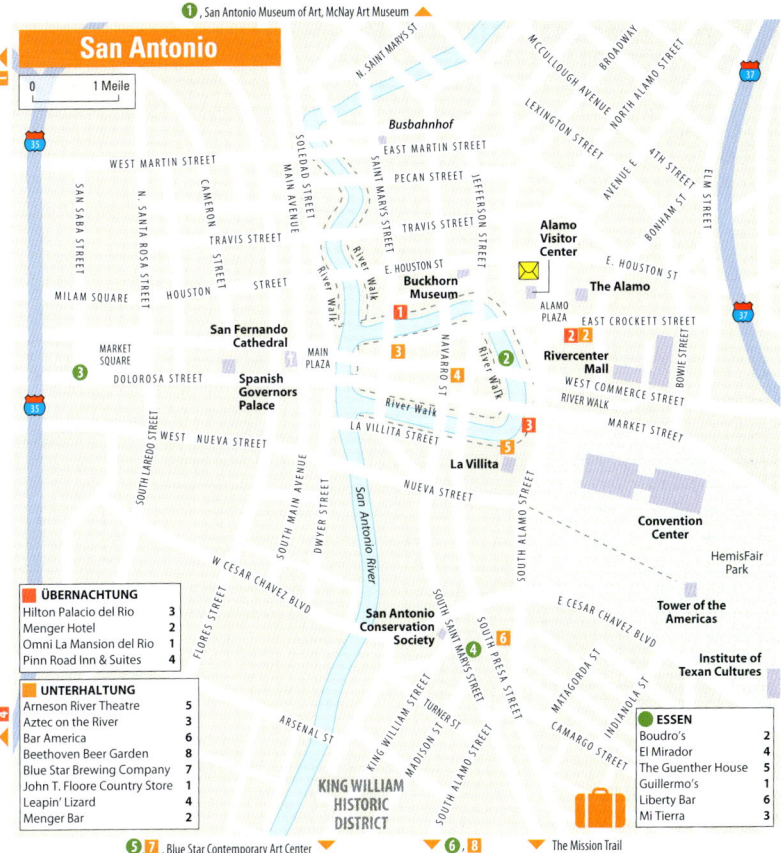

**San Antonio**

0 ____ 1 Meile

1 , San Antonio Museum of Art, McNay Art Museum

WEST MARTIN STREET

N. SAINT MARYS ST

Busbahnhof

EAST MARTIN STREET

PECAN STREET

SOLEDAD STREET

MAIN AVENUE

SAINT MARYS STREET

JEFFERSON STREET

TRAVIS STREET

CAMERON STREET

N. SANTA ROSA STREET

SAN SABA STREET

TRAVIS STREET

E. HOUSTON ST

River Walk

HOUSTON STREET

MILAM SQUARE

Buckhorn
Museum

San Fernando
Cathedral

MAIN
PLAZA

MARKET
SQUARE

Spanish
Governors
Palace

DOLOROSA STREET

WEST NUEVA STREET

SOUTH LAREDO STREET

River Walk

LA VILLITA STREET

La Villita

NUEVA STREET

SOUTH MAIN AVENUE

DWYER STREET

San Antonio River

W CESAR CHAVEZ BLVD

FLORES STREET

San Antonio
Conservation
Society

ARSENAL ST

KING WILLIAM STREET

MADISON STREET

TURNER ST

SOUTH SAINT MARYS STREET

SOUTH PRESA STREET

SOUTH ALAMO STREET

KING WILLIAM
HISTORIC
DISTRICT

MCCULLOUGH AVENUE

BROADWAY

LEXINGTON STREET

NORTH ALAMO STREET

AVENUE E

4TH STREET

BONHAM ST

ELM STREET

Alamo
Visitor
Center

E. HOUSTON ST

ALAMO
PLAZA

The Alamo

EAST CROCKETT STREET

Rivercenter
Mall

BOWIE STREET

WEST COMMERCE STREET

RIVER WALK

MARKET STREET

NAVARRO ST

River Walk

Convention
Center

HemisFair
Park

E CESAR CHAVEZ BLVD

Tower of the
Americas

MATAGORDA ST

INDIANOLA ST

Institute of
Texan Cultures

CAMARGO STREET

37

35

35

37

**ÜBERNACHTUNG**

| Hilton Palacio del Rio | 3 |
| Menger Hotel | 2 |
| Omni La Mansion del Rio | 1 |
| Pinn Road Inn & Suites | 4 |

**UNTERHALTUNG**

| Arneson River Theatre | 5 |
| Aztec on the River | 3 |
| Bar America | 6 |
| Beethoven Beer Garden | 8 |
| Blue Star Brewing Company | 7 |
| John T. Floore Country Store | 1 |
| Leapin' Lizard | 4 |
| Menger Bar | 2 |

**ESSEN**

| Boudro's | 2 |
| El Mirador | 4 |
| The Guenther House | 5 |
| Guillermo's | 1 |
| Liberty Bar | 6 |
| Mi Tierra | 3 |

5 , 7 , Blue Star Contemporary Art Center     6 , 8     The Mission Trail

---

# HemisFair Park

200 S Alamo St ▪ ⊕ tgl. Sonnenauf- bis
Sonnenuntergang

Ein Spaziergang durch den riesigen **Hemis-
Fair Park** mit seinen Verwaltungsgebäuden und
dünn gesäten Rasenflächen bis zum **Institute of
Texan Cultures**, 801 E Durango Blvd, erscheint
an einem heißen Tag ganz schön lang. Doch er
lohnt sich, denn das Haus beherbergt eine inte-
ressante Ausstellung über die 26 verschiedenen
Kulturen, die in Texas zusammentreffen. ⊕ Mo–
Sa 9–17, So 12–17 Uhr, Eintritt $10. Ebenfalls im
Park steht der knapp 230 m hohe **Tower of the
Americas** (⊕ So–Do 10–22, Fr und Sa 10–23 Uhr)
mit einer Aussichtsplattform, $12.

# King William Historic District

Der 25 Häuserblocks umfassende **King William
Historic District** erstreckt sich zwischen dem
Fluss und der S Alamo Street. Hier herrscht eine
ganz andere Atmosphäre. Die schattigen Straßen werden von schicken Villen aus dem späten
19. Jh. gesäumt, in denen früher deutsche Kaufleute wohnten. Noch heute ist dies eine begehrte Wohngegend mit einigen stilvollen B&Bs.

Broschüren für **Stadtspaziergänge** gibt es bei der Zentrale der San Antonio Conservation Society, 107 King William St, ℡ 210 224 6163.

Das bodenständige **Blue Star Contemporary Arts Center**, in der 116 Blue Star St, ℡ 210 227 6960, org. www.bluestarart.org, setzt mit seiner Brauereikneipe, Werkstätten, Galerien und schicken Kunsthandwerksläden einen interessanten Kontrastpunkt zum übrigen Viertel.

# McNay Art Museum

6000 N New Braunfels Ave, Höhe Austin Hwy ▪ ⏲ Di, Mi und Fr 10–16, Do 10–21, Sa 10–17, So 12–17 Uhr ▪ Eintritt $20 ▪ ℡ 210 824 5368, 🖥 www.mcnayart.org

Kunstliebhaber zieht es ins **McNay Art Museum**, eines der beliebtesten der Stadt, nicht nur wegen der schönen Ausstellungen hier, sondern auch wegen der exquisiten Architektur und der Möglichkeit, sich in dieser exotischen Oase ein wenig Ruhe zu gönnen. Die Millionärin und Volkskünstlerin Marion Koogler McNay ließ die hübsche Villa im maurischen Stil in den 1950er-Jahren erbauen, um darin ihre Kunstsammlung unterzubringen, die u. a. Werke von Hopper und O'Keeffe umfasst.

## ÜBERNACHTUNG

Da ein Spaziergang bei Mondschein über den **River Walk** am Fluss entlang zurück zum Hotel mit zum Schönsten zählt, was San Antonio zu bieten hat, sollte man ruhig ein wenig mehr zahlen, um im Zentrum zu übernachten. **Motels** konzentrieren sich in der Umgebung des Market Square westlich von Downtown, unmittelbar nördlich vom Brackenridge Park, am Austin Highway und am I-35 nach Norden Richtung Austin.

**Hilton Palacio del Rio**, 200 South Alamo St, ℡ 210 222 1400, 🖥 www.hilton.com. Dieses Hotel mit geräumigen Zimmern mit Balkonen und Blick auf den River Walk wurde anlässlich der Weltausstellung 1968 innerhalb von nur neun Monaten gebaut. Angesichts der Lage bietet es ein gutes Preis-Leistungs-Verhältnis. $259

**Menger Hotel**, 204 Alamo Plaza, direkt am Alamo, ℡ 210 223 4361, 🖥 www.mengerhotel.com. Das stimmungsvolle historische Hotel war zur Zeit der großen Viehtrecks eine beliebte Unterkunft. Teddy Roosevelt rekrutierte hier 1898 seine „Rough Riders" für den Spanisch-Amerikanischen Krieg. Die Zimmer sind nicht ganz so prächtig wie die Lobby, die Bar und die Gemeinschaftsbereiche. $175

🏨 **Omni La Mansion del Rio**, 112 College St, ℡ 210 518 1000, 🖥 www.omnihotels.com. Die im spanischen Kolonialstil eingerichteten Zimmer des schönsten Hotelanwesens am River Walk haben alle nur erdenklichen Annehmlichkeiten und teilweise einen direkten Ausgang zum Garten mit beheiztem Pool. $239

**Pinn Road Inn & Suites**, 2327 Pinn Rd, ℡ 210 670 1374, 🖥 www.pinnroadinn.com. Nicht gerade zentral gelegen, aber für den Preis (besonders für die Suiten) ein toller Deal und nur 10 Min. mit dem Auto vom Zentrum entfernt. Die sauberen Zimmer sind charmant altmodisch eingerichtet und verfügen über Flachbild-TVs; die Suiten sind größer und haben kleine Küchen. DZ $59, Suiten $79

## ESSEN

🍽 **Boudro's**, 421 E Commerce St, ℡ 210 224 8484. Stilvolles Tex-Mex-Bistro am River Walk. Die kreativen Hauptgerichte wie gegrillte Wachteln ($28) sind eine Kombination aus New American- und Southwestern-Küche, die sagenhafte Guacamole ($9) wird direkt am Tisch zubereitet. Unbedingt eine Prickly Pear Margarita probieren! ⏲ Mo–Do und So 11–23, Fr und Sa 11–24 Uhr.

**El Mirador**, 722 S St. Mary's St, ℡ 210 225 9444. Die beliebte Cantina in Familienbesitz serviert sehr billiges mexikanisches Frühstück (um $5) und Mittagessen ($6–12). Abends kostspieligere Südwest-Küche wie gegrillter Lachs an Achiotesoße ($15). ⏲ Mo 7–15, Di–Sa 7–21, So 7–14 Uhr.

**The Guenther House**, 205 E Guenther St, ℡ 210 227 1061. In einem weitläufigen Mühlenmuseum im King William Historic District wird nicht nur Gebäck und Kuchen geboten, sondern auch köstliches Südstaaten-Frühstück mit *biscuits*

*and gravy* ($5,25) sowie Buttermilch-*pancakes* ($6,25). ⊕ tgl. 7–15 Uhr.

**Guillermo's**, 618 McCullough Ave, ☏ 210 223 5587. Das gemütliche Restaurant beim River Walk serviert große Portionen liebevoll zubereiteter Leckereien wie Pizza (ab $17 für eine große) und Spinat-Pilz-Lasagne ($14). ⊕ Mo–Do 11–21, Fr und Sa 11–22, So 12–16 Uhr.

**Liberty Bar**, 1111 S Alamo St, ☏ 210 227 1187. Beliebtes, günstiges Restaurant mit Bar in einem Gebäude des 19. Jhs., die meisten Speisen kosten unter $16. Auf der wechselnden Speisekarte stehen Spezialitäten wie Schweinswürstchen mit sautiertem Kohl ($12). ⊕ Mo–Fr 11–24, Sa und So 9–24 Uhr.

**Mi Tierra**, 218 Produce Row, ☏ 210 225 1262. Mit seiner berauschenden Deko aus Pappmascheefiguren, Lichterketten und Blumen ist dieses lebendige, rund um die Uhr geöffnete Lokal das Highlight am Market Square. Gute, preiswerte Tex-Mex-Gerichte (Hauptgerichte um $13) und köstliche, zuckersüße Kuchen aus der hauseigenen Bäckerei. Außerdem hat es eine tolle Bar. ⊕ tgl. 24 Std.

## UNTERHALTUNG

Der **River Walk** in Downtown wird von vielen lauten Kneipen und Clubs gesäumt. Die etwas weniger touristische **Houston Street** entwickelt sich zunehmend zu einer Partymeile mit schicken Yuppie-Kneipen. In der **South Alamo Street** sind gute Kneipen und Livemusik-Treffs zwar nur vereinzelt zu finden, dafür aber sehr lohnend. Das größte Ereignis des Jahres ist die 10-tägige **Fiesta San Antonio**, 🖳 www.fiesta-sa.org, im April, mit der die siegreiche Schlacht von San Jacinto mit Umzügen, Musik und Essenständen gefeiert wird.

### Bars und Kneipen

**Bar America**, 723 S Alamo St, ☏ 210 223 1285. Beliebte, familienbetriebene Kneipe mit 30-jähriger Tradition. Drei Billardtische, zwei Theken mit abgewetzter, orange-roter Vinyl-Bestuhlung und die tollste Jukebox der Stadt ziehen eine bunte einheimische Kundschaft an. Fast vier Dutzend Biere vom Fass und aus der Flasche. ⊕ tgl. 16–2 Uhr.

**Beethoven Beer Garden**, 422 Pereida St, ☏ 210 222 1521. Privater Club (regelmäßig öffentlich zugänglich) nahe der S Alamo Street im King William District, der sich der Pflege der deutschen Musik und Sprache verschrieben hat. Jeden ersten Freitag im Monat gibt's von 17 Uhr bis Mitternacht billiges Bier und Kartoffelsalat in riesigen Portionen. ⊕ Di–Sa 16–2 Uhr.

**Blue Star Brewing Company**, 1414 S Alamo St, ☏ 210 212 5506, 🖳 www.bluestarbrewing.com. Selbst gebrautes Bier (wie im Fass vergorenes Ale, $5), Essen und Livemusik (u. a. Texas Swing und Latin) in einem luftigen Künstlerkomplex im King William District. ⊕ So und Mo 11–21, Di–Do 11–23, Fr und Sa 11–24 Uhr.

**Leapin' Lizard**, 302 E Commerce St, ☏ 210 271 9494. Laute Kneipe nur ein paar Schritte vom River Walk mit billigen Getränken und jungem Publikum. ⊕ tgl. 14–2 Uhr.

**Menger Bar**, 204 Alamo Plaza, ☏ 210 223 4361. Die Bar des Menger Hotel, 1887 erbaut als Kopie der Bar im Londoner House of Lords, nahe dem Alamo ist ein Paradies für Zigarren rauchende Whiskey-Trinker. ⊕ Mo–Sa 11–24, So 12–24 Uhr.

### Livemusik und Tanz

San Antonios Musikszene ist nicht umwerfend vielfältig, aber es gibt genügend gute Läden für Livemusik. Nur eine kurze Autofahrt entfernt findet man im Hill Country einige tolle alte Tanzsäle wie die Gruene Hall in New Braunfels (S. 126). Veranstaltungshinweise sind dem kostenlosen Wochenblatt *Current*, 🖳 www.sacurrent.com, zu entnehmen.

**Arneson River Theatre**, ☏ 210 207 8612, 🖳 www.getcreativesanantonio.com. Freilufttheater am River Walk, gegenüber von La Villita. Mexikanische Folkmusik und Tänze auf einer Bühne im Fluss. ⊕ unterschiedlich.

**Aztec on the River**, 104 N St Marys, ☏ 210 812 4355, 🖳 www.theaztectheatre.com. Prächtiges Art-déco-Theater u. a. für Konzerte.

**John T. Floore Country Store**, 14492 Old Bandera Rd, Helotes, ☏ 210 695 8827, 🖳 www. liveatfloores.com. Altes Country-Tanzlokal 20 Meilen nordwestlich von San Antonio. Seine Spezialität sind fantastische Tamales und am

Wochenende Tanz im Freien. Regelmäßig spielen hier die besten Bands von ganz Texas. ⏱ Fr und Sa 11–24, So 11–22 Uhr.

## SONSTIGES

### Informationen

**Visitor Center**, 317 Alamo Plaza, im Menger Hotel, ☎ 210 207 6700, 🖥 www.visitsan antonio.com, ⏱ tgl. 9–17 Uhr.

### Touren

**San Antonio Cruises**, ☎ 210 244 5700, 🖥 www. riosanantonio.com. **Bootsrundfahrten** über den San Antonio River beginnen an verschiedenen Anlegern. Abfahrt tgl. 9–21 Uhr, Dauer 35 Min., $10. Derselbe Veranstalter betreibt auch ein **Wassertaxi**; einfache Fahrt $10, Tageskarte $12.

## NAHVERKEHR

**Autofahren** in San Antonio, der zweitgrößten Stadt in Texas, kann sich als ziemlich stressig erweisen, und Parken ist teuer. Zum Glück liegen die meisten Hauptattraktionen nicht weit voneinander entfernt.

Zusätzlich zum relativ guten Busnetz verkehren **Straßenbahnen** auf vier Routen in Downtown. Die auf altmodisch getrimmten Fahrzeuge bringen Besucher alle 10 Min. für $1,30 von der Alamo Plaza zu den größeren Sehenswürdigkeiten. Eine Tageskarte kostet $2,75 und gilt für alle Busse und Trolleys. Erhältlich ist sie beim **VIA Downtown Information Center**, 211 W Commerce St, ☎ 210 475 9008, 🖥 www.viainfo.net, ⏱ Mo–Fr 7–18, Sa 9–14 Uhr.

**Fahrräder** vermietet der Blue Star Bike Shop, 1414 S Alamo St, ☎ 210 858 0331, 🖥 www. bluestarbikeshop, über die Blue Star Brewing Company ($25 für 24 Std.; ⏱ Di geschl.). Mit dem Rad lassen sich wunderbar vor allem die Viertel unterhalb des River Walk erkunden.

## TRANSPORT

Internationale Flüge landen am **San Antonio International Airport**, ☎ 210 207 3411, 🖥 www. sanantonio.gov/aviation, nördlich des I-410

Loop, innerhalb dessen die meisten Sehenswürdigkeiten liegen.

Der **GO Airport Shuttle**, ☎ 210 281 9900, 🖥 www.goairportshuttle.com, fährt vom Flughafen in 20 Minuten nach Downtown ($32 einfach; Abfahrt alle 15 Min. zwischen 7 und 1.30 Uhr). Eine Taxifahrt, etwa mit **Yellow Cab**, ☎ 210 222 2222, kostet ungefähr $28. Alle großen Autovermietungen sind in Terminal A vertreten.

### Busse

**Greyhound**-Busse, ☎ 210 270 5815, kommen in der 500 N St. Mary's St an.

**Busse nach:**

AUSTIN (14x tgl., 1 1/2 Std.),
DALLAS (13x tgl., 5 Std.),
FORT WORTH (7x tgl., 7 Std.),
HOUSTON (10x tgl., 3 1/2 Std.).

### Eisenbahn

**Amtrak**-Züge laufen den Bahnhof in der zentral gelegenen 350 Hoefgen St an.

**Züge nach:**

AUSTIN (1x tgl., 3 1/2 Std.),
DALLAS (1x tgl., 8 1/4 Std.),
FORT WORTH (1x tgl., 7 Std.),
HOUSTON (1x tgl., 4 3/4 Std.).

# Dallas

Im Gegensatz zur landläufigen Meinung gibt es in der standesbewussten Stadt **Dallas** kein Öl. Seit der Gründung als Handelsposten 1841 durch den aus Tennessee stammenden Rechtsanwalt John Neely Bryan und seinen Freund Joe Dallas aus Arkansas haben Generationen von erfolgreichen Geschäftsleuten Wohlstand angehäuft. Zuerst verschoben sie Viehherden, später Ölreserven.

Die **Macht des Geldes** zeigte sich ganz deutlich Ende der 1950er-Jahre, als die Finanzgrößen von Dallas ihren Einfluss gegen die Rassentrennung geltend machten. Rassistisch eingestellte Restaurantbesitzer und Busfahrer wurden mittels klingender Münze dazu gebracht, sich den politischen Veränderungen nicht zu widersetzen, und so blieben Dallas größere Rassenunruhen erspart.

Doch das Image der Stadt 1963 erlitt durch die **Ermordung von Präsident John F. Kennedy** einen empfindlichen Schlag. Erst der Bau des Dallas/Fort Worth International Airport in den 1960er-Jahren und die Erfolge der Fernsehserie *Dallas* sowie des Footballteams Cowboys in den 1970ern verbesserten den lädierten Ruf der konservativen Stadt, die sich selbst als „Big D" betitelt.

# Die City

Die Innenstadt von Dallas ist ein einziges Loblied auf den Kommerz. Viele Wolkenkratzer der eleganten und modernen Skyline sind unverkennbare Wahrzeichen. Das bemerkenswerteste ist der von I.M. Pei entworfene **Fountain Place Tower**, 1445 Ross Ave, dessen scharfe Kanten an einen blauen Kristall erinnern. Bei Dunkelheit wird der 72-stöckige Turm der **Bank of America**, Lamar, Ecke Main St, von insgesamt 3500 m grünen Leuchtstoffröhren eingerahmt.

Der **Reunion Tower**, 300 Reunion Blvd, im westlichen Abschnitt von Downtown neben dem Amtrak-Bahnhof, sieht aus wie ein überdimensionales Mikrofon aus den 1970er-Jahren. Den besten Ausblick über Big D genießt man aus dem 40. Stock des **Chase Tower**, 2200 Ross Ave. ⊙ Mo–Fr 8–17 Uhr, Eintritt frei.

Der von Philip Johnson entworfene **Thanksgiving Square** an der Kreuzung von Akard St, Ervay St, Bryan St und Pacific Ave, mit seinem stillen Garten, den Springbrunnen und der Kapelle ist eine kleine Oase des Friedens.

## Arts District

Der auch zu Fuß gut erschließbare Arts District am Nordrand von Downtown ist das Hochkulturzentrum von Dallas. Die Gallery of the Americas im **Dallas Museum of Art**, 1717 N Harwood St, ✆ 214 922 1200, 💻 www.dallasmuseumofart. org, besitzt eine beeindruckende präkolumbische Sammlung, außerdem sind im Museum neben europäischen auch Kunstwerke aus

Afrika, Asien und Ozeanien zu sehen. ⊙ Di–So 11–17, Do bis 21 Uhr, Eintritt frei, Sonderausstellungen $16.

Das **Nasher Sculpture Center**, 💻 www. nashersculpturecenter.org, auf der anderen Seite der North Harwood Street, hat einige Ausstellungsräume, doch die besten Stücke der Sammlung stehen im Garten. Unbedingt sehenswert ist die meditative Installation *Schist Furniture Group (Settee with Two Chairs)* von Scott Burton. ⊙ Di–So 11–17 Uhr, Eintritt $10.

Nach Überqueren der Flora Street gelangt man zur **Crow Collection of Eastern Art**, 2010 Flora St, 💻 www.crowcollection.com, einem kleinen, friedlichen Ausstellungsort mit schönen Kunstobjekten aus China, Tibet, Kambodscha und Indien. ⊙ Di–Do 10–21, Fr und Sa 10–18, So 12–18 Uhr, Eintritt frei.

## West End, Dealey Plaza und Umgebung

Die restaurierten, aus rotem Backstein erbauten Lagerhäuser des **West End Historic District**, Lamar, Ecke Munger St, wo 1841 die ursprüngliche Siedlung Dallas ihren Anfang nahm, werden heute von Spezialitätengeschäften und Themenrestaurants eingenommen. Diese von vielen Touristen besuchte Gegend ist vor allem am Wochenende sehr überlaufen.

Ein paar Blocks südwestlich von hier liegt die **Dealey Plaza**, die als Schauplatz des Mordes an John F. Kennedy in die Geschichte einging. Einen Block östlich der Dealey Plaza, im Dallas County Historical Plaza an der Main, Ecke Market St, steht das eindrucksvolle **Kennedy Memorial**, ein offenes Betonbauwerk, das dem Besucher das Gefühl vermittelt, plötzlich fernab der Stadt zu sein.

### Sixth Floor Museum

411 Elm St ▪ ⊙ Mo 12–18, Di–So 10–18 Uhr ▪ Eintritt $16 ▪ ✆ 214 747 6660, 💻 www.jfk.org

Das Texas Schoolbook Depository heißt heute Dallas County Administration Building und beherbergt im vorletzten Stockwerk ein Museum, das **Sixth Floor Museum**. Hier kann man sich den historischen, wackligen 8-mm-Film ansehen, der damit endet, dass Kennedy in den Armen von Jackie stirbt.

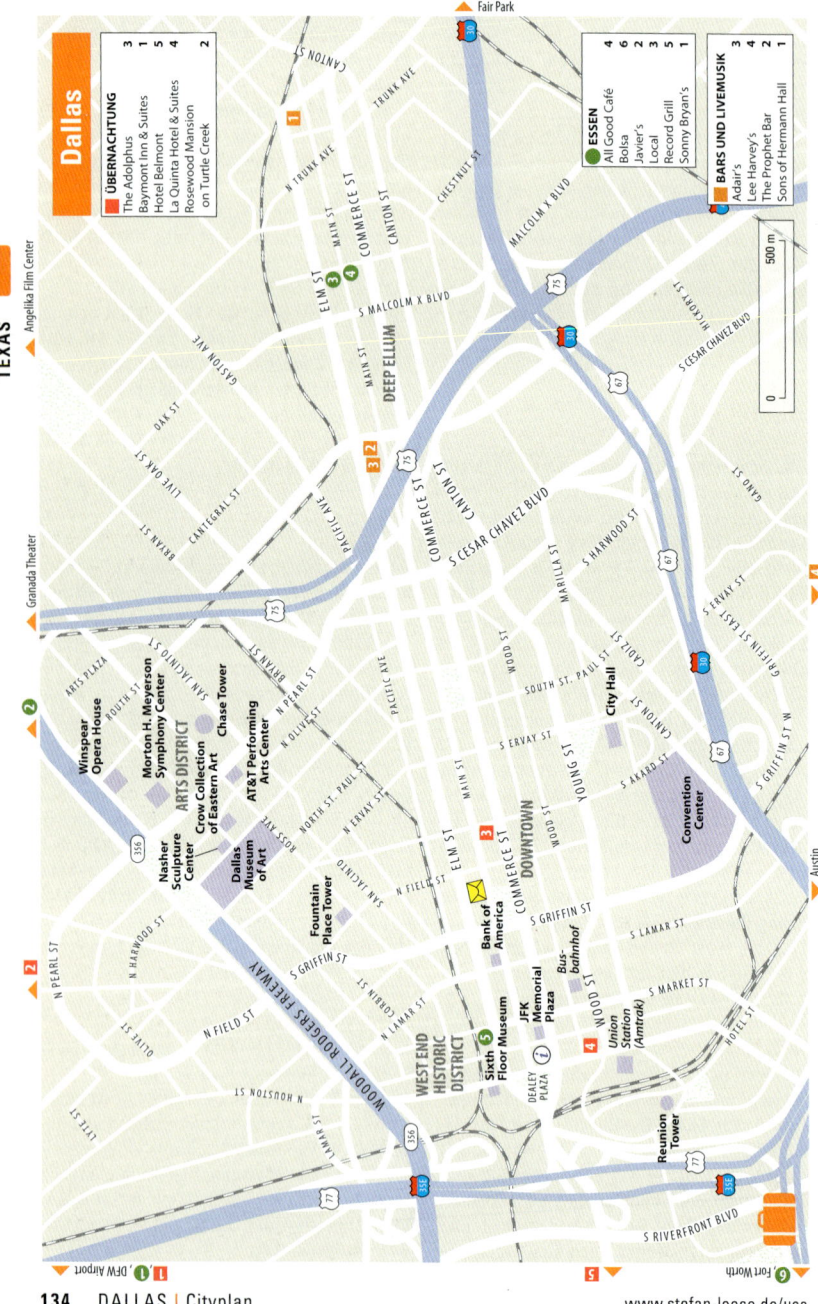

## Dallas

**ÜBERNACHTUNG**

| | |
|---|---|
| The Adolphus | 3 |
| Baymont Inn & Suites | 1 |
| Hotel Belmont | 5 |
| La Quinta Hotel & Suites | 4 |
| Rosewood Mansion on Turtle Creek | 2 |

**ESSEN**

| | |
|---|---|
| All Good Café | 4 |
| Bolsa | 6 |
| Javier's | 2 |
| Local | 3 |
| Record Grill | 5 |
| Sonny Bryan's | 1 |

**BARS UND LIVEMUSIK**

| | |
|---|---|
| Adair's | 3 |
| Lee Harvey's | 4 |
| The Prophet Bar | 2 |
| Sons of Hermann Hall | 1 |

TEXAS

Fair Park

Angelika Film Center

Granada Theater

DEEP ELLUM

ARTS DISTRICT

Winspear Opera House
Morton H. Meyerson Symphony Center
Chase Tower
Crow Collection of Eastern Art
AT&T Performing Arts Center
Nasher Sculpture Center
Dallas Museum of Art
Fountain Place Tower

DOWNTOWN

City Hall

Convention Center

Bank of America
JFK Memorial Plaza
Bus-bahnhof
Union Station (Amtrak)

WEST END HISTORIC DISTRICT
Sixth Floor Museum
DEALEY PLAZA

Reunion Tower

500 m

DFW Airport

Fort Worth

Austin

S RIVERFRONT BLVD

WOODALL RODGERS FREEWAY

S CESAR CHAVEZ BLVD

MALCOLM X BLVD

www.stefan-loose.de/usa

## City Hall und Pioneer Plaza

Mitten im wichtigsten Verwaltungsviertel der Stadt im Süden von Downtown liegt die **City Hall**, eine auf dem Kopf stehende Pyramide von I. M. Pei von 1972. Ganz in der Nähe befindet sich auch die **Stadtbücherei**, und auf der **Pioneer Plaza**, Ecke Young und Griffin St, steht die weltgrößte Bronzeskulptur, ein Denkmal zur Erinnerung an die gewaltigen Viehtreks des amerikanischen Westens. Das Ganze stellt 40 lebensgroße Longhorn-Rinder dar, die von drei Cowboys angetrieben werden. Die Pioneer Plaza ist ein ruhiger Ort, der zum Verweilen einlädt, in unmittelbarer Nachbarschaft eines alten Friedhofs.

## Dallas Heritage Village

1515 S Harwood St ▪ ⊙ Di–Sa 10–16, So 12–16 Uhr ▪ Eintritt $9 ▪ ✆ 214 421 5141

Der erste Park von Dallas, der **Old City Park** südlich des I-30, beherbergt heute ein Freizeitgelände und das Freilichtmuseum **Dallas Heritage Village**. Hier ist die nordtexanische Geschichte von 1840 bis 1910 mithilfe von über 30 alten Gebäuden, die aus Ortschaften der Region hierher verfrachtet wurden, dargestellt, darunter ein Saloon und der alte Bahnhof.

# Deep Ellum

Diese Gegend, fünf Häuserblocks östlich von Downtown zwischen den Eisenbahntrassen und dem I-30 rings um Elm St und Main St, ist die Hochburg der Alternativszene von Dallas. In den 1920er-Jahren war das Viertel für seine Jazz- und Bluesclubs berühmt – heute macht der Old Warehouse District schwere Zeiten durch.

Zum Teil durch Verschulden eines fehlinformierten Bürgermeisters geriet das Viertel als besonders gewalttätig in Verruf – und die Besucher blieben aus. Heute jedoch erobern die Bars, Musikclubs, Galerien und Restaurants – darunter einige der besten der Stadt – ihre Kundschaft zurück. Das Viertel ist gut zu Fuß begehbar, und am besten kommt man in den späten Nachmittag hierher: Dann kann man sich nach einem Bummel durch die Galerien gleich ins Nachtleben stürzen.

# Fair Park

Weiter südöstlich von Deep Ellum wird im Fair Park, der seine Entstehung der texanischen Weltausstellung 1936 verdankt, alljährlich im Oktober die dreiwöchige, gut besuchte State Fair of Texas, ⌨ www.bigtex.com, veranstaltet – mit mehr als 3 Mio. Besuchern ist sie die größte Messe dieser Art in den USA. Zu den vielen spannenden Museen zählt das **African-American Museum**, ⌨ www.aamdallas.org, mit einer erstklassigen Kollektion kunsthandwerklicher Arbeiten. ⊙ Di–Fr 11–17, Sa 10–17 Uhr, Eintritt $2.

Das Schmuckstück des Parks ist das prachtvolle **Hall of State Building**, 3939 Grand Ave, ein Art-déco-Gebäude mit Bronzestatuen, blauen Kacheln, Mosaiken und Wandgemälden. ⊙ Di–Sa 10–17, So 13–17 Uhr, Eintritt frei.

Im westlich gelegenen Viertel Victory Park zeigt das **Perot Museum of Nature and Science**, 2201 N Field St, ⌨ www.natureandscience.org, Exponate zu allen möglichen Themen, von Fossilien bis Zahnpflege. ⊙ Mo–Sa 10–17, So 12–17 Uhr, Eintritt $19.

### ÜBERNACHTUNG

🛏 **The Adolphus**, 1321 Commerce St, ✆ 214 742 8200, ⌨ www.hoteladolphus.com. Wunderbares, altes Hotel in Downtown, das 1912 erbaut wurde und damals als das schönste Bauwerk westlich von Venedig galt. Eine sehr angenehme Übernachtungsmöglichkeit. $259

**Baymont Inn & Suites**, 2370 W Northwest Hwy, ✆ 214 350 5577, ⌨ www.baymontinndallas.com. Die Lage des Baymont ist nicht gerade idyllisch, dafür sind Downtown und Flughafen gut zu erreichen, und es bietet gemütliche Zimmer zu sehr vernünftigen Preisen. Mit Pool, Fitnesscenter und Frühstück. $79

🛏 **Hotel Belmont**, 901 Fort Worth Ave, ✆ 866 870 8010, ⌨ www.belmontdallas.com. Renoviertes Art-déco-Motel aus den 1940er-Jahren, eine kurze Autofahrt von Downtown entfernt. Dank der lässigen Bar und dem Pool mit atemberaubendem Stadtblick fühlen sich die Gäste hier, als wären sie nicht in Dallas, sondern in L.A. gelandet. $199

**La Quinta Hotel & Suites**, 302 S Houston St, ☎ 214 761 9090, 🖥 www.hotellawrence.com. Preisgünstiges Kettenhotel mit kleinen, gemütlichen Zimmern; recht gutes Continental Breakfast. $169

**Rosewood Mansion on Turtle Creek**, 2821 Turtle Creek Blvd, ☎ 214 559 2100, 🖥 www.mansion onturtlecreek.com. Diese Unterkunft in einem baumreichen Viertel von Dallas ist das exklusivste und teuerste Hotel der Stadt. Alle Zimmer und Suiten sind sehr gut ausgestattet und stilvoll, mit erstklassigen Einrichtungen wie großen Plasma-TVs. Außerdem beherbergt es sehr gute Restaurants und eine Bar mit Terrasse. $390

## ESSEN

In Dallas gibt es mehrere Restaurantbezirke: Der **West End Historic District** in Downtown ist eine lebendige, wenn auch touristische Gegend mit lauten Kettenrestaurants. Im hipperen **Deep Ellum** wird von Sushi bis zu mexikanisch alles Mögliche angeboten. Das schicke **West Village** in Uptown (Anfahrt mit dem McKinney-Trolley) ist eine blitzsaubere Ansammlung von Bars und Restaurants für die jungen Loftbewohner des Viertels. Die **Lower Greenville Avenue**, eine Parallelstraße des I-75 nordöstlich von Downtown, besitzt ein vielfältigeres Flair.

**All Good Café**, 2934 Main St, ☎ 214 742 5362, 🖥 www.allgoodcafe.com. Munteres Deep Ellum-Lokal mit frischer Hausmannskost. Es erinnert mehr an Austin als Dallas und wartet abends mit texanischer Livemusik auf. Zu den Frühstücks-Specials zählt der „Hat Trick" – *huevos rancheros* mit Pfefferschinken und Pfannkuchen ($14,99) –, abends sind die Rippchen ($14,99) ein schnörkelloser Genuss für Fleischfreunde. ⏰ Mo 8–14, Di–Sa 8–21, So 8–19 Uhr.

**Bolsa**, 614 W Davis, ☎ 214 367 9367. Das Restaurant im (für Dallas) szenigen Viertel Oak Cliff serviert einer größtenteils jüngeren Kundschaft Gerichte aus frischen Zutaten aus der Umgebung. Ein Großteil der Speisen auf der Karte ist saisonal; regelmäßig im Angebot sind köstliches Fladenbrot ($12–14) und ein saftiges

Schweinskotelett mit Cheddar-Maisgrütze ($28). ⏰ Mo–Fr 16.30–22, Sa 10–23, So 10–22 Uhr.

**Javier's**, 4912 Cole Ave, ☎ 214 521 4211, 🖥 www.javiers.net. Dieses hübsche, alteingesessene Restaurant serviert erfrischend traditionelles mexikanisches Essen. Nicht billig, aber die Gerichte sind wirklich eine Offenbarung, z. B. gegrillte Shrimps in einer Soße aus Kaffee, Orangensaft, Tomaten und Gewürzen ($28,95) oder mit Käse und Butter gefülltes Rinderfilet ($29,95). ⏰ Mo–Do und So 17.30–22, Fr und Sa 17.30–23 Uhr.

**Local**, 2936 Elm St, ☎ 214 752 7500. Gehobenes, aber unprätentiöses modernes Restaurant in einem historischen Gebäude von Deep Ellum. Ein Hauptgericht ($31–38) ist etwa Seebarsch mit Cornflakes-Kruste; als Nachtisch ist der Ananaskuchen mit Ingwereis und Sauternes-Sirup ($9) göttlich. ⏰ Di–Sa 17.30–22 Uhr.

**Record Grill**, 605 Elm St, ☎ 214 742 1353. Kleines, billiges Downtown-Lokal ohne Flair, doch mit fast 50-jähriger Geschichte und einem Cheeseburger mit zwei Fleischpatties für schlappe $4,25. ⏰ Mo–Fr 6–15, Sa 7–13 Uhr.

**Sonny Bryan's**, 2202 Inwood Rd, Uptown, ☎ 214 357 7120. Das ursprüngliche Restaurant der landesweit beliebten Grillrestaurantkette, das noch immer wie ein Schuppen aussieht. Man sollte hier früh auftauchen, denn das wunderbar zarte Fleisch ist manchmal schon am frühen Nachmittag ausverkauft. ⏰ tgl. 24 Std.

## UNTERHALTUNG

Am besten ist das Nachtleben in **Deep Ellum**, **Lower Greenville** und **Perry Ave**, nahe Fair Park, wo ein paar nette Bars auf Gäste warten. **Veranstaltungshinweise** bringt – jeden Donnerstag – der *Dallas Observer*, 🖥 www. dallasobserver.com, oder die *Dallas Morning News*, 🖥 www.dallasnews.com. Viele hippe Livemusik-Läden gibt es in Deep Ellum.

### Bars und Livemusik

**Adair's**, 2624 E Commerce St, ☎ 214 939 9900, 🖥 www.adairssaloon.com. Der winzige Schuppen in Deep Ellum lockt ältere und junge Fans von rauer Honky-Tonk-Musik an.

Spielefans können zwischen Shuffleboard und Poolbillard wählen. Dank der Happy Hour (So–Do 14–20 Uhr) bleiben die Getränkepreise moderat; dienstags kosten alle texanischen Biere nur $3,75. ⏺ Mo 16–2, Di–Sa 11–2, So 12–2 Uhr.

**Lee Harvey's**, 1807 Gould St, ✆ 214 428 1555, 🖵 www.leeharveys.com. In dieser Kneipe zwischen Downtown und Deep Ellum wird PBR-Bier wie Wasser konsumiert. Am Wochenende Livemusik. ⏺ Mo–Fr 11–2, Sa und So 13–2 Uhr.

**The Prophet Bar**, 2548 Elm St, ✆ 214 742 3667, 🖵 www.theprophetbar.com. Altehrwürdiger Livemusik-Treff in Deep Ellum mit buntem Angebot an Konzerten, Jamsessions und Electronica-DJs. ⏺ unterschiedlich.

**Sons of Hermann Hall**, 3414 Elm St, unmittelbar hinter Deep Ellum, ✆ 214 747 4422, 🖵 www.sonsofhermann.com. Toller traditioneller Country-Veranstaltungsort, in dem alte texanische Meister und jüngere Musiker ihnen Tribut entrichten. Außerdem im Programm: Unterricht im Swing-Tanz, *Open Mic*- und Akustik-Sessions. ⏺ Mi und Do 19–24, Fr und Sa 19–2 Uhr.

### Sonstiges

**Angelika Film Center**, 5321 E Mockingbird Lane, ✆ 214 841 4713, 🖵 www.angelikafilmcenter.com. Programmkino, das auch eine Filiale in New York hat.

**AT&T Performing Arts Center**, 2100 Ross Ave, ✆ 214 880 0202, 🖵 www.attpac.org. Moderner Komplex mit Theater- und Konzertbühnen drinnen und draußen, u. a. dem Winspear Opera House (s. u.). In Gehnähe zu den Museen des Arts District.

**Granada Theater**, 3524 Greenville Ave, ✆ 214 824 9933, 🖵 www.granadatheater.com. Das bezaubernde alte Kino fungiert jetzt als Veranstaltungsort für Konzerte regionaler Musiker aller Stilrichtungen, aber auch für berühmte Namen. Außerdem sonntagabends Fernsehpartys.

**Morton H. Meyerson Symphony Center**, 2301 Flora St, ✆ 214 849 4376, 🖵 www.dallassymphony.com. In dieser Vorzeige-Konzerthalle im Arts District spielen neben dem Dallas Symphony Orchestra auch andere Symphonieorchester, und es treten Chöre auf.

**Winspear Opera House**, 2403 Flora St, ✆ 214 443 1043, 🖵 www.dallasopera.org. Im hypermodernen roten Winspear im Arts District ist die Dallas Opera zu Hause, eine Institution.

## INFORMATIONEN

**Visitor Center**, im „Old Red" Courthouse, 100 S Houston St in Downtown, ✆ 214 571 1000, 🖵 www.visitdallas.com. ⏺ tgl. 9–17 Uhr.

## NAHVERKEHR

Dallas liegt innerhalb des Inner Loop 12 (oder Northwest Highway) und des Outer Loop I-635 (der zum LBJ Freeway wird).

### Stadtbahn

**DART**, das Dallas Area Rapid Transit System, ✆ 214 979 1111, 🖵 www.dart.org, ist eine schnelle Nahverkehrsbahn, die im Zentrum operiert, aber auch entlegenere Orte wie die Mockingbird Station bedient. Tageskarten – die auch für die Stadtbusse gelten – gibt's für $5.

### Straßenbahn

Der **McKinney Trolley**, ✆ 214 855 0006, 🖵 www.mata.org, verkehrt zwischen dem Dallas Museum of Art in Downtown über die McKinney Ave zum West Village, einem Viertel mit vielen Restaurants und Bars, Mo–Fr 7–24, Sa 10–24, So 10–22 Uhr, alle 15 Min.; kostenlos.

## TRANSPORT

### Busse

Der **Greyhound**-Busbahnhof befindet sich in der 205 S Lamar St in Downtown.

**Busse nach**:
AMARILLO (3x tgl., 6 3/4 Std.),
AUSTIN (16x tgl., 3 3/4 Std.),
EL PASO (5x tgl., 12 1/2 Std.),
FORT WORTH (11x tgl., 40 Min.),
HOUSTON (10x tgl., 4 1/4 Std.),
SAN ANTONIO (12x tgl., 5 Std.).

### Eisenbahn

Der **Amtrak**-Bahnhof Union Station von 1916 liegt westlich von Downtown in der 400 S Houston St. **Trinity Railway Express**, ℡ 214 979 1111, ⌨ www.trinityrailwayexpress.org, hat regelmäßige Pendlerzüge zwischen Dallas und ihrer Schwesterstadt Fort Worth ($5). Weitere Züge nach AUSTIN (1x tgl., 5 3/4 Std.) und SAN ANTONIO (1x tgl., 10 1/4 Std.).

### Flüge

Dallas erreicht man gleich über zwei große Flughäfen: **Dallas / Fort Worth**, ℡ 972 574 8888, ⌨ www.dfwairport.com, liegt ca. 17 Meilen westlich. Pendelbusse wie der **SuperShuttle**, ℡ 817 329 2000, ⌨ www.supershuttle.com, verlangen $14–20 für eine Fahrt nach Downtown. Mit dem Taxi zahlt man ungefähr $45; **Yellow Cab**, ℡ 214 426 6262. **Love Field**, ℡ 214 670 6073, ⌨ www.dallas-lovefield.com, der andere größere Flughafen, liegt rund neun Meilen nordwestlich von Dallas und wird vorwiegend von Southwest Airlines angeflogen. Eine Fahrt mit dem Shuttle Bus nach Downtown kostet $15, mit dem Taxi etwa $20.

# Fort Worth

Die freundliche Stadt **Fort Worth**, oftmals als eine Art arme Verwandte von Dallas angesehen, besitzt in Wirklichkeit viel mehr Schwung als seine 35 Meilen östlich gelegene große Schwester. Fort Worth hat sich noch etwas vom ursprünglichen Wilden Westen bewahrt. Davon zeugt in eindrucksvoller Weise das ebenso stimmungsvolle wie anregende Viertel Stockyards.

In den 1870er-Jahren war Fort Worth eine der Zwischenstationen auf dem großen Viehtreck nach Kansas; dem **Chisholm Trail**. Nach Fertigstellung der Eisenbahn etablierte sich hier ein großer Viehmarkt, und bis heute ist der Viehhandel von großer wirtschaftlicher Bedeutung. Doch auch auf seine hervorragenden **Museen** – die besten im ganzen Staat – und die umtriebige, fußgängerfreundliche **Downtown** ist Fort

Worth zu Recht stolz. Der **Trinity River Master Plan** sieht für die Zukunft zudem eine der größten US-Grünanlagen sowie diverse Pfade entlang des Trinity River vor.

## Die City

Das Herzstück der Stadt bildet der **Sundance Square** zwischen First St und Sixth St mit seinen Läden, Restaurants und Bars. Der Platz ist umringt von schillernden Hochhäusern und durchdrungen vom Stolz der Stadt auf ihre reiche Geschichte.

### Bass Performance Hall und Umgebung

525 Commerce St ▪ Gruppenführungen Sa 10.30 Uhr; 1 1/4 Std. ▪ ℡ 817 212 4325

Den Block zwischen den Straßen Commerce, Calhoun, Fourth und Fifth nimmt die **Bass Performance Hall** ein, *der* Hingucker in Downtown. Das spektakuläre Bauwerk erinnert an die großen europäischen Opernhäuser. Den Eingang zieren goldene Trompeten blasende Engel. In diesem Viertel schmücken viele Trompe-l'œil-Wandbilder die Wände, zum Beispiel eines zum Thema Chisholm Trail an der Third Street (zwischen Main St und Houston St).

### Sid Richardson Museum of Western Art

309 Main St ▪ ⊙ Mo–Do 9–17, Fr und Sa 9–20, So 12–17 Uhr ▪ Eintritt frei ▪ ℡ 817 332 6554, ⌨ www.sidrichardsonmuseum.org

Fans der Cowboy-Kunst finden im Museum **Sid Richardson Museum of Western Art**, eine exzellente Sammlung des Spätwerks von Frederic Remington und einige elegische Cowboy-Szenen aus dem Frühwerk von Charles Russell.

## Der Cultural District

Fort Worth besitzt die besten Galerien und Museen in ganz Texas. Die meisten liegen im **Cultural District**, zwei Meilen westlich von Downtown und sind mit Bussen der Linie Nr. 2 zu erreichen.

## Fort Worth

**0  500 m**

NW 25TH STREET
NW 24TH STREET
**NORTH SIDE**
NW 21ST STREET

Cowtown Coliseum
**The Stockyards**
**Stockyards Museum**
EXCHANGE AVE
NE 23RD STREET

Diamond Hill Park

**TEXAS**

Rockwood Park

N HENDERSON STREET
W NORTHSIDE DRIVE
N MAIN STREET

**Oakwood Cemetery**

W NORTHSIDE DRIVE

WHITE SETTLEMENT ROAD

Siehe Detailplan S. 140

N UNIVERSITY DRIVE
CARROLL STREET
N HENDERSON STREET

**DOWNTOWN**

COMMERCE STREET
SUMMIT AVENUE

**THE CULTURAL DISTRICT**
**Kimbell Art Museum**
**Modern Art Museum**
CAMP BOWIE BOULEVARD
**Amon Carter Museum**

W 7TH STREET
Trinity Park
W LANCASTER AVENUE
N FOREST PARK BLVD

W LANCASTER AVE

Dallas-Fort Worth International Airport

## Kimbell Art Museum

3333 Camp Bowie Blvd ▪ ⏰ Di–Do und Sa
10–17, Fr 12–20, So 12–17 Uhr ▪ Eintritt frei;
Sonderausstellungen $14 ▪ ☎ 817 332 8451,
🖥 www.kimbellart.org

Das **Kimbell Art Museum** gilt als eines der besten kleinen Kunstmuseen der USA. Die natürlich beleuchtete Gewölbekonstruktion des Architekten Louis Kahn beherbergt eine eindrucksvolle Kollektion präkolumbischer und afrikanischer Stücke, einige bemerkenswerte Maya-Begräbnisgefäße, ungewöhnliche asiatische Antiquitäten, präkolumbische Figuren und das eine oder andere Renaissance-Meisterwerk.

## Modern Art Museum

3200 Darnell St ▪ ⏰ Di 10–19, Mi, Do, Sa und So
10–17, Fr 10–20 Uhr ▪ Eintritt $10, Mi halber Preis,
So frei ▪ ☎ 817 738 9215, 🖥 www.themodern.org

Jüngster Zuwachs ist das sehenswerte **Modern Art Museum** in einem von Tadao Ando entworfenen, modernistischen Bauwerk. In seinen lichtdurchfluteten Räumen ist die zweitgrößte Sammlung moderner Kunst in den USA (nach dem New Yorker Museum of Modern Art) untergebracht. Da das Museum eine gewaltige Fülle an Werken besitzt, wechseln die ausgestellten Arbeiten regelmäßig; außerdem finden hier Theateraufführungen und Filmvorführungen statt.

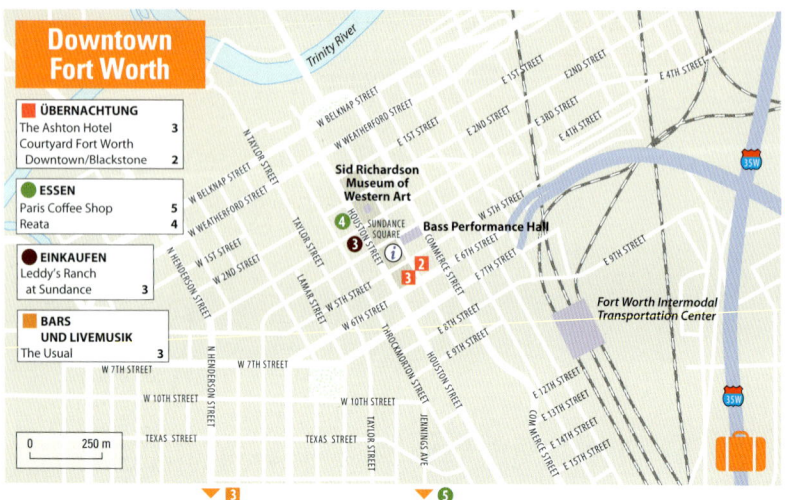

**Downtown Fort Worth**

■ **ÜBERNACHTUNG**
The Ashton Hotel
Courtyard Fort Worth
Downtown/Blackstone **2**

● **ESSEN**
Paris Coffee Shop **5**
Reata **4**

● **EINKAUFEN**
Leddy's Ranch
at Sundance **3**

■ **BARS UND LIVEMUSIK**
The Usual **3**

0    250 m

## Amon Carter Museum

3501 Camp Bowie Blvd ■ Di, Mi, Fr und
Sa 10–17, Do 10–20, So 12–17 Uhr ■ Eintritt frei ■
☎ 817 738 1933, 🖥 www.cartermuseum.org

Im **Amon Carter Museum** oberhalb des Modern
Art Museum gibt es vorwiegend amerikanische
Kunst zu sehen, darunter atemberaubende Fotografien von Landschaften des Westens und
schöne Arbeiten von Remington und Russell
sowie Winslow Homer und Georgia O'Keeffe.
Die angeschlossene **Bibliothek** bietet eine breite Auswahl an Büchern zu den Themen der Ausstellung sowie kostenloses WLAN.

## Die Stockyards

Die zehn Häuserblocks umfassende **Stockyard
Area**, rings um die Exchange Ave, zwei Meilen nördlich der Downtown, vergegenwärtigt
auf plastische Art jene Zeit, als Fort Worth die
„reichste Kleinstadt der Welt" war: hölzerne Gehsteige, alte Ladenfassaden, angestaubte Rodeos und biergetränkte Saloons. Beim täglichen **Viehtrieb** stampfen – sofern das Wetter
passt – rund 15 texanische Longhorn-Rinder um
11.30 Uhr vom Korral hinter dem Livestock Exchange Building los und kommt gegen 16 Uhr
zurückgetrampelt.

Die Museen in den Stockyards verströmen
angenehmes Kleinstadtflair. Im riesigen **Livestock Exchange Building** befindet sich das
**Stockyards Museum**, 131 E Exchange Ave,
🖥 www.stockyardsmuseum.org. Zu besichtigen ist eine liebevoll zusammengestellte Sammlung aus lokalen Erinnerungsstücken, darunter
Ochsenschädel, präkolumbische Keramiken und
Rodeo-Poster. ⊕ Mo–Sa 10–17, im Sommer
auch So 12–17 Uhr, Eintritt $2.

Im benachbarten **Cowtown Coliseum**, 121 E
Exchange Ave, ☎ 817 625 1025, 🖥 www.cowtowncoliseum.com, finden Rodeos, Wildwest-Shows und Country-Konzerte statt (Eintrittspreise variieren). Vor dem Gebäude steht
eine Statue von Bill Pickett, dem farbigen Rodeostar, der die unappetitliche, aber effektive
Praxis erfand, den Bullen durch einen Biss in die
Lippe zu verwirren.

### ÜBERNACHTUNG

**The Ashton Hotel**, 610 Main St, ☎ 817 332 0100,
🖥 www.theashtonhotel.com. Kleines Luxushotel mit 39 Zimmern und fantastischer Lage im
Zentrum. Einige Zimmer machen einen etwas
abgewohnten Eindruck, der Service ist jedoch
erstklassig. Fitnessraum, iPod-Docking-Station
in den Zimmern. $219

**Courtyard Fort Worth Downtown/Blackstone**, 601 Main St, ☎ 817 885 8700, 🖥 www.marriott.com. Gastfreundliches Hotel in einem Jugendstilgebäude in Downtown mit mehr als 200 Zimmern und Suiten. Die oberen Zimmer haben eine tolle Aussicht und es gibt einen Pool. $229

**Hotel Texas**, 2415 Ellis Ave, ☎ 817 624 2224. Diese äußerst preiswerte Unterkunft am Rand der Stockyards ist bei tourenden Country-Musikern beliebt. Von der Bierhalle im Haus findet man auch schwankend noch aufs Zimmer. Die Zimmer sind gemütlich, wenn auch unspektakulär, mit einigen Einrichtungen. Inkl. Frühstück $79

## ESSEN

**Angelo's Barbecue**, 2533 White Settlement Rd, ☎ 817 332 0357. Dieses alteingesessene Grillrestaurant liegt in Westside, nördlich vom Cultural District, und zählt zu den besten der Stadt. ⊙ Mo–Mi 11–21, Do–Sa 11–22 Uhr.

**Cattlemen's Steak House**, 2458 N Main St, ☎ 817 624 3945. Steakhaus mit dezenter Beleuchtung und lebensgroßen Bildern preisgekrönter Stiere an den Wänden. Eine Stockyards-Institution mit saftigen Steaks ($34,95–39,95) und leckeren Margaritas. ⊙ Mo–Do 11–22.30, Fr und Sa 11–23, So 12–21 Uhr.

**Kincaid's Hamburgers**, 4901 Camp Bowie Blvd, ☎ 817 732 2881. In diesem ehemaligen Lebensmittelgeschäft werden seit 1966 die besten 8-Unzen-Burger ($6,40) von Texas aufgetischt. ⊙ Mo–Sa 11–20, So 11–15 Uhr.

**Paris Coffee Shop**, 700 W Magnolia Ave, ☎ 817 335 2041. Reges Lokal mit einfachen, frisch zubereiteten Speisen zu sehr günstigen Preisen (*biscuits and gravy* $2,55, Steak-Sandwiches $9,05). ⊙ Mo–Fr 6–14.30, Sa 6–11 Uhr.

**Reata**, 310 Houston St, ☎ 817 336 1009. Verführerische Southwestern-Karte mit breitem Angebot von Hausmannskost wie Hühnchen-*chile relleño* (gefüllte Paprika; $17,95) bis Gourmetküche wie Tenderloin mit Pfefferkruste an Portweinsoße ($43,95). Benannt ist dieses nette Lokal – eines der

schönsten am Sundance Square – nach der Ranch in James Deans letztem Film *Giganten*. ⊙ Mo–Do und So 11–14.30 und 17–22, Fr und Sa 11–14.30 und 17–22.30 Uhr.

## UNTERHALTUNG

Das Nachtleben von Fort Worth bietet eigentlich für jeden Geschmack etwas. Hier kippen Gelegenheitsarbeiter in ungezwungener Runde Schulter an Schulter mit modisch gekleideten Jazzfreunden und Motorradfahrern ihr Bier. Man kann wunderbar Kneipenhopping betreiben und es gibt viele Lokale mit Livemusik. Aktuelle **Veranstaltungshinweise** haben *Fort Worth Weekly*, 🖥 www.fwweekly.com, oder *Fort Worth Star-Telegram*, 🖥 www.star-telegram.com.

### Bars und Livemusik

**Billy Bob's Texas**, 2520 Rodeo Plaza, Stockyards, ☎ 817 624 7117, 🖥 www.billybobstexas.com. Das Juwel in der Krone von „Cowtown" ist das größte Honky Tonk der Welt, ein wahrer Amüsiertempel mit Profi-Rodeos, Bars, Restaurants, Geschäften und Konzerten bekannter Künstler. Es wird auch Tanzunterricht in Swing und Country angeboten. ⊙ Mo–Mi 11–22, Do–Sa 11–2, So 12–22 Uhr.

**The Usual**, 1408 W Magnolia Ave, ☎ 817 810 0114. Die schicke, coole Cocktaillounge serviert neben den Klassikern auch schöne eigene Kreationen. Das Publikum ist gemischter, als man vielleicht erwartet, und es legen erstklassige DJs auf. ⊙ Mo–Fr 16–2, Sa und So 18–2 Uhr.

**White Elephant Saloon**, 106 E Exchange Ave, ☎ 817 624 8273, 🖥 www.whiteelephantsaloon.com. Raubeiniger, authentischer alter Saloon in den Stockyards inklusive Cowboy Hall of Fame und allabendlicher Livemusik. ⊙ Mo–Do und So 12–24, Fr und Sa 12–2 Uhr.

## EINKAUFEN

**Leddy's Ranch at Sundance**, 410 Houston St, ☎ 817 336 0800. Hier kann man sich mit Rhinestone Western Wear und Stiefeln, Sätteln, wunderbaren handgemachten Gürtelschnallen und Cowboyhüten höchster Qualität eindecken; auch bekannte Country-Musiker beziehen hier ihre Outfits. Die Filiale **M. L. Leddy's** befindet sich in der 2455 N Main St. ☉ Mo–Sa 9–18 Uhr. **Stockyards Station**, 130 E Exchange Ave, ✆ 817 625 9715, 🖳 www.stockyardsstation.com. Große Freiluft-Mall im Herz von Stockyards. Ziemlich touristisch, birgt jedoch einen Gemischtwarenladen, ein Ledergeschäft, einen Laden für scharfe Soßen und auch den Chief Record Shop, 🖳 www.chiefrecordsonline.com, mit einem hervorragenden Sortiment an Country-CDs. Mall ☉ Mo–Do 10–18, Fr und Sa 10–19, So 12–18 Uhr.

## INFORMATIONEN

Fort Worth hat zwei **Visitor Centers**, 🖳 www.fortworth.com: eines in **Downtown** in der 508 Main St, ✆ 817 698 3300, ☉ Mo–Sa 10–18 Uhr, und eines in den **Stockyards**, 130 E Exchange Ave, ✆ 817 624 4741, ☉ Mo–Sa 9–17, So 11–17 Uhr.

## NAHVERKEHR

Der I-30, die Hauptverkehrsstraße zwischen Fort Worth und Dallas, durchschneidet die Stadt in Ost-West-Richtung, während die I-35 von Nord nach Süd verläuft und der Loop 820 als Ring um die Stadt und alle Sehenswürdigkeiten herumführt.

### Stadtbusse

Das Nahverkehrssystem von Fort Worth, **The T**, ✆ 817 215 8600, 🖳 www.the-t.com, betreibt die Stadtbusse (Fahrkarte $1,75–2,50). **Trinity Railway Express**, ✆ 817 215 8600, 🖳 www.trinityrailwayexpress.org, verbindet Fort Worth mit Dallas ($5; zu Stationen in Fort Worth $2,50).

### Taxi

Der Sundance Square in Downtown und das Gebiet der Stockyards werden bewacht und sind auch nach Einbruch der Dunkelheit ziemlich sicher. Wer trotzdem lieber ein Taxi nehmen möchte, kann **Yellow Cab**, ✆ 817 426 6262, anrufen.

## TRANSPORT

Der **Flughafen Dallas / Fort Worth,** ✆ 972 574 8888, 🖳 www.dfwairport.com, liegt 17 Meilen nordöstlich von Fort Worth. Den Transport vom und zum Flughafen übernimmt **Yellow Checker Shuttle Service**, ✆ 817 267 5150, 🖳 www.goyellowcheckershuttle.com, Ticket rund $25.
Der Greyhound-**Busbahnhof,** ✆ 817 429 3089, und der Amtrak-**Bahnhof,** ✆ 817 332 2931, liegen südöstlich von Downtown in der 1001 Jones Street.

**Busse nach:**
AMARILLO (3x tgl., 6 Std.),
AUSTIN (10x tgl., 4 1/2 Std.),
DALLAS (11x tgl., 40 Min.),
EL PASO (6x tgl., 11 1/2 Std.),
HOUSTON (10x tgl., 7 Std.),
SAN ANTONIO (9x tgl., 6 1/2 Std.).

**Züge nach**:
AUSTIN (1x tgl., 4 1/4 Std.),
DALLAS (1x tgl., 1 Std.),
EL PASO (1x tgl., 24 Std.),
SAN ANTONIO (1x tgl., 7 3/4 Std.).

# Der Panhandle

Die Einwohner des **Panhandle**, der den pfannenstielförmigen Norden von Texas einnimmt, nennen die Region „das echte Texas". Die mit Tumbleweed und Mesquite-Bäumen übersäte Landschaft zwischen New Mexico und Oklahoma bildet den südlichsten Teil der Great Plains und entspricht ganz und gar dem weitverbreiteten Bild von Texas. Als im 16. Jh. die Expedition des Spaniers Francisco Vázquez de Coronado hier durchkam, steckten die Goldsucher Stöcke in den Boden, um in der endlosen Gleichförmigkeit den Rückweg finden zu können. Daher rührt die Bezeichnung **Llano Estacado** – „mit Stöcken versehene Ebene" –, die noch heute gebräuchlich ist.
    Nachdem die Büffel, und mit ihnen die Indianer, vertrieben worden waren, enthüllte der un-

wirtliche Panhandle in den 1870er-Jahren nach und nach gewaltige Bodenschätze. Helium und Öl haben die Gegend seitdem neben der Landwirtschaft reich gemacht. Auf dem Panhandle liegen auch einige große **Ranches**.

Typische Touristenattraktionen hat die Region kaum, vielmehr besteht ihr Reiz in der schlichten Schönheit der Landschaft. Musik spielt eine besonders wichtige Rolle in dieser Gegend, die Singer-Songwriter wie Bob Wills, Buddy Holly, Roy Orbison, Waylon Jennings, Terry Allen, Joe Ely und Jimmie Dale Gilmore hervorgebracht hat.

# Lubbock

Mit seinen gesichtslosen und einfachen Bauten ist **Lubbock**, die größte Stadt des Panhandle, auf den ersten Blick wenig reizvoll. Doch wer ein wenig genauer hinsieht, wird eine Stadt mit vielen Gesichtern entdecken, die von der Southern Baptist Church genauso geprägt ist wie von den Red Raiders, dem Football-Team der Universität Texas Tech, und einer in Texas unvergleichlichen Musikgeschichte mit Buddy Holly als Fixstern (s. Kasten).

Einen Überblick über die Geschichte der Stadt bekommen Besucher im **Ranching Heritage Center**, 🖥 www.nrhc.ttu.edu, der Univer-

sität, nordwestlich von Downtown. Hier wird mithilfe von 38 Gebäuden die Entwicklung des Ranch-Lebens verdeutlicht. Zu den Highlights zählen ein Schulhaus mit nur einem Klassenzimmer, ein Kalk- und Sandsteinhaus, das eine Pionierfamilie vor den Angriffen der Indianer schützen sollte, und eine alte Schmiede. ⏱ Mo–Sa 10–17, So 13–17 Uhr, Eintritt frei.

## ÜBERNACHTUNG

**Baymont Inn and Suites**, 3901 19th St, 📞 806 792 5181, 🖥 www.baymontinns.com. Kürzlich renoviertes Kettenmotel in guter Lage mit schnörkellosen Zimmern, Restaurant und Pool mit Wasserfällen. Frühstück inkl. $69
**Woodrow House B&B**, 2629 19th St, 📞 806 793 3330, 🖥 www.woodrowhouse.com. Neun individuell eingerichtete Zimmer in einem herrenhausartigen modernen Bau gegenüber der Texas Tech sowie eins in einem restaurierten Eisenbahnwagen. Pool und schön zubereitetes Frühstück (inkl.). $129

## ESSEN UND UNTERHALTUNG

**Cagle Steaks**, 8732 4th St, 📞 806 795 3879. Klassisches texanisches Steakhaus – für Vegetarier gibt's eigentlich nur gebackene Kartoffeln und Pommes. Ein 16-Unzen-Ribeye

TEXAS

---

## Buddy Holly

Lubbock erlangte als Geburtsort von **Buddy Holly** weltweite Berühmtheit. Inspiriert vom Blues und Country und nach einem wegweisenden Treffen mit dem jungen Elvis Presley bei einem Konzert im Cotton Club in Lubbock, wurde Buddy Holly zu einem der ersten Singer-Songwriter des Rock 'n' Roll. Der Buddy-Holly-Sound war gekennzeichnet durch schnelles, durchgängiges Spiel auf der Gitarre, dominante Schlagzeugbegleitung und seinen unverwechselbaren Schluckauf-Gesangsstil. Mit Hits wie *Peggy Sue*, *Not Fade Away* und *That'll Be the Day* wurde Buddy auf der ganzen Welt berühmt, bevor er am 3. Februar 1959 im Alter von 22 Jahren bei einem Flugzeugabsturz in Iowa ums Leben kam, zusammen mit den Musikern Big Bopper und Ritchie Valens. Einen Besuch im eindrucksvollen **Buddy Holly Center**, 1801 Crickets Ave, 📞 806 775 3560, 🖥 www.buddyhollycenter.org, wo unterschiedlichste Erinnerungsstücke gezeigt werden, sollte man sich nicht entgehen lassen. ⏱ Di–Sa 10–17, So 13–17 Uhr, Eintritt $5.
Gegenüber vom Zentrum, auf der Buddy and Maria Elena Holly Plaza, steht die knapp 2,5 m hohe **Buddy Holly Statue**. Buddys **Grab** befindet sich auf dem Friedhof von Lubbock am Ende der 34th Street. Einfach hinter dem Eingangstor die rechte Abzweigung nehmen; das mit Blumen und Gitarrenplektren geschmückte Grab befindet sich auf der linken Seite.

mitsamt Beilagen kostet $27. ⊙ Mo–Do 17.30–
21.30, Fr und Sa 17–22 Uhr.
**The Crafthouse Gastropub**, 3131 34th St,
✆ 806 687 1466. Das niedliche kleine Lokal,
betrieben von jungen, freundlichen Leuten
aus Lubbock, serviert leckere Suppen, Salate
und Sandwiches; Highlights sind die Texas-
Zwiebelsuppe ($7) und das Ratatouille ($12).
⊙ Di–Sa 11–22, So 10–14 Uhr.
**Lone Star Oyster**, 5116 58th St Slide, ✆ 806
797 3773. Beliebte und altetablierte Kneipe, die
Austern und andere Meeresfrüchte serviert,
doch die Leute kommen vor allem wegen der
sehr billigen Getränke und der guten Stimmung.
⊙ tgl. 11–2 Uhr.
**Tom and Bingo's BBQ**, 3006 34th St, ✆ 806
799 1514. Dieses winzige, von einer Familie
betriebene Lokal serviert die besten Sandwiches mit geschnetzeltem Rindfleisch ($7)
in der Stadt. Wer auf Rinderbrust steht, sollte
frühzeitig hier aufschlagen, denn sie ist oft
im Handumdrehen ausverkauft. ⊙ Mo–Sa
11–24 Uhr.

**Visitor Center**, 5. Stock, 1500 Broadway, ✆ 806
747 5232, 🖥 www.visitlubbock.org, ⊙ Mo–Fr
8–17 Uhr.

Der I-27 durchschneidet das Zentrum von
Lubbock, der Loop 289 umrundet die Stadt.
Der **Preston Smith Airport**, ✆ 806 775 2044,
🖥 www.flylia.com, liegt ein paar Minuten
nördlich von Lubbock am I-27. Ein **Taxi** in
die Innenstadt kostet rund $20; Yellow Cab,
✆ 806 765 7777.
**Citibus**, ✆ 806 712 2000, 🖥 www.citibus.com,
betreibt von Mo bis Sa bis ca. 19.45 Uhr
Pendlerlinien innerhalb des Loop ($1,75).

# Amarillo und Umgebung

Auf den ersten Blick scheint **Amarillo** im nördlichen Panhandle, recht abgeschieden vom restlichen Texas zu liegen. Tatsächlich breitet sich

die Stadt jedoch an einer der wichtigsten amerikanischen Fernstraßen aus, dem I-40 – einst
die legendäre Route 66. Der spanische Name
der Stadt („gelb") bezieht sich auf die typische
Farbe des Bodens in dieser Gegend. Im Boden
unter Amarillo schlummern 90 % des weltweiten Heliumvorkommens, und der Viehmarkt der
Stadt ist weltbekannt. Die wohlhabende Stadt
ist relaxt und bietet eine interessante Mischung
aus ländlichem Flair und künstlerischer Exzen-
trik – sowie hervorragende Steaks.

Die kleine „**Altstadt**" von Amarillo besteht
aus ein paar baumgesäumten Straßen und
schäbigen Häusern. Interessanter ist der **Route
66 Historic District**, bei den Einheimischen besser bekannt als **Old San Jacinto**, ein etwa eine
Meile langer Straßenabschnitt mit Restaurants,
Bars und Geschäften entlang der Sixth Street
(der alten Route 66) zwischen Georgia und
Western Street.

### Amarillo Livestock Auction
100 S Manhattan St, abseits 3rd Ave ▪
✆ 806 373 7464, Café ✆ 806 373 7999,
🖥 www.amarillolivestockauction.com
Amarillo hat die spannendsten **Viehauktionen**
der Welt zu bieten. Jeden Montag um 11 Uhr
wird in den Viehhöfen östlich der Stadt ein riesiges Spektakel veranstaltet, das einen faszinierenden Einblick in das Leben im Panhandle
zulässt. Danach kann man sich im angeschlossenen **Café** üppige Portionen texanischer und
anderer Südstaatenspezialitäten gönnen; das
*chicken fried steak* ($7,95) ist legendär.

### Cadillac Ranch
10 Meilen westlich von Amarillo am I-40, Exit 60
(Arnot Rd)
Westlich von Amarillo liegt **Cadillac Ranch**,
eine echte Perle der amerikanischen Kultur. Hier
stecken mitten im Nirgendwo zehn ramponier-
te Autos im Erdboden, und ihre Hinterteile ragen
in den Himmel. Die Heckflossen dokumentieren anschaulich die Entwicklung des Cadillac-
Designs zwischen 1949 und 1963. Seitdem die
Autos 1974 hier deponiert wurden, was auf einen Hippiekünstlerkollektiv namens Ant Farm
zurückgeht, haben Graffiti-Künstler, Fotografen
und andere Leute sie immer wieder umgestaltet.

Initiiert wurde all das von Stanley Marsh 3 (er mag keine römischen Ziffern), einem exzentrischen Helium-Millionär und Bonvivant, auf dessen Land die Cadillac Ranch liegt.

### ÜBERNACHTUNG UND ESSEN

**Big Texan Steak Ranch and Motel**, 7701 E I-40, Exit 75, ☏ 806 372 6000, ⌨ www.bigtexan.com. Wildwest-Spaß in einem berühmten alten Restaurant, das neben 20-Unzen-T-Bone-Steaks ($27) und BBQ-Rinderbrust-Sandwiches ($10) auch ein wahnsinniges 72-Unzen-Steak serviert: Wer das Zwei-Kilo-Monstrum innerhalb von einer Stunde verputzen kann, bekommt es gratis! (Ansonsten kostet es ca. $70.) Mit unglaublich viel Cowboy-Kitsch wartet das angeschlossene Motel auf: Texas-Fahnen-Duschvorhänge, Pool in Texas-Form, Bettdecken aus Kuhhaut und Saloontüren. ⊕ tgl. 7–22.30 Uhr. $79

**Golden Light Café and Cantina**, 2908 W 6th Ave, ☏ 806 374 9237. Köstliche Burger und ebensolche Sandwiches zu guten Preisen (meist um $5) in einem gut gelegenen Lokal. In der Cantina spielen regelmäßig mit die besten Musiker von Texas. ⊕ Café Mo–Sa 11–22, Cantina Do–Sa 19–2 Uhr.

**Outlaws Supper Club**, 10816 SE 3rd Ave, ☏ 806 335 1032. Das freundliche, lockere Restaurant inmitten von Ranchland ist ein Muss für Steakliebhaber: Hier gibt's jede nur erdenkliche Variante, etwa ein 20-Unzen-Hochrippensteak für $22. ⊕ Mo–Fr 11–21, Sa 16–21.30 Uhr.

### INFORMATIONEN

**Visitor Center**, Civic Center, 401 S Buchanan St, Eingang 2, ☏ 806 374 8474, ⌨ www.visit amarillotx.com, ⊕ tgl. 8–17 Uhr.

### TRANSPORT

Der I-40 führt südlich von Downtown durch Amarillo; parallel verläuft nördlich die alte Route 66 (6th St).
Ein kleiner **Flughafen**, ☏ 806 335 1671, liegt sieben Meilen östlich der Stadt.

Der **Greyhound**-Busbahnhof befindet sich in der 700 S Tyler St, Downtown, ☏ 806 374 5371.

**Busse nach:**
ALBUQUERQUE (3x tgl., 5 Std.),
AUSTIN (3x tgl., 12 Std.),
DALLAS (3x tgl., 6 3/4 Std.),
EL PASO (2x tgl., 9 1/4 Std.),
FORT WORTH (3x tgl., 6 Std.),
HOUSTON (3x tgl., 13 Std.).

# Palo Duro Canyon State Park

⊕ tgl. 7–22 Uhr ▪ Eintritt $5

Der **Palo Duro Canyon**, 20 Meilen südöstlich von Amarillo, ist eines der bestgehüteten Geheimnisse von Texas – was wirklich überrascht, denn er ist einer der größten und atemberaubendsten Canyons der gesamten USA. Der 300 m tiefe Graben bildet einen gewaltigen Einschnitt in die Ebene und hat herrliche Ausblicke und Farbenspiele zu bieten, besonders bei Sonnenuntergang und im Frühjahr, wenn sich die gesamte Schlucht in ein buntes Meer aus Wildblumen verwandelt.

Der State Park umfasst den landschaftlich reizvollsten Teil des 120 Meilen langen Canyons. Die Tiefen der Schlucht können Besucher bei einer Reittour erkunden (☏ 806 488 2180, einstündiger geführter Ausritt $35). Wanderer, die es

## Ein texanisches Spektakel

Auch wer sich normalerweise nicht für schnulzige Musicals interessiert, könnte an der **Freiluftinszenierung** von *Texas* im Pioneer Amphitheater im Park Gefallen finden, einem Stück über die Besiedlung des Panhandle im 19. Jh., das in dem ansonsten spärlichen Unterhaltungsangebot der Gegend für Abwechslung sorgt. Die Show unter dem dramatischen Himmel der Prärie mit einer 180 m hohen Klippe als Kulisse und echtem Blitz und Donner vergisst kein Besucher so schnell. Sommer Di–So 20.30 Uhr, Steakdinner vor der Show 18 Uhr; Dinner $16, Show $16,95–30,95; ☏ 806 655 2181, ⌨ www.texas-show.com.

ruhiger mögen und den Busladungen von Touristen aus dem Weg gehen möchten, folgen dem Prairie Dog Town-Pfad in abgeschiedene Teile des Parks.

### ÜBERNACHTUNG

**Camping und Cabins**, ✆ 512 389 8900. Es gibt zwei Zeltplätze mit Einrichtungen sowie zwei primitive Plätze ohne Einrichtungen. Außerdem kann man im Hinterland des Parks zelten; das Visitor Center gibt Auskunft über die dafür vorgesehenen Stellen. Daneben werden noch sieben rustikale Hütten geboten; die drei teureren lohnen den Aufpreis allein schon wegen der tollen Ausblicke auf die Schlucht. Einfache Plätze $12, mit Anschlüssen $24, Cabins $60

### INFORMATIONEN

**Visitor Center**, 11450 Park Rd 5, Canyon, ✆ 806 488 2227, ▭ www.tpwd.texas.gov/state-parks/palo-duro-canyon.

# Die Davis Mountains

Das gemäßigte Klima macht die grünen **Davis Mountains**, südlich der Kreuzung von I-10 und I-20, zum beliebten Sommerreiseziel für schmachtende texanische Vorstädter. Die meisten Besucher zieht es in den gleichnamigen **State Park** oder ins **McDonald Observatory** mit seinen fantastischen Möglichkeiten zur Himmelsbeobachtung. Das winzige **Marfa** am Hwy-17, Richtung Süden ist eine windgepeitschte Künstlergemeinde inmitten der westtexanischen Wüste.

## Fort Davis und Umgebung

**Fort Davis** an der Kreuzung der Highways 118 und 17 ist ein ruhiger Ausgangspunkt für die Erkundung der Davis Mountains; im Visitor Center sind Straßenkarten der Gegend erhältlich. Im Ort selbst ist allerdings wenig los.

## McDonald Observatory

3640 Dark Sky Drive ▪ ⏰ tgl. 10–17.30 Uhr ▪ Eintritt frei ▪ ✆ 432 426 3640, ▭ www.mcdonald observatory.org

Sternenklare Nächte erleichtern dem **McDonald Observatory**, 20 Meilen nordwestlich von Fort Davis am Hwy-118, seine Arbeit. Bei nächtlichen „Sternen-Partys" (Di, Fr, Sa nach Sonnenuntergang; $12) besteht die Möglichkeit, die Sternbilder selbst zu bewundern und mehr über das Gesehene zu erfahren – warm anziehen und nicht vergessen, Speisen und Getränke mitzunehmen. Auch tagsüber werden Himmelsbeobachtung und Führungen angeboten.

## Davis Mountains State Park

⏰ ganzjährig ▪ Eintritt $6 ▪ ✆ 800 792 1112, ▭ www.tpwd.texas.gov/state-parks/davis-mountains

Der **Davis Mountains State Park** vier Meilen nordwestlich von Fort Davis bietet sehr gute Bedingungen zum Wandern und für die Vogelbeobachtung. Außerdem ist der Park ein wichtiger Lebensraum für Schwarzbären und Pumas. Ein Stück westlich vom Campingplatz an der Park Road 3A beginnt der **Skyline Drive Trail**, der sich 4,5 Meilen durch den Park bis zur Fort Davis Historic Site windet und durch eine zerklüftete Berglandschaft führt. Weniger anstrengend ist der **Indian Lodge Trail**, der am Parkplatz der Lodge beginnt. Nach einem recht steilen Beginn wird der Weg ebener und bietet weite Ausblicke. Nach 1,5 Meilen stößt er auf einen Weg von einer Meile Länge, der zu einer Wachtelbeobachtungsplattform führt.

### ÜBERNACHTUNG UND ESSEN

Möglichkeiten zum **Camping** bietet der Davis Mountains State Park, ✆ 512 389 8900, ▭ www.texasstateparks.org. Hier gibt es schöne, schattige Plätze, sowohl einfache als auch solche mit Anschlüssen. $8/20

**Hotel Limpia**, 101 Memorial Square, Fort Davis, ✆ 432 426 3237, ▭ www.hotellimpia.com. Historisches, stimmungsvolles Hotel im Herzen des Orts mit alter Einrichtung und kleinem Outdoor-Pool. Im angeschlossene Restaurant, Blue Mountain Bistro (⏰ Mo, Di und Do 17–20, Fr 17–21, Sa 7.30–10 und 17–21, So 7.30–10 Uhr), wird ausgezeichnetes Essen zubereitet, z. B. *spanakopita* ($17) oder Schweinslende mit Mokkakruste ($19). $99

**Indian Lodge**, Davis Mountain State Park, ✆ 432 426 3254. Die Zimmer in der romantischen, in den 1930ern im Adobe-Stil erbauten Lodge sind sauber und komfortabel und immer schnell vergeben, sodass es sich lohnt, früh zu reservieren. Es gibt draußen einen recht großen Pool, und das Frühstücksbuffet im Restaurant Black Bear (⊙ Mi, Do und So 7–20, Fr und Sa 7–21 Uhr) wartet mit einer verwirrenden Auswahl auf. $95

# Marfa und Umgebung

Die kleine, aber blühende Gemeinde **Marfa**, 21 Meilen südlich von Fort Davis am Hwy-17, gehört zu der Art von Orten, die es eigentlich gar nicht geben dürfte – nicht hier, aber auch nicht woanders. Marfa ist eine Wüstenoase mit einer renommierten **Kunstszene**, die immer mehr Künstler und Neugierige anlockt – ein schräger Ort mit einer faszinierenden Mischung aus schicken Designerläden und Fertigbau-Galerien zwischen historischen Gebäuden, die vom einstigen Dasein des Orts als Farmerzentrum zeugen. Auch die **Marfa Lights** ein paar Meilen östlich des Orts locken zahlreiche Besucher an, auch wenn sich die Lichter nicht immer zeigen.

## Chinati und Judd Foundation

Knapp außerhalb der Ortsgrenzen liegt die einzigartige **Chinati Foundation**, ✆ 432 729 4362, 🖳 www.chinati.org, die von dem Minimalisten Donald Judd gegründet wurde. Zu ihren avantgardistischen Werken zählen einige der weltweit größten permanenten Kunstinstallationen, die hier (im Freien und unter Dach) in dramatischen Kontext gesetzt wurden. Je nach besuchtem Bereich ist die Besichtigung auf eigene Faust kostenlos oder kostet $10, und es werden auch verschiedene Führungen angeboten (Mi–So; 2 Std. $20, 4 1/2 Std. $25).

Durch die Räume mit moderner Kunst der **Judd Foundation**, 104 S Highland, ✆ 432 729 4406, 🖳 www.juddfoundation.org/marfa, werden ebenfalls Führungen angeboten.

## Marfa Lights

Beobachtungscenter am Hwy-90, 9 Meilen östlich von Marfa ▪ ⊙ ganzjährig

Seit den 1880er-Jahren sind über den weiten Feldern mysteriöse, umherschwirrende Lichter gesichtet worden, die alle möglichen Alien-Theorien geschürt haben. Die Mitarbeiter des **Visitor Center** (⊙ variierend) im Hotel Paisano wissen, wo die Chancen auf eine Sichtung am besten sind. Sonst versucht man es vier Stunden nach Sonnenuntergang am Beobachtungs-Center.

### ÜBERNACHTUNG UND ESSEN

🏨 **Cochineal**, 107 W San Antonio St, ✆ 432 729 3300, 🖳 www.cochineal marfa.com. Dezentes, verstecktes Restaurant mit Schwerpunkt auf einigen raffinierten, schnörkellosen Gerichten. Die Karte wechselt regelmäßig, aber Vorspeisen wie ein Cheddar-Soufflé ($12) und Hauptgerichte wie scharf angebratene Entenbrust mit Blaubeerkompott ($25) sind immer wieder im Angebot. Außerdem gibt's eine gemütliche Cocktailbar. ⊙ tgl. 17.30–22 Uhr.

**El Cosmico**, 802 S Highland Ave, 🖳 www.elcosmico.com. Hier entsteht ein alternatives Projekt, das am Ortsrand Unterkunft in liebevoll renovierten Retro-Wohnwagen und Safarizelten bietet. Die meisten Wohnwagen verfügen nur über Außenduschen, sind aber alle nett eingerichtet. Camping $15, Safarizelt $65, Wohnwagen $110

**Food Shark**, 222 W San Antonio St, ✆ 432 207 2090, 🖳 www.foodsharkmarfa.com. Weithin beliebter Imbiss in einem alten Lieferwagen mit Gerichten wie mediterran inspiriertem Fatoush-Salat für $8,50. Wer nicht Punkt 12 Uhr da ist, muss sich auf langes Warten einstellen. ⊙ Mi–Sa 12–15 Uhr.

**Hotel Paisano**, 207 N Highland Ave, ✆ 432 729 3669, 🖳 www.hotelpaisano.com. Als 1956 im Ort James Deans letzter Film *Giganten* gedreht wurde, stiegen die Schauspieler in diesem historischen, schicken Hotel ab. Während die öffentlichen Bereiche Eleganz verströmen, wirken die Gästezimmer allerdings beengt; die viel größeren Suiten verfügen über

Terrassen oder Balkone. Mit kleinem im Winter beheizten Swimming Pool und Fitnessraum. DZ $99, Suiten $159

**New York Pizza Foundation**, 305 S Spring St, ☏ 432 729 3377, ⌨ www.pizzafoundation.com. Die dünnkrustigen Pizzas ($15–20) genießen zurecht einen sehr guten Ruf. Die Karte ist schnörkellos, aber das Resultat braucht sich wahrlich nicht zu verstecken. Nur Barzahlung. ◷ Fr–So ab 13 Uhr bis es keinen Teig mehr gibt, gewöhnlich gegen 20 Uhr.

**Thunderbird Hotel**, 601 W San Antonio, ☏ 877 729 1984, ⌨ www.thunderbirdmarfa.com. Hippes Hotel in einem umgebauten Motel mit minimalistischen Zimmern mit Flachbild-TVs, iHomes und Designer-Badprodukten. $130

# Big Bend National Park und Umgebung

◷ tgl. 24 Std. ▪ Eintritt $20 pro Fahrzeug, $10 pro Radfahrer und Motorradfahrer

Der riesige, kaum besuchte Park mit bewaldeten Bergen und kakteenbestandener Wüste erstreckt sich bis zur scharfen Biegung des **Rio Grande** südlich von Marathon. Nach einer Erzählung der Apachen, die vor 300 Jahren die Chisos-Indianer von hier vertrieben, soll der Große Geist in dieser atemberaubend schönen Landschaft jene Steine deponiert haben, die bei der Erschaffung der Welt übrig geblieben waren. Big Bend war der Zufluchtsort von Glücksrittern und Schmugglern und die letzte Herausforderung für hartgesottene Pioniere. In bestimmten Arealen gibt es heute Campingplätze, aber der Großteil des Parks ist kaum erschlossen.

Die **Tierwelt** konnte sich dagegen erfolgreicher behaupten, etwa Pumas, Schwarzbären, Erdkuckucks und Pekaris – eine graue, borstige Wildschweinart. Die Höhenunterschiede haben ein Nebeneinander von Wüsten- und Bergpflanzen und -tieren hervorgebracht. Trotz der Trockenheit schießen jeds Jahr im März und April farbenfrohe Blumen aus der Erde, und die Kakteen blühen in leuchtenden Farben.

Die meisten Stellplätze auf den drei **Campingplätzen** des Parks (im Visitor Center bezahlen) werden nach dem Prinzip „Wer zuerst kommt, mahlt zuerst" vergeben. Einige Plätze können für die Hochsaison (Nov–Mai) reserviert werden: ☏ 877 444 6777 oder 518 885 3639 oder ⌨ www.recreation.gov. Zahlreiche einfache **Campingplätze** ohne sanitäre Anlagen findet man entlang der vielen ausgeschilderten Wanderwege. Das erforderliche Backcountry Permit ($12) gibt's in einem der Visitor Center. Juniper Flats liegt nur drei Meilen entfernt inmitten einer wunderschönen Wiese. Weitere schön gelegene Plätze gibt es in den Chisos Mountains.

**Chisos Basin Campground**. Der beliebteste Campingplatz im Park liegt dramatisch auf 1645 m Höhe und außerdem nicht weit entfernt von mehreren Wanderwegen, einem Visitor Center und dem Restaurant der Chisos Mountains Lodge. Es gibt 60 Stellplätze und fließendes Wasser, aber keinen Strom. Stellplatz $14

**Chisos Mountains Lodge**, ☏ 432 477 2291, ⌨ www.chisosmountainslodge.com. Die Unterkunft beim Visitor Center im Chisos Basin hat motelähnliche Balkonzimmer und ein paar Cottages aus Stein (am besten sind Nr. 102 und 103), Reservierung erforderlich. Das dazugehörige Restaurant (◷ tgl. 7–10, 11–16 und 17–20 Uhr) bietet ein gutes Salatbuffet für $10. DZ $140, Cottages $175

🧳 **Gage Hotel**, 101 Hwy-90 W, Marathon, ☏ 432 386 4205, ⌨ www.gagehotel.com. Marathon, 40 Meilen nördlich des Besucherzentrums Persimmon Gap, ist vor allem für das luxuriöse Gage Hotel bekannt. Dieses bietet äußerst komfortable Zimmer und das Adobe-Nebengebäude Los Portales. Das Restaurant mit gehobenem „Cowboy-Dekor" und Bar ist für seinen Büffelburger berühmt. $229

Im **Headquarter** des Parks in **Panther Junction**, ☏ 432 477 2251, ⌨ www.nps.gov/bibe, wo die

## Wandern, Rafting und heiße Quellen im Big Bend National Park

Westlich der Parkverwaltung führt eine Straße Richtung Süden und erreicht nach sechs Meilen das von schroffen Gipfeln eingeschlossene **Chisos Basin**. Die einzige Lücke in der Felswand ist **The Window**, ein „Fenster" mit Blick über die Chihuahua-Wüste. Mehrere der besten **Wanderwege** im Park zweigen entweder von der Straße ab oder beginnen am *trailhead* in der Nähe des Geschäfts beim Besucherzentrum.

### Wanderungen

**Lost Mine Trail** Der 4,8 Meilen (hin und zurück) lange Weg ist eine ideale Vormittagswanderung ins Chisos Basin. Er führt über eine Reihe von Serpentinen 335 m hoch zu einem Kamm mit atemberaubender Sicht auf den Juniper Canyon und hinüber nach Mexiko.

**South Rim Trail** Der zwölf Meilen lange Rundwanderweg zur **South Rim** vom *trailhead* im Chisos Basin zählt zu den beliebtesten Wanderwegen im Park; die Ausblicke hinüber nach Mexiko sind ergreifend. Für die gesamte Unternehmung muss man acht Stunden veranschlagen, in denen es kaum Schatten gibt, oder zehn Stunden inklusive der Wege am Rand der Schlucht.

**Marufo Vega Trail** Der 13 Meilen lange, anspruchsvolle Rundwanderweg zum Fluss auf dem **Marufo Vega Trail** zählt zu den atemberaubendsten Wanderwegen in allen Nationalparks der USA. Der Weg eröffnet Ausblicke auf die Gebirgskette der Sierra del Carmen in Mexiko und führt hinab in einen einsamen Canyon. Manchmal wehklagen hier bei Sonnenuntergang wilde Esel, und auf der anderen Seite der Grenze schlagen mexikanische Kleinstbauern Lager auf, um Candelilla-Pflanzen zu sammeln. In den Visitor Centers gibt's topografische Karten des Wegs, und bevor man losgeht, sollte man sich bei einem Parkranger nach den aktuellen Bedingungen erkundigen.

**Rio Grande Village Trail** Diese recht einfache einstündige Wanderung vom Campingplatz im Rio Grande Village führt vorbei an einer Tierbeobachtungsplattform zu weiten Ausblicken über den Fluss und die nahen Berge.

### Rafting

Innerhalb des Parks rauscht der Fluss durch drei gewaltige Schluchten. Am häufigsten wird durch die westlichste, Santa Elena, geraftet, zumeist bei Schwierigkeitsgrad II–III; Anbieter gibt's in Terlingua (S. 150).

### Heiße Quellen

Eine 20 Meilen lange Fahrt von Panther Junction nach Südosten endet im **Rio Grande Village** am Fluss. Kurz davor kann man zu einigen heißen Quellen abbiegen und einen kurzen Badeaufenthalt einlegen. Die heißen Quellen kann man mittels einer leichten 15-minütigen Wanderung auf der beschilderten Staubpiste Hot Springs Rd erreichen.

Eintrittsgebühr entrichtet werden kann, findet man Orientierungshilfen und eine tagsüber geöffnete Tankstelle. ⏰ tgl. 8–18 Uhr.
Im Chisos Basin, ein Stück südlich von Panther Junction, gibt es ein weiteres **Visitor Center**, ⏰ tgl. 8.30–16 Uhr, sowie einen Laden. Weitere Besucherzentren sind am östlichen Ende des Hwy-118 im Rio Grande Village, ⏰ Nov–April tgl. 8.30–16 Uhr, wo es auch eine Tankstelle gibt, und am Persimmon Gap, ⏰ tgl. 9–16 Uhr,

am Nordrand des Parks am Hwy-385. Der Parkeintritt kann in allen Besucherzentren entrichtet werden.

#### TRANSPORT

Die interessanteste Strecke führt von Westen zum Big Bend. Man kann zwar nicht ständig am Fluss entlangfahren, aber der Hwy-170, den man über den Hwy-67 erreicht, führt östlich von

Ojinaga in Mexiko, das von starken Über-schwemmungen 2008 beinahe vollständig ausgelöscht wurde, durch eine atemberaubende Wüstenlandschaft. Kurz bevor man bei Study Butte an die Grenzen des Parks stößt, kommt man durch den **Big Bend Ranch State Park** und den Ort Terlingua.

# Terlingua

Das winzige **Terlingua** in den Hügeln am Hwy-170 hat einiges zu bieten, z. B. eine stimmungs-volle **Geisterstadt** mit den Zeugnissen des Quecksilberbergbaus durch die Chisos Mining Company im frühen 20. Jh. Hier können Be-sucher selbstständig umherspazieren, und es gibt verschlossene Minenschächte, Fundamen-te von Gebäuden und einen Friedhof zu entde-cken. Aufgrund seiner Nähe zum Big Bend Nati-onal Park und seiner zerklüfteten Umgebung ist Terlingua einer der besten Orte in Texas für **Out-door-Aktivitäten**; im Ort bieten mehrere Veran-stalter unterschiedlichste Touren an (s. u.).

## ÜBERNACHTUNG

**Big Bend Casitas**, Hwy-170, zwischen Geisterstadt und der Kreuzung mit dem Hwy-118, ℡ 432 371 2633, 🖳 www.bigbend farflung.com. Die von Far Flung (S. 151) betriebenen zwölf freundlichen und geräumigen *casitas* mit rotem Dach sind nett eingerichtet mit Flachbild-TVs, Klimaanlage, kleiner Küche und Grill draußen. Abends bieten sich von den überdachten Veranden umwerfende Ausblicke auf den Sternenhimmel. Gäste erhalten für Touren von Far Flung Rabatte. $159
**Chisos Mining Company Motel**, 23280 Hwy-170, ℡ 432 371 2254, 🖳 www.cmcm.cc. Am östlichen Ortsrand bei der Kreuzung mit dem Hwy-118. Die rustikale Anlage umfasst ein sehr einfaches Motel mit spartanischen Doppelzimmern sowie bunte Hütten. Die beste Budget-Unterkunft am Ort, aber beileibe nicht komfortabel, und in einigen Zimmern wird es nachts recht kalt. DZ $79, Hütten $101
**Na**, 100 Milagro Rd, ℡ 432 371 3044, 🖳 www. laposadamilagro.net. Drei luxuriöse rustikale

Zimmer in einem restaurierten Natursteinhaus auf einem Hügel sowie eine Schlafbaracke mit vier Betten. Weite Ausblicke, Yoga-Unterricht sowie Coffeeshop mit sättigenden Mahlzeiten morgens und mittags. DZ $185, Schlafbaracke $205

## ESSEN UND UNTERHALTUNG

**Ghost Town Saloon's Café**, 1001 Terlingua Ghost Town Rd, ℡ 432 371 2512. Das einladende Café in der Geisterstadt serviert von 6 bis 8 Uhr ein *early bird special* (1 Pfannkuchen, 1 Ei, 1 Stück Fleisch für $1,99) sowie herzhafte Haus-mannskost wie Omeletts (ab $6,50) und Schweinekoteletts ($4,95). ⏱ tgl. 6–14 Uhr.
**La Kiva**, 23222 Hwy-170, ℡ 432 371 2250, 🖳 www.la-kiva.com. Wem es am späten Abend nach lauter Action gelüstet, sollte das La Kiva ansteuern, eine schräge unterirdische Bar und ein Restaurant mit höhlenartigen Räumen und einer Terrasse. Auf der langen Getränkekarte finden sich mehrere Tequilas und starke Hauscocktails. ⏱ Mo–Fr und So 17–24, Sa 17–1 Uhr.
**Starlight Theatre**, 631 Ivey Rd, ℡ 432 371 3400, 🖳 www.starlighttheatre.com. Ein altes Kino in der Nähe des Friedhofs von Terlingua ist in eine einladende Bar mit Restaurant verwandelt worden. Hier werden Klassiker wie Chilis ($8,95) und Spezialitäten wie gebratenes Wildschwein ($19,95) serviert. Auf der Veranda treffen sich die Einheimischen auf ein Bier, tauschen den neuesten Tratsch aus und genießen den Blick auf die Berge. ⏱ Mo–Fr und So 17–24, Sa 17–1 Uhr.

## AKTIVITÄTEN

**Desert Sports**, am Hwy-170 an der Kreuzung mit dem Hwy-118, ℡ 432 371 2727, 🖳 www. desertsportstx.com. Bietet eine Reihe von Rafting-Touren an, die ein bis zwölf Tage dauern; ein Ganztagestrip durch den Santa Elena Canyon kostet für eine Gruppe von vier Personen rund $150 p. P. Außerdem geführte Gruppenwanderungen, Floßverleih, Mietfahrräder und Transport in abgelegene Gebiete.

**Far Flung Outdoor Center**, auf der Südseite des Hwy-170 unmittelbar östlich der Geisterstadt, ☎ 432 371 2633, 🖥 www.bigbendfarflung.com. Veranstaltet eine Reihe von halb- und ganztägigen Jeeptouren (ab $85) zu ansonsten unzugänglichen Teilen des Nationalparks sowie Allradtouren ($170 für Fahrer, $85 für Mitfahrer) und Raftingtrips (ab $79).

# El Paso

Als Texas noch Tejas hieß, war **El Paso** („Der Schritt") – die zweitälteste europäische Siedlung Nordamerikas – der wichtigste Übergang am Rio Grande. So ist es bis heute geblieben. Zusammen mit den 1,7 Mio. Einwohnern der mexikanischen Stadt **Ciudad Juárez** auf der anderen Seite des Flusses stellt die 600 000 Einwohner zählende Stadt El Paso die größte binationale und bilinguale Metropole Nordamerikas dar.

Die Stadt an sich mag kein Touristenziel sein, aber auf dem Weg nach Mexiko, New Mexico und Arizona kommen hier zahlreiche Besucher durch. Außerdem ist in El Paso Tony Lama ansässig, eine Firma, die erstklassige **Cowboystiefel** herstellt, welche in Läden in der ganzen Stadt recht günstig zu haben sind.

Obwohl es natürlich reizvoll erscheint, von El Paso aus einen kurzen Abstecher nach Mexiko zu unternehmen, darf man nicht vergessen, dass die Schwesterstadt Ciudad Juárez bis vor Kurzem zu den gefährlichsten Städten der Welt gehörte.

## Ysleta Mission und der Mission Trail

Ysleta Mission: 131 S Zaragosa Drive ▪ ⏱ Mo–Sa 7–16 Uhr ▪ Mission Valley Information Center ☎ 915 851 9997, 🖥 www.visitelpasomissiontrail.com

Obwohl El Paso vorwiegend hispanisch geprägt ist, gibt es hier auch eine beträchtliche Zahl von **Tigua-Indianern**, Mitglieder eines vertriebenen Pueblo-Stamms, der heute in einem Reservat – mit fast schon obligatorischem Kasino – an der Socorro Road südöstlich der Stadt lebt. Im Kunsthandwerkszentrum des Reservats werden den Töpferwaren und Textilien verkauft. Die einfache **Ysleta Mission** neben dem Reservat, die älteste Missionsstation der Vereinigten Staaten, markiert den Beginn des neun Meilen langen **Mission Trail** mit insgesamt drei Missionen (inklusive Kirchen) inmitten von Feldern, auf denen Baumwolle, Alfalfa, Chilis, Zwiebeln und Pekannüsse wachsen.

### ÜBERNACHTUNG UND ESSEN

**Ardovino's Desert Crossing**, 1 Ardovino Drive, Sunland Park, NM, ☎ 575 589 0653. In dem zehn Autominuten von El Paso entfernten hinreißenden Restaurant in New Mexico (gleich hinter der Grenze) werden leckere Pasta-Gerichte wie Gnocchi mit Chorizo für um die $20 serviert. ⏱ Di–Fr 17–22.30, Sa 9–14.30 und 17–22.30, So 10–14.30 und 17–21 Uhr.

**Camino Real**, 101 S El Paso St, ☎ 915 534 3000, 🖥 www.caminoreal.com. Downtown-Hotel in einem prächtigen alten Gebäude, Baujahr 1912. Die romantische Bar The Dome, in rosa und schwarzem Marmor gehalten, hat eine bunte Tiffany-Glaskuppel. Die 357 opulenten Zimmer und Suiten sind komfortabel eingerichtet. Außerdem gibt's zwei Restaurants. $115

**Gardner Hotel & Hostel**, 311 E Franklin St, ☎ 915 532 3661, 🖥 www.gardnerhotel.com. Ein etwas älteres Hotel mit viel Atmosphäre. Das Zimmerangebot reicht von Dorms über EZ mit Gemeinschaftsbad bis hin zu sauberen DZ mit Bad und WC. Dorm $35, DZ $70

**H&H Coffee Shop & Car Wash**, 701 E Yandell Drive, ☎ 833 533 1144. Der kuriose Diner, in dem leckere Tex-Mex-Gerichte auf den Tisch kommen, mutet an wie eine Zeitreise. Das Lokal soll sich bei Ex-Präsident Bush und diversen Gouverneuren besonderer Beliebtheit erfreuen. ⏱ Mo–Sa 7.30–15 Uhr.

**L&J Café**, 3622 E Missouri Ave, ☎ 915 566 8418. Das preisgünstige Lokal serviert hervorragende mexikanische Speisen wie Hühnchen mit Molesoße oder Steak-Tacos (jeweils $8,25). ⏱ Mo–Mi und So 9–21, Do–Sa 9–22 Uhr.

## Die Grenze zu Mexiko

Den eigentlichen Reiz von El Paso macht seine Lage an der Grenze zu Mexiko aus. Sie verleiht der Stadt ihren unverwechselbaren Charakter. In der Vergangenheit suchten Outlaws beiderseits der Grenze Zuflucht, und auch heute noch nutzen einige diesen Fluchtweg. Ungelernte Arbeiter aus dem Süden strömen auf der Suche nach Arbeit in den Norden, während US-Firmen klammheimlich ihren Giftmüll im Süden abladen. Auch der Drogenhandel spielt hier eine große Rolle. Die Grenze selbst, also der Rio Grande, hat ihren Teil zu den Meinungsverschiedenheiten beigetragen, denn der Fluss änderte im 19. Jh. oftmals seinen Verlauf und wurde erst in den 1960er-Jahren in ein festes Bett gezwängt.

**Chamizal National Memorial**, ein attraktiver, über 20 ha großer Park (abgehend vom Paisano Drive an der Ostseite von Downtown), wurde zur Erinnerung an die Beilegung des Grenzkonflikts angelegt. Zum Komplex gehört auch ein kleines Kulturzentrum. ⊕ tgl. 10–17 Uhr, Eintritt frei. Das **Border Patrol Museum**, 4315 Transmountain Rd, ✆ 915 759 6060, verdeutlicht mit einer kleinen, aber fesselnden Ausstellung die Arbeit der Grenzschützer und den Erfindungsreichtum der Schmuggler. ⊕ Di–So 9–17 Uhr, Eintritt frei.

### Grenzübertritt nach Mexiko

Die **Cordova Bridge** (Bridge of the Americas) führt über den Rio Grande ins mexikanische **Ciudad Juárez**, das eine ansehnliche Zahl guter Museen aufzuweisen hat. Wer im Besitz eines Multiple-Entry-Visums für die USA sowie eines Rückflugtickets von den USA ins Heimatland ist und sich nicht weiter als rund 30 km von der Grenze entfernt, kann ohne besonders umständliche Formalitäten mexikanische Luft schnuppern. Hier ist der Grenzübertritt kostenlos, an den drei anderen Brücken (zwei in Downtown und eine unweit der Ysleta Mission) wird Geld verlangt: Fußgänger 50¢, Autos $3.

### UNTERHALTUNG

**The Hoppy Monk**, 4141 N Mesa St, ✆ 915 307 3263. Einladende Brauereikneipe ein paar Meilen nordwestlich des Zentrums mit wunderbarem Angebot an traditionell gebrauten Bieren vom Fass sowie recht gutem Essen. Tipps: Süßkartoffel-Pommes mit Aioli und gerösteten Walnüssen ($6) und der *veggie monk* – ein Burger mit schwarzen Bohnen, Kürbis und Provolone-Käse ($10). ⊕ Mo–Do 15–2, Fr und Sa 11–2, So 10–2 Uhr.

**Plaza Theatre**, 125 Pioneer Plaza, ✆ 915 231 1100. In dem stattlichen Theater in Downtown finden regelmäßig erstklassige Rock- und Country-Konzerte statt, außerdem Tanzaufführungen und Orchesterkonzerte. Es werden auch Führungen angeboten. ⊕ unterschiedlich.

**Tap Bar**, 408 E San Antonio Ave, ✆ 915 532 1848. Eine bunt gemischte, einheimische Gästeschaft genießt das gute und günstige mexikanisch-amerikanische Essen dieses Downtown-Lokals

wie Nachos mit fein geschnittenem Rindfleisch. Ein Bier kostet meist um $2 pro Flasche. ⊕ tgl. 9–2 Uhr.

### INFORMATIONEN

**Visitor Center**, 1 Civic Center Plaza im Convention Center Complex, ✆ 915 534 0600, 🖳 www.visitelpaso.com. ⊕ Mo–Fr 8–17 Uhr.

### TRANSPORT

**Busse**

Der **Greyhound**-Busbahnhof befindet sich in der 200 W San Antonio Ave, ✆ 915 542 1355.

**Busse nach**:
ALBUQUERQUE (2x tgl., 41/2 Std.),
AMARILLO (2x tgl., 9 1/4 Std.),
AUSTIN (2x tgl., 12 1/2 Std.),
DALLAS (5x tgl.,12 3/4 Std.),
FORT WORTH (6x tgl., 11 3/4 Std.),

HOUSTON (5x tgl., 18 Std.),
SAN ANTONIO (2x tgl., 10 1/4 Std.).

## Eisenbahn

**Amtrak**-Züge halten an der von Daniel Burnham entworfenen **Union Station**, 700 San Francisco St, ✆ 915 545 2247.

### Züge nach:
ALBUQUERQUE (2x tgl., 16 1/2 Std.),
AUSTIN (1x tgl., 16 3/4 Std.),

DALLAS (1x tgl., 22 3/4 Std.),
FORT WORTH (1x tgl., 21 1/2 Std.),
HOUSTON (1x tgl., 18 1/2 Std.),
SAN ANTONIO (1x tgl., 12 1/4 Std.).

## Flüge

Der **Flughafen** von El Paso liegt etwa 5 Meilen östlich von Downtown. Eine Taxifahrt ins Zentrum kostet etwa $25. Viele Hotels im Zentrum bieten einen kostenlosen Zubringer-service.

TEXAS

# 2 Rocky Mountains

**Die Rocky Mountains erstrecken sich über 1000 Meilen von der kanadischen Grenze durch die Staaten Montana, Idaho, Wyoming und Colorado bis in die Wüste von New Mexico. Die grandiose Landschaft reicht von schneebedeckten Gipfeln über sprudelnde Geysire bis hin zu riesigen Sanddünen. Büffel, Bären, Elche und andere Tiere bereichern die Bergwelt ebenso wie Zeugnisse aus der Zeit, als Indianer, Goldgräber und Cowboys um das Land kämpften.**

# Stefan Loose Traveltipps

**Durango & Silverton Railroad, CO**  Mit dem Dampfross hinauf nach Silverton – auf den Spuren der Goldgräber. S. 185

**Mesa Verde National Park, CO**
Vor 800 Jahren gaben die Vorfahren der Pueblo-Indianer ihre außergewöhnlichen Felsstädte auf. S. 187

**3** **Yellowstone National Park, WY**  Dieses geothermale Wunderland durchstreifen Wölfe und Bären, und an den hoch aufschießenden Geysiren traben zottelige Büffel vorbei. S. 196

**Grand Teton National Park, WY**  Die spektakuläre Bergkette ist ein tolles Wander- und Mountainbike-Revier, in dem man zudem gut Tiere beobachten kann. S. 202

**Little Bighorn, MT**  Eines der berühmtesten Schlachtfelder der USA, das fast noch genauso aussieht wie 1876, als sich General Custer Sitting Bull und Crazy Horse gegenübersah. S. 211

**4** **Glacier National Park, MT**  50 Meilen Haarnadelkurven – und hinter jeder eröffnet sich ein noch besserer Ausblick. S. 223

TELLURIDE, COLORADO

DURANGO & SILVERTON NARROW GAUGE RAILROAD, COLORADO

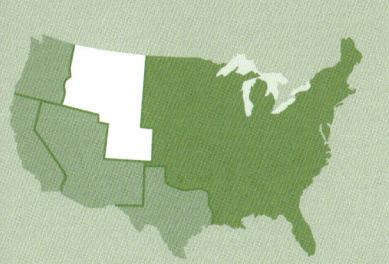

# Inhalt

**Rocky Mountains**

Jeder der vier Rockies-Staaten (Montana, Idaho, Wyoming und Colorado) besitzt seinen eigenen, unverwechselbaren Charakter. **Colorado** mit 50 Gipfeln über 4000 m ist der gebirgigste, bevölkerungsreichste und wegen seiner leichten Zugänglichkeit auch meistbesuchte Staat der Rocky Mountains; zudem gilt er als liberal und progressiv. **Denver**, die einzige Metropole der Rockies und das Eingangstor zu einigen der besten Skiorte des Landes, erweist sich als

freundliche und kultivierte Stadt. Kaum vom Touristenrummel berührt ist das weite, fruchtbare **Montana** mit seinen Flüssen, Seen und kleinen Dörfern.

Abseits des Wasser und Dampf spuckenden, brodelnden **Yellowstone**, des benachbarten Nationalparks **Grand Teton** und der **Bighorn Mountains** gibt es in der Halbwüste von **Wyoming**, dem Staat mit der niedrigsten Bevölkerungsdichte in den USA und dem konservativsten und

### Die beste Reisezeit

Zwischen Anfang Juni und Anfang September ist mit **Temperaturen** von 20–37 °C zu rechnen, je nachdem, wo genau man sich in den Rocky Mountains befindet, ob in der hochgelegenen Wüste von Wyoming, in den Ebenen von Idaho oder in den Bergen Colorados. In den Gebirgsregionen schwanken die Temperaturen ebenfalls beträchtlich, und auch hier gilt: je höher, desto kühler, besonders nachts. In höheren Regionen bedarf es einer Phase der Akklimatisierung; auch sollte man die Kraft der Sonne nicht unterschätzen.

Einige Regionen von Wyoming und Colorado bekommen pro Jahr mehr Sonne als San Diego oder Miami Beach. Die Zeit der Schneeschmelze im Frühling eignet sich am wenigsten für eine Reise in die Rocky Mountains. Im frühen Herbst vergoldet das Espenlaub die Berghänge, allerdings ist es schon ab Oktober oft recht kühl zum Wandern oder für andere sportliche Aktivitäten. Die meisten **Skipisten** sind von Ende November bis Ende März – manchmal sogar bis in den Mai/Juni hinein – geöffnet. Der kälteste Monat ist der Januar mit Temperaturen um minus 17 °C.

### Die besten Autorouten

**Beartooth Hwy, MT** Die dramatischste Zufahrt zum Yellowstone über den US-212 von Red Lodge in Montana hoch über die schneebedeckten Beartooth Mountains.

**I-70, CO** Der spektakulärste Interstate Highway in den USA steigt kurz hinter Denver steil hoch in die Rockies; er streift Wintersportorte und Seen.

**Hwy-24 auf den Pikes Peak, CO** Eine umwerfend schöne, 19 Meilen lange Fahrt auf den Pikes Peak unmittelbar westlich von Colorado Springs mit weiten Bergblicken.

**Lariat Loop, CO** Der Loop beschreibt eine atemberaubende 40 Meilen lange Schleife durch die zerklüftete Bergwelt unmittelbar westlich von Denver, vorbei am Buffalo Bill Museum and Grave.

**Sawtooth Scenic Byway, ID** Eine Fahrt ins Herz der unberührten Wildnis Idahos auf dem kurvenreichen Hwy-75, 115 Meilen am Salmon River entlang in Richtung zerklüfteter, schneebedeckter Gipfel.

traditionellsten Staat im Westen, nur wenig zu entdecken. Das gebirgige, weltabgeschiedene **Idaho** umfasst einige der letzten noch unerforschten Flecken der Rocky Mountains und gilt heute als Mekka der Wildwasserrafter.

# Colorado

Das progressive und immer multikultureller werdende **Colorado** ist ein wahres Eldorado für Snowboarder, produziert mehr Bier als jeder andere Bundesstaat der USA, schenkte uns 1997 *South Park* und legalisierte 2012 Marihuana, das seit 2014 auch frei verkäuflich ist – es fühlt sich teilweise eher kalifornisch als cowboymäßig an, bloß halt ohne Pazifik. Trotzdem ist Colorado stolz auf seine traditionellen Wildwestwur-

zeln und hat auch nicht nur Berge aufzuweisen: Ein Drittel des Staats besteht aus Ebenen so flach wie Nebraska, und die trockenen Wüstenlandschaften des Südens erinnern an New Mexico. Und liberal ist Colorado auch nur bis zu einem gewissen Grad; Teile des Staats sind immer noch sehr konservativ, und hier fanden 1999 und 2012 die schrecklichen Amokläufe von Columbine und Aurora statt.

Außer der trendigen Hauptstadt **Denver** bilden die größte Attraktion für Besucher natürlich die Rocky Mountains mit ihren Wintersporten wie **Aspen**, die im Sommer Wander- und Mountainbike-Paradiese sind, und den alten Silberstädten wie **Leadville** und **Crested Butte**. Die spektakulärsten Landschaften und Tiere findet man im **Rocky Mountain National Park** und um den **Pikes Peak** herum, der sich über der zweitgrößten Stadt des Staates erhebt: **Colorado Springs**. Ganz im Westen des Bundesstaates liegen die mit roten Felsen übersäten Wüsten des Colorado Plateau, wo das trockene Klima die außergewöhnlichen Natursdurkturen im **Colorado National Monument** bewahrt hat. Im Südwesten schützt der **Mesa Verde National Park** eindrucksvolle Felsenwohnungen der Pueblo-Vorfahren.

# Denver

Die glitzernden Wolkenkratzer der auf 1600 m Höhe gelegenen „**Mile High City**" markieren den Übergang von den Great Plains zum amerikanischen Westen. Denver, das Tor zu den **Rocky Mountains**, ist selbst ganz und gar flach. Die majestätischen Berggipfel der Front Range ragen erst etwa 15 Meilen westlich der Hochhäuser von Downtown in den Himmel, sind aber immerhin deutlich zu sehen.

Die Stadt entstand 1858 in der Nähe des wilden Cherry Creek und der Stelle, an der in Colorado das erste **Gold** entdeckt wurde. Die Goldsucher zogen zwar schon bald weiter, jedoch hat es Denver seit dieser Zeit geschafft, seine Rolle als wichtigstes Handelszentrum und Hauptverkehrsknotenpunkt von Colorado zu behaupten. Heute lebt der künstlerisch orientierte und liberale Teil der Einwohnerschaft friedlich Seite an Seite mit der dynamischen Geschäftswelt der Stadt.

## 16th Street Mall

Denver unterscheidet sich von den anderen Städten im Westen der Vereinigten Staaten vor allem dadurch, dass es über eine lebendige Downtown verfügt. Den Anstoß für die Wiederbelebung gab 1995 die Eröffnung des Baseballstadions **Coors Field**. Das Herz des Zentrums bilden die Geschäfte und Restaurants von **LoDo** (Lower Downtown) und die über eine Meile lange Fußgängerzone **16th Street Mall** mit ihren Schatten spendenden Bäumen, Imbisswagen und bunten Pianos (Sommer tgl. 8–22 Uhr), auf denen jeder spielen kann. Außerdem verkehren in der Mall die kostenlosen **MallRide-Busse** (Mo–Fr 5–1.30, Sa 5.30–1.30, So 6.30–1.30 Uhr, alle 1,5–15 Min.). Besonders im Sommer ist hier abends viel los.

In der Mall befindet sich in einem restaurierten Lagerhaus von 1896 gegenüber dem altehrwürdigen Bahnhof Union Street Station einer der besten unabhängigen Buchläden der USA, **Tattered Cover**, 1628 16th St, Ecke Wynkoop St, ✆ 303 436 1070, 🖥 www.tatteredcover.com, ⏲ Mo–Fr 6.30–21, Sa 9–21, So 10–18 Uhr, mit Café.

Von einem in den 1970er-Jahren abgerissenen Kaufhaus weiter südlich an der Mall steht nur noch der knapp 100 m hohe **D&F Clocktower** von 1910, der dem Campanile auf dem Markusplatz in Venedig nachgebildet ist.

Ein paar Straßen südwestlich der 16th Street Mall späht seit 2005 ein 12 m großer **blauer Bär** voller Hoffnung durch das Fenster des Denver Convention Center in der 14th Street; die Skulptur mit dem offiziellen Namen *I See What You Mean* hat sich schnell zu einem Wahrzeichen entwickelt.

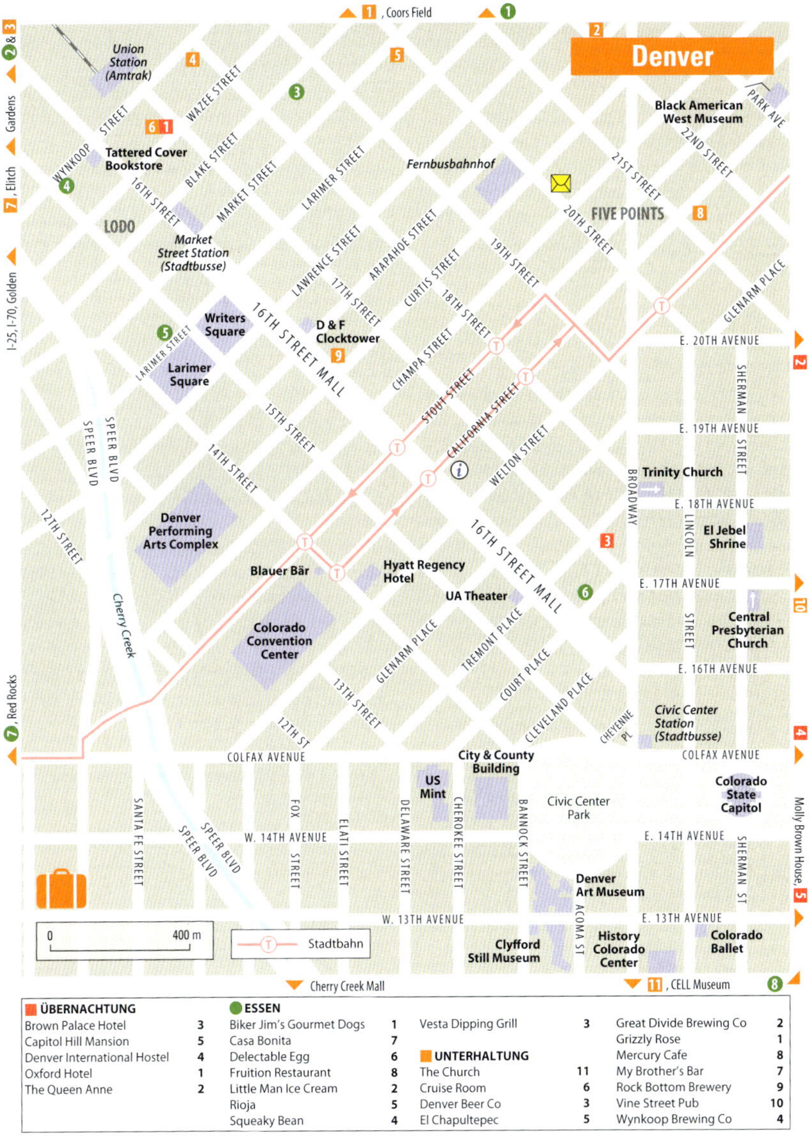
Denver
1, Coors Field
Union Station (Amtrak)
Tattered Cover Bookstore
LODO
Market Street Station (Stadtbusse)
Writers Square
Larimer Square
D & F Clocktower
Fernbusbahnhof
Black American West Museum
FIVE POINTS
Trinity Church
El Jebel Shrine
Central Presbyterian Church
Denver Performing Arts Complex
Blauer Bär
Hyatt Regency Hotel
UA Theater
Colorado Convention Center
Civic Center Station (Stadtbusse)
City & County Building
US Mint
Civic Center Park
Colorado State Capitol
Denver Art Museum
History Colorado Center
Clyfford Still Museum
Colorado Ballet
Cherry Creek
Cherry Creek Mall
11, CELL Museum
Molly Brown House, 5
I-25, I-70, Golden
7, Elitch
Gardens
2 & 3
7, Red Rocks
16TH STREET MALL
WYNKOOP STREET
WAZEE STREET
BLAKE STREET
MARKET STREET
LARIMER STREET
LAWRENCE STREET
ARAPAHOE STREET
CURTIS STREET
CHAMPA STREET
STOUT STREET
CALIFORNIA STREET
WELTON STREET
GLENARM PLACE
TREMONT PLACE
COURT PLACE
CLEVELAND PLACE
CHEYENNE PL
PARK AVE
22ND STREET
21ST STREET
20TH STREET
19TH STREET
18TH STREET
17TH STREET
16TH STREET
15TH STREET
14TH STREET
13TH STREET
12TH STREET
12TH ST
SPEER BLVD
BROADWAY
LINCOLN STREET
SHERMAN STREET
E. 20TH AVENUE
E. 19TH AVENUE
E. 18TH AVENUE
E. 17TH AVENUE
E. 16TH AVENUE
COLFAX AVENUE
E. 14TH AVENUE
W. 14TH AVENUE
W. 13TH AVENUE
E. 13TH AVENUE
SANTA FE STREET
FOX STREET
ELATI STREET
DELAWARE STREET
CHEROKEE STREET
BANNOCK STREET
ACOMA ST
SHERMAN ST
0 400 m
Stadtbahn

**ÜBERNACHTUNG**

| | |
|---|---|
| Brown Palace Hotel | 3 |
| Capitol Hill Mansion | 5 |
| Denver International Hostel | 4 |
| Oxford Hotel | 1 |
| The Queen Anne | 2 |

**ESSEN**

| | |
|---|---|
| Biker Jim's Gourmet Dogs | 1 |
| Casa Bonita | 7 |
| Delectable Egg | 6 |
| Fruition Restaurant | 8 |
| Little Man Ice Cream | 2 |
| Rioja | 5 |
| Squeaky Bean | 4 |
| Vesta Dipping Grill | 3 |

**UNTERHALTUNG**

| | |
|---|---|
| The Church | 11 |
| Cruise Room | 6 |
| Denver Beer Co | 3 |
| El Chapultepec | 5 |
| Great Divide Brewing Co | 2 |
| Grizzly Rose | 1 |
| Mercury Cafe | 8 |
| My Brother's Bar | 7 |
| Rock Bottom Brewery | 9 |
| Vine Street Pub | 10 |
| Wynkoop Brewing Co | 4 |

## Colorado State Capitol

200 E Colfax Ave ▪ Mo–Fr 7.30–17 Uhr; kostenlose Führungen Mo–Fr 10–15 Uhr alle 45 Min. ▪ 303 866 2604, www.colorado.gov/capitoltour

Drei Blocks hinter dem südöstlichen Ende der 16th St steht das **Colorado State Capitol**. An der 13. Treppenstufe zum Eingang verkündet eine Tafel, dass man sich genau eine Meile über dem Meeresspiegel befindet. Im Westen ragen die gewaltigen Rocky Mountains in die Höhe. Das State Capitol selbst ist im Vergleich zu anderen Kapitolen ein recht zurückhaltender neoklassizistischer Bau von 1908, eine Kopie des Kapitols in Washington mit riesigen Wandbildern und aufwendigen Buntglasarbeiten. Wer im Rahmen einer Führung die 99 Stufen zur Kuppel hochsteigt, hat einen tollen Ausblick.

## Denver Art Museum

100 W 14th Ave Pkwy ▪ ◷ Di–Do, Sa und So 10–17, Fr 10–20 Uhr ▪ Eintritt $13 ▪ ✆ 720 865 5000, ▭ www.denverartmuseum.org

Die Sammlungen des **Denver Art Museum** verteilen sich auf zwei separate Gebäude zu beiden Seiten der 13th Avenue. Das Hamilton Building versammelt zeitgenössische Kunst wie die gespenstische Installation *Fox Games* von Sandy Skoglund sowie Kunst aus Afrika und Ozeanien; das North Building besitzt eine beachtliche Sammlung indianischen Kunsthandwerks und bemerkenswerte Stücke präkolumbischer Kunst – besonders eindrucksvoll sind die Miniaturen aus der Olmeken-Kultur.

## Clyfford Still Museum

1250 Bannock St ▪ ◷ Di–Do, Sa und So 10–17, Fr 10–20 Uhr ▪ Eintritt $10 ▪ ✆ 720 354 4880, ▭ www.clyffordstillmuseum.org

Als **Clyfford Still**, ein Pionier der abstrakten Malerei, 1980 in Maryland starb, sollte sein Nachlass laut Testament an diejenige Stadt in den USA gehen, die bereit war, ein Museum einzig und allein für sein Werk zu bauen. Erst 2004 meldete sich Denver dafür. Sieben Jahre später wurde schließlich neben dem Kunstmuseum das **Clyfford Still Museum** eröffnet, ein wunderbarer Bau für seine 825 Gemälde und 1575 Werke auf Papier. Stills abstrakter Expressionismus ist nicht immer eine leichte Kost, aber die großen Leinwände mit ihren kräftigen Farbwirbeln sind ungeheuer fesselnd.

## History Colorado Center

1200 Broadway ▪ ◷ tgl. 10–17 Uhr ▪ Eintritt $12 ▪ ✆ 303 447 8679, ▭ www.historycoloradocenter.org

Im **History Colorado Center** wird die Geschichte Colorados auf raffinierte Art und Weise erkundet: Den Ausstellungsstücken sind überall Videos und interaktive Exponate zur Seite gestellt, und die Dauerausstellungen sind nicht chronologisch, sondern nach Themen geordnet. Eine Abteilung erweckt den Alltag in der Prärieriestadt Keota in den 20er-Jahren zum Leben; die Abteilung „Colorado Stories" befasst sich mit allen möglichen Sujets, von den Abenteuern Kit Carsons bis zu den Anfängen des Skifahrens.

## Molly Brown House Museum

1340 Pennsylvania St ▪ ◷ Di–Sa 10–16.30 (Juni–Aug auch Mo), So 12–16.30 Uhr (Führungen alle 30 Min. bis 15.30 Uhr) ▪ Eintritt $8 ▪ ✆ 303 832 4092, ▭ www.mollybrown.org

Die „**unsinkbare Molly Brown**" ist eine amerikanische Ikone, seit sie 1912 die *Titanic*-Tragödie überlebte. Ihr Mythos wurde durch das gleichnamige Musical und den Film mit Debbie Reynolds von 1964 weiter zementiert. Das wunderbar erhaltene **Molly Brown House Museum**, das Margaret Tobin Browns reicher Ehemann 1894 erwarb, räumt mit vielen der Legenden um Molly Brown auf – z. B. nannte sie sich nie „Molly". Aber bei den Führungen wird auch deutlich, was für ein bemerkenswertes und generöses Leben die echte Frau führte: Unermüdlich setzte sie sich beispielsweise für das Frauenwahlrecht und soziale Gerechtigkeit ein. Das Haus erstrahlt heute wieder in seiner Pracht von 1910 und ist mit zeitgenössischen Möbeln eingerichtet, von denen viele den Browns gehörten.

## Black American West Museum

3091 California St ▪ ◷ Fr und Sa 10–14 Uhr ▪ Eintritt $10 ▪ ✆ 720 242 7428, ▭ www.black americanwestmuseum.org/home

Denvers afroamerikanische Gemeinde konzentriert sich im alten Bezirk **Five Points**, nordöstlich von LoDo. Er entstand in den 1870er-Jahren als Wohnviertel für schwarze Eisenbahnarbeiter. Das **Black American West Museum** zeigt eine faszinierende Ausstellung zu Pionieren schwarzer Hautfarbe und räumt mit zahlreichen mythischen Verklärungen des Wilden Westens auf: Etwa jeder dritte Cowboy des 19. Jhs. war schwarz und viele von ihnen waren ehemalige Sklaven, die nach dem Bürgerkrieg aus den Südstaaten geflohen waren.

## Coors Brewery Tour

1221 Ford St, Höhe 13th St, Golden ▪ ⏱ Mo und Do–
Sa 10–16 (Juni–Aug auch Di und Mi), So 12–16 Uhr ▪
Eintritt frei ▪ ✆ 303 277 2337, 🖥 www.millercoors.
com/breweries/coors-brewing-company/tours

Fünfzehn Meilen westlich von Downtown liegt
die Kleinstadt **Golden**, im Grunde ein Vorort von
Denver. Seit 1873 gilt die Stadt praktisch als Synonym für den Brauereiriganten **Coors**, denn
hier befindet sich die größte Brauereianlage der
Welt – seit 2007 heißt die Brauerei MillerCoors.
Diese liegt drei Blocks östlich der Hauptdurchgangsstraße Washington Avenue, welche durch
Nahverkehrsbusse zur Market Street Station
mit Denver verbunden ist. Auf den Rundgängen
erhalten Besucher Einblick in den gesamten
Produktionsprozess, und am Ende steht eine Ge-
schmacksprobe der zahlreichen Produkte, unter
anderem des viel geschmähten kalorienredu-
zierten Coors Light und des sehr erfolgreichen
**Blue Moon Belgian White**.

## Lookout Mountain

987½ Lookout Mountain Rd, Golden ▪ **Buffalo Bill
Museum** ⏱ Mai–Okt tgl. 9–17, Nov–April Di–So
9–16 Uhr ▪ Eintritt $5 ▪ ✆ 303 526 0744, 🖥 www.
buffalobill.org

Hinter dem Zentrum von Golden ragen die Berge
steil aus dem Flachland auf. Einer davon ist der
Lookout Mountain, letzte (und sehr fotogene)
Ruhestätte von **William Cody**, dem berühmten
Büffeljäger, Armeekundschafter und Schausteller. Er starb 1917 in Denver. Entgegen den Pro-
testen aus Cody in Wyoming, der Stadt, die Bill
mitgegründet hatte (S. 195), beharrte seine Frau
darauf, dass der Lookout Mountain immer seine
erwählte letzte Ruhestätte gewesen war.

Die Ausblicke auf Denver, eingerahmt von
den beiden Table Mountains, sind spektakulär, und der Zugang zum bescheidenen Grab ist
kostenlos – bezahlen muss man jedoch für die
grausigen Gegenstände im benachbarten **Buffalo Bill Museum** wie eine Pistole, deren Hand-
griff aus einem menschlichen Knochen gefertigt
wurde. Der Berg liegt am **Lariat Loop**, 🖥 www.
lariatloop.org, einem 40 Meilen langen National
Scenic Byway, der auf einer halbtägigen Rundfahrt ab Denver durch majestätische Berglandschaft führt.

## Red Rocks Park

18300 W Alameda Pkwy, Morrison ▪ Visitor Center
⏱ April–Okt 7–19, Nov–März 8–16 Uhr; Center und
Amphitheatre schließen an Veranstaltungstagen um
14 Uhr ▪ Eintritt frei ▪ ✆ 720 865 2494, 🖥 www.
redrocksonline.com

In dem eindrucksvollen, 9000 Zuschauer fassenden **Red Rocks Amphitheatre** (⏱ 1 Std. vor Sonnenaufgang bis 1 Std. nach Sonnenuntergang)
zwischen zwei 120 m hohen roten Sandsteinfel-
sen im **Red Rocks Park** rund 15 Meilen westlich
von Downtown Denver haben seit 1941 schon
mehrere Tausend Rockbands und Orchester
auf der Bühne gestanden, darunter U2, die hier
1983 Szenen zu ihrem Video *Under a Blood Red
Sky* drehten. Der umliegende Park weist mehrere Wege und Aussichtspunkte auf und ein
Besucherzentrum beherbergt eine Ausstellung
zur Geschichte der Stätte sowie die Performers'
Hall Of Fame. Ein Stückchen die Straße hinunter
befindet sich im Trading Post, dem Parkgeschäft
von 1931, die **Colorado Music Hall of Fame**,
🖥 www.cmhof.org, ⏱ April–Okt 9–19, Nov–
März 9–16 Uhr, Eintritt frei.

### ÜBERNACHTUNG

**Brown Palace Hotel**, 321 17th St, ✆ 303
297 3111, 🖥 www.brownpalace.com. Schönes
Nobelhotel in Downtown aus dem Jahr 1892,
mit eleganten Speisesälen, vielen Service-
einrichtungen und makellosen Zimmern. $315
**Capitol Hill Mansion**, 1207 Pennsylvania St,
✆ 303 839 5221, 🖥 www.capitolhillmansion.
com. Luxuriöses, schwulenfreundliches B&B
in einer Sandsteinvilla von 1891 mit Türmchen,
in einer grünen Straße unweit des Kapitols.
8 bezaubernde, mit Antiquitäten eingerichtete
Zimmer, mehrere davon mit Whirlpool. $164
**Denver International Hostel**, 630 E16th Ave,
✆ 303 832 9996, 🖥 www.denverinternational
hostel.com. Diese Budgetunterkunft in
Zentrumsnähe ist in den letzten Jahren erheblich besser geworden. Jeder Schlafsaal verfügt
über eine Küche, Dusche, TV und drei Betten
sowie Computer mit kostenlosem Internet.
Dorms $19
**Oxford Hotel**, 1600 17th St, ✆ 303 628 5400,
🖥 www.theoxfordhotel.com. Das historische

Hotel, seit 1891 in LoDo, verströmt jede Menge Charme und bietet stilvolle Zimmer mit europäischen Antiquitäten, Stereoanlagen von Bose und iPod-Dockingstationen. $240

**The Queen Anne**, 2147 Tremont Place, 📞 303 296-6666, 🖥 www.queenanne bnb.com. Zentrales, sehr gastfreundliches B&B. Jedes der 14 Zimmer in diesem Haus aus dem Jahr 1879 ist geschmackvoll und individuell eingerichtet. $155

## ESSEN

**Biker Jim's Gourmet Dogs**, 2148 Larimer St, 📞 720 746 9355, 🖥 www.bikerjims dogs.com. Jim Pittinger macht in seinem Laden beim Coors Field erstklassige Hotdogs ($6,50) mit allen möglichen Würstchen drin, von Rentier- oder Wildschwein-Bratwurst bis zu Wapiti und Büffel, alles perfekt zubereitet und mit karamellisierten Zwiebeln garniert. ⏰ Mo–Do und So 11–22, Fr und Sa 11–3 Uhr.

**Casa Bonita**, 6715 W Colfax Ave, Lakewood, 📞 303 232 5115, 🖥 www.casabonitadenver. com. Diese Institution in Denver bietet schon seit 1974 mexikanisches Essen und kitschigen Familienspaß. Tipp: „all-you-can-eat deluxe dinner" (Rind oder Huhn $15,29). ⏰ Mo–Do und So 11–21, Fr und Sa 11–22 Uhr.

**Delectable Egg**, 1625 Court Place, 📞 303 892 5720, 🖥 www.delectableegg.com. In dieser örtlichen Minikette werden extra-fluffige Denver-Omeletts (gefüllt mit Schinken, Paprika und Zwiebeln, $9,75), Denver-Sandwiches (Rindfleisch und zwei Eier, $9,99) und jede Menge Specials, Wraps und Burritos serviert. ⏰ Mo–Fr 6.30–14, Sa und So 7–14 Uhr.

**Fruition Restaurant**, 1313 E 6th Ave, 📞 303 831 1962, 🖥 www.fruition restaurant.com. Der Gourmet-Trendsetter in der dynamischen *farm-to-table*-Szene Denvers; auf der saisonalen Karte stehen vielleicht gebratene Jakobsmuscheln, Amerikanischer Zander mit geröstetem Fenchel und Lamm-karree mit Linsen und Aprikosen (Hauptgerichte $28–31). ⏰ Mo–Sa 17–22, So 17–21 Uhr.

**Little Man Ice Cream**, 2620 16th St, 📞 303 455 3811, 🖥 www.littlemanicecream. com. Eiscreme mit hohem Suchtpotenzial in

Geschmacksrichtungen wie Muskatnuss, Lebkuchen oder Buttercreme mit Bourbon ($1,35–4,65 pro Portion). ⏰ tgl. 10–1 Uhr.

**Rioja**, 1431 Larimer St, 📞 303 820 2282, 🖥 www.riojadenver.com. Einfallsreiche und sehr genussvolle mediterrane Küche mit gradlinigen Fleisch-, Fisch- und Pastagerichten ($19,50–38). Auch einige Tische im Freien. ⏰ Mo und Di 17–22, Mi und Do 11.30–14.30 und 17–22, Fr 11.30–14.30 und 17–23, Sa 10–14.30 und 17–23, So 10–14.30 und 17–22 Uhr.

**Squeaky Bean**, 1500 Wynkoop St, 📞 303 623 2665, 🖥 www.thesqueaky bean.net. Kreatives Kultrestaurant mit inte-ressanter saisonaler Karte und Gerichten wie gegrillten Selleriewurzeln, Wildtartar und Risotto mit Röstzwiebeln (vier Gänge für $60). ⏰ Di–Do 11–14 und 17–22, Fr 11–14 und 17–23, Sa 10–15 und 17–23, So 10–15 Uhr.

**Vesta Dipping Grill**, 1822 Blake St, 📞 303 296 1970, 🖥 www.vestagrill.com. Attraktives Restaurant in renoviertem Lagerhaus in LoDo, bietet leckeres Essen in ungewöhnlichen Kombinationen. Das Konzept besteht darin, Fleisch oder Gemüse in diverse Dips (medi-terran, asiatisch oder mexikanisch) zu tunken. Kleine Teller $3–14, Hauptgerichte $20–36. ⏰ Mo–Do und So 17–22, Fr und Sa 17–23 Uhr.

## UNTERHALTUNG

Die hohe Dichte von Brewpubs und Sports Bars in **LoDo**, ergänzt durch edlere Cocktailbars, hat dazu geführt, dass sich das heißeste Nacht-leben nun in diesem Viertel abspielt. In SoCo (South of Colfax) gibt's sechs Nachtclubs in vier Häuserblocks (siehe 🖥 www.coclubs.com). Aktuelle **Veranstaltungstipps** sind dem kosten-losen Wochenblatt *Denver Westword,* 🖥 www. westword.com, zu entnehmen.

### Bars und Livemusik

**The Church**, 1160 Lincoln St, 📞 303 832 3528. Die ausgediente Kirche von 1865 beherbergt jetzt einen Danceclub mit Weinstube, Sushibar und drei Tanzflächen, fast immer proppenvoll. Die Musik variiert von Latin (Sa) bis Garage und Hip-Hop vor ähnlich gemischtem Publikum. Eintritt $5–20. ⏰ Fr–So 21–2 Uhr.

## Denvers fünf beste Brewpubs

**Denver Beer Co**, 1695 Platte St, ✆ 303 433 2739, 🖳 www.denverbeerco.com. Produziert saisonale Biere in kleinen Mengen wie das Graham Cracker Porter, ein robustes Stout. ⊕ Mo–Do 11–23, Fr und Sa 11–24, So 11–21 Uhr.

**Great Divide Brewing Co**, 2201 Arapahoe St, ✆ 303 296 9640, 🖳 www.greatdivide.com. Der Pionier unter den Kleinbrauereien, seit 1994, mit z. B. dem Denver Pale Ale und Titan IPA. ⊕ Mo, Di und So 12–20, Mi–Sa 12–22 Uhr.

**Rock Bottom Brewery**, 1001 16th St, ✆ 303 534 7616, 🖳 www.rockbottom.com. Kleine, in Denver gegründete Brauereikette. Am besten: Molly's Titanic Brown Ale. ⊕ tgl. 11–2 Uhr.

**Vine Street Pub**, 1700 Vine St, ✆ 303 388 2337, 🖳 www.mountainsunpub.com. Toller Viertelpub mit dem sehr hopfigen Colorado Kind Ale. ⊕ tgl. 11–1 Uhr.

**Wynkoop Brewing Co**, 1634 18th St, ✆ 303 297 2700, 🖳 www.wynkoop.com. Der älteste Brewpub Colorados; Tipp: Railyard Ale, ein süffiges, bernsteinfarbenes Bier. ⊕ tgl. 11–2 Uhr.

---

**Cruise Room**, Oxford Hotel, 1600 17th St, ✆ 303 628 5400. Dieser Nachbau der Art-déco-Bar des Kreuzfahrtschiffes *Queen Mary* wartet mit kostenloser Jukebox und exzellenten Cocktails auf. ⊕ Mo–Do und So 16.30–23.45, Fr und Sa 16.30–0.45 Uhr.

**El Chapultepec**, 1962 Market St, ✆ 303 295 9126, 🖳 www.thepeclodo.com. Winzige, aber sehr bekannte LoDo-Institution mit mexikanischem Essen, allabendlichem Live-Jazz und gelegentlichen Promi-Auftritten. Fr und Sa Eintritt $5. ⊕ tgl. 11–2 Uhr.

**Grizzly Rose**, 5450 N Valley Hwy, ✆ 303 295 1330, 🖳 www.grizzlyrose.com. Renommierte, riesige Western-Kneipe mit einem mechanischen Bullen und allabendlichen Bandauftritten, darunter viele international bekannte. Zehn Autominuten nördlich von Downtown über den I-25, Eintritt $5–20. ⊕ Di–Fr 11–2, Sa und So 18–2 Uhr.

📖 **Mercury Café**, 2199 California St, ✆ 303 294 9258, 🖳 www.mercurycafe.com. Wenn im Merc gerade mal kein Jazz gespielt

wird, gibt es Tango-Tanzunterricht, Dichterlesungen oder andere Unterhaltung. Zum Club gehört auch ein preiswertes Restaurant mit hauptsächlich vegetarischem Essen und Abendbrot. ⊕ Di–Do 17.30–1, Fr 17.30–2, Sa 9–2, So 9–1 Uhr.

**My Brother's Bar**, 2376 15th St, ✆ 303 455 9991. Legendäre Kneipe von 1873 mit passend griesgrämigen Mitarbeitern, erstklassigen Burgern und einer treuen Kundschaft. Hier hing auch Jack Kerouac ab, wenn er in der Stadt war. ⊕ Mo–Sa 11–2 Uhr.

### Theater und Klassik

**Denver Performing Arts Complex**, 1400 Curtis St, ✆ 303 893 4100, 🖳 www.artscomplex.org. Heimstatt des Denver Center for the Performing Arts, des Colorado Symphony Orchestra, der Opera Colorado und des Colorado Ballett. Der Komplex besteht aus acht Theatersälen und der für ihre hervorragende Akustik bekannten **Symphony Hall**.

## INFORMATIONEN

**Visitor Center**, 1575 California St, ✆ 303 892 1505, 🖳 www.denver.org. Günstige Lage in Downtown bei der 16th Street Mall. ⊕ Mai–Okt Mo–Fr 9–18, Sa 9–17, So 11–15, Nov–April Mo–Fr 9–17 Uhr.

## NAHVERKEHR

### Busse

Kostenlose **Busse** verkehren in der 16th Street Mall (S. 158). Denvers öffentlicher Nahverkehrsbetrieb **RTD**, ✆ 303 229 6000, 🖳 www.rtd-denver.com, unterhält ein ausgezeichnetes Streckennetz. Es bestehen gute Verbindungen zu den städtischen Sportstätten und zum Flughafen, Abfahrt in der Market Street Station, Market St, Ecke 16th St, Einzelfahrschein $2,60.

### Fahrrad

Um ein Fahrrad über das **Denver Bike Sharing Program**, 🖳 https://denver.bcycle.com, zu leihen, muss man einen Tagespass kaufen, am Kiosk oder über die App, $9 für 24 Std.; die ersten 30 Min. sind gratis, die Zahl der 30-Min.-

Fahrten ist unbegrenzt. Nach der ersten halben Stunde kostet die Nutzung $5 pro 30 Min.

### Stadtbahn

Denvers Stadtbahn, 🖥 www.rtd-denver.com, verkehrt zwischen Downtown, 16th Street Mall, Denver Broncos Stadium, Pepsi Center und Flughafen (tgl. 24 Std., Tickets $2,60).

## TRANSPORT

### Busse

Der **Greyhound**-Busbahnhof, ✆ 303 293 6555, liegt in Zentrumsnähe in der 1055 19th St.

**Busse nach**:
COLORADO SPRINGS (6x tgl., 1 1/4–1 3/4 Std.),
GLENWOOD SPRINGS (4x tgl., 3 1/2 Std.),
GRAND JUNCTION (4x tgl., 5 1/4 Std.),
OMAHA (2x tgl., 9 3/4–10 3/4 Std.),
VAIL (4x tgl., 2 1/4 Std.).

### Eisenbahn

Die **Amtrak**-Züge halten am Nordwestrand des Zentrums in der Union Station, 1701 Wynkoop St.

**Züge nach**:
CHICAGO (1x tgl., 18 3/4 Std.),
GLENWOOD SPRINGS (1x tgl., 5 3/4 Std.),
GRAND JUNCTION (1x tgl., 7 3/4 Std.),
OMAHA (1x tgl., 8 3/4 Std.),
SALT LAKE CITY (1x tgl., 15 Std.).

### Flüge

Der **Denver International Airport**, ✆ 303 342 2000 oder 800 247 2336, 🖥 www.flydenver. com, liegt 24 Meilen nordöstlich von Downtown. **Taxi**-Unternehmen verlangen für die Fahrt ins Zetrum pauschal $55,57, nach Boulder $88,57. Die **University of Colorado A Line** (Stadtbahn) verbindet den Flughafen täglich von 3–1 Uhr alle 15–30 Min. mit der Union Station (37 Min., $9). **RTD**-Busse, 🖥 www.rtd-denver.com, fahren tgl. von 3.30–24 Uhr alle 15–30 Min. ins Zentrum ($9). Shuttlebus-Unternehmen wie **All Star Metro**, ✆ 720 308 9075, 🖥 www.allstarmetroairport shuttle.com, fahren für $45–85 die Hotels in Downtown an und bieten auch Verbindungen zu den entfernter gelegenen Skigebieten.

# Colorado Springs und Umgebung

**Colorado Springs** erstreckt sich auf einer Länge von 10 Meilen entlang dem I-25. Eisenbahnmagnat William Jackson Palmer gründete hier 1871 einen Ferienort. Es kamen dann so viele vornehme Engländer hierher, dass die Stadt bald den Beinamen „Little London" erhielt. Auch heute ist die mehr als eine halbe Million Einwohner zählende Stadt ein Touristenmagnet voller familienfreundlicher Attraktionen im Schatten des **Pikes Peak**. Daneben sind hier einige Rüstungsunternehmen ansässig, und es gibt mit dem Fort Carson, der Peterson Air Force Base und der US Air Force Academy eine starke Militärpräsenz.

Colorado Springs beherbergt außerdem das **United States Olympic Training Center** und das **World Figure Skating Museum**. In Downtown gibt's ansonsten nicht viel zu sehen, doch die **Historic Old Colorado City** (westlich von Downtown an der Colorado Avenue zwischen 23rd und 27th Street) ist toll zum Shoppen und Essengehen. Besonders gut für Familien ist der Abschnitt des Hwy-24 weiter westlich.

## Garden of the Gods

I-25, Exit 146 ▪ **Garden of the Gods** ◷ Mai–Okt tgl. 5–23, Nov–April 5–21 Uhr ▪ Eintritt frei ▪ **Visitor & Nature Center** 1805 N 30th St ▪ ◷ Sommer tgl. 8–19, sonst 9–17 Uhr ▪ Eintritt frei ▪ ✆ 719 634 6666, 🖥 www.gardenofgods.com

Der Stadtpark **Garden of the Gods** ist voller bizarrer, durch Erosion entstandener roter Sandsteinformationen, die eher an Arizona als die Rocky Mountains erinnern. Durch den 13 km$^2$ großen Park führen Straßen und Wanderwege vorbei an Überhängen, Felsnadeln, Sockeln und Pilzformationen; Karten und Ausstellungen zur Geologie und Geschichte der Gegend findet man im **Visitor Center** an der Ostgrenze des Parks. An Sommerwochenenden ist der Park überlaufen.

## Manitou Springs

Das kleine **Manitou Springs** fünf Meilen westlich von Colorado Springs am Hwy-24 ist ein hübscher, wenn auch touristischer Ort mit stattlichen viktorianischen Gebäuden, Geschäften, Restaurants und elf natürlichen Quellen – das kohlensäurehaltige kühle Mineralwasser machte den Ort in den 1880er-Jahren bekannt. Das Wasser kann man problemlos umsonst probieren. Es schmeckt aus jeder Quelle ein wenig anders, am süßesten ist das aus der **Twin Spring** in der Ruxton Avenue.

## Manitou Cliff Dwellings

10 Cliff Rd (5 Meilen westlich des I-25 am Hwy-24) ▪ ☉ Mai–Aug tgl. 9–18, März, April, Sep und Okt 9–17, Nov 9–16, Dez–Feb 10–16 Uhr ▪ Eintritt $9,50 ▪ ☏ 719 685 5242, ☐ www.cliffdwellingsmuseum.com

Wer keine Zeit hat, nach Mesa Verde (S. 187) oder zu den alten Pueblos weiter im Süden zu fahren, dem bieten die **Manitou Cliff Dwellings** eine recht gute, wenn auch etwas merkwürdige Einführung in die große **Anasazi-Kultur**. Das kleine **Museum** gibt's Artefakte, Töpferwaren und Beschreibungen des Alltags der Anasazi, aber am eindrucksvollsten sind die Felsenwohnungen selbst, die sich im roten Sandstein verbergen – man kann in engen Passagen durch sie hindurchgehen. Was aber nicht richtig deutlich gemacht wird, ist, dass es sich bei diesen Felsenwohnungen um Rekonstruktionen handelt. Sie wurden 1907 als Touristenattraktion angelegt, unter Verwendung von echten Anasazi-Ziegelsteinen aus Ruinen im McElmo Canyon unweit von Mesa Verde.

## Pikes Peak

**Mautstraße** 5069 Pikes Peak Hwy, Cascade ▪ ☉ Ende Mai–Anfang Sep tgl. 7.30–18, restlicher Sep 7.30–17, Okt–Ende Mai 9–15 Uhr ▪ Mai–Nov $12 p. P. oder $40 pro Auto, Dez–April $10 p. P. oder $35 pro Auto ▪ ☏ 719 385 7325, ☐ www.pikespeak.us.com ▪ **Eisenbahn** 515 Ruxton Ave, Manitou Springs ▪ ☉ siehe Website ▪ März–Dez $38, Jan und Feb $29, Buchung empfohlen ▪ ☏ 719 685 5401, ☐ www.cograilway.com

Die atemberaubende, 19 Meilen lange Fahrt auf den **Pikes Peak**, zehn Meilen westlich von Colorado Springs am Hwy-24, gehört zu den spektakulärsten Strecken in den gesamten USA. An klaren Tagen eröffnen sich unterwegs umwerfende Ausblicke auf die schneebedeckten Rockies im Norden und Westen sowie die endlose

Prärie im Osten; man kann sogar das 70 Meilen nördlich gelegene Denver ausmachen.

Der 4301 m hohe Pikes Peak ist zwar nicht der höchste Berg der Rockies oder gar Colorados, aber wahrscheinlich der bekannteste. Seine Berühmtheit verdankt er vor allem der atemberaubenden Aussicht von seinem Gipfel, die Katharine Lee Bates nach einem Besuch 1893 zu ihren Worten in *America The Beautiful* inspirierte. Ohne ihn selbst jemals bestiegen zu haben, fertigte der amerikanische Soldat und Forscher Zebulon Pike 1806 die erste Karte des Berges an, und nach ihm ist er benannt.

Heute erreichen die meisten Besucher den Gipfel mit dem Auto auf einer durchgehend geteerten **Mautstraße** mit jeder Menge Parkbuchten, um den Ausblick zu genießen. Eine einfache, wenn auch teure Alternative bietet die ganzjährig betriebene **Pikes Peak Cog Railway**, die sich mit einer durchschnittlichen Steigung von 258 m pro Meile ihren anderthalbstündigen Weg auf den Gipfel bahnt. Hartgesottene können die Bergspitze auch auf dem 11,8 Meilen langen **Barr Trail** erreichen, der von einem Trailhead unmittelbar hinter der Bergbahnstation 2400 Höhenmeter überwindet. Das ist eine sehr anstrengende Tour, und die meisten Wanderer verbringen eine Nacht im Barr Camp, ☐ www.barrcamp.com.

Auf welchem Weg man auch hochkommt, man sollte auf eisigen Wind und Schnee auf dem Gipfel eingestellt sein. Schutz vor den Naturgewalten bieten ein Andenkenladen und ein Café.

### ÜBERNACHTUNG UND ESSEN

**Airplane Restaurant**, 1665 N Newport Rd, ☏ 719 570 7656, ☐ www.solosrestaurant.com. Das Restaurant hat zwar nicht das beste Essen der Stadt (Burger ab $10), befindet sich aber in einer Boeing KC-97 von 1953. Kinder dürfen im Cockpit spielen. ☉ tgl. 11–21 Uhr.

**Marigold Café**, 4605 Centennial Blvd, ☏ 719 599 4776, ☐ www.marigoldcoloradosprings.com. Mittags gute Sandwiches, eine Mo–Sa 8–21 Uhr geöffnete Backtheke sowie abends köstliche französisch angehauchte Bistro-Speisen, die das triste Äußere Lügen strafen (Hauptgerichte $15–22). ☉ Mo–Sa 11–14.30 und 17–21 Uhr.

**The Mining Exchange**, 8 S Nevada Ave, ☎ 719 323 2000, 🖳 www.wyndham.com. Lohnt den hohen Preis: geräumige, luxuriöse Zimmer, hervorragende Mitarbeiter und liebevoll restaurierte Räumlichkeiten von 1901 (früher war dies eine Bergbaubörse). $178

**Phantom Canyon Brewing Co**, 2 E Pikes Peak Ave, ☎ 719 635 2800, 🖳 www.phantom canyon.com. Biere aus eigener Brauerei und Kneipenessen wie Artischocken-Dip ($8) und Fish 'n' Chips in Bierteig ($11). ⊕ tgl. 11–2 Uhr.

**Pikes Peak Chocolate and Ice Cream**, 805 Manitou Ave, Manitou Springs, ☎ 719 685 9600, 🖳 www.pikespeakchocolate.com. Schokolade, Fudge und tolle Eiscreme. ⊕ tgl. 10.30–22 Uhr.

**Sunflower Lodge**, 3703 W Colorado Ave, ☎ 719 520 1864. Gemütliche Budgetunterkunft mit Retro-Motelunits. Die meisten haben eine kleine Küche und alle TV und Klimaanlage. $85

## INFORMATIONEN

**Visitor Center**, 515 S Cascade Ave, I-25 Exit 141, ☎ 719 635 7506, 🖳 www.visitcos.com. ⊕ Sommer tgl. 8.30–17, sonst Mo–Fr 8.30–17 Uhr.

## TRANSPORT

Die Haltestelle der **Greyhound**-Busse, ☎ 719 635 1505, ist in Downtown, 120 S Weber St. Der **Colorado Springs Shuttle**, ☎ 719 687 3456, 🖳 www.coloradoshuttle.com, fährt direkt zum Flughafen von Denver ($50).

**Busse nach**:
ALBUQUERQUE (2x tgl., 7 Std.),
DENVER (6x tgl., 1 1/4–1 1/2 Std.).

# Great Sand Dunes National Park

11500 Hwy-150, Mosca ▪ ⊕ tgl. 24 Std. ▪ Eintritt $15 pro Fahrzeug

Die gewaltigen Sanddünen des **Great Sand Dunes National Park** verstecken sich nicht in Felsspalten oder einem Tal, sondern türmen sich einfach vor den zerklüfteten Sangre-de-Cristo-

Bergen auf, 170 Meilen südwestlich von Colorado Springs. In Millionen von Jahren blies der Wind feine Sandpartikel von den San-Juan-Bergen bis zum nächsten größeren Hindernis nach Osten – so entstand dieser sonderbare, 50 Quadratmeilen große und stets verändernde Ort von geheimnisvoller Schönheit.

Das **Visitor Center** befindet sich drei Meilen hinter dem Parkeingang. Kurz dahinter befindet sich das Ziel der meisten Besucher, der „**Strand**" am Medano Creek, der an der Süd- und Ostseite der Dünen verläuft. Um die Dünen selbst zu erreichen, muss man die seichten Bach durchwaten – Schuhe nicht vergessen, denn der Sand kann unglaublich heiß werden! Bis zu den Dünen sind es je nach Treibrichtung des Sands etwa zehn Minuten zu Fuß, was aber sehr ermüdend sein kann, besonders wenn die oft starken Winde einem Sand in die Augen wehen. Als Belohnung lockt der Aufstieg auf die Dünen und natürlich die tolle Rutschpartie hinunter (Rutschbrett mitbringen!). Die Landschaft hier ist atemberaubend. Von der 230 m hohen **Star Dune**, der höchsten Düne im Park, eröffnen sich Ausblicke über den gesamten Park; früh losgehen und ganz viel Wasser mitnehmen!

## ÜBERNACHTUNG UND ESSEN

**Great Sand Dunes Lodge**, 7900 Hwy-150, Mosca, ☎ 719 378 2900, 🖳 www.gsdlodge.com. Das einzige Hotel der Gegend liegt direkt beim Parkeingang und verfügt über nette Zimmer mit Satelliten-TV, Blick auf die Dünen, Hallenbad und Gasgrills zum Kochen im Freien; ⊕ Mitte März–Ende Okt. $105

**Great Sand Dunes Oasis**, 7800 Hwy-150, Mosca, ☎ 719 378 2222, 🖳 www.greatdunes.com. Meilenweit das einzige Restaurant. Es befindet sich vor der Lodge und hat z. B. Hamburger und mexikanische Gerichte. Bietet außerdem Duschen, Waschmaschinen und Zeltplätze sowie einige einfache Cabins (April–Mitte Okt). Camping ab $25, Cabins $55

## INFORMATIONEN

**Visitor Center**, ☎ 719 378 6399, 🖳 www.nps.gov/grsa, ⊕ Sommer tgl. 8.30–18, sonst 9–16.30 Uhr.

Die historischen Skigebiete nordwestlich von Denver zählen vielleicht nicht zu den trendigsten Ferienorten Colorados, doch im Winter sowie vermehrt auch im Sommer halten sie jede Menge Gelegenheiten zu sportlicher Betätigung bereit.

### Steamboat Springs

Im von weiten, oft verschneiten Tälern umgebenen **Steamboat Springs**, 65 Meilen nördlich des I-70 und zu erreichen über den Hwy-131, erblickte die Wintersportbranche Colorados das Licht der Welt. Als der norwegische Skisprungchampion Karl Hovelsen 1914 hierher zog, war Steamboat Springs noch ein Rinderzuchtort. Aber nachdem Hovelsen sich seine eigene Schanze gebaut hatte, leckten auch die Einheimischen Blut, und inzwischen hat der Ort mehr Wintersport-Olympiasieger hervorgebracht als jeder andere Wintersportort. Jeden Februar feiert der Ort die Wintersaison beim **Winter Carnival** mit einer Reihe vergnüglicher Events. Das erstklassige **Skigebiet**, 🖥 www.steamboat.com, am vier Meilen südlich des Ortszentrums gelegenen Mount Werner bietet neben Nachtabfahrten auch die Mavericks Superpipe, eine der besten Halfpipes der USA für Snowboarder und Skifahrer. Außerdem profitiert der Ort von seinen warmen Quellen: Das ganze Jahr über kann man sich in den abgeschiedenen, 40 °C heißen **Strawberry Park Hot Springs**, 🖥 www.strawberryhotsprings. com, sieben Meilen nördlich der Stadt und im Winter nur per Allradfahrzeug zu erreichen, ein schönes Bad gönnen; ⏰ Mo–Do und So 10–22.30, Fr und Sa bis 24 Uhr; Eintritt $15. Verschiedene Shuttles fahren die Quellen vom Ort aus an (siehe Website). Die **Old Town Hot Springs**, 136 Lincoln Ave, 🖥 www.oldtownhotsprings.org, wirken eher wie ein Wasserpark, ⏰ Mo–Fr 5.30–21.45, Sa 7–20.45, So 8–20.45 Uhr; Pools $18, Wasserrutschen $7, Fitnesscenter $16,50.

### Winter Park

Der 67 Meilen nordwestlich von Denver gelegene Winter Park wurde 1938 eingerichtet und zieht mit seiner großen Vielfalt an Wintersport- und Mountainbike-Terrains, seiner freundlichen Atmosphäre, den Attraktionen für Familien und den preisgünstigen Unterkünften jedes Jahr mehr als eine Million Besucher an. Das **Skigebiet**, 🖥 www.winterparkresort.com (⏰ Mitte Nov–Mitte April) bietet ausgezeichnete Einrichtungen für Kinder wie auch für behinderte Skifahrer und umfasst drei benachbarte Berggipfel: den Winter Park selbst, den Mary Jane und die Vasquez Ridge (für alle gilt derselbe Skipass).

Erfahrene Skiläufer freuen sich über die Buckelpisten am Mary Jane Mountain und die abgeschiedene Idylle des Vasquez Cirque. Für Sommergäste wartet der Ort mit 600 Meilen toller **Mountainbike**-Trails auf; die besten sind per Sessellift zugänglich. Dazu kommen noch die spannende anderthalb Meilen lange Schlittenfahrt auf der **Alpine Slide** sowie mehrere Festivals mit zeitgenössischer Musik.

# Boulder

Die quirlige Unistadt **Boulder**, nur 27 Meilen nordwestlich von Denver am US-36, wurde 1858 von einer Gruppe von Glücksrittern gegründet, die sich in den nahen Flatiron Mountains Goldfunde erhofften. Sie fanden zwar kaum etwas, doch die Siedlung florierte trotzdem. Heute ist Boulder eine wohlhabende und liberale Stadt mit einer Vorliebe für Aktivitäten an der frischen Luft, beherrscht von der **University of Colorado** (CU) und gesäumt von zahlreichen Wanderwegen und Parks. Den Kern des Zentrums bildet die Fußgängerzone **Pearl Street** mit ihren munteren Cafés, Straßenmusikanten, Galerien und Geschäften, darunter einige, die **Mountainbikes** vermieten. Als kleiner Ausflug per Rad oder zu Fuß bietet sich der 5,5 Meilen lange **Boulder Creek Path** an, der am grünen Flussufer entlang durchs Zentrum zum Boulder Canyon führt.

Im **Boulder Museum of Contemporary Art**, 1750 13th St, ☎ 303 443 2122, 🖥 www.bmoca.

ROCKY MOUNTAINS

org, gegenüber vom einladenden Dushanbe Teahouse (s. u.) auf der anderen Seite des Flusses, finden hochkarätige Ausstellungen mit Werken von Künstlern aus aller Welt statt, ⏰ Di–So 11–17 Uhr, Eintritt $1.

Zwei Meilen südöstlich der Pearl Street liegt der gepflegte Campus der 1876 gegründeten **University of Colorado** (CU), 🖥 www.colorado.edu. Hier sind auch die Sportteams der Colorado Buffaloes zu Hause; außerdem sind in den Sandsteingebäuden mit ihren roten Dachziegeln mehrere Museen ansässig. Jeden Sommer findet hier das renommierte **Colorado Shakespeare Festival**, 🖥 www.coloradoshakes.org, statt.

## ÜBERNACHTUNG

**Foot of the Mountain Motel**, 200 W Arapahoe Ave, ☎ 303 442 5688, 🖥 www.footofthe mountainmotel.com. Freundliches Motel im Blockhüttenstil, neun Blocks westlich von Downtown neben dem Boulder Creek. $143

 **Hotel Boulderado**, 2115 13th St, ☎ 303 442 4344, 🖥 www.boulderado.com. 1909 eröffnetes, wunderbares altes Hotel mit Buntglasdecke, Kirschholztreppe und Galerie über der Lobby. Die Zimmer präsentieren sich opulent viktorianisch, mit zeitgenössischen Möbeln und Tapeten. Lohnt auch einen Besuch, wenn man hier nicht nächtigt. $350

## ESSEN UND UNTERHALTUNG

**Boulder Dushanbe Teahouse**, 1770 13th St, ☎ 303 442 4993, 🖥 www.bouldertea house.com. Wunderschönes Teehaus und Restaurant, eingerichtet von Künstlern aus Tadschikistan (Duschanbe ist eine Partnerstadt von Boulder). Zur Auswahl stehen über 100 Teesorten sowie baskische, persische, japanische und indische Gerichte. ⏰ tgl. 8–21 Uhr.

**Flagstaff House**, 1138 Flagstaff Rd, ☎ 303 442 4640, 🖥 www.flagstaff house.com. Boulders Top-Restaurant ist auf französische Küche mit asiatischen Anklängen spezialisiert; legendär sind die Weichschalenmuscheln (rund $50 p. P.). Spektakuläre Aussicht. ⏰ Mo–Fr und So 18–22, Sa 17–22 Uhr.

**Fox Theatre**, 1135 13th St, ☎ 720 645 2467, 🖥 www.foxtheatre.com. Tolles Konzerthaus um 1926 im Univiertel mit sensationeller Soundanlage und erstklassigen Bands.

**Laughing Goat Coffee House**, 1709 Pearl St, ☎ 303 440 4628, 🖥 www.thelaughinggoat.com. Klassisches Bohmème-Café mit köstlichem Kaffee, schräger Kunst, Musik, Dichterlesungen und vor Ort gebrautem Bier. ⏰ Mo–Fr 6–23, Sa und So 7–23 Uhr.

**West End Tavern**, 926 Pearl St, ☎ 303 444 3535, 🖥 www.thewestendtavern.com. Toller Treff mit Rootsmusik, lokalem Bier und Panoramablick von der Dachterrasse. ⏰ tgl. 11.30–1.30 Uhr.

## INFORMATIONEN

**Visitor Center**, 1301 Pearl St, ☎ 303 417 1365, 🖥 www.boulderdowntown.com. ⏰ tgl. 10–20 Uhr.

## TRANSPORT

Die **Busse** FF1 und FF2 (45 Min.) des **RTD**, 🖥 www.rtd-denver.com, fahren von Downtown Denver ($4,50) zur Downtown Boulder Station, 1800 14th St, ☎ 303 299 6000.

Für das **Boulder Bike Sharing Program**, 🖥 www.boulder.bcycle.com, ist ein Zugangspass erforderlich, $8 für 24 Std.; das Ausleihen selbst kostet $3 pro 30 Min. (die ersten 30 Min. sind gratis, die Zahl der 30-Min.-Fahrten ist unbegrenzt).

# Rocky Mountain National Park

⏰ tgl. 24 Std. ▪ Eintritt $20 pro Auto ▪
Mit öffentlichen Verkehrsmitteln sind der Park und die Zugangsorte nicht zu erreichen; dem Park am nächsten liegt der Ort Estes Park, 65 Meilen nordwestlich von Denver

Wer die Rockies in ihrer ganzen ursprünglichen Pracht und vor allem ihre Tierwelt erleben möchte, sollte auf jeden Fall den **Rocky Mountain National Park** ansteuern. Er zieht sich auf der nordamerikanischen Wasserscheide in Höhen von oft weit über 3000 m entlang, und in vielen Teilen sind Wapitiherden, Elche, Schwarz-

Die Schönheit des Nationalparks erschließt sich erst dann so richtig, wenn man aus dem Auto aussteigt und wandert. Ausgangspunkt für zahlreiche, zum Teil mehrtägige Wanderwege ist der **Bear Lake**, ein hübsches Fleckchen am Ende einer Stichstraße von Estes Park her. Auf der ruhigen Oberfläche des kühlen Wassers spiegeln sich die Umrisse der Berge. Eine beliebte Wanderung führt vom Bear Lake zum **Fern Lake Trailhead** (9,2 Meilen) im Gebiet des Moraine Park; zurück geht's dann mit dem Shuttlebus. Schön ist auch die Wanderung zum **Emerald Lake** (3,5 Meilen). Erfahrene Wanderer können sich an dem anspruchsvollen, aber spektakulären Aufstieg auf den **Mount Ida** (3921 m) versuchen (9,6 Meilen hin und zurück).

bären und Dickhornschafe zu Hause. Ein Drittel des Parks liegt oberhalb der Baumgrenze. Die weiten Flächen arktischer Tundra und ewigen Schnees haben den Bergen den Beinamen **Never Summer Mountains** eingebracht.

In den tiefer gelegenen Ausläufern des Parks wechseln sich dichte Wälder mit saftig grünen und von Blumen übersäten Bergwiesen ab. Der Vergleich mit den europäischen Alpen drängt sich auf – eine Assoziation, der die Motels und Restaurants im mehr oder weniger geschickt imitierten schweizerischen und bayrischen Stil noch ein wenig nachhelfen. Der Park misst ein Zehntel des Yellowstone Nationalparks, lockt aber dieselben Besuchermassen an – mehr als 3 Mio. Menschen pro Jahr. Da die meisten im Hochsommer kommen, zieht sich zeitweise eine schier endlose Blechkarawane über die einzige Hauptstraße.

## Trail Ridge Road

Als Teil des US-34 verbindet die 45 Meilen lange **Trail Ridge Road** die beiden kleinen Ortschaften Estes Park und Grand Lake auf der Westseite des Parks. Die höchste Teerstraße aller US-Nationalparks – die eine Höhe von 3713 m erreicht – bietet eine Vielzahl von eindrucksvollen Aussichtspunkten. An mehreren Parkplätzen beginnen kurze Wanderwege. Die Straße ist gewöhnlich von Ende Mai bis Mitte Oktober befahrbar.

Die absoluten Highlights der Strecke sind die Straßenabschnitte beiderseits des Alpine Visitor Center; die Ausblicke auf die Gipfel der Umgebung und die alpine Tundra sind dort einfach atemberaubend. Das **Alpine Visitor Center** (S. 170) liegt auf halbem Weg an der Trail Ridge Road auf 3600 m Höhe beim Fall River Pass und ist der einzige erwägenswerte Zwischenstopp. Die dortige **Ausstellung** beschäftigt sich mit der Flora und Fauna der Tundra, außerdem gibt es hier eine einfache, preisgünstige **Cafeteria**. Gute Gelegenheiten zur Wildtierbeobachtung (besonders Wapitihirsche) bieten sich etwas weiter östlich um den Timber Creek herum.

## Old Fall River Road

Die andere landschaftlich schöne Strecke durch den Park ist die unbefestigte, nur im Sommer befahrbare **Old Fall River Road**. Die Straße – 1920 gebaut – verläuft als Einbahnstraße in Ost-West-Richtung durch ein U-förmiges Gletschertal. Von der Talsohle bietet sich zwar kein Panorama auf die umliegenden Gipfel, da die Straße aber wesentlich ruhiger ist als die geteerte Konkurrenz, besteht hier eher die Möglichkeit, **Tiere** in freier Wildbahn zu sehen. Im Park leben Elche, Kojoten, Pumas, Biber und Braunbären.

### ÜBERNACHTUNG UND ESSEN

#### Estes Park
**Alpine Trail Ridge Inn**, 927 Moraine Ave (US-36), ℡ 970 586 4585, 🖳 www.alpinetrailridgeinn.com. Gemütliche und geräumige Standard-Motelzimmer nahe dem Parkeingang. Beheizter Außenpool. ⊕ Mai–Anfang Okt. $140
**Baldpate Inn**, 4900 S Hwy-7, ℡ 970 586 5397, 🖳 www.baldpateinn.com. Offeriert ein empfehlenswertes Buffet mit herzhaften Suppen, frisch gebackenem Brot und Salaten. ⊕ Ende April–Mitte Okt tgl. 11.30–20 Uhr.
**Stanley Hotel**, 333 Wonderview Ave, ℡ 970 577 4000, 🖳 www.stanleyhotel.com. Histori-

sches Gemäuer von 1909 in traumhafter Gebirgslage. Vielleicht am besten bekannt dafür, dass es als Inspiration für Stephen Kings *The Shining* diente – das sollte einen aber nicht abschrecken, denn die Zimmer und Apartments sind sehr luxuriös und frei von Unholden. $296

### Grand Lake

**Blue Water Bakery Café**, 928 Grand Ave, ✆ 970 627 5416, 🖥 www.bluewaterbakery.com. Hat guten Kaffee, Backwaren und Sandwiches, außerdem Exotischeres wie Mango-Kokos-Scones. ⏰ tgl. 6–17 Uhr.

**Fat Cat Café**, 916 Grand Ave, ✆ 970 627 0900. Das kleine, mit Katzenfiguren geschmückte Café direkt am See bietet am Wochenende köstliches Frühstück ($15), außerdem hervorragenden Kaffee und Zimtschnecken. ⏰ Mo und Mi–Fr 7–14, Sa und So 7–13 Uhr.

**Shadowcliff Lodge**, 100 Summerland Park Rd, ✆ 970 627 9220, 🖥 www.shadowcliff.org. Ausgezeichnete Jugendherberge hoch oben im Wald, mit Dorm-Betten und sauberen, angenehmen DZ. Außerdem Workshops zu Umweltthemen. ⏰ Juni–Sep. Dorms $25, DZ $140

**Western Riviera Lakeside Lodging**, 419 Garfield St, ✆ 970 627 3580, 🖥 www.westernriv.com. 16 altmodische, aber saubere Zimmer am See mit Mikrowelle. $150

### Camping

Die einzigen Unterkunftsmöglichkeiten innerhalb des Nationalparks sind die fünf offiziellen **Campingplätze**. Alle sind jeden Tag schon früh voll; im Sommer ist für Moraine Park, Glacier Basin und Aspenglen unbedingt eine Reservierung unter ✆ 518 885 3639, 🖥 www.recreation.gov, erforderlich. Bei den Campingplätzen Longs Peak und Timber Creek gilt das Prinzip *first-come first-served* – also so früh wie möglich ankommen. $26

Wer **abseits der offiziellen Plätze campen** möchte, benötigt eine Genehmigung (Mai–Okt $26, ansonsten kostenlos) fürs sogenannte *backcountry camping* von den Park Headquarters, ✆ 970 586 1242, oder vom Kawuneeche Visitor Center. Sie gilt maximal für 7 Nächte.

Die Parkverwaltung und das **Beaver Meadows Visitor Center**, ✆ 970 586 1206, 🖥 www.nps.gov/romo, liegen drei Meilen westlich von Estes Park am US-36. ⏰ tgl. 8–17 Uhr. Das **Fall River Visitor Center** befindet sich fünf Meilen westlich von Estes Park am US-34; ⏰ tgl. 9–17 Uhr. Das **Kawuneeche Visitor Center** ist eine Meile nördlich von Grand Lake am US-34; ⏰ tgl. 8–17 Uhr. Das **Alpine Visitor Center** findet man an der Trail Ridge Rd; ⏰ Ende Mai–Anfang Okt tgl. 10.30–16.30 Uhr. Das **Moraine Park Discovery Center** liegt an der Bear Lake Rd, 1,5 Meilen vom Beaver Meadows Entrance, ⏰ tgl. 9–16.30 Uhr.

Im Park verkehren kostenlose **Shuttlebusse** (Ende Mai–Anfang Okt, tgl. 7–19 Uhr), und zwar zwischen dem Moraine Park Discovery Center und Sprague Lake (alle 20 Min.) sowie zwischen dem Sprague Lake und dem Bear Lake (alle 15 Min.).

# Summit County

Die Skiresorts, alten Bergbauorte, schneebedeckten Gipfel, Bergwiesen und kristallklaren Seen, die zusammen das **Summit County** bilden, säumen rund 70 Meilen westlich von Denver den I-70. Dieser Abschnitt des Interstate wurde als einer der letzten Teile des nationalen Fernstraßennetzes vollendet und gilt zurecht als Meisterwerk des Straßenbaus: Er überquert die Continental Divide auf 3400 m Höhe mittels des Eisenhower Tunnel und windet sich hoch über dem Vail Pass entlang.

Das einladendste Ziel hier ist der Bergort **Breckenridge** elf Meilen südlich des Highways auf 2927 m Höhe. Dies ist die munterste der vier Städte des Summit County. Sie entstand 1859 als Goldgräbercamp und umfasst heute einen großes historisches Viertel mit Häusern aus den 1890er-Jahren und dem frühen 20. Jh., touristischen, aber geschmackvollen Läden, Kunstgalerien und ausgezeichneten Restaurants.

Im Winter verdoppeln sich die Übernachtungspreise im Summit County. Die preisgünstigsten
Unterkünfte findet man in der Regel in Frisco
nicht weit vom I-70. In Breckenridge gibt's im
Zentrum ein paar B&Bs und beim Skigebiet
jede Menge teure Apartments.

Das **Breckenridge Tourism Office**, ✆ 888 251
2417, 🖥 www.gobreck.com, informiert über
Pauschalarrangements. Die Resortunterkünfte
am Copper Mountain und Keystone (S. 172)
sind erstklassig, und dementsprechend sind
die Preise. Wer etwas mit mehr Flair sucht:
Die **Summit Huts Association**, 🖥 www.
summithuts.org, betreibt in der Gegend vier
Hütten (Juli–Sep und Nov–Mai).

**The Bivouac**, 9511 Hwy-9, Höhe River
Park Drive, Breckenridge, ✆ 970
423 6553, 🖥 www.thebivvi.com. Schickes
Hostel, vor allem für Snowboarder, mit
gemütlichen Zimmern und vier Schlafsälen
sowie recht gutem Frühstück, Whirlpool im
Freien und cooler Bar mit Craft-Bieren vom
Fass. Keine Kinder unter zwölf. Dorms $29,
DZ $120

**Fireside Inn**, 114 N French St, Breckenridge,
✆ 970 453 6456, 🖥 www.firesideinn.com.
Heimeliges kleines B&B mit blumigen Zimmern
voller Antiquitäten und eigenem Bad, dazu
mehrere enge Dormitorys, die sich eine
Fernsehlounge, Duschen und eine kleine
Küche teilen. Dorms $35, DZ Winter $140,
DZ Sommer $111

**Frisco Lodge**, 321 Main St, Frisco, ✆ 970
668 0195, 🖥 www.friscolodge.com. B&B mit
jeder Menge Flair, 1885 in einem vage österreichischen Stil erbaut. Die Zimmer haben
kleine Küchen und Zugang zu einem Whirlpool im Freien. In der Lounge werden ein
warmes Frühstück und Nachmittagssnacks
serviert. $109

**Skiway Lodge**, 275 Ski Hill Rd, Breckenridge,
✆ 970 453 7573, 🖥 www.skiwaylodge.com.
Freundliches, preiswertes Motel nicht weit von
der Main St. Die geräumigen Zimmer verfügen
über Gaskamin, LCD-TV und Balkon. Die Gäste
können draußen zwei Whirlpools und eine
Feuerstelle nutzen. $99

**Alpenglow Stube**, Keystone Resort,
✆ 800 354 3000. Das beste Restaurant
im Summit County – mit der kostenlosen
Gondel geht's hinauf auf den 3488 m hohen
North Peak. Oben zieht man sich österreichische Hausschuhe an und genießt dann in
schönem Ambiente neue amerikanische
Küche mit bayrischem Einschlag. Menüs
kosten ab $50. ☉ Nov–Mitte April Mi–Sa
11–14 und 17.30–20.30, Mitte Juni–Aug
Do–Sa 17.30–20.30 Uhr.

**Breckenridge Brewery**, 600 S Main St,
Breckenridge, ✆ 970 453 1550, 🖥 www.
breckbrewpub.com. Riesige Brauereikneipe,
seit 1990 ein Wahrzeichen am südlichen
Ortsrand, mit guten Bieren wie dem Avalanche
Ale und herzhafter regionaler Kost, etwa
Wapiti-Hackbraten ($16) oder Lachssalat ($15).
☉ tgl. 11–2 Uhr.

**Gold Pan Saloon**, 103 N Main St, ✆ 970
453 5499, 🖥 www.thegoldpansaloon.com.
Die Dorfkneipe besteht seit 1879 und hat
echte Schwingtüren, billiges Frühstück und
recht gute Burger ($11,95), Livemusik (Do)
und DJs (Fr und Sa). Happy Hour 16–19 Uhr.
☉ tgl. 7–1.30 Uhr.

**Hearthstone**, 130 S Ridge St, ✆ 970 453 1148,
🖥 www.hearthstonebreck.com. Restaurant
im wundervollen Kaiser House von 1886 mit
saisonaler Karte. Hauptgerichte sind etwa
Brombeer-Wapiti ($44), Lachs ($34) und
Alaska-Heilbutt ($34). ☉ tgl. 16–23 Uhr.

**Mary's Mountain Cookies**, 128 S Main St,
✆ 970 547 4757, 🖥 www.breckenridge
cookies.com. Köstliche Kekse mit Fudge,
Hafer, M&Ms, Schokolade und Macadamia-
nüssen(ab $2,75). ☉ tgl. 10–21 Uhr.

**Breckenbridge Welcome Center & Museum**,
203 S Main St, ✆ 970 453 5579, 🖥 www.
gobreck.com. Hat Infos und Karten (zum
Beispiel zu Wanderwegen und Mountainbike-
Trails in der Umgebung) und bietet außerdem
einen ausgezeichneten Film und ein Museum
zur Geschichte des Orts. ☉ tgl. 9–20 Uhr.

**ROCKY MOUNTAINS**

## NAHVERKEHR

**Summit Stage**, ℡ 970 668 0999, 🖥 www. co.summit.co.us, bietet tgl. von 6.30 bis 1.30 Uhr kostenlose Beförderung vom Frisco Transfer Center nach Breckenridge, Copper Mountain und Keystone.
In Breckenridge selbst fahren die **Free-Ride-Busse**, ℡ 970 547 3140, 🖥 www.breckfreeride. com, vom Ort und vom Busbahnhof Summit Stage zu verschiedenen Skihängen (tgl. 6.15–23.15 Uhr).

## TRANSPORT

**Greyhound**-Busse halten am Frisco Transfer Center, ℡ 970 668 9290, 1010 Meadow Drive, bei der Ausfahrt 203 des I-70, rund10 Meilen nördlich von Breckenridge. Von hier fahren kostenlose Busse (s. o.) in die umliegenden Skigebiete.
**Shuttles** vom Flughafen Denver wie der Colorado Mountain Express, ℡ 970 926 9800, 🖥 www.coloradomountainexpress.com, fahren zum Transfer Center und nach Keystone,

Copper Mountain und Breckenridge ($66). Der Summit Express, ℡ 970 668 6000, 🖥 www. summitexpress.com, steuert zu etwas günstigeren Preisen ($65) dieselben Ziele an.

**Busse nach**:
DENVER (3x tgl.,1 3/4 Std.),
GLENWOOD SPRINGS (4x tgl., 1 3/4 Std.),
GRAND JUNCTION (4x tgl., 3 1/2 Std.),
VAIL (4x tgl., 35 Min.).

# Leadville

Die von schneebedeckten Bergen umgebene, bezaubernde alte Minenstadt **Leadville**, 24 Meilen südlich des I-70 und des Summit County auf einer Höhe von über 3000 m genießt einen wunderbaren Ausblick auf den Mount Ebert (4401 m) und den Mount Massive (4396 m), die beiden höchsten Berge Colorados.

Leadville verströmt jede Menge historisches Flair, angereichert durch Geschichten von Revolverduellen – Doc Holliday trug hier sein letztes aus –, verunglückten Bergarbeitern, und von

---

## Winter- und Sommeraktivitäten im Summit County

Im **Winter** ist im Summit County am meisten los. Das **Breckenridge Ski Resort**, ℡ 970 453 5000, 🖥 www.breckenridge.com, das älteste der vier erstklassigen Skigebiete der Gegend, erstreckt sich über fünf Gipfel und bietet ein ideales Wintersportterrain, genauso wie das noble **Keystone Ski Resort**, ℡ 970 496 4500, 🖥 www.keystoneresort.com: Hier kann bis abends um 21 Uhr Ski gelaufen werden. Im kleinsten Skigebiet der USA, **Arapahoe Basin** („A-Basin"), ℡ 970 468 0718, 🖥 www. arapahoebasin.com, können sich Skifreunde dank der hohen Lage gewöhnlich von Mitte Oktober bis in den Juni hinein austoben. Die Hänge am **Copper Mountain**, ℡ 970 968 2318, 🖥 www.copper colorado.com, sind klar in vier Schwierigkeitsgrade unterteilt.
Im **Sommer** radeln sowohl Mountainbiker als auch Radrennfahrer gern auf dem Abschnitt des Hwy-9 zwischen Frisco und Breckenridge. Bei **Alpine Sports**, 435 N Park Ave, Breckenridge, ℡ 970 453 9623, 🖥 www.alpinesportsrental.com, 🕐 tgl. 8–17.30 Uhr, kann man Mountainbikes für $35 am Tag leihen (der vom Geschäft betriebene **Vail Pass Bike Shuttle** bringt einen auf die Passhöhe des Vail Pass, von wo aus man 14 Meilen auf einem asphaltierten Radweg runterradeln kann; $55 inkl. Leihrad). In jedem Skigebiet gibt's einen Sessellift oder eine **Seilbahn**, die einen hinauf zu tollen Wander- und Biking-Wegen bringt. Besonders Keystone hat erstklassige Mountainbike-Trails aufzuweisen. Die hervorragenden Abfahrts- und Querfeldein-Trails sind von den Liften aus zugänglich (🕐 Mitte Juni–Anfang Sep, Mo–Do und So 10–17, Fr und Sa 10–19 Uhr, Tagespass $44).
In Breckenridge erwartet die Besucher ein Summer Fun Park (🕐 Mitte Juni–Anfang Sep tgl. 9.30–17.30 Uhr, Tagespass $77, Kinder 3–6 J. $52), mit Schlittenfahrten auf der trockenen **Alpine Slide**, dazu Trampolinspringen, Minigolf und ein riesiges Labyrinth.

---

Friedhöfen, die umgegraben wurden, um an Edelmetalladern zu gelangen. Gold wurde hier 1860 entdeckt, in den 1870er-Jahren lief ihm aber das Silber den Rang ab, später kamen Kupfer und Zink. 1880 war Leadville die zweitgrößte Stadt in Colorado. Nach 17-jähriger Schließung nahm die Molybdän-Mine Climax 2012 wieder den Betrieb auf und setzte damit die alten Traditionen fort.

## National Mining Hall of Fame & Museum

120 W 9th St ▪ ⏰ tgl. 9–17 Uhr ▪ Eintritt $12 ▪ ☎ 719 486 1229, 🖥 www.mininghalloffame.org

Die reiche Geschichte Leadvilles und der Suche nach Gold wird in der **National Mining Hall of Fame & Museum** erzählt, dem Betreiber und Besitzer der Matchless Mine (s. u.). Zu sehen sind hier echte Goldnuggets und der begehbare Nachbau eines unterirdischen Stollens.

## Matchless Mine

E 7th St (1,25 Meilen östlich der Stadt) ▪ ⏰ Ende Mai–Ende Sep tgl. 12–16.45 Uhr, Führungen 13 und 15 Uhr ▪ Eintritt $8 (mit Führung $12) ▪ ☎ 719 486 1229, 🖥 www.mininghalloffame.org

1878 zog **Horace Tabor**, einstiger Bürgermeister und Ladeninhaber, der Goldsucher mit allem Notwendigen versorgte und dafür an deren Gewinnen beteiligt war, das große Los. Zwei seiner Kunden erschlossen eine Silbermine, die innerhalb eines Jahres 20 Mio. Dollar abwarf. Nachdem er sein Drittel des Gewinns kassiert hatte, verließ Tabor seine Frau, heiratete die Kellnerin „Baby Doe" McCourt und kaufte die profitable **Matchless Mine**. Als er 1899 starb, war er jedoch pleite. Baby Doe überlebte ihn um 36 Jahre, indem sie in den einsamen Holzschuppen oberhalb der Mine wie eine Eremitin hauste. Die Gebäude existieren auch heute noch. In dem primitiven Bretterverschlag, in dem sie starb, ausgezehrt und mit Frostbeulen übersät, erzählen Guides die gesamte bizarre, aber faszinierende Geschichte.

## Tabor Opera House

308 Harrison Ave ▪ ⏰ Ende Mai–Juni Do–Mo 12–18, Juli und Aug tgl. 12–18 Uhr ▪ Eintritt $8 ▪ ☎ 719 486 8409, 🖥 www.taboroperahouse.net

Die spektakulärste Art und Weise, von Leadville aus nach Aspen zu gelangen, ist die Fahrt über den Independence Pass auf dem **Top of the Rockies National Scenic Byway** (Hwy-82, 🖥 www.topoftherockiesbyway.org). Die fesselnde Strecke passiert das hübsche Dorf Twin Lakes, 🖥 www.visittwinlakescolorado.com, und überquert die Kontinentalscheide auf einer Höhe von 3687 m. Auf der Westseite windet sich die Straße am Roaring Fork River entlang und an der Independence Ghost Town (⏰ Sommer tgl. 10–18 Uhr) vorbei nach Aspen. Der Pass ist gewöhnlich von November bis Ende Mai geschlossen; die Alternativstrecke über den I-70 und Glenwood Springs ist von Denver aus 70 Meilen länger.

1879 finanzierte Silberkönig Horace Tabor den Bau des stattlichen **Tabor Opera House**, dessen alte Bühne, samtig-goldene Sitzreihen und unheimlichen, staubigen Künstlergarderoben sich seitdem kaum verändert haben. 1882 hielt ein in schwarze Samtkniehosen gekleideter und mit Diamanten geschmückter **Oscar Wilde** hier vor dösenden Bergarbeitern einen Vortrag über die Anwendung der ästhetischen Theorie auf die Ausschmückung von Häusern, in den er auch Bemerkungen zu Bekleidung und Körperschmuck einfließen ließ.

### ÜBERNACHTUNG UND ESSEN

**Delaware Hotel**, 700 Harrison Ave, ☎ 719 486 1418, 🖥 www.delawarehotel.com. Altmodisches und uriges viktorianisches Hotel von 1886 mit gemütlichen Zimmern voller Antiquitäten. Keine Aufzüge. ⏰ Mai–Okt. $75

💼 **Golden Burro Café**, 710 Harrison Ave, ☎ 719 486 1239, 🖥 www.goldenburro.com. Klassischer, seit 1938 bestehender Diner mit gemütlichen Sitznischen und freundlichen Mitarbeiterinnen, ein herzhaftes Frühstück (miner's platter $9,25), Grillhähnchen ($14,95) und Hackbraten ($11,95) auftischen – hier macht sogar das Lesen der Speisekarte Spaß. ⏰ tgl. 6.30–14 Uhr.

**Governor's Mansion Guest Suites**, 129 W 8th St, ℰ 719 486 1865, ▭ www.governorsmansion. net. Das 1881 erbaute ehemalige Zuhause des Gouverneurs Jesse McDonald wartet heute mit zwei geräumigen und geschmackvoll eingerichteten Gästesuiten auf. Beide haben eine komplett ausgestattete Küche. $100

**McGinnis Cottage Inn**, 809 Spruce St, ℰ 719 486 3110, ▭ www.mcginniscottage.com. Freundliches B&B der zuvorkommenden Donna McGinnis in einem Holzhaus von 1898. Es besitzt drei Gästezimmer, alle mit TV. $135

**Silver Dollar Saloon**, 315 Harrison Ave, ℰ 719 486 9914, ▭ www.silverdollarsaloonco.com. Leadvilles älteste Kneipe (1879) ist ein holzvertäfelter Saloon, der ungeachtet der Westernfassade irischen Schnickschnack aufweist. ⊙ tgl. 11–2 Uhr.

# Aspen

Glaubt man den Boulevardblättern, ist Aspen – 160 Meilen westlich von Denver – ausschließlich eine Domäne der Filmstars und Superreichen. Dabei können sich im Sommer durchaus auch Normalsterbliche mit durchschnittlich ausgestatteter Reisekasse einen Aufenthalt in diesem netten **Wintersportort** leisten. Und ganz im Gegensatz zu Skiorten wie Vail, die außerhalb der Saison so gut wie ausgestorben sind, ist dies dank erschwinglichem Wohnraum und vielfältiger Erschließung ein Ort, wo sich die Skihasen tatsächlich mit den Millionären mischen.

Zwar möchte man angesichts des Wahnsinnsangebots an Aktivitäten in der Umgebung nicht zu viel Zeit in Aspen selbst verbringen, doch in den schattigen Fußgängerzonen und schicken Läden der Stadt lassen sich durchaus ein paar nette Stündchen verbringen. Im Winter ist ein Besuch allerdings wirklich ein sündhaft teures Vergnügen. Aber auch dann kann man auf den weniger teuren Skihängen der Aspen Highlands die Kosten im Rahmen halten.

## Geschichte

Nach ihrer Gründung 1879 rückte die von Bergen umschlossene Stadt schnell auf eine weltweit führende Position in der Silbergewinnung.

Als der Silbermarkt 14 Jahre später zusammenbrach, drohte der Stadt der Ruin. Zwar gab es nun in Aspen geschmackvolle Villen, prachtvolle Hotels und ein Opernhaus, es lebten jedoch 1930 nicht einmal mehr 700 Einwohner in der Stadt. Die finanziellen Mittel für den Bau des ersten Skilifts verdankt die Stadt dem WPA-Programm zur Bekämpfung der Armut. Aufgrund der vielfältigen Landschaft und starken Schneefälle in der Region rechneten sich Unternehmer gute Chancen für einen florierenden Wintersportort aus.

Der erste Sessellift entstand 1947 am Aspen Mountain. Angeregt durch die umwerfende Schönheit des Orts gründete der Chicagoer Unternehmer Walter Paepcke hier 1950 das heutige **Aspen Institute**, einen renommierten Thinktank. Zudem war er maßgeblich an der Entstehung des **Aspen Music Festival** (S. 177) beteiligt. Doch sein Wachstum verdankt Aspen eindeutig dem Wintersport: Es wurden drei weitere Berge für den Skisport erschlossen: **Aspen Highlands**, **Snowmass** und **Buttermilk**. Im Lauf der 1960er-Jahre kam dann der Jet Set. Alle vier Berge werden inzwischen von der **Aspen Skiing Company** bewirtschaftet, ℰ 970 925 1220, ▭ www.aspensnowmass.com. Highlands und besonders Snowmass an der Brush Creek Rd, abseits des Hwy-82, verfügen über eigene kleine „Skidörfer" mit Unterkünften, Geschäften und Restaurants.

## John Denver Sanctuary

Rio Grande Park (beim Visitor Center) ▪ ⊙ tgl. 24 Std. ▪ Eintritt frei
Der beliebte Folksänger **John Denver** zog 1971 nach Aspen und ließ sich von der Landschaft ringsum zu vielen seiner Hits wie *Rocky Mountain High* inspirieren. Denver kam 1997 bei einem Flugzeugabsturz ums Leben; an den Sänger erinnert das stille **John Denver Sanctuary**, wo viele seiner erfolgreichsten Songs in Granit gemeißelt sind. Jedes Jahr versammeln sich an seinem Todestag, dem 12. Oktober, hier zahlreiche Fans.

## Maroon Bells Recreation Area

Maroon Creek Rd ▪ ⊙ tgl. 24 Std. ▪ Eintritt $10 pro Fahrzeug (Fußgänger und Radfahrer frei) ▪ ℰ 970 925 3445 ▪ Mitte Juni–Anfang Sep (8–17 Uhr) nur Zugang per Fahrrad, Skates, zu Fuß und mit

**Aspen**

**ESSEN**

| Big Wrap | 3 |
| Pyramid Bistro | 1 |
| Red Onion | 2 |

**KNEIPEN**

| Aspen Brewing Co | 2 |
| Woody Creek Tavern | 1 |

**ÜBERNACHTUNG**

| Mountain Chalet | 2 |
| Sky Hotel | 3 |
| St Moritz Lodge | 1 |

ROCKY MOUNTAINS

11 , Wheeler/ Stallard Museum

Buttermilk, Snowmass, Aspen Highlands, Flughafen

Independence Pass, Leadville

öffentlichem Bus (Castle/Maroon-Bus ab Downtown, in Aspen Highlands in einen Maroon Bells Bus umsteigen; $8); im Sep ist die Straße Mo–Do für Autos und Fr–So nur für Busse geöffnet; sobald es schneit, wird die Straße gewöhnlich komplett geschlossen (und ist dann nur für Langläufer und Snowmobil-Touren geöffnet)

Ein wunderbarer Ausflug von Aspen führt in die reizende Landschaft der **Maroon Bells Recreation Area** in der Umgebung der grauvioletten Zwillingsgipfel der Maroon Bells (4271 bzw. 4315 m) im White River National Forest. Vom Parkplatz führen Wanderwege um den dunkelblauen Maroon Lake. Vom See aus sind nicht nur die Bells zu sehen, sondern auch der Pyra-mid Peak (4273 m) und die rötlichen Klippen der Sievers Mountains. Längere Wege führen hinauf zum Crater Lake (3071 m) unweit vom Fuß der Berge, wo manchmal eine kleine Herde Elche grast. Die Bells sind über die elf Meilen lange Maroon Creek Road zu erreichen, jedoch ist der Zugang begrenzt (S. 174).

## Ashcroft Ghost Town

Castle Creek Rd ▪ ⏰ tgl. 24 Std., Führungen Mitte Juni–Aug tgl. 9–17, Sep Di–Sa 9–17 Uhr ▪ Mitte Juni–Aug Führungen $5, sonst Eintritt frei ▪ ☎ 970 925 3721, 🖥 www.aspenhistorysociety.com
Rund elf Meilen südlich von Aspen liegt an der Castle Creek Road die **Ashcroft Ghost Town**,

## Winter- und Sommersport in Aspen

Während sich der über Downtown ragende **Aspen Mountain** mit seinen Buckelpisten nur für Fortgeschrittene eignet, sind Anfänger in der ausgezeichneten Skischule der **Aspen Skiing Co**, 🖥 www.aspensnowmass.com, auf dem **Buttermilk Mountain** am besten aufgehoben. Auf den weitläufigen Pisten des **Snowmass** tummeln sich vor allem erfahrene Skiläufer, aber es gibt ein extra Übungsgelände für Anfänger. **Aspen Highlands** wartet mit ein paar superschnellen Liften und Abfahrten unterschiedlicher Schwierigkeitsgrade auf. Die billigste Möglichkeit wintersportlicher Betätigung bieten die insgesamt 50 Meilen Langlauf-Loipen. **Liftpässe** sind teuer, und das Preissystem ist kompliziert. Wer die Pisten ausgiebig nutzen möchte, ist meist mit einem Pauschalpaket seiner Unterkunft besser bedient. Der „Classic Pass" liegt bei ab $230 für vier Tage bzw. $360 für sieben Tage, aber nur in der Früh- und Spätsaison; in der Hochsaison ist er erheblich teurer (über $600 für sieben Tage). Skier und Snowbaords kann man in den Läden von Four-Mountain Sports an den vier Bergen leihen ($50–65 pro Saison).

Im Sommer wird rund um Aspen vor allem mit dem **Rad** gefahren. In den Filialen von Four Mountain Sports können Cruiser und Mountainbikes geliehen werden ($35–65 pro Tag); man kann die Räder in einer der vier Filialen holen und in einer anderen wieder abgeben.

Auf dem **Roaring Fork River** kommen **Wildwasserfreunde** auf ihre Kosten, die kurze Saison ist allerdings meistens schon Anfang/Mitte Juli vorbei. Die Stromschnellen auf einigen Abschnitten sind jedoch ausgesprochen gefährlich – jeden Sommer kommt es dort zu mehreren Todesfällen. Aspen Whitewater Rafting, 520 Durant St, ☎ 970 920 3511, 🖥 www.aspenwhitewater.com, bietet geführte Touren (ab $80,50 für einen halben Tag).

Wer in den Bergen **wandern** möchte: Die beste Art, sich eine schnelle Orientierung und vorzügliche Ausblicke zu verschaffen, ist die **Seilbahn** Silver Queen, ☎ 970 925 1220, die von der Station in der 601 Dean St auf den Gipfel des Aspen Mountain fährt. ⏲ Mitte Juni–Anfang Sep tgl. 10–16 Uhr, $22 einfach. Die **Elk Camp Gondola** (gleiche Zeiten und Preise) fährt auf den Snowmass.

---

eine geheimnisvolle Stätte inmitten der Berge. Nur eine Handvoll Holzgebäude sind hier von einer 1880 gegründeten Silberminensiedlung übrig geblieben. Ashcroft und seine Minen waren nie wirklich gewinnbringend, und obwohl ein paar hartgesottene Siedler hier bis in die 1920er-Jahre verharrten, waren die meisten Bewohner nach fünf Jahren schon wieder verschwunden. Auch wenn die Stätte offiziell geschlossen ist, kann man zwischen den alten Häusern umherwandern. Die Geschichte des Gefängnisses, der Schmiede, des Blue Mirror Saloon und des berüchtigten Hotel View werden auf Tafeln erläutert. Zur Stätte gelangt man mit dem Auto oder Fahrrad.

### ÜBERNACHTUNG

**Stay Aspen Snowmass Central Reservations**, ☎ 970 925 4444, 🖥 www.stayaspensnowmass.com, organisiert Unterkünfte aller Preisklassen und Pauschalangebote für Unterkunft plus Liftkarte. Die Zimmerpreise schwanken selbst während der Wintermonate beträchtlich und erreichen in der letzten Novemberwoche, in den ersten beiden Dezemberwochen sowie in den ersten beiden Aprilwochen – den *value seasons* – ihren Tiefststand. Im Sommer gehen die Preise in der gesamten Gegend drastisch zurück.

Im Sommer ist **Camping** eine gute und billige Option. In der Umgebung von Aspen gibt es neun USFS-Campingplätze, auf denen nur ein paar Stellplätze reserviert werden können, ☎ 518 885 3639, 🖥 www.recreation.gov. Aspen ist auch gut auf 🖥 www.airbnb.com vertreten. **Mountain Chalet**, 333 E Durant Ave, ☎ 970 925 7797, 🖥 www.mountainchaletaspen.com. Freundliche Unterkunft im Lodge-Stil mit geräumigen Zimmern, Pool, Whirlpool, Fitnessraum und ausgezeichnetem Frühstücksbuffet. Im Winter sind einige Dorm-Betten und

einfache Zimmer zu haben. Dorms $79,
DZ Winter $210, DZ Sommer $165

 **Sky Hotel**, 709 E Durant Ave, ☎ 970
925 6760, ⌨ www.theskyhotel.com.
Angesagtes Hotel am Hang mit schickem
70er-Jahre-Dekor. Die verspielten Zimmer
haben Bettüberwürfe aus Kunstfell, WLAN
und Spielekonsolen. Außerdem gibt es Jacuzzi,
Fitnessraum, einen Outdoor-Pool und die 39°
Lounge, die zu Aspens besten Après-Ski-Treffs
gehört. Winter $395, Sommer $205

**St Moritz Lodge**, 334 W Hyman Ave, ☎ 970
925 3220, ⌨ www.stmoritzlodge.com. Die preisgünstigen Dorms und Privatzimmer sind oft
lange im Voraus ausgebucht. Kleiner beheizter
Pool und gemütlicher Gemeinschaftsraum.
Kleines Frühstück inkl. Einen kurzen Spaziergang von Downtown entfernt. Dorms $52,
DZ Winter $230, DZ Sommer $148

## ESSEN

**Big Wrap**, 520 E Durant Ave, ☎ 970 544 1700.
Billiges Essen mitten in Aspen? Kein Wunder,
dass dieses Lokal mit köstlichen, gesunden
Wraps für nur $7,30 und nahrhaften Smoothies
für $4,25 so beliebt ist. Nur Barzahlung. ⏰ Mo–
Sa 10–18 Uhr.

**Pyramid Bistro (Explore Booksellers)**, 221 E
Main St, ☎ 970 925 5338, ⌨ www.pyramid
bistro.com. Fantastischer Buchladen mit
schattiger Dachterrasse und einem Café,
wo kreative vegetarische Gerichte zu haben
sind, darunter Tofu-Gemüsepfannen ($19),
Wildlachs ($29), Gemüse-Curry ($19) und
Salate ($12–15). ⏰ tgl. 11.30–21 Uhr.

**Red Onion**, 420 E Cooper Ave, ☎ 970 925 9955,
⌨ www.redonionaspen.com. Aspens ältester
Pub, datiert von 1892, bietet gutes Bier, Burger
(ab $15), Barsnacks (*sliders* $3,50) und umfang-
reichere Gerichte (Grillforelle $24,95). ⏰ tgl.
11–2 Uhr.

## UNTERHALTUNG

In der Hauptstadt des Après-Ski ist das ganze
Jahr über etwas los. Im Sommer finden in
Downtown Festivals der Extraklasse statt, z. B.
das **Aspen Music Festival**, ☎ 970 925-9042,

⌨ www.aspenmusicfestival.com, bei dem
den ganzen Sommer über Konzerte und Opernaufführungen mit international bekannten
Musikern und aufstrebenden Talenten
stattfinden.

### Kneipen

**Aspen Brewing Co**, 304 E Hopkins Ave, ☎ 970
920 2739, ⌨ www.aspenbrewingcompany.com.
Im Verkostungsraum der Kleinbrauerei werden
Biere wie das hopfige Independence Pass
Ale und das malzige Brown Bearale serviert.
⏰ tgl. 14–22 Uhr.

**Woody Creek Tavern**, 2858 Upper River Rd,
Woody Creek, ☎ 970 923 4585, ⌨ www.
woodycreektavern.com. Rustikale Taverne,
in der Landarbeiter, Aspen-Urlauber und
der eine oder andere ortsansässige Promi
(Hunter S. Thompson war z. B. Stammgast)
gleichermaßen ihr Bierchen schlürfen, die
Tex-Mex-Küche genießen und Billard spielen.
Das winzige Woody Creek liegt 7 Meilen
nordwestlich von Aspen am Hwy-82. ⏰ tgl.
11–22 Uhr.

## INFORMATIONEN

**Visitor Center,** 425 Rio Grande Place, ☎ 970
925 1940, ⌨ www.aspenchamber.org. ⏰ Mo–Fr
8.30–17 Uhr.

## NAHVERKEHR

Innerhalb der Stadt verkehren **kostenlose
RFTA-Busse**, ☎ 970 925 8484, ⌨ www.rfta.com,
die auch die vier Skigebiete (im Winter), den
Flughafen sowie umliegende Gebiete anfahren
(der Bus von Aspen zum Snowmass Village
ist gratis und verkehrt ganzjährig). Der Haupt-
terminal, das Rubey Park Transit Center, liegt
im Zentrum an der Durant St. Die Zufahrt zu den
Maroon Bells ist nur eingeschränkt möglich
(S. 174).

## TRANSPORT

### Busse und Eisenbahn

Die nächstgelegenen **Amtrak**- und **Greyhound**-
Bahnhöfe befinden sich in Glenwood Springs

(S. 179), 40 Meilen von Aspen. RFTA-Busse (S. 177) fahren für $7 nach ASPEN (1 3/4 Std.).

### Flüge

Der winzige **Aspen-Pitkin County Airport**, 🖥 www.aspenairport.com, liegt 4 Meilen nördlich der Stadt; von hier verkehren kostenlose Busse nach Aspen und Snowmass. Wer nach Denver einfliegt, zahlt für den Weiterflug nach Aspen zum Teil nur etwa $100. Vom Denver International Airport fahren auch **Shuttlebusse** nach Aspen, z. B. Colorado Mountain Express, 📞 970 926 9800, 🖥 www.coloradomountainexpress.com, $120.

# Vail

Im Vergleich zu den meisten anderen Wintersportorten Colorados ist **Vail**, 97 Meilen westlich von Denver am I-70, noch recht neu auf der Szene. Ehe 1962 das Skigebiet eröffnet wurde, lebten hier nur eine Handvoll Farmer. Der Ort erstreckt sich über rund acht Meilen den engen Talgrund des Gore Creek entlang, mit einer Abfolge von Dorfsiedlungen, angefangen bei **Vail Village** (dem Hauptort der Gegend), dann folgen Richtung Westen Lionshead, Cascade Village und West Vail.

Vail Resorts, 🖥 www.vail.com, der Betreiber des Skigebiets, betreibt außerdem elf Meilen weiter westlich am I-70 das exklusivere Skigebiet **Beaver Creek**. Mit den Ortschaften Avon, Eagle-Vail und Edwards erstreckt sich das ganze Feriengebiet noch weiter das Tal entlang. Jede der Siedlungen ist Fußgängern vorbehalten und durch **kostenlose Shuttlebusse** untereinander und mit den Skiliften verbunden.

Bei den Dörfern selbst handelt es sich zumeist um recht einfallslose Ansammlungen von Chalets im Tiroler Stil, Apartmentblocks, teuren Boutiquen und oft schmerzhaft prätentiösen Restaurants. Die wirklichen Highlights sind die atemberaubende Gebirgslandschaft und das Angebot an Aktivitäten; dank der wunderbaren Schneequalität und der Vielfalt des Terrains ist Vail ein bedeutender Wintersportort. Im Sommer können die Lifte dazu benutzt werden, zu **Mountainbike-Trails** (am besten um Vail) und **Wanderwegen** (am besten um das ruhigere Beaver Creek) zu gelangen. Im Unterschied zu Aspen ist Vail jedoch nichts weiter als ein großer Ferienort und außerhalb der Saison oft menschenleer.

## ÜBERNACHTUNG

**Sonnenalp Hotel**, 20 Vail Rd, 📞 970 476 5656, 🖥 www.sonnenalp.com. Luxushotel mitten im Zentrum von Vail mit tollem Spa und geräumigen Suiten mit bayrischen Möbeln, Kaminen und großen Bädern mit Fußbodenheizung. $290

**Tivoli Lodge**, 386 Hanson Ranch Rd, 📞 970 476 5615, 🖥 www.tivolilodge.com. Hotel in Familienbesitz mit gemütlichen Zimmern, Pool, Whirlpool und Sauna; kleines Frühstück inkl. Manchmal gute Angebote im Internet. $235

## ESSEN

**CinéBistro at Solaris**, 141 East Meadow Drive, 📞 970 476 3344, 🖥 www.cinebistro.com/solaris. Gute Idee: Den neuesten Film anschauen und sich dabei gute Burger (ab $9,95), *popcorn chicken* und Pommes schmecken lassen. Karten $16,50, Kinder 3–12 J. $14. 🕐 tgl. 30 Min. vor der ersten Vorstellung.

**Little Diner**, 616 W Lionshead Circle, 📞 970 476 4279, 🖥 www.thelittlediner.com. Legendärer Diner im Stil der 1950er-Jahre, besonders für ein gemütliches Frühstück ($9–14) zu empfehlen, auch wenn man vielleicht etwas warten muss: Am U-förmigen Tresen gibt's nur 20 Plätze. Mittags werden grillte und kalte Sandwiches geboten. 🕐 tgl. 7–14 Uhr.

**Terra Bistro**, 352 E Meadow Drive, 📞 970 476 6836, 🖥 www.terrabistrovail.com. Ein kleines Juwel unter den vielen vornehmen Restaurants in Vail. Gerichte mit *farm-to-table*-Biozutaten sind z. B. knackiger Spargel ($12) oder die Rocky-Mountain-Forelle ($20). 🕐 tgl. 7.30–10, 11–14.30 und 17–22 Uhr.

**Westside Café**, 2211 N Frontage Rd W, 📞 970 476 7890, 🖥 www.westsidecafe.net. Was wie ein Goldgräberschuppen mit Tischen davor aussieht, ist ein hervorragendes Frühstückslokal und für seine verschiedenen Eier-Benedict-Varianten berühmt (z. B. mit Krebs, $15,80). ◐ tgl. 7–22 Uhr.

## INFORMATIONEN

**Vail Village Welcome Center**, 241 South Frontage Rd, ✆ 970 476 4790, ⌨ www.visitvailvalley.com. ◐ tgl. 9–17 Uhr.

## TRANSPORT

Vom **Denver Airport** bieten mehrere Unternehmen Shuttles nach Vail und Beaver Creek, darunter Colorado Mountain Express, ✆ 970 926 9800, ⌨ www.coloradomountainexpress.com, $84. Außerdem gibt es Flüge **zum Eagle County Regional Airport**, ⌨ www.flyvail.com, nur 35 Meilen westlich von Vail. Eagle County Transit, ⌨ www.eaglecounty.us/Transit, bietet Transfers vom Flughafen zu den beiden Skiorten für nur $4.

# Glenwood Springs

Das geschäftige Touristenstädtchen **Glenwood Springs** liegt am westlichen Ende des beeindruckenden Glenwood Canyon, 157 Meilen westlich von Denver am I-70. Da Vail und Aspen in leicht erreichbarer Nähe liegen, ist der Ort eine gute Basis für beide, wenn man über einen fahrbaren Untersatz verfügt. Glenwood Springs liegt nur ein kleines Stückchen nördlich der Mündung des Roaring Fork River in den Colorado River und wurde über lange Zeit wegen seiner **heißen Quellen** von den Ute-Indianern als Erholungsort genutzt, bis um 1880 skrupellose Spekulanten eintrafen, die sich über alle Verträge hinwegsetzten und einen Kurort aufbauten.

Im Norden des Stadtzentrums, auf der anderen Seite des Eagle River, befindet sich die Hauptattraktion des Ortes: der kolossale **Glenwood Hot Springs Pool**, 410 N River St, ⌨ www.hotspringspool.com, mit zwei riesigen Becken und mehreren Wasserrutschen. ◐ Sommer tgl. 7.30–22, sonst tgl. 9–22 Uhr, Eintritt $15,75–21. Daneben, in der 709 E 6th St, liegen die gemütlicheren, unterirdischen Naturdampfbäder **Yam-**

**pah Spa Vapor Caves**, ⌨ www.yampahspa.com. ◐ tgl. 9–21 Uhr, Eintritt ab $15.

Der **Glenwood Caverns Adventure Park**, 508 Pine St, ⌨ www.glenwoodcaverns.com, findet sich ebenfalls im Norden der Stadt. Er bietet diverse Fahrgeschäfte, Ponyreiten und die namensgebenden Höhlen, die sich über mehr als 3 km Länge erstrecken und deren Kammern teils über 15 m hoch sind. ◐ Sommer tgl. 9–21 Uhr, sonst unterschiedlich; Tagespass $50.

## ÜBERNACHTUNG UND ESSEN

**Best Kept Secret B&B**, 915 Colorado Ave, ✆ 970 945 8586, ⌨ www.bestkeptsecretbb.com. Das historische B&B in einem Haus von 1914 unmittelbar bei der Hauptstraße hat nur zwei (hübsche) Zimmer mit Bad. Toll ist das umfangreiche Frühstück, noch besser aber der Whirlpool draußen. $124

**Glenwood Canyon Brewing Company**, im Hotel Denver, 402 7th St, ✆ 970 945 1276, ⌨ www.glenwoodcanyonbrewpub.com. Bietet zuverlässig gutes Kneipenessen, saftige Burger und hervorragende Durstlöscher aus der hauseigenen Brauerei. ◐ tgl. 11–22 Uhr.

**Glenwood Springs Inn**, 141 W 6th St, ✆ 970 945 5438, ⌨ www.glenwoodspringsinn.com. Preisgünstige, saubere und behagliche Zimmer nicht weit von den heißen Quellen. $89

**Hotel Denver**, 402 7th St, ✆ 970 945 6565, ⌨ www.thehoteldenver.com. Der Großvater der Ferienhotels in Glenwood von 1915 präsentiert sich im eleganten Stil der 1920er-Jahre, die Zimmer warten aber mit modernen Einrichtungen auf. $159

**Rosi's Little Bavarian Restaurant**, 141 W 6th St, ✆ 970 928 9186, ⌨ www.rosisbavarian.com. Prima Frühstückscafé mit Wiener Crêpes, Vollkornpfannkuchen und Bratwurst (Hauptgerichte $12–15). Lecker sind auch die hausgemachten bayrischen Backwaren. ◐ Mi–Mo 7–13 Uhr.

## INFORMATIONEN

**Visitor Center**, 802 Grand Ave, ✆ 970 945 6589, ⌨ www.visitglenwood.com. ◐ Mo–Fr 8–18, Sa 10–16, im Sommer auch So 10–16 Uhr.

**ROCKY MOUNTAINS**

### Busse

**Greyhound**-Busse halten 2 Meilen westlich der Innenstadt bei Loco Inc, 51171 US-6, nicht weit vom I-70. RFTA/BRT-Busse, 🖥 www.rfta.com, fahren alle 12–30 Min. nach ASPEN (1 Std., $6).

### Busse nach:

DENVER (3x tgl., 3 3/4 Std.),
GRAND JUNCTION (4x tgl., 1 1/2 Std.),
VAIL (3x tgl., 1 1/4 Std.).

### Eisenbahn

**Amtrak**-Züge halten in der 413 7th St, mitten in Downtown.

### Züge nach:

DENVER (1x tgl., 6 1/2 Std.),
GRAND JUNCTION (1x tgl., 2 Std.),
SALT LAKE CITY (1x tgl., 9 1/4 Std.).

# Grand Junction und Umgebung

Die Umgebung von **Grand Junction**, 87 Meilen westlich von Glenwood Springs am I-70 gelegen, bietet Gelegenheit zu einer Vielzahl von Aktivitäten. Auf einer Strecke von nur 50 Meilen vollzieht sich der Übergang von sattgrünen, alpinen Wiesen zu karger Wüstenlandschaft. Die winzige Downtown ist reizvoller, als es die Fabriken und Lagerplätze entlang der I-70 Business Loop vermuten lassen. Schattige Boulevards umgeben das kleine historische Viertel mit seinen vielen Skulpturen und Läden. Die eigentlichen Sehenswürdigkeiten liegen aber im zerklüfteten und spektakulären Umland.

## Museum of the West

462 Ute Ave ▪ ⏰ Mai–Sep Mo–Sa 9–17, So 12–16, Okt–April Mo–Sa 10–16 Uhr ▪ Eintritt $7 ▪ ✆ 970 242 0971, 🖥 www.museumofwesternco.com

Das spannende **Museum of the West** bietet einen interaktiven Trip durch die Regionalgeschichte: von virtuellen Postkutschenfahrten und indigener Felskunst der Ute- und Fremont-Indianer geht es über Waffen, die Buffalo

Grand Junction ist ein erstklassiges **Mountainbike**-Revier mit einem Netz an Wegen gleich außerhalb der Stadt; detaillierte Informationen hierzu gibt es bei Ruby Canyon Cycles, 301 Main St, ✆ 970 241 0141, 🖥 www.rubycanyoncycles.com, ⏰ Mo–Fr 9–18, Sa 9–17 Uhr. Das nahe Fruita wartet mit gut befahrbaren, einspurigen Trails auf. **Over the Edge Sports**, 202 E Aspen Ave, ✆ 970 858 7220, 🖥 www.otesports.com, im Ortszentrum, bietet Infos zu den Trails und verleiht Bikes (ab $50 pro Tag), ⏰ tgl. 9–18 Uhr.

Bill und Kit Carson benutzten, bis zu Gegenständen aus dem Wrack der *El Matancero*, eines spanischen Handelsschiffs, das 1741 vor Mexiko sank.

## Dinosaur Journey Museum

550 Jurassic Court, Fruita ▪ ⏰ Mai–Sep tgl. 9–17, Okt–April Mo–Sa 10–16, So 12–16 Uhr ▪ Eintritt $8,50, Kinder $5,25 ▪ ✆ 970 858 7282, 🖥 www.museumofwesternco.com

Der in Colorado befindliche Teil des Dinosaur National Monument, 🖥 www.nps.gov/dino, liegt 90 Meilen nördlich von Grand Junction, aber schon im 12 Meilen westlich gelegenen Fruita wartet das faszinierende, interaktive **Dinosaur Journey Museum** mit Roboter-Modellen unterschiedlicher Saurierarten und vor Ort ausgegrabenen Riesenknochen auf, die ein lebendiges Bild der Urzeitriesen vermitteln.

## Colorado National Monument

1750 Rim Rock Drive, Fruita ▪ ⏰ tgl. 24 Std. ▪ Eintritt $10 pro Fahrzeug, gilt für eine Woche ▪ **Visitor Center** ⏰ Juni–Aug tgl. 8–18, Dez–Feb 9–16, März–Mai und Sep–Nov 9–17 Uhr ▪ ✆ 970 858 3617, 🖥 www.nps.gov/colm

Eindeutig die Hauptattraktion von Grand Junction ist die bemerkenswerte Landschaft des **Colorado National Monument**: Hier haben wir als 200 Mio. Jahre Wind- und Wasser-Erosion aus den Felsen bizarre Türmchen, Kuppeln, Bögen und Sockel herausgeschnitten, einige Felsbrocken liegen in prekärer Lage an den Klippen ein paar Meilen südlich der Stadt. Resultat dieser Naturgewalten ist eine faszinierende Farb-Wüste in warmen Rottönen, atemberaubendem Violett, flammendem Orange und sattem Braun.

Es gibt zwei Eingänge (Wochenkarte $7), jeweils an beiden Enden des 23 Meilen langen, kurvigen **Rim Rock Drive**, der eine Reihe spektakulärer Aussichtspunkte untereinander und schließlich mit dem **Visitor Center** im nördlichen Abschnitt des Parks (Exit 19, I-70) verbindet. Von mehreren Kurzwanderwegen entlang der Strecke hat man freie Aussicht auf sehenswerte Monolithen, und längere Wanderpfade erschließen auch den Grund des Canyons.

### ÜBERNACHTUNG UND ESSEN

**Castle Creek B&B**, 638 Horizon Drive, ✆ 970 241 9105, ⌨ www.castlecreekbandb.com. Gemütliches B&B nördlich des Zentrums mit großem Frühstücksbuffet und verschwenderisch eingerichteten, makellos sauberen Zimmern – die Eigentümer Ron und LeeAnn sind superfreundlich. $125

**Kannah Creek Brewing Co**, 1960 N 12th St, ✆ 970 263 0111, ⌨ www.kannahcreekbrewing co.com. Beliebter Brewpub mit Terrasse, bietet gute Pizza (ab $10,50), Pasta (ab $12), Salate (ab $9), Wein und Cidre vom Fass und köstliche Biere. ⊙ Mo–Do und So 11–22, Fr und Sa 11–23 Uhr.

**Main St Café**, 504 Main St, ✆ 970 242 7225. Retro-Diner im 50er-Jahre-Stil, gut für Frühstück und Mittagessen. Tipp: Elvis-Burger mit Cheddar, $9,50, oder das Fischsandwich mit Kabeljau in Bierteig, $7,55. ⊙ tgl. 7–16 Uhr.

**Palomino Inn**, 2400 North Ave, ✆ 970 242 1826, ⌨ www.elpalominomotel.com. Motel aus den 1950er-Jahren im alten Stil mit sauberen, ruhigen Zimmern, gutem kleinem Frühstück, TV und Pool. $68

### INFORMATIONEN

**Visitor Center**, 740 Horizon Drive, ✆ 970 224 1480, ⌨ www.visitgrandjunction.com, ⊙ Sommer Mo–Fr 8.30–18, Sa und So 9–18, sonst Mo–Fr 8.30–17, Sa und So 10–16 Uhr.

### TRANSPORT

**Busse**

Der **Greyhound**-Busbahnhof befindet sich in der 230 S 5th St am Rand von Downtown, drei Blocks östlich des Bahnhofs.

**Busse nach**:
DENVER (4x tgl., 4 1/4–5 1/4 Std.),
GLENWOOD SPRINGS (3x tgl., 1 1/2 Std.),
LAS VEGAS (3x tgl., 9 3/4 Std.),
VAIL (3x tgl., 2 3/4 Std.).

**Eisenbahn**

Grand Junctions **Amtrak**-Haltestelle befindet sich in der 339 South 1st St am Rand von Downtown.

**Züge nach**:
DENVER (1x tgl., 8 1/4 Std.),
GLENWOOD SPRINGS (1x tgl., 1 3/4 Std.),
SALT LAKE CITY (1x tgl., 7 Std.).

# Black Canyon of the Gunnison National Park

Hwy-347 (abseits US-50, 15 Meilen östlich von Montrose) ▪ ⊙ tgl. 24 Std. ▪ South Rim Rd ⊙ April–Mitte Nov ▪ Eintritt $15 pro Fahrzeug, gilt für eine Woche ▪ South Rim Visitor Center ⊙ Ende Mai–Anfang Sep tgl. 8–18, Ende April–Ende Mai und Anfang Sep–Okt 8–17, Nov–Ende April 8.30–16 Uhr ▪ ✆ 970 249 1914, ⌨ www.nps.gov/blca

Der **Black Canyon of the Gunnison National Park** mit seiner engen, steilen und Schwindel erregenden anderthalb Kilometer tiefen Schlucht liegt 70 Meilen südöstlich von Grand Junction. Der Blick auf die bedrohlich finsteren Felswände und das Wildwasser des Gunnison River unten in der Tiefe ist unvergesslich. In zwei Jahrmillionen hat hier der Fluss eine tiefe Spalte in die Felsen geschnitten. Das zum Vorschein gekommene kristalline Gestein ist mehr als 1,7 Milliarden Jahre alt.

Die von Zitterpappeln gesäumte Einbahnstraße **South Rim Road**, die auf den oberen Rand des Canyons zuführt, windet sich in die

Höhe, bis der Baumbestand plötzlich aufhört, die Straße flach ausläuft und die Landschaft sich dramatisch verändert: blanke schwarze Felsen, und nur hier und da klammert sich eine Kiefer an einen Felsvorsprung. Die Straße ist von **Aussichtspunkten** gesäumt: Am besten sind die **Gunnison Point** hinter dem Visitor Center, **Pulpit Rock** und **Painted View Wall**, wo die gewaltigen Ausmaße der Felslandschaft erst deutlich zutage treten. Die South Rim Road endet am **High Point** (2526 m) und Warner Point Trail (1,5 Meilen hin und zurück).

# Crested Butte

Die hübsche viktorianische Bergbausiedlung **Crested Butte** („bjuht" gesprochen), 153 Meilen östlich von Grand Junction und 90 Meilen vom Black Canyon, liegt in 2700 m Höhe auf einem Hochplateau, umgeben von schneegekrönten Gipfeln. Nach seiner Gründung in den 1870er-Jahren boomte der Ort zunächst, aber 1952, als die Kohlevorkommen erschöpft wa-

---

## Mountainbiking in Crested Butte

Im Sommer verkehren rund um Crested Butte mehr Mountainbikes als Autos, insbesondere während der **Fat Tire Week** Ende Juni – die jetzt offiziell **Crested Butte Bike Week** heißt –, einem der ältesten Festivals in dieser jungen Sportart. Das Festival entwickelte sich aus einem 1976 ausgetragenen Rennen über den 21 Meilen langen, felsigen **Pearl Pass** nach Aspen, dem heute mit der **Pearl Pass Mountain Bike Tour** im September gedacht wird.

Diese Strecke nach Aspen ist mit dem Rad immer noch befahrbar und 190 Meilen kürzer als die befestigte Straße. Näher bei Crested Butte liegen jedoch einige der spannendsten Mountainbike-Pfade, wie der herrliche **401-Trail** mit seinen weiten Ausblicken, der durch dichten Wald führende **Dyke Trail** und der abwechslungsreiche, stellenweise schwierige **Deadmans**. Räder gibt's für $35 pro Tag beim Fahrradgeschäft The Alpineer, 419 6th St, ☏ 970 349 5210, ⌨ www.alpineer.com.

---

ren und die **Big Mine** schloss, schien für ihn das Ende gekommen.

Doch in den 1960er-Jahren wurde der 3380 m hohe Mount Crested Butte vier Meilen nördlich des Orts in ein erstklassiges **Skiresort** und zwei Jahrzehnte später in ein Paradies für **Mountainbiker** verwandelt, und jetzt darf es sich rühmen, der ganzjährig meistbesuchte Luftkurort Colorados zu sein. Im Sommer kann man hier auch angeln, wandern und Kajak fahren. Der alte Ortskern besteht aus bunt gestrichenen Holzhäusern und kleinen Läden, und das meiste Geschehen spielt sich an der **Elk Avenue** ab.

## Crested Butte Mountain Resort

12 Snowmass Rd ▪ Sommer-Liftkarten $21 (Ganztages-Wander- und Bikepass $43); Winterpässe ab $71 ▪ ☏ 970 349 2222, ⌨ www.skicb.com

Bei Anhängern beider Sportarten ist das **Crested Butte Mountain Resort** für seine extremen Abfahrten bekannt, und Lifte fahren zu abgelegenen Hängen, die an anderen Wintersportorten nur per Hubschrauber erreichbar wären. So überrascht es nicht, dass Crested Butte Austragungsort der US-Profi-Meisterschaften im Skifahren und Snowboarding ist. Aber die Berge um Crested Butte bieten auch einige sehr gute, lange Abfahrten für Anfänger. 16 Sessellifte verbinden 121 Abfahrten, die meist nicht sehr bevölkert sind. Im Sommer gibt's Zipline-Touren ($64), den Adventure Park ($14 pro Aktivität), Mountainbiking (s. Kasten) und die Trails des **Evolution Bike Park** (Leihräder $99 pro 24 Std.).

### ÜBERNACHTUNG

Besucher von Crested Butte können wahlweise im Skigebiet oder im alten Ortskern übernachten und werden während der Skisaison höchstwahrscheinlich ohnehin jeden Tag zwischen den beiden Gebieten pendeln. In den zumeist viel teureren Unterkünften im Resortgebiet zu übernachten lohnt sich also eigentlich nur für Skihasen, die viel Wert darauf legen, morgens die ersten auf der Piste zu sein. **Crested Butte Mountain Resort** (s. o.) reserviert Zimmer und informiert über günstige Pauschalangebote; im Winter

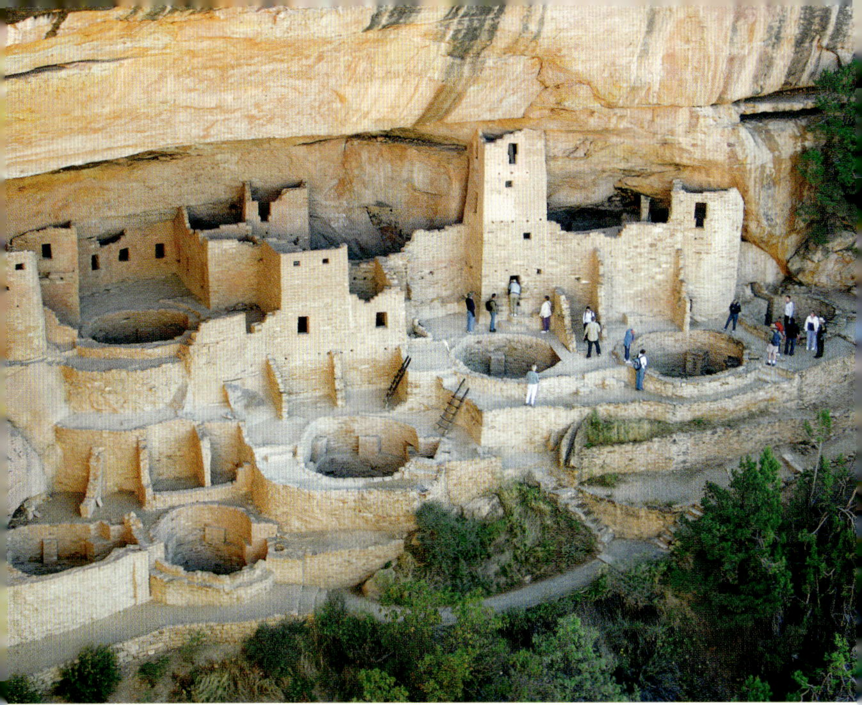

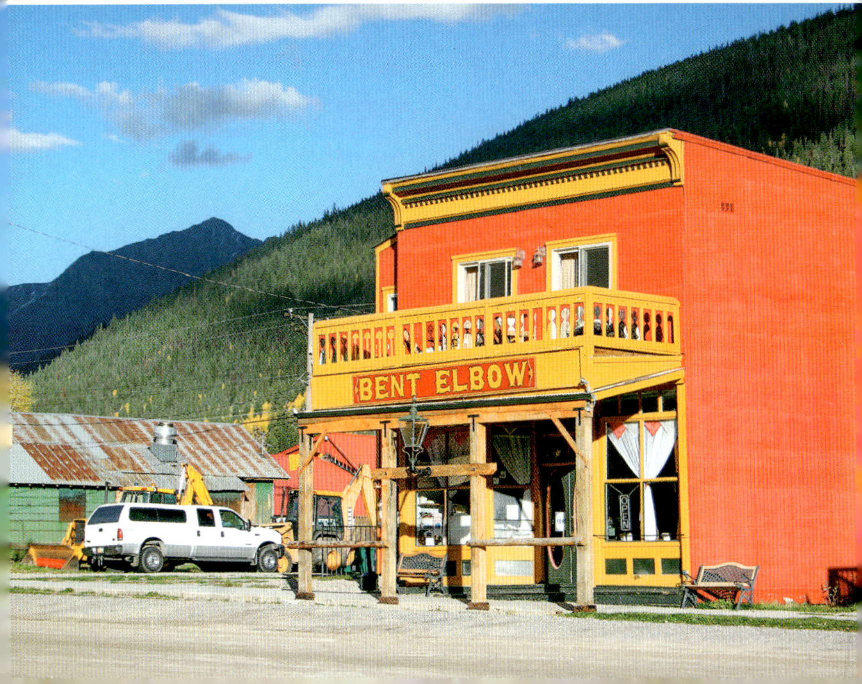
BENT ELBOW

unbedingt frühzeitig buchen. Auf Airbnb sind im Gebiet Crested Butte über 300 Unterkünfte gelistet (ab $70 pro Nacht).

**Crested Butte Hostel**, 615 Teocalli Ave, ℡ 970 349 0588, 🖳 www.cbhostel.com. Modern und sauber, mit preisgünstigen Dorm-Betten, aber nicht so schönen Privatzimmern. Dorms $35, DZ $89

**Elk Mountain Lodge**, 129 Gothic Ave, ℡ 970 349 7533, 🖳 www.elkmountainlodge.com. In der alten Pension von 1919 warten kompakte, aber gemütliche Zimmer, Frühstück und ein Whirlpool auf Gäste. $179

**Old Town Inn**, 708 6th St, ℡ 970 349 6184, 🖳 www.oldtowninn.net. Standardmotel mit tollem hausgemachtem Frühstück, kostenloser Fahrradnutzung und Keksen und Kaffee am Nachmittag. $139

**Purple Mountain Lodge**, 714 Gothic Ave, ℡ 970 349 5888, 🖳 www.purplemountainlodge.com. Sehr gemütliches B&B mit hellen, freundlichen Zimmern, Whirlpool und im Sommer kostenloser Radnutzung. $159

### ESSEN

**Brick Oven Pizzeria & Pub**, 223 Elk Ave, ℡ 970 349 5044, 🖳 www.brickovencb.com. Sehr beliebt wegen seiner Terrasse mit Bar, den 30 Bieren vom Fass und der recht guten Pizza (groß ab $20,50) wie der „Hurricane Hanna" mit Frikadellenscheiben, Schinken, Pilzen und Pesto. ⊙ tgl. 10–22 Uhr.

**The Eldo**, 215 Elk Ave, ℡ 970 349 6125, 🖳 www.eldobrewpub.com. Die Terrasse im ersten Stock dieses Brewpubs ist an einem sonnigen Nachmittag der beste Ort zum Verweilen und daher immer voll. Das Wildwest-Holzexterieur ist zwar nicht echt, aber trotzdem nett. Im Angebot sind fünf saisonale Biere vom Fass sowie hervorragende 150-Gramm-Burger (ab $8) und vegetarische Burger ($9). ⊙ tgl. 15–2 Uhr.

**Kochevar's**, 127 Elk Ave, ℡ 970 349 6745, 🖳 www.kochevarscb.com. In dem schönen Holzbau von 1891, dem Originalsaloon von Jacob Kochevar, gibt es günstige Getränken und Barsnacks sowie Billardtische. ⊙ Mo–Fr 14–2, Sa und So 11–2 Uhr.

**Montanya Distillers**, 212 Elk Ave, ℡ 970 799 3206, 🖳 www.montanyarum.com. Die im alten Elektrizitätswerk von 1901 residierende Rumbrennerei bietet diverse Cocktails, Gratisverkostungen, Führungen und gute Platten mit Snacks und Brot zum Teilen. ⊙ tgl. 11–21 Uhr.

**Wooden Nickel**, 222 Elk Ave, ℡ 970 349 6350, 🖳 www.woodennickelcb.com. Einer der ältesten Saloons im Ort (die alte Holztheke stammt aus den 1890er-Jahren); heute in erster Linie ein Restaurant, wo perfekte Steaks, Wapiti-Eintöpfe und Rocky-Mountain-Forellen ($32) aufgetischt werden. ⊙ tgl. 16–22 Uhr.

### INFORMATIONEN

**Visitor Center**, 601 Elk Ave, Ecke 6th St, ℡ 970 349 6438, 🖳 www.gunnisoncrestedbutte.com, ⊙ tgl. 9–17 Uhr.

### NAHVERKEHR

In Crested Butte verkehrt auf der 3 Meilen langen Strecke zwischen Stadt und Resort von 7.10 bis 21.40 Uhr alle 15–20 Min. der kostenlose **Mountain Express**, 🖳 www.mtnexp.org.

### TRANSPORT

Crested Butte ist nicht leicht zu erreichen. Die fünfstündige **Autofahrt** von Denver Richtung Südwesten führt größtenteils über schmale Straßen, die aber in der Regel ganzjährig befahrbar sind.

#### Busse

**Dolly's Mountain Shuttle**, ℡ 970 349 2620, 🖳 www.crestedbutteshuttle.com, bietet Verbindungen nach ASPEN für $60 p. P. (6 Pers. oder $360 Minimum im Sommer, $600 im Winter); nach DENVER kostet ein Shuttle $650.

#### Flüge

Viele Skifahrer landen auf dem 28 Meilen entfernten **Gunnison Airport**, 🖳 www.flygunnisonairport.com, mit Flügen aus Denver. Nach Crested Butte fährt der **Alpine Express Shuttle**, ℡ 970 641 5074, 🖳 www.alpineexpressshuttle.com, $38 für die einfache Fahrt, 40 Min.

# Durango

Dank seiner fantastischen Lage inmitten der San Juan Mountains ist **Durango**, im Jahr 1880 als Eisenbahnknotenpunkt für das 45 Meilen nördlich gelegene Silverton gegründet, die größte Stadt im südwestlichen Colorado. In dem freundlichen und pulsierenden Ort leben inzwischen jede Menge Outdoor-Enthusiasten, die nicht nur von den vielfältigen Freizeitmöglichkeiten, sondern auch den hervorragenden Restaurants und der florierenden Kunstszene angelockt werden.

## ÜBERNACHTUNG

**Lightner Creek Campground**, 1567 Lightner Creek Rd, ☎ 970 247 5406, ⌨ www.camp lightnercreek.com. Friedvoller Campingplatz am Fluss 5 Meilen westlich der Stadt mit schattigen Stellplätzen, einfachen Holzhütten, Sommerpool und kleinem Laden. ⊕ Mitte Okt–April geschl. Zelte $33, Cabins $47, Wohnmobile $51

**Rochester Hotel**, 721 E 2nd Ave, ☎ 970 385 1920, ⌨ www.rochesterhotel.com. Reizendes kleines B&B aus dem 19. Jh. Die Einrichtung der 15 sehr gemütlichen Zimmer, einige mit kleiner Küche, ist teils von klassisch, hier in der Gegend gedrehten Western inspiriert. $259

**Strater Hotel**, 699 Main Ave, ☎ 970 247 4431, ⌨ www.strater.com. Großes Haus in Downtown mit jeder Menge Wildwest-Eleganz. Zumeist kleine, mit Antiquitäten eingerichtete Zimmer, außerdem munterer Wildwest-Saloon, Restaurant und sogar ein Theater. $187

## ESSEN

**Chimayo Stone Fired Kitchen**, 862 Main Ave, ☎ 970 259 2749, ⌨ www.chimayodurango.com. Stilvolles modernes Restaurant mit perfekten Pizzas aus dem Steinofen für $13–19 und Hauptgerichten wie köstlichen gefüllten Poblanos für $20–29. ⊕ Mo–Fr 11.30–22, Sa und So 10–22 Uhr, Mitte Nov–April Mo geschl.

**Harvest Grill & Greens**, James Ranch, 33846 US-550, ☎ 970 676 1023, ⌨ www.jamesranch.

Zwischen Mai und Oktober schnaufen die Dampfloks der **Durango & Silverton Narrow Gauge Railroad** bis zu dreimal täglich auf einer atemberaubenden Route durch die Berge. Sie fahren morgens (erste Abfahrt gewöhnlich 8 Uhr) am Bahnhof in der 479 Main Avenue in **Durango** ab und lassen den Fahrgästen Zeit für ein Mittagessen in **Silverton**, bevor es zurückgeht. Tickets kann man unter ☎ 970 247 2733 und ⌨ www.durangotrain.com reservieren. Im Sommer kostet die Fahrt $89 (Kinder im Alter von 5–11 Jahre $55), im Winter, wenn die Fahrten kürzer sind, $62 bzw. $36.

net. Biohof elf Meilen nördlich von Durango; man bestellt an der Theke und genießt die ausgezeichneten Burger, Sandwiches und Salate dann an Picknicktischen am Fluss. ⊕ Ende Mai–Mitte Okt Mo–Sa 11–19, Mitte Okt–Ende Mai Sa 11–17 Uhr.

**Jean-Pierre Bakery & Cafe**, 601 Main Ave, ☎ 970 247 7700, ⌨ www.jean pierrebakery.com. Das klassisch französische Restaurant mit Bäckerei hat köstliches Brot und Backwaren, außerdem Sandwiches, Salate und Quiches für $10–20 sowie richtige Gerichte wie Muscheln oder Rindfleisch mit Krabben für bis zu $37. Fr und Sa Livemusik. ⊕ tgl. 7–22 Uhr.

**Steamworks Brewing Co**, 801 E 2nd Ave, ☎ 970 259 9200, ⌨ www.steamworksbrewing. com. Große Brauereikneipe einen Block oberhalb der Main Ave mit sonniger Terrasse; Holzofenpizzas ab $11 sowie Bier aus eigener Herstellung. ⊕ Mo–Do und So 11–24, Fr und Sa 11–2 Uhr.

## SONSTIGES

### Aktivitäten

Mehrere Veranstalter bieten **Rafting**-Exkursionen auf den Animas River.
**Mild to Wild Rafting**, ☎ 970 247 4789, ⌨ www.mild2wildrafting.com, nimmt ab $89 für einen Ganztagestrip. Wer das Ganze nur mal auspro-

bieren möchte: **Flexible Flyers**, ✆ 970 247 4628, 🖥 www.flexibleflyersrafting.com, bietet kurze Rafting-Trips ab nur $23.

### Informationen
**Visitor Center**, ✆ 970 247 3500, 🖥 www.durango.org: Downtown, 802 Main Ave, ⊕ tgl. 9–18 Uhr, und beim Bahnhof, 111 S Camino del Rio, ⊕ Juni–Sep Mo–Fr 8–18, Sa 9–17, So 11–16, Okt–Mai Mo–Fr 8–17 Uhr.

# Silverton

Die Eisenbahnfahrt von Durango her endet in **Silverton**, einem komplett von den hohen Gipfeln der San Juan Mountains eingeschlossenen Städtchen mit reizvoller Atmosphäre. Die hiesigen Zink- und Kupferminen haben erst 1991 den Betrieb eingestellt; seither hat die Bevölkerungszahl abgenommen. Die meisten der verbliebenen Einwohner leben heute vom Tourismus.

### ÜBERNACHTUNG UND ESSEN

**Avalanche Brewing Company**, 1067 Blair St, ✆ 970 387 5282, 🖥 www.avalanchebrewing.com. Eine willkommene Abwechslung zu den 08/15-Steakhäusern am Ort – das freundliche Café ist sowohl Kaffeebar als auch Kleinbrauerei, sodass hier neben hausgebrauten Bieren auch Espresso, Sandwiches und Pizza serviert werden. ⊕ 7–21 Uhr.
**Blair Street Hostel**, 1025 Blair St, ✆ 970 387 5599, 🖥 www.blairstreethostel.com. Winziges Hostel mit Blechwänden einen Häuserblock abseits der Hauptstraße mit den billigsten Unterkünften der Stadt. Einfache Zeltstellplätze und Dormbetten (Schlafsack mitbringen!) sowie einige Doppelzimmer ohne jegliche Mätzchen. Zeltstellplätze $15, Dorms $26, DZ $56
**Triangle Motel**, 848 Greene St, ✆ 970 387 5780, 🖥 www.trianglemotel.com. Hinter der recht hässlichen Fassade verbirgt sich am Südende der Stadt ein sehr gepflegtes Motel mit guten Einrichtungen; auch 2-Raum-Suiten mit Kochecke. $75

# Ouray

Der hübsche Bergbauort **Ouray** liegt 23 Meilen nördlich von Silverton auf der anderen Seite des 3358 m hohen **Red Mountain Pass**, der aufgrund seines Mineraliengehalts tatsächlich rot ist. Auf seinem kurvenreichen Weg hierher führt der Million Dollar Highway vorbei an aufgegebenen Minen und vor sich hin rostenden Gerätschaften, die sich an den unmöglichsten und unzugänglichsten Stellen finden. Für Wanderer und Allradfahrer bieten sich tolle Möglichkeiten in den San Juan Mountains.

Ouray selbst liegt eingezwängt in einem schmalen, grünen Tal. Am nördlichen Ortsrand befinden sich am Uncompahgre River die kommerziell betriebenen **Ouray Hot Springs**. Rund eine Meile südlich führt eine unbefestigte Straßenschleife zum Box Canyon Falls Park (⊕ tgl. 8 Uhr bis Sonnenuntergang, Eintritt $4). Hier geht es auf einem kurzen Weg teils über einen wackeligen Steg in den engen Box Canyon und zu den gleichnamigen Wasserfällen, die sich am Ende der Schlucht durch eine winzige Spalte ergießen.

### ÜBERNACHTUNG UND ESSEN

**Box Canyon Lodge**, 45 3rd Ave, ✆ 970 325 4981, 🖥 www.boxcanyonouray.com. Altmodisches Holzmotel unterhalb des Parks mit natürlichen *hot tubs*. Die Gästezimmer sind gemütlich und eher klein, aber gut ausgestattet. $139
**Hot Springs Inn**, 1400 Main St, ✆ 970 325 7277, 🖥 www.hotspringsinn.com. Jedes der sehr netten Zimmer in diesem gemütlichen, modernen Inn der gehobenen Kategorie am nördlichen Ortsrand verfügt über Balkon mit Flussblick. Die freundlichen Mitarbeiter haben Empfehlungen für Unternehmungen parat. ⊕ Mitte Okt–Mitte Mai geschl. $140
**Maggie's Kitchen**, 705 Main St, ✆ 970 325 0259. Sehr beliebter Diner im Zentrum – jedes Fleckchen ist mit kaum zu entziffernden Graffiti übersät. Geboten werden Käsetoasts, Hotdogs und verschiedene Sandwiches, doch die meisten Gäste kommen wegen der fabelhaften Burger. ⊕ Mo–Sa 11–19, So 12–16.30 Uhr.

# Telluride

74 Straßenmeilen von Silverton, per Luftlinie über die Berge jedoch nur knapp zehn Meilen entfernt, liegt in einem ausgedehnten, von hohen Bergen umgebenen malerischen Tal eine weitere ehemalige Goldgräberstadt – **Telluride**. In dieser Stadt lebte für kurze Zeit der junge Butch Cassidy, der 1889 hier seine erste Bank überfiel. Heute ist Telluride eher als schicker **Wintersportort** bekannt, der mit Aspen um Beliebtheit bei der Highsociety wetteifert. Zum Glück ist es dem Ort gelungen seinen Charakter zu wahren, wie an den schmucken Gebäuden an der Main Street zu sehen ist, die alle unter Denkmalschutz stehen.

Die etwa 1200 Einwohner umfassende Bevölkerung scheint hauptsächlich aus jungen, kerngesunden, ziemlich mittellosen Lebenskünstlern zu bestehen, die aber über Ski-Ausrüstung der Spitzenklasse verfügen. Die meisten Besucher tummeln sich zwei Meilen oberhalb des Ortes in **Mountain Village**. Zwischen den beiden Orten verkehrt das ganze Jahr über eine kostenlose Gondelbahn. Im Sommer kann man hier wunderbar wandern. Eine drei Meilen (hin und zurück) lange Wanderstrecke führt vom Ende des Tals, wo der Highway bei der Pioneer Mill endet, zu den 131 m hohen **Bridal Veil Falls**, dem höchsten Wasserfall Colorados.

### ÜBERNACHTUNG UND ESSEN

**Baked in Telluride**, 127 S Fir St, ℡ 970 728 4775, 🖳 www.bakedintel.com. Bäckerei bei der Hauptstraße. Prima Adresse für Kaffee und Backwaren am Morgen und mit netter kleiner Terrasse, auf der man Suppen, Sandwiches oder Pizza genießen kann. ☺ tgl. 5.30–22 Uhr.
**The Butcher & The Baker**, 217 E Colorado Ave, ℡ 970 728 2899, 🖳 www.butcherandbakercafe.com. Helles und freundliches modernes Café/Bistro mit Speisen aus frischen Biozutaten für Gesundheitsbewusste. Die köstlichen kleinen Salate kosten $7–13, größere Hauptgerichte wie Burger, Rinderbrust oder Hühnerschnitzel $14–22. ☺ Mo–Sa 7–21, So 8–14 Uhr.
**Manitou Lodge**, 333 S Fir St, ℡ 970 728 3388, 🖳 www.telluridehotels.com. Zwar bezeichnet sich die Manitou Lodge als B&B, doch sieht sie eher aus wie eine altmodische Nationalpark-lodge. Die elf renovierten Zimmer lassen an behaglichem Komfort nichts zu wünschen übrig und auch die Lage am Fluss überzeugt. $149
**New Sheridan Hotel**, 231 W Colorado Ave, ℡ 970 728 4351, 🖳 www.newsheridan.com. Das restaurierte Hotel von 1895 im Herz der Stadt hat große, sehr luxuriöse Zimmer mit antiken Möbeln, aber modernen Bädern und Einrichtungen. Die billigsten Zimmer blicken nach innen. Ende Okt–Ende Nov geschl. $228
**Smugglers Brewpub**, 225 S Pine St, ℡ 970 728 0919, 🖳 www.smugglersbrewpub.com. Munteres und geselliges Lokal mit breitem Angebot an Kneipenkost – der Salat mit „alten Getreidesorten" ist hervorragend ($9), dazu hervorragende Biere aus eigener Produktion. ☺ tgl. 11.30–21.30 Uhr.

# Mesa Verde National Park

15 Meilen vom US-160 entfernt, 10 Meilen östlich von Cortez und 35 Meilen westlich von Durango ▪ Eintritt Ende Mai–Anfang Sep $15 pro Fahrzeug, $8 für Motorräder, Fahrräder und Fußgänger, Anfang Sep–Ende Mai $10 bzw. $5, jeweils für eine Woche

Der **Mesa Verde National Park** ist der einzige Nationalpark in den USA, der nicht dem Erhalt der Natur, sondern der Bewahrung archäologischer Schätze dient. Die Stätte ist so abgelegen, dass die weitläufigen Ruinen der Vorfahren der **Pueblo-Indianer** Nichteingeweihten erst Ende des 19. Jhs. bekannt wurden. Der Nationalpark befindet sich auf den dicht bewaldeten Hochplateaus im Südwesten Colorados.

In den rund 1000 Jahren bis 1300 n. Chr. breitete sich die Kultur der Vorfahren der Pueblo-Indianer über weite Teile der heute als „**Four Corners**" bekannten Region aus. Anfangs wohnten sie in einfachen Erdgruben, doch entwickelten sie schließlich das baumeisterliche Geschick, das für den Bau der mehrgeschossigen Wohnstätten in den Felsnischen hoch über den steilwandigen Canyons, die den südlichen Abschnitt des Hochplateaus Mesa Verde in zwei Hälften teilen, erforderlich war. Die Bewohner der Region zogen schließlich in das Gebiet des heutigen New Mexico weiter und gründeten dort die Pueblos, in denen ihre Nachfahren noch heute leben.

Sämtliche Ruinen des Parks liegen 20 anstrengende Meilen oder mehr vom Visitor Center an der Straße entfernt. Die Zufahrtsstraße teilt sich in Richtung der beiden Hauptstätten: der **Chapin Mesa** im Süden und der **Wetherill Mesa** im Westen.

## Chapin Mesa

Die **Ruins Road**, die Zufahrtsstraße zur **Chapin Mesa** (⊕ April–Ende Okt tgl. 8 Uhr bis Sonnenuntergang), besteht aus zwei 6 Meilen langen, einspurigen Schleifen, die Zugang zu verschiedenen Stätten geben, u. a. zu den beiden bekanntesten Attraktionen des Parks.

Der **Cliff Palace**, die größte erhaltene Felswohnstätte der Vorfahren der Pueblo-Indianer, liegt 30 m unterhalb eines Felsüberhanges versteckt. Er besteht aus 217 Räumen und 23 *kivas*, von denen man annimmt, dass jede einer anderen Familie gehörte. Der Cliff Palace war wohl eher ein zeremonielles oder Vorratszentrum als ein gemeinschaftlicher Wohnbereich, und hier lebten einst vielleicht bis zu 120 Menschen. Bei den Führungen (s. u.) hat man Gelegenheit, über die leeren Plätze zu gehen und in die geheimnisvollen *kivas* hinunterzublicken. Auch wer sich keiner Führung anschließt, hat vom Felsvorsprung unterhalb des Parkplatzes, wo sich die Gruppen sammeln, eine sagenhafte Aussicht.

Das um 1240 angelegte **Balcony House** wurde in den 1270er-Jahren umgebaut, um es noch uneinnehmbarer zu machen. Der Zugang ist sehr schwierig, und es ist von oben nicht zu sehen. Im Verlauf der Führungen muss man lange Leitern hochklettern und durch einen schmalen, niedrigen Gang kriechen. Es ist eine spektakuläre Stätte mit zwei runden *kivas* nebeneinander, aber wer nicht schwindelfrei ist, verzichtet vielleicht besser auf eine Besichtigung.

## Wetherill Mesa

Die kurvenreiche, 12 Meilen lange Straße auf die **Wetherill Mesa** jenseits der Hauptstraße des Parks ist nur im Sommer geöffnet (Ende Mai–Okt tgl. 8 Uhr bis Sonnenuntergang), und selbst dann nur für normale Pkws.

Beim Parkplatz am Ende der Straße startet eine kostenloser **Minieisenbahn** um die Spitze der Mesa zum **Long House**, den zweitgrößten Ruinen der Mesa Verde. Hier führt eine einstündige Tour ungefähr 60 Stufen zur zentralen Plaza hinab und dann vorbei an den 150 Räumen und 21 *kivas*.

**Far View Lodge**, 15 Meilen vom US-160 entfernt, ℡ 970 564 4300, 🖥 www.visitmesaverde.com. Die friedliche Lodge bietet die einzigen Unterkünfte im Nationalpark. Die Standardzimmer verfügen über Balkone, die „Kiva"-Zimmer sind luxuriöser. Alle Zimmer haben WLAN, aber weder Telefon noch Fernseher. Der Metate Room ist ein recht gutes, nur abends geöffnetes Restaurant mit Hauptgerichten wie Wapiti-Lende für bis zu $32. ⊕ Mitte April–Ende Okt. Standard $142, Kiva $119

**Morefield Campground**, 4 Meilen vom US-160 entfernt, ℡ 970 564 4300, 🖥 www.visitmesaverde.com. Der offizielle Campingplatz des Parks liegt weit unterhalb der Ruinen und ist so groß, dass er fast nie voll ist; Reservierung möglich, aber kaum erforderlich. ⊕ Mitte April–Ende Okt. 1 oder 2 Fahrzeuge $31, mit Anschlüssen $42

**Spruce Tree Terrace**, in der Nähe des Museums auf der Chapin Mesa, ℡ 970 564 4300, 🖥 www.visitmesaverde.com. Die einzige Einrichtung im Park, die das ganze Jahr über Essen bietet. In der schlichten Cafeteria gibt's Sandwiches, Salate und Navajo-Tacos zu erschwinglichen Preisen, und sie verfügt über eine angenehme, schattige Terrasse. ⊕ Mitte März–Mitte April 11–16.30, Mitte April–Ende Mai und Ende Aug–Okt tgl. 10–17, Ende Mai–Ende Aug 9–18.30, Nov–Mitte März 11–15.30 Uhr.

### Führungen

Die drei Haupt-Ruinenstätten im Park – Balcony House und Cliff Palace auf der Chapin Mesa und Long House auf der Wetherill Mesa – sind nur im Rahmen von zeitlich festgelegten Führungen zu besichtigen. Tickets ($4 pro Tour)

ROCKY MOUNTAINS

sollte man sich sofort nach der Ankunft im Visitor Center besorgen.

### Informationen

**Visitor Center**, am US-160 am Parkeingang, ca. 40 Min. Fahrt von den Stätten auf der Mesa entfernt, ✆ 970 529 4465, 🖥 www.nps. gov/meve. ☉ Mitte April–Ende Mai und Anfang Sep–Okt tgl. 8–17, Ende Mai–Anfang Sep 7.30–19, Nov–Mitte April 8.30–16.30 Uhr.

# Wyoming

Im neuntgrößten, aber mit nur 586 000 Einwohnern am dünnsten besiedelten Staat der USA gibt's angeblich mehr Gabelbock-Antilopen als Menschen. Das trockene **Wyoming** ist das klassische Land der **Cowboys**. Rodeos und Country & Western-Tanzsäle beschwören die Tage des „Wilden Westens" herauf.

Dass ausgerechnet das konservative Wyoming 1869 als erster Staat der Vereinigten Staaten – ein halbes Jahrhundert vor der Bundesregierung – das allgemeine Frauenwahlrecht einführte, scheint verwunderlich. Dieser Erfolg war denn auch weniger einer Massenbewegung von Frauen zu verdanken, als viel mehr dem geschickten Taktieren einer Hand voll einflussreicher Frauen: Sie konnten den Gouverneur davon überzeugen, dass das Stimmrecht für Frauen mehr Siedler anlocken und somit die Entwicklung des Staates vorantreiben würde (Wyoming wurde 1890 Bundesstaat). 1924 stellte der „Staat der Gleichheit" den ersten weiblichen US-Gouverneur, Nellie Tayloe Ross. Heute ist der Heimatstaat des ehemaligen Vizepräsidenten Dick Cheney fest in republikanischer Hand.

In Wyoming findet man zwei der berühmtesten natürlichen Sehenswürdigkeiten der USA: die vor Erdwärme brodelnde Landschaft des **Yellowstone National Park** und die spektakuläre Bergwelt des benachbarten **Grand Teton National Park**. Da beide Parks jedes Jahr von Millionen von Touristen aufgesucht werden, führen fast alle Straßen in diese Nordwestecke des Bundesstaats, doch unterwegs gibt's noch je-

### Amerikas Dinosaurierfriedhof

Seit in den 1870er-Jahren die ersten bedeutenden Fossilien ausgegraben wurden, ist Wyoming ein Hotspot für **Dinosaurier** – es hat sogar einen eigenen „Staatsdino", den Triceratops. Da die hiesige Sedimentschicht im Erdaltertum, im Erdmittelalter und in der Erdneuzeit geologisch aktiv war, ist Wyoming mit mehr als 500 Mio. Jahre alten Fossilien gespickt. Zwar haben viele Funde den Bundesstaat verlassen, doch gibt es noch immer genügend Stätten, um den Puls von Hobbypaläontologen schneller schlagen zu lassen.

Die beste erste Anlaufstelle ist das **Wyoming Dinosaur Center** in Thermopolis, ✆ 307 864 2997, 🖥 www.wyodino.org: Hier sind 20 lebensgroße Dinosaurierskelette und informative Ausstellungen zu sehen, ☉ Sommer tgl. 8–18, sonst 10–17 Uhr, Eintritt $10. Ausgrabungsstätten in der Nähe bieten die Möglichkeit, einen Tag lang Paläontologe zu spielen, indem man bei Grabungsarbeiten hilft.

Im **Fossil Butte National Monument**, ✆ 307 877 4455, 🖥 www.nps.gov/fobu, sind die Green River Formation mit einer umfassenden Sammlung versteinerter Fische sowie die Fossilien eines 4 m langen Krokodils und die älteste bekannte Fledermaus der Welt zu sehen; Besucherzentrum ☉ Mai–Sep tgl. 9–17.30, Okt–April 8–16.30 Uhr, Eintritt frei.

Das in Laramie gelegene **University of Wyoming Geological Museum**, 🖥 www.uwyo.edu/geomuseum, zeigt das seltene Skelett eines 23 m großen Apatosaurus, ☉ Mo–Sa 10–16 Uhr, Eintritt frei.

de Menge andere Sachen zu sehen. Wyoming besteht im Grunde aus einem gewaltigen Plateau mit ein paar steilen Bergketten; das östliche Drittel des Staats sind sanft gewellte Prärien mit Gräsern und Sträuchern. Einen Kernpunkt der Geschichte Wyomings bilden die großen Wagentrecks, die durch diese unendlich weite, meist leere Landschaft führten. Heute findet man hier alte Armeeforts, Dinosaurierfossilien und romantische alte Wildwestorte wie **Cody** und **Buffalo**.

# Cheyenne

Der Himmel über **Cheyenne** erscheint unendlich weit und lässt die entlegeneren Vororte der Stadt winzig klein erscheinen: In der Ferne erheben sich die schneebedeckten Gipfel der Rockies, während die Stadt selbst von sonnengebleichtem Grasland umgeben ist. Die 1867 als ärmliches Lager für die Arbeiter der Union Pacific Railroad gegründete Hauptstadt von Wyoming hat heute rund 65 000 Einwohner, doch der Stadtkern wirkt meist eher verschlafen. Lebendiger geht's rund um die **F. E. Warren Air Force Base** zu, eine der größten Interkontinentalraketenbasen der USA. Und wie die Ranchwear-Läden und Honky Tonks an jeder Ecke verraten, wird auch die Cowboy-Kultur in Ehren gehalten.

## Downtown

Heute rattern nur noch Güterzüge durch das schöne **Union-Pacific-Eisenbahndepot** von 1886. Hier ist das **Cheyenne Depot Museum**, 121 W 15th St, ☎ 307 632 3905, 🖥 www.cheyennedepot museum.org, ansässig, das noch immer den Kern des kleinen Stadtzentrums bildet, ⏰ Mai–Sep Mo–Fr 9–18, Sa 9–17, So 11.30–16.30, Okt–April Mo–Fr 9–17, Sa 9–15, So 11–15 Uhr, Eintritt $8.

Das auf dezente Art elegante **Wyoming State Capitol**, erbaut im Stil der Neorenaissance, wurde mit seiner goldenen Kuppel ein paar Straßen weiter nördlich 1890 fertiggestellt. Zwecks Renovierung ist es noch bis Ende 2018 geschlossen.

Ganz in der Nähe beschäftigt sich das **Wyoming State Museum**, 2301 Central Ave, ☎ 307 777 7022, 🖥 www.wyomuseum.state.wy.us, anhand von interaktiven Ausstellungen mit der Geschichte des Bundesstaats. Der Schwerpunkt liegt auf den Bodenschätzen und der Kultur der indigenen Bevölkerung – interessant ist besonders das Felsbild der Großen Schildkröte. ⏰ Mo–Sa 9–16.30 Uhr, Eintritt frei.

Die stattliche **Historic Governors' Mansion**, 300 E 21st St, ☎ 307 777 7878, zwei Straßen weiter, wurde 1904 im georgianischen Stil erbaut. Die Einrichtung zeugt von der Bescheidenheit der Bewohner. Noch bis 1976 diente die Villa als Gouverneursresidenz. ⏰ Juni–Sep Mo–Sa 9–17, So 13–17, Okt–Mai Mi–Sa 9–17 Uhr, Eintritt frei.

## Cowboy-Festival

Die 1897 zur Belebung der Wirtschaft der Stadt ins Leben gerufenen **Cheyenne Frontier Days**, 🖥 www.cfdrodeo.com, zählen heute zu den wichtigsten Cowboy-Festivals der USA und locken Ende Juli Tausende Besucher zu ihrem riesigen Rodeo, zu Konzerten bekannter Country-Stars, Umzügen, Planwagen-Rennen und weiteren Spektakeln. Das Ganze findet im eigens fürs Fest angelegten Frontier Park an der Carey Avenue ein paar Meilen nördlich der Innenstadt statt. Die Tickets fürs Rodeo kosten $17–27 pro Event, Konzerte gewöhnlich $45–70. Ansonsten kann man sich im **Cheyenne Frontier Days Old West Museum**, im Frontier Park, 4610 N Carey Ave, ☎ 307 778 7290, 🖥 www.oldwestmuseum.org, umschauen: Es erzählt die Geschichte des Festivals und beherbergt eine wunderbare Sammlung alter Post- und Pferdekutschen aus der Zeit ab den 1860er-Jahren. Außerdem ist ein Wapitifell zu sehen, das der Schoschonen-Häuptling Washakie bemalt hat. ⏰ Mo–Fr 9–17, Sa und So 10–17 Uhr, Eintritt $10.

### ÜBERNACHTUNG UND ESSEN

**Freedom's Edge Brewing Co**, 1509 Pioneer Ave, ☎ 307 635 9245, 🖥 www.freedomsedge brewing.com. In der beliebten Kleinbrauerei mitten in Downtown werden Biere wie 1890 IPA oder Wyoming Wit ausgeschenkt. Kein Essen, dafür steht aber gewöhnlich draußen ein Pizzawagen mit Lieferservice an den Kneipentisch. ⏰ Di–Do 15–21, Fr 15–23, Sa 13–23, So 13–18 Uhr.

**Historic Plains Hotel**, 1600 Central Ave, ☎ 307 638 3311, 🖥 www.theplainshotel.com. Das 1911 eröffnete und 2002 modernisierte Hotel bietet jede Menge historisches Flair. Die Standardzimmer sind allerdings recht klein und einfach, erheblich besser sind die „King Parlor"-Zimmer (ab $149). $125

**Luxury Diner**, 1401 W Lincolnway, ☎ 307 638 8971. Klassischer alter Diner in einem umgebauten Eisenbahnwagen von 1926 mit dem üblichen Angebot eines Diners: opulentes

Nördlich von Cheyenne finden sich in den größtenteils unberührten Prärielandschaften von Wyoming zahlreiche Stätten, die mit den großen Wagentrecks in Verbindung stehen, die zur Mitte des 19. Jhs. quer durchs Land nach Kalifornien und Oregon führten. Einen Überblick verschafft das **National Historic Trails Interpretive Center** in Casper, ℰ 307 265 8030, ⌨ www.nhtcf.org, ⏲ Di–So 8–17 Uhr, Eintritt $6.

Danach geht's weiter zur **Fort Laramie National Historic Site**, ℰ 307 837 2221, ⌨ www.nps.gov/fola. Fort Laramie wurde 1834 als privater Pelzhandelsposten errichtet und entwickelte sich später zum größten Militärstützpunkt in den Northern Plains. Besucherzentrum ⏲ Sommer tgl. 9–19, sonst 8–16.30 Uhr, Eintritt frei.

Im nahen Guernsey sind die Namen von Pionieren in das **Register Cliff** oberhalb des North Platte River geritzt. Der imposante **Independence Rock** rund 58 Meilen südwestlich von Casper diente den Trecks als wichtige Landmarke und ist ebenfalls mit den Kritzeleien von Pionieren bedeckt.

Auch das **Devil's Gate** ein paar Meilen südwestlich, eine Schlucht des Sweetwater River, diente als Orientierungspunkt. Heute ist es von der **Mormon Handcart Historic Site**, ℰ 307 328 2953, aus zu erreichen. Diese Pilgerstätte der Mormonen erinnert an die mormonischen Pioniere, die ihr Hab und Gut den ganzen Weg bis nach Salt Lake City auf einem Handkarren hinter sich her zogen – Pferde waren zu teuer. Außerdem wird der Siedlergruppen gedacht, die 1856 hier in der Nähe an der Martin's Cove strandeten; jedes Jahr stellen Studenten Teile des Trecks nach. ⏲ Sommer tgl. 9–21, sonst 9–16 Uhr, Eintritt frei.

Der **Historic South Pass** (2259 m), 180 Meilen westlich von Casper, war der einfachste Übergangspunkt über die Rockies, den die Wagentrecks benutzten. Heute führt der Hwy-28 über den Pass, aber hier und da sind noch die alten Radspuren sichtbar.

Frühstück, ausgezeichnetes Corned Beef, BLT mit knusprigen Süßkartoffel-Pommes und mächtiger „Luxury Burger". Auch der Cheesecake ist toll. Hauptgerichte $6–12. ⏲ tgl. 6–16 Uhr.
**Nagle Warren Mansion**, 222 E 17th St, ℰ 307 637 3333, ⌨ www.naglewarrenmansion.com. Das historische B&B ist die beste Nichtmotel-Unterkunft in Cheyenne – vorausbuchen! Das 1888 erbaute Haus beherbergt zwölf Luxuszimmer im eleganten viktorianischen Stil. $125

### INFORMATIONEN

**Visitor Centre**, im Union Pacific Depot, ℰ 307 778 3133, ⌨ www.cheyenne.org, ⏲ wie Museum (siehe oben).

### TRANSPORT

**Greyhound**-Busse halten am Rodeway Inn, 5401 Walker Rd, am Stadtrand.

**Busse nach**:
BILLINGS (1x tgl., 8 1/2 Std.),
DENVER (3x tgl., 1 3/4–2 1/4 Std.),
LARAMIE (2x tgl., 1 Std.),
SALT LAKE CITY (2x tgl., 8 3/4 Std.).

# Zum Yellowstone: die Südrouten

Auf dem Weg von Cheyenne Richtung Westen zum Yellowstone National Park führen der I-80 und dann der US-287 über die weiten Prärien des südlichen und mittleren Wyoming sowie durch **Laramie** und **Rawlins**. Bei der Wind River Range führt die Hauptstrecke über **Dubois** Richtung Nordwesten. Eine Alternative ist der US-191 nach **Pinedale** und Jackson, Tor zum Grand Teton National Park.

## Laramie

Laramie wurde 1868 als ungehobeltes Arbeiterlager der Union Pacific gegründet, zeigt sich heute jedoch dank der **University of Wyoming**

(UW), deren Campus sich östlich des Stadtzentrums erstreckt, weitaus gesitteter. Die Stadt liegt 50 Meilen westlich von Cheyenne und ist über den I-80 oder den spektakulären Hwy-210 (Happy Jack Road) durch den **Medicine Bow National Forest** und die mit bizarren Felsen übersäte Prärie erreichbar. Die Stadt selbst scheint sich auf den ersten Blick nicht von anderen Städten im ländlichen Wyoming zu unterscheiden. Doch hinter den viktorianischen Fassaden ihrer reizvollen Downtown verbergen sich vegetarische Cafés und Secondhand-Buchläden.

### Wyoming Territorial Prison Historic Site

975 Snowy Range Rd ▪ ⊕ Mai–Okt tgl. 8–19 Uhr ▪ Eintritt $5 ▪ ✆ 307 745 3733, ▢ www.wyoming territorialprison.com

Im Mittelpunkt der **Wyoming Territorial Prison Historic Site** westlich der Stadt steht das **Gefängnis**, das von 1872 bis 1903 als solches fungierte. Die winzigen Zellen und die Räume des Gefängnisses beherbergen informative Ausstellungen über die Geschichte der Stätte sowie Steckbriefe ehemaliger Häftlinge. Einer von ihnen war Butch Cassidy, der um 1896 wegen Viehdiebstahls hier 18 Monate lang hinter Gittern saß. Weitere Gebäude sind die Besenfabrik, in der die Häftlinge arbeiten mussten, alte Blockhütten und der Pferdestall von 1910.

#### ÜBERNACHTUNG UND ESSEN

**Buckhorn Bar**, 114 E Ivinson St, ✆ 307 742 3554. Die älteste Kneipe der Stadt eröffnete 1900 und steckt voller historischer Relikte. Dienstags gibt's ein großes Bier für $1, freitags Livemusik. ⊕ tgl. 8–2 Uhr.

**Cavalryman Steakhouse**, 4425 S 3rd St (US-287), ✆ 307 745 0141, ▢ www. wyomingsteakhouse.com. Das klassische Steakhaus liegt ein kurzes Stück südlich des I-80 in einem alten hölzernen Clubhaus; hier befand sich früher das Fort Sanders. Köstliche und erschwingliche Steaks ($16–25), erstklassiger Service. ⊕ Mo–Do und So 16–21, Fr und Sa 16–22 Uhr.

**Gas Lite Motel**, 960 N 3rd St, ✆ 307 742 6616. Eine Seltenheit: ein unabhängiges Motel inmitten all der Kettenmotels, mit einem kitschigen Wildwestmotto, nicht mehr taufrischen, aber annehmbaren Zimmern und freundlichen Betreibern. Nicht weit vom Zentrum und erstklassiges Preis-Leistungs-Verhältnis. $65

**Lovejoy's Bar and Grill**, 101 E Grand Ave, ✆ 307 745 0141, ▢ www.elmerlovejoys.com. Munterer Diner mit Bar im alten Johnson Hotel von 1900 in Downtown, mit tollen Burgern ($9,25) und köstlichem heimischem Bier. ⊕ tgl. 11–24 Uhr.

**Night Heron Books & Coffeehouse**, 107 E Ivinson St, ✆ 307 742 9028, ▢ www.nightheron books.com. Guter Kaffee, Kuchen, Quiche und Sandwiches inmitten antiquarischer Bücher unten und neuerer Bücher oben. ⊕ tgl. 7–21 Uhr.

**Vee Bar Guest Ranch**, 2091 Hwy-130, ✆ 307 745 7036, ▢ www.veebar.com. 20 Meilen westlich von Laramie am Hwy-130 findet sich diese rustikale Unterkunft mit gemütlichen Hütten am Flussufer und herzhaftem, warmem Frühstück. Drei Nächte Mindestaufenthalt und im Sommer einwöchige Reit- und Ranch-Ferien möglich. $180

## Wyoming Frontier Prison

500 W Walnut St, Rawlins ▪ ⊕ tgl. 8–17 Uhr ▪ Eintritt $8 ▪ ✆ 307 324 4422, ▢ www.wyoming frontierprison.org

Eigentlich gäbe es keinen Grund, im winzigen Prärieort **Rawlins**, rund 100 Meilen westlich von Laramie am I-80, anzuhalten – wäre da nicht das absolut sehenswerte **Wyoming Frontier Prison**. Das riesige, unheimliche Gebäude mit seinen düsteren Zellen, dem abblätternden Verputz und den dumpf hallenden Gängen diente von 1901 bis 1981 als Gefängnis. Der Rundgang an sich ist schon beklemmend genug, nicht zuletzt der Anekdoten wegen, die die Guides auf unnachahmliche Art zu erzählen wissen, doch beim Anblick der Gaskammer, die von 1937 bis 1965 in Betrieb war, läuft es jedem eiskalt über den Rücken.

Eine schönere Strecke von Laramie nach Rawlins ist der **Snowy Range Scenic Byway**: Er windet sich vorbei am klitzekleinen Wildwestdorf Centennial und über den Snowy Range Pass (3306 m) über die Medicine Bow Mountains.

## Wind River Reservation

Die **Wind River Reservation** teilen sich Östliche Schoschonen (3500 Personen) und Nördliche Arapaho (9400 Personen) – viele der Letzteren sind Nachfahren von Überlebenden des Sand Creek Massacre von 1864. Leider herrscht hier große Armut, und die Lebenserwartung liegt bei nur 49 Jahren. Hier gibt es neben den üblichen Kasinos ein Denkmal für Sacagawea, den Schoschonen-Führer der Lewis-und-Clark-Expedition. Es wurde 1963 errichtet (s. u.). Am besten und sichersten erlebt man die Kultur der hiesigen indigenen Völker bei einem der **Powwows**, Treffen von spiritueller und sozialer Bedeutung, die vor allem im Sommer stattfinden und gewöhnlich öffentlich zugänglich sind. Näheres beim **Shoshone Tribal Cultural Center** (s. u.) oder auf 🖳 www.windriver.org.

## Wind River Indian Reservation

Wer von Rawlins und dem I-80 Richtung Nordwesten zu den Nationalparks Grand Teton und Yellowstone fährt, kommt an der **Wind River Range** vorbei, der längsten und höchsten Bergkette des Bundesstaats.

Über diese Berge führen keine Straßen; man sieht sie entweder von Osten, indem man auf dem US-287 durch die **Wind River Indian Reservation** fährt, oder vom unzugänglicheren Westen über den US-191. Den Mittelpunkt des Reservats bildet der kleine Ort **Fort Washakie**. Hier sind im **Shoshone Tribal Cultural Center**, 90 Ethete Rd, ✆ 307 332 9106, gewöhnlich Ausstellungen über die Schoschonen zu sehen, ⊕ Mo–Fr 9–16 Uhr, Eintritt frei.

Hier oder im **Wind River Trading Post** an der Hauptstraße, ✆ 307 332 3267, ⊕ Mo–Sa 9–18 Uhr, kann man sich nach dem Weg zum **Sacajawea Cemetery**, wo die Schoschonen-Heldin bestattet ist, und zum Denkmal für **Häuptling Washakie** erkundigen.

## Dubois

Der ehemalige Forstwirtschaftsort **Dubois** („djuh-BEUS") liegt am Ende des Tals des Wind River nördlich des Reservats – eine Oa-

se in der Ödnis. Nach der Schließung der letzten Sägemühle 1987 richtete der Ort, der 60 Meilen südöstlich des Grand Teton National Park liegt, welcher über den eindrucksvollen **Togwotee Pass** (2909 m) zu erreichen ist, sein Augenmerk auf den Tourismus.

Hier ist die größte Dickhornschafherde auf dem US-amerikanischen Festland zu Hause, und das feiert Dubois mit dem interessanten **National Bighorn Sheep Interpretive Center**, eine halbe Meile nordwestlich des Orts am US-287, 10 Bighorn Lane, ✆ 307 455 3429, 🖳 www.bighorn.org, ⊕ Sommer tgl. 9–18, sonst Mo–Sa 10–16 Uhr, Eintritt $4. Das Zentrum bietet fünfstündige Allrad-Schaftouren an (nur im Winter; $100, Reservierung erforderlich) und wartet ansonsten mit Ausstellungen zum Maskottchen der Rockies auf.

### ÜBERNACHTUNG UND ESSEN

**Cowboy Café**, 115 E Ramshorn St, ✆ 307 455 2595, 🖳 www.cowboycafewyo.com. Tolles Frühstück im ländlichen Stil ($9–12), saftige Büffelburger und knusprige hausgemachte Pasteten – auch die Kokossahnepastete ist klasse. ⊕ tgl. 7–21 Uhr.
**Trail's End Motel**, 511 W Ramshorn St, ✆ 307 455 2540, 🖳 www.trailsendmotel.com. Makelloses, friedvolles Motel mit Units am Wind River und einer Terrasse. $115
**Twin Pines Lodge & Cabins**, 218 W Ramshorn St, ✆ 307 455 2600, 🖳 www.twinpineslodge.com. Gemütliche Zimmer im Haupthaus und geräumige rustikale Hütten von 1934 mit WLAN und Mikrowelle. $105

## Pinedale

Das winzige **Pinedale** auf der Westseite der Wind River Range, 77 schöne Meilen von Jackson auf dem US-189/191, bietet Zugang zu spannenden Outdooraktivitäten. Das **Museum of the Mountain Man**, 700 E Hennick Rd, ✆ 307 367 4101, 🖳 www.museumofthemountainman.com, erinnert an die Rolle des Orts als Treffpunkt von Trappern in den 1830er-Jahren, ⊕ Mai–Sep tgl. 9–17, Okt Mo–Fr 9–16 Uhr, Eintritt $10.

Von Pinedale windet sich eine 16 Meilen lange Straße vorbei am Fremont Lake zum **Elkhart**

**Park Trailhead**. Von hier führen von Pferden ausgetretene Pfade am malerischen **Seneca Lake** entlang und den zerklüfteten Indian Pass hinauf zu Gletschern und 4000 m hohen Bergen.

### ÜBERNACHTUNG UND ESSEN

**Log Cabin Motel**, 49 E Magnolia St, ✆ 370 367 4579, 🖥 www.thelogcabin motel.com. Rustikale Lodge von 1929 mit reichlich Flair und Blockhütten im Westernstil, viele davon mit Küche und modernen Annehmlichkeiten. Cabins $144, DZ $119
**Wind River Brewery**, 402 Pine St, ✆ 307 367 2337, 🖥 www.windriverbrewingco.com. Probierenswerte Biere und frische Western-Burger (ab $11); gelegentlich Livemusik. ⏰ Mo–Do und So 11–23, Fr und Sa 11–24 Uhr.

# Zum Yellowstone: die Nordroute

Auf dem Weg von South Dakota und den Black Hills zum Yellowstone National Park durchschneidet der I-90 und dann der US-14 die weiten Landschaften und die Berge von Nord-Wyo-ming auf rund 430 Meilen, beginnend mit dem **Devils Tower** 25 Meilen nordwestlich des I-90.

## Devils Tower National Monument

Monument ⏰ tgl. 24 Std. ▪ Visitor Center ⏰ Anfang April–Ende Nov tgl. 8–19 Uhr ▪ Eintritt $10 pro Fahrzeug (für eine Woche) ▪ Camping $12 pro Nacht ▪ ✆ 307 467 5283, 🖥 www.nps.gov/deto

Im Jahr 1906 erklärte der Kongress den **Devils Tower** zum ersten National Monument der Vereinigten Staaten. Doch erst durch Steven Spielbergs *Unheimliche Begegnung der Dritten Art* wurde der 386 m hohe Vulkankegel als Landeplatz der Außerirdischen wirklich berühmt. Der Felsen thront auf einem dicht bewaldeten Berg über dem des Belle Fourche River und ähnelt einem gigantischen verwitterten Baumstumpf; im Wechsellicht von Sonne oder Mond kann er allerdings atemberaubend schön sein. Präriestämmen wie den Arapaho und Crow gilt der Felsen als heilig – sie nennen ihn „Bear Lodge" – und im Juni, einem besonders heiligen Monat, gilt ein freiwilliger Kletterverzicht. Vier kurze **Wanderwege** führen um den Devils Tower herum. Sie beginnen am **Visitor Center** am Fuß des Felsens, drei Meilen vom Haupteingang entfernt.

### Ein teuflischer Turm

Eine unheimliche Begegnung ganz anderer Art als die im Spielberg-Film widerfuhr der Expedition Colonel Custers im Sommer 1874: Deren Mission war es, die Black Hills zu erkunden, die *Paha Sapa* der Lakota, ein Gebiet, das ihnen im Vertrag von Laramie für alle Zeiten zuerkannt worden war. Angetrieben von der weltweiten Finanz- und Wirtschaftskrise, die mit dem Wiener Börsenkrach ihren Anfang genommen und über den Konkurs des Bankenhauses Jay Cooke & Co. die USA erfasst hatte, fand Custers Tross prompt jede Menge Gold „von der Graswurzel abwärts". Am **Devils Tower**, wie der Ort später genannt wurde, stieß er auf unerwarteten Widerstand, hatten sich doch die Lakota, Cheyenne und Arapahos eigentlich aus den heiligen Bergen zurückgezogen.
Was sich da am „Wakan tonka", dem Sitz des Wakan, des allgewaltigen und zauberkräftigen Inbegriffs der Natur, abspielte, ging unter dem Titel „Trügerische Irreführung am Devils Tower in den Black Hills" in die Geschichte der Indianerkriege ein, und sorgte an der Militärakademie von West Point, die eben jener George Armstrong Custer zuvor absolviert hatte, noch Jahre danach für lebhafte Diskussionen: Nicht mehr als 20, zumeist alte Lakota-Krieger hielten die mehr als tausend Mann in Custers Gefolge drei Tage und Nächte an diesem mythischen Ort auf. Custer befürchtete einen größeren Zusammenstoß mit einer indianischen Hauptmacht und opferte einige seiner Soldaten, ließ schließlich aber mit Kanonen in die Säulen-Basalt feuern. Die wenigen Überlebenden unter den Verteidigern Wakan tonkas warteten schweigend auf die Skalpmesser der Scouts. Es sollte das Vorspiel für Custers Fiasko am Little Bighorn sein (S. 210).

*Helmut Herting*

# Buffalo

Das relaxte **Buffalo** an den südöstlichen Ausläufern der Bighorn Mountains lässt sich vom Verkehr an der nahen Kreuzung der Interstates I-90 und I-25 kaum stören. Im Vergleich zu anderen Gegenden Wyomings ist der Winter hier mild – daher heißt der Ort bei den Einheimischen auch „Bananengürtel". Die jetzt von Läden im Westernstil gesäumte Hauptstraße war zwar einst ein Büffelpfad, der Ort ist jedoch nach der Stadt Buffalo im Bundesstaat New York benannt. Im **Jim Gatchell Memorial Museum**, 100 Fort St, ℡ 307 684 9331, 🖥 www.jimgatchell.com, ist eine witzige Sammlung mit Wildwest-Kuriositäten zu sehen. ⊙ Sommer Mo–Fr 8–17, Sa 9–15, So 12–17, sonst Mo–Fr 8–16 Uhr, Eintritt $5.

## ÜBERNACHTUNG

**Bozeman Trail Steakhouse**, 675 E Hart St, ℡ 307 684 5555, 🖥 www.thebozemantrail steakhouse.com. Legeres, familienfreundliches Steakhaus im Westernstil mit hochwertigem Angusrind-, Wapiti- und Bisonfleisch sowie verschiedenen Craft-Bieren vom Fass (Steaks $23–27). ⊙ tgl. 11–21 Uhr.

**Occidental Hotel**, 10 N Main St, ℡ 307 684 0451, 🖥 www.occidentalwyoming. com. Wunderbar restauriertes historisches Hotel von 1880. Wer möchte, kann in der Owen Wister Suite übernachten, in der der Schriftsteller einen großen Teil seines Romans *Der Virginier* schrieb (auf dem die Fernsehserie *Die Leute von der Shiloh Ranch* basiert). Allein die opulente Lobby ist einen Besuch wert, und in vielen Zimmern stehen alte Radios, aus denen Musik aus der guten alten Zeit erklingt. An manchen Abenden gibt's in der Bar ein Bluegrass-Konzert. $140

# Bighorn Mountains

Die spektakulärste der drei Strecken durch die **Bighorn Mountains** ist der **US Alt-14** von **Burgess Junction**, 50 Meilen westlich von **Sheridan**. Zwischen November und Mai machen ihn Schneeverwehungen häufig unpassierbar. Die Straße schlängelt sich auf den **Medicine Mountain** hinauf, an dessen windumtoster Westseite der mysteriöse **Medicine Wheel**, ein geometrisch perfekter Steinkreis mit 28 Speichen und einem Umfang von knapp 75 m, der Forschung Rätsel aufgibt (1,5 Meilen auf einer Schotterstraße, dann hin und zurück drei Meilen zu Fuß; ⊙ 24 Std.; Eintritt frei, Ranger nur im Sommer 8.30–18 Uhr). Der ursprüngliche Zweck dieses größten, noch intakten Monuments seiner Art ist unbekannt. Auch die Legenden der Indianer enthalten keine Anhaltspunkte. Es wird jedoch vermutet, dass es sich bei den Erbauern dieses „Rades" um Sonnenanbeter oder frühe Astronomen handelt.

# Cody

**Cody**, die „Welthauptstadt des Rodeo" am US-14, war das Geisteskind von Investoren: 1896 überredete die Städtebaugesellschaft „**Buffalo Bill**" **Cody**, seinen Namen für eine neu gegründete Siedlung zur Verfügung zu stellen – wohl wissend, dass das Einverständnis des berühmtesten Mannes im gesamten Westen sowohl Siedler als auch Touristen anlocken würde. Zwar verbrachte Bill einen Großteil seines späteren Lebens hier im Ort, aber seine Frau ließ den Helden in Golden in Colorado (S. 161) bestatten; seitdem hat Wyoming immer wieder für die „Rückführung" des Leichnams gestritten.

Der andere berühmte Sohn der Stadt, der Maler **Jackson Pollock**, der 1912 hier geboren wurde, wird dagegen kaum einer Erwähnung für würdig befunden.

Auch heute noch ist der Tourismus im Sommer ein einträgliches Geschäft für Cody. Trotz all seiner Attraktionen in Verbindung mit Buffalo Bill hat sich das amüsante (wenn auch überteuerte und ziemlich schäbige) Städtchen die Atmosphäre einer ländlichen Siedlung des Westens bewahrt.

Die breite Durchgangsstraße Sheridan Avenue mit ihren Souvenir- und Ranchwear-Shops ist während des alljährlich Anfang Juli stattfindenden **Cody Stampede Rodeo**, ℡ 307 587 5155, 🖥 www.codystampederodeo.com, Schauplatz von Umzügen. In den Sommermonaten wird das Open-Air-Stadion, 519 W Yellowstone Ave, in der Weststadt jeden Abend vom **Cody Nite Rodeo** belebt (Kontaktinformationen s. Cody Stampede Rodeo; ⊙ Juni–Aug tgl. 20 Uhr, Eintritt $20).

Östlich des Rodeogeländes am US-14 liegt die **Old Trail Town**, 1831 Demaris Drive, ✆ 307 587 5302, 🖥 www.oldtrailtown.org. Zu den hier zusammengetragenen Gebäuden aus dem 1890er-Jahren gehören einige Blockhütten und Saloons, in denen schon einst Butch Cassidy und Sundance Kid ihr Unwesen trieben. 🕐 Mitte Mai–Sep 8–19 Uhr, Eintritt $9.

### Buffalo Bill Center of the West

720 Sheridan Ave ▪ 🕐 Mai–Mitte Sep tgl. 8–18, Mitte Sep–Okt tgl. 8–17, März, April und Nov tgl. 10–17, Dez–Feb Do–So 10–17 Uhr ▪ Eintritt $19 ▪ ✆ 307 587 4771, 🖥 www.centerofthewest.org

Die mit Abstand bedeutendste Sehenswürdigkeit in Cody ist das wunderbare **Buffalo Bill Center of the West**, ein Komplex aus fünf miteinander verbundenen Museen. Am spannendsten ist das **Buffalo Bill Museum**. Es erzählt die außergewöhnliche Geschichte des Lebens von William Cody, der sich dank seiner Wildwestshow von der Pionierlegende zu einem der ersten weltweit bekannten Promis überhaupt entwickelte. Das **Plains Indian Museum** beschäftigt sich mit Aspekten der indigenen Kultur, und zwar nicht geordnet nach Stämmen, sondern nach Themen – und nur eine ganz kleine Abteilung befasst sich mit den Kämpfen des 19. Jhs. Die riesige Sammlung seltener Gegenstände umfasst alles vom Kopfschmuck und Schild bis zu Keulen und bemalten Büffelhäuten.

Das **Whitney Western Art Museum** beherbergt eine hochkarätige Sammlung von Gemälden zum amerikanischen Westen von Albert Bierstadt und Charles Russell, einen ganzen Raum mit Arbeiten von Frederic Remington, Stiche von John James Audubon, Lithografien von George Catlin und das bekannte Gemälde *Medicine Robe* von Maynard Dixon. Das **Draper Natural History Museum** legt den Schwerpunkt auf Fauna und Flora der Yellowstone-Region und das **Cody Firearms Museum** nennt eine der größten Waffensammlungen weltweit sein Eigen.

#### ÜBERNACHTUNG UND ESSEN

**Buffalo Bill's Antlers Inn**, 1213 17th St, ✆ 307 587 2084, 🖥 www.antlersinncody.com. Sauberes und gemütliches Hotel mit gutem

Preis-Leistungs-Verhältnis, besonders während der Sommermonate. Frühstück (Donuts und Kaffee) inkl. $130

**Irma Hotel**, 1192 Sheridan Ave, ✆ 307 587 4221, 🖥 www.irmahotel.com. Das historische Juwel wurde 1902 von Buffalo Bill erbaut und nach seiner Tochter benannt. Im gleichnamigen Restaurant im Erdgeschoss steht eine wunderbare Theke aus Kirschbaumholz – ein Geschenk von Königin Victoria an Buffalo Bill. $140

**Proud Cut Saloon**, 1227 Sheridan Ave, ✆ 307 527 6905. Bar im Cowboy-Stil mit Wildtrophäen an den Wänden und Steakhaus mit guten Bacon-Burgern, Barbecue und Steaks. 🕐 Mo–Sa 11–23, So 12–21 Uhr.

## Yellowstone National Park

🕐 tgl. 24 Std. ▪ Eintritt $30 pro Pkw, gilt für sieben Tage; Kombiticket inkl. Grand Teton National Park (S. 202) $50 (Ersparnis $10) ▪ Zwei der fünf Haupteingänge des Parks befinden sich in Wyoming – bei Cody im Osten und im Grand Teton National Park im Süden. Von Montana ist der Park über West Yellowstone im Westen, Gardiner im Norden und Cooke City im Nordosten zu erreichen. Wegen starken Schneefalls sind die meisten Zufahrtsstraßen nur von Anfang Mai bis Oktober geöffnet.

Der **Yellowstone National Park**, der älteste und bei weitem berühmteste Nationalpark Amerikas, zieht jährlich über vier Millionen Besucher an (97 % davon im Sommer), und das aus gutem Grund. Die Vielfalt dessen, was hier geboten wird, ist einfach umwerfend. Der Park wartet nicht nur mit atemberaubenden Berglandschaften auf, vom schillernd bunten **Grand Canyon of the Yellowstone** bis zum azurblauen **Yellowstone Lake** und blumenübersäten Wiesen, sondern es gibt hier auch so viele wilde **Tiere**, dass man weinen könnte, in einem Safaripark gelandet zu sein: Bären, Bisons (Büffel), Wapitis, Murmeltiere, Präriehunde, Adler, Kojoten und über ein Dutzend scheuer Wolfsrudel. Doch was den Yellowstone wirklich so einzigartig macht, ist, dass er einer der größten **Vulkane** der Welt ist: Hier drängen sich mehr als die Hälfte aller **Geysire** der Erde, dazu Tausende von dampfenden **Erdspalten**, gurgelnden **Schlammlöchern** und natürlich **heißen Quellen**. Der Park sieht vielleicht nicht wie ein Vulkan aus; das liegt daran, dass die Caldera so groß ist (35 x 45 Meilen) und dass der Vulkan glücklicherweise seit 640 000 Jahren nicht mehr ausgebrochen ist.

Die folgende Beschreibung folgt der Loop Road im Uhrzeigersinn, beginnend bei den Mammoth Hot Springs fünf Meilen südlich des North Entrance. Natürlich ist kein Yellowstone-Besuch komplett, ehe nicht mindestens eine längere **Wanderung** zu einem der abgelegeneren Wasserfälle oder Geysire unternommen wurde. Alle Visitor Centers händigen Gratishefte für Tageswanderungen in der jeweiligen Umgebung aus.

## Mammoth Hot Springs ╪

Das kleine **Mammoth Hot Springs** an der Nordspitze der Loop Road, mit Unterkünften, Läden und Tankstelle, war einst **Fort Yellowstone**. Auf dem Festungsgelände entstanden zwischen 1891 und 1913 die meisten der robusten Gebäude, in denen jetzt die Parkverwaltung untergebracht ist. Im Winter sieht man hier oft Wapitis grasen.

In den alten Unterkünften für alleinstehende Offiziere von 1909 befindet sich heute das **Albright Visitor Center & Museum**, das anhand von Filmen und Ausstellungen über die Siedlungsgeschichte des Parks informiert und außerdem über eine kleine Galerie von Gemälden mit Yellowstone-Bezug (einige davon von Thomas Moran) verfügt.

Die Hauptattraktion sind jedoch die **heißen Quellen**, die südlich des Zentrums klar zu sehen sind: ein von Dampfschwaden umhüllter Berg, der mit terrassenförmigen Ablagerungen in den verschiedensten Schattierungen von Grau-, Grün-, Gelb-, Braun- und Orangetönen überzogen ist. Diese Ablagerungen aus Travertin entstanden durch aufsteigendes Wasser, das unterirdische Kalkschichten und Mineralien an die Oberfläche spülte, wo sich Schicht auf Schicht stufenförmig ablagerte.

## Tower-Roosevelt und das Lamar Valley

Das wichtigste Wahrzeichen der Parkabschnitte **Tower** und **Roosevelt** 20 Meilen östlich der Mammoth Hot Springs ist der **Mount Washburn**, dessen Aussichtsturm über eine angenehme Wanderung (auf einem, je nach Ausgangspunkt, 5 oder 6 Meilen langen Rundweg) oder eine zermürbende Radtour zu erreichen ist. Ein leichter zu bewältigender Pfad führt zum Fuß des 40 m hohen **Tower Fall** hinab, 2,5 Meilen südlich von Tower Junction.

Von Tower Junction verläuft der Northeast Entrance Highway durch das fast menschenleere **Lamar Valley**, das wegen seines großen **Reichtums an Wildtieren** als „**Serengeti Nordamerikas**" bezeichnet wird. Täglich ist es Schauplatz von Kämpfen auf Leben und Tod zwischen Raubtieren (Grizzly, Wolf, Puma) und ihrer Beute (Wapiti, Bison, Pronghorn und

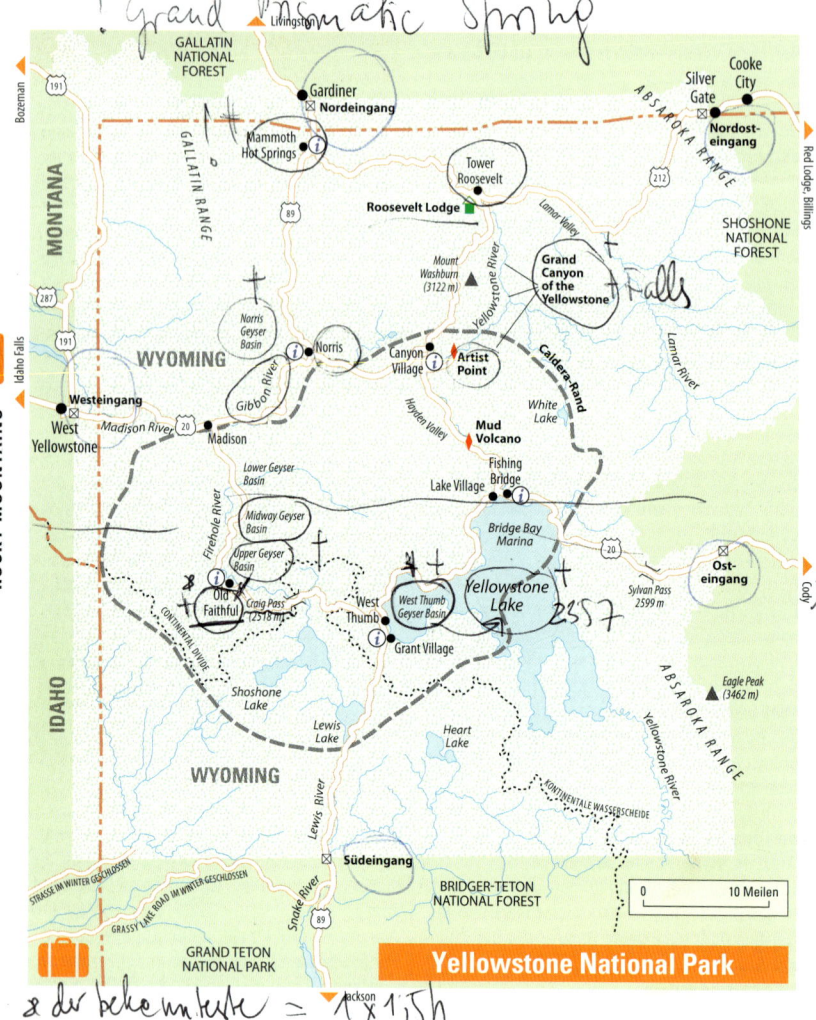

Grand Prismatic Spring

Yellowstone National Park

---

Maultierhirsch). Dies ist die spektakulärste Route nach Montana, über den Beartooth Highway (S. 213).

## Grand Canyon of the Yellowstone

Über eine Länge von 20 Meilen tost der Yellowstone River durch die roten, rosa und goldenen Klippen des 250 bis 350 m tiefen **Grand Canyon of the Yellowstone**. Unterwegs stürzt der Fluss über zwei mächtige Wasserfälle: die 33 m hohen

**Upper Falls** und ihr Gegenstück, die 94 m hohen **Lower Falls**. Vom **Artist Point** am Südrand blickt man aus einer Höhe von über 200 m in den Canyon hinein, auf den darin ungebändigt dahinpolternden Fluss. Ganz in der Nähe führt der **Uncle Tom's Trail** zu einer leicht schwingenden Plattform, fast in Reichweite der Lower Falls. Wenige Meilen weiter südlich wird der Fluss breiter und schlängelt sich durch das idyllische **Hayden Valley**, eine der schönsten Gegenden

Yellowstones zum Beobachten wilder Tiere von der Straße aus.

Wer sich näher über den Park informieren möchte, steuert das **Canyon Visitor Education Center** (☎ 307 344 2550, ⊕ Mitte April–Ende Mai und Okt–Anfang Nov tgl. 9–17, Ende Mai–Sep 8–20 Uhr) in **Canyon Village** an, das besucherfreundlichste Visitor Center im Park. Hier liegen alle Einrichtungen, Geschäfte und Restaurants nahe beieinander an einer hufeisenförmigen Sackgasse. Das Center stellt die Naturwunder des Parks und seinen Status als „Supervulkan" anhand von Filmen und Ausstellungen vor – insgesamt ist dies die beste Einführung zum Yellowstone.

## Norris Geyser Basin

Rund zwölf Meilen westlich von Canyon Village liegt das weniger überlaufene **Norris Geyser Basin**. Zwei separate Pfade führen durch eine Urzeitlandschaft mit zischenden Erdlöchern und Höllenschlünden. **Steamboat**, der höchste Geysir der Erde, schleudert fast kochend heißes Wasser über 90 m hoch in den Himmel. Es ist unvorhersehbar, wann genau die volle Eruption erfolgt. Die 12–18 m hohen Eruptionen des **Echinus Geyser**, dem größten, bekannten Geysir der Welt mit säurehaltigem Wasser, setzen hingegen im Abstand von 35–75 Minuten ein.

Die Geschichte der geothermischen Aktivitäten im Yellowstone beleuchtet das **Norris Geyser Basin Museum**, ☎ 307 344 2812, ⊕ Ende Mai–Sep tgl. 9–18 Uhr. Ganz in der Nähe erzählt das bescheidene **Museum of the National Park Ranger**, ☎ 307 344 7353, in einer alten Blockhütte der Armee die Geschichte der Parkranger seit 1916, ⊕ Ende Mai–Ende Sep tgl. 9–17 Uhr.

## Yellowstone Lake

Der größte Bergsee Nordamerikas, der tiefe und trügerisch ruhige **Yellowstone Lake**, füllt einen beträchtlichen Teil der östlichen Hälfte der Yellowstone-Senke. Er liegt fast 2400 m über dem Meeresspiegel und damit so hoch, dass er sechs Monate im Jahr zugefroren ist. Auch den ganzen Sommer über bleibt das Wasser eiskalt. Der See liegt 16 Meilen südlich von Canyon Village – unterwegs kommt man am **Mud Volcano** und der **Sulphur Caldron** vorbei. Das kleine

Zwischen **November und April**, wenn der Yellowstone unter Schnee begraben liegt, präsentiert er sich als eine stille und bizarre Welt, in der Wasserfälle in freiem Fall gefrieren, Geysire gewaltige Wolken aus Dampf und Wasser in den klaren Himmel speien und sich die Bisons mit Eiszapfen im Bart in Gruppen zusammenkauern. Dann ist es hier echt kalt, und hierher zu gelangen erfordert einiges an Planung. Aber dafür gibt's dann auch keine Besuchermassen, und man kann wunderbar Tiere beobachten. Nur die 50 Meilen lange Straße von Gardiner über die Mammoth Hot Springs nach Cooke City wird offen gehalten; jenseits von Cooke City ist der Beartooth Highway gesperrt. Die einzigen Übernachtungsmöglichkeiten im Park bieten zu dieser Zeit die **Mammoth Hot Springs Hotel & Cabins** und die **Old Faithful Snow Lodge & Cabins** (beide nur per Schneebus und Schneemobil erreichbar und im November und den größten Teil des Dezembers geschlossen).

Xanterra (S. 200) veranstaltet über die gesperrten Straßen des Parks **Schneebustouren** ab West Yellowstone, Flagg Ranch im Süden, Old Faithful und Mammoth Hot Springs ($117). Ein **Schneemobil** zu leihen, was gewöhnlich in West Yellowstone am billigsten ist, kostet rund $129–205 pro Tag. Es ist immer nur eine begrenzte Zahl von Schneemobilen gleichzeitig im Park erlaubt, sodass man vorausbuchen sollte (siehe 🖥 www.yellowstoneadventures.com). Erheblich billiger ist **Skilanglauf** und **Schneeschuhwandern**; im ganzen Park sind Loipen und Wege gespurt.

**Fishing Bridge Museum & Visitor Center** (S. 202) informiert über die Biologie des Sees und stellt anhand von ausgestopften Vögeln die Avifauna der Gegend vor, z. B. die Trompeterschwäne.

Im nahen **Lake Village** gibt's Hotels und Restaurants und bei der **Bridge Bay Marina**, ☎ 307 242 3876, Ruderboote ($10 pro Std.) sowie größere Motor- und Speedboote zu mieten, ⊕ Mai–Sep. Von hier finden auch Bootsrundfahrten statt (Mitte Juni–Anfang Sep).

Beim **West Thumb Geyser Basin** 21 Meilen südlich des Lake Village ergießen sich Warmwasserpools in die ruhigen Gewässer des Sees. Früher nutzten die Touristen die sogenannte **Fishing Cone**, um in dem brodelnden Wasser frisch gefangenen Fisch zu kochen. Das **Grant Visitor Center**, ✆ 307 344 2650, ein paar Meilen südlich, bietet eine kleine Ausstellung über Waldbrände im Yellowstone; als Beispiel dienen die großen Brände von 1988; ⏲ Ende Mai–Sep tgl. 8–19 Uhr.

## Old Faithful und Umgebung

Mehr als ein Jahrhundert lang erfolgten die Eruptionen des **Old Faithful** (17 Meilen westlich vom West Thumb) regelmäßig alle 50 Minuten und machten ihn zum beliebtesten Geysir des Parks. Das hat dazu geführt, dass in respektvoller Entfernung an der vom Firehole River abgewandten Seite ein Halbkreis aus Sitzbänken errichtet wurde. Dahinter befinden sich zahlreiche Besuchereinrichtungen. Heute gibt der Geysir durchschnittlich alle 65 bis 90 Minuten eine „Vorstellung". Ein ungefährer Zeitplan ist in der Nähe angeschlagen. Als Vorbote eines Ausbruchs tritt mehrfach Wasser über den Rand, dann steigt nach ein paar Minuten eine Wassermenge von über 40 000 l als Säule 30–55 m in die Höhe. Nach dem Ausbruch machen sich fast alle Besucher aus dem Staub, sodass dann Ruhe einkehrt. Das **Old Faithful Visitor Education Center** (S. 202) wartet mit interaktiven Ausstellungen zu den geothermischen Aktivitäten des Yellowstone und jeder Menge Aktivitäten für Kinder auf. Interessant ist auch das **Old Faithful Inn** (S. 201) von 1904 mit siebenstöckiger Lobby.

Vom Old Faithful führen Holzstege zu Dutzenden anderer Geysire im Upper Basin. Durchschnittlich zweimal tgl. wird der **Grand Geyser** aktiv. Innerhalb von 12 bis 20 Minuten erfolgt eine Serie von vier gewaltigen Ausbrüchen, in deren Verlauf die Fontäne eine Höhe von bis zu 60 m erreicht. Zu weiteren Highlights am Ufer des Firehole River, an dem gewöhnlich Bisons grasen, zählt die fluoreszierende **Grand Prismatic Spring** des **Midway Geyser Basin**, die insbesondere am späten Nachmittag, wenn sich die Silhouetten von Menschen und Büffelherden scharf gegen die Dampfwolken abzeichnen, einen atemberaubenden Anblick bietet.

**Im Nationalpark**

**Xanterra**, ✆ 307 344 7901, 🖥 www.yellow stonenationalparklodges.com, betreibt alle Unterkünfte innerhalb des Nationalparks. Falls nicht anders angegeben, sind die unten aufgeführten Unterkünfte nur von Juni bis September geöffnet. Reservierungen sind an langen Wochenenden mit nationalen Feiertagen unbedingt erforderlich und auch ansonsten dringend zu empfehlen. Alle größeren Anlagen verfügen über eine Lodge mit einem nur abends (meist bis 21.30 Uhr) geöffneten Restaurant. Einige sind zusätzlich mit einem Waschsalon, einem Lebensmittelgeschäft, einer Tankstelle, einer Post und einem Souvenirladen ausgestattet.

**Canyon Lodge & Cabins**, Canyon Village. Schlichte Hotelzimmer mit Bad sowie die kürzlich renovierten Western Cabins aus der Zeit der ersten umfassenden Sanierung des Parks 1957 und eine halbe Meile abseits des Grand Canyon of the Yellowstone gelegen. Die Cascade Lodge und die Dunraven Lodge kamen in den 90er-Jahren hinzu. DZ $140, Cabins $204

**Lake Lodge Cabins**. Die zentrale Anlaufstelle von 186 günstigen Ferienhütten mit Bad bildet ein zauberhaftes rustikales Blockhaus von 1920–26 in Seenähe – die Lobby lohnt einen Besuch, auch wenn man hier nicht übernachtet. Die billigsten Cabins haben ein Doppelbett und sind spartanisch im „Pionierstil" gehalten, andere bestehen aus zwei DZ. $88

**Lake Yellowstone Hotel & Cabins**. Grellgelbes riesiges Hotel im Kolonialstil von 1891 am See, beliebt bei Reisegruppen. Einfache Zimmer und dunkle, schäbige Ferienhütten mit Bad. Im Sun Room kann man sich abends – mit Blick auf den See – herrlich bei einem Drink entspannen. DZ $237, Cabins $157

**Mammoth Hot Springs Hotel & Cabins**. Altehrwürdiges Großhotel von 1936 (der älteste Flügel stammt von 1913) mit unterschiedlichen Hütten und Hotelzimmern. Einen Blick lohnt der Map Room mit einer großen Wandkarte aus mehr als 2500 Stückchen Holz. ⏲ Mai–Anfang Okt und Ende Dez–Anfang März. DZ $150, ohne Bad $90, Cabins $160, ohne Bad $98

**Old Faithful Inn & Lodge Cabins**.
Diese wunderschöne Lodge von 1904 ist
eine der schönsten. Zur Auswahl stehen unter-
schiedliche Zimmer und preiswerte Hütten mit
Bad. Von der Terrasse aus kann man bei einem
Drink den Old Faithful spucken sehen. DZ $185,
ohne Bad $115, Cabins $148, ohne Bad $88
**Old Faithful Snow Lodge & Cabins**. Die
vergleichsweise neue Lodge (1999) bietet
moderne Zimmer neben etwas älteren, aber
attraktiven und gut kälteisolierten Hütten.
⊕ Mitte Mai–Mitte Okt und Ende Dez–Anfang
März. DZ $264, Cabins $114
**Roosevelt Lodge Cabins**, nur eine kurze
Autofahrt vom Lamar Valley entfernt. Über
80 spartanische bis motelmäßige Hütten in
schöner historischer Anlage von 1920 im Stil
einer Ferienranch – die stillste und stimmungsvollste Lodge im Park. $142, ohne Bad $89

### Camping

Die Organisation **Xanterra** managt fünf der
zwölf Campingplätze im Yellowstone (Preise
pro Nacht für bis zu 6 Pers.): **Bridge Bay**
($23,50), **Canyon** ($28), **Grant Village** ($28),
**Madison** ($23,50) und **Fishing Bridge** (nur für
Wohnmobile; $47,75), die alle im Voraus
reserviert werden können (S. 200).
Die anderen sieben werden nach dem Prinzip
*first-come, first-served* geführt. In den Sommermonaten unbedingt frühmorgens erscheinen –
die meisten sind schon um 11 Uhr voll belegt.
Die vom Park betriebenen Zeltplätze kosten
$15–20 pro Nacht. Alle sind mit Toiletten
ausgestattet, aber nur manche haben auch
Duschen. ⊕ Außer dem ganzjährig geöffneten Mammoth von Anfang Mai/Ende Juni bis
Mitte Sep oder später.
Wer wild zelten möchte, benötigt ein Backcountry Permit. Es ist kostenlos bei den Visitor
Centers, Informationsständen und Ranger-
büros erhältlich und kann frühestens 48 Std.
vor Beginn der Campingreise abgeholt
werden.

### In der Umgebung

Die Kleinstädte vor den Toren des Parks im
Westen und im Norden bieten etwas preiswertere Unterkünfte. Das Erscheinungsbild
der größten Ortschaft, **West Yellowstone**,
leidet unter zu vielen Souvenirläden und
Schnellrestaurants sowie im Sommer unter
dem Besucheransturm. Vom auf Wildwest
getrimmten Ort **Gardiner** sind es nur 5 Meilen
bis Mammoth Hot Springs. Die weniger
erschlossene Siedlung **Cooke City** besteht
aus einer einzigen Straße und liegt 3 Meilen
vom abgelegenen nordöstlichen Parkeingang
entfernt am US-212, der im Winter gleich
östlich der Stadt in einer Sackgasse endet.
**Elk Horn Lodge**, 103 Main St, Cooke City,
☏ 406 838 2332, ⌨ www.elkhornlodgemt.com.
Zwei Hütten und sechs Motelzimmer, alle mit
Bad, TV, Minikühlschrank, Mikrowelle und
Kaffeemaschine. DZ $130, Cabins $150
**Madison Hotel**, 139 Yellowstone Ave,
West Yellowstone, ☏ 406 746 7745, ⌨ www.
madisonhotelmotel.com. Historisches Hotel
plus angeschlossenes Motel (mit Zimmern
im Hütten-Stil) und einem der wenigen Hostels
in der Region; das attraktive Holzgebäude
von 1912 hat nach Geschlechtern getrennte
4-Bett-Dorms. ⊕ Ende Mai–Anfang Okt.
Dorms $45, Hotel-DZ $75, Motel-DZ $89
**Three Bear Lodge**, 217 Yellowstone Ave,
West Yellowstone, ☏ 406 646 7353, ⌨ www.
three-bear-lodge.com. Großer Motelkomplex
mit 75 geräumigen Zimmern und Familien-
einheiten mit zwei Schlafzimmern für je
6 Pers. Dazu ein netter Diner und regelmäßige
Schneemobil-Angebote. $189
**Yellowstone Village Inn**, 1102 Scott St,
Gardiner, ☏ 406 848 7417, ⌨ www.yellowstone
vinn.com. Das Nobelmotel am Stadtrand hat
43 saubere Zimmer, deren Themen sich um
wilde Tiere und den Wilden Westen drehen.
In der Nebensaison sind die Preise deutlich
günstiger. $179

## ESSEN

### Im Nationalpark

In jeder Lodge und jedem „Dorf" im Yellowstone
gibt es parkeigene Speiselokale, ⊕ gewöhnlich
Mai–Sep 7–10, 11.30–14.30 und 17–22 Uhr.
Das Angebot an teurem, aber gutem Essen ist
überall ähnlich: Frühstücksbuffets ($13,50) mit
frischem Obst, Frühstücksflocken, Backwaren

und warmen Speisen, Mittagessen wie Räucherforelle ($11,50) und ein vielfältiges Abendessen mit Gerichten wie Büffellende ($29,95). An jedem dieser Orte befinden sich außerdem eine Cafeteria mit ähnlichen Öffnungszeiten und billigerem Essen wie Bisonburger ($15,95) und Sandwiches (ab $10,75) sowie Gemischtwarenläden, wo auch Burger, Pommes, Eiscreme und Milchshakes verkauft werden.

**Lake House Restaurant**, Grant Village, ☎ 307 344 7311. Entspanntes Restaurant mit guter Kneipenkost wie Bisonburger sowie tollem Ausblick auf den Lake Yellowstone. ⏲ Ende Mai–Ende Sep tgl. 6.30–10.30 und 17–21.30 Uhr.

**Roosevelt Lodge Dining Room**, ☎ 307 344 7311. Das beste der Resort-Restaurants bietet über Applewood geräucherte Grillrippchen ($21), Wild-Bolognese ($14,75) und Frühstücksgerichte für $7,50–12. Außerdem verwöhnt es mit einem köstlichen Yellowstone-Eisbecher (Heidelbeereis mit Streuselkuchen und Beeren) für $7,50. ⏲ Anfang Juni–Anfang Sep tgl. 7–10 und 11.30–21.30 Uhr.

### In der Umgebung

**Beartooth Cafe**, 14 Main St, Cooke City, ☎ 406 838 2475, 🖥 www.beartoothcafe.com. Das beste tagsüber geöffnete Restaurant in Cooke City (kein Frühstück!) hat Büffelburger ($9,95), Räucherforellen ($12,95) und Sandwiches (ab $9). ⏲ Ende Mai–Sep tgl. 11–21.30 Uhr.

**The Corral**, 711 Scott St, Gardiner, ☎ 406 848 7627. Brutzelt seit 1960 die besten Burger weit und breit: riesige Burger aus Bison, Wapiti oder Biorind ab $14,95. ⏲ tgl. 11–22 Uhr.

**Lodge Cabin Cafe**, 106 Hwy-212, Silver Gate, ☎ 406 838 2367, 🖥 www.thelogcabincafe.com. Sehr stimmungsvoller Diner mit B&B von 1937 nicht weit von Cooke City beim Parkeingang, mit einem vielfältigen Angebot an Speisen aus Bio- und regionalen Produkten. Sehr zu empfehlen sind die Forellen, ebenso die Pasteten, Kuchen und Steaks. ⏲ Mitte Mai–Okt tgl. 5.30–22 Uhr.

**Running Bear Pancake House**, 538 Madison Ave, West Yellowstone, ☎ 406 646 7703, 🖥 www.runningbearph.com. Gutes Frühstück und Mittagessen; Highlights sind hausgemachte

Zimtschnecken, Pasteten, Suppen und mächtige Pfannkuchen (Gerichte zumeist unter $13). ⏲ tgl. 6–14 Uhr.

## INFORMATIONEN

**Albright Visitor Center**, unweit des Nordeingangs in Mammoth, ☎ 307 344 2263, 🖥 www.nps.gov/yell. Das einzige ganzjährig geöffnete Visitor Center des Parks. ⏲ Ende Mai–Sep tgl. 8–19, Okt–Ende Mai 9–17 Uhr. **Weitere, nur im Sommer geöffnete Center**: Old Faithful, ☎ 307 344 2751, ⏲ Ende April–Ende Mai tgl. 9–18, Ende Mai–Sep 8–20, Okt 9–17 Uhr; Fishing Bridge Visitor Center am Yellowstone Lake, ☎ 307 344 2450, ⏲ Ende Mai–Sep tgl. 8–19 Uhr.

## TRANSPORT

### Auto

Im Sommer herrscht im Park kein Mangel an **Tankstellen**.

# Grand Teton National Park

⏲ tgl. 24 Std. ▪ Eintritt $30 pro Pkw (1 Woche gültig), $15 für Fußgänger und Radfahrer; Kombiticket inkl. Yellowstone $50 pro Pkw (Ersparnis $10)

Der **Grand Teton National Park**, der sich südlich vom Yellowstone über 50 Meilen bis nach Jackson erstreckt, ist imposanter als sein weltberühmter nördlicher Nachbar. Die Seenkette vor der Kulisse der schroff emporragenden, über 2000 m hohen Felswände ist ein spektakulärer Anblick. Der Snake River schlängelt sich sanft durch das von Beifuß-Sträuchern bedeckte **Jackson Hole** („hole" war ein Pionier-Begriff für ein flaches, von Bergen eingeschlossenes Tal) mit jeder Menge Wapitis, Bisons und Elchen – Letztere sieht man hier erheblich häufiger als im Yellowstone.

## Colter Bay Village und Umgebung

Über die Tetons führt keine Straße. Die Straßen entlang der Ostflanke wurden aber so gebaut, dass man die Berge nicht aus dem Auge verliert; hinter jeder Kurve bietet sich ein atem-

Wer einen der zerklüfteten Tetons selbst besteigen möchte, muss schon ein erfahrener Berg-steiger sein. Mit einem Bergführer kann man jedoch auch als fitter Novize nach zwei Tagen Trai-ning innerhalb von zwei Tagen auf den Grand Teton gelangen – man wende sich an Exum Mountain Guides (S. 204).

**Leigh Lake**: Bequemer und beliebter Wanderweg entlang der sandigen Ufer des Leigh Lake, über dem sich majestätisch der 3842 m hohe **Mount Moran** erhebt.

**Bradley Lake und Taggart Lake**: Mittelschwere Wanderung von nur gut fünf Meilen Länge um diese beiden Seen am Fuß der Tetons. Unterwegs gibt's jede Menge Tiere und Wildblumen zu sehen.

**Phelps Lake Overlook**: Angenehmer, knapp zwei Meilen langer Spaziergang vom Death Canyon Trailhead mit Blick auf den See, den Canyon und Jackson Hole.

**Death Canyon**: Abenteuerlichere, aber durchaus lohnende vier Meilen lange Wanderung, die vom makaber klingenden Death Canyon am rauschenden Fluss auf einem gut ausgebauten Pfad zu einem grünen Plateau führt.

ROCKY MOUNTAINS

beraubender Blick. Der aus Richtung Yellow-stone kommende Hwy-89 schwingt sich hinun-ter zum Jackson Lake und **Colter Bay Village** und erlaubt einen ersten Eindruck von den gran-diosen Landschaften, die vor einem liegen. Das „Dorf" besteht aus Geschäften, einer Tankstel-le, Cabins (S. 204) und einer Marina (☉ Sommer 7–19 Uhr), wo man Boote mieten kann (s. Kas-ten S. 204). Das **Colter Bay Visitor Center** (S. 206) zeigt 35 Stücke aus der David T. Vernon Indi-an Arts Collection, einer Sammlung seltener in-dianischer Kunst, die der Milliardär Laurance Rockefeller 1976 dem Park vermachte.

## Jackson Lake Lodge und Umgebung

Die **Jackson Lake Lodge** fünf Meilen südlich von Colter Bay ist ein wundervolles Nationalparkho-tel von 1955 mit fabelhaftem Blick auf die Ber-ge von seiner Bar und hinteren Terrasse – hier lohnt sich auf jeden Fall ein Besuch. Der nahe **Oxbow Turnout** am Snake River eignet sich früh-morgens gut zur Tierbeobachtung. Weiter süd-lich die Teton Park Road entlang bietet sich von der schmalen Nebenstraße den **Signal Moun-tain** (2355 m) hinauf ein atemberaubendes Pano-rama der Tetons und besonders des weiten Tals von Jackson Hole.

## Jenny Lake

Von der Jackson Lake Lodge führt die Teton Park Road 14 Meilen Richtung Süden zum kris-tallklaren **Jenny Lake**. Der See bietet sich wun-derbar zum Boot- und Kajakfahren an und ist von reizvollen Wanderwegen umgeben, so-dass es in der Hauptsaison hier sehr voll wird. Ab dem Spätsommer 2017 sollte sich die La-ge etwas entspannen: Dann ist die große Re-novierung des Visitor Center (S. 206) und der umliegenden Einrichtungen beendet. Vom Fähranleger pendeln **Fähren** über den See (tgl. 8–18 Uhr, alle 15 Min., $9 einfach, $15 hin und zu-rück) zum 4197 m hohen **Grand Teton**, dem zweithöchsten Berg Wyomings, der vom Inspi-ration Point aus (vom Anleger eine Meile berg-auf) zu sehen ist, und zu den in Kaskaden her-abstürzenden **Hidden Falls**. Der Wasserfall ist auch auf einem zwei Meilen langen Spaziergang um das Südufer des Jenny Lake erreichbar.

Während des größten Besucherandrangs im Juli muss man eventuell über eine Stunde war-ten, bis man auf die Fähre kommt. Wer möchte, kann von Mitte Mai–Sep um 11, 14 und 17 Uhr für $19 an einer einstündigen Rundfahrt über den See teilnehmen, Näheres unter ☎ 307 734 9227, Reservierung ratsam.

## Moose und Umgebung

Kurz bevor die Teton Park Road den Snake River überquert und wieder auf den Hwy-89 trifft, passiert sie das acht Meilen südlich des Jenny Lake gelegene **Moose**, das kleine Zen-trum des Parks. Hier befindet sich auch das schön gestaltete **Craig Thomas Discovery & Visitor Center** (S. 206). Anhand von anschauli-

## Abenteuer im Grand Teton

Ein wahres Vergnügen sind **Radtouren** auf den flachen Straßen des Jackson Hole; Adventure Sports, im Dornan's Complex, Moose, ✆ 307 733 3307, 💻 www.dornans.com, verleiht Räder für $15 pro Std. oder $40 pro Tag. Von Moose führt ein acht Meilen langer asphaltierter Weg zum Jenny Lake (oder 12 Meilen Richtung Süden nach Jackson). Wer die Tetons vom Wasser aus bewundern möchte, kann bei Adventure Sports **Kanus** und **Kajaks** leihen ($50 pro Tag) oder am zehn Meilen langen Barker-Ewing Scenic Float Trip, ✆ 307 733 1800, 💻 www.barkerewing.com, auf dem Snake River teilnehmen ($75).

In den Tetons gibt es ausgezeichnete **Klettermöglichkeiten**. Exum Mountain Guides, ✆ 307 733 2297, 💻 www.exumguides.com, erteilt Unterricht und veranstaltet Führungen von seinem nur im Sommer geöffneten Büro, wenige Schritte vom Jenny Lake entfernt. Das Jackson Hole Adventure Center, 💻 www.dojacksonhole.com, arrangiert die unterschiedlichsten Aktivitäten von Wildwasser-Rafting bis hin zu Reiten.

Zu den von der Grand Teton Lodge Co, 💻 www.gtlc.com, organisierten offiziellen Parkaktivitäten zählen schöne Rafting-Trips auf dem Snake River ($69), Bustouren durch den Park ($67), Ausritte ($43 pro Std. ab Colter Bay) und anderthalbstündige Bootsrundfahrten über den Jackson Lake ab Colter Bay ($31). Boote kann man an der Colter Bay am Jackson Lake ebenfalls mieten: Kanus und Kajaks für $19 pro Std., Motorboote für $42. Reservierung dringend angeraten. In allen Seen darf man übrigens baden.

chen Exponaten, Kunstwerken und Filmen sowie einigen Artefakten aus der Vernon Indian Art Collection wird hier die Geologie, Ökologie und Siedlungsgeschichte des Parks beleuchtet; außerdem bietet das Center kostenloses WLAN.

Im nahegelegenen **Menors Ferry Historic District** am Snake River sind Bill Menors Hütte und Laden von 1894 sowie die **Maud Noble Cabin** von 1916 erhalten. Sie dienen als Kulisse für

eine Ausstellung zu dem bedeutsamen Treffen, das hier 1923 stattfand und bei dem die Gründung des Nationalparks diskutiert wurde. Bevor man den Park Richtung Süden verlässt, bietet sich noch ein Abstecher zur **Mormon Row** an, nicht weit vom Hwy-89 an der Antelope Flats Road. Hier ließen sich im frühen 20. Jh. Mormonensiedler nieder, und es stehen noch einige bzw. alte Holzscheunen und Wohnhäuser. Nett ist die Moulton Barn, die malerisch vor der Kulisse der schneebedeckten Tetons kauert.

### ÜBERNACHTUNG

Die **Grand Teton Lodge Company**, ✆ 307 543 3100, 💻 www.gtlc.com, betreibt die meisten Touristeneinrichtungen innerhalb des Nationalparks. Während der Sommermonate sind Zimmerreservierungen unerlässlich.

**Colter Bay Village Cabins**. Zweckmäßige und nicht mehr ganz taufrische Cabins nicht weit vom Jackson Lake, einige aus den 1920er- und 1930er-Jahren. Es gibt weder Klimaanlage noch TV und WLAN nur an einigen Stellen der Anlage. Im Hochsommer stehen hier auch *tent cabins* aus Holz und Stoff. Sie haben Etagenbetten (Bettwäsche kann man ausleihen) und einen Bullerofen, der mit Holz gefeuert wird. Im Freien steht ein Grill. ⏲ Ende Mai–Ende Sep. Tent Cabins $69, Cabins $180

**Jackson Lake Lodge**. Zimmer in der schönen Hauptlodge (die teuren haben Teton-Blick) und geräumige, moderne Cabins mit Telefon und kostenlosem WLAN, aber ohne Fernseher. Freiluftpool und Geschäfte sowie Computerraum. ⏲ Ende Mai–Anfang Okt. Cottages und Zimmer ohne Aussicht $309, Zimmer mit Bergblick $365

**Jenny Lake Lodge**. Luxuriöse Holzlodge, kleiner und sehr viel ruhiger als die anderen Unterkünfte, aber auch viel teurer; Übernachtungspreis inkl. Frühstück und Abendessen. ⏲ Juni–Anfang Okt. Cabins $485

**Signal Mountain Lodge**, ✆ 307 543 2831, 💻 www. signalmountainlodge.com. Diese privat betriebene Lodge in toller Lage am Jackson Lake bietet verschiedenste Arten von Unterkünften: von nüchternen Motelzimmern bis hin zu schöneren rustikalen Blockhütten

ROCKY MOUNTAINS

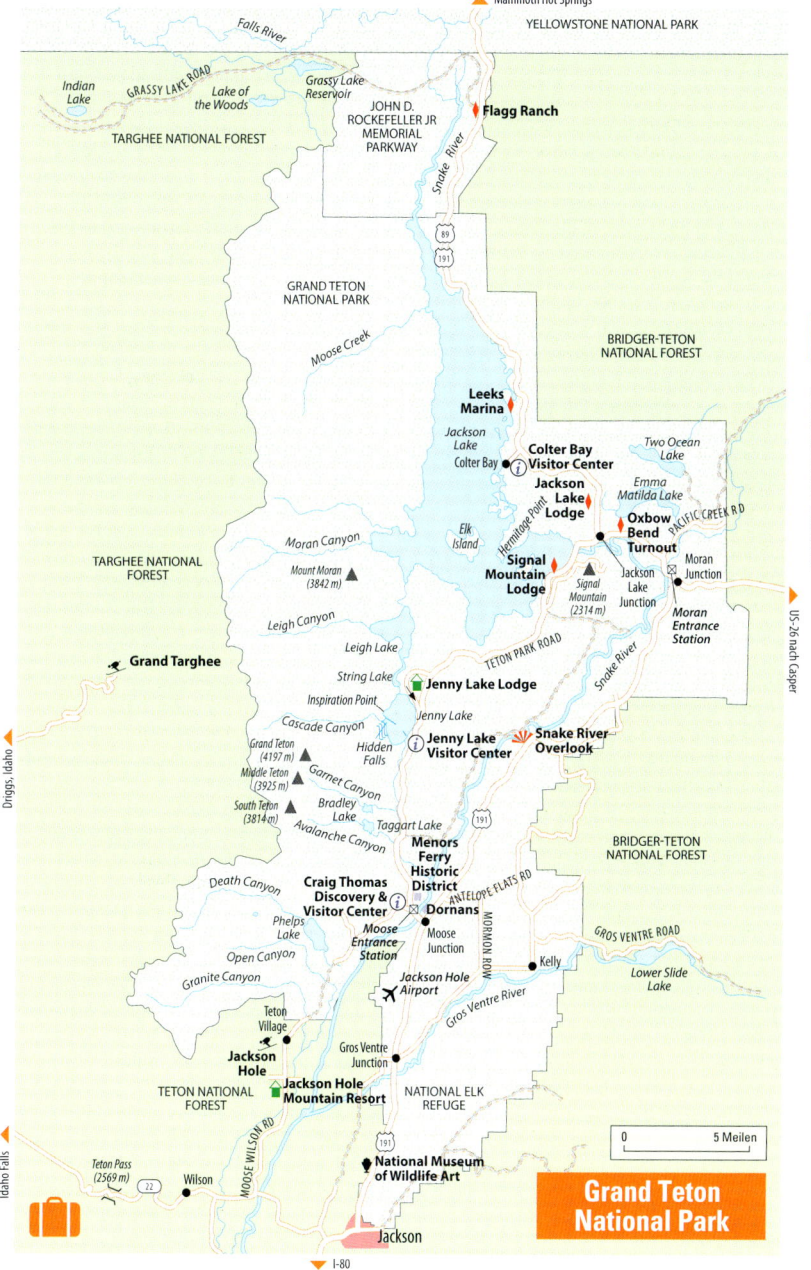

Mammoth Hot Springs
YELLOWSTONE NATIONAL PARK

Falls River

Indian Lake
GRASSY LAKE ROAD
Lake of the Woods
Grassy Lake Reservoir

JOHN D. ROCKEFELLER JR MEMORIAL PARKWAY

Flagg Ranch

TARGHEE NATIONAL FOREST

Snake River

GRAND TETON NATIONAL PARK

89
191

BRIDGER-TETON NATIONAL FOREST

Moose Creek

Leeks Marina

Jackson Lake

Colter Bay
Colter Bay Visitor Center

Two Ocean Lake

Jackson Lake Lodge

Emma Matilda Lake

Oxbow Bend Turnout

PACIFIC CREEK RD

Moran Junction

TARGHEE NATIONAL FOREST

Moran Canyon

Mount Moran (3842 m)

Elk Island

Hermitage Point

Signal Mountain Lodge

Signal Mountain (2314 m)

Jackson Lake Junction

Moran Entrance Station

Leigh Canyon

Leigh Lake

String Lake

Jenny Lake Lodge

TETON PARK ROAD

Snake River

Grand Targhee

Inspiration Point

Cascade Canyon

Jenny Lake

Jenny Lake Visitor Center

Snake River Overlook

Grand Teton (4197 m)
Middle Teton (3925 m)
South Teton (3814 m)

Hidden Falls

Garnet Canyon

Bradley Lake

Taggart Lake

191

Avalanche Canyon

Menors Ferry Historic District

BRIDGER-TETON NATIONAL FOREST

Death Canyon

Craig Thomas Discovery & Visitor Center

Dornans

Moose Entrance Station

Moose Junction

ANTELOPE FLATS RD

MORMON ROW

Phelps Lake

Open Canyon

Granite Canyon

Jackson Hole Airport

Gros Ventre River

Kelly

GROS VENTRE ROAD

Lower Slide Lake

Teton Village

Jackson Hole

Gros Ventre Junction

Jackson Hole Mountain Resort

NATIONAL ELK REFUGE

TETON NATIONAL FOREST

MOOSE WILSON RD

Teton Pass (2569 m)

Wilson

22

191

National Museum of Wildlife Art

Jackson

I-80

0    5 Meilen

Driggs, Idaho

Idaho Falls

ROCKY MOUNTAINS

US-26 nach Casper

**Grand Teton National Park**

mit 1 oder 2 Zimmern. ⊕ Mitte Mai–Mitte Okt. DZ $231, Cabins $216

## Camping

Auf allen fünf Campingplätzen ($22) innerhalb des Parks gilt: Wer zuerst kommt, mahlt zuerst. Eine Reservierung ist nicht möglich. Alle haben nur im Sommer geöffnet (unterschiedlich lang zwischen Mitte Mai und Mitte Okt).
Im Juli und August füllen sich die Plätze meist in dieser Reihenfolge: **Jenny Lake** (49 Zeltplätze, keine Wohnmobile, bis 10 Uhr voll), **Signal Mountain** (81 Plätze, bis 12 Uhr voll), **Colter Bay** (335 Plätze), **Lizard Creek** (60 Plätze) und **Gros Ventre** (355 Plätze).
Wer sein Zelt **abseits der Campingplätze** aufschlagen will, benötigt eine Genehmigung, erhältlich in den Visitor Centers ($25) und online ($35).

## ESSEN UND UNTERHALTUNG

▯ **Blue Heron Lounge**, in der Jackson Lake Lodge, ✆ 307 543 3100, 🖥 www. gtlc.com. Das Nonplusultra an Entspannung am frühen Abend ist ein Drink in dieser Hotelbar, in der man sich in den bequemen Sesseln zurücklehnen und durch riesige Panoramafenster das ständig wechselnde Blau, Grau, Purpur und Rosa des Sonnenuntergangs über den Tetons verfolgen kann. ⊕ in der Saison tgl. 11–24 Uhr.
**Dornan's**, Moose, ✆ 307 733 2415, 🖥 www. dornans.com. Restaurantkomplex von 1920 direkt am Snake River mit Teton-Blick von der Dachbar und vom Rasen. Die beiden wichtigsten Restaurants sind der Chuckwagon mit einem Wildwestbuffet (ab $21,95) und die Pizza Pasta Company (Hauptgerichte $12–18). ⊕ siehe Website.
**Pioneer Grill**, Jackson Lake Lodge, ✆ 307 543 3100, 🖥 www.gtlc.com. Die Jackson Lake Lodge bietet im Mural Room edle Küche; der Pioneer Grill ist die billigere, aber trotzdem ausgezeichnete Alternative: ein altmodischer Diner mit köstlichem Frühstück, Sandwiches, Suppen und Salaten ($7–14). ⊕ Mitte Mai–Anfang Okt tgl. 6–9.30, 11.30–13.30 und 17.30–22 Uhr.

## INFORMATIONEN

Das größte Visitor Center befindet sich in **Moose**, ✆ 307 739 3399, ⊕ April tgl. 9–17, Mai und Okt 8–17, Juni–Sep 8–19 Uhr. Kleinere Informationsbüros gibt es in **Jenny Lake**, ✆ 307 739 3392, ⊕ Juni–Aug 8–19, Sep 8–17 Uhr, und **Colter Bay**, ✆ 307 739 3594, ⊕ Mai und Sep tgl. 8–17, Juni–Aug 8–19 Uhr. Aktuelle Wetterinformationen sind auf der Website des Parks, 🖥 www.nps.gov/grte, erhältlich.

# Jackson

Mit seinen Touristenläden, Kunstgalerien, Wildwestbars und einladenden Restaurants ist das fünf Meilen von der Südgrenze des Grand Teton entfernte **Jackson** eine gute Ausgangsbasis für den Nationalpark. Im Zentrum liegt der schattige **Town Square**, dessen vier Ecken jeweils von einem Bogen aus verschlungenen Wapiti-Geweihen markiert werden. Die Bretterwege im Stil des alten Westens in **Downtown** wimmeln im Sommer von Besuchern. Beim kostenlosen **Town Square Shoot Out** wird Mo–Sa um 18 Uhr eine Schießerei nachgestellt, und noch mehr Wildwestkitschatmosphäre verleiht dem Ganzen das familienfreundliche **Jackson Hole Rodeo**, 🖥 www.jhrodeo.com, ⊕ Juni–Aug Mi und Sa 20 Uhr, Tickets ab $15.
Im Winter kann man wunderbar dem 10 000 ha großen **National Elk Refuge** am nördlichen Stadtrand, ✆ 307 733 9212, 🖥 www.fws.gov/nationalelkrefuge, einen Besuch abstatten. Hier werden Pferdeschlittenfahrten zu einer 7000 Tiere starken Wapitiherde angeboten (Anfang Dez–Anfang April tgl. 10–16 Uhr, $21). Tickets gibt's im Visitor Center von Jackson Hole (S. 208), dann geht's per Shuttlebus zum Startpunkt der Tour.
Das **Snow King Resort**, ✆ 307 201 5464, 🖥 www.snowkingmountain.com, ist Jacksons familienfreundlicher und erschwinglicher Hausberg, dessen Abfahrten abends mit Flutlicht bestrahlt werden. Im Sommer geht es mit dem Sessellift ($17) hoch zum Gipfel des Snow King Mountain (2380 m), um von oben die herrlichen Ausblicke auf Jackson zu genießen.

Nördlich der Stadt befindet sich am Hwy-89 in einer Art Schlösschen das **National Museum of Wildlife Art**, ℘ 307 733 5771, ⌨ www.wildlifeart.org, wo sehenswerte Werke aus aller Welt zu betrachten sind, ⊙ tgl. 9–17 Uhr, Eintritt $14.

## Jackson Hole Mountain Resort und Teton Village

Im Sommer, wenn die Tagesausflügler in den Nationalpark einfallen, ist in Jackson am meisten los. Doch auch in der kalten Jahreszeit kommen Besucher ins Skihotel **Jackson Hole Mountain Resort**, ℘ 307 733 2292, ⌨ www.jacksonhole.com. Die Wintersportsaison dauert von Ende Nov–Anfang April, Lift-Tickets kosten $130. Das Skigebiet gehört zu den landesweit besten für fortgeschrittene Skifahrer und unerschrockene Snowboarder. 20 Autominuten vom Zentrum Jacksons liegt am Fuß des Skigebiets **Teton Village**.

In den Sommermonaten geht es mit der **Aerial Tram** (Ende Mai–Ende Sep 9–18 Uhr, 10 Min., $37–42 inkl. Seilbahn) 1262 m hoch auf den Rendezvous Mountain (3185 m). Dort kann man wandern und die traumhafte Aussicht genießen, oder mit der **Bridger Gondola** (Ende Juni–Mitte Sep tgl. 9–21 Uhr) zum Gondola Summit (2772 m) gondeln, um oben edel zu speisen. Die beiden Stellen sind auch per Wanderweg miteinander verbunden. An den Hängen befindet sich außerdem ein beliebter **Abfahrts-Bikepark**, und im Teton Village selbst freuen sich die Kinder über die Wasserspiele, die Kletterwand und die Bungy-Trampoline.

### ÜBERNACHTUNG

Die Zimmerpreise in Jackson sind recht happig, sinken aber im Winter um rund ein Viertel. Das Gegenteil gilt für Teton Village, wo die Skiunterkünfte im Winter am teuersten sind. Bei der Unterkunftssuche helfen Jackson Hole Central Reservations, ℘ 307 733 4005, ⌨ www.jacksonholewy.com, und ein Blick auf ⌨ www.airbnb.com.

🏨 **The Alpine House**, 285 N Glenwood St, ℘ 307 739-1570, ⌨ www.alpinehouse.com. Gemütliches B&B in ruhiger Lage, wenige

Blocks vom Stadtplatz entfernt. Kein 5-Sterne-Hotel kann mit dem hervorragenden Service oder dem außergewöhnlichen Frühstück konkurrieren. $240

**Anvil Motel**, 215 N Cache St, ℘ 307 733 3668, ⌨ www.anvilmotel.com. Dieses Motel liegt zwar an einer von Jacksons belebtesten Kreuzungen, aber die Zimmer sind in gutem Zustand, wenn auch recht klein, und die Preise sind günstig. $180

**The Hostel**, 3315 Village Drive, Teton Village, ℘ 307 733 3415, ⌨ www.thehostel.us. Ausgezeichnetes Hostel am Hang mit Kamin-Lounge, TV- und Spielezimmer, Waschmaschinen, Tischtennis und Poolbillard. Dorm-Betten, Privatzimmer mit einem Doppelbett oder vier Einzelbetten. Dorms $45, DZ $129

**The Inn at Jackson Hole Teton Village**, 3345 W Village Drive, Teton Village, ℘ 307 733 2311, ⌨ www.innatjacksonhole.com. 83 Zimmer und einige Lofts. Zur Anlage gehören ein beheizter Außenpool und Whirlpools sowie Waschmaschinen. $280

**The Wort Hotel**, 50 N Glenwood St, ℘ 307 733 2190, ⌨ www.worthotel.com. Das altehrwürdige, luxuriöse Hotel Baujahr 1941 kombiniert altmodischen Charme und Stil mit modernen Annehmlichkeiten. Zwei Whirlpools. $395

### ESSEN UND UNTERHALTUNG

#### Jackson

**Million Dollar Cowboy Bar**, 25 N Cache St (Town Square), ℘ 307 733 2207, ⌨ www.milliondollarcowboybar.com. Diese Kneipe aus den frühen 1930er-Jahren ist zwar touristisch, aber eine gute Adresse. Als Barhocker dienen Pferdesättel und Country and Western gibt's live. Im Cowbopy Steakhouse unten werden in Kiefernholz-Sitznischen grandioses Büffel-Ribeye ($69) und ein Knochenmark-Cheddar-Fondue ($16) serviert. ⊙ tgl. 12–2 Uhr, April geschl. (Steakhaus tgl. 17.30–22 Uhr).

**Silver Dollar Bar & Grill**, 50 N Glenwood St, ℘ 307 733 2190, ⌨ www.worthotel.com. Die mehr als 300 in die Theke eingelegten Morgan-Silberdollarmünzen von 1921 lassen sich am besten bei einem kräftigen Margarita bewundern. Zum Restaurantbereich gehört eine Terrasse, und auf der Speisekarte stehen beispielsweise knuspriger Felsenbarsch ($28), köstliche Maissuppe ($8) und ein Ribeye vom Rind ($35). ⊙ Grill tgl. 7–22 Uhr, Bar tgl. 11.30–2 Uhr.

**Snake River Brewery Co**, 265 S Millward St, ✆ 307 739 2337, 🖥 www.snakeriverbrewing. com. Tolle einheimische Brauereikneipe ein paar Blocks südöstlich vom Town Square. Die günstigen Bisonburger und Holzofenpizzen sind lecker (Mittagsangebote nur $7), aber die eigentliche Attraktion sind die preisgekrönten Biere, die man per Verkostungsset probieren kann. ⊙ tgl. 11–23 Uhr.

**Snake River Grill**, 84 E Broadway (Town Square), ✆ 307 733 0557, 🖥 www. snakerivergrill.com. Dieses beliebte Restaurant bietet frische, saisonale Kost, heiß begehrte Zwiebelringe in Bierteig (serviert auf einem Brenneisen), Kartoffelpuffer mit Räucherlachs, Pizza mit Tartar (Hauptgerichte zumeist $23–41) und das gepriesene Dessert Eskimo Bars ($11). ⊙ tgl. 17.30–22 Uhr.

### Teton Village

**Mangy Moose**, 3285 Village Drive, ✆ 307 733 4913, 🖥 www.mangymoose.net. Legendärer Après-Ski-Treffpunkt in Jackson Hole; die „Drinks auf die Schnelle" gehen meist in Abendsessions mit Liverock oder Livereggae über. Im Restaurant eine Treppe höher (⊙ tgl. 17–22 Uhr) gibt's anständige Burger, Hähnchen und Pasta. Bei Livekonzerten $5–25 Eintritt. ⊙ tgl. 11–2 Uhr.

**Piste Mountain Bistro & The Deck**, Jackson Hole Mountain Resort, ✆ 307 739 2675, 🖥 www.jacksonhole.com. Wer mit der Bridger Gondola fährt (abends kostenlos), kann in 2772 m Höhe oben auf dem Berg speisen. Das Piste ist auf amerikanische *farm-to-table*-Küche spezialisiert (Tipps: Idaho-Kartoffel-Gnocchi, $21, und Colorado-Lammlende, $36), im The Deck werden Getränke und Barsnacks zu einem herrlichen Ausblick serviert (Happy Hour 17–18 Uhr). ⊙ Ende Juni–Anfang Sep tgl.: The Deck 16.30–24 Uhr, Piste 18–24 Uhr.

#### Informationen

**Visitor Center**, 532 N Cache St, ✆ 307 733 3316, 🖥 www.jacksonholechamber.com, ⊙ Ende Mai–Ende Sep tgl. 8–19, sonst 9–17 Uhr.

#### Touren

**Teton Mountain Bike Tours**, 545 North Cache St, ✆ 307 733 0712, 🖥 www.tetonmtbike.com, organisiert halbtägige geführte Radtouren in die Umgebung ab $70.

Zahlreiche Veranstalter bieten **Wildwasser-fahrten** auf dem Snake River südlich der Stadt an (halber Tag um $67 inkl. Transport und wasserfester Kleidung), etwa Sands Whitewater & Scenic River Trips, ✆ 307 733 4410, 🖥 www.sandswhitewater.com. Continental Divide Dogsled Adventures, ✆ 307 455-30522, 🖥 www.dogsledadventures. com, veranstaltet **Hundeschlittentouren** (Ende Nov–Anfang April, halber Tag ab $254).

Innerhalb von Jackson Hole verkehren Busse von **START**, 🖥 www.startbus.com: tgl. ca. 6.30–22 Uhr alle 30 Min., innerhalb der Stadt kostenlos (bis zum Wildlife Art Museum), nach Teton Village einfache Fahrt $3.

#### Busse

**Salt Lake Express**, 🖥 www.saltlakeexpress. com, bietet die einzigen regelmäßigen öffentlichen Busverbindungen nach Jackson, von IDAHO FALLS (2x tgl., 2 Std.) und SALT LAKE CITY (1x tgl., 7 Std.).

#### Flüge

Jacksons **Flughafen** liegt 8 Meilen nördlich. Shuttlebusse von AllTrans, ✆ 307 733-3135, 🖥 www.jacksonholealltrans.com, fahren nach Jackson ($16 einfach) und Teton Village ($29). Ein Taxi in die Stadt kostet $25–30. Die wichtigsten Flugverbindungen bestehen von DENVER (mit United) und SALT LAKE CITY (mit Delta). Am Flughafen gibt's Mietwagen.

# Montana

**Montana** ist wirklich das Land des Big Sky, einer Region der schneebedeckten Gipfel, reißenden Flüsse, wunderschönen Gletschertäler, dichten Wälder und schimmernden Seen unter einem weiten, tiefblauen Himmel. Hier jagten die Blackfeet und Schoschonen einst Büffel. Auch heute noch ist der Staat eine Bastion der Wildwestkultur, ein Land der Cowboys, Ranches, Kleinstädte und Geisterstädte des 19. Jhs. – als das Gold zu Ende war, verschwanden auch die Menschen. Billige Charlie-Russell-Drucke zieren jede Wand, und alle Bahnhöfe sind inzwischen Kneipen, Büros oder Restaurants. Grizzlybären, Wapitis und Dickhornschafe findet man in Montana in größerer Zahl als so gut wie überall sonst auf dem Kontinent.

Besonders atemberaubend ist die Landschaft im Westen des Bundesstaats, vor allem im phänomenalen **Glacier National Park** und in den umliegenden Bergketten. Landschaften, die in den 1990er-Jahren z. B. in Filmen wie *Aus der Mitte entspringt ein Fluss* oder Der *Pferdeflüsterer* auftauchten, die beide zum Teil auf Dennis Quaids Ranch in Montana gedreht wurden. Im Gegensatz dazu bestehen die beiden östlichen Drittel aus im Sommer verdorrter und im Winter von eisigen Schneestürmen heimgesuchter Prärie und ziehen daher weit weniger Besucher an.

Das Leben findet eher in Kleinstädten statt, und jede dieser Städte besitzt ihren eigenen Charakter. Die meisten dieser Orte liegen prak-

## Die Schlacht am Little Bighorn

Während seiner wechselvollen Karriere war der Kavalleriegeneral **George Armstrong Custer** eine der zentralen Militärfiguren der zweiten Hälfte des 19. Jhs. Obwohl er 1861 als Letzter seines Jahrgangs an der Militärakademie West Point abschnitt, wurde er der jüngste Brigadegeneral der US-Armee. Er kämpfte in der Schlacht von Gettysburg und erntete Ruhm für seine Beteiligung am letzten Unionssieg in Appomattox, wo seine Truppen den Konföderierten den Rückzug abschnitten. Später wurde er suspendiert, weil er Deserteure erschießen ließ, die sich von einem Gewaltmarsch durch Kansas abgesetzt hatten, den er in erster Linie angeordnet hatte, um seine Frau zu besuchen. 1868 erlangte Custer traurige Berühmtheit wegen eines Massakers an fast 100 Frauen und Kindern der Cheyenne in der Schlacht am Washita River. Seine größte (und letzte) Stunde aber schlug am 25. Juni 1876 bei der **Schlacht am Little Bighorn** – von den Indianern **Battle of the Greasy Grass** genannt.

Am 25. Juni 1876 traf Custers Einheit als erste im **Little Bighorn Valley** ein. Statt auf Verstärkung zu warten, beschloss der ehrgeizige General, im Alleingang ein Indianerdorf am Little Bighorn River zu überfallen. Da er 800 weitere Soldaten erwartete, teilte er seine 600 Männer auf, um von drei Seiten anzugreifen. Ohne zu bemerken, dass seine beiden Flanken zum Rückzug gezwungen wurden, setzte Custers Trupp zum Sturm an. Bevor die Soldaten das Indianerlager erreicht hatten, wurde der Trupp von mindestens 2000 Lakota und Cheyenne umzingelt. Der anschließende Kampf dauerte nicht einmal eine Stunde und hinterließ keinen weißen Überlebenden, auch Custer hatte keine Chance. Archäologen und Historiker haben inzwischen bewiesen, dass an der bis in die 1960er-Jahre gültigen Legende von „**Custer's Last Stand**" – der heroischen Verteidigung, in deren Verlauf Custer der letzte aufrechte Reiter gewesen sein soll – nichts Wahres sein kann. Die weißen Soldaten wurden systematisch und mühelos getötet. Es war der bedeutendste Sieg der Indianer im Westen – angeführt von Sitting Bull und Kriegern wie Crazy Horse – und zugleich die letzte große Demonstration ihres Widerstandes. Angesichts der 268 getöteten US-Soldaten nannte ein wütender Präsident Grant es ein Massaker und sammelte alle verfügbaren Streitkräfte zu einer massiven Militärintervention, die bis zum Ende des Jahrzehnts den endgültigen Sieg über die Indianer der Great Plains herbeiführte.

tischerweise in der Nähe der Ost-West-Magistrale, des I-90. Das nette **Missoula** ist eine relaxte College-Stadt, die diesem ansonsten so konservativen Bundesstaat einen Hauch von Liberalität verleiht; der historische Kupferbergbauort **Butte** war einst ein Bollwerk der Gewerkschaften. Die elegante Hauptstadt von Montana, **Helena**, erinnert sich gern an die Glanzzeiten des Goldrausches, und das etwas südlich gelegene **Bozeman** ist einer der hippsten Bergorte der USA und wimmelt in der Hochsaison von Besuchern.

# Little Bighorn Battlefield

756 Battlefield Tour Rd, Crow Agency (1 Meile östlich des I-90-Exit 510, am US-212) ▪ ⏲ tgl. 8–20 Uhr; Visitor Center tgl. 8–19.30 Uhr ▪ $20 pro Pkw, 10 pro Fußgänger und Motorrad; Bustouren Sommer tgl. 10, 11, 12, 14 und 15 Uhr ($10) ▪ ✆ 406 638 2621, ⌨ www.nps.gov/libi

Mit Ausnahme von Gettysburg hat in der Geschichte der USA keine andere Schlacht die amerikanische Fantasie so beflügelt wie die **Schlacht am Little Bighorn** im Juni 1876, die mit der verheerendsten Niederlage der US-Armee gegen die Indianer des Westens endete und den Mythos um General Custer hervorbrachte. Custer wurde einst als tragischer Held gesehen, heute ist er für seine Reihe von Fehlern bekannt, die überhaupt erst zur Schlacht führten, und der entscheidende Sieg der kombinierten Macht aus Kriegern der Arapaho, Lakota Sioux und Cheyenne nährte die Legenden der Indianerführer Sitting Bull und Crazy Horse (s. Kasten S. 210).

Das Schlachtfeld gehört heute zum Reservat der Crow-Indianer im Little Bighorn Valley. Wer möchte, kann den Verlauf der Schlacht bei einer **selbstgeführten Autofahrt** durch die Graslandschaft zwischen dem Visitor Center und dem Last Stand Hill sowie auf dem fünf Meilen entfernten Reno-Benteen Battlefield nachvollziehen – außerdem gibt's mehrere **Wanderwege**. Was Little Bighorn so einzigartig macht, ist, dass sich die Landschaft seit 1876 so gut wie gar nicht verändert hat. Ungewöhnlich ist außerdem, dass kleine weiße Grabsteine zeigen, wo

die Kavalleristen getötet wurden (Custer selbst wurde 1877 auf das Gelände der West Point Military Academy in New York umgebettet); rote Granitsteine markieren die Stellen, an denen die Indianer fielen.

Das **Visitor Center** beherbergt nur eine kleine Ausstellung zur Schlacht. Mehr erfährt man bei den **Vorträgen** der Ranger oder bei einer kostenlosen **Führung**. Außerdem veranstaltet das von den Crow betriebene Unternehmen Apsaalooke Tours faszinierende einstündige Bustouren, und mit dem Handy kann man auf einen Audiokommentar zugreifen.

# Billings und Umgebung

Mit seinen 110 000 Einwohnern ist **Billings** Montanas Metropole, mit boomender Wirtschaft und sogar zwei Wolkenkratzern – das höchste Gebäude des Bundesstaats, der First Interstate Tower, ist jedoch nur bescheidene 83 m hoch. Das 1882 gegründete Billings war ursprünglich ein Eisenbahnort; heute nähren die nahen Schieferölfelder Bakken und Heath das explosionsartige Wachstum der Stadt. Im Zentrum der im Norden von den zerbröselten 120 m hohen Sandsteinklippen des **Rimrock** – oder einfach „der Rims" – begrenzten **Downtown** befindet sich über der Kreuzung von Second Avenue und Broadway der zeltartige **Skypoint**. Zwar gibt's hier zahlreiche Geschäfte und Restaurants, jedoch ist dies nicht das Montana, das für Besucher interessant ist. Stattdessen sollte man lieber die kulturellen Attraktionen der Stadt und die historischen Stätten in der Umgebung in Augenschein nehmen.

## Moss Mansion

914 Division St ▪ ⏲ Di–Sa 10–15, So 13–15 Uhr (einstündige Führungen zur vollen Stunde bis 15 Uhr) ▪ Eintritt $10 ▪ ✆ 406 256 5100, ⌨ www.mossmansion.com

Das wichtigste historische Anwesen in Downtown ist die **Moss Mansion**, ein robustes Haus aus rotem Sandstein von 1913, erbaut für **P. B. Moss** (1863–1947). Moss war ein Unternehmer, der ab den 1890er-Jahren ein Vermögen mit Geschäften und Versorgungsbetrieben verdiente.

Bis es 1984 in ein Museum verwandelt wurde, lebte seine Tochter in dem so gut wie unveränderten Haus. Die opulente, erstklassig erhaltene Innenausstattung weist verschiedene Stile auf, von der maurischen Eingangshalle und dem nüchternen englischen Speiseraum bis zu einem hübschen rosafarbenen französischen Salon.

## Yellowstone Art Museum

401 N 27th St ▪ ⊙ Di, Mi und Sa 10–17, Do und Fr 10–20, So 11–16 Uhr ▪ Eintritt $6 (kostenlose Parkplätze vorhanden) ▪ ✆ 406 256 6804, 🖵 www.artmuseum.org

Das kleine **Yellowstone Art Museum**, das sich teils im städtischen Gefängnis von 1910 befindet, präsentiert zumeist Sonderausstellungen. Die Dauerausstellungen im Erdgeschoss jedoch konzentrieren sich auf Kunst aus Montana ab der Mitte des 20. Jhs. Die ausgestellten Werke wechseln; zu den Highlights zählen die Western-Bücher, Gemälde und Plakate des Cowboy-Illustrators (1892–1942), der in seinen späteren Lebensjahren hier lebte, sowie zeitgenössische Arbeiten von **Theodore Waddell**, der 1941 in Billings geboren wurde – beide machten übrigens nähere Bekanntschaft mit den Ausnüchterungszellen des Gefängnisses.

Interessant ist auch das **Visible Vault** gegenüber vom Museum (Eintritt inbegriffen), wo die mehr als 7000 Stücke der Museumssammlung aufbewahrt werden und man Künstlern bei der Arbeit zuschauen kann.

## Pompeys Pillar National Monument

3001 Hwy-312 (Exit 23, I-94) ▪ ⊙ Mai–Sep tgl. 9–18 Uhr ▪ Eintritt $7 ▪ ✆ 406 875 2400, 🖵 www.pompeyspillar.org

Das **Pompeys Pillar National Monument** 28 Meilen nordöstlich von Billings am Yellowstone River wäre nur ein wenig ansehnlicher, 45 m hoher Sandsteinfels, wenn es nicht von historischer Bedeutung wäre: Als der Entdeckungsreisende **William Clark** 1806 hier vorbeikam, benannte er den Fels nach Sacagaweas Sohn und hinterließ in den Steinflanken seine **Unterschrift**. Die Stelle ist von weiteren Inschriften umgeben, die bis in die 1880er-Jahre zurückreichen, und über einen Plankenweg zu erreichen. Bedeutend ist die Stätte aber vor allem als einziges greifba-

res Zeugnis der Expedition des Corps of Discovery in den Jahren 1804–06. Das ausgezeichnete **Visitor Center** liefert Hintergrundinfos zur Expedition.

**C'mon Inn**, 2020 Overland Ave S, ✆ 406 655 1100, 🖵 www.cmoninn.com. Vergnügliche Unterkunft mit üppigem Garten samt Wasserfällen und geräumigen Zimmern mit Kamin, Whirlpool, TV und Kühlschrank. Kleines Frühstück inkl. $120

**Josephine B&B**, 514 N 29th St, ✆ 406 248 5898, 🖵 www.thejosephine.com. Fünf gemütliche Zimmer und Suiten in einem Wohnhaus von 1912. Zum Frühstück gibt's frisches Obst und Sauerteig-Pfannkuchen. $95

🗄 **Stella's Kitchen and Bakery**, 2525 1st Ave N (ClockTower Inn), ✆ 406 248 3060. Herzhaftes Frühstück und Backwaren wie Pfannkuchen und Zimtschnecken. ⊙ Mo–Sa 5.30–17, So 7–13 Uhr.

**Überbrew**, 2305 Montana Ave, ✆ 406 534 6960, 🖵 www.uberbrewmt.com. Mit zehn Brauereien im Einzugsgebiet verfügt Billings über mehr Craft-Brauer als jede andere Stadt in Montana. In dem tollen Brewpub kann man einige Biere testen, dazu gibt's Kneipenkost wie Bisonburger. ⊙ tgl. 11–21 Uhr.

**Visitor Center**, 815 S 27th St, Downtown, ✆ 406 252 4016, 🖵 www.visitbillings.com, ⊙ Sommer Mo–Sa 8.30–17, So 12–16, sonst Mo–Fr 8.30–17 Uhr.

**Busse**

**Greyhound/Jefferson Lines**-Busbahnhof, Downtown, 1830 4th Ave N.

**Busse nach**:
BISMARCK (1x tgl., 6 3/4 Std.),
BOZEMAN (2x tgl., 2 1/2 Std.),
BUTTE (2x tgl., 4 Std.),
MISSOULA (2x tgl., 5 3/4–6 1/2 Std.).

### Flüge

Der **Billings Logan International Airport**, 🖥 www.flybillings.com, liegt nur 2 Meilen nordwestlich von Downtown. Zu den meisten Fluganfkünften stehen Taxis bereit.

# Red Lodge und Beartooth Scenic Highway

Der kleine, aber beliebte Urlaubsort **Red Lodge** liegt 60 Meilen südlich von Billings am Bear Creek und am Fuß der Ehrfurcht gebietenden **Beartooth Mountains**, deren zerklüftete Gipfel und Felsen einige der ältesten Gesteine der Erde umfassen. Im Winter ist Red Lodge eine Basis für Skifahrer am begehrten **Red Lodge Mountain**, sechs Meilen westlich am US-212, ✆ 406 446 2610, 🖥 www.redlodgemountain.com.

Red Lodge wurde ursprünglich für den Kohleabbau zur Versorgung der transkontinentalen Eisenbahnen angelegt; später wurde das Überleben des Orts durch den Bau des 65 Meilen langen **Beartooth Scenic Highway** (gewöhnlich geöffnet Ende Mai–Anfang Okt) gesichert. Er führt nach Cooke City beim nordöstlichen Eingang des Yellowstone National Park (S. 201) und ist eine atemberaubende Straße mit engen Kehren, steilen Anstiegen und schwindelerregenden Ausblicken. Für die Fahrt bis zum Parkeingang sollte man zwei bis drei Stunden veranschlagen.

Selbst im Sommer liegt auf der federnden Tundra des 3335 m hohen **Beartooth Pass** Schnee, der, wenn er zusammengepresst wird, aufgrund von Algen rosa wird. In der gesamten Umgebung finden sich runde Mulden, tief eingeschnittene Granitwände und am Straßenrand riesige Eisblöcke.

### ÜBERNACHTUNG

**Pollard Hotel**, 2 N Broadway, ✆ 406 446 0001, 🖥 www.thepollard.com. Hübsches Backsteinhotel von 1893 mit freundlichen Zimmern im viktorianischen Stil, teils mit Whirlpool und Balkon. Dazu Pool, Sauna und eine gemütliche alte Bibliothek. $155

**Yodeler Motel**, 601 S Broadway, ✆ 406 446 1435, 🖥 www.yodelermotel.com. Hat saubere, einfache Motelzimmer im „original" bayrischen Stil. Das Wasser wird zumeist per Sonnenenergie erwärmt. $128

### ESSEN

**Café Regis**, 501 S Word Ave, Höhe 16th St W, ✆ 406 446 1941, 🖥 www.caferegis.com. Das beste Frühstückscafé der Stadt hat hausgemachte Backwaren, gesunde Salate, Wildlachs und köstlichen Maiskuchen. ⊕ Mi–So 6–14 Uhr.

**Más Taco**, 304 N Broadway, ✆ 406 446 3636. Beliebtes Familienrestaurant am nördlichen Stadtrand mit authentischen Tacos, Schweinefleisch „al Pastor", *carne asada*, Grillhähnchen und Garnelen (alles unter $10). ⊕ tgl. 11–21 Uhr.

**Red Box Car**, 1300 S Broadway, ✆ 406 446 2152. Der hundert Jahre alte Eisenbahnwaggon ist schon seit 1972 ein Diner. Hier gibt's köstliche, billige Burger (ab $3,50) und ausgezeichnete „Box Burgers" mit Steak-Bratlingen ab $4,75, außerdem tolle Shakes, Zwiebelringe und indianische Tacos. Mit Tischen draußen am Fluss. ⊕ April–Sep tgl. 11–21 Uhr.

**Red Lodge Ales (Sam's Tap Room)**, 1445 N Broadway, ✆ 406 446 0243, 🖥 www.redlodgeales.com. Die örtliche Kleinbrauerei produziert ausgezeichnete Biere, vom sehr süffigen IPA bis zu interessanten saisonalen Bieren, und dazu gibt's leckere Sandwiches. ⊕ tgl. 11–22 Uhr.

# Bozeman

Das 1864 gegründete **Bozeman** liegt 145 Meilen westlich von Billings am Nordende des üppigen Gallatin Valley und ist eine kleine, wohlhabende College-Stadt mit rund 40 000 Einwohnern, einer munteren **Main Street** und zwei lohnenden Museen. Die Stadt ist außerdem ein Tor zum nur 90 Meilen südlich gelegenen Yellowstone und Sitz der **Montana State University** (MSU) mit dem frenetisch unterstützten Sportteam **Bobcats**. Das wichtigste Match das Jahres ist die

American-Football-Begegnung mit den bitteren Rivalen von der University of Montana in Missoula (den Grizzlies), der sogenannte „**Brawl of the Wild**" (Keilerei der Wildnis), der gewöhnlich im November stattfindet, ▭ www.msubobcats.com.

## Museum of the Rockies

600 W Kagy Blvd (abseits S 7th Ave) ▪ ⊕ Sommer tgl. 8–20, sonst Mo–Sa 9–17, So 12–17 Uhr (Living History Farm: Sommer tgl. 10–17 Uhr) ▪ Eintritt $14,50, Kinder 5–7 J. $9,50 ▪ ✆ 406 994 2251, ▭ www.museumoftherockies.org

Das riesige **Museum of the Rockies** südlich der Downtown von Bozeman ist vor allem für seine außergewöhnliche **Dinosauriersammlung** bekannt, die sich fast vollständig aus Funden aus Montana zusammensetzt. Unter den zahlreichen Highlights befinden sich der weltweit größte Schädel eines *Tyrannosaurus rex*, eine Sammlung von gewaltigen *Triceratops*-Schädeln und -Skeletten und bedeutende Funde des *Deinonychus*, des fiesen kleinen Vorfahren des *Velociraptor* – diese Funde revolutionierten das wissenschaftliche Denken über die Dinosaurier.

Die Abteilung zu den indigenen Kulturen der nördlichen Rockies ist zwar umfassend, aber ein wenig trockener. Außerdem gibt es noch eine Ausstellung über die Geschichte der Pioniere, ein recht gutes Planetarium, in dem den ganzen Tag über Filme gezeigt werden (im Eintrittspreis inbegriffen), und im Sommer die **Living History Farm** mit einem Farmhaus von 1889 und einem Garten voller Blütenpflanzen. Dazwischen tummeln sich kostümierte Guides.

## Gallatin History Museum

317 W Main St ▪ ⊕ Sommer Di–Sa 10–17, sonst 11–16 Uhr ▪ Eintritt $5 ▪ ✆ 406 522 8122, ▭ www.gallatinhistorymuseum.org

Das kleine **Gallatin History Museum** ist mit allen möglichen historischen Sachen vollgestopft, die etwas mit der Geschichte von Bozeman und dem Gallatin County zu tun haben. Das reicht von Ausstellungen über die MSU und Gary Cooper (der hier zur Schule ging) über den Stadtgründer, Spieler und Schürzenjäger John Bozeman bis zu **Fort Ellis**, dem Heereslager, das von 1867 bis 1886 bei Bozeman bestand.

Das Museum residiert im alten Gefängnis von 1911, das bis 1982 als solches diente. Mehrere der alten Zellen sind noch vorhanden, außerdem ist der Galgen zu sehen, der im Jahr 1924 bei der einzigen Hinrichtung im Gefängnis zum Einsatz kam.

**Howlers Inn**, 3185 Jackson Creek Rd, ✆ 406 587 5229, ▭ www.howlersinn.com. Seinem Namen entsprechend befindet sich das reizende Hotel neben einem kleinen Schutzgebiet für Wölfe. Es verfügt über einen Whirlpool, eine Sauna und moderne Zimmer mit DVD-Player und Mikrowelle. $160

🧳 **Lehrkind Mansion**, 719 N Wallace Ave, ✆ 406 585 6932, ▭ www.bozeman bedandbreakfast.com. In einem prächtigen Queen-Anne-Haus, errichtet 1897 von einem deutschen Brauer, mit neun Zimmern und Suiten voller viktorianischer Antiquitäten und Möbel im Stil des Alten Westens. $189

**Cateye Café**, 23 N Tracy St, eine Straße nördlich der Main St, ✆ 406 587 8844, ▭ www.cateyecafe.com. Cooles, originelles, freundliches kleines Café mit klassischem amerikanischem Wohlfühl-Essen wie Hühnchenpastete mit Maisbrot ($9,25) und Honig-Hühnchen ($10,25). ⊕ Mo–Fr 7–14.30, Sa und So 7–14 Uhr.

🧳 **Community Food Co-op**, 44 E Main St, Höhe Black Ave, ✆ 406 922 2667, ▭ www.bozo.coop. Geräumiges, sauberes Selbstbedienungscafé (Buffet $8,49/450 g), mit ausgezeichneten vegetarischen Gerichten, Feinkost-Sandwiches, Salaten, Currys und köstlichen Desserts. ⊕ Mo–Fr 8–21, Sa 8.30–20, So 9–19 Uhr.

**Copper Whiskey Bar & Grill**, 101 E Main St, Höhe Black Ave, ✆ 406 404 1700, ▭ www.coppermontana.com. Quirlige Bar und Restaurant mit interessanten Gerichten wie Bisonburger ($16) und Fisch-Tacos ($16); außerdem hat man hier die Wahl aus 125 Whiskeysorten. ⊕ tgl. 16–2 Uhr.

ROCKY MOUNTAINS

**Granny's Gourmet Donuts**, 3 Tai Lane, Höhe W Lincoln St, ☎ 406 922 0022. Winziger Laden beim MSU-Campus, der sich mit seinen frisch gemachten Donuts für nur $1 einen Kultstatus erobert hat. Nur Barzahlung. ⊙ Di–Fr 7–14, Sa und So8–14 Uhr.

**Montana Ale Works**, 611 E Main St, ☎ 406 587 7700, 🖥 www.montanaaleworks.com. Dutzende gute regionale Biere sowie solide Steaks und Bisonburger ($13,95), Sandwiches und sogar Bisonklöße ($10,95). ⊙ tgl. 16–24 Uhr.

### INFORMATIONEN

**Visitor Center**, 222 E Main St, ☎ 406 586 4008, 🖥 www.downtownbozeman.org, ⊙ Mo–Fr 9–17 Uhr.
Siehe auch 🖥 www.bozemancvb.com.

### TRANSPORT

#### Busse

Der nächste **Greyhound/Jefferson-Lines**-Busbahnhof befindet sich in Belgrade, 6505 Jackrabbit Lane, gleich beim I-90 in Flughafennähe, 10 Meilen vom Zentrum von Bozeman.

#### Busse nach:

BILLINGS (2x tgl., 2 1/2–3 Std.),
BISMARCK (1x tgl., 15 Std.),
BUTTE (2x tgl., 1 1/2 Std.),
MISSOULA (2x tgl., 3 1/4–4 Std.).

#### Flüge

Der **Bozeman Yellowstone International Airport**, 🖥 www.bozemanairport.com, liegt 7 Meilen nordwestlich von Downtown. Taxis fahren ins Zentrum.

# Butte und Umgebung

Die ehemalige Kupferminenstadt **Butte** (sprich: „bjuht") 80 Meilen westlich von Bozeman erblickte das Licht der Welt, als 1862 hier Gold gefunden wurde. Der an den Hängen eines steilen Berges klebende Ort wird heute von riesigen schwarzen stählernen Fördertürmen dominiert.

Des Weiteren gibt's stattliche Gebäude, *Cornish pasties* und irische und serbische Kirchen, alles ein Erbe der turbulenten Boomzeiten.

Es wird immer noch Bergbau betrieben, jedoch ist die Bevölkerung von Butte im Verlauf der Zeit geschrumpft: Heute leben hier noch 34 500 Menschen, und große Teile der Innenstadt bestehen aus verrammelten Geschäften und leeren Grundstücken. Der historische Teil der Stadt heißt **Uptown**, während unterhalb der Front Street die sogenannten **Flats** liegen, wo die meisten Menschen wohnen. In der Abenddämmerung ist der Ort auf merkwürdig Weise schön: Dann bringt das goldene Licht die mit Minen gespickten Hänge zum Strahlen, und alte Neonschilder beleuchten historische Backsteinhäuser.

## Berkeley Pit Viewing Stand

300 Continental Drive ▪ ⊙ März–Nov tgl. 9–17 Uhr ▪ Eintritt $2 ▪ ☎ 406 723 3177, 🖥 www.pitwatch.org
Zwischen 1954 und der Schließung der Mine 1982, als die Kupferpreise einbrachen, holte Anaconda Mining unglaubliche 320 Mio. Tonnen Kupfer aus der **Berkeley Pit**. Leider musste das Unternehmen halb Butte für dieses riesige, knapp 550 m tiefe, eine Meile breite und 1,25 Meilen lange Loch abreißen. Und als das ganze Loch nach der Schließung überflutete, gehörte das Wasser darin zum giftigsten in den gesamten USA. Vom Aussichtspunkt kann man sich die ungeheure Größe des Lochs vor Augen führen und etwas über die Bemühungen erfahren, das Ganze zu dekontaminieren.

## World Museum of Mining

155 Museum Way (am Ende der West Park St) ▪ ⊙ April–Okt tgl. 9–18 Uhr (Minenführungen tgl. 10.30, 12.30 und 15 Uhr ▪ Eintritt $8,50, mit Führung $17 ▪ ☎ 406 723 7211, 🖥 www.miningmuseum.org
Das hervorragende **World Museum of Mining**, auf der entfernten Seite des Campus der Montana Tech of the University of Montana, ist angefüllt mit faszinierenden Erinnerungsstücken. Draußen ist hinter der Sammlung von rostigen Bergbau-Gerätschaften im 50 Gebäude umfassenden **Hell Roarin' Gulch** ein Bergarbeitercamp der 1890er-Jahre nachgebaut, mit Kopfsteinpflasterstraßen, Saloon, Bordell, Kirche,

Schule und chinesischer Wäscherei. Über allem erhebt sich der 30 m hohe Förderturm des 975 m tiefen Grubenschachts **Orphan Girl**, der 1955 geschlossen wurde. Durch die wackeligen alten unterirdischen Einrichtungen werden anderthalbstündige **Führungen** angeboten. Sie führen durch 20 m unter der Erde liegende Tunnel – unterhalb von 30 m Tiefe ist die Grube komplett geflutet.

## Copper King Mansion

219 W Granite St ▪ einstündige Führungen Mai–Sep tgl. 10–16 Uhr ▪ Eintritt $10 ▪ ✆ 406 782 7580, 🖳 www.copperkingmansion.com

Nur wenige Anwesen von Bergbaubaronen sind prächtiger als die 34 Zimmer umfassende **Copper King Mansion**, 1888 für den Kupfermagnaten **William A. Clark** fertiggestellt. Als Clark 1872 nach Butte kam, war er schon ein erfolgreicher Geschäftsmann, aber durch seine Investitionen in den Kupferbergbau wurde er zum Multimillionär. Neben Deckenmalereien, handgefertigten Mahagoni- und Vogelaugenahorn-Kronleuchtern und -Kaminen gibt's in der im „modernen elisabethanischen" Stil erbauten Villa heute jede Menge Antiquitäten, alte Puppen, Spielzeuge, Uhren, Gemälde und Teppiche zu sehen; außerdem fungiert das Haus als B&B (s. u.).

## Charles W. Clark Chateau

321 W Broadway ▪ ⏱ Juni–Sep Do–So 12–16 Uhr ▪ $7, mit Führung $10 ▪ ✆ 406 491 5636, 🖳 www.clarkchateaubutte.wordpress.com

Charles W. Clark, der älteste Sohn von William Clark (S. 212), ließ sich das 26 Zimmer große **Charles W. Clark Chateau** 1898 erbauen: ein pseudofranzösisches Schloss mit prächtiger Wendeltreppe, Zimmern mit Intarsien aus exotischen Hölzern und schmiedeeisernem Schmuck. Heute findet man hier viktorianische Möbel und Antiquitäten sowie wechselnde Ausstellungen mit zeitgenössischer Kunst aus der Region.

## Mai Wah Museum

17 W Mercury St ▪ ⏱ Ende Juni–Ende Sep Di–Sa 10–16 Uhr ▪ Eintritt $5 ▪ ✆ 406 723 3231, 🖳 www.maiwah.org

Es ist heute nur schwer vorstellbar, aber einst beherbergte Butte eine florierende chinesische Gemeinde, die ihre Blütezeit in den 1910er-Jahren erlebte und an die das **Mai Wah Museum** erinnert. Das Museum ist in zwei historischen Gebäuden untergebracht: dem **Wah Chong Tai** von 1899, einem von der Familie Chinn bis 1941 betriebenen Gemischtwarenladen, und dem **Mai Wah Noodle Parlour** von 1909. Die Wah-Chong-Tai-Abteilung ist mit Original-Gegenständen vollgestopft – ein Sammler hatte 1941 das gesamte Sortiment des Ladens erworben, da er ein eigenes Museum eröffnen wollte.

Außerdem gibt es eine ausgezeichnete Ausstellung über die Ausgrabungen von 2007 sowie eine detaillierte Ausstellung über die Chinatown von Butte, die in den 1870er-Jahren entstand. Trotz starker antichinesischer Ressentiments ab den 1890er-Jahren florierte die chinesische Gemeinde, bis es mit dem Bergbau bergab ging. In den 1940er-Jahren waren die meisten Chinesen schließlich verschwunden, und viele Gebäude in der Umgebung wurden abgerissen.

### ÜBERNACHTUNG

🛏 **Copper King Mansion**, 219 W Granite St, ✆ 406 782 7580, 🖳 www.thecopperkingmansion.com. In diesem historischen B&B schläft sich's echt wie im Museum (s. links): um 9 Uhr muss das Zimmer geräumt sein, damit die Führungen beginnen können, und viele Zimmer und Bäder beherbergen Ausstellungsstücke. Hier zu nächtigen ist ein unvergessliches Erlebnis, und auch das Frühstück ist ausgezeichnet. Keine Fernseher und kein WLAN in den Zimmern, und es gibt nur eine (Gemeinschafts-) Dusche – die meisten Zimmer verfügen über altmodische Badewannen. $105

**Toad Hall Manor**, 1 Green Lane, ✆ 406 494 2625, 🖳 www.toadhallmanor.com. Stilvolles B&B in einem stattlichen neogeorgianischen Haus mit vier Zimmern, die Whirlpool, Kühlschrank, Mikrowelle und/oder Innenhof besitzen. $130

### ESSEN

🍴 **Joe's Pasty Shop**, 1641 Grand Ave, ✆ 406 723 9071. In diesem kleinen Diner werden seit 1947 herzhafte, mit Fleisch und Kartoffeln gefüllte kornische Pasteten ($5,35) serviert –

noch besser schmecken sie mit Sauce ($6,65). ⊕ Mo–Fr 7–19, Sa 7–18 Uhr.

**Matt's Place**, 2339 Placer St, ☎ 406 782 8049. Klassischer Drive-in-Diner von1930 – der Tresen ist Baujahr 1936, die Lampen stammen aus den 1950er-Jahren. Es gibt Shakes aus hausgemachter Eiscreme und gute, altmodische Cheeseburger mit handgeschnittenen Pommes. ⊕ Mitte März– Dez tgl. 7–14.30 Uhr.

**Pekin Café & Lounge**, 117 S Main St, ☎ 406 782 2217. Das letzte der alten chinesischen Nudelhäuser in Butte, von 1911. Drinnen findet man eine Reihe rosa Holzsitznischen, die mit Vorhängen versehen sind. Das Essen ist billig und umfasst solide amerikanisch-chinesische, kantonesische und Sechuan-Küche (Nudel-gerichte $7–10, Menüs ab $12). ⊕ Mo und So 17–22, Mi und Do 17–23, Fr und Sa 17–24 Uhr.

**Pork Chop John's**, 8 W Mercury St, ☎ 406 782 0812, 🖥 www.porkchopjohns.com. Ein weiteres seit Urzeiten (1932) beliebtes Lokal für herzhaftes, sättigendes Essen wie Sandwiches mit gebratenem paniertem Schweinefleisch (serviert wie Hamburger; $4,50), Burger und Sandwiches mit Hühner-fleisch (ab $4,95). ⊕ Mo–Fr 10.30–20, Sa 10.30–18.30 Uhr.

**Sparky's Garage**, 222 E Park St, ☎ 406 782 2301, 🖥 www.sparkysrestaurant.com. Witziges Restaurant mit Autozubehör und alten Fahrzeugen – man kann in einem Pickup essen. Tolles Trostessen wie geschorte Ripp-chen ($17) und gebratener Wels nach Süd-staatenart ($14). ⊕ Mo–Do 11–21.30, Fr und Sa11–22, So 12–21 Uhr.

### Informationen

**Chamber of Commerce**, beim I-90, Exit 126, Höhe 1000 George St, ☎ 406 723 3177, 🖥 www.buttechambersite.org, ⊕ Mo–Sa 8–18, So 9–16 Uhr.

### Touren

Mehr über die bunte Geschichte der Stadt erfährt man auf einem 90-minütigen Rundgang mit **Old Butte Historical Adventures**, 117 N Main

St, ☎ 406 498 3424, 🖥 www.buttetours.info, ⊕ April–Okt Mo–Sa 10–14 Uhr, $15–20. Unterwegs gibt's Infos zur Architektur der Gegend, Minen, Eisenbahnlinien und einer Flüsterkneipe. Es werden auch Ausflüge zu den Geisterstädten der Region angeboten (Preise variieren, nur n. V.).

**Greyhound/Jefferson Lines**-Busse halten in Downtown in der 1324 Harrison Ave.

**Busse nach**:
BILLINGS (2x tgl., 4–4 1/2 Std.),
BOZEMAN (2x tgl., 1 1/2 Std.),
MISSOULA (2x tgl., 1 3/4 Std.).

# Helena

Rund 70 Meilen nördlich von Butte liegt am I-15 inmitten der Rocky Mountains **Helena**, die re-laxte, winzige Hauptstadt Montanas. Gegründet wurde sie 1864, als einer Gruppe von Goldsu-chern hier der große Coup gelang und sie in der **Last Chance Gulch** fündig wurden. Während der Boomzeit holten die Schürfer Gold im Wert von über 20 Mio. Dollar aus der Schlucht, und rund fünfzig von ihnen ließen sich als frisch gebacke-ne Millionäre in Helena nieder. Der Last Chan-ce Gulch ist heute die hübsche Hauptstraße der Stadt. Dort stehen vornehme viktorianische Gebäude, die inzwischen von Souvenirshops, Restaurants und Kneipen vereinnahmt wurden.

Einen deutlichen Kontrast bildet das wesent-lich weniger exklusive Viertel **Reeder's Alley** im Südwesten, 🖥 www.reedersalley.com. Berg-arbeiterhütten, Lagerschuppen und andere be-scheidene Gebäude aus der Zeit von 1875 bis 1884 wurden renoviert und beherbergen inzwi-schen schicke Geschäfte und Restaurants. Die Stadt kann sogar einen direkten Draht nach Hollywood vorweisen: **Gary Cooper** wurde 1901 in Helena geboren und fast zu einem echten Cowboy, bevor er sich in den 1920er-Jahren nach Hollywood davonmachte und einen spiel-te. Die Schauspielerin **Myrna Loy** verbrachte hier ihre Kindheit.

## State Capitol Building

1301 E 6th Ave ▪ ⊕ Mo–Fr 8–17, Sa und So 9–15 Uhr, Führungen Sommer Mo–Sa 10–14, sonst Sa 10–14 Uhr, jeweils stdl. ▪ Eintritt frei ▪ ✆ 406 444 4789, 🖳 www.visit-the-capitol.mt.gov

Montanas Legislative befindet sich seit 1902 im riesigen eleganten **State Capitol** mit einer Kuppel aus Kupfer und einer Innenausstattung im Stil der französischen Renaissance mit Buntglas-Oberlichtern und zahlreichen Wandgemälden. Das berühmteste Kunstwerk des Baus hängt im House Chamber: ein großes Wandgemälde vom aus Montana stammenden **Charles M. Russell** von 1911, das die spektakuläre Begegnung zwischen Indianern und den weißen Forschern Lewis und Clark darstellt.

## Montana's Museum

225 N Roberts St ▪ ⊕ Mo–Sa 9–17, Do bis 20 Uhr ▪ Eintritt $5 ▪ ✆ 406 444 2694, 🖳 www.montana historicalsociety.org

Das informative **Montana's Museum** gegenüber vom State Capitol erzählt die Geschichte des Bundesstaats sehr detailliert mit klaren Erläuterungen und seltenen Artefakten aus jeder Epoche. Besonders gut ist es hinsichtlich der Frühgeschichte und der Kultur der indigenen Amerikaner; ein moderner, familienfreundlicher Saal zeigt Montana zur Zeit der Expedition von Lewis und Clark im Jahr 1805. Interessant sind auch die kleine Galerie mit Werken des Künstlers Charles M. Russell und einen Stock höher „Big Medicine", ein seltener weißer Büffel, der hier 1959 konserviert wurde.

### ÜBERNACHTUNG UND ESSEN

**Barrister Bed & Breakfast**, 416 N Ewing St, ✆ 406 443 7330, 🖳 www.thebarristermt.com. Die schöne viktorianische, neben der Kathedrale gelegene Villa Baujahr 1874 war früher das Pfarrhaus. $122

🔳 **Big Dipper Ice Cream**, 58 N Last Chance Gulch, ✆ 406 513 1051, 🖳 www.big dippericecream.com. Hervorragende Eisdiele mit ungewöhnlichen, aber köstlichen Kreationen (Portion Eis $3,15, Shakes $4). ⊕ tgl. 12–22 Uhr. **Lewis and Clark Brewing Co**, 1517 Dodge Ave, ✆ 406 442 5960, 🖳 www.lewisandclarkbrewing.

com. Ausschank einer örtlichen kleinen Brauerei mit Barsnacks, Livemusik und hoch gelobtem Pompey's Pilsner und Prickly Pear Pale Ale. ⊕ Mo, Di und So 12–22, Mi–Sa 12–23 Uhr.

**The Sanders B&B**, 328 N Ewing St, ✆ 406 442 3309, 🖳 www.sandersbb.com. Zu Recht beliebtes B&B in einem Haus von 1875. Sieben altmodische Zimmer mit Western-Dekor und Antiquitäten. $135

**Windbag Saloon**, 19 S Last Chance Gulch, ✆ 406 443 9669. Eine der besten Kneipen der Stadt – ein ehemaliges Bordell. 2016 nach umfassender Sanierung wiedereröffnet. Zu essen gibt's sättigendes Seafood, Burger und Steaks. ⊕ Mo–Do 11–21.30, Fr 11–22, Sa 12–21.30 Uhr.

### INFORMATIONEN

**Visitor Center**, 105 Reeder's Alley, ✆ 406 449 2107, 🖳 www.helenamt.com, ⊕ Juni–Aug Mo–Fr 8–19, Sa 10–14 Uhr.

### TRANSPORT

#### Busse

Shuttlebusse von **Salt Lake Express**, ✆ 208 656 8824, 🖳 www.saltlakeexpress.com, fahren von Helenas **Transit Center**, 1415 N Montana Ave, nordöstlich des Zentrums. Es besteht 1x tgl. eine Verbindung Richtung Süden nach BUTTE (16 Uhr, 1 1/4 Std.) bzw. Richtung Norden nach GREAT FALLS (19.25 Uhr, 1 1/2 Std.).

#### Flüge

Der **Helena Regional Airport**, 🖳 www. helenaairport.com, liegt 2 Meilen nordöstlich des Zentrums. Von dort verkehren Taxis, ✆ 406 449 5525, und Hotelshuttles.

# Gates of the Mountains

Ca. 25 Meilen nördlich von Helena abseits des Hwy-287 ▪ ⊕ Juni–Sep unterschiedlich, gewöhnlich stdl. Mo–Fr 11–14 oder 15, Sa und So 10–16 Uhr ▪ Eintritt $16 ▪ ✆ 406 458 5241, 🖳 www.gates ofthemountains.com

Einer der lohnenderen Ausflüge in der Region ist die zweistündige geführte **Bootstour** durch die atemberaubenden **Gates of the Mountains**. Dieser dramatische Abschnitt des Missouri River, auch bekannt als Great White Rock Canyon, ist eine sechs Meilen lange Schlucht mit schroffen, 365 m hohen Kalksteinwänden, benannt vom Forschungsreisenden Meriwether Lewis. Das Ganze ist zwar nicht so großartig wie der Glacier National Park, aber während der Bootstour bekommt man jede Menge raue Naturschönheit und zahlreiche Tiere zu Gesicht wie Pelikane und Weißkopfseeadler, Dickhornschafe und manchmal Pumas und Schwarzbären (um Letztere zu sehen ist der Monat August am besten). Das Gebiet ist Teil des Helena National Forest.

# Missoula und Umgebung

Die von den auffälligen Bergen Bitterroot und Sapphire eingerahmte, muntere und freundliche Stadt **Missoula** steckt voller Kontraste: Buchläden und Cafés liegen hier Seite an Seite mit Waffengeschäften. Einen Großteil des Schwungs steuern die Studenten des hiesigen Ablegers der University of Montana bei. Die 1866 gegründete Stadt ist heute die zweitgrößte Montanas.

## Missoula Art Museum

335 N Pattee St ▪ ⏱ Di–Sa 10–17 Uhr ▪ Eintritt frei ▪ ✆ 406 728 0447, ▭ www.missoulaartmuseum.org
Ein Zeichen für den der Stadt innewohnenden Schwung ist das **Missoula Art Museum**, das provokante Gegenwartskunst aus Fotografie, Malerei und Skulptur zeigt, besonders Werke, die sich mit dem amerikanischen Westen befassen. Dazu kommen einige sehr interessante Arbeiten moderner indigener Künstler.

## Montana Museum of Art & Culture

Main Hall, University of Montana ▪ ⏱ Juni–Aug Mi, Do und Sa 12–15, Fr 12–18, Sep–Mai Di, Mi und Sa 12–15, Do und Fr 12–18 Uhr ▪ Eintritt frei ▪ ✆ 406 243 2019, ▭ www.umt.edu/montanamuseum
Das **Montana Museum of Art & Culture** auf dem Campus der Universität wartet mit einer unglaublich reichen Sammlung an Kunst auf. Die Bandbreite reicht von flämischen Tapisserien der Renaissance, Gemälden und Drucken von Rembrandt, Delacroix, Joan Miró, Picasso und Toulouse-Lautrec bis zu amerikanischer Kunst von Frederic Remington, Warhol, Rockwell und vielen anderen.

## Wandern, Biken und Zelten um Missoula

Missoula ist eine besonders gute Basis für Outdoor-Aktivitäten. Durch die knapp 25 000 ha große **Rattlesnake National Recreation Area**, die trotz des Namens schlangenfrei sein soll, führen lohnende Wanderwege. Informationen gibt's in der **Rangerstation** im Fort Missoula, Building 24, ✆ 406 329 3750, ▭ www.fs.usda.gov/lolo, ⏱ Mo–Fr 7.30–16 Uhr. Missoula ist außerdem toll zum Radfahren, und eine gute Informationsquelle, die auch **Trailkarten** bietet, ist die Adventure Cycling Association, 150 E Pine St, ✆ 406 721 1776, ▭ www.adventurecycling.org. Der Bicycle Hangar, 1801 Brooks St, ✆ 406 728 9537, ▭ www.bicycle-hangar.com, ⏱ Mo–Sa 10–18, März–Aug auch So 11–17 Uhr, verleiht gute Mountainbikes ($10 pro Std., $35 pro Tag).

Das am besten erschlossene der kleinen Skigebiete der Stadt ist **Montana Snowbowl**, ✆ 406 549 9777, ▭ www.montanasnowbowl.com, zwölf Meilen nordwestlich, mit einer Reihe von Hängen für Skifahrer aller Klassen (Liftpässe $46) und einem Sommer-**Sessellift** (⏱ Juli–Anfang Sep tgl. 12–17 Uhr, $8, Fahrräder $2). Wer in einem State Park **campen** möchte, muss Richtung Osten zurückfahren, entweder 25 Meilen auf dem I-90 zum kleinen **Beavertail Hill**, ✆ 406 542 5500, ⏱ Mai–Okt, Tagesnutzung $6, Camping $28, wo man auch in zwei Tipis ($42) übernachten kann, oder 40 Meilen auf dem Hwy-200 und dann ein kurzes Stück auf dem Hwy-83 Richtung Norden nach **Salmon Lake** (gleiche Kontaktdaten), wo man im Clearwater River toll angeln und baden kann.

## Elk Country Visitor Center

5705 Grant Creek Rd ▪ ⏰ Jan–April Mo–Fr 8–17, Sa 10–17, Mai–Dez Mo–Fr 8–18, Sa und So 9–18 Uhr ▪ Eintritt frei ▪ ✆ 866 266 7750, 🖥 www.rmef.org

Das von der Umwelt- und Jagdorganisation Rocky Mountain Elk Foundation betriebene **Elk Country Visitor Center** gleich außerhalb der Stadt bietet Informationen über die mächtigen Wapitis der Region. Ein kurzer Spazierweg führt zu einigen Exemplaren dieser Tiere, denen man ansonsten auf Wanderungen durch weiter abgelegene Gegenden begegnet.

## Smokejumper Center

5765 W Broadway St ▪ Visitor Center ⏰ Sommer tgl. 8.30–17 Uhr ▪ Eintritt frei ▪ ✆ 406 329 4934, 🖥 www.smokejumpers.com

Waldbrände sind in diesem Teil des Landes während der Trockenzeit keine Seltenheit. Über die damit verbundenen Gefahren klärt das **Forest Service Smokejumper Center** auf, zehn Meilen außerhalb der Stadt am US-93. In einem kleinen **Besucherzentrum** werden die Methoden erläutert, mit denen die *smokejumpers* ausgebildet werden – sehr gut trainierte und geübte Feuerwehrleute, die mit dem Fallschirm über bewaldeten Gebieten abspringen, um die Ausbreitung von Waldbränden zu verhindern. Es werden kostenlose 45-minütige Führungen zum Fallschirm- und Trainingszentrum angeboten.

### ÜBERNACHTUNG

**Doubletree Missoula-Edgewater**, 100 Madison St, ✆ 406 728 3100, 🖥 www.doubletree3.hilton.com. Das beste der Kettenhotels, bei der Uni direkt am Clark Fork River (wo man fliegenfischen kann), mit netten Zimmern und Suiten, Fitnessraum, Pool und Whirlpool. $189

**Goldsmith's Inn**, 803 E Front St, ✆ 406 728 1585, 🖥 www.missoulabedandbreakfast.com. Uriges viktorianisches B&B von 1911 mit Flussblick sowie sieben Zimmern und Suiten, teils mit Balkon und/oder Kamin. $134

**Ruby's Inn**, 4825 N Reserve St, ✆ 406 721 0990, 🖥 www.erckhotels.com/rubys. Freundliches Motel alter Schule mit einfachen Zimmern plus kostenlosem schnellem Internet, Pool, Spa und Waschmaschinen. $99

### ESSEN

**Big Dipper Ice Cream**, 631 S Higgins, ✆ 406 543 5722, 🖥 www.bigdippericecream.com. In dieser örtlichen Institution bekommt man ausgefallene Eissorten (pro Portion $3,15, Shakes $4). ⏰ tgl. 11–23 Uhr.

**Kettlehouse Brewing Co**, 602 Myrtle St, ✆ 406 728 1660, 🖥 www.kettlehouse.com. Die liebevoll „K-hole" genannte Kneipe hat kein Speiseangebot, lediglich gute Biere wie das Cold Smoke Scotch Ale. ⏰ tgl. 12–21 Uhr.

**Red Bird**, 111 N Higgins St, ✆ 406 549 2906, 🖥 www.redbirdrestaurant.com. Bekannt für seine urige Einrichtung und köstliche, wenn auch teure Gerichte der neuen Westernküche wie Lamm mit Zwiebel-*bhaji* und Fenchel oder Bison-Tenderloin mit Kirschpaprika-Pesto (Hauptgerichte $26–41). ⏰ Di–Sa 17–21 Uhr.

**The Shack**, 222 W Main St, ✆ 406 549 9903, 🖥 www.theshackcafe.com. Frühstückscafé mit köstlichen Omeletts und mittags mexikanischem Essen, Pasta und Sandwiches zu vernünftigen Preisen. ⏰ Mo–Mi 7–15, Do–So 7–21 Uhr.

**Staggering Ox**, 1220 SW Higgins Ave, ✆ 406 542 2206, 🖥 www.staggeringox.com. Bietet bizarre Varianten konventioneller Speisen wie „Klumpfuß"-Sandwiches, die in der Dose gebacken und vertikal präsentiert werden. Es gibt auch jede Menge vegetarische Angebote ($7,50). ⏰ Mo–Sa 10–20, So 11–19 Uhr.

### INFORMATIONEN

**Visitor Center**, 101 E Main St, ✆ 406 532 3250, 🖥 www.destinationmissoula.org, ⏰ Sommer Mo–Fr 9–17, Sa und So 10–16 Uhr, sonst Sa und So geschl.

### TRANSPORT

### Busse

**Greyhound/Jefferson Lines**-Busse halten am 1660 W Broadway am Rand des Zentrums.

**Busse nach**:
BILLINGS (2x tgl., 6 1/4–6 3/4 Std.),
BOZEMAN (2x tgl., 3 3/4 Std.),

BUTTE (2x tgl., 1 3/4 Std.),
SEATTLE (2x tgl., 10 1/2 Std.),
SPOKANE (2x tgl., 4 1/4 Std.).

### Flüge

Der **Missoula International Airport**, 🖥 www.
flymissoula.com, liegt nur 4 Meilen nordwestlich von Downtown am W Broadway. Vom
und zum Flughafen fahren Taxis und öffentliche
Busse der Mountain Line, 🖥 www.mountain
line.com (Mo–Fr 11x tgl., kostenlos).

# Garnet Ghost Town

Garnet Range Rd (11 Meilen südlich des Hwy-200)
🕐 tgl. 9.30–16.30 Uhr ▪ Eintritt $3 ▪ ✆ 406 329 3914,
🖥 www.garnetghosttown.net ▪ Straße nur Mai–Dez
geöffnet

Wer sich einen besseren Eindruck von den
harten Tagen des Alten Westens verschaffen
möchte, fährt von Missoula auf dem I-90 rund
40 Meilen Richtung Osten und dann noch zehn
holprige Meilen auf der einspurigen Bear
Gulch Road zur **Garnet Ghost Town**. Ende der
1890er-Jahre waren hier Tausende Goldgräber
mit ihrer harten, gefährlichen Arbeit beschäftigt. Bis 1905 waren dann jedoch viele der Minen aufgegeben worden, und die Einwohnerzahl
des Orts war auf rund 150 Menschen zusam-
mengeschrumpft. Bis zu den 1940er-Jahren
entwickelte sich Garnet dann gänzlich zu einer
Geisterstadt, und da die Gebäude in ihrem halb-
verfallenen Zustand belassen wurden, herrscht
hier eine faszinierende Stimmung: das gottver-
lassene Flair leerer Saloons, Hütten, Läden und
des Gefängnisses, inmitten der gewellten Hügel,
in denen man nett spazieren gehen kann.

# National Bison Range

58355 Bison Range Rd (Hwy-212), Moiese ▪ 🕐 **Visitor
Center** Mai–Mitte Okt tgl. 9–17, Mitte Okt–April Mo–
Fr 8–16 Uhr, **Red Sleep Mountain Drive** Mitte Mai–
Anfang Okt tgl. 6.30–21.30 Uhr ▪ Eintritt $5 ▪ ✆ 406
644 2211, 🖥 www.fws.gov/bisonrange/index.htm

Die 7500 ha große **National Bison Range** liegt
unmittelbar an der Strecke von Missoula zum
Glacier National Park in der Nähe der Stadt
Moiese, 20 Meilen westlich von St. Ignatius am
Hwy-212. Hinter dem kleinen **Besucherzentrum**
führt die 19 Meilen lange Schleife des **Red Sleep
Mountain Drive** hinauf in die Berge, mit wundervollen Ausblicken auf die umliegende Berglandschaft, bevor es dann hinunter in die Ebene mit
kleinen Herden von 350 bis 500 Bisons geht. Außerdem bekommt man vielleicht Schwarzbären,
auf jeden Fall aber jede Menge Dickhornschafe und Wild zu Gesicht. Es gibt zwei markierte
Wanderwege, ansonsten ist es strengstens untersagt, das Auto zu verlassen.

# Flathead Lake und Umgebung

Der malerische, 28 Meilen lange **Flathead Lake**
bietet eine willkommene Abwechslung auf der
langen Strecke nach Norden zum Glacier National Park. Man erreicht den See, wenn man
vom I-90 dem US-93 in Richtung Norden folgt.
Zwischen **Polson** im Süden und **Somers** im
Norden folgt der US-93 dem gewundenen Westufer des Sees, während auf der Ostseite am
Fuß der **Mission Mountains** der schmalere
Hwy-36 verläuft – im Sommer werden an der
Straße an zahllosen Ständen Kirschen und Beeren verkauft.

Von beiden von Bergen gesäumten Strecken bieten sich schöne Ausblicke aufs tief-
blaue Wasser, und am See kann man toll wandern sowie auf ihm Boot fahren. Oder man gönnt
sich am Ufer einfach ein paar Stunden lang eine Auszeit, auch wenn die nahen Orte mit einigen Attraktionen aufwarten. Am schönsten zum
Übernachten ist der kleine Ferienort **Bigfork** im
Nordosten.

### Wild Horse Island State Park

Der US-93 ist die Straße, die **Wild Horse Island**,
✆ 406 849 5256, der größten Insel im See, am
nächsten liegt (🕐 tgl. Sonnenauf- bis Sonnenuntergang, Eintritt $4). Erreichen kann man sie
aber nur per Boot. Wer auf den tollen, mittelstei-
len bis steilen Wegen vorbei an Anhöhen und
Spitzkuppen hoch zu schönen Aussichtspunkten mit Blick über den See wandert, sieht unterwegs wahrscheinlich Maultierhirsche und Dick-

hornschafe – die namengebenden Wildpferde sieht man allerdings nur selten, es gibt nämlich nur ganze fünf. Um zur Insel zu gelangen, leiht man ein Motorboot (ab $195 für 5 Std.) oder ein Kajak oder wendet sich an Pointer Scenic Cruises in Bigfork, ✆ 406 837 5617, 🖥 www.wild horseislandboattrips.com, 🕐 Mai–Nov.

rant auf dem Berggipfel – oder man nimmt den Sessellift ($8 einfach). Außerdem kann man auf den Straßen um den See herum und in den Ausläufern der Berge gut **Rad fahren**; Fahrräder verleiht Glacier Cyclery, 326 E 2nd St, ✆ 406 862 6446, 🖥 www.glaciercyclery.com ($45–55 pro Tag).

**Bridge Street Cottages**, 309 Bridge St, Bigfork, ✆ 406 837 2785, 🖥 www.bridgestreetcottages. com. Zehn gemütliche, luxuriöse Cottages für Selbstversorger mit einem Schlafzimmer sowie kleinere Cottage-Suiten, nahe dem Zentrum und Swan River, mit komplett ausgestatteten Küchen und Kamin. Im Winter halbieren sich die Preise. Suiten $195, Cabins $285

**Candlewycke Inn**, 311 Aero Lane, Bigfork, ✆ 406 837 6406, 🖥 www.candlewyckeinn.com. B&B voller Antiquitäten mit fünf netten Zimmern, teils mit Whirlpool, Oberlicht und/ oder Kühlschrank. $165

**Echo Lake Cafe**, 1195 Hwy-83, ✆ 406 837 4252, 🖥 www.echolakecafe.com. Im besten Café für Frühstück und Mittagessen werden solide Omeletts und Burger sowie einige vegetarische Gerichte (Hauptgerichte zumeist $9–12) aufgetischt. 🕐 tgl. 6.30–14.30 Uhr.

**Eva Gates**, 456 Electric Ave, Bigfork, ✆ 406 837 4356, 🖥 www.evagates.com. Hier gibt´s Fudge, Marmelade und Süßigkeiten aus Heidelbeeren. 🕐 Mitte Juni–Aug tgl. 9–19, Sep–Mitte Juni Mo–Fr 9–17 Uhr.

# Whitefish

Die alte Holzfällersiedlung **Whitefish**, nur 25 Meilen westlich des Glacier National Park, ist heute einer der beliebtesten Urlaubsorte in Montana. Sie liegt am Südufer des schönen **Whitefish Lake** im Schatten des **Whitefish Mountain Ski Resort**, ✆ 406 862 2900, 🖥 www.skiwhitefish. com. Dies ist einer der bekanntesten Wintersportorte der Region, und im Sommer kann man hier wunderbar **wandern**.

Ein Wanderweg führt beispielsweise vier anstrengende Meilen hoch zu einem Restau-

**Grouse Mountain Lodge**, 2 Fairway Drive, ✆ 406 862 3000, 🖥 www.glacierparkinc.com. Großes, luxuriöses modernes Hotel, das ganze Jahr geöffnet, mit Golfplatz und kostenlosem Shuttleservice in die Stadt oder auf den Berg. $219

**Hidden Moose Lodge**, 1735 E Lakeshore Drive, ✆ 406 862 6516, 🖥 www.hiddenmooselodge. com. Die Zimmer in dem charmanten B&B mit herzhaftem Frühstück und Jacuzzi im Freien verfügen über Whirlpool oder eigene Terrasse. $125

**North Forty Resort**, 3765 Hwy-40 W, ✆ 406 862 7740, 🖥 www.northfortyresort.com. 22 heimelige Blockhütten (Minimum 5 Pers.) mit Kamin, Küche, DVD-Player, kostenlosem WLAN und Grill im Freien. $195

**Great Northern Brewing Co (Black Star Draught House)**, 2 Central Ave, ✆ 406 863 1000, 🖥 www.greatnorthernbrewing.com. Brauereiausschank mit z. B. saisonalen Bieren sowie Snacks und Sandwiches ($8–10). 🕐 Juni–Aug und Dez–März tgl. 11–23, April und Mai 16–22.30, Sep–Nov 14–22 Uhr.

**Loula's**, 300 2nd St E, ✆ 406 862 5614, 🖥 www. loulaswhitefish.com. Tolles Café mit köstlichen Pies, beispielsweise mit Heidelbeeren oder Pfirsich gefüllt. 🕐 Mo–Mi 7–15, Do–So 7–15 und 17–21.30 Uhr.

**Montana Coffee Traders**, 110 Central Ave, ✆ 406 862 7667, 🖥 www.coffeetraders.com. Cooles Bohème-Café mit dem besten Espresso in Montana – die Bohnen stammen aus Costa Rica. Kaffee ab $1,50, Sandwiches ($6) und ausgezeichnete Quiches ($5). 🕐 Mo–Sa 7–18, So 8–16 Uhr.

**Sweet Peaks Ice Cream**, 419½ 3rd St, ✆ 406 862 4668, 🖥 www.sweetpeaks icecream.com. Im Sommer unwiderstehlich sind die wundervollen Eissorten Heidelbeere, Karamell und Ahorn-Bacon. ⏱ Mo–Do und So 12.30–21, Fr und Sa 12.30–21.30 Uhr.

**Tupelo Grille**, 17 Central Ave, ✆ 406 862 6136, 🖥 www.tupelogrille.com. Das renommierteste Restaurant der Stadt hat teure Südstaatenküche wie Langustenküchlein, Hühnchen auf kreolische Art und Shrimps mit Maisgrütze (Hauptgerichte $24–38). ⏱ tgl. 17–22 Uhr.

**4 HIGHLIGHT**

# Glacier National Park

⏱ ganzjährig 24 Std. ▪ Eintrittsgebühr Mai–Okt $30 für Pkw, $15 für Fußgänger und Zweiräder, Nov– April $20 pro Fahrzeug und $10 für Fußgänger und Zweiradfahrer; gilt jeweils für 7 Tage

2000 Seen, Flussläufe von über 1000 Meilen Länge, dichte Wälder, grüne Wiesen und ehrfurchtgebietende Gipfel machen den Glacier National Park zu einer der ganz großen Attraktionen Amerikas – und zum Paradies für Bighorn-Schafe, Bergziegen, Schwarz- und Grizzlybären, Wölfe und Pumas. Im Nationalpark gibt es 25 kleine – rasant an Ausdehnung einbüßende – Gletscher. Dennoch verdankt der Glacier Park nicht ihnen seinen Namen, sondern den Eisströmen, die vor 20 000 Jahren seine weiten Täler formten.

Im Sommer ist dies ein fantastisches **Wander- und Rafting-Revier**, im Herbst reifen an den Hängen **Heidelbeeren** im Überfluss. Und im Winter erwecken die mit Eiszapfen bedeckten Wasserfälle, die kühle Luft und die schneebedeckte Landschaft den Eindruck, als wäre der nördliche Polarkreis nicht mehr weit. Tatsächlich liegt der Nationalpark südlicher als London. Glacier ist einer der wenigen Nationalparks, die sich bestens ohne Auto erkunden lassen. Bis zum Parkeingang gelangt man mit Amtrak, und von dort verkehren Shuttles über die atemberaubende **Going-to-the-Sun Road**.

## Going-to-the-Sun Road

Die 50 Meilen lange, in Ost-West-Richtung verlaufende **Going-to-the-Sun Road** führt mitten durch den Glacier National Park. Sie ist eine der landschaftlich reizvollsten Straßen in den USA. Die Fahrt dauert mehrere Stunden und hinter jeder Haarnadelkurve taucht ein neuer Bergriese auf. Die Straße beginnt am **West Glacier**, verläuft dann am Ostufer des sich über 10 Meilen ausbreitenden **Lake McDonald. Danach** nehmen die Steigungen schwindelerregende Ausmaße an und die Fahrbahn wird zum Bachlauf des Schmelzwassers. Am **Logan Pass** auf 2036 m Höhe überquert die Straße die **kontinentale Wasserscheide**. Der Pass ist ein guter Zwischenstopp für herrliche Ausblicke.

Vom Logan Pass verläuft der beliebteste Wanderweg im Nationalpark 1,5 Meilen durch von schroffen Gipfeln eingeschlossene Bergwiesen zum stillen **Hidden Lake**. Nach weiteren 4 Meilen zeigt sich der **Jackson Glacier**, einer der wenigen Gletscher, die von der Straße aus zu sehen sind. Von hier führt die Straße hinab zum **St. Mary Lake** und zum Osteingang bei St. Mary direkt am Rand der Great Plains.

## Many Glacier

Wer Zeit hat, kann noch einige der abgeschiedeneren Teile des Parks erkunden, ob mit dem Auto, Fahrrad oder zu Fuß, z. B. den **Many Glacier** 20 Meilen nordwestlich von St. Mary. Am Swiftcurrent Lake folgt ein zwei Meilen langer Trail dem Seeufer, und eine interessante Wanderung führt zum fünf Meilen entfernten **Iceberg Lake**. Der See verdankt seinen Namen den Eisblöcken, die selbst im Hochsommer auf seiner Oberfläche treiben. Beliebt ist auch eine Exkursion zum Fuß des **Grinnell Glacier** mittels zweier Bootsfahrten und zweier Wanderungen ($26, 🖥 www.glacierparkboats.com).

## Südschleife (Southern Loop)

Zwischen West Glacier und St. Mary verläuft auf einer Länge von 85 Meilen die **US-2** um die **Südgrenze** des Parks herum. Diese Straße ist nicht so dramatisch wie die Going-to-the-Sun Road, aber immer noch sehr reizvoll. Unterwegs kommt man am **Goat Lick Overlook**, wo man gut Bergziegen erspähen kann, dem abgelegenen

Dorf **East Glacier Park** und dem Eingang zum Parkabschnitt **Two Medicine** vorbei, einer ruhigeren Gegend zum Wandern und Bootfahren.

### Im Park

Die Mehrzahl der Unterkünfte im Park betreibt **Xanterra Parks & Resorts**, ☎ 855 733 4522, 🖥 www.glaciernationalparklodges.com. Die meisten Lodges sind Juni–Sep geöffnet. WLAN steht inzwischen in den meisten Hotellobbys zur Verfügung. Die Mobilfunknetzabdeckung im Park ist begrenzt.

**Lake McDonald Lodge**, zehn Meilen vom Westeingang. 1914 eröffnete reizende Lodge im Schweizer Chalet-Stil in perfekter Lage am Wasser in der Nähe von West Glacier. Zur Auswahl stehen geräumige Zimmer in der Lodge selbst und kleine, rustikale Cabins neben dem Gebäudekomplex. Lodgezimmer $193, Cabins $152

**Many Glacier Hotel**, 12 Meilen westlich von Babb und des US-2. Die prächtige Lodge im alpinen Stil von 1915 am Swiftcurrent Lake hat Zimmer und doppelt so teure Suiten. DZ $191, Suiten $400

**Rising Sun Motor Inn**, 5,5 Meilen westlich von St. Mary. Dieses Gasthaus von 1941, 7 Meilen vom Osteingang entfernt in St. Mary und in Seenähe gelegen, ist rustikaler als die großen Lodges, liegt aber näher bei den Wanderwegen und dem Logan Pass. $152

**Swiftcurrent Motor Inn**, Many Glacier, 13 Meilen westlich von Babb und des US-2. Die billigste Unterkunft des Parks mit schnellem Zugang zu Wanderwegen. Cabins aus den 1930er-Jahren mit und ohne Bad. Cabins $95, mit Bad $112

**Village Inn at Apgar**, Apgar Village. Das Hotel am Lake McDonald stammt aus den 1950er-Jahren und besitzt nur 36 Zimmer. Sein großes Plus ist die schöne Aussicht auf den See und die Berge. $159

### Camping

Die 13 Campingplätze ($10–23) auf dem Gelände des Parks füllen sich in den Monaten Juli und August oft schon am späten Vormittag. Die Visitor Center informieren über Lage und Verfügbarkeit von Plätzen. **Auskünfte** auch unter ☎ 406 888 7800.

Die meisten Campingplätze sind nur von Juni bis Mitte September geöffnet, der Platz in St. Mary und der Picknickplatz in Apgar ist jedoch ganzjährig offen (Dez–März kostenlos). Fast alle Plätze werden nach dem Prinzip *first-come, first-served* vergeben, nur Fish Creek und St. Mary, ☎ 518 885 3639, 🖥 www.recreation.gov, nehmen bis zu sechs Monate im Voraus Reservierungen entgegen ($23). Bei den Campstores Rising Sun und Swiftcurrent stehen Duschen zur Verfügung, die Plätze St. Mary und Fish Creek bieten nur Gästen kostenlose Duschen. Wildes Zelten ist streng reguliert, und die Plätze werden hier in einer Art Online-Lotterie vergeben – Näheres auf der Website; Übernachtungsgebühr $7 p. P. und Nacht.

### Außerhalb

**Backpacker's Inn**, 29 Dawson Ave, East Glacier Park, in der Nähe des Amtrak-Bahnhofs, ☎ 406 226 9392, 🖥 www.serranosmexican.com. Das einfache Hostel befindet sich hinter dem mexikanischen Restaurant Serrano's und hat drei gemütliche Hütten: zwei private mit Bad und eine mit Dorm-Betten. ⊙ Mai–Sep. Dorms $15, Cabins $40

**Belton Chalet**, 12575 US-2, West Glacier, 2 Meilen außerhalb des Westeingangs, ☎ 406 888 5000, 🖥 www.beltonchalet.com. Die urige Lodge aus dem Jahr 1910 hat einfache, aber elegante Zimmer, wobei die teureren 3-Zimmer-Cottages Kamin und Balkon besitzen. Weder Telefon noch TV stören den Frieden. ⊙ Ende Juni–Ende Sep, Cottages auch Okt–Mai. DZ $165, Cottages $335

**Glacier Park Lodge**, East Glacier Park (beim Amtrak-Bahnhof), ☎ 406 892 2525, 🖥 www.glacierparkinc.com. Breites Angebot an gemütlichen Lodgezimmern, bekannt aber vor allem für die mächtigen Säulen aus Douglasfichten- und Zedernholz (mit Rinde) in der riesigen, fabelhaften Lobby. Das Holz wurde im Jahr 1913 mit der Great Northern Railway aus dem Nordwesten der USA herbeigeschafft. $159

**Izaak Walton Inn**, 290 Izaak Walton Inn Rd, Essex, ☎ 406 888 5700, 🖥 www.izaakwaltoninn. com. Das stimmungsvolle Hotel von 1939 am Amtrak-Bahnhof in Essex auf halber Strecke zwischen Ost- und Westeingang des Parks, hat gemütliche, holzvertäfelte Zimmern. Vier Waggons wurden zu Unterkünften umgebaut. Im hauseigenen Restaurant werden Fisch und gute Burger serviert. DZ $129, Cabins $249

**North Fork Hostel**, 80 Beaver Drive, Polebridge, 28 Meilen nördlich vom Westeingang des Parks, ☎ 406 888 5241, 🖥 www.nfhostel.com. Gemütliches, relaxtes Hostel mit Camping- plätzen, Dorm-Betten, kleinen Privatchalets und Blockhütten; Anfahrt größtenteils über eine Schotterstraße. Kostenloses WLAN. Camping $16, Dorm $22, Chalets $50, Cabins $85

## ESSEN

**Serrano's**, 29 Dawson Ave, East Glacier Park, ☎ 406 226 9392, 🖥 www.serranosmexican. com. Gute mexikanische Gerichte (Tacos, *chiles rellenos*) und selbstgebrautes Bier in historischer Hütte von 1909. ☼ Mai–Sep tgl. 17–22 Uhr.

**Two Sisters Café**, 3600 Hwy-89, Babb, im Nordosten von Glacier, ☎ 406 732 5535, 🖥 www.twosistersofmontana.com. Dieses bunte Roadhouse ist für seine abgefahrene Einrichtung, die hausgemachten Pasteten, Regenbogenforelle, Bisonburger ($12,95), Chilis und Desserts bekannt. ☼ Juni–Sep tgl. 11–22 Uhr.

**Whistle Stop**, 1024 Hwy-49, East Glacier Park, ☎ 406 226 9292. Lohnt einen Besuch allein wegen des berühmten Heidelbeerkuchens. Hat aber auch annehmbare Fleischgerichte und Burger sowie gutes Frühstück (Haupt- gerichte $7–12). ☼ Juni–Mitte Sep tgl. 6.30–21 Uhr.

## SONSTIGES

### Informationen
Es gibt mehrere **Visitor Center** für den National- park; alle ☎ 406 888 7800, 🖥 www.nps.gov/ glac. Eins befindet sich am Westtor, dem Haupt- eingang zum Park in Apgar, ☼ Mitte Mai–Mitte

Juni tgl. 9–16.30, Mitte Juni–Aug 8–18, Sep– Mitte Okt tgl. 8–17, Mitte Okt–Mitte Mai Sa und So 9–16.30 Uhr.
Ein weiteres **Visitor Center** befindet sich am östlichen Haupteingang bei St. Mary, ☼ Ende Mai–Ende Juni und Ende Aug–Mitte Sep tgl. 8–17, Ende Juni–Ende Aug 8–18 Uhr.
Das **Logan Pass Visitor Center** steht am höchsten Punkt der Going-to-the-Sun Road, ☼ Mitte Juni–Aug tgl. 9–19, Sep 9.30–16 Uhr.

### Touren
**Jammer**, ☎ 406 892 2525, 🖥 www.glacier parkinc.com. Die altmodischen, hellroten **Sightseeingbusse** fahren von den großen Lodges quer durch den Park: Juni–Sep, $55, 4 Std.
Kostenlose **Glacier Shuttles** pendeln von Juli bis Anfang September auf zwei Strecken: einer zwischen dem **Apgar Transit Center**, mehrere Meilen vom Parkeingang entfernt, und Logan Pass (7.30–19 Uhr, alle 15–30 Min., 1 1/2–2 Std.), und einer zwischen Logan Pass und dem St. Mary Visitor Center (8–19 Uhr, alle 40–60 Min., 1 Std.)
**Sun Tours**, ☎ 406 226 9220, 🖥 www. glaciersuntours.com, bietet tgl. halbtägige Touren unter Führung von Angehörigen des Blackfoot-Stammes an (Juni–Sep, $45 ab St. Mary, $50 ab West Glacier).
Auf allen größeren Seen verkehren **Boote**. Die Preise liegen bei ab $26 p. P. für eine einstündige Fahrt.
Das Leihen eines **Kajaks** kostet ab $15,50 pro Std., z. B. bei der Glacier Park Boat Co, ☎ 406 257 2426, 🖥 www.glacierparkboats.com. Mehrere Unternehmen zumeist mit Sitz in West Glacier bieten ausgezeichnete **Wildwasser- Raftingtrips** im Glacier National Park und seiner Umgebung. Der renommierte Veranstalter Glacier Raft Company, ☎ 406 888 5454, 🖥 www. lacierraftco.com, hat Halbtages- und Tagesexkursionen ($56 bzw. $94) im Programm.

## TRANSPORT

Der Haupteingang des Parks ist das Westtor in West Glacier, 25 Meilen östlich von Whitefish und knapp 35 Meilen südlich der kanadischen

Grenze. Der östliche Haupteingang ist bei St. Mary. Die Verbindungsstraße zwischen Ost- und Westeingang, die Going-to-the-Sun Road, kann im Allgemeinen zwischen Anfang Juni und Mitte Oktober befahren werden, wurde in den letzten Jahren jedoch teilweise für Straßenbauarbeiten geschlossen. An der Südgrenze des Parks verläuft der US-2, der ganzjährig geöffnet ist und eine reizvolle Alternativstrecke darstellt.

### Eisenbahn

**Amtrak-Züge** zwischen Chicago und Seattle/ Portland folgen derselben Route wie der US-2. Sie halten in West Glacier – von dort ist es ein kurzer Fußweg bis zum Westtor –, in East Glacier Park (30 Meilen südlich von St. Mary und 1 3/4 Std. mit dem Zug von West Glacier) und in Essex (nur im Sommer, 40 Min. von West Glacier).

# Idaho

Das unwirtliche **Idaho**, 1890 nach viel politischem Tauziehen zum US-Bundesstaat erklärt, wurde als letztes der Gebiete im Westen von Weißen erforscht. **Lewis und Clark** erklärten im Jahr 1805 das verwirrende Labyrinth von Gipfeln und reißenden Flüssen im zentralen Idaho zur schwierigsten Etappe ihrer monumentalen Reise. Obwohl viele seiner herrlichen Landschaften es durchaus verdienen würden, zu Nationalparks erklärt zu werden, standen die für ihren Konservatismus berühmten Bewohner Idahos solchen Vorschlägen bisher eher ablehnend gegenüber. Die Hauptstadt des Bundesstaats, **Boise**, präsentiert sich erstaunlich städtisch und freundlich, aber insgesamt ist Idaho vor allem etwas für Naturliebhaber.

Der Staat wird von umwerfend schönen **Panoramastraßen** durchzogen; eine besonders schöne führt durch die **Sawtooth Mountains**. Dort liegt auch der Red Fish Lake, eines der Highlights der Rocky Mountains. Weitere Naturwunder sind der **Hells Canyon**, die tiefste Flussschlucht Amerikas, und die schwarzen, kargen

**Craters of the Moon**. Wanderer haben die Wahl aus rund 80 Gebirgszügen, zwischen denen sich unberührte Wälder und Lavaplateaus erstrecken. Die mächtigen Flüsse **Snake** und **Salmon River** bieten unbegrenzte Möglichkeiten zum **Angeln** und Wildwasser-**Rafting**.

In Idaho kann man gut essen. Der Bundesstaat genießt besonderes Renommée für seine frischen **Forellen**, Biere, Lammfleisch und Kartoffeln.

## Craters of the Moon

US-20, 18 Meilen westlich von Arco ▪ ⏱ tgl. 24 Std.; Visitor Center Sommer tgl. 8–18, sonst 8–16.30 Uhr ▪ Eintritt $10 pro Auto, $5 pro Fahrrad und Fußgänger (gilt für 7 Tage), Campingplatz Lava Flow $15 (Mai–Nov) ▪ ✆ 208 527 1300, 🖥 www.nps.gov/crmo

Die unheimliche, 215 km² umfassende Landschaft des **Craters of the Moon National Monument**, 90 Meilen westlich von Idaho Falls besteht aus einer Fülle surreal geformter Kegel, Krater und Höhlen aus erstarrter Lava, und der scharfe Wind zwingt die spärlichen Bäume zu bonsaiartigen Verrenkungen. Diese bizarre Landschaft entstand, weil aus einer in der Erdkruste klaffenden Spalte seit 13 000 Jahren in Abständen von mehreren Jahrtausenden Lava strömte. Der jüngste Ausbruch ereignete sich vor 2000 Jahren.

Das **Visitor Center** befindet sich am US-20. Eine 7 Meilen lange, von Ende April bis Mitte November befahrbare **Rundstraße** führt durch ein Lavafeld nach dem anderen, Wege unterschiedlicher Schwierigkeitsgrade zweigen zu einigen Kegeln und Monolithen ab. Wer den Park auf eigene Faust entdecken will, sollte auf den Wegen bleiben, da die Felsen messerscharf sind und Temperaturen wie im Backofen erreichen können. Zu den Highlights zählt ein 1,5 km langer Wanderweg, der an **Baumlöchern** vorbeiführt, wo verbrannte Bäume gähnende Vertiefungen im Steinboden hinterlassen haben.

Ebenfalls lohnenswert ist der steile, knapp 1 km lange Weg auf den Gipfel des **Inferno Cone**, der einen weiten Blick auf die umliegende Landschaft eröffnet. Der 13 km lange

**Wilderness Trail** (kostenloses Permit vom Visitor Center erforderlich) führt ein gutes Stück in die Wildnis, vorbei an verkohlten Kegeln, erstarrten Lavaflüssen und dem großen, von Eruptionen geschaffenen **Echo Crater**.

# Sun Valley

Gemeinhin wird die gesamte reizvolle Gegend des Wood River Valley rund 160 Meilen östlich von Boise als **Sun Valley** bezeichnet, obwohl das offiziell der Name des dortigen **Skigebiets**, 🖥 www.sunvalley.com, ist. Das Skigebiet liegt in einer Mulde unterhalb von Dollar Mountain und Bald Mountain an den relativ gemächlichen Ausläufern der Sawtooths, in der Nähe des ehemaligen Schafzüchterdorfes **Ketchum**. 1936 wurde hier der erste Sessellift der Welt in Betrieb genommen.

Die Hollywoodstars Clark Gable und Gary Cooper und auch der Schriftsteller Ernest Hemingway (s. Kasten) hielten sich hier gern zum Jagen und Fischen auf. Heute steht es jedes Jahr im Juli während der enorm einflussreichen **Allen & Company Sun Valley Conference**, die in der Sun Valley Lodge stattfindet, im Mittelpunkt des Medieninteresses.

Das Sun Valley Resort liegt am 2789 m hohen **Bald Mountain**, der mit den schwierigeren Pisten aufwartet, und am gut 2000 m hohen **Dollar Mountain**, der auch Anfängerpisten bietet. **Hochsaison** ist in Sun Valley von Ende November bis April; außer Möglichkeiten zum Fahrtslauf gibt es auch Langlaufloipen. Ketchum selbst ist ein turbulentes kleines Städtchen mit vielen Unterkünften – es erlebt gerade so etwas wie einen Bauboom – und sogar ein bisschen Nachtleben.

Im **Sommer** kann man auf 30 Meilen ausgezeichneter **Radwege** Rad fahren (Liftkarte $39 pro Tag) und auf den Flüssen weiter nördlich **Rafting**-Touren unternehmen.

## ÜBERNACHTUNG

**Inn at Ellsworth Estate**, 702 3rd Ave S, Hailey, 13 Meilen südlich von Sun Valley, 📞 208 788 6354, 🖥 www.ellworthestate.com.

B&B mit 9 sauberen und geschmackvoll modern ausgestatteten Zimmern, teilweise mit Kamin und DVD. $99

**Sun Valley Inn**, 1 Sun Valley Rd, 📞 208 622 4111, 🖥 www.sunvalley.com. 1937 eröffnetes Resort in einem pseudoschweizerischen Stil, das vor einiger Zeit generalüberholt wurde. $269

**Sun Valley Lodge**, 1 Sun Valley Rd, 📞 208 622 4111, 🖥 www.sunvalley.com. Die 600 Zimmer in dem Resorthotel von 1936 sind so teuer, wie man es erwarten würde. Ausgestattet sind sie mit TV, Highspeed-Internet und DVD-Player. Außerdem gibt es Suiten mit Wohnbereich und Kamin. Auch bekannt für die Schwäne auf dem Teich am Haupteingang. $309

## ESSEN

**Cristina's**, 520 2nd St E, 📞 208 726 4499, 🖥 www.cristinasofsunvalley.com. Teureres Frühstücks- und Mittagslokal (Sandwiches

$16,25) in einem niedlichen Holzhäuschen. Eine wirklich gute Adresse für einen Sonntags-Brunch und leckere Omeletts ($15,50) mit italienischem Einschlag – Cristina stammt nämlich aus der Toskana. ⏲ Mo–Sa 7–16, So 9–15 Uhr.

**Pioneer Saloon**, 320 N Main St, 📞 208 726 3139, 🖥 www.pioneersaloon.com. Das beliebteste Lokal der Stadt, vollgestopft mit allen möglichen Wildweststücken wie ausgestopften Bison-köpfen. Serviert werden fabelhafte, gut ab-gehangene Steaks (ab $24,95) und Grillforelle ($20). ⏲ tgl. 16–23 Uhr.

**Sawtooth Club**, 231 N Main St, 📞 208 726 5233, 🖥 www.sawtoothclub.com. In dem altehr-würdigen Restaurant zechte einst Hemingway. Heute ist es für amerikanische Steakhaus-klassiker, frischen Fisch, Wildbret und Pastagerichte wie Butternusskürbis-Ravioli bekannt (Hauptgerichte $20–32). ⏲ tgl. 16.30–23 Uhr.

**Whiskey Jacques**, 251 N Main St, Ketchum, 📞 208 726 5297, 🖥 www.whiskeyjacques.com. Guter Kneipentreff mit Livemusik von Bands aus den ganzen USA. Anständige Auswahl an Pizzas ($14–22) und Burgern ($10–12). ⏲ tgl. 16–2 Uhr.

### INFORMATIONEN

**Visitor Center**, im örtlichen Starbucks in der 491 Sun Valley Rd E, 📞 208 726 3423, 🖥 www.visitsunvalley.com, ⏲ Mo–Sa 9–17, So 10–16 Uhr.

### NAHVERKEHR

Zwischen dem Ort Sun Valley und Ketchum und anderen Orten im Tal verkehren kostenlose **Busse** von Mountain Rides, 📞 208 788 7433, 🖥 www.mountainrides.org. Alle haben Fahrradträger

### TRANSPORT

**Sun Valley Express**, 📞 208 576 7381, 🖥 www.ctcbus.com, bietet einmal am Tag Shuttles vom Flughafen von BOISE nach Sun Valley und zurück (2 3/4 Std., $85 einfach).

# Sawtooth Mountains

Nördlich von Ketchum und des Sun Valley klet-tert der Hwy-75 durch Wälder und Berge und erreicht nach 20 Meilen das gewaltige Pano-rama des **Galena Summit** (2652 m). Weit unter einem erstrecken sich die Wiesen des Sawtoo-th Valley Richtung Norden. Die gewundene Stra-ße, der sogenannte **Sawtooth Scenic Byway**, verläuft am jungen **Salmon River** entlang, der in-mitten der eisigen Gipfel im Süden entspringt; am westlichen Horizont bildet der spitze Kamm der **Sawtooth Mountains** eine unüberwindliche Barriere.

Das wichtigste Highlight an diesem Strecken-abschnitt ist der von den Gipfeln des Mount Heyburn und des Grand Mogul malerisch einge-rahmte **Red Fish Lake** (nicht weit vom Highway, 60 Meilen nördlich von Ketchum). Im See tum-meln sich jede Menge Rotlachse, und in dem als Shangri-La bekannten Bergseengebiet beste-hen schöne Wander- und Campingmöglichkei-ten. Informationen, Vorträge über die Tierwelt und **Bootsausflüge** (Sommer Sa 15.30, So 13 Uhr, $16, 1 Std.) bietet das **Redfish Center & Gallery**, 📞 208 774 3376, am See; ⏲ Sommer tgl. 9.30–17 Uhr, Eintritt frei.

Im winzigen Ort **Stanley**, sieben Meilen nörd-lich des Sees, werden im Sommer (Mai–Sep) **Raftingtrips** angeboten, zum Beispiel von der River Company, 📞 208 788 5775, 🖥 www.therivercompany.com; 4 Std. $75.

## Idahos großes Flussabenteuer

Ein fünftägiger Raftingtrip auf der Middle Fork des **Salmon River** ist vielleicht das unvergess-lichste Erlebnis in ganz Idaho; am Ende fühlt man sich wie ein Mitglied des Expeditions-teams von Lewis und Clark.

Auf der 105 Meilen langen Strecke durch die spektakuläre River of No Return Wilderness verliert der Fluss über 900 Höhenmeter. Die Trips beginnen gewöhnlich in Stanley, enden in Salmon in Idaho und kosten ab $1715. Informa-tionen zur Route, den Terminen und ein Video finden sich auf der Website des Anbieters 🖥 www.rowadventures.com.

## Salmon River Scenic Byway

Östlich von Stanley folgt der **Salmon River Scenic Byway** (immer noch der Hwy-75) dem Salmon River durch den Salmon-Challis National Forest – eine wunderschöne Strecke durch bewaldete Schluchten und hoch aufragende Berge. Im Ort **Sunbeam** (13 Meilen von Stanley) zweigt links der **Custer Motorway** (auch bekannt als Forest Road 070) ab: Die meist geschotterte Straße schlängelt sich Richtung Nordwesten am Flüsschen Yankee Fork entlang.

Acht Meilen hinter Sunbeam kommt man an der **Yankee Fork Gold Dredge**, 🖳 www.yankeeforkdredge.com, vorbei, einem 34 m langen Schwimmbagger, mit dem einst Gold aus Flusskiesel gewonnen wurde, ☉ Sommer tgl. 10–16.30 Uhr, Eintritt $5.

Ein paar Meilen weiter liegt die Geisterstadt **Custer**, die von 1879 bis 1910 als Goldgräbersiedlung florierte – wer möchte, kann auch noch die weniger erschlossene Geisterstadt **Bonanza** besichtigen. Im alten Schulhaus ist ein kleines Museum untergebracht, ☉ Sommer tgl. 10–16 Uhr, Eintritt frei.

Hinter Custer wird die Straße erheblich holpriger, und wer keinen Allradwagen hat, fährt am besten zurück nach Sunbeam. Die beiden Strecken treffen sich bei **Challis**; hier wird das Land sehr viel trockener und baumloser. Das **Land of the Yankee Fork Interpretive Center**, ☎ 208 879 5244, bei Challis an der Kreuzung der Highways 75 und 93 erzählt die Geschichte des Goldrauschs in der Gegend ab 1870, ☉ Sommer tgl. 9–17 Uhr, Eintritt $2, Parkplatz $5.

Ab Challis führt der Hwy-93 durch mehrere herrliche Schluchten 60 Meilen Richtung Norden nach **Salmon**. Hier zeigt das **Sacajawea Center**, 2700 Main St, Hwy-28, ☎ 208 756 1188, 🖳 www.sacajaweacenter.org, eine kleine Ausstellung über die Lewis-und-Clark-Expedition in Idaho, gesehen durch die Augen ihres Schoschonen-Dolmetschers, ☉ Sommer Mo–Sa 9–17, So 12.30–17 Uhr, Eintritt $5.

### ÜBERNACHTUNG UND ESSEN

**Sawtooth Hotel**, 755 Ace of Diamonds St, Stanley, ☎ 208 721 2459, 🖳 www.sawtoothhotel.com. Bekanntes Blockhüttenhotel von 1931 mit 9 altmodischen Zimmern (davon 5 mit Bad) und erstklassigem Restaurant (☉ Do–Mo 17–21.30 Uhr). ☉ Mai–Okt. Ohne Bad $70, mit Bad $100

**Stanley Baking Co & Café**, 250 Wall St, Stanley, ☎ 208 774 2981, 🖳 www.stanleybakingco.com. In der einfachen Holzlodge bekommt man herzhaftes Frühstück und Mittagessen, jeweils begleitet von köstlichen Backwaren aus eigener Herstellung. ☉ Mai–Okt tgl. 7–14 Uhr.

**Stanley High Country Inn**, 21 Ace of Diamonds St, Stanley, ☎ 208 774 7000, 🖳 www.highcountryinn.biz. Rustikale Lodge mit geräumigen Zimmern und Suiten mit kleinen Küchen, TV und kostenlosem *continental*-Frühstück. $138

### INFORMATIONEN

Informationen über Campingplätze und Wanderwege erteilen die Mitarbeiter im Verwaltungsbüro der **Sawtooth National Recreation Area**, etwa 8 Meilen nördlich von Ketchum in der 5 North Fork Canyon Rd, ☎ 208 727 5000, 🖳 www.fs.usda.gov/sawtooth, ☉ tgl. 8.30–17 Uhr.

# Boise

Die liebenswerte, grüne Hauptstadt **Boise** („beusi" ausgesprochen) liegt beiderseits des I-84, nur 50 Meilen von der Grenze zu Oregon entfernt. Die Stadt entwickelte sich im Schutz des Fort Boise, das 1862 zur Sicherung des Oregon Trails errichtet wurde. Nachdem sie den Namen übernommen hatten, den ursprünglich französische Trapper dem Gebiet gaben, pflanzten die ersten Bewohner von Boise der Bedeutung dieses Namens entsprechend (*les bois* = „die Wälder") Hunderte von Bäumen.

Heute ist Boise eine freundliche, weltoffene und naturverbundene Stadt mit rund 215 000 Einwohnern. Hier gibt´s ausgezeichnete Möglichkeiten zum Skifahren, Radfahren und Raften auf dem Boise River, alles nicht weit entfernt von zahlreichen sehr guten unabhängigen Geschäften, Restaurants und Bars. Den Kern der Innenstadt bilden die Brunnen der **Grove Plaza**; bei der jährlichen Konzertreihe „**Alive after Five**" lassen sich verschiedenste Essens- und Geträn-kestände auf dem Platz nieder (Juni–September jeden Mittwoch).

Boise verfügt über die weltweit größte **baskische** Einwohnerschaft außerhalb der baskischen Kernlande in Spanien und Frankreich. Außerdem ist hier die **Boise State University** (BSU) ansässig, deren Football-Mannschaft, die Broncos, fanatisch unterstützt wird – die Rivalität mit der University of Idaho in Moscow hat eine lange Tradition.

Der schönste Teil der Stadt ist aber vermutlich der **Greenbelt**, ein 25 Meilen langer Rad- und Wanderweg, der immer wieder über den stillen **Boise River** führt und verschiedene Parks der Stadt miteinander verbindet.

## Idaho State Capitol

700 W Jefferson St ▪ ⏰ Mo–Fr 6–18, Sa und So 9–17 Uhr ▪ Eintritt frei ▪ ☎ 208 332 1012, 🖳 www.capitolcommission.idaho.gov

Im Zentrum der Stadt liegt das **Idaho State Capitol**, ein stattliches neoklassizistisches Bauwerk von 1912 mit Kuppel. Innen ist das Gebäude mit weißem Marmor mit grüner Äderung verkleidet – nur die korinthischen Säulen sind nicht aus echtem Marmor. Unten sind Karten für einen Rundgang auf eigene Faust erhältlich; die Ausstellungen zur Geschichte und Struktur des Staates Idaho erweisen sich als überraschend unterhaltsam. Der nahe **Old Boise Historic District**, 🖳 www.oldboise.com, präsentiert sich

### Shakespeare in Boise

Etwas außerhalb der Stadt werden in einem speziell für diesen Zweck gebauten Freilichttheater, 5657 Warm Springs Ave, im Rahmen des **Idaho Shakespeare Festival**, ☎ 208 336 9221, 🖳 www.idahoshakespeare.org (Juni–Sep, Tickets zumeist $29–40), sehenswerte Inszenierungen geboten. Die Karten hierfür sind günstig, und gewöhnlich sind auch noch welche zu haben. Pro Saison werden ungefähr fünf Stücke präsentiert, zwei oder drei davon von Shakespeare. Fürs leibliche Wohl sorgt ein kleines Restaurant, man kann aber auch eigenen Proviant mitbringen.

nach umfassender Restaurierung nun als elegantes Viertel mit Backsteinhäusern, Läden und Restaurants von zumeist 1903–10.

## Basque Museum and Cultural Center

611 Grove St ▪ ⏰ Di–Fr 10–16, Sa 11–15 Uhr ▪ Eintritt $5 ▪ ☎ 208 343 2671, 🖳 www.basque museum.com

Das **Basque Museum and Cultural Center** im „baskischen Viertel" an der Grove Street spürt anhand von Antiquitäten, Relikten, Fotografien und Manuskripten der Geschichte der baskischen Einwanderer nach, die nach Zentral-Idaho kamen, um in der bergigen Region als Schäfer zu arbeiten. Auf dem Gelände steht auch das reizende Cyrus Jacobs-Uberuaga Boarding House von 1864.

Das baskische **Jaialdi-Festival** zieht Menschen aus aller Welt an und ist hier schon mehrere Mal gefeiert worden. Das nächste findet im Juli 2020 statt, 🖳 www.jaialdi.com.

## Idaho Historical Museum

610 N Julia Davis Drive ▪ ⏰ Mai–Sep Di–Sa 9–17, So 13–17, Okt–April Di–Fr 9–17, Sa 10–17 Uhr ▪ Eintritt $5 ▪ ☎ 208 334 2120, 🖳 www.history.idaho.gov

Das **Idaho Historical Museum** beschäftigt sich mit der Geschichte der Indianer und der Basken, mit chinesischen Goldsuchern der 1870er- und 80er-Jahre und mit Pelzhändlern, Goldsuchern und Farmern aus Idaho. Nach umfassender Renovierung sollte es Ende 2017 wieder eröffnen.

## Old Idaho Penitentiary

2445 Old Penitentiary Rd, abseits der Warm Springs Ave ▪ ⏰ Sommer tgl. 10–17, sonst 12–17 Uhr ▪ Eintritt $6 ▪ ☎ 208 334 2844, 🖳 www.history.idaho.gov

Das düstere **Old Idaho Penitentiary** am Stadtrand ist eine eindrucksvolle Zitadelle, die ab 1870 als Gefängnis genutzt wurde und diese Funktion erfüllte, bis eine größere Revolte der Insassen 1973 die Behörden dazu brachte, eine neue Einrichtung zu bauen. Ein kleines Museum zeigt konfiszierte Waffen und Fahndungsfotos ehemaliger Insassen. Einer von ihnen war Harry Orchard, der 1905 den Gouverneur von Idaho ermordete und hier seine Strafe absaß. Bei einer Besichtigung sind enge Einzelzellen und der Galgen zu sehen, an dem 1957 die letzte Hinrichtung in Idaho stattfand.

Im **J. C. Earl Weapons Exhibit** ist eine umfassende, etwas makabre Sammlung von Messern, Schwertern und Schusswaffen zu sehen, von seltenen Pfeilspitzen aus dem Iran der Bronzezeit bis zu modernen M16-Gewehren.

## ÜBERNACHTUNG

**Grove Hotel**, 245 S Capitol Blvd, ☎ 208 333 8000, ⌨ www.grovehotelboise.com. Recht preisgünstige, elegante Zimmer, von denen viele einen tollen Ausblick über die City und auf die Berge bieten. Hallenbad vorhanden. $179
**Hotel 43**, 981 Grove St, ☎ 208 342 4622, ⌨ www.hotel43.com. Boutiquehotel, in dem gerne Promis nächtigen. Schicke, moderne Zimmer mit allen möglichen Extras. $214

**Modern**, 1314 W Grove St, ☎ 208 424 8244, ⌨ www.themodernhotel.com. In ein Boutiquehotel verwandeltes Kettenmotel mit aufgemöbeltem Designerschick der 1950er-Jahre und HDTV. $118
**Red Lion Downtowner**, 1800 Fairview Ave, ☎ 208 344 7691, ⌨ www.redlion.com/boise. Riesiges Hotel mit Pool, praktischem Shuttle, der Gäste überall in der Stadt hinbringt und wieder abholt, sowie geräumigen, behaglichen Zimmern. $120

## ESSEN UND UNTERHALTUNG

Boise behauptet von sich, die *fry sauce* erfunden zu haben (jedoch spricht auch einiges für Utah), eine köstliche Mischung aus Mayonnaise, Ketchup und Gewürzen; fast jedes Restaurant wartet mit einer eigenen Version auf. Boise liegt außerdem nicht weit entfernt vom Weinanbaugebiet im Südwesten Idahos – recht gut ist der Grauburgunder von dort; s. ⌨ www.wine.idaho.gov.

**Bar Gernika**, 202 Capitol Blvd, ☎ 208 344 2175, ⌨ www.bargernika.com. Ausgezeichnete baskische Spezialitäten, Eintöpfe, Lammgerichte und Rinderzunge (Gerichte zumeist unter $12). ⊙ Mo 11–23, Di–Do 11–24, Fr 11–1, Sa 11.30–1 Uhr.

**Barbacoa**, 276 Bobwhite Court, ☎ 208 338 5000, ⌨ www.barbacoa-boise.com. Originelles Restaurant am Parkcenter Lake mit bunt zusammengewürfelter Einrichtung wie großen Drahtskulpturen, verrückten Kronleuchtern und Spanien-Motto. Die Küche ist jedoch zumeist modern amerikanisch: Steak-Sandwich ($21), Paella ($29) und Idaho-Forelle ($29). ⊙ tgl. 16–2 Uhr.

**Bittercreek Alehouse**, 246 N 8th St, ☎ 208 345 1813, ⌨ www.bcrfl.com/bittercreek. Schicke Kneipe mit 39 Fassbieren von Kleinbrauereien des gesamten Westens und guten Burgern ($10,25). ⊙ Mo–Mi und So 11–24, Do 11–1, Fr und Sa 11–2 Uhr.

**Boise Fry Co**, 204 N Capitol Blvd, ☎ 208 949 7523, ⌨ www.boisefrycompany.com. Diese Minikette brutzelt wunderbare Pommes. Man kann aus sechs Kartoffelsorten wählen, dann die Portionsgröße (klein ab $2,59) und schließlich den Stil (gewellt, nach Hausmacherart, dünn etc.). ⊙ tgl. 11–21 Uhr.
**Chandlers**, 981 W Grove St, ☎ 208 383 4300, ⌨ www.chandlersboise.com. Edles Steakhaus mit fachkundig gegrillten Rindersteaks ($34–48) sowie außergewöhnlich guten Martinis. ⊙ tgl. 16–23.30 Uhr.
**Fork**, 199 N 8th St, ☎ 208 287 1700, ⌨ www.boisefork.com. *Farm-to-table*-Hotspot: Auf der Karte ist jeweils verzeichnet, woher die Zutaten stammen. Toll sind etwa die Rosmarin-Parmesan-Pommes ($4,95) und der Grillkäse mit Zwiebelmarmelade ($8,95). ⊙ Mo–Do 11.30–22, Fr 11.30–23, Sa 9.30–23, So 9.30–21 Uhr.
**Goldy's**, 108 S Capitol Blvd, ☎ 208 345 4100, ⌨ www.goldysbreakfastbistro.com. Moderner Diner mit herzhaften Speisen von Lachsküchlein bis zu *biscuits 'n' gravy* und leckeren Süßkartoffelpuffern. Man kann sich hier auch ein ausgezeichnetes Frühstücksmenü nach Wunsch für unter $12 zusammenstellen. ⊙ Mo–Fr 6.30–14, Sa und So 7.30–14 Uhr.

## INFORMATIONEN

**Visitor Center**, Concierge Corner an der Grove Plaza, Front St Höhe 9th, ☎ 208 344 5338, ⌨ www.boise.org, ⊙ Mo–Fr 10–16 Uhr.

**Busse**

Busse von **Greyhound** halten in der 1212 W Bannock St westlich des Zentrums.

**Busse nach**:
MOSCOW (1x tgl., 6 3/4 Std.),
PORTLAND (2x tgl., 9 3/4 Std.),
SALT LAKE CITY (2x tgl., 6 3/4–7 1/4 Std.),
SPOKANE (1x tgl., 8 1/2 Std.).

**Flüge**

**Boise Airport**, 🖳 www.iflyboise.com, drei Meilen südlich des Stadtzentrums am I-84. In die Stadt fahren Taxis ($15) und Busse von Valley Ride (Mo–Fr halbstdl., Sa stdl., $1, 🖳 www.valleyride.org).

# Hells Canyon

Hinter dem geschäftigen kleinen Wasser- und Wintersportort **McCall**, 110 Meilen nördlich von Boise, klettert der Hwy-55 stetig hinauf zum US-95, welcher dann dem wilden **Little Salmon River** folgt. Unmittelbar südlich des Örtchens **Riggins**, 30 Meilen weiter, ergibt sich eine gute Möglichkeit, von Idaho aus einen Blick in den **Hells Canyon** zu werfen. Mit einer durchschnitt-

## Jetboottouren im Hells Canyon

Die spannendste Art und Weise, den Hells Canyon zu erkunden, ist per **Jetboot** – die steil aufragenden Klippen, Stromschnellen, Weißkopfseeadler, Schwarzbären und die wundervolle Landschaft wird man so schnell nicht vergessen. Auf der Idaho-Seite ist ein renommierter Anbieter Killgore Adventures im Städtchen White Bird, 30 Meilen nördlich von Riggins, ✆ 208 839 2255, 🖳 www.killgoreadventures.com; 5- bis 6-stündige Touren kosten $175. Gehalten wird unterwegs unter anderem am Kirkwood Historical Ranch Museum, an der Sheep Creek Cabin und den indianischen Felsbildern sowie zum Mittagessen am Dam Visitor Center.

lichen Tiefe von 1676 m ist dies die tiefste Flussschlucht der USA, jedoch erscheint es aufgrund der Breite der Schlucht und des Fehlens steiler Felswände nicht so. Trotzdem ist der Canyon sehr eindrucksvoll, mit den Bergketten Wallowa und Eagle Cap in Oregon im Hintergrund und dem Fluss tief unten.

Der **Heaven's Gate Overlook** ist der beste Aussichtspunkt am Canyon in Idaho. Er lässt sich vom Südrand von Riggins her auf einer sehr steilen und kurvenreichen Schotterstraße (Forest Road 517) erreichen. Die Straße ist am besten mit einem Allradfahrzeug zu befahren, und die Fahrt zum Aussichtspunkt dauert rund einen halben Tag. Der Canyon ist außerdem von Oregon aus mit dem Auto sowie per Jetboot (s. Kasten) erreichbar.

# Moscow

Die 30 Meilen des US-95 zwischen Lewiston am Nordende des Hells Canyon und **Moscow** führen durch die malerischen Hügel des fruchtbaren Palouse Valley. Moscow selbst ist ein freundliches Städtchen, das sich gut für eine Übernachtung eignet, mit einem Ableger der **University of Idaho**. Buchhandlungen, Galerien, Bars und Cafés säumen die schattige **Main Street**, und das ganze Jahr über gibt's ein gutes Kulturangebot mit Theater, Musik und Filmen. Und das nicht zuletzt im Rahmen einiger Festivals wie dem **Moscow Artwalk**, ✆ 208 883 7036, mit Sommerausstellungen und dem **Lionel Hampton Jazz Festival**, ✆ 208 885 6765, 🖳 www.uidaho.edu/class/jazzfest, mit neuen und alten bekannten Künstlern jedes Jahr im Februar.

# Idaho Panhandle

Der schmale, zerklüftete Nordteil von Idaho ist als **Idaho Panhandle** bekannt. Er ist von Washington und Montana aus über den I-90, der dem Coeur d'Alene River und dessen South Fork folgt, leichter zugänglich als die südlichen Teil des Bundesstaats. Zwar stellt **Wallace** eine interessante historische Attraktion dar,

Die ersten Weißen, die den **Nez Percé-Indianern** begegneten, waren 1805 die von Hunger und Krankheiten geschwächten Teilnehmer der Expedition von Lewis und Clark. Die Indianer gewährten den Forschern Schutz und versorgten sie mit Lebensmitteln, bis sie in Richtung Westen weiterziehen konnten. Über 50 Jahre lang bestand zwischen den Nez Percé – diesen Namen hatten französisch-kanadische Trapper den Indianern gegeben, weil sie Muschelschmuck an ihren Nasen trugen (heute nennen sie sich Niimíipu) – und Weißen ein fast freundschaftliches Verhältnis. Doch die ersten Goldfunde und die Gier der Weißen nach Land sollten das bald ändern. 1863 überredete die Regierung einige Abtrünnige des Stammes, einen Vertrag zu unterzeichnen, in dem sie auf drei Viertel ihres Stammeslandes verzichteten. Als sich Anfang der 1870er-Jahre die ersten Siedler in den Jagdgründen des Wallowa Valley niederlassen wollten, weigerte sich die Mehrheit der Nez Percé unter der Führung von **Chief Joseph**, den Vertrag anzuerkennen. Nach einigem Zögern setzte die Regierung dem Stamm 1877 eine Frist von 30 Tagen, um das Land zu verlassen.

Die Spannungen führten zu blutigen Auseinandersetzungen, in deren Verlauf mehrere Siedler getötet wurden. Als sich die Armee zum Sturm auf die Indianer zu sammeln begann, brachen diese zu ihrem berühmten **Rückzug der Nez Percé** auf. Rund 250 Krieger – unter ihrem Schutz so viele Frauen, Kinder und alte Leute – schalteten durch häufige, geschickte Angriffe Armeekolonnen von vielfacher Stärke aus und entkamen jedes Mal knapp. Doch nach vier Monaten und 1700 Meilen – nur 30 Meilen vor der relativen Sicherheit der kanadischen Grenze – hatte die Armee die Nez Percé in die Enge getrieben, und Chief Joseph sah sich zu seiner legendären Kapitulationsrede gezwungen: „Hört mich an, meine Häuptlinge! Ich bin müde, mein Herz ist krank und traurig. Ich werde von dort, wo die Sonne jetzt steht, niemals mehr kämpfen." Heute leben etwa 1500 Nez Percé in einem Reservat zwischen Lewiston und Grangeville.

Der **Nez Percé National Historic Park** mit 38 historischen Stätten erstreckt sich über ein riesiges Gebiet im Norden von Zentral-Idaho, Ost-Oregon und West-Montana. Zehn Meilen östlich von Lewiston befindet sich das **Visitor Center** in Spalding, ☎ 208 843 7001, 🖥 www.nps.gov/nepe, mit dem Museum of Nez Percé Culture; ⏱ tgl. 8.30–16, Sommer 8–17 Uhr, Eintritt frei. 70 Meilen weiter südlich am US-95 liegt das White Bird Battlefield – der Schauplatz der ersten großen Schlacht während des Rückzugs der Nez Percé, in der die Indianer 34 Soldaten der US-Armee töteten.

doch im Grunde dreht sich hier alles um die Natur. Im Panhandle gilt übrigens die Pacific Time, sodass man hier eine Stunde hinter dem restlichen Idaho zurück ist, wo die Uhren **Mountain Time** anzeigen.

## Coeur d'Alene

**Coeur d'Alene**, 50 Meilen nördlich von Moscow, ist heute ein wichtiger Urlaubsort und die Hauptstadt des Panhandle. Sie liegt am Ufer des hübschen, 25 Meilen langen **Lake Coeur d'Alene**, der sich in die Berge hinein erstreckt. Direkt am See befindet sich das teure **Coeur d'Alene Resort**, das die unscheinbare Innenstadt beherrscht. Hier werden **Bootsrundfahrten** auf dem See angeboten: Sommer tgl. 12.30 und 14.30 Uhr, $24,75, 🖥 www.cdacruises.com.

### ÜBERNACHTUNG UND ESSEN

🏨 **Beverly's**, Coeur d'Alene Resort, 115 S 2nd St, ☎ 208 765 4000, 🖥 www.beverlys cda.com. Schickes Restaurant mit wunderbaren Seeblicken und sehr guten Gerichten aus Seafood, Rindfleisch und Königskrabben sowie Bison-Carpaccio (Hauptgerichte $22–42). ⏱ Mo–Do 11–14.30 und 17–21, Fr und Sa 11–14.30 und 17–22, So 17–21 Uhr.

**Bistro on Spruce**, 1710 N 4th St, ☎ 208 664 1774, 🖥 www.bistroonspruce.com. Köstliche Speisen in mittlerer Preislage wie scharf angebratener Ahi-Thunfisch, Entenconfit und Wildlachs. Zum Nachtisch gibt's z. B. Heidelbeer-Crème brûlée (Hauptgerichte $13–26). ⏱ Mo–Fr 11–14.30 und 17–21, Sa 9–15 und 17–21, So 9–15 Uhr.

**Flamingo Motel**, 718 E Sherman Ave, ☎ 208 664 2159, 🖥 www.flamingomotelidaho.com. Billige und saubere Unterkunft mit kitschig gestalteten Zimmern, z. B. im Cowboy-, tropischen Cabana- und ultrapatriotischen Look. $110

**Roger's Ice Cream & Burgers**, 1224 E Sherman Ave, ☎ 208 930 4900, 🖥 www.rogersicecream burgers.com. Verführerische Eissorten aus eigener Herstellung sowie handgeschnittene Fritten aus Idaho-Kartoffeln und saftige Burger ($6). ⊕ Mo–Do 10.30–22, Fr–So 10.30–23 Uhr.

## Wallace

Rund 48 Meilen südöstlich von Coeur d'Alene befindet sich die authentische Wildwest-Berg-baustadt **Wallace**, gegründet 1884 von einem gewissen Colonel Wallace und für kurze Zeit die Silberhauptstadt der Welt. Diese Tage sind lange vorbei. Die Stadt hat in den vergange-nen Jahren hart ums Überleben gekämpft, ob-wohl sie wirklich sehr malerisch ist – hier wur-de 1997 der Film *Dante's Peak* gedreht – und ihre schäbigen historischen Straßenzüge zu den be-merkenswertesten in den Rockies zählen. Ei-nen Überblick über die turbulente Geschich-te des Orts liefert die 75-minütige **Sierra Silver Mine Tour** ab der 420 N 5th St, ☎ 208 752 5151, 🖥 www.silverminetour.org. Der Ausflug beginnt

Eines der Highlights des Idaho Panhandle ist eine Wanderung oder Radtour auf dem **Route of the Hiawatha Bike Trail**, 🖥 www.ridethe hiawatha.com, der alten, 15 Meilen langen Bahnstrecke zwischen Roland und Pearson. Sie verläuft durch zehn Tunnel und über sieben hohe Bockbrücken. Besonders toll ist die Stre-cke durch den 1,7 Meilen langen St. Paul Pass Tunnel. Für die Benutzung des Wegs wird eine Gebühr von $10 erhoben, ein Shuttle zwischen Pearson und Roland kostet $9.

Der genauso spektakuläre **Trail of the Coeur d'Alenes** verläuft auf 72 Meilen von Mullan nach Plummer. Näheres siehe 🖥 www.park sandrecreation.idaho.gov/parks/trail-coeur-d-alenes.

mit einer Busfahrt zur Mine, in der man sich vor Augen führen kann, wie hart die Arbeit der Bergarbeiter vor hundert Jahren gewesen sein muss; Juni–Aug tgl. alle 30 Min. 10–16, Mai, Sep und Okt 10–14 Uhr; $15.

Weitere Informationen bietet das **Wallace District Mining Museum**, 509 Bank St, ☎ 208 556 1592, 🖥 www.wallaceminingmuseum.org. Es zeigt Fotos und Gegenstände aus den Blü-tezeiten des Gold- und Silberbergbaus von den 1880er- bis zu den 1940er-Jahren, ⊕ Mai, Juni und Sep tgl. 10–17, Juli und Aug tgl. 9–17, Okt und April Mo–Sa 10–17, Nov–März Mo–Fr 13–17 Uhr; Eintritt $3.

Um zu sehen, was die Grubenarbeiter an ih-ren freien Tagen unternahmen, kann man dem **Oasis Bordello Museum**, 605 Cedar St, ☎ 208 753 0801, einen Besuch abstatten. Hier wird die lange Geschichte dieses Etablissements er-zählt, ⊕ Mai–Okt Mo–Sa 10–17, So 11–15 Uhr; Eintritt $5.

**Red Light Garage**, 302 5th St, ☎ 208 556 0575, 🖥 www.redlightgarage.com. Der mit alten Schildern übersäte Diner verströmt jede Menge Flair. Lecker sind neben den Heidelbeer-Shakes ($4,50) auch die Burger ($6). ⊕ Mo–Do und So 7–20, Fr und Sa 7–21 Uhr.

**Smokehouse BBQ**, 424 6th St, ☎ 208 659 7539, 🖥 www.smokehousebbqsaloon.com. Dieses urige Juwel bietet eine riesige alte Theke, ein buntes Durcheinander drinnen sowie ein paar Tische draußen, ausgezeichnete Grillteller (ab $12) und Specials wie Lachs- und Forellen-burger. Das Gebäude stammt von 1890 und diente einst als Gericht und Gefängnis. ⊕ Mo–Do 11.30–21, Fr und Sa 11.30–22 Uhr.

**Wallace Brewing Co**, 610 Bank St, ☎ 208 660 3430, 🖥 www.wallacebrewing.com. Brauereikneipe in einem weiteren Gebäude von 1890, mit vorzüglichen Bieren wie dem JackLeg Stout und dem Huckleberry Lager. ⊕ Mo–Mi und So 13–18, Do 13–19, Fr und Sa 13–20 Uhr.

**Wallace Inn**, 100 Front St, ☎ 208 752 1252, 🖥 www.thewallaceinn.com. Die beste Unter-kunft im Ort mit Swimming Pool, Jacuzzi,

Fitnessraum und Sauna sowie gemütliche, geräumige Zimmer in einem modernen, schnörkellosen Stil. $159

## Sandpoint

Der hübsche Ort **Sandpoint** 44 Meilen nördlich von Coeur d'Alene liegt am nordwestlichen Ende des 43 Meilen langen **Lake Pend Oreille**. Das Zentrum befindet sich am stillen Sandy Creek, die Hauptattraktionen liegen aber außerhalb. Am Südende des Sees bietet der **Farragut State Park**, 13400 Ranger Rd, ☎ 208 683 2425, auf 1620 ha Fläche Möglichkeiten zum Bootfahren, Wandern und Campen ($23–47).

In den spitzen Selkirk Mountains im Nordosten liegt das **Schweitzer Mountain Resort**, ☎ 208 263 9555, 🖥 www.schweitzer.com, das beste Skiresort des nördlichen Idaho, mit jeder Menge geräumigen, gemütlichen Unterkünften. Im Sommer gelangt man per Lift ($15 pro Fahrt, Tageskarte $25) zu Wanderwegen und Mountainbike-Trails.

JOHN FORD POINT, MONUMENT VALLEY, ARIZONA

# Der Südwesten

**Auf einem von tiefen Schluchten durchzogenen Hochplateau liegen die vier spärlich besiedelten Wüstenstaaten im Südwesten der USA: New Mexico, Arizona, Utah und Nevada. Die überwältigende Wildwest-Landschaft – turmhohe, dunkelrote Sandsteinmonolithen, mächtige Canyons, staubige Wüsten – wird vom Erbe indianischer Kulturen ergänzt.**

# Stefan Loose Traveltipps

**Santa Fe, NM** Tolle Museen, spannende Geschichte, schöne Hotels. S. 242

**5 Wüstenstädte und Felspaläste** Die Felsenwohnungen, die die Ahnen der Pueblo-Indianer hinterlassen haben, sind schlicht beeindruckend. S. 248

**6 Grand Canyon, AZ** Schluchten so-weit das Auge reicht, oft beschrie-ben und doch unbeschreiblich. S. 276

**Havasupai Reservation, AZ** Der Ausläufer des Grand Canyon ist seit jeher die Heimat amerikanischer Ureinwohner. S. 282

**7 Monument Valley, AZ** Der Anblick der Sandsteinmonolithen in natura verschlägt einem die Sprache. S. 284

**Highway 12** Der vielleicht schönste Highway der USA führt mitten durch die Sandsteinwüste Utahs. S. 296

**Delicate Arch, UT** Dieser frei stehende natürliche Steinbogen ist das Highlight des Arches National Park. S. 301

**8 Las Vegas, NV** Man muss Las Vegas gesehen haben, um glauben zu können, dass es so etwas gibt. S. 308

LAS VEGAS, NEVADA

MUSEUM HILL, SANTA FE, NEW MEXICO

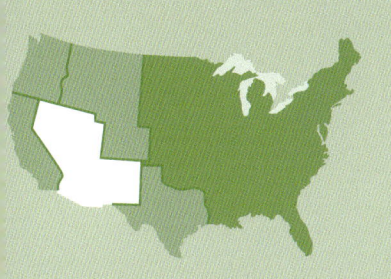

## Inhalt

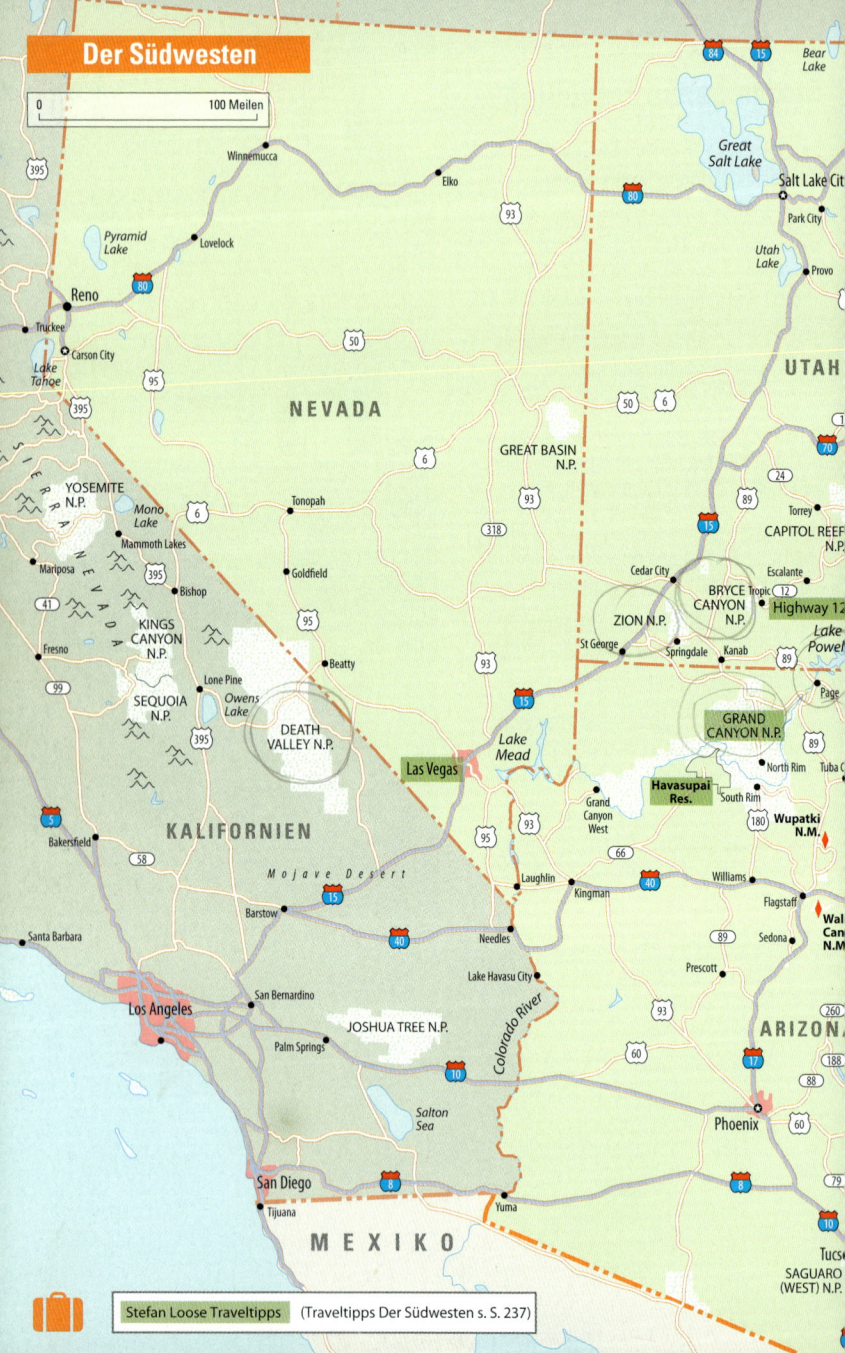

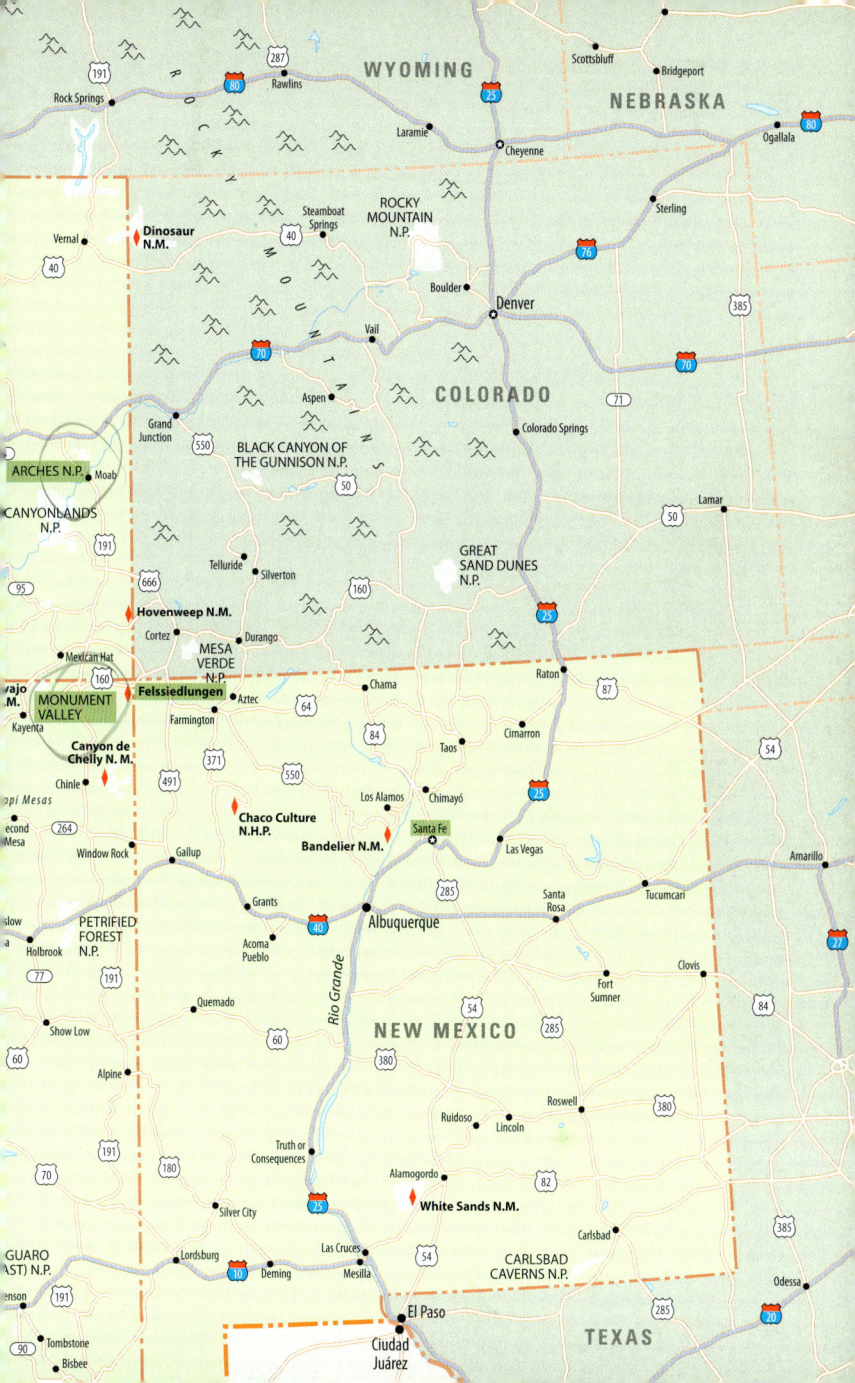

Ob New Mexico, Arizona, Utah und Nevada – jeder der vier Bundesstaaten hat sich seine Besonderheit bewahrt. In New Mexico sind die Spuren früher Besiedlung am augenfälligsten: Die indianischen Pueblos existieren neben früheren spanischen Kolonialstädten wie Santa Fe, Taos oder Albuquerque. In Arizona ist die Geschichte des Wilden Westens am lebendigsten erhalten. Mehr als ein Drittel des Staates gehört Indianervölkern – vor allem Apachen, Hopi und Navajo –, von denen die meisten in der atemberaubenden Wüstenlandschaft des Nordostens leben, zwischen dem **Canyon de Chelly** und **Monument Valley**.

Das schluchtenreiche Gebiet im Norden von Arizona und selbst der sagenhafte **Grand Canyon** bereiten den Besucher nicht auf die überwältigende Wüstenlandschaft von Süd-Utah vor, wo sich eine Reihe von Nationalparks und Naturdenkmälern befindet, deren bekannteste die **Zion und Bryce Canyons** sind. Moab, eingezwängt zwischen den majestätischen Canyonlands und den surrealen Arches, ist ein begehrtes Reiseziel der Naturschwärmer. Nevada ist dagegen trotz der bunten Lichter von **Las Vegas** ziemlich öde.

## Die besten Autotouren

**High Road, nördliches New Mexico** Hispanische Dörfer, in denen die Zeit stillsteht – in den Hügeln zwischen Santa Fe und Taos. S. 247
**Hwy-12, südliches Utah** Atemberaubende Wüstenwildnis mit Flüssen und Wasserfällen. S. 296
**Straße zwischen North und South Rim, nördliches Arizona** Die 215-Meilen-Strecke zwischen dem Nord- und dem Südrand des Grand Canyon führt vorbei an eindrucksvollen roten Felsen und über den Colorado River. S. 283
**Route 66, nördliches New Mexico und Arizona** Die legendäre Route 66 nach Kalifornien führt durch Städte wie Albuquerque, Winslow und Flagstaff. S. 254
**Monument Valley, Utah/Arizona** Mit einem Mietwagen die roten Sandlandschaften des Monument Valley zu erkunden zählt zu den großen Abenteuern des Südwestens. Zahlreiche Filme wurden hier gedreht. S. 284

Neun Monate im Jahr darf man im Südwesten mit Sonne und Wärme rechnen. Im Winter zieht es die „Snowbirds" nach Arizona, die meisten Touristen kommen allerdings im Sommer. Dabei ist das keine günstige Zeit, denn die Hitze kann unerträglich werden und im Spätsommer bringen Gewitter plötzliche Überschwemmungen und Waldbrände. Der angenehmste Reisemonat dürfte der Oktober sein, wenn der Touristenstrom abgeflaut ist und die Bäume in den Canyons und an den Berghängen sich bunt färben. Im Winter liegt auf den höheren Bergen Schnee, deshalb kann man in Nord-Utah und im Sangre de Cristo-Gebirge von New Mexico hervorragend Ski laufen, während im Frühling die sonst so unwirtliche Wüste ein Blütenmeer hervorbringt.

Die unberührte Natur des Südwestens lädt mehr als die meisten anderen Landesteile zum **Campen** und Wandern ein. Man muss jedoch unbedingt auf die Härten der Wüste vorbereitet sein.

Ohne eigenes Fahrzeug sind viele der faszinierendsten Ecken der Region schlicht unerreichbar. Die öffentlichen **Transportmittel** verkehren fast ausschließlich zwischen den großen Städten, die aber keineswegs den Reiz dieser Region ausmachen.

## Geschichte

Während die **Vorfahren der Pueblo-Indianer**, die bekanntesten der ersten Bewohner des Südwestens, ihre Siedlungen und beeindruckenden Klippenhäuser vor mehr als 700 Jahren verließen, pflegen ihre direkten Nachfahren, die **Pueblo-Indianer** in New Mexico und die **Hopi** in Arizona, noch einen ganz ähnlichen Lebensstil. Ab dem 14. Jh. kamen die **Navajo** und **Apachen** in den Südwesten und bemächtigten sich weiter Teile der Region, die ihnen aber schon bald von europäischen Einwanderern streitig gemacht wurden.

Zunächst kamen 1540 Coronados spanische Entdecker, die vergeblich nach den legendären Goldstädten suchten. Sechzig Jahre später gründeten spanische Siedler **New Mexico**, eine nur vage definierte Provinz, die auch Teile der heutigen Gebiete Kaliforniens und Colorados umfasste. Erst 1848 wurde die Region den Vereinigten Staaten angegliedert. Unmittelbar danach zogen Scharen fremder Goldsucher auf dem Weg nach Kalifornien durch das Gebiet.

In der Folge kam es zu blutigeren Auseinandersetzungen zwischen der US-Regierung und den Ureinwohnern. 1864 wurde das Volk der Navajo eingekesselt und in den kargen Osten New Mexicos verbannt (sie durften später nach Nordost-Arizona zurückkehren), während sich die Apachen erbitterte Gefechte mit der US-Kavallerie lieferten. Deren Ziel war es, das Territorium neuen amerikanischen Siedlern zugänglich zu machen, doch gelang es kaum einem Weißen, dem unfruchtbaren Boden eine Existenz abzuringen.

Eine Ausnahme stellten die **Mormonen** dar. Auf der Flucht vor religiöser Verfolgung ließen sie sich Ende der 1840er-Jahre im Becken des **Great Salt Lake** mit seinen alkalihaltigen Böden nieder. In harter Arbeit etablierten sie schließlich einen eigenständigen Staat mit verstreuten Gemeinden im gesamten Südwesten. Heute stellen sie mehr als 60 % der Bewohner Utahs.

# New Mexico

**New Mexico**, das nacheinander von Indianern, Spaniern, Mexikanern und Yankees besiedelt wurde, zählt zu den Landesteilen mit dem buntesten Völkergemisch. Die Neuankömmlinge bauten jeweils auf den Errungenschaften der Vorgänger auf, und deshalb kam es mehr zu einer Vermischung als zu einer Dominanz durch die zuletzt eingetroffenen weißen Amerikaner.

Die indianischen Völker New Mexicos, vor allem die **Pueblo-Indianer**, Nachfahren der früher als „Anasazi" bezeichneten Ureinwohner, beweisen Sinn für kulturelle Kontinuität. Nach dem **Pueblo-Aufstand** von 1680, der die Spanier vorübergehend nach Mexiko zurückdrängte, „bekehrten" die Padres die Indianer, ohne deren traditionellen Lebensstil zu zerstören, indem sie die indianischen Gottheiten und religiösen Zeremonien in den katholischen Gottesdienst einbezogen. Noch heute werden viele Pueblo-Gemeinden von einer großen, fast immer aus

Adobe-Ziegeln erbauten Kirche beherrscht, die oft direkt neben der Kiva steht, dem unterirdischen zeremoniellen Rundbau des Pueblo.

Die Amerikaner, die 1848 eintrafen, betrachteten das Gebiet als Ödland und kümmerten sich folglich nicht groß darum, bis New Mexico 1912 den Status eines US-Bundesstaates erhielt. Während des Zweiten Weltkriegs war er die Operationsbasis des geheimen Manhattan Project und damit Atomwaffen-Versuchsgelände. Seither befinden sich hier die wichtigsten Waffenforschungszentren Nordamerikas. Die meisten Einwohner arbeiten allerdings nach wie vor auf dem Land: in den Minen und in der Landwirtschaft.

Der bergige Norden bestätigt das übliche Bild von New Mexico: Pastellfarben, lebendige Wüstenlandschaften und Adobe-Architektur. Selbst **Santa Fe**, die einzige echte Stadt in dieser Region, wirkt trotz seiner Kultureinrichtungen von Weltrang eher kleinstädtisch, und die schmalen Straßen im Zentrum verströmen noch immer das

Flair vergangener Tage. Die freundliche Grenzstadt **Taos**, 75 Meilen nordöstlich, ist vor allem wegen des nahen **Taos Pueblo** bekannt.

Die meisten Reisenden durchqueren das mittlere New Mexico zügig, doch auch hier gibt es einige versprengte Sehenswürdigkeiten zu entdecken. Viele kleine Orte säumen die Überreste der alten **Route 66** von Chicago nach L.A., die vor langer Zeit durch den I-40 ersetzt wurde. **Albuquerque**, die größte Stadt New Mexicos, liegt direkt in der Mitte des Bundesstaats. Das Gebiet östlich davon, Richtung Texas, ist größtenteils menschenleer. Mehr zu bieten hat die Bergregion im Westen, vor allem Ácoma Pueblo, die auf einer Mesa gelegene „Himmelsstadt".

Im wilden südlichen New Mexico bilden die tiefen **Carlsbad Caverns** und die einsamen **Dünen** der White Sands die Hauptattraktionen. Außerdem kann man noch immer verschlafene Bergbau- und Rinderzuchtorte entdecken, die sich seit der Wildwestzeit kaum verändert haben.

# Santa Fe

Im Jahr 1610, zehn Jahre vor Ankunft der Pilgrim Fathers am Plymouth Rock, wurde **Santa Fe** von spanischen Missionaren und Abenteurern gegründet. In der Hauptstadt New Mexicos, die sich über ein Hochplateau am Fuß der gewaltigen **Sangre-de-Cristo-Berge** erstreckt, stehen noch die Adobe-Häuser und Barockkirchen seiner Erbauer. Dazu haben sich einige ausgezeichnete Kunstmuseen und Galerien gesellt.

Die meisten Besucher kommen im Sommer, wenn die Temperaturen gewöhnlich um die 30 °C erreichen; im Winter beträgt die durchschnittliche Tageshöchsttemperatur nur 6 °C, jedoch sieht Santa Fe dank der schneebedeckten Berge dann umso hinreißender aus.

Mehr als 1 Mio. Touristen fallen alljährlich in die nur 70 000 Einwohner zählende Stadt ein, außerdem jeden Tag rund 20 000 Pendler. Da ist es nicht verwunderlich, dass von Santa Fe ein bisschen der Lack abblättert. Trotzdem ist in Santa Fe noch immer eine Verbindung zur spanischen Siedlung von vor 400 Jahren spürbar. Unabhängig von den sommerlichen Besuchermassen verströmt das Stadtzentrum rund um die altehrwürdige Plaza noch immer ein kleinstädtischländliches Flair, und es birgt eine außergewöhnliche Ansammlung kultureller und historischer Schätze. Auch wenn es vielleicht etwas überzogen sein mag, dass hier jedes Gebäude dem spanischen Kolonialstil entsprechen muss, macht es auf jeden Fall sehr viel Spaß, einfach durch die Stadt zu bummeln, was beileibe nicht überall im Südwesten der Fall ist.

Die Geschichte und Kultur der Stadt erschließen sich dem Besucher am besten im **Palace of the Governors** und im **New Mexico Museum of Art** im Zentrum, sowie in den Museen für **Indian Arts and Culture** und **Folk Art** zwei Meilen südöstlich. Sehenswert sind außerdem zwei private Museen, das **Museum of Spanish Colonial Art** und das **Georgia O'Keeffe Museum**.

Auch die verschiedenen Stadtviertel lohnen eine Erkundung: der alte **Barrio Analco** südöstlich von Downtown mit der **San Miguel Mission**, das Künstlerviertel **Canyon Road** gleich dahinter und die szenigere **Guadalupe Street** im Westen mit dem neu erschlossenen **Bahnhofsgelände** (The Railyard).

## Die Plaza

Das Leben in Santa Fe dreht sich immer noch um die alte Plaza, besonders wenn Kunsthandwerker und Käufer den alljährlichen **Indian Market** bevölkern. Am Wochenende nach dem dritten Donnerstag im August finden sich Käufer und Kunsthandwerker aus aller Welt ein. Zudem wird hier am ersten Wochenende im September die **Fiesta de Santa Fe** gefeiert.

Als die Vereinigten Staaten 1848 die Stadt übernahmen, bevorzugten die neuen Siedler Häuser aus Holz, doch viele der schöneren Adobe-Häuser wurden dank einer Kampagne zum Erhalt in den 1930er-Jahren gerettet. Fast jedes Gebäude in Sichtweite der Plaza, das nicht aus Lehmziegeln erbaut war, wurde der Pueblo Revival-Mode entsprechend – mit mehr oder weniger glücklichem Ergebnis – umgerüstet.

## Palace of the Governors

113 Lincoln Ave ▪ ◷ Mai–Okt tgl. 10–17, Fr bis 20, Nov–April Di–So 10–17 Uhr ▪ Eintritt $9, Mai–Okt Fr 17–20 Uhr sowie Kinder unter 17 J. frei ▪ ✆ 505 476 5200, ▭ www.palaceofthegovernors.org

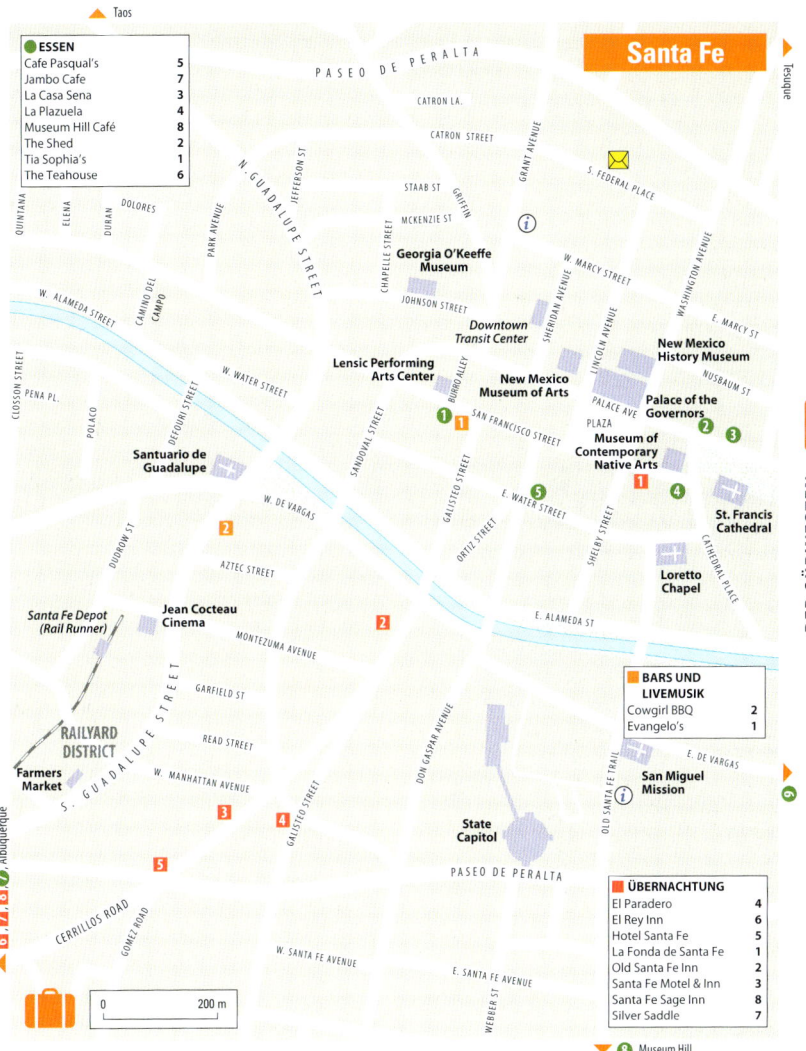

**Santa Fe**

| ● ESSEN | |
|---|---|
| Cafe Pasqual's | 5 |
| Jambo Cafe | 7 |
| La Casa Sena | 3 |
| La Plazuela | 4 |
| Museum Hill Café | 8 |
| The Shed | 2 |
| Tia Sophia's | 1 |
| The Teahouse | 6 |

PASEO DE PERALTA

CATRON LA.

CATRON STREET

GRANT AVENUE

S. FEDERAL PLACE

JEFFERSON ST

STAAB ST

GRIFFIN

MCKENZIE ST

N. GUADALUPE STREET

CHAPELLE STREET

**Georgia O'Keeffe Museum**

W. MARCY STREET

WASHINGTON AVENUE

PARK AVENUE

DOLORES

QUINTANA

ELENA

DURAN

JOHNSON STREET

SHERIDAN AVENUE

LINCOLN AVENUE

E. MARCY ST

W. ALAMEDA STREET

CAMINO DEL CAMPO

**Downtown Transit Center**

**New Mexico History Museum**

NUSBAUM ST

CLOSSON STREET

PENA PL.

W. WATER STREET

DELGADO STREET

**Lensic Performing Arts Center**

BURRO ALLEY

**New Mexico Museum of Arts**

PALACE AVE

**Palace of the Governors**

❶ ❷ SAN FRANCISCO STREET

PLAZA

❷ ❸

POLACO

**Santuario de Guadalupe**

SANDOVAL STREET

GALISTEO STREET

ORTIZ STREET

**Museum of Contemporary Native Arts**

❶

❹

**St. Francis Cathedral**

DUDROW ST

W. DE VARGAS

❷

E. WATER STREET

❺

SHELBY STREET

CATHEDRAL PLACE

AZTEC STREET

**Loretto Chapel**

**Santa Fe Depot (Rail Runner)**

**Jean Cocteau Cinema**

MONTEZUMA AVENUE

E. ALAMEDA ST

❷

S. GUADALUPE STREET

GARFIELD ST

READ STREET

E. DE VARGAS

| ■ BARS UND LIVEMUSIK | |
|---|---|
| Cowgirl BBQ | 2 |
| Evangelo's | 1 |

**RAILYARD DISTRICT**

W. MANHATTAN AVENUE

GALISTEO STREET

DON GASPAR AVENUE

OLD SANTA FE TRAIL

**San Miguel Mission**

ⓘ ❾

**Farmers Market**

❸

❹

**State Capitol**

❺

PASEO DE PERALTA

CERRILLOS ROAD

GOMEZ ROAD

W. SANTA FE AVENUE

E. SANTA FE AVENUE

WEBER ST

| ■ ÜBERNACHTUNG | |
|---|---|
| El Paradero | 4 |
| El Rey Inn | 6 |
| Hotel Santa Fe | 5 |
| La Fonda de Santa Fe | 1 |
| Old Santa Fe Inn | 2 |
| Santa Fe Motel & Inn | 3 |
| Santa Fe Sage Inn | 8 |
| Silver Saddle | 7 |

| 0 | 200 m |
|---|---|

❻ ❼ ❽ ⓘ Albuquerque

▼ ❽, Museum Hill

**DER SÜDWESTEN**

Ein Beispiel der neuen Altbauweise nimmt die gesamte Nordflanke der Plaza ein: der niedrige **Palace of the Governors**, der 1610 als Hauptquartier der spanischen Kolonialverwaltung errichtet wurde und damit das älteste öffentliche Gebäude der USA ist. Innen um einen offenen Hof herum, befinden sich historische Ausstellungsstücke und ein gut sortierter Buchladen. Unter den Arkaden haben sich indianische Kunstgewerbeläden niedergelassen. Hinter dem Palast befindet sich ein Erweiterungsbau mit dem **New Mexico History Museum** (gleiche Öffnungszeiten, Zutritt mit Ticket zum Palast), das u. a. Briefe von Billy the Kid aufbewahrt.

## New Mexico Museum of Art

107 E Palace Ave ▪ ☉ Mai–Okt tgl. 10–17, Fr bis 20, Nov–April Di–So 10–17 Uhr ▪ Eintritt $9, Mai–Okt Fr 17–20 Uhr sowie Kinder unter 17 J. frei ▪ ☎ 505 476 5041, ⌨ www.nmartmuseum.org

An der Nordwestecke der Plaza residiert in einem schönen Adobe-Gebäude mit einem hübschen Garten das **New Mexico Museum of Art**. Es zeigt Gemälde und Skulpturen hiesiger Künstler. Unter den oben ausgestellten Werken aus der Museumssammlung finden sich in der Regel auch ein oder zwei Arbeiten von O'Keeffe, und ein Raum ist dem Maler und Druckgrafiker Gustave Baumann gewidmet.

## Georgia O'Keeffe Museum

217 Johnson St ▪ ☉ tgl. 10–17, Fr bis 19 Uhr ▪ Eintritt $12, Pers. unter 18 J. frei ▪ ☎ 505 946 1000, ⌨ www.okeeffemuseum.org

Das **Georgia O'Keeffe Museum** beherbergt die größte O'Keeffe-Sammlung der Welt, darunter viele Wüstenlandschaften, die in der Nähe von **Abiquiu** entstanden, 40 Meilen nordwestlich von Santa Fe, wo die Künstlerin von 1946 bis zu ihrem Tod im Jahr 1986 lebte. Was genau zu sehen ist, ändert sich von Monat zu Monat, doch ist die Sammlung groß genug, dass einzelne Räume gänzlich bestimmten Motiven gewidmet werden können, seien es purpurfarbene Mohnblumen oder rosa Muscheln, die sich allesamt durch die für O'Keeffe typische Opulenz auszeichnen. Neben den bekannteren sonnengebleichten Schädeln und stilisierten Blumen sind auch einige frühe Gemälde wie etwa New Yorker Stadtlandschaften ausgestellt.

## Museum of Indian Arts and Culture

Museum Hill, 2 Meilen südöstlich von Downtown ▪ ☉ Mai–Okt tgl. 10–17, Nov–April Di–So 10–17 Uhr ▪ Eintritt $9, Kinder unter 17 J. frei ▪ ☎ 505 476 1269, ⌨ www.miaclab.org

Das exzellente **Museum of Indian Arts and Culture** beschäftigt sich mit allen wichtigen Völkern des Südwestens, darunter die 'O'odham, Navajo, Apachen, Pai, Ute und Pueblo-Indianer. Ihre Mythologie und Geschichte wird eingehend beleuchtet, und es sind zahlreiche Artefakte zu sehen, von Töpfen und Pfeifen bis hin zu Glocken und Speeren, die zum Teil von weit entfernten Stätten stammen, etwa aus den Casas Grandes in Mexiko. Thematisiert wird das Leben der Indianer in so unterschiedlichen Landschaften wie Canyons, Flusssenken, Mesas und Wüsten. Sehenswert sind außerdem zahlreiche Töpferarbeiten, von sehr gut erhaltenen, tausend Jahre alten Stücken der Pueblo-Vorfahren und Mimbres-Stücken bis zu Erzeugnissen der Revivalists aus dem 20. Jh.

## Museum of International Folk Art

Museum Hill, 2 Meilen südöstlich der Innenstadt ▪ ☉ Mai–Okt tgl. 10–17, Nov–April Di–So 10–17 Uhr ▪ Eintritt $9, Kinder unter 17 J. frei ▪ ☎ 505 827 6344, ⌨ www.internationalfolkart.org

Das unterhaltsame **Museum of International Folk Art** zeigt die umfangreiche **Girard Collection** mit Gemälden, Textilien und vor allem Tonfiguren aus aller Welt. Die Figuren sind in bunten Dioramen arrangiert. Zu sehen sind etwa ein Pueblo Feast Day sowie Straßenszenen aus verschiedenen Ländern wie Polen, Peru, Portugal und Äthiopien mit wunderbar detailreichen Kirchen und Kathedralen.

### ÜBERNACHTUNG

Im Sommer – wenn oft jedes Bett in der Stadt belegt ist – lässt sich in Spaziernähe zur Innenstadt kein Zimmer unter $150 finden. An der Cerrillos Road (US-85), der Hauptzufahrtsstraße vom I-25, befinden sich die meisten Motels der Stadt.

**El Paradero**, 220 W Manhattan Ave, ☎ 505 988 1177, ⌨ www.elparadero.com. Umgebautes Bauernhaus aus der spanischen Zeit bei der Guadalupe St. Die recht einfachen Zimmer sind mit Volkskunst eingerichtet; 13 haben ein eigenes Bad, die restlichen beiden teilen sich eins. Gutes Frühstück und hilfsbereite Gastgeber. $130

🏨 **El Rey Inn**, 1862 Cerrillos Rd, am St. Michael's Drive, ☎ 505 982 1931, ⌨ www.elreyinnsantafe.com. Der weiß getünchte Adobe-Komplex bietet das beste Preis-Leistungs-Verhältnis unter den Motels an der Cerrillos Road, mit stilvollen, großen Südwest-Zimmern mit Art-déco-Fliesen, halbprivaten Terrassen, kostenlosem Frühstück, Pool und großem Garten. $109

**Hotel Santa Fe**, 1501 Paseo de Peralta, Ecke Cerrillos Rd, ☎ 505 982 1200, 💻 www.hotelsantafe.com. Attraktives, elegantes und sehr komfortables Adobe-Hotel am Rand des Zentrums, zu Fuß von der Plaza aus zu erreichen. In Besitz und unter Leitung von Picuris-Pueblo-Indianern; gutes eigenes Restaurant namens Amaya. $159

🧳 **La Fonda de Santa Fe**, 100 E San Francisco St, ☎ 505 982 5511, 💻 www.lafondasantafe.com. Wunderschönes altes Inn an der Südostecke der Plaza, mit handbemalten Wänden und Mosaikglas. Jedes der reichlich ausgestatteten Zimmer ist individuell gestaltet, und es gibt ein paar hübsche Suiten. Gutes Restaurant und Dachgartenbar. $219

**Old Santa Fe Inn**, 320 Galisteo St, ☎ 505 995 0800, 💻 www.oldsantafeinn.com. Das ehemalige Route-66-Motel ist heute ein einladendes Inn mit geschmackvollen, im mexikanischen Stil eingerichteten Zimmern, die meisten mit Gaskamin. Meiden sollte man die Zimmer in den hellhörigen zweistöckigen Gebäuden. Mit Frühstück. $156

**Santa Fe Motel & Inn,** 510 Cerrillos Rd, ☎ 505 982 1039, 💻 www.santafemotel.com.In dem bezaubernden kleinen Adobe-Komplex sind selbst die einfachsten Zimmer noch nett eingerichtet. Einige haben eigene Küche, außerdem gibt's einige wunderschöne kleine Hütten. Der Preis (warmes Frühstück inkl.) ist angesichts der ruhigen, aber zentralen Lage ausgezeichnet. $139

**Santa Fe Sage Inn**, 725 Cerrillos Rd, Höhe Don Diego, ☎ 505 982 5952, 💻 www.santafesageinn.com. Großes, sauberes Motel am Rand des Railyard District mit sehr hilfsbereiten Mitarbeitern und guten Preisen inkl. Frühstück und Transfers per Shuttle. $119

**Silver Saddle**, 2810 Cerrillos, Ecke Siler Rd, ☎ 505 471 7663, 💻 www.santafesilversaddle motel.com. Geschäftiges, schnörkelloses Motel im Westernstil in bester Route-66-Tradition. Jedes Zimmer hat eine eigene kleine Terrasse, einige auch Kochmöglichkeiten, und alle sind mit witzigen Cowboy-Sachen ausgestattet. $68

## ESSEN

**Cafe Pasqual's**, 121 Don Gaspar Ave, ☎ 505 983 9340, 💻 www.pasquals.com. Liebenswertes, lebendiges (neu)mexikanisches Restaurant mit erstklassigem Bio-Essen in attraktiv gefliestem Speisesaal. Als Hauptgang gibt's z. B. vegetarische Gerichte ($26), *cochinita pibil* (langsam gegartes Schweinefleisch, $37) oder Lammkoteletts vom Grill ($39). Als Appetitanreger sind scharfe vietnamesische Jakobsmuscheln ($16) zu empfehlen. ⊕ Mo–Do und So 8–15 und 17.30–21.30, Fr und Sa 8–15 und 17.30–22 Uhr.

🧳 **Jambo Cafe**, 2010 Cerrillos Rd, ☎ 505 473 1269, 💻 www.jambocafe.net. Das bunte Café versteckt sich in einem Einkaufszentrum und passt afrikanische und karibische Traditionen geschickt an den Santa-Fe-Geschmack an. Ziegen-, Lamm- oder Kokoslinsen-Eintöpfe und -Currys ($12–16), Kochbananen-Krabben-Küchlein ($10) und *jerk chicken*-Sandwich ($10), alles auch zum Mitnehmen. ⊕ Mo–Sa 11–21 Uhr.

**La Casa Sena**, 125 E Palace Ave, ☎ 505 988 9232, 💻 www.lacasasena.com. Charmantes Hofrestaurant einen Block von der Plaza entfernt mit interessanten Südwest-Spezialitäten. Mittags sind die Hauptgerichte für um $14–16 am günstigsten, abends kosten die Hauptgerichte $17–28. Das benachbarte **La Cantina** ist etwas billiger, und das dortige Personal trällert Lieder aus Broadway-Musicals. ⊕ tgl. 11–15 und 17.30–22 Uhr.

🧳 **La Plazuela**, La Fonda de Santa Fe, 100 E San Francisco St, ☎ 505 982 5511, 💻 www.lafondasantafe.com. Im entzückenden, schön eingerichteten mexikanischen Restaurant fühlt man sich dank der Glasdecke wie unter freiem Himmel. Die üblichen mexikanischen Gerichte, lecker zubereitet, kosten mittags $14–19; abends muss man für teurere Hauptgerichte wie Lammkoteletts allerdings bis zu $39 berappen. ⊕ Mo–Fr 7–14 und 17–22, Sa und So 7–15 und 17–22 Uhr.

**Museum Hill Café**, 705 Camino Lejo, ☎ 505 984 8900, 💻 www.museumhillcafe.net. Geräumiges Café mit fabelhaftem Bergblick von einer Terrasse zwischen dem Folk Art und Indian Arts Museum. Preisgünstige, aber gute Sandwiches – Truthahn, Thunfisch und Steak jeweils um $12,50 – sowie Tacos, Flautas, Burger, Pasta und Salate; außerdem großer Sonntagsbrunch. ⏲ Di–So 11–15 Uhr.

**The Shed**, 113 E Palace Ave, ☎ 505 982 9030, 🖥 www.sfshed.com. Lockerer, Familienbetrieb in einer hübschen Gartenanlage mit Chili-Enchiladas, Tortillas und sogar einigen fettarmen Spezialitäten. Das Essen ist billig und lecker – Tipp: *carne adobada* (geschmortes Schweinefleisch). Hauptgerichte mittags $10–12, abends $12–18. ⏲ Mo–Sa 11–14.30 und 17–21 Uhr.

**Tia Sophia's**, 210 W San Francisco St, ☎ 505 983 9880. Der sehr preiswerte mexikanische Diner westlich der Plaza serviert scharfe Speisen und erfreut sich mittags großer Beliebtheit bei der einheimischen Bevölkerung, mit Mittagsgerichten für unter $10. ⏲ Mo–Sa 7–14, So 8–13 Uhr.

**The Teahouse**, 821 Canyon Rd, ☎ 505 992 0972, 🖥 www.teahousesantafe.com. Großes und sehr einladendes Café mit stillem Garten und umwerfender Auswahl an Tees aus aller Welt. Warmes Frühstück ($10–14), mittags Suppen und Sandwiches und Hauptgerichte wie Pasta und *pozole* ($13–20). ⏲ tgl. 9–21 Uhr.

## UNTERHALTUNG

### Bars und Livemusik
**Cowgirl BBQ**, 319 S Guadalupe St, ☎ 505 982 2565, 🖥 www.cowgirlsantafe.com. Sehr gut besuchtes Restaurant und Country-Bar mit Billardzimmer und Karaoke am Montag, an den anderen Tagen Livemusik. ⏲ Mo–Do 11.30–24, Fr 11.30–1, Sa 11–1, So 11–23.30 Uhr.

**Evangelo's**, 200 W San Francisco St, ☎ 505 9829014. Die einzige ganz normale Kneipe in der Nähe der Plaza mit Billardtisch, Musikbox und gelegentlich Livemusik. Unten ist dazu noch die Kneipe Underground. ⏲ tgl. 12–24 Uhr.

### Filme und Klassik
**Jean Cocteau Cinema**, 418 Montezuma Ave, ☎ 505 466 5528, 🖥 www.jeancocteaucinema. com. Durch den Schriftsteller George R. R.

Martin vor der Schließung gerettetes, beliebtes Programmkino mit aktuellen Streifen und Klassikern, außerdem kostenlose Previews von allen Game of Thrones-Staffeln und hin und wieder Konzerte. Hippe kleine Cocktailbar, Café und Buchhandlung.

**Lensic Performing Arts Center**, 211 W San Francisco St, ☎ 505 988 1234, 🖥 www.lensic. org. Im auf faszinierende Weise umgestalteten ehemaligen Kino finden das ganze Jahr über Konzerte und Theateraufführungen statt.

**Santa Fe Opera**, 7 Meilen nördlich von Santa Fe, 1,4 Meilen nordöstlich der Ausfahrt 168 des US-84, ☎ 505 986 5900, 🖥 www.santafeopera. org. Im Juli und August spielt die Santa Fe Opera in einem herrlichen Freilufttheater fünf Produktionen. Tickets ab $31.

## SONSTIGES

### Informationen
**New Mexico Tourism Department**, 491 Old Santa Fe Trail, ☎ 505 827 7336, 🖥 www. newmexico.org, mit Karten, Broschüren und Informationen zu Santa Fe und New Mexico. ⏲ Mo–Fr 8–17, Sa und So 8–16 Uhr.

### Touren
**Historic Walks of Santa Fe**, ☎ 505 986 8388, 🖥 www.historicwalksofsantafe.com, bietet ab Hotels wie dem La Fonda (S. 245) regelmäßig Rundgänge (1 3/4 Std.) durch die Innenstadt (März–Dez, unterschiedliche Zeiten, $14). Die **Loretto Line**, Loretto Chapel, 207 Old Santa Fe Trail, ☎ 505 982 0092, 🖥 www.toursof santafe.com, veranstaltet Bustouren durch die Stadt, u. a. zum Museum Hill und zur Canyon Rd sowie zum Gebiet rund um die Plaza (Mitte März–Okt tgl. 10, 12 und 14 Uhr, $16).

## NAHVERKEHR

Vom Rail-Runner-Bahnhof aus drehen kostenlose Santa-Fe-Pick-Up-Busse eine Schleife durch Downtown (Mo–Fr 6.30–17.30, Sa 8.30–17.30, So 10–17.30 Uhr alle 10 Min.), außerdem fahren sie vom Visitor Center, 491 Old Santa Fe Trail, hinaus zur Canyon Road und zum Museum Hill (tgl. 10–17.30 Uhr alle 30 Min.).

**Amtrak-Züge** zwischen Chicago und L.A. halten im 17 Meilen südöstlich gelegenen Lamy mit Anschlussbussen von **Lamy Shuttle**, ℡ 505 982 8829 ($29 einfach). Züge verkehren nach CHICAGO (tgl., 25 Std.), FLAGSTAFF (tgl., 7 1/2 Std.) und LOS ANGELES (tgl., 19 1/2 Std.). Die **Rail-Runner-Züge**, ℡ 866 795 7245, 🖵 www.nmrailrunner.com, verbinden die Innenstadt von ALBUQUERQUE mit dem Bahnhof Santa Fe, eine halbe Meile südwestlich von Downtown. Fahrzeit 1 3/4 Std., $9 einfache Fahrt, $10 Tageskarte.

Der winzige städtische **Flughafen** 2 Meilen südwestlich von Downtown wird von LOS ANGELES, DENVER und DALLAS/FORT WORTH angeflogen.

# Bandelier National Monument

10 Meilen südlich von Los Alamos, 50 Meilen nordwestlich von Santa Fe ▪ Zufahrt zum Frijoles Canyon mit dem Auto nur Ende Okt–Ende Mai, Ende Mai–Ende Okt kostenloser Shuttle vom Parkplatz am Hwy-4 in White Rock ▪ Eintritt $20/Fahrzeug ▪ ℡ 505 672 3861, 🖵 www.nps.gov/band

Um 1300 siedelten sich mehrere Nomadenstämme auf der Flucht vor Trockenheit und Feinden am Rand der bewaldeten Mesas des Pajarito Plateau an; dort befindet sich heute das **Bandelier National Monument**. Die Stämme, deren Kulturen allmählich miteinander verschmolzen, waren die Vorfahren der heutigen Pueblo-Indianer.

Ein asphaltierter, 1,5 Meilen langer Weg führt durch die wichtigste Stätte, den **Frijoles Canyon**. Unweit vom Beginn des Wegs führt ein Seitenpfad vom kreisförmig und ursprünglich mehrstöckig angelegten Dorf **Tyuonyi** hoch zu Dutzenden von runden **Felswohnungen**, die aus dem weichen Vulkangestein gehauen wurden. Wer will, kann in ein paar dieser Höhlen hineinklettern und aufs Tal hinunterschauen.

Auf dem Hauptweg geht es weiter zum **Long House**, einer ca. 250 m langen Reihe von zwei- und dreistöckigen Häusern, die sich an die Canyon-Wand lehnen. Über den Vertiefungen, in die die Dachbalken eingelassen waren, sind zahlreiche Felsbilder zu sehen. Eine halbe Meile von hier steht das **Alcove House**, eine rekonstruierte Kiva auf einem ca. 45 m hohen Felsvorsprung. Der Zugang erfolgt über wackelige Leitern und steile Stufen.

# Die High Road

Die schnellste Straßenverbindung zwischen Santa Fe und Taos führt auf dem US-84 bis zum Rio Grande und dann übergangslos weiter auf dem Hwy-68 am Fluss entlang nach Nordosten. Der US-84 verläuft durch das Herzstück der nördlichen Pueblos, eine Ansammlung winziger, Tewa-sprachiger Siedlungen. Wenn man nicht gerade anlässlich eines der großen Feste hier ist, gibt es allerdings herzlich wenig zu sehen. Eine kurvenreiche Alternativstrecke ist die **High Road**. Die Straße zweigt bei Nambe Pueblo, knapp 20 km nördlich von Santa Fe, vom US-68/84 ab und führt, vorbei an einigen Pueblos und spanischen Dörfern, in die bewaldeten **Sangre de Cristo-Berge**.

## Santuario de Chimayó

⊕ Mai–Sep tgl. 9–18, Okt–April 9–17 Uhr; Messe Mo–Sa 11, So 10.30 und 12 Uhr ▪ ℡ 505 351 9961, 🖵 www.elsantuariodechimayo.us

Im Bergdorf Chimayó, 25 Meilen nördlich von Santa Fe an der Kreuzung des Hwy-503 mit dem Hwy-76, steht das 1813–1816 erbaute **Santuario de Chimayó**. Bis heute ist der Ort das „Lourdes von Amerika". Der schöne Adobe-Bau mit zwei Türmen liegt hinter einem von Mauern umgebenen Hof. Eine Grube in einer Seitenkapelle neben der schlichten Hauptkirche beherbergt die „heilige Erde", den Grund für die Verehrung dieses Ortes.

### ÜBERNACHTUNG UND ESSEN

**Hacienda Rancho de Chimayó**, Hwy-98, ℡ 505 351 2222, 🖵 www.ranchodechimayo. com. Das friedliche B&B direkt gegenüber vom Restaurant Rancho und betrieben von denselben Leuten bietet rund um einen Innenhof herum sieben nette Zimmer mit Bad, teils mit eigener Terrasse. $79

DER SÜDWESTEN

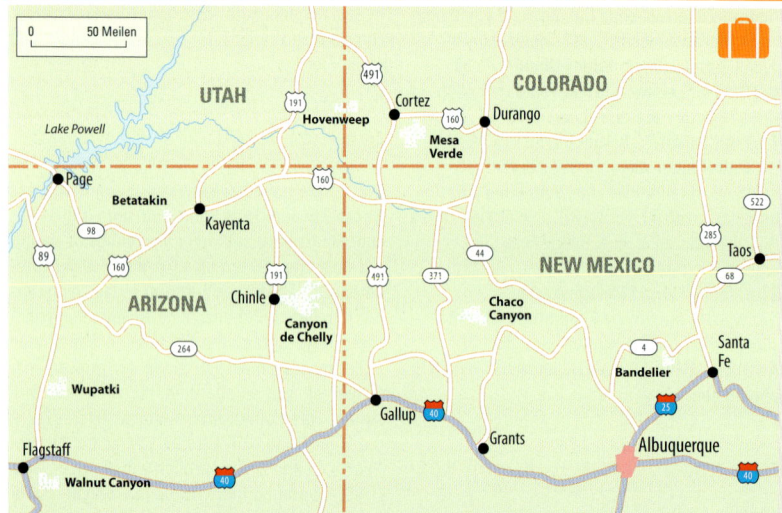

DER SÜDWESTEN

Nur wenige Besucher sind auf die gewaltigen Ausdehnungen und die Schönheit der Wüstenstädte und Felspaläste gefasst, die die **Vorfahren der Pueblo-Indianer** überall auf den Hochplateaus der „Four Corners" hinterlassen haben, wo Colorado, New Mexico, Arizona und Utah zusammentreffen. Gegen 10 000 v. Chr. kamen die ersten Menschen in den Südwesten. Sie traten ungefähr um die Zeitenwende zum ersten Mal am San Juan River in Erscheinung und wurden wegen ihrer geflochtenen Sandalen und Gefäße **„Korbflechter"** *(basketmakers)* genannt. Sie lebten in Erdhöhlen, die mit Balken und Lehm

**Rancho de Chimayó**, Hwy-98, 📞 505 351 4444, 🖥 www.ranchodechimayo.com. Das beste traditionelle New-Mexico-Restaurant im Bundesstaat serviert auf einer bezaubernden, sonnigen Terrasse vorzügliche Gerichte ($13). ⏲ Mai–Okt Mo–Fr 11.30–21, Sa und So 8.30–10.30 und 11.30–21, Nov–April Di–So 11.30–20.30 Uhr.

## Taos

Das Örtchen Taos ist eine der ältesten indianischen Siedlungen der Vereinigten Staaten. Gleichzeitig ist es geprägt von seiner kolonialen Vergangenheit und heute Treffpunkt von (Möchtegern-) Künstlern, Hollywood-Exilanten und

Esoterik-Anhängern. Knapp 6000 Menschen leben in den drei Wohnvierteln, die den Ort ausmachen: Taos selbst, um die alte Plaza herum, das weitläufige **Ranchos de Taos**, 3 Meilen weiter südlich gelegen, und das indianische **Taos Pueblo**, 2 Meilen weiter nördlich. Außer Museen, Galerien und Läden hat sich das Städtchen noch etwas Gelassenheit, Charme und die Atmosphäre eines Schmelztiegels aus Pueblo-, hispanischer und amerikanischer Kultur bewahrt.

Taos' Reputation als Künstlerkolonie begann Ende des 19. Jhs. Seither haben immer wieder neue Generationen von Künstlern und Schriftstellern Taos entdeckt. In den 1920er-Jahren schaute der britische Romanschriftsteller **D. H. Lawrence** vorbei, und kurz danach kam **Georgia O'Keeffe**.

gedeckt waren. Im Laufe der Zeit wurden sie sesshafter und entwickelten sich zu Bauern und Töpfern. Nach den ersten frei stehenden überirdischen Häusern bauten sie mehrstöckige **Pueblos**, in denen Hunderte von Familien Unterkunft fanden, jede in einer Art eigenem Apartment.

Die erstaunlichen, festungsähnlichen Felspaläste *(cliff dwellings)*, die um 1100 n. Chr. in äußerst schwer zugänglicher Lage über tiefen Schluchten gebaut wurden, waren die ersten Anlagen, die auch Verteidigungszwecke erfüllen sollten. Im 13. Jh. nahmen die Auseinandersetzungen um die knappen Ressourcen an Schärfe zu, und man geht davon aus, dass Kriege und sogar Kannibalismus eine Rolle dabei spielten, als die Gruppen schließlich auseinanderfielen. Auf ihrem Weg nach Osten vereinigten sie sich mit anderen versprengten Grüppchen, aus denen schließlich die heutigen **Pueblo-Indianer** hervorgingen. Darin liegt auch der Grund für die jüngste Namensänderung, bei der das Navajo-Wort *Anasazi* („alte Feinde") durch den neutraleren Begriff **„Ancestral Puebloans"** („Vorfahren der Pueblo-Indianer") abgelöst wurde.

Zu den wichtigsten Stätten gehören:
**Mesa Verde**. Herrliche Felspaläste hoch oben in den Canyons von Colorado, S. 187.
**Bandelier National Monument**. Große Pueblos am Fluss und höhlenartige Behausungen in Vulkangestein, S. 247.
**Chaco Canyon**. Größtes, ausgereiftestes Pueblo mit frei stehenden Häusern weit draußen in der Wüste, S. 257.
**Canyon de Chelly**. Eindrucksvolle *cliff dwellings* in einer Sandsteinschlucht, jetzt in Navajo-Besitz, S. 286.
**Hovenweep**. Rätselhafte Türme hoch über einer Schlucht, S. 304.
**Wupatki**. Mehrere kleine, von verschiedenen Stammesgruppen nach einem Vulkanausbruch des 11. Jhs. erbaute Pueblo-Gemeinden am Rand der Painted Desert.
**Walnut Canyon**. Zahlreiche Häuser am Felsen über dem Walnut Creek östlich von Flagstaff.
**Betatakin**. In einer riesigen Felshöhle gelegene Gemeinde an den Hängen einer Schlucht im Navajo National Monument.

## Taos Plaza

Die spanische Plaza, das Herz der Stadt, ist heute von Souvenirläden, Galerien und Restaurants im Stil der typischen abgerundeten Pueblos aus rotbraunen Adobe-Ziegeln umringt. Sehenswürdigkeiten gibt's kaum, höchstens die kleine **Galerie** im Hotel Fonda de Taos, in der naive erotische Bilder von D. H. Lawrence zu sehen sind. Auf dem kleinen schattigen Platz selbst spielen oft Straßenmusiker, und die umliegenden Straßen eignen sich toll für einen kleinen Bummel.

## Governor Bent House and Museum

117 Bent St ▪ ⏰ April–Okt tgl. 9.30–17, Nov–März 10–16 Uhr ▪ Eintritt $3 ▪ ✆ 505 758 4945

Die **Bent Street**, einen Häuserblock nördlich der Plaza, erhielt ihren Namen nach dem ersten amerikanischen Gouverneur von New Mexico, **Charles Bent**, dessen Haus heute das **Governor Bent House and Museum** beherbergt. Die spanischstämmige wie auch die indianische Bevölkerung von Taos war gar nicht damit einverstanden, dass die Amerikaner hier das Sagen hatten, und so wurde Bent am 19. Januar 1847 von einem wütenden Mob getötet. Das etwas chaotische Museum erzählt vom Alltag in Taos in alten Zeiten.

## Kit Carson Home and Museum

113 Kit Carson Rd ▪ ⏰ März–Okt tgl. 10–17, Nov–Feb 10–16 Uhr ▪ Eintritt $7 ▪ ✆ 575 758 4945, 🖥 www.kitcarsonhomeandmuseum.com

Unmittelbar östlich der Plaza steht das staubige, aber stimmungsvolle Adobe-Haus des Trappers und zeitweiligen US-Kavallerie-Offiziers **Kit Carson**. Carson wurde 1809 in Kentucky geboren, verließ dann sein Zuhause, um sich 1826 einem Wagentrek nach Missouri anzuschließen, und verbrachte den folgenden Winter in Taos. Im Verlauf seines Lebens kam er zwischen zahlreichen Abenteuern immer wieder hierher zurück. Unter anderem arbeitete er in den 1840er-Jahren als Scout für die Frémont-Expeditionen, und in den 1860er-Jahren war er am Kampf gegen die Navajo (S. 282) beteiligt.

## Millicent Rogers Museum

1504 Millicent Rogers Rd, 4 Meilen nördlich der Plaza ▪ ⏰ April–Okt tgl. 10–17, Nov–März Di–So 10–17 Uhr ▪ Eintritt $10, Kinder unter 17 J. $2 ▪ ✆ 575 758 2462, 🖥 www.millicentrogers.org

Das **Millicent Rogers Museum** befasst sich besonders mit indianischer und hispanischer Kunst und erkundet, wie diese die hiesige Kultur beeinflusst haben. Es zählt zu den besten Kunstmuseen New Mexicos, und Millicent Rogers selbst, ein ehemaliges Model, Enkelin eines Mitbegründers von Standard Oil und Ehefrau von Cary Grant, lebte hier bis zu ihrem Tod 1953. Zu ihrer Sammlung zählen Töpferwaren der Pueblo-Vorfahren, Mimbres, modernere Schwarz-auf-Schwarz-Keramiken der Töpferin Maria Martínez aus San Ildefonso Pueblo und wunderbare Webteppiche der Navajo.

## San Francisco de Asis

Die massive Adobe-Kirche **San Francisco de Asis** an der kleinen unbefestigten Plaza von Ranchos de Taos blickt auf den auf dem Hwy-68 vorbeirauschenden Verkehr. Um 1776 gebaut, zählt sie zu den architektonischen Meisterwerken der Kolonialzeit New Mexicos, mit subtil gerundeten Mauern und Ecken, die die eigentliche strukturelle Kraft des Gebäudes verschleiern.

## Hacienda de los Martínez

708 Hacienda Way, abseits Lower Ranchitos Rd, Ranchos de Taos, 2 Meilen westlich des Hwy-68 ▪ ⏰ tgl. 10–16 Uhr ▪ Eintritt $8 ▪ ✆ 575 758 0505, 🖥 www.taoshistoricmuseums.org

Eine der wenigen spanischen Haciendas, die heute noch annähernd im Originalzustand erhalten sind, ist die **Hacienda de los Martínez**, 1804 erbaut von Don Antonio Martínez, einem Bürgermeister von Taos. Innerhalb der dicken, fensterlosen Adobe-Mauern – die Hacienda konnte bei Indianerangriffen wie eine Festung verriegelt werden – liegen rund um zwei separate Innenhöfe mit Viehgattern und einem Brunnen zwei Dutzend Räume. Ausgestellt sind einige Waren, die Don Antonio auf dem Rio Grande Richtung Süden transportierte, außerdem Werkzeuge, Webstühle und einfache Möbel der Zeit sowie eine schöne Sammlung hispanischer sakraler Kunst.

## Taos Pueblo

Gut 2 Meilen nördlich der Plaza von Taos, zu erreichen vom Hwy-68 über zwei verschiedene Zufahrtsstraßen ▪ ⏰ Mo–Sa 8–16.30, So 8.30–16.30 Uhr, Mitte Feb–März geschl., außerdem oft für Stammesveranstaltungen ▪ Eintritt $16/Pers., Kinder bis 11 J. frei ▪ ✆ 575 758 1028, 🖥 www.taospueblo.com

Die mehrstöckigen Adobe-Gebäude des **Taos Pueblo** sind seit fast 1000 Jahren bewohnt, und der beeindruckende Komplex ist das größte noch intakte indianische Dorf der USA. Diejenigen Bewohner von Hlauuma (Nordhaus) und Hlaukwima (Südhaus) – durch den Rio Pueblo de Taos voneinander getrennt, der vom heiligen, für Außenstehende unzugänglichen Blue Lake herabfließt – haben nur wenige Konzessionen an die moderne Welt gemacht. Sie verzichten auf Toiletten, fließendes Wasser und Strom. Der Eintritt beinhaltet eine von Dorfbewohnern durchgeführte **Führung** durch das Pueblo.

Zwar sind Besucher das ganze Jahr über im Pueblo willkommen, doch nur bei bestimmten spektakulären **Festen** und Tänzen bekommt man mehr zu sehen als lediglich den normalen Alltag der Bewohner. Die meisten dieser Events finden im Sommer statt; am größten sind das Taos Pueblo Pow Wow (2. Juliwochenende) und das Feast of San Gerónimo (29. und 30. Sep).

### ÜBERNACHTUNG

**El Pueblo Lodge**, 412 Paseo del Pueblo Norte, ✆ 505 758 8700, 🖥 www.elpueblolodge.com. Pseudo-Adobe-Motel der 1940er-Jahre mit Südwestmotto, eine halbe Meile nördlich des

## Die Pueblos

Die ersten Spanier, die 1540 das heutige New Mexico erforschten, trafen auf 100 000 sogenannte **Pueblo-Indianer** (*pueblo* ist das spanische Wort für „Dorf"), die in rund 100 Dörfern und Städten sesshaft waren. Schon bald widersetzte sich dieses Volk der Einführung des Katholizismus und seiner unverschleierten Versklavung. Während des **Pueblo-Aufstands** von 1680 verbündeten sich die verschiedenen Stämme und schüttelten das Kolonialregime ab. Zahlreiche Priester und Soldaten wurden ermordet und der Rest nach Mexiko zurückgeschickt. Als die Spanier 1693 wiederkehrten, wehrten sich die Pueblos jedoch kaum, und seither haben sie mit den Spaniern zusammengelebt, indem sie Elemente des katholischen Glaubens in ihre eigene Religion integrierten.

Es gibt noch immer ungefähr 40 000 Pueblo-Indianer in New Mexico, die in 19 autonomen Pueblos mit unterschiedlichen Gesetzen und Regierungsformen leben. Die Geburts- oder Sterbetage der Heiligen, größere katholische Feiertage wie Ostern und Pfingsten und sogar der 4. Juli werden mit einer seltsamen Mischung aus traditionell indianischen und katholischen Riten begangen. Es ist ein unglaublich beeindruckendes Schauspiel, wenn Hunderte kostümierte und bemalte Stammesangehörige aller Altersgruppen ihre ausgefeilten Tänze in einer Umgebung vorführen, die sich seit Jahrhunderten kaum verändert hat. Dennoch sind in Wirklichkeit nur wenige Pueblos die Touristenattraktionen, als die sie beworben werden. Während das bekanntesten, **Taos** und **Ácoma**, ihre herkömmliche defensive Architektur erhalten haben, sind die übrigen zumeist staubige Adobe-Weiler mit einer zentralen Plaza, über der der Wind fegt. Wer nicht gerade an einem Festtag kommt oder auf der Suche nach Pueblo-Kunsthandwerk ist, kann von einem Besuch enttäuscht sein. Darüber hinaus wird Gästen, die sich danebenbenehmen, deutlich gezeigt, dass ihre Anwesenheit nicht erwünscht ist. Respektvolle Distanz sollte man zu religiösen Stätten, Kivas oder Privathäusern halten.

Fünfzehn dieser Pueblos konzentrieren sich am Ufer des Rio Grande nördlich von Albuquerque. Seit Langem besteht eine Trennung zwischen den sieben **südlichen Pueblos** im Süden von Santa Fe, von denen die meisten Keresan-sprachig sind, und den acht nördlichen Pueblos, in denen zumeist Tewa gesprochen wird. Besucher müssen sich bei einem Visitor Center anmelden. Manche verlangen einen Eintrittspreis von $3–10, und wo Abbildungen erlaubt sind, verlangen die Einheimischen meist $5 für das Fotografieren, $10–15 für Videoaufnahmen und bis zu $100 für das Anfertigen von Zeichnungen. In vielen Pueblos ist die Nutzung von Handys verboten. Tänze oder Feste kosten nicht extra, meistens ist das Fotografieren dann aber untersagt.

---

Stadtzentrums bei Taos Pueblo. Nett eingerichtete Zimmer mit extragroßen Bädern, dazu Freiluft-Pool und Whirlpool. $148

**Historic Taos Inn**, 125 Paseo del Pueblo Norte, ☎ 505 758 2233, 🖥 www.taosinn. com. Hinreißend romantisches, zentral gelegenes Hotel, das aus mehreren alten Adobe-Gebäuden besteht; jedes der unterschiedlich luxuriösen Zimmer ist individuell zum Thema Pueblo gestaltet. Die gemütliche, gesellige Lobby war einst ein offener Innenhof. $119

**La Doña Luz**, 114C Kit Carson Rd, ☎ 575 758 9000, 🖥 www.stayintaos.com. Reizende, unterschiedlich große und unterschiedlich teure Zimmer mit spanischen Anklängen, alle mit Bad, einige mit voll

ausgestatteter Küche und/oder Whirlpool, in friedvollem Adobe-B&B gleich östlich der Plaza. $119

**La Fonda de Taos**, 108 South Plaza, ☎ 505 758 2211, 🖥 www.lafondataos.com. Dieses umgestaltete, historische Hotel aus den 1930ern bietet – direkt an der Plaza – 24 luxuriöse Zimmer mit Southwest-Einrichtung und gefliesten Bädern. In der Lobby hängen Gemälde von D. H. Lawrence. $149

**Mabel Dodge Luhan House**, 240 Morada Lane, ☎ 505 751 9686, 🖥 www.mabeldodgeluhan. com. 200 Jahre alter B&B-Komplex aus Adobe nordöstlich der Plaza. Die reizenden Zimmer sind nach kreativen ehemaligen Gästen wie Willa Cather und Ansel Adams benannt. Zwei

Räume, einer davon das lichtdurchflutete „Solarium", teilen sich ein Badezimmer, das von D. H. Lawrence bemalt wurde. Preiswertere Zimmer mit modernerer Ausstattung gibt's im neueren Flügel. $116

### ESSEN UND UNTERHALTUNG

**Doc Martin's Historic Taos Inn**, 125 Paseo del Pueblo Norte, ✆ 505 758 1977, 🖥 www.taosinn. com. Herrliche, einfallsreiche New-Mexico-Küche in einem romantischen alten Adobe-Inn. Typische Mittagsspeisen wie Burger und Burritos kosten $10–15, Hauptgerichte am Abend bis $30. Am Wochenende Brunch. ⏲ Mo–Fr 11–22, Sa und So 7.30–14.30 Uhr.

📖 **La Cueva Cafe**, 135 Paseo del Pueblo Sur, ✆ 575 758 7001, 🖥 www.lacuevacafe. com. Das winzige und sehr zentral gelegene Adobe-Café wird von einem engagierten jungen Paar betrieben. Serviert werden makellos zubereitete mexikanische Klassiker wie Burritos und *chimichangas* mit Fleisch ($8), Meeresfrüchte-Gerichte wie Krebs- und Garnelen-Enchiladas ($12) und viel Vegetarisches. ⏲ tgl. 10–21 Uhr.

**Lambert's of Taos**, 123 Bent St, ✆ 575 758 1009, 🖥 www.lambertsoftaos.com. Gemütliches altes Adobe-Gebäude mit moderner amerikanischer Küche. Vorspeisen wie Paprika-Eintopf ($9) sowie Hauptgerichte wie geschmorte marokkanische Lammhaxe ($30). Mittags Salate und Sandwiches für $10–15. ⏲ tgl.11.30–14.30 und 17.30–21 Uhr.

**Love Apple**, 803 Paseo del Pueblo Norte, ✆ 575 751 0050, 🖥 www.theloveapple.net. Schöne ehemalige Kapelle mit nur 13 Tischen, also am besten reservieren. Die Zutaten stammen zumeist aus der Region und sind bio, teils auch selbst gesammelt. Als Vorspeise gibt es z. B. üppige Pasteten mit Hühnerleber oder Pilzen und Walnüssen, als Hauptgericht gebackene Mais-*tamales* in *mole*-Soße für $16 oder ein sehr französisches *bœuf bourguignon* in Blätterteig für $23. ⏲ Di–So 17–21 Uhr.

**Michael's Kitchen**, 304C Paseo del Pueblo Norte, ✆ 505 758 4178, 🖥 www.michaels kitchen.com. Preisgünstige mexikanische und Südwest-Gerichte in altem Adobe-Lokal sowie morgens frisch gebackene Backwaren, Zimt-schnecken und Kaffee. ⏲ Mo–Do 7–14.30, Fr–So 7–20 Uhr.

### SONSTIGES

**Informationen**
**Visitor Center**, 1139 Paseo del Pueblo Sur, 2 Meilen südlich der Plaza an der Kreuzung von Hwy-68 und 585, ✆ 575 758 3873, 🖥 www.taos. org. ⏲ tgl. 9–17 Uhr.

**Touren**
**Cottam's Rio Grande Rafting**, ✆ 800 322 8267, 🖥 www.cottamsoutdoor.com. Ganztägige Wildwasser-Raftingtrips durch den Taos Box Canyon des Rio Grande mit Stromschnellen bis zur Kategorie V (nur April bis Hochsommer, Mo–Fr $114, Sa und So $124), plus Halbtages-trips auf dem Racecourse weiter südlich ($53). Außerdem Rad-, Kajak- und im Winter Schnee-mobiltouren.
**Far Flung Adventures**, ✆ 800 359 2627, 🖥 www.farflung.com. Halb- und ganztägige Raftingtrips auf dem Rio Grande ab Pilar südlich von Taos sowie durch den Taos Box Canyon und auf dem Rio Chama (halber Tag $51, ganzer Tag $105).

### TRANSPORT

Der Shuttlebus **Taos Express**, 🖥 www.taos express.com, bietet am Wochenende schnelle Verbindungen zwischen Taos und dem Rail-Runner-Bahnhof in SANTA FE (Abfahrt in Taos Sa und So 8.55 und 16.30 Uhr, Fahrzeit 1 3/4 Std., einfache Fahrt $5, keine Reservierung). Von Greyhound wird Taos nicht angefahren.

# Albuquerque

Die mit einer halben Million Einwohner einzige Metropole des Bundesstaates liegt mitten im Herzen New Mexicos. Hier überqueren die wichtigste Ost-West-Straßenverbindung und die Eisenbahnschienen den Rio Grande und kreuzen auch die alte Straße nach Süden, Richtung Mexiko. Zwar ist **Albuquerque** ein wenig zu schnell gewachsen, um noch gemütlich zu sein, und die Architektur mag vielerorts einfallslos wirken. Doch im Stadtkern ist die ursprüngliche spanische Niederlassung noch erkennbar, und die bunte Einwohnerschaft verleiht der Stadt eine in dieser Gegend seltene kulturelle Lebendigkeit.

Auch die Lage zwischen dem Rio Grande und den leuchtenden Sandia Mountains ist herrlich. Besondere Highlights stellen die intakte **spanische Plaza**, der neonbeleuchtete Abschnitt der **Route 66** auf der Central Avenue und das ausgezeichnete **Indian Pueblo Cultural Center** dar. Jedes Jahr im Oktober findet in Albuquerque der größte Heißluftballonwettbewerb der USA statt.

Die TV-Serien **Breaking Bad** und **Better Call Saul** haben den Tourismus kräftig angekurbelt: Eingefleischte Fans können eine ganze Reihe von Drehorten besuchen, darunter Walter Whites Haus oder das Fastfood-Lokal Twisters, das als „Los Pollos Hermanos" eine Rolle spielt. Unternehmer vor Ort bieten entsprechende Touren und verkaufen „Blue Meth"-Badesalze und -Bonbons.

## Old Town

Ist man einmal die **Central Avenue** hoch und runter gefahren und hat sich die bunten Neonlichter und die 40er-Jahre-Architektur dieses 20 Meilen langen Abschnittes der Route 66 angesehen, macht man sich am besten nach **Old Town** auf, dem spanischen Herzstück der Stadt. Der Stadtteil wird schon auf den Plakaten am vorbeiführenden Interstate zu Recht als „verdammt alt und historisch" angepriesen.

Hier befindet sich die **Main Plaza**, deren Schatten spendende Bäume von den Zwillingstürmen der aus Lehmziegeln gebauten **Kirche San Felipe de Neri** überragt werden. Das Angebot an Attraktionen ist beschränkt, aber zum Herumschlendern und Essen eignet sich die Gegend hervorragend.

### Albuquerque Museum

2000 Mountain Rd ▪ ⊙ Di–So 9–17 Uhr ▪ Eintritt $4, Sa 14–17 und So 9–13 Uhr frei ▪ ✆ 505 743 7255, 🖥 www.cabq.gov/museum

Zwei Straßen nordöstlich der Plaza bietet das **Albuquerque Museum** eine tolle Einführung

in die Geschichte der Stadt. Neben eindrucksvollen alten Rüstungen und Waffen der Konquistadoren sind hier schöne religiöse Artefakte sowie Gemälde und Fotos zu sehen, die die Entwicklung Albuquerques durch die Jahrhunderte dokumentieren.

### New Mexico Museum of Natural History and Science

1801 Mountain Rd NW ▪ ⊙ tgl. 9–17 Uhr ▪ Eintritt $7 ▪ ✆ 505 841 2800, 🖥 www.nmnaturalhistory.org

Mit seinen lebensgroßen Dinosauriermodellen und der Nachbildung einer an Carlsbad erinnernden Schneehöhle richtet sich das **New Mexico Museum of Natural History** vor allem an Kinder. Die faszinierende Ausstellung „Start Up" benutzt Microsofts Ursprung in Albuquerque 1977 als Ausgangspunkt für die Geschichte der Computer-Revolution. In Albuquerque wurde „Altair", einer der ersten Heimcomputer, entwickelt. Daraufhin kamen 1977 ein unglaublich jung aussehender Bill Gates und Paul Allen in die Stadt und gründeten „Micro-Soft", um Software für eine neue Generation von Programmierern zu schreiben, die nun von zu Hause arbeiten konnte.

## ABQ BioPark

Aquarium & Botanic Garden 2601 Central Ave NW ▪ ⊙ Juni–Aug Mo–Fr 9–17, Sa und So 9–18, Sep–Mai tgl. 9–17 Uhr ▪ **Zoo** 903 10th St SW ▪ ⊙ wie oben ▪ Eintritt $12,50 pro Abteilung, Kombiticket $20 ▪ ✆ 505 768 2000, 🖥 www.cabq.gov/biopark

Im **Albuquerque Aquarium** im **ABQ BioPark** in der Nähe des Rio Grande können Besucher in einem Restaurant neben einem Aquarium mit Haien speisen und durch einen Glastunnel schreiten, der von grimmig dreinschauenden Muränen umgeben ist. Die gesamte Anlage ist mit viel Sinn für Ästhetik gestaltet. Der **Botanische Garten** gegenüber vom Zentralplatz des Parks umfasst zwei große Gewächshäuser und eine Reihe von ummauerten Gärten.

Der **BioPark Zoo** ein paar Meilen südlich am Ufer des Rio Grande bietet alles von Löwen bis zu Eisbären und täglich finden Fütterungen und andere Veranstaltungen statt. Mit einem Kombiticket kann man mit einer Kleinbahn zum Zoo und wieder zurück fahren.

## Die Route 66 im Südwesten

Wer den Westen der USA mit dem eigenen fahrbaren Untersatz bereisen möchte, kann dies auf dem geschichtsträchtigen Highway Route 66 tun. 90 Jahre nach der Fertigstellung, 80 Jahre, nachdem John Steinbeck die Route 66 in *Früchte des Zorns* als „die Mutter aller Straßen, die Straße der Flucht" bezeichnete, und 70 Jahre, nachdem der Songwriter Bobby Troup der Straße seinen bekannten Song widmete, gibt es immer noch keinen besseren Grund für eine Fahrt in den Südwesten, als sich seine Kicks auf der **Route 66** zu verschaffen.

Die Glanzzeit als wichtigste Überlandstrecke der USA von Chicago nach Los Angeles währte nur 20 Jahre: von der durchgehenden Asphaltierung 1937 bis etwa 1957, als die Straße langsam durch Freeways abgelöst wurde. Der endgültige Todesstoß wurde ihr offiziell 1984 versetzt, als der Ort Williams in Arizona als letzte Stadt an der Route eine Umgehung erhielt. Jedoch existieren nach wie vor größere Abschnitte der Originalstrecke, komplett mit den Motels und Drive-ins, die heute als Ikonen der amerikanischen Profanarchitektur gelten. Auf den stimmungsvollen neonbeleuchteten Abschnitten der Route 66 in Städten wie Albuquerque und Flagstaff oder in den einsamen Wüstenlandschaften zwischen Grants und Gallup in New Mexico oder Seligman und Kingman in Arizona sind restaurierte Roadster aus den 1950er-Jahren genauso wie die neuesten Harley Davidsons zu finden.

### Indian Pueblo Cultural Center

2401 12th St NW ▪ **Museum** ⏱ tgl. 9–17 Uhr ▪ Eintritt $6 ▪ **Souvenirladen** ⏱ tgl. 9–17.30 Uhr ▪ Eintritt frei ▪ 📞 505 843 7270, 🖥 www.indian pueblo.org

Das **Indian Pueblo Cultural Center**, einen Block nördlich des I-40, umfasst ein ausgezeichnetes Museum sowie einen von Pueblo-Indianern gemeinschaftlich betriebenen Markt für Kunsthandwerk. Es handelt sich um das einzige größere Museum New Mexicos, das von Indianern verwaltet wird. Die Ausstellung beginnt mit einer ausführlichen Darstellung der gemeinsamen historischen Wurzeln mit den Vorfahren der Pueblo-Indianer und dem Einfluss der spanischen Eroberer. Über das heutige Leben der Pueblo-Indianer informieren verschiedene Videofilme; außerdem verkauft der **Shumakolowa-Andenkenladen** im Obergeschoss Keramikwaren. Im Café kann man sich mit Spezialitäten aus der Pueblo-Küche stärken.

### National Museum of Nuclear Science and History

601 Eubank Blvd SE ▪ ⏱ tgl. 9–17 Uhr ▪ Eintritt $12 ▪ 📞 505 245 2137, 🖥 www.nuclearmuseum.org

Die Ausstellungen im **National Museum of Nuclear Science and History** gleich außerhalb der Kirtland Air Force Base sieben Meilen östlich des Zentrums widmen sich den ersten Entdeckungen von Madame Curie, und es wird deutlich, um wie viel präziser und raffinierter die heutigen Waffen im Vergleich zu den primitiven Waffen des Kalten Krieges sind. In einem Laden werden Kuriositäten aus der Zeit der Raumfahrt verkauft.

### Sandia Mountains

Sandia Peak Tramway ⏱ Sommer tgl. 9–21, sonst Mo und Mi–So 9–20, Di 17–20 Uhr ▪ $20 hin und zurück (Skisaison Mitte Dez–Mitte März, Skigebiet nur Fr–Mo geöffnet; Liftpass $55) ▪ 📞 505 242 9052, 🖥 www.sandiapeak.com

Im Osten von Albuquerque ragen die bewaldeten, über 3000 m hohen Gipfel der **Sandia Mountains** empor, von wo man insbesondere zum Sonnenuntergang eine herrliche Aussicht auf die Lichter der Stadt hat. Im Sommer ist es hier oben gut 10 °C kühler als im Tal. Im Winter kann man hier Abfahrtski und Langlaufski fahren.

Die mit 2,7 Meilen längste Seilbahn der Welt, die **Sandia Peak Tramway**, fährt 12 Meilen nordöstlich der Stadt am Ende der Tramway Road ab. Auf den letzten anderthalb Meilen der 15-minütigen Fahrt kommt die Bahn gänzlich ohne Stützpfeiler aus.

### ÜBERNACHTUNG

Entlang der 20 Meilen langen Central Avenue, der alten Route 66, weisen Neonschilder auf billige Motels hin. Wenn möglich, sollte man sie sich bei Tageslicht anschauen, um keine böse Überraschung zu erleben.

**Andaluz**, 125 2nd St NW, ☎ 505 242 9090, 🖳 www.hotelandaluz.com. Elegantes altes Hotel, 1939 von Conrad Hilton im mexikanischen Stil errichtet und inzwischen zur besten Unterkunft der gehobenen Klasse in Downtown exquisit umgestaltet; mit schöner, holzvertäfelter Lobby, erstklassigem Restaurant und gemütlicher Bar. $163

**La Quinta Inn Albuquerque Airport**, 2116 Yale Blvd SE, ☎ 505 243 5500, 🖳 www.lq.com. Großes, relativ nobles Hotel mit zuverlässigen, preiswerten und ruhigen Zimmern. Regelmäßige Shuttle-Verbindung zum nahen Flughafen. $79

**Los Poblanos**, 4803 Rio Grande Blvd NW, ☎ 505 344 9297, 🖳 www.lospoblanos. com. Das edle B&B auf einer Biofarm 5 Meilen nördlich der Altstadt bietet in zwei Gebäuden hübsche Zimmer voller Antiquitäten. Täglich wechselndes köstliches Frühstücksangebot; Mi–So auch Abendessen im Restaurant Merienda: Hauptgerichte $20–26. $210

**Monterey Nonsmokers Motel**, 2402 Central Ave SW, ☎ 505 243 3554, 🖳 www.nonsmokersmotel.com. Sauberes Motel mit 15 Zimmern, zwei Straßen westlich der Old Town, nur für Nichtraucher, mit Pool und Waschsalon. $72

**Route 66 Hostel**, 1012 Central Ave SW, ☎ 505 247 1813, 🖳 www.route66hostel.com. Albuquerques einziges Hostel, ein freundliches Haus zwischen Old Town und Downtown, bietet Schlafsaalbetten, Küchenbenutzung und sehr schlichte, aber preiswerte DZ. Dorms $20, DZ ohne Bad $30, mit Bad $35

## ESSEN

**66 Diner**, 1405 Central Ave NE, ☎ 505 247 1421, 🖳 www.66diner.com. Klassischer 50er-Jahre-Diner mit Getränkespender und munterem Publikum zu vorgerückter Stunde. ◉ Mo–Do 11–22, Fr 11–23, Sa 8–23, So 8–22 Uhr.

**Artichoke Café**, 424 Central Ave SE, ☎ 505 2430200, 🖳 www.artichokecafe.com. Schlichtes, klassisches Restaurant in Downtown. Gute moderne amerikanische

Küche mit kalifornischem Einschlag, mittags für $12–16, abends für $24–40. ◉ Mo–Do 11–14.30 und 17–21, Fr und Sa 17–22, So 17–21 Uhr.

**Flying Star**, 3416 Central Ave SE, ☎ 505 255 6633, 🖳 www.flyingstarcafe.com. Das stets volle Café serviert gemische internationale Gerichte für eine vorwiegend studentische Klientel. Diner-Specials wie vietnamesische Nudeln oder Pasta Pomodoro für $10. Weitere Filialen in der ganzen Stadt. ◉ Mo–Do und So 7–21.30, Fr und Sa 7–22.30 Uhr.

**Frontier**, 2400 Central Ave SE, ☎ 505 266 0550, 🖳 www.frontierrestaurant.com. Altbewährter, beinahe rund um die Uhr geöffneter Diner gegenüber der Universität, zieht ständig eine bunte Kundschaft an, die sich Burger, Burritos und großartige vegetarische Enchiladas einverleibt. ◉ tgl. 5–1 Uhr.

**Java Joe's**, 906 Park Ave SW, ☎ 505 765 1514, 🖳 www.downtownjavajoes.com. Alternativer Coffeeshop am Westrand von Downtown mit gesundem Frühstück, Sandwiches und Live-musik. *Breaking-Bad*-Fans erkennen das Gebäude als Tucos Hauptquartier. ◉ Mo und So 7–16, Di–Sa 7–21 Uhr.

**Pueblo Harvest Cafe**, Indian Pueblo Cultural Center, 2401 12th St NW, ☎ 505 843 7270, 🖳 www.indianpueblo.org. Ungewöhnliches indianisches Restaurant mit Pueblo-Spezialitäten wie Fladenbrot zu Mittag und leckeren Hauptgerichten ($20–30), z. B. geschmorte Bison-Rippchen zum Abendessen. ◉ Mo–Do 8–20.30, Fr und Sa 8–21, So 8–16 Uhr.

## UNTERHALTUNG

**The Anodyne**, 409 Central Ave NW, ☎ 505 244 1820, 🖳 www.theanodyne.com. Die beliebteste Bar in Downtown mit Billardtischen, Flipperautomaten, einer guten Musikbox und einem bunt gemischten Publikum: sowohl Biertrinker als auch Martini-Schlürfer. Kein Essen, keine Livemusik. ◉ Mo–Sa 16–1.30, So 19–23.30 Uhr.

**Caravan East**, 7605 Central Ave NE, ☎ 505 265 7877, 🖳 www.caravaneast.com. Riesiger Schuppen, wo Reingeschmeckte mit den Stadtcowboys Two-Step tanzen (oder es wenigstens versuchen) können. Livemusik von

Mariachi und Conjunto bis Country. ◷ Di, Fr und Sa 17–2, So 18–24 Uhr.

**KiMo Theater**, 423 Central Ave NW, ✆ 505 768 3544, 🖥 www.cabq.gov/kimo. Wunderbares städtisches „Pueblo Deco"-Theater, bietet ein erlesenes Programm aus Oper, Tanz und Theatervorstellungen, auch Kinderfilm-vorführungen und regelmäßig Livekonzerte.

**The Launchpad**, 618 Central Ave SW, ✆ 505 764 8887, 🖥 www.launchpadrocks.com. Disco und Livekonzerte von Indie bis Weltmusik, außerdem mehrere Pool-Tische und fabel-haftes Weltraumzeitalter-Dekor.

**Marble Brewery**, 111 Marble Ave NW, ✆ 505 243 2739, 🖥 www.marblebrewery.com. Quirlige Brauereikneipe etwas nördlich von Downtown, hinter der Bar sind die riesigen Braukessel zu sehen. Keine Küche, aber draußen parken Food Trucks und im Sommer kann man auf der Ter-rasse essen. ◷ Mo–Sa 12–24, So 12–22.30 Uhr.

### INFORMATIONEN

**Visitor Center**, 303 Romero St NW, Old Town, ✆ 505 842 9118, 🖥 www.itsatrip.org, ◷ April–Okt tgl. 10–18, Nov–März 9.30–16.30 Uhr, und am Flughafen, ◷ Mo–Fr 9.30–20, Sa 9.30–16 Uhr.

### NAHVERKEHR

Die Stadtbahn **Rail Runner**, ✆ 866 795 7245, 🖥 www.nmrailrunner.com, fährt von ihrem Bahnhof im Alvarado Transportation Center, First, Ecke Central St, in Downtown Albuquer-que Richtung Süden nach Belen sowie Richtung Norden nach Bernalillo und weiter bis nach Santa Fe (S. 242). Fahrkarten ab $2.

Das Alvarado Transportation Center ist außer-dem Drehkreuz der Stadtbusse von **ABQ Ride**, ✆ 505 724 3100, 🖥 www.cabq.gov/transit. Die kostenlosen D-Ride-Busse kurven unter der Woche durch Downtown, Pendlerbusse in die Vororte kosten $1 pro Fahrt.

### TRANSPORT

#### Busse

**Greyhound**-Busse halten am **Alvarado Transportation Center**, First, Ecke Central St.

**Busse nach**:
DENVER (2x tgl., 8 1/2 Std.),
FLAGSTAFF (3x tgl., 6 Std.),
PHOENIX (3x tgl., 9 Std.).

#### Eisenbahn

Je ein **Amtrak**-Zug pro Richtung hält tgl. am **Alvarado Transportation Center**.

#### Züge nach:
CHICAGO (1x tgl., 26 1/2 Std.),
FLAGSTAFF (1x tgl., 6 Std.),
LOS ANGELES (1x tgl., 18 Std.).

#### Flüge

Vom Flughafen **International Sunport**, 4 Meilen südöstlich von Downtown, gibt es Mo–Sa Busverbindungen zum Rail-Runner-Netz. Ein **Taxi** in die Stadt kostet ab $15; Albuquerque Cab, ✆ 505 883 4888, 🖥 www.albuquerquecab.com.

# Ácoma Pueblo

12 Meilen südlich des I-40 und 50 Meilen westlich von Albuquerque ▪ **Visitor Center** ◷ März–Okt tgl. 8–19, Nov–Feb Sa und So 9–19 Uhr; Führungen stdl. 8.30–15.30 Uhr: März–Okt tgl., Nov–Feb Sa und So ▪ das gesamte Pueblo ist für Besucher geschl. am 24. Juni, 29. Juni, 9.–14. Juli, 25. Juli, ersten und/oder zweiten Wochenende im Okt, ersten Sa im Dez ▪ Führungen $23, plus $13 für Fotoerlaubnis, keine Camcorder oder Videokameras ▪ ✆ 505 552 7861, 🖥 www.acomaskycity.org

Das wunderschön Ácoma Pueblo hat wiederholt Einwandererwellen aufgenommen, ohne dabei seine unverwechselbare Identität zu verlieren. Für die Bewohner ist Tourismus schon lange kein Fremdwort mehr, daher fühlen sich Besu-cher von „Sky City" meistens nicht so unwohl in ihrer Haut wie in manchen anderen Pueblos. Dennoch ist Ácoma ganz authentisch und ver-mittelt ein Gefühl ungebrochener Tradition.

Sky City darf nur im Rahmen einer organi-sierten einstündigen **Tour** besichtigt werden. Die Busse fahren in regelmäßigen Abstän-den vor dem ausgezeichneten Visitor Center mit Museum. Der Bus hält an der eindrucksvollen **Mission San Esteban del Rey**, einer wuchtigen Adobe-Kirche, die 1640 fertiggestellt wurde. Offenbar fühlten sich die Bewohner nie dazu angeregt, den Stil des Gebäudes zu imitieren, sondern bauten weiterhin ihre mehrstöckigen Adobe-Häuser. Nur dreizehn Familien leben dauerhaft auf der Mesa, denn die meisten Ácomaner wohnen unten im Dorf, wo es Strom, fließendes Wasser und vor allem Arbeit gibt. Allerdings kommen Dorfbewohner tagsüber hoch, um Töpferwaren und Fladenbrot zu verkaufen.

# El Morro National Monument

Hwy-53, 25 Meilen östlich von Zuni Pueblo und 42 Meilen westlich von Grants ▪ Visitor Center ⊙ Sommer tgl. 9–18, sonst 9–17 Uhr; Trail schließt 1 Std. früher ▪ Eintritt frei ▪ ✆ 505 783 4226, 🖥 www.nps.gov/elmo

Das 42 Meilen westlich von Grants südlich der Zuni Mountains versteckte **El Morro National Monument** wirkt, als liege es abseits jeglicher Zivilisation. Bevor die ersten Pilgerväter Plymouth Rock erreichten, diente diese blassrosa Sandsteinklippe jedoch als eine Art Raststätte für Reisende, denn hier sorgt ein Wasserfall für ein stets gefülltes Wasserbecken. Dokumentiert wurde dieser Ort zuerst 1583 von spanischen Entdeckern; 1605 schnitzte Don Juan de Oñate, der Gründer New Mexicos, die erste von zahlreichen Nachrichten in den Fels, die diesem den englischen Namen **Inscription Rock** einbrachten.

# Chaco Canyon

Zu erreichen über insgesamt 20 Meilen lange Staubstraßen von entweder Seven Lakes, 18 Meilen nordöstlich von Crownpoint, oder Nageezi, am US-550 36 Meilen südlich von Bloomfield ▪ ⊙ tgl. 7 Uhr bis Sonnenuntergang ▪ Eintritt $12/Fahrzeug oder $6/ Pers. ▪ ✆ 505 786 7014, 🖥 www.nps.gov/chcu

Die wenigsten Besucher nehmen die lange, holprige Anfahrt zum Chaco Canyon, nördlich des I-40 zwischen Grants und Gallup, auf sich. Zwar steht im **Chaco Culture National Historical Park** Nordamerikas größte präkolumbische

Siedlung, doch hat sie nicht die Dramatik und landschaftlichen Reize kleinerer Ansiedlungen wie der im Canyon de Chelly. Die breite Schlucht mit ihren niedrigen Wänden liegt unspektakulär auf einer Hochebene. Dennoch gibt es auch im Chaco einiges zu sehen. 13 besonders wichtige Stätten sind öffentlich zugänglich. Sechs von ihnen, an der Nordwand des Canyons aufgereiht, sind sogenannte „große Häuser" – mehrstöckige Wohnkomplexe, deren festungsähnliche Wände bis zu 800 Räume umgaben.

Beide Hauptzufahrtsstraßen zum Chaco Canyon erfordern eine 20 Meilen lange Fahrt über raue, aber befahrbare Staubstraßen, die bei schlechtem Wetter allerdings gemieden werden sollten. Egal, ob man von Süden kommt oder von Norden – man landet auf jeden Fall an der Südostecke des Parks am **Visitor Center**.

Die 8 Meilen lange Rundstraße durch den Canyon ist von Sonnenauf- bis Sonnenuntergang geöffnet. Der wichtigste Haltepunkt am Wege ist **Pueblo Bonito** („hübsches Dorf" auf Spanisch), das entlang eines bequemen, eine halbe Meile langen Spazierweges besichtigt werden kann. Pueblo Bonito, das umfangreichste „große Haus", war bis zur Einführung von Stahlträgern im Jahr 1898 das größte Bauwerk Amerikas.

Die Arbeiten an diesem vierstöckigen, D-förmigen Gebäude begannen im Jahr 850 und dauerten 300 Jahre. Die zentrale Plaza umfasste mindestens drei „große Kivas" – Zeremonialräume, die nicht von individuellen Clans oder Familien, sondern von der gesamten Gemeinde genutzt wurden.

### ÜBERNACHTUNG

Der einfache **Gallo Campground**, Reservierung ✆ 877 444 6777, 🖥 www.recreation.gov, ein Stück östlich des Visitor Center, ist gegen 15 Uhr meistens belegt. $15

# Gallup

Von der größten Stadt an der 300 Meilen langen Strecke des I-40 zwischen Albuquerque und Flagstaff erwarten sich viele Besucher einen unterhaltsamen Zwischenstopp. Aber das berühmte Route-66-Etappenziel **Gallup**, 25 Meilen östlich der Grenze zu Arizona, hat, abgesehen von billigen Motels, kaum etwas zu bieten.

Die Navajo und andere Indianer treffen sich hier alljährlich am zweiten Wochenende im August im **Red Rock State Park**, 4 Meilen östlich von Gallup, zum **Inter-Tribal Indian Ceremonial**, ✆ 505 863 3896, 🖵 www.theceremonial.com. Es ist das größte Treffen dieser Art überhaupt. Vier Tage lang werden Tänze und Kunsthandwerk gezeigt, und als Höhepunkt zieht am Samstagmorgen ein farbenprächtiger Umzug durch die Stadt.

🛄 **El Rancho Hotel und Motel**, 1000 E 66 Ave, ✆ 505 863 9311, 🖵 www.elranchohotel.com. Opulentes, 1937 vom Bruder des Filmmoguls D. W. Griffith erbautes Route-66-Roadhouse. Von den Wandbildern in der üppigen Lobby im neospanischen Stil bis hin zur Galerie mit signierten Fotos von Hollywood-Promis verströmt das Haus jede Menge Flair. Die Zimmer sind allerdings klein und die Bäder noch kleiner. Einige Zimmer befinden sich in einem weniger stimmungsvollen zweistöckigen Nebengebäude. Im Speisesaal (🕑 tgl. 6.30–22 Uhr) gibt's u. a. nach John Wayne und Humphrey Bogart benannte Burger, und die Bar ist bis 1 Uhr geöffnet. $113

**Gallup Coffee Company**, 203 W Coal Ave, ✆ 505 410 2505. Wer auf dem Weg durch Gallup Lust auf einen Snack oder Cappuccino hat, der sollte dieses muntere Café einen Block abseits der Hauptstraße im Herzen der Stadt ansteuern. 🕑 Mo–Sa 7–20.30 Uhr.

# Carlsbad Caverns National Park

Eintritt $10 für 3 Tage, Kinder unter 16 J. frei; Nationalparkpässe gelten für bis 4 Pers.; Führungen kosten extra

Im **Carlsbad Caverns National Park** sind die Guadalupe Mountains von einem so dichten Netz aus Höhlen und Tunneln durchzogen, dass sie praktisch hohl sind. Die unterirdische Wunderwelt, im klassischen Parkservice-Stil mit Betonpfaden und elektrischem Licht gezähmt, wurde zur Galerie gemacht. Dort wimmelt es von Touristen, die die unglaublichen Kalksteinformationen bewundern.

Der Park ist allerdings äußerst abgelegen – er liegt 300 Meilen südöstlich von Albuquerque. Zum Park fährt man von der Stadt Carlsbad, wo es die nächstgelegenen Unterkünfte und Restaurants gibt, auf dem US-62/180 20 Meilen nach Südwesten, anschließend von White's City sieben Meilen Richtung Westen.

## Carlsbad Cavern

Die meisten Besucher beschränken sich auf die Besichtigung der **Carlsbad Cavern** selbst, die als einzige Höhle im Eintrittspreis enthalten ist. Aufzüge bringen Besucher direkt hinunter ins Herzstück der Carlsbad Cavern, den **Big Room**, 120 m tief im Berg und 220 m unterhalb des Visitor Center gelegen. Ein besseres Gefühl für die Tiefe der Höhle bekommt, wer nicht den Aufzug nimmt, sondern auf der **Natural Entrance Route** nach unten wandert, letzter Einlass im Sommer um 15.30, im Winter 14 Uhr. Dieser steile Fußweg führt ein Stückchen vom Visitor Center entfernt in Spitzkehren in den mit Guano verkrusteten Rachen der Höhle. Nach einer Viertelstunde sind die ersten Tropfsteingebilde erreicht, und nach einer weiteren der Big Room selbst.

Der Big Room ist 550 m lang und 75 m hoch und voller Stalaktiten, Stalagmiten und zahlloser Gebilde aus glitschigem Tropfstein. Der vorherrschende Grundton ist Grau, nur selten weisen mineralienreichere Stellen einen rötlichen oder bräunlichen Schimmer auf. Die meisten Besucher brauchen ungefähr eine Stunde, um den ebenen Pfad rund um die Höhle zurückzulegen. Egal, wie das Wetter oben ist – und im Hochsommer kann das Thermometer über 40 °C klettern –, hier unten herrscht immer eine Temperatur von 14 °C, daher warme Kleidung mitbringen. An den Big Room grenzt der **Underground Lunchroom**, eine Nebenhöhle ohne Gesteinsformationen, die in den 50er-Jahren ausbetoniert wurde, um einen Souvenirladen mit Imbiss zu schaffen, der unverdauliche Gerichte in Styroporbehältern und Souvenirs aus der Eisenhower-Ära verkauft.

Bei den Führungen geht es durch wunderbare Seitenhöhlen wie den **King's Palace**, die durchsichtige „Draperien" aus Kalkstein aufweisen. (2–4 Führungen tgl., $8). Weitere Führungen umfassen den **Left Hand Tunnel** ($7), den wesentlich anspruchsvolleren Abstieg zur **Spider Cave** oder die **Hall of the White Giant** (jeweils $20).

## ÜBERNACHTUNG UND ESSEN

Dank einem Boom in der örtlichen Ölindustrie sind die Übernachtungspreise in Carlsbad höher als zu erwarten – alles unter $200 pro Nacht gilt hier inzwischen als Schnäppchen. Reisende mit eher beschränktem Budget sollten den Park besser im Rahmen eines Tagesausflugs von weiter entfernt besuchen. **Best Western Stevens Inn**, 1829 S Canal St, Carlsbad, ☎ 575 887 2851, 🖥 www.bestwesternnewmexico.com. Der große, altmodische Motelkomplex eine Meile südlich des Zentrums von Carlsbad ist grundlegend saniert worden. Die Zimmer sind groß, aber ansonsten eher durchschnittlich, und draußen gibt es einen Pool. Inbegriffen ist ein Frühstücksbuffet im zu allen Mahlzeiten geöffneten Restaurant Flume Room. $152
**Blue House Bakery**, 609 N Canyon St, Carlsbad, ☎ 575 628 0555. Beliebtes Cottage-Café mit Bäckerei an einer verschlafenen Wohnstraße mit Kaffee und Backwaren morgens und später Salaten und Sandwiches. ⏰ Mo–Sa 6–12 Uhr.
**Trinity Hotel**, 201 S Canal St, Carlsbad, ☎ 575 2349891, 🖥 www.thetrinityhotel.com. Eine kleine Überraschung in diesem Teil von New Mexico: Die frühere Bank im Zentrum von Carlsbad ist wunderschön in ein Boutiquehotel mit neun Suiten umgebaut worden, mit hervorragendem Restaurant (⏰ zu allen Mahlzeiten, aber sonntags geschlossen). $189

## INFORMATIONEN

**Visitor Center**, ☎ 505 785 2232, 🖥 www.nps.gov/cave, Reservierung der Führungen ☎ 877 444 6777 und 🖥 www.recreation.gov, ⏰ Sommer tgl. 8–19, sonst 8–17 Uhr.

# Roswell

75 Meilen nördlich von Carlsbad liegt das kleine Bauernstädtchen **Roswell**, bekannt als der Ort, in dessen Nähe angeblich in der Nacht des 4. Juli 1947 ein außerirdisches Raumschiff eine Bruchlandung hinlegte. Die hiesige Luftwaffenbasis ließ verlauten, dass das Wrack eines Ufos geborgen worden sei. Obwohl die Aussage später zurückgenommen wurde, war die Verbreitung der Geschichte nicht mehr aufzuhalten und TV-Serien wie *Akte-X*, *Roswell* und *Taken* heizten die Fantasie der Alien-Fans zusätzlich an.

Dem Wunschdenken seiner schrägen Besucher diametral entgegengesetzt, entlarvt das **International UFO Museum**, 114 N Main St, ☎ 575 625 9495, 🖥 www.roswellufomuseum.com, die ganze Geschichte unbeabsichtigt als durchsichtigen Schwindel. ⏰ tgl. 9–17 Uhr, Eintritt $5. Im Gegensatz dazu bietet das **Roswell Museum**, 100 W 11th St, ☎ 575 624 6744, 🖥 www.roswellmuseum.org, eine ausgezeichnete, vielfältige Ausstellung. Die aufregendste Abteilung ist dem Pionier der Raketentechnik, Robert Goddard (1882–1945), gewidmet. ⏰ Di–Sa 9–17, So 13–17 Uhr, Eintritt frei.

## ÜBERNACHTUNG UND ESSEN

**Cattle Baron**, 1113 N Main St, ☎ 575 622 2465, 🖥 www.cattlebaron.com. Großes, preiswertes Steakhaus mit traditioneller Wildwesteinrichtung, großen Stücken Fleisch (Steaks $21–29) und umfangreicher Salatbar. ⏰ Mo–Do 11–21.30, Fr und Sa 11–22, So 11–21 Uhr.
**La Quinta Inn**, 200 E 19th St, ☎ 575 622 8000, 🖥 www.lq.com. Ein sehr verlässliches Motel, abseits der Hauptdurchgangsstraße nördlich des Zentrums gelegen. Sauber und gut geführt, mit Hallenbad und im Preis inbegriffenen Frühstück. $144

# Lincoln

Ein Junge aus Brooklyn namens William Bonney, besser bekannt als **Billy the Kid**, machte seine ersten Schlagzeilen als Achtzehnjähriger während des **Lincoln County War**, eines Kriegs zwischen Viehzüchtern und Händlern, der 1878 in der Grenzstadt Lincoln am Hwy-380 zwischen Carlsbad und Albuquerque ausbrach. Die aus jener Zeit stammenden altersschwachen Häuser mit Blendfassaden an der Main Street stehen heute – wie übrigens die gesamte Ortschaft – unter Denkmalschutz: **Lincoln Historic Site**, ✆ 575 653 4372, 🖳 www.nmhistoricsites.org. Der Gang entlang der Hauptstraße ist kostenlos, für den Zutritt zu einzelnen Stätten braucht man aber ein Ticket; Eintritt $3,50 pro Stätte, Sammelticket $5. Im Winter sind nicht alle Stätten zugänglich.

Das **Anderson-Freeman Visitors Center** erzählt von Hispanics, Cowboys und Apachen sowie vom Lincoln County War. 🕐 tgl. 8.30–16.30 Uhr.

Billy the Kids berühmtem Gefängnisausbruch wurde im **Lincoln County Courthouse** ein Denkmal gesetzt. Anstatt brav in diesem Gefängnis auf seine Exekution zu warten, schoss er sich den Weg frei und floh nach Fort Sumner, wo ihn schließlich Sheriff Pat Garrett erwischte. 🕐 tgl. 8.30–16.30 Uhr.

Am ersten Augustwochenende findet das dreitägige **Old Lincoln Days Festival** statt. Dann strömen Besucher herbei und die Straßen füllen sich mit Pulverdampf, wenn Billy the Kids letzter Ausbruch und der Lincoln County War nachgespielt werden.

**Ellis Store Country Inn**, Meilenstein 98, US-380, ✆ 800 653 6460, 🖳 www.ellisstore.com. Das B&B in einem wunderbaren alten Adobe-Bauernhaus hat Luxuszimmer mit Bad und billigere, aber auch sehr gute Zimmer ohne Bad. Edles 6-Gänge-Abendessen ($79) tgl. außer So. $89

**Wortley Hotel**, US-380, ✆ 575 653 4300, 🖳 www.wortleyhotel.com. Das altmodische Hotel gegenüber vom Gerichtsgebäude gehörte einst Pat Garrett. 7 schlichte, aber angenehme Hotelzimmer, eingerichtet mit viktorianischen Antiquitäten und bequemen Betten. Im Speisesaal wird Do–So Frühstück und Mittagessen geboten. 🕐 Mitte Mai–Mitte Okt. $110

# White Sands National Monument

US-70, 14 Meilen westlich von Alamogordo ◼ **Visitor Center** ⊕ Mitte Mai–Mitte Sep tgl. 8–19, Mitte März–Mitte Mai und Mitte Sep–Okt 9–18, Nov–Mitte März 9–17 Uhr ◼ $5/Pers. ◼ ✆ 575 479 6124, 🖳 www.nps.gov/whsa

In einem breiten Tal westlich von Ruidoso und den Sacramento Mountains liegt White Sands, eine 250 Quadratmeilen umfassende Dünenlandschaft mit bis zu 15 m hohen, sich ständig verändernden, blendend weißen Hügeln. Was wie feiner weißer Sand aussieht, sind in Wirklichkeit aus Gipsablagerungen entstandene winzige Kristalle, die aus dem Lake Lucero stammen. Das White Sands National Monument umfasst nur die Südhälfte der Dünen, denn ein Großteil der Gipswüste befindet sich auf dem Gelände des White Sands Missile Range, einem Waffentestgebiet und Ausbildungslager, und darf nicht betreten werden.

Im **Visitor Center** am US-70 kann man sich über die Entstehungsgeschichte der Dünen sowie ihre Flora und Fauna informieren. Durch die Dünen führt eine 8 Meilen lange Asphaltstraße. Es gibt Parkplätze, wo man den Wagen abstellen kann, um auf die Dünen zu klettern. Allerdings sind in den sich stets wandelnden Dünen keine Wege markiert oder sichtbar. Daher sollte man sehr darauf aufpassen, sich nicht zu verlaufen, und auch pro Person mehrere Liter Wasser mitnehmen. Im Sommer 2015 starb ein französisches Paar, das sich mittags mit nur einem Liter Wasser auf den Weg gemacht hatte, innerhalb von Stunden; nur ihr neunjähriger Sohn überlebte.

# Truth or Consequences

Bis 1950 hieß die kleine Siedlung im Rio Grande Valley, 150 Meilen südlich von Albuquerque, wo die Krieger der Apachen in den natürlichen warmen Quellen ihre Blessuren linderten, passenderweise Hot Springs. Dann nahm der Ort zu Ehren der Radiosendung Truth or Consequences den verrücktesten Ortsnamen der Welt an –

allerdings nennen die Bewohner ihre Heimat heutzutage meist „T or C".

Teils als Folge eines Staudammbaus weiter höher den Rio Grande hinauf gibt es in T or C heute keine natürlichen freifließenden warmen Quellen mehr. Jedoch gibt es in der Gegend noch immer jede Menge Thermalwasser, und Hotels und Resorts machen sich dieses für Spas, Whirlpools und andere Einrichtungen zu Nutze.

### ÜBERNACHTUNG UND ESSEN

**Passion Pie Cafe**, 406 Main St, ℘ 575 894 0008, 🖥 www.deepwaterfarm.com. Freundliches, sehr beliebtes Café mit Gebäck, Waffeln und mittags Sandwiches und Teller mit gemischten mediterranen Snacks, alles für unter $10. ⊕ tgl. 7–15 Uhr.

**Riverbend Hot Springs**, 100 Austin St, ℘ 575 894 7625, 🖥 www.nmhotsprings. com. Neben privaten und Gemeinschaftsbecken am Ufer des Rio Grande bietet die hübsche Lodge gemütliche Suiten, günstige Zimmer ohne eigenes Bad, aber mit Platz für vier Personen, und kleine, individuell eingerichtete „Künstlerzimmer". Keine Kinder unter 12 Jahren. Künstlerzimmer $75, Budget-DZ $125, Suiten $160

### INFORMATIONEN

**Visitor Center**, 301 S Foch St, ℘ 575 894 1968, 🖥 www.geronimotrail.com, ⊕ tgl. 8.30–16.30 Uhr.
Von hier starten Touren zum **Spaceport America**, ℘ 844 727 7223, 🖥 www.space portamerica.com, einer einsamen Landebahn in der Wüste 25 Meilen südöstlich, die vielleicht einmal für die kommerziellen Raumflüge von Virgin Galactic genutzt wird (Touren Mo und Do–So 9 Uhr, Mai–Sep auch Fr–So 13.30 Uhr; $50).

# Silver City

Die fast vollständig unberührten, vulkanischen **Mogollan- und Mimbres-Berge** im südwestlichen New Mexico, halb Wüste, halb bewaldet, erheben sich bis auf eine Höhe von mehr als 3000 m aus der unfruchtbaren Ebene. Seit der Zeit, als sie die Heimat von Apachen-Krieger **Geronimo** war, hat sich hier kaum etwas verändert.

Die größte Ortschaft ist Silver City, auf halber Höhe der Berge, 45 Meilen nördlich des I-10. 1804 kamen die Spanier hierher, versklavten die Mimbreño-Indianer und erschlossen die **Kupfermine Santa Rita** im Osten der Stadt unterhalb des Monolithen Kneeling Nun. 1870 erlebte Silver City einen Aufschwung als raues Silberminencamp. Das **Western New Mexico University Museum**, Ecke 12th und Alabama St, ℘ 575 538 6386, 🖥 www.wnmuseum.org, verfügt über die weltweit beste Sammlung herrlicher **Mimbres-Töpferwaren** von 1100 n. Chr. ⊕ nur zur Vorlesungszeit: Mo–Fr 9–16.30, Sa und So 10–16 Uhr, Eintritt frei.

### ÜBERNACHTUNG UND ESSEN

**Diane's Restaurant and Bakery**, 510 Bullard St, ℘ 575 538 8722, 🖥 www.dianesrestaurant.com. Einladendes Restaurant im Stadtzentrum mit breitem Angebot an Gerichten von Steak und Hackbraten über italienische Seafood-Eintöpfe bis zu grünen Thai-Currys, alles für etwa $15–22. Außerdem viele Weine im Glas und eigene Bäckerei. ⊕ Di–Fr 11–14 und 17–21, Sa 9–14 und 17–21, So 11–14 Uhr.
**Javelina Coffee House**, 117 W Market St, ℘ 575 388 1350. Heller, freundlicher Treff in der Innenstadt; hierher zieht es alle möglichen Leute mit Laptop zu Kaffee und Gebäck. ⊕ Mo–Sa 6–19, So 6–18 Uhr.

**Murray Hotel**, 200 W Broadway, ℘ 575 956 9400, 🖥 www.murray-hotel.com. Diese Art-déco-Schönheit ist das größte Gebäude im Zentrum von Silver City; es wurde ursprünglich 1938 als Hotel eröffnet. Die 56 renovierten Zimmer sind stilsicher im Retro-Look eingerichtet – besonders geschmackvoll sind die Badezimmer –, und auch die öffentlichen Bereiche sind nach wie vor eindrucksvoll. $109

**Palace Hotel**, 106 W Broadway, ℘ 575 388 1811, 🖥 www.silvercity palacehotel.com. Kleines, schön restauriertes Hotel aus dem 19. Jh. in Downtown. Einige

Zimmer verfügen über Duschen statt Bäder, und die Einrichtung ist eher historisch als modern. Im Hochsommer könnte das Fehlen einer Klimaanlage zum Problem werden, genauso wie am Wochenende der Lärm der nahen Kneipen. DZ $58, Suiten $94

# Arizona

**Arizona** hat etwas, das kein anderer Bundesstaat bieten kann und wovon seine Tourismusindustrie enorm profitiert: den **Grand Canyon**, das faszinierendste Landschaftsdenkmal der Welt, von dem Millionen Menschen träumen. Arizona bietet jedoch noch weit mehr, und die Zeugnisse früherer Kulturen in öder Wüstenlandschaft hinterlassen bei vielen Besuchern einen ebenso dauerhaften Eindruck.

Über ein Drittel des Bundesstaates gehört den indianischen **Ureinwohnern**, die außerhalb der Städte die Mehrheit der Bevölkerung ausmachen. Im Nordosten Arizonas befindet sich das sogenannte **Indian Country**, die **Navajo Nation**, das sowohl die aufsehenerregenden Felspaläste des **Canyon de Chelly** und Dutzende anderer Ruinen der Vorfahren der Pueblo-Indianer als auch die Felsen des **Monument Valley** umfasst. Inmitten des Navajo-Gebietes liegt das Reservat der streng traditionsbewussten Hopi. Die dritte große indianische Bevölkerungsgruppe ist die der Apachen, die in den rauen, wildromantischen Bergen im Südosten leben. Sie kapitulierten als letzter Indianerstamm vor der Übermacht der weißen Invasoren und zählen heute zu den wohlhabendsten indianischen Völkern Arizonas.

In der **Südhälfte** Arizonas leben 90 % der Bevölkerung und sind alle wichtigen Städte des Bundesstaats zu finden. Die Hauptstadt **Phoenix**, eine 1300 km² große Einöde aus Einkaufszentren und gleichförmigen Vororten, ist größer, aber auch langweiliger als das muntere **Tucson**. In der Südostecke Arizonas stößt man auf einige wunderbare Zeugnisse der Pionierzeit wie zum Beispiel **Tombstone**.

## Tucson

Der ehemalige spanische und mexikanische Außenposten **Tucson** (sprich: „Tuhßonn") – kaum 60 Meilen nördlich von Mexiko gelegen – ist heute eine moderne Metropole mit fast 1 Mio. Einwohnern, die sich ihre historischen Stadtteile zum Teil bewahrt hat. Halb Universitäts-, halb Rentnerstadt, ist sie vor allem durch ihre ausufernden Vorstädte geprägt. Das kompakte Zentrum mit einigen freundlichen Restaurants lässt sich zu Fuß erkunden und bietet sogar ein passables Nachtleben. Tucson stellt einen guten Ausgangspunkt für Ausflüge in die wunderbare Landschaft der Umgebung dar wie etwa in die bewaldeten Hänge des **Mount Lemmon** oder in die Hügel des **Saguaro National Park**.

### Tucson Museum of Art
140 N Main Ave ▪ ☉ Di, Mi, Fr und Sa 10–17, Do 10–20, So 12–17 Uhr ▪ Eintritt $12, Kinder 13–17 J. $7, unter 13 J. frei ▪ ✆ 502 624 2333, 🖥 www.tucsonmuseumofart.org

Im Hauptgebäude des **Tucson Museum of Art**, dem Highlight in **Downtown Tucson**, werden wechselnde Ausstellungen moderner Malerei und Bildhauerei gezeigt, und das benachbarte Adobe-Haus, der **Palice Pavilion**, präsentiert wunderbare präkolumbische Volkskunst, z. B. Mochia-Keramiken aus Nordperu mit außergewöhnlichen lebensnahen Gesichtern, Stoffe aus der späteren peruanischen Chancay-Kultur und Gold aus Kolumbien und Costa Rica.

### Arizona State Museum
1013 E University Blvd ▪ ☉ Mo–Sa 10–17 Uhr ▪ Eintritt $5, Pers. unter 18 J. frei ▪ ✆ 520 621 6302, 🖥 www.statemuseum.arizona.edu

Im **Arizona State Museum** auf dem Campus der **University of Arizona** eine Meile östlich von Downtown beleuchtet das „Pottery Project" die Geschichte der Keramik im Südwesten der USA. In einer Vitrine sind die fabelhaften „Lastenträger"-Töpfe ausgestellt, die die Hohokam zwischen 850 und 1000 anfertigten. Die Ausstellung **„Paths of Life"** widmet sich den Kulturen der wichtigsten indianischen Völker des Südwestens der USA und des nördlichen Mexikos.

OBEN TAOS PUEBLO (S. 250); UNTEN LINKS 66 DINER, ALBUQUERQUE (S. 255); UNTEN RECHTS BOOTHILL CEMETERY, TOMBSTONE (S. 267)

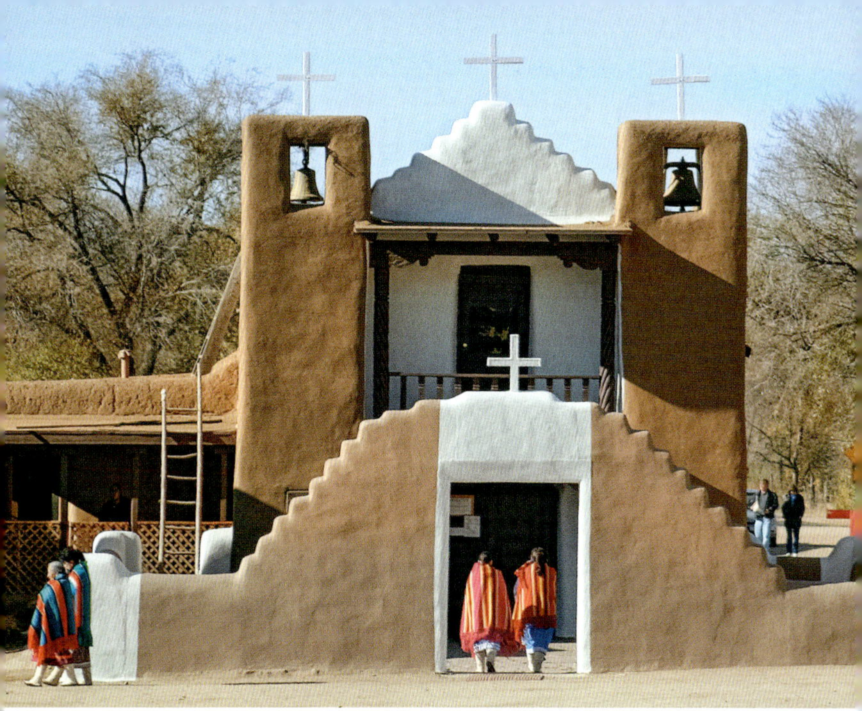

66

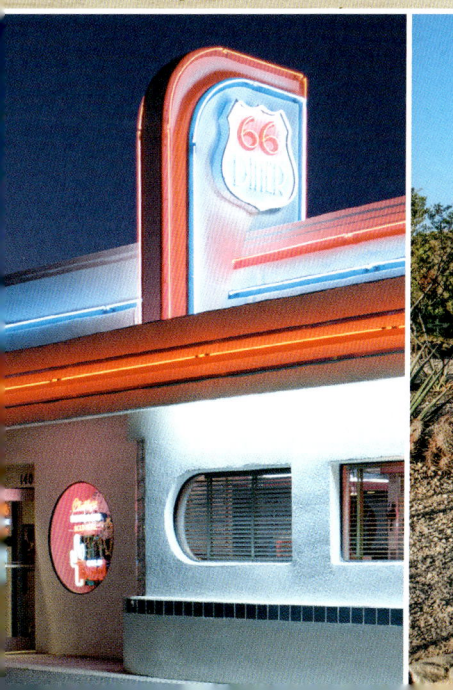

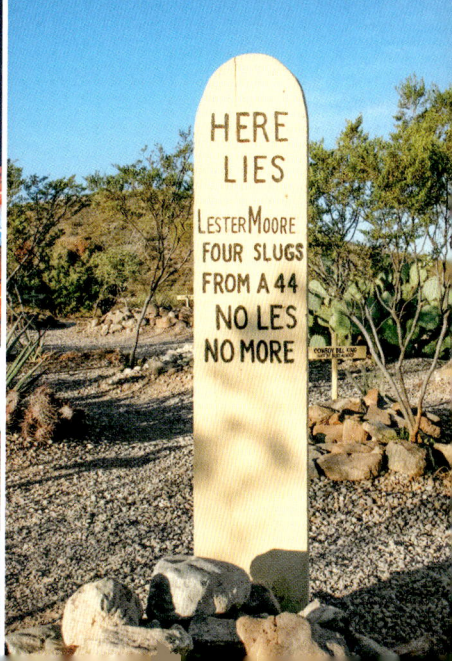

HERE
LIES
LESTER MOORE
FOUR SLUGS
FROM A 44
NO LES
NO MORE

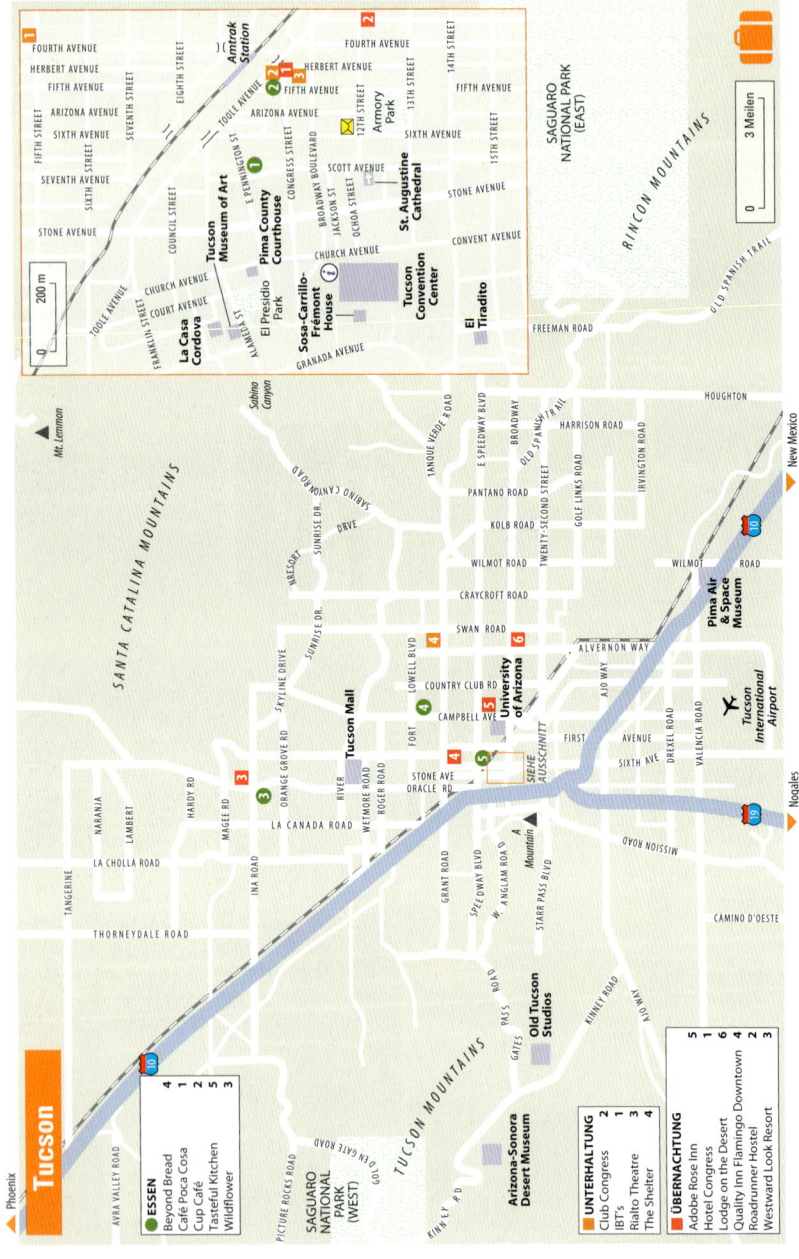

DER SÜDWESTEN

Tucson

**1**
FOURTH AVENUE
HERBERT AVENUE
FIFTH AVENUE
ARIZONA AVENUE
SIXTH AVENUE
FIFTH STREET
SEVENTH AVENUE
SIXTH STREET
STONE AVENUE

Amtrak Station

SEVENTH STREET
EIGHTH STREET

COUNCIL STREET

TOOLE AVENUE

CHURCH AVENUE
COURT AVENUE
FRANKLIN STREET
TOOLE AVENUE

ALAMEDA ST.

Tucson Museum of Art

La Casa Cordova

El Presidio Park

Sosa-Carrillo-Frémont House

CONGRESS STREET
BROADWAY BOULEVARD
JACKSON ST.
OCHOA STREET

Pima County Courthouse

GRANADA AVENUE

E PENNINGTON ST.
SCOTT AVENUE

**2**
FOURTH AVENUE
HERBERT AVENUE
FIFTH AVENUE

12TH STREET
13TH STREET
14TH STREET
15TH STREET

**2 1**

Armory Park
SIXTH AVENUE
STONE AVENUE
CONVENT AVENUE

St. Augustine Cathedral

CHURCH AVENUE

Tucson Convention Center

El Tiradito

FREEMAN ROAD

SAGUARO NATIONAL PARK (EAST)

RINCON MOUNTAINS

OLD SPANISH TRAIL

3 Meilen
0

200 m
0

Mt. Lemmon

SANTA CATALINA MOUNTAINS

Sabino Canyon
SABINO CANYON ROAD
SUNRISE DR.
SKYLINE DRIVE
SUNRISE DR.
RESORT
DRIVE

TANQUE VERDE ROAD
E SPEEDWAY BLVD
BROADWAY
PANTANO ROAD
KOLB ROAD
WILMOT ROAD
CRAYCROFT ROAD
SWAN ROAD
LOWELL BLVD

HOUGHTON

HARRISON ROAD
IRVINGTON ROAD

OLD SPANISH TRAIL

TWENTY-SECOND STREET
GOLF LINKS ROAD

New Mexico

**10**

HARDY RD.
MAGEE RD.
ORANGE GROVE RD.
RIVER
WETMORE ROAD
ROGER ROAD

**3**

Tucson Mall

**4** COUNTRY CLUB RD
CAMPBELL AVE.

FORT

STONE AVE.
ORACLE RD.

**4**
**6**

University of Arizona

ALVERNON WAY

AJO WAY

FIRST

SIXTH AVE

**5**
SIEHE AUSSCHNITT

**4**
**5**

WILMOT

Pima Air & Space Museum

Tucson International Airport

DREXEL ROAD
VALENCIA ROAD

AVENUE

Nogales

NARANJA
LAMBERT
INA ROAD
LA CANADA ROAD
LA CHOLLA ROAD
TANGERINE
THORNEYDALE ROAD

GRANT ROAD
SPEEDWAY BLVD
W. ANGLAM ROAD
STARR PASS BLVD

A Mountain

MISSION ROAD

CAMINO D'OESTE

**19**

Phoenix

AVRA VALLEY ROAD

TUCSON MOUNTAINS

GATES PASS ROAD
PICTURE ROCKS ROAD
GOLDEN GATE ROAD
KINNEY RD.
KINNEY RD.

Old Tucson Studios

Arizona-Sonora Desert Museum

SAGUARO NATIONAL PARK (WEST)

**10**

## UA Museum of Art

1031 N Olive Rd ▪ ⏰ Mi, Fr und Sa 9–17, Do 9–20,
So 12–17 Uhr ▪ Eintritt $8 ▪ 📞 520 621 7567,
🖥 www.artmuseum.arizona.edu

Unter den vielfältigen Schätzen des **UA Museum of Art** befindet sich ein morbides Altarbild
aus der Kathedrale der spanischen Stadt Ciudad
Rodrigo, außerdem Drucke, Zeichnungen und
Gemälde von Rembrandt, Picasso und Warhol,
ein einsamer O'Keeffe sowie einige schöne ku-
bistische Skulpturen von Jacques Lipchitz.

## Arizona-Sonora Desert Museum

2021 N Kinney Rd, 14 Meilen westlich des Zentrums ▪
⏰ März–Mai und Sep tgl. 7.30–17, Juni–Aug Mo–Fr
und So 7.30–17, Sa 7.30–22, Okt–Feb 8.30–17 Uhr ▪
Eintritt $20,50, Kinder 3–12 J. $8 ▪ 📞 520 883 2702,
🖥 www.desertmuseum.org

Das exzellente **Arizona-Sonora Desert Museum** beim Westteil des Saguaro National Park ist
halb Zoo, halb Park. Die Exponate im Innern, darunter eine begehbare Höhle und Mine, veranschaulichen die Geologie und Geschichte der
Region, und eine Reihe von Glaskäfigen ist mit
Taranteln, Klapperschlangen und anderen gru-
seligen Kriechtieren angefüllt. In Gehegen entlang des Rundweges draußen – im Sommer eine
schweißtreibende Tour – sind in Nachbildungen
ihrer natürlichen Umgebung Dickhornschafe,
Berglöwen, Jaguare und andere selten zu se-
hende Wüstenbewohner untergebracht.

## Saguaro National Park

Zwei Sektoren: Tucson Mountain District 15 Meilen
westlich von Downtown Tucson, Rincon Mountain
District 17 Meilen östlich von Downtown ▪ Visitor
Center beider Sektoren jeweils ⏰ tgl. 8–17 Uhr ▪
Eintritt für beide Sektoren des Parks $10/Fahrzeug,
gültig für 1 Woche ▪ 📞 520 733 5158, 🖥 www.nps.
gov/sagu

Tucson wird zu beiden Seiten von den zwei Abteilungen des **Saguaro National Park** eingerahmt, der Besuchern die seltene Möglichkeit
bietet, durch eigenartige „Wüstenwälder" aus
monumentalen, vielarmigen Saguaro-Kakteen
zu spazieren. Der Saguaro kann 15 m hoch und
acht Tonnen schwer werden, aber dafür braucht
er ungefähr 150 Jahre. Den mächtigen Saguaro-
Kaktus findet man vorwiegend in der Sonora-

Wüste, und die Kaktuswälder sind ein unvergesslicher Anblick.

Beide Abschnitte können im Rahmen kurzer
Ausflüge von der Stadt aus besucht werden; im
Sommer ist es viel zu heiß, um mehr zu unternehmen, als sich unter einem besonders bizarren Riesen ablichten zu lassen, und es gibt auch
keine Unterkünfte, noch nicht einmal einen festen Campingplatz.

Der **Tucson Mountain District** des Saguaro
National Park erstreckt sich westlich von Downtown Tucsons jenseits der Berge vom Desert
Museum nach Norden. Hinter dem **Visitor
Center** beginnt der 9 Meilen lange **Bajada Loop
Drive**. Besonders lohnenswert ist eine Fahrt
zum Signal Hill wegen seiner Felszeichnungen
und der vorzüglichen Ausblicke bei Sonnenuntergang.

Im **Rincon Mountain District** östlich der Stadt
gehen vom 8 Meilen langen **Cactus Forest Drive**,
⏰ April–Okt tgl. 7–19, Nov–März 7–17 Uhr, kurze
Pfade ab.

## Mission San Xavier del Bac

1950 W San Xavier Rd, 9 Meilen südlich von Downtown Tucson, unmittelbar westlich des I-19 ▪
⏰ Kirche tgl. 7–17, Museum 8–16.30 Uhr ▪ Spende ▪
📞 520 294 2624, 🖥 www.sanxaviermission.org

**San Xavier del Bac**, die am besten erhaltene Missionskirche der USA, steht wie eine Fa-
ta Morgana an der Grenze des unwirtlichen
San-Xavier-Reservates, Heimat des Stammes
der Akimel O'Odham. Der Jesuitenpater Eusebio
Kino ließ sie 1700 am Ufer des Santa Cruz River
in der Nähe des Pima-Dorfes Bac erbauen. 1767
wurde sie von Apachen zerstört und zwischen
1783 und 1797 von Franziskanern wieder errichtet. Die beste Zeit für eine Besichtigung – mit aller gebotenen Zurückhaltung – ist am Sonntag-
morgen. Dann werden Messen gefeiert, die von
zahlreichen indianischen Kirchgängern aus dem
Reservat besucht werden.

### ÜBERNACHTUNG

🏨 **Adobe Rose Inn**, 940 N Olsen Ave,
📞 520 318 4644, 🖥 www.aroseinn.com.
Reizendes, sehr preiswertes B&B in ruhigem
Wohngebiet bei der Universität mit 6 schönen

Zimmern mit Bad sowie Pool und reichhaltigem Frühstück. Juni–Aug $90, Sep–Mai $140

**Hotel Congress**, 311 E Congress St, 📞 520 622 8848, 🖥 www.hotelcongress. com. Zentral gelegenes Bohème-Hotel nicht weit vom Amtrak- und Greyhound-Bahnhof, mit Art-déco-Einrichtung. 40 einfache Zimmer mit Bad, abends laute Musik und Tanz. Juni–Aug $69, Sep–Mai $79

**Lodge on the Desert**, 306 N Alvernon Way, 📞 520 320 2000, 🖥 www.lodgeonthedesert.com. Adobe-Resort aus den 1930er-Jahren ein paar Meilen östlich von Downtown, geschmackvoll restauriert, sodass es wie eine mexikanische Hacienda aussieht, mit großen, gemütlichen Zimmern und gutem Restaurant. Juni–Aug $99, Sep–Mai $169

**Quality Inn Flamingo Downtown**, 1300 N Stone Ave, 📞 520 770 1910, 🖥 www.flamingohotel tucson.com. Das beliebte, renovierte Motel mit Wildwest-Motto eine knappe Meile nördlich von Downtown bietet wunderbares 50er-Jahre-Flair – hier hat schon Elvis übernachtet. $70

**Roadrunner Hostel**, 346 E 12th St, 📞 520 940 7280, 🖥 www.roadrunnerhostelinn.com. Kleines unabhängiges Hostel mitten im Zentrum in Gehnähe zu Restaurants und Nachtleben. Bett im 6er-Schlafsaal und Privatzimmer, mit Gemeinschaftsküche und Terrasse. ⊙ tgl. 12–15 Uhr geschl. Dorms $22, DZ $45

**Westward Look Resort**, 245 E Ina Rd, 📞 520 297 1151, 🖥 www.westwardlook.com. Edles Resort auf einem hübschen Gelände im Norden der Stadt mit seinem ursprünglichen stimmungsvollen Kern um 1912 und fast 250 sehr geräumigen Zimmern und Suiten in niedrigen Häuschen mit viel Privatsphäre. Juni–Sep $119, Okt–Mai $229

## ESSEN

**Beyond Bread**, 3026 N Campbell Ave, 📞 520 322 9965, 🖥 www.beyondbread.com. Sehr beliebtes Café mit Bäckerei und vier Filialen in Tucson. Es eignet sich prima für Sandwiches zum Mitnehmen (halbes zumeist ab $5, ganzes bis $9), ein Omelett zum Frühstück oder ein warmes Tagesgericht. ⊙ Mo–Fr 6.30–20, Sa 7–20, So 7–18 Uhr.

**Café Poca Cosa**, 110 E Pennington St, 📞 520 622 6400, 🖥 www.cafepoca cosatucson.com. Das beliebte, stilvolle Downtown-Café serviert leckere, preiswerte mexikanische Gerichte mit moderner Southwestern-Note. Typische Speisekarten-Highlights sind Rindergeschnetzeltes oder Kabeljau mit Venusmuscheln. Hauptgerichte kosten mittags rund $10, abends um $20. ⊙ Di–Do 11–21, Fr und Sa 11–22 Uhr.

**Cup Café**, Hotel Congress, 311 E Congress St, 📞 520 798 1618, 🖥 www.hotelcongress.com. Jazziges Downtown-Café aus den 30er-Jahren. Ideal zum Frühstücken (Eiergerichte um $12), mittags Sandwiches und Salate zu ähnlichen Preisen sowie abends umfassende Speisekarte mit z. B. Fish 'n' Chips für $17. ⊙ Mo–Do und So 7–22, Fr und Sa 7–24 Uhr.

**Tasteful Kitchen**, 722 N Stone Ave, 📞 520 250 9600, 🖥 www.thetastefulkitchen.com. Ausgezeichnetes vegetarisches Abend-restaurant etwas nördlich von Downtown mit Platz für nur 24 Gäste im romantischen Speiseraum. Alle Hauptgerichte kosten $16; originell: die Erbseneiscreme. Die Korken-gebühr für mitgebrachten Wein beträgt $7. ⊙ Di–Sa 17–21 Uhr.

**Wildflower**, 7037 N Oracle Rd, 📞 520 219 4230, 🖥 www.foxrc.com. Stilvolles Restaurant in einem Einkaufszentrum ein ganzes Stück nörd-lich der Innenstadt mit neuer amerikanischer Fusionsküche. Auf der geräumigen Terrasse oder im edlen Innenraum lassen sich Vor-speisen wie Edamame-Klöße ($9) oder Haupt-gerichte wie Zitronengras-Jakobsmuscheln mit Reis ($25) genießen. ⊙ tgl. 11–21 Uhr.

## UNTERHALTUNG

**Club Congress**, Hotel Congress, 311 E Congress St, 📞 520 622 8848, 🖥 www.hotel congress.com. Hektisch und trendig, mit Livemusik an drei oder vier Abenden der Woche und ansonsten Clubnächten. ⊙ jeden Abend bis spät.

**IBT's**, 616 N 4th Ave, 📞 520 882 3053, 🖥 www. ibtstucson.com. Der wichtigste Schwulen-Tanzclub in Downtown wartet an den meisten Abenden mit DJs auf und veranstaltet auch

Travestieshows und Varietés. Große Tanzfläche drinnen wie auch auf der Terrasse draußen. ⊕ tgl. 12–2 Uhr.

**Rialto Theatre**, 318 E Congress St, ✆ 520 740 1000, 🖥 www.rialtotheatre.com. Der heißeste Veranstaltungsort für Konzerte in einem Varietétheater der 1920er-Jahre. ⊕ unterschiedlich.

**The Shelter**, 4155 E Grant Rd, ✆ 520 326 1345, 🖥 www.thesheltercocktaillounge.com. In dieser runden, fensterlosen Lounge mit ihren Lavalampen, Flipperautomaten und Samtgemälden kann man eine Zeitreise unternehmen. Der Laden hat sich seit 1961 kaum verändert und serviert immer noch einen tollen Martini, und gelegentlich gibt's auch Livemusik und DJs. ⊕ tgl. 15–2 Uhr.

### INFORMATIONEN

**Visitor Center**, 100 S Church Ave, ✆ 520 624 1817, 🖥 www.visittucson.org. ⊕ Mo–Fr 9–17, Sa und So 9–16 Uhr.

### TRANSPORT

#### Busse

**Greyhound**, ✆ 520 792 3475, hält in der 471 W Congress St.

**Busse nach**:
LAS CRUCES (2x tgl., 5 1/2 Std.),
LOS ANGELES (5x tgl., 10 Std.),
PHOENIX (6x tgl., 2 Std.).

#### Eisenbahn

Der **Amtrak-Bahnhof** liegt in der 400 E Toole Ave. Anschlussbusse fahren nach Norden Richtung Phoenix. Züge fahren u. a. nach LOS ANGELES (3x wöchentl., 10 Std.) und NEW ORLEANS (3x wöchentl., 37 Std.).

#### Flüge

Der **Flughafen** von Tucson 10 Meilen südlich der Downtown dient hauptsächlich als Regionalflughafen. Von und zum **Airport** verkehren regelmäßig Minibusse von Arizona Stagecoach, ✆ 520 889 1000, 🖥 www. azstagecoach.com, für $25.

# Tombstone

Die legendäre Wildwest-Stadt Tombstone liegt 22 Meilen südlich des I-10 am US-80, 67 Meilen südöstlich von Tucson. Mehr als ein Jahrhundert ist seit ihren legendären Tagen als Bergbaustadt schon vergangen, doch „The Town Too Tough to Die" wusste sich touristisch zu vermarkten. Mit ihren staubigen Straßen, hölzernen Gehwegen und den schwingenden Saloon-Türen ist sie weitestgehend unverändert geblieben. Die düsteren Revolverhelden, die heutzutage in den Straßen unterwegs sind, wollen nur Touris zu Schaukämpfen locken. Aber es gibt auch genügend echte Konflikte, und 2015 wurden zwei Besucher verletzt, als einer der Revolverhelden mit echter Munition schoss. Die beste Besuchszeit ist Ende Oktober – wenn die Sonne nicht mehr ganz so unbarmherzig brennt – während der **Helldorado Days** mit Umzügen und Schießereien.

## OK Corral

Allen St, zwischen 3rd und 4th St ▪ ⊕ tgl. 9–17 Uhr, Revolverduelle siehe tgl. Aushang ▪ Eintritt $3,50, mit Revolverduell $10 ▪ ✆ 520 457 3456, 🖥 www. ok-corral.com

1877 als Silberminen-Boomtown entstanden, zählte sie auf dem Höhepunkt ihrer Berühmtheit immerhin mehr als 10 000 Einwohner, aber 1890 war sie bereits wieder verlassen. Die meisten der Gebäude datieren aus den frühen 1880er-Jahren. An den Straßenecken stehen zerfallende Planwagen, und Schilder an den hölzernen Gehwegen weisen auf die Schauplätze berühmt gewordener Schießereien hin. Obwohl sich das Feuergefecht am OK Corral in Wirklichkeit in der Fremont Street ereignete, bleibt der **OK Corral** die Hauptattraktion. Das erste, was man hier sieht, ist der Leichenwagen, mit dem die Opfer abtransportiert wurden. In den brütend heißen, mit Adobe-Mauern umgebenen Höfen wird mit kruden Puppen nachgestellt, wo die gegnerischen Parteien positioniert waren.

### ÜBERNACHTUNG UND ESSEN

**Big Nose Kate's**, 417 E Allen St, ✆ 520 457 3107, 🖥 www.bignosekates.info. Wildwest-Saloon, in dem die Kellnerinnen im Stil alter Tage gekleidet sind und an den meisten Nachmittagen Country-Musiker für Unterhaltung sorgen. Burger und Pizza ab ca. $8. ⊙ tgl. 10–24 Uhr. **Landmark Lookout Lodge**, 781 N US-80, ✆ 520 457 2223, ▭ www.lookoutlodgeaz.com. Kettenmotel mit noblen, geschmackvollen Zimmern im Westernstil und erstklassigen Bergblicken, eine Meile nördlich von Downtown. $99

**Larian Motel**, 410 E Fremont St, ✆ 520 457 2272, ▭ www.tombstonemotels.com. So ziemlich das beste der altmodischen Motels im Zentrum von Tombstone, mit sauberen, gepflegten Zimmern und freundlichen, hilfsbereiten Betreibern. $89

# Phoenix

Die größte Stadt Arizonas und sechstgrößte Stadt der USA ist eigentlich kein wichtiges Ziel für Touristen, doch wartet sie mit einigen tollen Sehenswürdigkeiten auf wie dem wunderbaren **Musical Instrument Museum**, dem **Heard Museum** mit seinen ausgezeichneten Ausstellungen zu den indigenen Völkern der USA und Frank Lloyd Wrights Atelier in **Taliesin West**.

Bei ihrer Gründung in den 1860er-Jahren bot Phoenix vielversprechende Perspektiven. Das drückend heiße, kleine Farmerstädtchen im Salt River Valley besaß ein wunderbar funktionierendes Bewässerungssystem der Ureinwohner. Innerhalb eines Jahrhunderts hatte sich **Phoenix** zu einem Ort entwickelt, der genügend Geld und politischen Einfluss besaß, um gegen jeden gesunden Menschenverstand inmitten einer praktisch wasserlosen Wüste eine Riesenstadt aus dem Boden zu stampfen.

Heute erstreckt sich die Hauptstadt Arizonas und ihr Finanz- und Wirtschaftszentrum über das ganze Tal. Mehr als 1,5 Mio. Menschen leben innerhalb der Stadtgrenzen und 4 Mio. in den 20 eigenständigen Städten in ihrem Einzugsgebiet, u. a. **Scottsdale**, **Tempe** und **Mesa**. Was diese Gegend aber besonders auszeichnet, ist die Hitze. Im Sommer liegen die durchschnittlichen Tagestemperaturen über 38 °C. Selbst im Winter fällt das Thermometer selten unter 18 °C und viele Skitouristen kommen in die Region

Phoenix/Scottsdale, um sich in den luxuriösen Ferien- und Kurhotels aufzuwärmen, auf den Golfplätzen den Schläger zu schwingen oder durch die Naturschutzgebiete in den Bergen und der Wüste zu wandern.

## Phoenix Art Museum

1625 N Central Ave ▪ ⊙ Mi 10–21, Do–Sa 10–17, So 12–17 Uhr ▪ Eintritt $15, Kinder 6–17 J. $6 ▪ ✆ 602 257 1880, ▭ www.phxart.org
Eine Meile nördlich von Downtown zeigt das riesige und absolut lohnende **Phoenix Art Museum** vor allem Kunst des amerikanischen Westens. Ein weiteres Highlight ist Anish Kapoors schwarze Skulptur *Upside Down Inside Out*, und die wechselnden Ausstellungen decken alle Epochen und Stile ab. Im tollen Museumsshop sind mexikanisches Kunsthandwerk und originelle moderne Keramiken erhältlich.

## Heard Museum

2301 N Central Ave ▪ ⊙ Mo–Sa 9.30–17, So 11–17 Uhr, außerdem 1. Fr des Monats (außer März) 18–22 Uhr ▪ Eintritt $18, Kinder 6–17 J. $7,50 ▪ ✆ 602 252 8840, ▭ www.heard.org
Das umfassend erweiterte, aber immer noch in herrlichen alten Gebäuden untergebrachte **Heard Museum** bietet eine gute Einführung in der Kultur der **indigenen Völker** des amerikanischen Südwestens. Seine ausgezeichnete Töpferwarensammlung reicht von Mimbres-Schalen (S. 261) und Tonpuppen der Quechan- und Mohave-Indianer, die als Souvenirs für Eisenbahnreisende des 19. Jhs. angefertigt wurden, bis zu modernen Hopi-Keramiken. Zu sehen sind zudem ein kompletter Navajo-*hohan* (S. 286), einige schöne Havasupai-Körbe, Perlenarbeiten der Apachen, bemalte Büffelhautschilde aus New Mexico und eine tolle Sammlung von Kachina-Puppen der Hopi. Zum Museum gehören außerdem ein Shop und ein gutes Café.

## Musical Instrument Museum

4725 E Mayo Blvd, Paradise Valley, 20 Meilen nordöstlich von Downtown ▪ ⊙ tgl. 9–17 Uhr ▪ Eintritt $20, Jugendliche 13–19 J. $15, Kinder 4–12 J. $10 ▪ ✆ 480 478 6000, ▭ www.mim.org
Im riesigen und wirklich unwiderstehlichen Musikinstrumentenmuseum lässt sich problem-

los ein ganzer Tag verbringen. Es zeigt ungewöhnliche Instrumente aus aller Welt, von einer Gürteltierlaute aus Peru bis zu reich verzierten Aschanti-Trommeln aus Ghana. Die verschiedenen Räume sind allen möglichen Ländern und Musikrichtungen gewidmet – der aus Phoenix stammende Alice Cooper wird mit einer eigenen Ausstellung geehrt. Und in allen Abteilungen sind spannende Videos von historischen und modernen Musikdarbietungen zu sehen.

## Desert Botanical Garden

1201 North Galvin Pkwy ▪ ⏰ Mai–Sep tgl. 7–20, Okt–April 8–20 Uhr ▪ Eintritt $22, Kinder 3–12 J. $10 ▪ ✆ 480 941 1225, 💻 www.dbg.org

Im Papago Park am südlichen Ende von Scottsdale befindet sich der faszinierende **Desert Botanical Garden**, mit Kakteen und Wüstenpflanzen aus aller Welt. Zu den Hauptattraktionen zählen stachellose „Totempfahlkakteen" von den Galapagos-Inseln und „lebendige Steinpflanzen" aus Südafrika, die auf den ersten Blick tot aussehen. Separate Bereiche sind Schmetterlingen (am interessantesten im August und September) und Kolibris gewidmet, von denen allein in Arizona 15 indigene Arten leben.

## Western Spirit: Scottsdale's Museum of the West

3830 N Marshall Way, Scottsdale ▪ ⏰ Di, Mi, Fr und Sa 9.30–17, Do 9.30–21, So 11–17 Uhr ▪ Eintritt $13, Kinder 6–17 J. $8 ▪ ✆ 480 686 9539, 💻 www.scottsdalemuseumwest.org

Das moderne Museum in Scottsdale erkundet die Kultur und Geschichte der 19 westlichen US-Bundesstaaten. Dabei liegt der Schwerpunkt der wechselnden Ausstellungen auf der Malerei, es gibt aber auch eine eindrucksvolle Dauerausstellung mit Zaumzeugteilen, Sporen und Revolvern.

## Taliesin West

114th St, Ecke Frank Lloyd Wright Blvd, 12 Meilen nordöstlich von Downtown Scottsdale ▪ ⏰ tgl. 9–16 Uhr; Führungen siehe Website ▪ Panorama Tour $28, Insights Tour $36, Extended Insights Tour $75 ▪ ✆ 480 627 5340, 💻 www.franklloydwright.org

Der visionäre Architekt **Frank Lloyd Wright** gestaltete in Phoenix 1934 das Biltmore Hotel und verbrachte bis zu seinem Tod 1959 fast sämtliche Winter hier. Sein Atelier, **Taliesin West**, ist heute eine Ausbildungsstätte für Architekten und ein Designstudio mit Multimedia-Shows über Wrights Leben und Werk. Taliesin West ist auch heute noch ein herrlich abgeschiedener Ort, an dem die für Wright typische „organische Architektur", die sich nahtlos in die Wüste einfügt, absolut stimmig wirkt.

Die Besichtigung ist nur im Rahmen von Führungen möglich. Diese sind den hohen Preis auf jeden Fall wert, schon allein wegen des fachkundigen und begeisterungsfähigen Personals.

### ÜBERNACHTUNG

Phoenix ist so groß, dass man am besten in der Nähe der Orte übernachtet, die man besichtigen möchte. Im **Winter** sind die Zimmerpreise höher, denn dann füllen Skifans aus den ganzen USA die noblen Resorts vor allem in Scottsdale.

#### Downtown Phoenix

**Arizona Biltmore Resort & Spa**, 2400 E Missouri Ave, ✆ 602 955 6600, 💻 www.arizonabiltmore.com. Außergewöhnlich opulentes Resort der 1930er-Jahre mit Art-déco-Schmuck und extravaganten Gärten. 2 Golfplätze, 4 Restaurants, 8 Pools, dazu Nachmittagstee, Tennis und Spa. Okt–April $457, Mai–Sep $197

**HI Phoenix – Metcalf House**, 1026 N 9th St, oberhalb der Roosevelt St, ✆ 602 254 9803, 💻 www.phxhostel.org. Freundliches kleines „Wüstenhostel" in einer etwas heruntergekommenen Wohngegend mit zwei nach Geschlechtern getrennten Dorms und ein paar Privatzimmern. Keine Sperrstunde. Küchen- und Waschmaschinenbenutzung. Check-in 8–10 und 17–22 Uhr, $3 Rabatt für HI-Mitglieder. Nur Barzahlung. Dorms $27, DZ $60

**Holiday Inn Express Phoenix Airport**, 3401 E University Drive, ✆ 602 453 9900, 💻 www.hiexpress.com. Preisgünstiges Motel mit großen, modernen Zimmern in Flughafennähe (kostenlose Shuttles). Pool, inkl. Frühstück. Okt–April $189, Mai–Sep $109

**Hotel San Carlos**, 202 N Central Ave, ✆ 602 253 4121, 💻 www.hotelsancarlos.com. Sehr zentral gelegenes Hotel aus den 1920er-Jahren, der Tipp für alle, denen ein altmodisches, abgenutztes und häufig lautes Downtown-Hotel lieber ist als die modernen, totenstillen Standard-Motels. Geschmackvoll eingerichtete, jedoch kleine Zimmer, nettes vietnamesisches Restaurant und Pool auf dem Dach. $169

**Maricopa Manor**, 15 W Pasadena Ave, ☎ 602 264 9204, 🖥 www.maricopamanor.com. Das schönste der B&Bs im Tal liegt auf halber Strecke zwischen Phoenix und Scottsdale in der Nähe eines Stadtbahn-Bahnhofs. Das 1928 im Haciendiastil erbaute Haus hat 6 Zimmer mit Bad, kleiner Küche und Platz für 4 Personen. Außerdem Pool und Whirlpool. Okt–April $189, Mai–Sep $119

### Scottsdale

**Motel 6 Scottsdale**, 6848 E Camelback Rd, ☎ 480 946 2280, 🖥 www.motel6.com. Preisgünstige Unterkünfte gibt's in Scottsdale nur sehr wenige, sodass dieses völlig gesichtslose Billigmotel eine Alternative ist. Okt–April $86, Mai–Sep $56

**The Phoenician**, 6000 E Camelback Rd, ☎ 480 941 8200, 🖥 www.thephoenician.com. Wundervolles, über 100 ha großes Resort am Fuß des Camelback Mountain mit allen nur erdenklichen Annehmlichkeiten, Golfplatz, Wasserfällen und üppigen Gärten sowie opulenten Zimmern und Restaurants. Okt–April $493, Mai–Sep $218

### ESSEN

#### Downtown Phoenix

**Alice Cooper'stown**, 101 E Jackson St, ☎ 602 253 7337, 🖥 www.alicecooperstown.com. Kombination aus Grillrestaurant und Sportbar in Besitz des Rockstars, der auch in der Stadt lebt. Nicht unbedingt der Ort für ein perfektes Dinner, aber das Essen ist besser als man erwarten würde (Sandwiches $10, gemischte Teller $16) und die Atmosphäre – mit freundlichem Personal in Alice-Aufmachung – sehr gut. ⏲ Mo–Do 11–21, Fr und Sa 11–22, So 11–16 Uhr.

**Barrio Café**, 2841 N 16th St, ☎ 602 636 0240, 🖥 www.barriocafe.com. Kleines Lokal mit sehr gutem, südmexikanischem Essen wie saftigem *cochinita pibil* (Schweinefleisch) für $13. Keine

Reservierung möglich, aber die Wartezeit lohnt sich und lässt sich sehr gut mit einem der vielen angebotenen Tequilas verkürzen, und Do–So gibt's dazu Livemusik. ⏲ Di–Do 11–22, Fr und Sa 11–22.30, So 11–21 Uhr.

**Green New American Vegetarian**, 2022 N 7th St, ☎ 602 258 1870, 🖥 www.greenvegetarian.com. Einfaches Café in Downtown mit köstlichen veganen Speisen für unter $10, dazu Craft-Bier und Wein. Mit Terrasse. ⏲ Mo–Sa 11–21 Uhr.

**Pizzeria Bianco**, Heritage Square, 623 E Adams St, ☎ 602 258 8300, 🖥 www.pizzeriabianco. com. Hervorragende Pizza ($13–18) in bester Downtown-Lage mit frischen Zutaten wie Mozzarella aus eigener Herstellung. Keine Reservierung möglich. ⏲ Mo 11–21, Di–Sa 11–22 Uhr.

#### Scottsdale

**Arcadia Farms**, 7014 E 1st Ave, ☎ 480 941 5665, 🖥 www.arcadiafarmscafe.com. Das beliebteste Mittagslokal in der Old Town von Scottsdale mit Salaten, Sandwiches und Hauptgerichten wie Crêpes und Krabbenküchlein ($12–16, außerdem gibt's gesundes Südwest-Frühstück sowie eine Terrasse. ⏲ tgl. 8–15 Uhr.

**Bandera**, 3821 N Scottsdale Rd, ☎ 480 994 3524, 🖥 www.banderarestaurants.com. Brathähnchen aus dem Holzofen ($19) sind die Spezialität dieser gut besuchten, preiswerten Rotisserie am Südostrand von Downtown Scottsdale, aber auch die übrigen Fleisch- und Fischgerichte sind gut. ⏲ Mo–Do und So 16–22, Fr und Sa 16–23 Uhr.

**Cowboy Ciao**, 7133 E Stetson Drive, Ecke 6th St, ☎ 480 946 3111, 🖥 www.cowboyciao.com. Angesagte Kneipe in Downtown mit modernem amerikanischem Essen mit internationalen Anklängen. Mittags Burger oder Thunfisch-Sandwiches für $15–19, abends z. B. große Pilzpfanne für $25 oder Schweinskotelett für $32. ⏲ tgl. 11.30–14.30 und 17–22 Uhr.

### UNTERHALTUNG

**Bar Smith**, 130 E Washington St, Phoenix, ☎ 602 229 1265, 🖥 www.barsmithphoenix.com. Stilvolle Bar und Lounge in Downtown mit

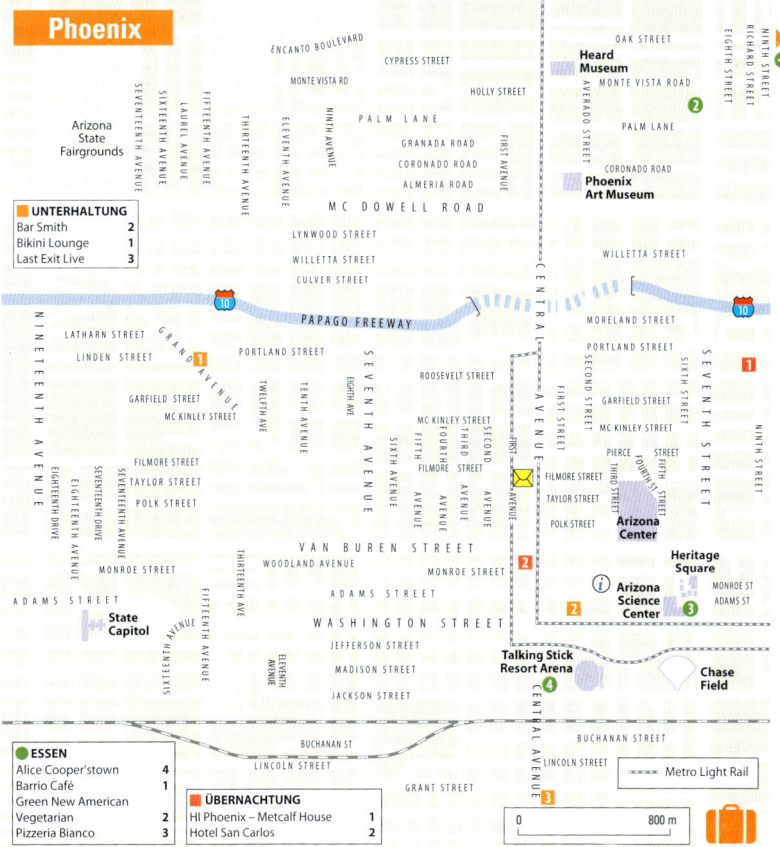

## Phoenix

Arizona
State
Fairgrounds

Heard
Museum

Phoenix
Art Museum

**UNTERHALTUNG**
| | |
|---|---|
| Bar Smith | 2 |
| Bikini Lounge | 1 |
| Last Exit Live | 3 |

Arizona
Center

Heritage
Square

Arizona
Science
Center

State
Capitol

Talking Stick
Resort Arena

Chase
Field

**ESSEN**
| | |
|---|---|
| Alice Cooper'stown | 4 |
| Barrio Café | 1 |
| Green New American Vegetarian | 2 |
| Pizzeria Bianco | 3 |

**ÜBERNACHTUNG**
| | |
|---|---|
| HI Phoenix – Metcalf House | 1 |
| Hotel San Carlos | 2 |

Metro Light Rail

0     800 m

DER SÜDWESTEN

---

fabelhafter Tanzfläche draußen. Mi–Sa
21.30–2.30 Uhr.
**Bikini Lounge**, 1502 Grand Ave, Phoenix,
602 252 0472, www.thebikinilounge.com.
Ein echtes Kneipenjuwel: eine alte Südseebar
mit faszinierend buntem Publikum. tgl.
15–2 Uhr.
**Four Peaks Brewing Company**, 1340 E 8th St,
Tempe, 480 303 9967, www.fourpeaks.com.
Das beste Brauhaus weit und breit, bei der Uni-
versität 1 Meile östlich der Mill Ave, mit gutem
Bier, Kneipenessen und Tischen draußen.
Ableger in der 15745 N Hayden Rd in Scottsdale.
Mo–Do 11–1, Fr und Sa 11–2, So 10–1 Uhr.

**Last Exit Live**, 717 S Central Ave, Phoenix,
602 271 7000, www.lastexitlive.com.
Rocklastiger Veranstaltungsort in Downtown
mit Livemusik von Country-Rock bis Punk.
unterschiedlich.

### INFORMATIONEN

**Visitor Center**, 125 N 2nd St, Downtown, 602
254 6500, www.visitphoenix.com, Mo–Fr
8–17 Uhr.
**Scottsdale Visitor Center**, 4343 N Scottsdale Rd,
800 782 1117, www.experiencescottsdale.
com, Mo–Fr 8–17 Uhr.

---

## NAHVERKEHR

Das **Metro Light Rail System**, ☎ 602 253 5000, 🖥 www.valleymetro.org, verkehrt auf einer 22 Meilen langen Strecke mit Haltestellen in Downtown Phoenix und Tempe, eignet sich aber mehr für Berufspendler (einfache Fahrt $2, Tageskarte $4).
**SuperShuttle**, ☎ 800 258 3826, 🖥 www.supershuttle.com, bietet Shuttleservices in der Stadt.

## TRANSPORT

### Busse

**Greyhound-Busbahnhof**, 2115 E Buckeye Rd, ☎ 602 389 4200, in der Nähe des Flughafens.
**Arizona Shuttle Services**, ☎ 800 888 2749, 🖥 www.arizonashuttle.com, bietet Shuttles in andere Städte in Arizona.

**Busse nach**:
LAS VEGAS (2x tgl., 8 1/2 Std.),
LOS ANGELES (8x tgl., 7 1/2 Std.),
TUCSON (6x tgl., 2 Std.).

### Eisenbahn

Phoenix ist nicht an das Bahnnetz von **Amtrak** angeschlossen, es verkehren jedoch Zubringerbusse nach Tucson und Flagstaff.

### Flüge

Der **Sky Harbor International Airport** liegt 3 Meilen östlich von Downtown; kostenlose Shuttles fahren zum Bahnhof der Metro Light Rail, 🖥 www.valleymetro.org, in der 44th, Ecke Washington St.

# Petrified Forest National Park

Am I-40, 108 Meilen östlich von Flagstaff ▪ Visitor Center ⏱ Ende Feb–Ende Sep tgl. 8–18, Ende Sep–Ende Feb 8–17 Uhr ▪ $20 für Autos, $10 für Motorräder, Radfahrer und Fußgänger ▪ ☎ 928 524 6228, 🖥 www.nps.gov/pefo

Im **Petrified Forest National Park** wurde ein rund 180 Mio. Jahre alter versteinerter Wald durch den Erosionsprozess nach und nach frei-

gelegt, und die ehemaligen Holzzellen haben sich in farbenprächtige Quarzkristalle verwandelt. Bei einem Spaziergang über die Wanderwege, die vom 27 Meilen langen **Scenic Drive** des Parks abgehen, präsentieren sich die Bäume allerdings nicht ganz so spektakulär. Am schönsten sehen sie bei Sonnenuntergang aus, wenn die Rot- und Orangetöne richtig zur Geltung kommen.

Vom nördlichen Teil des Nationalparks mit dem zentralen Visitor Center genießt man wunderbare Ausblicke auf die **Painted Desert** mit ihren versteinerten Sanddünen, die zu unterschiedlichen Tageszeiten unterschiedliche Farbtöne aufweisen.

# Winslow

Das Fernfahrer-Nest **Winslow** am I-40, 56 Meilen östlich von Flagstaff, liegt an der alten Route 66. Hier kommt der Interstate Highway den Hopi-Mesas (S. 287), die auf 60 Meilen Länge im Norden aus der Wüste emporragen, am nächsten. Wer Winslow aus der Liedziele „standin' on the corner in Winslow, Arizona" aus dem Song *Take It Easy* von den Eagles kennt, kann den offiziellen **Standin' on the Corner Park**, Kinsley Ave, Ecke Second St, besuchen.

## ÜBERNACHTUNG UND ESSEN

🛏 **La Posada**, 303 E 2nd St, ☎ 928 289 4366, 🖥 www.laposada.org. Die nobelste Unterkunft in Winslow, das letzte und prächtigste Eisenbahnhotel des Südwestens, ist ein Kandidat für den Titel des besten Hotels der Welt. Der große Komplex verströmt jede Menge bodenständiges Südwestflair. Von der Lobby geht's direkt zum alten Bahnsteig, und die Zimmer erinnern an die Glanzzeiten des transkontinentalen Reisens. Alle haben Bäder oder sogar Whirlpool-Wannen, jedoch keine Telefone. $119

🛏 **Turquoise Room**, La Posada, 303 E 2nd St, ☎ 928 289 2888, 🖥 www.theturquoiseroom.net. Das Vorzeigerestaurant des La Posada ist unwiderstehlich, nicht nur wegen der Einrichtung, sondern auch wegen seiner modernen Südwestküche. Abends werden Hauptgerichte wie mexikanische gegrillte Hühnerbrust mit Tomatillo-Sauce ($21) oder Wapitimedaillons mit Heidelbeeren ($34) serviert. ⊕ tgl. 7–21 Uhr.

# Flagstaff

Die lebendigste und attraktivste Stadt im Norden Arizonas liegt spektakulär im Schatten der Bergkette San Francisco Peaks, auf halber Strecke zwischen New Mexico und Kalifornien. **Flagstaff** ist weit mehr als nur ein Versorgungspunkt für Touristen auf dem Weg zum 80 Meilen nordwestlich gelegenen Grand Canyon. Seit seiner Gründung 1876 ist Flagstaff ein Schmelztiegel verschiedener Kulturen, denn in der Stadt waren zahlreiche schwarze und hispanische Arbeiter beschäftigt, und Navajo- und Hopi-Indianer kamen aus den nahen Reservaten herbei.

Die **Downtown**, wo kaum ein Gebäude mehr als drei Stockwerke hoch ist, versprüht den Charme des Wilden Westens. Ihre Hauptdurchgangsstraße, die Santa Fe Avenue, war früher die **Route 66** und davor der Pioniertreck nach Westen. Da die Bahngleise der Santa Fe Railroad die Innenstadt noch immer in zwei Hälften teilen, wird das Leben auch vom Stampfen der durchfahrenden Züge geprägt.

## Museum of Northern Arizona

3101 N Fort Valley Rd, 3 Meilen nordwestlich von Downtown Flagstaff am US-180 ▪ ⊕ Mo–Sa 10–17, So 12–17 Uhr ▪ Eintritt $12, Kinder 10–17 J. $8 ▪ ✆ 928 774 5213, ⌨ www.musnaz.org

Das **Museum of Northern Arizona** ist eine wichtige erste Anlaufstelle für alle Reisenden, die das Colorado Plateau ansteuern. Es informiert über Geologie, Geografie, Tier- und Pflanzenwelt der Gegend, der Schwerpunkt liegt allerdings auf der Kultur der Indianer. In seinen Räumen mit Töpfen, Teppichen, Kachina-Puppen sowie Silber- und Türkisschmuck bietet es einen hervorragenden Überblick über die Vergangenheit der Vorfahren der Pueblo-Indianer und die Kultur der heutigen Navajo, Havasupai, Zuni und Hopi.

**Grand Canyon International Hostel**, 19 S San Francisco St, ✆ 928 779 9421, ⌨ www.grand canyonhostel.com. Unabhängige Jugendherberge unter derselben netten Leitung wie das DuBeau. 4-Bett-Dorms plus 8 Privatzimmer ohne eigenes Bad. Frühstück inkl. Außerdem Grand-Canyon-Touren (Di, Do und Sa, $85). Dorms $26, DZ $62

**Hotel Weatherford**, 23 N Leroux St, ✆ 928 779 1919, ⌨ www.weatherfordhotel.com. Restauriertes Hotel in Downtown mit eleganter Holzeinrichtung. Die schönsten Zimmer sind sehr geschmackvoll, mit antiken Möbeln und Badewannen sowie Telefon und TV; 5 weitere Zimmer mit Bad sind kleiner und billiger, und 3 große, aber einfache Zimmer teilen sich ein Bad. DZ ohne Bad $55, mit Bad $95

**The Inn at Four Ten**, 410 N Leroux St, ✆ 928 774 0088, ⌨ www.inn410.com. Helles B&B nicht weit vom Zentrum mit 9 Zimmern mit Bad, die meisten außerdem mit Kamin und 3 mit Whirlpools. Tolles Frühstück. $185

**Monte Vista**, 100 N San Francisco St, ✆ 928 779 6971, ⌨ www.hotelmontevista.com. Ansprechendes 1920er-Jahre-Hotel und Wahrzeichen in Downtown . Luxus wird hier jedoch nicht geboten, und Ruhe schon gar nicht – das Ganze ist mehr Hostel als Hotel; viele der Gäste sind junge Traveller. Zimmer ohne Bad $85, DZ mit Bad $115

**Motel DuBeau**, 19 W Phoenix Ave, ✆ 928 774 6731, ⌨ www.modubeau.com. Alteingesessenes Motel unmittelbar südlich der Eisenbahn. Einige der schön umgebauten Zimmer mit Bad dienen als 4-Bett-Dorms, der Rest sind DZ. In den Gemeinschaftsbereichen mit Billardtisch kann es laut werden. Kostenloses Frühstück. Dorms $26, DZ $62, Suiten $90

**Beaver Street Brewery**, 11 S Beaver St, ✆ 928 779 0079, ⌨ www.beaverstreetbrewery.com. Beliebte Kleinbrauerei, die auch fantasievolles und preiswertes Essen anbietet, z. B. Fondues. ⊕ Mo–Mi und So 11–1, Do–Sa 11–2 Uhr.

**Criollo**, 16 N San Francisco St, ☎ 928 774 0541, 🖳 www.criollolatinkitchen.com. Schickes Restaurant mit lateinamerikanischer Küche: Tapas sowie vollwertige Gerichte wie Schweinebauch-Tacos ($12) und pikantes peruanische Ceviche ($20). ⏲ Mo–Do 11–22, Fr 11–24, Sa 9–24, So 9–22 Uhr.

**Diablo Burger**, 120 N Leroux St, ☎ 928 774 3274, 🖳 www.diabloburger.com. Stilvoller Burgerladen im Zentrum mit Terrasse; die Zutaten für die Burger ($10–15) stammen von hormonfrei gezüchteten Rindern. Nur Barzahlung. ⏲ Mo–Mi und So 11–21, Do–Sa 11–22 Uhr.

**Macy's European Coffee House & Bakery**, 14 S Beaver St, ☎ 928 774 2243, 🖳 www.macyscoffee.net. Nicht nur vortrefflicher Kaffee, sondern auch himmlisches Gebäck in chaotischem, aber freundlichem, studentisch ausgerichtetem Ambiente. Außerdem sättigende vegetarische Gerichte wie gemischter mediterraner Teller ($8). Nebenan gibt's einen Waschsalon. ⏲ Sommer tgl. 6–22, Winter 6–20 Uhr.

**The Museum Club**, 3404 E Route-66, ☎ 928 526 9434, 🖳 www.themuseumclub.com. Früher war in dem Blockhaus ein Museum mit ausgestopften Tieren untergebracht, inzwischen hat es sich in einen Saloon mit Country-Musik verwandelt, der ganzen Horden tanzwütiger Cowboys zur zweiten Heimat geworden ist. Livemusik gewöhnlich Do–Sa. ⏲ tgl. 11–2 Uhr.

### INFORMATIONEN

**Visitor Center**, 1 E Route-66, ☎ 928 213 2951, 🖳 www.flagstaffarizona.org, ⏲ Mo–Sa 8–17, So 9–16 Uhr.

### TRANSPORT

#### Busse
**Greyhound**, 880 E Butler Ave, ☎ 928 774 4573,

**Busse nach**:
ALBUQUERQUE (3x tgl., 6 Std.),
LAS VEGAS (2x tgl., 5 1/2 Std.),
LOS ANGELES (6x tgl., 11 Std.),
PHOENIX (5x tgl., 2 3/4 Std.).

#### Eisenbahn
Der *Southwest Chief* von **Amtrak** hält am Bahnhof im Stadtzentrum.

**Züge nach**:
ALBUQUERQUE (1x tgl., 6 Std.),
CHICAGO (1x tgl., 20 Std.),
LOS ANGELES (1x tgl., 11 1/2 Std.).

# Sedona

Kein Zweifel – die Esoterik-Hochburg Sedona 28 Meilen südlich von Flagstaff liegt in einer traumhaften Canyonlandschaft, wie sie für den amerikanischen Südwesten typisch ist. Leider ist die Stadt selbst ein echter Schandfleck: Die hässlichen, meilenweit vor sich hin wuchernden Vorstädte werden nur von noch hässlicheren Malls unterbrochen, alles in allem ein architektonischer Albtraum. Die meisten Europäer können Sedona nichts abgewinnen, amerikanische Touristen hingegen lieben die Kombination aus luxuriösen Unterkünften, schnöseligen Restaurants und schier endlosen Möglichkeiten für Aktivitäten in der Natur.

Als die Schriftstellerin Page Bryant 1981 die Nachricht „channelte", Sedona sei das „Herz-Chakra des Planeten", kam der große Durchbruch. Seitdem sie ihren ersten Vortex ausfindig gemacht hat – ein Punkt, an dem angeblich psychische und elektromagnetische Energien zur Erreichung persönlicher und planetarer Harmonie kanalisiert werden können – wuchs und gedieh die Stadt als ein Anziehungspunkt für New-Age-Anhänger aller Kaliber. Ob man die Stadt liebt oder eher hasst, hängt davon ab, ob man zu den Menschen gehört, die an Engel, die Kraft von Kristallen und alles Mystische glauben – bzw. ob man bereit ist, die weit überhöhten Preise zu bezahlen, die das Privileg begleiten, sich zu den Gläubigen gesellen zu dürfen.

Vom US-89A aus kann man – zumindest aus der Ferne – fast alle Sehenswürdigkeiten mitnehmen. Die besten Abschnitte liegen südlich am Hwy-179 innerhalb des Coconino National Forest. Der am nächsten gelegene Vortex befindet sich auf der **Airport Mesa**. Wenn man auf dem Weg nach Süden vom Hwy-89A nach links auf die Airport Road einbiegt, ungefähr eine Meile hinter der Straßengabelung im Zentrum, „Y" genannt, liegt der **Vortex** zwischen dem zweiten und dritten Gipfel. Ein Stück weiter, hinter dem Flughafen, überblickt der **Shrine of the Red Rocks** das gesamte Tal.

## ÜBERNACHTUNG UND ESSEN

**The Canyon Wren**, 6425 N US-89A, ☎ 928 282 6900, 🖥 www.canyonwren cabins.com. Vier große und sehr gemütliche 2-Pers.-Cabins mit Küche und Whirlpool, 6 Meilen nördlich von Sedona im Oak Creek Canyon – besonders behaglich im Winter. Kein WLAN. $165

**Coffee Pot Restaurant**, 2050 W Hwy-89A, ☎ 928 282 6626, 🖥 www.coffeepotsedona.com. Der größte und älteste Diner von Sedona serviert alle möglichen Omeletts ($7–11) sowie sämtliche Burger ($7–10), mexikanischen Gerichte ($8–14) und gebratenen Leckereien, die man sich nur vorstellen kann. ⏲ tgl. 6–14 Uhr.

**Elote Café**, 771 Hwy-179, ☎ 928 203 0105, 🖥 www.elotecafe.com. Erstklassiges mexikanisches Restaurant eine Meile südlich der Stadt, mit z. B. Schnapper ($22), Büffel-Rippchen mit *mole*-Soße ($26,50) und Enchiladas mit geräuchertem Hühnchenfleisch ($19,50). ⏲ Di–Sa 17–21.30 Uhr.

**Sedona Motel**, 218 Hwy-179, ☎ 928 282 7187, 🖥 www.thesedonamotel.com. Kleines, relativ günstiges Motel in idealer und schöner Lage und mit freundlicher Atmosphäre. $99

# Williams

Zwar gilt Flagstaff gemeinhin als die offensichtliche Basis für den South Rim des Grand Canyon, doch **Williams**, 32 Meilen westlich, ist der Ort, der dem Nationalpark am nächsten liegt und gleichzeitig Interstate-Highway-Anschluss hat. Auch wenn Williams nicht halb so viel Charme und Leben aufzuweisen hat wie die Nachbarstadt, doch mit seinen Motels und Diners aus der Glanzzeit der Route 66 bietet der Ort ebenfalls eine nette Atmosphäre – trotz der vielen Touristen.

## ÜBERNACHTUNG UND ESSEN

**Canyon Motel & RV Park**, 1900 E Rodeo Rd, ☎ 928 635 9371, 🖥 www.thecanyonmotel.com. Restauriertes Route-66-Motel östlich des Zentrums mit Backstein-Cottages und umgebauten Eisenbahnwaggons: In 2 Wagen von 1929 finden 5 oder 6 Pers. Platz, ein größerer dritter beherbergt 3 Suiten mit Bad. Luxus sollte man nicht erwarten, aber dies ist eine originelle Unterkunft, und es gibt auch 50 Wohnmobil-Stellplätze. Stellplätze $38, Motelzimmer $79, Waggonzimmer $105, Eisenbahnwagen $159

**Grand Canyon Hotel**, 145 W Route 66, ☎ 928 635 1419, 🖥 www.thegrandcanyonhotel.com. Das restaurierte Boutiquehotel, nicht zu verwechseln mit dem größeren Railway Hotel, bietet in einem sauberen Dorm Einzelbetten, außerdem Doppelzimmer, einige davon mit eigenem Bad. Dorm $28, DZ ohne Bad $69, DZ mit Bad $82

**Grand Canyon Railway Hotel**, 1 Fray Marcos Blvd, ☎ 928 635 4010, 🖥 www.thetrain.com/lodging. Dem umgebauten Flagship-Hotel der Grand Canyon Railway mangelt es an Flair, doch die offene Lobby ist recht nett, und dazu gibt's ein Schwimmbad, ein Spa und einen Saloon. Alle Zimmer verfügen über 2 schmale Doppelbetten. $140

**Pine Country Restaurant**, 107 N Grand Canyon Blvd, ☎ 928 635 9718, 🖥 www.pinecountryrestaurant.com. Traditioneller, sehr zentral gelegener Diner mit freundlichen Mitarbeitern. Hier wird auch richtiges Abendessen serviert wie Schweinekoteletts ($11). ⏲ tgl. 6.30–21 Uhr.

## INFORMATIONEN

**Visitor Center**, 200 W Railroad Ave, ☎ 928 635 1418, 🖥 www.experiencewilliams.com, ⏲ Juni–Aug tgl. 8–18.30, Sep–Mai 8–17 Uhr.

## NAHVERKEHR

Die **Grand Canyon Railway**, ☎ 303 843 8724, 🖥 www.thetrain.com, fährt tgl. im Zentrum von Williams ab.

Der *Southwest Chief* von **Amtrak** hält 2x tgl. in Williams Junction, 3 Meilen östlich der Stadt.

**Züge nach**:
ALBUQUERQUE (1x tgl., 7 Std.),
CHICAGO (1x tgl., 21 Std.),
LOS ANGELES (1x tgl., 10 1/2 Std.).

**6** **HIGHLIGHT**

# Grand Canyon

Fast 5 Mio. Menschen pilgern alljährlich zum Grand Canyon – mit vollem Namen The Grand Canyon of the Colorado. Weder Hochglanzfotos noch Filme können den Besucher wirklich auf den Anblick dieser grandiosen Schlucht vorbereiten. Ein gewaltiger Abgrund, über 1600 m tief, zwischen vier und 18 Meilen breit und mit einer atemberaubenden Fülle an Farbschattierungen und Formationen. Von den Aussichtspunkten am Rand der Schlucht bietet sich ein grandioser Ausblick auf die ständig wechselnde Kulisse, denn je nach Tageszeit und Lichteinfall verändert sich das Bild. Man kann zu Fuß oder auf dem Rücken eines Maultieres zum Boden der Schlucht hinabsteigen oder eine Rafting-Tour auf den Stromschnellen des Colorado River unternehmen; man kann eine Nacht in der Phantom Ranch auf dem Grund des Canyons verbringen oder unter den Wasserfällen der idyllischen Havasupai Reservation schwimmen, aber dem Grand Canyon näher kommen kann man nicht: Er bleibt immer ungreifbar.

Die Mehrzahl der Schaulustigen zieht es zum **South Rim**, der mit Auto, Bahn, Bus oder Flugzeug am einfachsten zu erreichen ist und die meisten touristischen Einrichtungen bietet – insbesondere das Grand Canyon Village – und außerdem das ganze Jahr über offen ist. Der aufgrund seiner Abgeschiedenheit interessantere **North Rim** liegt 300 m höher und ist von November bis Mitte Mai in der Regel wegen Schneefalls geschlossen. Die wenigsten Leute besu-

chen beide Seiten, da sie zwei anstrengende Wandertage bzw. 215 Meilen Autostraße voneinander entfernt sind.

## South Rim

Wenn über eine Reise zum Grand Canyon gesprochen wird, ist fast immer sein **südlicher Rand** gemeint, der sogenannte South Rim – noch genauer: jener 30 Meilen lange Abschnitt des South Rim, der von einer Asphaltstraße erschlossen wird.

Dort liegt auch die kleine Gemeinde **Grand Canyon Village**, wo zwischen Kiefernwald und Canyon-Rand die **Unterkünfte**, die **Restaurants** und das **Visitor Center** des Parks liegen. Neun von zehn Besuchern kommen nicht etwa genau an diesen Ort, weil er für eine Besichtigung des Grand Canyon so einzigartig ist, sondern weil sich die touristische Infrastruktur, nach der Ankunft der Eisenbahn vor 100 Jahren, eben zufällig hier entwickelt hat.

### Erkundung des South Rim

Gewöhnlich beginnt ein South Rim-Besuch am **Mather Point** in der Nähe des Visitor Center, wo man das Panorama den Ausblick vom Grand Canyon Village noch übertrifft. Vor allem die Aussicht Richtung Osten ist einfach fantastisch – man kann sich kaum eine bessere Stelle vorstellen, um einen **Sonnenaufgang** über dem Grand Canyon zu erleben.

Von mehreren Aussichtspunkten entlang des Fußwegs am Canyon-Rand lässt sich der Colorado River ausmachen. Ein Wanderweg führt von der Information Plaza nach links (also in westlicher Richtung) am Canyon-Rand entlang und erreicht nach etwa zehn Minuten den **Yavapai Point**. Von dort aus sind zwei Abschnitte des Flusses zu sehen, einer davon mit der Hängebrücke über dem Colorado und der Phantom Ranch am Fluss (S. 279). Im nahe gelegenen **Yavapai Geology Museum** lässt sich anhand der aufschlussreichen Ausstellungsstücke die wissenschaftlich wahrscheinliche Entstehungsgeschichte des Canyons verfolgen. ⏰ Sommer tgl. 8–20, Winter 8–17 Uhr, Eintritt frei.

Zwei Straßen erstrecken sich von der Information Plaza bzw. vom Grand Canyon Village in beiden Richtungen über mehrere Meilen am

Im Lauf unermesslich langer Zeit hat sich Gesteinsschicht um Gesteinsschicht abgelagert, jede mit eigenen Fossilien bestückt, aus denen sich die jeweilige Entstehungszeit ablesen und durch die verschiedenen Farben leicht unterscheiden lässt. Die Felsen beiderseits des Bettes des Colorado River sind fast 2 Mrd. Jahre alt und zählen zu den ältesten freiliegenden Formationen der Welt, doch der Grand Canyon selbst ist erst im Laufe der letzten 6 Mio. Jahre entstanden. Darüber, wie das genau geschehen ist, sind sich die Experten weiter uneins. Die Sand- und Kalksteinformationen des Canyons wurden nicht allein vom Fluss freigelegt, sondern sind das Resultat des Windes und der extremen Temperaturdifferenzen. Clarence Dutton, der 1881 die erste geologische Studie über den Canyon verfasste, hat den einzelnen Formationen Namen gegeben: **Brahma Temple**, **Vishnu Temple** usw.

Auch wenn der Canyon alles andere als fruchtbar erscheint, gibt es hier doch eine artenreiche **Wüstenfauna**: Wildschafe und Kaninchen, Adler, Geier und Berglöwen sowie Spinnen, Skorpione und Schlangen. **Menschen** haben hier zwar niemals eine große Rolle gespielt, aber anhand von Fundstücken lassen sich ihre Spuren bis 2000 v. Chr. zurückverfolgen, und später sind mit Sicherheit die **Vorfahren der Pueblo-Indianer** hier gewesen. 1540 zog ein Trupp Spanier durch die Gegend, und 1776 verbrachte ein gewisser Pater Garcés geraume Zeit mit den Havasupai. **John Wesley Powell** rüstete 1869 und 1871–72 verschiedene Expeditionen entlang des unerforschten Colorado aus, woraufhin der Grand Canyon erstmals zu allgemeiner Berühmtheit gelangte. Private Unternehmen starteten einige Minenbau-Versuche, ehe sich das Tourismusgeschäft als deutlich lukrativer erwies. Noch 1963 existierten Pläne, den Colorado einzudämmen und die Schlucht auf einer Länge von 150 Meilen zu überfluten, auch der Glen-Canyon-Damm bedroht in starkem Maße das ökologische Gleichgewicht am unteren Flusslauf.

DER SÜDWESTEN

South Rim entlang. Richtung Westen verläuft parallel zur Straße der **Rim Trail** als Fußweg unmittelbar am Rand des Canyons. Man kann nicht sagen, dass ein bestimmter Aussichtspunkt an der nach Westen führenden, acht Meilen langen **Hermit Road**, die zumeist nur im Shuttlebus oder mit dem Fahrrad zugänglich ist, der „beste" wäre, aber insgesamt sind es einfach zu viele, um an jedem anzuhalten. Der Sonnenuntergang wirkt vor allem am westlich gelegenen Hopi Point besonders magisch.

Herrliche Aussichten hat man auch bei einer Fahrt über den **Desert View Drive** Richtung Osten. **Desert View**, 23 Meilen von Grand Canyon Village entfernt, ist mit rund 2300 m der höchstgelegene Punkt des Südrands. Von hier aus sieht man das ausgedehnte Flachland der Navajo Nation, im Nordosten die Vermilion und Echo Cliffs, 90 Meilen entfernt den wuchtigen, grauen Navajo Mountain sowie im Westen die gigantischen Gipfel der Vishnu und Buddha Temples, und was die Ebene durchschneidet, ist die enge Schlucht des Little Colorado. Die seltsame Konstruktion

am äußersten Rand des Canyons ist der **Desert View Watchtower**, den Mary Jane Colter 1932 in einer Mischung indianischer Baustile errichten und mit Hopi-Zeichnungen schmücken ließ.

### In den Canyon hinab

Jede **Wanderung** in den Grand Canyon führt durch unterschiedliche Landschaften, von denen jede ihr eigenes Klima, ihre eigene Tierwelt und Bodengestalt besitzt. Zwar bietet der Canyon eine einmalige Naturerfahrung, doch darf man nie vergessen, dass es eine lebensgefährliche Gegend ist, vor der selbst erfahrene Wanderer höchsten Respekt haben. Schon die Höhe von 2100 m am South Rim macht den meisten Menschen zu schaffen. Darüber hinaus beginnen alle Wanderungen mit einem langen, steilen Abstieg, der gehörig auf die Kniegelenke geht. Wer keinen Campingplatz gebucht hat, muss den ganzen Weg wieder zurück, egal wie verschwitzt und entkräftet er ist.

Die goldene Regel für Tagesausflüge ist, dass der Aufstieg (Rückweg) mindestens doppelt so

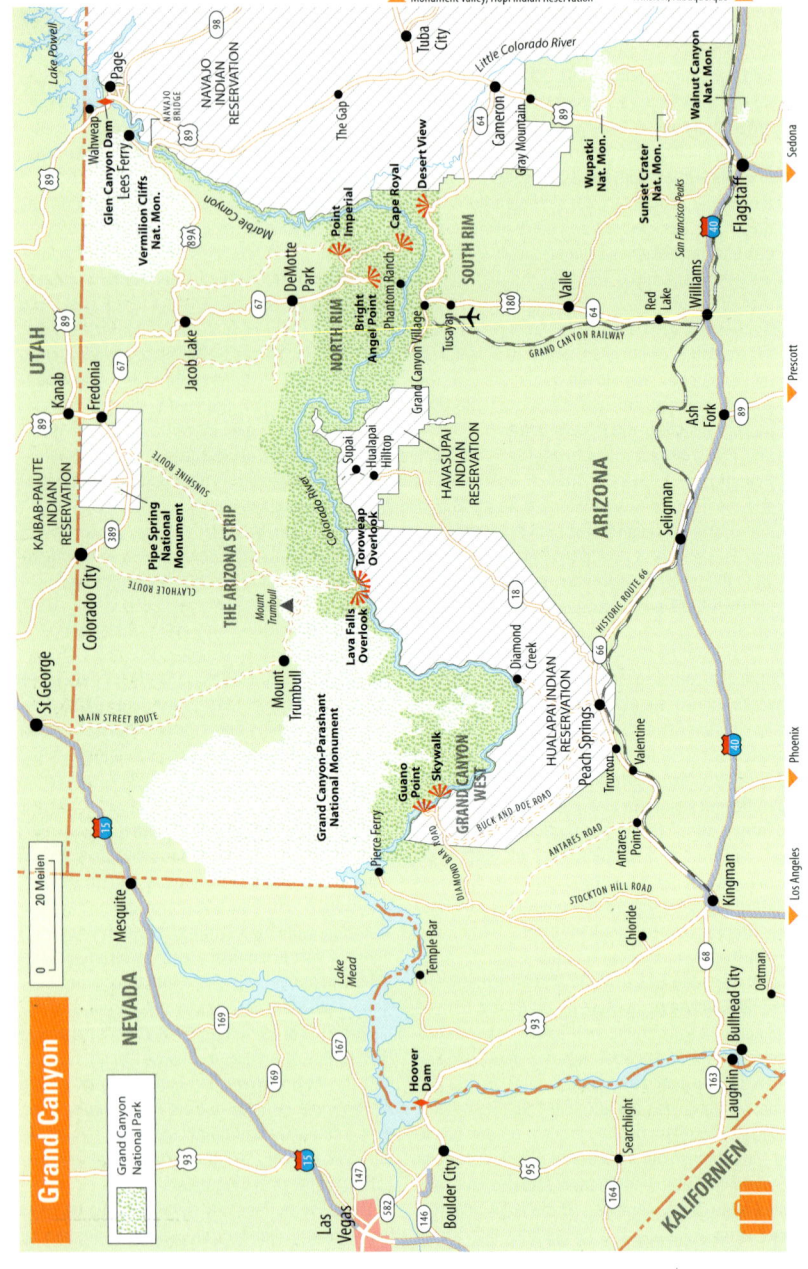

Monument Valley, Hopi Indian Reservation

Winslow, Albuquerque

DER SÜDWESTEN

Grand Canyon

Grand Canyon National Park

20 Meilen

viel Zeit benötigt wie der Abstieg. Die Durchschnittstemperatur im Canyon liegt im Sommer über 38 °C, und ein achtstündiger Marsch in dieser Hitze bedeutet, dass man die unglaubliche Menge von 15 l Flüssigkeit zu sich nehmen muss. Man sollte auf jeden Fall mindestens einen Liter Wasser pro Person dabeihaben und wesentlich mehr, falls es entlang des gewählten Pfades kein Trinkwasser gibt. Auch an genügend Essen sollte man denken.

### Bright Angel Trail

Der Bright Angel Trail, dessen Ausgangspunkt im Dorf liegt, geht in Spitzkehren 9,6 Meilen lang hinab zur **Phantom Ranch** am Fluss, doch es ist dringend davon abzuraten, am gleichen Tag hin und zurück zu marschieren. Die längste Tageswanderung führt zum **Plateau Point** am Rande des Tonto Plateau, einer Aussichtsstelle mit Blick über die Sackgasse der Inner Gorge. Für die 12 Meilen lange Strecke hin und zurück braucht man mindestens acht Stunden. Im Sommer wird am Trail Wasser verkauft.

Der erste Teil des Weges wurde vor 100 Jahren von Minenarbeitern entlang einer alten Havasupai-Route angelegt. Während der ersten Meile passiert man zwei kurze Tunnel. Fast 5 Meilen weiter unten liegt der üppige **Indian Gardens**, wo es eine Ranger Station und einen Campingplatz mit Wasser gibt. Hier gabelt sich der Pfad: Ein Weg führt zum Plateau Point, der andere über **Devil's Corkscrew** hinunter durch Sanddünen und am **Garden Creek** vorbei zum Colorado. Dann folgt er mehr als eine Meile lang dem Fluss bis zur Phantom Ranch (s. u.).

### ÜBERNACHTUNG

In der Umgebung des South Rim stehen rund 2000 Gästezimmer zur Verfügung: die Hälfte in und um **Grand Canyon Village**, wo die wenigen Zimmer mit Blick auf den Canyon oft schon zwei Jahre im Voraus ausgebucht sind, der Rest in **Tusayan**, einer unattraktiven Einkaufsmeile 7 Meilen südlich.

### Lodges und Hotels

**Best Western Grand Canyon Squire Inn**, 100 Hwy-64, Tusayan, ℡ 928 638 2681, ⌨ www.

grandcanyonsquire.com. Die luxuriöseste Unterkunft in Tusayan vermarktet sich als „einziges Resorthotel" am Canyon, mit Pool, Spa und Bowlingbahn. Die meisten Zimmer sind geräumig und sehr gemütlich, wenn auch kaum erinnerungswürdig; für mehr Geld erhält man riesige Deluxe-Zimmer mit ovaler Badewanne. $230

🧳 **Bright Angel Lodge**, Grand Canyon Village, Buchung für denselben Tag ℡ 928 638 2631, Vorausbuchung ℡ 303 297 2757 oder 888 297 2757, ⌨ www.grandcanyonlodges.com. Beeindruckende Lodge mit rustikalen, aber hübschen frei stehenden Blockhütten. Viele der recht geräumigen und nett eingerichteten Lodgezimmer haben kein eigenes Bad und/oder keine eigene Toilette; einige haben eigene Duschen. Lodgezimmer $93, Cabins $134

🧳 **El Tovar**, Grand Canyon Village, für denselben Tag ℡ 928 638 2631, Buchung ℡ 303 297 2757 oder 888 297 2757, ⌨ www.grandcanyonlodges.com. Hotel am Canyonrand mit einer Mischung aus rauem Charme und eleganter Rafinesse. Von nur 3 Suiten aus genießt man einen Blick auf den Canyon; die restlichen der 78 geschmackvoll eingerichteten Zimmer sind in 2 verschiedenen Größen erhältlich, sich aber ansonsten recht ähnlich. Fast alle haben nur ein Bett. DZ $207, Suiten $421

**Kachina Lodge und Thunderbird Lodge**, Grand Canyon Village, für denselben Tag ℡ 928 638 2631, Vorausbuchung ℡ 303 297 2757 oder 888 297 2757, ⌨ www.grandcanyonlodges.com. Anonyme, aber den Zweck erfüllende Zimmer im Motelstil, jedes mit zwei schmalen Doppelbetten und voll ausgestattetem Bad, in gesichtslosem zweistöckigem Gebäude nur wenige Meter vom Canyonrand. $215

**Maswik Lodge**, Grand Canyon Village, für denselben Tag ℡ 928 638 2631, sonst ℡ 303 297 2757 oder 888 297 2757, ⌨ www.grandcanyonlodges.com. Großer Komplex ein paar hundert Meter vom Canyonrand entfernt mit 2 Gebäuden mit motelartigen Zimmern. Maswik South $107, Maswik North $205

🧳 **Phantom Ranch**, Colorado River, ℡ 303 297 2757 oder 888 297 2757, ⌨ www.grandcanyonlodges.com. Die auf Flusshöhe liegende Phantom Ranch ist nur zu Fuß oder mit dem Maultier zu erreichen. Die Maultierreiter (S. 276) haben ein Vorrecht auf die Einzelhütten, Wanderer können jedoch in 4 nach Geschlechtern getrennten 10-Bett-Dorms nächtigen. Eine Reservierung ist dringend anzuraten, stornierte Betten werden jeden Morgen in der Bright Angel Lodge nach der Reihenfolge der Ankunft verteilt. Mahlzeiten im Restaurant kosten $19 (Frühstück) bzw. $26–44 (Abendessen). Dorms $47, Cabins $142

**Seven Mile Lodge**, AZ-64, Tusayan, ☎ 928 638 2291. Das letzte verbliebene kleine Motel in Tusayan nimmt keine Reservierungen an; die Zimmer werden einfach jeden Tag ab 9 Uhr morgens vergeben. Zu dritt oder vier in einem Zimmer zu übernachten kostet zwar etwas mehr, ist aber für kleine Gruppen ein toller Deal. $121

**Yavapai Lodge**, 11 Yavapai Lodge Rd, Grand Canyon Village, Lodge direkt ☎ 928 638 4001, Buchung ☎ 801 449 4139 oder 877 404 4611, 🖥 www.visitgrandcanyon.com. Die größte Lodge im Park, eine halbe Meile vom Canyonrand im Wald gelegen und von neuen Betreibern modernisiert. Recht gute Unterkünfte im Motelstil, zumeist mit zwei Einzelbetten, in zwei ähnlichen Gebäuden, dem klimatisierten Yavapai East und dem Yavapai West mit Deckenventilatoren. Yavapai West $149, Yavapai East $185

### Campingplätze

**Bright Angel Campground**, Phantom Ranch, Colorado River; Näheres auf 🖥 www.nps.gov/grca, Reservierung über das Backcountry Office, PO Box 129, Grand Canyon, AZ 86023. Dieser inmitten von Pappeln gelegene Campingplatz ist nur im Rahmen von Wanderungen mit Übernachtung zu erreichen. Er verfügt über 32 Stellplätze, jeder mit eigenem Picknicktisch. Nur mit Backcountry Permit. $5

**Desert View Campground**, Desert View, 🖥 www.nps.gov/grca. Einfacher Campingplatz 25 Meilen östlich von Grand Canyon Village, ⏲ Mai–Mitte Okt, nach dem Motto *first-come, first-served*, ohne Anschlüsse für Wohnmobile. $12

**Mather Campground**, Grand Canyon Village, südlich der Hauptstraße nicht weit von der Market Plaza, ☎ 928 638 7851, Vorausbuchung 877 444 6777, 🖥 www.recreation.gov. Ganzjährig geöffneter Platz für Zelte und Wohnmobile. Die Stellplätze für bis zu 2 Fahrzeuge und 6 Pers. sollten für den Sommer auf jeden Fall reserviert werden; im Winter werden keine Reservierungen angenommen. Für Wanderer und Radfahrer stehen das ganze Jahr über Plätze ohne Reservierung zur Verfügung. Zeltstellplätze $6, Wohnmobilplätze März–Mitte Nov $18, Mitte Nov–Feb $15

### ESSEN

**Arizona Room**, Bright Angel Lodge, 🖥 www.grandcanyonlodges.com. Lockeres, aber gutes Restaurant nur wenige Meter vom Canyonrand entfernt. Aus der offenen Küche kommen konventionelle Fleisch- und Fischgerichte; mittags kosten Sandwiches, Salate und einfache Hauptgerichte $9–13, abends typische Hauptgerichte wie Rippchen $19. ⏲ tgl. 11.30–15 (Nov und Dez geschl.) und 16.30–22 Uhr

**Bright Angel Dining Room**, Bright Angel Lodge, 🖥 www.grandcanyonlodges.com. Schnörkel- und fensterloser Diner, der alles Mögliche bietet, von Snacks und Salaten für etwa $10 bis zu Steaks für bis zu $26. Keine Reservierungen. ⏲ tgl. 6–22 Uhr.

**El Tovar**, El Tovar Hotel, ☎ 928 638 2631, App. 6432, 🖥 www.grandcanyonlodges.com. Prächtiger und vornehmer Speisesaal aus dunklem Holz mit großen Fenstern – einen Blick auf den Canyon hat man aber nur von den vorderen Tischen. Das Essen selbst ist schwer und teuer, besonders abends: Dann kosten Hauptgerichte wie Entenbraten oder Lachs-Tostada um $26, Steaks um $35. Mittags gibt's Sandwiches, Tacos etc. für $12–17. ⏲ tgl. 6.30–11, 11.30–14 und 16.30–22 Uhr.

### SONSTIGES

### Eintritt

Pro Privatfahrzeug inkl. Insassen $30, Fußgänger und Radfahrer $15, 7 Tage gültig auf beiden Seiten des Canyons. Alle **Pässe** des Park Service sind gültig.

## Informationen

**Canyon View Visitor Center**, South Rim, unmittelbar nördlich der Straße, die vom Hwy-64 Richtung Westen ins Dorf führt, ℘ 928 638 7888, ⌨ www.nps.gov/grca. ⊕ März–Nov tgl. 8–17, Dez–Feb 9–17 Uhr.

## TRANSPORT

Die meisten Besucher erreichen den Parkeingang bei Tusayan, indem sie vom I-40 Richtung Norden fahren, entweder 52 Meilen von Williams oder 75 Meilen von Flagstaff. **Grand Canyon Village** ist ebenso für Privatfahrzeuge zugänglich wie die vom Ort Richtung Osten nach Desert View führende Straße. Die Richtung Westen nach **Hermit's Rest** führende Strecke ist jedoch nur von Dezember bis Februar geöffnet. Zu anderen Zeiten ist man auf die kostenlosen Shuttles des Parks angewiesen:

**Village Route:** Zwischen Grand Canyon Village und dem Visitor Center, mit Halt bei den Lodges Bright Angel, Maswik und Yavapai und am Mather Campground.

**Kaibab Trail Route:** Pendelt zwischen Visitor Center und Yaki Point und dem South Kaibab Trailhead im Osten und dem Mather und dem Yavapai Point im Westen.

**Hikers' Express:** Frühmorgendlicher Service zum Yaki Point von der Bright Angel Lodge, via Visitor Center; für Wanderer auf dem South Kaibab Trail.

**Hermits Rest Route** (März–Nov): Diese Route folgt der Hermit Road 7 Meilen westlich vom Dorf.

**Tusayan Route** (Ende Mai–Ende Sep): Regelmäßige 20-minütige Fahrten zwischen Tusayan und Visitor Center.

## Eisenbahn

Die dem South Rim am nächsten gelegenen **Amtrak**-Bahnhöfe sind Flagstaff und Williams. **Busse** von Arizona Shuttle, ℘ 928 226 8060, ⌨ www.arizonashuttle.com, fahren von beiden Bahnhöfen zur Maswik Lodge im Grand Canyon Village (einfache Fahrt $30).

Die restaurierte **Grand Canyon Railway**, ℘ 303 843 8724, ⌨ www.thetrain.com, fährt von einem Bahnhof im Herzen von Williams zum Grand

## Touren am South Rim

**Xanterra**, über die Lodges am South Rim zu erreichen oder unter ℘ 888 297 2757, ⌨ www.grandcanyonlodges.com, veranstaltet mindestens 2x tgl. vom Village aus kurze Busfahrten am Rand der Schlucht entlang. Westlich: $30, östlich: $50. Außerdem Sunrise- und Sunset-Touren zum Yavapai Point für $23,50, Maultierausritte am Canyonrand für $135 und hinunter zur Phantom Ranch am Fluss ab $552.

Verschiedene Veranstalter – s. ⌨ www.nps.gov/grca/planyourvisit/river-concessioners.htm – bieten mehrtägige Wildwasserfahrten durch den Canyon an, die aber oft schon auf Jahre hinaus ausgebucht sind. Eintägige Floßtouren werden im Grand Canyon National Park nicht angeboten. Für eine kurzfristige Flusstour gibt es noch zwei weitere Alternativen an zwei verschiedenen Enden des Canyons: **Colorado River Discovery** in Page (Arizona), ℘ 928 645 9175, ⌨ www.raftthecanyon.com, bietet für $92 Tagesausflüge an, die unterhalb des Staudamms am Glen Canyon beginnen und Lees Ferry zum Ziel haben; das vom Stamm der Hualapai betriebene Unternehmen **Hualapai River Runners**, ℘ 928 769 2636, ⌨ www.grandcanyonwest.com, veranstaltet von Mitte März bis Mitte Oktober teure Tagesausflüge auf der Hualapai Reservation, beginnend am Diamond Creek ($423).

Rundflüge im **Flugzeug** kosten ab ca. $150 pro 45 Min. Wer bereit ist, viel Geld auszugeben, kann die Dauer selbst bestimmen. Zu den Anbietern zählen die **Grand Canyon Airlines**, ℘ 928 638 3200, ⌨ www.grandcanyonairlines.com. Hubschrauber-Rundflüge ab $200 für 25 Min. bieten **Maverick**, ℘ 928 638 2622, ⌨ www.maverickhelicopter.com, und **Papillon**, ℘ 928 638 2419, ⌨ www.papillon.com. Alle Veranstalter haben ihre Büros in Tusayan.

Canyon Village, im Sommer mit Dampfloks. Zwar kann man vom Zug aus den Canyon nicht sehen, aber die Fahrt macht trotzdem Spaß. Abfahrt in Williams tgl. 9.30 Uhr, Ankunft am Canyon um 11.45 Uhr, Rückfahrt 15.30 Uhr, Ankunft in Williams 17.45 Uhr. Ticket hin und

**DER SÜDWESTEN**

**Navajo Nation**, das größte Indianerreservat der USA, erstreckt sich über weite Teile des nordöstlichen Arizona und bis in den Westen New Mexicos und schließt das Monument Valley im Süden Utahs mit ein. Obwohl die Navajo-Indianer der englischen Sprache mächtig sind, ist ihre Umgangssprache Navajo, eine Sprache, die so kompliziert ist, dass sie während des Zweiten Weltkrieges als Geheimcode des US-Militärs benutzt wurde. Sie ist in der Region noch immer Lingua franca. Das Reservat hat sogar seine eigene Zeitzone.

Als die Amerikaner die Region Mitte des 19. Jhs. von den Mexikanern übernahmen, verloren die Navajo, die sich selbst *dineh* („die Menschen") nennen, so gut wie alles. 1864 trieb Kit Carson alle, derer er habhaft werden konnte, zusammen und verbannte sie nach Fort Sumner in New Mexico. Wenige Jahre darauf ließ man sie jedoch zurückkehren. Die meisten der über 300 000 Navajo leben in weit auseinander gelegenen kleinen Weilern und sind Viehhirten oder Kleinbauern, aber einige andere verdienen ihren Lebensunterhalt als Künstler und verkaufen ihre Arbeiten an Straßenständen und in Souvenirläden.

Bei einem Besuch des Indian Country ist es wichtig, viel Feingefühl zu zeigen und die Menschen und Orte, auf die man trifft, unbedingt zu respektieren. Die Vorfahren der Pueblo-Indianer sind zwar längst verschwunden, aber ihre zahlreichen Relikte sind auch für die heutigen Bewohner immer noch von großer Bedeutung. Mit dem Fotoapparat oder sonst wie ungebeten in das Privatleben der Menschen einzudringen, ist eine grobe Missachtung ihrer Würde.

Was den praktischen Teil des Besuchs anbelangt, darf man keine auf **Touristen** ausgerichtete Infrastruktur erwarten. Die Städte sind erst in jüngster Zeit entstanden und bieten nur eine Handvoll einfacher Gaststätten und noch weniger Motels oder gar Hotels. Nähere Informationen unter 🖥 www.discovernavajo.com, www.explorenavajo.com und www.navajo-nsn.gov.

zurück von $65 in der Pullman Class (Kinder unter 13 J. $29) bis $219 in der Luxury Parlor Car (keine Kinder unter 13 J.).

## Havasupai Indian Reservation

92 Meilen nördlich des I-40, Exit 123, via AZ-66 und Arrowhead Hwy-18, dann 8 Meilen zu Fuß, zu Pferd oder per Hubschrauber ▪ Kein Zutritt zum Reservat ohne Vorausbuchung einer Unterkunft; Eintritt $35 ▪ 📞 928 448 2121, 🖥 www.havasupai-nsn.gov

Dieses **Reservat** ist eine Welt für sich. In den 30er-Jahren hat ein Anthropologe es als „den einzigen Flecken in den USA, wo die Kultur der Ureinwohner noch fast im Urzustand erhalten ist", bezeichnet. Inzwischen hat sich einiges verändert, aber mit seinen türkisfarbenen Wasserfällen und den Schluchten ist dieses zauberhafte Stück Erde etwas ganz Besonderes.

Der **Havasu Canyon** ist ein Seitenarm des Grand Canyon, etwa 35 Meilen Luftlinie, aber fast 200 Straßenmeilen vom Grand Canyon Village entfernt. Man zweigt bei Seligman oder Kingman vom Interstate auf die AZ-66 ab und folgt dem Arrowhead Hwy-18 bis **Hualapai Hilltop**. Von dort aus führt ein 8 Meilen langer Zickzackpfad eine Anhöhe hinab und durch den wunderbaren, wasserlosen Hualapai Canyon zum Dorf **Supai**. Ein Ausritt mit einem Havasupai-Guide nach unten kostet $70, hin und zurück $120. Häufig werden auch Helikopterflüge angeboten; einfache Strecke $85, 📞 623 516 2790, 🖥 www.airwesthelicopters.com. Wandern ist kostenlos, doch bei der Ankunft in Supai sind $35 Eintritt zu entrichten.

Hinter Supai führt der Weg zu einer Reihe atemberaubender Wasserfälle, beginnend mit zwei dramatischen Wasserfällen, den New Navajo Falls und den Rock Falls, die 2008 durch eine Blitzflut entstanden. Danach folgen die **Havasu Falls**, ideal zum Schwimmen, und die **Mooney Falls**, wo eine etwas wackelige Kettenleiter zu einem weiteren tollen Becken hinabführt.

### ÜBERNACHTUNG UND ESSEN

**Havasu Campground**, Havasu Canyon, 📞 928 448 2121, 🖥 www.havasupai-nsn.gov. Zeltplatz am Fluss mit sehr primitiven Einrichtungen. Die Zelte können beiderseits des

**DER SÜDWESTEN**

Flusses, der auf wackeligen Brücken überquert wird, aufgebaut werden; Reservierung erforderlich. $23,70

**Havasupai Lodge**, Supai Village, 📞 928 448 2111, 🖥 www.havasupai-nsn.gov. Einfaches zweistöckiges Motel etwas abseits am Ortsrand mit gemütlichen Zimmern mit Klimaanlage, aber ohne Telefon und TV. Jedes Zimmer hat Platz für 4 Pers. Vorausbuchung erforderlich. $159,50

**Tribal Café**, Main Plaza, Supai Village, 📞 928 448 2981. Die einzige Möglichkeit in Supai, etwas zu essen zu bekommen. Warmes Frühstück oder ein Mittag- oder Abendessen mit Rindfleischeintopf, Fladenbrot oder Burritos kosten um $10. ⊙ Mai–Sep tgl. 6–19, Okt–April 8–17 Uhr.

## Hualapai-Reservat: Grand Canyon West

Wie im gleich östlich gelegenen Havasupai-Reservat leben auch im **Indianerreservat Hualapai** Nachfahren der Indianer vom Stamm der Pai. Das Gebiet erstreckt sich über eine Fläche von fast 4000 km²; seine nördliche Grenze bildet ein 175 km langer Abschnitt des Colorado River.

Ungefähr 50 Meilen außerhalb von Peach Springs – die einzige Stadt im Reservat und 35 Meilen nordwestlich von **Seligman** an der Route 66 – befinden sich mehrere Aussichtspunkte über dem Colorado River, die in ihrer Gesamtheit als **Grand Canyon West** bezeichnet werden. Da dieser Bereich Las Vegas am nächsten liegt, kommen hierher vor allem Tagesausflügler, die nicht wissen, dass sich der Canyon hier nicht von seiner besten Seite zeigt.

Das riesige Hualapai-Projekt zur touristischen Erschließung fand ihren Höhepunkt 2007 in der Eröffnung des **Skywalk**, eines hufeisenförmigen „Balkons" mit Glasboden über einem 350 m tiefen Abgrund in einem Seitenarm des Canyons; 🖥 www.grandcanyonwest.com. Doch der überteuerte und zeitintensive Besuch ist sicher nicht mit dem des Nationalparks zu vergleichen.

Wer nicht von Las Vegas aus einen Ausflug per Flugzeug unternimmt (ab $170 mit Scenic Airlines, 📞 702 638 3300, 🖥 www.scenic.com), muss mindestens 40 Meilen vom nächsten Highway über holprige Nebenstraßen fahren und dann mindestens $76 p. P. für den Skywalk entrichten.

## Die Straße zwischen North und South Rim

Die 215 Meilen lange befahrbare Strecke von Grand Canyon Village zum **North Rim** führt auf der AZ-64 den East Rim Drive entlang bis Desert View und dann an einem Aussichtspunkt vorbei in die Schlucht des Little Colorado, bevor sie nach 50 Meilen bei **Cameron** auf den US-89 trifft.

70 karge Meilen nördlich von Cameron überquert die direkte Route zum North Rim, jetzt der US-89A, 150 m über dem Colorado River die **Navajo Bridge**. Bis zum Bau der Brücke gab es 6 Meilen nördlich bei **Lees Ferry** einen Fährservice, eingerichtet 1872 von dem Mormonen-Pionier John D. Lee. Dies war die einzige Stelle weit und breit, an der beide Ufer des Flusses leicht zugänglich waren. Heute befindet sich hier der einzige Ausgangspunkt für Raftingtrips in den Grand Canyon.

Am US-89A besitzen alle Motels im Schatten der roten **Vermillion Cliffs** ein eigenes Restaurant. Bei **Jacob Lake** zweigt die AZ-67 vom US-89A Richtung Süden zum North Rim ab; von hier sind es noch 41 Meilen zum Canyon selbst – im Winter ist die Straße allerdings gesperrt.

### ÜBERNACHTUNG UND ESSEN

**Cameron Trading Post**, 466 US-89, Cameron, 📞 928 679 2231, 🖥 www.camerontrading post.com. Großer, schicker Motelkomplex; die Zimmer in den oberen Stockwerken haben große Balkone mit Blick auf den Little Colorado. Im netten Restaurant mit Kamin sind verschiedenste Mahlzeiten erhältlich (⊙ Mai–Sep 6–22, Okt–April 7–21.30 Uhr). $119

**Jacob Lake Campground**, US-89A, Jacob Lake, unmittelbar westlich der Abzweigung, 📞 928 643 7395, 🖥 www.fs.usda.gov. Hübscher schattiger Platz des Forest Service nur für Zelte. ⊙ Mitte Okt–April geschl. $18

**Jacob Lake Inn**, an der Kreuzung von US-89A und AZ-67, Jacob Lake, 📞 928 643 7232, 🖥 www.jacoblake.com. Weitläufiger Komplex mit einfachen Motelzimmern und Blockhütten sowie einer Tankstelle, einem Laden, Diner und einem Restaurant (Hauptgerichte wie Huhn, Forelle oder Steak unter $20). Cabins $96, Zimmer $128

**Marble Canyon Lodge**, US-89A, nicht weit westlich der Navajo Bridge, unmittelbar hinter der Abzweigung nach Lees Ferry, ☎ 928 355 2225, 🖥 www.marblecanyoncompany.com. Mehr als 50 konventionelle Motelzimmer mit TV, aber ohne Telefon, in romantischem Wüstenambiente am Fuß der Felsen. Im annehmbaren Restaurant, das tgl. für alle Mahlzeiten geöffnet ist, kosten Hauptgerichte $10–15 und ein Navajo-Taco-Salat $10. $85

## North Rim

Höher, öder, ungeschützter und weniger gut erschlossen, sieht der **North Rim** des Grand Canyon kaum ein Zehntel der Besucher des South Rim. Einige alte Parkservice-Gebäude stehen dort, wo die Hauptstraße den Canyon erreicht, und einige Straßen am Rande der Schlucht führen zu weiteren Aussichtspunkten. Nur auf einem Wanderweg herrscht nennenswerter Betrieb, auf dem **North Kaibab Trail**, der dem Bright Angel Creek zur Phantom Ranch hinab folgt.

Der Park bleibt auch nach Mitte Oktober für Tagesbesucher geöffnet, doch dann gibt es weder Lebensmittel noch Unterbringung oder Benzin, und Besucher müssen darauf gefasst sein, jeden Moment den Park verlassen zu müssen. Beim ersten größeren Schneefall wird er ganz geschlossen.

**Grand Canyon Lodge**, ☎ 480 337 1320, 🖥 www.grandcanyonforever.com. Hütten und größere motelartige Blocks zumeist an dem ruhigen, bewaldeten Hang an der Zufahrtsstraße. Die Western Cabins verfügen über voll ausgestattete Bäder und Veranden und bieten Platz für 4 Pers., jedoch haben nur 4 der Cabins einen Blick auf den Canyon. Die Frontier Cabins bieten Platz für 3 Pers. und kleinere Bäder, die Pioneer Cabins 2 getrennte Schlafzimmer. Sie können alle bis zu 13 Monate im Voraus reserviert werden – eine Reservierung ist unerlässlich. Mitte Okt–Mitte Mai geschl. Motelzimmer $130, Frontier Cabins $138, Pioneer Cabins $181, Western Cabins $207 **Lodge Dining Room**, Grand Canyon Lodge, ☎ 928 638 2611, 🖥 www.grandcanyonlodge

north.com. Elegantes, eindrucksvolles Restaurant mit Holzdecke und tollem Canyonblick von den Fenstertischen. Hauptgerichte abends: z. B. scharf angebratener Lachs $19–26; mittags $9–13. Fürs Abendessen Reservierung notwendig. ⊕ tgl. 6.30–10, 11.30–14.30 und 16.45–21.45 Uhr.

**North Rim Campground**, 1 Meile nördlich der Grand Canyon Lodge, ☎ 877 444 6777, 🖥 www.recreation.gov. Sehr angenehmer Waldcampingplatz mit 87 Fahrzeugstellplätzen, allerdings ohne Anschlüsse. Fahrzeugplätze sind oft ausgebucht, für Gäste ohne Auto ist aber immer Platz vorhanden. ⊕ Nov–Mitte Mai geschl. $18

**Visitor Center**, am Eingang der Grand Canyon Lodge, ☎ 928 638 7864, 🖥 www.nps.gov/grca, ⊕ Mitte Mai–Mitte Okt tgl. 8–18 Uhr.

Das einzige öffentliche Transportmittel zum North Rim ist ein **Shuttle**, ☎ 602 638 2820, 🖥 www.trans-canyonshuttle.com, Abfahrt an der Grand Canyon Lodge am North Rim tgl. um 7 und 14 Uhr, Abfahrt am South Rim tgl. um 8 und 13.30 Uhr (4 Std., $90 einfach).

**7 HIGHLIGHT**

# Monument Valley

An der Grenze von Arizona und Utah, 24 Meilen nördlich von Kayenta und 25 Meilen südwestlich von Mexican Hat ▪ ⊕ Parkplatz tgl. 24 Std., Visitor Center Mai–Sep tgl. 6–20, Okt–April 8–17 Uhr ▪ Eintritt $20 pro Fahrzeug, keine Nationalparkspässe ▪ ☎ 435 727 5870, 🖥 www.navajonationparks.org

Die klassische Wildwestlandschaft des Südwestens – mit gewaltigen, sich auftürmenden Sandsteinformationen und Furcht einflößenden Felssäulen, die aus einer endlosen Ebene aus windverwehtem rotem Sand aufragen – zählt zu den unvergesslichsten Eindrücken einer Ame-

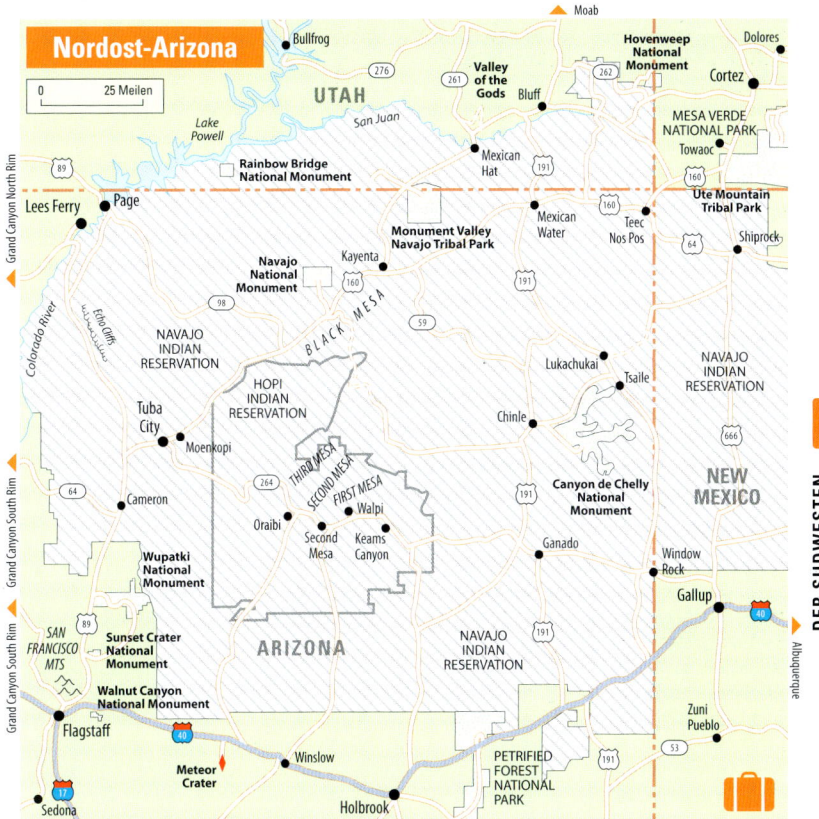

Utah

Moab

Bullfrog

Hovenweep National Monument

Dolores

Cortez

Valley of the Gods

Bluff

MESA VERDE NATIONAL PARK

Lake Powell

San Juan

Towaoc

Rainbow Bridge National Monument

Mexican Hat

Ute Mountain Tribal Park

Lees Ferry

Page

Grand Canyon North Rim

Mexican Water

Teec Nos Pos

Shiprock

Monument Valley Navajo Tribal Park

Echo Cliffs

Colorado River

Navajo National Monument

Kayenta

BLACK MESA

NAVAJO INDIAN RESERVATION

Lukachukai

Tsaile

NAVAJO INDIAN RESERVATION

NEW MEXICO

HOPI INDIAN RESERVATION

Chinle

Tuba City

Moenkopi

THIRD MESA

SECOND MESA

FIRST MESA

Walpi

Oraibi

Second Mesa

Keams Canyon

Canyon de Chelly National Monument

Grand Canyon South Rim

Cameron

Ganado

Window Rock

Wupatki National Monument

Gallup

SAN FRANCISCO MTS

Sunset Crater National Monument

ARIZONA

NAVAJO INDIAN RESERVATION

Albuquerque

Walnut Canyon National Monument

Zuni Pueblo

Grand Canyon South Rim

Flagstaff

Winslow

PETRIFIED FOREST NATIONAL PARK

Meteor Crater

Sedona

Holbrook

Phoenix

rikareise. Erst wenn man das **Monument Valley**, 24 Meilen nördlich von Kayenta, erreicht hat, wird einem klar, wie sehr unsere Vorstellung vom Westen Amerikas von diesem einzigen Fleckchen Erde geprägt ist. Natürlich finden sich solche Landschaften auch anderswo, aber nirgends ist sie dermaßen perfekt arrangiert. Obwohl sich seit den frühesten Tagen Hollywoods Filmemacher dieser Kulissen bedienten, ist der Anblick dieses majestätischen Ortes immer noch atemberaubend. Auch ist die Kultur der **Navajo** hier noch äußerst lebendig, somit kann Monument Valley durchaus den Höhepunkt einer Reise durch den Südwesten darstellen.

Die beiden größten und eindrucksvollsten Monolithen – einer im Osten, der andere im Westen – sind **The Mittens**, „die Fäustlinge", unschwer zu erkennen an ihren herausragenden „Daumen". Ringsum weisen mehr als ein Dutzend weitere Felsnadeln in den Himmel. Daneben gibt es andere kunstvolle Felsformationen sowie ein paar kleinere Ruinen der Vorfahren der Pueblo-Indianer. Die bizarren Felsen sind schon aus der Ferne kostenlos am US-163 zu sehen, und der 4 Meilen lange Umweg zum **Monument Valley Tribal Park**.

Hinter dem Visitor Center und View Hotel beginnt eine unbefestigte Straße durch das Monument Valley. Für die 17 holprigen Meilen, die mit einem normalen Pkw zu schaffen sind, braucht man etwas über eine Stunde. ⏲ Mai–Sep tgl. 6–20, Okt–April 8–16.30 Uhr. Sehr zu empfehlen sind die von Navajo geführten Jeeptouren oder Ausritte, die von der Hauptstraße wegführen. Eine 1 1/2-stündige Jeepfahrt kostet bei Buchung vor Ort mindestens $75 p. P. Es werden aber auch ausgedehntere und entsprechend teurere Alternativen angeboten – teils mit Aufenthalten bei Filmdrehorten wie dem **Totem Pole** und bei Webern in einem Navajo-*hogan* (ein achteckiger Wohnraum).

## ÜBERNACHTUNG UND ESSEN

**Goulding's Lodge**, 2 Meilen westlich des US-163, gegenüber der Zufahrtsstraße zum Park, ☎ 435 727 3231, 🖥 www.gouldings.com. Dieser Handelsposten aus den 1920ern bietet teure Motelzimmer, weite Ausblicke übers Tal, einen Hallenpool, einen Laden, eine Tankstelle, ein Museum mit Filmandenken und einen Campingplatz. Zelte $29, Wohnmobilstellplätze $49, Zimmer $215

**The View Campground**, Monument Valley Tribal Park, ☎ 928 727 5555, 🖥 www.monumentvalleyview.com. Der Campingplatz im Park, ein Stückchen die Straße ins Tal entlang, ist komplett saniert worden. Die Zelt- und Wohnmobilstellplätze teilen sich Toiletten und Duschen, außerdem gibt's sehr komfortable Cabins, jeweils mit einem Doppelbett und zwei Etagenbetten, Bad und Terrasse. ☉ Jan–Mitte März geschl. Zelte $21, Wohnmobilstellplätze $42, Cabins $225

**The View Hotel,** Monument Valley Tribal Park, ☎ 928 727 3470, 🖥 www.monumentvalleyview.com. Alle Luxuszimmer in diesem umwerfenden Navajo-Hotel neben dem Besucherzentrum des Tribal Park verfügen über Balkone mit atemberaubendem Panorama. $236

**The View Restaurant**, Monument Valley Tribal Park, ☎ 928 727 3470, 🖥 www.monumentvalleyview.com. Das einzige Restaurant im Tribal Park hat eine tolle Lage mit Blick aufs Tal und einige schöne Tische draußen. Das Essen ist gut, aber nicht außergewöhnlich; neben Burgern und Salaten gibt's auch Navajo-Speisen wie Hammeleintopf ($14) und Fladenbrot ($5). ☉ tgl. 7–14 und 17 Uhr bis spät.

# Canyon de Chelly

Kostenloser Zugang rund um die Uhr, aber nur zu den Rim Drives, nicht zum Talgrund ▪ ☎ 928 674 5500, 🖥 www.nps.gov/cach

Östlich der Ortschaft Chinle, 87 Meilen südöstlich des Monument Valley und 70 Meilen nördlich des I-40, erheben sich abrupt zwei Sandsteinwände aus dem Wüstenboden: die 300 m hohen Felsen des **Canyon de Chelly National Monument**, durch die sich der Chinle Wash schlängelt. Hier und da steht ein Navajo-Hogan zwischen Obstbäumen, Schafe grasen hinter rohgezimmerten Zäunen und seit langem verlassene Adobe- und Felswohnungen der Vorfahren der Pueblo-Indianer schmiegen sich in die Felswände. Zwei Haupt-Canyons gabeln sich wenige Meilen flussaufwärts; nach Süden zieht sich der **Canyon de Chelly** (sprich: „de schey") und nach Norden der **Canyon del Muerto**. Von beiden zweigen kleinere Schluchten ab. Das gesamte Labyrinth erstreckt sich auf einer Länge von 30 Meilen nordwärts bis in die Chuska Mountains hinein.

Der wunderbare Canyon de Chelly kann sich mit jedem Nationalpark des Südwestens messen. Dass er relativ unbekannt ist, verdankt er zum großen Teil der Anwesenheit der Navajo, für die der Canyon von großer symbolischer Bedeutung ist, auch wenn sie die *cliff dwellings* nicht selbst erbaut haben. Es führt keine Straße hinein, und abgesehen von einem kurzen Spa-

## Jeeptouren in den Canyon

Mit Ausnahme des White House Trail (S. 287) ist die einzige Möglichkeit, die faszinierenden Ruinen der Vorfahren der Pueblo-Indianer im Canyon de Chelly aus der Nähe zu bestaunen, eine Tour mit einem Navajo-Führer. Auf der typischen Halbtagestour von Anbietern wie **Beauty Way Jeep Tours**, ☎ 928 674 3772, 🖥 www.acanyondechellytour.com, und **Canyon de Chelly Tours**, ☎ 928 349 1600, 🖥 www.canyondechellytours.com, gelangt man für um die $75 zur White House Ruin und zurück; wer noch weiter bis zum Spider Rock möchte, muss einen ganzen Tag einplanen.

DER SÜDWESTEN

zierweg darf man den Boden der Schlucht nur in Begleitung eines Navajo-Guides betreten. Besucher müssen sich größtenteils mit einem Blick von den spektakulären Aussichtspunkten entlang der beiden „Rim Drives" in die Schlucht hinab begnügen. Für jede der beiden Strecken (jeweils 40 Meilen hin und zurück) sollten zwei oder drei Stunden Fahrt einkalkuliert werden.

## South Rim

Der erste unverzichtbare Haltepunkt entlang des **South Rim Drive** ist der **Junction Overlook**, der nach 4 Meilen hoch über dem Schnittpunkt der beiden Canyons liegt. Der Canyon de Chelly verengt sich in der Ferne hinter einer Felssäule, und zu Füßen des Aussichtspunktes befindet sich ein *hogan*. 2 Meilen weiter – hier ist der Canyon 160 m tief – präsentieren sich beim **White House Overlook** die ausgesprochen fotogenen Ruinen des White House. Es ist die einzige Stelle, an der man auf eigene Faust in den Canyon steigen darf. Der Abstieg dauert 30 bis 45 Minuten, der Rückweg ca. eine Stunde. Der wunderbare, aber nicht ganz ungefährliche **White House Trail**, der schwindelerregend schmal aus dem glatten Fels gehauen ist, führt in die Nähe der Ruinen. Die höchsten, abenteuerliche 18 m hoch gelegenen Felsnischen ließen sich früher über die Dächer der mittlerweile verschwundenen Wohnungen erreichen. Besucher dürfen sich nur 100 Yards (90 m) von der Stätte entfernen.

Vom 12 Meilen weiter am South Rim Drive gelegenen **Sliding House Overlook** sind weitere Ruinen der Vorfahren der Pueblo-Indianer zu erblicken, die zu den Feldern hinabzurutschen scheinen. Nach 8 Meilen endet die Straße über dem eindrucksvollen **Spider Rock**, zwei rund 250 m hohe Felsnadeln, die ungefähr 60 m an den Rand der Schlucht heranreichen.

## North Rim

Der **North Rim Drive** führt 20 Meilen den Canyon del Muerto hoch zur **Massacre Cave**, wo eine spanische Expedition 1805 rund einhundert Navajo-Frauen, Kinder und Greise tötete. Die „Höhle" ist eher ein schmaler, exponierter Felssims. Vom **Mummy Cave Overlook** aus ist das House Under The Rock mit seinem zentral gelegenen Turm im Stil von Mesa Verde zu sehen.

Beim **Antelope House Overlook** gibt es zwei Aussichtsstellen. Eine befindet sich gegenüber vom Navajo Fortress, dem abgelegenen, natürlichen Fort, das die Navajo 1863 nach drei Monaten Belagerung durch US-Truppen aufgeben mussten. Von der anderen aus sieht man die Ruinen der beiden viereckigen Türme des Antelope House weit unten und an der gegenüberliegenden Seite des trockenen Flussbettes **The Tomb of the Weaver**, wo die in Goldadlerfedern gewickelte Leiche eines alten Mannes gefunden wurde.

### ÜBERNACHTUNG UND ESSEN

**Chinle Holiday Inn**, Rte-7, Chinle, ✆ 928 674 5000, 🖥 www.holiday-inn.com/chinle-garcia. Schickes Motel im Adobe-Look mit 100 gemütlichen, gut ausgestatteten Zimmern. Das behagliche, bunte Restaurant ist nichts Besonderes, aber das beste Esslokal in Chinle und hat recht gutes Grillhähnchen für $13. $103

**Cottonwood Campground**, am Beginn des South Rim Drive, ✆ 928 674 2106, 🖥 www.navajonationparks.org. Campingplatz nur für Zelte unter den Bäumen neben der Thunderbird Lodge; 93 Stellplätze je für bis 4 Pers. Keine Reservierung, keine Duschen, keine Wohnmobile. Nur Barzahlung. $14

**Thunderbird Lodge**, am Beginn des South Rim Drive, ✆ 928 674 5841, 🖥 www.sacredcanyon lodge.com. Konventionelle, saubere, jedoch etwas verbrauchte Motelzimmer um einen 100 Jahre alten Handelsposten, mit großer Selbstbedienungscafeteria mit Speisen zu vernünftigen Preisen. Außerdem jeden Tag Canyon-Touren. $100

## Hopi Mesas

Das Volk der Hopi nimmt in den USA eine Ausnahmestellung ein, denn es lebt seit über 800 Jahren ununterbrochen an ein und demselben Ort. In dieser Zeit sind viele Fremde gekommen und gegangen, zuweilen geblieben, aber die Dörfer auf der **First**, **Second** und **Third Mesa** haben sich hier über die Zeit gehalten, wenn auch nicht unverändert. Für Außenstehende ist nicht gleich ersichtlich, weshalb die Hopi ausgerechnet diese drei öden, wenig einladenden Felsausläufer am Südrand der **Black Mesa** im nordöstlichen Arizona als Heimat gewählt haben. Dafür gibt es zwei Erklärungen: die unterirdische Wasserader der Mesa liefert einen spärlichen, aber stetigen Wasserfluss, und außerdem steht den Hopi hier unbegrenzt Kohle zur Verfügung.

Davon abgesehen sahen sich die Hopi, bedrängt von ihren Navajo-Nachbarn, zum Rückzug in ihre Dörfer hoch oben auf den Mesas gezwungen. Ursprünglich hatten sie in einem weiteren Umkreis gejagt und Ackerbau betrieben. Die Hopi sind berühmt für ihre Geschicklichkeit, mit der sie jeden kostbaren Tropfen Wasser für ihre Mais-, Bohnen- und Kürbiskulturen auf den von Hand bestellten Terrassen nutzen, eine aus der Not geborene karge Art sich zu ernähren. Dass sie überhaupt und mitsamt ihrer alten Glaubensregeln und Zeremonien überleben können, fasziniert Außenstehende schon seit langem.

Besucher werden freundlich aufgenommen, doch die Hopi sind keineswegs gewillt, sich als Touristenattraktion vermarkten zu lassen. In mehreren Geschäften und Galerien werden Töpferwaren, Körbe, Silberschmuck und handgeschnitzte Kachina-Puppen verkauft. Wer jedoch hofft, großartig herumgeführt zu werden oder gar spirituelle Erleuchtung zu finden, wird wahrscheinlich enttäuscht abziehen und vielleicht sogar von dem abgestoßen sein, was nach außen hin wie eine ziemlich ärmliche Existenz aussieht. Im **Hopi Cultural Center**, einer modernen Pueblo-Nachahmung unterhalb der Second Mesa, gibt es ein Museum, ℘ 928 734 2401, 🖳 www.hopiculturalcenter.com, ⏲ Juli und Aug Mo–Fr 8–17, Sa und So 9–15, Sep–Juni Mo–Fr 8–17 Uhr, Eintritt $3. Sofern nicht gerade eine der sehr seltenen Veranstaltungen stattfindet, bei denen auch Touristen zugelassen sind, kann man die Mesa-Dörfer nur im Rahmen einer organisierten Tour besuchen. Bei den Führungen besteht ausreichend Gelegenheit, Fragen zu stellen und Töpferwaren, Kachina-Puppen und frisch gebackenes *piiki*, ein Fladenbrot aus schwarzem Maismehl, zu kaufen. Zurzeit ist dies möglich in **Walpi** auf der First Mesa (Besucher müssen sich im Gemeindezentrum in **Polacca**

am Fuß der Mesa anmelden); ℘ 928 737 2670, 🖳 www.experiencehopi.com, ⏲ Sommer tgl. 8–16.30 Uhr, letzte Tour 15 Uhr, restliches Jahr 9–15 Uhr, letzte Tour 14 Uhr, $20.

## ÜBERNACHTUNG UND ESSEN

**Hopi Cultural Center Motel**, Second Mesa, ℘ 928 734 2401, 🖳 www.hopiculturalcenter.com. Motel im Pseudo-Pueblo-Stil mit 34 einfachen, aber annehmbaren Zimmern, die im Sommer gewöhnlich ausgebucht sind. Die Cafeteria serviert gute, sättigende Mahlzeiten wie die örtliche Spezialität *noqkwivi*, mit Maismehl geschmortes Lamm ($11). $105

# Utah

Die unvergleichlich schöne Landschaft von **Utah** bietet für jeden Geschmack etwas: von farbenfrohen Canyons über endlose Wüstenebenen bis hin zu undurchdringlichen Wäldern und schneebedeckten Bergen. Der Bundesstaat besteht zum größten Teil aus frei zugänglicher Natur und eignet sich daher hervorragend zum Wandern und Skilaufen, für Mountainbike-Touren, Rafting und andere Unternehmungen im Freien.

Besonders **Süd-Utah** ist beeindruckend: Hier präsentieren sich atemberaubende **Landschaften**, in denen Felsformationen und Canyons in jeder nur erdenklichen Farbe entstanden sind. In dieser Region gibt es so viele **Nationalparks**, dass oft dafür plädiert wird, die gesamte Region in einen einzigen großen Nationalpark zu verwandeln. Die über Asphaltstraßen erreichbaren Ziele wie der **Zion** direkt am I-15 oder der **Bryce Canyon** locken die meisten Besucher an, aber weniger bekannte Parks wie Arches, Canyonlands und Capitol Reef sind mindestens genauso sehenswert, und riesige Teile dieser Wüste, in der faszinierende präkolumbische Felsmalereien und Ruinen der Vorfahren der Pueblo-Indianer verstecket liegen, sind noch weiße Flecken auf der touristischen Landkarte und erfordern sorgsame Planung und einige Anspruchslosigkeit.

**Nord-Utah** ist für Touristen zwar weniger interessant, **Salt Lake City**, die Hauptstadt Utahs und die größte und kosmopolitischste Stadt des Bundesstaats, eignet sich jedoch gut für einen Zwischenaufenthalt.

Die ersten weißen Siedler, die **Mormonen**, kamen 1847 unter der Führung von Brigham Young in die Gegend des Salt Lake – der damals noch außerhalb der USA lag – und errichteten gewaltige Bewässerungsanlagen. Anfänglich stießen sie vor allem wegen ihrer Haltung zu Sklaverei und Polygamie bei den Autoritäten im Osten auf Argwohn und Widerstand. Möglicherweise hätte sich der Konflikt zu einem Krieg gegen die Mormonen ausgeweitet, wäre nicht der Amerikanische Bürgerkrieg dazwischengekommen.

Als die mormonische Kirche 1890 beschloss, die Polygynie abzuschaffen, entspannte sich die Lage, und 1896 bekamen sie schließlich das Staatsrecht. Heute sind mehr als 60 % der 2 Mio. Einwohner Utahs Mormonen, Anhänger der Church of Jesus Christ of Latter-Day Saints (LDS). Am deutlichsten ist der Einfluss in der präzisen Anlage der Orte und Städte, in denen selbst Wohnstraßen so breit wie Autobahnen und Block für Block durchnummeriert sind.

# Zion National Park

Eintritt $30 pro Auto, $25 für Motorradfahrer, $15 für Radfahrer und Fußgänger; sieben Tage gültig

Mit seinen schroffen Felsen, bewaldeten Flusstälern und rauschenden Wasserfällen ist der **Zion National Park** wohl der schönste Park Utahs. Er besteht aus zwei Hauptteilen: dem Zion Canyon am Hwy-9, 30 Meilen östlich des I-15 und 158 Meilen nordöstlich von Las Vegas, und den Kolob Canyons nicht weit vom I-15 weiter Richtung Nordosten.

Das Herzstück des Parks, der **Zion Canyon**, ist eine grüne Oase, die einer völlig anderen Welt anzugehören scheint als die desolaten Canyonlands oder die Mondlandschaft des Bryce. Ebenso wie der kalifornische Yosemite Canyon besteht er aus einer spektakulären schmalen Schlucht, erfüllt vom Geräusch fließenden Wassers, und ebenso wie im Yosemite kann es im Sommer klaustrophobisch eng werden, wenn die Zufahrtsstraßen mit Fahrzeugen und der Park mit schwitzenden Touristen verstopft sind.

Leider besuchen viele Touristen den Zion Canyon nur in einem kurzen Halbtagsabstecher vom Interstate auf dem Weg zwischen Las Vegas und Salt Lake City. So schön der **Scenic Drive** auch sein mag, der Zion verdient mehr Aufmerksamkeit als nur eine Durchfahrt. Schon der kürzeste Spazierweg führt von den Massen weg, und auf einer Tageswanderung gelangt man aus der trügerischen Frische des Tales auf die Wüsten-Hochebene dahinter.

Der mit Abstand größte Betrieb herrscht im **Sommer**. Und dies trotz Temperaturen bis zu 40 °C und der heftigen Gewitter im August. Ideal ist ein Besuch zur Frühjahrsblüte oder im Herbst, um die Laubfärbung am Flussufer zu genießen.

## Zion Canyon

Im **Zion Canyon** ragen mächtige Mauern aus Navajo-Sandstein eine halbe Meile hoch, über die den nördlichen Nebenfluss des **Virgin River** säumenden Holundersträucher und Baum-

**DER SÜDWESTEN**

**Süd-Utah**

0    25 Meilen

Salt Lake City

89

650

Fillmore

70

257

Richfield

FREMONT
INDIAN
STATE PARK

Sevier

21

15

89

72

24

Loa

Beaver

62

Bicknell

21

Junction

62

U T A H

AQUARIUS
PLATEAU

20

Hell's
Backbone
Road

130

Panguitch

Escalante

12

Parowan

Cedar
City

Brian
Head

143

12

KAIPAROWITS
PLATEAU

Cedar Breaks
Nat. Mon.

Hatch

Tropic

Mountain
Meadows
Massacre
Site

Kolob
Canyons

14

Bryce
Canyon
Nat.
Park

Cannonville

Grand
Staircase-
Escalante
National
Monument

Pine
Valley

15

KODACHROME
BASIN
STATE PARK

ZION
NAT.
PARK

Glendale

Snow
Canyon

Virgin

9

Orderville

9

Mt. Carmel
Junction

89

Glen Canyon Dam

Hurricane

Springdale

St. George

59

Coral Pink
Sand Dunes

Kanab

Wahweap

Lees Ferry

Vermilion
Cliffs
National
Monument

Horseshoe
Bend

Colorado City

Fredonia

89A

Pipe Spring
Nat. Mon.

389

KAIBAB-PAIUTE
INDIAN RESERVATION

Grand Canyon-
Parashant
National
Monument

ARIZONA

Jacob Lake

89A

GRAND CANYON
NATIONAL PARK

Colorado
River

18

Las Vegas

Virgin River

DER SÜDWESTEN

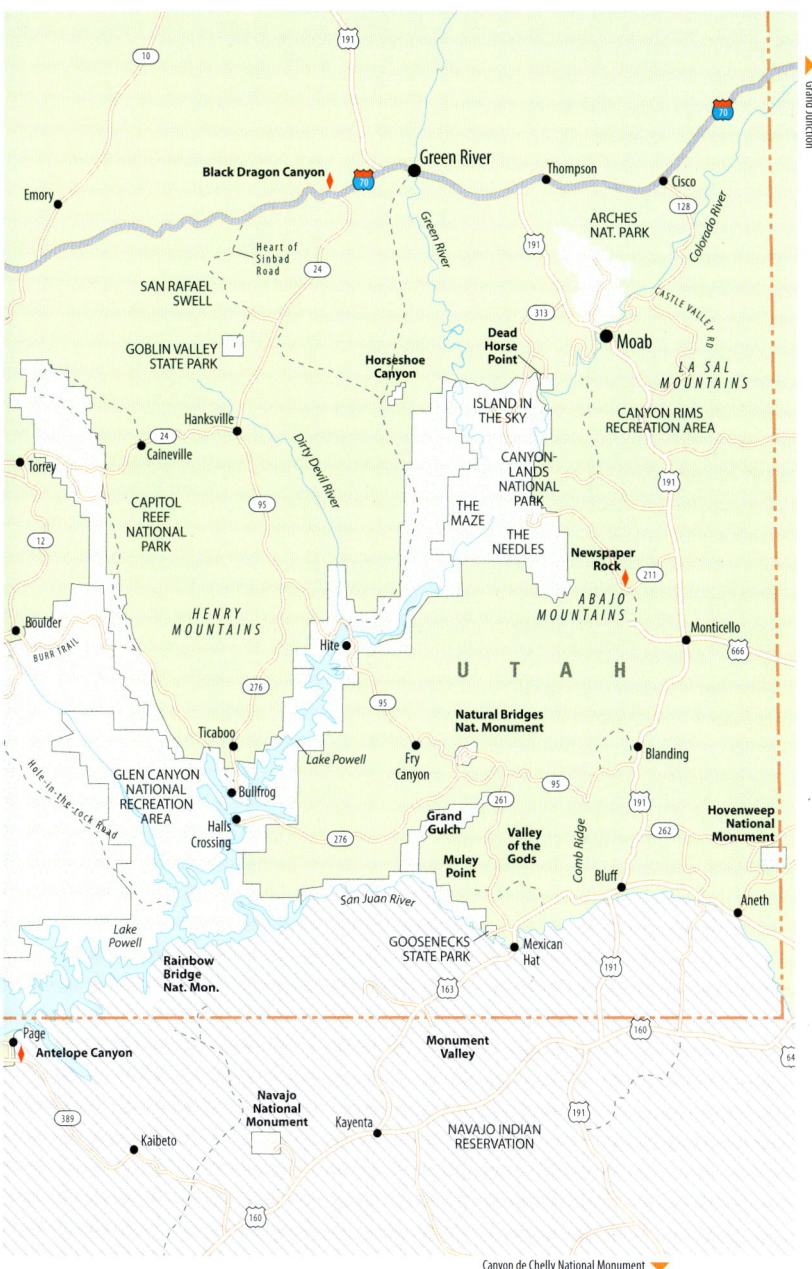

wollbüsche hinaus. Welchen Respekt die Gegend den ersten Mormonen einflößte, spiegelt nicht nur die Wahl des biblischen Namens Zion für den Canyon wider, sondern zeigt sich auch an den Namen, die sie den majestätischen Felsen entlang des 6 Meilen langen asphaltierten Scenic Drive vom Parkeingang gaben, wie **Court of the Patriarchs**, **Great White Throne** oder Angel's Landing.

Der Scenic Drive endet am Fuß des **Temple of Sinawava**. Von dort führt der einfache, schöne **Riverside Walk** eine halbe Meile den Canyon hinauf und endet an einem kleinen Sandstrand. Knapp 13 km flussaufwärts von hier, einem Abschnitt namens **Zion Narrows**, füllt der Virgin River die gesamte Schlucht aus. An einigen Stellen zwängt er sich auf weniger als 6 m Breite zwischen den Klippen hindurch, die mehr als 300 m senkrecht in die Höhe ragen. Dieser schmale, atemberaubend schöne Abschnitt des Canyon eignet sich aber eher für Extremsportler als für Freizeitwanderer. Spezialausrüstung wie wasserdichte Schuhe mit Supergrip, Neoprensocken und ein Wanderstock sind unerlässlich. In den kälteren Monaten benötigt man zusätzlich einen Neopren-Anzug und ausreichend Wasser.

Der Abschnitt ist nur flussabwärts auf voller Länge begehbar, insgesamt knapp 26 km von der abgelegenen Chamberlain's Ranch, die gut 30 km nördlich vom Osteingang des Parks liegt. Kommerzielle Touranbieter in Springfield vermieten die nötige Ausrüstung und übernehmen den Transport zum Startpunkt am frühen Morgen.

Weniger ambitionierte Spaziergänger werden wahrscheinlich einen Ausflug zum **Weeping Rock** vorziehen, der nur eine Viertelstunde von der Straße entfernt ist. Eine Meile vor der Zion Lodge geht vom gleichen Trail eine anstrengendere, interessantere Route ab, die durch den engen **Hidden Canyon** führt. Nach einem ordentlichen Regenguss verwandelt sich der Eingang dieser Schlucht in einen Wasserfall. Direkt gegenüber der Lodge führt ein kurzer, nicht sehr steiler Pfad (ein Rundgang von 2 Meilen) zu den **Emerald Pools**, drei Teichen mit wunderbar klarem Wasser. Der schönste und am weitesten entfernte besitzt sogar einen kleinen Sandstrand.

Ausgesprochen lohnenswert, aber nur etwas für Sportliche, ist die **Halbtagswanderung** zum **Angel's Landing**, einem schmalen, weißen Felsvorsprung hoch über dem Boden des Canyons. Gestartet wird an der Emerald Pools Route, bevor sich der Pfad scharf durch die angenehme Kühle des **Refrigerator Canyon** zum Westrand emporwindet; auf dem letzten Stück muss man über einen schwindelerregenden, 1,5 m langen Felsnacken klettern, von dem es rechts und links steil in die Tiefe geht. Immerhin gibt es ein Stahlseil zum Festhalten. Der Weg hin und zurück dauert gute vier Stunden. Backpacker können noch 20 Meilen weiter bis in die Gegend der Kolob Canyons wandern.

Fährt man an der Abzweigung des Scenic Drive weiter auf dem Hwy-9, gelangt man auf das trockene Hochplateau östlich vom Zion Canyon, das einen reizvollen Kontrast zu der vegetationsreichen Virgin-River-Schlucht darstellt. Am eindrucksvollsten ist der **Great Arch**, am besten von den Halteplätzen an der Straße vor dem eine Meile langen Tunnel zu sehen, durch den der Highway auf dem Weg Richtung Bryce Canyon den Park verlässt.

## Kolob Canyons

Die Kolob Canyons liegen 43 Meilen nordwestlich des Zion Canyon mehr oder weniger direkt am I-15, werden aber deutlich weniger besucht. Wie überall in Zion stehen die **Red Rock Canyons** im Mittelpunkt des Interesses, die hier im Kolob roter und deren Bäume grüner zu sein scheinen als weiter unten.

Von der 5 Meilen langen Asphaltstraße, die zum Visitor Center hoch führt, eröffnet sich eine herrliche Aussicht, aber die beiden Hauptwege sollte man sich nicht entgehen lassen. Der erste und kürzere beginnt 2 Meilen vom Visitor Center entfernt und folgt in einem 5 Meilen langen Rundgang dem Taylor Creek zum **Double Arch Alcove**, einem natürlichen, von zwei Sandsteinbögen überdachten Amphitheater. Der andere Pfad geht 4 Meilen vom Visitor Center an der Nordseite des Parkplatzes bei Lee Pass ab und ist sehr gut ausgeschildert.

An den La Verkin Falls vorbei gelangt man nach 7 Meilen zum **Kolob Arch**, der mit einer Spanne von mehr als 90 m dem Landscape Arch (S. 301) als größtem natürlichen Felsbogen der Welt Konkurrenz macht.

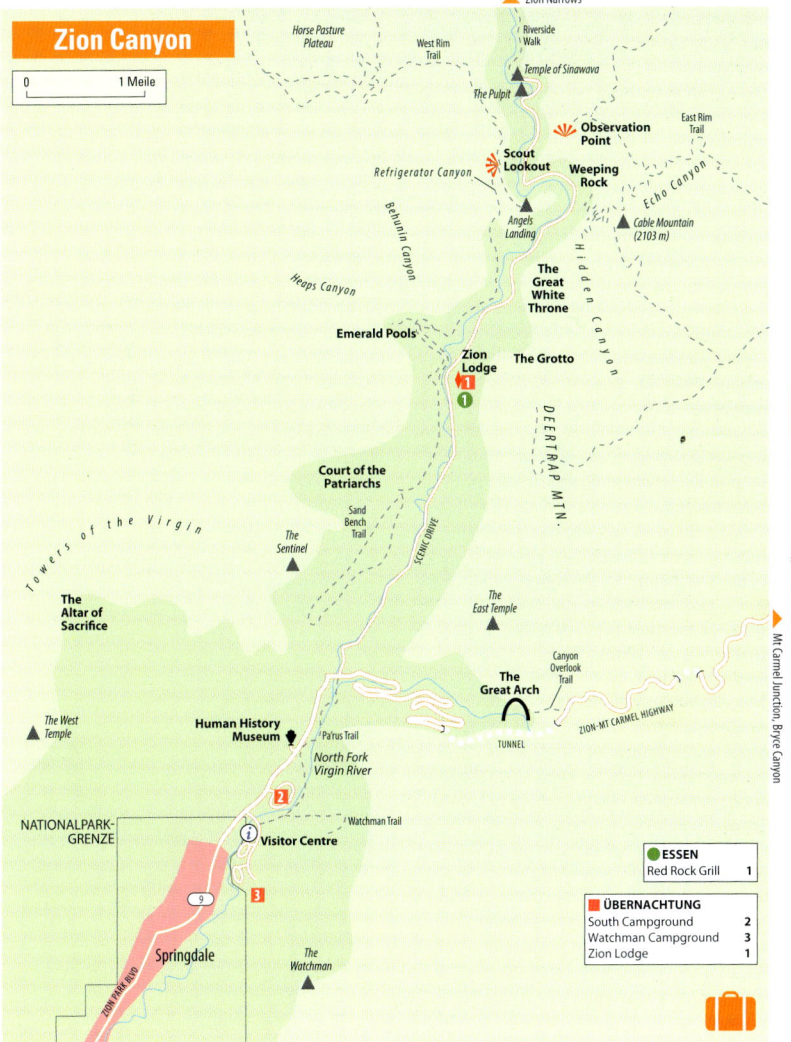

## Zion Canyon

0       1 Meile

▲ Zion Narrows

Horse Pasture Plateau

West Rim Trail

Riverside Walk

▲ Temple of Sinawava

The Pulpit

Observation Point

East Rim Trail

Scout Lookout

Weeping Rock

Refrigerator Canyon

Behunin Canyon

Echo Canyon

Angels Landing

Cable Mountain (2103 m)

Heaps Canyon

Hidden Canyon

The Great White Throne

Emerald Pools

Zion Lodge **1** ❶

The Grotto

DEERTRAP MTN.

Court of the Patriarchs

Sand Bench Trail

SCENIC DRIVE

Towers of the Virgin

The Sentinel ▲

The East Temple ▲

The Altar of Sacrifice

The Great Arch

Canyon Overlook Trail

The West Temple ▲

Human History Museum

Pa'rus Trail

North Fork Virgin River

ZION–MT-CARMEL HIGHWAY

TUNNEL

Mt Carmel Junction, Bryce Canyon

**2**

NATIONALPARK-GRENZE

Watchman Trail

ⓘ Visitor Centre

9

**3**

Springdale

The Watchman ▲

ZION PARK BLVD

▼ St. George

### ● ESSEN
Red Rock Grill    1

### ■ ÜBERNACHTUNG
South Campground    2
Watchman Campground    3
Zion Lodge    1

## ÜBERNACHTUNG

Mit Ausnahme der Zion Lodge im Zion Canyon selbst befinden sich alle Unterkünfte und Restaurants in dem freundlichen Kleinstädtchen Springdale unmittelbar südlich des Parkeingangs.

### Hotels

**Desert Pearl Inn,** 707 Zion Park Blvd, Springdale, ✆ 435 772 8888, 🖥 www.desertpearl.com. Prachtvolles Hotel am Virgin River gleich außerhalb des Parks mit wundervollen Ausblicken. Stilvolle Zimmer mit hohen Decken, Holzböden, großen Fenstern und Balkonen, entweder mit Blick auf Rasenflächen am Fluss oder einen hübschen Pool mit Hottubs. $249

**Harvest House**, 29 Canyon View Drive, Springdale, ☎ 435 772 3880, 🖥 www.harvesthouse.net. Edles B&B in modernem Haus unterhalb der Sandsteinklippen. 4 Zimmer mit Bad, schöner Garten, Whirlpool im Freien und leckeres Frühstück. $135

**Holiday Inn Express**, 1215 Zion Park Blvd, Springdale, ☎ 435 772 3200, 🖥 www.hiexpress.com/springdale. Das moderne Tagungshotel am Südrand von Springdale hat geräumige Zimmer mit Panoramafenstern und ein beheiztes Schwimmbad. $208

**Zion Lodge**, Scenic Drive, Zion Canyon, Vorausbuchung ☎ 303 297 2757, am gleichen Tag ☎ 435 772 7700, 🖥 www.zionlodge.com. Nette, wenn auch oft überfüllte Anlage mit niedrigen Holzbauten zwei Meilen den Scenic Drive entlang, mit den einzigen Verpflegungs- und Übernachtungsmöglichkeiten im Canyon selbst. Die Cabins mit Badezimmer verfügen über Gaskamine und eigene Veranden; die Motelzimmer sind einfacher, haben jedoch auch Veranden oder Balkone. Cabins $210, DZ $220

### Camping

**South Campground**, Zion Canyon, ☎ 435 772 3256, 🖥 www.nps.gov/zion. Campingplatz in wunderbar grüner Lage am Fluss gleich nördlich des Visitor Center mit Spültoiletten und kaltem fließendem Wasser, aber ohne Duschen. Keine Reservierung, füllt sich gewöhnlich bis Mittag. ⏰ Anfang März–Anfang Nov. $20

**Watchman Campground**, Reservierung unter ☎ 877 444 6777 oder 🖥 www.recreation.gov. Großer Platz inmitten der Pappeln südlich des Visitor Center mit Spültoiletten und kaltem fließendem Wasser, aber ohne Duschen. Außerdem gibt es 18 Zeltstellplätze, die aber nicht reserviert werden können; die anderen Stellplätze bieten Platz für ein Wohnmobil oder zwei Pkws. Reservierung nur für März–Anfang Nov. Einfache Stellplätze $20, mit Anschlüssen $30

## ESSEN

**Bit & Spur**, 1212 Zion Park Blvd, Springdale, ☎ 435 772 3498, 🖥 www.bitandspur.com. Hektisches mexikanisches Restaurant mit Bar gegenüber den roten Klippen mit kreativen Speisen und erstklassigen Margaritas. Chili-Steak $28, *chile relleno* (gefüllte Paprikaschote) $14. ⏰ tgl. 17–22 Uhr.

**Deep Creek Coffee**, 832 Zion Park Blvd, Springdale, ☎ 435 767 0272. In dem freundlichen Café ist ab dem frühen Morgen immer was los. Scones, Waffeln und Sandwiches für $6–9 sowie frische Smoothies und starker Kaffee. ⏰ tgl. 6.30–14 Uhr.

**Red Rock Grill**, Zion Lodge, Scenic Drive, Zion Canyon, ☎ 435 772 7760, 🖥 www.zionlodge.com. Der Blick aus dem hellen, kühlen Restaurant der Lodge bleibt wohl länger im Gedächtnis als die eher durchschnittlichen Frühstücks- und Mittagsspeisen ($9–13). Das Abendessen ist etwas gehobener, mit Hauptgerichten wie Steak oder Forelle für $18–27. ⏰ Mai–Sep 6.30–10.30, 11.30–15 und 17–22, Okt–April 7–10, 11–14 und 17.30–20 Uhr.

## SONSTIGES

### Informationen

**Zion Canyon Visitor Center**, beim Südeingang zum Zion Canyon, ☎ 435 772 3256, 🖥 www.nps.gov/zion, ⏰ Ende April–Ende Mai und Sep–Mitte Okt 8–18, Ende Mai–Aug 8–19.30, Mitte Okt–Ende April 8–17 Uhr. Fungiert auch als Basis für die beiden Shuttlebusrouten.

**Kolob Canyon Visitor Center**, am I-15, 20 Meilen südlich von Cedar City, ☎ 435 586 9548, 🖥 www.nps.gov/zion, ⏰ Mitte April–Ende Mai und Sep–Mitte Okt 8–17, Ende Mai–Aug 8–18, Mitte Okt–Mitte April 8–16.30 Uhr.

### Touren und Aktivitäten

**Zion Adventure Company**, 36 Lion Blvd, Springdale, ☎ 435 772 1001, 🖥 www.zionadventures.com. Verschiedenste Aktivitäten unmittelbar außerhalb des Parks wie Tubing auf dem Virgin River und geführte Rad-, Foto-, Kletter- und Canyoning-Trips, außerdem

Narrows-Ausrüstungsverleih ab $23/Tag sowie Shuttles für Wanderer, u. a. zur Chamberlain's Ranch für $37.

**Zion Rock and Mountain Guides**, 1458 Zion Park Blvd, Springdale, ☎ 435 772 3303, 🖥 www. zionrockguides.com. Geführte Kletter-, Rad- und Canyoning-Trips, Narrows-Ausrüstungs- verleih $20/Tag im Sommer, $35 im Winter, sowie tgl. Shuttles für Wanderer, u. a. zur Chamberlain's Ranch für $35.

## TRANSPORT

Der **Hwy-9** zweigt unmittelbar nördlich von St. George vom I-15 ab und folgt dem Virgin River auf einer Länge von 30 Meilen Richtung Osten, um nördlich von Springdale den Süd- eingang des Parks zu erreichen.
Während der Hwy-9 das ganze Jahr über für den Verkehr freigegeben ist, darf der **Scenic Drive** von Mitte März bis Ende Oktober nur von den kostenlosen Shuttlebussen befahren werden.
Von Mitte März bis Ende Oktober und außer- dem im November an den Wochenenden – die genauen Daten variieren von Jahr zu Jahr – müssen Besucher des Zion Canyon ihre Fahr- zeuge entweder in Springdale oder beim Hauptbesucherzentrum des Parks zurücklassen und in **kostenlose Shuttlebusse** umsteigen.
Der Zion Canyon Shuttle pendelt das ganze Jahr über zwischen dem Visitor Center und dem Ende des Scenic Drive mit neun Halte- stellen, darunter auch die Zion Lodge.
Der Springdale-Loop-Shuttle verkehrt zwischen Springdale und dem Visitor Center mit neun Haltestellen unterwegs, jedoch nicht im Winter.

# Bryce Canyon National Park

Eintritt $30 pro Auto, $25 für Motorradfahrer, $15 für Radfahrer und Fußgänger; sieben Tage gültig

Nur wenige Flecken der Erde sind so bizarr wie der **Bryce Canyon** südlich des US-89, 86 Mei- len nordöstlich des Zion Canyon. Er wurde nach dem mormonischen Siedler Ebenezer Bryce be-

nannt, der fast daran verzweifelte, sich in die- ser Ödnis über Wasser halten zu müssen, und ist eigentlich gar kein Canyon, sondern eine Ab- bruchkante an einer geologischen Störung. Ent- lang eines 20 Meilen langen Riffs am Ostrand des dicht bewaldeten Paunsaugunt Plateaus, 2400 m über dem Meeresspiegel, sind sukzes- sive Schichten unglaublich vielfarbigen Ge- steins in verschiedenen Schattierungen über- einander gerutscht bzw. abgewaschen und zu den seltsamsten **Felsnadeln** in Gelb- und Rot- tönen, flammendem Orange und Weiß geschlif- fen worden.

Die erodierten Sandsteinformationen sind wie in Cedar Breaks im Westen dank einer Kom- bination aus eiskalten Wintern und feuchthei- ßen Sommern entstanden. Pilzförmige, über- kragende Felstürme, die sogenannten *hoodoos*, blicken in eine Schlucht hinab, deren leuchten- de Farbschattierungen die des Grand Canyon bei weitem übertreffen. Den umwerfendsten An- blick bietet **Thor's Hammer**, den man vom Sun- set Point aus sehen kann. Am besten kommen die Figuren im Winter vor dem Hintergrund einer weißen Schneedecke zur Geltung.

Die zwei beliebtesten Aussichtsplattfor- men im landschaftlich überaus reizvollen Bryce Amphitheater im Herzen des Parks befinden sich beiderseits der Bryce Canyon Lodge: Der nördlichere **Sunrise Point** ist etwas weniger überlaufen als der **Sunset Point**, wo die meis- ten Tourbusse anhalten. Wanderwege führen vom Canyon-Rand steil abwärts in den Kessel des Amphitheaters. Vom Sunset Point verläuft ein hübscher, 3 Meilen langer Wanderweg, ei- ne tolle Fortsetzung des kürzeren **Navajo Loop Trail**, steil nach unten durch die kühlen Can- yons der Wall Street, dann durch das Queen's Garden-Becken und schließlich wieder nach oben zum Sunrise Point.

Sunrise und Sunset Points hin oder her – die beste Aussicht bei Sonnenauf- und -untergang ist die vom **Bryce Point** am Südende des Am- phitheaters. Von hier aus fällt der Blick nicht nur über die steinernen Gebilde des Bryce Canyon, sondern über das gesamte Gebiet bis zu den Henry Mountains im Osten und zum Escalante Range im Norden.

Die Straße steigt anschließend weitere 20 Meilen Richtung Süden an; ungefähr auf halber Strecke zum **Rainbow Point** liegt die **Natural Bridge**, ein über 25 m langer Felsbogen.

#### Im Park

**Lodge at Bryce Canyon**, 90 m vom Canyon-Rand entfernt, ☎ 435 834 8700, 🖥 www.brycecanyonforever.com. Die einzige Unterkunft im Park ist diese Lodge aus den 1920er-Jahren mit einer Handvoll Luxussuiten, rustikalen, aber gemütlichen Hütten und 70 normalen Motelzimmern, alle mit Bad. Im zu den Mahlzeiten geöffneten Restaurant kosten Salate und Sandwiches mittags um $12, Hauptgerichte abends wie langsam gegarte Rippchen bis zu $30. Studios $160, DZ $208, Cabins $228, Suiten $256

**North Campground**, beim Visitor Center, Bryce Canyon, ☎ 877 444 6777, 🖥 www.recreation.gov (Reservierung) und 🖥 www.nps.gov/brca (Informationen). Der ganzjährig geöffnete Platz nimmt nur für 13 der 99 Stellplätze Reservierungen an und nur für die Zeit von Mitte März bis November. Gewöhnlich ist der Platz am frühen Nachmittag voll. Keine Anschlüsse für Wohnmobile und keine Duschen; Stellplätze je für bis zu 10 Pers. in zwei Fahrzeugen. Zelte $20, Wohnmobile $30

**Sunset Campground**, beim Sunset Point, Bryce Canyon, ☎ 877 444 6777, 🖥 www.recreation.gov (Reservierung) und 🖥 www.nps.gov/brca (Informationen). Saisonaler Platz beim Sunset Point. Nur 20 der 100 Plätze können reserviert werden; alle Plätze für bis 10 Pers. in zwei Fahrzeugen. Gewöhnlich ist der Platz am frühen Nachmittag voll. Keine Anschlüsse für Wohnmobile. ⏱ Mai–Mitte Okt. Zelte $20, Wohnmobile $30

#### In Parknähe

Unmittelbar außerhalb des Parks gibt es an den Highways 12 und 63 in Bryce Canyon City rund ein halbes Dutzend Unterkünfte, weitere finden sich im Örtchen Tropic, 8 Meilen östlich am Hwy-12.

**Best Western Plus Bryce Canyon Grand Hotel**, 30 N 100 East, Bryce Canyon City, ☎ 435 834 5700, 🖥 www.bestwesternutah.com. Großes Kettenmotel nicht weit vom Hwy-63 eine Meile vor dem Park, mit guten, gemütlichen Zimmern, Pool und Whirlpool. $260

**Bryce Canyon Inn**, 21 N Main St, Tropic, ☎ 435 679 8502, 🖥 www.brycecanyoninn.com. Standard-Motelzimmer plus 18 große Cabins (nur im Sommer). Zimmer $75, Cabins $129

**Ruby's Inn**, 26 S Main St, Bryce Canyon City, ☎ 435 834 5341, 🖥 www.rubysinn.com. Großer, unschöner Motelkomplex am Hwy-63, rund eine Meile außerhalb des Parks. 50 der 368 Zimmer haben Whirpool-Bäder, und es gibt einen beheizten Pool. Das Essen im für alle Mahlzeiten geöffneten Restaurant ist nicht besonders. $185

**Visitor Center**, Hwy-63, unmittelbar hinter dem Eingang, ☎ 435 834 5322, 🖥 www.nps.gov/brca, ⏱ Mai–Sep tgl. 8–20, April und Okt 8–18, Nov–März 8–16.30 Uhr.

Zwar ist es das ganze Jahr über möglich, mit dem eigenen Fahrzeug alle Aussichtspunkte anzusteuern, aber im Sommer verkehren auch kostenlose Shuttlebusse, um das Verkehrsaufkommen zu reduzieren. Diese Shuttles fahren jedoch nicht bis zum Rainbow Point ganz im Süden; dorthin gibt's gewöhnlich tgl. zwei kostenlose Bustouren ab sechs Haltestellen wie dem Ruby's und dem Visitor Center, ☎ 435 834 2900.

# Grand Staircase-Escalante National Monument

Östlich des Bryce Canyon führt der atemberaubende **Highway 12** um den Rand des Table Cliff Plateau und in die abgeschiedenen Schluchten des **Escalante River**, dem letzten entdeckten

**VON OBEN** DELICATE ARCH, ARCHES NATIONAL PARK (S. 301); LAS VEGAS (S. 308); HIGHWAY 12 DURCH DAS GRAND STAIRCASE-ESCALANTE NATIONAL MONUMENT

**296**

Flusssystem auf dem Festland der USA. Es ist eines der schönsten Wandergebiete des Südwestens. Informationen zum gigantischen **Grand Staircase-Escalante National Monument** bietet das **Visitor Center** am Westende von Escalante, 38 Meilen östlich von Tropic.

Die am leichtesten zugängliche Attraktion ist der **Calf Creek**, 16 Meilen östlich von Escalante. Dort führt ein 3 Meilen langer Pfad von einem schönen Campingplatz ohne Einrichtungen flussaufwärts zu einem traumhaften, schattigen Tal mit einem 37 m hohen Wasserfall (Tagesnutzung $5, Camping $7). Anstrengendere Wanderungen beginnen entlang der staubigen, meistens aber passierbaren Hole-in-the-Rock Road, die 5 Meilen östlich der Ortschaft vom Hwy-12 abgeht. Nach 26 Meilen ist das Ende der Dry Fork Road erreicht, von wo eine rund eine Meile lange Wanderung zu drei schmalen und sturmgepeitschten Slot Canyons („Schlitz-Canyons") führt, darunter der ebenso zerbrechlich wie graziös wirkende Peek-a-Boo Canyon und der geradezu furchterregende Spooky Canyon. Vom Hurricane Wash, 34 Meilen weiter, kann man nach einer 5 Meilen langen Wanderung den Coyote Gulch erreichen und nach weiteren 5 Meilen, vorbei an Sandsteinbrücken und -bögen, den Escalante River.

Bei normalen Bedingungen sollten Fahrzeuge mit Zweiradantrieb nicht weiter fahren als bis zum **Dance Hall Rock**, der nach insgesamt 36 Meilen ins Blickfeld rückt. Es handelt sich um ein herrliches „Amphitheater", das hier von der Natur in die glatten Felsen modelliert wurde.

30 Meilen hinter Escalante beginnt bei **Boulder** der fast durchgehend asphaltierte Burr Trail, der sich in Richtung Osten zu den südlichen Ausläufern des **Capitol Reef National Park** windet und zum **Lake Powell** hinunterführt.

## ÜBERNACHTUNG UND ESSEN

**Circle D Motel**, 475 W Main St, Escalante, ☎ 435 826 4297, 🖳 www.escalantecircled motel.com. Klassisches, altmodisches Motel am Westrand des Orts mit verschiedenen Zimmern an einer langen Holzveranda und einem guten Diner mit Burgern und Sandwiches für $9–13. $75

**Escalante Outfitters**, 310 W Main St, Escalante, ☎ 435 826 4266, 🖳 www.escalanteoutfitters. com. Laden für Wander- und Campingausrüstung mit Zeltstellplätzen und 7 hübschen kleinen Blockhütten mit Heizung, aber ohne Telefon, TV und Bad. Außerdem Espresso- und Snackbar. ⏷ Mitte März–Okt. Zelte $16, Cabins $50

**Kiva Koffeehouse**, Meile 73,86, Hwy-12, ☎ 435 826 4550, 🖳 www.kivakoffee house.com. Einsames kleines Café auf einem Felsen mit fabelhaftem Ausblick auf den Escalante River sowie einfachen Snacks wie Sandwiches und Enchiladas (⏷ tgl. außer Di 8.30–16.30 Uhr) und zwei sehr gemütlichen Gästezimmern. ⏷ April–Okt. $190

## INFORMATIONEN

**Escalante Information Center**, 755 W Main St, Escalante, ☎ 435 826 5499, 🖳 www.ut.blm.gov/ monument, ⏷ tgl. 8.30–16.30 Uhr, Mitte Nov–Mitte März Sa und So geschl.
**Kanab Information Center**, 745 E Hwy-89A, Kanab, ☎ 435 644 4680, ⏷ tgl. 8.30–16.30 Uhr, Anfang Dez–Anfang März Sa und So geschl.

# Capitol Reef National Park

Eintritt $5 pro Auto für den Scenic Drive ▪
**Visitor Center** 52 Scenic Drive, ☎ 435 425 3791, 🖳 www.nps.gov/care, ⏷ Mai–Okt tgl. 8–18, Nov–April 8–16.30 Uhr

Der Name **Capitol Reef** klingt eher nach einem Korallenriff vor der Küste Australiens, doch seine roten Felswände und tiefen Schluchten sind aus einem Guss mit der umliegenden Utah-Wüste. Die größte Attraktion ist eine schroffe, über 300 m hohe Felswand aus verschiedenen Schichten von Sedimentgestein, die sich 11 Meilen östlich von **Torrey** mit den nächstgelegenen Verpflegungs- und Übernachtungsmöglichkeiten und 120 Meilen nordöstlich vom Bryce Canyon über den Hwy-24 erhebt.

Die über 100 Meilen lange, nur wenige Meilen breite **Waterpocket Fold** entstand aufgrund desselben geologischen Prozesses, der auch das Colorado Plateau emporhob, und seine zahlreichen, deutlich erkennbaren Sedimentablagerungen zeugen von einer über 200 Mio. Jahre dauernden erdgeschichtlichen Bewegung. Vielerorts haben sich Flüsse tief in die Bodenfalte gefressen; manche dieser Schluchten sind so eng und zerklüftet, dass man nur zu Fuß hineingelangen kann.

Die einzige Asphaltstraße durch den Nationalpark, der Hwy-24, durchzieht die Nordhälfte der Waterpocket Fold und folgt dem Canyon des Fremont River. Unterhalb der wuchtigen, an ein Schloss erinnernden Felsformation The Castle liegen das **Visitor Center** und ein Campingplatz.

Im Westen thront der **Goosenecks Overlook** über den Schluchten des Sulphur Creek, und noch weiter östlich sind jenseits der ehemaligen Schule von Fruita die außergewöhnlichen **Fremont Petroglyphs** zu besichtigen: Figuren von Dickhorn-Schafen und Fremont-Indianern, die vor tausend Jahren in den Stein gemeißelt wurden. 4,5 Meilen weiter führt eine herrliche Tageswanderung am steinigen Flussbett entlang durch den **Grand Wash**, einen kühlen Canyon, nach oben.

Wem der Sinn nach etwas mehr Anstrengung steht, kann auf dem sehr lohnenden **Hickman Bridge Trail** (2 Meilen, 2 Std.) an der Hauptstraße zu einem 30 m hohen Naturbogen hinaufklettern. Weitere tolle Ausgangspunkte für Wanderungen sind über den asphaltierten **Scenic Drive** zu erreichen, der vom Visitor Center 8 Meilen Richtung Süden am Grand Wash vorbei zur **Capitol Gorge** führt.

**Café Diablo**, 599 W Main St, Torrey, ☎ 435 425 3070, 🖥 www.cafediablo.net. Kreatives modernes Restaurant mit Fleisch- und Fischgerichten mit leichtem Südwesteinschlag, z. B. Rinder-Sirloin mit Rosmarinkruste für $30 und Klapperschlangen-Bratlinge für $10. Reservieren! ⊕ Mitte April–Okt tgl. 11.30–22 Uhr.

**Capitol Reef Inn & Cafe**, 360 W Main St, Torrey, ☎ 435 425 3271, 🖥 www.capitol reefinn.com. Alteingesessenes, gepflegtes kleines Motel mitten im Ort mit gutem, preisgünstigem Diner. $65

**Rim Rock Inn**, 2523 E Hwy-24, ☎ 435 425 3398, 🖥 www.therimrock.net. Modernes, aus Holz gebautes Hotel 3 Meilen östlich von Torrey mit preiswerten Zimmern und zwei empfehlenswerten Restaurants. $74

# Canyonlands National Park

Eintritt $25/Fahrzeug, $15 für Motorradfahrer, $10 für Radfahrer und Fußgänger, gültig für 7 Tage ▪ ☎ 435 719 2100, 🖥 www.nps.gov/cany

Utahs größter und schönster Nationalpark, der **Canyonlands National Park**, ist genauso schwer zu beschreiben, wie er sich auf der Landkarte definieren lässt. Während der Grand Canyon nur ein mächtiger Riss in einer ansonsten relativ ebenen Landschaft ist, bestehen die Canyonlands aus einem unüberschaubaren Gewirr von Schluchten, Plateaus, Spalten und Rissen, übersät mit Felssäulen und -nadeln, durchsetzt von Felsbögen und -höhlen und nur über eine Handvoll schmaler Stichstraßen erreichbar.

Die Canyonlands konzentrieren sich um den Y-förmigen Zusammenfluss des **Green** und **Colorado River**, tief in der Wüste, 40 Meilen südwestlich von Moab. Die einzige Stelle, von der man den Zusammenfluss der beiden Ströme sehen kann, ist eine 5 Meilen lange Wanderung von der Straße entfernt.

Da kein Weg zu den Flüssen hinabführt, und schon gar keiner über sie hinweg, teilt sich der Nationalpark in drei größere Abschnitte. **The Needles**, östlich des Colorado, ist ein bewaldetes Wunderland mit Sandsteinsäulen und verborgenen Wiesen, sehr beliebt bei leidenschaftlichen Wanderern und Offroad-Fans, während **The Maze**, ein praktisch unzugängliches Labyrinth aus unwegsamen, wasserlosen Schluchten westlich des Colorado und des Green River selbst für erfahrene Kletterer eine gewaltige Herausforderung darstellt. Im Keil des „Y" zwischen den beiden liegt die hohe, trockene Mesa der **Island in the Sky**, von der aus sich gewaltige Ausblicke eröffnen; mehrere Aussichtsstellen sind leicht mit dem eigenen Fahrzeug erreichbar. Die Entfernung zwischen den einzelnen Abschnitten beträgt jeweils mindestens 100 Meilen.

**DER SÜDWESTEN**

Canyonlands bietet sich nicht unbedingt für eine Stippvisite an, da sich die Übernachtungsmöglichkeiten auf wenige Campingplätze beschränken und man selbst für einen oberflächlichen Blick auf einen Teilabschnitt bereits einen ganzen Tag veranschlagen muss. Angesichts der Tatsache, dass die Quecksilbersäule im Sommer regelmäßig über 40 °C steigt und es auf den meisten Pfaden kein Wasser und kaum Schatten gibt, dürfte Island in the Sky das lohnendere Ziel sein. Wer dagegen eine lange Tageswanderung bevorzugt, begibt sich am besten zu den Needles (s. u.).

## Island in the Sky

**Visitor Center** Hwy-313, 22 Meilen südwestlich des US-191 ▪ ⏰ März–Okt tgl. 8–18, Nov–Feb 9–16 Uhr ▪ ☎ 435 259 4712, 🖥 www.go.nps.gov/isky
Eine gute Straße führt vom US-191, 21 Meilen südlich des I-70, zu **Island in the Sky**. Dort bietet sich ein Hunderte Meilen weiter Ausblick über abgeflachte Mesas, die bis zu 600 m tief zum Fluss hin abfallen. 4 Meilen hinter dem **Visitor Center** beginnt der Mesa Arch Trail. Er führt eine Meile lang rings um die Mesa-Hügel zum Rande des Abgrunds, wo der lange, schmale Felsbogen Mesa Arch einen spektakulären Blick auf die 35 Meilen nordöstlich gelegenen **La Sal Mountains** einrahmt. Den besten Überblick bietet der **Grand View Point** nach weiteren 5 Meilen am Südende der Hauptstraße. Hier eröffnet sich eine endlose Sicht über unterschiedliche Schichten nackten Sandsteins, die sich mal zu Bergen auftürmen, mal zu gähnenden Schluchten abfallen.
Der einzige Campingplatz von Island in the Sky, der wasserlose **Willow Flat Campground** ($15), liegt gleich hinter dem Green River Overlook an einem Pfad, der kurz hinter dem Beginn des Mesa-Arch-Wanderweges nach rechts abbiegt.

### Dead Horse Point State Park

Vom US-191 20 Meilen Richtung Südwesten auf dem Hwy-313, dann 7 Meilen nach Südosten ▪ ⏰ tgl. 9–17 Uhr ▪ $10 pro Fahrzeug, Nationalpark-Pässe nicht gültig ▪ ☎ 435 259 2614, 🖥 www.stateparks.utah.gov/parks/dead-horse

Von der Straße zur Island in the Sky biegt eine Straße Richtung Südosten zum kleineren, aber ebenfalls atemberaubenden **Dead Horse Point** ab, der am Ende einer schmalen Mesa mit Blick auf den tief unten gelegenen Colorado River liegt. Cowboys benutzten die Mesa als natürlichen Korral. Sie pferchten die eingefangenen Wildpferde hinter einem Holzzaun ein, der teilweise noch steht. Einmal wurde eine Herde hier vergessen und kam um – daher der Name.

## The Needles

Von Moab auf dem US-191 40 Meilen nach Süden, dann auf dem Hwy-211 35 Meilen Richtung Westen ▪ **Visitor Center** ⏰ Anfang März–Okt tgl. 8–17, Nov 9–16 Uhr, Dez–Anfang März geschl. ▪ ☎ 435 259 4711, 🖥 www.go.nps.gov/theneedles
Die zahlreichen Sandsteinfinger und engen Schluchten im Südosten des Parks, genannt **The Needles** nach den farbenprächtigen Felsnadeln, -höckern und *hoodoos*, sind das Ziel vieler Backpacker, denn hier kann man in die Canyon-Landschaft eintauchen, statt sie nur von oben und aus der Ferne zu bewundern. Die nette, 35 Meilen lange Fahrt hierher windet sich vom US-191 am Indian Creek entlang durch tiefrote Canyons, die von Kiefern und Pappeln gesäumt sind.
Von den pilzförmigen *hoodoos* am **Big Spring Canyon Overlook** am Ende der Straße führt ein 11 Meilen langer, anstrengender Rundweg zum **Confluence Overlook**, 300 m über dem Zusammenfluss von Green River und Colorado River. Von der Straße zweigen kurze Wanderwege ab; einer der schönsten ist der Wanderweg beim **Pothole Point**, etwa eine Meile vor dem Big Spring Canyon.
Eine lange Tages- oder angenehme zweitägige Wanderung mit Übernachtung beginnt in der Nähe des Squaw Flat Campground ($20) und führt durch die schmale Klamm des Joint Trail zur grünen Wiese des **Chesler Park**.

## The Maze und Horseshoe Canyon

46 Meilen östlich des Hwy-24, 66 Meilen südlich von Green River ▪ **Hans Flat Ranger Station** ⏰ tgl. 8–16.30 Uhr ▪ ☎ 435 259 2652, 🖥 www.nps.gov/cany

Der raue, abgeschiedene Bereich **The Maze** im westlichen Drittel des Parks jenseits des Colorado und Green River ist berühmt für seine alten Felsmalereien und verzweigten Canyons, die nur per Jeep oder auf langen, trockenen Wanderwegen erreichbar sind.

Der von Bäumen gesäumte **Horseshoe Canyon**, der über eine sehr lange Staubstraße zu erreichen ist, die sich von Green River Richtung Süden windet und unmittelbar südlich von Goblin Valley auf den Hwy-24 trifft, beherbergt fabelhafte **Felskunst**. Für die Anfahrt vom Highway und die Rückfahrt sollte man mindestens eine Stunde Fahrzeit einplanen, plus sechs Stunden für die sechs Meilen lange Wanderung (hin und zurück) in den Canyon selbst – ein Tagesausflug, der die Mühe auf jeden Fall lohnt. Denn am Ende erwartet einen die „**Great Gallery**" mit Hunderten geheimnisvollen Piktogrammen, zumeist lebensgroßen Menschenfiguren, jedoch merkwürdig gestreckt oder in Roben gehüllt und mit seltsamen, stierenden Augen. All das wurde zwischen 500 v. Chr. und 500 n. Chr. auf die roten Sandsteinwände gemalt.

# Arches National Park

US-191, 5 Meilen nordwestlich des Zentrums von Moab ▪ $25/Fahrzeug, $15 für Motorradfahrer, $10 für Radfahrer und Fußgänger, 7 Tage gültig ▪ **Visitor Center** ☉ März und Sep–Nov tgl. 8–16.30, April–Aug 7.30–18, Dez–Feb 9–16 Uhr ▪ ☎ 435 719 2299, 🖥 www.nps.gov/arch

Der Arches National Park am US-191 ist eine Besonderheit in dieser an Naturwundern reichen Gegend und einer der unwirtlichsten Flecken unseres Planeten. Massive, rote und goldene Sandsteinfinger ragen aus der nackten Wüstenebene empor, aber es sind die mehr als 1500 durch Erosion entstandenen Steinbögen, die dem Park seinen Namen geben. Abgesehen von der Asphaltstraße, die sich durch das Gebiet windet, zeugt absolut nichts von menschlichen Einflüssen. Bei Vollmond kann man sich des Gefühls nicht erwehren, dass die Landschaft ein Eigenleben führt.

Es ist zwar möglich, innerhalb weniger Stunden durch den Park zu hetzen, aber zumindest einen Tag sollte man sich schon Zeit nehmen. Eine 20 Meilen lange Straße führt vom US-191 aus steil nach oben am **Visitor Center** vorbei. Der erste mögliche Halt ist am Beginn des Wanderweges zur **Park Avenue**, ein einfach zu begehender, eine Meile langer Pfad, der zu einer felsigen, ausgewaschenen Erdspalte hinunterführt. Bleibt man auf der Straße oben, hat man vom **La Sal Mountains Viewpoint** einen herrlichen Blick bis zu den Gipfeln der gewaltigen roten **Courthouse Towers**, die sich mehr als 3650 m hoch erheben.

Vom **Balanced Rock**, einem 15 m hohen Felsblock, der auf einer 22 m hohen Steinsäule „balanciert", zweigt nach rechts ein 2 Meilen langer Weg durch die Windows-Sektion ab. Dort verläuft ein eine halbe Meile langer Trail durch eine dichte Ansammlung gewaltiger Steinbögen. Ein zweiter Pfad führt dahinter vom Hauptweg ab zum **Double Arch**, einem Steinbogen-Paar, das einen dritten Bogen stützt. Ein Stück weiter fällt die Hauptstraße auf einer Länge von 2 Meilen steil ab, am Panorama Point und der Abzweigung zur **Wolfe Ranch** vorbei, wo eine 100 Jahre alte Holzhütte den Ausgangspunkt für eine wunderbare, 5 km lange Wanderung über zum **Delicate Arch** markiert, einem frei stehenden Felsbogen am Rande eines tiefen Canyon. Jeden Abend versammeln sich hier Menschen, um den faszinierenden Sonnenuntergang zu genießen; der Rückweg im Dunkeln ist allerdings nicht ganz ohne.

Drei Meilen hinter der Wolfe-Ranch-Abzweigung befindet sich das Labyrinth der tiefen, schroffen Mini-Canyons des **Fiery Furnace** genannten Abschnitts. Im Frühling, Sommer und Herbst finden hier regelmäßig von Rangern geführte Wanderungen statt, Ticket $10, Vorabreservierung im Visitor Center oder auf 🖥 www.recreation.gov. Am Ende der Straße führt der **Devil's Garden Trail** nach einer Meile zum Aussichtspunkt des eindrucksvollen, knapp 100 m langen **Landscape Arch**, der inzwischen vom Einsturz bedroht und abgesperrt ist. An kurzen Seitenwegen liegen weitere Bögen, von denen einer – Wall Arch – 2008 einstürzte. Wer sie alle sehen und vom **Double O Arch** über den längeren, primitiveren Pfad zurückkehren möchte, muss knapp über 7 Meilen gehen.

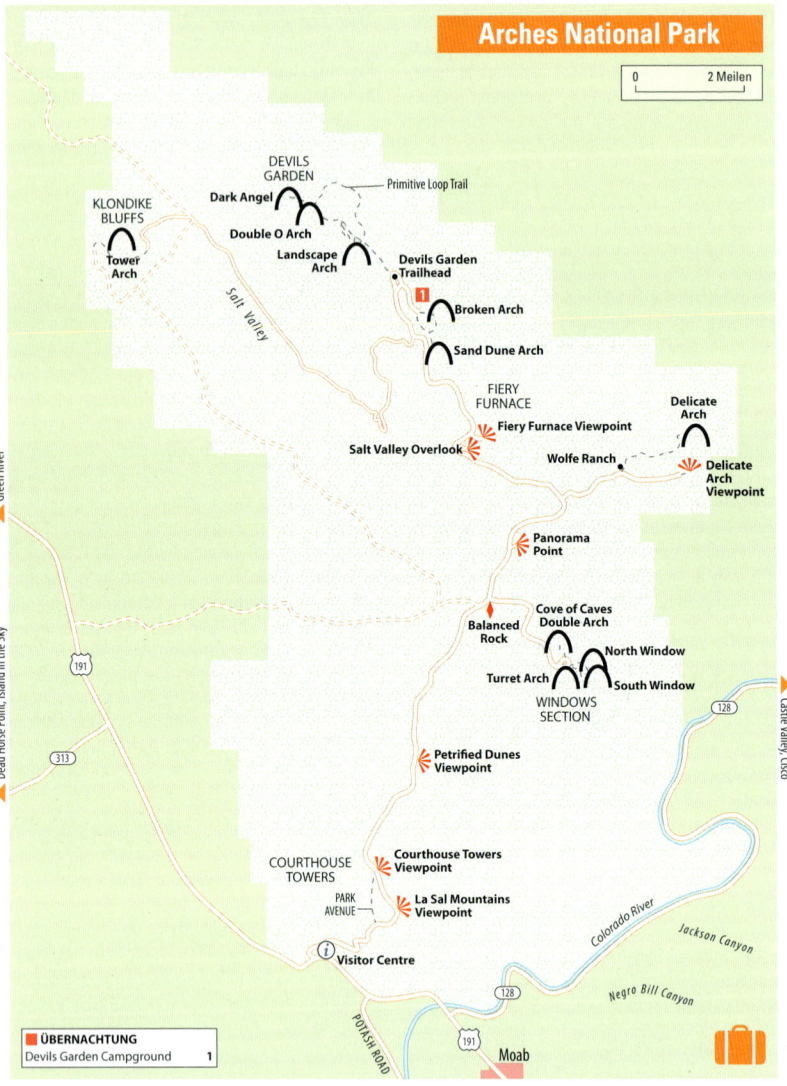

**Arches National Park**

0    2 Meilen

KLONDIKE BLUFFS

Tower Arch

DEVILS GARDEN

Dark Angel

Double O Arch

Landscape Arch

Primitive Loop Trail

Devils Garden Trailhead

**1**

Broken Arch

Sand Dune Arch

Salt Valley

FIERY FURNACE

Delicate Arch

Fiery Furnace Viewpoint

Salt Valley Overlook

Wolfe Ranch

Delicate Arch Viewpoint

Panorama Point

Cove of Caves
Double Arch

Balanced Rock

North Window

Turret Arch

South Window

WINDOWS SECTION

128

Castle Valley, Cisco

Petrified Dunes Viewpoint

Courthouse Towers Viewpoint

COURTHOUSE TOWERS

La Sal Mountains Viewpoint

PARK AVENUE

Colorado River

Jackson Canyon

Visitor Centre

128

Negro Bill Canyon

191

Green River

Dead Horse Point, Island in the Sky

191

313

POTASH ROAD

191

Moab

**■ ÜBERNACHTUNG**
Devils Garden Campground    **1**

**DER SÜDWESTEN**

**Devil's Garden Campground**, Devil's Garden, ☎ 518 885 3639, 🖥 www.recreation.gov. Der einzige Campingplatz im Arches National Park, 18 Meilen nördlich des Visitor Center, ist ganzjährig geöffnet (allerdings wegen Straßenbauarbeiten wahrscheinlich bis Ende 2017 geschlossen). Alle 50 Stellplätze (mit Platz für bis zu 10 Pers.) können für die Zeit von März–Okt reserviert werden. Zwischen November und Februar werden 24 Plätze nicht per Reservierung vergeben. Es gibt keine Duschen. $20

# Moab

Der Ende des 19. Jhs. gegründete Ort **Moab** war bis in die 1950er-Jahre kaum mehr als ein Fleck auf der Landkarte, bis Charlie Steen in der Nähe Uran entdeckte. Als der Boom schließlich vorüber war, verschrieb sich die Stadt dem Tourismus und entwickelte sich zum Aktivurlaub-Reiseziel Nummer eins des Südwestens.

Moab ist weder eine attraktive noch eine große Stadt – sie hat knapp 10 000 Einwohner. Ansprechend ist die Lage: Mit zwei Nationalparks und Millionen von Hektar frei zugänglichem Gelände vor der Tür stellt Moab eine ideale Ausgangsbasis für Naturliebhaber dar. Zuerst war es ein Eldorado für **Mountainbiker**, die sich vom legendären **Slickrock Bike Trail** anlocken ließen. Dann tauchten die Geländewagenfahrer auf, und **Rafting**-Anbieter zogen nach. Inzwischen wimmelt es im Ort das ganze Jahr über von Outdoorfreaks. Im Gegensatz zum ländlichen Utah, das die meisten Besucher als langweilig empfinden, ist Moab dank seiner Motels, Restaurants und Bars eine Oase in der Wüste. Touristen sind begeistert, da es die einzige Stadt in Süd-Utah ist, in der auch nach Einbruch der Dunkelheit noch Leben herrscht.

## ÜBERNACHTUNG

**Adobe Abode**, 778 W Kane Creek Blvd, ☎ 435 259 7716, 🖳 www.adobeabodemoab.com. Sechs geschmackvoll eingerichtete B&B-Zimmer in einem attraktiven Wohnhaus im Pueblo-Stil, nahe Downtown gelegen, macht aber einen schön abgelegenen Eindruck. Tolles Frühstück. $159

**Best Western Greenwell Inn**, 105 S Main St, ☎ 435 259 6151, 🖳 www.bestwesternmoab.com. Das zentrale und moderne Hotel bietet zu guten Preisen geräumige und geschmackvoll eingerichtete Zimmer. $158

**Inca Inn**, 570 N Main St, ☎ 435 259 7261, 🖳 www.incainn.com. Das saubere Budget-Motel hat recht geräumige Zimmer mit sehr bequemen Betten und etwas überraschenden Diskolichtduschen. Außerdem gibt es einen Pool im Freien. $105

**Lazy Lizard International Hostel**, 1213 S Hwy-191, ☎ 435 259 6057, 🖳 www.lazylizardhostel.com. Freundliche private Herberge, 1 Meile südlich der Innenstadt, übernachtet werden kann in 6-Bett-Schlafsälen, Privatzimmern und Hütten, darüber hinaus bietet das Hostel einen Whirlpool, Küchenbenutzung und WLAN. Dorms $11, DZ $34, Cabins $39

**Sand Flats Recreation Area**, 1924 S Roadrunner Hill, ☎ 435 259 2444, 🖳 www.sandflats.org. Kaum erschlossener Zeltplatz vor allem für Mountainbiker, in spektakulärer Lage beim Slickrock Bike Trail auf der Mesa östlich des Orts. $15

## ESSEN

**Desert Bistro**, 36 S 100 West, ☎ 435 259 0756, 🖳 www.desertbistro.com. Nur abends geöffnetes Restaurant mit Plätzen draußen. Die Hauptgerichte auf der mediterran beeinflussten Speisekarte stehen wie Räucherkaninchen-*agnolotti* oder Büffel-Mignon kosten bis zu $60. ☉ Di–So 17.30–21.30 Uhr, Dez–Feb geschlossen.

**Peace Tree Juice Café**, 20 S Main St, ☎ 435 259 0101, 🖳 www.peacetreecafe.com. Café und Restaurant im Zentrum mit köstlichen Smoothies und Säften, warmem Frühstück (*huevos rancheros* $10), guten Sandwiches und Wraps für $9–13 und Hauptgerichten abends wie Lasagne oder Forelle für bis $20. ☉ tgl. 7–22 Uhr.

**Red Rock Bakery & Net Café**, 74 S Main St, ☎ 435 259 5941. Kleines Café mit Bäckerei gegenüber vom Visitor Center mit gutem Kaffee, und Brot Backwaren. ☉ Mo–Sa 7–16, So 7–15 Uhr.

## INFORMATIONEN

**Visitor Center**, Center St, Ecke Main St, ☎ 800 635 6622, 🖳 www.discovermoab.com. ☉ Mitte März–Okt Mo–Sa 8–19, So 9–18, Nov–Mitte März Mo und Do–So 9–17, Di 13–17, Mi 9–14 Uhr.

# Der San Juan River

Vom Natural Bridges National Monument führt der Hwy-261 25 Meilen nach Süden zum Rand der Cedar Mesa. Hoch über den Sandsteintürmen des **Valley of the Gods** geht er in eine Schotterstraße über und führt auf über 2 Meilen in Haarnadelkurven 300 m steil den **Moki Dugway** hinab. Unten angelangt zweigt nach 6 Meilen der sehr schlecht ausgeschilderte Hwy-316 zum hoch über dem San Juan River gelegenen **Goosenecks State Park**, ✆ 435 678 3348, 🖥 www.stateparks.utah.gov, Eintritt $5, ⏲ 24 Std., ab.

Zurück am Hwy-261, 20 Meilen nördlich des Monument Valley, liegt **Mexican Hat**, benannt nach einem witzigen **Sandstein-Hoodoo**, der einem mexikanischen Sombrero ähnelt. Viele der in Mexican Hat endenden Flussfahrten starten in **Bluff**, 20 Meilen flussaufwärts. Die Straße zwischen beiden Städten, die US-163, folgt dem Flusslauf zwar nicht, ist aber trotzdem sehr aufregend. In den Seitenstraßen von Bluff stehen einige mormonische Pionierhäuser.

**Cottonwood Steakhouse**, 409 W Main St, Bluff, ✆ 435 672 2282, 🖥 www.cotton woodsteakhouse.com. Offenes Grillrestaurant mit Tischen rund um eine riesige Pappel. Toll für ein Bier und Steaks (bis $28) unter dem Sternenhimmel – für Leute, die kein Rindfleisch essen, gibt die Karte allerdings nur wenig her. ⏲ tgl. 17.30–21.30 Uhr.

**Desert Rose Inn**, 701 W Main St, Bluff, ✆ 435 672 2303, 🖥 www.desertroseinn.com. Modernes Motel mit 30 schönen und gut eingerichteten Zimmern sowie ähnlich guten Cabins. $150

**Kokopelli Inn**, 161 E Main St, Bluff, ✆ 435 672 2322, 🖥 www.kokoinn.com. Freundliches, ruhiges Motel an der Straße neben einer Tankstelle und einem Laden mit Feinkosttheke. $99

**Mexican Hat Lodge**, US-163, Mexican Hat, ✆ 435 683 2222, 🖥 www.mexican hat.net. Ein ehemaliger Tanzsaal mit 13 unterschiedlich großen Zimmern. Das Freiluft-

restaurant Swingin Steak (⏲ tgl. 18–21 Uhr) ist ein Paradies für Steakliebhaber (das 8-Unzen-Steak kostet $24, 18 Unzen gibt es für $39). ⏲ Feb–Okt. $84

**Wild Rivers Expeditions**, ✆ 435 672 2365, 🖥 www.riversandruins.com. Wunderbare eintägige Raftingtrips von Bluff nach Mexican Hat, mit Besuchen bei uralten Ruinen. Und man bekommt jede Menge Tiere zu Gesicht, z. B. Adler (Erw. $175, Kinder unter 13 J. $133).

# Hovenweep National Monument

Inmitten des Streifens Niemandsland an der Grenze von Utah und Colorado liegen die abgeschiedenen, gespenstisch anmutenden **Ruinen** der Vorfahren der Pueblo-Indianer im **Hovenweep National Monument**: 25 Meilen östlich des US-191 am Hwy-262, der auf halbem Wege zwischen Bluff und Blanding abgeht, und 35 Meilen westlich von Cortez, Colorado, zu erreichen über die Country Road G, gibt es im Hovenweep sechs verschiedene Ansammlungen von Ruinen, die an den Rändern nicht allzu tiefer Schluchten liegen. Leicht erreichbar ist nur der Little Ruin Canyon hinter dem **Visitor Center**, ✆ 970 562 4282, 🖥 www.nps.gov/hove, ⏲ April und Okt tgl. 8–17, Mai–Sep 8–18, Nov–März 9–17 Uhr.

Ein Rundwanderweg (1 Meile) bietet gute Ausblicke auf die größten Ruinen, darunter das **Hovenweep Castle**, das um 1200 n. Chr. errichtet wurde. Im oder um den Hovenweep gibt es weder Motels noch Benzin oder Lebensmittel.

**Hovenweep Campground**, Little Ruin Canyon, ✆ 970 562 4282, 🖥 www.nps.gov/hove. Platz mit 31 Stellplätzen in der Nähe des Visitor Center; auch ein paar Stellplätze für Wohnmobile, aber ohne Anschlüsse. Fließendes Wasser nur im Sommer. $10

# Lake Powell – Glen Canyon National Recreation Area

Die gewaltigen Ströme und Schluchten Süd-Utahs finden ihr unvermitteltes Ende an der Grenze zu Arizona, wo der **Glen Canyon Dam** ihnen mit einem riesigen Stausee, dem **Lake Powell**, Einhalt gebietet. John W. Powell war der erste Weiße, der die Canyonlands erforschte, und zugleich vielleicht der erste Mensch überhaupt, der auf dem Colorado River durch den Grand Canyon fuhr. Die wilden Strömungen, mit denen er damals zu kämpfen hatte, sind jetzt gemeinsam mit dem herrlichen Glen Canyon für immer unter dem stillen blauen Gewässer begraben, und auf den gezähmten Flussläufen der Colorado, Green, Dirty Devil, San Juan und Escalante Rivers tummeln sich Hausboote.

Die Errichtung des Glen-Canyon-Dammes in den frühen 60er-Jahren des vergangenen Jahrhunderts rief zahllose engagierte Umweltschützer und Archäologen auf den Plan – allerdings ohne Erfolg. Der Staudamm hat eine eigenartige, ganz und gar unnatürliche Landschaft geschaffen und besitzt trotz aller Vorbehalte einen gewissen Reiz.

Die Küstenlinie des Lake Powell ist ganze 1960 Meilen lang – länger als die gesamte Pazifikküste der USA – und zum See gehören 96 überflutete Seitenschluchten. Die Wasserhöhe ist erheblichen Schwankungen unterworfen, deshalb sind die Felsen rundherum die meiste Zeit des Jahres meterhoch über der Wasseroberfläche ausgelaugt, während ein schmutziger Rand auf dem goldfarbenen Sandstein den Wasserhöchststand anzeigt. Viele Sommerfrischler bringen ihre eigenen Boote mit oder mieten sich eines bei einer der Anlegestellen.

Eine Besichtigung des **Glen Canyon Dam**, am US-89 zwei Meilen nordwestlich von Page in Arizona, ist vom **Carl Hayden Visitor Center**, ☎ 928 608 6072, 🖥 www.nps.gov/glca, am Westufer aus möglich, das auch 45-minütige Dammtouren ($5) anbietet. ⏱ März–Mitte Mai und Mitte Sep–Okt tgl. 8–17, Mitte Mai–Mitte Sep 8–18, Nov–Feb 8–16 Uhr.

# Salt Lake City

Als Trennungslinie zwischen der vergleichsweise vegetationsreichen Ost- und der knochentrockenen Westhälfte von Nord-Utah fungiert die **Wasatch Front**, die **Salt Lake City** im Osten überragt und im Winter als eines der besten **Skigebiete** der USA gilt. Der entwaffnend freundliche und wohltuend ruhige Ort lohnt einen mehrtägigen Aufenthalt auf der Durchreise, denn aufgrund seiner wunderbaren Lage bietet er im Frühjahr und Sommer Gelegenheit, herrliche Wander- oder Fahrradausflüge zu unternehmen.

## Temple Square

50 E North Temple St ▪ ⏱ tgl. 9–21 Uhr ▪
☎ 801 240 1706, 🖥 www.templesquare.com

Das geografische und religiöse Zentrum ist **Temple Square**, das Hauptquartier der Mormonenkirche oder Kirche Jesu Christi der Heiligen der Letzten Tage (*Church of Christ of Latter-Day Saints* – LDS). Den Mittelpunkt bildet der sehr schlichte Granit-Tempel, der nach vierzig Jahren unermüdlicher Bautätigkeit 1893 fertiggestellt wurde. Er steht nur Mormonen offen, die ihn aber auch nur zu Anlässen wie Hochzeiten oder Taufen betreten.

Im nördlichen der beiden **Visitor Centers** am Square steht ein Modell von Jerusalem im Jahr 33 n. Chr., und Dioramen zeigen Jesus, wie er in Nordamerika predigt. Das südliche erzählt die Geschichte der ersten mormonischen Siedler in Salt Lake City. Wer nur das geringste Interesse zeigt, findet sich unversehens als Teilnehmer einer kostenlosen, 45-minütigen Besichtigungstour wieder oder wird zumindest in das muschelförmige **Mormon Tabernacle** geleitet. Kein einziges Schmuckstück ziert das Innere, wo ein Angestellter die sagenhafte Akustik demonstriert, indem er eine Zeitung zerreißt und einen Nagel fallen lässt. Am Sonntag um 9.30 Uhr ist während der Radioaufnahme der Eintritt zum Mormon Tabernacle Choir frei, ebenso bei der Chorprobe jeden Donnerstag um 20 Uhr.

## Downtown

Einen Block östlich des Temple Square befindet sich am South Temple Boulevard das **Beehive House**, ein schlichtes weißes Haus im New Eng-

land-Stil mit grünen Fensterläden und einer um-
laufenden Veranda. Es wurde 1854 vom Mormo-
nenführer Brigham Young erbaut und beherbergt
heute ein kleines Museum, das sich mit Youngs
Leben beschäftigt und im Stil jener Zeit restauriert wurde. ⊙ tgl. 9.30–20.30 Uhr, Eintritt frei.

Das Gebiet südwestlich des Temple Square
wird vom **Salt Palace** beherrscht, einem Kon-
gresszentrum und Sportstadion (Heimstätte des
Basketballteams Utah Jazz). Im umliegenden
Stadtviertel mit seinen Lagerhäusern entlang
der Union-Pacific-Schienen konzentrieren sich
Designershops und Kunstgalerien – ein Beweis,
dass auch Mormonen Yuppies sein können.

Die Gegend auf dem sanften Hügel oberhalb
des Temple Square und um das eindrucksvolle
**Utah State Capitol**, ⌨ www.utahstatecapitol.
utah.gov, ⊙ Mo–Fr 7–20, Sa und So 8–18 Uhr,
Eintritt frei, ist als **Capitol Hill** bekannt. Hier stehen einige sehr schöne viktorianische Häuser.

### Natural History Museum of Utah

301 Wakara Way ▪ ⊙ tgl. 10–17, Mi bis 21 Uhr ▪
Eintritt $15 ▪ ✆ 801 581 6927, ⌨ www.nhmu.
utah.edu

Das ultramoderne **Natural History Museum of
Utah** beim Universitätsviertel am Ostrand des
Zentrums widmet sich in erster Linie dem außergewöhnlichen Fossilienreichtum von Utah.
In der Haupthalle ist eine erstklassige Sammlung von Dinosaurierskeletten zu sehen, darunter Skelette von Arten, die sonst nirgends auf
der Welt gefunden wurden.

### ÜBERNACHTUNG

**Avenues Hostel**, 107 F St, ✆ 801 539 8888,
⌨ www.saltlakehostel.com. Einfaches Hostel
ein Stückchen östlich von Downtown, mit
Gemeinschaftsküche und -wohnbereich. Dorm-
Bett $23, DZ $47

**Crystal Inn**, 230 W 500 South, ✆ 801 328 4466,
⌨ www.crystalinnsaltlake.com. Großzügiges,
gut ausgestattetes Hotel in Downtown-Nähe
mit sehr vernünftigen Preisen; großes Frühstücksbuffet inklusive, kostenloser Flughafen-
shuttle. $109

**Hotel Monaco**, 15 W 200 South, ✆ 801 595 0000,
⌨ www.monaco-saltlakecity.com. Stilvolles,

sehr hochpreisiges Hotel in einem ehemaligen
Bankgebäude, mit edlem Restaurant. $255
**North Temple Inn**, 121 N 300 West, ✆ 801
521 3450, ⌨ www.northtempleinn.com.
Das Budget-Motel mit altmodischen, aber
gemütlichen Zimmern beim Temple Square
gehörte einst zur Howard-Johnson-Kette. $72

### ESSEN

**Caffè Molise**, 55 W 100 South, Downtown,
✆ 801 364 8833, ⌨ www.caffemolise.com.
Authentisches und qualitätsbewusstes, äußerst
preiswertes italienisches Restaurant mit
zahlreichen Hauptgerichten unter $20. Hübsche
kleine Terrasse, jeden Freitag Jazz. ⊙ Mo–Do
und So 11.30–21, Fr und Sa 11.30–22 Uhr.
**Copper Onion**, 111 E Broadway, ✆ 801 355 3282,
⌨ www.thecopperonion.com. Hippes Bistro in
Downtown ein paar Straßen südlich des Temple
Square, mittags mit Burgern und Salaten für
$13–16 und abends Forelle, Lamm und Ente für
rund $22–26. ⊙ Mo–Do 11.30–15 und 17–22,
Fr 11.30–15 und 17–23, Sa 10.30–15 und 17–23,
So 10.30–15 und 17–22 Uhr.
**Eva**, 317 S Main St, ✆ 801 359 8447, ⌨ www.
evaslc.com. Das gemütliche Restaurant mit
Weinbar in Downtown hat Tapas-ähnliche
kleine Gerichte aus verschiedenen Mittel-
meerküchen für $7–14. ⊙ Mo–Fr 16–24, Sa
17–24, So 17–22 Uhr.
**Gourmandise**, 250 S 300 East, ✆ 801 328 3330.
Die meisten kommen vor allem wegen des
leckeren Gebäcks, aber daneben bietet die sehr
beliebte Bäckerei mit Bistro mittags sehr gute
und günstige Salate und Sandwiches ($9–10)
sowie Abendgerichte wie Forelle mit Dillbutter
für schlappe $13. ⊙ Mo–Do 7–22, Fr und Sa
7–23 Uhr.
**Market Street Grill**, 48 W Market St, ✆ 801
322 4668, ⌨ www.marketstreetgrill.com.
Schwerpunkt ist Seafood, besonders Austern,
es gibt aber auch Steaks. Spezielle Mittagsgerichte $13, komplettes Dinner $24–30. ⊙ Mo–
Do 6.30–14 und 17–21, Fr 6.30–14 und 17–21.30,
Sa 8–15 und 16–21.30, So 9–15 und 16–21 Uhr.
**Sage's Café**, 234 W 900 South, ✆ 801 322 3790,
⌨ www.sagescafe.com. Die Karte im schönsten vegetarischen Restaurant der Stadt reicht

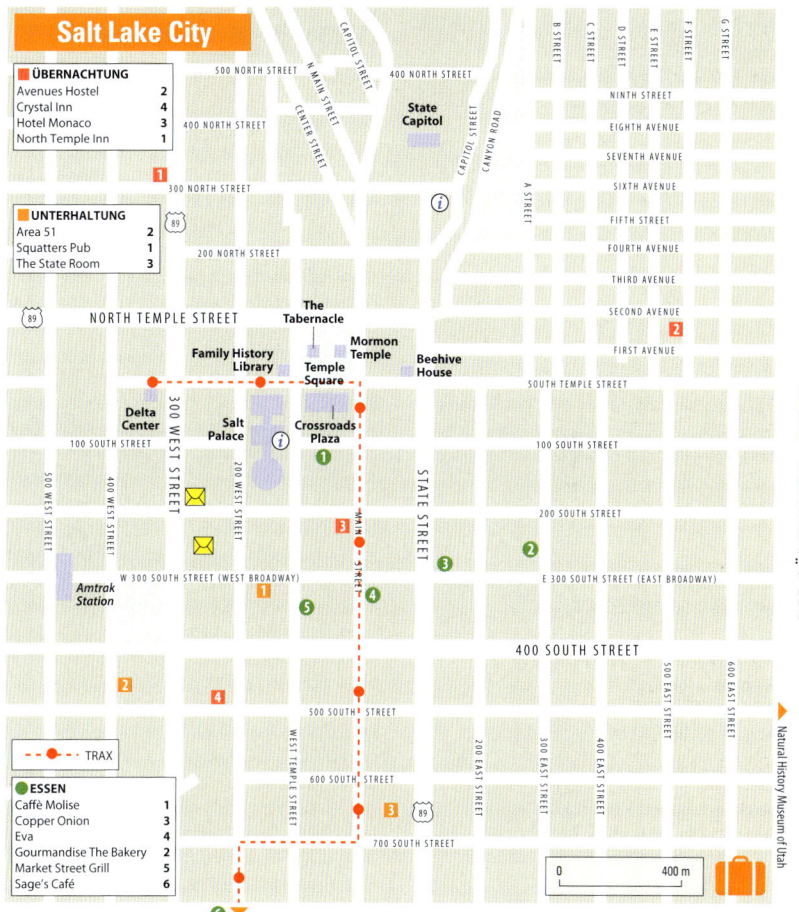

**Salt Lake City**

TRAX

**DER SÜDWESTEN**

Natural History Museum of Utah

von Pizza bis Rohkost. Gerichte kosten abends $14–17. ⊕ Mo–Fr 11.30–22, Sa und So 10–22 Uhr.

## UNTERHALTUNG

In Salt Lake City werden nach Sonnenuntergang keineswegs die Bürgersteige hochgeklappt. Infos zum breiten Angebot an Kunst, Musik und Partys bringt die kostenlose *City Weekly*, ⌨ www.cityweekly.net.

**Area 51**, 400 W 451 South, ✆ 801 534 0819, ⌨ www.area51slc.com. Salt Lake Citys größter

Club, benannt nach der berüchtigten „Außerirdischenzone" in Nevada, lockt mit zeitgenössischen Clubsounds sowie 80er-Jahre-Wave- und Indie-Musik ein gemischt junges und älteres Publikum an. ⊕ Di–Sa 21–2 Uhr.

**Squatters Pub**, 147 W 300 South, ✆ 801 363 2739, ⌨ www.squatters.com. Die legere Kneipe ist der beste der Brewpubs in Salt Lake City, mit einem Dutzend eigenen Bieren und guten Burgern, Salaten, Steaks und Currys. ⊕ Mo–Do 11–24, Fr 11–1, Sa 10–1, So 10–24 Uhr.

**The State Room**, 638 S State St, ✆ 801 396 3560, 🖥 www.thestateroom.com. Der beste Livemusikladen der Stadt, in dem bekannte Musiker gastieren, außerdem Tanzfläche und Auditorium. ⏰ unterschiedlich.

**Visitor Center**, 90 S West Temple Blvd, Downtown, ✆ 801 534 4900, 🖥 www.visitsaltlake.com, ⏰ tgl. 9–17 Uhr.

## NAHVERKEHR

Betreibergesellschaft der Stadtbusse und TRAX- Straßenbahnen ist die **Utah Transit Authority**, ✆ 801 743 3882, 🖥 www.rideuta.com. Fahrten in der Innenstadt sind kostenlos.

## TRANSPORT

### Busse
Der **Greyhound**-Busbahnhof liegt zentral, 300 S 600 West, ✆ 801 355 9579.

**Busse nach**:
DENVER (3x tgl., 10 1/2),
LAS VEGAS (2x tgl., 8 Std.),
SAN FRANCISCO (2x tgl., 15 Std.).

### Eisenbahn
**Amtrak**-Bahnhof, 320 S Rio Grande Ave, ebenfalls im Zentrum.

**Züge nach**:
CHICAGO (1x tgl., 34 Std.),
DENVER (1x tgl., 14 Std.),
EMERYVILLE (SAN FRANCISCO) (1x tgl., 16 Std.).

### Flüge
Der **Salt Lake City International Airport** liegt nur 4 Meilen westlich von Downtown. Ein Taxi in die Stadt kostet ungefähr $25.
**Xpress Shuttles**, ✆ 801 596 1600, 🖥 www.xpressshuttleutah.com, bietet billigere Shuttles nach Downtown an.
**Canyon Transportation**, ✆ 801 255 1841, 🖥 www.canyontransport.com, bedient die umliegenden Skigebiete.

# Nevada

Das eintönige **Nevada** besteht fast komplett aus endlosen, sonnengebleichten Wüsten, die nur hier und da von einer Bergkette unterbrochen werden. Die hiesigen Flüsse besitzen keinen Zugang zum Ozean, daher wird das Gebiet Great Basin genannt. Abgesehen von den riesigen Flächen, auf denen Rinder und Schafe weiden oder Bergbau betrieben wird, dient ein Großteil Nevadas dem US-Militär als Testgelände für Flugzeuge und Waffensysteme.

Den bei weitem triftigsten Grund für einen Besuch in Nevada liefert die surreale Oase **Las Vegas**. Hier bieten die extravagante Architektur, die vielen Restaurants, die dekadenten Nachtclubs und die atemberaubenden Shows ein wahres Fest für die Sinne, aber im Grunde steht im Mittelpunkt des Ganzen das **Glücksspiel**. Auch in den kleineren, weniger künstlichen Städten **Reno** und **Carson City**, der Hauptstadt des Bundesstaates, dreht sich alles um die Spielkasinos.

Im **Great Basin**, dessen Flüsse und Bäche keinen Abfluss ins Meer besitzen, verströmt Nevada eine unheimliche Schönheit. Die Hauptroute durch den Staat, der **I-80**, führt von Salt Lake City nach Reno vorbei an kleinen Orten mit merkwürdigen Namen voller Kasinos, Bars, Bordelle und Motels. Die andere wichtige Fernstraße, der **US-50**, gilt als einsamster Highway der USA. Diese ältere und langsamere Straße folgt mehr oder weniger derselben Route wie der Pony Express der 1860er-Jahre, auch wenn viele der alten Orte mittlerweile gänzlich von der Bildfläche verschwunden sind.

**8 | HIGHLIGHT**

## Las Vegas

**Las Vegas** ist eine glitzernde Wüstenoase, die ganz allein deswegen existiert, um ihren Besuchern Nervenkitzel zu bereiten. Diese Stadt ist mit keinem anderen Reiseziel vergleichbar.

Ohne die Touristenhorden würde Las Vegas gar nicht existieren. Alles hier – von der spektakulären Architektur bis zu den erstklassigen Restaurants und Bühnen – ist nach ihren Bedürfnissen ausgerichtet. Las Vegas beherbergt viele der größten Hotels der Welt, und diese bilden auch die Hauptattraktion der Stadt, denn die 40 Mio. Besucher, die jedes Jahr hierher kommen, wollen sich in erster Linie genau diese Hotels ansehen. Jeder Hotelkomplex ist quasi ein eigenes Viertel mit zahlreichen Restaurants, Bars, Clubs und anderen Vergnügungsstätten, und den Mittelpunkt bildet jeweils ein riesiges Kasino voller Spielautomaten und Spieltische.

Die meisten Besucher sehen kaum etwas anderes von Las Vegas als zwei kurze, sehr unterschiedliche Straßenzüge. **Downtown**, das ursprüngliche Stadtzentrum, erstreckt sich heute über vier kurze Häuserblocks an der Fremont Street. Zwei Meilen südlich beginnt der vier Meilen lange **Strip**, das eigentliche Zentrum des Geschehens: Hier versucht jedes der kolossalen Mega-Kasinos seine Nachbarn mit einem noch exotischeren Motto in den Schatten zu stellen, egal ob als ägyptische Pyramide, römisches Fantasieland, Märchenschloss oder europäische Stadt.

1940 wohnten in Las Vegas nur 8000 Menschen. Ihren unglaublichen Aufstieg verdankt die Stadt ihrem unbedingten Willen zur Anpassung. Sie ertrinkt keineswegs in altmodischem Kitsch, und sie erfindet sich ständig neu. Stets wird überlegt, welche Kundschaft viel Geld zur Verfügung hat und wofür sie es ausgeben möchte. Vor ein paar Jahren erkannten die Kasinobetreiber, dass Spieler inzwischen bereit sind, sehr viel Geld für gutes Essen auf den Tisch zu legen. So sind heute Top-Köche mit Gourmetrestaurants in Läden wie dem Bellagio und dem Cosmopolitan zu finden. In letzter Zeit hat man sich zusätzlich auf die Ansprüche jüngerer Besucher eingestellt: Einige Kasinos wie das Wynn Las Vegas haben Hightech-Tanztempel im Stil der Clubs von Miami und L.A. eröffnet.

Der auch heute noch kursierende Ruf von Las Vegas als Spielwiese für Gangster und halbseidene Gestalten, wo (fast) alles möglich ist, geht die Anfangsjahre der Stadt zurück. Der größte Teil der ersten Luxusresorts wie das Fla-mingo, das Sands und das Desert Inn befanden sich in den Händen der Mafia, in einer Zeit, als illegale Gewinne leicht abzuschöpfen waren und seriöse Investoren lieber die Finger von Kasinos ließen. Damals wie heute glauben Besucher in Las Vegas, sie seien von Gangstern umgeben. Doch die Herrschaft der Mafia ist schon lange beendet – heute haben riesige Unternehmen das Sagen in der Stadt.

## Der Strip

In früheren Zeiten waren die Kasinos am legendären **Strip** erbarmungslose Konkurrenten. Jedes stand ein ganzes Stück von der Straße zurückversetzt und glich einem düsteren Labyrinth mit niedrigen Decken, aus dem kaum ein Ausgang zu finden war. Später, in den 1980er-Jahren, begannen die Besucher, den Strip zu Fuß zu erkunden. Steve Wynn hatte die bahnbrechende Idee, vor sein Mirage einen Flammen speienden Vulkan zu stellen. Daraufhin begann ein Konkurrenzkampf unter den Kasinos um die Gunst der Fußgänger, und die Flächen zwischen den Kasinos und der Straße wurden mit zahlreichen Attraktionen aufgefüllt.

Als Las Vegas in den 1990er-Jahren boomte, kauften Glücksspielunternehmen zunächst einzelne Kasinos auf. Später schluckten sich die Unternehmen gegenseitig, und heute wird der Strip nur noch von zwei gigantischen Konzernen beherrscht, MGM Resorts und Caesars Entertainment; beide besitzen eine Reihe von Kasinos in unmittelbarer Nachbarschaft. Und wer gleich mehrere benachbarte Kasinos sein Eigen nennt, muss die einzelnen Häuser nicht mehr gegeneinander abschotten. Auf diese Weise öffnete sich der Strip, und ein großer Teil des mittleren Abschnitts präsentiert sich heute mit fußgängerfreundlichen Terrassen und Pavillons mit Bars und Restaurants.

### Mandalay Bay

3950 Las Vegas Blvd S ▪ ☏ 877 632 7700, 🖥 www.mandalaybay.com ▪ **Shark Reef** ☉ Ende Mai–Aug tgl. 10–22, Sep–Ende Mai Mo–Do und So 10–20, Fr und Sa 10–22 Uhr ▪ Eintritt $20, Kinder bis 13 J. $14 ▪ ☏ 702 632 4555, 🖥 www.sharkreef.com

Das südlichste Mega-Kasino, **Mandalay Bay**, besteht aus zwei goldenen Wolkenkratzern, die

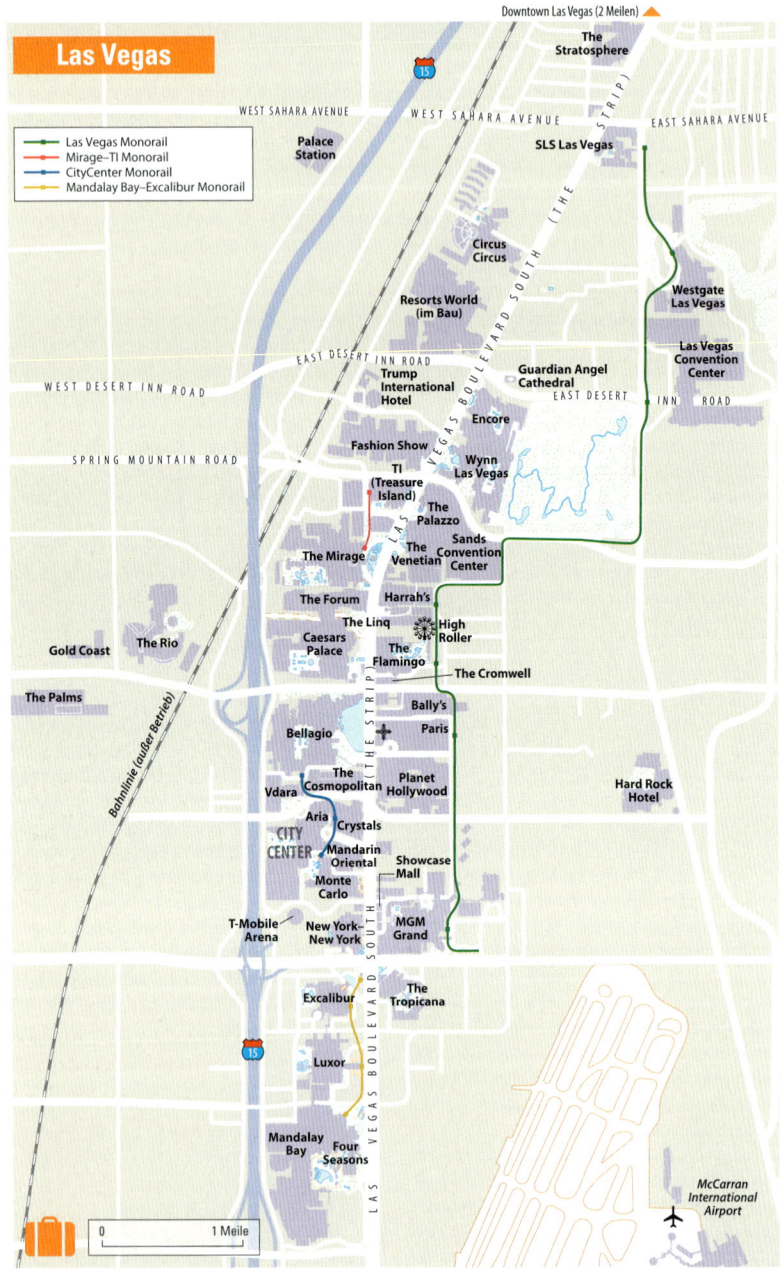

Downtown Las Vegas (2 Meilen)

# Las Vegas

Legende:
- Las Vegas Monorail
- Mirage–TI Monorail
- CityCenter Monorail
- Mandalay Bay–Excalibur Monorail

DER SÜDWESTEN

The Stratosphere

WEST SAHARA AVENUE — WEST SAHARA AVENUE — EAST SAHARA AVENUE

Palace Station

SLS Las Vegas

Circus Circus

Resorts World (im Bau)

Westgate Las Vegas

Las Vegas Convention Center

EAST DESERT INN ROAD
WEST DESERT INN ROAD

Trump International Hotel

Guardian Angel Cathedral

EAST DESERT INN ROAD

SPRING MOUNTAIN ROAD

Encore

Fashion Show

TI (Treasure Island)

Wynn Las Vegas

The Palazzo

The Mirage

The Venetian

Sands Convention Center

The Forum

Harrah's

Gold Coast

The Rio

Caesars Palace

The Linq

High Roller

The Flamingo

The Cromwell

The Palms

Bahnlinie (außer Betrieb)

Bally's

Paris

Bellagio

The Cosmopolitan

Vdara

Planet Hollywood

Hard Rock Hotel

Aria

CITY CENTER

Crystals

Mandarin Oriental

Monte Carlo

Showcase Mall

T-Mobile Arena

New York-New York

MGM Grand

Excalibur

The Tropicana

Luxor

Mandalay Bay

Four Seasons

McCarran International Airport

0     1 Meile

sich über einem riesigen, leicht tropisch anmutenden Komplex erheben. Zu den erstklassigen Restaurants und Unterhaltungsangeboten vor Ort zählt eine Cirque-Show, die Michael Jackson huldigt. Im Aquarium **Shark Reef** im hinteren Bereich des Komplexes stehen Meeresraubtiere im Mittelpunkt. Sie leben in Aquarien, die einem alten Tempel gleichen, der langsam im Meer versinkt.

### Luxor

3900 Las Vegas Blvd S ▪ ℡ 702 262 4444, 🖥 www.luxor.com ▪ **Bodies** und **Titanic** ⊙ tgl. 10–22 Uhr ▪ Eintritt jeweils $32, Kinder bis 13 J. $24, Kombiticket $42 ▪ ℡ 702 262 4400, 🖥 www. premierexhibitions.com

Die riesige Pyramide des **Luxor** mit ihren schwarzen Glaswänden entstand 1993 als Antwort auf die Fantasieburg Excalibur nebenan. Draußen drängen sich die Besucher vor der großen Sphinx, um Fotos zu machen, doch im Innern hat das Luxor inzwischen den größten Teil der ägyptischen Einrichtung eingebüßt. Oben auf dem sogenannten Atrium Level sind zwei Ausstellungen zu bewundern: **Bodies**, eine überraschend sachlich präsentierte Sammlung von mehr als 200 plastinierten Körpern, und **Titanic** mit Exponaten von dem im April 2012 gesunkenen Luxusliner.

### Excalibur

3850 Las Vegas Blvd S ▪ ℡ 702 597 7777, 🖥 www. excalibur.com

Das 1990 erbaute **Excalibur** ist das auffälligste Relikt aus jener kurzen Ära, als sich Las Vegas als riesiger Kinderspielplatz neu definieren wollte. Mit seinen bunten Türmchen und plumpen Wehrgängen erinnert es weniger an eine echte Burg als an eine wahrgewordene Kinderfantasie.

### MGM Grand

3799 Las Vegas Blvd S ▪ ℡ 877 880 0880, 🖥 www.mgmgrand.com ▪ **CSI: The Experience** ⊙ tgl. 9–21 Uhr, letzter Einlass 20 Uhr ▪ Eintritt $28, Kinder 4–11 J. $21 ▪ ℡ 702 891 1111, 🖥 www. csiexhibit.com ▪ **Topgolf** Mo–Do und So 8–2, Fr und Sa 8–4 Uhr ▪ unterschiedliche Preise je nach Attraktion ▪ ℡ 702 933 8458, 🖥 www.topgolf.com

Bei seiner Eröffnung 1993 galt das **MGM Grand** als größtes Hotel der Welt. Das ursprüngliche *Wizard-of-Oz*-Motto ist ihm schon lange abhandengekommen, und heute passt es sich eher seiner Umgebung an. Für Besucher ist vor allem **CSI: The Experience** interessant: Hier kann man fiktionale Mordfälle interaktiv untersuchen und mit ziemlicher Sicherheit lösen. **Topgolf** ist eine stark beworbene mehrstöckige Golfeinrichtung mit fünf Bars und einer Konzertarena sowie interaktiven Golfspielen.

### New York-New York

3790 Las Vegas Blvd S ▪ ℡ 702 740 6969, 🖥 www. newyorknewyork.com ▪ **Roller Coaster** ⊙ Mo–Do und So 11–23, Fr und Sa 10.30–24 Uhr ▪ Eintritt $14 für die erste Fahrt, Tagespass $25

Der erste und vielleicht auch beste der Stadtnachbauten in Las Vegas, **New York-New York**, wurde 1997 eröffnet. Das Äußere, eine Nachbildung der Skyline von Manhattan der 1950er-Jahre, halb so groß wie das Original, lässt sich am besten von den winzigen gelben Taxi-Gondeln des **Roller Coaster** begutachten, einer Achterbahn, die mit 100 km/h um die Türme wirbelt.

2016 wurde unmittelbar nördlich des New York-New York ein neuer Freiluftbereich eröffnet, „fantasievoll" The Park genannt. Er umfasst die 20 000 Zuschauer fassende **T-Mobile Arena**, die, so hofft MGM, sich in naher Zukunft zur wichtigsten Konzerthalle für berühmte Musicacts entwickeln wird. Das benachbarte Kasino **Monte Carlo** sollte inzwischen in **The Park** umbenannt sein.

### Aria

3730 Las Vegas Blvd S ▪ ℡ 702 590 7111, 🖥 www. aria.com

Den Mittelpunkt des „Stadtviertels" **CityCenter**, einer Enklave mit schicken Wolkenkratzern, die MGM Resorts 2009 eröffnete, bildet das **Aria**, das eher dem Hauptsitz eines Großunternehmens als einem Kasino ähnelt. Die atemberaubend moderne Architektur wird durch zeitgenössische Skulpturen ergänzt sowie durch einige gute Restaurants. Für Besucher, die nicht spielen wollen, gibt's hier ansonsten jedoch kaum etwas von Interesse.

### The Cosmopolitan

3708 Las Vegas Blvd S ▪ ☎ 702 698 7000, 🖳 www.cosmopolitanlasvegas.com

Die meisten Besucher glauben, das **Cosmopolitan** gehöre zum modernen CityCenter. Es handelt sich hierbei jedoch um ein völlig unabhängiges Kasino-Hotel, das sich auf einem ehemaligen Parkplatz breitmacht, den MGM aus irgendwelchen Gründen nie aufkaufen konnte. Es ist eine Reminiszenz an das alte Las Vegas, das Einheimische und Touristen mit glitzernder Architektur, erstklassigen Clubs und tollen Restaurants anlockt.

### Planet Hollywood

3667 Las Vegas Blvd S ▪ ☎ 866 919 7472, 🖳 www.planethollywoodresort.com

Das **Planet Hollywood** gehört zu einem Unternehmen, das ansonsten nichts mit Glücksspiel zu tun hat, und hatte große Mühe, sich hier zu behaupten. Es gehört auch nicht zur bekannten Restaurantkette und eröffnete 2000 als Neuversion des ehemaligen **Aladdin**. Hauptattraktion hier ist das riesige Einkaufszentrum **Miracle Mile**; das eigentliche Kasino ist recht klein und richtet sich vor allem an junge Besucher.

### Paris

3655 Las Vegas Blvd S ▪ ☎ 877 796 2096, 🖳 www.parislasvegas.com ▪ **Eiffel Tower** ⏰ Mo–Fr 9.30–0.30, Sa und So 9.30–1 Uhr ▪ tagsüber $14, abends $19

Das kurz vor der Jahrtausendwende erbaute **Paris** ist das Werk derselben Architekten, die auch das New York-New York gestalteten, und der vorläufig letzte der Stadtnachbauten in Las Vegas. Von außen zählt die Anlage zu den hübschesten in der Stadt, und auch im Innern finden sich einige Anklänge an Paris. Über allem thront der auf halbe Größe (immerhin 165 m) zurechtgestutzte **Eiffelturm**. Von oben bieten sich tolle Ausblicke; am besten kommt man abends, denn dann kann man wunderbar die Wasserspiele des Bellagio überblicken.

### Bellagio

3600 Las Vegas Blvd S ▪ ☎ 702 693 7111, 🖳 www.bellagio.com

Das **Bellagio** ist eines der sehenswertesten Kasinos in Las Vegas. Es liegt etwas zurückgesetzt vom Strip hinter einem breiten See mit herrlichen Fontänen. Der 1998 eingeweihte cremefarbene Komplex mit viel italienischer Eleganz ist das Werk des Unternehmers Steve Wynn, der das prunkvollste Hotel bauen wollte, das die Welt jemals gesehen hatte. Zwar schwingt Wynn im Bellagio nicht mehr selbst das Zepter, aber das Haus erfreut sich noch immer großer Beliebtheit und bildet heute einen wichtigen Bestandteil des CityCenter.

Die beiden wichtigsten Attraktionen sind die **Brunnen**, die zwischen frühem Nachmittag und Mitternacht regelmäßig choreografiert hervorsprudeln, und das großartige **Conservatory**, in dem Gärtner Pflanzen und bizarre Gegenstände zu sehenswerten Landschaften arrangiert haben.

### Caesars Palace

3570 Las Vegas Blvd S ▪ ☎ 866 227 5938, 🖳 www.caesarspalace.com

Der **Caesars Palace** ist seit jeher die berühmteste Adresse der hiesigen Kasinoszene. Der nur 24 Mio. Dollar teure Bau wurde 1966 eröffnet. Damals trugen die Angestellten römische Zenturien-Kostüme und die Cocktail-Kellnerinnen waren in Kleopatra-Gewänder gehüllt, und noch heute stehen an jeder Ecke klassische Marmorstatuen. Der Hauptteil des Caesars Palace erhebt sich 150 m abseits des Strip. Der Bereich davor wurde mittlerweile ebenfalls bebaut, vor allem mit dem riesigen Einkaufszentrum **Forum**, in dem eine „Himmels"-Kuppel stündlich zwischen Tag und Nacht wechselt.

### The Linq

3535 Las Vegas Blvd S ▪ ☎ 800 634 6441, 🖳 www.thelinq.com ▪ **High Roller** ⏰ tgl. 11.30–2 Uhr ▪ Eintritt 11.30–18 Uhr $23, 18–2 Uhr $37

Gegenüber vom Caesars Palace stehen am Strip verschiedene altehrwürdige Kasinos wie das **Flamingo** und das **Harrah's**, die heute allesamt zu Caesars Entertainment gehören. Zuletzt wurde der ehemalige Imperial Palace in The Linq verwandelt, mit einem Fußgängerkorridor an der Seite, der **Linq Promenade**. Sie ist von recht interessanten Geschäften, Bars und Restaurants gesäumt und führt zum weltgrößten Riesenrad, dem 167 m hohen **High Roller**, mit tollem Ausblick auf das Tal, aber nicht auf den Strip.

### Mirage

3400 Las Vegas Blvd S ▪ ✆ 702 791 7111, ⌨ www.
mirage.com ▪ **Secret Garden and Dolphin Habitat**
⏲ tgl. 10–19 Uhr ▪ Eintritt $22, Kinder 4–12 J. $17 ▪
✆ 702 791 7188

Das 1989 entstandene **Mirage** ist Steve Wynns
erstes Werk am Strip und veränderte die Stadt
grundlegend. Hier wurde überschwänglich in
Luxus, Glamour und Spektakel investiert, unter
anderem wurde ein künstlicher Vulkan errichtet.
Der Bau des Mirage bewies, dass Kasinos nach
wie vor ein großes Publikum anlocken konnten,
und das rief so viele Nachahmer auf den Plan,
dass es sich heute von den vielen anderen Kasinos kaum noch abhebt. Doch die Anlage ist immer noch ein Hingucker, mit einem Glasatrium
mit großen Tropenbäumen, guten Restaurants
und Bars und einem großen Komplex mit Pools
und Gärten. In der Vegetation des **Secret Garden and Dolphin Habitat** verbergen sich Gehe-
ge mit zahlreichen Tieren, z. B. schwarze Leo-
parden und weiße Tiger sowie zwei Becken mit
Delfinen.

### Venetian und Palazzo

**Venetian** 3355 Las Vegas Blvd S ▪ ✆ 702 414
1000, ⌨ www.venetian.com ▪ **Palazzo** 3325 Las
Vegas Blvd S ▪ ✆ 702 607 7777, ⌨ www.palazzo.
com ▪ **Madame Tussauds** ⏲ Mo–Do und So 10–21,
Fr und Sa 10–22 Uhr ▪ Eintritt $30, Kinder 7–12 J.
$20 ▪ ✆ 866 841 3739, ⌨ www.mtvegas.com

Das enorm erfolgreiche **Venetian** öffnete 1999
seine Pforten. Ihr Motto verdankt die Anlage
dem Eigentümer Sheldon Adelson, der seine Flit-
terwochen in Venedig verbrachte. Rund ein Dutzend Wahrzeichen der italienischen Stadt drän-
geln sich Seite an Seite vor der Fassade am
Strip. Im opulenten Inneren des Komplexes erinnert vor allem der **Canale Grande** an Venedig;
hier können sich Besucher mit singenden Gon-
dolieri auf kurze Gondelfahrten begeben ($24).
Das Venetian beherbergt zudem einen Ableger
von **Madame Tussauds** Wachsfigurenkabinett.
　　Das angrenzende **Palazzo** gilt zwar offiziell
als eigenes Resort, liegt aber eigentlich im selben Gebäude wie das Venetian. Es verfügt über
eigene edle Geschäfte, die mit den **Grand Canal
Shoppes** des Venetian über Gänge im Inneren
des Komplexes verbunden sind. Für sich genom-

men ist das Palazzo allerdings eines der uninte-
ressantesten Kasinos der Stadt.

### Wynn und Encore

**Wynn** 3131 Las Vegas Blvd S ▪ ✆ 702 770 7000,
⌨ www.wynnlasvegas.com ▪ **Encore** 3121 Las
Vegas Blvd S ▪ ✆ 702 770 8000, ⌨ www.encore
lasvegas.com

Steve Wynn, der mit dem Mirage und dem Bellagio Las Vegas quasi neu erfand, erbaute 2005
ein Resort, das er das **Wynn Las Vegas** nannte.
Hinzu kam bald das Encore nebenan. Die beiden
himmelwärts strebenden halbmondförmigen
Bauten sind schlichtweg atemberaubend. Wynn
gestaltet seine Kasinos gern mit markanten
Farben, und in diesem Fall erwarten die Gäste
edle rote Teppiche und im Zentrum der Anlage
ein Garten voller Blumen und Bäume mit Lichterketten und Laternen. Das ungewöhnlichs-
te Merkmal des Wynn ist der **Lake of Dreams**,
der abends mit verschiedenen Projektionen beleuchtet und von mysteriösen Figuren bevölkert
wird. Das **Encore** ist vor allem für seinen **Encore
Beach Club** bekannt, der über einen Innen- und
Außenbereich verfügt.

### Circus Circus

2880 Las Vegas Blvd S ▪ ✆ 702 734 0410, ⌨ www.
circuscircus.com ▪ **Adventuredome** ⏲ tgl. 10–24 Uhr ▪
einzelne Attraktionen $6–12, Tageskarte $32,
Kinder bis 1,22 m $18 ▪ ✆ 702 794 3939, ⌨ www.
adventuredome.com

Das bonbonfarben gestreifte Dach des **Circus
Circus** prägt schon seit einem halben Jahrhundert den Strip, aber da die unmittelbaren Nachbarn ihre Tore geschlossen haben und hier
kaum noch Fußgänger vorbeikommen, macht
dieses Kasino einen etwas vergessenen Eindruck. Es umfasst jedoch den größten Themenpark der Stadt, den **Adventuredome**, der sich vor
allem an Kinder richtet.

### The Stratosphere

2000 Las Vegas Blvd S ▪ ✆ 702 380 7777, ⌨ www.
stratospherehotel.com ▪ **Tower** ⏲ Mo–Do und So
10–1, Fr und Sa 10–2 Uhr ▪ **Aussichtsplattformen**
$20, für Gäste ermäßigt ▪ **Thrill Rides** X-Scream, Big
Shot und Insanity je $15; Tageskarte $36; SkyJump
$120, Mindestalter 14 J.

Das 350 m hohe **Stratosphere** am Nordende des Strip ist das höchste Bauwerk westlich des Mississippi. Von Aussichtsplattformen bieten sich umwerfende Ausblicke, und von hier starten auch mehrere Furcht einflößende **Thrill Rides**: Im X-Scream, einem riesiges Boot, werden die Passagiere auf den Kopf gestellt, das Insanity ist eine Art Kran, der die Fahrgäste über dem klaffenden Abgrund herumdreht, und der Turm des Big Shot sorgt für Nervenkitzel beim freien Fall. Am spektakulärsten ist jedoch der **SkyJump**, bei dem Wagemutige mithilfe eines Gurtsystems von einer Plattform 260 m in die Tiefe stürzen.

## Downtown

In **Downtown** sind für die meisten Besucher lediglich drei oder vier Häuserblocks von Interesse, doch hier entstand einst die Keimzelle von Las Vegas, als 1905 die Eisenbahn diesen Ort erreichte. Und hier entstanden in den 1930er-Jahren auch die ersten Kasinos. Zwar wurde die Gegend in jüngerer Zeit durch den Strip eindeutig in den Schatten gestellt, doch viele Besucher zieht es immer noch nach Downtown, weil hier in schnörkellosen Kasinos ernsthaft gespielt wird. Außerdem gibt es in Downtown günstige Kneipen sowie Buffet- und andere Restaurants.

Nicht umsonst halten viele Besucher diesen Teil der Stadt für das „echte" Las Vegas. Mit den altmodischen Neonschildern und kitschigbunten Glühbirnenarrangements entspricht Downtown viel mehr dem Bild, das die meisten von Las Vegas im Kopf haben. Und mit dem künstlichen Himmelsgewölbe der **Fremont Street Experience**, das sich insgesamt über vier Straßenblocks erstreckt und bei Dunkelheit spektakulär erleuchtet wird, wartet die Innenstadt auch mit einer echten Sehenswürdigkeit auf.

### Slotzilla

Fremont St ▪ Mo–Do und So 13–1, Fr und Sa 13–2 Uhr ▪ Zipline $25, Zoomline $45; es gelten Gewichtsbeschränkungen ▪ ✆ 702 678 5780, 🖥 www.vegasexperience.com
Den Kern der zweistöckigen **Slotzilla-Zipline** bildet der mit 36 m Höhe angeblich größte Spielautomat der Welt. Auf jeder Ebene werden jeweils vier Fahrgäste gleichzeitig auf die Reise

geschickt, die dann die gesamte Fremont Street in ost-westlicher Richtung entlangsausen. Die Fahrgäste auf der oberen „Zoomline" hängen waagerecht an der Seilrutsche und können so wie Superman den „Himmel" der Fremont Street Experience durchqueren.

### Mob Museum

300 Stewart Ave ▪ ⏰ tgl. 9–21 Uhr ▪ Eintritt $24, Kinder 11–17 J. $14 ▪ ✆ 702 229 2734, 🖥 www.themobmuseum.org
Das **Mob Museum** ist der jüngste Versuch des ehemaligen Bürgermeisters Oscar Goodman – der im Übrigen als Rechtsanwalt zahlreiche Figuren der Unterwelt verteidigte –, der Innenstadt neues Leben einzuhauchen. Das Museum erzählt auf faszinierende Weise von den Mafiosi, die die Stadt einst beherrschten, und den Gesetzeshütern, die sie schließlich in die Knie zwangen.

## Hoover Dam

30 Meilen südöstlich des Strip ▪ ✆ 702 494 2517, 🖥 www.usbr.gov/lc/hooverdam ▪ **Parken** ⏰ April–Sep tgl. 8–18.15, März 8–17.15 Uhr ▪ $10 ▪ **Visitor Center** ⏰ April–Sep tgl. 9–18, Okt–März 9–17 Uhr ▪ Eintritt $10 ▪ **Powerplant Tour** April–Sep 9.25–16.55, Okt–März 9.25–15.55 Uhr ▪ $15, Kinder 4–16 J. $12 ▪ **Dam Tour** April–Sep Mo–Do 9.30–16, Fr und Sa 9.30–16.30, Okt–März tgl. 9.30–15.45 Uhr ▪ $30, keine Ermäßigungen, Mindestalter 8 J.
Der mächtige **Hoover Dam** eine knappe Autostunde südöstlich von Las Vegas versperrt dem Colorado River den Weg. Zwar steuert das anmutige, gut 220 m hohe Betonwunderwerk keinen sonderlich großen Teil zur Stromversorgung von Las Vegas bei, doch sein Bau in den 1930er-Jahren löste den Wachstumsschub und den Glücksspielboom aus, dem die moderne Stadt ihre Existenz verdankt.

Der wichtigste Highway nach Arizona, der US-93, überquert den Colorado auf einer neuen Brücke flussabwärts vom Damm. Wer sich den Damm selbst anschauen möchte, biegt an einem der beiden Enden der Brücke vom Highway auf eine Zufahrtsstraße ab, parkt auf der Nevada-Seite im Parkhaus und geht dann hinunter zum Visitor Center. Hier wird die Geschichte und Funktionsweise des Damms erläutert. Wer noch etwas mehr zahlt, kann an der **Powerplant Tour** teilnehmen und mit dem Fahrstuhl zum Fuß des Damms hinunterfahren. Auf der einstündigen **Dam Tour** gelangt man tief ins Innere des Damms, wo jede Menge feuchte und geheimnisvolle Tunnel warten.

## ÜBERNACHTUNG

Besucher in Las Vegas müssen hinsichtlich ihrer Unterkunft eine grundsätzliche Entscheidung fällen: Entweder man nächtigt in einem der Mega-Kasinos am Strip oder in Downtown. Die Hotels am **Strip** warten zusammen mit 75 000 sehr guten und teils sogar äußerst luxuriösen Zimmern auf, aber beim Einchecken gibt es oft lange Warteschlangen, persönlichen Service kann man kaum erwarten, und die Wege vom und zum Zimmer sind meist endlos. **Downtown** ist kleiner und daher in mancherlei Hinsicht besucherfreundlicher. Eine Unterkunft in einem anderen Teil der Stadt ist eher nicht zu empfehlen, wenn man hierher kommt, um zu erfahren, was Las Vegas so einzigartig macht. **Vorsicht**: Die Zimmerpreise ändern sich täglich! Ein Zimmer, das am Mittwoch $49 kostet, kann am Freitag und Samstag $199 kosten – am besten kommt man also unter der Woche. Fast alle Hotels erheben außerdem sogenannte *resort fees* für WLAN, Telefonate etc., die MGM-Kasinos verlangen noch Extragebühren fürs Parken. Dazu kommt obendrein die Übernachtungssteuer (12 % am Strip, 13 % in Downtown).

### Der Strip
**Aria**, 3730 Las Vegas Blvd S, ☎ 866 359 7757, 🖥 www.arialasvegas.com. Eher was für Traditionalisten als Modernisten, mit edlen statt opulenten Zimmern mit tollen großen Betten, bodenebenen Duschen und Badewannen. Der Check-in kann etwas dauern. *Resort fee* $32. Mo–Do und So $203, Fr und Sa $238

**Bellagio**, 3600 Las Vegas Blvd S, ☎ 888 987 6667, 🖥 www.bellagio.com. Die opulenten Zimmer des Bellagio verströmen Luxus, und die Lage und die Einrichtungen sind unschlagbar.

Die teuersten Zimmer haben Blick auf den See und die Wasserspiele. *Resort fee* $32. Mo–Do und So $209, Fr und Sa $299

**Caesars Palace**, 3570 Las Vegas Blvd S, ☎ 866 227 5938, 🖥 www.caesarspalace.com. Heutzutage zählt im Caesars Palace moderner Komfort mehr als Kitsch. Die schiere Größe des Ladens kann Gäste etwas überfordern, aber belohnt wird man mit erstklassigen Restaurants und Shoppingmöglichkeiten sowie einem fabelhaften Pool und einem Spa. *Resort fee* $29. Mo–Do und So $205, Fr und Sa $261

**Circus Circus**, 2880 Las Vegas Blvd S, ☎ 800 634 3450, 🖥 www.circuscircus.com. Auch wenn das Circus Circus sein Alter nicht verbergen kann, sind die wirklich günstigen Preise für Leute, die sowieso nicht viel auf ihrem Zimmer hocken und dazu noch ein Auto haben, eine echte Verlockung. *Resort fee* $9. Mo–Do und So $29, Fr und Sa $94

🏨 **The Cosmopolitan**, 3708 Las Vegas Blvd S, ☎ 855 435 0005, 🖥 www.cosmopolitan lasvegas.com. Stilvolles modernes Kasino mit noblen, gemütlichen Zimmern mit riesigen Betten sowie teilweise mit Balkonen mit Blick auf den Strip. *Resort fee* $30. Mo–Do und So $200, Fr und Sa $320

**Excalibur**, 3850 Las Vegas Blvd S, ☎ 877 750 5464, 🖥 www.excalibur.com. Kitschige Pseudoburg mit Kasino und vielen Kindern unter den Gästen, aber mit den renovierten sogenannten *widescreen rooms* für ein paar Dollar mehr eine recht gute Unterkunft. *Resort fee* $26. Mo–Do und So $38, Fr und Sa $123

🏨 **The Linq**, 3535 Las Vegas Blvd S, ☎ 800 634 6441, 🖥 www.thelinq.com. Der komplett umgebaute ehemalige Imperial Palace gehört noch immer zu den günstigsten Kasinohotels der Stadt. Er hat moderne Zimmer zu angesichts der Lage tollen Preisen. *Resort fee* $29. Mo–Do und So $69, Fr und Sa $122

**Luxor Las Vegas**, 3900 Las Vegas Blvd S, ☎ 877 386-4658, 🖥 www.luxor.com. In einem der geräumigen Originalzimmer in der futuristischen Glas-Pyramide zu nächtigen, kann immer noch spannend sein, aber die Zimmer im neueren Turm nebenan sind nicht umsonst teurer – sie sind viel besser in Schuss und verfügen über Badewannen und/oder

Whirlpools statt Duschen. *Resort fee* $26. Mo–Do und So $57, Fr und Sa $156

**Mandalay Bay**, 3950 Las Vegas Blvd S, ☎ 877 632 7800, 🖥 www.mandalaybay.com. Eigentlich ein sich selbst genügendes Resort ein Stück südlich des mittleren Strip. Wenn man sich damit begnügt, seine Zeit am extravaganten Pool und in den guten Restaurants, Bars, Clubs und Theatern des Resorts zu verbringen, dann ist es keine schlechte Wahl. Die Zimmer sind auf jeden Fall außergewöhnlich komfortabel, mit Badewannen und Duschen. *Resort fee* $30. $235

**MGM Grand**, 3799 Las Vegas Blvd S, ☎ 877 880 0880, 🖥 www.mgmgrand.com. Das MGM Grand ist vielleicht doch ein bisschen zu groß: Nachdem man sich fürs Einchecken in die Warteschlange eingereiht hat und danach meilenweit zu seinem Zimmer gelaufen ist, hat man vielleicht keine Lust mehr, vor die Tür zu gehen. Die Zimmer sind frisch renoviert, haben dadurch aber an Flair eingebüßt. *Resort fee* $30. Mo–Do und So $94, Fr und Sa $191

**The Mirage**, 3400 Las Vegas Blvd S, ☎ 800 374 9000, 🖥 www.mirage.com. Das Kasino, das Luxus in Las Vegas einst neu definierte, mutet heute wie eine vergleichsweise bescheidene Unterkunft an: Die Zimmer sind kleiner, als derzeit die Norm ist, und die Bäder erst recht. Jedoch sind sie immer noch sehr gemütlich, und die Hoteleinrichtungen sind erstklassig. *Resort fee* $30. Mo–Do und So $169, Fr und Sa $250

🔲 **New York-New York**, 3790 Las Vegas Blvd S, ☎ 866 815 4365, 🖥 www.newyorknewyork.com. Die Las-Vegas-Version des Big Apple erscheint einladender als die meisten größeren, weniger kompakten Nachbarn. Die Zimmer sind schön und leicht zugänglich, mit einigen netten Art-déco-Merkmalen, und das Kasino umfasst einige ausgezeichnete Bars und Restaurants. *Resort fee* $30. Mo–Do und So $81, Fr und Sa $179

🔲 **Paris–Las Vegas**, 3655 Las Vegas Blvd S, ☎ 877 796 2096, 🖥 www.parislasvegas.com. Ein idealer Kompromiss: erstklassige Einrichtungen und einzigartige Extras wie der Eiffelturm vorm Fenster, aber ohne teure opulente Ausstattungen, die man eh nicht

benötigt. *Resort fee* $29. Mo–Do und So $119, Fr und Sa $195

**Planet Hollywood**, 3667 Las Vegas Blvd S, ☎ 866 919 7472, 🖥 www.planethollywood resort.com. Zimmer in einem „Hollywood Hip" genannten Stil – also schwarz-goldene Teppiche und Tapeten, Filmstandbilder an den Wänden sowie Duschen und Badewannen; in zentraler Lage. *Resort fee* $29. Mo–Do und So $90, Fr und Sa $258

**The Stratosphere**, 2000 Las Vegas Blvd S, ☎ 702 380 7777, 🖥 www.stratospherehotel.com. Zu weit zu Fuß vom Strip oder von Downtown, aber eine Attraktion für sich, auch wenn sich die einfachen, aber recht großen Zimmer nicht im 300-m-Turm befinden. *Resort fee* $21. Mo–Do und So $46, Fr und Sa $155

**The Venetian**, 3355 Las Vegas Blvd S, ☎ 866 659 9643, 🖥 www.venetian.com. Eines der allerbesten Hotels am Strip, mit wunderbaren Einrichtungen und sehr komfortablen Zimmern, allesamt Suiten mit separatem Schlafbereich mit riesigem Bett und Wohnbereich mit Panoramafenstern. *Resort fee* $30. Mo–Do und So $229, Fr und Sa $299

**Wynn Las Vegas**, 3131 Las Vegas Blvd S, ☎ 877 321 9966, 🖥 www.wynnlasvegas.com. Die riesigen Zimmer im opulentesten Haus am Ort sind geschmackvoll eingerichtet und bieten wunderbare Bettwäsche, Badezimmer mit Marmorwannen, Duschen und TV. *Resort fee* $29. Mo–Do und So $186, Fr und Sa $339

### Downtown und anderswo

**The D**, 301 E Fremont St, ☎ 800 274 5825, 🖥 www.thed.com. Dieses Hotel in Downtown ist ein echtes Schnäppchen. Alle Zimmer sind von oben bis unten modernisiert worden, und auch die Einrichtungen unten sind besser geworden. *Resort fee* $20. Mo–Do und So $29, Fr und Sa $99

**El Cortez**, 600 E Fremont St, ☎ 800 634 6703, 🖥 www.elcortezhotelcasino.com. Schon lange als billigstes Kasino in Las Vegas bekannt, nur einen kurzen, jedoch etwas beängstigenden Spaziergang vom Herz der Fremont Street entfernt. Die „Vintage"-Zimmer sind nicht besser als die verwohnte Motelzimmer, aber die „Cabana"-Suiten gegenüber sind erheblich

besser. *Resort fee* $9. Mo–Do und So $29,
Fr und Sa $89

**Golden Nugget**, 129 E Fremont St, ☎ 800
634 3454, 🖥 www.goldennugget.com. Das
schickste Hotel in Downtown ist das einzige
hier in der Gegend mit Einrichtungen – wie
dem tollen Pool –, die es mit denen der Hotels
am Strip aufnehmen können. Die Zimmer im
Rush Tower sind am besten, aber auch am
lautesten. Alle sind schick und komfortabel,
wenn auch nicht umwerfend. *Resort fee* $25.
Mo–Do und So $49, Fr und Sa $124

**Hard Rock Hotel**, 4455 Paradise Rd, ☎ 800
473 7625, 🖥 www.hardrockhotel.com.
Wer sich am Pool, in den Bars und in den
Unterhaltungseinrichtungen unter die Party-
Twens mischen möchte, ist hier goldrichtig.
Die Zimmer sind cool und gleichzeitig gemütlich,
und man kann sogar die großen Fenster öffnen.
Das Hotel liegt jedoch zu weit vom Strip ent-
fernt, um als Basisquartier für die Erkundung
der ganzen Stadt zu dienen. *Resort fee* $28.
Mo–Do und So $70, Fr und Sa $279

**The Plaza**, 1 Main St, ☎ 888 912 0075, 🖥 www.
plazahotelcasino.com. Da in die 1000 Zimmer
des Plaza die ungenutzten Möbel des nie eröffneten Fontainebleau hineingequetscht wurden,
sehen die Zimmer fantastisch aus und sind zu
Preisen zu haben, die zu den besten in Downtown gehören. *Resort fee* $15. Mo–Do und So
$35, Fr und Sa $99

**Las Vegas Hostel**, 1322 E Fremont St,
☎ 800 550 8958, 🖥 www.lasvegashostel.net.
Das bei jungen Backpackern beliebte umgebaute Motel liegt eine Meile östlich von
Downtown in einer Gegend, in der man nicht
spazieren gehen sollte. Genächtigt wird in
akzeptablen, sehr einfachen 4-, 6- und 8-Bett-
Dorms (getrennt und gemischt) und in Zimmern
mit Bad. Pool, Whirlpool und Touren. Dorms
$15–25, DZ $50

## ESSEN

Las Vegas war früher ein Synonym für
schlechtes Essen, und nur hier und da sorgte
ein Mafia-Steakhaus für eine Abwechslung
vom Einerlei der Einheitsbuffets. Diese Zeiten
sind vorbei. Jedes größere Kasino am Strip

beherbergt mindestens ein halbes Dutzend
erstklassige Restaurants, die von weltberühmten Top-Küchenchefs geleitet werden.
Die Preise sind stark angestiegen – ein Essen
in einem der bekannten Läden kostet jetzt
mindestens $50 pro Kopf –, aber auch die
Standards haben sich stark verbessert, sodass
man in Kasinos wie dem Aria, Bellagio,
Cosmopolitan und Venetian jeden Abend
in einem anderen Restaurant hervorragend
speisen kann.

### Buffets

**Bacchanal Buffet**, Caesars Palace, 3570 Las
Vegas Blvd S, ☎ 702 731 7778, 🖥 www.
caesarspalace.com. Das beste Gourmetbuffet
in den Caesars-Kasinos und auch das teuerste
der Stadt. Jeden Tag werden 500 frisch
zubereitete Speisen geboten, von Sushi, Dim
Sum und Phô-Suppe bis zu frischen Austern
und Holzofen-Pizza, in neun „Schauküchen"
zubereitet. Da die Schlangen abends gewöhnlich lang sind und die Preise noch höher
(Mo–Fr $55, Sa und So $58), kommt man am
besten zum Brunch (Frühstück gibt's nicht
mehr): Er kostet unter der Woche $39 und am
Wochenende $50. ☉ Brunch Mo–Fr 7.30–15,
Sa und So 8–15, Abendessen tgl. 15–22 Uhr.

**Buffet Bellagio**, Bellagio, 3600 Las Vegas
Blvd S, ☎ 866 259 7111, 🖥 www.bellagio.com.
Das erste „Gourmetbuffet" in der Stadt
schraubte die Standards in die Höhe, aber
auch die Preise, und es gibt hier immer noch
zu allen Mahlzeiten sehr gute Speisen.
Selbst zum Frühstück ($21) gibt's neben den
üblichen Bagels, Backwaren und Eiern z. B.
geräucherten oder gebackenen Lachs, frisches
Obst oder Obstsalate und nach Wunsch
zubereitete Omeletts, etwa mit Krebsfleisch.
Mittagessen $25, Abendessen $36, am
Wochenende $31 bzw. $41. ☉ Frühstück
Mo–Fr 7–11, Mittagessen Mo–Fr 11–15, Brunch
Sa und So 7–15, Abendessen tgl. 15–22 Uhr.

🧳 **The Buffet at Wynn**, Wynn Las Vegas,
3131 Las Vegas Blvd S, ☎ 702 770 7000,
🖥 www.wynnlasvegas.com. In einem üppigen
Speisesaal mit jeder Menge Belle-Époque-Flair
wird das beste Buffet der Stadt geboten, z. B.
Lamm-Ossobuco und Räucherentensalat oder

Gurken-Jakobsmuscheln-Ceviche und Sushi-Rollen. Frühstück unter der Woche $24,50, Mittagessen $27; Brunch Sa und So $35,50, Abendessen $43, Fr und Sa $50. ⏰ Frühstück Mo–Fr 8–23, Mittagessen Mo–Fr 11–15.30, Brunch Sa und So 8–15.30, Abendessen Mo–Do und So 15.30–22, Fr und Sa 15.30–22.30 Uhr.

**Le Village Buffet**, im Paris, 3655 Las Vegas Blvd S, ✆ 702 946 7000, ⌨ www.parislasvegas.com. Dieses Buffet ist besonders, weil es sich auf eine einzige spezielle Küche spezialisiert, nämlich auf französische Küche von der Bretagne bis zur Provence, und es bietet das rundum beste Speiseerlebnis aller Buffetrestaurants – toll für alle, die die französische Küche lieben. Frühstück unter der Woche $22, am Wochenende $24, Mittagessen unter der Woche $25, Wochenend-Brunch $31, Abendessen Mo–Fr 31, am Wochenende $34. ⏰ Frühstück Mo–Fr 7–11, Sa und So 7–10, Mittagessen Mo–Fr 11–15, Brunch Sa und So 10–15, Abendessen tgl. 15–22 Uhr.

## Restaurants

**Beijing Noodle No. 9**, Caesars Palace, 3570 Las Vegas Blvd S, ✆ 877 346 4642, ⌨ www.caesarspalace.com. Diesem chinesischen Nudelrestaurant, das einer geheimnisvollen Unterwasserhöhle ähnelt, nähert man sich durch Aquarien mit Tausenden Goldfischen, und es ist eines der vergnüglichten Restaurants der Stadt. Glücklicherweise ist das Essen genauso gut wie das Ambiente, doch die Preise sind dementsprechend, mit Dim Sum für rund $13 und (große) Nudelgerichte für an die $20. ⏰ tgl. 11–22.30 Uhr.

**Bouchon**, Level 10, Venezia Tower, The Venetian, 3355 Las Vegas Blvd S, ✆ 702 414 6200, ⌨ www.bouchonbistro.com. Thomas Kellers detailverliebte Variante eines französischen Bistros ist hübsch und relaxt, mit jeder Menge Platz draußen und wundervollem Essen. Das beste Preis-Leistungs-Verhältnis bietet der Brunch, mit Sandwiches und Quiche für rund $20; Hauptgerichte am Abend wie Steak mit Pommes oder *sole marinière* kosten $37. Gut ist auch die Bouchon Bakery draußen am Strip. ⏰ Mo–Fr 7–13 und 17–22, Sa und So 7–14 und 17–22 Uhr.

**Gordon Ramsay Steak**, Paris, 3655 Las Vegas Blvd S, ✆ 877 346 4642, ⌨ www.parislasvegas.com. Bei seinem ersten Unternehmen in Las Vegas ging der Perfektionist Gordon Ramsay auf Nummer sicher und eröffnete am Eingang zum Paris ein Steakhaus. Die Gäste wählen von einem Wagen mit erstklassigem Fleisch; ein wunderbar zubereitetes Kalbskotelett kostet $50, ein Rumpsteak $63, Fish 'n' Chips $45. ⏰ tgl.16.30–22.30 Uhr.

**Jean Philippe Patisserie**, Bellagio, 3600 Las Vegas Blvd S, ✆ 702 590 7227, ⌨ www.jpchocolates.com. An dieser außergewöhnlichen Bäckerei vorbeizugehen, ohne vor ihrem Wahrzeichen, die im Knie zu gehen, braucht schon enorm viel Selbstdisziplin. Denn hier gibt's den weltgrößten Schokoladenbrunnen. Der Drang, hier eine Pause einzulegen und sich für $5 eine Tasse heiße Schokolade oder auch einen Kaffee, eine Crêpe, einen Smoothie oder ein Gebäckstück zu gönnen, ist mehr oder weniger überwältigend. ⏰ Mo–Do 6–23, Fr–So 6–24 Uhr.

**Mon Ami Gabi**, Paris, 3655 Las Vegas Blvd S, ✆ 702 944 4224, ⌨ www.monamigabi.com. Dies war eines der ersten Restaurants in Las Vegas, das auch Tische draußen auf dem Strip stehen hatte, und versuchte, eine Pariser Brasserie zu imitieren – immer noch das beste Mittagslokal der Stadt. Das echte Stück Frankreich bietet *croque monsieur* ($15) zum Frühstück, *moules frites* zum Mittagessen ($14 oder $26) oder *steak frites* zum Abendessen ($29). ⏰ Mo–Do und So 7–23, Fr und Sa 7–24 Uhr.

**Oscar's Steakhouse**, The Plaza, 1 Main St, ✆ 702 386 7227, ⌨ www.oscarslv.com. Dieser schamlose Geldmacher des ehemaligen Bürgermeisters Oscar Goodman in einer Glaskuppel an der Fremont Street ist ein echtes Stück altes Las Vegas mit erstklassigen Steaks (ab $40), bietet aber auch eine Karte anderer, vor allem italienischer Speisen. ⏰ Mo–Do und So 17–22, Fr und Sa 16.30–24 Uhr.

**Scarpetta**, Level 3, Cosmopolitan, 3708 Las Vegas Blvd S, ✆ 702 698 7960, ⌨ www.cosmopolitanlasvegas.com. Werden unscheinbaren Eingang des Scarpetta passiert, wird angenehm überrascht: von den Panorama-fenstern mit Blick auf die Brunnen des Bellagio. Und dank Küchenchef Scott Conant ist das Essen noch besser als die Aussicht. Hierher strömt ganz Las Vegas zu Vorspeisen wie gebratenen Jakobsmuscheln ($26) und Pasta (ab $24) und köstlichen Hauptgerichten wie Schwarzem Zackenbarsch mit Fenchel für $35. Und wer richtig zulangen möchte, bestellt das Menü für $110. ⏱ tgl. 18–23 Uhr.

## UNTERHALTUNG

### Bars und Clubs

Jedes Kasino in Las Vegas bietet seinen spielenden Gästen kostenlose Getränke. Sobald man an einem Spielautomaten oder Spieltisch sitzt, kommt eine Kellnerin und nimmt eine Bestellung auf; es wird aber Trinkgeld erwartet. Zusätzlich gibt's in den Kasinos Bars und Lounges aller Art; nur wenige Touristen suchen andere Orte auf, um etwas zu trinken. Eine neue Generation von Besuchern ist für den steten Zuwachs an Clubs verantwortlich. Kasinos wie das Cosmopolitan und das Wynn Las Vegas warten mit einigen der spektakulärsten – und teuersten – Clubs und Lounges auf.

**Chandelier**, Cosmopolitan, 3708 Las Vegas Blvd S, ✆ 702 698 7979, 🖥 www.cosmopolitan lasvegas.com. Die Bar unter dem glitzernden, namengebenden Kronleuchter aus 2 Mio. Einzelteilen im Zentrum des Cosmopolitan zieht sich über 3 Ebenen. Die eingefasste mittlere Ebene, zu erreichen über einen gläsernen Aufzug, ist Zentrum des Geschehens: Hier sorgen DJs für die Unterhaltung des gewöhn-lich eher jungen Publikums. ⏱ Kasinoebene 24 Std., andere Ebenen unterschiedlich.

**Encore Beach Club**, Encore, 3121 Las Vegas Blvd S, ✆ 702 521 4005, 🖥 www.encorebeach club.com. Dieser luxuriöse Komplex auf mehreren Ebenen mit Pools, Terrassen, Bars und privaten Bungalows verleiht der hiesigen Manie für Tagespartys am Pool mit DJs Ausdruck. Den Massen entgeht man entweder auf den jungfräulich weißen „Seerosenblättern" auf dem Wasser oder in einer eigenen Cabana, die wummernde Musik verfolgt einen allerdings überallhin. Getränke und besonders Tisch-

service sind hier extrem teuer. Eintritt $25–75. ⏱ März–Okt Fr 12–19, Sa und So 11–19 Uhr.

**Hakkasan**, MGM Grand, 3799 Las Vegas Blvd S, ✆ 702 891 3838, 🖥 www.hakkasanlv.com. Das vierstöckige Hakkasan zählt zu den größten Nachtclubs der Welt, mit einer Unmenge an Themenlounges und erstklassigen Restaurants sowie einer riesigen Haupttanzfläche. Hier können bis zu 7500 Leute feiern. Eintritt $30–100. ⏱ Mi–So 22.30 Uhr bis spät.

**Marquee**, Cosmopolitan, 3708 Las Vegas Blvd S, ✆ 702 333 9000, 🖥 www. marqueelasvegas.com. Avantgardistischer Drinnen-Draußen-Club mit einem „Dayclub" um einen Pool herum, mit einem 15 m hohen Hauptgeschoss, wo regelmäßig die angesag-testen DJs der Welt gastieren. Für Getränke oder gar Tischservice kann man hier Hunderte Dollar verpulvern. Eintritt $25–100. ⏱ Nachtclub Mo & Do–Sa 22–4, Dayclub tgl. 10–19 Uhr.

**Minus5 Ice Lounge**, Mandalay Bay, 3930 Las Vegas Blvd S, ✆ 702 740 5800, 🖥 www. minus5experience.com. Spaßige Bar, in der alles aus Eis besteht, von den Wänden bis zu den Gläsern. Die Gäste bekommen Jacken, Handschuhe und Stiefel geliehen, damit sie die knackig kalte Temperatur aushalten. ⏱ Eintritt unterschiedlich, gewöhnlich $25 inkl. 1 Getränk. ⏱ Mo–Do und So 11–2, Fr und Sa 11–3 Uhr.

**Parasol Up, Parasol Down**, Wynn Las Vegas, 3131 Las Vegas Blvd S, ✆ 702 770 7000. Ein typisches Beispiel für das Wynn-Design: Beide Bars sind mit bunten Schirmen ge-schmückt. Nach einem Cocktail oder zwei ist man im absurd-witzigen Herzen von Las Vegas angekommen. ⏱ Mo–Do und So 11–4, Fr und Sa 11–5 Uhr.

### Shows

Der Strip ist heute wieder eines der Unter-haltungsmekkas der Welt. Elvis ist nicht mehr zugegen, aber Stars wie Britney Spears und Elton John ziehen Abend für Abend Tausende von Fans an, und alle großen Acts, die auf Tour sind, gastieren auch in Las Vegas. Die alten Revue-Theater mit Federbäuschen und Pailletten sind heute durch eine endlose Abfolge von atemberaubend opulenten Shows des Cirque du Soleil ersetzt worden. Tix4tonight, 877 849 4868, ⬚ www.tix4tonight.com, verkauft an einem Dutzend Stellen am Strip ermäßigte Showtickets.

**Absinthe**, Cosmopolitan, 3708 Las Vegas Blvd S, 800 745 3000, ⬚ www.absinthevegas.com. Diese derbe Varitéshow wurde ursprünglich in einem Zirkuszelt vor dem Caesars Palace aufgeführt und ähnelt eher einem Besäufnis als einer traditionellen Show, doch viele Las-Vegas-Besucher sind offenbar begeistert. ⊕ Mi–So 20 und 22 Uhr, Eintritt $99–139.

**Big Elvis**, Harrah's, 3475 Las Vegas Blvd S, 702 369 5111, ⬚ www.harrahslasvegas.com. Der bekannteste und beliebteste Elvis-Imitator von Las Vegas, Pete Vallee, verfügt über eine solche Meisterschaft im Elvis-Repertoire und einen solch leichten Zugang zum Publikum, dass seine kostenlose Show die beste der Stadt ist. ⊕ Mo, Mi und Fr 14–18 Uhr, Eintritt frei.

**Human Nature**, The Venetian, 3355 Las Vegas Blvd S, 702 414 9000, ⬚ www.human naturelive.com. Die wahnwitzige Mission dieses tollen australischen Gesangsquartetts ist es, die Musik des schwarzen Amerika einen Aussie-Einschlag zu verpassen. Mit ihren fabelhaften Stimmen und ihrer sehr sympathischen Energie sind sie wirklich ausgezeichnet. ⊕ Di–Sa 19 Uhr. Eintritt $66–121.

**Love**, im Mirage, 3400 Las Vegas Blvd S, 702 792 7777, ⬚ www.cirquedusoleil. com. Eine wunderbare Inszenierung, bei der der Cirque du Soleil zu kristallklarem Beatles-Soundtrack wunderbar choreografierte Tanz- und Akrobatikeinlagen serviert. Das Ganze erzählt keine Geschichte, und bei der Beatles-Darstellung wird auch nicht viel Wert auf Authentizität gelegt – auch wenn hier und da ihre Stimmen bei Studiogesprächen zu hören sind. Das Ganze ist einfach nur eine atemberaubende Huldigung ihrer Musik. ⊕ Mo und Do–So 19 und 21.30 Uhr. Eintritt $126–182.

**Mystère**, im TI, 3300 Las Vegas Blvd S, 702 894 7722, ⬚ www.cirquedusoleil. com. Mehr als 20 Jahre nach der Premiere ist die erste Show des Cirque du Soleil wahrscheinlich immer noch die beste – und es ist nach wie vor zu erkennen, wie diese Show die Unterhaltungsszene am Strip grundlegend

umkrempelte. Ein echtes Spektakel, von den wundervollen Kostümen bis zur atemberaubenden Zirkusartistik. ⊕ Mo–Mi, Sa und So 19 und 21.30 Uhr. Eintritt $75–136.

**O**, im Bellagio, 3600 Las Vegas Blvd S, 702 796-9999, ⬚ www.cirquedu soleil.com. Trotz aller Hochachtung vor den erstaunlichen Fertigkeiten der Taucher und Akrobaten des Cirque du Soleil ist der eigentliche Star dieses fabelhaften Dauerbrenners das Theater selbst mit seiner Bühne aus Metall und Maschendraht, die sowohl als Ganzes als auch in Teilen plötzlich unter Wasser verschwinden kann, um todesmutige Sprünge zu ermöglichen. ⊕ Mi–So 19 und 21.30 Uhr. Eintritt $133–210.

**Terry Fator**, im Mirage, 3400 Las Vegas Blvd S, 702 792 7777, ⬚ www.mirage.com. Vergnügliche Show des außergewöhnlichen Bauchredners Terry Fator, der mit seiner 5-Oktaven-Gesangsstimme alle möglichen Künstler von Aaron Neville und Garth Brooks bis zu Ozzy Osbourne und Etta James perfekt imitiert. ⊕ Mo–Do und Sa 19.30 Uhr. Eintritt $65–163.

## INFORMATIONEN

**Visitor Center**, 3150 Paradise Rd, östlich des Strip, 877 847 4858, nicht sehr ergiebig; ⊕ Mo–Fr 8–17 Uhr.

Nützliche Informationensquellen sind neben der offiziellen **Website** der Stadt, ⬚ www. lasvegas.com, auch ⬚ www.lasvegassun.com, ⬚ www.lvrj.com, ⬚ www.lasvegasweekly.com und ⬚ www.lvol.com.

## NAHVERKEHR

Die Verkehrssituation in Vegas ist so schlimm, dass es sich nicht lohnt, ein Fahrzeug zu mieten, nur um den Strip zu erkunden. Andererseits wird es im Sommer viel zu heiß, um mehr als zwei oder drei Blocks zu Fuß zu gehen. Die überteuerte und wenig praktische Bahn **Las Vegas Monorail** www.lvmonorail.com, verkehrt an der Ostseite des Strip zwischen dem MGM Grand und dem SLS Las Vegas, fährt jedoch nicht bis zum Flughafen oder bis

Downtown. ☉ Mo–Do 7–2, Fr–So 7–3 Uhr, Einzelfahrschein $5, Tageskarte $12. Separate, kostenlose Monorail-Bahnen verbinden außerdem das Mandalay Bay mit dem Luxor und Excalibur, das Monte Carlo mit dem CityCenter und Bellagio sowie das Mirage mit dem TI. Die **Deuce**-Busse (rund um die Uhr) sowie der schnellere **Strip & Downtown Express** (SDX; tgl. 9–24 Uhr) des RTC-Netzes, 🖥 www.catride.com, verkehren auf der gesamten Länge des Strip und verbinden ihn mit Downtown (2-Std.-Pass $6, 24-Std.-Pass $8, 3-Tage-Pass $20, Tickets vor dem Einsteigen kaufen).

## TRANSPORT

### Busse
Der **Greyhound**-Busbahnhof liegt in der 200 S Main St in Downtown, ✆ 702 384 9561.

### Busse nach:
ALBUQUERQUE (2x tgl., 13 Std.),
FLAGSTAFF (2x tgl., 5 3/4 Std.),
LOS ANGELES (8x tgl., 5 1/4 Std.),
PHOENIX (2x tgl., 9 Std.),
SALT LAKE CITY (2x tgl., 8 Std.).

### Flüge
Der betriebsame **McCarran International Airport** liegt nur eine Meile östlich vom südlichen Ende des Strip und 4 Meilen von

Downtown entfernt. Airline Shuttle, ✆ 702 444 1234, 🖥 www.bestairlineshuttle.com, betreibt Minibusse zum Strip und nach Downtown, die Fahrt kostet ab ca. $12 p. P. Die Preise für Taxis schwanken erheblich: Ein Taxi vom Flughafen zum Strip kostet ab etwa $20 für die Kasinos am südlichen Ende und ab $30 für die am nördlichen sowie nach Downtown.

# Great Basin National Park

**Lehman Caves Visitor Center** ☉ Sommer tgl. 8.30–16, Winter 9.30–15 Uhr ▪ 1-stündige Führung $8, 1 1/2-stündige Führung $10 ▪ ✆ 775 234 7331, 🖥 www.nps.gov/grba

Der **Great Basin National Park** an der Grenze zu Utah beherbergt die unterschiedlichen Landschaftsformen der Wüste von Nevada. Während der Führungen vom Visitor Center bei den **Lehman Caves**, fünf Meilen westlich des winzigen **Baker**, werden Kalksteinhöhlen mit faszinierenden Gesteinsformationen erkundet. Hinter den Höhlen klettert eine zwölf Meilen lange Straße die Ostflanke des kargen, gewöhnlich mit einer Schneekrone versehenen **Wheeler Peak** hinauf. Von hier führen Wanderwege vorbei an Bergseen und durch einen Hain mit uralten, verkrüppelten Borstenkiefern zum 3982 m hohen Gipfel. Im Winter kann man hier wunderbar Skilanglauf betreiben.

## Burning Man

Nevadas legendäres Burning Man Festival steigt in **Black Rock City**, einer autofreien „Gemeinde" auf Zeit, 12 Meilen nördlich des winzigen Gerlach, das wiederum 100 Meilen nördlich von Reno in der Black Rock Desert liegt. Es findet jedes Jahr Ende August statt, wenn es in der Wüste drückend heiß wird, vor allem wenn man – wie etwa die Hälfte der 50 000 Feiernden – vollkommen nackt ist. Das Festival greift jedes Jahr ein anderes Thema auf; immer mit Betonung auf Spontanität und Massenteilnahme. Die berauschenden Darbietungen, Veranstaltungen und Kunstinstallationen gipfeln am letzten Samstag in der Verbrennung einer riesigen Puppe. Danach soll Black Rock City – zumindest in der Theorie – einfach verschwinden.

Details wie aktuelle **Ticketpreise** – gewöhnlich rund $400 für die Woche – bietet die Internetseite 🖥 www.burningman.org. Die Karten sind nur im Voraus und nicht vor Ort erhältlich und eingelassen wird nur, wer sich selbst versorgen kann: Trinkwasser, Essen und ein Zelt o. Ä. sind selbst mitzubringen.

Es gibt keine öffentlichen Duschen oder Pools und kein Geld darf den Besitzer wechseln, alles unterliegt dem Tauschhandel, mit Ausnahme von Kaffee und Eis.

# Elko

**Elko**, die selbst ernannte letzte Cowboystadt des Westens, säumt 100 Meilen westlich von Utah den I-80. Der Ort inmitten der Rinderweiden ist der passende Austragungsort für das jedes Jahr im Januar stattfindende **Cowboy Poetry Gathering**, ⌨ www.westernfolklife.org, ein Volksfest, mit dem die Traditionen des Westens lebendig gehalten werden sollen.

Diese Gegend wurde von baskischen Schäfern besiedelt, und jedes Jahr findet am Nationalfeiertags-Wochenende das dreitägige **National Basque Festival**, ⌨ www.elkobasque.com, statt, bei dem sich starke Männer mit großen Holzklötzen bewerfen und jede Menge baskisches Essen vertilgt wird.

## California Trail Interpretive Center

⊕ tgl. 9–16.30 Uhr ▪ Eintritt frei ▪ ✆ 775 738 1849, ⌨ www.californiatrailcenter.org

Das **California Trail Interpretive Center** acht Meilen westlich der Stadt bietet ausgezeichnete Ausstellungen zu den Pionieren des 19. Jhs., die hier auf der Suche nach dem Glück im Westen vorbeikamen. Vielen erging es dabei schlecht: Die furchtbare Geschichte der **Donner Party**, einer Gruppe, deren Mitglieder im Schnee stecken blieben und dann aus Verzweiflung zu Kannibalen wurden, wird detailliert nacherzählt.

**Cowboy Joe**, 376 5th St, ✆ 775 753 5612, ⌨ www.cowboyjoecoffee.com. Freundliche kleine Kaffeebar unmittelbar abseits der Hauptstraße. ⊕ Mo–Fr 5.30–17.30, Sa 6–17 Uhr.
**Star Hotel**, 246 Silver St, ✆ 775 753 8696, ⌨ www.elkostarhotel.com. Das einfache Familienrestaurant zwei Straßen südlich der Hauptstraße bietet baskische Küche wie z. B. Kabeljau für $20 sowie amerikanische Standardgerichte wie gegrillte Steaks für ein wenig mehr. ⊕ Mo–Fr 11–14 und 17–21.30, Sa 16.30–21.30 Uhr.
**Thunderbird Motel**, 345 Idaho St, ✆ 775 738 7115, ⌨ www.thunderbirdmotelelko.com. Traditionelles, altmodisches Western-Motel im Herzen des Zentrums mit gemütlichen Zimmern zu vernünftigen Preisen; außerdem gibt es einen Swimming Pool. $66

# Reno

Die „größte Kleinstadt der Welt" liegt am I-80 nahe der kalifornischen Grenze. Sie ist eine Art bescheidenere Ausgabe von Las Vegas, mit endlosen Reihen Einarmiger Banditen und Spieltischen, kitschigen Hochzeitskapellen und Schnellscheidungsgerichten. Die Lage der Stadt am Fuß der **Sierra Nevada** mit dem Truckee River, der sich durch das Zentrum windet, ist sehr reizvoll, ansonsten ist jedoch nur der eigentliche Altstadtkern interessant. Hier konzentrieren sich nach wie vor die meisten **Kasinos**, doch die neueren Konkurrenten sind im Süden entlang der Virginia Street und in **Sparks** ein paar Meilen östlich entstanden.

**Atlantis**, 3800 S Virginia St, ✆ 775 825 4700, ⌨ www.atlantiscasino.com. Turm mit Renos schickstem Kasino und mit unterschiedlich luxuriösen Zimmern und einem Dutzend Restaurants wie dem Buffetrestaurant Toucan Charlie's (Mittagessen $18, Abendessen $25–35). ⊕ Mo–Do und So $90, Fr und Sa $175
**Silver Legacy**, 407 N Virginia St, 775 325 7401, ⌨ www.silverlegacyreno.com. Altehrwürdiges Kasino im Zentrum von Reno, mit preiswerten Zimmern und Essmöglichkeiten; hier erhält man einen Eindruck vom alten Nevada. Mo–Do und So $49, Fr und Sa $129

**Shuttles** bietet North Lake Tahoe Express, ✆ 866 216 5222, ⌨ www.northlaketahoe express.com.

### Busse
**Greyhound-Busse** halten in der 155 Stevenson St. Busse fahren nach SALT LAKE CITY (2x tgl., 10 Std.) und SAN FRANCISCO (5x tgl., 5 Std.).

### Eisenbahn

**Amtrak-Züge** halten an der 280 N Centre St. Züge fahren nach SALT LAKE CITY (1x tgl., 10 Std.) und SAN FRANCISCO (1x tgl., 9 Std.).

### Flüge

Der **Reno-Tahoe International Airport** liegt ein paar Meilen südöstlich von Downtown.

# Carson City

Der Hwy-395 verläuft von Reno nach Süden Richtung **Death Valley**. Nach 30 Meilen erreicht man die Hauptstadt Nevadas, die 1858 nach dem Entdecker Kit Carson benannt wurde. Hier gibt es zahlreiche elegante viktorianische Gebäude, abgehalfterte Kasinos und das hervorragende **Nevada State Museum**, 600 N Carson St, ☎ 775 687 4810, ⌨ www.museums.nevadaculture.org/nsmcc, das sich mit der Geologie und Naturgeschichte des Great Basin befasst. ⊕ Di–So 8.30–16.30 Uhr, Eintritt $8.

**Bliss Bungalow**, 408 W Robinson St, Downtown, ☎ 775 230 0641, ⌨ www.blissbungalow.com. Gemütliches B&B voller Antiquitäten in einem restaurierten Haus im Arts-and-Crafts-Stil mit 5 freundlichen Zimmern mit Bad. Die Betreiber wohnen nicht vor Ort, sodass man sich sein Frühstück selbst zubereiten muss. $95

**Hardman House**, 917 N Carson St, ☎ 775 882 7744, ⌨ www.hardmanhousehotel.com. Gute Budget-Option mit 62 hellen, farbenfrohen Motelzimmern und freundlichen, hilfsbereiten Mitarbeitern. $60

**Comma Coffee House**, 312 S Carson St, ☎ 775 883 2622, ⌨ www.commacoffee.com. Munterer Treffpunkt, in dem es regelmäßig Livemusik und andere Veranstaltungen gibt. Zum Frühstück werden Eier, zum Mittagessen Salate und Sandwiches für unter $10 serviert, und Kaffee bekommt man natürlich auch. ⊕ Mo–Sa 7–20 Uhr.

DER SÜDWESTEN

# Kalifornien

**Sonne, Strand und Meer, schnelllebige Glitzerstädte, urwüchsige Wälder und ausgedehnte Wüsten: Der weltbekannte und gnadenlos idealisierte Bundesstaat Kalifornien hat ein Image als Paradies auf Erden und trotz des wirtschaftlichen Auf und Abs der vergangenen Jahre nichts von seiner Anziehungskraft verloren – auch dank Hollywood.**

# Stefan Loose Traveltipps

**Food Trucks in San Diego** Die berühmte Imbisswagenszene der Stadt bietet Streetfood der Extraklasse. S. 336

**Joshua Tree National Park** Die skurrilen Joshua-Bäume locken alljährlich etliche Besucher in die Wüste. S. 370

**9** **Los Angeles** Die Stadt des schönen Scheins und der krassen Kontraste ist an sich schon eine Reise wert. S. 338

**Venice Beach** Der bunte, am Meer gelegene Vorort von Los Angeles bietet ein Stück echtes Kalifornien. S. 353

**10** **Yosemite National Park** Mammutbäume, haushohe Wasserfälle und die steile Felswand des Half Dome. S. 381

**11** **Highway 1** Bei Big Sur erstreckt sich der schönste Abschnitt dieser spektakulären Küstenstraße. S. 389

**12** **San Francisco** Individualistisch und liberal: San Francisco ist für viele das kultivierte Gegenstück zu L.A. S. 398

**13** **Redwood National Park** Die Giganten des Waldes sind die höchsten lebenden Bäume der Welt. S. 445

MISSION, CARMEL

REDWOOD NATIONAL PARK

## Inhalt

Kalifornien

Im Rahmen einer einzigen Reise lässt sich Kalifornien auf keinen Fall richtig kennen lernen, dazu ist es viel zu groß. Deshalb ist es ratsam sich vorher genau zu überlegen, was man sehen möchte und ein paar Schwerpunkte zu setzen.

**Los Angeles** ist die mit Abstand größte und aufregendste Stadt des Bundesstaats, eine verrückte Ansammlung unterschiedlichster Stadtteile, von den mexikanischen und japanischen Enklaven im Zentrum und dem Familienspaß Disneyland bis zum Glamour von Beverley Hills und dem schrägen Venice Beach. Von L.A. geht es entweder nach Süden in die konservativere Stadt **San Diego** mit seiner tollen Restaurantszene oder landeinwärts in die Wüste, insbesondere ins **Death Valley**, mit seinen lebensfeindlichen Vulkankratern und Salzpfannen im Sommer der heißeste Ort der Welt. Die Fahrt nach Norden, entlang der zentralen Küste, ist wunderschön und führt durch pulsierende Kleinstädte wie **Santa Barbara** und **Santa Cruz**. Die meisten Reisenden fahren durch bis **San Francisco**, die älteste Stadt Kaliforniens, mit stark europäischem Einschlag.

Östlich von San Francisco liegen großartige Nationalparks wie **Yosemite** und **Sequoia** sowie die verlassenen Goldrauschstädte des **Gold Country**. In der wilderen Landschaft nördlich von San Francisco und Richtung Oregon erheben sich vulkanische Hochebenen, Redwood-Wälder und grüne Berglandschaften. Ein **Auto** ist in weiten Teilen Kaliforniens unerlässlich. Wer Kalifornien mit dem **Fahrrad** erstrampeln möchte, sollte daran denken, dass der Wind im Sommer Richtung Süden weht. Außerdem bieten sich auf der dem Ozean zugewandten Seite der Straße die besseren Ausblicke.

# Geschichte

1542 erreichte der Spanier **Juan R. Cabrillo** die Bucht von San Diego. Nach einer imaginären Paradiesinsel aus einem spanischen Roman nannte er die Gegend *California*. 1602 kam **Sebastián Vizcaíno**, der den meisten Orten Kaliforniens Namen gab, die bis heute gebräuchlich sind. Pater **Junípero Serra** errichtete zusammen mit 300 Soldaten und Beamten die erste Missionsstation und ein Presidio (Fort) in San Diego. 1804 zog sich bereits eine Kette von 21 Missionsstationen nach San Francisco. Die amerikanischen Ureinwohner wurden zwangsweise zum Katholizismus bekehrt oder umgebracht. Eingeschleppte Krankheiten erledigten den Rest und rotteten sie binnen kürzester Zeit aus.

## Kalifornien wird amerikanisch

1821 wurde Mexiko von Spanien unabhängig und übernahm die Kontrolle über Kalifornien. Doch obwohl die neue mexikanische Provinz sehr schlecht zu erreichen war – drei Monate auf dem Seeweg, vier mit dem Planwagen – waren bereits erste amerikanische Siedler auf dem Weg nach Westen. Der **Mexikanisch-Amerikanische Krieg** (1846–48) führte dazu, dass die Amerikaner die gesamte Westküste kontrollierten und spanischsprachige *Californios* langsam an den Rand gedrängt wurden. 1850 wurde Kalifornien der 31. Staat der USA.

## Goldrausch und Boomjahre

Der **Goldrausch** von 1849 verlieh Kalifornien einen ungeheuren Aufschwung. Neun Tage vor Unterzeichnung des Vertrages, der den Mexikanisch-Amerikanischen Krieg beendete, stießen Arbeiter in der Sierra Nevada auf **Gold**, was einen Massenansturm von Glücksrittern aus allen Teilen der Welt auslöste. Nach fünfzehn Jahren waren die sichtbaren Goldfelder erschöpft.

Die **transkontinentale Eisenbahn**, die Verbindung zwischen den Goldfeldern und dem Rest der USA, wurde 1869 fertiggestellt. Der folgenden Migrationswelle, den zeitweise blühenden Immobiliengeschäften und der aufstrebenden **Filmindustrie** in den 1920er-Jahren hatte Kalifornien die schnellste Wachstumsrate aller amerikanischen Staaten zu verdanken. Während des **Zweiten Weltkriegs** etablierte sich die Schwerindustrie in Form von Schiffswerften und Flugzeugfabriken in der Region, und Ende der 1950er-Jahre begann im kalifornischen **Silicon Valley** die Entwicklung des Internets und des PCs.

## Kalifornien und die moderne Welt

Mit den **Beatniks** in den 1950er- und den **Hippies** in den 60er-Jahren begann sich in Kalifornien ein unerhörter kultureller Wandel zu vollziehen. Die 1980er-Jahre waren geprägt von einem starken Rechtsruck mit republikanischen Gouverneuren und die 90er schließlich von deren Bruchlandung: Wirtschaftliches Chaos, Skandale, ein schwächelnder Immobilienmarkt, steigende Arbeitslosigkeit, Bandenkriminalität, Rassenunruhen in L.A. – das alles waren Probleme, die durch **Erdbeben, Dürren** und **Überschwemmungen** noch weiter verschärft wurden.

Der österreichische Einwanderer **Arnold Schwarzenegger** war ein gut bezahlter Action-Schauspieler, bevor er 2003 sein Amt als 38. kalifornischer Gouverneur antrat. Das Glück verließ ihn allerdings, als die schwere Wirtschaftskrise der vergangenen Jahre die kalifornische Wirtschaft rapide schwächte und die Arbeitslosenquote auf über 12 % stieg. Der Demokrat Jerry Brown löste Arnold Schwarzenegger bei den Wahlen 2011 ab (Brown war schon einmal Gouverneur von 1975 bis 1983) und unterzeichnete den ersten ausgeglichenen Staatshaushalt seit Jahren. Das ließ auf eine wirtschaftliche Gesundung hoffen. Als Brown 2014 wieder gewählt wurde, versprach er, dass die erste Phase des **California High-Speed Rail** bis 2019 abgeschlossen sein würde.

# San Diego

In und um **San Diego**, der zweitgrößten Stadt des Bundesstaates, gibt es so gut wie keinen Smog, kein Gewirr von übereinander gebauten Freeways, und auch die Kluft zwischen Arm und Reich ist weniger tief als in anderen amerikanischen Städten. Hier wurde 1769 die erste Mission Kaliforniens errichtet, doch richtig in Schwung kam die Stadt erst in den 1880er-Jahren mit der Ankunft der Santa Fe Railroad. Während des Zweiten Weltkriegs wählte die US-Marine die Stadt zur pazifischen Kommandozentrale. Doch seit dem Ende des Kalten Krieges hat die Bedeutung des Militärs für die Stadt gewaltig abgenommen. Zwischenzeitlich

hat sich San Diego zu einem Biotechnologiezentrum entwickelt, und hier ist auch der Telekommunikationsgigant Qualcomm ansässig. Ihren Reiz verdankt die Stadt jedoch vor allem ihrem Ruf als „Urlaubsort" am Meer, mit langen Sandstränden, viel Sonne und knackig braunen Menschen.

## Downtown

Grob begrenzt von der San Diego Bay und dem Freeway I-5, ist **Downtown** für alle, die es nicht geradewegs an den Strand zieht, die erste unausweichliche Anlaufstelle und der beste Ausgangspunkt für eine Stadterkundung. Im Rahmen diverser Erhaltungs- und Renovierungsprojekte wurden hier viele ältere Bauten im Stil der Jahrhundertwende restauriert. Wer mit der Bahn in San Diego ankommt, bekommt gleich eine der markantesten Sehenswürdigkeiten zu Gesicht, das **Santa Fe Railroad Depot** am westlichen Ende des Broadway. Im selben Gebäude befindet sich der Downtown-Ableger des **Museum of Contemporary Art** (MCA San Diego), 1100 Kettner Blvd, ✆ 858 454 3541, 🖥 www.mcasd.org, eine lohnende Adresse für Freunde moderner Kunst mit kalifornischem Einschlag. ☉ tgl. außer Mi 11–17 Uhr, Eintritt $10.

Rings um die Springbrunnen vor der **Horton Plaza**, südlich vom Broadway zwischen First Ave und Fourth Ave, 🖥 www.westfield.com/hortonplaza, geht es gemütlich zu, hier trifft sich alltäglich eine bunte Menge. Die Horton Plaza ist ein riesiges, nicht überdachtes Einkaufszentrum mit 140 Geschäften und bildet de facto das Stadtzentrum von San Diego. Man mag von dem bunten Komplex halten, was man will, er ist auf jeden Fall ein unwiderstehlicher Touristenmagnet mit seinem seltsamen postmodernen Stilmix, einer Kombination aus Pseudo-Jugendstil und Southwestern-Motiven. ☉ Mo–Fr 10–21, Sa 10–20, So 10–18 Uhr.

Eine Meile nördlich des Broadway liegt im Umkreis der India Street **Little Italy**, 🖥 www.littleitalysd.com, das vor allem wegen seiner Restaurants einen Besuch lohnt, außerdem Ende Mai zum Sicilian Festival, 🖥 www.sicilianfestival.com, und Mitte Oktober zur Festa.

**San Diego**

CEDAR STREET
BEECH STREET
ASH STREET
A STREET
B STREET
C STREET
BROADWAY
F STREET
G STREET
MARKET STREET
ISLAND AVENUE
J STREET
K STREET

ÜBERNACHTUNG

| | |
|---|---|
| Bristol | **2** |
| HI-San Diego Downtown Hostel | **5** |
| Indigo | **6** |
| La Pension | **1** |
| The US Grant | **3** |
| USA Hostels San Diego | **4** |

Maritime Museum

San Diego Ferry

Coronado

USS Midway

ESSEN

| | |
|---|---|
| Cafe 222 | **4** |
| Dobson's | **3** |
| Filippi's Pizza Grotto | **1** |
| Prepkitchen | **2** |

BARS, CLUBS UND LIVEMUSIK

| | |
|---|---|
| Café Sevilla | **4** |
| Casbah | **1** |
| House of Blues | **3** |
| Omnia | **5** |
| Waterfront | **2** |

Museum of Contemporary Art

Santa Fe Railroad Depot & American Plaza

Greyhound Station

City Hall

Civic Theatre

Copley Symphony Hall

Transit Store

Tram

Balboa Theatre

Louis Bank of Commerce

Horton Plaza

Pantoja Park

Kansas City Barbeque

GASLAMP DISTRICT

Gaslamp Museum at the Davis-Horton House

Seaport Village

Children's Park

Chinese Historical Museum

Park at the Park

Petco Park

Embarcadero Marina Park

MARINA DISTRICT

San Diego Convention Center

East San Diego, Coronado    Coronado

Balboa Park

KALIFORNIEN

New Library

## Gaslamp District

Nur wenige Straßenzüge von der Horton Plaza entfernt erstreckt sich der Gaslamp District über 16 Blocks zwischen Broadway, K St, 4th und 7th Ave. Bevor es zu einem berüchtigten Rotlichtviertel verkam, war dies das Zentrum San Diegos. Heute wird das Straßenbild von reizenden Cafés, Antiquitätenläden und Galerien bestimmt. Die Gegend macht zwar einen etwas sterilen Eindruck, doch die Ende des 19. Jhs. entstandenen Gebäude sind hübsch anzusehen. Die Gebäude wie auch die Geschichte des Viertels lassen sich am besten im Rahmen eines anderthalbstündigen Stadtrundgangs erkunden, der an dem kleinen, gepflasterten Platz an der Kreuzung von 4th Avenue und Island Avenue beginnt. Führung Sa 11 Uhr, $20, Info ☎ 619 233 4692, 🖥 www.gaslampfoundation.

Dieser Platz befindet sich auf dem Gelände des Gaslamp Museum im Davis Horton House, 410 Island Ave, ☎ 619 233 4692, 🖥 www.gaslampfoundation.org, dessen ursprünglicher Besitzer die moderne San Diego gründete. Er ließ sich sein im Neuengland-Stil erbautes Haus 1850 in Teile zerlegt über Kap Hoorn hierher verschiffen. Jedes der mit Fotos gefüllten Zimmer repräsentiert eine andere historische Epoche. ⏰ Di–Sa 10–17, So 12–16 Uhr, Eintritt $10.

## An der Bucht

San Diegos **Harbor Drive** zieht sich rund eine Meile weit am Wasser entlang zum westlichen Ende von Downtown. Das Kansas City Barbecue, 600 W Harbor Drive, ☎ 619 231 9680,

🖥 www.kcbbq.net, macht schamlos Gebrauch von der Tatsache, dass in der Bar Szenen des erfolgreichen Films *Top Gun* (1986) gedreht wurden; ⏱ tgl. 11–2 Uhr. Ein Stück weiter ruht der riesige Flugzeugträger USS Midway, 910 N Harbor Drive, ✆ 619 544 9600, 🖥 www.midway.org. Wer möchte, kann sich hier eine umfassende Sammlung zur US-Marine mit Waffen, Flugsimulatoren und 29 restaurierten Kampfflugzeugen anschauen. ⏱ tgl. 10–17 Uhr, letzter Einlass 16 Uhr, Eintritt $20.

### Maritime Museum

1492 N Harbor Drive ▪ ⏱ Sommer tgl. 9–21, sonst 9–20 Uhr ▪ Eintritt $16 ▪ ✆ 619 234 9153, 🖥 www.sdmaritime.org

Das Maritime Museum bietet mit einer Sammlung von neun Booten eine gute Einführung in die Schifffahrt vergangener Zeiten, u. a. der *Star of India* von 1863, dem ältesten noch einsatzbereiten Segelschiff mit Eisenrumpf. Es wurde zunächst an der Isle of Man eingesetzt und transportierte später Auswanderer nach Neuseeland. Weitere Schiffe sind die *Californian*, ein moderner Nachbau eines Kutters von 1847 der US Revenue, die HMS *Surprise*, ein Nachbau einer 24-Kanonen-Fregatte des 18. Jhs. für den Film *Master and Commander – Bis ans Ende der Welt*, und ein sowjetisches U-Boot, das knarrende *B-39*.

## Balboa Park

Anfahrt von Downtown mit den Bussen 3, 7 oder 120; zwischen den wichtigsten Museen und dem (kostenlosen) Parkplatz Inspiration Point am Park Blvd verkehrt der Balboa Park Trolley-Bus (Juni–Okt tgl. 9–20, Nov–Mai tgl. 9–18 Uhr, alle 8–40 Min., kostenlos) ▪ 🖥 www.balboapark.org

Im Balboa Park knapp zwei Meilen nordöstlich von Downtown gibt es nicht nur eine der größten Ansammlungen von Museen im Land, auch die über 400 ha große Anlage mit ihren Gärten, Promenaden und Gebäuden im spanischen Kolonialstil ist sehr reizvoll. Der ungefähr in der Mitte des Parks gelegene Spreckels Organ Pavilion (kostenlose Konzerte So 14–15 Uhr, 🖥 www.spreckelsorgan.com) beherbergt eine der größ-

ten Orgeln der Welt mit rund 4500 Pfeifen. Die meisten der wichtigen Museen (s. Kasten) liegen am El Prado, dem Fußweg durch den Park.

### San Diego Zoo

2920 Zoo Drive ▪ ⏱ Mitte Juni–Anfang Sep tgl. 9–21, Anfang Sep–Mitte Juni 9–19 Uhr ▪ Tagesticket mit Bustouren und Skyfari $50, Kinder 3–11 J. $40; Kombiticket mit Safari Park $90, Kinder 3–11 J. $70 ▪ ✆ 619 231 1515, 🖥 www.sandiegozoo.org

Der im Norden an das Museumsviertel im Balboa Park grenzende **San Diego Zoo** ist eine der größten Attraktionen der Stadt und gilt gemeinhin als bester Zoo der USA. In dem riesigen Tierpark lässt sich ohne weiteres ein ganzer Tag verbringen. Große Abschnitte gehören Schimpansen und Gorillas, Malaien- und Eisbären, Echsen und Löwen sowie Flamingos und Pelikanen. Außerdem gibt's hier einen **Kinderzoo** mit begehbaren Volieren und einer Aufzuchtstation für Tiere sowie das **Conrad Prebys Australian Outback** mit zahlreichen australischen Tieren wie Wombats, Wallabys und Koalas.

Bei einer **Bustour** kann man sich einen Überblick über den Zoo verschaffen, oder den ternimmt eine Fahrt mit der Seilbahn **Skyfari**. Die beliebten **Pandabären** des Zoos, Bai Yun, Gao Gao und ihre Nachkommen, verbringen einen großen Teil der Zeit mit Schlafen oder in der Giant Panda Research Station. Wer mit dem Auto unterwegs ist, kann auch noch dem angeschlossenen **San Diego Safari Park** in Escondido 35 Meilen nördlich einen Besuch abstatten, 🖥 www.sdzsafaripark.org (Kombitickets erhältlich).

## Old Town

Old Town San Diego State Historic Park: 4002 Wallace St ▪ ⏱ Mai–Sep tgl. 10–17, Okt–April 10–16 Uhr (Führungen tgl. 11 und 14 Uhr) ▪ Eintritt frei ▪ ✆ 619 220 5422, 🖥 www.parks.ca.gov ▪ gegenüber vom Old Town Transit Center, mit Coaster-, Trolley- und MTS-Bus-Verbindungen nach Downtown; mit dem Auto zu erreichen über den I-5, Ausfahrt Old Town Ave (Exit 19), und der Ausschilderung folgen, oder vom I-8 auf die Taylor St und dann links in die Juan St

Der Multi-Day Explorer ($55 oder $94 inkl. Eintritt zum San Diego Zoo, eine Woche gültig) berechtigt zum einmaligen Eintritt in die 14 Museen und den japanischen Garten. Den Pass gibt's im **Visitors Center**, ☎ 619 239 0512, 🖥 www.balboapark.org, das im House of Hospitality, 1549 El Prado, untergebracht ist. ⊕ tgl. 9.30–16.30 Uhr. Der One-Day Explorer gilt für fünf Museen und kostet $45.

**Automotive Museum**, 2080 Pan American Plaza, ☎ 619 231 2886, 🖥 www.sdautomuseum.org. Klassische Motorräder und Automobile, darunter ein *Tucker Torpedo* Baujahr 1948, von dem es nur noch 50 Exemplare gibt. ⊕ tgl. 10–17 Uhr, Eintritt $9.

**Museum of Man**, 1350 El Prado, ☎ 619 239 2001, 🖥 www.museumofman.org. Riesiges anthropologisches Museum mit Artefakten der Maya und der nordamerikanischen Ureinwohner sowie Relikten aus dem alten Ägypten und dem 60 m hohen California Tower. ⊕ Sommer tgl. 10–20.30, sonst 10–17 Uhr, Eintritt $12,50.

**Natural History Museum**, 1788 El Prado, ☎ 619 232 3821, 🖥 www.sdnhm.org. Großartige Fossiliensammlung, interaktive Exponate zum Thema Mineralogie und Ausstellungsstücke über Dinosaurier und Krokodile. ⊕ tgl. 10–17 Uhr, Eintritt $19.

**Reuben H. Fleet Science Center**, 1875 El Prado, ☎ 619 238 1233, 🖥 www.rhfleet.org. Riesiges, vor allem auf Kinder ausgerichtetes naturwissenschaftliches Museum mit IMAX-Kino. ⊕ tgl. 10–18 Uhr, Eintritt $19,95, Kinder 3–12 J. $16,95.

**San Diego Museum of Art**, 1450 El Prado, ☎ 619 232 7931, 🖥 www.sdmart.org. Bietet einen soliden Fundus europäischer Gemälde von der Renaissance bis zum 19. Jh., darunter Werke von Hals und Rembrandt. ⊕ Mo, Di, Do und Sa 10–17, Fr 10–20, So 12–17 Uhr, Eintritt $15, Sculpture Court and Garden frei.

**Timken Museum of Art**, 1500 El Prado, ☎ 619 239 5548, 🖥 www.timkenmuseum.org. Kunstmuseum mit einer tollen Sammlung russischer Ikonen sowie Gemälden wie Rembrandts *Der heilige Bartholomäus*, Jacques-Louis Davids *Porträt von Cooper Penrose* und *Cranberry Harvest*, ein Meisterwerk von Eastman Johnson. ⊕ Di–Sa 10–16.30, So 12–16.30 Uhr, Eintritt frei.

Die Old Town rund vier Meilen nördlich von Downtown ist die Keimzelle von San Diego. Ab 1968 wurde das Gebiet unter Schutz gestellt. Ein Großteil liegt im **Old Town San Diego State Historic Park**, einem interessanten (und kostenlosen) Museum, das an das San Diego der mexikanischen und frühen US-amerikanischen Zeit von 1821 bis 1872 erinnert. Der Park umfasst 25 Bauten, einige davon Original-**Adobe-Gebäude** mit zahlreichen alten Einrichtungsgegenständen. Es gibt eine funktionstüchtige Schmiede, freundliche Esel und mehrere kleine Museen, darunter die **Casa de Estudillo**, erbaut 1829 vom mexikanischen Kommandeur der Stadt, José Maria de Estudillo.

## Presidio Hill und Umgebung

1769 suchte sich der spanischen Franziskanermönch Junípero Serra den Presidio Hill als Platz für die erste Missionsstation Kaliforniens aus, die **Mission San Diego de Alcalá**. Das spanische Gebäude auf dem Presidio Hill am Rand der Old Town vermittelt nur eine ungefähre Ahnung von der ursprünglichen Mission. In ihm befindet sich das **Junípero Serra Museum**, 2727 Presidio Drive, ☎ 619 232 6203, 🖥 www.sandiegohistory. org, mit einer faszinierenden Ausstellung über den Pater, der an der Spitze der katholischen Missionierung Kaliforniens stand. ⊕ Juni–Anfang Sep Do–So 10–17, Anfang Sep–Mai Sa und So 10–17 Uhr, Eintritt $6.

Die heutige **Mission** Basilica **San Diego de Alcalá**, 10818 San Diego Mission Rd, ☎ 619 283 7319, 🖥 www.missionsandiego.com, rund 6 Meilen weiter nördlich, wurde 1774 hierher verlegt, weil es an dieser Stelle Wasser und fruchtbarere Böden gab – und man hier nicht so leicht von aufsässigen Indianern angegriffen werden konnte. ⊕ tgl. 7–19 Uhr, Eintritt frei. Ein kleines **Museum** informiert über die Geschich-

**KALIFORNIEN**

te der Mission und zeigt eine Sammlung mit indianischem Kunsthandwerk. ⊕ tgl. 9–16.30 Uhr, Eintritt frei.

## Ocean Beach und Point Loma

**Ocean Beach**, sechs Meilen nordwestlich von Downtown, ist ein relaxter Vorort am Meer mit urigen Straßen und Geschäften, die sich noch etwas von ihrem hippen 60er-Jahre-Flair bewahrt haben. Jedoch hat die fortwährende Erschließung der Gegend ihr einiges von ihrem Reiz genommen.

Am muntersten sind die **Newport Street**, wo Backpacker in Snackbars abhängen und Surfer- und Skater-Läden frequentieren, und die **Voltaire Street** mit einigen unabhängigen Geschäften. Oft erfreut hier eine gute Brandung die Surfer, und auch am Strand selbst kann manchmal einiges los sein, besonders am Wochenende, wenn sich das heimische Partyvolk einfindet. Südlich des Piers ragen die **Sunset Cliffs** empor, von denen sich schöne Sonnenuntergangsausblicke bieten.

### Cabrillo National Monument

1800 Cabrillo Memorial Drive ▪ ⊕ tgl. 9–17 Uhr, letzter Einlass 16.30 Uhr ▪ 7-Tage-Pass $10 pro Fahrzeug, $5 pro Fußgänger und Radfahrer ▪ ☎ 619 557 5450, ▱ www.nps.gov/cabr ▪ von Downtown Bus 923 und dann in Ocean Beach in Bus 28 umsteigen

Südlich von Ocean Beach liegt am südlichen Ende der hügeligen grünen Halbinsel **Point Loma** das **Cabrillo National Monument**: Es markiert die Stelle, an der Juan Cabrillo und seine Mannschaft 1542 als erste Europäer in Kalifornien an Land gingen, wenn auch nur kurz. Die atemberaubenden Ausblicke auf die San Diego Bay, Downtown und die Küste hinunter Richtung Mexiko lohnen auf jeden Fall die Fahrt hierher. Von einer Plattform auf den Klippen im Westen des Parks kann man von November bis März wunderbar die **Wanderung der Wale** beobachten: Dann ziehen hier zahlreiche Grauwale auf ihrem Weg zu den Fortpflanzungsgewässern vor Baja California vorbei. Nähere Informationen bietet das Visitor Center (⊕ wie Park) ganz in der Nähe; es befindet sich beim Old Point Loma Lighthouse (⊕ wie Visitor Center) von 1855, in dem man nachgebaute Ausrüstungsgegenstände der 1880er-Jahre findet.

## SeaWorld San Diego

500 Sea World Drive ▪ ⊕ tgl., saisonal unterschiedlich (mind. jedoch 11–17 Uhr), Mitte Juni–Aug 9–21 Uhr ▪ Eintritt $73, für Kinder ab 3 J. und darüber gibt es Rabatt auf der Website, Parkplatz $17 ▪ ☎ 619 226 3901, ▱ www.seaworldparks.com ▪ Bus 8 und 9 on Old Town Transit Center

Der riesige, kinderfreundliche Vergnügungspark **SeaWorld**, ein Ableger des Unterhaltungsgiganten mit Niederlassungen von Kalifornien über Texas bis Florida, ist nach wie vor wegen seiner Parktouren, Shows, Ausstellungen zu Meeresflora und -fauna und nicht zuletzt wegen seiner elf **Orcas** San Diegos größte Touristenattraktion. Daran hat auch der kritische Dokumentarfilm *Blackfish* nichts geändert. Der entstand 2013, nachdem ein Trainer in der SeaWorld Orlando von einem Orca getötet wurde. Daraufhin sanken die Besucherquoten in allen Parks. SeaWorld hat angekündigt, dass in Zukunft keine Orcas mehr gezüchtet werden sollen und dass das Unternehmen ab 2017 nur noch Orca-Shows aufführen will, bei denen das natürliche Verhalten der Wale berücksichtigt wird. In San Diego soll es zahlreiche neue Shows geben, damit wieder mehr Besucher in den Park kommen.

## Mission Beach und Pacific Beach

Die bekanntesten öffentlichen Strände von San Diego sind der **Mission Beach** auf der Halbinsel, die die Mission Bay vom Ozean trennt, und dessen nördliche Fortsetzung, der **Pacific Beach**, das Vergnügungszentrum für die am Meer gelegenen Teile der Stadt. Hier lässt sich in einer der vielen Strandbars schön ein Bier genießen, oder man unternimmt per Rad oder Rollerblades eine Tour auf dem **Ocean Front Walk**, der Promenade, die beide Strände säumt. Der **Tourmaline**

**Surfing Park**, La Jolla Boulevard, Höhe Tourmaline Street, eine Meile nördlich des Crystal Pier am Pacific Beach, ist ausschließlich Surfern und Windsurfern vorbehalten – Baden verboten. Eine gute Alternative ist der **Windansea Beach** ein paar Meilen weiter nördlich, ein beliebter Surferstrand, an dem man aber auch gut baden und wandern kann.

## Belmont Park

3146 Mission Blvd ▪ ⊕ Juni–Aug Mo–Do und So 11–23, Fr und Sa 11–24, März–Mai, Sep und Okt Mo–Do und So 11–20, Fr und Sa 11–22, Nov und Dez Mo, Do und So 11–18, Fr und Sa 11–22, Jan und Feb Fr und Sa 11–22, So 11–20 Uhr ▪ die meisten Fahrten $3–6, Parkpass $28,95 proTag ▪ ✆ 858 228 9283, 🖵 www.belmontpark.com

Der einst heruntergekommen **Belmont Park** beim südlichen Ende des Ocean Front Walk in Mission Beach ist renoviert und mit modernen Fahrgeschäften ausgestattet worden – die beiden Hauptattraktionen stammen jedoch von 1925: die Holzachterbahn **Giant Dipper** ($6), eine der wenigen noch existierenden aus jener Zeit, und die beheizte **Plunge Pool** ($7 pro Tag), in dem sich einst die bekannten Filmschwimmstars Johnny Weissmüller und Esther Williams tummelten.

# La Jolla und weiter nördlich

Nobel geht es seit den 1950er-Jahren im eleganten Strandviertel **La Jolla** 13 Meilen nordwestlich von Downtown San Diego zu; heute präsentiert sich La Jolla allerdings weniger gesetzt und dafür freundlicher. Hier kann man durch sauber gefegte Straßen spazieren, kalifornische Speisen in einem der vielen Straßencafés genießen oder den lokalen Ableger des **Museum of Contemporary Art**, 700 Prospect St, ✆ 858 454 3541, 🖵 www.mcasd.org, besuchen. Es bietet eine riesige, regelmäßig wechselnde Ausstellung von Gemälden und Skulpturen ab 1955. ⊕ tgl. außer Mi 11–17 Uhr, Eintritt $10.

In der Nähe liegt am Coast Boulevard die beliebte, größtenteils als ökologisches Schutzgebiet ausgewiesene **La Jolla Cove**, deren klares Wasser sich ausgezeichnet zum Schnorcheln

eignet – falls man einen Parkplatz findet (am besten versucht man es auf dem Parkplatz des Coast Walk am Coast Blvd, nicht weit von der Prospect St; $5 pro Std.). ⊕ tgl. 9 Uhr bis Sonnenuntergang, Eintritt frei.

Das weiter nördlich gelegene **Birch Aquarium at Scripps**, 2300 Expedition Way, abseits N Torrey Pines Rd, ✆ 858 534 3474, 🖵 www.aquarium.ucsd.edu, wartet mit zahlreichen Highlights auf, u. a. der Hall of Fishes, einem riesigen Aquarium mit dichtem Tang-Wald und zahllosen Meerestieren, sowie dem kleineren, aber neu gestalteten Aquarium Elasmo Beach mit furchteinflößenden Leopardenhaien und Rochen. ⊕ tgl. 9–17 Uhr, Eintritt $18,50, Kinder 13–17 J. $14, Parken für 3 Std. kostenlos.

## Torrey Pines State Natural Reserve

12600 N Torrey Pines Rd ▪ ⊕ Schutzgebiet tgl. 7.15 Uhr bis Sonnenuntergang (17–20 Uhr) ▪ Eintritt frei (Parkplatz $10–15) Visitor Center Mai–Sep tgl. 9–18, Okt–April 10–16 Uhr; kostenlose Führungen Sa und So 10, 12 und 14 Uhr ▪ ✆ 858 755 2063, 🖵 www.torreypine.org

Rund acht Meilen nördlich von La Jolla ist über die Torrey Pines Road und einen steilen Pfad der Torrey Pines City Beach Park (auch bekannt als Black's Beach) zu erreichen. Er gehört zum Torrey Pines State Natural Reserve, dem wichtigsten FKK-Strand der Region und einer der anspruchsvollsten Surfstrände im südlichen Kalifornien. In dem Schutzgebiet wachsen seltene Torrey-Kiefern, die überhaupt nur noch an zwei Orten vorkommen. Salz und steife Meeresbrisen haben die Stämme der Kiefern zu bizarren gewundenen Gebilden verformt.

## ÜBERNACHTUNG

### Hotels, Motels und B&Bs

**Beach Cottages**, 4255 Ocean Blvd, Mission Beach, ✆ 858 483 7440, 🖵 www.beachcottages.com. Nette Unterkunft direkt am Strand, drei Blocks südlich des Piers, mit unterschiedlichen Zimmern, von einfachen, recht verwohnten Motelzimmern bis zu opulenteren Cottages. Die meisten Zimmer haben eine kleine Küche, alle einen Kühlschrank. Motelzimmer $160, Studios $250, Cottages und Apartments $305

**Bed & Breakfast Inn at La Jolla**, 7753 Draper Ave, ✆ 800 582 2466, 🖳 www.innlajolla. com. 15 Themen-Zimmer in einem Gebäude von 1913 des frühen Modernisten Irving Gill. Ruhiger Garten und hervorragender Service in günstiger Lage zu Strand und Kunstmuseum. Highlight: Das Irving Gill Penthouse für $425 pro Nacht, vollgestopft mit viktorianischen Gegenständen. $239

**Bristol**, 1055 1st Ave, Downtown, ✆ 619 232 6141, 🖳 www.thebristolsandiego. com. Modernes, geschmackvoll eingerichtetes Boutiquehotel im Zentrum mit guter Ausstattung inkl. iPod-Docks. Sehr gutes Preis-Leistungs-Verhältnis. $143

**Britt Scripps Inn**, 406 Maple St, ✆ 619 230 1991, 🖳 www.brittscripps-inn.com. Reizendes viktorianisches Gästehaus in einer wunderbar restaurierten Queen-Anne-Villa von 1887 beim Balboa Park. Die neun noblen Gästezimmer sind mit Antiquitäten, TV und ein paar modernen Akzenten versehen. $133

**Dolphin Motel**, 2912 Garrison St, ✆ 619 758 1404, 🖳 www.dolphin-motel.com. Typisches Motel mit kleinen, sauberen Zimmern. In guter Lage, ungefähr zwischen Ocean Beach und Point Loma, leicht vom Flughafen zu erreichen. Außerhalb der Hauptsaison oft bis zu $55 günstiger. $90

**Indigo**, 509 9th Ave, Downtown, ✆ 619 727 4000, 🖳 www.hotelinsd.com. Schickes Boutique-hotel im Gaslamp District in höchst gepflegtem Gebäude mit den Einrichtungen eines Business-hotels, dazu Kunst an den Wänden und Dach-bar mit Feuerstelle. $180

**La Pensione**, 606 W Date St, Höhe India, Little Italy, ✆ 619 236 8000, 🖳 www.lapensionehotel. com. Preisgünstiges Hotel in Gehnähe zum Stadtzentrum mit minimalistisch-modernen kleinen Zimmern. Sie besitzen aber Mikrowelle, Kühlschrank und Kabel-TV. Zum Haus gehört eine Wäscherei. $160

**The US Grant**, 326 Broadway, gegenüber Horton Plaza, Downtown, ✆ 800 237 5029, 🖳 www.usgrant.net. Die vornehmste Unter-kunft in Downtown existiert seit 1910. Prunk-voller Klassizismus mit Kronleuchtern, Marmor-fußböden und gemütlichen Zimmern sowie geräumigeren Suiten. Die eleganten Ballsäle

und protzigen Konferenzräume lohnen einen Blick. $230

### Hostels

**HI-San Diego Downtown Hostel**, 521 Mar-ket St, Ecke 5th Ave, Downtown, ✆ 619 525 1531, 🖳 www.sandiegohostels.org. Günstige Lage zum Gaslamp District und zur Horton Plaza; WLAN, Bibliothek, Küche und Touren-angebot nach Tijuana. Frühstück inkl. Dorms $39, DZ $98

**USA Hostels Ocean Beach**, 4961 Newport Ave, Ocean Beach, ✆ 619 223 7873, 🖳 www.usa hostels.com. Muntere, bunte Unterkunft einen Block vom Strand entfernt. Grillplatz, Fahrrad- und Surfboard-Verleih, kostenloses Shuttle zum Zoo, Flughafen und Downtown sowie jeden Abend Spielfilme. Inkl. Laken, Dusche und Continental Breakfast. Dorms $42, DZ $125

**USA Hostels San Diego**, 726 5th Ave, zwischen F und G Street, Downtown, ✆ 619 232 3100, 🖳 www.usahostels.com. Günstig gelegenes Hostel am Rand des Gas-lamp District. Umgestaltetes Gebäude aus den 1890er-Jahren. Schlafsäle mit 6 bis 8 Betten, Frühstück und Laken kostenlos, außerdem Ausflüge nach Tijuana – eins der besten Hos-tels der Stadt. Dorms $35, DZ $85

### Camping

**Campland on the Bay**, 2211 Pacific Beach Drive, ✆ 800 422 9386, 🖳 www.campland. com. Von dem halben Dutzend Campingplätzen für Wohnmobile besitzen nur wenige auch Zeltplätze: Dieser ist der beste, mit einfachen Stellplätzen für ab $45; größere Stellplätze mit mehr Einrichtungen kosten bis $417. Swimming- und Whirlpools, Bootsanlegestelle, Ausrüs-tungsverleih und Laden. $55

## ESSEN

**Cafe 222**, 222 Island Ave, Ecke 2nd Ave, Downtown, ✆ 619 236 9902, 🖳 www. cafe222.com. Hippes Café mit fantastischem Frühstück und Mittagessen. Es bietet ausge-zeichnete Pancakes, French Toast und diverse Waffeln sowie fantasievolle Sandwiches und Burger (u. a. vegetarische); alles zu sehr fairen Preisen (Hauptgerichte meistens $9–13). ⊕ tgl. 7–13.45 Uhr.

**Dobson's**, 956 Broadway Circle, Downtown, ✆ 619 231 6771, 🖵 www.dobsonsrestaurant. com. Dieses elegante Restaurant in einem alten Gebäude ist eine Institution in San Diego und wird von Geschäftsleuten belagert. Die Küche ist kontinental ausgerichtet, vom Austernsalat bis zum Lammkarree (Hauptgerichte $16–42). Eigentümer Paul Dobson war früher professioneller Stierkämpfer (in Tijuana finden immer noch Corridas statt). ⊕ Mo–Fr 11.30–22, Sa 17–22 Uhr.

**Filippi's Pizza Grotto**, 1747 India St, Little Italy, ✆ 619 232 5094, 🖵 www.realcheesepizza.com. Hier gibt es leckere Pizza mit dickem Boden sowie verschiedene Pastagerichte, darunter ausgezeichnete Lasagne (Hauptgerichte $10–12). Serviert wird in einem kleinen Raum im hinteren Bereich eines italienischen Lebensmittelgeschäfts. ⊕ Mo und So 11–22, Di–Do 11–22.30, Fr und Sa 11–23.30 Uhr.

🧳 **Hodad's**, 5010 Newport Ave, Ocean Beach, ✆ 619 224 4623, 🖵 www.hodadies.com. Diesen billigen und zu Recht beliebten Laden gibt's schon seit 1969 (an verschiedenen Orten der Stadt). Er hat exzellente Burger, ob schnörkellos (ab $5,75) oder mit Käse ($6), Thunfisch oder Gemüse (je $6,50). Und dazu werden immer Pommes und Zwiebelringe gereicht. ⊕ tgl. 11–22 Uhr.

🧳 **Karl Strauss Brewery & Restaurant**, 1044 Wall St, La Jolla, ✆ 858 551 2739, 🖵 www.karlstrauss.com. Brauereikneipe mit ausgezeichnetem Bier zu perfekt gegrillten Bier-Burgern ($12,95) und biergepökelten Koteletts ($21,95). ⊕ tgl. 11–22 Uhr.

**Marketplace Deli**, 2601 5th Ave, ✆ 619 239 8361, 🖵 www.themarketplacesd.com. Der Laden unmittelbar südlich von Hillcrest beim Eingang zum Balboa Park produziert hervorragende Pizza und Sandwiches wie das köstliche Reuben mit Pastrami, Sauerkraut und Käse auf Roggenbrot. Außerdem gute mit Käse überbackene Thunfisch-Sandwiches und Nudelsalate gut zu verdaulichen Preisen (Mittagstisch ab $5). ⊕ Mo–Fr 7–19, Sa 8–19, So 8–16 Uhr.

**Old Town Mexican Café**, 2489 San Diego Ave, Old Town, ✆ 619 297 4330, 🖵 www.oldtown

mexcafe.com. Eines der besseren mexikanischen Lokale in Old Town, sehr beliebt, mit z. B. Pozole und Tacos. Die einzige Zeit, in der man nicht auf einen Tisch warten muss, ist wahrscheinlich frühmorgens zum Frühstück. Hauptgerichte $12–20, Tacos $4,50. ⊕ Mo–Do und So 7–23, Fr und Sa 7–2 Uhr.

**Point Loma Seafoods**, 2805 Emerson St, Point Loma, ✆ 619 223 1109, 🖵 www.pointlomasea foods.com. Über den verdientermaßen beliebten Tresen wandern nur die frischsten Fische, außerdem gibt's traumhafte Fischbrötchen, z. B. mit Krabbenküchlein oder Jakobsmuscheln ($14,80). Besonders am Wochenende ist es hier voll, auch wegen der schönen Ausblicke über die Bucht nach Downtown. Mittlere Preislage. ⊕ Mo–Sa 9–20, So 10–20 Uhr.

🧳 **Prepkitchen**, 1660 India St, Little Italy, ✆ 619 398 8383, 🖵 www.prepkitchen littleitaly.com. Teil einer örtlichen Minikette mit leckeren kleinen Gerichten wie Datteln im Speckmantel ($13,95) oder Muscheln aus der Region mit Fritten ($17,75). ⊕ Mo–Do 11.30–15 und 17–22, Fr 11.30–15 und 17–22.30, Sa 10–15 und 17–22.30, So 10–15 und 17–21 Uhr.

## UNTERHALTUNG

San Diego wartet mit einem recht guten Angebot an Kneipen auf – im Gaslamp District kann man sich entweder in Schale schmeißen, um einen Cocktail schlürfen zu gehen, oder ohne große Umstände in einer Sportbar ein paar Bier kippen. Lebhafter geht's in den Stadtteilen am Strand zu, mit viel Bier und lauter Musik. Seit den 1990er-Jahren hat sich die Stadt samt Umgebung auch einen guten Ruf für **Mikrobrauereien** (oder Craft-Biere) erbraut – Bierfreunde sollten hier also auf ihre Kosten kommen.

### Bars und Clubs

🧳 **AleSmith Brewing Co**, 9990 AleSmith Court (ehemals Empire St), ✆ 858 549 9888, 🖵 www.alesmith.com. Recht weit außerhalb (9 Meilen landeinwärts von La Jolla), aber eine tolle Kleinbrauerei mit einer riesigen Auswahl an Fassbieren nach belgischer Brauart. Rücktransport vorher arrangieren! Kostenlose

## San Diegos Gourmet Food Trucks

In San Diego sollte man auf keinen Fall versäumen, an einem oder mehreren der **Imbisswagen** der Stadt zu essen, denn die warten mit einem tollen Angebot auf. Die aktuellen Standorte, Öffnungszeiten und Speisekarten stehen auf den jeweiligen Websites; siehe auch ⌨ www.sdfoodtrucks.com.

**Devilicious**, ⌨ www.deviliciousfoodtruck.com. Eine Institution in San Diego, nicht nur wegen des köstlichen überbackenen Käsesandwiches mit Hummer.

**Super Q Food Truck**, ⌨ www.superqfoodtruck. com. Hickoryholz-BBQ-Speisen wie ausgezeichnete Rinderbrust, Pulled Pork und knusprige Süßkartoffel-Pommes.

**Tabe BBQ**, ⌨ www.tabebbq.com. Mit das beste asiatische Fusion-Straßenessen in den USA, z. B. in scharfer koreanischer Sauce mariniertes Schweine- oder Rindfleisch vom Holzkohlegrill.

**Two for the Road**, ⌨ www.twofortheroadsd. com. Klassische amerikanische Speisen mit Pfiff: New England Hummerbrötchen, Corn Dogs, Krabbenküchlein, Burger und echte *whoopie pies*, die aus Maine eingeflogen werden.

Brauereiführungen Mi–Fr 18, Sa 14 und 16 Uhr. ⏲ Mo–Sa 11–22, So 11–21 Uhr.

**The Alibi**, 1403 University Ave, Hillcrest, ✆ 619 295 0881. Klassische Absturzkneipe mit starken Drinks, Billardtischen, manchmal Livemusik und grungiger, aber gemütlicher Einrichtung. ⏲ tgl. 7–2 Uhr.

**Café Sevilla**, 353 5th Ave, Downtown (Gaslamp District), ✆ 619 233 5979, ⌨ www.cafese villa.com. Oben gibt's traditionelle spanische Küche und Tapas, unten einen hippen lateinamerikanischen Club mit Salsa- und spanischen Tanzklängen sowie Flamenco-Darbietungen. ⏲ Mo 11.30–1, Di–Fr 11.30–1.30, Sa und So 10–1.30 Uhr.

**Omnia**, 454 6th Ave, Downtown (Gaslamp District), ✆ 619 544 9500, ⌨ www.omnianight club.com. Luxusclub in einem historischen Lagerhaus (der nicht so verrückte Ableger des berühmten Clubs in Las Vegas) mit erst-klassi-

gen DJs und Dachbar. Hier ist aufbrezeln und Kohle lockermachen (Drinks $15) angesagt. Fr und Sa Eintritt $20–30. ⏲ Do–Sa 21–2 Uhr.

**Waterfront**, 2044 Kettner Blvd, Little Italy, ✆ 619 232 9656, ⌨ www.waterfrontbarandgrill. com. Das Publikum in diesem altmodischen Laden in Little Italy, wo auch Burger, Fish 'n' Chips und Kneipenkost serviert werden, setzt sich aus Arbeitern und Hipstern zusammen. Hier präsentiert sich San Diego von seiner trinkfesten Seite. ⏲ tgl. 6–2 Uhr.

### Livemusik

**Brick by Brick**, 1130 Buenos Ave, Mission Bay, 6 Meilen nördlich von Downtown, ✆ 619 276 3990, ⌨ www.brickbybrick.com. In der relativ bekannten Halle spielen hauptsächlich Indie-, Hip-Hop- und Hardrock-Bands, außerdem gibt's Varieté. Eintritt zumeist $10–35. ⏲ tgl. 19–2 Uhr.

**Casbah**, 2501 Kettner Blvd, Little Italy, ✆ 619 232 4355, ⌨ www.casbahmusic. com. Angeschmuddeltes Lokal, in dem regelmäßig Blues-, Funk-, Reggae- und Indie-Bands auftreten. Sehr populär bei den Einheimischen, trotz der Enge. Eintritt meist $10–20. ⏲ tgl. 20.30–2 Uhr.

**Dizzy's**, 4275 Mission Bay Drive, Pacific Beach, ✆ 858 270 7467, ⌨ www.dizzysjazz.com. Wie der Name suggeriert, steht hier unverfälschter Jazz im Mittelpunkt. Und auch sonst gibt's nicht viel Ablenkung, denn die Konzerte finden im Laden von San Diego Jet Ski Rentals statt. Eintritt $15–20 (nur bar). ⏲ Veranstaltungen siehe Website.

**House of Blues**, 1055 5th Ave, Downtown, ✆ 619 299 2583, ⌨ www.houseofblues.com. Eine der wichtigsten Konzertbühnen der Stadt, auf der bekannte Rock- und Pop-Künstler gastieren. Vielleicht ein bisschen zu geleckt, aber manchmal gibt's hier recht gute Konzerte. ⏲ Di–So 16–23 Uhr.

**Humphrey's by the Bay**, 2421 Shelter Island Drive, Point Loma, ✆ 619 220 8497, ⌨ www. humphreysconcerts.com. Populärer Veranstaltungsort (mit Restaurant) für Mainstream-Pop-, Blues-, Jazz-, Country-, Folk- und Lite-Rock-Konzerte, oft bekannter Künstler. ⏲ unterschiedlich.

**Visitor Center**, 996 N Harbor Drive, ℡ 619 737 2999, ⌨ www.sandiego.org, ⊕ Juni–Sep tgl. 9–17, Okt–Mai 9–16 Uhr.

## NAHVERKEHR

Trotz seiner Ausdehnung lässt sich San Diego auch ohne eigenes Fahrzeug ziemlich gut, wenn auch langsam, erkunden. Schwieriger wird es nachts, da die meisten öffentlichen Verkehrsmittel nur bis 23 oder 24 Uhr fahren. Aber ein Taxi ist durchaus erschwinglich; die Grundgebühr beträgt $2,80, und Fahrten in Downtown kosten um die $6, Fahrten zu den Stränden im Norden (Ocean, Mission oder Pacific) $20–25.

### Bus

Das Busnetz San Diegos wird vom **Metropolitan Transit System** (MTS), ℡ 619 595 4555, ⌨ www.sdmts.com, betrieben. Die Einzelfahrscheine für Busse im Großraum San Diego kosten gewöhnlich $2,25–2,50. Beim Einsteigen exaktes Fahrgeld bereithalten (es werden auch Scheine angenommen).

Die **Compass Card** ($2) ermöglicht den Kauf unterschiedlicher Bus-Tageskarten für die unbegrenzte Nutzung der meisten Bus- und Straßenbahn-Routen (s. u.) für einen bis vier Tage ($5, $9, $12 oder $15) und ist im Transit Store erhältlich.

**Transit Store**, 12th & Imperial Transit Center, 1255 Imperial Ave, ℡ 619 234 1060. Hat Fahrpläne und Tageskarten.

### Straßenbahn (Trolley)

Das Busnetz wird durch den **San Diego Trolley** ergänzt, oft „Tijuana Trolley" genannt, der zur mexikanischen Grenze in San Ysidro fährt (einfache Fahrt $2,50). Von den drei Trolley-Routen ist die Blue Line für Besucher am nützlichsten. Sie führt von der Old Town Richtung Süden nach Little Italy und Downtown und dann weiter zur mexikanischen Grenze. Von der Transfer Station Imperial & 12th zieht die Orange Line eine Schleife um Downtown und fährt dann in die östlichen Vororte, was für Touristen weniger interessant ist. Die Green Line führt über die Old Town ebenfalls in die Vororte im Osten und ist nur für Leute von Interesse, die zur Mission San Diego oder zum Qualcomm Stadium fahren möchten. Tagsüber fahren die Trolleys ab ca. 5 Uhr alle 15 Min.; die letzte Bahn zurück von San Ysidro fährt um 4 Uhr, sodass man einen Abend in Tijuana verbringen kann.

### Coaster

Das nördliche San Diego County ist durch ein einfaches S-Bahn System, den **Coaster**, ℡ 800 262 7837, ⌨ www.gonctd.com/coaster, mit Downtown verbunden. Unter Woche gibt es tgl. elf Verbindungen zwischen Oceanside im Norden und Downtown (Santa Fe Depot) plus zwei zusätzliche Züge freitagabends. Samstags fahren nur sechs Züge, sonn- und feiertags nur vier. Fahrkarten von Downtown kosten $4 zur Old Town, $5 ins Sorrento Valley und $5,50 zu allen anderen Bahnhöfen (Tageskarte $12).

### Fahrrad

San Diego eignet sich mit seinen vielen Radwegen gut zum Radeln. Auf der San-Diego-Bay-Fähre und auf bestimmten Stadtbusstrecken können Fahrräder kostenlos mitgenommen werden. Man steigt an einer Haltestelle ein, die mit einem Fahrrad gekennzeichnet ist, und befestigt sein Rad sicher hinten am Bus. Einen Überblick über die Radlerszene der Stadt bieten ⌨ www.themappything.com und ⌨ www. sdcbc.org. Es gibt auch ein Bikeshare-System: **DecoBike San Diego**, ⌨ www.decobikesan diego.com, bietet Fahrräder im gesamten Stadtgebiet für $5 pro 30 Min. oder $35 pro Woche. Fahrräder verleihen **Bicycle Discovery**, 742 Felspar St, Pacific Beach, ℡ 858 272 1274, ⌨ www.bicycle-discovery.com, ⊕ Mo–Sa10–19.30, So 10–17.30 Uhr, $7 pro Std., $25 pro Tag, und **Cheap Rentals**, 3689 Mission Blvd, Mission Beach, ℡ 858 488 9070, ⌨ www.cheap-rentals. com, ⊕ tgl. 9–19 Uhr, $5 pro Std., $12 pro Tag.

## TRANSPORT

### Busse

Der **Greyhound**-Busbahnhof, ℡ 619 515 1100, befindet sich in der 1313 National Ave, unmittelbar östlich des Petco Park und praktischerweise direkt neben dem 12th & Imperial Transit Center (mit Straßenbahn- und Busverbindungen). Auf allen Fahrten nach SAN FRANCISCO (12–14 Std.) muss man in Los Angeles und nach LAS VEGAS (7–9 Std.) in San Bernadino umsteigen.

**Busse nach**:
LOS ANGELES (16x tgl., 2 1/4–3 ¼ Std.), PHOENIX (2x tgl., 8 1/4–8 1/2 Std.), TIJUANA, Mexiko (18x tgl., 1 1/4 Std.).

### Eisenbahn
**Amtrak-Züge** halten am Santa Fe Railroad Depot, 1050 Kettner Blvd, beim Westende des Broadway.

**Züge nach**:
LOS ANGELES (11x tgl., 2 3/4–3 Std.), SAN JUAN CAPISTRANO (11x tgl., 1 1/2–1 3/4 Std.), SANTA BARBARA (4x tgl., 5 1/2–5 3/4 Std.).

### Flüge
Der **San Diego International Airport**, ⌨ www.san.org, liegt nur 3 Meilen nordwestlich des Zentrums. In die Stadt fährt der Bus Nr. 992, der auch am Bahnhof und an Haltestellen des Trolley und Coaster hält (tgl. 5–23.30 Uhr, Mo–Fr alle 15 Min., Sa und So alle 30 Min.; $2,25). Natürlich fahren auch Taxis in die Stadt ($10–12 nach Downtown), und alle großen Autoverleiher sind am Flughafen vertreten.

# Los Angeles

Dank Hollywood haben die meisten Erdbewohner zumindest von **Los Angeles** gehört. Die „Stadt der Engel" oder „Tinseltown" („Lamettastadt/Stadt des schönen Scheins") umfasst neben der Film- und Unterhaltungsindustrie auch die Paläste von Beverly Hills und den Sunset Strip. Sie ist die Heimat des ersten Disneyland, der Lakers und einer Strandkultur, die den kalifornischen Surfboom der 1950er-Jahre befeuerte. Wer zum ersten Mal hier ist, darf sich auf ein paar Überraschungen freuen – die gewaltige Ausdehnung der Stadt z. B. kann man sich kaum vorstellen, solange man sie nicht persönlich erlebt hat. L.A. ist hinsichtlich der Einwohnerzahl nur die zweitgrößte Stadt der USA, bedeckt aber eine Fläche von über 2500 km², auf der unterschiedlichste Stadtteile durch ein Netz von Autobahnen zusammengehalten werden.

Inmitten der Hochhäuser wartet **Downtown L.A.** mit einem historischen mexikanischen Kern auf, 16 Meilen entfernt von den hippen Stadtteilen **Santa Monica** und **Venice Beach** am Pazifik. Aufgrund hoher Kriminalitätsrate und Gangster-Rap haben sich South Central L.A. und Compton zu Synonymen für Gewalt und Gangs wie die Crips und die Bloods entwickelt. Westlich von Downtown sind die Straßen von **Hollywood** getränkt mit den Mythen und Legenden der Filmindustrie, und im benachbarten **West L.A.** sind diejenigen zu Hause, die es in jüngerer Vergangenheit zu Reichtum gebracht haben, der besonders in Beverley Hills und am Sunset Strip zur Schau gestellt wird.

Die Vorstadtlandschaft des **Orange County** im Südosten hat außer Disneyland, ein paar Museen und einer Handvoll freizügiger Badeorte kaum etwas zu bieten. Auf der anderen Seite der Hügel im Norden erstrecken sich **San Gabriel** Valley und **San Fernando Valley**, wo sich unter den gleichförmigen Wohnhäusern und Einkaufszentren hier und da etwas Sehenswertes findet, zumeist im vornehmen **Pasadena**.

## Downtown

Seit der Eröffnung des **Staples Center** 1999 ist **Downtown L.A.** etwas aufgeblüht, und viele der anmutigen alten Banken und Hotels sind in Wohnhäuser sowie den riesigen, 2008 eröffneten Komplex **L.A. Live** verwandelt worden. Das Stadtzentrum ist aber nach wie vor sehr facettenreich. Innerhalb von ein paar Häuserblocks findet man Adobe-Gebäude und mexikanische

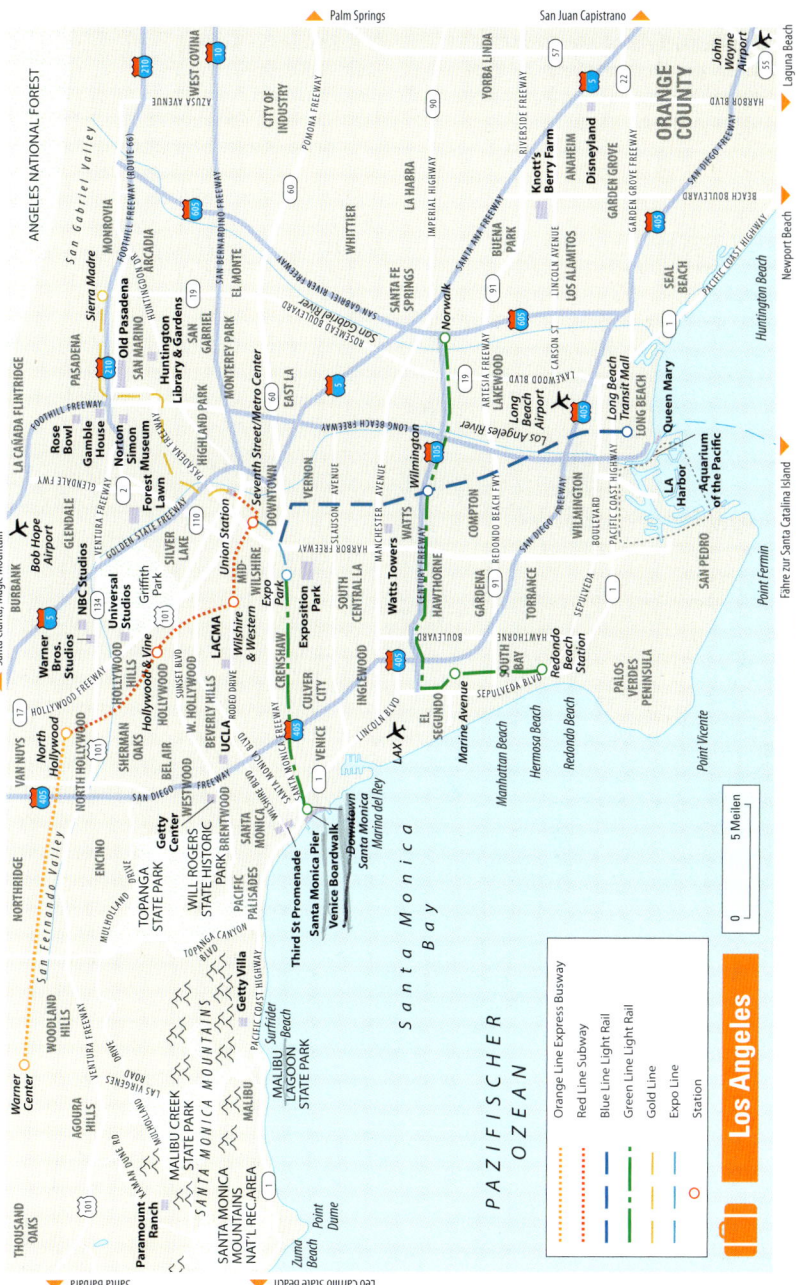

Los Angeles

**Legend:**
- Orange Line Express Busway
- Red Line Subway
- Blue Line Light Rail
- Green Line Light Rail
- Gold Line
- Expo Line
- Station

KALIFORNIEN

Marktstände, die sogenannte **Skid Row** mit einer der höchsten Konzentrationen an Obdachlosen in den USA, japanische Einkaufszentren und avantgardistische Kunstgalerien.

## El Pueblo de Los Angeles

Paseo de la Plaza und N Main St ▪ Visitor Center E 10 Olvera St ▪ Eintritt frei ▪ ✆ 213 628 1274, 🖥 www.elpueblo.lacity.org Führungen Di–Sa 10, 11 und 12 Uhr, 50 Min. ▪ kostenlos ▪ 🖥 www.lasangelitas.org

**El Pueblo de Los Angeles** ist die Keimzelle der Stadt, ein historisches Viertel mit der alten Plaza gegenüber der Union Station an der Alameda Street. Ende des 18. Jhs. lag der ursprüngliche Stadtkern ungefähr an der Stelle des heute als The Plaza bezeichneten Areals. Auf dem Platz steht die älteste Kirche der Stadt, **La Placita**, 535 N Main St, 🖥 www.laplacita.org. Das kleine Adobe-Bauwerk mit einem Giebeldach geht auf das Jahr 1822 zurück. ⏰ tgl. 6.30–20 Uhr.

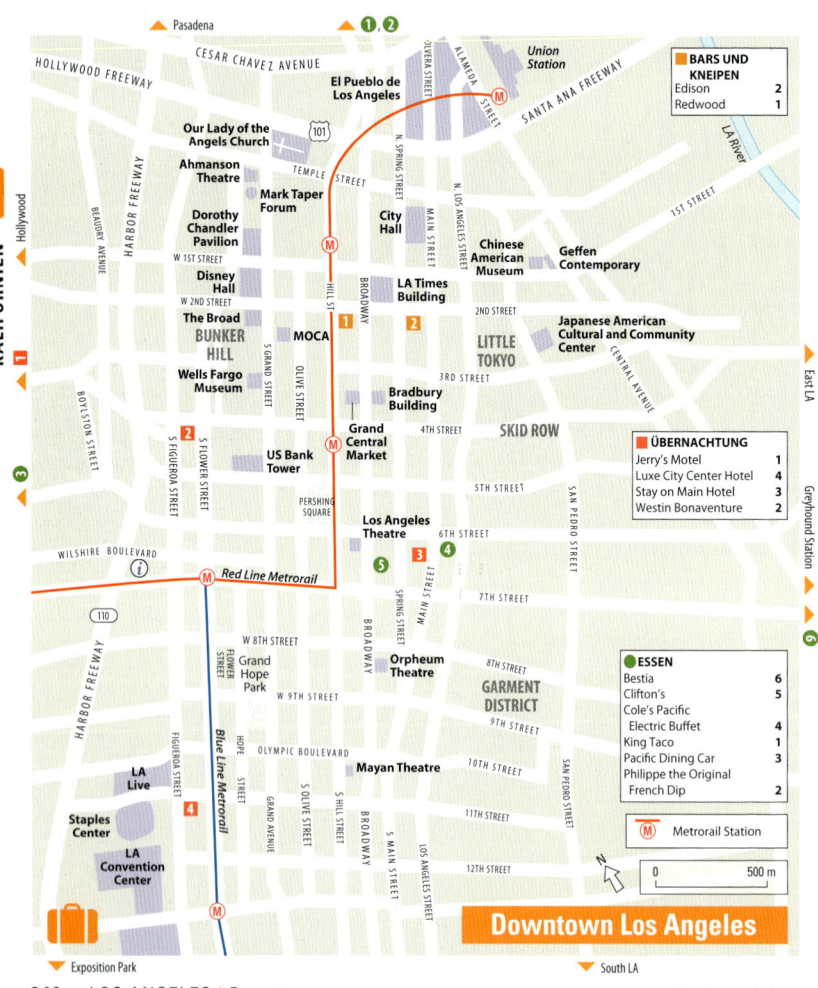

| ■ BARS UND KNEIPEN | |
|---|---|
| Edison | 2 |
| Redwood | 1 |

| ■ ÜBERNACHTUNG | |
|---|---|
| Jerry's Motel | 1 |
| Luxe City Center Hotel | 4 |
| Stay on Main Hotel | 3 |
| Westin Bonaventure | 2 |

| ● ESSEN | |
|---|---|
| Bestia | 6 |
| Clifton's | 5 |
| Cole's Pacific Electric Buffet | 4 |
| King Taco | 1 |
| Pacific Dining Car | 3 |
| Philippe the Original French Dip | 2 |

Ⓜ Metrorail Station

0 — 500 m

**Downtown Los Angeles**

Die **Olvera Street** ist eine nach dem Vorbild eines mexikanischen Dorfmarktplatzes gestaltete Straße mit Lebensmittel- und Kunstgewerbeständen und dem historischen **Avila Adobe** (☉ tgl. 9–16 Uhr, Eintritt frei), dem eigentlich ältesten Gebäude der Stadt (von 1818), das allerdings nach dem Sylmar-Erdbeben von 1971 aus Stahlbeton komplett neu aufgebaut wurde. Das Haus ist so eingerichtet, wie es vielleicht Ende der 1840er-Jahre ausgesehen hat. Draußen im Hof befindet sich das Visitor Center (S. 364).

Eine weitere lohnende Sehenswürdigkeit ist das **América Tropical Interpretive Center** im Sepulveda House, 125 Paseo de La Plaza (Eingang an der Olvera St), ☏ 213 485 6855, 🖥 www.the americatropical.org. Das Haus beherbergt und erläutert das 5,5 x 24,3 m große Wandbild *América Tropical* von David Siqueiros, einem der bedeutendsten mexikanischen Künstler des 20. Jhs. ☉ April–Okt Di–So 10–15, Nov–März 10–12 Uhr, Eintritt frei.

Ebenfalls einen Besuch wert ist das **Garnier Building** mit dem **Chinese American Museum**, 425 N Los Angeles St, ☏ 213 485 8567, 🖥 www. camla.org. Es beschäftigt sich mit der Geschichte der hiesigen chinesischen Siedlung, Gesellschaft und Kultur. Zu den Exponaten zählen aufschlussreiche Briefe, Fotos und Dokumente, eine moderne Kunstsammlung und der Nachbau eines chinesischen Kräuterladens von anno 1900. ☉ Di–So 10–15 Uhr, empfohlene Spende $3.

## Civic Center

Im **Civic Center**, südlich der Plaza jenseits des Santa Ana Freeway, schlägt das Herz von L.A. Dort stehen auch drei der auffälligsten Gebäude der Stadt. Die **City Hall**, 200 N Spring St (öffentlicher Eingang 201 Main St), ☏ 213 978 1059, 🖥 www.lacity.org, ist ein 1928 vollendeter Art déco-Wolkenkratzer, der in *Dragnet* und *Superman* zu sehen war. Das Innere des Gebäudes kann im Rahmen einer kostenlosen **Führung** besichtigt werden, bei der auch eine 360-Grad-Aussichtsplattform im 28. Stock angesteuert wird: ☉ Mo–Fr 9–17 Uhr, Eintritt frei.

## Bunker Hill

Noch vor einem Jahrhundert war Bunker Hill, die Gegend südlich des Civic Center, das ele-

ganteste Viertel der Stadt. Heute ist sie der **Financial District** mit kolossalen Bürotürmen. Die **Walt Disney Concert Hall**, First St, Ecke Grand Ave, ist Frank Gehrys großartiges Spektakel moderner Architektur. Die Vorzeigekonzerthalle mit 2300 Sitzplätzen beeindruckt von außen durch ihre geschwungene Edelstahlfassade und im Innern mit einer traumhaft warmen Akustik und einer gigantischen Orgel. Am einfachsten lässt sich die Halle mit einer einstündigen Audiotour, erzählt vom Schauspieler John Lithgow, erkunden, die an den meisten Tagen zwischen 10 und 14 Uhr kostenlos zur Verfügung steht. Kostenlose einstündige Führungen finden an verschiedenen Tagen um 12 und 13.15 Uhr statt – aktuelle Zeiten auf 🖥 www. musiccenter.org. Keine der Führungen beinhaltet jedoch den eigentlichen Konzertsaal – wer diesen sehen möchte, muss eine Vorstellung besuchen (S. 363).

### The Broad

221 S Grand Ave ▪ Di und Mi 11–17, Do und Fr 11–20, Sa 10–20, So 10–18 Uhr ▪ Eintritt frei ▪ ☏ 213 232 6200, 🖥 www.thebroad.org

**The Broad** ist ein Museum für zeitgenössische Kunst, benannt nach dem Philanthropen Eli Broad. Es wurde 2015 gegenüber der Walt Disney Concert Hall eröffnet und zeichnet sich durch seine Außenfassade aus perforiertem Metall aus. Es beherbergt die Broad Kunstsammlungen, ein lockeres Ensemble mit Werken von Jean-Michel Basquiat und Jeff Koons' sagenhafte goldfarbene Skulptur von Michael Jackson und seinem Schimpansen Bubbles sowie den **Infinity Mirrored Room** von Yayoi Kusama mit seinen magischen Lichtern.

### Museum of Contemporary Art

250 S Grand Ave ▪ ☉ Mo, Mi und Fr 11–18, Do 11–20, Sa und So 11–17 Uhr ▪ Eintritt $12, Do 17–20 Uhr frei; inkl. Eintritt zum Geffen Contemporary at MOCA ▪ ☏ 213 626 6222, 🖥 www.moca.org

Die Hauptattraktion im Financial District ist das **Museum of Contemporary Art (MOCA)**, 250 S Grand Ave, 🖥 www.moca.org. Der Komplex ist ein verspieltes Arrangement aus rötlichen, geometrischen Blöcken und ein Entwurf des Stararchitekten Arata Isozaki aus den 1980er-Jahren. Neben Arbeiten von Mark Rothko, Robert Rauschenberg und Claes Oldenburg und faszinierenden temporären Ausstellungen sind auch **südkalifornische Künstler** mit beeindruckenden Werken vertreten, darunter die gespenstisch-erotischen Silhouetten von Lari Pittman und die extrem brutalen, an Comics erinnernden Gemälde mit satirischer Note von Robert Williams.

### Wells Fargo History Museum

333 S Grand Ave ▪ ◷ Mo–Fr 9–17 Uhr ▪ Eintritt frei ▪ ℘ 213 253 7166, ▭ www.wellsfargohistory.com

Das **Wells Fargo History Museum** am Fuß des riesigen Wells Fargo Center Tower dokumentiert die Geschichte dieses Bankimperiums, das zur Zeit des kalifornischen Goldrauschs gegründet wurde. Zu den Exponaten gehören alte Goldgräberausrüstung, Antiquitäten, Fotos, ein 2 Pfund wiegender Goldklumpen und der Nachbau eines Erzanalyselabors aus dem 19. Jh. Außerdem können die Besucher eine simulierte Reise mit der Postkutsche von St Louis nach San Francisco unternehmen.

### OUE Skyspace LA

633 W 5th St ▪ ◷ tgl. 9–23 Uhr ▪ Eintritt $19 ▪ ℘ 213 894 9000, ▭ www.skyspace-la.com

Der **US Bank Tower** zwei Straßen südlich vom Wells Fargo Center wurde 1989 eingeweiht und ist mit einer Höhe von über 310 m immer noch das höchste Gebäude an der West Coast. Nach einer rasanten Fahrt hoch zur Aussichtsplattform, dem sogenannten **OUE Skyspace LA**, kann man einen spektakulären Ausblick genießen. Wer todesmutig genug ist, kann für zusätzliche $8 in der gläsernen Röhre außen am Gebäude vom 70. in den 69. Stock rutschen.

## Little Tokyo und Umgebung

Östlich vom Civic Center erstreckt sich Little Tokyo, eine reizvolle Ansammlung historischer Sehenswürdigkeiten, Restaurants und Galerien. Im Zentrum befindet sich die **Japanese Village Plaza**, 335 E 2nd St, Ecke Central Ave, ▭ www.japanesevillageplaza.net, ein touristisches Einkaufsviertel (Geschäfte ◷ zumeist tgl. 9–18 Uhr).

Das benachbarte **Japanese American National Museum**, 100 N Central Ave, ℘ 213 625 0414, ▭ www.janm.org, bietet alles von Origami, traditionellen Möbeln und Volkskunst bis hin zu Exponaten zur Geschichte der Internierung japanisch-stämmiger Amerikaner im Zweiten Weltkrieg. ◷ Di, Mi und Fr–So 11–17, Do bis 20 Uhr, Eintritt $9.

Unmittelbar nördlich davon befindet sich in einer alten, von Frank Gehry renovierten Polizeigarage das **Geffen Contemporary at MOCA**, 152 N Central Ave, ℘ 213 626 6222, ▭ www.moca.org. Hier zeigt das Museum of Contemporary Art seine ausgefalleneren zeitgenössischen Ausstellungen. ◷ Mo, Mi und Fr 11–18, Do 11–20, Sa und So 11–17 Uhr, Eintritt $12, Do 17–20 Uhr kostenlos; inkl. Eintritt zum MOCA.

## Broadway

Der **Broadway** war einmal die Haupteinkaufsstraße und das Zentrum des Nachtlebens. In viele der alten Filmpaläste und Kaufhäuser sind die geschäftigen Bekleidungs- und Schmuckläden der Hispanics eingezogen. Ein gutes Gefühl für die Gegend bekommt man im **Grand Central Market**, zwischen 3rd und 4th St, ▭ www.grandcentralmarket.com, wo von Äpfeln und Orangen bis hin zu eingelegten Schweinsfüßen und Eiscreme praktisch alles zu bekommen ist. ◷ tgl. 9–18 Uhr.

Direkt nebenan steht das 1918 gebaute, aber inzwischen geschlossene Kino **Million Dollar Theater**. Die verspielte Terrakotta-Fassade mit Büffelköpfen und Weißkopfseeadlern ist im Film *Blade Runner* zu sehen, ebenso wie das benachbarte **Bradbury Building**, 304 Broadway, ein 1893 errichtetes Gebäude mit einem herrlichen, sonnendurchfluteten Atrium, stilvollen schmiedeeisernen Balkonen und offenen Fahrstuhlkabinen. ◷ Lobby Mo–Sa 9–17 Uhr, Eintritt frei.

## L.A. Live und Grammy Museum

800 W Olympic Blvd ▪ ℘ 213 763 6030, ▭ www.lalive.com

Die Südwestecke von Downtown L.A. beherrschen das Stadion Staples Center und der Shopping-Gigant L.A. Live, ein 2,5 Mrd. US-Dollar teurer Komplex mit Kinos, Sportstätten und Sendestudios, teuren Hotels, einer zentralen Plaza, einer Bowlingbahn und verschiedenen Einkaufszentren, Restaurants und Clubs. Hier befindet sich auch das interessante **Grammy Museum**, ☎ 213 765 6800, ▢ www.grammymuseum.org, das sich nicht nur mit den Grammy Awards beschäftigt, den renommiertesten Musikpreisen der USA, sondern der Musik in Konservenform allgemein. Seine interaktiven Ausstellungen verteilen sich auf vier Etagen, darunter die Songwriters Hall of Fame. Sie umfassen Bühnenkostüme von Ray Charles und Sam Cooke, persönliche Gegenständen von Elvis Presley, Miles Davis und Neil Diamond sowie ein echtes Aufnahmestudio. ⊙ Mo–Fr 10.30–18.30, Sa und So 10–18.30 Uhr, Eintritt $12,95.

# South L.A.

Zu **South L.A.** gehören wichtige Stadtviertel wie **Watts**, **Compton** und **Inglewood**, doch abgesehen vom **Campus der USC** und dem **Exposition Park** wird es kaum von Touristen angesteuert – besonders seit den **Unruhen** vom April 1992. Eigentlich ist es besser als **South Central** bekannt, aber der L.A. City Council benannte den Bezirk 2003 um, um ihn vom Makel der Bandenkriminalität und wirtschaftlichen Not zu befreien. Hier sollte man immer vorsichtig sein oder sich von jemandem begleiten lassen, der die Gegend kennt. Um die Hauptstraßen herum ist es tagsüber allerdings recht sicher.

## Exposition Park

700 Exposition Park Drive ▪ Eintritt frei (Parkplatz $12 pro Tag) ▪ ☎ 213 744 7458

Gegenüber dem festungsähnlichen USC-Campus liegen auf der anderen Seite des Exposition Boulevard die üppigen Gartenanlagen und interessanten Museen des **Exposition Park**. Das auf Familien mit Kindern ausgerichtete **California Science Center**, 700 State Drive, in der Nähe der Figueroa St, ☎ 323 724 3623, ▢ www.california sciencecenter.org, umfasst ein **IMAX-Kino** (Eintritt $8,50, Kinder 4–12 J. $5,25) und seit 2012 den **Space Shuttle Endeavour**, mit einer ausgezeichneten Begleitausstellung (kostenloses, zeitlich begrenztes Ticket erforderlich). ⊙ tgl. 10–17 Uhr, Eintritt frei.

Auf der Ostseite des Parks zeigt das **California African American Museum**, 600 State Drive, ☎ 213 744 7432, ▢ www.caam.ca.gov, eine sehenswerte Ausstellung zur Geschichte und Kultur der afroamerikanischen Gemeinden in den USA. ⊙ Di–Sa 10–17, So 11–17 Uhr, Eintritt frei, Parkplatz $12.

### Natural History Museum of Los Angeles County

900 Exposition Blvd ▪ ⊙ tgl. 9.30–17 Uhr ▪ Eintritt $12, Kinder 3–12 J. $5; Parkplatz $12 ▪ ☎ 213 763 3466, ▢ www.nhm.org

Das Museumsgebäude des **Natural History Museum of Los Angeles County**, mit seinem Marmorfußboden, den spanischen Kuppeln und Travertinsäulen, zeigt im Wesentlichen Saurierknochen und andere Fossilien. In der faszinierenden **California History Hall** wird die Entstehung und Entwicklung von L.A. anhand einer Reihe von Dioramen aus den 1930er-Jahren und von Walt Disneys Tricktisch nachgezeichnet. Für den **Butterfly Pavilion** (Mitte April–Anfang Sep) und den **Spider Pavilion** (Mitte Sep–Anfang Nov) benötigt man Eintrittskarten für eine festgelegte Zeit (Eintritt jeweils zusätzlich $5).

## Watts Towers

1765 E 107th St ▪ Führungen (30 Min.) Do–Sa 10.30–15, So 12.30–15 Uhr jede halbe Stunde ▪ $7 ▪ ☎ 213 847 4646, ▢ www.wattstowers.org ▪ Metro Blue Line bis 103rd St/Watts Towers

Der Stadtteil **Watts** wartet mit einem guten Grund auf, South L.A. näher zu erkunden (allerdings nur bei Tag), nämlich den gaudíesken **Watts Towers**. Die 17 schrägen Streetart-Skulpturen sind aus Eisen, rostfreiem Stahl, alten Bettgestellen und Zement erbaut und mit Flaschenscherben und etwa 70 000 zerdrückten Muscheln dekoriert. Das Ganze ist ein Werk des italienischen Einwanderers Simon Rodia, der über keinerlei künstlerische Ausbildung verfügte, sich aber von 1921 bis 1954 dem Bau dieser Türme verschrieb. Als er fertig war, verließ er die Gegend, wollte auch nicht über sein Werk reden und geriet schließlich in Vergessenheit, bis er dann 1965 starb. Die Türme sind nur im Rahmen von **Führungen** zu besichtigen, ansonsten kann man sie aber auch durch den Zaun sehen.

# Hollywood

**Hollywood** steht für Glamour, schnelles Geld und den ganz großen Erfolg. Es ist jedes Jahr Pilgerort für Millionen von Touristen, obwohl die großen Filmproduktionsfirmen schon vor längerer Zeit in die angenehmeren Gefilde Burbanks abgewandert sind und man hier mittlerweile mehr Obdachlose als Filmstars antrifft. In den letzten zehn Jahren wurden viele Gebäude renoviert und damit hat die verblasste Szenerie etwas von ihrem Glanz zurückbekommen.

## Hollywood & Highland Center und Dolby Theatre

6801 Hollywood Blvd ▪ Hollywood & Highland Center ⏰ Mo–Sa 10–22, So 10–19 Uhr ▪ Eintritt frei (Parkplatz $2 für 2 Std.) ▪ 🖳 www.hollywoodand highland.com Dolby Theatre 30-min. Führungen tgl. 10.30–16 Uhr alle 30 Min. ▪ $22 ▪ ✆ 323 308 6300, 🖳 www.dolbytheatre.com

Die Kreuzung zwischen Hollywood Boulevard und Highland Avenue ist der Mittelpunkt von **Central Hollywood**. Inmitten der neonglitzernden Touristenfallen wartet das moderne **Hollywood & Highland Center** mit einem großen Hotel, noblen Restaurants, vielen Geschäften, prunkvoller Pseudo-Filmkulissenarchitektur und dem **Dolby Theatre** auf, wo die jährliche Oscar-Verleihung stattfindet.

Im westlichen Teil des Centers bietet das **Madame Tussauds Hollywood**, ✆ 323 798 1670, 🖳 www.madametussauds.com/hollywood, die üblichen Wachsfiguren; hier sind es Figuren aus Hollywood-Filmen. ⏰ tgl. 10–19 Uhr, saisonal auch länger (siehe Website), Eintritt $29,95, günstiger online.

### TCL Chinese Theatre

6925 Hollywood Blvd ▪ Führungen (20 Min.) tgl. 10–20.30 Uhr alle 15–30 Min. ▪ Führung $15 ▪ ✆ 323 464 8111, 🖳 www.tclchinesetheatres.com

Zum Hollywood & Highland Center gehört auch das historische TCL Chinese Theater, das 1927 eröffnet und inzwischen zu einem Multiplexkino umgebaut wurde, wobei der Hauptsaal in seinen kitschigen Ursprungszustand zurückversetzt wurde. Es ist die seltsame Version eines klassischen asiatischen Tempels mit zwei-

felhaften chinesischen Motiven und nach oben geschwungenen Drachenschwänzen – die Art-déco-Pracht der Lobby und der pseudochinesische Hauptsaal bieten jedoch einen faszinierenden Anblick. Nach der Führung kann man sich draußen noch die berühmten Hand- und Fußabdrücke von Hollywood-Größen anschauen, und ein Weilchen zwischen Star-Imitatoren (u. a. Elvis, Marilyn und Star-Wars-Figuren), Zauberkünstlern und Straßenhändlern herumbummeln.

## Kreuzung Hollywood Boulevard und Vine Street

An der legendären Kreuzung **Hollywood Boulevard/Vine Street** soll schon der eine oder andere angehende Filmstar im Schatten des „Plattenstapelturms" **Capitol Records Building** darauf gewartet haben, von den Großen des Showgeschäfts „entdeckt" zu werden. In Wahrheit lassen sich in dieser schmuddeligen Gegend jedoch kaum aufstrebende Talente blicken. Besucher zieht es aber scharenweise hierher, um den weltberühmten **Walk of Fame** (1,3 Meilen von der N Gower St bis zur N La Brea Ave, außerdem auf der Vine St von der Yucca St zum Sunset Blvd) abzugehen, der mit Sternen und gedienen Inschriften an berühmte und vergessene Stars aus Radio, Fernsehen und Kino erinnert.

## Egyptian Theatre

6712 Hollywood Blvd ▪ Führungen 1x monatl. Sa 10.30 Uhr ▪ Führungen $9, Filme $11 ▪ ✆ 323 466 3456, 🖳 www.americancinemathequec alendar.com

Im altehrwürdigen **Egyptian Theatre** fand 1922 die allererste Filmpremiere in Hollywood statt, und zwar von *Robin Hood,* einem epischen Mantel-und-Degen-Schinken mit Douglas Fairbanks. Das vom Impresario **Sid Grauman** finanzierte Egyptian war zu seiner Zeit ein prachtvolles Fantasiegebäude, mehr oder weniger ein Nachbau des Tempels von Theben, in dem die Platzanweiserinnen wie Kleopatra gekleidet waren. Jeder Filmfan sollte einmal hierherkommen und einen Kunst-, Independent- oder ausländischen Film anschauen oder an einer der ausgezeichneten monatlichen **Führungen** teilnehmen (Termine siehe Website).

## El Capitan Theatre

6838 Hollywood Blvd ▪ ☎ 323 468 8260,
🖥 www.elcapitantheatre.com

Das **El Capitan Theatre**, ein paar Blocks westlich das Egyptian Theatre gegenüber dem Hollywood & Highland Center, ist ähnlich eindrucksvoll: ein schillernder Filmpalast von 1926 mit
barocken und maurischen Elementen und einem
mit Engelsskulpturen und Girlanden dekorierten
Innenraum mit Südsee-Flair. Heute finden hier
Premieren von Disney-Filmen statt.

## Hollywood Museum

1660 N Highland Blvd, Höhe Hollywood Blvd ▪
☉ Mi–So 10–17 Uhr ▪ Eintritt $15 ▪ ☎ 323 464 7776,
🖥 www.thehollywoodmuseum.com

Südlich des Hollywood Boulevard befasst sich
das **Hollywood Museum** mit Mode, Design, Kulissen und Spezialeffekten aus einem breiten
Spektrum von Filmen, u. a. aus der Harry-Potter-
Reihe. Den meisten Raum nimmt jedoch ein buntes Sammelsurium von Artefakten ein, z. B. Elvis'
Bademantel und Rockys Boxhandschuhe. Nach
seiner Eröffnung 2018 (S. 349) wird das **Academy
Museum**, 🖥 www.oscars.org/museum, dann
hoffentlich ein echtes Hollywood-Museum sein.

## Hollywood Forever Cemetery

6000 Santa Monica Blvd ▪ Friedhof ☉ Mo–Fr 8.30–17,
Sa und So 8.30–17.30 Uhr (Mausoleum tgl. 10–14 Uhr)
▪ Eintritt frei ▪ ☎ 323 469 1181, 🖥 www.hollywood
forever.com ▪ Führungen Sa 10 Uhr (2 Std.) ▪ $15 ▪
☎ 818 517 5988, 🖥 www.cemeterytour.com

Angesichts seiner Lage ein paar Straßen südlich das Sunset Boulevard verwundert es nicht,
dass auf dem **Hollywood Forever Cemetery**
mehr Hollywood-Stars als sonst wo ihre letzte
Ruhestätte gefunden haben, z. B. Rudolph Va-
lentino, Cecil B. DeMille, George Harrison, Regisseur John Huston, der Hund Terry (Toto in *Der
Zauberer von Oz*) und Douglas Fairbanks. Eher
unerwartet findet man hier aber auch das Grab
von Dee Dee Ramone, und ein anderer Grab-
stein zeigt eine Skulptur von Johnny Ramone,
der zu einem letzten Gitarrenriff ansetzt.

## Paramount Studios

Melrose Gate Visitor Entrance, 5555 Melrose Ave,
Höhe Windsor Blvd ▪ Führungen (2 Std.) tgl. 9–16 Uhr,

alle 15–30 Min. ▪ $55 ▪ ☎ 323 956 1777,
🖥 www.paramountstudiotour.com

Die **Paramount Studios** von 1917 sind eine der
wenigen echten Filmproduktions-Attraktionen,
die es noch in Hollywood gibt. Der berühmte Tor-
bogen zum Gelände, durch den Gloria Swan-
son einst in *Boulevard der Dämmerung* ritt, steht
heute in dem Komplex ggü. der Bronson Ave (von
der Melrose Ave aus zu erspähen). Auf das 26 ha
große Gelände gelangt man jedoch nur mit einer
teuren, aber extrem unterhaltsamen **Führungen**.

## Griffith Park

4730 Crystal Springs Drive ▪ ☉ tgl. 5–22.30 Uhr,
Bergstraßen werden bei Einbruch der Dunkelheit
geschlossen ▪ Eintritt frei ▪ ☎ 323 913 4688,
🖥 www.laparks.org/dos/parks/griffithpk

Im **Griffith Park** nordöstlich von Hollywood erwarten die Besucher üppige Gärten, tolle Ausblicken und schöne Wege – im Sommer ist der
Park jedoch regelmäßig durch Brände bedroht.
Sonst kann man hier spazieren gehen, wandern
oder Rad fahren. Der **Los Angeles Zoo & Botanical Gardens**, 5333 Zoo Drive, ☎ 323 644 4200,
🖥 www.lazoo.org, kann es mit seinem Gegenstück in San Diego (S. 330) aber nicht aufnehmen.
☉ tgl. 10–17 Uhr, Eintritt $20, Kinder 2–12 J. $15.

### Griffith Observatory

2800 E Observatory Rd ▪ Observatorium
☉ Di–Fr 12–22, Sa und So 10–22 Uhr ▪ Eintritt
frei Planetarium ☉ Di–Fr 13.45–20.45, Sa und So
11.45–20.45 Uhr ▪ Eintritt $7 ▪ ☎ 213 473 0800,
🖥 www.griffithobservatory.org

Das im Jugendstil erbaute Griffith Observatory
verfügt über ein 12-Zoll-Zeiss-Linsenteleskop,
Sonnenteleskope zum Betrachten von Sonnen-
flecken und -stürmen und moderne Ausstellungen zur Geschichte der Astronomie. Die Stern-
warte ist schon in unzähligen Hollywood-Filmen
als Kulisse benutzt worden, u. a. in … *denn sie
wissen nicht, was sie tun*. Von hier oben bieten
sich tolle Ausblicke über L.A. und hinaus aufs
Meer – wenn der Smog nicht zu dicht ist.

### The Autry Museum of the American West

4700 Western Heritage Way ▪ ☉ Di–Fr 10–16,
Sa und So 10–17 Uhr ▪ Eintritt $10 ▪ ☎ 323 667 2000,
🖥 www.theautry.org

0 — 500 m

Beverly
Glen Park

Stone
Canyon
Reservoir

BEVERLY GLEN

SOUTH
BEVERLY PARK

BEL AIR

Franklin
Canyon Park

THE BIRD STREETS

| ■ BARS UND KNEIPEN | |
|---|---|
| Dresden Room | 4 |
| El Carmen | 13 |
| HMS Bounty | 14 |
| Musso and Frank Grill | 3 |

| ■ CLUBS UND LIVEMUSIK | |
|---|---|
| The Abbey | 12 |
| Avalon | 2 |
| The Baked Potato | 1 |
| Bar Sinister | 6 |
| Hotel Café | 5 |
| The Roxy | 8 |
| Three Clubs | 7 |
| The Troubador | 11 |
| The Viper Room | 10 |
| Whisky-a-Go-Go | 9 |

Greystone
Mansion

SUNSET BLVD

Bel-Air
Country Club

Murphy
Sculpture
Garden

Royce
Hall

Fowler
Museum

Powell
Library

University of
California
Los Angeles

Westwood
Village Theater

WESTWOOD

UCLA Hammer
Museum

BEVERLY HILLS

Paley Center
for Media

WILSHIRE BLVD

Westwood
Park

BEVERLYWOOD

Hilcrest
Country Club

Rancho Park
Golf Course

WEST LOS ANGELES

RANCHO PARK

Das **Autry Museum of the American West** am Griffith Park wurde von Gene Autry gegründet, dem „singenden Cowboy", der ab 1929 zahllose Schallplatten aufnahm, in den 30er- und 40er-Jahren in Hollywood-Westernhits mitspielte und in den 50er-Jahren durch eine eigene Fernsehshow noch bekannter wurde – er starb schließlich 1999 nach einer sehr langen Karriere. Seine **Kunst- und Kunstgewerbesammlung** (von Wildlederjacken und Brandeisen bis zu Frederic

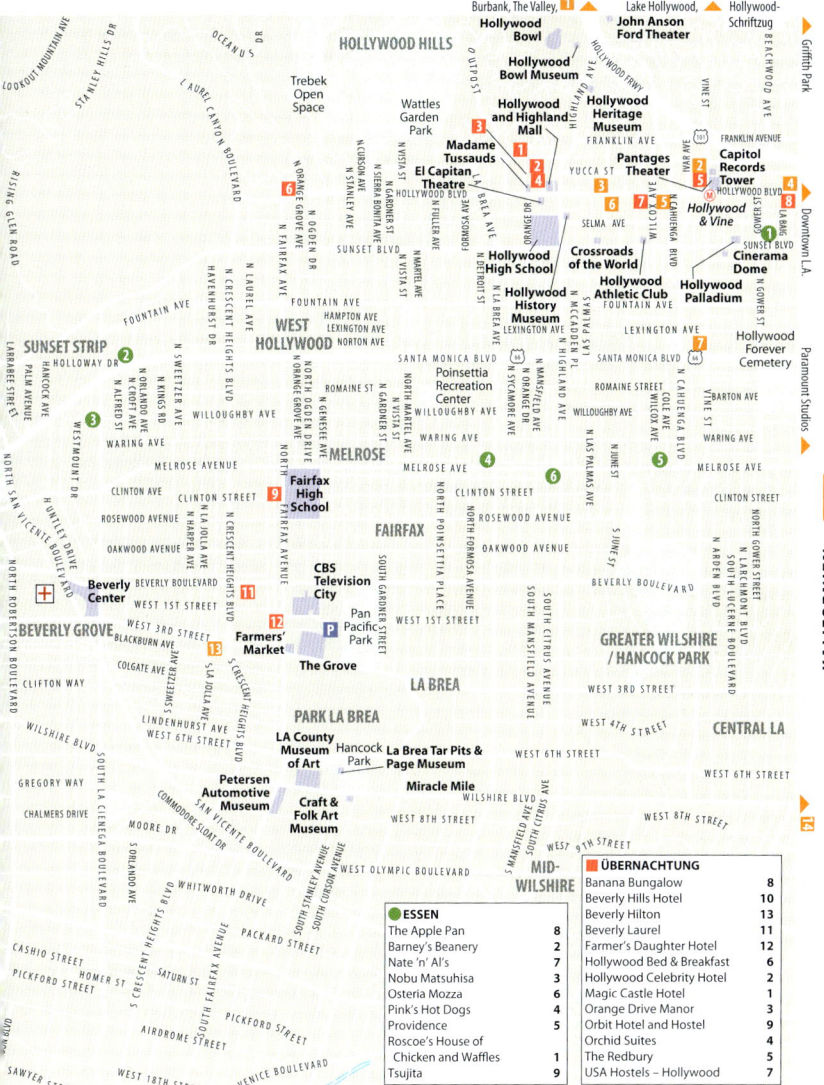

## Map Labels

Burbank, The Valley 1

Lake Hollywood, Hollywood-Schriftzug

HOLLYWOOD HILLS

Hollywood Bowl

John Anson Ford Theater

Hollywood Bowl Museum

Trebek Open Space

Wattles Garden Park

Hollywood and Highland Mall 3

Hollywood Heritage Museum

Madame Tussauds 1

El Capitan Theatre 2 4

Pantages Theater

Capitol Records Tower 4

FRANKLIN AVE

Hollywood High School

Crossroads of the World

Hollywood & Vine 1

Hollywood History Museum

Hollywood Athletic Club

Cinerama Dome

Hollywood Palladium

SUNSET STRIP 2

WEST HOLLYWOOD

Poinsettia Recreation Center

Hollywood Forever Cemetery 7

MELROSE 4

Fairfax High School 9

FAIRFAX

CBS Television City

BEVERLY GROVE

Beverly Center

Farmers' Market 12

Pan Pacific Park

The Grove

GREATER WILSHIRE / HANCOCK PARK

LA BREA

CENTRAL LA

PARK LA BREA

LA County Museum of Art

Hancock Park

La Brea Tar Pits & Page Museum

Miracle Mile

Petersen Automotive Museum

Craft & Folk Art Museum

MID-WILSHIRE

KALIFORNIEN

Paramount Studios

### ● ESSEN

| | |
|---|---|
| The Apple Pan | 8 |
| Barney's Beanery | 2 |
| Nate 'n' Al's | 7 |
| Nobu Matsuhisa | 3 |
| Osteria Mozza | 6 |
| Pink's Hot Dogs | 4 |
| Providence | 5 |
| Roscoe's House of Chicken and Waffles | 1 |
| Tsujita | 9 |

### ■ ÜBERNACHTUNG

| | |
|---|---|
| Banana Bungalow | 8 |
| Beverly Hills Hotel | 10 |
| Beverly Hilton | 13 |
| Beverly Laurel | 11 |
| Farmer's Daughter Hotel | 12 |
| Hollywood Bed & Breakfast | 6 |
| Hollywood Celebrity Hotel | 2 |
| Magic Castle Hotel | 1 |
| Orange Drive Manor | 3 |
| Orbit Hotel and Hostel | 9 |
| Orchid Suites | 4 |
| The Redbury | 5 |
| USA Hostels – Hollywood | 7 |

Remingtons Skulpturen des Lebens im amerikanischen Westen zu Beginn des 20. Jhs.) ist ein durchaus ernst zu nehmender Versuch, das Denken und die Kultur derer zu untersuchen, die den Westen der USA besiedelten.

## Hollywood Hills

Die Canyons und Hügel der **Hollywood Hills**, die sich von Hollywood Richtung Westen bis zu den Schluchten oberhalb von Beverly Hills erstrecken, sind am besten vom **Mulholland Drive** aus zu bewundern, der sich an den Bergen entlangwindet. Der atemberaubende Panoramablick bei Nacht über das beleuchtete Straßennetz der City, das sich fast bis zum Horizont erstreckt, machen die Straße zum Dreh- und Angelpunkt für L.A.s besondere Lebensart. Hier sind Luxusvillen ein derart alltäglicher Anblick, dass nur ein halbes Dutzend ausgewachsener Schlösser wirklich hervorsticht.

Ein architektonisches Wahrzeichen von Los Angeles lässt sich hingegen aus der Nähe begutachten, nämlich die noch heute als Konzertbühne genutzte **Hollywood Bowl**, 2301 N Highland Ave, ✆ 323 850 2000, 🖳 www.hollywoodbowl.com. Im Sommer gibt es hier regelmäßig Klassikkonzerte für die breite Masse und von Juli bis September Konzerte der Los Angeles Philharmonics. Über die Geschichte der Bowl informiert ein Video im **Hollywood Bowl Museum** am Eingang, ✆ 323 850 2058, ⏰ Sommer Di–Sa 10 Uhr bis Vorstellungsbeginn, So 16 Uhr bis Vorstellungsbeginn, sonst Di–Fr 10–17 Uhr, Eintritt frei. 4000

Glühbirnen beleuchten den berühmten **Hollywood-Schriftzug**, der 1923 als Werbung für Grundstücke errichtet wurde und von fast allen Ecken Hollywoods zu sehen ist, am besten aber vom Griffith Park Observatory (s. links). Siehe auch 🖳 www.hollywoodsign.org.

# West L.A.

Zwischen den Ausläufern der Hollywood Hills und dem Santa Monica Freeway (I-10) findet man einige der teuersten Adressen der Stadt. **West L.A.** ist das modebewusste L.A., das dem von der Unterhaltungsindustrie projizierten Image der Stadt am nächsten kommt. Hier stellen die Neureichen der Stadt ihr Vermögen am offensichtlichsten zur Schau, von der trendbewussten Enklave West Hollywood über das sagenhaft wohlhabende Bel Air bis zu den luxuriösen Einkaufsstraßen von Beverly Hills.

## Museum Row

Die **Miracle Mile**, der 1,5 Meilen lange Abschnitt des Wilshire Boulevard zwischen Fairfax und Highland Avenue, war in den 1930er-Jahren der begehrteste Baugrund der Stadt. Heute befindet sich hier die **Museum Mile** oder **Museum Row**.

Ausgangspunkt sind die **La Brea Tar Pits**, 5801 Wilshire Blvd (⏰ Park tgl. Sonnenauf- bis Sonnenuntergang, Eintritt frei), wo vor mehreren Jahrtausenden zahlreiche Tiere versanken, die von der dünnen Wasserschicht auf der Oberfläche trinken wollten. In der klebrigen Teermasse wurden sie für die Nachwelt konserviert. Die Fundstelle ist von lebensgroßen Nachbildungen der Urtiere umgeben, darunter auch Mastodons und Säbelzahntiger. Eine Ausstellung mit mehreren rekonstruierten Skeletten befindet sich im beeindruckenden **Page Museum**, ✆ 323 934 7243, 🖳 www.tarpits.org. ⏰ tgl. 9.30–17 Uhr, Eintritt $12, Parkplatz $12.

Auf der gegenüber liegenden Straßenseite befindet sich das **Craft & Folk Art Museum**, 5814 Wilshire Blvd, ✆ 323 937 4230, 🖳 www.cafam.org. Es besitzt eine kleine Sammlung handgefertigter Objekte – Teppiche, Töpferwaren, Kleidung usw. –, die in wechselnden Ausstellungen gezeigt werden; ⏰ Di–Fr 11–17, Sa und So 11–18 Uhr, Eintritt $7.

Das **Petersen Automotive Museum**, 6060 Wilshire Blvd, an der Kreuzung mit der Fairfax Ave, ✆ 323 930 2277, 🖳 www.petersen.org, befasst sich auf drei Stockwerken mit der Geschichte des Automobils; ⏰ tgl. 10–18 Uhr, Eintritt $15, Parkplatz $12.

### LA County Museum of Art
5905 Wilshire Blvd ▪ ⏰ Mo, Di und Do 11–17, Fr 11–20, Sa und So 10–19 Uhr ▪ Eintritt $15 ▪ ✆ 323 857 6000, 🖳 www.lacma.org

Zwar verfügt das riesige **LA County Museum of Art (LACMA)** nicht unbedingt über die beste Kunstsammlung der Stadt, dafür über die größte und vielfältigste. Im **Ahmanson Building** werden Besucher von seltenen polynesischen Artefakten begrüßt. Es beherbergt aber auch eine fesselnde Sammlung farbenfroher Arbeiten des **deutschen Expressionismus** und der **abstrakten Kunst** von Malern wie Kandinsky, Picasso (z. B. seine bemerkenswerten *Frauen von Algier*, nach Delacroix) und Warhol.

Etage 3 liefert einen Überblick über die **europäische Kunst**, von griechischen und römischen Skulpturen und mittelalterlicher sakraler Kunst bis zu einer Sammlung von Kunst der Renaissance und des Manierismus. Besonders sehenswert sind hier etwa El Grecos *Der heilige Apostel Andreas* und Rembrandts *Porträt von Marten Looten*. Ebene 4 bietet eine nur begrenzt interessante Auswahl an **islamischer Kunst** sowie Skulpturen und Artefakte aus **Süd- und Südostasien**.

Die meisten großen Sonderausstellungen finden im **Hammer Building** an der Nordostseite der Anlage statt; im zweiten und dritten Stock finden sich jedoch **chinesische und koreanische Kunst**. Auf Ebene 3 befindet sich auch die 2013 eröffnete Abteilung mit **afrikanischer Kunst**. Den außergewöhnlichen **Pavilion for Japanese Art** schuf der bilderstürmerische Architekt Bruce Goff mit Wänden im japanischen *shoji*-Stil, sodass unterschiedlich viel Licht in das Innere hineingelassen wird. Ausgestellt sind hier auf einer Rampe, die sich zu einem fröhlich plätschernden kleinen Wasserfall hinunterwindet, Rollbilder, Keramiken und Lackarbeiten.

Im **Art of the Americas Building** ist die kleine Sammlung **amerikanischer Kunst** ausgestellt. **Moderne Kunst** findet man im **Broad Museum for Contemporary Art**, wo einige der größten Gemälde der Westküste hängen. Zu den bekanntesten Künstlern hier zählen Vertreter des Abstrakten Expressionismus wie Mark Rothko und Franz Kline, außerdem sind bunte Gemälde von Sam Francis zu sehen.

Im **Resnick Pavilion**, einem gigantischen Schmuckstück aus Glas und Marmor von Renzo Piano mit flexibel anzuordnenden Ausstellungsräumlichkeiten, können Kunstwerke jeglicher Größe ausgestellt werden. Nebenan soll übrigens 2018 das neue Academy Museum, 🖳 www. oscars.org/museum, eröffnen. Auch dieses hat Piano entworfen.

## West Hollywood

West Hollywood steht für Toleranz und Gentrifizierung und ist die Heimat der prominenten (und gut situierten) LGBT-Gemeinde von Los Angeles, die sich gerne auf dem **Santa Monica Boulevard** zwischen Doheny Drive und La Cienega Boulevard sehen lässt. Unmittelbar südlich verläuft die **Melrose Avenue**, mittlerweile eine angesagte Einkaufsstraße mit Designer- und

Secondhand-Boutiquen und Avantgardegalerien. An der Ostseite des Bezirks Melrose verläuft die großzügigere und weniger touristische La Brea Avenue mit schicken Bekleidungsgeschäften, teuren Restaurants und megamäßig Galerien.

Der zwei Meilen lange Mix aus Restaurants, Nachtclubs, Reklametafeln und vornehmen Hotels am **Sunset Boulevard** (beiderseits des La Cienega Blvd) im Norden West-Hollywoods ist der sogenannte **Sunset Strip**. Mittelpunkt der einschlägigen Szene in den 60er-Jahren war das berühmte Whiskey-a-Go-Go, Nr. 8901, wo Größen des Psychedelic Rock wie die Doors, Love und Buffalo Springfield auftraten. Die Musikclubs (S. 361) sind immer noch einen Besuch wert – egal ob man rocken, headbangen oder einfach nur tanzen will, und wie auch die oben genannten Straßen eignet sich der Sunset Boulevard bestens für einen abendlichen Bummel.

## Beverly Hills und Umgebung

Beverly Hills ist wahrscheinlich die berühmteste Kleinstadt der Welt, was u. a. daran liegt, dass hier eine überdurchschnittlich große Gemeinde von Millionären lebt, die von mehr Polizisten pro Einwohner beschützt wird als jede andere in den USA. Mit edel aufgemotzten Geschäften auf dem **Rodeo Drive**, blitzsauberen Straßen und protzigen Auslagen rangiert dieses Viertel zweifellos auf L.A.s Spitzenplatz in Sachen Prahle-

**KALIFORNIEN**

rei. Doch auch in Beverly Hills gibt es einige lohnende Sehenswürdigkeiten für Besucher, die sich an den Konsumartikeln sattgesehen haben. So liefert beispielsweise das **Paley Center for Media**, 465 N Beverly Drive, ✆ 310 786 1000, 🖳 www.paleycenter.org, eine lebendige Chronik der 80-jährigen Geschichte unserer geliebten Flimmerkiste. Der umfangreiche Show-Fundus reicht von *Love Lucy* bis zu den *Simpsons*. 🕐 Mi–So 12–17 Uhr, Eintritt frei, empfohlene Spende $10, Parken kostenlos.

Wer mehr über Einkaufsmöglichkeiten, Kunst und Architektur in der Region erfahren will, sollte die Teilnahme an einer Fahrt im **Beverly Hills Trolley**, ✆ 310 285 2442, in Erwägung ziehen; Abfahrt an der Ecke Rodeo und Dayton Way. Juli, Aug und Dez Di–So 11–16 Uhr, sonst nur Sa und So 11–16 Uhr, Ticket $5.

## Westwood und UCLA

Westlich von Beverly Hills und nördlich des Wilshire Boulevard liegt **Westwood**, oft als „Westwood Village" bezeichnet und Heimat der **University of California at Los Angeles (UCLA)**. Zwar hat es an Bedeutung eingebüßt, doch ist Westwood noch immer der Bezirk mit der höchsten Kinodichte in L.A. Das 1931 erbaute und von einer großen Neonspitze gekrönte **Westwood Village Theater**, 961 Broxton Ave, wird für Hollywood-Premieren und für sogenannte Sneak Previews genutzt, mit denen neue Filme vor Publikum getestet werden.

Ein Muss für Kunstliebhaber ist eine Führung im **UCLA Hammer Museum**, 10899 Wilshire Blvd, ✆ 310 443 7000, 🖳 www.hammer.ucla. edu. Hier locken einige frühamerikanische Werke von Gilbert Stuart, Thomas Eakins und John Singer Sargent. Die zeitgenössischen und avantgardistischen Ausstellungen sind sehr informativ, teilweise mehr als gewagt. 🕐 Di–Fr 11–20, Sa und So 11–17 Uhr, Eintritt $10, Do Eintritt frei.

### Der Campus der UCLA

Zu den Highlights auf dem Unicampus zählt das **Quadrangle**, eine Grünanlage die an UCLAs graziöseste Gebäude grenzt: u. a. an die der Mailänder Kirche St. Ambrosio nachempfundene **Royce Hall** mit ihren hohen Glockentürmen, Rip-

pengewölben und großen Torbögen und an die **Powell Library**, ✆ 310 825 1938, 🖳 www.library. ucla.edu, mit herrlichen romanischen Gewölben, Säulen und Stufen; 🕐 unterschiedlich, während der Vorlesungszeit Mo–Do 9–23, Fr 7.30–18, Sa 9–17, So 13–22 Uhr, Eintritt frei.

Das **Fowler Museum**, 308 Circle Drive N, ✆ 310 825 4361, 🖳 www.fowler.ucla.edu/ powell, bietet eine eindrucksvolle Palette multikultureller Kunst – Keramiken, religiöse Ikonen, Gemälde und Musikinstrumente. 🕐 Mi 12–20, Do–So 12–17 Uhr, Eintritt frei.

Skulpturen von Henry Moore, Barbara Hepworth, Henri Matisse, Jacques Lipchitz und Isamu Noguchi im rund um die Uhr und kostenlos zugänglichen **Murphy Sculpture Garden** in der nordöstlichen Ecke des Campus, Charles E. Young Drive, bilden die beste Freiluftausstellung moderner Bildhauerkunst in L.A.

## Getty Center

1200 Getty Center Drive (Haupteingang am N Sepulveda Blvd) ▪ 🕐 Di–Do und Sa 10–21, So 10–19 Uhr ▪ Eintritt frei; Parkplatz $15 ▪ ✆ 310 440 7300, 🖳 www.getty.edu ▪ Bus 734 (Mo–Fr) und 234 (Sa und So) von der UCLA und der Expo/ Sepulveda Station

Der von Architekt Richard Meier erbaute, modernistische Travertinkomplex des **Getty Center**, der über seiner Umgebung thront, ist ein echter Tempel für die Schönen Künste. In den diversen Gebäuden widmet man sich hier dem Erwerb und der Konservierung von Kunstobjekten sowie anderen philanthropischen Aufgaben. Die Gestaltung der umliegenden Gärten besticht durch ihre strenge geometrische Präzision. Zahlreiche Räume huldigen dem Frankreich Ludwigs XIV.

In der **Gemäldesammlung** sind alle bekannten Meister vom 13. Jh. bis zur Gegenwart vertreten, darunter auch Van Goghs *Iris* und drei großartige Rembrandts: das Bild *Daniel und Cyrus vor dem Götzen Baal*, auf dem der persische König zu sehen ist, wie er versucht der von ihm angebeteten Bronzestatue zu Essen zu geben, *Alter Mann mit Uniform*, die Darstellung des ausgelaugten und verunsicherten Gesichts eines alten Soldaten sowie das Gemälde *Der Apostel Bartholomäus*, das den Märtyrer als ge-

**OBEN** VENICE BEACH (S. 353); **UNTEN LINKS** WALT DISNEY CONCERT HALL, DOWNTOWN L.A. (S. 341);
**UNTEN RECHTS** JOSHUA TREE NATIONAL PARK (S. 370)

350

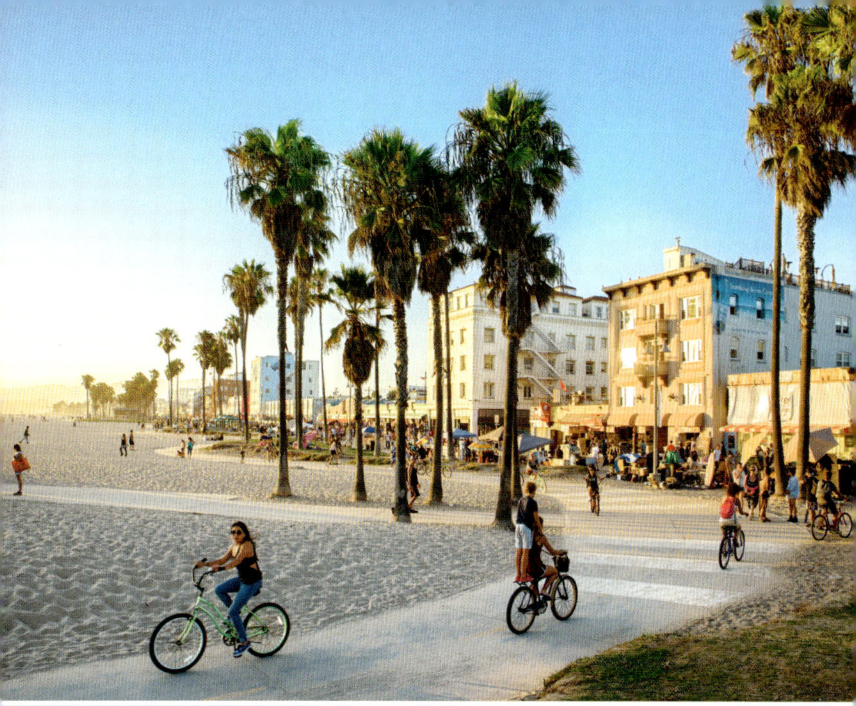
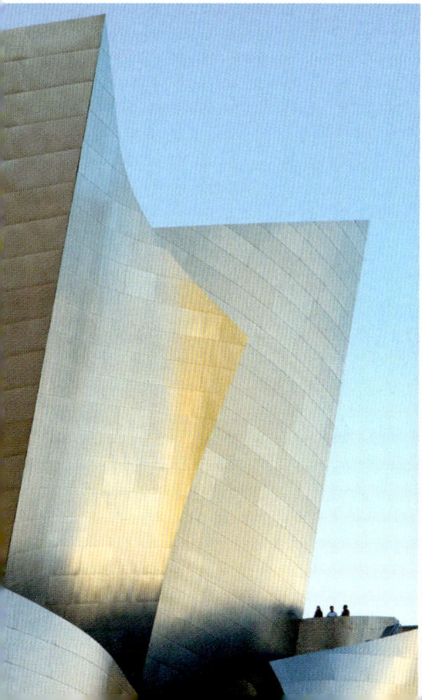
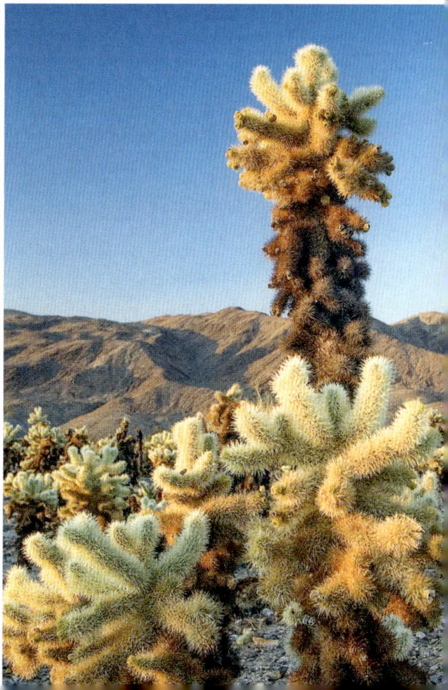

dankenverlorenen Holländer zeigt und mit dem Messer am Bildrand bereits sein baldiges Ende erahnen lässt.

Das Museum beherbergt außerdem eine gute Fotografie-Ausstellung mit Arbeiten von Man Ray, Moholy-Nagy und anderen bekannten Künstlern sowie eine große **Skulpturensammlung** mit Werken der Klassik, Renaissance und des Barock; das Paradestück ist Berninis *Junge mit Drache*.

# Santa Monica und Umgebung

Das freundliche und liberale **Santa Monica** ist dank seiner bezaubernden Lage am Meer auf jeden Fall einen Besuch wert. Alles, was für Touristen von Interesse ist, spielt sich innerhalb weniger Blocks vom Pazifik ab. Die **Third Street Promenade**, zwei Blocks östlich der Ocean Avenue, zwischen Wilshire Blvd und Broadway, ist eine quirlige Fußgängerzone. Eine weitere gute Flanierstraße ist die Main Street weiter südlich, wo es außer dem Visitor Center (S. 365) auch ein paar gute Restaurants, Bars, Geschäfte und Galerien gibt.

Am **Strand** unterhalb des **Palisades Park** kann man besser sonnenbaden als schwimmen. Auf dem aufgemöbelten **Santa Monica Pier,** ✆ 310 458 8901, 🖳 www.santamonicapier.org (⏱ tgl. 24 Std., Eintritt frei), steht ein hübsch restauriertes **Holzkarussell** aus dem Jahr 1922, ✆ 310 394 8042, ⏱ Mo und Do 11–17, Fr–So 11–19, Juli, Aug außerdem Di 15–19 Uhr, Preis pro Fahrt für Erwachsene $2, für Kinder bis 12 J. $1.

Die Fahrgeschäfte des **Pacific Park** fallen sofort ins Auge, 🖳 www.pacpark.com, ⏱ keine festen Zeiten, im Sommer meist tgl. 11–23, Sa und So 11–0.30 Uhr, Einzelfahrt $5–8, unbegrenzte Fahrten $29,95), aber eine bessere Investition ist das unmittelbar unterhalb des Piers gelegene **Santa Monica Pier Aquarium**, 1600 Ocean Front Walk, ✆ 310 393 6149, 🖳 www.healthe bay.org/aquarium. Dort finden sich auch Seeanemonen und Seesterne zum Anfassen ⏱ Di–Fr 14–18, Sa und So 12.30–18 Uhr, Eintritt $5, Kinder bis 13 frei.

## Getty Villa

17985 PCH ▪ tgl. außer Di 10–17 Uhr, Zutritt nur mit vorgebuchtem Ticket mit Einlasszeit ▪ Eintritt frei, Parkplatz $15 ✆ 310 440 7300, 🖳 www.getty.edu

Wer sich (historische) Kunst zu Gemüte führen will, dem sei die prunkvolle **Getty Villa** ans Herz gelegt, 5 Meilen nördlich von Santa Monica am landschaftlich reizvollen und kurvenreichen **Pacific Coast Highway** (PCH). Das Gebäude wurde 1974 für den Ölbaron J. Paul Getty neben seinem Wohnhaus im Stil eines römischen Landhauses errichtet und dient heute als Schaufenster für die Sammlung der Getty Foundation an griechischen, etruskischen und römischen Stücken. Hier sind zahlreiche – größtenteils aus rotem Ton gefertigte – athenische Vasen ausgestellt, daneben antike Amphoren und Pokale, die bei sportlichen Wettkämpfen verliehen wurden. Besonders schön ist die blaue römische Skyphos, eine zerbrechlich wirkende Henkelvase mit weißen Kamee-Gestalten, die Bacchus und seine Anhänger bei den Vorbereitungen für ein Bacchanal zeigen.

## Malibu

**Malibu**, 20 Meilen westlich von Santa Monica, ist Sinnbild für superluxuriöse Promi-Isolation, aber auch für verheerende Brände, die die goldenen Käfige regelmäßig ausräuchern. Am **Surfrider Beach** südlich des Piers, dem ultimativen Surfertreff der 50er- und frühen 60er-Jahre, tummeln sich auch heute noch Surfer. Der Strand gehört zum **Malibu Lagoon State Park**, ⏱ tgl. 8 Uhr bis Abenddämmerung, einem Natur- und Vogelschutzgebiet.

Ganz in der Nähe steht das **Adamson House**, 23200 PCH, ✆ 310 456 8432, 🖳 www.adamson house.org. Das wundervolle, 1929 im spanischen Kolonialstil erbaute Haus weist opulenten Dekor und bunte Kacheln auf (Führungen Fr und Sa 11–15 Uhr, letzte Führung 14 Uhr, 1 Std., $7).

Das benachbarte **Malibu Lagoon Museum**, die ehemalige Garage der Adamsons mit Platz für fünf Autos, erzählt die Geschichte des Gebiets von den Chumash-Indianern bis zu den „Gentleman-Farmern" und der Geburt des modernen Surfens. ⏱ Fr und Sa 11–15 Uhr, Eintritt $7, inkl. Führung durchs Adamson House.

## Venice

Das unmittelbar südlich von Santa Monica gelegene **Venice**, zu erreichen über die Main Street oder die Promenade, ist eine exzentrische und verrückte Version von Los Angeles, mit abgedrehten Skatern, Bodybuildern, Bettlern, Straßenmusikern und Bürgersteig-Comedians. So ist es schon seit den 1950er- und 1960er-Jahren, als hier die Beatniks und Bands wie die Doors abhingen. Obwohl die Gegend in den letzten Jahren etwas gentrifiziert wurde, macht Venice in vielen Bereichen auch heute noch einen unruhigen Eindruck, mit einer Gangkultur, die nie gänzlich ausgerottet wurde.

Venice wurde 1905 in den Marschen des Ballona Creek von **Abbot Kinney** als romantischer Nachbau Venedigs geplant. Sein Plan eines 20 Meilen langen Netzes aus Kanälen mit Häusern am Wasser wurde nie ganz umgesetzt, doch später wurde die Gegend als kleines Vergnügungsviertel à la Coney Island in New York erschlossen. Die Hauptstraße von Venice ist die **Windward Avenue**. Sie führt vom Strand zum ehemaligen Grand Circle des Kanalsystems von Venice (heute asphaltiert). In den neoromanischen Arkaden um die Kreuzung mit der Pacific Avenue herum tummeln sich heute Bioläden, Trödelgeschäfte und Rollerblade-Verleihstände.

Nirgends stellt sich L.A. so offen und bunt dar wie am **Venice Boardwalk**, der breiten Promenade, die auch als Ocean Front Walk bekannt ist. Hier wimmelt es im Sommer täglich von Musikern, Straßenkünstlern, Trödelhändlern usw. Nach Einbruch der Dunkelheit sollte man die Ecke meiden. Südlich der Windward Avenue ist der **Muscle Beach**, das legendäre Freiluft-Fitnesszentrum, wo echte Muskelmänner (und ein paar Frauen) Gewichte stemmen und Basketballer ihr Können demonstrieren.

# South Bay und Long Beach

Entlang der Küste südlich von L.A. führt der Pacific Coast Highway zu einem 8 Meilen langen Küstenstreifen mit den ruhigeren Stränden der South Bay: **Manhattan Beach**, **Hermosa Beach** und **Redondo Beach**, allesamt weiße Sandstrände. Besonders Manhattan und Hermosa sind bestens ausgerüstet fürs Surfen und andere Wassersportarten. Eine gute Zeit für den Besuch hier ist während der **Fiesta Hermosa**, ⌨ www.fiestahermosa.com, eines dreitägigen Events jeweils am Memorial Day- und Labor Day-Wochenende.

Die Strände sind gut mit Bussen von Downtown L.A. zu erreichen. Im Süden liegen der **Long Beach** und 20 Meilen vor der Küste das 22 Meilen lange Naturjuwel **Santa Catalina Island**. Von der Long Beach Downtown Landing fahren täglich mehrere Male Boote von Catalina Express, ☎ 800 481 3470, ⌨ www.catalinaexpress.com, nach **Avalon** (Juli und Aug 7–8x tgl., hin und zurück $72, 1 Std.).

## Long Beach

**Long Beach**, einer der größten Häfen der Welt, wird von Touristen kaum beachtet, obwohl er in Downtown rund um die **Pine Avenue** ein attraktives Viertel mit restaurierten Gebäuden und Antiquitätengeschäften zu bieten hat und über die Blue Line der S-Bahn mit Downtown L.A. verbunden ist (S. 365). Die drei Häuserblocks umfassende Promenade zwischen Ocean Boulevard und Third Street säumen touristische Restaurants und Läden, in denen es am Wochenende abends ganz schön voll werden kann.

### Queen Mary

1126 Queens Hwy ▪ ⏰ Mo–Do 10–18, Fr–So 10–19 Uhr ▪ selbstgeführte Tour $29, Kinder 4–11 J. $19,50 ▪ ☎ 562 499 1050, ⌨ www.queenmary.com
Die Hauptattraktion von Long Beach ist zweifellos der mächtige Jugendstil-Dampfer **Queen Mary**, den die Stadt Long Beach 1967 erwarb. Das Schiff ist heute ein Luxushotel, aber auch öffentlich zugänglich, mit extravagant eingerichteten Lounges und luxuriösen 1.-Klasse-Kabinen sowie zahllosen Art-déco-Schmuckelementen. Der Eintritt erhöht sich entsprechend, wenn man sich die Ausstellung **Diana: Legacy of a Princess A Royal Exhibition** ($32) anschauen oder an der Führung **Paranormal Ship Walk** ($44) teilnehmen möchte.

### Aquarium of the Pacific

100 Aquarium Way ▪ ⏰ tgl. 9–18 Uhr ▪ Eintritt $29,95, Kinder 3–11 J. $17,95 ▪ ☎ 562 590 3100, ⌨ www.aquariumofpacific.org

Die beliebteste Familienattraktion in Long Beach ist das unterhaltsame **Aquarium of the Pacific** mit mehr als 11 000 Meeresarten. Besonders fesselnd ist die interaktive **Shark Lagoon** (Kinder dürfen die zahmen Bambus- und Epauletten-haie streicheln), und im Lorikeet Forest können Besucher Papageien aus den australischen Tropen füttern. Die gleichermaßen beliebte **Behind the Scenes Tour** ($19 extra) führt auf die „feuchte Seite" des Aquariums, wo man auch Fische füttern kann.

# Orange County

In den gesamten Vereinigten Staaten steht **Orange County** für eher gesichtslose Vororte mit weißer Bevölkerung und ist in erster Linie als Heimat von **Disneyland** bekannt. In letzter Zeit hat sich Orange County jedoch ein wenig gewandelt und dank zahlreicher hispanischer Neuankömmlinge einer größere kulturelle und kulinarischen Vielfalt zugelegt. Doch kommen die allermeisten Touristen nach wie vor hauptsächlich wegen der Freizeitparks und der lockeren, eher gehobenen Badeorte der **Küste von Orange County** hierher.

## Disneyland

1313 Harbor Blvd, Anaheim ▪ ⏱ unterschiedlich, gewöhnlich Sommer tgl. 8–24, sonst Mo–Fr 10–18, Sa 9–24, So 9–22 Uhr ▪ Eintritt $105, Kinder 3–9 J. $99, Parkplatz $18 ▪ ✆ 714 781 4565, ⌨ www. disneyland.com

Der Vergnügungskoloss **Disneyland** in Anaheim zählt zu den berühmtesten Attraktionen Amerikas – und zu den teuersten. Die meisten Hotels in Disneyland sind lachhaft überteuert (S. 357), und auch die meisten Restaurants geben nicht viel her. Die Park-Highlights befinden sich alle am **New Orleans Square** und im **Adventureland**: die interaktive archäologische Expedition Indiana Jones Adventure, eine Art Wochenschau aus den 30er-Jahren mit Schwindel erregender Fahrt durch 750 m lange Gänge. Die beiden anderen Spektakel sind Pirates of the Caribbean, eine unterirdische Bootstour durch Piratenhöhlen, und The Haunted Mansion, eine Geisterbahn durch ein verhextes Haus.

Im Gegensatz dazu bietet **Frontierland** mäßig interessante Karnevalsattraktionen aus dem Wilden Westen, **Fantasyland** langweilt mit veralteten Fahrgeschäften aus dem Märchenland, und **Mickey's Toontown** ist ein von Zeichentrickfiguren beherrschter Bereich für Kleinkinder. Man kann diese Abschnitte ruhigen Gewissens auslassen und das futuristische **Tomorrowland** ansteuern, das unter anderem mit der Achterbahn Space Mountain eine Fahrt durch das All ermöglicht.

### Disney California Adventure Park

Der **Disney California Adventure Park** ist streng genommen ein eigener Vergnügungspark, aber alles andere als konkurrenzfähig. Abgesehen von den etwas aufregenderen Achterbahnen und dem besseren Essen ist California Adventure lediglich ein neuer, allerdings auch wesentlich teurerer Abschnitt von Disneyland – ein Tagesticket (⏱ wie Disneyland) kostet $105, ein Tagesticket für beide Parks $160.

## Knott's Berry Farm

8039 Beach Blvd (abseits des Santa Ana Freeway), Buena Park ▪ ⏱ unterschiedlich, gewöhnlich Sommer Mo–Fr und So 10–23, Sa 10–23, sonst Mo–Fr 10–18, Sa 10–22, So 10–19 Uhr ▪ Eintritt $72, Kinder 3–11 J. $42, Parkplatz $18 ▪ ✆ 714 220 5200, ⌨ www. knotts.com

Wem der ganze Disney-Rummel weniger liegt, für den ist vielleicht der Themenpark **Knott's Berry Farm**, 4 Meilen nordwestlich, das Richtige. Die Achterbahnen hier sind viel aufregender als alles, was Disneyland zu bieten hat. Knott's ist auch stolzer Betreiber des eigenen Wasserparks Soak City USA, ⌨ www.soakcityoc.com, mit Dutzenden spritzigen, nicht minder aufregenden Attraktionen. ⏱ Juni–Sep, unterschiedliche Öffnungszeiten, in der Regel tgl. 10–17 oder 19 Uhr, Eintritt $43, Kinder 3–11 J. $32.

## Küste von Orange County

Die **Küste von Orange County** zwischen Long Beach und San Diego County 35 Meilen weiter südlich besteht aus schicken Vorortsiedlungen am Meer, die sich durch ein lockeres, freizügiges und durch Wohlstand geprägtes Ambiente auszeichnen. Wie die Namen der größten Orte andeuten – **Huntington Beach**, **Newport Beach** und **Laguna Beach** –, sind die Hauptattraktionen Sand und Meer. Es gibt aber auch ein paar Sehenswürdigkeiten, die einen Ausflug lohnenswert erscheinen lassen.

Das **International Surfing Museum**, 411 Olive Ave, Huntington Beach, ☎ 714 960 3483, 🖥 www.surfingmuseum.org, erzählt von den renommiertesten Wellenreitern; ⏲ Di–So 12–17 Uhr, Eintritt $2.

Das ausgezeichnete **Orange County Museum of Art** in Newport Beach, 850 San Clemente Drive, ☎ 949 759 1122, 🖥 www.ocma.net, befasst sich vorwiegend mit moderner Kunst aus Kalifornien und veranstaltet regelmäßig Vorträge sowie interessante Kunst- und Architekturführungen, ⏲ Mi–So 11–17, Fr bis 20 Uhr, Eintritt $10, freitags frei.

Der unglaublich beliebte **Pageant of the Masters** in Laguna Beach, 650 Laguna Canyon Rd, Hwy-133, ☎ 949 497 6582, 🖥 www.foapom.com, ist ein auf merkwürdige Art fesselndes Spektakel, bei dem sich die Teilnehmer als Figuren aus berühmten Gemälden verkleiden, ⏲ Juli und Aug tgl. 20.30 Uhr, Tickets $15–150.

Ganz im Süden lohnt **San Juan Capistrano** einen Zwischenstopp. Hier steht die besterhaltene aller kalifornischen **Missionsstationen**, 26801 Ortega Hwy, Ecke Camino Capistrano, im Stadtzentrum, ☎ 949 234 1300, 🖥 www.missionsjc.com, ⏲ tgl. 9–17 Uhr, Eintritt $9.

# San Gabriel und San Fernando Valley

Die nördliche Stadtgrenze von Los Angeles markieren zwei langgestreckte Täler, das **San Gabriel** und das **San Fernando Valley** jenseits der Berge auf der anderen Seite des Beckens von L.A. Beide Täler nehmen ihren Ausgang dicht beieinander ein paar Meilen nördlich von Downtown, erstrecken sich dann aber in entgegengesetzte Richtung – nach Osten hin zu den Wüsten bzw. nach Westen zur Central Coast. Sie hat ein paar Attraktionen aufzuweisen, wobei das Highlight sicher das von altem Geld geprägte **Pasadena** ist.

## San Gabriel Valley

Die größte Attraktion des **San Gabriel Valley** ist das zehn Meilen nordöstlich von Downtown L.A. gelegene **Pasadena**, am bekanntesten wegen der jährlichen **Rose Parade** und des **Rose Bowl Game** im Stadion westlich des Zentrums, beides am 1. Januar. Aus dem Stadtbild hebt sich besonders das historische Einkaufsviertel **Old Pasadena** am Colorado Boulevard heraus, heute angesagt wegen seiner Restaurants und Boutiquen (und erreichbar mit den Bahnen der Gold Line). Es zeichnet sich aber auch durch seine hundert Jahre alten Bauten in verschiedenen historischen Stilen aus.

Daneben wartet Pasadena mit der wundervollen Sammlung des **Norton Simon Museum** auf, 411 W Colorado Blvd, ☎ 626 449 6840, 🖥 www.nortonsimon.org, einer der besten, aber am wenigsten bekannten Kunsteinrichtungen in Los Angeles. Sie beherbergt eine erstklassige Sammlung von Werken alter Meister wie Rubens und Rembrandt sowie modernen Arbeiten von Klee und Picasso – die Qualität der Kunstwerke steht der im Getty Center um nichts nach, allerdings ist hier viel weniger los. ⏲ Mo, Mi und Do 12–17, Fr und Sa 11–20, So 11–17 Uhr, Eintritt $12.

Das **Gamble House**, 4 Westmoreland Place, ☎ 626 793 3334, 🖥 www.gamblehouse.org, ist eine Arts-and-Crafts-Villa von 1908 mit auffallenden, japanisch anmutenden Stilelementen (einstündige Führungen Do–So 12–15 Uhr alle 20–30 Min., Eintritt $15; 20-min. Führungen Di 12.15 und 12.45 Uhr, $8).

Das interessante **USC Pacific Asia Museum**, eine Meile östlich, 46 N Los Robles Ave, ☎ 626 449 2742, 🖥 www.pacificasiamuseum.org, ist wie ein chinesischer Kaiserpalast gestaltet. Es zeigt historische Schätze aus Korea, China und Japan, darunter dekorative Jade- und Porzellan-Stücke, Schwerter und Speere und zahlreiche Gemälde und Zeichnungen. Das Museum dürfte nach umfangreichen Renovierungsarbeiten Ende 2017 wieder seine Pforten öffnen. ⏲ Mi–So 10–18 Uhr, Eintritt $10.

### Huntington Library
1151 Oxford Rd, abseits des Huntington Drive, San Marino ▪ ⏲ tgl. außer Di 10.30–16.30 Uhr ▪

**KALIFORNIEN**

Eintritt Mo und Mi–Fr $23, Sa und So $25 ▪ ✆ 626 405 2100, 🖳 www.huntington.org

Die **Huntington Library** drei Meilen südöstlich von Pasadena im langweiligen, noblen **San Marino** ist ein Komplex aus Bibliothek und **Kunstmuseum** inmitten **botanischer Gärten** und hübscher Gebäude. Sie lohnt auf jeden Fall einen Besuch. Hier sind bedeutsame historische Dokumente und seltene Bücher ausgestellt, beispielsweise eine Gutenberg-Bibel und der *Ellesmere Chaucer,* ein illuminiertes Manuskript der **Canterbury Tales** von etwa 1410. Zudem findet sich hier die beste Sammlung britischer **Porträts** außerhalb Großbritanniens mit Werken von Gainsborough, Lawrence und Reynolds sowie einige wichtige Werke von Constable, Turner und van Dyck.

## Forest Lawn Cemetery

1712 S Glendale Ave, Glendale ▪ ⏲ tgl. 8–17 Uhr ▪ Eintritt frei ▪ ✆ 323 254 3131, 🖳 www.forest lawn.com

Das **San Fernando Valley**, das sich vom San Gabriel Valley Richtung Westen zieht, ist eine große, eintönige Vorortlandschaft aus gleichförmigen Häusern, Einkaufszentren und fastfood-Läden. Interessant ist jedoch der **Forest Lawn Cemetery** in Glendale, eine faszinierende, oft schnulzige Inszenierung vom Umgang mit dem Tod à la Hollywood. Hier sind unter anderem Errol Flynn, Walt Disney, Nat King Cole, Clark Gable sowie Jean Harlow begraben, viele davon unter unglaublich kitschigen Grabmalen.

## Burbank und die Filmstudios

Viele Studios wanderten zwischen den 1950er- und 1970er-Jahren von Hollywood über die Berge in das ansonsten ziemlich langweilige **Burbank** ab. Heute sind hier noch immer Entertainment-Giganten wie die Walt Disney Company, Warner Bros Entertainment, Warner Music Group und Nickelodeon zu finden. Die Disney-Studios sind nicht zugänglich. Aber **Warner Bros**, 3400 W Riverside Drive, ✆ 877 492 8687, 🖳 www.wbstudiotour.com, bietet lohnende Studiotouren über das ausgedehnte Gelände, auf dem in den 1990er-Jahren z. B. *Friends* aufgenommen wurde: 2 1/4-stündige **Führungen** tgl. 8–16.30 Uhr, $62, Parkplatz $10.

100 Universal City Plaza, Universal City ▪ ⏲ unterschiedlich, gewöhnlich Sommer tgl. 8–22, sonst 10–18 Uhr ▪ Tagespass $105 (2 Tage $119), Kinder 3–9 J. $99, Parkplatz $10–18 ▪ ✆ 818 508 9600, 🖳 www.universalstudioshollywood.com ▪ Metro Red Line nach Universal City

Das größte Filmgelände in Burbank befindet sich in Besitz der **Universal Studios**, wenn auch der Teil, den Besucher zu sehen bekommen, eher einem Vergnügungspark ähnelt. Im Eintritt inbegriffen ist die **Studio Tour** (alle 5–10 Min., 45 Min.). Die erste Hälfte besteht aus einer Rundfahrt vorbei an Kulissen wie dem Haus aus *Psycho* und dem Hai aus *Der weiße Hai,* an King Kong, einem 3-D-Abenteuer von Peter Jackson und einer Hochgeschwindigkeitsjagd in *Fast & Furious - Supercharged*. Außerdem bekommt man die Kulisse der Wisteria Lane aus *Desperate Housewives* zu sehen. Andere themenbezogene Fahrten sind die **Wizarding World of Harry Potter**, **Despicable Me Minion Mayhem** und **The Simpsons Ride**, bei der die Besucher ins verrückte Krustyland entführt werden.

# Six Flags Magic Mountain

26101 Magic Mountain Pkwy, Valencia ▪ ⏲ unterschiedlich, gewöhnlich Sommer tgl. 10.30–21, sonst Sa und So 10.30–18 Uhr ▪ Eintritt $79,99, Kinder kleiner als 1,20 m $54,99 (Ermäßigungen auf der Website), Parkplatz $20 ▪ ✆ 661 255 4100, 🖳 www.sixflags.com/magicmountain

Six Flags Magic Mountain rund 25 Meilen nördlich von Burbank bietet einige der wildesten Achterbahnen und Kirmesfahrten der Welt. Darunter die Viper, ein riesiges orangefarbenes Monstrum mit sieben Loopings, die Achterbahn Full Throttle mit einem knapp 50 m hohen Looping, die schnellste und höchste Loopingbahn der Welt, und Green Lantern: First Flight, eine der neuesten Bahnen, bei denen sich die Sitze unabhängig von der Fahrtrichtung drehen. Einen 120 m tiefen freien Fall, den längsten der Welt, ermöglicht der Sprungturm Lex Luthor: Drop of Doom. Für die Kleinen gibt es auch altersgerechte Fahrgeschäfte.

## ÜBERNACHTUNG

### Hotels, Motels und B&Bs

**Downtown und Umgebung**

**Jerry's Motel**, 285 Lucas Ave, ☎ 213 481 8181, 🖥 www.jerrysmotel.com; Karte S. 340. Hippes umgebautes Motel mit gepflegten, stilvollen Zimmern, kostenlosen Parkplätzen und riesigen TVs. Ein echtes Schnäppchen unmittelbar außerhalb von Downtown. $89

**Luxe City Center Hotel**, 1020 S Figueroa St, ☎ 213 748 1291, 🖥 www.luxecitycenter.com; Karte S. 340. Schickes Kettenhotel in Downtown mit eleganter moderner Einrichtung und jeder Menge Annehmlichkeiten. Auch Möglichkeit zur Nutzung eines Fitnesscenters. $240

**Westin Bonaventure**, 404 S Figueroa St, ☎ 213 624 1000, 🖥 www.thebonaventure.com; Karte S. 340. Modernistisches Luxushotel mit fünf Glastürmen, die aussehen wie Cocktail-shaker, sechsstöckigem Atrium mit „See" und eleganten konisch-geformten Zimmern. Ein atemberaubender Außenfahrstuhl fährt hinauf zur rotierenden Cocktail-Lounge. $269

**Hollywood und West Hollywood**

**Hollywood Bed & Breakfast**, 1701 N Orange Grove Ave, ☎ 323 874 8017, 🖥 www.hollywoodbandb.com; Karte S. 346. Originelle Unterkunft in praktischer Lage, in einem Wohnhaus von 1912 mit vier gemütlichen Zimmern und kleinem Pool. $150

**Hollywood Celebrity Hotel**, 1775 Orchid Ave, ☎ 323 850 6464, 🖥 www.hotelcelebrity.com; Karte S. 346. Gute Wahl unter den erschwinglicheren Boutiquehotels. Ausgezeichnete Lage in Central Hollywood, charmant eingerichtete Zimmer sowie kostenloses Frühstück. $169

**Magic Castle Hotel**, 7025 Franklin Ave, ☎ 323 851 0800, 🖥 www.magiccastle hotel.com; Karte S. 346. Zu Recht beliebtes Hotel mit EZ (mit schmalem Doppelbett) und geräumigen Suiten mit 1 oder 2 Schlafzimmern in gepflegtem, modernem Stil. Beheizter Pool, Frühstück sowie rund um die Uhr Mineralwasser, Süßigkeiten, Nüsse, Müsliriegel und mehr – kostenlos. $199

**Orchid Suites**, 1753 Orchid Ave, ☎ 800 537 3052, 🖥 www.orchidsuites.com; Karte S. 346. Geräumige, spartanisch eingerichtete Suiten mit Kabel-TV und Kochnische. Waschmaschinenraum, beheizter Pool und sehr günstige Lage zu den beliebtesten Attraktionen in Hollywood und zur großen Hollywood & Highland Mall. $169

**The Redbury**, 1717 Vine St, ☎ 323 962 1717, 🖥 www.theredbury.com; Karte S. 346. Das stilvollste Boutiquehotel Hollywoods in einer Art Bohèmestil mit europäischer Eleganz des 19. Jhs. hat Suiten mit komplett ausgestatteter Küche und Waschtrockner. $247

**West L.A. und Beverly Hills**

**Beverly Hills Hotel**, 9641 Sunset Blvd, ☎ 310 276 2251, 🖥 www.dorchestercollection. com; Karte S. 346. Klassisches Hollywood-Resort für Superreiche, umgeben von exotischen Gärten. Die Zimmer haben Marmorbad, Whirlpool und diverse andere Annehmlichkeiten; zum Komplex gehört das berühmte Restaurant Polo Lounge. $765

**Beverly Hilton**, 9876 Wilshire Blvd, ☎ 310 274 7777, 🖥 www.beverlyhilton.com; Karte S. 346. Auffälliges, geometrisches weißes Hotel an der Ecke von Wilshire und Santa Monica Boulevard mit Pool und Fitnesscenter. Die Zimmer haben Plasma-TV und Balkon. Besitzt eine der wenigen verbliebenen Trader-Vic's-Bars. $299

**Beverly Laurel**, 8018 Beverly Blvd, ☎ 323 651 2441; Karte S. 346. Am interessantesten ist hier das Café Swingers. Das Motel selbst verfügt über nette 1960er-Jahre-Akzente, die Zimmer sind jedoch eher schlicht. Gute Lage nicht weit vom Fairfax District und Beverly Hills. $180

**Farmer's Daughter Hotel**, 115 S Fairfax Ave, ☎ 323 937 3930, 🖥 www.farmers daughterhotel.com; Karte S. 346. Hübsches Boutiquehotel in praktischer Lage gegenüber vom Farmers' Market, mit Internetzugang, DVD-Playern, TVs und Kitschelementen im Stil des Mittleren Westens. $237

**Santa Monica und Malibu**

**Ambrose**, 1255 20th St, Santa Monica, ☎ 310 315 1555, 🖥 www.ambrosehotel. com. Eine tolle Unterkunft im Herzen von Santa Monica, mit Arts-and-Crafts-Dekor und

Zimmern im Stil eines Boutiquehotels. Inkl. kontinentalem Frühstück. $349

**Cal Mar**, 220 California St, Santa Monica, ☎ 310 395 5555, 🖥 www.calmarhotel.com. Sehr gute Lage und nette Gartensuiten mit CD-/DVD-Player, Esszimmer, Küche und Balkon. Außerdem gibt es einen beheizten Pool, ein Fitnesscenter sowie einen Flughafenservice. $249

### Hostels

**Banana Bungalow**, 5920 Hollywood Blvd, Hollywood, ☎ 877 977 5077, 🖥 www.banana bungalow.com; Karte S. 346. Großes, beliebtes Hostel etwas östlich des Zentrums von Hollywood: Transport vom/zum Flughafen, Touren nach Venice Beach und zu den Vergnügungsparks, Kochnischen in den Zimmern und vieles mehr. Schwesterhostel mit ähnlichen Preisen in West Hollywood, 603 N Fairfax Ave, ☎ 323 655 2002. Dorms $38, DZ $100

**HI Santa Monica**, 1436 2nd St, Ecke Broadway, Santa Monica, ☎ 310 393 9913, 🖥 www. hilosangeles.org. Dieses Gebäude, ein paar Blocks vom Strand und Pier entfernt, war von 1887 bis 1889 das Rathaus von Los Angeles. Heute ist es hübsch renoviert; mit ansprechendem Innenhof, Internetcafé, Fernsehzimmer und 260 Betten. Reservierung im Sommer unerlässlich. Dorms $49

**Orange Drive Manor**, 1764 N Orange Drive, Hollywood, ☎ 323 850 0350, 🖥 www.orange drivehostel.com; Karte S. 346. Das zentral direkt hinter dem Chinese Cinema gelegene Hostel veranstaltet Touren zu den Filmstudios, Vergnügungsparks und Wohnhäusern der Stars. Dorms $40, DZ $98

**Orbit Hotel and Hostel**, 603 N Fairfax Ave, West Hollywood, ☎ 323 655 1510, 🖥 www. orbithotel.com; Karte S. 346. Kombination aus Hotel und Hostel im 60er-Jahre-Retro-Stil mit moderner Einrichtung in fluoreszierenden Farben. Kostenloses Frühstück, Filmvorführraum, Patio, Café, alle Zimmer mit Bad und Shuttleservice. Dorms $37, DZ $99

**Stay on Main Hotel**, 636 S Main St, Downtown, ☎ 213 213 7829, 🖥 www.stayonmain.com; Karte S. 340. Unterkunft in der Nähe eines zwielichtigen Teils des Old Bank District mit

WLAN und sauberen, einfachen, aber stilvollen Dorms und Zimmern mit und ohne Bad. Dorms $55, DZ $105

**USA Hostels – Hollywood**, 1624 Schrader Ave, Hollywood, ☎ 323 462 3777, 🖥 www.usa hostels.com; Karte S. 346. Eine Straße südlich der Mitte des Hollywood Blvd, in der Nähe der wichtigen Sehenswürdigkeiten. Bietet Zimmer mit Bad, ein Spielezimmer, Bar, WLAN und Patio sowie Flughafen- und Bahnhofstransfers. Dorms $49, DZ $140

### Downtown und Umgebung

**Bestia**, 2121 7th Place, ☎ 213 514 5724, 🖥 www.bestiala.com; Karte S. 340. Unglaublich kreatives Restaurant mit Speisen verschiedener italienischer Regionalküchen. Hier gibt's mehr als 60 verschiedene Schinken- und Wurstsorten aus eigener Herstellung, außerdem neapolitanische Holzofenpizza ($16–19). ⏱ Mo–Do und So 17–23, Fr und Sa 17–24 Uhr.

**Clifton's**, 648 S Broadway, ☎ 213 627 1673, 🖥 www.cliftonsla.com; Karte S. 340. Klassische Cafeteria von 1935 mit bizarrer Einrichtung: riesiger unechter Rotholzbaum, Wasserfall und ausgestopfter Grizzlybär. Die Speisekarte bietet traditionell amerikanische Gerichte, z. B. *cheesecake* mit *Jell-O* in kleinen Marmeladetöpfchen oben drauf, Corned Beef und Kohl. Nicht verpassen: die Lieblingsnische von Ray Bradbury mit Erinnerungsstücken. ⏱ Di–Do 11–21, Fr 11–22, Sa 10–22, So 10–21 Uhr.

**Cole's Pacific Electric Buffet**, 118 E 6th St, ☎ 213 622 4090; Karte S. 340. Das älteste Restaurant von L.A., in derselben finsteren Ecke seit 1908, wurde 100 Jahre später restauriert. Einrichtung und Essen haben sich kaum verändert, und die schweren, herzhaften „gedippten" Sandwiches sind voll beladen mit Steak, Pastrami oder Rinderbrust. ⏱ Mo–Mi und So 11–22, Do 11–24, Do–Sa 11–2 Uhr.

**King Taco**, 2904 N Broadway, ☎ 323 222 8500, 🖥 www.kingtaco.com; Karte S. 340. Der zentralste Diner einer Kette sehr billiger Läden in Downtown (dieser liegt nördlich von Chinatown), mit verschiedensten herzhaften Tacos, Tamales, Quesadillas und Burritos. ⊕ Mo–Do und So 8.30–23, Fr und Sa 8.30–2 Uhr.

**Pacific Dining Car**, 1310 W 6th St, ✆ 213 483 6000, ▭ www.pacificdiningcar.com; Karte S. 340. Seit 1921 werden in dem noblen Restaurant u. a. sehr teure und ebenso vorzügliche Steaks in einem alten Eisenbahnwaggon serviert. Am preisgünstigsten ist das Frühstück. ⊕ tgl. 24 Std.

**Philippe the Original French Dip**, 1001 N Alameda St, ✆ 213/628 3781, ▭ www.philippes.com; Karte S. 340. Das Café von 1908 bietet Sandwiches mit Bergen von Truthahn-, Lamm-, Schweine- oder Rindfleisch, die in Bratensaft getunkt werden – überraschend gut und sättigend für schlappe $7,50. Nur Barzahlung. ⊕ tgl. 6–22 Uhr.

## Hollywood und West Hollywood

**Barney's Beanery**, 8447 Santa Monica Blvd, ✆ 323 654 2287, ▭ www.barneysbeanery. com; Karte S. 346. In ausgefallenem Ambiente werden hier seit 1927 Hunderte Flaschenbiere sowie Hotdogs, Hamburger und Chili con Carne serviert. ⊕ Mo–Fr 11–14, Sa und So 9–2 Uhr.

**Osteria Mozza**, 6602 Melrose Ave, ✆ 323 297 0100, ▭ www.osteriamozza.com; Karte S. 346. Edelitaliener mit beachtlicher Mozzarella-Theke. ⊕ Mo–Fr 17.30–23, Sa 17–23, So 17–22 Uhr.

**Pink's Hot Dogs**, 709 N La Brea Ave, ✆ 323 931 7594, ▭ www.pinkshollywood. com; Karte S. 346. Existiert seit 1939. Die Monster-Hotdogs (ab $4,40) mit allem Möglichen von Schinkenspeck und Chilikäse bis zu Pastrami und Schweizer Käse machen pappsatt. ⊕ Mo–Do und So 9.30–2, Fr und Sa 9.30–3 Uhr.

**Providence**, 5955 Melrose Ave, ✆ 323 460 4170; Karte S. 346. Eins der teuersten Restaurants in L.A., und das nicht ohne Grund: Hier genießen Gourmets die Kreationen von Küchenchef Michael Cimarusti wie mit Foie gras gefüllte Ravioli, Wolfsbarsch, Blaukrabben und viele andere Gerichte. ⊕ Mo–Do 18–22, Fr 12–14 und 18–22, Sa 17.30–22, So 17.30–21 Uhr.

**Roscoe's House of Chicken and Waffles**, 1514 N Gower St, ✆ 323 466 7453, ▭ www. roscoeschickenandwaffles.com; Karte S. 346.

Die Brathähnchen, Salate und fluffigen Waffeln ziehen ein buntes Publikum an. Vier weitere Filialen in der Stadt. ⊕ Mo–Do 8.30–24, Fr und Sa 8–4, So 8–24 Uhr.

### West L.A.

**The Apple Pan**, 10801 W Pico Blvd, ✆ 310 475 3585; Karte S. 346. Frisch gebackener Apfelkuchen mit Vanilleeis und schön saftige Hamburger ($7–8) in einem Lokal, das schon seit 1947 Gäste bewirtet. Nur Barzahlung. ⊕ tgl. 11–24 Uhr.

**Nate 'n' Al's**, 414 N Beverly Drive, ✆ 310 274 0101, ▭ www.natenal.com; Karte S. 346. Das seit 1945 bekannteste jüdische Delikatessengeschäft in Beverly Hills ist ein beliebter Treffpunkt der Kinowelt und eines der wenigen Restaurants mit vernünftigen Preisen in dieser Gegend. Wer eine Sitznische ergattern möchte, sollte früh kommen. ⊕ tgl. 7–21 Uhr.

**Nobu Matsuhisa**, 129 N La Cienega Blvd, ✆ 310 659 9639, ▭ www.nobu matsuhisa.com; Karte S. 346. Die bekannteste Adresse für Sushi in der Stadt, mit den höchsten Preisen, also etwas für Liebhaber von rohem Fisch mit dicker Brieftasche. Combo-Lunch $22–30, Menüs $70–200. ⊕ Mo–Fr 11.45–14.15 und 17.45–22.15, Sa und So 17.45–22.15 Uhr.

**Tsujita**, 2057 Sawtelle Blvd, ✆ 310 231 7373, ▭ www.tsujita-la.com; Karte S. 346. Dies ist einer der angesagtesten Ramen-Nudelläden der Stadt. Die Köche zaubern köstliches *tsukemen*, bei dem die Nudeln in eine megaleckere Schweinefleischbrühe getaucht werden ($9,95, nur mittags). ⊕ tgl. 11–2 Uhr.

### Santa Monica und Venice

**Chaya Venice**, 110 Navy St, ✆ 310 396 1179, ▭ www.thechaya.com/venice. Eleganter Mix aus japanischer und mediterraner Küche in einer künstlerisch aufgemachten Sushi-Bar mit deutlichem kalifornischem Einschlag und entsprechend schicker Kundschaft. Hervorragender Service. ⊕ Mo–Do 11.30–14.30 und 18–22.30, Fr 11.30–14.30 und 18–23, Sa 18–23, So 18–22 Uhr.

**Espresso Cielo**, 3101 Main St, ✆ 310 314 9999, ▭ www.sm.espressocielo.com. Das Lokal in sonniger Strandnähe hat ausgezeichneten Kaffee von der renommierten Rösterei 49th Parallel in Vancouver, gute Tees und ausgezeichnete Backwaren. ⏲ tgl. 7–19 Uhr.

**Father's Office**, 1018 Montana Ave, ☏ 310 736 2224, ⌨ www.fathersoffice. com. Schicker Gastropub von 1953, dem seine Craft-Biere und der „Office Burger" von Küchenchef Sang Yoon ($12,50) eine loyale Stammkundschaft eingebracht haben. ⏲ Mo– Do 17–1, Fr 16–2, Sa 12–2, So 12–24 Uhr.

**Rae's Diner**, 2901 Pico Blvd. Klassischer Diner seit 1958, mit herzhaftem, schmackhaftem Essen. Die türkisblaue Fassade und das Innere des Ladens sind schon in mehreren Filmen aufgelegt, so in *True Romance* und der Neuauflage von *Starsky and Hutch*. Essen für unter $10; nur Barzahlung. ⏲ tgl. 5.30– 21 Uhr.

**Umami Burger**, 500 Broadway, ☏ 310 451 1300, ⌨ www.umamiburger.com. Die beliebte Minikette ist die Geburtsstätte des Trüffelburgers, *spicy bird burger*, der Trüffelpommes und weiterer kunstvoller Kreationen. ⏲ Mo–Do 11–22, Fr 11–24, Sa 10–24, So 10–23 Uhr.

### South Bay und Long Beach

**Johnny Rebs'**, 4663 N Long Beach Blvd, ☏ 562 423 7327, ⌨ www.johnnyrebs.com.Der Geruch von Grillrippchen, Katfisch und *hush puppies* (gebackenen Maismehlklößchen) lockt in dieses tolle Südstaaten-Restaurant, in dem die Portionen groß und die Preise niedrig sind. ⏲ Mo–Do und So 7–21, Fr und Sa 7–22 Uhr.

**Pann's**, 6710 La Tijera Blvd, Inglewood, ☏ 323 776 3770, ⌨ www.panns.com. Toller Diner im futuristischen Googie-Stil von 1958 mit klassischen Burgern und *biscuits and gravy* (Hauptgerichte $10–15). ⏲ Mo und Di 7–15, Mi und So 7–21, Do–Sa 7–22 Uhr.

**Randy's Donuts**, 805 W Manchester Ave, Inglewood, ☏ 310 645 4707, ⌨ www.randys-donuts.com. Dank dem kolossalen Donut auf dem Dach (Baujahr 1953) ist diese Pop-Art-Institution nicht zu übersehen. Produziert megaleckere frische Donuts ($0,95– 1,35), die man sich auf dem Weg zum Flug-

hafen auch an der Durchfahrtsbedienung besorgen kann. ⏲ tgl. 24 Std.

### Disneyland und Umgebung

**Angelo's Hamburgers**, 511 S State College Blvd, Anaheim, ☏ 714 533 1401, ⌨ www.angelos hamburgers.com. Original 50er-Jahre-Drive-in mit Bedienung auf Rollschuhen, Neonschildern, klassischen Autos und ordentlichen Cheeseburgern für nur $3,75. ⏲ Mo–Mi und So 8–23, Do–Sa 8–1 Uhr.

**Heroes Bar & Grill**, 125 W Santa Fe Ave, Fullerton, ☏ 714 738 4356, ⌨ www.heroes fullerton.net. Guter Anlaufpunkt, wenn einen nach dem Besuch der Vergnügungsparks der Hunger plagt. Hat 119 verschiedene Biere sowie Hamburger, Chili con Carne und Hackbraten. ⏲ Mo–Mi 11–24, Do–Sa 11–1.30, So 10–23 Uhr.

**Ruby's**, 1 Balboa Pier, Newport Beach, ☏ 949 675 7829, ⌨ www.rubys.com. Der erste und schönste der im stromlinienförmigen Retrostil der 1940er-Jahre gestalteten Diner dieser Kette in toller Lage am Ende des beliebten Piers in Newport hat zumeist das übliche Angebot an Burgern, Pommes und Limo. ⏲ Mo–Fr 8–20, Sa und So 7–20 Uhr.

### San Gabriel und San Fernando Valley

**Dr Hogly Wogly's Tyler Texas BBQ**, 8136 Sepulveda Blvd, Van Nuys, ☏ 818 780 6701, ⌨ www.hoglywogly.com. Für mit die besten Hühnchen, Würstchen, Rippchen und Bohnen in L.A. (seit 1969) muss man eventuell länger anstehen, auch wenn der Laden mitten im Nirvana liegt. ⏲ Mo–Do und So 11–21, Fr und Sa 11–22 Uhr.

**Fair Oaks Pharmacy & Soda Fountain**, 1526 Mission St, South Pasadena, ☏ 626 799 1414, ⌨ www.fairoakspharmacy.net. Restaurierte Erfrischungshalle von 1915 an der legendären alten Route 66 mit vielen altmodischen Getränken. ⏲ Mo–Sa 9–21, So 10–19 Uhr.

**Porto's Bakery**, 315 N Brand Blvd, Glendale, ☏ 818 956 5996, ⌨ www. portosbakery.com. Das erstklassige Café hat kubanisches Blätterteiggebäck (ab 90¢) sowie Sandwiches, Käsekuchen, Muffins, Törtchen und Kaffee. ⏲ Mo–Sa 6.30–20, So 7–18 Uhr.

## UNTERHALTUNG

### Bars und Kneipen

**Dresden Room**, 1760 N Vermont Ave, Hollywood, ☎ 323 665 4294, 🖥 www.thedresden.com; Karte S. 346. Eines der klassischen Bar-Restaurants in Hollywood, am besten bekannt für seine Whiskey-Cocktails unter der Rubrik „Blood and Sand" und seine Abendshows (Di–Sa 21–1.15 Uhr), mit gemischtem Publikum aus alten Stammgästen und Hipstern. ⊕ Mo–Sa 16.30–2, So 16.30–24 Uhr.

**Edison**, 108 W 2nd St, Downtown L.A., ☎ 213 613 0000, 🖥 www.edisondowntown.com; Karte S. 340. Eine der besten megaschicken Bars in L.A. Sie präsentiert sich in atemberaubendem historischem Industriedesign (sie befindet sich im ersten Kraftwerk von Downtown, von 1910) und erfreut mit Retro-Loungemusik, edlen Speisen und schönen, wenn auch teuren Cocktails. Schick anziehen! ⊕ Mi–Fr 17–2, Sa 19–2 Uhr.

**El Carmen**, 8138 W 3rd St, West L.A., ☎ 323 852 1552, 🖥 www.elcarmenla.com; Karte S. 346. Pseudo-Spelunke mit auf die Spitze getriebenem mexikanischem Motto: Bilder mexikanischer Freestyle-Ringer auf schwarzem Samt, Stierhörner, ausgestopfte Schlangen und jede Menge selbstironischer Schnickschnack. Dazu gibt's Margaritas und eine gute Auswahl an Tequilas. ⊕ tgl. 17–2 Uhr.

**Hinano Café**, 15 W Washington Blvd, Venice, ☎ 310 822 3902; 🖥 www.hinanocafevenice.com. Die Bar zum Chillen am Strand ist ein nettes Plätzchen für einen Drink, mit Billardtischen, guten, billigen Burgern, zusammengewürfelter Einrichtung und zumeist einheimischem Publikum. Es gibt sie seit 1962 und angeblich war Jim Morrison hier Stammgast. ⊕ tgl. 8–2 Uhr.

**HMS Bounty**, 3357 Wilshire Blvd, Koreatown, ☎ 213 385 7275; Karte S. 346. Diese grungige Bar ist ein Hotspot für Hipster und angegraute Stammgäste, mir düsterem Ambiente, billigen, aber starken Drinks und kitschigem Seemannsmotto. ⊕ Mo–Do und So 11–1, Fr und Sa 11–2 Uhr.

**Library Alehouse**, 2911 Main St, Santa Monica, ☎ 310 314 4855, 🖥 www.libraryalehouse.

Hier gibt es die feinste Auswahl an Biersorten aus Kleinbrauereien nicht nur von der Westküste, darunter bekannte wie auch obskure Marken. Außerdem ordentliches Speisenangebot. ⊕ tgl. 11.30–24 Uhr.

**Musso and Frank Grill**, 6667 Hollywood Blvd, Hollywood, ☎ 323 467 7788, 🖥 www.mussoandfrank.com; Karte S. 346. Ganz einfach: Wer in dieser seit 1919 mitten im Stadtteil existierenden Bar keinen Drink genommen hat, war eigentlich gar nicht in Hollywood. Wer eine Kleinigkeit essen will, muss aber tief in die Tasche greifen. ⊕ Di–Sa 11–23, So 16–21 Uhr.

**Redwood**, 316 W 2nd St, Downtown L.A., ☎ 213 680 2600, 🖥 www.theredwoodbar.com; Karte S. 340. Solide Kneipe mit billigem amerikanischem Essen seit 1943, inzwischen in eine „Piratenkneipe" umgebaut. Totenkopfdekor und an den meisten Abenden Live-Rock und -Rockabilly (manchmal $10 Eintritt). ⊕ tgl. 11–2 Uhr.

### Clubs

**The Abbey**, 692 N Robertson Blvd, West Hollywood, ☎ 310 289 8410, 🖥 www.theabbeyweho.com; Karte S. 346. Partyladen in West Hollywood mit einer verrückten Clubszene im Herzen der LGBT-Szene in WeHo, aber für gemischtes Hetero- und Homo-Publikum. ⊕ tgl. 11–2 Uhr.

**Avalon**, 1735 N Vine St, Hollywood, ☎ 323 462 8900, 🖥 www.avalonhollywood.com; Karte S. 346. Große Disco mit den üblichen Techno- und House-Beats, gelegentlich Promi-DJ-Sets. Die Preise sind mit die höchsten der Stadt. Eintritt $15–25. ⊕ Fr 21.30–5, Sa 21.30–7 Uhr.

**Bar Sinister**, 1652 N Cherokee Ave, Hollywood, ☎ 323 462 1934, 🖥 www.barsinister.net; Karte S. 346. Am besten bekannt für gespenstische Gothic-Musik, die jeden Samstag leichenblassen Anhängern der Vampirszene dargeboten wird (Eintritt $10–15). Im Obergeschoss gibt es einen SM-Bereich. Getränke um die $15. ⊕ Sa 22–3 Uhr.

**Circle Bar**, 2926 Main St, Santa Monica, ☎ 310 450 0508, 🖥 www.circle-bar.com. Altmodische Kneipe mit ovaler Theke von 1949. Teure

## Sportveranstaltungen in L.A.

**American Football** Zwischen 1994, als die Raiders wieder nach Oakland zurückzogen, und 2016 gab es kein Profiteam. 2016 kamen die Los Angeles Rams, 🖥 www.therams.com, aus St Louis und machten vorübergehend das Los Angeles Memorial Coliseum zu ihrem Heimstadion. 2019 wollen sie ins neue Los Angeles Entertainment Center in Inglewood umziehen.

**Baseball** Die LA Dodgers, ✆ 323 224 1500, 🖥 www.losangeles.dodgers.mlb.com, spielen im Dodger Stadium, 1000 Elysian Park Ave, in der Nähe von Downtown, die LA Angels of Anaheim, ✆ 714 940 2000, 🖥 www.losangeles.angels.mlb.com, im Anaheim Stadium in Orange County; Tickets jeweils $15–150.

**Basketball** Die Lakers (Tickets $25–260; ✆ 213 480 3232, 🖥 www.nba.com/lakers), Clippers ($20–250; ✆ 213 742 7430, 🖥 www.nba.com/clippers) und das Frauenteam Sparks ($10–55; ✆ 213 742 7340, 🖥 www.sparkswnba.com) spielen alle im Staples Center, 1111 S Figueroa St in Downtown.

**Eishockey** Die Kings spielen im Staples Center ($25–135; ✆ 213 742 7100, 🖥 www.kings.nhl.com), die Anaheim Ducks aus dem Orange County im Honda Center, 2695 East Katella Ave, Anaheim ($20–175; ✆ 714/704-2500, 🖥 www.anaheimducks.com).

**Fußball** Galaxy ($20–125; ✆ 310 630 2200, 🖥 www.lagalaxy.com) spielt im StubHub Center, 18400 Avalon Blvd, in Carson in South Bay.

Getränke und eine Tanzfläche fürs Partyvolk. Freier Eintritt. ⏱ tgl. 21–2.

**Three Clubs**, 1123 N Vine St, Hollywood, ✆ 323 462 6441, 🖥 www.threeclubs.com; Karte S. 346. Düstere, schon lange trendige Bar und Club mit Retro-, Rock-, Funkmusik. ⏱ tgl. 17–2 Uhr.

### Livemusik

**The Baked Potato**, 3787 Cahuenga Blvd West, Studio City (westlich von Burbank), ✆ 818 980 1615, 🖥 www.thebakedpotato.com; Karte S. 346. In dem kleinen, aber fast legendären Jazzclub nahm bereits so manche große Karriere ihren Anfang. ⏱ tgl. 19–2 Uhr.

**The Echo**, 1822 Sunset Blvd, Echo Park, ✆ 213 413 8200, 🖥 www.theecho.com. Ein düsterer kleiner Club in Echo Park, in dem Indie-Rock-Bands für echte Hipster spielen. Gut für Leute, die sich über die Underground-Musikszene der Stadt informieren wollen. ⏱ tgl., Zeiten und Eintritt siehe Website.

**Greek Theatre**, 2700 N Vermont Ave, Griffith Park, ✆ 323 665 1927, 🖥 www.greektheatrela.com. Freiluftbühne mit 5000 Plätzen und Rock- und Pop-Konzerten von Mai bis Oktober. Parkplätze sind Mangelware, also ausreichend früh da sein!

**Harvelle's**, 1432 4th St, Santa Monica, ✆ 310 395 1676, 🖥 www.harvelles.com. Seit 1931 eine herausragende Blues-Institution nahe der Third Street Promenade. Jeden Abend stehen mehrere verschiedene Künstler auf der Bühne, gelegentlich gibt es Funk, R'n'B und Varieté. Tickets ab $5. ⏱ tgl. 20–2 Uhr.

**Hotel Café**, 1623 N Cahuenga Blvd, Hollywood, ✆ 323 461 2040, 🖥 www.hotelcafe.com; Karte S. 346. Gemütliches Café für akustische Konzerte und Singer-Songwriter sowie Indie-Bands. Hat für diese Art Musik meist das beste Angebot der Stadt auf zwei Bühnen. ⏱ tgl., Vorstellungen üblicherweise ab 19 Uhr.

**The Roxy**, 9009 W Sunset Blvd, West Hollywood, ✆ 310 276 2222, 🖥 www.theroxy.com; Karte S. 346. Schaufenster der Musikindustrie mit entspannter Atmosphäre und großartiger Akustik, am westlichen Ende des Strip. Vorwiegend Punk und Hip-Hop. ⏱ unterschiedlich, Konzerte siehe Website.

**Rusty's Surf Ranch**, 256 Santa Monica Pier, ✆ 310 393 7437, 🖥 www.rustyssurfranch.com. Nicht nur Surfermusik und altmodische Longboards, sondern auch Rock, Pop, Folk und sogar Karaoke am Wochenende. Das Lokal am Ende des Piers ist ein Dauerbrenner bei Touristen. ⏱ tgl. 11.30–2 Uhr.

**The Troubadour**, 9081 Santa Monica Blvd, West Hollywood, ✆ 310 276 6168, 🖥 www.troubadour.com; Karte S. 346. Eine mehrfach wiedergeborene Institution von 1957. Erst war der Laden bekannt für Folk- und Countryrock, dann kam Metall und nun sind verschiedene Indie-Rock-Stilrichtungen

angesagt. Tickets $12–35. ☉ unterschiedlich,
Konzerte siehe Website.

**The Viper Room**, 8852 Sunset Blvd, West
Hollywood, ☎ 310 358 1881, 💻 www.viperroom.
com; Karte S. 346. Jeden Abend tolle Konzerte
– es können alle möglichen Musiker auf der
Bühne erscheinen, aber vorwiegend treten
Metal- und Punkbands auf (von Shrinebuilder
bis SSHH). ☉ tgl. 20–2 Uhr.

🎭 **Whisky-a-Go-Go**, 8901 Sunset Blvd,
West Hollywood, ☎ 310 652 4202,
💻 www.whiskyagogo.com; Karte S. 346.
Legendärer Laden von 1964 und noch immer
für aufstrebende Musiker in L.A. von Bedeutung.
Hauptsächlich Hard Rock und Metal, hin und
wieder auch Indie. ☉ unterschiedlich; Veranstaltungen s. Website.

### Klassik, Oper und Tanz

**Disney Hall**, 1st St, Ecke Grand Ave, Downtown L.A., ☎ 323 850 2000, 💻 www.laphil.com.
Die renommierteste Kultureinrichtung in L.A.,
Spielstätte des L.A. Philharmonic in einem auffallenden Gebäude von Frank Gehry.

**The Hollywood Bowl**, 2301 N Highland Ave,
Hollywood, ☎ 323 850 2000, 💻 www.hollywood
bowl.org. Berühmte Freiluftbühne (S. 348) mit
Konzerten des L.A. Philharmonic und sommerlichen Pop-Konzerten.

**Los Angeles Ballet**, 11755 Exposition Blvd,
West L.A. (verschiedene Spielstätten),
☎ 310 998 7782, 💻 www.losangelesballet.org.
Klassische wie auch moderne Stücke von
November bis Mai.

**Los Angeles Chamber Orchestra**, 350 S Figueroa St, Downtown L.A. (verschiedene Spielstätten), ☎ 213 622 7001, 💻 www.laco.org.
Unterschiedlichste Kammermusik, große Bandbreite an Eintrittspreisen.

**LA Opera Dorothy Chandler Pavilion** (The Music
Center), 135 N Grand Ave, Downtown, ☎ 213
972 8001, 💻 www.laopera.org. Erstklassige Aufführungen aller großen Opern in der Saison von
September–Mai.

### Comedy

**Comedy & Magic Club**, 1018 Hermosa Ave,
Hermosa Beach, ☎ 310 372 1193, 💻 www.
comedyandmagicclub.info. Bekannter

Comedy-Club in South Bay, in dem Jay
Leno manchmal neues Material ausprobiert.
Tickets je nach Künstler bis $30. ☉ Di–So
20–24 Uhr.

**The Comedy Store**, 8433 W Sunset Blvd, West
L.A., ☎ 323 656 6228, 💻 www.thecomedystore.
com. Der bekannteste Comedy-Laden in L.A.,
in drei Sälen, sodass selbst am Wochenende
immer noch Karten zu bekommen sind. Zwei
Getränke Mindestverzehr. ☉ tgl. 19–2.30 Uhr.

🎭 **Groundlings**, 7307 Melrose Ave, West
L.A., ☎ 323 934 4747, 💻 www.ground
lings.com. Hier überleben nur die wirklich
Talentierten (wie Melissa McCarthy und Kristen
Wiig) – furioses Improvisationstheater und
komödiantische Drahtseilakte stoßen entweder
auf Begeisterung oder genervtes Stöhnen.
Mo–Sa 20, So 19.30 Uhr.

**The Improv**, 8162 Melrose Ave, West L.A.,
☎ 323 651 2583, 💻 www.improv.com. Alteingesessener Laden, aus dem eine landesweite
Kette hervorging, und immer noch bekannt als
einer der Läden mit den besten Acts. Vorausbuchen! ☉ tgl. 18–2 Uhr.

### Theater

🎭 **The Actors' Gang**, 9070 Venice Blvd,
Culver City, ☎ 310 838 4264, 💻 www.
theactorsgang.com. Eine Mischung aus Main-
stream- und Alternativtheater, mit weniger als
hundert Plätzen. Hier wird immer mal wieder
eine spektakuläre Inszenierung mit aus Film
oder Fernsehen mehr oder weniger bekannten
Schauspielern geboten. Künstlerischer Leiter
ist Tim Robbins.

**Ahmanson Theatre Music Center**, 135 N
Grand Ave, Downtown L.A., ☎ 213 628 2772,
💻 www.centertheatregroup.org. In dem 2000
Plätze umfassenden Theater werden Broad-
way-Shows und Stücke der hauseigenen
Theatergruppe aufgeführt. Umfassend beworbene große Produktionen werden gewöhnlich
hier aufgeführt.

🎭 **The Complex**, 6476 Santa Monica Blvd,
Hollywood, ☎ 323 465 0383, 💻 www.
complexhollywood.com. Alternative Theater-
truppen bespielen fünf kleine Bühnen.

**Geffen Playhouse**, 10886 Le Conte Ave, Westwood, ☎ 310 208 5454, 💻 www.geffenplay

house.org. In dem neospanischen Theater mit seinen 500 Plätzen finden oft Soloshows statt, häufig mit einer Hollywood-Verbindung und für den Massengeschmack.

**Hudson Theatres**, 6539 Santa Monica Blvd, Hollywood, ☏ 323 856 4252, ⌨ www.hudson theatre.com. Hier spielen junge Talente außer Stücken mit sozialkritischer Message auch Satiren und Komödien. Der Komplex besteht aus drei Bühnen, Café und Kunstgalerie.

**Open Fist Theatre**, 6209 Santa Monica Blvd, Hollywood, ☏ 323 882 6912, ⌨ www.openfist. org. Kleine Bühne mit beißenden und avantgardistischen Inszenierungen.

**Pantages Theatre**, 6233 Hollywood Blvd, Hollywood, ☏ 323 468 1770, ⌨ www.hollywood pantages.com. Exquisites, stimmungsvolles Art-déco-Theater im Herzen des historischen Hollywood mit gastierenden Broadway-Produktionen.

**Theatre West**, 3333 Cahuenga Blvd West, Hollywood, ☏ 323 851 7977, ⌨ www.theatre west.org. Auf der klassischen Bühne finden einfallsreiche, teils merkwürdige Aufführungen einer Truppe hervorragender junger Schauspieler statt.

### Kinos

**ArcLight**, 6360 W Sunset Blvd, Hollywood, ☏ 323 464 1478, ⌨ www.arclightcinemas.com. Alle Sitze mit Platzkarte, die besten Projektoren, gute Sicht – und das Beste von allem: Eine der 14 Leinwände ist die größte in ganz Kalifornien und in der kultigen, weißen Halbkugel des Cinerama Dome untergebracht.

**Egyptian Theatre**, 6712 Hollywood Blvd, Hollywood, ☏ 323 466 3456, ⌨ www.egyptian theatre.com. In dem pseudoägyptischen Stil mit prächtigen Säulen, geflügelten Skarabäen und mythologischen Gottheiten renovierten Gebäude werden Filmklassiker, experimentelle und Kunstfilme gezeigt (S. 344).

**Nuart Theatre**, 11272 Santa Monica Blvd, West L.A., ☏ 310 281 8223, ⌨ www.landmark theatres.com. Klassiker, Dokumentationen und fremdsprachige Filme werden gezeigt. Viele Independent-Produzenten stellen hier ihre Werke auf die Probe, und manchmal gibt's im Dezember kurze Previews der Oscar-Anwärter.

**TCL Chinese Theatre**, 6925 Hollywood Blvd, Hollywood, ☏ 213 468 8111, ⌨ www.tclchinese theatres.com. Die Hollywood-Ikone (S. 344) zeigt Mainstream-Streifen.

**Village Theatre**, 961 Broxton Ave, Westwood, ☏ 310 248 6266, ⌨ www.regencymovies.com. Eines der besten Kinos in L.A. mit prächtiger Ausstattung von 1931, riesiger Leinwand, guten Sitzen und guter Sicht vom Balkon. Bevorzugte Adresse für Hollywood-Premieren.

**Warner Grand Theatre**, 478 W 6th St, San Pedro, ☏ 310 548 7672, ⌨ www. grandvision.org. Restauriertes Meisterwerk von 1931 im Stil der sogenannten „Zickzack-Moderne", einem Jugendstildesign mit dunklen geometrischen Elementen, prächtigen Säulen und Sonnenmotiven – dieser Stil wirkt fast präkolumbisch. Heute ist das Filmtheater ein Programmkino und Veranstaltungssaal.

SONSTIGES

### Fahrräder

Es mag sich wahnwitzig anhören, in L.A. Fahrrad fahren zu wollen, doch in manchen Stadtteilen kann es durchaus eines der angenehmeren Fortbewegungsmittel sein. Ausgezeichnete Radwege gibt es beispielsweise zwischen Santa Monica und Redondo Beach und zwischen Long Beach und Newport Beach, ganz abgesehen von lohnenden Fahrradtouren im Landesinneren, vor allem in der Gegend um den Griffith Park und in Pasadena. Fahrradkarten und Informationen bekommt man über das **LA Department of Transportation**, 100 S Main St, 9th Floor, ☏ 213 972 4962, ⌨ www.bike.lacity.org.

**Bike-Sharing** gibt es in Downtown L.A seit 2016, ⌨ www.bikeshare.metro.net; Räder kosten $3,50 für 30 Min. Santa Monica hat ein eigenes System: ⌨ www.santamonicabike share.com.

### Informationen

**Downtown**: LA Tourism & Convention Board, am North-Entrance-Ticketschalter des Natural History Museum, 900 Exposition Blvd, ☏ 213 763 3466, ⌨ www.discoverlosangeles. com, ⏱ tgl. 9.30–17 Uhr.

## Metrorail

| | |
|---|---|
| **Expo Line** | S-Bahn von Santa Monica und Westwood nach Downtown L.A. (7th Street/Metro Center). |
| **Red Line** | U-Bahn zwischen der Union Station in Downtown L.A. und North Hollywood, via 7th Street/Metro Center, Hollywood/Vine und Universal City. |
| **Purple Line** | U-Bahn zwischen Union Station in Downtown L.A. und Wilshire/Western (bis Wilshire/Vermont auf derselben Strecke wie die Red Line). Ein Ausbau bis nach Westwood ist geplant, wird aber frühestens 2023 fertig sein. |
| **Green Line** | S-Bahn zwischen Redondo Beach und Norwalk, via Aviation/Flughafen. |
| **Blue Line** | S-Bahn in nordsüdlicher Richtung zwischen Long Beach und Downtown L.A. (7th Street/Metro Center) via South LA, Watts und Compton. |
| **Gold Line** | S-Bahn von APU/Citrus College und Pasadena (Sierra Madre Villa) nach East L.A. (Atlantic) via Downtown L.A. (Union Station), Little Tokyo, Chinatown, Heritage Square und Southwest Museum. |
| **Silver Line** | (Metro-Busway-Bus) Vom El Monte Station im San Gabriel Valley Richtung Westen nach Downtown L.A. (Union Station), dann nach Süden bis San Pedro. |
| **Orange Line** | (Metro-Busway-Bus) Von Chatsworth im San Fernando Valley und dem Warner Center in den Woodland Hills zur North Hollywood Red Line Metro Station. |

**Hollywood**: im Hollywood & Highland Center, 6801 Hollywood Blvd, ☎ 323 467 6412, 🖥 www.discoverlosangeles.com, ⊕ Mo–Sa 10–22, So 10–19 Uhr.
**Beverly Hills**: 9400 S Santa Monica Blvd, ☎ 310 248 1015, 🖥 www.lovebeverlyhills.com, ⊕ Mo–Fr 9–17, Sa und So 10–17 Uhr.
**Santa Monica**: 2427 Main St, Suite B, ☎ 310 393 7593, ⊕ Mo–Fr 9–17.30, Sa und So 9–17 Uhr. Außerdem gibt es einen Informationskiosk in der 1400 Ocean Ave, im Palisades Park, ☎ 310 393 0410, 🖥 www.santamonica.com, ⊕ Spätsommer tgl. 9–17, sonst 9–16.30 Uhr.

### NAHVERKEHR

Das öffentliche Verkehrsnetz von L.A. unterliegt zumeist der LA County **Metropolitan Transit Authority** (MTA oder Metro). Durch die riesige Union Station in der Chavez Ave, Ecke Vignes St, strömen jeden Tag Tausende Pendler, die Metrorail, Metrolink, Amtrak und Regionalbusse nutzen. Auf der Ostseite des Bahnhofs liegt die Patsaouras Transit Plaza, wo man Busse findet.

### Metrorail

Das U- und S-Bahnnetz der Metrorail, 🖥 www.metro.net, besteht aus sechs Hauptlinien. Die Züge verkehren täglich von 5 bis 0.30 Uhr, in den Stoßzeiten alle 5, ansonsten alle 10–15 Minuten. In den Zügen ist Rauchen, Essen und Trinken verboten. Das Bahnnetz ist mit dem Schnellbusnetz Metro Busway verbunden: der Orange Line ins San Fernando Valley und der Silver Line ins San Gabriel Valley. Für die Metro Rail und die Metro Orange Line (auf der Silver Line kosten einfache Fahrten $2,50) braucht man eine TAP-Guthabenkarte ($1), die man an Automaten vor der Fahrt mit Tickets aufladen kann. Die einfache Fahrt kostet $1,75, eine Tageskarte $7, für einen 7-Tage-Pass zahlt man $25 (alle auf TAP-Karten zu laden).

### Metrolink

Die Pendlerzüge von **Metrolink**, ☎ 800 371 5465, 🖥 www.metrolinktrains.com, verkehren an Wochentagen zwischen Downtown und einzelnen Vororten. Sie sind besonders nützlich für Fahrten zu Zielen am Rand der Metropole, z. B. in den Counties Orange, Ventura, Riverside und San Bernardino. Das Netz reicht bis nach Oceanside in San Diego County, wo man in die Pendlerzüge Coaster (S. 337) und Sprinter umsteigen kann. Einzelfahrscheine kosten $3,50–16,75.

### Stadtbusse

Busse fahren auf den großen Verbindungsstraßen zwischen Downtown und der Küste von 5–2 Uhr etwa alle 15–25 Min., andere Routen werden etwas seltener befahren, teils nur stündlich. Dasselbe gilt für **Nachtbusse** auf den Hauptverbindungsstraßen. Abends und nachts sollte man darauf achten, nicht in Downtown hängen zu bleiben und auf einen Anschlussbus warten zu müssen.

**Fahrpreise**: In den Bussen kann man für Einzelfahrscheine bar (mit passendem Kleingeld) oder mit einer TAP-Guthabenkarte (s. links) bezahlen. Ein Einzelfahrschein kostet $1,75.
**Express-Busse** (ein begrenzter Pendlerservice) oder solche, die auf den Freeways fahren, kosten meist $2,50. Eine 7-Tage-Karte kostet $25 und gilt auch in der Metro.
Die vom LA Department of Transportation (LADOT), ☎ 213 808 2273, 🖳 www.ladottransit.com, betriebenen **DASH**-Busse kosten pauschal 50¢ (bzw. nur 35¢ mit einer TAP-Guthabenkarte); in Downtown ist das Streckennetz gut ausgebaut, in anderen Bezirken dagegen lückenhaft. Das LADOT betreibt zudem schnelle Pendlerexpressbusse, die weniger oft halten; diese kosten je nach Fahrstrecke $1,50–4,25.

### Taxis

Taxis findet man an den meisten Bahnhöfen und größeren Hotels. Die Einschaltgebühr kostet $2,85, ab dann jede Meile $2,70 (sowie 30¢ für 37 Sek. Wartezeit), bei Abholung vom Flughafen LAX wird eine Gebühr von $4 erhoben. Bei Problemen kann man sich an 🖳 www.taxicabsla.org wenden. Uber fährt fast in ganz L.A.
**Independent Taxi**, ☎ 323 666 0050, 🖳 www.taxi4u.com,
**Checker Cab**, ☎ 818 488 5088, 🖳 www.ineedtaxi.com,
**Yellow Cab**, ☎ 877 890 4562, 🖳 www.layellowcab.com,
**United Independent Taxi**, ☎ 323 653 5050, 🖳 www.unitedtaxi.com.

### Busse

Der **Greyhound-Terminal** liegt in einer weniger attraktiven Gegend Downtowns: 1716 E 7th St, ☎ 213 629 8401. Da man nur mit gültigem Fahrschein hineingelassen wird, ist der Busbahnhof jedoch kein gefährliches Pflaster. Die Busse von **Mega Bus**, 🖳 www.megabus.com, und **Bolt Bus**, 🖳 www.boltbus.com, fahren häufig nach LAS VEGAS, OAKLAND und SAN FRANCISCO und halten an der Patsaouras Transit Plaza bei der Union Station.

**Busse nach**:
BAKERSFIELD (11x tgl., 2 1/4–2 1/2 Std.),
LAS VEGAS (10x tgl., 5–8 Std.),
PALM SPRINGS (3x tgl., 2 1/2–3 1/2 Std.),
PHOENIX (8x tgl., 6 3/4–8 1/2 Std.),
SACRAMENTO (8x tgl., 7 1/4–9 3/4 Std.),
SAN DIEGO (19x tgl., 2 1/4–3 Std.),
SAN FRANCISCO (10x tgl., 7 1/2–12 Std.),
SANTA BARBARA (4x tgl., 2 1/4–2 3/4).

### Eisenbahn

Mit **Amtrak**-Zügen kommt man in der **Union Station** auf der nördlichen Seite Downtowns an, 800 N Alameda St, ☎ 213 624 0171. Dort besteht Anschluss an die Metrorail- und Metrolink-Bahnen sowie zur nahen Patsaouras Transit Plaza mit Verbindungen zu Regionalbuslinien.

**Züge nach**:
FULLERTON (für Disneyland; 11x tgl., 1/2 Std.),
PORTLAND (1x tgl., 31 1/4 Std.),
SACRAMENTO (1x tgl., 13 3/4 Std.),
SAN DIEGO (11x tgl., 2 3/4–3 Std.),
SANTA BARBARA (6x tgl., 2 1/2–2 3/4 Std.),
TUCSON (2x tgl., 9 1/2 Std.).

### Flüge

**Los Angeles International Airport (LAX)**, 16 Meilen südwestlich von Downtown, ☎ 310 646 5252, 🖳 www.lawa.org. Von hier bestehen kostenlose Verbindungen mit **Shuttlebussen**: „G" fährt bis/von Metro Green Line Aviation Station, wo man Anschluss an die Metro hat

(S. 365); „C" fährt zum Metro Bus Center, dem Startpunkt der Stadtbusse. Alternativ verkehren die Busse von LAX Flyaway, ✆ 866 435 9529, zwischen Flughafen und Union Station in Downtown ($9 einfach), dem UCLA-Campus in Westwood (Parkplatz 32 an der Kinross Ave) und Hollywood ($8 einfach). Die Busse fahren rund um die Uhr jede halbe Stunde, außer nach Westwood (6–23 Uhr, einfache Fahrt $10).

Minibusse von **SuperShuttle**, ✆ 800 258 3826, 🖳 www.supershuttle.com, und **Prime Time Shuttle**, ✆ 310 536 7922, 🖳 www.primetime shuttle.com, fahren rund um die Uhr Ziele in der ganzen Stadt an (je nach Ziel 30–60 Min., ca. $17 nach Downtown und an die Westside, weiter entfernte Ziele kosten bis zu $40).

**Taxis** kosten ca. $50 nach West L.A., $55 nach Hollywood, $40 nach Santa Monica, $100 nach Disneyland und pauschal $46,50 nach Downtown. Bei allen Fahrten vom Flughafen gilt ein Zuschlag von $4, und alle Fahrten vom Flughafen kosten mindestens $19. Weitere Infos unter www.taxicabsla.org.

# Die Wüsten

Kaliforniens Wüste teilt sich in zwei Regionen: die Low Desert im Süden, die sich bis nach Mexiko und Arizona erstreckt, und die Mojave oder High Desert im zentralen Teil Südkaliforniens. Die kalifornischen Wüsten sind überraschend abwechslungsreiche, größtenteils unberührte, in ständiger Veränderung begriffene Landschaften. Als National und State Parks stehen weite Teile unter Naturschutz – in denen es jedoch auch vereinzelt kleine Siedlungen und militärische Sperrgebiete gibt. Wer diese Landstriche einigermaßen kennenlernen möchte, braucht unbedingt einen fahrbaren Untersatz.

## Palm Springs und Umgebung

Die Golfplätze und Eigentumswohnungen der vielen Millionäre von **Palm Springs** umgibt Farmland. Die Stadt verkörpert eine seltsame Mischung aus spanischem Kolonialstil und Architektur im sogenannten „**Desert Modern**"-Stil der 1950er-Jahre. Über den niedrigen Häusern sorgt der wuchtige Mount San Jacinto für willkommenen Schatten in der Nachmittagshitze. Die meisten Besucher aus Los Angeles kommen in „**the Season**", in der milden Jahreszeit zwischen Januar und Mai, hierher, wenn auch die Golf- und Tennis-Turniere stattfinden. In den letzten Jahren hat sich Palm Springs außerdem zu einem beliebten Reiseziel für die LGBT-Community. entwickelt. Weitere Infos unter 🖳 www.gaypalm springsca.com.

**Downtown** erstreckt sich zwischen Tamarisk Road und Roman Road über eine halbe Meile entlang dem **Palm Canyon Drive**, einer größtenteils breiten, grellen und modernen Einkaufsstraße.

### Village Green Heritage Center

219 S Palm Canyon Drive ▪ Heritage Center ⊕ Mitte Okt–Mai Mi und So 12–15, Do–Sa 10–16 Uhr ▪ Eintritt $2 ▪ ✆ 760 323 8297, 🖳 www. palmsprings.com/history Agua Caliente Cultural Museum ⊕ Juni–Aug Fr–So 10–17, Sep–Mai Mi–So 10–17 Uhr ▪ Eintritt frei ▪ ✆ 760 778 1079, 🖳 www.accmuseum.org

Die frühe Geschichte von Palm Springs ist im **Village Green Heritage Center** bewahrt, das aus zwei historischen Stätten besteht: Das **Mc-Callum Adobe**, das älteste Gebäude in Palm Springs, wurde 1884 erbaut, das **Miss Cornelia's Little House** entstand 1893 aus Eisenbahnschwellen und ist mit Antiquitäten aus der Zeit der Pioniere eingerichtet. Ebenfalls an der Plaza liegt das **Agua Caliente Cultural Museum**, das von der Geschichte und Kultur des hiesigen Agua-Caliente-Clans der Cahuilla-Indianer erzählt, mit einer kleinen, aber spannenden Sammlung von Körben und Töpferarbeiten.

### Palm Springs Art Museum

101 Museum Drive ▪ ⊕ Di, Mi und Fr–So 10–17, Do 12–20 Uhr ▪ Eintritt $12,50, Do 16–20 Uhr frei ▪ ✆ 760 322 4800, 🖳 www.psmuseum.org

Die Sammlung des **Palm Springs Art Museum** umfasst sowohl ältere als auch zeitgenössische Kunst, vor allem aus Kalifornien, aber auch indianische Arbeiten und Kunst aus dem Südwesten der USA. In der Mitte des Museums befindet sich ein großer Raum mit Skulpturen bedeutender Bildhauer wie Henry Moore, Barbara Hepworth und Alexander Calder.

## Indian Canyons

38500 S Palm Canyon Drive ▪ ⏲ Okt–Juni tgl. 8–17, Juli–Sep Fr–So 8–17 Uhr ▪ Eintritt $9 ▪ ✆ 760 323 6018, 🖳 www.indian-canyons.com

Die bekanntesten und am leichtesten zu erreichenden Canyons um Palm Spring sind Palm Canyon, Andreas Canyon und Murray Canyon, zusammen bekannt als **Indian Canyons**, auf einem Teil der Agua Caliente Indian Reservation südlich des Stadtzentrums. Das beliebteste Ausflugsziel ist der 15 Meilen lange **Palm Canyon** mit einem von Palmen gesäumten saisonalen Bach, an dem der anderthalb Meilen lange Spazierweg Palm Canyon Trail verläuft. Durch den schönsten Teil des für seine Felsformationen bekannten **Andreas Canyon** führt ein eine Meile langer Rundweg; der **Murray Canyon** ist schwer zu erreichen, bietet aber am Ende einer zwei Meilen langen Wanderung als Belohnung einen 3,6 m hohen Wasserfall. Der **Palm Canyon Trading Post**, 380 N Palm Canyon Drive, ✆ 760 323 6018, ist eigentlich ein Souvenirladen, fungiert aber zugleich als Visitor Center.

## Palm Springs Aerial Tramway

1 Tram Way, Ecke N Palm Canyon Drive ▪ ⏲ Mo–Fr 10–21.45, Sa und So 8–21.45 Uhr ▪ Fahrkarte $25,95, mit Abendessen im Pines Café $36 ▪ ✆ 888 515 8726, 🖳 www.pstramway.com

Hat einen die Hitze geschafft, bietet sich von der ausgetrockneten Wüstenebene ein Abstecher zum Wandern in die (manchmal) schneebedeckten Berge um den Mount San Jacinto an. Nördlich der Stadt fährt die Gondelbahn **Palm Springs Aerial Tramway** jede halbe Stunde hoch zur Mountain Station auf 2596 m Höhe und überwindet dabei einen Höhenunterschied von gut 1800 m. Von der Bergstation kann man zum Gipfel des 3302 m hohen **Mount San Jacinto** hochsteigen (einfache Strecke 5,5 Meilen) oder eine Reihe kürzerer Waldwege erkunden.

## Palm Desert

Golfplätze und Luxusresorts dominieren **Palm Desert** rund 14 Meilen südlich des Zentrums von Palm Springs und das übrige **Coachella Valley**. Bekannt ist Palm Desert nicht zuletzt wegen **El Paseo**, einer Meile, die für ihre kitschige alljährliche Golfwagenparade zu Halloween, 🖳 www.golfcartparade.com, bekannt ist.

Für Kulturfreunde gibt es das **Palm Springs Art Museum in Palm Desert**, El Paseo, Ecke

Hwy-111, ☎ 760 322 4800, 🖥 www.psmuseum. org. Die 2012 eröffnete Zweigstelle des Museums in Palm Springs (S. 367) zeigt wechselnde Ausstellungen aus den Bereichen Bildhauerei, Malerei, Fotografie und neuen Medien. ☉ Sommer Fr–So 10–17, sonst Di, Mi und Fr–So 10–17, Do 12–20 Uhr, Eintritt frei.

Außerdem gibt es in Palm Desert die Kaktus- und Palmengärten von **Living Desert**, 47900 Portola Ave, ☎ 760 346 5694, 🖥 www.livingdesert. org. Der botanische Garten beherbergt aber auch afrikanische Tiere wie Giraffen, Zebras und Geparden. ☉ Juni–Sep tgl. 8–13.30, Okt–Mai 9–17 Uhr, Eintritt $19,95.

## ÜBERNACHTUNG

**A Place in the Sun Hotel**, 754 San Lorenzo Rd, ☎ 760 325 0254, 🖥 www.aplaceinthesunhotel. com. Das in den frühen 1950er-Jahren als Unterkunft für die Crew des Films *Ein Platz an der Sonne* mit Elizabeth Taylor errichtete, sehr begehrte Hotel ist um einen palmengesäumten Salzwasserpool angelegt. Es hat gemütliche Studios und Bungalows mit Rattan-Möbeln und hellen, frischen Farben. $119

**Casa Cody Inn**, 175 S Cahuilla Rd, ☎ 760 320 9346, 🖥 www.casacody.com. Das in den 1920er-Jahren von der Hollywood-Pionierin Harriet Cody erbaute B&B bietet im Stil des Südwestens geschmackvoll eingerichtete Zimmer (teils mit Küche), einen schattigen Garten, einen tollen Pool und ein köstliches Frühstücksbuffet. Es befindet sich in guter Lage zwei Straßen von Downtown entfernt. Für Familien und kleine Gruppen bietet sich das hübsche Adobe-Cottage mit zwei Schlafzimmern an ($429). $99

**Desert Riviera Hotel**, 610 E Palm Canyon Drive, ☎ 760 327 5314, 🖥 www.desert rivierahotel.com. Dieses Juwel von 1951 ist nicht ohne Grund das beliebteste Hotel in Palm Springs. Es besitzt üppige Gärten, Bergblick, einen beheizten Pool, Whirlpool und einfache, aber gemütliche Zimmer mit netten Extras wie einem Willkommenskorb mit kleinen Leckereien. $169

**Orbit In**, 562 W Arenas Rd, ☎ 877 996 7248, 🖥 www.orbitin.com. Das modernistische Hotel besteht aus zwei fast benachbarten Teilen: Das superstilvolle Obrit In selbst von 1957 bietet neun Zimmer und eine Bumerang-Bar am Pool, das versteckte Hideaway aus den 1940er-Jahren verfügt über Rasenflächen, Feuerstelle, Gästeküche und -lounge. Dazu gibt's kostenlose Fahrräder, Entspannungsräume mit DVD- und CD-Player sowie Frühstück. Nur Erwachsene, Mindestaufenthalt 2 Nächte. Orbit In $169, Hideaway $179

## ESSEN

**Cheeky's**, 622 N Palm Canyon Drive, ☎ 760 327 7595, 🖥 www.cheekysps.com. Das beste Frühstückscafé der Stadt. Hier werden regionale Zutaten aus ökologischem Anbau z. B. für frischen French Toast aus Sauerteig mit Pfirsich ($11) verwendet. Es gibt auch kreative Mittagsgerichte. ☉ tgl. außer Di 8–14 Uhr, Juni–Sep Mi geschl.

**Johannes**, 196 S Indian Canyon Drive, ☎ 760 778 0017, 🖥 www.johannes restaurants.com. Beste modernes Restaurant in Downtown. Unprätentiös, aber mit erstklassigem Essen internationaler Küchen und hier und da einem österreichischem Gericht wie Schnitzel ($22). Zu den Hauptgerichten zählen knusprige halbe Ente ($32) oder Bio-Hähnchencurry ($22). ☉ Di–So 17–22 Uhr.

**Las Casuelas Terraza**, 222 S Palm Canyon Drive, ☎ 760 325 2794, 🖥 www.lascasuelas. com. Das ursprüngliche Las Casuelas stammt von 1958, aber dieses Schwesterrestaurant im spanischen Kolonialstil ist unschlagbar wegen seiner munteren Atmosphäre, jeder Menge Tischen draußen um einen palmengedeckte Bar herum und der Live-Unterhaltung. Das Essen leidet darunter, auf US-Geschmack heruntergedimmt zu sein, ist aber immer noch köstlich und auch nicht zu teuer (Kombiteller $14), und Margaritas gibt's für $5,75. ☉ Mo–Fr 11–22, Sa Und So 8–22 Uhr.

**Tyler's Burgers**, 149 S Indian Canyon Drive, ☎ 760 325 2990, 🖥 www.tylersburgers.com. Tolle altmodische Burger (ab $7,50) mit Pommes und klassischem Krautsalat ($3,50) zu bescheidenen Preisen, drinnen oder draußen. Nur Barzahlung. ☉ Mo–Sa 11–16 Uhr; Aug geschlossen.

**Visitor Center**, 2901 N Palm Canyon Drive, ✆ 800 347 7746, 🖳 www.visitpalmsprings.com. ⏰ tgl. 9–17 Uhr.

Zu allen wichtigen Zielen im Coachella Valley bietet **SunLine Transit**, ✆ 800 347 8628, 🖳 www.sunline.org, tgl. 6–20 Uhr (auf einigen Routen bis 23 Uhr) Busverbindungen für $1 pro Fahrt plus 25¢ extra mit Umsteigen (Tickets 2 Std. gültig, Tageskarte $3).

### Busse

**Greyhound**-Busse halten an der **SunLine Transit Agency**, 72-480 Varner Rd in Thousand Palms; sie liegt ungünstig 9 Meilen östlich von Downtown Palm Springs (erreichbar mit dem Taxi oder SunLine Bus Nr. 32). Von hier fahren Busse nach LOS ANGELES (3x tgl., 2 1/2–3 1/2 Std.).

### Eisenbahn

**Amtrak**-Züge halten am einsamen Bahnhof drei Meilen nördlich von Palm Springs beim North Indian Drive, eine halbe Meile südlich des I-10. Ein Taxi ins Stadtzentrum kostet rund $20.

**Züge nach**:
HOUSTON (3x wöchentl., 32 1/2 Std.),
LOS ANGELES (3x wöchentl., 3 1/2 Std.),
NEW ORLEANS (3x wöchentl., 43 Std.),
SAN ANTONIO (3x wöchentl., 26 1/4 Std.),
TUCSON (3x wöchentl., 6 3/4 Std.).

### Flüge

Der **Palm Springs International Airport**, 3400 E Tahquitz Canyon Way, ✆ 760 318 3800, wird von mehreren Fluglinien angeflogen. Mit dem Taxi kommt man schnell bis zum Palm Canyon Drive (nur 2 Meilen). Flugtickets nach Palm Springs sind oft teuer; gewöhnlich ist es billiger, nach L.A. zu fliegen und dort ein Auto zu mieten.

# Joshua Tree National Park

Eintritt $20 pro Fahrzeug für sieben Tage, Radfahrer, Wanderer $10 ▪ ✆ 760 367 5500, 🖳 www.nps.gov/jotr

Der **Joshua Tree National Park**, einer der zauberhaftesten und faszinierendsten aller kalifornischen Nationalparks, umfasst ein riesiges Gebiet an der Schnittstelle von Mojave und Colorado Desert. Gut 3200 km$^2$ dienen dem Schutz der knorrigen Pflanzen, denen der Park seinen Namen verdankt. Die bizarren, z. T. über 13 m hohen **Joshua-Bäume**, die allerdings nur in bestimmten Teilen des Parks vorkommen, müssen sich mit extremer Trockenheit und steinigem Untergrund begnügen. Es handelt sich auch gar nicht um einen Baum, sondern um eine Agavenart.

Am besten lässt sich diese mystische Landschaft bei Sonnenaufgang oder Sonnenuntergang betrachten, wenn der Wüstenboden von rotem Licht überflutet wird. Um die Mittagszeit kann sich die Gegend in einen regelrechten Glutofen verwandeln, und im Sommer können die Temperaturen auf über 50 °C ansteigen. Dessen ungeachtet lockt der Nationalpark mit seiner unberührten Schönheit, den verfallenen Goldminen, uralten Petroglyphen und faszinierenden Felsformationen zahlreiche Tagesausflügler, Camper und Felskletterer an.

## Praktische Tipps

Wie schwer es ist, in diesem lebensfeindlichen Umfeld seinen Unterhalt zu bestreiten, verdeutlicht ein Besuch der **Keys Ranch** (nur im Rahmen einer Führung, Okt–Mai tgl. 10 und 13, Juni–Sep Sa 18 Uhr, $10, Reservierung erforderlich. Einlass im Oasis Visitor Center, ✆ 760 367 5522, am Tag der Tour nach dem Motto: Wer zuerst kommt, mahlt zuerst.)

Einer der einfachsten Wanderwege (3 Meilen) führt zur **49 Palms Oasis** und beginnt nach 1,5 Meilen auf der Canyon Rd, 6 Meilen vom Visitor Center in Twentynine Palms entfernt. Westlich der Oase, rings um den Campingplatz Indian Cove, erheben sich Quarzfelsen.

Von der östlichen Abzweigung der Straße zum Campingplatz führt ein Pfad zum **Rattlesnake Canyon**, dessen Bäche und Wasserfälle je nach Niederschlagsmenge fröhliche Geräusche in die unheimliche Stille des Parks bringen.

Auf der Fahrt nach Süden zum Hauptteil des Parks kommt man durch das **Wonderland of Rocks**, ein Gebiet mit gewaltigen Felsblöcken, das Kletterer aus aller Welt anlockt. Besonders eindrucksvoll ist der 4 Meilen lange Pfad zur **Lost Horse Mine**, einer verlassenen Goldmine. Von **Key's View**, einem mit dem Auto zu erreichenden, über 1700 m hohen Aussichtspunkt, hat man eine herrliche Sicht über den Park.

### ÜBERNACHTUNG UND ESSEN

Es gibt neun **Campingplätze** ($15–20), die mit Ausnahme der Anlage bei Cottonwood am südlichen Eingang alle im Nordwesten des Parks liegen. Alle haben Tische, Feuerstellen (Holz mitbringen) und Plumpsklos, aber nur zwei – **Black Rock** und **Cottonwood** – verfügen über eine Wasserversorgung und Spülklos. Für die Zeit von Oktober bis Mai können Black Rock und Indian Cove reserviert werden, ansonsten heißt es *first-come, first-served*. Mehr als 80 % des Parks sind als Wildnis ausgewiesen, in der **Backcountry camping** erlaubt ist – man muss sich nur kostenlos registrieren, bevor man aufbricht.

🏠 **29 Palms Inn**, 73950 Inn Ave, abseits des National Park Drive, Twentynine Palms, 📞 760 367 3505, 🖥 www.29palmsinn.com. 1928 erbaut und die beste Unterkunft am Ort. Verfügt über gemütliche Adobe-Bungalows und Cabins auf hübschem Gelände und einen Poolbereich mit Restaurant und Bar in der Mitte. Die Mehrausgabe für einen Bungalow oder gar das reizende Irene's Historic Adobe aus den 1930er-Jahren für 4 Pers. lohnt sich. Cabins $70, Bungalows $85, Irene's $220

**Black Rock**, Reservierung unter 📞 877 444 6777, 🖥 www.recreation.gov. Großer Campingplatz mit 100 Stellplätzen, der nur von außerhalb des Parks zu erreichen ist. Mit Wasserversorgung. $20

**Indian Cove**, Reservierung unter 📞 877 444 6777, 🖥 www.recreation.gov. Weiterer großer Campingplatz mit 101 Stellplätzen inmitten von Granitblöcken. Vom östlichen Abschnitt der Straße des Platzes führt ein Weg zum Rattlesnake Canyon (S. 370). Wasser gibt es an der Indian Cove Ranger Station. $20

### INFORMATIONEN

**Cottonwood Visitor Center**, 8 Meilen nördlich des I-10 und des Südeingangs in Cottonwood Spring, mit Ausstellungen zur Naturgeschichte des Parks und zur Wüstenökologie. Ranger bieten Tipps und Karten, es gibt einen Buchladen, und auf Wunsch werden Videos gezeigt. ⊙ tgl. 8.30–16 Uhr.

**Joshua Tree Visitor Center**, am Westeingang, 6554 Park Blvd, Joshua Tree, eine Straße südlich des Hwy-62. Hier ist am meisten los, aber die Ranger tun ihr Bestes, um alle Fragen zu beantworten. Mit Ausstellungen zur Geologie des Parks und zur Siedlungsgeschichte der Region, dazu Informationen zum Klettern und Wandern. Außerdem Café und Buchladen, auf Wunsch werden Videos gezeigt. ⊙ tgl. 8–17 Uhr.

**Oasis Visitor Center**, Nordeingang, 74485 National Park Drive, Twentynine Palms, an der Kreuzung mit dem Utah Trail. Das Hauptbesucherzentrum des Parks bietet Ausstellungen zur Entstehungsgeschichte des Parks und seinen beiden Wüstenarten. Videos auf Wunsch 11–15 Uhr. ⊙ tgl. 8.30–17 Uhr.

### TRANSPORT

Ohne eigenes Fahrzeug kann man einen Besuch im Joshua Tree National Park so gut wie vergessen. Der Park liegt eine knappe Autostunde nordöstlich von Palm Springs entfernt und ist am besten über den Hwy-62 zu erreichen, der vom I-10 abzweigt. Der Westeingang zum Park befindet sich im Ort Joshua Tree, der Nordeingang liegt bei Twentynine Palms (in beiden Orten gibt es ein Visitor Center).

# Death Valley National Monument

⊙ 24 Std. ▪ $25 pro Fahrzeug, $12 für Wanderer und Radfahrer, 7 Tage gültig. Die Eingänge sind nicht besetzt, daher zahlt man an einem der Automaten an den Eingängen oder im Visitor Center.

Death Valley – der heißeste Ort der Welt – ist eine menschenfeindliche Region, fast ohne Schatten – von Wasser ganz zu schweigen. Aber die Silhouetten der kahlen Berge und ihre dunklen Schluchten, die in uralten abgelagerten Schlammschichten ausgewaschen wurden und deren Mineralien die Felsen in leuchtenden Regenbogenfarben erstrahlen lassen, sind faszinierend. In den Sommermonaten liegt die Lufttemperatur tagsüber bei 45 °C und die des Bodens nahe dem Siedepunkt. Wer sich nicht freiwillig einer solchen Hitze aussetzen möchte, kommt besser im Frühling, wenn die Wildblumen in voller Blüte stehen und das Klima im Allgemeinen mild und trocken ist.

Im zentralen, in Nord-Süd-Richtung verlaufenden Tal liegen die beiden wichtigsten Außenposten der menschlichen Zivilisation in dieser Gegend: **Stovepipe Wells** und **Furnace Creek** mit dem **Visitor Center** (s. u.). **Dante's View**, 20 Meilen südlich von Furnace Creek auf dem Hwy-190 und 10 Meilen entlang einer sehr steilen Zufahrtsstraße, bietet in den frühen Morgenstunden einen wirklich atemberaubenden Ausblick, wenn die aufgehende Sonne die Panamint Mountains in einen rötlich-goldenen Schimmer taucht. Im westlichen Death Valley reihen sich nahe Stovepipe Wells, 30 Meilen nordwestlich von Furnace Creek, **Sanddünen** in endlosen Wellen hintereinander und bilden nördlich des Hwy-190 eine sich stetig wandelnde Landschaft.

Das beliebteste Ausflugsziel liegt 40 Meilen nördlich von Stovepipe Wells. Das in den 1920er-Jahren erbaute extravagante Domizil, **Scotty's Castle**, beherbergt im Innern u. a. Wasserfälle und ein Pianola mit Fernbedienung. Achtung: 2015 erlitt Scotty's Castle bei einem Sturm starke Flutschäden und zur Zeit der Recherche war die Villa bis auf Weiteres **geschlossen**, daher besser vorher anrufen: ✆ 760 786 3280. 50-minütige Führungen Anfang Nov–Mitte April stdl. 9–16, Ende April–Ende Mai stdl. 10–16, Ende Mai–Anfang Nov 10, 12, 14 und 16 Uhr, $15.

## ÜBERNACHTUNG UND ESSEN

Die Campingplätze im Park kosten von null bis $18 pro Nacht; die meisten können nicht reserviert werden, und nur wenige bieten Schatten. In den meisten Abschnitten des Parks ist **Backcountry camping** erlaubt, allerdings nur mindestens 1 Meile von jeglicher (auch unbefestigten) Straße und 100 m von Wasserquellen entfernt. Es sind keine Permits erforderlich. Es wird aber wärmstens empfohlen, sich zu registrieren, bevor man in die Wildnis aufbricht, und man muss Wasser wahrscheinlich selbst mitnehmen. Stellplätze mit Anschlüssen für **Wohnmobile** ($36) gibt's im Park nur auf den Plätzen Furnace Creek, Stovepipe Wells und Panamint Springs Resort, jedoch findet man in den meisten umliegenden Orten Plätze mit Anschlüssen.

**The Inn at Furnace Creek**, ✆ 760 786 2345, 🖥 www.furnacecreekresort.com. Das schöne Adobe-Hotel 1927 im Missionsstil erbaut und inmitten von Dattelpalmen und gepflegten Rasenflächen ist die beste Unterkunft im Park. Die Zimmer sind geschmackvoll modern eingerichtet und bieten großenteils herrliche Ausblicke. Das Gourmetrestaurant residiert in schönen Räumlichkeiten, die sich seit den 1920er-Jahren kaum verändert haben; man muss sich nur ein bisschen in Schale schmeißen, da Shorts und T-Shirts tabu sind. Auch toll für einen Nachmittagstee oder einen abendlichen Cocktail. Frühstück wird ebenfalls serviert. $439

**The Ranch at Furnace Creek**, ✆ 760 786 2345, 🖥 www.furnacecreekresort.com. Der funktionalen, familienfreundlichen und billigeren Ranch fehlt das Flair des Inn. Die Motelzimmer sind gut ausgestattet, aber überteuert – jedoch gibt's kostenlosen Zugang zum chlorfreien Mineralpool. Cabins $199, Motel $209

### INFORMATIONEN

**Visitor Center**, in Furnace Creek mitten im Tal am Hwy-190, ✆ 760 786 3200, 🖥 www.nps.gov/deva, ⏰ tgl. 8–17 Uhr.

### TRANSPORT

Wie immer beim Reisen in diesen trockenen Gebieten sollte man stets genügend Wasser mitführen und die Mittagshitze meiden. Auch ans Wasser fürs Auto sollte man denken.

Es ist ratsam, vorher aufzutanken, da Benzin im Park teuer ist. Öffentliche Verkehrsmittel laufen den Park nicht an.

# High Sierra und Owens Valley

Die sich gen Himmel reckenden östlichen Gipfel der **High Sierra** fallen abrupt zur kargen Landschaft des **Owens Valley** ab, 60 Meilen westlich vom Death Valley. Dieser Abschnitt der Sierra Nevada besteht fast gänzlich aus Wildnis. Gut instand gehaltene Straßen führen hinauf zu Wanderwegen auf über 2400 m Höhe, auf denen man Felstürme, Gletscher und klare Bergseen erkunden kann. Die Lebensader dieses Gebiets bildet der US-395: Er verbindet mehrere kleine Orte, die alle zahlreiche günstige Motels besitzen. Da es hier außer ESTA und YARTS (S. 376) kaum öffentliche Verkehrsmittel gibt, benötigt man für die Erkundung der Region ein eigenes Fahrzeug.

## Mount Whitney und Lone Pine

Die Gebirgskette der Sierra Nevada, die sich aus der nördlichen Mojave-Wüste erhebt, kündigt sich 200 Meilen nördlich von Los Angeles mit einem echten Knüller an, dem 4421 m hohen **Mount Whitney**, dem höchsten Berg in den Festlands-USA mit Ausnahme von Alaska. Eine silbergraue Kette von Gipfeln bildet eine fast schiere Granitwand; diese überragt auch den kleinen Ort **Lone Pine**, der mehr als 3000 m weiter unten an der Straße liegt. Viele der ersten Westernfilme wurden in den westlich gelegenen Alabama Hills gedreht. Sie sind nach Anhängern der Konföderierten im Amerikanischen Bürgerkrieg benannt und weisen eine zerklüftete Landschaft aus bizarr erodiertem Sedimentgestein auf. Einige der merkwürdigsten Formationen liegen am **Picture Rocks Circle**, einer asphaltierten Straße, die von der Whitney Portal Road abzweigt. Sie führt an Felsen vorbei, die wie Ochsenfrösche, Walrosse oder Paviane aussehen.

Jeden Sommer und Herbst absolvieren Tausende Enthusiasten den **Aufstieg** auf den Gipfel des Mount Whitney (22 Meilen hin und zurück, 12–16 Std., 1860 m Höhenunterschied), der gewöhnlich von Juli bis Oktober schneefrei ist. Einige schaffen das Ganze an einem sehr langen Tag, andere nächtigen unterwegs in einem von zwei Camps. Der gut instand gehaltene **Mount Whitney Trail** passiert ab dem Whitney Portal, 13 Meilen westlich von Lone Pine, ein paar Seen, ehe er über rund einhundert Kehren zum 4145 m hohen Trail Crest Pass hochführt; anschließend geht es durch eine oft windumtoste Landschaft aus Felsblöcken hinauf zum Gipfel.

### ÜBERNACHTUNG UND ESSEN

**Alabama Hills Cafe & Bakery**, 111 W Post St, Lone Pine, ✆ 760 876 4675. Hier gibt's mit die besten Pfannkuchen der Gegend (ab $6,50), und für später kann man noch ein paar Backwaren mitnehmen. ⏲ tgl. 6–14 Uhr.
**Dow Villa Motel**, 310 S Main St (US-395), Lone Pine, ✆ 760 876 5521, 🖥 www.dowvilla motel.com. Recht großer Komplex mit einem älteren Teil von 1923, erbaut für Filmschaffende, John Wayne wollte aber immer Zimmer 20 im neueren Anbau. Unterschiedlichste Unterkünfte von einfachen Zimmern ohne Bad bis zu komfortablen Motelzimmern. $89
**Whitney Portal Family Campground**, ✆ 877 444 6777, 🖥 www.recreation.gov. Ein hübscher Campingplatz mit 43 Stellplätzen am Fuß des Mount Whitney Trail auf 2500 m Höhe. ⏲ Ende Mai–Ende Okt. $22

### INFORMATIONEN

**Eastern Sierra Interagency Visitor Center**, rund 2 Meilen südlich von Lone Pine am US-395, an der Kreuzung mit dem Hwy-136, ✆ 760 876 6222, 🖥 www.fs.usda.gov/inyo, ⏲ tgl. 8–17 Uhr.
Alle Wanderer auf dem Mount Whitney Trail brauchen ein **Permit** ($23) für die Inyo National Forest Whitney Zone; diese werden verlost. Anträge zur Teilnahme an der Verlosung sind auf 🖥 www.recreation.gov erhältlich und werden nur im Zeitraum vom 1. Februar bis 15. März entgegengenommen. Von Mai bis Oktober sind kostenlose Last-Minute-Permits am Tag vor dem geplanten Aufstieg ab 11 Uhr im Visitor Center zu haben. Am besten meidet man die Wochenenden, denn dann ist die Nachfrage am größten.

## Manzanar National Historic Site

🕐 Stätte: Sonnenauf- bis Sonnenuntergang; Visitor Center Juni–Sep tgl. 9–17.30, Okt–Mai tgl. 9–16.30 Uhr ▪ Eintritt frei ▪ 📞 760 878 2194, 🖥 www.nps.gov/manz

Elf Meilen nördlich von Lone Pine erinnert das Gelände der **Manzanar National Historic Site** daran, dass hier im Zweiten Weltkrieg 10 000 Amerikaner japanischer Herkunft interniert waren. Die US-Regierung sah in ihnen eine Bedrohung der nationalen Sicherheit und riss Familien auseinander, beschlagnahmte ihren Besitz und brachte sie hier bis Kriegsende unter. Nach Schließung des Lagers wurde alles dem Boden gleichgemacht.

Zurückgeblieben zwischen Salbeisträuchern und Pappeln sind nur ein paar pagodenartige Wachhäuschen, ein Auditorium und ein kleiner Friedhof. Im ausgezeichneten **Visitor Center** wird alle halbe Stunde der ergreifende 22-minütige Film *Remembering Manzanar* gezeigt. Hier gibt es auch eine Broschüre für eine **Autotour** durchs Lager, die über eine Strecke von drei Meilen an 27 sehenswerten Punkten, unter anderem an Überresten von japanischen Gärten, vorbeiführt.

## Big Pine und White Mountains

Rund 50 Meilen von Lone Pine führen Wanderwege vom Ende der Glacier Lodge Road, 10 Meilen westlich des gesichtslosen **Big Pine**, hoch zum **Palisades Glacier**, dem südlichsten Gletscher der nördlichen Erdhalbkugel. In den auf der anderen Seite des fünf Meilen breiten Owens Valley gelegenen uralten, kargen und trockenen **White Mountains** wachsen knorrige **Langlebige Kiefern**, die ältesten Gewächse der Erde – einige sind über 4000 Jahre alt.

Die am leichtesten zugänglichen dieser Kiefern stehen im **Schulman Grove**, 24 Meilen östlich von Big Pine im **Ancient Bristlecone Pine Forest**, 📞 760 873 2500, 🖥 www.fs.usda.gov/inyo (Eintritt $3 p. P. oder $6 pro Fahrzeug). Der eine Meile lange Discovery Trail führt an einigen fotogenen Exemplaren vorbei. Auf dem viereinhalb Meilen langen Rundweg **Methuselah Trail** passiert man älteste Baum, den 4750 Jahre alten Methuselah. Er ist allerdings nicht gekennzeichnet – absichtlich.

Beide Wege beginnen am stilvollen Visitor Center, White Mountain Road nahe dem Hwy-168, 🕐 Juni–Sep tgl. 10–16, Mai und Okt Mo und Fr–So 10–16 Uhr.

### ÜBERNACHTUNG

**Keough's Hot Springs**, Keough's Hot Springs Rd, 📞 760 872 4670, 🖥 www.keoughshotsprings.com. Das wichtigste Heilquellen-Resort dieser Gegend bietet unterschiedliche Unterkünfte, von Zelt-Cabins ohne Bad und einem Wohnwagen mit zwei Schlafzimmern bis zu Wohnmobil- und Zeltstellplätzen. In allen Preisen für überdachte Unterkünfte ist die Nutzung der warmen Becken inbegriffen (sonst $12). Zelt-Cabins $90, Wohnwagen $140, Wohnmobil-Stellplätze $33, Zelte $28

### Bishop

**Bishop**, mit 3900 Einwohnern der größte Ort im Owens Valley, ist eine ausgezeichnete Basis zum Skilanglaufen, Fliegenfischen und besonders Felsklettern. Im Ort gibt es zahlreiche **Abenteuersport-Spezialisten**, darunter das Sierra Mountain Center, 200 S Main St, 📞 760 873 8526, 🖥 www.sierramountaincenter.com.

### ÜBERNACHTUNG UND ESSEN

**Creekside Inn**, 725 N Main St, 📞 760 872 3044, 🖥 www.bishopcreeksideinn.com. Modernes Hotel der gehobenen Klasse im Ortszentrum mit großen Zimmern (teilweise mit kleiner Küche für $10–20 extra), Pool und Frühstück und Pool. $140
**Erick Schat's Bakkerij**, 736 N Main St (US-395), 📞 760 873 7156. Diese pseudoholländische Bäckerei bietet Dutzende Brotsorten aus der eigenen Herstellung, z. B. das berühmte Original Sheepherder's Bread. Außerdem kann man draußen an den Tischen deftige Sandwiches (ab $8) verzehren. 🕐 tgl. 6–18 Uhr.

### INFORMATIONEN

**Visitor Center**, 690 N Main St, 📞 760 873 8405, 🖥 www.bishopvisitor.com, 🕐 Mo–Fr 10–17, Sa 10–16 Uhr.

**White Mountain Public Lands Information Center**, 798 N Main St, ☎ 760 873 2500. Die Ranger Station bietet Infos zum Wandern und Campen in der Gegend. ☉ Mai–Okt tgl. 8–12 und 13–17, Nov–April Mo–Fr 9–12 und 13–17 Uhr.

## Mammoth Lakes

Im Urlaubsort **Mammoth Lakes**, 40 Meilen von Bishop auf dem US-395 Richtung Norden, dann auf dem Hwy-203 drei Meilen nach Westen, finden sich die besten Skipisten Kaliforniens außerhalb des Lake Tahoe Basin. Im Sommer werden hier Straßen- und Querfeldein-Radrennen veranstaltet. Wer hinter dem Ort am **Mammoth Mountain**, ☎ 800 626 6684, 🖳 www.mammothmountain.com, Ski fahren möchte, besorgt sich in der Main Lodge an der Minaret Road einen Liftpass ($105 pro Tag). Dort kann man außerdem **Ausrüstung** leihen und **Unterricht** buchen.

Im Sommer verwandeln sich die 50 Meilen langen schneefreien Pisten in den 1400 ha großen **Mammoth Mountain Bike Park**. Eine Grundgebühr von $17 verschafft Zugang zu den Trails; Leihräder sind für vier Stunden ($36) oder auch ganze Tage (ab $44) erhältlich.

### Devil's Postpile National Monument

☉ Ende Juni–Anfang Okt tgl. 24 Std ▪ Shuttlebus: Ende Juni–Anfang Sep tgl. 7.15–19 Uhr (letzter Bus ab Devils Postpile 19.45 Uhr), alle 20–40 Min. vom Village in Mammoth Lakes ▪ Eintritt frei; Shuttlebus-Tagespass $7 p. P. ▪ ☎ 760 934 2289, 🖳 www.nps.gov/depo

Ein nettes Sommerziel ist das **Devil's Postpile National Monument** sieben Meilen südwestlich des Mammoth Mountain. Diese Ansammlung schlanker blaugrauer, bis zu 18 m hohen Basaltsäulen entstand, als sich die Lava aus einem Vulkanausbruch abkühlte und in Säulenform aufsplitterte. Von hier führt ein zwei Meilen langer Weg am San Joaquin River entlang zu den 30 m hohen **Rainbow Falls**, in denen sich perfekt die Mittagssonne bricht.

**Cinnamon Bear Inn**, 113 Center St, ☎ 800 845 2873, 🖳 www.cinnamonbearinn.com. B&B im neuenglischen Kolonialstil mit 22 gemütlichen Zimmern zu vernünftigen Preisen. Whirlpool, Happy Hour mit Wein und Knabbereien bei Ankunft. Komplettes Frühstück inkl. $119

**Convict Lake Campground**, unmittelbar westlich des US-395, ca. 4 Meilen südlich der Abzweigung nach Mammoth. Am See gelegener, schattiger Platz des National Forest Service mit der längsten jährlichen Öffnungszeit der Gegend. ☉ Ende April–Okt. $23

**Sierra Nevada Resort**, 164 Old Mammoth Rd, ☎ 760 934 2515, 🖳 www.sierranevadalodge.com. Renoviertes Hotel mit einer wunderbaren Lobby, die an eine Jagdlodge des Südwestens erinnert. Sehr preisgünstige Zimmer, einige davon mit Kamin ($80 extra). Inklusive kleinem Frühstück, Pool und Whirlpool und sogar Minigolfplatz. $129

**The Stove**, 644 Old Mammoth Rd, ☎ 760 934 2821, 🖳 www.thestoverestaurantmammoth.com. Seit langem beliebtes Lokal mit traditioneller Landküche: Frühstück mit Waffeln, Eiern und Pfannkuchen (ca. $11–12) und Sandwiches ($11–13) – alles in großzügigen Portionen. ☉ tgl. 6.30–14 Uhr.

**Visitor Center**, 2510 Main St (Hwy-203), ☎ 760 924 5500, 🖳 www.visitmammoth.com.

Das ganze Jahr über fahren ESTA-Busse, 🖳 www.estransit.com, von Mammoth Lakes nach Reno (Nevada), Bishop, Big Pine und Lone Pine ($2–59). Außerdem gibt es eine saisonale Verbindung von YARTS, 🖳 www.yarts.com, nach TUOLUMNE MEADOWS ($9) und YOSEMITE VALLEY ($18; Juli und Aug 3x tgl., Juni und Sep nur Sa und So); Abfahrt am Mammoth Mountain Inn, gegenüber der Main Lodge.

## Mono Lake

Der durchscheinend blaue **Mono Lake** liegt in einer vulkanischen Wüstenhochebene östlich des Yosemite National Park. Diese Mondlandschaft umfasst zwei große Inseln – die eine hell (Paoha), die andere schwarz (Negit) –, umgeben von salzigem, alkalischem Wasser. Als die Stadt Los Angeles ein Aquädukt, das die Stadt mit Wasser versorgt, in das Mono-Becken verlängerte, traten merkwürdige, sandburgenartige **Kalktuff**-Formationen zutage. Der Mono Lake ist ein bevorzugtes Nistgebiet der **Kaliforniermöwen** des Bundesstaates, rund 20 % der weltweiten Population, und ein wichtiger Zwischenstopp für Hunderttausende Schwarzhalstaucher und Wilson-Wassertreter, Odins- und Thorshühnchen.

### ÜBERNACHTUNG UND ESSEN

**El Mono Motel**, US-395, Ecke 3rd St, Lee Vining, 📞 760 647 6310, 🖥 www.elmonomotel.com. Dieses saisonal geöffnete Motel (Öffnungszeiten richten sich nach denen des Tioga-Passes, Mai–Okt) ist das billigste des Orts und bietet kleine, aber gepflegte und farbenfroh eingerichtete Zimmer ohne TV und Telefon. $72
**Whoa Nellie Deli**, Hwy-120, Ecke US-395, Lee Vining, 📞 760 647 1088, 🖥 www.whoanellie deli.com. Dieser gut besuchte Deli im Tioga Gas Mart hat tolle Tortilla-Suppe, Hackbraten aus wildem Büffelfleisch ($18,95), Fisch-Tacos ($12,50), Pizza-Stücke, Burger und Steaks, außerdem Kaffee, Craft-Biere und Margaritas. 🕐 Mai–Okt tgl. 6.30–20.30 Uhr.

### INFORMATIONEN

**Mono Lake Committee Information Center**, US-395, Ecke 3rd St, im Nachbarort Lee Vining, 📞 760 647 6595, 🖥 www.monolake.org, 🕐 tgl. 9–17 Uhr.
**Mono Basin Scenic Area Visitor Center**, US-395, 1/2 Meile nördlich von Lee Vining, 📞 760 647 6323, 🖥 www.r5.fs.fed.us/info, 🕐 Juni–Aug tgl. 8–17 Uhr, Sep–Mai telefonisch erfragen.

### Bodie State Historic Park

Bodie Rd (Hwy-270), 13 Meilen östlich vom US-395 ▪ 🕐 Mitte März–Okt tgl. 9–18, Nov–Mitte März 9–16 Uhr ▪ Eintritt $8 ▪ 📞 760 647 6445, 🖥 www. parks.ca.gov/bodie
Der **Bodie State Historic Park** nördlich des Mono Lake beherbergt wahrscheinlich die stimmungsvollste Geisterstadt der USA: Die meisten Bauten sind in ihrem Zustand des Verfalls erhalten und wurden nicht restauriert. Zu ihren Glanzzeiten Anfang der 1880er-Jahre zählte die Stadt 60 Saloons und Tanzhallen sowie fast 10 000 Einwohner – sie war eine der wildesten Bergbaustädte des Westens. In den 1940er-Jahren wurde sie dann aufgegeben. Im Stadtzentrum sind mehr als 150 Holzgebäude erhalten, mit alten Flaschen, Maschinenteilen und Postkutschen. Dies ist übrigens einer der kältesten Orte in Kalifornien; zwischen Dezember und April ist es wegen Schneefalls oft nicht möglich, hierher zu gelangen – am besten erkundigt man sich vor Ort nach dem Straßenzustand.

# San Joaquin Valley

Das riesige **Landesinnere** Kaliforniens wird in der Mitte durch die **Sierra Nevada** oder High Sierra zerteilt, eine sägezahnähnliche Bergkette mit schneebedeckten Gipfeln hoch über der Halbwüste des Owens Valley. Das breite **San Joaquin Valley** im Westen wurde durch Bewässerungsprogramme in den 1940er-Jahren fruchtbar gemacht und ist heute fast vollständig durch Landwirtschaft geprägt.

## Bakersfield

Die flache, farblose Ölstadt **Bakersfield** beherbergt die größte Gemeinde baskischstämmiger Personen in den USA sowie eine der rührigsten Country-Musik-Szenen des Landes. In den 1950er- und 1960er-Jahren wurde die Stadt durch den typischen „**Bakersfield Sound**" bekannt, der weit weniger geleckt und kommerziell daherkommt als die Country-Musik aus Nashville in Tennessee. Verkörpert wurde der Sound durch den härteren Honky-Tonk von heimischen Musikern wie Merle Haggard und Buck Owens. Auch heute noch stellt die Stadt eine Art Alternative zum glitzernden Country-Pop aus Tennessee dar, und an den Wochenenden ist in den Kneipen der Stadt immer jede Menge los: Dann schmeißt sich alles, egal ob jung oder alt, in Fransenhemden und trägt Texashüte.

**Buck Owens' Crystal Palace**, 2800 Buck Owens Blvd, ☎ 661 328 7560, 🖥 www.buckowens.com. Dieser Laden widmet sich vorwiegend dem Erbe von Buck Owens, der 2006 verstarb. Das Ganze kommt wie ein Varieté daher (Di–Do Eintritt frei, Fr und Sa $5); abends spielen heimische und auswärtige Bands, während Burger und Grillgerichte serviert werden. Bucks alte Band, die Buckaroos, tritt meist freitags und samstags ab 19.30 Uhr auf. ⏲ Di–Do 11–22, Fr und Sa 11–24, So 9.30–2 Uhr.

**Noriega Hotel**, 525 Sumner St, ☎ 661 322 8419, 🖥 www.noriegahotel.com. Das authentischste baskische Restaurant der Stadt ist dieses Lokal von 1893. Es gibt ein All-you-can-eat-Menü mit Suppe, Salat, Bohnen, Pasta, Fleischgericht und zum Abschluss Käse, dazu einen Krug Wein. Fürs Abendessen ($24) sollte man reservieren; dann werden Fleischeintöpfe und als baskische Spezialität eingelegte Rinderzunge serviert. Frühstück $10, Mittagessen $15. ⏲ Di–So 7–9, 12–14.30 und 19–21.30 Uhr.

**Padre Hotel**, 1702 18th St, ☎ 888 443 3387, 🖥 www.thepadrehotel.com. Wunderbar zu einem Boutiquehotel mit großen TVs, iPod-Dockingstationen, Teakholzeinrichtung und superstilvollen Bädern umgebautes klassisches Hotel von 1928. $149

**Trout's**, 805 N Chester Ave, ☎ 661 399 6700, 🖥 www.therockwellopry.webs.com. Eine Kneipe, die man nicht versäumen sollte, und eines der letzten echten alten Honky-Tonks, von 1931. In dem etwas zwielichtigen Laden zwei Meilen nördlich von Downtown wird auf zwei Bühnen allabendlich Livemusik geboten. Wer möchte, kann Di–Fr Line-Dancing lernen. Für Livemusik wird ein wenig Eintritt erhoben (ca. $5). ⏲ tgl. 11–2 Uhr.

**Visitor Center**, 515 Truxtun Ave, direkt beim Amtrak-Bahnhof, ☎ 661 852 7282, 🖥 www.visitbakersfield.com, ⏲ Mo–Fr 8–17 Uhr.

### Busse

**Greyhound**-Busbahnhof, Downtown, 1820 18th St, ☎ 661 327 5617. Busse fahren nach LOS ANGELES (12x tgl., 2 1/4–2 1/2 Std.) und SAN FRANCISCO (2x tgl., 7 Std.).

### Eisenbahn

Der **Amtrak**-Bahnhof, Downtown, 601 Truxtun Ave, ist der südliche Endpunkt der San-Joaquin-Strecke von Sacramento und Oakland (Anschluss nach L.A. mit Thruway-Bussen).

**Züge nach**: FRESNO (6x tgl., 2 Std.), OAKLAND (4x tgl., 6 1/4 Std.), SACRAMENTO (2x tgl., 5 1/4 Std.).

# Sequoia und Kings Canyon National Park

⏲ 24 Std. ▪ Eintritt $30 pro Fahrzeug, Wanderer und Radfahrer $15, 7 Tage gültig, zu entrichten an den Eingängen.

Die südlichsten der Nationalparks der Sierra Nevada sind Sequoia und Kings Canyon. Wie zu erwarten findet sich im **Sequoia National Park** die dichteste Ansammlung von Mammutbäumen und die größten Exemplare. Daneben gibt es aber auch Wiesen, Berge, Canyons und Höhlen. Im **Kings Canyon National Park** stehen vergleichsweise weniger Mammutbäume, das macht er aber mit seinem tiefen Canyon wieder wett, den der Kings River auf seinem Weg hinunter von der High Sierra aus dem Fels geschnitten hat.

## Sequoia National Park

Die Landschaft im Sequoia National Park ist sehr abwechslungsreich: Pfade führen durch ausgedehnte Wälder und über Wiesen, längere über die Baumgrenze hinweg zu den kargen

Gipfeln der High Sierra. Kurz nachdem er den Park aus Richtung Süden (Eingang Ash Mountain) erreicht hat, wird der Hwy-198 zum Generals Highway und erklimmt die dichten Wälder des treffend benannten Giant Forest. Das moderne **Giant Forest Museum** erläutert seinen Besuchern den Lebenszyklus und das Ökosystem der Sequoias und welche Maßnahmen zum Schutz der noch vorhandenen Wälder getroffen werden. ⊕ tgl. 9–18 Uhr, Eintritt frei.

Von hier aus kann man die Crescent Meadow Road erkunden. Eine Schleife führt zum spektakulären **Moro Rock**, einem Granitfelsen, der steil aus den grünen Berghängen aufragt – vom Giant Forest geht es auf einem drei Meilen langen Weg hierher, und zum flachen Gipfel, von dem sich an den seltenen klaren Tagen 150 Meilen weite Ausblicke bieten, klettert ein kurzer, aber steiler Pfad hinauf.

Weiter Richtung Osten führt ein Rundweg um den Sequoia-Gürtel **Crescent Meadow** zu **Tharp's Log**, dem einfachen Baumhaus eines gewissen Hale Tharp, der 1856 von Indianern hierher geführt wurde. Ein paar Meilen nördlich von Giant Forest, über den Generals Highway zu erreichen, steht der zwischen 2300 und 2700 Jahren alte **General Sherman Tree**, 83 m hoch, mit einem Umfang von 11 m. In **Lodgepole Village**, 3 Meilen nördlich vom General Sherman Tree, sollte man auf jeden Fall anhalten und das **Visitor Center** (⊕ Mai–Sep 7–19 Uhr) besuchen, wo sehr informative Filme vorgeführt und eine kleine geologische Ausstellung gezeigt werden.

Hier gibt es außerdem Infos über eine Erkundung der 3 Meilen langen **Crystal Cave**, 🖥 www.explorecrystalcave.com, der einzigen der vielen Höhlen des Parks, die öffentlich zugänglich ist. Tickets können auch online gekauft werden.

Lodgepole liegt am Ende des **Tokopah Valley**, eines eiszeitlichen Gletschertals. Man kann problemlos über den zweistündigen Tokopah Valley Trail von Lodgepole durch das Tal bis zu den **Tokopah Falls** wandern, wo sich der 487 m hohe **Watchtower** erhebt. Vom Gipfel dieses Felsens bietet sich ein großartiger Blick auf das Tal. Besteigen kann man ihn auf dem **Lakes Trail**, einem anstrengenden, aber unproblematischen 6 Meilen langen Wanderweg.

# Kings Canyon National Park

Kings Canyon ist wilder und weniger erschlossen als Sequoia. Zum Park gelangt man durch **Grant Grove**, 27 Meilen nordwestlich von Lodgepole und dem Generals Highway oder fünf Meilen vom Eingang Big Stump am Hwy-180. In Grant Grove gibt es ein auskunftsfreudiges **Visitor Center**, ⊕ tgl. 8–17 Uhr.

Entlang des 2,5 Meilen langen **Big Stump Trail** sind die wenigen Sequoias zu sehen, die einer Abholzaktion gegen Ende des 19. Jhs. entgingen. Mehrere Baumriesen wurden damals gefällt und an die Atlantikküste verfrachtet, um die zynischen Ostküstenbewohner davon zu überzeugen, dass derart große Bäume wirklich existierten.

Der **Kings Canyon Highway** (Hwy-180; ⊕ Mai–Okt) führt von Grant Grove durch den Sequoia National Forest in den Kings Canyon hinein, dessen schroffe Wände von den reißenden Wassermassen des Kings River geformt wurden. Der Granit und bläulich schimmernde Marmor ist besonders gegen Ende des Frühjahrs mit den gelben Blüten von Yucca-Pflanzen gesprenkelt. An manchen Stellen ist die Schlucht rund 2400 m tief und damit zumindest stellenweise die tiefste Canyon von Nordamerika. Es ist äußerst gefährlich, sich in den Fluss hineinzuwagen; schon viele Leute sind von der starken Strömung unversehens mitgerissen worden.

**Cedar Grove Village** ist die einzige nennenswerte Siedlung im Park. Hier gibt es ein **Visitor Center**, ☎ 559 565 3793, ⊕ Ende Mai–Anfang Sep tgl. 9–17 Uhr.

Ein schöner Wanderweg führt zur **Zumwalt Meadow**, einer saftigen, einladenden Wiese unterhalb der Ehrfurcht gebietenden, grauen Felswände des **Grand Sentinel** und des **North Dome**. Bei **Roads End**, nur eine Meile weiter, ist die Kings Canyon Road zu Ende.

Wer zu den Canyons und Gipfeln der Wasserscheide des Kings River will, muss auf Wanderwege ausweichen. Ein Wilderness Permit für das Gebiet gibt's in der Ranger Station am Beginn der Trails.

## ÜBERNACHTUNG

Ein Großteil der **Unterkünfte** in und zwischen den Parks wird von Delaware North, 📞 877 436 9615, 🖥 www.visitsequoia.com, verwaltet. Im Sommer sind die Unterkünfte sehr knapp, dann sollte man zwei oder drei Monate im Voraus buchen. Viele Besucher nächtigen auch **außerhalb der Parks**; am Hwy-180 gibt es einige Unterkünfte, ein besseres Angebot dann in Three River am CA-198. Außer während der Fest- und Feiertage stehen in den Parks selbst wie auch in den benachbarten National Forests genügend Stellplätze auf **Campingplätzen** zur Verfügung.

**Big Meadows,** 3 Meilen östlich des Generals Hwy, auf halber Strecke zwischen Lodgepole und Grant Grove Village. Kostenloser, großer und wenig genutzter Campingplatz des National Forest Service ohne Wasserversorgung. ⏲ von der Schneeschmelze bis zum ersten Schneefall.

**Grant Grove Cabins und John Muir Lodge,** mit der größten Auswahl an Unterkünften im Park: Zelt-Cabins mit Segeltuchdach (Ende Mai–Anfang Sep); alternde, rustikale Cabins (Mai–Okt); modernisierte Cabins mit Bad (Ende April–Ende Okt); und die schicke, moderne und ganzjährig geöffnet John Muir Lodge mit sehr komfortablen Hotelzimmern und WLAN. Zelt-Cabins $67, rustikale Cabins $104, Cabins mit Bad $129, John Muir Lodge $201

**Lodgepole,** 📞 800 444 6777, 🖥 www.recreation. gov. Der größte und am meisten frequentierte der Campingplätze der Nationalparks, nicht weit von den Einrichtungen in Lodgepole (Markt, Imbiss, Wäscherei, Duschen). ⏲ Ende April–Nov; Reservierung unerlässlich Ende Mai–Ende Sep. $22

**Sheep Creek, Sentinel und Moraine,** 📞 800 444 6777, 🖥 www.recreation.gov. Vom National Park Service betriebene, nahe beieinander liegende Plätze ahe dem Visitor Center Cedar Grove, alle mit Spültoiletten. ⏲ Sheep Creek Ende Mai–Sep, Sentinel Ende April–Mitte Nov und Moraine Mai–Anfang Sep. $18

**Wuksachi Lodge,** bietet zusammen mit der John Muir Lodge die besten Zimmer in den Parks und ist die neueste Unterkunft in der Gegend (von 1999). Die Zimmer befinden sich um eine elegante Lounge samt Restaurant in mehreren Gebäuden im Wald. ⏲ ganzjährig. $255

## ESSEN

In Lodgepole (am teuersten) und Cedar Grove gibt's **Supermärkte** und recht einfache, nur im Sommer geöffnete Cafeterien. Außerhalb der Parks wartet Three Rivers mit dem besten Angebot auf. Die Restaurants im Park bieten mit Ausnahme des edlen Restaurants der Wuksachi Lodge zumeist Diner-Essen.

**Montecito Sequoia Lodge,** 📞 800 227 9900. In dem Speisesaal des Familienrestaurants wird an langen Tischen das herzhafte Essen vom Buffet verspachtelt: Frühstück $9,95, Mittagessen $9,95, Abendessen $19,95. ⏲ tgl. 7.30–9, 12–13 und 17.30–19 Uhr.

**The Peaks Restaurant Wuksachi Lodge,** 📞 559 565 4070. Das edelste Restaurant in den Parks bietet mittags z. B. Snacks wie Burger ($13,50) und abends formellere Abendspeisen wie scharf angebratene Regenbogenforelle ($25,75) und Steaks ($29). ⏲ tgl. 7–10, 11.30–13 und 17–21.30 Uhr (Bar geöffnet bis 23 Uhr).

## INFORMATIONEN

Die **Hauptverwaltung der Parks** ist in Foothills, eine Meile hinter dem Ash Mountain Entrance am Hwy-198, 📞 559 565 3341, 🖥 www.nps.gov/ seki, ⏲ tgl. 8–16.30 Uhr. Weitere Visitor Centers: Lodgepole, Giant Forest Museum, Grant Grove und Cedar Grove.

## TRANSPORT

**Auto**
Die Parks sind leicht mit dem **Auto** zu erreichen. Am schnellsten geht es über den Hwy-180 von Fresno via den Big Stump Entrance. Etwas kürzer ist die Anfahrt über den Hwy-198 von Visalia – allerdings umfasst die 55 Meilen lange Strecke einen kurvenreichen Anstieg hinter dem Ash Mountain Entrance. Es besteht auch die Möglichkeit eine Schleife zu drehen: rein durch den einen und raus über den anderen

Eingang. Auf jeden Fall sollte man sich vorher mit Bargeld und Kraftstoff eindecken, beides ist jedoch auch teils im oder beim Park erhältlich.

### Busse

Die Nationalparks sind mit öffentlichen Verkehrsmitteln von Ende Mai bis September erreichbar, und zwar mit dem **Sequoia Shuttle**, 📞 877 404 6473, 🖥 www.sequoiashuttle.com, der in 2 1/2 Std. von den Hotels in Visalia (Abfahrt 6–10 Uhr stdl., Rückfahrt 14.30–18.30 stdl.) zum Giant Forest Museum fährt ($15 hin und zurück, inkl. Parkeintritt); der **Big Trees Shuttle** ($15 hin und zurück, inkl. Parkeintritt), 🖥 www.bigtreestransit.com, verkehrt zwischen Fresno und Grant Grove (tgl. 7 und 9 Uhr; Rückfahrt 15.30 und 17.30 Uhr; 2 1/2 Std.). Im Park kann man mit dem Sequoia Shuttle (tgl. 8–18 Uhr, alle 15–30 Min.) kostenlos zwischen dem Giant Forest Museum und dem Dorst Campground sowie innerhalb des Gebiets von Lodgepole und Giant Forest hin und her fahren.

 **HIGHLIGHT**

# Yosemite National Park

🕐 24 Std. ▪ Eintritt $30 pro Fahrzeug (Nov–März $25), Radfahrer und Wanderer $15, 7 Tage gültig

Beim **Yosemite National Park** (ausgesprochen „jo-se-mi-tie") mit dem malerischen Yosemite Valley handelt es sich um eines der atemberaubendsten geologischen Szenarios, die man sich vorstellen kann. Das Yosemite Valley wurde über einen Zeitraum von Abertausenden von Jahren durch Gletscher geformt, die sich durch das Bett des Merced River schoben. Es ist nur 7 Meilen lang und misst an der breitesten Stelle nicht mehr als eine knappe Meile. Es wird von nahezu senkrechten, fast 1000 m hohen Felswänden umschlossen, von denen Wasserfälle kaskadenartig in die Tiefe stürzen. Am Horizont bilden die spitzen Gipfel der Felsdome eine zer-

klüftete Silhouette, und am Talboden vervollständigen Eichen-, Zedern- und Kiefernwälder, bunte Wildblumen und üppige Wiesen das märchenhafte Bild. Yosemite kann man zu jeder Jahreszeit besuchen, selbst im Winter, wenn die Wasserfälle eingefroren und die Wanderwege unter Schneemassen begraben sind.

1864 unterzeichnete Präsident Abraham Lincoln den wegweisenden Yosemite Grant: Damit wurden das Yosemite Valley und der Mariposa Grove zur öffentlichen Nutzung unter Naturschutz gestellt. 1890 wurde Yosemite der dritte Nationalpark der Vereinigten Staaten. Dies ist großenteils der Lobbyarbeit des Naturkundlers John Muir zu verdanken, eines schottischen Einwanderers und Anführer der Naturschutzbewegung, die zur Gründung des Sierra Club führte.

## Yosemite Valley

Die drei Straßen vom San Joaquin Valley laufen im Yosemite Valley zusammen, das ungefähr in der Mitte des gut 3000 km² großen Parks liegt und die atemberaubendste Landschaft aufweist. Daher überrascht es kaum, dass dies der geschäftigste und kommerzialisierteste Teil des Yosemite-Parks ist. Zentrum aller Aktivitäten im Tal ist **Yosemite Village**. Hier finden sich das gute Visitor Center (S. 384) und zahlreiche Versorgungseinrichtungen. Das Yosemite Museum neben dem Visitor Center zeigt Exponate zur Geschichte der Ureinwohner von 1850 bis zur Gegenwart.

### El Capitan, Half Dome und der Mist Trail zum Vernal Fall

Die Klippen des Tals sind wirklich einzigartig. Der knapp 1100 m hohe **El Capitan** ist einer der größten nackten Granitfelsen der Welt. Er ist so riesig, dass die Felskletterer an den kahlen Wänden mit dem bloßen Auge fast nicht zu erkennen sind. Der klobige, beinahe vertikale **Half Dome** ist mit 600 m und 93 % Steigung die höchste Steilwand Nordamerikas. Wer in der Hochsaison von Mai bis Oktober auf den abgerundeten Gipfel des Half Dome wandern möchte (16 Meilen hin und zurück), **benötigt ein Permit** (wird auf

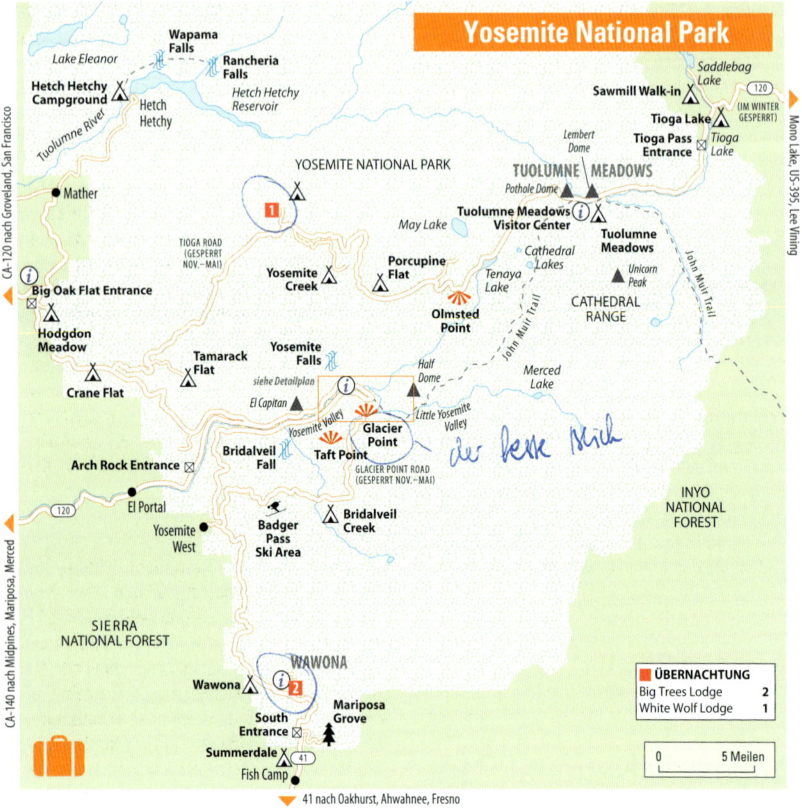

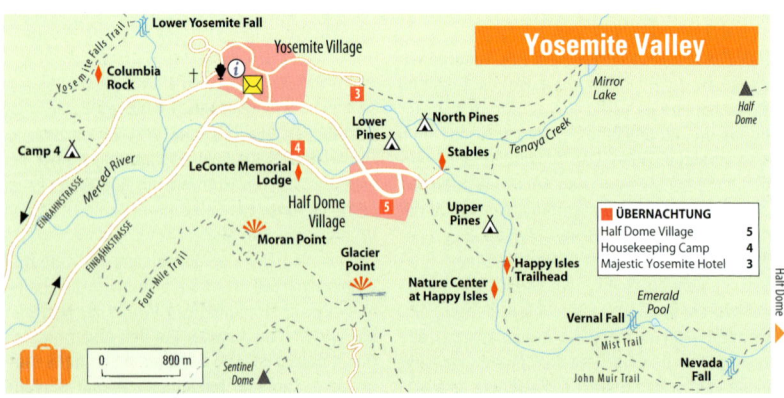

## Yosemite National Park

Lake Eleanor
Wapama Falls
Rancheria Falls
Hetch Hetchy Campground
Hetch Hetchy
Hetch Hetchy Reservoir
Tuolumne River
Saddlebag Lake
Sawmill Walk-in
Tioga Lake
(IM WINTER GESPERRT)
Mono See, US-395, Lee Vining
Tioga Pass Entrance
Tioga Lake
Mather
CA-120 nach Groveland, San Francisco
YOSEMITE NATIONAL PARK
Lembert Dome
TUOLUMNE MEADOWS
Pothole Dome
Tuolumne Meadows Visitor Center
Tuolumne Meadows
May Lake
Big Oak Flat Entrance
TIOGA ROAD (GESPERRT NOV.–MAI)
Yosemite Creek
Porcupine Flat
Cathedral Lakes
Tenaya Lake
Unicorn Peak
CATHEDRAL RANGE
Hodgdon Meadow
Olmsted Point
John Muir Trail
Crane Flat
Tamarack Flat
Yosemite Falls
Half Dome
Merced Lake
siehe Detailplan
El Capitan
Yosemite Valley
Little Yosemite Valley
der beste Blick
Glacier Point
Taft Point
Arch Rock Entrance
Bridalveil Fall
GLACIER POINT ROAD (GESPERRT NOV.–MAI)
INYO NATIONAL FOREST
120
El Portal
Yosemite West
Badger Pass Ski Area
Bridalveil Creek
CA-140 nach Midpines, Mariposa, Merced
KALIFORNIEN
SIERRA NATIONAL FOREST
WAWONA
Wawona
Mariposa Grove
South Entrance
Summerdale
Fish Camp
41

0   5 Meilen

▼ 41 nach Oakhurst, Ahwahnee, Fresno

## Yosemite Valley

Lower Yosemite Fall
Yosemite Falls Trail
Columbia Rock
Yosemite Village
Mirror Lake
Half Dome
Camp 4
Merced River
Lower Pines
North Pines
Tenaya Creek
Stables
EINBAHNSTRASSE
LeConte Memorial Lodge
Half Dome Village
Upper Pines
Moran Point
Happy Isles Trailhead
Four-Mile Trail
Glacier Point
Nature Center at Happy Isles
Emerald Pool
Vernal Fall
Sentinel Dome
Half Dome
Mist Trail
Nevada Fall
John Muir Trail

0   800 m

🖳 www.recreation.gov ausgelost und kostet $8 plus $4,50 Antragsgebühr); am besten geht man bei Sonnenaufgang oder sogar noch früher los.

Der beliebte **Mist Trail nach Vernal Fall** (3 Meilen hin und zurück, 2–3 Std., 300 m Anstieg) windet sich so knapp am Wasserfall vorbei, dass Wanderer während der Schneeschmelze von Spritzwasser durchnässt, dafür aber mit leuchtenden Regenbögen entschädigt werden.

## Upper Yosemite Fall

Ein frühzeitiger Start empfiehlt sich für die Wanderung vom Campingplatz Camp 4 an der Yosemite Lodge zum **Upper Yosemite Fall** (7 Meilen hin und zurück, 4–7 Std., 820 m Anstieg). Dort stürzt der Wasserfall fast 460 m in die Tiefe.

## Glacier Point und Four-Mile Trail

Der beste Blick auf Yosemite eröffnet sich vom **Glacier Point**, dem Gipfel eines 975 m hohen, fast senkrechten Felsens, 32 Meilen vom Tal entfernt. Man kann ihn über den sehr steilen **Four-Mile Trail** (4,8 Meilen hin und zurück, 3–4 Std., 975 m Anstieg) erklimmen, der am westlichen Ende des Tals neben dem Hwy-41 beginnt. Bequemere Menschen ziehen es vor, den Bus nach oben zu nehmen (S. 384) und nur den Abstieg zu Fuß zu machen. Der Talgrund liegt direkt unterhalb des Aussichtspunktes, von dem sich umwerfende Ausblicke zum Half Dome und zu den Gipfeln der High Sierra bieten.

# Außerhalb des Yosemite Valley

Unweit des südlichen Parkeingangs erreicht man über einen 2,5 Meilen langen Rundweg **Mariposa Grove**, die größte und schönste Ansammlung der gigantischen Sequoia-Bäume im Yosemite. Der bekannteste Riesenbaum in diesem Hain ist der Grizzly Giant, der mindestens 2700 Jahre alt sein soll. Obwohl die Zufahrtsstraße von November bis April geschlossen ist, kann man den Sequoia-Hain zu jeder Jahreszeit zu Fuß erreichen, genauso wie die anderen Haine Tuolumne Grove und Merced Grove bei Crane Flat – jeweils 2–3 Meilen Fußweg.

Auf den über 2600 m hoch gelegenen **Tuolumne Meadows** am östlichen Parkrand kommt man

sich vor, als wäre man auf gleicher Höhe mit den umliegenden, schneebedeckten Bergen. Wer in das Hinterland der High Sierra wandern will, ist hier besser aufgehoben als unten im Tal. 🕐 nur Juni–Okt.

### ÜBERNACHTUNG

Um eine **Unterkunft** im Park zu finden, ist es so gut wie unerlässlich, weit im Voraus zu buchen, und alles außer Campen kommt ziemlich teuer. Alle Unterkünfte im Park – zumeist im Yosemite Valley – werden von Aramark betrieben, 📞 888 413 8869, 🖳 www.travelyosemite.com. Etwas unpraktisch ist es, in einem der Orte außerhalb des Parks zu übernachten und zu Tagesbesuchen in den Park hineinzufahren; am besten dafür geeignet sind aber El Portal und Midpines am Hwy-140 und Groveland am Hwy-120.

#### Yosemite Valley
**Half Dome Village**, 9010 Half Dome Village Drive (1 Meile vom Yosemite Village). Das große Gelände ist auf Familien ausgerichtet. Man wohnt vorwiegend in Cabins mit Zeltstoffwänden und die Betten stehen auf einem Holzsockel (einige beheizt; kein Strom, Gemeinschaftsbad). Es gibt auch beengte Cabins mit festen Wänden und eigenem Bad (mit Strom, aber kein TV oder Telefon) und ein paar geräumige Zimmer im Motelstil. 🕐 tgl. Mitte März–Nov. DZ $235, Cabin $199, Zelt-Cabin $126

**Majestic Yosemite Hotel** (ehemals The Ahwahnee), 1 Ahwahnee Drive, nicht weit vom Yosemite Village. Zweifellos die beste Unterkunft im Yosemite seit 1927, mit Zimmern, die gemäß dem indianischen Motto des Hotels eingerichtet sind. Trotz der astronomischen Preise ist das Hotel gewöhnlich schon lange im Voraus ausgebucht, ein Besuch lohnt sich aber dennoch wegen der prachtvollen öffentlichen Bereiche. 🕐 Ganzjährig. $448

#### Außerhalb
**Big Trees Lodge**, 8308 Wawona Rd, Wawona. Elegantes Hotel im neuenglischen Stil mit schönen öffentlichen Bereichen und auffälligen Holzveranden. Die Zimmer sind liebevoll restau-

riert und mit altmodischen Möbeln, Tapeten im viktorianischen Stil und Deckenventilatoren eingerichtet; die in der Hauptlodge fallen recht klein aus und haben keine eigenen Bäder. ⏲ Ende März–Ende Nov. $130, mit Bad $190

**White Wolf Lodge**, White Wolf Rd (nahe Hwy-120, 30 Meilen von Yosemite Valley. Geräumige Zeltstoff-Cabins mit 4 Betten, Holzofen und Kerzen (kein Strom), außerdem 4 Cabins im Motelstil (mit Gasöfen und Strom). ⏲ Juli–Sep. Cabins im Motelstil $160, Zelt-Cabins $120

### Camping

Wer in der Wildnis kampieren möchte, benötigt ein Wilderness Permit ($5 für bestätigte Buchung plus $5 p. P.) Dieses ist bis zu 24 Wochen im Voraus erhältlich. Es gibt auch kostenlose Permits ohne Buchung, die der Reihenfolge nach ab 11 Uhr am Tag vor dem geplanten Besuch ausgegeben werden. Sollte man auf einem der 13 vollen Campingplätze im Yosemite Valley selbst unterkommen wollen (April–Sep; $12–26), ist es unerlässlich, vorauszubuchen: ☎ 877 444 6777, 🖥 www.recreation.gov. Auf sieben der Plätze kann man im Voraus buchen, aber auch die kostenlosen Plätze sind meist bis zum Mittag voll.

### ESSEN

**Degnan's Deli**, Yosemite Village. Hier gibt's mit das beste Imbissessen im Tal: *Peet's coffee*, Suppen und Chili con Carne ($5–6), außerdem große, frisch belegte Sandwiches und Salate für um die $7–8. ⏲ tgl. 7–17 Uhr.

**Majestic Yosemite Dining Room**, Majestic Yosemite Hotel, ☎ 209 372 1489. Das Restaurant bietet das beste – und teuerste – Essen im Yosemite, z. B. Eier Benedict ($16,50), Spinatsalat mit Bacon ($11,25) und gegrillten Schwertfisch ($30,75). Tagsüber ist legere Kleidung okay, abends müssen Männer lange Hosen, Hemd mit Kragen und geschlossene Schuhe tragen, Damen etwas ähnlich Formelles. ⏲ Mo–Sa 7–10, 11.30–14.30 und 17.30–21, So 7–15 Uhr.

**Pizza Deck and Village Bar**, Half Dome Village. Prima, um sich nach einem anstrengenden Wandertag zu entspannen, z. B. an einem der

Tische draußen bei einer guten Pizza (große ab $25), einem Bier vom Fass oder sogar einem Daiquiri oder Margarita ($9). ⏲ Jan–Nov tgl. 12–21 Uhr (Bar bis 22 Uhr).

### SONSTIGES

#### Informationen

**Yosemite Valley Visitor Center**, ☎ 209 372 0299, 🖥 www.nps.gov/yose, ⏲ tgl. 10–18 Uhr. Weitere Visitor Centers und Infostationen in Big Oak Flat, Tuolumne Meadows und Wawona.

#### Touren

Von den vielen angebotenen **Bustouren** ist am spannendsten die vierstündige **Glacier Point Tour**, ☎ 209 372 4386, 🖥 www.travelyosemite. com, die an der Yosemite Valley Lodge startet; tgl. Mai–Nov, $41 hin und zurück, $25 nur hinauf. Man fährt entweder beide Strecken oder wandert zurück.

### NAHVERKEHR

Wer nur für einen Tagesausflug zum Yosemite kommt, kann sein **Auto** auf den Tagesparkplätzen in den Dörfern Yosemite oder Half Dome stehen lassen. Von dort verkehren kostenlose **Shuttlebusse** durchs Tal, die an allen Sehenswürdigkeiten, Trailheads und Unterkünften vorbeikommen. In der Hochsaison fahren die Busse ungefähr zwischen 7 und 22 Uhr alle 10–20 Min. zu den meisten Abschnitten des Parks, zu anderen Zeiten des Jahres weniger häufig und lang.

Zwar darf man im Yosemite abseits der befestigten Straßen nicht mit dem **Fahrrad** fahren, doch ist eine Tour über die 12 Meilen an Radwegen eine schöne Art, das Tal zu erkunden. Die Yosemite Valley Lodge und das Half Dome Village (⏲ nur April–Nov, 9–18 Uhr, 🖥 www. travelyosemite.com) verleihen Fahrräder für ca. $12 pro Std. bzw. $34 pro Tag.

### TRANSPORT

#### Auto

Die Zufahrtsstraßen von Westen sind das ganze Jahr über geöffnet, nur die Straße von

Osten, der Hwy-120 von Lee Vining, ist von Anfang November bis etwa Anfang Juni gesperrt. Benzin ist im Yosemite Valley nicht zu bekommen.

### Busse

**Greyhound**-Busse fahren bis Merced, wo das effiziente Busnetz **YARTS**, ☎ 877 989 2787, 🖳 www.yarts.com, Busse entlang dem Hwy-140 bis Yosemite Valley betreibt (4x tgl.; $13 hin und zurück, 3–4 Std.); zusätzlich verkehrt ein Bus zwischen dem Flughafen in Fresno und dem Amtrak/Greyhound-Bahnhof (6x tgl.; $15; 4 1/2 Std.) und Mammoth Lakes (S. 376). Die Fahrkarten können an Bord oder online gekauft werden. In allen Fahrpreisen ist der Parkeintritt schon enthalten.

# Central Coast

Die rund 400 Meilen lange **Central Coast** zwischen Los Angeles und San Francisco ist von sauberen Sandstränden sowie von Abschnitten mit Klippen und Kaps gesäumt. **Big Sur** ist eine der wildesten und schönsten Küstenlandschaften der Welt, **Santa Barbara** ist eine wohlhabende Stadt am Meer, geprägt von altem und neuem Geld, und **Santa Cruz** ist eine Küstenstadt mit verschiedenen Identitäten.

Das entspannte **San Luis Obispo** dazwischen stellt eine gute Basis für einen Besuch im **Hearst Castle** dar, dem Bergpalast des Medienzaren William Randolph Hearst. Fast alle diese Städte entstanden um die spanischen katholischen **Missionsstationen** herum, von denen noch viele ihre ursprüngliche Gestalt aufweisen. **Monterey**, 120 Meilen südlich von San Francisco, war unter spanischer und mexikanischer Ägide die Hauptstadt Kaliforniens und 1850 kurzfristig Hauptstadt des US-Bundesstaats.

## Santa Barbara

**Santa Barbara** ist eine wunderschön gelegene Stadt mit langen, palmengesäumten Stränden an einer sanft geschwungenen Bucht und einem ganz in spanischer Architektur gehaltenen Zentrum. Die Hauptstraße, die **State Street**, säumen Speiselokale, Buchläden, Cafés und Clubs.

### El Presidio de Santa Bárbara State Historic Park

123 E Canon Perdido St ▪ 🕐 tgl. 10.30–16.30 Uhr ▪ Eintritt $5 ▪ ☎ 805 965 0093, 🖳 www.sbthp.org
Die wenigen übrig gebliebenen spanischen Originalbauten stehen als **El Presidio de Santa Bárbara State Historic Park** unter Denkmalschutz. Die alte Festungsanlage aus dem Jahr 1782 umfasst einige der ursprünglichen Adobe-Gebäude wie die Kaserne El Cuartel, in der heute historische Ausstellungsstücke und ein Modell der ursprünglichen spanischen Siedlung zu sehen sind.

### Santa Barbara Historical Museum

136 E De la Guerra St ▪ 🕐 Di–Sa 10–17, So 12–17 Uhr ▪ Eintritt frei ▪ ☎ 805 966 1601, 🖳 www.santabarbaramuseum.com
Das nahe gelegene **Santa Barbara Historical Museum** entstand um ein Adobe-Gebäude von 1817. Es präsentiert mittelmäßige lokale Kunst und wechselnde Ausstellungen zum Leben in spanischer und mexikanischer Zeit. Außerdem beleuchtet es noch andere Aspekte der Vergangenheit der Stadt, von der Geologie der Eiszeit über Artefakte aus den Siedlungen der Ureinwohner bis zu modernen Fotografien.

### Santa Barbara County Courthouse

1100 Anacapa St ▪ Gelände 🕐 Mo–Fr 8–17, Sa und So 10–16.30 Uhr, Führungen Mo–Fr 10.30 und 14, Sa und So 14 Uhr ▪ Eintritt frei ▪ ☎ 805 962 6464, 🖳 www.santabarbaracourthouse.org
Drei Straßen nördlich von El Presidio prunkt das Schmuckstück der Spanish-Revival-Architektur: das **County Courthouse**. Diese eigenwillige Interpretation des Missions-Stils gilt als eines der schönsten öffentlichen Gebäude in den USA. Interessant sind die abgesenkten Gärten und der 21 m hohe **Uhrenturm** „El Mirador", der einen wunderschönen Blick auf die Stadt bietet.

### Karpeles Manuscript Library

21 W Anapamu St ▪ 🕐 Mi–So 12–16 Uhr ▪ Eintritt frei ▪ ☎ 805 962 5322, 🖳 www.rain.org/~karpeles/sb.html

Die schön geschmückte **Karpeles Manuscript Library** besitzt eine reiche Sammlung von in wechselnden Ausstellungen gezeigten Dokumenten, darunter die Verfassung der Konföderierten Staaten von Amerika, Napoleons Schlachtpläne für seinen Russland-Feldzug und Manuskripte von Persönlichkeiten wie Mark Twain und Thomas Edison.

## Stearns Wharf und Sea Center

Sea Center, 211 Stearns Wharf ▪ ◷ tgl. 10–17 Uhr
▪ Eintritt $8,50, Jugendliche 13–17 J. $7,50, Kinder 2–12 J. $6 ▪ ✆ 805 962 2526, ▭ www.sbnature.org

Am Ende der State Street liegt die von Pelikanen belagerte **Stearns Wharf,** die 1872 gebaut wurde und damit der älteste Holzpier Kaliforniens ist. Hier befindet sich neben Souvenirläden, Seafood-Restaurants und Eiscremeständen auch das **Sea Center** des Santa Barbara Museum of Natural History mit kinderfreundlichen Streichelbecken, interaktiven Exponaten, Walknochen und Gezeitenbecken.

## Mission Santa Barbara

2201 Laguna St ▪ ◷ tgl. 9–16.30 Uhr ▪ Eintritt $5
▪ ✆ 805 682 4713, ▭ www.sbmission.org

Ihren Namen verdankt die Stadt der „Königin der Missionen", der **Mission Santa Barbara,** deren imposante Fassade mit ihren beiden Türmen durch die Kombination von Romanik und Missionsstil ein Respekt einflößendes Aussehen erhält. Das derzeitige Gebäude, das 1786 erbaut wurde und das eine Reihe von drei Adobe-

### Der Wine Trail von Santa Barbara

Zum **Santa Barbara Urban Wine Trail,** ▭ www.urbanwinetrailsb.com, gehören rund 29 Winzereien, die alle in der „Funk Zone" zwischen dem Strand und dem Hwy-101 liegen und zu Fuß erreichbar sind. Die Weinproben, bei denen man gewöhnlich fünf bis acht Weine verkosten kann, kosten zwischen $5 und $15.
Empfehlenswert sind der Deep Sea Tasting Room, 217G Stearns Wharf, ◷ Mo–Do und So 12–19, Fr und Sa 12–20 Uhr, und die Area 5.1 Winery, 137B Anacapa St, ◷ Mo–Do 12–19, Fr–So 12–20 Uhr.

Kirchen, die durch Erdbeben zerstört worden waren, ersetzte, wurde 1820 von Franziskanermönchen fertig gestellt und geweiht. Ein kleines **Museum** zeigt Artefakte aus dem Archiv der Mission.

Auf dem angrenzenden Friedhof sind rund 4000 Chumash-Indianer bestattet, von denen viele beim Bau der ursprünglichen Anlage eingesetzt worden waren. Zur ersten Missionsstation gehörten Aquädukte, Wasserspiele, eine Getreidemühle und zwei Wasserbecken; heute sind noch die Überreste eines alten Brennofens und von Gerberbottichen zu sehen.

### ÜBERNACHTUNG

**Blue Sands Motel**, 421 S Milpas St, ✆ 805 965 1624, ▭ www.bluesandsmotel.com. Der beste Deal der Stadt: saubere Zimmer mit Gaskamin und Kochnische sowie beheizter Pool. $185

**Carpinteria State Beach Campground**, 205 Palm Ave, Carpinteria, nahe US-101, rund 12 Meilen südöstlich von Santa Barbara, ✆ 800 444 7275, ▭ www.reserveamerica.com. Campingplatz an einem der schöneren Strände der Gegend. Gezeitenbecken und im Winter regelmäßigen Sichtung von Walen und Seelöwen. $45

**Cheshire Cat Inn**, 36 W Valerio St, ✆ 805 569 1610, ▭ www.cheshirecat.com. Das prachtvoll viktorianisch ausgestattete B&B hat 12 Zimmer, 4 Cottages im Handwerkerstil und einen ausgebauten Wagenschuppen. Es bietet Whirlpool, Gästefahrräder und eine Ausstattung nach Motiven von Alice im Wunderland. DZ $199, Cottage $319

📖 **The Wayfarer**, 13 E Montecito St, ✆ 805 845 1000, ▭ www.wayfarersb.com. Santa Barbaras Hipster-Boutiquehotel hat kleine, aber stilvolle Zimmer sowie günstige Etagenbetten im Schlafsaal, Internetzugang und kostenloses Frühstück. Dorm $99, DZ $199

### ESSEN UND UNTERHALTUNG

**Arigato Sushi**, 1225 State St, ✆ 805 965 6074, ▭ www.arigatosb.com. Das japanische Boutiquerestaurant ist das wichtigste Sushi-

Lokal der Stadt mit modernem Schick und hipper Kundschaft. ◑ Mo–Do 17.30–22, Fr–So 17.30–22.30 Uhr.

**Bouchon**, 9 W Victoria St, ✆ 805 730 1160, ▱ www.bouchonsantabarbara.com. Eine gute Adresse für kalifornische Spitzenküche mit wechselndem Angebot, darunter Lammkarree, Wild, Entenbrust mit Ahornsirup-Glasur und jede Menge frische Fischgerichte ($26–42), alles serviert in einem hellen und freundlichen Ambiente. ◑ Mo–Do und So 17–21, Fr und Sa 17–22 Uhr.

**Ca' Dario**, 37 E Victoria St, ✆ 805 884 9419, ▱ www.dacario.net. Feine italienische Küche. Neben köstlichem Käse und ausgezeichneter Pasta gibt es geröstete Wachteln, Kalbskotelett und frischen Fisch. Hauptgerichte $16–35. ◑ Mo–Do 11.30–22, Fr und Sa 11.30–22.30, So 17–22 Uhr.

**Restaurant Roy**, 7 W Carrillo St, ✆ 805 966 5636, ▱ www.restaurantroy.com. Das stilvolle kleine Restaurant bietet Hauptgerichte wie Filet mignon im Speckmantel, Lammkarree und handgemachte Pasta (die meisten Hauptgerichte $25–30). An den Wänden hängt Kunst, und manchmal finden hier Backgammon-Turniere statt. ◑ tgl. 18–24 Uhr.

**SOhO**, 1221 State St, ✆ 805 962 7776, ▱ www.sohosb.com. Santa Barbaras bester Laden für Livemusik von Blues und Funk bis Rock und Reggae (Eintritt $8–25). Manchmal gastiert ein berühmter Jazzmusiker. Neben Musik gibt's im Soho auch kalifornische Küche. ◑ Mo–Do und So 18.30–23, Fr 17–2, Sa 18.30–2 Uhr.

**Tupelo Junction Cafe**, 1218 State St, ✆ 805 899 3100, ▱ www.tupelojunction.com. Ein gutes Frühstückscafé: Zu den Spezialitäten zählen Rührei mit Pilzen und Trüffeln ($15), Crabcake plus Kartoffelpüree ($18) und French Toast mit Vanille ($14). Gleichermaßen lecker sind auch Mittag- und Abendessensangebot. ◑ Mo 8–15, Di–So 8–15 und 17–20 Uhr.

**Wildcat Lounge**, 15 W Ortega St, ✆ 805 962 7970, ▱ www.wildcatlounge.com. Der beste Tanzladen der Stadt, mit Electronica-DJs und verschiedenen Bands. Das gepflegte Ambiente zieht Einheimische, Studenten und Auswärtige gleichermaßen an. Eintritt $5–10. ◑ tgl. 16–2 Uhr.

**Visitor Center**, 1 Garden St, ✆ 805 965 3021, ▱ www.santabarbaraca.com, ◑ Feb–Okt Mo–Sa 9–17, So 10–17, Nov–Jan Mo–Sa 9–16, So 10–16 Uhr.

**NAHVERKEHR**

Fast alles in Santa Barbara ist zu Fuß erreichbar. Es gibt aber auch einen tagsüber häufig verkehrenden **Shuttlebus** zwischen Downtown und Strand sowie Hafen und Zoo (50¢).

**TRANSPORT**

### Busse
**Greyhound**-Busse kommen in der 224 Chapala St nahe Amtrak-Bahnhof an und fahren nach LOS ANGELES (4x tgl., 3–4 Std.) und SAN FRANCISCO (2x tgl., 8 1/2–9 Std.).

### Eisenbahn
**Amtrak**-Züge halten in der 209 State St, einen Block südlich des US-101.

**Züge nach**:
LOS ANGELES (2x tgl., 2 3/4 Std.),
OAKLAND (1x tgl., 8 3/4 Std.),
SALINAS (1x tgl., 5 3/4 Std.),
SAN JOSE (1x tgl., 7 1/2 Std.),
SAN LUIS OBISPO (3x tgl., 2 3/4 Std.).

# San Luis Obispo

**San Luis Obispo**, 95 Meilen nördlich von Santa Barbara am US-101 und ungefähr auf halber Strecke zwischen Los Angeles und San Francisco, liegt ein paar Meilen landeinwärts, eignet sich aber gut als Basis für die Erkundung der Küste. Die quirlige Universitätsstadt wartet mit ein bisschen Architektur des 19. Jhs. auf, besonders um die **Buchon Street** herum, sowie mit guten Restaurants, Kneipen und Unterkünften.

Das kompakte Zentrum von San Luis Obispo lässt sich bestens zu Fuß erkunden. Den Kern bildet die **Mission San Luis Obispo de Tolosa** aus dem späten 18. Jh., 751 Palm St, ℡ 805 543 6850, ⌨ www.missionsanluisobispo.org. ⊕ Anfang März–Anfang Nov tgl. 9–17, Anfang Nov–Anfang März 9–16 Uhr, Eintritt frei. Zwischen der Mission und dem Visitor Center ziehen sich die Terrassen der **Mission Plaza** den San Luis Creek hinunter. An dem von Brücken überspannten und mit Geschäften und Terrassenrestaurants gesäumten Creek winden sich Fußwege entlang.

Die Hauptstraße der Stadt ist die **Higuera Street** einen Block südlich der Mission Plaza; donnerstagabends findet hier ein **Farmers' Market** (18–21 Uhr, Eintritt frei) statt: Dann ist die Straße für den Autoverkehr gesperrt, es breiten sich Gemüse- und Grillstände aus, und Straßenmusiker liefern den Soundtrack. Ein weiteres Highlight, **Dallidet Adobe & Gardens**, 1185 Pacific St, ℡ 805 543 0638, ⌨ www.dallidet.org, ist ein hübsches Wohnhaus aus den 1850er-Jahren und eines der ältesten Gebäude der Region. Es besitzt einen reizenden Garten im Schatten von zwei 38 m hohen Redwood-Bäumen. ⊕ März–Okt Fr 10–16, So 13–16 Uhr, Spende.

## ÜBERNACHTUNG

**Garden Street Inn**, 1212 Garden St, ℡ 805 545 9802, ⌨ www.gardenstreetinn.com. Sehr zentral gelegenes B&B in einem restaurierten Haus von 1887 mit gemütlichen Zimmern und Suiten. $169

**Hostel Obispo-HI**, 1617 Santa Rosa St, ℡ 805 544 4678, ⌨ www.hostelobispo.com. Ordentliches, gemütliches Hostel eine Straße vom Bahnhof entfernt. Lounge und Patio sowie Fahrradverleih und Frühstück mit Sauerteig-Pancakes. Dorms $34, DZ $65

**Madonna Inn**, 100 Madonna Rd, ℡ 805 543 3000, ⌨ www.madonnainn.com. Ziemlich kitschige Unterkunft mit Themenzimmern, -cottages und -suiten, von märchenhaft niedlich bis Steinzeithöhle. Die Lobby im Chalet-stil erstrahlt in Knallrosa – auf viele wirkt dieses Monstrum eher abschreckend, andere Besucher fühlen sich jedoch durchaus angesprochen. $199

**Petit Soleil**, 1473 Monterey St, ℡ 805 549 0321, ⌨ www.petitsoleilslo.com. Dieses sehr stilvolle B&B mit französischem Touch hat individuell eingerichtete Zimmer mit moderner Ausstattung. Dazu kommen eine noch elegantere Suite und ein sehr köstliches Frühstück. $179

**San Luis Creek Lodge**, 1941 Monterey St, ℡ 805 541 1122, ⌨ www.sanluiscreeklodge.com. Zentral gelegene Unterkunft mit 25 netten Zimmern in drei Gebäuden – eine gute Wahl. $189

## ESSEN UND UNTERHALTUNG

**Big Sky Cafe**, 1121 Broad St, ℡ 805 545 5401, ⌨ www.bigskycafe.com. Luftiges, modernes Café mit Schwerpunkt auf vegetarischer Küche und Meeresfrüchte. Die Renner sind *pozole*-Eintopf ($11,25) und Ingwernudeln ($8,25) sowie Fleischgerichte wie geschmortes Lammkarree ($19,25) und Reuben-Sandwiches. ⊕ Mo–Do 7–21, Fr 7–22, Sa 8–22, So 8–21 Uhr.

**Linnaea's**, 1110 Garden St, ℡ 805 541 5888, ⌨ www.linnaeas.com. In der Kaffeebar gibt's neben gutem Espresso regelmäßig kostenlos Livemusik auf einer kleinen Bühne, von Indie-Rock über Folk bis Klavierblues. ⊕ Mo–Mi 6.30–22, Do und Fr 6.30–23, Sa 7–23, So 7–22 Uhr.

**Mo's Smokehouse BBQ**, 1005 Monterey St, ℡ 805 544 6193, ⌨ www.bosbbq.com. Mittelpreisiges Grillrestaurant mit zartem Pulled Pork und Rippchen ($22,95), und als Beilage z. B. Bohnen, Krautsalat oder gebratene grüne Tomaten. ⊕ Mo–Mi 11–21, Do–Sa 11–22 Uhr.

**SLO Brew**, 736 Higuera St, ℡ 805 543 1843, ⌨ www.slobrewingco.com. Das Pub mit eigenem Bier serviert super Burger und ist eine der wichtigsten Musikkneipen der Stadt. Mehrmals die Woche gibt es Konzerte heimischer und auswärtiger Bands. Tickets $8–30. ⊕ Mo und So 11–24, Di–Sa 11.30–2 Uhr.

## INFORMATIONEN

**Visitor Center**, 895 Monterey St, ℡ 805 781 2777, ⌨ www.visitslo.com, ⊕ Mo–Mi und So 10–17, Do–Sa 10–19 Uhr.

### Eisenbahn

**Amtrak**-Züge halten mehrmals tgl. am **Bahnhof** in der 1011 Railroad Ave am Ende der Santa Rosa St, eine halbe Meile südlich des Zentrums. Dies ist das nördliche Ende der Strecke des *Pacific Surfliner*. Hier kann man in den *Coast Starlight* umsteigen, der die gesamte Küste abdeckt.

**Züge nach**:

LOS ANGELES (3x tgl., 5 1/4–5 3/4 Std.),
OAKLAND (1x tgl., 5 3/4 Std.) mit Anschluss-Shuttle nach SAN FRANCISCO,
SAN JOSE (1x tgl., 4 1/2 Std.),
SANTA BARBARA (3x tgl., 2 1/2 Std.).

# Hearst Castle

750 Hearst Castle Rd, San Simeon, 8 Meilen nördlich von Cambria am Hwy-1 gut ausgeschildert
▪ ⏲ Führungen tgl. 9–17 Uhr ▪ ☎ 805 927 2020, 🖵 www.hearstcastle.com

Das Domizil des Zeitungsmilliardärs **William Randolph Hearst**, gut 40 Meilen nordwestlich von San Luis Obispo an der Küstenstraße CA-1, ist die größte Touristenattraktion weit und breit. Wahrscheinlich ist es eines der extravagantesten Anwesen weltweit. Ganze Wände, Decken und Fußböden hat Hearst in europäischen Kirchen und Schlössern abbauen lassen, gotische Kamine und maurische Fliesen, mittelalterliche Wandteppiche und Unmengen antiker Vasen zieren die zahllosen Räume. Selbst in den zahlreichen Pools finden sich Kunstwerke.

Die Arbeiten auf der über 1000 km² großen Ranch begannen 1919, doch wirklich fertig wurde der Komplex nie. Wenn Hearst gerade neue Gebäudeteile von einer Europareise mitgebracht hatte, wurden fertiggestellte Räume kurzerhand wieder eingerissen. Die Hauptfassade ist die Kopie einer Kathedrale im Mudéjar-Stil mit zwei Türmen und erhebt sich hinter dem wohl meistfotografierten Swimming Pool der Welt, dem **Neptune Pool**. Das Becken wird von griechischen Kolonnaden und Marmorstatuen gesäumt. Die einen empfinden das Bauwerk als Triumph der Ästhetik, auf andere wirkt es vulgär. Am spektakulärsten präsentiert sich das Anwesen in den Morgenstunden, wenn die hügelige Umgebung in Küstennebel gehüllt ist und Assoziationen mit dem unheimlichen Schloss Xanadu aus dem Film *Citizen Kane* geweckt werden, das tatsächlich diesem Palast nachempfunden wurde.

Vier verschiedene, jeweils einstündige **Führungen** beginnen am Visitor Center unweit des CA-1. Hearst Castle kann nur im Rahmen einer Führung besichtigt werden, für die eine Reservierung erforderlich ist. Auf den Führungen stehen jeweils unterschiedliche Aspekte des Anwesens im Mittelpunkt, so bei der Grand Rooms Tour ($25) oder der Upstairs Suites Tour ($25). Im Rahmen einer Evening Tour (1 3/4 Std., $36), die nur von März bis Mai und im Oktober angeboten wird, begleitet Personal in historischer Kleidung die Besucher durch das Schloss und spricht dabei im Präsens von Hearst.

Wer vor seiner gebuchten Führung noch Zeit hat, kann sich die nur beschränkt interessante **William Randolph Hearst Exhibition** oder den ausgezeichneten Film *Hearst Castle – Building the Dream* (im Ticket inbegriffen oder sonst $10) anschauen. ⏲ tgl. 9–17 Uhr, Eintritt frei.

**11** HIGHLIGHT

# Big Sur

**Big Sur** ist zwar keine offizielle geografische Bezeichnung, aber der landläufige Name für den 90 Meilen langen wilden Abschnitt der kalifornischen Küste zwischen dem Hearst Castle und der Monterey Peninsula, an dem die Felsen fast senkrecht in das tosende Meer abfallen. Das faszinierend ursprüngliche Gebiet erstreckt sich rund 20 Meilen weit landeinwärts in die Santa Lucia Mountains.

Durch diese wundervolle Landschaft windet sich der atemberaubende, 1937 eröffnete **Highway 1 (CA-1)** hoch oben über dem Ozean an steilen Felswänden entlang. Big Sur sollte man nicht einfach an einem Tag durchfahren, sondern die Abgeschiedenheit und Schönheit der

Region in aller Ruhe genießen. Das Auto sollte man so oft wie möglich stehen lassen und durch die verschiedenen Parks wandern, wo man die Zivilisation oft schon nach zehn Minuten komplett hinter sich lässt.

## Julia Pfeiffer Burns State Park

Meilenstein 35,8 am Hwy-1 (37 Meilen südlich von Carmel) ▪ ⏱ 30 Min. vor Sonnenaufgang bis 30 Min. nach Sonnenuntergang ▪ Eintritt $10 pro Fahrzeug ▪ 📞 831 667 2315, 🖥 www.parks.ca.gov

Im **Julia Pfeiffer Burns State Park** lassen sich einige der schönsten Tageswanderungen in der Region Big Sur unternehmen. Ein beliebter einfacher Wanderweg (10 Min.) führt vom Parkplatz durch einen Tunnel unter der Straße hindurch am Hang entlang zu einem Aussichtspunkt mit Blick auf die spektakulären McWay Falls, die unterhalb des Saddle Rock auf einen Strand stürzen (kein Zugang zum Strand). Ein nur von wenigen Wanderern begangener Weg führt vom CA-1 2 Meilen nördlich des Wasserfalls (am Meilenstein 37,85) durch einen 60 m langen Tunnel zu den Resten einer Anlegestelle an der **Partington Cove**, einer der wenigen Stellen im südlichen Big Sur, die Zugang zum Meer bieten.

## Nepenthe und Pfeiffer Beach

Nepenthe 48510 Hwy-1, Big Sur ▪ Laden ⏱ tgl. 10.30–19 Uhr ▪ 📞 831 667 2345, 🖥 www.nepenthe bigsur.com ▪ Pfeiffer Beach ⏱ tgl. 9–20 Uhr ▪ Eintritt $10 pro Fahrzeug ▪ 📞 805 434 1996, 🖥 www.campone.com

Der atemberaubend gelegene Komplex **Nepenthe** mit Laden, Café und Restaurant wurde von einem Studenten von Frank Lloyd Wright entworfen und nach der mythischen Droge benannt, die Vergesslichkeit bewirkt. Er wurde 1949 eröffnet und ist für seine spektakuläre Aussicht auf die Küste berühmt.

Zwei Meilen nördlich von Nepenthe führt die unbeschilderte Sycamore Canyon Road eine Meile Richtung Westen zum schönsten Strand von Big Sur, dem **Pfeiffer Beach**. Dabei handelt es sich um einen manchmal vom Winde verwehten weißen Sandstrand, dominiert von einem Felsrücken, dessen erdige Farbe je nach Sonnenstand in unterschiedlichen Schattierungen erstrahlt.

## Pfeiffer Big Sur State Park

Meilenstein 47,2 am Hwy-1 (26 Meilen südlich von Carmel) ▪ ⏱ 30 Min. vor Sonnenaufgang bis 30 Min. nach Sonnenuntergang ▪ Eintritt $10 pro Fahrzeug ▪ 📞 831 667 2315, 🖥 www.parks.ca.gov

Der Pfeiffer Big Sur State Park in der Mitte des Tals des Big Sur River ist einer der schönsten Parks in ganz Kalifornien. Dort gibt es meilenlange Wanderwege und tolle Möglichkeiten, im Fluss zu baden. Am höchsten steht das kristallklare Wasser im späten Frühjahr und im Sommer. Dann entstehen zwischen den großen Felsbrocken in der engen, steilen Schlucht tiefe Badelöcher. Da der Park ein paar Meilen landeinwärts liegt, ist es hier wärmer und sonniger als anderswo im Big Sur. Der beliebteste Parkspaziergang ist eine halbe Meile lang und führt in einem von Redwood-Bäumen gesäumten Canyon zu den 20 m hohen **Pfeiffer Falls**.

### ÜBERNACHTUNG UND ESSEN

Im Einklang mit der Wildheit der Region sind die meisten **Unterkünfte** hier rustikale Lodges. Im Sommer, besonders am Wochenende, sind die wenigen zur Verfügung stehenden Unterbringungsmöglichkeiten meist belegt. Daher muss lange im Voraus gebucht werden. Die folgenden Unterkünfte sind von Süd nach Nord aufgelistet.

**Deetjen's Big Sur Inn**, 48865 Hwy-1, 7 Meilen nördlich des Julia Pfeiffer Burns State Park, 📞 831 667 2377, 🖥 www.deetjens.com. Die von einem norwegischen Einwanderer erbaute Anlage mit tollem Restaurant und Bar bietet gemütlich-rustikale Unterkünfte. Die Cabins im Skihüttenstil verfügen über Kamine, Schaukelstühle, altmodische Bleifenster und jede Menge Holzvertäfelung. $105

**Fernwood Grill**, Hwy-1, eine halbe Meile nördlich vom Pfeiffer Big Sur State Park, 📞 831 667 2129, 🖥 www.fernwoodbigsur.com. Restaurant und Gasthaus im Fernwood Resort, serviert gute Salate und Sandwiches für $15–17 und abends Pizzas mit einem Durchmesser von 40,5 cm ($24–28). ⏱ 11–22 Uhr.

**Pfeiffer Big Sur State Park Campground**, 📞 800 444 7275, 🖥 www.reserveamerica.com. Der größte und beliebteste Campingplatz in

Big Sur bietet große und schattige Stellplätze, viele davon unter Redwood-Bäumen. Duschen, gut sortierter Laden und Waschmaschinen vorhanden. $5

**Nepenthe**, 48510 Hwy-1, 3 Meilen südlich des Pfeiffer Big Sur State Park, ✆ 831 667 2345, 🖥 www.nepenthebigsur.com. Teures, aber ausgezeichnetes und gemütliches Steak- und Seafood-Restaurant mit unvergesslichen Ausblicken (in der Saison Walbeobachtung bei Sonnenuntergang) und Après-Ski-Flair. Hauptgerichte $29–48. 🕐 tgl. 11.30–16.30 und 17–22 Uhr.

**Riverside Campground & Cabins**, CA-1, gut eine halbe Meile nördlich des Pfeiffer Big Sur State Park, ✆ 831 667 2414, 🖥 www.riversidecampground.com. Getreu seinem Namen bietet dieser freundliche Platz in Privatbesitz einige Stellplätze direkt am Big Sur River sowie ein Dutzend unterschiedlich große Cabins, Duschen und einen Laden. Zelte $55, Cabins ohne Bad $115, mit Bad $210

### INFORMATIONEN

**Big Sur Station** im Pfeiffer Big Sur State Park, ✆ 831 667 2315. Unbedingt hier anhalten, denn die Station hat die umfangreichsten Infos über den Park, 🕐 tgl. 9–16 Uhr.
**Chamber of Commerce**, 47500 Hwy-1, ✆ 831 667 2100, 🖥 www.bigsurcalifornia.org, 🕐 Mo, Mi und Fr 9–13 Uhr.

### TRANSPORT

#### Busse
Das einzige öffentliche Verkehrsmittel in Big Sur ist der Bus Nr. 22 von **Monterey-Salinas Transit** (MST), ✆ 888 678 2871, 🖥 www.mst.org, der von der Monterey Transit Plaza bis hinunter über Carmel nach Nepenthe fährt (Fahrplan saisonal unterschiedlich; einfache Fahrt $3,50).

# Monterey Peninsula

Unmittelbar nördlich von Big Sur erstreckt sich die markante, hügelige Monterey-Halbinsel, die mit ihren schroffen Felsen und knorrigen, windgepeitschten Zypressen weit in den wilden Pazifik hineinragt. Die Hafenstadt Monterey war unter den Spaniern die Hauptstadt von Kalifornien, für kurze Zeit auch unter den Mexikanern und schließlich den Amerikanern, und es haben sich zahlreiche alte Adobe- und andere historische Bauten erhalten. Carmel, drei Meilen südlich, ein bewusst auf urig getrimmtes Dorf mit teuren Ferienhäusern und Kunstgalerien, während Pacific Grove v. a. für seinen Leuchtturm und seine Schmetterlinge bekannt ist.

## Monterey

**Monterey**, 1602 von dem spanischen Kaufmann und „Entdecker" Sebastián Vizcaíno benannt, war Militär- und Verwaltungszentrum der Spanier und Mexikaner. Nachdem die Vereinigten Staaten das Gebiet 1846 in Besitz nahmen, wurde hier die Staatsverfassung verhandelt und niedergeschrieben. Bald darauf wurde Monterey die erste Hauptstadt Kaliforniens, bis es später von Sacramento abgelöst wurde. In Montereys kompaktem Stadtzentrum, vor allem. im Bereich des heutigen **Monterey State Historic Park**, finden sich schöne architektonische Zeugnisse aus der spanisch-mexikanischen Vergangenheit Kaliforniens.

Das Mitte September stattfindende **Monterey Jazz Festival**, 🖥 www.montereyjazzfestival.org, ist das älteste durchgehend stattfindende Festival der Welt. Es zieht jedes Jahr Besuchermassen aus Nah und Fern an, die die Halbinsel aus ihrem gewöhnlich eher verschlafenen Zustand erwecken.

### Dali17
5 Custom House Plaza ▪ 🕐 Mo–Do und So 10–19, So 12–17, Fr und Sa 10–19 Uhr ▪ Eintritt $20 ▪ ✆ 831 372 2608, 🖥 www.dali17.com
Das hervorstechendste Gebäude nahe dem Kai ist eine echte Überraschung: Auf dem Gelände des ehemaligen Museum of Monterey steht seit dem Jahr 2016 das Dali17 mit einer permanenten Sammlung von 577 Werken des surrealistischen Künstlers Salvador Dalí. Dabei ist zu beachten, dass es sich hierbei meist um originale Lithografien, Zeichnungen oder Drucke handelt, häufig Illustrationen zu Büchern, und nicht seine berühmten Ölgemälde. Es gibt also

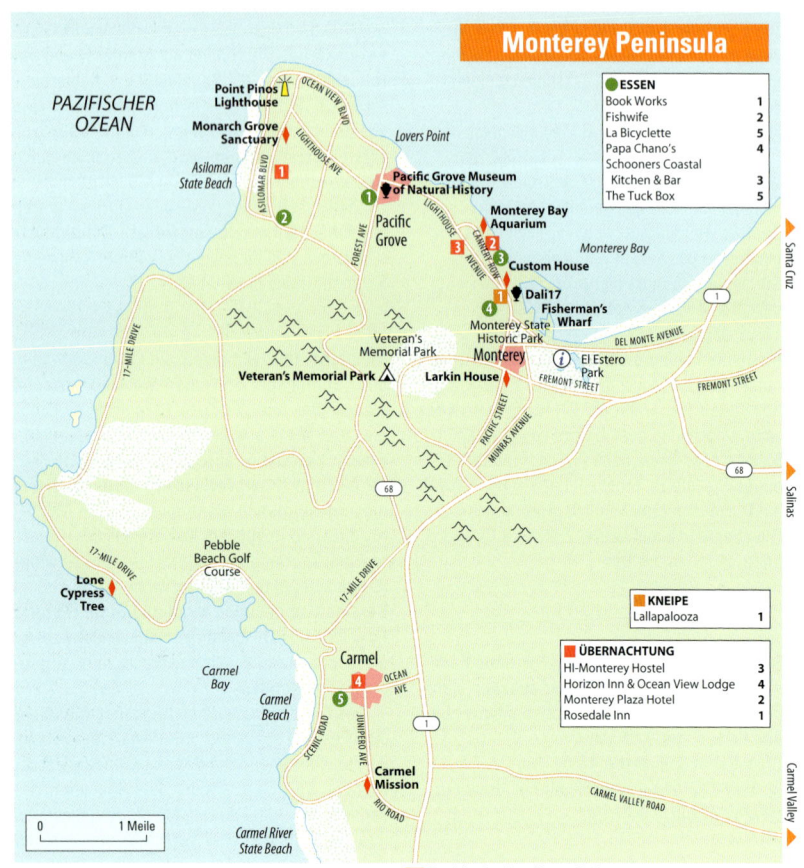

## Monterey Peninsula

PAZIFISCHER OZEAN

Point Pinos Lighthouse
Monarch Grove Sanctuary
Asilomar State Beach
Lovers Point
Lighthouse Ave
Ocean View Blvd
Forest Ave
Asilomar Blvd
Pacific Grove Museum of Natural History
Pacific Grove
Monterey Bay Aquarium
Cannery Row
Custom House
Monterey Bay
Santa Cruz
Dali17
Fisherman's Wharf
Del Monte Avenue
Monterey State Historic Park
Veteran's Memorial Park
Monterey
El Estero Park
Fremont Street
Larkin House
Pacific Street
Munras Avenue
Fremont Street
Veteran's Memorial Park
68
Salinas
68
17-Mile Drive
Pebble Beach Golf Course
Lone Cypress Tree
17-Mile Drive
17-Mile Drive
Carmel Bay
Carmel
Carmel Beach
Scenic Road
Junipero Ave
Ocean Ave
1
Carmel Mission
Rio Road
Carmel Valley Road
Carmel Valley
Carmel River State Beach

0   1 Meile

Point Lobos State Natural Reserve, Big Sur

KALIFORNIEN

### ESSEN
| | |
|---|---|
| Book Works | 1 |
| Fishwife | 2 |
| La Bicyclette | 5 |
| Papa Chano's | 4 |
| Schooners Coastal Kitchen & Bar | 3 |
| The Tuck Box | 5 |

### KNEIPE
| | |
|---|---|
| Lallapalooza | 1 |

### ÜBERNACHTUNG
| | |
|---|---|
| HI-Monterey Hostel | 3 |
| Horizon Inn & Ocean View Lodge | 4 |
| Monterey Plaza Hotel | 2 |
| Rosedale Inn | 1 |

keine schmelzenden Uhren – zumindest nicht die Originale. Dennoch vermittelt die Sammlung tiefe und nuancierte Einblicke in das Werk Dalís, von Illustrationen zu Dantes *Göttlicher Komödie* und den Schriften des Marquis de Sade bis hin zu seiner Serie *Biblia Sacra*. Salvador Dalí war eines der ersten Mitglieder der Carmel Art Association und verbrachte in den 1940er-Jahren oft den Sommer im Hotel Del Monte in Monterey.

Seit 1874 dient das **Pacific House Museum** unterschiedlichsten Zwecken und dokumentiert die Geschichte der Epoche, als Monterey Hauptstadt von Spanisch- und Mexikanisch-Kalifornien war. Im Obergeschoss zeigt das Monterey Museum of the American Indian traditionelle Körbe, Tonwaren und andere Artefakte der indianischen Ureinwohner. Hier gibt es auch Tickets für Führungen in anderen Häusern des **Monterey State Historic Park**.

#### Pacific House Museum
Custom House Plaza ▪ ⏰ Do–So 10–16 Uhr ▪ Eintritt frei ▪ ☎ 831 649 7118, 🖥 www.parks.ca.gov

#### Custom House
Custom House Plaza ▪ ⏰ tgl. 10–16 Uhr ▪ Eintritt frei ▪ ☎ 831 649 7118, 🖥 www.parks.ca.gov

Das **Custom House**, das älteste amtliche Gebäude an der Westküste der USA, diente einst als wichtigstes Tor nach Kalifornien. Teile des Komplexes wurden 1814 von den Spaniern, 1827 von den Mexikanern und 1846 von den USA erbaut. Das Gebäude samt seinem Balkon ist restauriert worden und zeigt nun in einem kleinen Museum drinnen 150 Jahre alte Kaffee- und Schnapskisten.

### Robert Louis Stevenson House

530 Houston St ▪ ⏱ D–So 10–16 Uhr ▪ Eintritt frei ▪ ✆ 831 649 7118, 🖳 www.parks.ca.gov

Dieses zweistöckige Adobe-Gebäude trägt heute den Namen **Robert Louis Stevenson House**, weil der schottische Schriftsteller im Herbst 1879, damals noch unbekannt, hier abgestiegen war. Zu der Zeit war es noch das French Hotel und der kränkelnde Stevenson residierte hier, während er seiner zukünftigen Frau Fanny Osbourne den Hof machte. Heute beherbergt das Haus zahlreiche persönliche Gegenstände des Schriftstellers.

### Cannery Row

Die frühere Ocean View Avenue wurde nach dem Titel eines aus dem Jahr 1945 stammenden Romans von John Steinbeck in **Cannery Row**, 🖳 www.canneryrow.com, umbenannt. Das Buch handelt von den rauen Männern und Frauen, die in den rund 30 Fischkonservenfabriken hier arbeiteten. Während des Zweiten Weltkriegs war Monterey die Sardinenhauptstadt der westlichen Welt: Rund 200 000 t Sardinen wurden jedes Jahr gefangen und verarbeitet. Jedoch waren die Sardinen zu der Zeit, als Steinbecks berühmter Roman veröffentlicht wurde, dank Überfischung so gut wie verschwunden. Heute dienen die Konservenfabriken als Einkaufszentren und schicke Restaurants, von denen viele Namen aus Steinbecks Geschichten tragen.

### Monterey Bay Aquarium

886 Cannery Row ▪ ⏱ gewöhnlich tgl. 9.30–18 Uhr, siehe auch Website ▪ Eintritt $49,95, Kinder 3–12 J. $29,95 ▪ ✆ 831 648 4800, 🖳 www.montereybay aquarium.org

Am westlichen Ende der Cannery Row befindet sich das wunderbare **Monterey Bay Aqua-**rium, eines der größten und atemberaubendsten Meeresaquarien weltweit. Das östliche Ende des Aquariums nimmt vor allem die Abteilung **Outer Bay** ein, ein gewaltiges Becken mit großen Fenstern, durch die man auf all die Tiere blickt, die die tiefen Gewässer gleich außerhalb der Bucht bevölkern. Zwischen übellaunigen Thunfischen gleiten faule Hammerhaie herum, während hungrige Barrakudas hin und her schwirren und große Gotteslachse würdevoll an den Seiten des Beckens entlangschwimmen.

Die **Seeotter** in der Mitte des Gebäudes haben besonders zu den Fütterungszeiten (10.30, 13.30 und 15.30 Uhr) immer viel Publikum. Am westlichen Ende des Aquariums werden im **Tang-Wald** küstennahe Habitate vorgestellt. Hier versuchen stets kreisende Schwärme silbrig glänzender Sardellen den Haien aus dem Weg zu gehen. Der Komplex ist zur Bucht hin offen, sodass Besucher hinaustreten und in die **wilden Gezeitenbecken** spähen können.

## Pacific Grove

**Pacific Grove** an der Spitze der Monterey Peninsula, die „Butterfly Town USA", wie sie sich selbst nennt, begann ihr Dasein im 19. Jh. als Zeltlager und methodistisches Refugium. An der 16th und 17th Street stehen immer noch reich verzierte hölzerne **Cottages** und überall in der Stadt gut erhaltene viktorianische Wohnhäuser.

### Pacific Grove Museum of Natural History

165 Forest Ave ▪ ⏱ Di–So 10–17 Uhr ▪ Eintritt $8,95 ▪ ✆ 831 648 5716, 🖳 www.pgmuseum.org

Das interessante **Pacific Grove Museum of Natural History** zeigt eine informative Sammlung heimischer Tiere, darunter viele Schmetterlinge und mehr als 400 ausgestopfte Vögel. Des Weiteren Exponate über das Leben der Bewohner des Point Alones Chinese Fishing Village, die 1906 vertrieben wurden, und Körbe der kalifornischen Ureinwohner von der Central Coast.

### Lovers Point und Point Pinos Lighthouse

Der am Meer verlaufende Ocean View Boulevard umschließt die Stadt und führt dabei an der Landspitze **Lovers Point** vorbei, ursprünglich Lovers of Jesus Point genannt – hier hielten Geistliche bei Sonnenaufgang Gottesdienste ab. Am Point befindet sich einer der schönsten Strände der Halbinsel, im Frühsommer gesäumt von rot und violett blühendem Eiskraut. In der geschützten kleinen Bucht kann man wunderbar entspannen und baden. Der Ocean View Boulevard führt eine weitere Meile an der Küste entlang zur Spitze der Halbinsel mit dem **Point Pinos Lighthouse** von etwa 1855, ✆ 831 648 5722, 🖥 www.pointpinoslighthouse.org. Er ist der älteste durchgehend genutzte Leuchtturm an der kalifornischen Küste, ⏲ Mo und Do–So 13–16 Uhr, Eintritt frei.

### 17-Mile Drive

⏲ tgl. Sonnenauf- bis Sonnenuntergang • Eintritt $10 pro Fahrzeug; Motorräder nicht erlaubt • ✆ 800 877 0597, 🖥 www.pebblebeach.com

Der **17-Mile Drive** ist eine Panorama-Mautstraße in Privatbesitz, die sich an der Küste entlang Richtung Süden durch die reiche Gemeinde **Pebble Beach** nach Carmel windet und schöne Ausblicke auf wilde Landspitzen und das glitzernde Meer eröffnet. Das absolute Highlight an der Strecke ist der **Lone Cypress Tree**, dessen einsame Silhouette seit Jahrzehnten zahllose Postkarten schmückt.

## Carmel

Auf sanft ansteigenden Hügeln oberhalb der Felsküste liegt der schmucke Ort **Carmel**, bekannt für seine fein säuberlich aufgereihten Lädchen und idyllischen Häuschen, die größtenteils unberührte Küste und seinen berühmtesten Anwohner: **Clint Eastwood**. Eastwood war hier Bürgermeister in den 1980er-Jahren. Der **Carmel Beach** (⏲ Sonnenauf- bis Sonnenuntergang, Eintritt frei) am Fuß der Ocean Avenue ist eine ruhige Bucht mit smaragdfarbenem Wasser sowie weichem, blendend weißem Sand und von Zypressen bestandenen Klippen. Der idyllische, eine Meile lange **Carmel River State Beach** (⏲ Sonnenauf- bis Sonnenuntergang, Eintritt frei) jenseits der Spitze des Carmel Point umfasst an einer Frischwasserlagune ein Vogelschutzgebiet sowie die Mündung des Carmel River.

Die aus Sandstein erbaute **Carmel Mission** eine Meile vom Carmel River State Beach,

3080 Rio Rd, ✆ 831 624 1271, 🖥 www.carmel mission.org, ist mit viel Liebe zum Detail authentisch restauriert worden. Heute ist das originell geschmückte Gebäude die romantischste aller Missionsstationen. ⏲ tgl. 9.30–19 Uhr, Eintritt $6,50.

### Monterey

**HI-Monterey Hostel**, 778 Hawthorne St, ✆ 831 649 0375, 🖥 www.montereyhostel.org. Gut geführtes Hostel nahe der Cannery Row mit geräumigem Gemeinschaftsraum und netten Schlafsälen. Dorms $39

**Monterey Plaza Hotel**, 400 Cannery Row, ✆ 831 920 6710, 🖥 montereyplazahotel.com. Inmitten des Touristenrummels an der Cannery Row und nur drei Straßen vom Monterey Bay Aquarium. 4-Sterne-Hotel am Wasser mit eleganten Zimmern, toller Aussicht und dem Schooners Coastal Kitchen & Bar (S. 395). $269

**Veteran's Memorial Park Campground**, Jefferson St, 1 Meile westlich von Downtown, ✆ 831 646 3865, 🖥 www.monterey.org/rec. Der einzige Campingplatz auf der Monterey Peninsula in den Hügeln oberhalb der Stadt – hier spielt John Steinbecks *Tortilla Flat*. Die 40 nicht buchbaren Stellplätze liegen unter Bäumen und besitzen jeder einen Picknicktisch und eine Feuerstelle. $30

### Pacific Grove

**Rosedale Inn**, 775 Asilomar Blvd, ✆ 831 655 1000, 🖥 www.rosedaleinn.com. Reizendes Inn mit hüttenähnlichem Äußerem, aber moderner Einrichtung mit Deckenventilator, Kiefernholzmöbeln, Kamin und Jacuzzi. Das Beste ist jedoch der zuvorkommende Service. $160

### Carmel

**Horizon Inn & Ocean View Lodge**, Junipero St, Ecke 3rd Ave, ✆ 831 624 5327, 🖥 www. horizoninncarmel.com. Recht erschwingliche Unterkunft ein paar Straßen nördlich des Zentrums mit gemütlichen Zimmern und Frühstückskorb auf das Zimmer. Einen Whirlpool gibt's draußen. $193

**KALIFORNIEN**

### Monterey

**Lallapalooza**, 474 Alvarado St, ✆ 831 645 9036, 🖳 www.lalla-palooza.com. Schicke Martini-Bar mit annehmbarem Restaurant (amerikanische Küche) und Kunst an den Wänden, kleiner Terrasse und stilvoller ovaler Theke – die eleganteste **Kneipe** am Ort. ⏲ tgl. 16–24 Uhr.

**Papa Chano's**, 462 Alvarado St, ✆ 831 646 9587. Eines der günstigsten Esslokale Montereys. Es hat authentische mexikanische Spezialitäten – jedes Gericht für unter $10. ⏲ tgl. 10–22 Uhr.

**Schooners Coastal Kitchen & Bar**, Monterey Plaza Hotel & Spa, 400 Cannery Row, ✆ 831 372 2628, 🖳 www.schoonersmonterey.com. Nobles Restaurant in einem der edelsten Hotels von Monterey mit atemberaubenden Ausblicken auf die Bucht. Frühstück und Mittagessen; abends kreativ zubereitetes Seafood (Hauptgerichte $22–32). ⏲ tgl. 6.30–22 Uhr.

### Pacific Grove

**Book Works**, 667 Lighthouse Ave, ✆ 831 372 2242, 🖳 www.bookworkspg.com. Das Café mit Buchhandlung, der beste Treff im ansonsten verschlafenen Pacific Grove, bietet an den meisten Mittwochabenden (17 Uhr) Lesungen und Buchsignierungen. Der Kaffee kommt von der Santa Cruz Coffee Roasting Co. ⏲ Café tgl. 7–18 Uhr, Buchhandlung tgl. 10–18 Uhr.

**Fishwife**, 1996 Sunset Drive, ✆ 831 375 7107, 🖳 www.fishwife.com. Großartige kalifornische Küche mit karibischem Einschlag in bodenständigem, freundlichem Ambiente. Köstlich sind beispielsweise die „Prawns Belize" ($18,50) – mit roten Zwiebeln, Chilis, Cashewnüssen und Limettensaft kurzgebratene große Garnelen. ⏲ Mo–Do und So 11–21, Fr und Sa 11–21.30 Uhr.

### Carmel

**La Bicyclette**, Dolores St, Ecke 7th Ave, ✆ 831 622 9899, 🖳 www.labicycletterestaurant.com. Holztische und von der Decke baumelnde Kupfertöpfe schaffen ein passend rustikales Ambiente in dem tollen französisch-italienischen Restaurant. Hauptgerichte am Abend

$25–31, unter anderem Holzofenpizzen ab $16; tgl. wechselnde Karte. ⏲ tgl. 8–10.45 und 11.45–15.30 und 17–22 Uhr.

**The Tuck Box**, Dolores St, Ecke 7th Ave, ✆ 831 624 6365, 🖳 www.tuckbox.com. Frühstück, Mittagessen (Sandwiches $9,25) und Nachmittagstee ($6,50) in altenglischem Cottage im Tudor-Stil. Kitschig, aber nett. Nur Barzahlung. ⏲ tgl. 7.30–14.30 Uhr.

**Lake el Estero Visitors Center**, 401 Camino El Estero, Monterey, ✆ 888 221 1010, 🖳 www.seemonterey.com. ⏲ Mo–Sa 9–18, So 9–17 Uhr.

**Chamber of Commerce**, 100 Central Ave, Pacific Grove, ✆ 831 324 4668, 🖳 www.pacificgrove.org, ⏲ tgl. 10–17 Uhr.

Leider steuern weder Greyhound-Busse noch Amtrak-Züge die Halbinsel an. Der nächste **Busstopp** ist das Landwirtschaftszentrum Salinas weiter landeinwärts. Von dort fährt der Monterey-Salinas-Transit-Bus Nr. 20 ($3,50) in 55 Min. vom Transit Center in der 110 Salinas St nach Monterey.

# Santa Cruz

**Santa Cruz** ist der Prototyp einer kalifornischen Beach Town. Die Stadt mit sauberen Sandstränden liegt 75 Meilen südlich von San Francisco am Fuß dicht bewaldeter Berge. Mit ihrem ausgeprägten Hippie-Flair und ihren Studenten bildet sie einen starken Kontrast zu den noblen Urlaubsorten der Monterey Peninsula auf der anderen Seite der Bucht.

## Santa Cruz Beach Boardwalk

⏲ Saisonal unterschiedlich ▪ Tagespass für alle Fahrgeschäfte $33,95, einzelne Fahrten $3–6
▪ ✆ 831 423 5590, 🖳 www.beachboardwalk.com
Die Hauptstrandbereich wird vom **Santa Cruz Beach Boardwalk** beherrscht, der sich über eine halbe Meile am Strand entlangzieht und den

besten der noch bestehenden Strandrummel-plätze an der Westküste beherbergt. Im Sommer zieht er jede Menge Tagesausflügler und Teen-ager an. Die Starattraktion wird jedoch immer der **Giant Dipper** ($6) bleiben, eine Holzachter-bahn von ca. 1924, die schon mehr als 60 Mio. Leute durchgerüttelt hat und die fünftälteste Bahn dieser Art in den USA ist.

## Steamer Lane

Westlich des Beach Boardwalk donnern am West Cliff Drive einige der höchsten Wellen Kaliforniens ans Ufer, vor allem an der **Steamer Lane** am Cowell Beach. Wer seine Surffertig-keiten testen möchte, kann beim Club Ed am Parkplatz des Strands, ✆ 831 464 0177, 🖥 www.club-ed.com, Bretter leihen (Surfboard und Neo-prenanzug $20 pro Std., $50 pro Tag) oder auch Unterricht ($90 für 2 Std.) nehmen.

## Santa Cruz Surfing Museum

701 W Cliff Drive ▪ ⏲ Sommer tgl. außer Mi 10–17, sonst Mo und Do–So 12–16 Uhr ▪ Eintritt frei, Spende erbeten ▪ ✆ 831 420 6289

In dem alten Backstein-Leuchtturm am Light-house Point beim Cowell Beach ist das stim-mungsvolle **Santa Cruz Surfing Museum** unter-gebracht. Es zeigt die alte Redwood-Bretter, die die örtlichen Pioniere des Sports benutzten, so-wie modernen Hightech-Boards.

## Natural Bridges State Beach

2531 West Cliff Drive ▪ ⏲ tgl. 8 Uhr bis Sonnenunter-gang ▪ Eintritt $10 pro Fahrzeug ▪ ✆ 831 423 4609, 🖥 www.parks.ca.gov

Zum **Natural Bridges State Beach**, zwei Meilen westlich von Lighthouse Point, führen sowohl ein Fahrradweg an den Klippen entlang als auch der West Cliff Drive. Hier haben die Wellen so an den Klippen genagt, dass natürliche Bögen entstanden sind. Drei der vier Bögen, nach de-nen der Park benannt ist, sind jedoch schon ein-gebrochen, sodass nur noch Felstürme aus der Brandung ragen.

**Big Basin Redwoods State Park Campground**, ✆ 831 338 8860, 🖥 www.parks.ca.gov/bigbasin.

Der riesige, wunderbar üppige Park in den nahen Santa Cruz Mountains verfügt neben seinem Besucherzentrum und mehreren Startpunkten von Wanderwegen über einen großen Campingplatz sowie im Hinterland noch zwei kostenlose, zu Fuß zu erreichende Plätze. $35

**Capitola Venetian Hotel**, 1500 Wharf Rd, Capitola, ✆ 831 476 6471, 🖥 www.capitola venetian.com. Dieses originelle, alternde Strandhotel 6 Meilen östlich des Zentrums von Santa Cruz liegt gleich hinter der Brücke jenseits der belebten Esplanade von Capitola. Alle Zimmer haben eine Küche mit Gasherd, einige zwei Schlafzimmer. $186

**HI-Santa Cruz Hostel**, 321 Main St, ✆ 831 423 8304, 🖥 www.hi-santacruz.org. Hostel mit mehreren Cottages aus den 1870er-Jahren in guter Lage, nicht weit vom Strand. Ungezwungene Atmosphäre. Nichtmitglieder zahlen ein paar Dollar mehr. Dorm-Bett $28, DZ ohne Bad $65, mit Bad $140

**The Catalyst**, 1011 Pacific Ave, ✆ 831 423 1338, 🖥 www.catalystclub.com. Der mittelgroße Club ist der Hauptveranstaltungsort der Stadt für bekannte DJs und Bands – es ist fast jeden Abend etwas los. Tickets $10–30. ⏲ unter-schiedlich.

**The Crêpe Place**, 1134 Soquel Ave, ✆ 831 429 6994, 🖥 www.thecrepeplace.com. Leckere Crêpes mit variantenreichen Füllungen ($9,50–17). An warmen Abenden lässt es sich wunder-bar im Garten hinterm Haus speisen, und es wird regelmäßig Live-Unterhaltung geboten. ⏲ Mo–Do 11–24, Fr 11–1, Sa und So 9–24 Uhr.

**Davenport Roadhouse**, 1 Davenport Ave, Davenport, ✆ 831 426 8801, 🖥 www.davenportroadhouse.com. 15 Autominuten auf dem Hwy-1 von Santa Cruz entfernt liegt dieses Dorfjuwel mit einzigartigen Gerichten, viele davon aus Bio-Zutaten: Artischocken-Lauch-Lasagne ($14), gebratener Königslachs ($28) und Holzofenpizza ($11–15), außerdem konventionellere Pasta-, Burger- und Chowder-Gerichte. ⏲ Mo 9–15, Di–Fr 8.30–21, Sa 8–21, So 8–20.30 Uhr.

**Kuumbwa Jazz,** 320 Cedar St, ☎ 831 427 2227, 🖥 www.kuumbwajazz.org. Freundlicher Club mit nettem Gartenambiente an einer kleinen Gasse mit traditionellem und modernem Jazz. Jeden Monat taucht hier der eine oder andere bekannte Name auf. Tickets $15–35. ☉ unterschiedlich.

**Saturn Cafe,** 145 Laurel St, ☎ 831 429 8505, 🖥 www.saturncafe.com. Der schrägste Diner von Santa Cruz befindet sich in einem runden Gebäude und ist mit roten Vinylsitznischen, Resopaltischen und einem Weltallmotto eingerichtet. Das vegetarische Angebot reicht von Burgern und Sandwiches bis zu veganem Frühstück, und fast alles kostet unter $13. Dies ist eins der wenigen Lokale der Stadt, wo man spät abends noch etwas zu essen bekommt. ☉ Mo–Do und So 10–24, Fr und Sa 10–3 Uhr.

### SONSTIGES

#### Fahrräder
**Santa Cruz Family Cycling Center**, 914 41st Ave, ☎ 831 475 3883, 🖥 www.familycycling.com. Verleiht Hybrid- und Stadträder für $30 pro Tag und Mountainbikes für $50–100. ☉ Mo–Sa 10–18, So 10–17 Uhr.

#### Informationen
**Visitor Center**, 303 Water St, ☎ 831 425 1234, 🖥 www.santacruz.org, ☉ Mo–Sa 9–17, So 10–16 Uhr.

### NAHVERKEHR

**Santa Cruz Metropolitan Transit District**, ☎ 831 425 8600, 🖥 www.scmtd.com, betreibt das ausgezeichnete Busnetz. Normale Fahrt $2, Tageskarte $6.

### TRANSPORT

**Greyhound-Busse** halten im Metro Center, 920 Pacific Ave, zwischen Downtown und dem Strand.

**Busse nach**:
LOS ANGELES (3x tgl., 8 1/2–9 Std.),
OAKLAND (3x tgl., 2–2 1/4 Std.),
SAN FRANCISCO (2x tgl., 2 1/2–3 Std.),
SAN JOSE (3x tgl., 3/4 Std.).

# Pinnacles National Park

Eintritt $15 pro Fahrzeug, 7 Tage gültig

Der **Pinnacles National Park**, 54 Meilen landeinwärts von Monterey, ist wunderbar: hoch aufragende Felsformationen aus vulkanischem Gestein, kühle Höhlen und leuchtende Rot- und Goldtöne vor einem strahlend blauen Himmel. Beste Besuchszeit ist das Frühjahr (insbesondere März und April), denn dann ist die Luft noch angenehm frisch und die Berghänge sind grün und mit Wildblumen übersät. Die meisten Besucher kommen wegen der landschaftlich schönen und gut gepflegten Wanderwege, die insgesamt eine Strecke von 35 Meilen umfassen. Da der Park eine relativ kleine Fläche bedeckt, kann man durchaus an einem Tag von einer Seite zur anderen wandern. Die Enden der östlichen und westlichen Zufahrtstraße liegen nur drei Meilen auseinander (es führt keine Straße durch den Park hindurch).

### INFORMATIONEN

**Pinnacles Visitor Center**, ☎ 831 389 4485, 🖥 www.nps.gov/pinn, ☉ tgl. 9.30–17 Uhr.
**Bear Gulch Nature Center**, ☎ 831 389 4486, ☉ Juni–Okt tgl., Nov–Mai Sa und So 10–16 Uhr.

### TRANSPORT

Erstaunlicherweise liegen die meisten Einrichtungen des Parks beim weiter entfernten **Osteingang**, ☉ 24 Std.; Zufahrt über den Hwy-146 westlich vom Hwy-25. Dazu gehören das Pinnacles Visitor Center (s. o.) und das Bear Gulch Nature Center (s. o.).
Am **Westeingang**, ☉ 7.30–20 Uhr, gibt es eigentlich nur eine Rangerstation, ☎ 831 389 4427, ☉ Sa und So 9–16.30 Uhr, und Toiletten. Übernachten ist nicht gestattet. Dennoch ist dieser Eingang für einen Tagesbesuch günstiger, weil er von Soledad (nahe US-101) aus über den Hwy-146, der sich über 11 Meilen zum Park windet, besser zu erreichen ist.

# San Francisco

**San Francisco** gehört allein schon wegen seiner Lage am Nordende einer schmalen Halbinsel zu den imposantesten Städten Amerikas. Hier gibt es die Golden Gate Bridge, Alcatraz, Hippies, Levi's, Craigslist und Yelp. Ihre Einwohner sind stolz darauf, in der wohl schönsten und liberalsten Großstadt der USA zu leben. Und dank ihrer erstaunlichen Überschaubarkeit kommt man sogar ohne Auto zurecht. Die Straßen in Downtown haben zum Teil extreme Steigungen; oben angekommen, bieten sich spektakuläre Ausblicke – sofern nicht gerade eine der berüchtigten **Nebelbänke** aufzieht und schlagartig alles verhüllt. Denn auf San Francisco trifft das Stereotyp Kaliforniens – eintönig blauer Himmel und träge machende Hitze – eindeutig nicht zu: Die Temperaturen steigen nur selten deutlich über 27 °C und liegen zwischen Mai und August meistens bei 15–20 °C, bevor bei Herbstanfang erst das eigentliche Sommerwetter einsetzt.

## Geschichte

Die ursprünglich von den Spaniern 1776 gegründete Siedlung war jahrzehntelang nur ein Dorf. Die Entdeckung von Gold zu Füßen der Sierra 1846, zwei Jahre nachdem die Amerikaner den Ort eingenommen hatten, löste den sagenhaften **Goldrausch** aus. Im Lauf eines Jahres trafen 50 000 Pioniere ein und verwandelten San Francisco in einen geschäftigen Umschlagplatz.

1906 legte ein verheerendes **Erdbeben** gefolgt von einer drei Tage dauernden Feuersbrunst drei Viertel der Stadt in Schutt und Asche. Doch man begann sofort mit dem Wiederaufbau, und in den folgenden Jahrzehnten entstanden viele der heutigen Wahrzeichen der Stadt. In der zweiten Hälfte des 20. Jhs. brachten die Beatniks, die Hippies und nicht zuletzt die sich damals erstmals outende und etablierende Gay-Gemeinde frischen Wind in die Stadt.

In den 1990er-Jahren erlebte San Francisco dank der IT-Branche einen kometenhaften Aufstieg – mit anschließendem Fall und nachfolgen-dem Wiederaufstieg. Der daraus erwachsene Wohlstand hat die Immobilienpreise in den Himmel schießen lassen. Diese sich selbst ständig neu erfindende Metropole ist gerade dabei, sich zu einer der teuersten Städte der Welt zu entwickeln.

## Union Square

Der Union Square bildet das Zentrum des gleichnamigen Viertels im Herzen San Franciscos, das sich nördlich der Market St zwischen der Powell St und Stockton St ausdehnt. Die Cable Cars rattern an Passanten vorbei, die von den zahlreichen exklusiven Hotels, Kaufhäusern, Boutiquen und Kneipen angezogen werden. An der Geary Street, nicht weit von der Südseite des Platzes, befindet sich der **Theater District**, eine Miniaturausgabe des Broadway, mit Restaurants, Touristenhotels, Theatern und Showbühnen.

Die **Maiden Lane** auf der Ostseite des Platzes ist eine schicke Stadtgasse, die bis zum Erdbeben und Großbrand von 1906 eine der rauesten Gegenden der Stadt war, geprägt von rund zehn Morden pro Monat und Prostitution. Heute wartet die Gasse mit dem einzigen von **Frank Lloyd Wright** entworfenen Gebäude der Stadt auf. Das runde Gebäude (Hausnummer 140) diente nach seiner Eröffnung 1948 als Vorbild für das Guggenheim Museum in New York.

## Financial District und Embarcadero

Nördlich der **Market Street**, der Hauptader von Downtown, sind im Lauf der letzten Jahrzehnte die gläsernen und stählernen Wolkenkratzer des Financial District aus dem Boden gestampft worden, dem einzigen Bezirk mit richtigen Hochhäusern. An der Montgomery Street wetteifern die stattlichen Säulenportale und Bankschalterhallen der Gebäude aus der Zeit nach dem Erdbeben von 1906 um Aufmerksamkeit mit den verschiedenen modernen Hochhäusern. Das bekannteste davon ist die **Transamerica Pyramid**, immer noch eines der höchsten Gebäude

Pearl City
Seafood Restaurant
HONG KONG STYLE DIM SUM
Cocktail
Kearny
RESTAURANT
MEI WO
florist

der Welt. Die ersten Büroräume wurden in dem einst umstrittenen grauweißen Bauwerk, das eher einer kantigen Rakete als einer Pyramide ähnelt, 1972 bezogen. Der „Point of Interest" im Erdgeschoss ist ein kleines Visitor Center und ein Laden mit Gegenständen, die die Geschichte des Gebäudes dokumentieren. Zutritt zu den höheren Stockwerken ist nicht gestattet, aber eine Kamera überträgt live Bilder vom Dach. ✆ 415 500 6637, 🖥 www.pyramidcenter.com, ⏰ Mo–Fr 10–15 Uhr.

## Ferry Building

Market St, Ecke Embarcadero ▪ ⏰ Mo–Fr 10–18, Sa 9–18, So 11–18 Uhr ▪ ✆ 415 983 8030, 🖥 www. ferrybuildingmarketplace.com ▪ Farmers Market ⏰ Sa 8–14, Di und Do 10–14 Uhr ▪ ✆ 415 291 3276, 🖥 www.cuesa.org

Am östlichen Ende der Market Street steht das elegante **Ferry Building**, dessen Turm aus dem Jahr 1892 der Kathedrale von Sevilla abgeguckt wurde. Nachdem das Gebäude jahrzehntelang

### Levi's Jeans

Ein aus Bayern eingewanderter Hausierer namens Levi Strauss begann 1853, Zelte an die Goldgräber in San Francisco zu verkaufen. Er benutzte dafür aus dem französischen Nîmes eingeführten Stoff, und aus der Herkunftsbezeichnung „de nimes" wurde dann der Begriff „Denim". 1870 machte der Schneider Jacob W. Davis Hosen aus diesem von Strauss gelieferten Material. Etwas später verstärkte er sie mit Kupfernieten und erwarb zusammen mit Levi 1873 die Patentrechte. Damit war eine Legende geboren.
Der **Hauptsitz** von Levi Strauss & Co (und der Levi's Plaza Store) befindet sich in der Battery Street 1155, nahe Embarcadero, ✆ 415 677 9927, ⏰ Mo–Fr 9–19, Sa und So 12–17 Uhr. Im Gebäude gibt es ein Besucherzentrum und in „The Vault", dem Ausstellungsraum in der Lobby, kann man einige der ältesten Jeans der Welt bewundern. Auch der **Levi's Store** in 815 Market Street bietet besondere Produkte, die es nur hier gibt (z. B. Lot No. 1 Jeans). ⏰ Mo–Sa 9–21, So 10–20 Uhr.

vernachlässigt wurde, fungiert es heute wieder als Fähranleger für Pendler. In seinem „Hauptschiff" befindet sich jetzt ein **Gourmetmarkt**, der sowohl für die Einheimischen als auch für Besucher zu einer der wichtigsten Attraktionen der Stadt zählt. Die beste Zeit für einen Besuch ist während des **Ferry Plaza Farmers Market**. Zahlreiche Stände rings um das Gebäude verkaufen dann Produkte der Region.

## The Embarcadero

Gegenüber liegt **The Embarcadero**, ein Viertel, das sich nach dem Abriss der gleichnamigen Autobahn in den letzten Jahren dramatisch gewandelt hat, von einem Gebiet mit eintönigen Büroblocks zu einem schicken Viertel am Wasser mit guten Restaurants und Hotels. Die Uferpromenade zählt zu den beliebtesten Spazier-, Lauf- und Skatingstrecken der Stadt.

### Exploratorium

Pier 15 ▪ ⏰ Di–So 10–17, für Erwachsene außerdem Do 18–22 Uhr ▪ Eintritt $29,95, Kinder 13–17 J. $24,95, 4–12 J. $19,95 ▪ ✆ 415 528 4360, 🖥 www. exploratorium.edu

Das extrem beliebte **Exploratorium** im Embarcadero ist das beste interaktive Wissenschaftsmuseum in der Bay Area (und eines der besten der USA), mit Hunderten interaktiver Exponate, mit denen anschaulich naturwissenschaftliche Prinzipien erklärt werden.

## Chinatown

Das quirlige **Chinesenviertel** ist das älteste seiner Art in den Vereinigten Staaten. Es zwängt sich in mehrere dicht besiedelte Blocks nördlich des Financial District und ist die größte chinesische Siedlung außerhalb Asiens. Man betritt Chinatown durch das **Chinatown Gate** an der Kreuzung **Grant Avenue** (die Touristenmeile des Viertels) und Bush Street. Goldverzierte Eingangstüren und bunte Balkone zieren diese Straße voller Kaufläden, darunter einige der kitschig-witzigsten Souvenirläden der Stadt.
Die wenige Blocks entfernte **Old St. Mary's Cathedral**, 660 California St, Ecke Grant St, zählt zu den wenigen Gebäuden in San Francisco, die

Es war die Erfindung der **Cable Car**, die es der High Society von San Francisco ermöglichte, sich auf den Hügeln der Stadt anzusiedeln. Seit der Schotte Andrew Hallidie 1873 den ersten Kabelzugwagen den Clay Street Hill hinauf zum Portsmouth Square navigierte, sind die Gefährte nicht mehr wegzudenken. Die Idee zu seiner Erfindung kam Hallidie angeblich, nachdem er beobachtet hatte, wie sich ein Pferd beim Hinaufziehen eines Wagens an einer steilen Straße die Beine gebrochen hatte. Daraufhin entwickelte er eine Art **Flaschenzug** mit einem starken Drahtseil, das sein Vater sich für den Einsatz in den kalifornischen Goldminen hatte patentieren lassen (als der Goldrausch langsam abebbte, suchten die Hallidies nach einem neuen Einsatzgebiet für ihr Produkt). Ungeachtet der Skepsis der Einheimischen sorgte die Erfindung für eine Revolution des öffentlichen Verkehrswesens in San Francisco.

Während des Höhepunkts der Cable-Car-Ära kurz vor dem großen Erdbeben verkehrten Hunderte Wagen auf gut 180 km Länge in der ganzen Stadt. Im Lauf der Jahre wurde das Streckennetz in Folge der Automobilisierung so beschnitten, dass nostalgische Bürger sich 1964 dafür aussprachen, die restlichen 17 Meilen (heute nur noch 10) und die noch verbliebenen Wagen unter Denkmalschutz zu stellen. Das System wird noch immer von riesigen Motoren getrieben, zu besichtigen im **Cable Car Museum and Powerhouse**, 1201 Mason St, Ecke Washington St, ☎ 415 474 1887, ⏰ April–Okt tgl. 10–18, Nov–März 10–17 Uhr, Eintritt frei.

das Erdbeben und Feuer von 1906 unbeschadet überstanden. Am Eingang ist eine Fotoausstellung zu besichtigen, die das Ausmaß der damaligen Schäden erahnen lässt. ⏰ Mo–Fr 7–14, Sa 12–18.30, So 8–14.30 Uhr.

Die parallel zur Grant Avenue verlaufende **Stockton Street** ist die wirtschaftliche Hauptschlagader von Chinatown. Hier ragen Mietskasernen in den Himmel, und die Straßen wimmeln nur so von Chinesen auf der Jagd nach den täglichen Einkäufen.

Einen halben Block östlich der Grant Ave zwischen der Washington Street, Clay Street und Kearny Street befindet sich der **Portsmouth Square**. Mitte der 1800er-Jahre war er das erste echte Stadtzentrum von San Francisco und heute fungiert er praktisch als Wohnzimmer für Chinatown.

### Chinese Historical Society of America Museum

965 Clay St ▪ ⏰ Di–Fr 12–17, Sa 11–16 Uhr ▪ Eintritt frei ▪ ☎ 415 391 1188, 🖥 www.chsa.org

Julia Morgan hat nicht nur Hearst Castle entworfen, sondern auch das alte chinesische YWCA-Gebäude (1932), in dem sich heute das **Chinese Historical Society of America Museum** befindet. Es dokumentiert die Geschichte der Chinesen in Amerika vom Goldrausch bis zur Gegenwart. Neben alten Fotos, seltenen Artefakten und wechselnden Exponaten besticht hier besonders das 1952 vom ansässigen chinesisch-amerikanischen Künstler James Leong geschaffene Wandgemälde mit dem Titel *One Hundred Years' History of the Chinese in America*.

# North Beach und Telegraph Hill

Der Bezirk **North Beach** liegt zwischen Chinatown im Süden und Fisherman's Wharf im Norden. Er ist seit jeher ein Tor für Einwanderer, besonders für Italiener, die während des Goldrausches in Scharen hier ankamen. Richtig Fahrt nahm die Einwanderung aber erst am Ende des 19. Jhs. auf, und erst dann entwickelte sich das Viertel zu einem echten Klein-Italien mit den entsprechenden Bäckereien und Lebensmittelläden. Die hier herrschende europäische Freizügigkeit in Kombination mit einem pulsierenden Nachtleben und guten Wohnmöglichkeiten zog schon in den 1950er-Jahren rebellierende Schriftsteller wie Lawrence Ferlinghetti, Allen Ginsberg und Jack Kerouac hierher, und damit wurde North Beach zum Hotspot der Beatnik-Bewegung.

**KALIFORNIEN**

# San Francisco

**San Francisco Bay**

Alcatraz

FORT MASON

Fort Mason Center

Magic Theatre

Municipal Pier

Hyde Street Pier

San Francisco Maritime National Historic Park

Maritime Museum

Ghirardelli Square

Aquatic Park

Russian Hill Park

Alice Marble Park

San Francisco Art Institute

Lombard Street

FISHERMAN'S WHARF

Musée Mécanique

Boudin Fish Alley Museum & Bakery

The San Francisco Dungeon

Aquarium of the Bay

Seelöwenkolonie

Pioneer Park

Coit Tower

Saints Peter & Paul Church

Washington Square

National Shrine of St. Francis of Assisi

TELEGRAPH HILL

NORTH BEACH

Transamerica Pyramid

Condor Club

Chinese Historical Society of America Museum

CHINATOWN

Chinatown Gate

Cable Car Museum and Powerhouse

California Line

Powell-Mason Line

Powell-Hyde Line

RUSSIAN HILL

NOB HILL

Grace Cathedral

Fairmont Hotel

THEATER DISTRICT

FINANCIAL DISTRICT

Bank of America Center

Embarcadero Center

Ferry Building

Rincon Center

Transbay Terminal

THE EMBARCADERO

F-MARKET Historic Streetcar

Cupid's Span

PACIFIC HEIGHTS

Haas-Lilienthal House

Lafayette Park

VAN NESS AVENUE

www.stefan-loose.de/usa

Brannan

M  3rd ST

AT&T Park (San Francisco Giants)

2nd & King

KING ST

TOWNSEND ST

Mission Rock

MISSION ROCK ST

CHINA BASIN ST

MISSION BAY BLVD N.
MISSION BAY BLVD S.

UCSF/ Mission Bay

OWENS ST

CAMPUS WAY

4TH ST

UCSF Mission Bay

Mariposa

MARIPOSA ST

3RD

DELANCEY ST

BRANNAN ST

BRYANT ST

S. PARK AVE

DE BOCE ST

4th & King

Coltrain Depot

M  4th & King

BLUXOME ST

SOUTHERN EMBARCADERO FREEWAY

PENNSYLVANIA AVENUE

MISSISSIPPI ST

TEXAS ST

MISSOURI ST

CONNECTICUT ST

ARKANSAS ST

16TH ST

17TH ST

18TH ST

19TH ST

POTRERO HILL

Museum of the African Diaspora

Yerba Buena Center for the Arts

San Francisco Museum of Modern Art

HARRISON ST

DWIGHT D. EISENHOWER HIGHWAY

4TH ST

5TH ST

SHIPLEY ST

CLEMENTINA ST

MORRIS ST

CLARA ST

HARRIET ST

BOARDMAN PL.

GILBERT ST

BRANNAN ST

KING ST

BERRY ST

DIVISION ST

ALAMEDA ST

15TH ST

CAROLINA ST

DE HARO ST

RHODE ISLAND ST

KANSAS ST

VERMONT ST

SAN BRUNO AVENUE

UTAH ST

POTRERO AVENUE

HAMPSHIRE ST

YORK ST

BRYANT ST

FLORIDA ST

ALABAMA ST

HARRISON ST

TREAT AVE

FOLSOM ST

SHOTWELL ST

SOUTH VAN NESS AVE

15th St Mission

CLARION ALLEY

SYCAMORE ST

VALENCIA ST

GUERRERO ST

DOLORES ST

Mission Dolores

Church & 18th

16TH ST

17TH ST

18TH ST

KALIFORNIEN

Yerba Buena Gardens

YERBA BUENA LANE

M  Powell

Defenestration

6TH ST

HARRIET ST

7TH ST

LANGTON ST

RAUSCH ST

8TH

NATOMA ST

MINNA ST

HOWARD ST

FOLSOM ST

9TH ST

10TH ST

HARRISON ST

DIVISION ST

13TH ST

CENTRAL FREEWAY

101

14TH ST

15TH ST

THE TENDERLOIN

Glide Memorial Church

Exit Theatre

Asian Art Museum

United Nations Plaza

Bibliothek

Civic Center

CIVIC CENTER PLAZA

MARKET ST

O'FARRELL ST

ELLIS ST

TURK ST

GOLDEN GATE AVENUE

MCALLISTER ST

GROVE ST

HAYES ST

CIVIC CENTER

City Hall

Veterans Building

War Memorial Opera House

Louise M. Davies Symphony Hall

VAN NESS AVENUE

HAYES VALLEY

Patricia's Green

Van Ness

M  Van Ness

FELL ST

OAK ST

PAGE ST

HAIGHT ST

DUBOCE AVENUE

US Mint

Duboce & Church

Church & 14th

Church & 16th

M  16TH ST

LANDERS ST

DOLORES ST

SANCHEZ ST

CHURCH ST

GUERRERO ST

ALBION ST

JULIAN AVENUE

WOODWARD ST

STEVENSON ST

CAPP ST

MISSION ST

NATOMA ST

MINNA ST

HOFF ST

DEARBORN ST

RAMONA AVE

DORLAND ST

PROSPER ST

POND ST

JAPANTOWN

Japan Center

Cathedral of St. Mary of the Assumption

GEARY BOULEVARD

Jefferson Square

POST ST

SUTTER ST

WEBSTER ST

FILLMORE

STEINER ST

PIERCE ST

Alamo Square

"Painted Ladies"

LOWER HAIGHT

Duboce Park

M  Duboce & Noe

Duboce & Noe

CASTRO ST

Castro Theatre

Castro

GLBT History Museum

HARVEY MILK PLAZA

BEAVER ST

HENRY ST

14TH ST

15TH ST

## City Lights

261 Columbus Ave, Ecke Broadway ▪ ⊕ tgl. 10–24 Uhr ▪ ☎ 415 362 8193, 🖥 www.city lights.com

Mitte des 20. Jhs. wurde North Beach zum Zentrum der Alternativszene, nachdem der Schriftsteller Lawrence Ferlinghetti hier 1953 seine heute noch existierende Buchhandlung eröffnete, **City Lights**. Die Beat-Generation machte den Laden (und die Stadt) für kurze Zeit zur Literaturhauptstadt der USA und erlangte traurige Berühmtheit, als gegen Allen Ginsburgs episches Gedicht *Howl* den Vorwurf der Obszönität erhoben wurden.

## Washington Square Park und Umgebung

Das Herz von North Beach bildet der **Washington Square Park**, wo jeden Morgen Dutzende kalifornische Chinesen auf dem großen Rasen ihre Tai-Chi-Übungen absolvieren. Auf der Nordseite des Parks erheben sich wie die Warten eines Märchenschlosses die weißen Kirchtürme der Saints Peter and Paul Church, 666 Filbert St, Ecke Powell St.

## Coit Tower

1 Telegraph Hill Blvd ▪ ⊕ April–Okt tgl. 10–18, Nov–März 10–17 Uhr ▪ Eintritt zur Lobby frei, Fahrstuhl zur Turmspitze $8 ▪ ☎ 415 249 0995, 🖥 www.coit towertours.com ▪ Bus Nr.39 ab Fisherman's Wharf

Unmittelbar östlich von North Beach thront der Telegraph Hill mit dem **Coit Tower**, einem 64 m hohen Betonturm von 1933. Vor dem engen Aufzug können sich lange Warteschlangen bilden, aber die Fahrt hinauf zur Aussichtsplattform lohnt sich: Hier bietet sich ein atemberaubendes Panorama mit ungehindertem Ausblick in alle Richtungen. Unten ist der Turm drinnen mit **Wandbildern** geschmückt, die Studenten von **Diego Rivera** während der Weltwirtschaftskrise schufen.

# Russian Hill und Lombard Street

Das Viertel wenige Blocks westlich der Columbus Avenue ist zu Ehren von sechs unbekannten russischen Seeleuten, die um 1800 während einer Expedition ums Leben kamen und hier begraben liegen, **Russian Hill** benannt. In der **Lom-**

---

## Alcatraz

Bevor die vorgelagerte Felseninsel **Alcatraz** 1934 zum gefürchtetsten Hochsicherheitsgefängnis der USA ausgebaut wurde, hatte sie bereits als Festung und Militärgefängnis gedient. Die Zellen waren nicht größer als 1,50 x 2,70 m und meist ohne Tageslicht. Die Häftlinge, unter ihnen **Al Capone** und **Machine Gun Kelly**, wurden in Einzelhaft unter unmenschlichen Bedingungen gehalten. Sie durften nicht zusammen essen, keine Zeitung lesen, Karten spielen oder gar reden, und Verwandte erhielten nur einmal im Monat zwei Stunden Besuchserlaubnis. Eine Flucht durch das eiskalte Gewässer war praktisch unmöglich. Insgesamt schafften es nur neun Männer, von dem Felsen herunterzukommen, keinem davon war letztlich jedoch die Freiheit vergönnt.

Da die Unterhaltung des Gefängnisses Unsummen verschlang, wurde es 1963 geschlossen. Bis 1969 blieb die Insel den Pelikanen überlassen, dann erhob eine Gruppe Indianer Anspruch auf den Felsen. Die US-Regierung verdrängte sie zwei Jahre später wieder von der Insel.

Heute besuchen über 1,4 Mio. Touristen jährlich das leere Gefängnis und wandern während der einstündigen **Audio-Führung** (auch auf Deutsch) durch die Gänge. Der scharfzüngige und anekdotenreiche Kommentar umfasst leicht kitschige Schilderungen des Gefängnislebens mit improvisierten Stimmen von Figuren wie Al Capone und Kelly. **Boote** verkehren von Pier 31–33. Häufige Abfahrten 8.45–15.50 Uhr (letzte Rückfahrt 18.30 Uhr); Tagestour $33, Abendtour Mitte Mai–Ende Okt Abfahrt 17.55 und 18.30 mit Rückfahrt 20.40 und 21.25 Uhr, sonst Abfahrt 16.20 Uhr, $40. Für den Ausflug sind inkl. Bootsfahrt mindestens drei Stunden einzuplanen. Eine **Reservierung** (bis zu 90 Tage im Voraus) ist unerlässlich – in der Hochsaison ist es praktisch unmöglich, ad hoc ein Ticket zu bekommen. ☎ 415 981 7625, 🖥 www.alcatrazcruises.com.

---

**bard Street** wird das Gefälle so steil, dass man den Verkehr trotz der ansonsten gradlinigen Straßenfluchten stellenweise in Serpentinen führen musste. Besonders schön ist eine Fahrt den Berg hinunter abends, wenn unten die Lichter der Stadt funkeln.

# Fisherman's Wharf

Erstreckt sich entlang The Embarcadero von Pier 35 (Kearny St) bis Van Ness Ave ▪ 🖥 www.fishermans wharf.org

Auch wenn die Einheimischen nicht viel davon halten, so gehört **Fisherman's Wharf** einfach zu einem Besuch von San Francisco dazu. Man flaniert zwischen kitschigen Souvenirläden, dem üblichen Ableger von **Madame Tussauds** und **Ripley's Believe It or Not** sowie überteuerten Touristenrestaurants an den Piers entlang. Bis weit ins 20. Jh. war die Gegend ein betriebsamer Fischerhafen und hat auch heute noch ein paar sehenswerte historische Überreste zu bieten. Auch die leckeren Krabben in den etwas teuren **Crab Shacks** in der Taylor Street sind nicht zu verachten.

Die eindrucksvollste Attraktion hier ist die große **Seelöwenkolonie**, die häufig einige der schwimmenden Plattformen zwischen Pier 39 und 41 okkupiert. Interessant ist auch das **Musée Mécanique** an Pier 45, ✆ 415 346 2000, 🖥 www. museemechanique.org, mit einer großen Sammlung historischer Spielautomaten und von Videospielen aus den 1980er-Jahren. ⏰ Mo–Fr 10–19, Sa und So 10–20 Uhr, Eintritt frei.

## San Francisco Dungeon

145 Jefferson St ▪ ⏰ Mo–Do 11.30–20, Fr und Sa 11.30–22, So 11.30–21 Uhr ▪ Eintritt $23,75 (online $19,75); Kinder 3–12 J. ab $15 ▪ ✆ 855 753 9999, 🖥 www.sanfrancisco.thedungeons.com

In einem Straßenabschnitt voller kitschiger Attraktionen stellt der San Francisco Dungeon eine erfreuliche Ausnahme dar. In insgesamt neun Shows mit ergreifenden Darbietungen und Spezialeffekten erwecken Schauspieler die dunkle Vergangenheit der Stadt wieder zum Leben. Das einstündige Programm beginnt mit dem Thema „Die Gier nach Gold" (Gold Rush Greed), er-

zählt Geschichten von berüchtigten Verbrechern (inklusive Bootsfahrt) und endet mit den „Geistern von Alcatraz".

# San Francisco Maritime National Historic Park

Visitor Center 499 Jefferson St, Ecke Hyde ▪ ⏰ Juni–Aug 9.30–17.30, Sep–Mai 9.30–17 Uhr ▪ Eintritt frei ✆ 415 447 5000, 🖥 www.nps.gov/safr

Unmittelbar westlich der Fisherman's Wharf befindet sich der **Maritime National Historic Park** von San Francisco, ein schlichter Komplex mit restaurierten Segelschiffen, Kais, dem Aquatic Park und einem sandigen Kap. Das gute **Visitor Center** verkauft Tickets für eine Erkundung der am benachbarten Hyde Street Pier vertäuten Schiffe ($10). ⏰ Juni–Aug tgl. 9.30–17.30, Sep–März 9.30–17 Uhr.

### Maritime Museum

900 Beach St, Ecke Polk ▪ ⊕ tgl. 10–16 Uhr
▪ Eintritt frei ▪ ☎ 415 561 7100

Das ehemalige Aquatic Park Bathhouse im Stil der Streamline Moderne gleich hinter dem Aquatic Park dient heute als das Maritime Museum. Nach der Eröffnung im Jahr 1939 war es zunächst ein öffentliches Badehaus und im Zweiten Weltkrieg eine Soldatenunterkunft. In dem Museum werden wechselnde Ausstellungen zur maritimen Geschichte der West Coast gezeigt. Die Wände der Eingangshalle sind üppig verziert mit Gemälden realer und mythischer Meerestiere.

## Golden Gate National Recreation Area

Man kann die ganze Strecke von der Fisherman's Wharf bis zur Golden Gate Bridge am Wasser entlang zu Fuß oder mit dem Fahrrad zurücklegen (etwa 3,5 Meilen). Der längste Küstenabschnitt liegt dabei in der **Golden Gate National Recreation Area**.

## Fort Mason

2 Marina Blvd ▪ **Fort Mason Center Office** ⊕ tgl. 9–20 Uhr ▪ ☎ 415 345 7500, ⌨ www.fortmason.org ▪ **Visitor Information Center** (Upper Fort Mason) ⊕ Mo–Fr 8.30–16.30 Uhr ▪ ☎ 415 561 7500, ⌨ www.nps.gov/goga

Am westlichen Ende der Fisherman's Wharf führt ein Weg vom Wasser hinauf zum **Fort Mason**. 1861 befestigte die Armee das gesamte Areal und heute erfreut der Bereich des Upper Fort Mason die Besucher mit der Great Meadow, versteckten Picknickplätzen und einem herrlichem Ausblick auf die Bucht.

Im Lower Fort Mason haben sich gemeinnützige Gruppen unter dem Sammelnamen **Fort Mason Center** eingerichtet. Dazu gehören die **SF-MOMA Artists Gallery**, ⊕ Di–Sa 10.30–17 Uhr, das **Museo Italo Americano**, ⊕ Di–So 12–16 Uhr; Eintritt frei; ☎ 415 673 2200, ⌨ www.museo italoamericano.org, und das **Mexican Museum**,

☎ 415 202 9700, ⌨ www.mexicanmuseum.org, ⊕ Do–So 12–16 Uhr, Eintritt frei.

### Palace of Fine Arts

Der Palace of Fine Arts ist architektonisch gesehen San Franciscos „theatralischstes" Gebäude und befindet sich ein paar Schritte westlich von Fort Mason in der Lyon St 3601. Der Name ist irreführend, denn es handelt sich nicht um ein Kunstmuseum, sondern um eine riesige Rotunde mit griechischen und römischen Stilelementen, die für die Panama Pacific International Exhibition im Jahr 1915 errichtet wurde. Man kann sie rundherum von außen bewundern. Das dahinter liegende laubenartige Gebäude soll in den nächsten Jahren zu einem schicken Hotel umgebaut werden.

### Crissy Field

Die Uferpromenade erstreckt sich nördlich und westlich des Palace of Fine Arts am **Crissy Field** entlang. Das Gelände war ab 1919 ein Militärflugplatz, aber heute kommen die Leute zum Picknicken hierher und um die schönen Ausblicke auf die Golden Gate Bridge zu genießen. **Warming Hut**, ☎ 415 561 3040, ein alter Militärschuppen am Westrand, wurde in ein Café mit Buchladen umgebaut. Hier kann man sich mit Kaffee und Sandwiches stärken. ⊕ tgl. 9–17 Uhr.

### Presidio

**Presidio Officers' Club** 50 Moraga Ave ▪ ⊕ Di–So 10–18 Uhr ▪ Eintritt frei ▪ ☎ 415 561 5300, ⌨ www.presidio.gov ▪ **Visitor Center** 36 Lincoln Blvd ▪ ⊕ Do–So 10–16 Uhr ▪ Eintritt frei ▪ ☎ 415 561 4323, ⌨ www.nps.gov/prsf ▪ PresidiGo Shuttle (kostenlos) fährt ab Transbay Terminal und der Embarcadero BART-Station in Downtown und bietet Hop-on/Hop-off-Fahrten durch den Park; Mo–Fr 9.30–16 und 19.30–21.30, Sa und So 10–19 Uhr, alle 30 Min.–1 Std.

Die bewaldeten Hügel im Süden der Golden Gate Bridge sind nach der spanischen Garnison benannt, die 1776 hier errichtet wurde. Das ursprüngliche Fort gibt es allerdings schon lange nicht mehr. Das Gelände, das bis 1994 als Militärbasis diente, ist heute eine Mischung aus Park (mit 24 Meilen Wanderwegen), Wohnhäusern, Museen und kleinen Unternehmen. Das

Herzstück des **Presidio** bildet das landschaftlich gestaltete Gelände des **Main Post**. Hier befinden sich das **Presidio Visitor Center** mit einem kleinen Geschichtsmuseum und der **Presidio Officers' Club**, in dessen Bau die Adobe-Mauern des alten spanischen Forts integriert sind und das wechselnde Ausstellungen über die lokale Geschichte zeigt.

### Walt Disney Family Museum

104 Montgomery St ▪ ⏱ Mo und Mi–So 10–18 Uhr ▪ Eintritt $20, Kinder 6–17 J. $12 ▪ ☎ 415 345 6800, ▪ 🖥 www.waltdisney.com

Das **Walt Disney Family Museum**, westlich vom Main Post im Presidio, verspricht Unterhaltung für die ganze Familie. Mit interaktiven Elementen werden hier Leben und Werk des legendären Schöpfers von Filmen und Cartoons nachgezeichnet, außerdem gibt es ein 3,5 m hohes Modell von Disneyland. Für den Besuch sollten mehrere Stunden eingeplant werden. Im Kino, das ganz im Stil von Fantasia gehalten ist, laufen täglich Disney-Filme.

### Fort Point National Historic Site

Marine Drive ▪ ⏱ Fr–So 10–17 Uhr ▪ Eintritt frei ▪ ☎ 415 556 1693 ▪ 🖥 www.nps.gov/fopo

Unterhalb des südlichen Endpunkts der Golden Gate Bridge (s. u.) liegt die **Fort Point National Historic Site**, eine Festung, die in den 1850er-Jahren auf dem Gelände einer älteren spanischen Geschützbatterie errichtet wurde. Das von Wellen gepeitschte Areal bietet einen dramatischen Anblick und wurde durch die Szene in Alfred Hitchcocks *Vertigo*, in der sich Kim Novak beinahe in den Tod stürzt, berühmt. Im Erdgeschoss sind vorwiegend Exponate zum Bau der Festung zu sehen, im Obergeschoss dokumentieren Fotos die Rolle afroamerikanischer Soldaten im US-Militär.

## Golden Gate Bridge

Die Golden Gate Bridge mit ihren orangefarbenen Pfeilern ist die bekannteste Brücke der Welt. Der Bau begann im Januar 1933 und wurde im Mai 1937 vollendet. Sie war die erste feste Hängebrücke der Welt und mit einer Spannweite von fast 1300 m bis 1959 die längste. Die Konstruktion sollte der Brücke ermöglichen, Windstärken von bis zu 100 Meilen pro Stunde standzuhalten, bei heftigen Winden bis zu 8 m hin und her zu schwingen und bis zu 10 m abzusinken. Bei klarem Wetter bietet sie einen schönen Anblick, aber wenn sich dicke Nebelschwaden herein schieben und sie fast ganz verdecken, bekommt sie etwas Gespenstisches. Der rötliche Anstrich war übrigens ursprünglich nur als Grundierung für die Deckfarbe in Grau geplant, aber den Stadtbewohnern gefiel die Farbe so gut, dass die Brücke seitdem in „internationalem Orange" erstrahlt. Damit das so bleibt, werden jährlich 19 000 Liter Farbe benötigt.

### Besuch der Brücke

Von Downtown fahren die GGT-Busse Nr. 10, 70 und 101 zur Brücke (oder man läuft ab Fisherman's Wharf bzw. fährt mit dem Rad). Die Haltestelle ist beim Golden Gate Bridge Pavilion am Südende der Brücke, ☎ 415 426 5220, ⏱ tgl. 9–18 Uhr. Hier gibt es einen Laden, Infoschilder und einen 3,5 m hohen „Testturm" für die Brücke, der 1933 benutzt wurde. Drum herum liegen mehrere Aussichtspunkte und die Überreste alter Geschützbatterien.

Man kann die Brücke mit dem Auto, dem Fahrrad oder zu Fuß überqueren. Für Fahrzeuge aus Süden wird eine Mautgebühr in Höhe von $7,25 erhoben. Trotz des Windes und des vorbei rauschenden Verkehrs lässt sich die Grandiosität der Brücke am besten zu Fuß erleben. Dann kann man auch gleichzeitig noch in Ruhe die Aussicht auf San Francisco und die Bucht, den Pazifischen Ozean, die Marin Headlands und die East Bay genießen.

## Civic Center und Tenderloin

Während manche Gegenden San Franciscos fast wie ein urbanes Utopia wirken, erinnern die benachbarten Stadtteile **Civic Center** und **Tenderloin** daran, dass das Leben längst nicht für alle Menschen in San Francisco ein ungetrübtes Vergnügen ist. Vielerorts hat man das Gefühl, dass es hier mehr Obdachlose als Werktätige gibt. So gar nicht recht ins Bild passen da die Beaux-Arts-Gebäude des **Civic Center** in unmittelbarer Nachbarschaft – und sie passen auch nicht so recht zur ureigenen Architektur der Holzhäuser der Stadt, denn sie bildeten einen Teil eines großangelegten Plans zum Wiederaufbau San Franciscos nach dem Erdbeben von 1906 in einer Art Pariser Stil mit breiten Boulevards.

## City Hall

1 Dr Carlton B. Goodlett Place ▪ ⏰ Mo–Fr 8–20 Uhr, kostenlose 45-minütige Führungen Mo–Fr 10, 12 und 14 Uhr ▪ 📞 415 554 6139, 🖥 www.sfgov.org/ cityhall/city-hall-tours

In der **City Hall**, dem imposanten Rathaus mit seiner vergoldeten Kuppel gegenüber der Civic Center Plaza aus dem Jahr **1915**, wurden **1978** der Bürgermeister George Moscone und der Stadtrat Harvey Milk ermordet. Wer das prächtige Gebäude im Rahmen einer der regelmäßig angebotenen **Führungen** besichtigen möchte, kann sich beim Docent Tour-Kiosk in der Lobby des Goodlett Place neben den Fahrstühlen anmelden.

## Asian Art Museum

200 Larkin St, Ecke McAllister ▪ ⏰ Di, Mi und Fr–So 10–17, Ende März–Ende Sep auch Do 10–21, Okt–Jan Do 10–17 Uhr ▪ Eintritt $15, Ende März–Ende Sep Do ab 17 Uhr $10 ▪ 📞 415 581 3500, 🖥 www.asianart.org

Das **Asian Art Museum** beherbergt mehr als 10 000 Gemälde, Skulpturen, Keramiken und Textilien aus ganz Asien. Das wertvollste Stück der Sammlung ist zweifellos der älteste bekannte chinesische Buddha aus dem Jahr 338 n. Chr.

# South of Market

**South of Market** war einst eins der heruntergekommensten Viertel der Stadt. Doch in den vergangenen Jahrzehnten erlebte es einen überraschenden Aufschwung, zum Teil dank der Internet-Startup-Firmen, die sich hier angesiedelt haben. Das Herz des Viertels bilden die hübschen **Yerba Buena Gardens**, 750 Howard St, 📞 415 820 3550, 🖥 www.yerbabuenagardens. com, ⏰ tgl. 6–22 Uhr, Eintritt frei.

## Museum of the African Diaspora

685 Mission St, Ecke 3rd ▪ ⏰ Mi–Sa 11–18, So 12–17 Uhr ▪ Eintritt $10 ▪ 📞 415 358 7200, 🖥 www.moadsf.org

Das hervorragende **Museum of the African Diaspora** präsentiert ein umfassendes Bild der afrikanischen Diaspora. Das reicht von traditioneller afrikanischer Kunst über Werke, die die Schrecken der Sklaverei wiederspiegeln, bis hin zu modernen Darstellungen mittels unterschiedlicher Medien. Ein Schwerpunkt des Museums sind Bildungsveranstaltungen und Gesprächsrunden über Geschichte und Rassismus.

## San Francisco Museum of Modern Art

151 3rd St, Ecke Howard ▪ ⏰ tgl. 10–17, Do 10–21 Uhr ▪ Eintritt $25 ▪ 📞 415 357 4000, 🖥 www.sfmoma.org

Das **San Francisco Museum of Modern Art** wurde nach umfangreichen Umbauarbeiten 2016 wieder eröffnet und ist jetzt eines der Wahrzeichen der Bay Area. Zum Konzept gehören vorwiegend wechselnde Ausstellungen, aber es werden im Rotationsverfahren auch Dauerausstellungen von Werken bekannter Künstler wie Lee Krasner, Ellsworth Kelly, Chuck Close, Sol LeWitt und Andy Warhol gezeigt. Das **Pritzker Center for Photography** im 2. Stock ist das größte Zentrum für Fotografie in den USA.

# The Mission

Als Hauptanlaufstelle für Einwanderer aus aller Welt stellt das bunte, hippe **The Mission** eine Art Mikrokosmos dar und ist einer der spannendsten Stadtteile San Franciscos. Nach dem Anschluss Kaliforniens an die USA kamen Wellen von Einwanderern hierher: zuerst Skandinavier, dann Iren, zuletzt Latinos, die heute das Bild bestimmen. Das Viertel strotzt nur so vor angesagten Bars und Restaurants, vor allem an der Valencia Street, wo sie sich mit den alteingesessenen Taquerías um Platz streiten.

Die Hunderte von Wandgemälden im Mission District zeugen von einem starken Gemeinschaftsgefühl und vom Stolz des Viertels auf sein hispanisches Erbe. Die größte Konzentration findet sich in der **Balmy Alley**, einer bescheidenen Nebenstraße zwischen 24th, Harrison, 25th und Treat Street im südlichen Teil des Viertels, wo kaum ein Zentimeter Mauer unbemalt ist.

## Mission Dolores

3321 16th St, Ecke Dolores ▪ ⊕ Mai–Okt tgl. 9–16.30, Nov–April 9–16 Uhr ▪ $5 Spende ▪ ℡ 415 621 8203, 🖥 www.missiondolores.org

Der Name des Stadtteils stammt von der **Mission Dolores**, dem ältesten aller Gebäude, die das Erdbeben von 1906 überstanden. Sie wurde 1776 gegründet, um den Anspruch der Spanier auf Kalifornien zu untermauern. Die Gräber der Indianer, die die Mission zu „zivilisieren" versuchte, sind auf dem stimmungsvollen Friedhof nebenan zu sehen, der übrigens durch Hitchcocks *Vertigo – Aus dem Reich der Toten* bekannt wurde.

## The Castro

Das Viertel CASTRO westlich von The Mission ist seit den 1970er-Jahren das geistige Zentrum der Schwulen- bzw. LGTB-Kultur von San Francisco. Die einst eher ausgelassene Atmosphäre ist nach der Ermordung des schwulen Stadtrats **Harvey Milk** 1978 und dem Aufkommen von Aids mehr sozialem Engagement gewichen. Die Community ist heute zunehmend wohlhabend, politisch einflussreich und gesetzt.

Die Castro Street bildet das Herz des Viertels mit Geschäften, Restaurants und Kneipen, vor denen stolz die Regenbogenfahne weht (der Rainbow Honor Walk zwischen 18th Street und 19th Street ist das schwule Gegenstück zum Walk of Fame in Hollywood).

## Castro Theatre

429 Castro St, Ecke 17th ▪ ℡ 415 621 6120, 🖥 www.castrotheatre.com

Das Wahrzeichen des Viertels ist das **Castro Theatre** aus dem Jahr 1922, ein beeindruckendes Beispiel neo-mediterraner Stils und schon aus der Ferne erkennbar an einem Neonschild, das die umliegenden Gebäude überragt. Dem Innenraum verleihen Heldenbüsten an den Wän-

den und ein prachtvoller Deckenschmuck eine glanzvolle Atmosphäre. Zutritt hat man allerdings nur im Rahmen einer Filmvorführung.

## GLBT History Museum

4127 18th St ▪ ⊕ Mo–Sa 11–19, So 12–17 Uhr ▪ Eintritt $5 ▪ ℡ 415 621 1107, 🖥 www.glbthistory.org

Das GLBT History Museum mitten im Viertel Castro erinnert daran, welche Schwierigkeiten und Widerstände es bei der Etablierung der Community gab. Zu den multimedialen Exponaten gehören Artefakte von Harvey Milk, historische schwul-lesbische Poster und Ausstellungen zu Vorreitern wie José Sarria, Drag-Queen und politischer Aktivist, der 1961 als erster bekennender Schwuler für ein öffentliches Amt kandidierte.

## Haight-Ashbury (Upper Haight)

Der Ruhm, der den Stadtteil **Haight-Ashbury**, zwei Meilen westlich des Innenstadtkerns, noch immer umweht, geht zurück auf die Hippie-Bewegung der 1960er-Jahre, die das Viertel berühmt gemacht hat und von der es bis heute lebt. Zu beiden Seiten der Kreuzung von Haight und Ashbury Street gelegen, war „The Haight" ein heruntergekommenes viktorianisches Viertel, bis es sich Mitte der 60er-Jahre zum Zentrum der amerikanischen Subkultur entwickelte. Inzwischen wurde es vom Kapitalismus zurückerobert: mit Geschäften, die Hippie-Souvenirs verkaufen, und Boutiquen mit bunten Klamotten. Aber es ist auch noch immer ein Mekka für Jugendliche, die ihrem Zuhause den Rücken gekehrt haben und jetzt hier Passanten um Kleingeld anhauen.

## Golden Gate Park

Über eine Länge von fast drei Meilen erstreckt sich der **Golden Gate Park** von Haight-Ashbury bis an die Küste. Er wurde auf einer ehemals wilden, von angewehtem Sand aufgetürmten Dünenlandschaft eingerichtet. Trotz der zahlreichen Besucher, besonders im östlichen Teil mit seinen Museen, kann hier auch heute noch jeder ein ruhiges Plätzchen finden. Bus Nr. 5 fährt vom Transbay Terminal, Nr. 7 vom Ferry Terminal zum Park.

Einen Besuch lohnt auf jeden Fall der **Japanese Tea Garden**, ℡ 415 752 1171, 🖥 www.japaneseteagardensf.com. Gebogene Brücken, Teiche voller Karpfen, Bonsai- und Kirschbäume verbreiten eine friedliche Stimmung. ⏰ März–Okt tgl. 9–18, Nov–Feb 9–16.45 Uhr, Eintritt $8, Mo, Mi und Fr vor 10 Uhr frei.

Ganz in der Nähe liegen das gepflegte **Conservatory of Flowers**, ℡ 415 831 2090, 🖥 www.conservatoryofflowers.org, ⏰ Di–So 10–16 Uhr, Eintritt $8, und der 30 ha große **San Francisco Botanical Garden**, ℡ 415 661 1316, 🖥 www.sfbotanicalgarden.org, ⏰ März–Sep tgl. 7.30–18, Okt und Feb 7.30–17 und Nov–Jan 7.30–16 Uhr, Eintritt $8.

## de Young Museum

50 Hagiwara Tea Garden Drive, Golden Gate Park ▪ ⏰ Di–Do, Sa und So 9.30–17.15, Fr 9.30–20.45 Uhr ▪ Eintritt $10, 1. Di im Monat frei ▪ ℡ 415 750 3600, 🖥 www.deyoung.famsf.org

Das **de Young Museum** bietet großen Sonderausstellungen fast ebenso viel Platz wie seiner vielfältigen Sammlung amerikanischer Kunst von der Kolonialzeit bis zur Gegenwart. Aufmerksamkeit verdient aber auch das Gebäude selbst (das größte kupferverkleidete Gebäude der Welt) und vom 44 m hohen Hamon Tower (Eintritt frei) eröffnen sich weite Ausblicke über den Park und die Stadt.

## California Academy of Sciences

55 Music Concourse Drive, Golden Gate Park ▪ ⏰ Mo–Sa 9.30–17, So 11–17 Uhr ▪ Eintritt $34,95, Kinder 4–11 J. $24,95, 12–17 J. $29,95 ▪ ℡ 415 379 8000, 🖥 www.calacademy.org

Hinter dem eindrucksvollen gläsernen Eingang der **California Academy of Sciences** (Entwurf von Renzo Piano) befinden sich ein Planetarium, ein naturgeschichtliches Museum und ein Aquarium, die den Besuch zu einem ebenso unterhaltsamen wie lehrreichen Tagesausflug machen. Auf dem „Living Roof", dem begrünten Dach, wachsen u. a. verschiedene Wildblumen, und sieben kleine Hügel bilden eine Reverenz an die sieben wichtigsten Hügel der Stadt.

# Legion of Honor

100 34th Ave, Ecke Clement St ▪ ⏰ Di–So 9.30–17.15 Uhr ▪ Eintritt $10, 1. Di im Monat frei ▪ ℡ 415 750 3600, 🖥 www.legionofhonor.famsf.org ▪ Muni-Bus Nr. 18 bis 46th Ave

Das prächtige **Legion of Honor** eine Meile südlich des Golden Gate Park ist eines der interessantesten Kunstmuseen in San Francisco. Das Beaux-Arts-Gebäude wurde 1924 fertig gestellt und ist nicht weniger beeindruckend als seine Lage auf einem Hügel weit oberhalb der Golden Gate. Sein Bestand an Werken von Rodin ist atemberaubend, nicht zuletzt wegen einer Nachbildung des *Denkers*, die effektvoll auf einem Sockel in der Mitte des Vorhofs platziert wurde. Mit seinen rund 70 Ausstellungsstücken erfreut sich das Museum einer der besten Sammlungen der Welt.

## ÜBERNACHTUNG

Das **San Francisco Visitor Information Center** (S. 417) kann bei der Unterkunftssuche behilflich sein. Und unter 🖥 www.airbnb.com (hier 2008 gegründet) findet man Hunderte von Angeboten (auch 🖥 www.couchsurfing.com, wurde in San Francisco gegründet). Infos zu herkömmlichen **B&Bs** gibt's bei **Bed and Breakfast San Francisco**, ℡ 415 899 0060, 🖥 www.bbsf.com. Auf alle Preise wird noch die Übernachtungssteuer in Höhe von 14 % aufgeschlagen (auch bei airbnb).

### Hotels, Motels und B&Bs
**Downtown und Umgebung**

**Diva**, 440 Geary St, Ecke Mason, Union Square, ℡ 415 885 0200, 🖥 www.hoteldiva.com. Trendbewusstes Kunsthotel mit geräumigen Zimmern und schicker Einrichtung aus Metall und Leder. Besonders günstige Lage für Theaterfreunde. $305

**Phoenix Hotel**, 601 Eddy St, Ecke Larkin, Tenderloin, ℡ 415 776 1380, 🖥 www.jdvhotels.com/phoenix. Das laute Retro-Motel würde eher nach Los Angeles passen als nach San Francisco. Hier steigen gern Rockbands auf Tournee ab. Kleiner Pool und 44 Zimmer mit gemischter Dekoration in tropischen

Farben und wechselnden Arbeiten einheimischer Künstler. $269

**Washington Square Inn**, 1660 Stockton St, Ecke Union, North Beach, ☏ 415 981 4220, 🖥 www.wsisf.com. B&B-artiges Hotel am Washington Square mit großen, luftigen Zimmern, gestaltet in modernen Braungrau- und Cremetönen. Freundliche, zuvorkommende Mitarbeiter. $209

### Pacific Heights

**Queen Anne Hotel**, 1590 Sutter St, Ecke Octavia, ☏ 415 441 2828, 🖥 www.queenanne.com. Die verschwenderisch restaurierte viktorianische Villa erblüht heute als B&B. Alle Zimmer sind mit goldverzierten Rokoko-Möbeln und Blumensträußen aus Seide ausgestattet, einige auch mit Kamin. Im Salon, der beinahe überquillt vor antiken Möbeln in Museumsqualität, werden nachmittags Tee und Sherry kredenzt. $245

### South of Market, Mission und Castro

**Good Hotel**, 112 Seventh St, Ecke Mission, South of Market, ☏ 415 621 7001, 🖥 www.haiyihotels.com/thegoodhotel. Nettes und umweltbewusst betriebenes Hotel fußläufig zu mehreren Museen, haustierfreundlich und kostenlose Fahrräder für alle Gäste. $211

**The Inn San Francisco**, 943 S Van Ness Ave, Ecke 20th St, Mission, ☏ 415 641 0188, 🖥 www.innsf.com. Erstklassiges großes B&B in zwei benachbarten viktorianischen Häusern. Im Haus von 1872 gibt's 15 dunkle, stilvolle Zimmer, im Nebengebäude von 1904 weitere sechs. Frühstücksbuffet, Redwood-Whirlpool, Parkplätze und Sonnenterrasse auf dem Dach mit tollem Ausblick. $185

**Parker Guest House**, 520 Church St, Ecke 17th, Castro, ☏ 888 520 7275, 🖥 www.parkerguesthouse.com. Die bei LGBT-Reisenden beliebte Villa mit 21 Zimmern liegt inmitten schöner Gärten und bietet große Gemeinschaftsbereiche (darunter ein Wohnzimmer mit Kamin), einen sonnigen Frühstücksraum und eine Sauna. $179

### Hostels

**HI-Downtown Hostel**, 312 Mason St, Ecke Geary, Theater District, ☏ 415 788 5604, 🖥 www.sfhostels.org/downtown. Wegen seiner äußerst zentralen Lage ist dieses Hostel in der Hochsaison schnell ausgebucht. Die Schlafsäle für 4 Pers. sind pieksauber; jeweils 8 Pers. teilen sich ein Bad. Es gibt eine Küche mit Mikrowelle und Automaten mit Snacks sowie ein Lesezimmer und kostenloses WLAN. Dorms $55, DZ ohne Bad $145, mit Bad $170.

**HI-Fisherman's Wharf**, Building 240, Fort Mason, ☏ 415 771 7277, 🖥 www.sfhostels.org/fishermans-wharf. Das hoch über dem Hafen gelegene Hostel mit gemütlichen Schlafsälen und geräumigen Gemeinschaftsbereichen ist die erste Wahl für Naturfreunde, vor allem wegen seiner Lage an den hügeligen Wiesen von Fort Mason. Das Haus ist durch öffentliche Verkehrsmittel an die wichtigsten Attraktionen der Stadt angeschlossen, liegt jedoch etwas abseits. Dorm $46, DZ $110

**USA Hostels-San Francisco**, 711 Post St, Ecke Jones, Union Square, ☏ 415 440 5600, 🖥 www.usahostels.com. Eine freundliche und angenehme Unterkunft mit kleinem Kino (45 Plätze, Popcorn gratis!) und morgens Zutaten für Pfannkuchen bis zum Abwinken. Außerdem große Schließfächer und WLAN. Dorm $57, DZ ohne Bad $139, mit Bad $154

## ESSEN

San Francisco ist schon lange für seine guten Restaurants bekannt – und in jüngerer Zeit auch für eine Vielzahl günstiger Taquerias, Dimsum-Lokale und Essensstände. Die eigentliche Stärke der hiesigen Restaurantszene ist jedoch ihre unglaubliche Vielfalt – und zwar nicht nur was die Küche betrifft, sondern auch wenn es um Preise und das Ambiente geht.

### Downtown und Umgebung

**Blue Bottle Coffee**, 1355 Market St (Ecke 10th und Stevenson), ☏ 415 252 7535, 🖥 www.bluebottlecoffee.com. Dieser moderne Kaffeeausschank, etwas versteckt am Market Square (dem Sitz von Twitter), braut einen selbstgerösteten Kaffee (auch als kalte Variante), der San Francisco im Sturm erobert hat. Ein paar Getränke auf Milchbasis ergänzen die Getränkekarte. ☉ Mo–Fr 7–17.30, Sa und So 8.30–15 Uhr.

**Borobudur**, 700 Post St, Ecke Jones, Union Square, ✆ 415 775 1512, 🖥 www.borobudursf.com. Dieses indonesische Restaurant kombiniert indische und thailändische Einflüsse zu oft hervorragenden Gerichten. Unbedingt mitbestellen: *roti prata* (geröstetes Fladenbrot) und den Curry-Dip. Hauptgerichte $8–10. ☉ Mo–Do 11.30–22, Fr und Sa 11.30–23, So 13–22 Uhr.

**Grubstake**, 1525 Pine St, Ecke Polk, Polk Gulch, ✆ 415 673 8268, 🖥 www.sfgrubstake.com. Der traditionelle Diner mit Speisetheke in einem alten Eisenbahnwaggon hat alle amerikanischen Standardgerichte und Frühstück auch nachts. Der Hit sind jedoch die portugiesischen Spezialitäten, darunter die Suppe *caldo verde* ($8). Hauptgerichte $17–23. ☉ Mo–Fr 17–4, Sa und So 11–16 Uhr.

**Hog Island Oyster Co.**, Ferry Building, Marketplace, The Embarcadero, ✆ 415 391 7117, 🖥 www.hogislandoysters.com. Dieser Außenposten der Tomales Bay Farm (Marin County) ist ein Eldorado für Muschelfreunde, die Ellbogen an Ellbogen den Granittresen belagern. Die Auswahl an Austern (6 für ca. $18, 12 für $33) sowie an Wein und Bier ist beeindruckend; ein Favorit ist der sahnige Austerneintopf. ☉ tgl. 11–21 Uhr.

**Kokkari**, 200 Jackson St, Ecke Front, Jackson Square, ✆ 415 981 0983, 🖥 www.kokkari.com. Im populären griechischen Restaurant werden Klassiker wie Lammfleisch und Auberginen serviert, und sein riesiger Kamin beheizt 2 schillernde Speisesäle mit Orientteppichen. Hauptgerichte $24–53. ☉ Mo–Do 11.30–14.30 und 17.30–22, Fr 11.30–14.30 und 17.30–23, Sa 17–23, So 17–22 Uhr.

**Saigon Sandwich**, 560 Larkin St, Ecke Eddy, Tenderloin, ✆ 415 474 5698. Winziges Lokal, das mittags große, nach Wunsch belegte *ban mi* (vietnamesische Sandwiches) verkauft. Fast jeden Nachmittag stehen die Leute Schlange, denn es gibt schon Sandwiches für $3,75. ☉ tgl. 7–17 Uhr.

**Shalimar**, 532 Jones St, Ecke O'Farrell St, Tenderloin, ✆ 415 928 0333, 🖥 www.shalimarsf.com. Hauptattraktion dieses eher nüchternen Asienrestaurants ist sein Chicken Tikka Masala, aber das Lamm Saag ist genauso gut (und üppig). Hauptgerichte unter $10. ☉ tgl. 12–24 Uhr.

**The Slanted Door**, Ferry Building Marketplace, ✆ 415 861 8032, 🖥 www.slanteddoor.com. Das super gelegene, betriebsame Restaurant bietet auf einer täglich wechselnden Speisekarte leichte französisch-vietnamesische Kost, z. B. köstlich duftende Hühnchengerichte und kalte Gerichte aus Meeresfrüchten. Die Teekarte ist außergewöhnlich umfangreich. Hauptgerichte ca. $20–48. Reservierung dringend angeraten. ☉ Mo–Sa 11–14.30 und 17.30–22, So 11.30–15 und 17.30–22 Uhr.

**Swan Oyster Depot**, 1517 Polk St, Ecke California, ✆ 415 673 1101, 🖥 www.sfswanoysterdepot.com. Legendäres Seafood-Lokal mit riesigem Marmortresen und gefliesten Wänden ohne Schnickschnack. Wem das Warten nichts ausmacht, der kann hier günstig Fisch oder eine Schüssel Chowder genießen. ☉ Mo–Sa 10.30–17.30 Uhr.

### Chinatown

**Far East Café**, 631 Grant Ave, ✆ 415 982 3245, 🖥 www.fareastcafesf.com. Klassischer Chinese seit 1920 mit kitschiger Dekoration und durch Vorhänge abgeteilten Mahagoninischen. Serviert werden die bei Amerikanern beliebten Gerichte wie *Kungpao*-Hühnchen, scharf-saure Suppe und das berühmte *General Chou's chicken*. Hauptgerichte $9–16. ☉ 11.30–22 Uhr.

**Great Eastern**, 649 Jackson St, Ecke Kearny, ✆ 415 986 2500, 🖥 www.greateasternsf.com. In diesem eleganten traditionell-kantonesischen Restaurant bekommen die Gäste klassische Gerichte wie gedünstete Taube mit Brokkoli. Die meisten Hauptgerichte um die $20. ☉ Mo–Fr 10–23, Sa und So 9–23 Uhr.

### North Beach und Russian Hill

**Caffé Trieste**, 601 Vallejo St, Ecke Grant Ave, North Beach, ✆ 415 392 6739, 🖥 www.caffetrieste.com. In diesem Traditionscafé gab es 1956 den ersten Espresso. Heute schätzt man hier nicht nur den selbstgerösteten, körperreichen Kaffee, sondern auch musikalische Einlagen mit Mandoline und Opernarien.

Nur Barzahlung. ◷ Mo–Do und So 6.30–22,
Fr und Sa 6.30m–23 Uhr.

**Frascati**, 1901 Hyde St, Ecke Green,
Russian Hill, ☏ 415 928 1406, ▭ www.
frascati.ipower.com/new. Wild-romantisches
Bistro im mediterranen Stil an einer belebten
Ecke am Russian Hill. Es gibt sehr individuelle
Varianten von typisch kalifornischen Gerichten
wie mit Ahornsirup bestrichene Entenbrust
mit Kräuter- und Heidelbeersoße sowie eine
umfangreiche Weinkarte. Hauptgerichte $26–
31. ◷ Mo–Sa 17.30–21.45, So 17.30–21 Uhr.

**Mario's Bohemian Cigar Store Café**, 566 Columbus Ave, Ecke Union St, North Beach, ☏ 415
362 0536. Zigarren sucht man hier vergeblich,
aber dafür gibt es in dem schön gelegenen
Ecklokal preiswerte Snacks wie frisch zubere-
tete Focaccia-Sandwiches. Auch gut für einen
kleinen Schlummertrunk. ◷ tgl. 10–23 Uhr.

**Tommaso's**, 1042 Kearny St, Ecke Pacific, North
Beach, ☏ 415 398 9696, ▭ www.tommasos.
com. In diesem angestammten Nachbarschaftslokal wurde angeblich die erste Holzofenpizza
der West Coast gebacken. Bei der Eröffnung
1935 hieß es noch „Lupo's", und seitdem hat es
keinen Deut an Beliebtheit eingebüßt. Das hat
seinen Grund, denn die dünnbodigen Pizzen
(große für $24–30) sind umwerfend, und die
siebenlagige Lasagne hat genau die richtige
Konsistenz. ◷ Di–Sa 15–22.30, So 16–21.30 Uhr.

**Trattoria Contadina**, 1800 Mason St, Ecke
Union, North Beach, ☏ 415 982 5728 ▭ www.
trattoriacontadina.com. Gemütliche und nette
Trattoria in Familienbesitz mit Tischdecken
und Wänden voller Fotos. Besonders zu empfehlen sind die Rigatoni mit Artischocken und
geräuchertem Mozzarella. Das Powell-Mason
Cable Car hält nur wenige Schritte vom
Eingang entfernt. Pasta $17–23, *secondi* $27–
35. ◷ Mo–Do 17–21, Fr 17–21.30, Sa und So
16–21.30 Uhr.

### Fisherman's Wharf

**Boudin Bakers Hall Café**, 160 Jefferson St,
Ecke Mason, ☏ 415 928 1849, ▭ www.boudin
bakery.com. Die Cafémitarbeiter stellen den
Sauerteig für die angebotenen Backwaren
selbst her und zwar mit Hefe, die über Generationen hinweg bis heute aus einer in Gold-

rauschzeiten angesetzten Urhefe gezüchtet
wird. Neben dem üblichen Chowder im Brot-
laib sind auch günstige Salate, Sandwiches
und Sauerteigpizzen zu haben. ◷ Mo–Do und
So 8–20.30, Fr und Sa 8–22 Uhr.

**Gary Danko**, 800 North Point St, Ecke Hyde,
☏ 415 749 2060, ▭ www.garydanko.com. Die
dezente Oase erhält regelmäßig die Auszeichnung als bestes Restaurant von San Francisco,
das will was heißen. Zugegebenermaßen
wird hier das Essen zelebriert, aber die Menüs
zu Festpreisen ($83–119) sind das viele Geld
wirklich wert. Ein Tisch muss weit im Voraus
reserviert werden. ◷ tgl. 17.30–22 Uhr.

**Greens**, Building A, Fort Mason Center,
2 Marina Blvd, ☏ 415 771 6222, ▭ www.greens
restaurant.com. Das erste vegetarische Restaurant San Franciscos ist unverändert beliebt –
nicht zuletzt dank seiner stets aufs Neue interessanten Karte, seiner tollen Lage am Kai und
dem hellen Innenraum. Überraschend zwanglos
angesichts der Qualität und der Preise. Hauptgerichte $19–28. ◷ Di–Fr 11.45–14.30 und 17.30–
21, Sa 11–14.30 und 17.30–21, So 10.30–14 und
17.30–21 Uhr.

### The Mission und Umgebung

**Bi-Rite Creamery**, 3692 18th St, Ecke Dolores,
Mission District, ☏ 415 626 5600, ▭ www.
biritecreamery.com. Die winzige, billige Eisdiele trifft mit ihren selbst gemachten Eissorten
genau ins Schwarze. Darunter sind auch ausgefallene Geschmacksrichtungen wie geröstete
Kokosnuss und Lavendelhonig. ◷ Mo–Do und
So 11–22, Fr und Sa 11–23 Uhr.

**Delfina**, 3621 18th St, Ecke Guerrero, Mission
District, ☏ 415 552 4055, ▭ www.delfinasf.
com. Der gut besuchte Laden mit seiner leich-
ten Cal-Ital-Küche zieht ein bunt gemischtes
Publikum an. Die Pizzeria nebenan (mittags und
abends geöffnet) ist übrigens ebenfalls super.
Hauptgerichte $11–30. ◷ Mo–Do 17.30–22,
Fr und Sa 17.30–23, So 17–22 Uhr.

**Dosa**, 995 Valencia St, Ecke 21st, Mission
District, ☏ 415 642 3672, ▭ www.dosasf.com.
Auf der Karte des angenehmen und richtig zu
lauten südindischen Lokals stehen überwiegend
die Crêpe-artigen Dosas ($10,50–15,40) und ihre
etwas dickeren Verwandten, die *uttapam*.

⊙ Mo–Do 17.30–22, Fr 17.30–23, Sa 11–15 und 17.30–23, So 11–15 und 17.30–22 Uhr.

**Goood Frikin Chicken**, 10 29th St, Ecke Mission, Bernal Heights, ☎ 415 970 2428, 🖥 www.goood frickinchicken.com. Hervorragend gewürzte Hähnchen, die das zusätzliche „o" im Namen rechtfertigen. Das luftige Lokal ist in Erdfarben gehalten, Decken und Wände zieren Wandmalereien mit Landschaftsimpressionen. Am besten ist das halbe Grillhähnchen, das es mit köstlichen Beilagen für $9,50 gibt. ⊙ tgl. 11–21 Uhr.

🧳 **Just for You**, 732 22nd St, Ecke Third, Dogpatch, ☎ 415 647 3033, 🖥 www. justforyoucafe.com. Diese Perle im Viertel Dogpatch (2 Meilen östlich vom Mission District) hat so ziemlich die besten, lockersten und größten Beignets ($1,95) außerhalb von New Orleans. Alle Brotsorten sind selbst gebacken (besonders lecker ist der Zimttoast mit Rosinen), und die riesigen Pfannkuchen sind geradezu legendär. Das Mittagessen ist ähnlich sättigend und köstlich. Hauptgerichte $9–13. ⊙ Mo–Fr 7.30–15, Sa und So 8–17 Uhr.

**La Espiga de Oro**, 2916 24th St, Ecke Florida, ☎ 415 826 1363. Authentisches, entspanntes Freiluftlokal im Latino-Zentrum der Stadt mit hausgemachten köstlichen Tortillas. Hauptgerichte unter $10. ⊙ tgl. 6–19 Uhr.

🧳 **Papalote**, 3409 24th St, Ecke Valencia, Mission, ☎ 415 970 8815, 🖥 www.papa lote-sf.com. Unschlagbare Cal-Mex-Küche. Hier kann man kaum etwas falsch machen – von den himmlischen Nachos bis zum perfekt gebratenen *carne asada* ist alles erstklassig (Tacos $8,75). Als Beilage unbedingt die warmen Chips mit der megaleckeren Salsa bestellen. Die meisten Gerichte sind für weniger als $10 zu haben. ⊙ Mo–Sa 11–22, So 11–21 Uhr.

## UNTERHALTUNG

San Franciscos **Clubszene** ist vielleicht nicht so berühmt wie die von Miami oder New York, aber dafür halten sich die Eintritts- und Getränkepreise meistens in Grenzen, und lange Warteschlangen sind ebenfalls weitgehend Fehlanzeige. San Franciscos **Livemusikszene** spiegelt den Charakter der Stadt: entspannt,

vielseitig und recht nostalgisch. Hier waren The Grateful Dead, Santana und Sly and the Family Stone zu Hause. Heute sind Künstler wie Jay Som (Melina Duterte), Motor Inn, Heron Oblivion und Thee Oh Sees die Attraktionen. Die Sonntagsbeilage des *San Francisco Chronicle*, 🖥 www.sfgate.com, sowie die kostenlosen Wochenmagazine *SF Weekly*, 🖥 www.sfweekly.com, und *San Francisco Bay Guardian*, 🖥 www.sfbg.com, enthalten die besten **Veranstaltungshinweise**.

### Bars und Kneipen

**21st Amendment Brewery**, 563 2nd St, Ecke Brannan, South of Market, ☎ 415 566 1274, 🖥 www.21st-amendment.com. Neben einem runden Dutzend selbstgebrauter Biere bekommt man in dieser hellen und abends gut besuchten Bierkneipe gegenüber South Park und zwei Straßen vom Ballpark entfernt auch anständige Burger und andere Kneipenkost. ⊙ Mo–Sa 11.30–24, So 10–24 Uhr.

🧳 **Latin American Club**, 3286 22nd St, Ecke Valencia, Mission, ☎ 415 647 2732. Gemütliches Lokal mit der Atmosphäre einer Eckkneipe und mexikanischen Wimpeln an der Decke. Am frühen Abend gut geeignet für ein Schwätzchen bei einer Margarita. ⊙ Mo–Fr 17–2, Sa 13–2, So 14–2 Uhr.

**Li Po Cocktail Lounge**, 916 Grant Ave, Ecke Jackson St, Chinatown, ☎ 415 982 0072, 🖥 www.lipolounge.com. Die nach dem chinesischen Dichter benannte Bar, eine der ganz wenigen in Chinatown, ist ein wenig heruntergekommen, doch gerade das macht auch ihren Charme aus. ⊙ tgl. 14–2 Uhr.

**Lucky 13**, 2140 Market St, Ecke Church, Castro, ☎ 415 487 1313. Solide Bar am Rand des Viertels Castro mit einer riesigen Auswahl an internationalen Biersorten, einer lauten Jukebox und einem einfachen Hinterhof. Meistens rappelvoll mit Billardspielern, die das kostenlose Popcorn mampfen. ⊙ tgl. 11–2 Uhr.

🧳 **Royal Cuckoo**, 3202 Mission St, Ecke Valencia, ☎ 415 550 8667, 🖥 www.royal cuckoo.com. Schummrig beleuchtete Bar, in der Mi–So ein Hammondorgelspieler am Gange ist, manchmal begleitet von einem Sänger oder einer Sängerin. Ansonsten legen hier DJs auf der alten Stereoanlage echte Schallplatten auf. Dazu gibt's jede Menge originelle Cocktails sowie Wein und Bier. ⊕ Mo–Do 16–2, Fr–So 15–2 Uhr.

**Specs Twelve Adler Museum Café**, 12 Saroyan Place, Ecke Columbus Ave, North Beach, ☏ 415 421 4112. Die sympathische Kneipe nicht weit von der North Beachs Hauptstraße wird überwiegend von exzentrischen Einheimischen besucht und ist für ihr redseliges Personal bekannt. Geschmückt ist die beliebte Kneipe mit allem möglichen maritimen Krimskrams. ⊕ Mo–Fr 16.30–2, Sa und So 17–2 Uhr.

**Tonga Room & Hurricane Bar**, im Fairmont Hotel, 950 Mason St, Ecke California, Nob Hill, ☏ 415 772 5278, ⌨ www.tongaroom.com. Die ultra-kitschige Tiki-Bar ist einem polynesischen Dorf nachempfunden, komplett mit Teich und simulierten Regengüssen. Die mit Baströckchen bekleidete Band spielt auf einem Floß in der Mitte fragwürdige Pop- und Jazz-Coverversionen. Die Cocktails sind gnadenlos überteuert, aber dafür gibt's ein Happy-Hour-Buffet (Mo–Fr 17–19 Uhr) für $15. ⊕ Do und So 17–23.30, Fr und Sa 17–0.30 Uhr.

**Tony Nik's**, 1534 Stockton St, Ecke Union, North Beach, ☏ 415 693 0990, ⌨ www.tonyniks.com. Die legendäre, alteingesessene Kneipe erfreut ihre Gäste schon seit 1933 mit schummrigen Räumlichkeiten und starken Drinks. Am muntersten geht's an der Theke zu, im noch düstereren hinteren Bereich dagegen kann man gut plaudern. ⊕ Mo–Fr 16–2, Sa und So 14–2 Uhr.

**Tunnel Top**, 601 Bush St, Ecke Stockton, Union Square, ☏ 415 722 6620. Die Kneipe über dem Stockton Tunnel bietet gute Stimmung, starke Drinks und allabendliche Unterhaltung, gewöhnlich DJs. ⊕ tgl. 17–2 Uhr.

**Vesuvio Café**, 255 Columbus Ave, Ecke Jack Kerouac Alley, North Beach, ☏ 415 362 3370, ⌨ www.vesuvio.com. Selbst wenn Kerouac und Co hier nicht Stammgäste gewesen wären, würde sich zumindest ein Drink in der berühmtesten Bar in North Beach seit 1948 allein schon wegen der angenehmen Atmosphäre lohnen. ⊕ tgl. 6–2 Uhr.

**Zeitgeist**, 199 Valencia St, Ecke Duboce, ☏ 415 255 5505, ⌨ www.zeitgeistsf.com. Diese Radfahrerkneipe ist eine echte Institution in The Mission, mit großem Biergarten, der sich besonders an sonnigen Nachmittagen großer Beliebtheit erfreut. Dazu gibt's Punk, tätowierte Barkeeper, am Wochenende nachmittags Grillgerichte, berüchtigt starke Bloody Marys und viel Bier vom Fass. ⊕ tgl. 9–2 Uhr.

### LGBT-Bars und -Clubs

**The Café**, 2369 Market St, Ecke 17th, Castro, ☏ 415 861 3846, ⌨ www.cafesf.com. Der etablierte Treff der örtlichen Club-Szene ist mit seinen Mainstream-DJs, billigem Eintritt und der allabendlichen Happy Hour bis 21 Uhr noch immer bei einem breiten Publikum beliebt. Typisches LGBT-Lokal, von den hämmernden Rhythmen bis zu den regenbogenfarbenen Socken der männlichen Tänzer. ⊕ Mo–Fr 17–2, Sa und So 15–2 Uhr.

**Martuni's**, 4 Valencia St, Ecke Market, Mission, ☏ 415 241 0205, ⌨ www.martunis.ypguides. net. In der 2-Raum-Pianobar werden kitschige Drinks serviert. Das Lokal zieht ein munteres, buntes Publikum an, das gerne die gespielten Schnulzen mitträllert. ⊕ tgl. 14–2 Uhr.

**The Wild Side West**, 424 Cortland Ave, Ecke Andover, Bernal Heights, ☏ 415 647 3099, ⌨ www.wildsidewest.com. Nette und unaufdringliche Taverne im Zentrum der Lesbenszene von Bernal Heights mit reichlich amerikanischem Kitsch. Schöner Garten voller Kunst, aber ohne Heizstrahler an kühlen Abenden ungemütlich. ⊕ tgl. 14–2 Uhr.

### Livemusik: Rock, Blues und Jazz

**Bottom of the Hill**, 1233 17th St, Ecke Missouri, Potrero Hill, ☏ 415 621 4455, ⌨ www.bottom ofthehill.com. Trotz der etwas dezentralen Lage zieht die gefeierte Indie-Rock-Hochburg der Stadt noch immer allabendlich jede Menge Leute zu den Konzerten an. Eintritt $10–15. ⊕ unterschiedlich.

**The Fillmore**, 1805 Geary Blvd, Ecke Fillmore St, Western Addition, ☏ 415 346 6000, ⌨ www. thefillmore.com. Der berühmte Veranstaltungsort war das musikalische Zentrum der Gegenkultur in den 60ern, gemanagt vom legendären Promoter Bill Graham. Hier kann man sich immer noch toll neue Talente wie auch alte Favoriten anschauen, denn Bands lieben das Fillmore. Eintritt ab $20. ⏲ unterschiedlich.

**Great American Music Hall**, 859 O'Farrell St, Ecke Polk, Tenderloin, ☎ 415 885 0750, 🖥 www.slimspresents.com. Das ehemalige Bordell ist heute ein beliebter Veranstaltungsort für Rock und Blues ebenso wie für internationale Musik. Eine besonders tolle Sicht genießt man von den reich verzierten Balkonen. Eintritt ab $15. ⏲ unterschiedlich.

**Hemlock Tavern**, 1131 Polk St, Ecke Post, Polk Gulch, ☎ 415 923 0923, 🖥 www.hemlocktavern.com. In dieser populären Kneipe kommt in einem kleinen Raum alle mögliche Hipster-Musik zu Gehör, von Underground-Pop über kunstvollen Krach und Electro-Punk-Disco bis zu Ukulelen-Country. Eintritt frei bis $15. ⏲ tgl. 16–2 Uhr.

**The Independent**, 628 Divisadero St, Ecke Hayes, Western Addition, ☎ 415 771 1421, 🖥 www.theindependentsf.com. Dieser mittelgroße Club mit freundlichem Personal und außergewöhnlichem Sound ist auf lokale und internationale Musiker und Bands spezialisiert. Eintritt meistens $12–35. ⏲ unterschiedlich.

**The Saloon**, 1232 Grant Ave, Ecke Vallejo St, North Beach, ☎ 415 989 7666, 🖥 www.sfblues.net/Saloon.html. Munterer, wunderbar aus der Zeit gefallener Hardcore-Bluesladen inmitten der vordrängenden Boutiquen an der Shopping- und Restaurantmeile der oberen Grant Ave. Eintritt ab $5. ⏲ unterschiedlich.

**SFJazz Center**, 201 Franklin St, Ecke Fell, Hayes Valley, ☎ 866 920 5299, 🖥 www.sfjazz.org. Dieser Konzertsaal mit unvergleichlicher Akustik und zentraler Lage beim Civic Center lockt echte Jazzgrößen wie bisher schon Bill Frisell und Brad Mehldau an, die hier dann an mehreren Abenden hintereinander spielen. Eintritt ab $20. ⏲ unterschiedlich.

## Clubs

**111 Minna Gallery**, 111 Minna St, Ecke 2nd, South of Market, ☎ 415 974 1719, 🖥 www.111minnagallery.com. Bar, Galerie und DJ-Schuppen in einem, an einer Gasse gelegen. Je später der Abend, desto voller, lauter und rauer wird's hier. Eintritt frei bis $8. ⏲ unterschiedlich.

**Cat Club**, 1190 Folsom St, Ecke 8th, South of Market, ☎ 415 703 8965, 🖥 www.sfcatclub.com. Mit kostenlosem Karaoke dienstags und sonst an jedem anderen Abend der Woche Tanz in zwei separaten Räumen gibt's hier für fast jeden Clubgänger etwas: Electro, Darkwave, Goth, Britpop. Eintritt frei bis $10. ⏲ unterschiedlich.

**The End Up**, 401 6th St, Ecke Harrison, South of Market, ☎ 415 646 0999, 🖥 www.facebook.com/theendup. Die seit Langem beliebte Disco lockt Hardcore-Clubgänger, die sich hier auch Stunden nach Schließung der anderen Läden noch auf der beengten Tanzfläche verausgaben. Vor allem bekannt für die ganztägige Party am Sonntag (14–21 Uhr). Wer eine Pause von den Beats benötigt, findet draußen eine Terrasse mit jeder Menge Sitzplätzen. Eintritt ab $7. ⏲ unterschiedlich.

## Ballett, Oper und Klassik

San Franciscos Klassik-, Opern- und Ballettszene genießt zu Recht einen sehr guten Ruf – so gilt das Symphonieorchester der Stadt als eines der besten der USA.

**San Francisco Ballet**, **War Memorial Opera House**, 301 Van Ness Ave, Ecke Grove St, Civic Center, ☎ 415 865 2000, 🖥 www.sfballet.org. Das Ballettensemble der Stadt bringt von Dezember bis Mai ein anspruchsvolles Programm von klassischen wie auch modernen Stücken zur Aufführung. Tickets ab $45.

**San Francisco Opera**, War Memorial Opera House, 301 Van Ness Ave, Ecke Grove St, Civic Center, ☎ 415 864 3330, 🖥 www.sfopera.org. Das Opernensemble mit internationalem Renommee bietet von September bis Dezember und in einer kurzen Sommersaison im Juni und Juli eine Mischung aus modernen Werken und alten Klassikern von z. B. Wagner oder Puccini. Tickets ab $45, und von dort geht es steil bergauf.

**San Francisco Symphony**, Louise M. Davies Symphony Hall, 201 Van Ness Ave, Ecke Grove St, Civic Center, ☎ 415 864 6000, 🖥 www.sfsymphony.org. Mit dem musikalischen Direktor Michael Tilson Thomas, der das Orchester seit 1995 leitet, hat diese einst recht angestaubte Institution den Sprung in

Beim **Stern Grove Festival**, ☎ 415 252 6252, 🖥 www.sterngrove.org, werden im Sommer sonntags um 14 Uhr im gleichnamigen Park, 19th Ave, Ecke Sloat Blvd, kostenlose Konzerte, Opernaufführungen und Ballett-Veranstaltungen der jeweiligen städtischen Ensembles geboten. Man sollte frühzeitig da sein, um sich ein Plätzchen auf dem Rasen zu sichern. Am besten kommt man mit öffentlichen Verkehrsmitteln (Muni-Linien K, L, M, 23 und 28) hierher.

die Spitzengruppe der amerikanischen Symphonieorchester geschafft. Spielzeit September bis Mai, Tickets ab $45, für Konzerte am selben Tag teils für $20.

### Theater

Tickets gibt's bei den Theatern selbst und oft auch über Ticketmaster, ☎ 415 421 8497, 🖥 www.ticketmaster.com. Verbilligte Last-Minute-Tickets sind manchmal auf der Westseite des Union Square am Schalter von Tix zu bekommen, ☎ 415 430 1140, 🖥 www.tixbayarea.com, ⏰ So–Do 8–16, Fr und Sa 8–17 Uhr.
**American Conservatory Theater** (im Geary Theatre), 415 Geary St, Ecke Taylor, Theater District, ☎ 415 749 2228, 🖥 www.act-sf.org. Dieses führende regionale Ensemble kombiniert neue Stücke und innovative Inszenierungen von Klassikern mit kreativer Bühnengestaltung. Die meisten Produktionen werden im Geary Theatre sowie im Strand Theater in der 1127 Market Street gezeigt. Tickets gibt es schon ab $15 für Vorpremieren, meist kosten sie jedoch $35–80.

**BATS Improv**, Bayfront Theater, Fort Mason Center, ☎ 415 474 6776, 🖥 www.improv.org. Das gefeierte Improvisationstheater (die Abkürzung steht für „Bay Area Theatresports") bietet das ganze Jahr über eigene Aufführungen wie *Improvised Elvis: The Musical*. Tickets $18–25.

**Beach Blanket Babylon**, Club Fugazi, 678 Green St, Ecke Powell, North Beach, ☎ 415 421-4222, 🖥 www.beachblanketbabylon.com. Die in der Stadt legendäre Musical-Revue mit Imitatoren berühmter Stars und turmhohen Hüten läuft hier seit 1974 und wird ständig aktualisiert. Sehr zu empfehlen, aber unbedingt reservieren. Tickets ab $30–155.
**Exit Theatre**, 156 Eddy St, Ecke Taylor, Tenderloin, ☎ 415 673 3847, 🖥 www.theexit.org. Eine der besten Bühnen für avantgardistische Aufführungen. Bekannt für Produktionen, bei denen Frauen im Mittelpunkt stehen, das Diva Fest im Frühjahr und als zentraler Veranstaltungsort für das San Francisco Fringe Festival im September. Tickets um die $20.
**Theatre Rhinoceros**, ☎ 800 838 3006, 🖥 www.therhino.org. San Franciscos führendes LGBT-Theater bietet ein breites Spektrum: von ernsten, politischen Stücken bis zu schlüpfrigem Kabarett. Da es den Stammsitz in The Mission nicht mehr gibt, führt es seine Veranstaltungen derzeit an verschiedenen Orten in der Stadt auf. Tickets $15–25.

## SONSTIGES

### Fahrräder

Auch mit dem Fahrrad lässt sich die Stadt erkunden, aber natürlich muss man ständig auf den Verkehr achten und es auch mit den steilen Bergen aufnehmen.
**Bay Area Bike Share**, 🖥 www.bayareabikeshare.com. Verfügt über Fahrradstationen in der ganzen Stadt. An den Stationskiosken bekommt man Mitgliedskarten für 24 Stunden ($9) oder 3 Tage ($22), die zu kostenlosen Fahrten bis 30 Minuten berechtigen. Fahrten von 30–60 Min. kosten $4 und jede weitere halbe Stunde $7.
**Blazing Saddles**, ☎ 415 202 8888, 🖥 www.blazingsaddles.com. Vermietet Fahrräder ab $8 pro Std. und $32 pro Tag und hat mehrere Filialen unter anderem in der 433 Mason St, am Union Square und am Pier 41 an der Fisherman's Wharf.

### Informationen

**San Francisco Visitor Information Center**, untere Ebene der Hallidie Plaza, gut zu erreichen mit der BART sowie Bussen, Bahnen und der Cable Car, 900 Market St, Ecke Powell, ☎ 415 391 2000, 🖥 www.sanfrancisco.travel.

## Tageskarten und Clipper

Der **Muni Passport** lohnt sich für Besucher, die ein paar Tage in der Stadt bleiben; damit kann man unbegrenzt Muni-Busse, -Bahnen und -Cable Cars nutzen. Es gibt ihn für einen ($20), drei ($31) und sieben ($40) Tage. Wer bei einem kürzeren Aufenthalt viel mit öffentlichen Verkehrsmitteln unterwegs ist, kann sich auch eine **Clipper-Karte**, ℡ 877 878 8883, 🖥 www.clippercard.com, mit gespeichertem Guthaben besorgen; diese gibt es für $3 an Automaten an den Market-Street-U-Bahnhöfen. Die Karte lässt sich in den meisten Bahnhöfen an Automaten aufladen und gilt bei allen großen Transportunternehmen der Bay Area (außer den Fähren der Blue & Gold Fleet), sodass man problemlos umsteigen kann.

Kostenlose Stadtpläne und Karten der gesamten Bay Area, Hilfe bei der Unterkunftssuche, Reisevorschläge und Informationen. Außerdem sind hier alle Tageskarten für die öffentliche Verkehrsmittel sowie eine praktische Muni-Karte erhältlich. 🕐 Mo–Fr 9–17, Sa und So 9–15 Uhr, Nov–April So geschl. Für $94 gibt's hier auch den **City Pass**, 🖥 www.citypass.com/san-francisco. Die Karte umfasst den Eintritt zu diversen Top-Attraktionen (z. B. zur California Academy of Sciences und zum Exploratorium) sowie 7 Tage lang kostenlose Fahrten mit der Muni (inkl. Cable Cars).

### Touren

**City Sightseeing San Francisco**, ℡ 415 440 8687, 🖥 www.city-sightseeing.us, fahren mit roten, oben offenen Doppeldeckerbussen auf mehreren Routen durch die Stadt (ab $28).

**Blue & Gold Fleet**, ℡ 415 705 8200, 🖥 www.blueandgoldfleet.com, bietet einstündige Bay Cruises für $30 von Pier 39 – es kann allerdings passieren, dass dichter Nebel die Aussicht verhüllt.

**City Guides**, ℡ 415 557 4266, 🖥 www.sfcityguides.org. Hat ein umfassendes Angebot an Stadtführungen: Sie sind kostenlos, doch eine kleine Spende ist erwünscht.

**Cruisin' The Castro**, 375 Lexington St, ℡ 415 255-1821, 🖥 www.cruisinthecastro.com. Faszinierende und witzige Tour durch die LGBT-Gemeinde. $30 p. P., 2 Std.

**Wild SF Walking Tours**, ℡ 415 580 1849, 🖥 www.wildsftours.com. Die etwas ausgefalleneren Rundgänge durch Mission, Castro, Chinatown und Downtown werden von Künstlern und Gemeindeorganisatoren durchgeführt.

### NAHVERKEHR

Mit dem öffentlichen Verkehrsverbund **Muni**, ℡ 511, 🖥 www.sfmta.com, sind alle Stadtbezirke recht preisgünstig zu erreichen. Umfassende Informationen über alle Verkehrsmittel der Bay Area, darunter auch in Echtzeit aktualisierte Karten zur Verkehrslage, stehen auf 🖥 www.511.org.

### Muni

Der öffentliche Nahverkehr wird von der **San Francisco Municipal Railway**, kurz Muni genannt, betrieben. Das System besteht aus einem dichten Netz von Bus-, Straßenbahn- und Cable-Car-Linien. Der **Einheitspreis** für Busse und Bahnen beträgt $2,25 (kein Wechselgeld, genauen Betrag bereithalten). Bei jedem Ticketkauf sollte man nach einem kostenlosen Transferticket fragen, das mindestens 90 Min. lang für alle Linien gilt (außer Cable Cars). Die einfache Fahrt mit dem Cable Car kostet gesalzene $7 und beinhaltet kein kostenloses Transferticket.

### BART

**BART** (Bay Area Rapid Transit), ℡ 415 989 2278, 🖥 www.bart.gov, ist ein Netz von Elektrozügen. Einfache Fahrt je nach Ziel $1,95–15,70, aber die Züge sind sauber und komfortabel. Tickets gibt's an den Bahnhöfen, oder man nutzt den Clipper (s. Kasten); das Ticket muss bis zum Ende der Fahrt aufbewahrt werden, da man es an der Zielstation benötigt. Zwischen 1 und 5 Uhr nachts verkehren keine Züge.

### Taxis

**Veteran's**, ℡ 415 648 1313; **Yellow Cab**, ℡ 415 333 3333, **Luxor Cabs**, ℡ 415 282 4141.

Die Taxameter beginnen bei $3,50 und pro 1,5 Meilen kommen jeweils $0,55 hinzu. Außerhalb des Zentrums sind Taxis nicht immer leicht zu finden – besonders am Wochenende.
Die Fahrzeuge von **Uber**, 🖥 www.uber.com, und **Lyft**, 🖥 www.lyft.com, (beide hier gegründet) sind für Besitzer eines Smartphones eine sichere und einfache Alternative.

### TRANSPORT

#### Busse

Die Busgesellschaften **Greyhound** und **Bolt Bus** nutzen vorübergehend den Bahnhof in der Folsom St Nr. 200, bis das neue **Transbay Transit Center**, 🖥 www.transbaycenter.org, Ende 2017 eröffnet wird; es erstreckt sich gleich südlich der Mission Street zwischen Second Street und Beale Street. Die Busse von **Megabus** (nach LOS ANGELES, RENO und SACRAMENTO) halten in der Townsend Street zwischen der 4th Street und 5th Street.

**Busse nach**:
EUREKA (2x tgl., 7–7 1/2 Std.),
LOS ANGELES (12x tgl., 7 1/2–12 1/2 Std.),
RENO (5x tgl., 5 1/4–6 3/4 Std.),
SACRAMENTO (9x tgl., 2–2 3/4 Std.),
SAN JOSE (8x tgl., 1–1 3/4 Std.),
SANTA BARBARA (3x tgl., 8 3/4–9 Std.),
SANTA CRUZ (3x tgl., 2 3/4–3 Std.).

#### Eisenbahn

**Amtrak**-Züge halten in **Richmond**, dem nützlichsten BART-Umsteigebahnhof auf der gegenüberliegenden Seite der Bucht und fahren weiter nach Emeryville, von wo kostenlose Shuttlebusse über die Bay Bridge zum Hauptbusbahnhof im Zentrum der Stadt verkehren.

**Züge nach**:
FRESNO (1x tgl., 4 1/4 Std.),
LOS ANGELES (1x tgl., 8 3/4 Std.),
RENO (1x tgl., 7 1/4 Std.),
SACRAMENTO (1x tgl., 2 1/4 Std.),
SALINAS (1x tgl., 4 1/4 Std.),
SAN DIEGO (1x tgl., 11 3/4 Std.).

#### Flüge

Die meisten internationalen und Inlandsflüge fliegen den 15 Meilen südlich der Innenstadt von San Francisco gelegenen **San Francisco International Airport** (SFO), ✆ 650 821 8211, 🖥 www.flysfo.com, an.
Die regelmäßig fahrenden Züge von BART, 🖥 www.bart.gov, benötigen knapp 40 Min. bis Downtown, Ticket $8,95 (einfach).
Die **Minibusse** von **SuperShuttle**, ✆ 800 258 3826, 🖥 www.supershuttle.com, fahren alle 5–10 Min.; sie sind Sammelbusse, wobei die 1. Person einer Gruppe $17 zahlt, aber jede weitere nur $10. **Taxis** vom Flughafen nach Downtown kosten zwischen $45 und $62, plus Trinkgeld von 15 %. Für Selbstfahrer bieten die bekannten **Mietwagenfirmen** kostenlose Shuttles zu und von ihren Depots, Abfahrt vom Upper Level.
Einige Fluglinien nutzen den **Oakland International Airport** (OAK), ✆ 510 563 3300, 🖥 www.oaklandairport.com, auf der anderen Seite der Bucht. Seit Herbst 2014 gibt es eine BART-Verbindung nach San Francisco: zunächst mit der Verbindungsbahn zur Station Coliseum/Oakland Airport (8 Min.), dann mit der BART nach San Francisco (35 Min., $10,20).
**Taxis** mit Taxameter liegen bei $65.

# Bay Area

Von den fast sieben Millionen Menschen, die im Großraum San Francisco leben, wohnt nur jeder Achte in der Stadt selbst. Alle anderen verteilen sich in der **Bay Area**, einem Patchwork aus vielen wohlhabenden und einigen ärmeren Städten auf der Halbinsel südlich der Stadt oder auf der anderen Seite der drei eindrucksvollen Brücken, die über die wunderschöne Hafenbucht führen.

In der **East Bay** befinden sich das fleißige Oakland und das intellektuelle Berkeley; südlich der Stadt wartet die **Peninsula** mit dem Reichtum des Silicon Valley auf. Auf der anderen Seite der Golden Gate Bridge liegt im Norden die waldreiche Landschaft und zerklüftete Küste von **Marin County** mit seinem offen zur Schau gestellten Luxus und seiner wundervollen Natur.

# East Bay

Die größte und zweitverkehrsreichste Brücke der USA, die **Bay Bridge**, verbindet Downtown San Francisco mit der East Bay. Jedes Jahr überqueren 100 Millionen Fahrzeuge die Brücke. Nach längerer Umbauzeit erstrahlt jetzt auch die neue Hälfte in frischem Weiß. Das Herz der East Bay bildet **Oakland**, eine stolze Arbeiterstadt, an die sich im Norden die liberale Universitätsstadt **Berkeley** anschließt. Die beiden Städte verschmelzen zu einem Großraum, und die Berge oberhalb beherbergen eine 20 Meilen lange Kette von bewaldeten **Regionalparks**.

## Oakland

**Oakland** ist das Arbeitspferd der Bay Area: größter Hafen an der Westküste, gleichzeitig Eisenbahnknotenpunkt und Zentrum des Transportwesens. Das Klima ist mild und angenehm; wenn es in San Francisco noch kalt und nebelig ist, scheint in Oakland oft schon die Sonne. Redwood- und Eukalyptusbäume wachsen auf den Hügeln oberhalb der Stadt, und trotz der Feuersbrunst, die 1991 die Gegend verwüstete, kann man hier herrliche Spaziergänge unternehmen und den schönen Blick weit über die Bay Area genießen. Seit Jack Londons Zeiten, der hier aufwuchs, war Oakland mehrfach die Keimzelle revolutionärer **politischer Bewegungen**. In den 60er-Jahren z. B. schuf sich hier die schwarze Bevölkerung – in Oakland 50 % – mit der militanten Bewegung Black Panther ein Sprachrohr. In den 70er-Jahren machte die Symbionese Liberation Army Schlagzeilen, als sie die Millionenerbin Patty Hearst entführte und als Gegenleistung für ihre Freilassung die kostenlose Verpflegung für die Armen der Stadt verlangte.

In Oakland gibt's nicht allzu viel zu sehen. Das größte Zugeständnis an den Fremdenverkehr ist der am Ufer gelegene Jack London Square, eine sterile Aneinanderreihung von Geschäften und Restaurants, die nichts mit dem Schriftsteller zu tun haben. Ganz am östlichen Ende der Promenade steht **Heinhold's First and Last Chance Saloon**, eine windschiefe kleine Bar, die 1883 aus dem Rumpf eines Walfängers gezimmert wurde (S. 423). Hier hat sich Jack London tatsächlich ein paar Drinks genehmigt, und die vergilbten Porträts an der Wand sind das einzig Authentische, was der Jack London Square in Bezug auf den Schriftsteller zu bieten hat.

Eine halbe Meile entlang dem Broadway vom Ufer Richtung Norden liegt Oaklands restaurierte Innenstadt mit zahlreichen Filialen bekannter Ladenketten und dem gewaltigen **City Center**, einem Komplex aus Büros und Fastfood-Restaurants unter freiem Himmel. In seiner Nachbarschaft erstreckt sich an der Ecke Broadway und 14th Street die **Frank Ogawa Plaza**, die zu einem Picknick einlädt. Weiter östlich, an der Kreuzung von Tenth und Oak St, steht das **Oakland Museum of California**, ✆ 510 238 2200, 🖥 www.museumca.org, mit guten Ausstellungen zur Geschichte Kaliforniens, die sich auch der Beat Generation widmet. ⊕ Mi und Do 11–17, Fr 11–17, Sa und So 10–18 Uhr, Eintritt $15,95, 1. So im Monat frei.

Ungefähr zur selben Zeit wie der Abenteurer Jack London wurde in Oakland die Schriftstellerin **Gertrude Stein** geboren, jedoch wird ihr kaum irgendwo in der Stadt gedacht, da sie ihre Heimat heftig kritisierte. Zur Verteidigung ihrer Stadt führen die Bewohner von Oakland gern das angesagte kleine Viertel **Rockridge** und die munteren Viertel um die Piedmont und Grand Avenue an; letztere Straße liegt in der Nähe des netten **Lake Merrit**.

Der **Joaquin Miller Park**, der am leichtesten zu erreichende der Bergparks von Oakland, erhebt sich über East Oakland (Anfahrt von Downtown mit AC-Transit-Bus 64) und beherbergt eine kleine weiße Hütte, The Abbey, die einstige Wohnstatt des „Dichters der Sierras" Joaquin Miller.

In den umliegenden Bergen, zu erreichen mit AC-Transit-Bus 339, befindet sich auch das **Chabot Space & Science Center**, 10000 Skyline Blvd, ✆ 510 336 7300, 🖥 www.chabotspace.org, mit ausgezeichneten interaktiven Ausstellungen und einem guten Planetarium, ⊕ Mi–So 10–17, Teleskopschau je nach Wetter 19.30–22.30 Uhr, Eintritt $18.

## Berkeley

Mehr als mit irgendeiner anderen Stadt der USA verbindet sich mit **Berkeley** die Vorstellung von Widerstand und Protest. Als in den 1960er- und frühen 70er-Jahren die Studenten überall an den amerikanischen Universitäten gegen den Vietnamkrieg protestierten, war es die **University of California** in Berkeley, die die Bewegung anführte. Auf dem Campus und in den Straßen der Stadt kam es während der heißesten Phasen beinahe täglich zu bürgerkriegsähnlichen Straßenschlachten. Seitdem ist es erheblich ruhiger geworden, und inzwischen ist die Universität stolz auf ihr hohes akademisches Ansehen und ihre zahlreichen Nobelpreisträger. Der von schattigen Bäumen bestandene Campus lädt zu einem Bummel ein. Kostenlose, von Studenten geleitete **Führungen** (Mo–Sa 10, So 13 Uhr) beginnen am eleganten **Campanile**.

Studentische Atmosphäre herrscht nicht nur an der Uni mitten im Zentrum, sondern auch in der **Telegraph Avenue**, die vom Campus nach Süden verläuft: Hier liegen Cafés und viele gute Buch- und Musikläden, die allein schon einen Ausflug nach Berkeley lohnen. Ältere Semester und weitere Fakultäten bestimmen das Bild an der sogenannten **Northside**. Auf einem Stück der Shattuck Avenue, dem „Gourmet Ghetto", haben sich mehrere erstklassige Restaurants, Delis und Bäckereien niedergelassen. In den Hügeln nördlich von hier gibt es im **Tilden Regional Park** gute Wanderwege und einen schönen Rosengarten. Die **Marina** von Berkeley, einst eine wichtige Anlegestelle für die Fähren der Bucht, ist heute einer der beliebtesten Orte für Freizeitaktivitäten, vor allem Windsurfen.

## ÜBERNACHTUNG

Die Motels und Hotels in der East Bay, besonders in Oakland, haben tendenziell ein besseres Preis-Leistungs-Verhältnis als die in San Francisco, sodass sie als Basis für den Besuch der Stadt durchaus erwägenswert sind.

### Oakland
**Jack London Inn**, 444 Embarcadero West, ☎ 510 444 2032, ⌨ www.jacklondoninnoakland.com. Kitschige, aber sehr preisgünstige Motorlodge im Stil der 50er-Jahre in Nachbarschaft des Jack London Square. Komplett modernisierte Zimmer plus recht gutes Restaurant und Pool im Freien. $90

**Waterfront Hotel**, 10 Washington St, ☎ 510 836 3800, ⌨ www.jdvhotels.com. Modernes, vornehmes Hotel mit farbenfroh eingerichteten Zimmern am attraktivsten Küstenstreifen. Pool draußen, kostenlose Wein-und-Käse-Stunde. $149

### Berkeley
**Bancroft Hotel**, 2680 Bancroft Way, ☎ 510 549 1000, ⌨ www.bancrofthotel.com. Kleines, einladendes Boutiquehotel mit 22 gut ausgestatteten Zimmern in günstiger Lage. Guter Service; von den oberen Zimmern hat man einen herrlichen Blick auf den Campus und die Bucht. Frühstück inkl. $159

**The Claremont Resort & Spa**, 41 Tunnel Rd, ☎ 510 843 3000, ⌨ www.claremontresort.com. 1915 erbautes Luxushotel mit allen Annehmlichkeiten; Wellness-Behandlungen rund $100 pro Std. $237

**Downtown Berkeley YMCA**, 2001 Allston Way, Ecke Milvia St, ☎ 510 848 9622, ⌨ www.baymca.org. Die beste preiswerte Unterkunft in Berkeley, besonders für EZ, nur einen Block von der BART-Station. Benutzung von Pool und Fitnessraum inkl. $90

**Hotel Durant**, 2600 Durant Ave, ☎ 510 845 8981, ⌨ www.hoteldurantberkeley.com. Das große Boutiquehotel befindet sich nur eine Straße vom Campus entfernt und überrascht mit gewagten Details wie Bong-Lampen und Aktgemälden in seinen gut ausgestatteten Zimmern. Im Erdgeschoss gibt es ein gutes Bar-Restaurant. $169

**Rose Garden Inn**, 2740 Telegraph Ave, ☎ 800 992 9005, ⌨ www.rosegardeninn.com. 40 stilvoll eingerichtete, unterschiedlich große Zimmer mit Kamin in einem Pseudo-Fachwerkbau in Uninähe. Inkl. Frühstücksbuffet. $81

## ESSEN

Wie es sich für den Geburtsort der California Cuisine gehört, hat die East Bay zahlreiche gute Restaurants aufzuweisen. Berkeley ist sowohl ein Paradies für verwöhnte Gourmets als auch eine Studentenstadt, in der man billig gut essen kann, besonders um den Campus

## Sportevents in der San Francisco Bay Area

Karten für alle großen Sportevents in der Bay Area sind über Ticketmaster, ☎ 415 421 8497, 🖥 www.ticketmaster.com, oder direkt bei den beteiligten Vereinen erhältlich – zumindest beim Baseball gibt's auch oft billige Tickets für Spiele am selben Tag.

**Baseball** Die Oakland Athletics spielen im gewöhnlich sonnigen Oakland Coliseum, ☎ 510 638 4900, 🖥 www.oaklandathletics.com, das über eine eigene BART-Station verfügt. Die San Francisco Giants, ☎ 415 972 2000, 🖥 www.sfgiants.com, nutzen den glitzernden AT&T Park, wo auch mal ein Ball in der Bucht landet. Für beide kosten die Tickets ab $50, sind aber am Spieltag oft günstiger, wenn das Stadion nicht ausverkauft ist.

**American Football** Die wiedererstarkten San Francisco 49ers, ☎ 415 464 9377, 🖥 www.sf49ers. com, sind vor einiger Zeit nach Santa Clara ins Levis Stadium in der South Bay umgezogen. Die derzeit nicht so erfolgreichen Oakland Raiders, ☎ 510 864 5000, 🖥 www.raiders.com, teilen sich das Oakland Coliseum mit den Athletics. Es gibt aber Gerüchte, dass ein Umzug nach Las Vegas bevorsteht. Tickets kosten ab $40–80 direkt bei den Clubs.

**Basketball** Die derzeit sehr erfolgreichen Golden State Warriors, ☎ 510 986 2200, 🖥 www.nba.com/warriors, tragen ihre Heimspiele in der Oracle Arena nahe dem Coliseum in Oakland aus. Für die Saison 2019–20 ist ein Umzug in die hochmoderne Chase Arena in San Francisco geplant. Wegen ihres großen Erfolges sind Tickets für die Warriors kaum unter $100 zu haben.

**Eishockey** Die starken San Jose Sharks, ☎ 408 287 7070, 🖥 www.sharks.nhl.com, spielen im SAP Center in San Jose. Tickets ab $30.

**Fußball** Die San Jose Earthquakes, ☎ 408 985 4625, 🖥 www.sjearthquakes.com, locken recht viele Zuschauer ins Avaya Stadium in Santa Clara. Tickets ab $16.

---

herum. Oakland wartet bevorzugt mit klassischer amerikanischer Küche auf, aber auch mit einem guten Angebot an ethnischen Restaurants.

### Oakland

**Chop Bar**, 247 4th St, Jack London Square, ☎ 510 834 2467, 🖥 www.oaklandchopbar. com. Schickes, neues Restaurant in einem umgebauten Lagerhaus mit geschwungenem Tresen, an dem auch gutes Bier ausgeschenkt wird. Mit rund $20 für Hauptgerichte wie z. B. Schweineconfit besteht ein gutes Preis-Leistungs-Verhältnis. ⏱ Mo–Do 8–15 und 17.30–22, Fr 8–15 und 17.30–23, Sa 9–15 und 17.30–23, So 9–15 und 17.30–2 Uhr.

**La Furia Chalaca**, 310 Broadway, ☎ 510 451 4206, 🖥 www.lafuriachalaca.com. Tolle Auswahl an Seafood-Pastagerichten mit verschiedenen peruanischen Soßen für um $15, außerdem Fleischgerichte wie Schweinefleischeintopf. ⏱ Mo–Do 11.30–15 und 17–22, Fr und Sa 11.30–22, So 11.30–21 Uhr.

**Le Cheval**, 1007 Clay St, ☎ 510 763 8595, 🖥 www.lecheval.com. Das große vietnamesische Restaurant in Downtown serviert exquisit gewürzte Speisen für $10–15. Das Ambiente ist einladend und stilvoll. ⏱ Mo–Do 11–21, Fr und Sa 11–21.30, So 16–21 Uhr.

### Berkeley

**Brennan's**, 700 University Ave, ☎ 510 841 0960, 🖥 www.brennansberkeley.com. Gutes, einfaches Selbstbedienungslokal mit Sandwiches und Hausmannskost (z. B. Rinderbraten mit Püree für $7–15) wie bei Muttern. Typische Arbeiterkneipe mit billigem Bier und Sport im TV. ⏱ Mo–Mi und So 11–21.30, Do–Sa 11–22.30 Uhr, Bar bis 2 Uhr.

**Cha-Am**, 1543 Shattuck Ave, ☎ 510 848 9664, 🖥 www.chaamberkeley.com. Die Treppen führen hinauf zu einem ungewöhnlichen, immer vollen, kleinen Restaurant, das leckere, scharfe Thai-Gerichte wie ein Gaeng-Massaman-Curry für $10–12 bietet. ⏱ Mo–Do und So 11.30–21.15, Fr und Sa 11.30–21.45 Uhr.

**The Cheeseboard Collective**, 1504–1512 Shattuck Ave, ☎ 510 549 3183, ▭ www. cheeseboardcollective.coop. Exzellente Pizza für nur $2,75 das Stück. Nachmittags gibt's oft Livemusik, und in dem angeschlossenen Laden werden erstklassiger Käse und gute Backwaren verkauft. ◷ Di–Sa 11.30–15 und 16.30–20 Uhr.

**Chez Panisse**, 1517 Shattuck Ave, ☎ 510 548 5525, ▭ www.chezpanisse. com.Das erste und immer noch beste Restaurant für kalifornische Küche unter der Leitung der legendären Starköchin Alice Waters. Festpreismenüs kosten im Hauptrestaurant je nach Wochentag $75–125 p. P. Das Café im Obergeschoss ist vergleichsweise preiswert. Reservierung für das Café empfohlen, für das Restaurant ein Muss. ◷ im Restaurant Abendessen Mo–Sa 18 und 20.30, Café Mo–Do 11.30–14.45 und 17–22, Fr und Sa 11.30–15 und 17–23.30 Uhr.

**Gather**, 2200 Oxford St, ☎ 510 809 0400, ▭ www.gatherrestaurant.com. Ein trendiges Restaurant mit Gerichten aus regionalen Zutaten und erstklassigem Fleisch und Fisch, aber auch viel Vegetarisches. Pfannengebratener Heilbutt ist für $30 das teuerste Gericht. ◷ Mo–Do 11.30–14 und 17–21.30, Fr 11.30–14 und 17–22, Sa 10–14.30 und 17–22, So 10–14.30 und 17–21.30 Uhr.

**Jayakarta**, 2026 University Ave, ☎ 510 841 0884, ▭ www.jayakartarestaurant.com. Für $10–15 kann man in diesem authentischen indonesischen Lokal gut essen. Zu den Spezialitäten gehören *nasi padang*, eine Mischung aus gekochtem Ei, Hühnerherzen, Schweinefleisch und *stinky beans* in Chilisoße. ◷ Di–So 11–21 Uhr.

**Kirala**, 2100 Ward St, ☎ 510 549 3486, ▭ www.kiralaberkeley.com. Das Kirala hat neben Nudel- und Teriyaki-Gerichten das wohl beste Sushi in der gesamten Bay Area. Günstige Preise: um $20 für ein üppiges Essen. ◷ Mo–Fr 11.30–14 und 17.30–21.30, Sa 17.30–21.30, So 17–21 Uhr.

**Vik's Chaat Corner**, 2390 4th St, ☎ 510 644 4432, ▭ www.vikschaatcorner.com. Fantastisch authentisches Restaurant mit typisch südindischen Gerichten wie Masala

Dosa für weit unter $10 in einer riesigen safrangelben Kantine mit Selbstbedienung. ◷ Mo–Do 11–18, Fr–So 11–20 Uhr.

## UNTERHALTUNG

Die vielen Cafés in Berkeley sind von morgens bis abends immer gut gefüllt. Es gibt viele **Kneipen**, besonders im bodenständigeren Oakland. In Sachen Nachtleben kann die East Bay punkten, insbesondere mit zahlreichen **Livemusik**läden. Auch das **Film**angebot ist erstklassig. Umfassendste **Veranstaltungshinweise** bietet der kostenlose *East Bay Express*.

### Oakland

**The Alley**, 3325 Grand Ave, ☎ 510 444 8505. Marode Pianobar mit viel dunklem Holz, mit Visitenkarten dekoriert, von Einheimischen geschätzt, die insbesondere zum Singen hierher kommen. Musik ab 21 Uhr. ◷ Di–Sa 16–2, Mo und So 18–24 Uhr.

**Eli's Mile High Club**, 3629 Martin Luther King Jr Way, ☎ 510 594 0666, ▭ www.elismile high.com. Dieses unter einer Hochautobahn versteckte Juwel ist in minimalistischer Manier umgebaut worden und eine Bühne für Punk-, Hardcore- und Psychobilly-Konzerte. Eintritt $8–20. ◷ tgl. zu unterschiedlichen Zeiten.

**Heinold's First and Last Chance Saloon**, 56 Jack London Square, ☎ 510 839 6761, ▭ www.heinolds.com. Winzige, authentische Bar am Meer, die sich seit Anfang des 19. Jhs., als Jack London hier Stammgast war, kaum verändert hat. Mit kleiner Terrasse. ◷ Mo 15–23, Di–Do und So 12–23, Fr und Sa 12–1 Uhr.

**Pacific Coast Brewing Co**, 906 Washington St, ☎ 510 836 2739, ▭ www.pacificcoastbrewing. com. In der ältesten Hausbrauerei in Downtown gibt's großzügig portionierte Mahlzeiten zum hauseigenen Bier. ◷ Mo–Do 11.30–24, Fr und Sa 11.30–1, So 11–23 Uhr.

**The Trappist**, 460 8th St, Downtown, ☎ 510 238 8900, ▭ www.thetrappist. com. Schon am Namen lässt sich erahnen, dass hier vorwiegend belgische und andere europäische Biere ausgeschenkt werden. Es gibt aber auch Privatbiere aus der Gegend und schmackhafte Kneipengerichte. Achtung:

An den beiden Tresen sind die Bierkarten unterschiedlich. ⏲ Mo–Do und So 12–0.30, Fr und Sa 12–1.30 Uhr.

**The White Horse Inn**, 6551 Telegraph Ave, Ecke 66th St, ☎ 510 652 3820, 🖵 www.white horsebar.com. Oaklands älteste LGBT-Bar – ein kleines, nettes Lokal, wo jeden Abend getanzt wird. Manchmal finden auch Comedy-Abende statt. ⏲ Mi–So 13–2 Uhr.

**Yoshi's World Class Jazz House**, 510 Embarcadero West, Jack London Square, ☎ 510 238 9200, 🖵 www.yoshis.com. Kombination aus Jazz-Club und Sushi-Bar, wo sich regelmäßig Jazz-Größen die Ehre geben; Eintritt $18–60. ⏲ Restaurant Mo–Mi 17.30–21, Do–Sa 17.30–22, So 16–21 Uhr, Bar und Konzerte bis spät.

### Berkeley

**924 Gilman**, 924 Gilman St, ☎ 510 525 9926, 🖵 www.924gilman.org. Am äußeren Rand der harten Punk- und Indie-Szene. Der Club war eines der Sprungbretter für Green Day und Sleater-Kinney. Kein Alkohol, keine Altersbeschränkung. Eintritt $5–10. ⏲ Fr–So, unterschiedliche Zeiten.

**Ashkenaz**, 1317 San Pablo Ave, ☎ 510 525 5054, 🖵 www.ashkenaz.com. Worldmusic- und Tanzcafé mit Konzerten von modernem Afro-Beat bis Balkan-Musik. Auch Kinder und Jugendliche sind willkommen. Eintritt $10–20. ⏲ Di–So, unterschiedliche Zeiten.

**Caffè Mediterraneum**, 2475 Telegraph Ave, ☎ 510 841 5634, 🖵 www.caffemed.com. Das älteste Café von Berkeley, direkt aus der Zeit der Beat Generation: Bärte und Baskenmützen sind nicht obligatorisch, zerfledderte Taschenbücher gehören aber dazu. Auch Tische draußen. ⏲ tgl. 7–24 Uhr.

**Freight and Salvage**, 2020 Addison St, ☎ 510 644 2020, 🖵 www.freightandsalvage. org. Unterschiedliche bekannte und unbekannte Künstler vom Singer-Songwriter bis zum Jazzmusiker treten hier in Kaffeehausatmosphäre auf. Eintritt $10–40, Di offene Bühne $5. ⏲ tgl. zu unterschiedlichen Zeiten.

**Pacific Film Archive**, 2155 Center St, 🖵 www. bampfa.org. Für echte Filmfans ist dies eines der besten Kinos in Kalifornien. Kartenbestellung ($12) unter ☎ 510 642 0808.

**Pub (Schmidt's Tobacco & Trading Co)**, 1492 Solano Ave, ☎ 510 525 1900, 🖵 www.schmidtspub.com. Die urgemütliche, kleine Bar mit gutem Biersortiment lockt Bücherwürmer und Brettspieler an. Sie hat tatsächlich geschafft, einen halb offenen Raucherbereich durchzusetzen – vielleicht weil die Glimmstängel hier auch verkauft werden. ⏲ Mo–Mi und So 12–24, Do–Sa 12–1 Uhr.

**Triple Rock Brewery**, 1920 Shattuck Ave, ☎ 510 843 2739, 🖵 www.triplerock.com. Kürzlich erweiterte, putzmuntere Studentenkneipe mit guten Biersorten und leckeren Burgern. ⏲ Mo–Mi 11.30–1, Do–Sa 11.30–2, So 11.30–24 Uhr.

### INFORMATIONEN

**Visit Oakland**, 481 Water St, ☎ 510 500 9235, 🖵 www.visitoakland.org, ⏲ Mo–Fr 9–17, Sa und So 10–16 Uhr.
**Visit Berkeley**, 2030 Addison St, ☎ 510 549 7040, 🖵 www.visitberkeley.com, ⏲ Mo–Fr 9–13 und 14–17 Uhr.
**UC Berkeley Visitor Centre**, 101 Sproul Hall, ☎ 510 642 5215, 🖵 www.berkeley.edu.

### NAHVERKEHR

#### U-Bahn

Das BART-Streckennetz verbindet San Francisco mit der East Bay (S. 418).

#### Stadtbusse

Die Busse von **AC Transit**, ☎ 510 891 4777, 🖵 www.actransit.org, $2,10 pro Fahrt, verkehren in der gesamten Bay Area, mit einem etwas eingeschränkteren Service nach Berkeley und Oakland – die einzige Möglichkeit, nachts nach Betriebsschluss der BART über die Bucht zu kommen.

### TRANSPORT

#### Busse

Die **Greyhound**-Station liegt in einer etwas ungemütlichen Gegend im Norden der Stadt an der San Pablo Ave, Ecke 21st St.

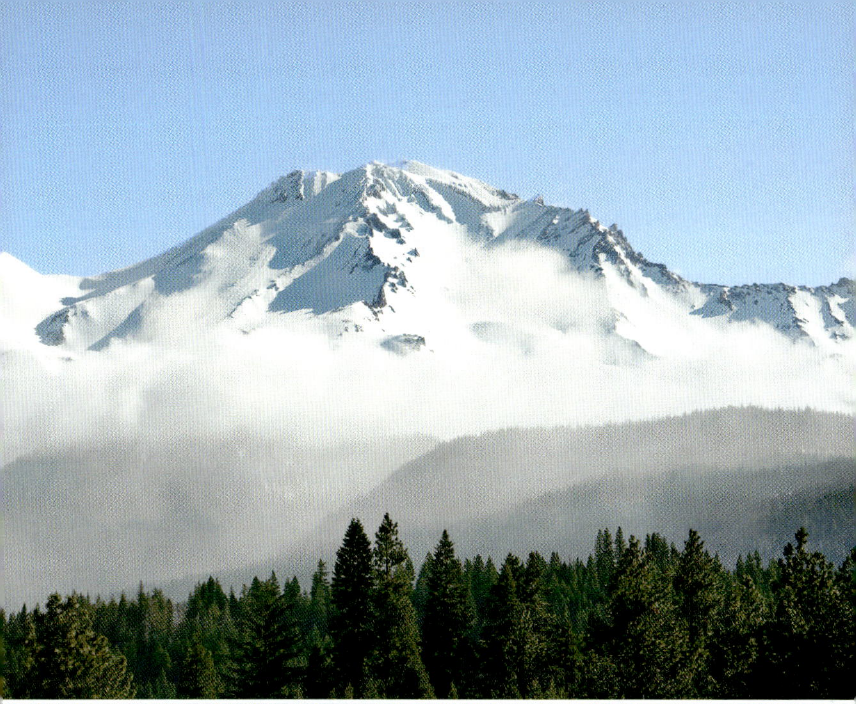

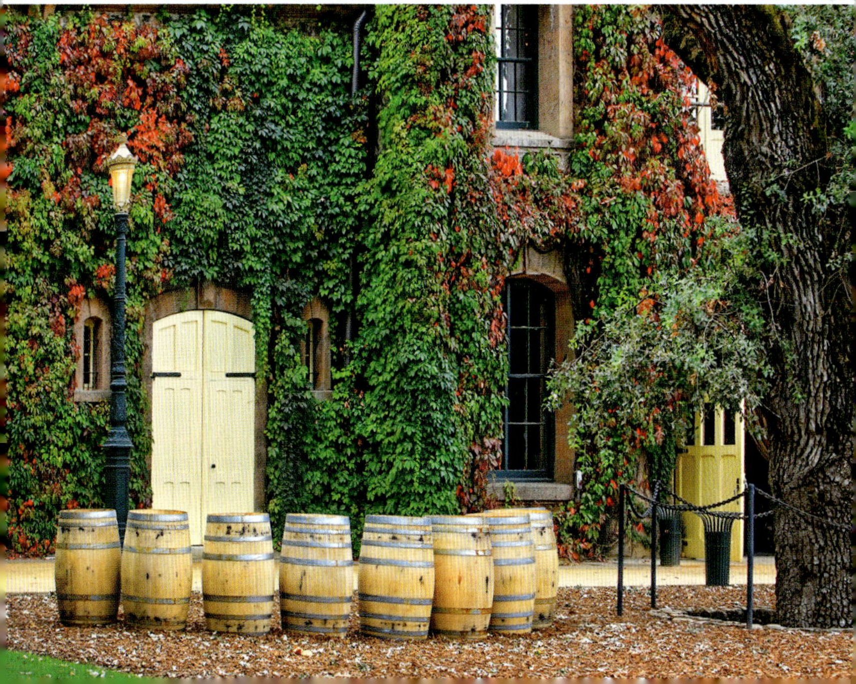

**Busse nach:**
EUREKA (2x tgl., 6 1/2 Std.),
LOS ANGELES (10x tgl., 7–12 Std.),
RENO (5x tgl., 4 3/4–6 Std.),
SACRAMENTO (9x tgl., 1 1/2–2 1/4 Std.),
SAN JOSE (8x tgl., 1–1 1/2 Std.),
SANTA BARBARA (3x tgl., 8 1/4–8 3/4 Std.),
SANTA CRUZ (3x tgl., 2 1/4 Std.),
TRUCKEE (3x tgl., 4 3/4–5 1/4 Std.).

### Eisenbahn

Die **Amtrak**-Züge enden in der 2nd St, nahe dem Jack London Square. Vorher halten sie in Richmond und Emeryville. Bei einigen der unten angegebenen Verbindungen muss ein Teil der oder die ganze Strecke mit einem Antrak Thruway-Bus zurückgelegt werden.

### Züge nach:

LOS ANGELES (10x tgl., 8 3/4–12 1/4 Std.),
RENO (5x tgl., 5 1/2–6 3/4 Std.),
SACRAMENTO (13–16x tgl., ca. 2 Std.),
SAN JOSE (7x tgl., 1 1/4–2 Std.),
TRUCKEE (5x tgl., 4 3/4–7 Std.).

### Flüge

Der nur wenig außerhalb gelegene **Oakland Airport**, ✆ 510 563 3300, Fluginformationen vom Band unter 800 992 7433, 🖳 www.oakland airport.com, liegt näher an Downtown San Francisco als der San Francisco Airport. Die Shuttlebusse von **AirBART**, ✆ 510 569 8300, fahren alle 15 Min. für $3 vom Flughafen zur BART-Station Coliseum (S. 419). Es gibt auch zahlreiche Tür-zu-Tür-Shuttlebusse wie den **A1 American**, ✆ 510 300 7979, 🖳 www. americanshuttle.com. Eine Fahrt nach Downtown Oakland kostet ca. $20, nach San Francisco etwa $35–40.

# Die Peninsula

San Francisco liegt am Ende einer Halbinsel, die meist einfach nur „**the Peninsula**" genannt wird. Diese Halbinsel, Heimat von altem Geld und neuen Technologien, erstreckt sich von der Stadt 50 Meilen weit an der Bay entlang Rich-

tung Süden, um jenseits der endlosen Vorstädte in der futuristischen Landschaft des Silicon Valley bei **San Jose** zu enden. Früher war diese Gegend vorwiegend landwirtschaftlich geprägt, aber der von der Stanford University in **Palo Alto** angestoßene Computerboom hat dazu geführt, dass die Orangenhaine und Feigenbäume Bürokomplexen und Parkplätzen weichen mussten. Das meiste Land an der **Küste** – von der Bucht getrennt durch eine Bergkette voller Redwood-Bäume – ist nach wie vor landwirtschaftlicher Natur; außerdem befinden sich hier einige der besten Strände der Bay Area.

## Palo Alto

**Palo Alto**, Heimat der adretten und konservativen **Stanford University**, hat sich zu einer Art gesellschaftlichem Zentrum für die Neureichen des Silicon Valley und wohlhabende Studenten entwickelt, was sich an den trendigen Cafés und den schicken Restaurants an der Hauptstraße der Stadt zeigt, der **University Avenue**. Die Stadt selbst hat ansonsten außer einigen Häusern im spanischen Kolonialstil wenig zu bieten. Der vornehme Campus der Universität, ✆ 650 723 2560, 🖳 www.stanford.edu, ist jedoch ein nettes Plätzchen für einen Bummel, denn man nimmt an einer der kostenlosen, von Studenten geleiteten Führungen teil (tgl. 11 und 15.15 Uhr).

### ÜBERNACHTUNG UND ESSEN

**Bistro Elan**, 2363A Birch St, ✆ 650 327 0284, 🖳 www.bistroelan.com. Elegante kalifornische Küche wie Entenconfit und gebratene Jakobsmuscheln für unter $20. ⏲ Di, Mi und Sa 17.30–23, Do und Fr 11.30–13.30 und 17.30–23 Uhr.
**Cardinal Hotel**, 235 Hamilton Ave, ✆ 650 323 5101, 🖳 www.cardinalhotel.com. Das Downtown-Hotel mit vornehmer Lobby hat einigermaßen erschwingliche und gemütliche Zimmer, die billigeren ohne Bad. $115
**Cowper Inn**, 705 Cowper St, ✆ 650 327 4475, 🖳 www.cowperinn.com. Restauriertes viktorianisches Haus mit schönen, behaglichen Zimmern ohne eigenes Bad in der Nähe der University Ave. Ausgezeichnetes warmes Frühstücksbuffet inkl. $179

**Evvia**, 420 Emerson St, ☎ 650 326 0983, ⌨ www.evvia.net. In dem renommierten, noblen Restaurant kosten kalifornisch angehauchte griechische Gerichte wie geschmorte *paidakia* (kleine, gegrillte Lammkoteletts) $25–45. ⏰ Mo–Fr 11.30–14 und 17.30–22, Sa 17–23, So 17–21 Uhr.

**Oren's Hummus**, 261 University Ave, ☎ 650 752 6492, ⌨ www.orenshummus.com. Das ausgezeichnete orientalische Restaurant hat sättigende Wraps und große Stücke luftiges Pitta-Brot zu den zahlreichen Dips. Fast alle Gerichte kosten unter $10. ⏰ tgl. 11–23 Uhr.

# San Jose

Wer von San Francisco der Hitze und dem Smog, der sich unterhalb der Bucht ansammelt, Richtung Süden folgt, kommt irgendwann automatisch nach **San Jose**. Dies ist eine der am schnellsten wachsenden Städte Kaliforniens. Ihre Fläche und Einwohnerzahl sind fast doppelt so hoch wie die San Franciscos. Die Stadt am südlichen Ende der Peninsula hat sich in den letzten drei Jahrzehnten zum Zentrum des Silicon Valley entwickelt. Außerdem gilt sie als erste Stadt Kaliforniens, obwohl das einzige Zeichen dafür die unscheinbare **Mission Santa Clara de Asis** aus dem 18. Jh. auf dem netten Campus der von Jesuiten geführten Santa Clara University ist.

Die bekannteste Sehenswürdigkeit der Gegend ist das unerbittlich gehypte **Winchester Mystery House**, 525 S Winchester Blvd, unmittelbar abseits des I-280 beim Hwy-17, ☎ 408 247 1313, ⌨ www.winchestermysteryhouse.com. Die skurrile Villa wurde für Sarah Winchester erbaut, 1884 nach dem Tod ihres Mannes Erbin des durch die Herstellung der Winchester-Gewehre angehäuften Vermögens. Mit der Villa sollten die Geister all derjenigen besänftigt werden, die mit den produzierten Waffen getötet wurden. ⏰ tgl. 9–17, im Sommer bis 19 Uhr; verschiedene Führungen $30–44.

Das **Rosicrucian Egyptian Museum**, 1660 Park Ave, ☎ 408 947 3636, ⌨ www.egyptian museum.org, zeigt eine wundervolle Sammlung assyrischer und babylonischer Artefakte, ⏰ Mi–Fr 9–17, Sa und So 10–18 Uhr, Eintritt $9. Das sanierte **Tech Museum of Innovation**, Downtown,

201 S Market St, ☎ 408 294 8224, ⌨ www.the tech.org, umfasst neben interaktiven Hightech-Exponaten ein IMAX-Kino ($10, mit Museumseintritt $5), ⏰ tgl. 10–17 Uhr, Eintritt $24.

### ÜBERNACHTUNG UND ESSEN

**71 Saint Peter**, 71 N San Pedro St, ☎ 408 971 8523, ⌨ www.71saintpeter.com. Terrassenrestaurant und Austernbar mit z. B. Filet mignon, Schweinelende, Huhn, Pasta und Salaten. Hauptgerichte $18–30. ⏰ Mo–Do 11.30–14 und 17–21, Fr 11.30–14 und 17–22, Sa 17–22 Uhr.

**Cafe Stritch**, 374 S 1st St, ☎ 480 280 6161, ⌨ www.cafestritch.com. Das aufstrebende Café serviert gute Biere, Cocktails und leckere Barspeisen. Außerdem gibt's zuweilen Live-Pop und -Rock. ⏰ Mi–Sa 16–2, So 16–24 Uhr.

**Hotel De Anza**, 233 W Santa Clara St, ☎ 408 286 1000, ⌨ www.hoteldeanza.com. Schickes Businesshotel mit stilvollen Zimmern in einem der quirligeren Teile der Stadt. Hat günstige Angebote am Wochenende. $179

**Original Joe's**, 301 S 1st St, ☎ 408 292 7030, ⌨ www.originaljoes.com. Eine Institution in San Jose: Hier kommen für $15–30 sehr gute italienische Spezialitäten auf den Tisch wie sautierte Kalbsleber, außerdem billiger kleine Speisen. ⏰ Mo–Do und So 11–23, Fr und Sa 11–24 Uhr.

**Valley Inn**, 2155 The Alameda, ☎ 408 241 8500, ⌨ www.valleyinnsanjose.com. Überdurchschnittlich gutes Motel mit kompakten, gepflegten und bunt eingerichteten Zimmern. Praktisch gelegen fürs Rosicrucian Museum und die Vororte im Westen. $119

# Die Küste der Peninsula

Die **Küste** der Halbinsel südlich von San Francisco präsentiert sich ganz anders als die Gegenden an der Bucht: zumeist unerschlossen, mit ein paar kleinen Orten und unzähligen Stränden auf den 75 Meilen bis hinunter nach Santa Cruz und Capitola. Unmittelbar südlich von San Francisco schmiegt sich der Hwy-1 an die steilen Klippen von Devil's Slide und führt auf dem Weg zum nudistenfreundlichen **Gray Whale Cove State Beach**, ☎ 650 728 5336, ⌨ www.parks. ca.gov, ⏰ tgl. 8 Uhr bis Sonnenuntergang, vorbei am recht netten Minibadeort **Pacifica**. Zwei weitere Meilen jenseits des Strands erheben sich am Hwy-1 inmitten der windumtosten Monterey-Kiefern auf einer steilen Klippe die mit roten Dachziegeln gedeckten Gebäude des **Point Montara Lighthouse** von 1875, heute eine Jugendherberge (s. u.).

Gleich hinter dem Hostel, die California Street hinunter, umfasst die **Fitzgerald Marine Reserve**, 📞 650 728 3584, drei Meilen unterschiedlichster Meereshabitate, stille Wege und bei Ebbe schöne Gezeitenbecken; Eintritt frei.

Ein paar Meilen weiter südlich den Hwy-1 hinunter liegt **Princeton-by-the-Sea**, mit einem geschäftigen Hafen unterhalb der Landspitze Pillar Point. Beiderseits der Landspitze erstrecken sich die wundervollen Strände **Mavericks** und **Miramar**, beide bekannt wegen ihrer tollen Surfbedingungen. Der nächste Ort ist das stetig wachsende, schöne **Half Moon Bay**, das mit den besten Einrichtungen an der Küste aufwartet.

Weiter südlich folgen einige wilde Buchten, der Weiler **Pescadero** und die **Año Nuevo State Reserve**, 📞 650 879 2025, 🖥 www.parks.ca.gov/anonuevo, bekannt für die Paarungsrituale der hier lebenden Nördlichen See-Elefanten; Führungen Mitte Dez bis März stdl. 8–16 Uhr, $7 p. P., Parkplatz $10.

## ÜBERNACHTUNG

**Costanoa Coastal Lodge & Camp**, 2001 Rossi Rd, südlich von Pescadero, 📞 650 879 1100, 🖥 www.costanoa.com. Die noble Herberge bietet eine Nacht unterm Sternenhimmel, die von Zelten über bescheidene Camping-Cabins bis zu Luxussuiten reicht. Spa vorhanden. Zelt $97, DZ $193

**Cypress Inn on Miramar Beach**, 407 Mirada Rd, Miramar Beach, 📞 650 726 6002, 🖥 www.cypressinn.com. Einige der Luxuszimmer in dem schönen Komplex aus drei holzverschalten Gebäuden haben Balkone, die direkt aufs Meer hinausgehen. Das großartige Frühstücksbuffet sowie Wein und Käse zum Abendessen sind inklusive. $229

**HI-Point Montara Lighthouse**, abseits des Hwy-1, Montara, 📞 650 728 7177, 🖥 www.norcalhostels.org. Dorms und Zimmer in den umgebauten Nebengebäuden eines Leuchtturms von 1875. Anfahrt mit SamTrans-Bus 294 von Pacifica. ⏰ Büro 7.30–22 Uhr. Dorms $30, DZ $80

**Nantucket Whale Inn**, 779 Main St, Half Moon Bay, 📞 650 726 1616, 🖥 www.nantucketwhaleinn.com. Umfangreich renoviertes viktorianisches Haus mit gemütlichen, schön möblierten Zimmern, die teureren verfügen über Whirlpool. Nicht weit entfernt von den Restaurants und Einrichtungen des Orts. $169

## ESSEN UND UNTERHALTUNG

**Cetrella**, 845 Main St, Half Moon Bay, 📞 650 726 4090, 🖥 www.cetrella.com. Das edelste Restaurant des Orts ist dieses preisgekrönte mediterrane Restaurant mit Köstlichkeiten wie geschmorter Lammkeule für $29; Fr und Sa abends Live-Jazz. ⏰ Mi, Do und So 17.30–21, Fr und Sa 17.30–22 Uhr, Bar öffnet später.

**Duarte's Tavern**, 202 Stage Rd, Pescadero, 📞 650 879 0464, 🖥 www.duartestavern.com. Seit 1894 geöffnet und noch immer eines der besten Esslokale auf der Peninsula verwöhnt seine Gäste in heimeligem Ambiente z. B. mit Artischockensuppe, Sandwiches, Fleischgerichten und riesigen Fischportionen ($22–26). Auch das Frühstück schmeckt ausgezeichnet. ⏰ tgl. 7–20 Uhr.

**La Costanera**, 8150 Cabrillo Hwy (Hwy-1), Montara, 📞 650 728 1600, 🖥 www.lacostanerarestaurant.com. Renommiertes Restaurant an der Küste mit traditioneller peruanischer Küche (z. B. Ceviche für $16–18, Hauptgerichte etwas teurer) und erfrischenden Pisco-Sour-Cocktails im schicken Innenraum oder auf der luftigen Terrasse. ⏰ Di–Do und So 17–21, Fr und Sa 17–22 Uhr.

**Nick's Seashore Restaurant**, 101 Rockaway Beach Ave, Pacifica, 📞 650 359 3900, 🖥 www.nicksrestaurant.net. Esslokal mit umfangreichem Angebot: billiges Frühstück, Pastagerichte in mittlerer Preislage, teurere Steak- und Meeresfrüchte-Gerichte für $16–38. ⏰ Mo–Do 11–22, Fr 9–22, Sa und So 8–22, Bar bis 1 Uhr.

**Sam's Chowder House**, 4210 Cabrillo Hwy (Hwy-1), Princeton-by-the-Sea, 📞 650 712 0245, 🖥 www.samschowderhouse.

com. Sam's hat sich als eins der besten Restaurants der Peninsula etabliert. Serviert werden hier Seafood im Neuengland-Stil sowie Fleischgerichte für $20–30. Es gibt jetzt auch einen mobilen Imbisswagen und einen Ableger in Palo Alto. ☉ Mo–Do 11.30–21, Fr 11.30–21.30, Sa 11–21.30, So 11–21 Uhr.

# Marin County

San Francisco gegenüber, am anderen Ende der Golden Gate Bridge, liegt **Marin County**. Es stellt seinen Wohlstand unverhohlen zur Schau, und dies inmitten herrlicher Natur: eine große Spielwiese mit offen hergezeigtem Luxus und einem wahren Füllhorn an Naturschönheiten – Sandstränden, hohen Bergen und dichten Redwood-Wäldern –, die bei Sonne und Nebel ihre Reize haben. Während die Region früher durch die Forstwirtschaft geprägt war, ist das County heute eines der reichsten in den USA und lockt junge, gut ausgebildete Menschen in seine eleganten Orte am Wasser.

## Marin Headlands

Jenseits der Golden Gate Bridge bieten sich von den noch weitgehend unbebauten **Marin Headlands** grandiose Blicke auf die Skyline von San Francisco. Die Bunker Hill Road führt nach Westen bis an den Rand der Landspitze, bevor sie einen Knick nach Süden Richtung Fort Barry und zum breiten Sandstrand **Rodeo Beach** macht, von wo zahlreiche Wanderwege in die Umgebung führen.

## Sausalito

**Sausalito**, unterhalb des Hwy-101 an der Bucht, bietet sich für einen Tagesausflug von San Francisco an. Teure Restaurants und noble Boutiquen bestimmen das Bild an der pittoresken Uferpromenade. Die alten Schuppen und Lagerhäuser aus den Zeiten, in denen Sausalito noch ein Schmugglernest war, sind längst verschwunden oder zu Steakhäusern umgebaut worden. Sausalito hat eine einzigartige Sehenswürdigkeit zu bieten:

Im **Bay Model Visitor Center**, 2100 Bridgeway, ☎ 415 332 3870, 🖳 www.baymodelalliance.

org, führen erhöhte Stege in einem riesigen Gebäude durch das maßstabsgetreue Modell der ganzen Bucht mitsamt ihren Deltas und Meeresbewohnern – ein einmaliger Einblick in die Vielfalt dieser Region. Eintritt frei. ☉ Sommer Di–Fr 9–16 und Sa 10–17, sonst Di–Sa 9–16 Uhr.

## Mount Tamalpais und Muir Woods

Der Mount Tamalpais beherrscht die Silhouette der Marin Peninsula, thront über den kühlen Canyons des restlichen County und teilt es in zwei recht unterschiedliche Teile: die wilden Westhänge oberhalb der Pazifikküste und die Vorortsiedlungen an der ruhigeren Bucht. Oberhalb von Mill Valley zweigt der Panoramic Highway vom Hwy-1 ab und erreicht nach zehn Meilen das Zentrum des Mount Tamalpais State Park, ☎ 415 388 2070, 🖳 www.mttam.net, mit rund 30 Meilen an Wanderwegen und zahlreichen Campingplätzen; ☉ tgl. 8 Uhr bis Sonnenuntergang, Parkplatz $8.

### Muir Woods National Monument

☉ tgl. 8 Uhr bis Sonnenuntergang ▪ Eintritt $10 ▪ ☎ 415 388 2595, 🖳 www.nps.gov/muwo
Die meisten der Redwood-Bäume, die einst die Hänge des Mount Tamalpais bedeckten, wurden zwar schon vor langer Zeit abgeholzt, ein stattliches Wäldchen hat jedoch überdauert und ist heute als Muir Woods National Monument geschützt. An diesem stillen, majestätischen Ort fällt das Sonnenlicht durch die 90 m hohen Baumwipfel in mit Lorbeerbäumen und Farnen überzogene Canyons. Dank seiner Nähe zu San Francisco fallen oft ganze Busladungen von Besuchern in die Muir Woods ein. Zu den weiter abgeschiedenen Wanderwegen hier zählt der Matt Davis Trail; er führt Richtung Süden zum Stinson Beach und Richtung Norden zum Mount Tamalpais.

## Mill Valley

Vom Ostgipfel des Mount Tamalpais führt eine kurze, zwei Meilen lange Wanderung auf dem Temelpa Trail durch samtige Sträucher hinunter nach Mill Valley, der ältesten und nettesten Stadt im Inneren von Marin County. Hier waren viele Jahre lang bekannte Hippies zu Hause. Im Oktober findet jedes Jahr das Mill Valley Film

Festival statt, ein Event von Weltrang, das immer Stars aus der Bay Area und aufstrebende Regisseure anlockt.

## Point Reyes National Seashore

Den Westzipfel von Martin County bildet Point **Reyes National Seashore**. Es ist beinahe eine Insel, mit Nadelwäldern und sonnigen Wiesen, auf drei Seiten gesäumt von wilder, menschenleerer Felsenküste und Sandstränden, über die der Wind fegt, ragt die Halbinsel merkwürdig aus der geraden Küstenlinie Kaliforniens heraus. Tatsächlich handelt es sich um ein loses Stück Erdkruste, das in den letzten 6 Mio. Jahren von der Stelle, an der jetzt Los Angeles liegt, am Sankt-Andreas-Graben entlang nach Norden bis hierher gewandert ist. Hier befand sich das Epizentrum des großen Erdbebens von 1906: Point Reyes verschob sich in einem einzigen Augenblick um ganze 5 m.

8 Meilen westlich von **Inverness** geht es hinunter zum **Drake's Beach**, dem Ort, an dem Sir Francis Drake 1579 gelandet sein soll. Die Hauptstraße führt noch vier Meilen weiter südwestlich bis **Point Reyes**, wo sich von einem instabil wirkenden **Leuchtturm**, ☎ 415 669 1534, 🖥 www.nps.gov/pore, Seelöwen und von Mitte März bis April sowie von Ende Dezember bis Anfang Februar Grauwale beobachten lassen. In der Zeit müssen Besucher den Shuttlebus ($7) ab Drake's Beach nehmen. ⏰ Do–So 10–16.30 Uhr, Führungen zu unterschiedlichen Zeiten, Eintritt frei.

### ÜBERNACHTUNG UND ESSEN

In Marin County gibt es recht **Hotels** und hier und da hübsche **B&Bs**, von denen die meisten weit über $100 kosten. In den schönsten Teilen des County sind auch **Motels** rar, jedoch gibt's an der Küste ein paar auf schöne Art gealterte. Das Angebot an Restaurants ist vielfältig, und es gibt etwas in jeder Preisklasse. Das Nachtleben fällt eher bescheiden aus, aber es gibt ein paar muntere Bars und eine Handvoll erstklassige Livemusikläden.

### Sausalito

**Casa Madrona**, 801 Bridgeway Ave, ☎ 415 332 0502, 🖥 www.casamadrona.com. Luxus-

hotel mit einer Erweiterung, die sich oberhalb der Bucht den Hang hinaufzieht, mit geschmackvoll eingerichteten Zimmern und Wellness-Einrichtungen. $199

**Fish**, 350 Harbor Drive, ☎ 415 331 3474, 🖥 www.331fish.com. Stilvoll servierter Fisch aus nachhaltigem Fang in Gerichten wie portugiesischer roter Fischsuppe und *tuna melt* (mit Käse überbackenes Weißbrot mit Thunfisch) für nur $23. ⏰ tgl. 11.30–16.30 und 17.30–20.30 Uhr.

**No Name Bar**, 757 Bridgeway Ave, ☎ 415 332 1392, 🖥 www.thenonamebar.com. Ehemaliger Treffpunkt der Beat-Generation, in dem häufig Livemusik, meist Jazz, geboten wird, gewöhnlich ab 20 Uhr, sonntags 15–19 Uhr. ⏰ Mo–Fr 11–24, Sa und So 11–1 Uhr.

**Tommy's Wok**, 3001 Bridgeway, ☎ 415 332 5818, 🖥 www.tommyswok.com. Das chinesische Restaurant verwendet Gemüse aus biologischem Anbau, Fleisch von freilaufenden Tieren und frisches Seafood. Die meisten Gerichte um die $10 oder darunter. ⏰ Mo–Mi und Do 11.30–15 und 16–21, Fr und Sa 11.30–15 und 16–21.30, So 16–21 Uhr.

### Marin Headlands

**HI-Marin Headlands**, Building 941, Fort Barry, ☎ 415 331 2777, 🖥 www.norcalhostels.org. Tolle Lage in gemütlicher alter Armeekaserne in Ozeannähe. Am Wochenende sowie an Feiertagen hält der MUNI-Bus 76 aus San Francisco direkt vor der Haustür. Außer zum Einchecken 10–15.30 Uhr geschlossen. Dorms $28, DZ $82

### Mill Valley

**Avatar's Punjabi Burritos**, 15 Madrona St, ☎ 415 381 8293, 🖥 www.enjoy avatars.com. Eine wunderbar einfache interkulturelle Innovation: mit köstlich würzigen Currys gefüllte Burritos und Reisplatten für $8–10. Drinnen stehen nur zwei Esstische, daher entscheiden sich die meisten Leute für Essen zum Mitnehmen. ⏰ Mo–Sa 11–20 Uhr.

**Mill Valley Inn**, 165 Throckmorton Ave, ☎ 415 389 6608, 🖥 www.millvalleyinn.com. Eine der besten Unterkünfte im County, mit eleganten, üppig altmodisch eingerichteten Zimmern sowie zwei sehr schönen separaten Cottages. $239

**Small Shed Flatbreads**, 17 Madrona St, ✆ 415 383 4200, 🖥 www.smallshed.com. Hier gibt es Bio-Fladenbrote mit köstlichen Käsebelägen sowie Burger und Quiche, alles $12–15. ☉ Mo–Mi und So 11–21, Do 11–21.30, Fr und Sa 11–22 Uhr.

**Sweetwater Music Hall**, 19 Corte Madera Ave, Mill Valley, ✆ 415 388 3850, 🖥 www. sweetwatermusichall.com. Legendäre Musikhalle in einem alten Theater mit Rock-, Folk- und Blueskonzerten an den meisten Abenden. ☉ unterschiedlich.

### Point Reyes National Seashore

**HI-Point Reyes National Seashore**, 1390 Limantour Spit Rd, 6 Meilen westlich des Visitor Center, ✆ 415 663 8811, 🖥 www.norcalhostels.org. Das Hostel ist in einer alten, von Wiesen und Wäldern umgebenen Ranch untergebracht. In den Privatzimmern können bis zu 5 Pers. übernachten. ☉ Büro 7.30–10 und 16.30–21 Uhr, kein Check-in nach 21.30 Uhr. Dorms $29, Zimmer $87

**Point Reyes Seashore Lodge**, 10021 Hwy-1, Olema, ✆ 415 663 9000, 🖥 www.pointreyes seashore.com. Schöne Holzlodge mit dem persönlichen Touch eines B&B. Alle Zimmer haben Blick auf den Garten und einen Bach. $175

**Station House Café**, 11180 Hwy-1 (Main St), Point Reyes Station, ✆ 415 663 1515, 🖥 www. stationhousecafe.com. In dem freundlichen Nachbarschaftslokal gibt es täglich Frühstück, Mittag- und Abendessen. Die Leute kommen von weit her, um hier gegrilltes Seafood und erstklassige Steaks für $15–30 zu essen. ☉ 8–21 Uhr; Mi geschlossen.

### Mount Tamalpais

**Mountain Home Inn**, 810 Panoramic Hwy, ✆ 415 381 9000, 🖥 www.mtnhomeinn.com. Romantisch auf dem Kamm des Mount Tamalpais gelegen, bietet dieses B&B tolle Ausblicke und jede Menge Wandermöglichkeiten. Einige Zimmer verfügen über einen Whirlpool. Mit reichhaltigem warmem Frühstück und tollem Restaurant. $195

**Marin County Visitors Bureau**, am US-101 ausgeschildert, 1 Mitchell Blvd, ✆ 415 925 2060, 🖥 www.visitmarin.org, ☉ Mo–Fr 9–17 Uhr.

### Busse

**Golden Gate Transit**, ✆ 415 923 2000 in San Francisco, ✆ 415 455 2000 in Marin, 🖥 www.goldengate.org. Unterhält vom Transbay Terminal in San Francisco ausgehend ein umfassendes Busnetz in Marin County.

### Fähren

Vom Ferry Building in San Francisco fahren schicke, moderne Fähren nach SAUSALITO, LARKSPUR und TIBURON: Golden Gate Ferry, ab $11 einfach, und von Blue & Gold Fleet, $10 einfach (S. 418).

# Goldgräberland

Etwa 150 Jahre bevor Technik-Freaks aus der ganzen Welt nach Kalifornien strömten, fielen die sogenannten „49er" in das **Gold Country** der Sierra Nevada ein, etwa 150 Meilen östlich von San Francisco, um nach dem glitzernden Edelmetall zu suchen. Das Gebiet erstreckt sich von den Ausläufern der Berge in der Nähe des Yosemite-Nationalparks bis zur tiefen Schlucht des Yuba River 200 Meilen weiter nördlich. Die größte Stadt der Region ist **Sacramento**.

Viele der Goldgräbercamps, die im Gold Country aus dem Boden schossen, verschwanden genauso schnell wieder, wie sie entstanden waren, die Hälfte jedoch existiert auch heute noch. Aus einigen sind geschäftige Ferienorte geworden, die inmitten dichter Kiefernwälder an reißenden Flüssen liegen; bei anderen handelt es sich um geheimnisumwitterte, so gut wie verlassene Geisterstädte auf grasbewachsenen sanften Hügeln. Die meisten der Bergwälder am Kamm der Sierra sind als beinahe ursprüngliche Wildnisgebiete erhalten, mit ausgezeichneten Möglichkeiten zum Wandern und Zelten. Im Winter kann man am bergigen Rand des **Lake Tahoe** an der Grenze zwischen Nevada und Kalifornien außerdem wunderbar Ski fahren.

# Sacramento

**Sacramento**, die Hauptstadt Kaliforniens, liegt im flachen, nördlichen Central Valley. 1839 von dem Schweizer John Sutter gegründet, wurde innerhalb von zehn Jahren aus der kleinen Kolonie ein profitables Viehzucht- und Handelszentrum. Als auf Sutters Ländereien das erste Gold gefunden wurde, fielen Schürfer aus aller Welt über sie her und durchwühlten sie rücksichtslos nach dem edlen Metall. Sacramento, auf direkten Wasserwegen von der San Francisco Bay aus erreichbar, entwickelte sich nun zum wichtigen Handels- und Versorgungszentrum für die Goldgräber. 1854 avancierte es zur Bundeshauptstadt Kaliforniens, und auch nach dem Goldrausch blieb es ein wichtiger Verkehrsknotenpunkt. Die ehemaligen Piers, Lagerhallen, Saloons und Geschäfte im Uferbezirk sind restauriert worden und beherbergen nun Souvenirshops und Restaurants.

Im **California State Railroad Museum**, ☎ 916 445 6645, 🖥 www.csrmf.org, sind eine Reihe sorgfältig restaurierter Lokomotiven und prächtig eingerichteter Waggons zu besichtigen. ⏰ tgl. 10–17 Uhr, Eintritt $10.

Die vom Uferbezirk und Old Sacramento nach Osten verlaufende **K Street Mall** bildet das Einkaufszentrum der Stadt. Das **State Capitol**, ☎ 916 324 0333, 🖥 www.capitolmuseum.ca.gov, steht mit seinem stolzen Kuppelbau inmitten einer weitläufigen Grünfläche ungefähr eine Meile östlich von Downtown. ⏰ tgl. 9–16 Uhr, stündliche Führungen; Ausweis erforderlich.

Ein Nachbau von Sutter's Fort, der Siedlung, aus der Sacramento hervorging, befindet sich weiter östlich im **Sutter's Fort State Historic Park**, 27th, Ecke L St, ☎ 916 445 4422, 🖥 www.suttersfort.org. In dem Adobe-Gebäude sind Ausstellungsstücke aus der Zeit des Goldrauschs zu sehen. Zu den Veranstaltungen siehe Website. ⏰ tgl. 10–17 Uhr, Eintritt $5.

**HI-Sacramento Hostel**, 925 H St, Downtown, ☎ 916 443 1691, 🖥 www.norcalhostels.org. Hostel in einer großen Villa von 1885 mit den üblichen Einrichtungen, außerdem kostenloser Fahrradverleih. Tagsüber geschlossen, Sperrstunde 23 Uhr. Dorms $33, DZ $85

**Vagabond Inn**, 909 3rd St, Old Town, ☎ 916 446 1481, 🖥 www.vagabondinn.com. Motelartige Unterkunft in der Nähe des Flusses und von Old Sacramento, mit Pool und kostenlosem Shuttle zu den örtlichen Bahnhöfen. $79

**Vizcaya Mansion**, 2019 21st St, Midtown, ☎ 916 594 9285, 🖥 www.vizcayasacramento. com. Opulentes historisches Anwesen mit elegant eingerichteten Zimmern und Bädern mit Marmorfliesen. Leckeres Frühstück und ziemlich gutes Preis-Leistungs-Verhältnis. $139

🏛 **Ma Jong's**, 1116 15th St, Downtown, ☎ 916 442 7555, 🖥 www.majongs.com. Sehr preisgünstiges panasiatisches Lokal im modernen Park-Downtown-Komplex. Fleisch, Garnelen oder Gemüse in verschiedenen Stilen wie Thai-Basilikum oder mongolisch für $10 oder weniger. ⏰ Mo–Do und So 11–21, Fr und Sa 11–2.30 Uhr.

**Old Ironsides**, 1901 10th St, Downtown, ☎ 916 443 9751, 🖥 www.theoldironsides.com. Guter Laden für Livemusik abseits des Mainstreams, zumeist Indie-Rock. Außerdem offene Bühne und Clubnächte zum Abtanzen sowie recht gutes Essen, auch mittags an Wochentagen. Meistens ist der Eintritt frei, bei einigen Veranstaltungen kostet er $5–8. ⏰ Mo–Fr 11.30–14 und 20–2, Sa 18–2 Uhr.

**Rubicon Brewing Company**, 2004 Capitol Ave, Midtown, ☎ 916 448 7032, 🖥 www.rubicon brewing.com. Ein Muss für Biertrinker, denn hier werden außer dem Rubicon IPA auch Amber-Ales, Pils und Stout gebraut. Das Essen kann sich ebenfalls sehen lassen: Hähnchen, Burger, Sandwiches und Hauptgerichte. ⏰ Mo–Do 11–23, Fr, Sa 11–24, So 11–22 Uhr.

**Tapa the World**, 2115 J St, ☎ 916 442 4353, 🖥 www.tapatheworld.com. 20 verschiedene

Tapas für $4,50–12 und komplette Speisen wie Paella, Lamm oder frischer Fisch, häufig begleitet von Flamenco-Gitarren. ⊕ tgl. 11.30–24 Uhr.

 **Tower Café**, 1518 Broadway, Downtown, ℡ 916 441 0222, 🖥 www.towercafe. com. In diesem ungezwungenen Restaurant ist die Einrichtung genauso facettenreich wie das Essen. An den Wänden hängen Masken und Wandteppiche und auf der Speisekarte finden sich Gerichte aus der ganzen Welt, z. B. jamaikanisches Jerk-Chicken, florentinische Ravioli und grünes Thai-Curry, alles um die $17–22. ⊕ Mo–Do und So 8–22, Fr und Sa 8–24 Uhr.

### INFORMATIONEN

**Visitor Center**, 1002 2nd St, in Old Sacramento, ℡ 916 442 7644, 🖥 www.discovergold. org, ⊕ tgl. 10–17 Uhr, und 1608 I St, beim State Capitol, ℡ 916 808 7777, ⊕ Mo–Fr 8–17 Uhr. Beide Visitor Centers bieten jede Menge Broschüren, unter anderem für einen informativen Stadtrundgang.
Eine nützliche **Website** ist 🖥 www.sacramento365.com. **Veranstaltungshinweise** enthalten das kostenlose Wochenmagazin *Sacramento News & Review,* 🖥 www.newsreview.com, sowie *Ticket,* die Freitagsbeilage der Zeitung *Sacramento Bee,* 🖥 www.sacbee.com. Über die LGBT-Szene der Stadt informiert *Outword,* 🖥 www.outwordmagazine.com.

### TRANSPORT

#### Busse

Die **Greyhound**-Station liegt in der 715 L St, einen Block von der K Street Mall.

#### Busse nach:
LOS ANGELES (9x tgl., 7 1/4–10 Std.), OAKLAND (9x tgl., 1 1/2–2 Std.), RENO (5x tgl., 2 3/4–3 1/2 Std.), SAN FRANCISCO (9x tgl., 2–2 3/4 Std.), TRUCKEE (3x tgl., 2 1/4–2 3/4 Std.).

#### Eisenbahn
Der **Amtrak**-Bahnhof befindet sich in der 4th St, Ecke I St, nahe Old Sacramento.

#### Züge nach:
OAKLAND/EMERYVILLE (13–16x tgl., 1 3/4–2 Std.), RENO (1x tgl., 4 3/4 Std.), TRUCKEE (1x tgl., 3 1/2 Std.).

#### Flüge
Der **Sacramento International Airport**, ℡ 916 929 5411, 🖥 www.sacairports.org, 12 Meilen nordwestlich der Stadt gelegen, wird von den größeren Inlandsfluglinien angeflogen.
Die Minibusse von SuperShuttle Sacramento, ℡ 916 648 2500, 🖥 www.supershuttle.com, fahren bis zur gewünschten Adresse in Downtown ($15).

# Die Goldminen

In der wildromantischen Landschaft des Gold Country, im Schatten der 3000er-Gipfel der Sierra Nevada, ergießen sich Flüsse durch steile Schluchten. Im Herbst hebt sich das flammende Rot und Gold der Pappeln und Zuckerahornbäume wunderbar vom Immergrün der Kiefern und Tannen ab. Die Camps des **südlichen Minengebiets** waren die lebendigsten und rauesten aller Goldgräbersiedlungen: Wildweststädte voller Spielhöllen und Saloons und mit Feuergefechten auf den Straßen. In den Bächen und Flüssen suchten Goldwäscher nach Goldnuggets. Weiter im Norden war die Ausbeute weitaus ergiebiger, doch war das Gold viel tiefer vergraben – was es auch heute noch ist –, sodass es mühsam aus dem Hartgestein geschlagen werden musste.

## Das südliche Minengebiet

Im Zentrum des südlichen Minengebiets liegt **Sonora**, dessen Bewohner vor allem von der Holzwirtschaft leben. Sehenswert sind die viktorianischen Villen und die alten Fassaden in der **Washington Street**. **Columbia**, 3 Meilen nördlich von Sonora an der Parrots Ferry Road, ist ein Paradebeispiel für Stadtentwicklung in der Zeit des Goldrauschs, als es innerhalb weniger Jahre zur zweitgrößten Stadt Kaliforniens anwuchs. Als die Goldvorräte erschöpft waren, verfiel die

Stadt zur Ghosttown und steht heute als State Historic Park unter Denkmalschutz.

In **Jamestown**, drei Meilen südlich von Sonora, zeigt der **Railtown 1897 State Historic Park**, 5th St, Ecke Reservoir St, ✆ 209 984 3953, 🖥 www.railtown1897.org, eine beeindruckende Sammlung alter Dampflokomotiven, darunter auch die aus dem Filmklassiker *Zwölf Uhr mittags*. Zwischen April und Oktober werden samstags und sonntags um 10.30, 12, 13.30 und 15 Uhr „Nostalgie-Fahrten" ($15) veranstaltet. ⏰ tgl. April–Okt 9.30–16.30 und Nov–März 10–15 Uhr, Eintritt $5.

## ÜBERNACHTUNG

**Columbia City Hotel**, 22768 Main St, Columbia, ✆ 209 588 7234, 🖥 www.parks.ca.gov. Das staatliche Hotel wurde auf liebevolle Weise so modernisiert, dass der Charakter des 19. Jhs. erhalten blieb, aber auch gut eingerichtete Zimmer herauskamen. Balkonzimmer sind etwas teurer. $85

**Gunn House**, 286 S Washington St, Sonora, ✆ 209 532 3421, 🖥 www.gunnhousehotel.com. Erweitertes altes Adobe-Haus mit großen, leicht düsteren Zimmern. Warmes Frühstück inkl. $140

**Miner's Motel**, 18740 Hwy-108, ✆ 209 532 7850, 🖥 www.sonoraminersmotel.com. Dieses günstige Motel auf halber Strecke nach Sonora bietet helle, einfach eingerichtete Zimmer mit interessanten Einrichtungsgegenständen wie Stehlampen mit Messingfuß in Form eines Bergmanns mit Leuchte. Zum Haus gehört ein ziemlich großer Pool. $75

**National Hotel**, 18183 Main St, Jamestown, ✆ 800 894 3446, 🖥 www.nationalhotel.com. Alle neun Zimmer sind mit Antiquitäten und Velourstapeten wie in früheren Zeiten eingerichtet. Außerdem gibt's ein zwanglos elegantes Restaurant und eine stimmungsvolle Saloon-Bar. $160

## ESSEN

**Columbia House Restaurant**, 22738 Main St, Columbia, ✆ 209 532 0663. Hier gibt es sättigende Hausmannskost wie Frühstückseier,

Zwiebelringe, Pommes mit Knoblauch, frittierte Artischockenherzen, Burger und Sandwiches für $10–13. ⏰ 8–18 Uhr.

**Sonora Thai**, 51 S Washington St, Sonora, ✆ 209 532 2355. Sämtliche Thai-Klassiker sind in dem einfachem Esslokal für $10–15 zu haben. ⏰ Mo–Do 11–21, Fr und Sa 11–21.30 Uhr.

**The Willow Steakhouse**, 18723 Main St, Jamestown, ✆ 209 984 3998, 🖥 www.willowsteakjamestown.com. Schickes Lokal mit hohen Decken für den großen Hunger: sättigende Steak-, Seafood- und Pastagerichte ab $16,95 sowie eine große Auswahl an Vorspeisen. ⏰ Mo–Fr 11–15 und 17–22, Sa 17–22, So 17–21 Uhr.

**Zane Iron Horse Lounge**, 97 S Washington St, Sonora, ✆ 209 532 4482. Bei den Einheimischen beliebte Kneipe mit einem Hauch des wilden Westens. Billige Spirituosen. ⏰ tgl. 12 Uhr bis spät.

## INFORMATIONEN

**Tuolomne Visitor Bureau**, 542 W Stockton Rd, Sonora, ✆ 209 533 4420, 🖥 www.yosemitegoldcountry.com, ⏰ Mo–Sa 9–17 Uhr.

## Grass Valley und Nevada City

Grass Valley besitzt zwei der interessantesten Bergbaumuseen Kaliforniens. Das **North Star Mining Museum** am südlichen Ende der Mill Street, ✆ 530/273-4255, ist mit Abstand das beste Museum im Gold Country. Eines der interessantesten Ausstellungsstücke ist das riesige **Pelton Wheel**, mit dem Bohrer und Aufzüge in der Mine betrieben wurden. ⏰ Mai–Okt tgl. 10–17 Uhr, Spende.

Die schillerndste Bewohnerin von Grass Valley in der Zeit des Goldrauschs war **Lola Montez**, eine irische Unterhaltungskünstlerin und ehemalige Mätresse König Ludwigs von Bayern. Sie setzte sich hier zur Ruhe, nachdem sie mit ihrem berüchtigten „Spinnentanz" durch Amerika getourt war, und hielt sich in ihrem Vorgarten einen Grizzlybären.

Vier Meilen nördlich von Grass Valley liegt am Hwy-49 das hübschere **Nevada City**. Das **Firehouse Museum #1**, 214 Main St, ✆ 530 265 5468, 🖥 www.nevadacountyhistory.org, ein

Stück Zuckerbäckerarchitektur mit einem hohen Glockenturm, wurde restauriert. Es beherbergt ein kleines Museum zur Sozialgeschichte der Region. ☺ Mai–Okt Di–So 11–16 Uhr, Nov–April n. V., Spende.

## Empire Mine State Park

10791 E Empire St ▪ ☺ tgl. 10–17 Uhr; Cottage-Touren zu unterschiedlichen Zeiten ▪ Eintritt $7 ▪ ☎ 530 273 8522, ☐ www.empiremine.org

Die **Empire Mine** war die größte und ergiebigste Mine im ganzen Bundesstaat. Sie liegt eine Meile südöstlich von Grass Valley am Hwy-49 und steht heute als State Park unter Denkmalschutz. Zwischen Kiefern lagern viele Minengerätschaften und Maschinen. Am Eingang gibt es ein hervorragendes Museum.

### ÜBERNACHTUNG

**Holbrooke Hotel**, 212 W Main St, Grass Valley, ☎ 530 273 1353, ☐ www.holbrooke.com. Im Zentrum steht dieses historische Hotel, in dem einst Mark Twain übernachtete. Es hat stilvolle Zimmer, eine opulente Lobby und ein großartiges Bar-Restaurant. $114

**National Hotel**, 211 Broad St, Nevada City, ☎ 530 265 4551, ☐ www.the nationalhotel.com. Das älteste durchgehend bewirtschaftete Hotel im amerikanischen Westen ist ein historisches Wahrzeichen, mit jeder Menge Goldrausch-Charme in den Zimmern und der Lobby, die sich mit Original-fotos, uralten Tapeten und einer prachtvollen Treppe präsentiert. $80

**Outside Inn**, 575 E Broad St, Nevada City, ☎ 530 265 2233, ☐ www.outsideinn.com. Ein ruhiges Motel aus den 1940er-Jahren mit breitem Angebot an einfachen, aber gemütlichen Zimmern und Pool, nur 10 Min. zu Fuß vom Zentrum entfernt. $89

**Swan-Levine House**, 328 S Church St, Grass Valley, ☎ 530 272 1873, ☐ www.swanlevine house.com. Die sonnigen, attraktiv eingerichteten Zimmer mit Bad sind in einem ehemaligen Krankenhaus im viktorianischen Stil untergebracht. Das Haus ist mit Originalkunst geschmückt, und die freundlichen Betreiber bieten Druckgrafik-Kurse. $125

### ESSEN

**Diegos**, 217 Colfax Ave, Grass Valley, ☎ 530 477 1460, ☐ www.diegosrestaurant.com. Mit bunten Wandmosaiken prachtvoll eingerichtetes Latino-Restaurant. Zu den köstlichen Speisen wie *achiote de pollo* für $16,95 gibt's Latino-Biere und Sangria. ☺ tgl. 11–21 Uhr.

**Friar Tuck's**, 111 N Pine St, Nevada City, ☎ 530 265 9093, ☐ www.friartucks.com. Eine schöne Mischung aus amerikanischer, europäischer und Pacific-Rim-Küche in sehr gutem Restaurant, z. B. Fondues für $26–32. Jeden Abend Livemusik, meist akustisch. ☺ tgl. 16–22 Uhr.

**Marshall's Pasties**, 203 Mill St, Grass Valley, ☎ 530 272 2844. Überwältigende Auswahl an frisch gefüllten Pasteten nach Cornwall-Art für etwas über $5. Im Lokal gibt es nur ein paar beengte Tische, das Essen also am besten zum Mitnehmen einpacken lassen. ☺ Mo–Fr 9.30–18, Sa 10–18 Uhr.

**Sopa Thai**, 312–316 Commercial St, Nevada City, ☎ 530 470 0101, ☐ www.sopathai.net. Köstliches Thai-Essen zu moderaten Preisen wird in nett eingerichteten Restaurant mit einem Lächeln serviert. Ausgezeichnetes grünes Curry für $14,95. ☺ Mo–Fr 11–15 und 17–21.30, Sa und So 12–21.30 Uhr.

**South Pine Café**, 102 Richardson St, Grass Valley, ☎ 530 274 0261, ☐ www.southpine cafe.com. Unaufgeregtes, helles Café, das auf Frühstücksspeisen mit Ei spezialisiert ist, u. a. ein mexikanisches mit Fleisch und vegetarische wie scharfer jamaikanischer Tofu für $10,50. ☺ tgl. 8–15 Uhr.

**Three Forks**, 211 Commercial St, Nevada City, ☎ 530 470 8333, ☐ www. threeforksnc.com. Der trendige Laden bezeichnet sich als Bäckerei und Brauerei, d. h., man bekommt hier sowohl guten Kaffee und Kuchen als auch Ale und obendrein Speisen wie Sandwiches oder Pizza für $5–15. ☺ Mo, Mi und Do 7–22, Fr 7–23, Sa 8–23, So 8–22 Uhr.

### INFORMATIONEN

**Grass Valley Chamber of Commerce**, 128 E Main St, Grass Valley, ☎ 530 273 4667, ☐ www.grassvalleychamber.com, leistet

hervorragende Dienste. ⏰ Mo–Fr 10–16, Sa 11–15 Uhr.
**Nevada City Tourist Office**, 132 Main St, ein Block nördlich des Hwy-49, ✆ 530 265 2692, 🖥 www.nevadacitychamber.com, ⏰ Mo–Fr 9–17, Sa 11–16 Uhr.

### TRANSPORT

Zwischen Grass Valley und Nevada City pendeln Mo–Fr 8–19, Sa 10–17 Uhr halbstündlich die **Minibusse** von Gold Country Stage, $1,50 pro Fahrt, Tageskarte $4,50, ✆ 530 477 0103, 🖥 www.goldcountrystage.com.

# Lake Tahoe

Der **Lake Tahoe** ist einer der tiefsten, saubersten und kältesten Seen der Welt. Er ist über 500 m tief und so kalt, dass angeblich schon Cowboys, die vor über einem Jahrhundert im See ertranken, in vollkommen erhaltenem Zustand geborgen wurden. Mit seinen sonnigen Stränden im Sommer, den schneebedeckten Hängen im Winter und den ganzjährig ratternden Spielkasinos lockt der Lake Tahoe, der sich über die Grenze nach Nevada erstreckt, ständig Wochenendausflügler an.

## South Lake Tahoe und Umgebung

In **South Lake Tahoe**, der größten Ortschaft am See, stehen jede Menge Restaurants, bescheidene Motels und Cottages Seite an Seite mit den Spielhöllen in Nevada jenseits der Grenze. Wer sein Geld an den Spieltischen und -automaten verloren hat, kann immer noch kostenlos die wunderbaren Wanderwege, Parks und Strände der Umgebung genießen.

Mitten im Ort liegt die Talstation der Seilbahn **Heavenly Gondola**, ✆ 775 586 7000, 🖥 www.ski heavenly.com, die ihre Fahrgäste bis auf eine Höhe von 2785 m bringt. Von dort kann man, begleitet von atemberaubenden Ausblicken, weiter zum East Peak Lake, East Peak Lookout und zu den Sky Meadows wandern. Der Schwierigkeitsgrad der Wanderwege reicht von einfach bis anspruchsvoll. Betrieb im Sommer tgl. 10–17 Uhr, Gondelfahrt $46.

Der schönste Abschnitt des Sees befindet sich am Südwestufer im **Emerald Bay State Park**, 10 Meilen westlich von South Lake Tahoe. Er umfasst eine schmale, von Felsbrocken übersäte Bucht und die einzige Insel des Sees. Vom Parkplatz ist es eine Meile durch den State Park zum **Vikingsholm**, ✆ 530 583 9911, 🖥 www. vikingsholm.com, dem Nachbau einer Wikingerburg, die 1929 als Sommerresidenz gebaut wurde und im Rahmen stündlicher Führungen zu besichtigen ist. ⏰ Sommer tgl. 10.30–15.30 Uhr, Eintritt $10.

Zwei Meilen nördlich liegt der **Ed Z'Berg Sugar Pine Point State Park** mit dem riesigen **Hellman-Ehrman Mansion**, das als Kulisse für *Der Pate Teil II* diente. ⏰ tgl. alle 30 Min. 10.30–15.30 Uhr, Eintritt $10.

Der Rest der 75-Meilen-Rundfahrt um den See ist landschaftlich recht reizvoll, aber mit Sicherheit nicht die „schönste Strecke Amerikas", wie sie von den lokalen Tourismusbroschüren angepriesen wird. Alternative Ansichten bietet eine **Bootsfahrt** mit dem Schaufelraddampfer *MS Dixie II* ab Zephyr Cove in Nevada, zu erreichen mit einem kostenlosen Shuttle von South Lake Tahoe, oder mit der *Tahoe Queen* ab der Ski Run Marina in South Lake Tahoe selbst, ✆ 775 589 4906, 🖥 www.zephyrcove.com: wechselnde Abfahrtszeiten, Tickets $55–85. Die teureren Sonnenuntergangs-Rundfahrten schließen ein Abendessen mit ein.

## Tahoe City

**Tahoe City**, der Verkehrsknotenpunkt am Nordwestufer des Sees, hat sich eine ruhigere Kleinstadtatmosphäre als South Lake Tahoe bewahrt. Am einzigen Zufluss des Lake Tahoe, **Truckee River**, trifft der Hwy-89 auf den Hwy-28. Das **Gatekeeper's Museum** an der Mündung des Flusses, ✆ 530 583 1762, 🖥 www.northtahoe museums.org, enthält ein gut erhaltenes Sammelsurium an Artefakten aus dem 19. Jh. sowie eine schöne Sammlung indianischer Korbwaren, ⏰ Mai–Sep tgl. außer Di 10–17, Okt–April Sa und So 11–15 Uhr, Eintritt $5.

Rafting auf dem Truckee ist ein weitverbreitetes Sommervergnügen. Verschiedene Verleiher werben an der Kreuzung von Hwy-28 und Hwy-89 um Kundschaft (ab $24 p. P.).

## Wintersport am Lake Tahoe

Das Gebiet um den Lake Tahoe beeindruckt mit Möglichkeiten zum **Skifahren** und **Snowboarden**, die zu den besten in Nordamerika zählen. Zwar ist das Skifahren hier kein billiges Vergnügen (Liftkarten können $80 am Tag und Ski- oder Snowboardmiete $30–70 kosten), jedoch bieten die meisten Resorts recht günstige Arrangements inklusive Liftkarten, Skiverleih und Unterricht oder Mehrtages-Ermäßigungen, besonders wenn man im Voraus im Internet bucht. Auch **Skilanglauf** ist beliebt; Leihskier kosten rund $25, Loipenpässe $25–30.

### Abfahrt

**Heavenly**, erreichbar per Shuttle von Southshore, 2 Meilen von den Kasinos, oder per Seilbahn ab dem Hwy-50, an der Bundesstaatsgrenze, ℘ 775 586 7000, ▭ www.skiheavenly.com. Die erstklassige Lage und die schiere Größe (85 Abfahrten und 29 Lifte) machen dieses Skigebiet zu einem der beliebtesten am See, und es wartet zudem mit der den größten Höhenunterschied überwindenden und per Lift erschlossenen Abfahrt der Gegend auf.

**Squaw Valley USA**, Squaw Valley Rd, auf halber Strecke zwischen Truckee und Tahoe City, ℘ 530 583 6955, ▭ www.squaw.com. 33 Skilifte erschließen mehr als 1600 ha erstklassiges Terrain auf dem Gelände der Winterolympiade von 1960. Wer nicht Ski fährt, kann mit der Seilbahn hinauf zum Komplex mit Eislaufbahn und Schwimmbad fahren.

### Langlauf

**Royal Gorge**, Soda Springs, 10 Meilen westlich von Truckee, ℘ 530 426 3871, ▭ www.royalgorge.com. Das größte und beste der Langlauf-Resorts am Lake Tahoe mit 204 Meilen an Loipen.

**Squaw Valley**, Austragungsort der Olympischen Winterspiele 1960, liegt 5 Meilen westlich von Tahoe City abseits des Hwy-89. Allerdings ist abgesehen von der Flamme und den olympischen Ringen von den damaligen Einrichtungen nichts mehr übrig, denn sie wurden von der lawinenartigen Erschließung überrollt, die aus Squaw Valley den größten Wintersportort Kaliforniens gemacht hat (s. Kasten).

### ÜBERNACHTUNG

**Basecamp Hotel**, 4143 Cedar Ave, South Lake Tahoe, ℘ 530 208 0180, ▭ www.basecamphotels.com. In ein schickes Sporthotel umgebautes altes Motel, mit kreativ eingerichteten Zimmern und einer geselligen Bar. Gutes kleines Frühstück und Tipps für Outdoor-Aktivitäten. Am Nordufer gibt es ein neues Schwesterhotel. $169

**Camp Richardson Resort**, Hwy-89 zwischen Emerald Bay und South Lake Tahoe, ℘ 530 541 1801, ▭ www.camprichardson.com. Hotelzimmer sowie gemütliche Cabins mit komplett ausgestatteter Küche auf 60 ha großem Gelände, auf dem auch Stellplätze (ab $40) angeboten werden. Im Sommer sind die Cabins nur wochenweise zu mieten. $125

**River Ranch Lodge**, Hwy-89, Ecke Alpine Meadows Rd, Tahoe City, ℘ 530 583 4264, ▭ www.riverranchlodge.com. Historische Lodge am Truckee River mit lockerer Atmosphäre und einem der besten Restaurants am Lake Tahoe. Für die Nordseite des Sees preisgünstig. $132

**Sunnyside**, 1850 W Lake Blvd, 1 Meile südlich von Tahoe City, ℘ 530 583 7 200, ▭ www.sunnysideresort.com. Große, gemütliche Berglodge am See mit unschlagbaren Ausblicken von vielen der Zimmer und einem beliebten Restaurant sowie Cocktail-Terrasse im Erdgeschoss. $180

**Tamarack Lodge**, 2311 N Lake Blvd, 1 Meile nordöstlich von Tahoe City, ℘ 530 583 3350, ▭ www.stayattahoe.com. Das beste Preis-Leistungs-Verhältnis am See hat wahrscheinlich diese gemütliche und saubere Unterkunft auf einer bewaldeten Anhöhe. Sie besitzt auch einige größere Cabins. $79

**The Brewery at Lake Tahoe**, 3542 Lake Tahoe Blvd, South Lake Tahoe, ℡ 530 544 2739, 🖥 www.brewerylaketahoe.com. Kleine Brauerei mit ordentlichem Bier und Spezialitäten wie in Bier gedämpften Shrimps und Grillrippchen für $29. ⏰ tgl. 8 Uhr bis spät.

**Bridgetender Bar & Grill**, 30 West Lake Blvd, Tahoe City, ℡ 530 583 3342. Nette, rustikale Bar mit guter Musik, vielen Biersorten und riesigen Portionen Rippchen, Burger, Fisch usw. für $9–15. ⏰ Mo–Do 11–23, Fr 11–24, Sa 8–24, So 8–23 Uhr.

**GarWoods**, 5000 N Lake Blvd, Carnelian Bay, ℡ 530 546 3366, 🖥 www.garwoods.com. Beliebtes Holzrestaurant in einem ruhigeren Abschnitt des Nordufers. Grillgerichte wie Heilbutt mit Pistazienkruste und Filet mignon kosten $30–45. Freitag- und Samstagabend Livemusik. ⏰ Mo–Do und So 11.30–21.30, Fr und Sa 11.30–22 Uhr.

**Nephele's**, 1169 Ski Run Blvd, South Lake Tahoe, ℡ 530 544 8130, 🖥 www.nepheles.com. Alteingesessenes Restaurant am Fuß des Skigebiets Heavenly mit tollem Angebot an kalifornischer Küche: Grillfleisch, Fisch und Pasta kosten jeweils $23–38. Spa vorhanden. ⏰ tgl. 14–2 Uhr.

**Soule Domain**, 9983 Cove Ave, King's Beach, ℡ 530 546 7529, 🖥 www.souledomain.com. Für Tahoe typische rustikale Eleganz in unerwarteter Umgebung. Jede Menge Meeresfrüchte und Gerichte aus verschiedenen Landesküchen; Fisch- und Fleischgerichte $22–39. ⏰ tgl. 18–23 Uhr.

**Tep's Villa Roma**, 3450 Lake Tahoe Blvd, South Lake Tahoe, ℡ 530 541 8227, 🖥 www.tepsvillaroma.com. Eine echte Institution am Südufer. Große Portionen herzhafter italienischer Gerichte, darunter einige einfache, aber ausgezeichnete vegetarische Pastaspeisen für $12–23. ⏰ tgl. 16–22 Uhr.

In der Umgebung gibt es zahlreiche offizielle **Visitor Centers**, davon auf der kalifornischen Seite:

3066 Lake Tahoe Blvd (US-50), South Lake Tahoe, ℡ 530 541 5255, 🖥 www.tahoesouth.com, ⏰ tgl. 9–17 Uhr.
100 N Lake Blvd, Tahoe City, ℡ 530 581 6900, 🖥 www.gotahoenorth.com, ⏰ tgl. 9–17 Uhr.

Der nächstgelegene Ort am Lake Tahoe, der per **Greyhound** oder **Amtrak** aus San Francisco und Sacramento zu erreichen ist, heißt Truckee und liegt 15 Meilen nördlich des Sees. Von dort fahren die Regionalbusse von **TART**, ℡ 530 582 4964, 🖥 www.laketahoetransit.com, nach Tahoe City und in andere Orte am See, leider ohne Anschluss nach South Lake Tahoe.

An der Südseite des Sees verkehren die Busse und Trolleys von **BlueGo**, ℡ 530 541 7149, 🖥 www.tahoetransportation.org. Am Nordufer verkehren die Busse von TART. Von beiden Ufern fahren **Shuttlebusse** von North Lake Tahoe Express, ℡ 775 786 3706, 🖥 www.northlaketahoeexpress.com, 9–11x tgl., einfache Fahrt ab $32 (der Fahrpreis richtet sich nach der Anzahl der Fahrgäste) und South Tahoe Express, ℡ 775 324 4444, 🖥 www.southtahoeexpress.com, 9x tgl., einfach $29,75, hin und zurück $53, zum **Flughafen** Reno.

# Truckee

Die angenehme Stadt **Truckee** 15 Meilen nördlich von Tahoe City ist nicht nur ein Tor zum Lake Tahoe, sondern entwickelt sich auch immer mehr zu einem eigenen Reiseziel. Sie bietet sich bestens als Basis für Outdoor-Aktivitäten an. An der Hauptstraße, der Donner Pass Road, welche die Einheimischen immer noch gerne Commercial Row nennen, stehen noch ziemlich viele Holzgebäude aus dem 19. Jh.

**Cedar House Sport Hotel**, 10918 Brockway Rd, ℡ 530 582 5655, 🖥 www.cedarhousesporthotel.com. Der rustikale Alpenstil des Gebäudes macht in diesem angesagten

Sporthotel in den Zimmern Platz für pfiffigen urbanen Schick. Das opulente Frühstücks-buffet ist im Preis inbegriffen, und zum Haus gehört ein gutes Restaurant. $180

**Cottonwood**, 10142 Rue Hilltop Rd, ℘ 530 587 5711, ⌨ www.cottonwoodrestaurant.com. Auf der kreativen Speisekarte locken neben Vorspeisen wie Schweinemedaillons mit Brie ($15) Hauptgerichte wie Seafood-Eintopf mit Wurst und Safran-Tomatensoße ($31). Do und Fr abends Livemusik. ⊙ tgl. 14.30–21 Uhr.

**Mellow Fellow Pub**, 10192 Donner Pass Rd, ℘ 530 214 8927, ⌨ www.mellow fellowpub.com. Die beste Kneipe in Truckee beeindruckt mit einer breiten Palette guter Biere vom Fass und aus der Flasche sowie köstlichen Imbissspeisen wie Würstchen. Und es gibt ein Dartboard. Eine Filiale befindet sich am King's Beach in Tahoe. ⊙ Mo–Do 15–22, Fr und Sa 12–24,So 12–22 Uhr.

**The Truckee Hotel**, 10007 Bridge St, ℘ 800 659 6921, ⌨ www.truckeehotel.com. Das alt-ehrwürdige Hotel in Bahnhofsnähe im Stil einer viktorianischen Pension hat preisgünstige Zimmer. Im erstklassigen Bistro wird Do–Sa abends Livemusik geboten. $109

## Donner Lake

Der von silbergrauen Granitklippen gesäum-te **Donner Lake**, mehrere Meilen westlich von Truckee, war 1846 Schauplatz einer grausigen Tragödie, als die **Donner Party** unter Anführung der Familie Donner auf dem Weg in das Gold-gräbergebiet durch frühe Schneefälle am Wei-terziehen gehindert wurde. Die Angehörigen der Gruppe errichteten einfache Schutzhütten, in der Hoffnung, dass der Schnee schmelzen würde – doch das tat er nicht. Insgesamt über-lebten vom ganzen Treck nur zwei Männer und fünf Frauen, indem sie das Fleisch der Verstor-benen aßen.

Die grausame Geschichte wird ausführlich im kleinen, kürzlich renovierten **Emigrant Trail Mu-seum** dargestellt, ℘ 530 582 7892, ⊙ Juni–Aug tgl. 9–17, Sep–Mai 9–16 Uhr, Eintritt auf Spen-denbasis. Das Museum befindet sich unweit der Donner Pass Road im Donner State Park (℘ 530

582 7892, ⌨ www.parks.ca.gov, Parkplatz $8, Camping ⊙ Mai–Sep, Camping $35, Stellplatz ohne Fahrzeug $7).

# Das Wine Country

Die warmen und sonnigen Hügel des **Napa- und des Sonoma-Tals**, die sich rund eine Autostun-de nördlich von San Francisco fast parallel er-strecken, bilden nach landläufiger Meinung das Zentrum der amerikanischen Weinindust-rie. Jedoch stammen weniger als 5 % der kali-fornischen Weine aus dieser Region – was aller-dings erzeugt wird, sind die besten Tropfen der USA. Im Sommer, wenn sich Besucher zu einem hektischen Tag voller Weinproben aufmachen, schleichen in den Hauptstraßen die Autos Stoß-stange an Stoßstange dahin.

## Napa Valley

Mit seinen etwa 30 Meilen sanfter, grüner Berg-hänge erinnert das Weinanbaugebiet Napa Val-ley eher an Südfrankreich als an eine pazifische Gebirgsregion. Störend wirkt in diesem land-schaftlichen Idyll einzig **Napa** selbst, eine unan-sehnliche 60 000 Einwohner-Stadt, um die man am besten einen Bogen macht und stattdessen die Weingüter und kleineren Ortschaften wei-ter nördlich am Hwy-29 besucht. Die erste da-von, neun Meilen nördlich, ist **Yountville** mit dem in einem umgebauten Weingut gelegenen Ein-kaufszentrum **V Marketplace 1870**, 6525 Was-hington St, ℘ 707 944 2451, ⌨ www.vmarket place.com, mit verschiedenen Touristenläden, ⊙ tgl. 10–17.30 Uhr.

Am nördlichen Ende des Tals liegt jenseits des hübschen Dorfs **St. Helena** das heimelige **Calistoga**, das für seine Schlammbäder, Whirl-pools und Mineralwässer ebenso bekannt ist wie für seinen Wein. Aus dem **Geysir Old Faith-ful** eine weitere Meile die Straße entlang schießt ungefähr alle 40 Min. kochend heißes Wasser bis zu 18 m aus dem Boden, ℘ 707 942 6463, ⌨ www.oldfaithfulgeyser.com. ⊙ Sommer 8.30–19, sonst 8.30–17.30 Uhr, Eintritt $15.

Fast alle **Weingüter** im Napa Valley bieten Weinverkostungen an, jedoch nicht alle haben auch Führungen im Programm. Insgesamt gibt es hier mehr als 300 Weingüter, die alle sehr gute Tropfen produzieren.

**Beringer Vineyards**, 2000 Main St, St. Helena, ☎ 707 963 7115, 🖥 www.beringer.com. Der berühmteste Bau im Napa Valley, das neu-gotische „Rhine House", dem Jacob Berin-gers Familienstammsitz im deutschen Rheintal als Vorbild diente, ziert das Cover zahlreicher Weinmagazine. Ausgedehnte Rasenflächen und eine vornehme Verkostungsstube mit Holzeinrichtung sorgen für einen würdigen Rahmen. Weinprobe $25–125, Führung $30–50. ⏱ tgl. 10–17.30 Uhr.

**Chateau Montelena**, 1429 Tubbs Lane, 2 Meilen nördlich von Calistoga, ☎ 707 942 9105, 🖥 www.montelena.com. Kleinere, aber sehr renommierte Kellerei unterhalb des Mount St. Helena. Einen besonders guten Ruf genießt der Cabernet Sauvignon des Hauses. Weinprobe $25–50, Führung $40. ⏱ tgl. 9.30–16 Uhr.

**Clos Pégase**, 1060 Dunaweal Lane, Calistoga, ☎ 707 942 4981, 🖥 www.clospegase.com. Ein extravaganter Neuling am Nordende des Tals, mit einem Skulpturengarten und Gebäuden des postmodernen Architekten Michael Graves. Weinprobe $20–30, mit Führung $50–60. ⏱ tgl. 10.30–17 Uhr.

**Goosecross Cellars**, 1119 State Lane, östlich von Yountville, ☎ 707 944 1986, 🖥 www.goosecross.com. Freundlicher Familienbetrieb abseits der Yountville Cross Rd. Besonders gut ist hier der Chardonnay. Weinprobe n. V. $25. ⏱ tgl. 10–16.30 Uhr.

**Robert Mondavi**, 7801 St Helena Hwy, Oakville, ☎ 707 226 1395, 🖥 www.robertmondaviwinery.com. Dieses Gut, lange das Aushängeschild der Napa-Valley-Weine – „Bob Red" und „Bob White" sind Hausweine in vielen kalifornischen Restaurants –, bietet mit die interessantesten und am wenigsten auf Verkaufsergebnisse zielenden Führungen. Weinproben $5–30, Führung $20–55. ⏱ tgl. 10–17 Uhr.

### St. Helena

**El Bonita Motel**, 195 Main St, ☎ 707 963 3216, 🖥 www.elbonita.com. Altes, zu einem Art-déco-Hotel umgebautes Motel mit Pool und Whirlpool sowie 1 ha großem Garten. Zimmer mit Mikrowelle und Kühlschrank. $179

**Inn St Helena**, 1515 Main St, ☎ 707 963 3003, 🖥 www.innsthelena.com. In diesem Haus aus dem Jahr 1872 wohnte dereinst der Schriftsteller Ambrose Bierce. Heute beherbergt es eine Luxusunterkunft, bei der ein Gourmet-Frühstück und abends Wein mit Snacks im Preis inbegriffen sind. $259

**Wine Spectator Greystone Restaurant**, 2555 Main St, ☎ 707 967 1010, 🖥 www.ciarestaurantgroup.com. Renommiertes Restaurant des Culinary Institute of America, wo Auszubildende köstliche Gerichte kreieren, beispielsweise mit Schweinebraten oder Heilbutt, für $20–35. Zum Haus gehört auch eine erstklassige Bäckerei. ⏱ Di–Sa 11.30–14 und 17.30–20.30 Uhr.

### Calistoga

**Brannan's Grill**, 1374 Lincoln Ave, ☎ 707 942 2233, 🖥 www.brannanscalistoga.com. Der Besuch in diesem hochrangigen Restaurant lohnt sich wegen phantastischer Gerichte wie gedünsteter Entenbrust und Alaska-Heilbutt. Und die schöne Innenausstattung aus Holz ist ein echter Hingucker. Hauptgerichte $24–38. ⏱ Mo–Do und So 11.30–21, Fr und Sa 11.30–22 Uhr.

**Calistoga Inn**, 1250 Lincoln Ave, ☎ 707 942 4101, 🖥 www.calistogainn.com. Schöne, sehr preisgünstige Zimmer, zumeist mit Bad, in historischem Gebäude mit eigenem Restaurant und eigener Kleinbrauerei direkt an der Hauptstraße und entsprechend gut besucht. $119

**Dr Wilkinson's Hot Springs**, 1507 Lincoln Ave, ☎ 707 942 4102, 🖥 www.drwilkinson.com. Das legendäre Kurhotel in Downtown hat unterschiedliche, geräumige, helle Zimmer mit spärlicher Einrichtung und Blick auf den Hof oder die Terrasse mit Pool. Mit Klimaanlage und TV. $149

Über das Sonoma Valley verteilen sich fast 50 **Weingüter**. Eine nette Ansammlung befindet sich jedoch gut ausgeschildert eine Meile östlich der Sonoma Plaza, zu erreichen über die East Napa Street. Einige liegen in fußläufiger Nähe, aber an unübersichtlichen Nebenstraßen, sodass man sich im Tourist Office am besten eine Karte der Weingüter besorgt und unterwegs auf Schilder achtet.

**Bartholomew Park Winery**, 1000 Vineyard Lane, ☎ 707 935 9511, 🖳 www.bartpark.com. Das opulente Gebäude im spanischen Kolonialstil ist von wunderbarer Formschnittgärtnerei in den Gärten und weitläufigen Weinbergen umgeben. Die hier produzierten Weine sind recht süffig und preisgünstig. Außerdem gibt es ein kleines Regionalmuseum, das über den Weinbau in der Gegend informiert. Weinprobe $10–20. ⏰ tgl. 11–16.30 Uhr.

**Benziger Family Winery**, 1883 London Ranch Rd, Glen Ellen, ☎ 707 935 3000, 🖳 www.benziger.com. Schönes Weingut am Hang eines erloschenen Vulkans neben dem Jack London State Park. Täglich werden jede halbe Stunde Touren (11–15.30 Uhr; $25) über das Gut mit Schwerpunkt auf Weinanbau angeboten. Außerdem führt eine Tour, die Besucher unter eigener Regie unternehmen können, in Spaliertechniken ein. Weinprobe $20–40. ⏰ tgl. 10–17 Uhr.

**Buena Vista Winery**, 18000 Old Winery Rd, ☎ 800 926 1266, 🖳 www.buenavistacarneros.com. Dies ist das älteste und stattlichste der hiesigen Weingüter, gegründet 1857, dessen Weine sich nach einigen mauen Jahren inzwischen wieder ihren guten Ruf zurückerobert haben. Die unter Denkmalschutz stehende restaurierte Probierstube beherbergt eine kleine Kunstgalerie. Weinprobe und Führungen ab $20–100. ⏰ tgl. 10–17 Uhr.

**Ravenswood**, 18701 Gehricke Rd, Sonoma, ☎ 707 933 2332, 🖳 www.ravenswood-wine.com. Das unprätentiöse Weingut ist für seinen „mutigen, schnörkellosen" Zinfandel bekannt und gibt sich besonders freundlich und locker. Bei den Einheimischen ist es auch wegen seiner sommerlichen Grillfeste bekannt. Weinprobe $18–50, Führung $25. ⏰ tgl. 10.30–16.30 Uhr, Führung um 10.30 Uhr.

## INFORMATIONEN

**Visitor Center**, 1310 Napa Town Center, an der First Street in Napa, ☎ 707 226 7459, 🖳 www.napavalley.com, ⏰ tgl. 9–17 Uhr. Dies ist das Hauptbesucherzentrum, aber die meisten Orte haben zusätzlich eigene Informationsstellen.

## TRANSPORT

Von San Francisco gelangt man mit **Bustouren** ($91) von Gray Line, ☎ 800 472 9546, 🖳 www.grayline.com, ins Weingebiet.

# Sonoma Valley

In Sachen Schönheit schlägt das halbmondförmige **Sonoma Valley** das Napa Valley um Längen. Dieses insgesamt ländlichere Tal erstreckt sich zwischen mit Eichen bewachsenen Bergen von der spanischen Kolonialstadt **Sonoma** bis nach **Glen Ellen** ein paar Meilen weiter nördlich am Hwy-12. Das Tal ist erheblich kleiner als das Napa Valley, und bei vielen der Weingüter handelt es sich um zwanglosere Familienbetriebe.

## Mission San Francisco Solano de Sonoma

⏰ tgl. 10–17 Uhr ▪ Eintritt $3 ▪ ☎ 707 935 6832, 🖳 www.sonomaparks.org

Die restaurierte **Mission San Francisco Solano de Sonoma** in Sonoma State Historic Park, unmittelbar östlich der großen Plaza in Sonoma, war die letzte und nördlichste der kalifornischen Missionsstationen. Die Plaza war Schauplatz der Bear Flag Revolt des Jahres 1846, mit der sich Kalifornien die Unabhängigkeit von Mexiko erkämpfte, was schließlich in den Anschluss an die USA mündete.

## Jack London State Historic Park

⏰ tgl. 9.30–17 ▪ Eintritt $10 pro Fahrzeug ▪ ☎ 707 938 5216, 🖳 www.jacklondonpark.com

Vom Sonoma State Historic Park eine halbe Meile die London Ranch Road hinunter befindet sich auf 56 ha Farmland, das dem berühmten Autor von *Ruf der Wildnis* gehörte, der **Jack London State Historic Park**. Hier findet man außer der letzten Ruhestätte des Schriftstellers ein recht gutes Museum mit einer Sammlung von Erinnerungsstücken.

### ÜBERNACHTUNG UND ESSEN

**The Girl & The Fig**, 110 W Spain St, Sonoma, ✆ 707 938 3634, ☐ www. thegirlandthefig.com. In dem renommierten Restaurant warten französische Abendspeisen wie Wildflunder Müllerin für $27 sowie ungewöhnliche Vorspeisen und Käsesorten auf Feinschmecker. ⊕ Mo–Do 11.30–22, Fr und Sa 8–23, So 10–22 Uhr.

**Glen Ellen Inn**, 13670 Arnold Drive, Glen Ellen, ✆ 707 996 6409, ☐ www.glenelleninn. com. Hier kocht und serviert ein Ehepaar in einem kleinen, romantischen Speiseraum kalifornische Gourmetgerichte wie beispielsweise Muscheln und Knoblauchpommes für $22,95. Für Übernachtungsgäste stehen Cottages mit gutem Preis-Leistungs-Verhältnis zur Verfügung. ⊕ Mo, Di und Do–So 11.30–21, Mi 17.30–21 Uhr. $179

**Jack London Lodge**, 13740 Arnold Drive, Glen Ellen, ✆ 707 938 8510, ☐ www.jack londonlodge.com. Modernes Motel beim Jack London State Park mit gemütlichen Zimmern und Pool. Der freundliche Saloon ist ein bei Einheimischen beliebter Treff. $134

**Swiss Hotel**, 18 W Spain St, Sonoma, ✆ 707 938 2884, ☐ www.swisshotelsonoma.com. Ein 70 Jahre altes Gebäude direkt an der Plaza, mit gutem Restaurant. Die fünf sehr beengten Zimmer verfügen über Himmelbett und Blick entweder auf die Gartenterrasse oder die Plaza. $160

**Yeti Restaurant**, 14301 Arnold Drive, Glen Ellen, ✆ 707 996 9930, ☐ www.yeticuisine.com. Das freundliche nepalesisch-indische Restaurant mit seiner schönen Holzterrasse am Fluss bietet Gerichte wie Hähnchen Saag und Lammkeule für $15–23. ⊕ tgl. 11.30–15 und 17–21.30 Uhr.

### INFORMATIONEN

**Visitor Center**, 453 1st St E, an der Sonoma Plaza, ✆ 707 996 1090, ☐ www.sonomavalley.com, ⊕ tgl. 9–17 Uhr.

### TRANSPORT

Von SAN FRANCISCO fahren **Busse** von Golden Gate Transit (S. 431) nach Petaluma und Santa Rosa.

# Die nördliche Küste

Die **nördliche Küste**, die sich bis zur Grenze nach Oregon hinzieht, eignet sich angesichts der ganzjährig kühlen Temperaturen mit ihren nebelumhüllten Orten und windigen Felsstränden besser zum Wandern und Zelten als zum Sonnenbaden. Hier lockt ein ausgedehntes Netz aus National-, Staats- und Regionalparks mit großartigen **Redwood-Bäumen**, den höchsten Bäumen der Erde, die auch zu den ältesten zählen.

## Sonoma Coast und Russian River

Die schroffe **Sonoma-Küste** bietet wunderschöne Wandermöglichkeiten. Der erste Halt ist **Bodega Bay**, der Drehort von Hitchcocks *Die Vögel*. Nördlich von hier führt der Weg zum belebten **Goat Rock Beach** am oberen Ende der Küste, wo der Russian River ins Meer mündet. Der Strand bietet beste Bedingungen für das Beobachten von Seehunden und Walen. Das landeinwärts liegende Tal mit der Stadt **Guerneville** verdient sich zunehmend einen guten Ruf für seine Weine.

### Guerneville

Fährt man auf dem Hwy-116 ab Jenner durch das verhältnismäßig warme **Russian River Valley** landeinwärts, ist nach etwa 10 Meilen das Zentrum der Region erreicht, **Guerneville**, schon lange ein Ferienort für stadtmüde Schwule, aber natürlich auch für alle anderen. Das begehrteste Fleckchen ist der **Johnson's Beach** an einem ruhigen Flussabschnitt in der Stadtmitte, wo recht günstig Kanus, Tretboote und Schwimmschläuche vermietet werden; ☉ Mitte Mai–Anfang Okt tgl. 10–18 Uhr, Eintritt frei.

Zwei Meilen weiter nördlich liegt das **Armstrong Redwoods State Natural Reserve**, ☏ 707 869 2015. Dort gibt es einen 175 ha großen, dichten Wald mit enormen Redwoodbäumen. ☉ tgl. 8 Uhr bis 1 Std. nach Sonnenuntergang; Eintritt $8 pro Fahrzeug.

### ÜBERNACHTUNG UND ESSEN

**Creekside Inn and Resort**, 16180 Neely Rd, ☏ 707 869 3623, 💻 www.creeksideinn.com. Sehr gemütliche Zimmer für Selbstversorger in zweistöckigen Gebäuden inmitten der Redwoodbäume am gegenüberliegenden Flussufer. Mit Pool und Whirlpool. $105

**Johnson's Beach and Resort**, 16241 First St, ☏ 707 869 2022, 💻 www.johnsonsbeach.com. Das Resort, das auch den Strand (s. o.) managt, bietet einfache rustikale und etwas überteuerte Hütten und Zeltstellplätze mittlerer Größe. Mindestaufenthalt 2 Nächte. Zelte $40, Cabins $135

**Taqueria la Tapatia**, 16632 Hwy-116. Ausgezeichnetes, authentisches und billiges mexikanisches Lokal mit der üblichen bunten Innenausstattung und tollen, sättigenden Tacos, Tamales und Burritos, zumeist für weit unter $10. ☉ tgl. 11–22 Uhr.

**Trio**, 16225 Main St, ☏ 707 604 7461, 💻 www.triorussianriver.com. Das grell gestrichene Grillrestaurant bietet Sandwiches, ein bisschen mexikanisches Essen und köstliche Rippchen für $19. Jeden Abend Livemusik. ☉ Mo–Fr 15–22, Sa und So 12–22 Uhr, Bar bis 2 Uhr.

# Mendocino

Das rund 150 Meilen nördlich von San Francisco gelegene Mendocino wirkt wie ein Fischerdorf, das aus Neuengland hierher verpflanzt wurde – von Wind und Wetter reizvoll gezeichnet und mit zahlreichen Kunstgalerien und Boutiquen aus-

gestattet, aber ohne Fischerboote. Die knapp zehn Meilen nördlich gelegene Schwesterstadt **Fort Bragg** ist weitaus bodenständiger und daher auch billiger.

## Van Damme State Park

1,5 Meilen südlich von Mendocino am Hwy-1
■ Eintritt $8 pro Fahrzeug ■ ☏ 707 937 5804 ■
💻 www.parks.ca.gov

Südlich der Stadt gibt es im **Van Damme State Park** den außergewöhnlichen **Pygmy Forest** zu entdecken, einen Zwergwald mit uralten Bäumen, die aufgrund der schlechten Entwässerung und chemischen Zusammensetzung der Böden nur hüfthoch sind. **Kayak Mendocino**, ☏ 707 964 7480, 💻 www.kayakmendocino.com, veranstaltet zweistündige Kajaktouren durch die Meereshöhlen im Van Damme State Park; 3x tgl., $60.

### ÜBERNACHTUNG

**Beachcomber Motel**, 1111 N Main St, Fort Bragg, ☏ 707 964 2402, 💻 www.thebeachcombermotel.com. Nördlich der Stadt, wo die Küste wieder wilder wird, mit schicken, geräumigen Zimmern mit tollem Meerblick. Einfaches Frühstück inkl. $149

📖 **Little River Inn**, 2 Meilen südlich von Mendocino am Hwy-1 in Little River, ☏ 888 466 5683, 💻 www.littleriverinn.com. Wunderbare Lage mit Blick über eine Bucht voller Felstürme. Gemütliche Gartenzimmer und geräumige Cottages am Meer. Auch das Restaurant mit Bar ist exzellent. $275

**Mendocino Hotel**, 45080 Main St, ☏ 707 937 0511, 💻 www.mendocinohotel.com. Beliebtes Hotel aus dem Jahr 1878 mit stilvollen Zimmern voller Antiquitäten, die günstigeren ohne eigenes Bad, sowie einigen wirklich herausragenden Gartensuiten. $79

### ESSEN

**955 Ukiah Street**, 955 Ukiah St, Mendocino, ☏ 707 937 1955, 💻 www.955restaurant.com. Elegantes Restaurant mit köstlichen Vorspeisen wie Enten- und Kichererbsen-Wan Tan sowie Hauptgerichten wie Lammeintopf mit Rosmarin ($29). ☉ Do–So 18–22 Uhr.

**Café Beaujolais**, 961 Ukiah St, Mendocino, ☎ 707 937 5614, 🖥 www.cafebeaujolais.com. Das berühmteste Restaurant in Mendocino ist auf kalifornische Bio-Küche für $23–35 spezialisiert. ⊕ Mo und Di 17.30–22, Mi–So 11.30–14.30 und 17.30–22 Uhr.

**Mendo Bistro**, 301 N Main St, Fort Bragg, ☎ 707 964 4974, 🖥 www.mendobistro. com. Vornehmes Restaurant oben im umgebauten alten Komplex des Union Lumber Store mit ausgezeichneter, einfallsreicher internationaler Küche, darunter fabelhafte Pasta, für $18. Unten befindet sich die schicke Bar namens Barbelow. ⊕ tgl. 17–21 Uhr, Bar bis spät.

**Patterson's Pub**, 10485 Lansing St, Mendocino, ☎ 707 937 4782, 🖥 www.pattersonspub.com. Extrem freundliche Kneipe mit 28 Bieren vom Fass, Cocktails und munterer Atmosphäre. Saftige Sandwiches und sättigende Pasta kosten $13–18. ⊕ tgl. 12–2 Uhr.

# Humboldt Coast

Von allen kalifornischen Küstenbezirken ist das einsame, friedliche **Humboldt** County der schönste. Der Hwy-1 umgeht den südlichen Teil der Humboldt-Küste, was die Einsamkeit dieser Gegend verstärkt und ihr den Beinamen *The Lost Coast* eingebracht hat. Die unpassierbaren Felsen der **Kings Range** lassen an ihren Südausläufern nicht einmal den kurvenreichen Hwy-1

bis zur „Lost Coast" durch. Um hier hinzukommen, muss man landeinwärts über den Hwy-101 durch tiefe Redwood-Wälder nach **Garberville** fahren, eine Kleinstadt mit einigen guten Bars und florierendem Marihuana-Handel.

## Humboldt Redwoods State Park

⊕ 24 Std. ▪ Eintritt frei ▪ ☎ 707 946 2409, 🖥 www.humboldtredwoods.org

Der Hwy-101 führt ein paar Meilen nördlich von Garberville durch den **Humboldt Redwoods State Park**, den größten staatlichen Park in Kalifornien. Die 33 Meilen lange **Avenue of the Giants** verläuft mehr oder weniger parallel zum Hwy-101 durch dichten Wald, durch den kaum ein Sonnenstrahl dringt, wobei man an mehreren Stellen wieder zurück auf den US-101 schwenken kann. Es lohnt sich, diesen abgeschiedenen Wald zu erforschen.

## Eureka und Umgebung

**Eureka**, die größte Stadt an der nördlichen Küste Kaliforniens, lassen die meisten links liegen, doch seine Altstadt lohnt einen Bummel – besonders während der Arts-Alive!-Nächte am ersten Samstag in jedem Monat. Dann öffnen fast hundert Geschäfte ihre Türen für die Kunst (meist darstellende Kunst) – und es gibt viel Bier und gute Stimmung. Ein paar Autominuten vom weitläufigen Eureka entfernt liegt auf der anderen Seite der Bucht die winzige Siedlung **Samoa**. Hier steht die einzige alte Holzfäller-Kan-

---

### Bigfoot Country

**Willow Creek**, 40 Meilen östlich von Arcata, ist das selbsternannte Tor zum „Bigfoot Country". Seit dem späten 19. Jh. kursieren, befeuert von alten indianischen Legenden, Gerüchte über 150 bis 350 kg schwere menschenähnliche Wesen, die durch die Wälder des nordwestlichen Kaliforniens streifen. Diese Geschichten wurden bis 1958 nicht ernst genommen, als ein Straßeninstandsetzungstrupp riesige Fußspuren fand. Dank ihrer Fotos verbreitete sich die Bigfoot-Geschichte über die ganze Welt. Im Jahr 2002 erklärte die Familie von Ray L. Wallace jedoch, dieser habe die Fußspuren von 1958 gelegt – ein Spaß, den sie versprochen hatte, erst nach seinem Tod aufzuklären.

Doch die Anzahl und Unterschiedlichkeit der Abdrücke (mehr als 40 seit 1958) weisen immer noch auf ein Bigfoot-Geheimnis hin; das kleine **Willow Creek-China Flat Museum** in Willow Creek, ☎ 530 629 2653, 🖥 www.bigfootcountry.net, erzählt Näheres über Bigfoots vermeintliche Aktivitäten und zeigt außerdem indianische Artefakte; ⊕ Mitte April–Okt Mi–So 10–16, Okt–Mitte April n. V., Eintritt frei.

---

tine des amerikanischen Westens, das **Samoa Cookhouse** (s. u.), wo einst die Männer nach einem harten Tag in den Redwood-Wäldern riesige Mahlzeiten verzehrten.

**Arcata**, 7 Meilen nördlich von Eureka auf der anderen Seite der Arcata-Bucht, ist mit einer begrünten Plaza im Zentrum und guten Restaurants erheblich ansprechender als sein größerer Nachbar. Die weißen, windigen Strände nördlich des kleinen College-Städtchens gehören zu den schönsten in Nordkalifornien.

### ÜBERNACHTUNG UND ESSEN

**Carter House Inns**, 301 L St, Eureka, 707 444 8062, www.carterhouse.com. In dieser Enklave aus vier viktorianischen Gebäuden um eine ruhige Kreuzung herum sind alle Zimmer erstklassig. Außerdem gibt es hier für $600 pro Nacht das private Carter Cottage sowie das ausgezeichnete Restaurant 301. Inkl. Gourmetfrühstück. $208

**Hotel Arcata**, 708 9th St, Arcata, 707 826 0217, www.hotelarcata.com. Das unmittelbar am Hauptplatz der Stadt gelegene Hotel verströmt mit seinen Velourstapeten und gemusterten Teppichen in den gemütlichen Zimmern einen sehr urigen altmodischen Charme. $97

**Jambalaya Arcata**, 915 H St, Eureka, 707 822 4766, www.jambalayaarcata.com. Das quirlige Lokal serviert zwar gar kein Jambalaya mehr, aber die Pizzen für $20 und viel billigeren Burger kommen abends begleitet von R&B-, Jazz- und Rockbands daher. Mo und Di 16–2, Mi–Sa 16–2.30, So 9–2.30 Uhr.

**Lost Coast Brewery and Café**, 617 4th St, Eureka, 707 445 4480, www.lostcoast.com. Super Auswahl an Bieren sowie großzügige, herzhafte Fleisch- und Fischgerichte für $10–18. Munteres Publikum aus Bier- und Sportfans. Mo–Do und So 11–22, Fr und Sa 11–23 Uhr.

**Samoa Cookhouse**, abseits der Cookhouse Rd, Samoa, 707 442 1659, www.samoacookhouse.net. In dem historischen, freundlichen Lokal werden an langen Tischen gewaltige Portionen rotes Fleisch serviert. Von den drei Tagesmenüs ($10–15) kann man so viel essen, wie man möchte. tgl. 7–21 Uhr.

# Redwood National Park

24 Std. ▪ Eintritt frei

Das kleine, fast 40 Meilen nördlich von Arcata gelegene Orick ist der südliche Eingang zum **Redwood National Park**, den man jederzeit kostenlos besuchen kann. Redwoods sind mit über 100 m die höchsten Bäume, die auf unserer Erde wachsen. Zu finden sind sie nur in den Küstenwäldern Nordkaliforniens und Süd-Oregons. Zwei Meilen nördlich vom Parkeingang liegt der **Tall Trees Grove**, wo u. a. einer der größten Bäume der Welt 111 m hoch in den Himmel ragt.

Von der Bald Hill Road bei Orick führt ein 8,5 Meilen langer Wanderweg zum Tall Trees Grove. Für die Anfahrt mit dem Auto über die Zufahrtstraße zum Startpunkt ist ein Permit erforderlich, kostenlos erhältlich im **Kuchel Information Center** (siehe unten).

Der abwechslungsreichste und beliebteste unter den drei State Parks im Gebiet des Redwood-Nationalparks ist **Prairie Creek**. Zu den großen Attraktionen zählen die Wiesen der **Elk Prairie**, wo ganze Herden von Roosevelt-Hirschen, riesige und bis zu einer Tonne schwere Tiere, das Gelände bevölkern. Wunderbare Ausblicke bieten sich im Gebiet um die Mündung des Klamath River, vor allem vom **Klamath Overlook**, zwei Meilen die Requa Road hinauf.

Die Anlage **Trees of Mystery** am US-101, 707 482 2251, www.treesofmystery.net, bietet das Vergnügen, über bizarr von der Natur verformte Baumstämme zu hüpfen oder unter ihnen hindurchzukriechen. Eindrucksvoll ist der **Cathedral Tree**, der aus neun hohen Bäumen besteht, die kreisförmig aus einer einzigen Wurzel emporwachsen. Sommer tgl. 8–19, sonst 9–17 Uhr, Eintritt $16.

### ÜBERNACHTUNG

**Campingplätze**, 800 444 7275, www.reserveamerica.com. Campingplätze mit Einrichtungen sind Jedediah Smith, Mill Creek Gold Bluffs Beach und Elk Prairie; im Sommer sollten diese Plätze unbedingt vorgebucht werden. Kostenlose Permits fürs Wildniszelten sind in den Visitor Centers (s. unten) erhältlich. Wanderer/Radfahrer $5, Fahrzeuge $35

### INFORMATIONEN

**Park Headquarters**, 1111 2nd St, Crescent City, ✆ 707 464 6101, 🖥 www.nps.gov/redw, ⏰ tgl. 9–17 Uhr. Über den Park verteilt gibt es noch weitere Visitor Centers.

**Kuchel Information Center**, 2 Meilen nördlich von Orick, am Südeingang des Parks, ✆ 707 464 6101, ⏰ Sommer tgl. 9–17, sonst 9–16 Uhr.

# Das nördliche Landesinnere

Das abgeschiedene nördliche Landesinnere Kaliforniens, von der Küste abgeschnitten durch die Gebirgskette **Shasta Cascade** und geprägt von Wäldern, Seen und Bergen, ist größtenteils unbewohnt. Durch das Herz dieser Beinahewildnis führt der I-5 auf seinem Weg mitten durch das unspektakuläre Farmland des **Sacramento Valley** nach **Redding** – hier verkehren auch die einzigen öffentlichen Busse in der Region.

Reading bildet eine gute Basis für die Erkundung des Gebietes **Whiskeytown-Shasta-Trinity** sowie des anspruchsvolleren **Lassen Volcanic National Park**. Bergsteiger und spirituell Angehauchte zieht es zum **Mount Shasta**; dieser liegt nahe genug bei den vulkanischen **Lava Beds** im Nordzipfel Kaliforniens, um beides zu einem langen, aber machbaren Tagesausflug per Auto kombinieren zu können.

## Redding und Umgebung

Mit seinen Einkaufszentren beiderseits der die Stadt durchschneidenden I-5 wirkt **Redding** inmitten all der natürlichen Pracht des kalifornischen Nordens irgendwie deplatziert. Die mit 70 000 Einwohnern größte Stadt der Region ist seit dem späten 19. Jh. ein Verkehrsknotenpunkt des Nordens. Das ist sie nach wie vor, doch inzwischen hat sie auch eine ausgesprochene Attraktion aufzuweisen: den großartigen **Turtle Bay Exploration Park**, 800 Auditorium Drive, ✆ 530 243 8850, 🖥 www.turtlebay.org, ⏰ Mai–Anfang Sep Mo–Fr 9–17, Sa und So 10–17 Uhr, Mitte Sep–April Mi–Fr 9–16, Sa und So 10 Uhr, Eintritt $16), mit seinen faszinierenden interaktiven Exponaten, einem kleinen Tierpark und der atemberaubenden Sundial Bridge des spanischen Architekten Santiago Calatrava.

### Shasta

**Shasta**, 4 Meilen westlich von Redding am Hwy-299 und nicht zu verwechseln mit Mount Shasta City (S. 448), war einst ein geschäftiges Goldgräberzentrum, ist aber heute quasi eine Geisterstadt. Nur noch eine Reihe zerfallender Backsteingebäude zeugen vom vergangenen Reichtum der Goldgräber. Das **Courthouse**, das alte Gerichtsgebäude an der Hauptstraße, ist inzwischen zu einem Museum über die Goldgräberzeit umgestaltet worden. ⏰ Do–So 10–17 Uhr, Eintritt $3.

### ÜBERNACHTUNG UND ESSEN

**Jack's Grill**, 1743 California St, ✆ 530 241 9705, 🖥 www.jacksgrillredding.com. Beliebtes Restaurant mit Steak-, Shrimp- und Hähnchengerichten für $18–40. Da keine Reservierungen angenommen werden, muss man eventuell warten – es lohnt sich. ⏰ Mo–Sa 17–23 Uhr.

**Janya's Thai Cuisine**, 630 N Market St, ✆ 530 243 7682, 🖥 www.janyasthai cuisine.com. Das versteckte Juwel bietet eine riesige Auswahl, vom würzigen Papaya-Salat bis zu ausgezeichneten Pfannengerichten und Currys, zumeist für $10–15. ⏰ Di–Fr 11–14.30 und 16–21, Sa und So 11.30–21 Uhr.

**Red Lion**, 1830 Hilltop Drive, ✆ 530 221 8700, 🖥 www.redlion.com/redding. Modernes, großes Hotel auf zwei Etagen mit überaus komfortablen Zimmern und einem preislich angemessenen Frühstücksbuffet. Häufig Sonderangebote. $90

**Tiffany House**, 1510 Barbara Rd, ✆ 530 244 3225, 🖥 www.tiffanyhousebb.com. Von einem freundlichen Paar geführtes, elegantes, aber trotzdem preisgünstiges B&B in einem umgebauten viktorianischen Haus, mit teurerem separatem Cottage dahinter. $140

# Lassen Volcanic National Park

Eintritt Mitte April–Nov $20 pro Fahrzeug, Dez–Mitte April $10, gültig 7 Tage

Die Wälder, kristallgrünen Seen und kochend heißen Quellen des 43 000 ha großen Lassen Volcanic National Parks, etwa 40 Meilen östlich von Redding, bilden eine Welt, die sich mit anderen Gegenden Kaliforniens kaum vergleichen lässt. Das raue Klima mit bis zu 15 m Schneefall pro Jahr hat zur Folge, dass die Region fast völlig unbewohnt ist. Der 3187 m hohe **Mount Lassen** galt als ein ruhiger Vulkan, bis 1914 eine Serie von Vulkanausbrüchen begann, die ihren Höhepunkt 1915 erreichte, als eine riesige, pilzförmige Wolke 11 km hoch in den Himmel stieg, die Spitze des Berges explodierte und einzelne Partikel bis nach Reno geschleudert wurden. Wissenschaftler sind der Ansicht, dass Lassen der Vulkan Kaliforniens ist, der am ehesten wieder ausbrechen könnte.

Direkt hinter der nördlichen Parkzufahrt (Eintritt pro Fahrzeug $10, sieben Tage gültig) liegt im Wald der **Manzanita Lake**. Die 30 Meilen lange Fahrt auf dem Hwy-89 durch den Park von hier dürfte nicht länger als ein paar Stunden dauern, doch die Straße ist erst nach der Schneeschmelze im Juni ganz geöffnet. Auf dem Weg zur **Devastated Area** lässt man die Baumgrenze hinter sich. Hier wälzte sich nach dem letzten Ausbruch im Jahr 1915 die flüssige Lava den Berg hinab, entwurzelte und verbrannte alle Bäume und vernichtete den Grasbewuchs, sodass nur noch der nackte Fels übrig blieb. Auf halbem Weg durch den Park ist **Summit Lake** erreicht, ein schöner, eiskalter See mit Campingplätzen, Ausgangspunkt der am leichtesten zu bewältigenden Wanderpfade.

Der 5 Meilen lange Aufstieg zum **Lassen Peak** beginnt am Parkplatz am Hwy-89 in 2550 m Höhe. Unter normalen Bedingungen können erfahrene Wanderer in 4 Stunden den Gipfel erreichen. **Bumpass Hell** und **Emerald Lake** bilden

das größte geothermisch aktive Gebiet voller dampfender Becken. Die gesicherten und markierten Pfade sind leicht begehbar, man sollte sie allerdings nie verlassen, da man durch die dünne Kruste, die sich über den Thermalbecken bildet, brechen und in kochend heißes Wasser fallen kann.

Bei den **Sulphur Works** in der Nähe des südlichen Parkeingangs dringt aus einer Reihe dampfender Schlote beißender Schwefelgeruch empor. Von hier ist über einen tollen, aber anstrengenden Pfad nach einer Meile der **Diamond Peak** zu erreichen, von dem sich tolle Ausblicke auf den Park eröffnen. Wer die Wildnis liebt, sollte im östlichen Gebiet rings um den **Juniper Lake** wandern.

## ÜBERNACHTUNG

**Campingplätze**, ☎ 877 444 6777, 🖥 www. recreation.gov. Im Sommer – wenn die Temperaturen nachts unter den Nullpunkt sinken können – sollten alle Campingplätze des Parks mit Einrichtungen bereits lang im Voraus gebucht werden. Für einfaches Zelten ist ein kostenloses Permit erforderlich, erhältlich in den Visitor Centers und an den Eingängen des Parks. Stellplätze ab $12

**Manzanita Lake Camping Cabins**, Manzanita Lake, ☎ 530 840 6140, 🖥 www.lassenrecreation.com. Vor jeder der 20 stabilen Kiefernholzhütten (schlichte Einrichtung, einige mit Stockbetten) steht ein Picknicktisch, an dem man gemütlich den Ausblick genießen kann. In der Nähe liegt ein Lebensmittelladen. $59

## INFORMATIONEN

**Lassen Visitor Center,** beim südlichen Parkeingang am Hwy-89, ☎ 530 595 4480, 🖥 www. nps.gov/lavo, 🕓 Sommer tgl. 9–18, sonst 9–17 Uhr. Hier gibt's kostenlose Landkarten, Informationen, den *Lassen Park Guide* sowie ein schickes Café.

**Manzanita Lake Visitor Center**, am Nordeingang, ☎ 530 595 4444, App. 5180. Im Center befindet sich das Loomies Museum, wo der Eruptionszyklus der Vulkane dokumentiert wird. 🕓 Sommer tgl. 9–17 Uhr.

# Mount Shasta und Umgebung

60 Meilen nördlich von Redding erhebt sich der massive Kegel des 4317 m hohen **Mount Shasta**. Obwohl der letzte Vulkanausbruch bereits über 200 Jahre zurückliegt, ist der Berg noch nicht zur Ruhe gekommen. Seine angeblichen mystischen Energien locken stets jede Menge New-Age-Freaks besonders nach Mount Shasta City, direkt unterhalb der Westflanke des Bergs.

Wer dem Gipfel erklimmen (10 Std., Steigeisen und Eispickel zumeist erforderlich) oder auf den vielen Wegen an den unteren Hängen des Bergs wandern möchte, benötigt ein Permit, erhältlich kostenlos im **Ranger District Office**, 204 W Alma St, Mount Shasta City, ℡ 530 926 4511, ⊙ April–Okt Mo–Sa 8–16.30, Nov–März Mo–Fr 8–16.30 Uhr. Man kann sich aber auch an den Trailheads selbst eins ausstellen.

Eine gute Basis für die Umgebung des Mount Shasta sind auch die kleinen Orte **Dunsmuir** und **McLoud**.

## ÜBERNACHTUNG UND ESSEN

**Bistro No.107**, 107 Chestnut St, Mount Shasta City, ℡ 530 918 5353. Beliebtes Eckrestaurant mit einer kleinen Holzterrasse. Gourmet-Burger, Panini und diverse Tagesgerichte für $10–20. ⊙ Sommer tgl. 11–21, sonst Mo und Do–So 11–21 Uhr.

**Black Bear Diner**, 401 W Lake St, Mount Shasta City, ℡ 530 926 4669, 🖳 www.blackbeardiner. com. Hier ist der Heimatsitz dieser Diner-Kette, ein prima Lokal für üppiges Frühstück und klassisches amerikanisches Abendessen für $10–15. ⊙ tgl. 6–22 Uhr.

**Cold Creek Inn**, 724 N Mount Shasta Blvd, Mount Shasta City, ℡ 800 292 9421, 🖳 www. coldcreekinn.com. Hübsch renoviertes Hotel ein paar wenige Straßen vom Zentrum, mit Bergblick von einigen der einfachen, aber geräumigen Zimmer. $99

**Dunsmuir Brewery Works**, 5701 Dunsmuir Ave, Dunsmuir, ℡ 530 235 1900, 🖳 www. dunsmuirbreweryworks.com. Hervorragende neue Kleinbrauerei mit großer Auswahl an Craft-Ales und hochwertigen Sandwiches für unter $10. Am Freitag und Samstag gibt es abends Livemusik. ⊙ Sommer tgl. 11–22, sonst Di–So 11–21 Uhr.

**Lake Siskiyou Resort & Camp**, 4239 W. A. Barr Rd, 4 Meilen südwestlich von Mount Shasta City, ℡ 530 926 2618, 🖳 www.reynolds resorts.com. Der schönste Campingplatz in der Gegend. Hier kann man picknicken, baden und Boot fahren. ⊙ April–Okt. Zeltstellplätze $20, Cabins $65

**Railroad Park Resort**, 100 Railroad Park Rd, Dunsmuir, ℡ 530 235 4440, 🖳 www.rrpark.com. Die originellste Unterkunft der Gegend besteht zumeist aus alten Eisenbahnwagen. Dazu gibt es einige Cabins und Wohnmobil-Stellplätze mit Anschlüssen sowie in einem Speisewagen ein beliebtes Restaurant. $125, Wohnmobil-Stellplätze $37

## INFORMATIONEN

**Chamber of Commerce**, 300 Pine St, Mount Shasta City, ℡ 530 926 3696, 🖳 www.mtshastachamber.com, ⊙ Sommer tgl. 9–17.30, sonst 10–16 Uhr.

## TRANSPORT

### Busse

Der zu Mount Shasta City nächstgelegene **Greyhound**-Busbahnhof befindet sich 7 Meilen nördlich von Mount Shasta City in Weed. Von dort fahren Regionalbusse von **STAGE**, ℡ 530 842 8295, nach Mount Shasta City.

### Eisenbahn

Der **Amtrak**-Bahnhof ist in Dunsmuir, 6 Meilen südlich von Mount Shasta City, zu erreichen mit STAGE-Bussen.

# Lava Beds National Monument

Eintritt $15 pro Fahrzeug, gültig 7 Tage

Das **Lava Beds National Monument** im hohen Norden Kaliforniens ist einer der einsamsten und interessantesten Naturparks des Staates. Die Siedlungsgeschichte der Gegend um die vulkanischen Höhlen und die riesigen schwarzen Lavaströme ist genauso von Gewalt geprägt wie die natürlichen Kräfte, die diese schufen. Vor dem Goldrausch war das Gebiet Heimat der **Modoc**-Indianer, aber nach wiederholten blutigen Auseinandersetzungen mit Goldgräbern wurden sie in ein Reservat zusammen mit den Klamath gezwungen, ihren traditionellen Erzfeinden. Als die Modoc 1872 wieder in ihr angestammtes Gebiet zurückzogen, trat die Armee auf den Plan. 55 Modoc-Krieger unter der Führung von „Captain Jack" wehrten von einer natürlichen, mit Gängen durchzogenen Festung an der Nordspitze des Parks, die heute als **Captain Jack's Stronghold** bekannt ist, fünf Monate lang eine zehnmal größere Armee ab.

Die meisten der Lavatunnelhöhlen liegen in der Nähe des **Visitor Centers** (s. unten), wo man an kostenlosen, zu unterschiedlichen Zeiten stattfindenden Rangerführungen teilnehmen oder sich kostenlos eine Taschenlampe und einen Helm für die Erkundung der Höhlen auf eigene Faust ausleihen kann. Unmittelbar nördlich und westlich der Lava Beds ist das **Klamath Basin National Wildlife Refuge** ein Ziel von Millionen Zugvögeln, die auf der sogenannten Pazifischen Flugstraße unterwegs sind. Übrigens kann man die Vögel am besten beobachten, indem man mit dem Auto vorgegebene Routen abfährt. Der beiden Attraktionen am nächsten gelegene Ort ist das verschlafene **Tulelake** im Nordosten.

### ÜBERNACHTUNG UND ESSEN

**Captain Jack's Stronghold**, 5 Meilen südlich von Tulelake am Hwy-139, ✆ 530 664 5566, ⌨ www.cjstronghold.com. Das beste Restaurant der Gegend bietet ausgezeichnete Suppen, Salate, Sandwiches, Pasta- und einige internationale Gerichte wie Teriyaki-Huhn, alles um $12–20. ⊙ Do–So 16–20 Uhr.

**Fe's B&B**, 660 Main St, Tulelake, ✆ 530 667 5145, ⌨ www.fesbandb.com. Sehr einladendes B&B mit gemütlichen Zimmern und ordentlichen Frühstück für einen guten Start in den Tag. Der kenntnisreiche Betreiber bietet außerdem Touren in der Umgebung an. $80

### INFORMATIONEN

**Lava Beds Visitor Center**, beim Südwesteingang, ✆ 530 667 8113, ⌨ www.nps.gov/labe, ⊙ Juni–Aug tgl. 8–18, Sep–Mai 8–17 Uhr. **Klamath Basin Visitor Center**, abseits der Hill Rd, beim Nordwesteingang zu den Lava Beds, ✆ 530 667 2231, ⊙ Mo–Fr 8–16.30, Sa und So 10–16 Uhr.

MOUNT HOOD NATIONAL FOREST, OREGON

# Der Nordwesten

Die umweltbewussten, liberalen und betont unabhängigen Bundesstaaten Washington und Oregon im Nordwesten sind als die grüne und feuchte Ecke der USA bekannt. Es gibt nur zwei große Städte, Seattle und Portland – insofern steht eindeutig die Natur im Vordergrund: Man kann in einigen der schönsten Nationalparks der USA nach Herzenslust wandern, Rad fahren, Kajak fahren und klettern.

# Stefan Loose Traveltipps

**Pike Place Market, Seattle, WA** Der riesige Markt lockt seit über hundert Jahren mit allen möglichen Köstlichkeiten und einem bunten Treiben. S. 454

**San Juan Islands, WA** Die drei idyllischen Inseln sind im Sommer herrliche Ziele für einen Fährausflug. S. 466

**Cascades Loop, WA** Die Route über die Cascade Mountains führt vorbei an klaren Bergseen und weißen Gipfeln. S. 478

**Mount St. Helens, WA** Ein Ehrfurcht gebietender Anblick – auch drei Jahrzehnte nach dem letzten Ausbruch dieses Vulkans. S. 481

**Portland, OR** Imbisswagen, Cafés, Mikrobrauereien und eine bunte Kultur in der schrägsten Stadt der USA. S. 484

**Columbia River Gorge, OR** Die gewaltige Schlucht mit spektakulären Wasserfällen wurde während der Eiszeit von den Wassermassen in den Stein gegraben. S. 493

**14** **Crater Lake, OR** Der stahlblaue Kratersee bietet einen umwerfend schönen Anblick. S. 502

PIKE PLACE MARKET, SEATTLE

CRATER LAKE, OREGON

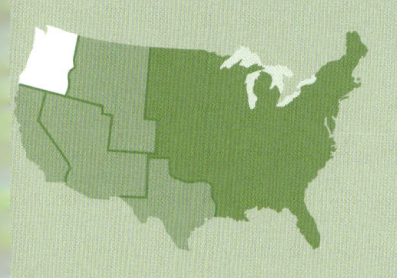

## Inhalt

Washington und Oregon ähneln sich hinsichtlich Klima, Topographie und Umweltpolitik, und die Bewohner beider Staaten lieben gute Lebensmittel direkt vom Erzeuger, Bio-Weingüter und kleine Brauereien. Besonders progressiv gibt sich Oregon: Hier gibt es keine Mehrwertsteuer, seine Bewohner pflegen einen lockeren Lebensstil, und das Wachstum der größeren Städte wird durch „urbane Wachstumsgrenzen" gemindert.

Beide Bundesstaaten werden durch den Gebirgszug der Cascade Mountains in Nord-Süd-Richtung in zwei Hälften geteilt. Auf der Westseite liegt der Pazifische Nordwesten, der mit

Der Nordwesten

dem alternativ angehauchten Nordkalifornien eine kulturelle Einheit bildet. Im Osten haben die konservativen Farmer, die das trockene Binnenland bewirtschaften, mehr mit den Menschen in Idaho und Montana gemeinsam als mit ihren liberaleren Verwandten im Westen.

Von den einsamen Regenwäldern und heißen Quellen des **Olympic National Park** und den erhabenen Gipfeln der **North Cascades** bis zum gewaltigen Massiv des **Mount Rainier** und den Lavalandschaften am **Mount St. Helens** – in Washington kann man atemberaubende Landschaften genießen, zumindest wenn es nicht regnet. In Oregon locken dagegen zahllose Mountainbike-Trips, und auch eine Runde um den **Crater Lake** mit Blick in den grandios blauen Kessel ist ein wahrhaft zauberhaftes Erlebnis.

Das Gebiet zwischen Vancouver, Seattle und Portland ist gut mit öffentlichen Verkehrsmitteln erschlossen. Für die Erkundung der Parks, Berge und abgelegenen Gebiete im Osten benötigt man jedoch ein eigenes **Fahrzeug**.

# Washington

Mit seinen dichten Fichten-, Zedern- und Zypressenwäldern ist Washington nicht umsonst als „**Evergreen State**" bekannt. Hier warten zahlreiche Naturschönheiten, Nationalparks und (leider) viele Niederschläge, die vom Pazifik herüberziehen, zumindest westlich der Cascades.

Das liebenswerte und dynamische **Seattle** beherbergt einige der populärsten Sehenswürdigkeiten des Bundesstaats. Ein Highlight der Stadt ist ihre Lage am **Puget Sound**, einem Meeresarm des Pazifiks, in dessen Umgebung ein Großteil der Bevölkerung des Bundesstaats lebt.

Weiter westlich liegt die **Olympic Peninsula**. In den Bergen der Halbinsel leben Wapitis, die üppige Vegetation geht gebietsweise in Regenwald über, und die wilden, ursprünglichen Strände stehen unter Naturschutz. Ein paar Autostunden weiter südlich liegen der erhabene Gipfel des **Mount Rainier** und die atemberaubende Vulkanlandschaft des **Mount St. Helens**.

Die trockenen, eintönigen Präriehochebenen im Osten Washingtons werden belebt durch die reizvolle Stadt **Spokane** und den mächtigen **Grand-Coulee-Staudamm**. Die meisten Touristen unternehmen eine Fahrt über die Rundstrecke Cascade Loop, eine unvergessliche, 400 Meilen lange Reise durch die spektakuläre Bergwelt der **Cascade Mountains**.

## Seattle

Vor 1991 wussten nur wenige Leute außerhalb des Nordwestens viel über **Seattle**, und auch für die meisten Amerikaner war die Stadt nur ein fernes, verregnetes Provinznest. Doch seit in jenem Jahr **Nirvana** und **Grunge** die Musikszene eroberten, ist nichts mehr, wie es war. Die Film- und Fernsehindustrie griff den Hype schnell auf und produzierte *Schlaflos in Seattle*, *Frasier* und

---

### Die besten Autotouren

**Hwy-101, OR und WA** Diese tolle Küstenstraße folgt dem Pazifik von der kalifornischen Grenze und führt vorbei an den besten Stränden und Dünen von Oregon bis nach Astoria und hinein nach Washington, wo sie in die Regenwälder des Olympic National Park führt.

**Hurricane Ridge Rd, WA** Eine spektakuläre, 17 Meilen lange Fahrt hinauf auf die Olympic Mountain Range, wo sich Rehe tummeln, Blumen blühen und sich in alle Richtungen unglaubliche Ausblicke auf schneebedeckte Berge eröffnen. S. 475

**Cascade Loop, WA** Eine entspannte Tour durch die mächtigen Cascades, vorbei an Bergwiesen zum halbtrockenen Grasland und den Seen des östlichen Washington. S. 478

**Journey Through Time Scenic Byway, OR** Diese Strecke, eine Kombination aus den Highways 26 und 7 in Oregon, verbindet die bunten Landschaften der John Day Fossil Beds mit den abgeschiedenen, schneebedeckten Blue Mountains. S. 503

*Grey's Anatomy*. Heute kommen zahlreiche Touristen in die Stadt, um deren wundervolle Lage zu genießen, um den quirligen **Pike Place Market** und das atemberaubende **Chihuly Garden and Glass** zu besuchen sowie um nette Cafés und ausgezeichnete Museen zu erkunden – und all das vor der Kulisse einer modernen Skyline mit den Schneegipfeln des Mount Rainier im Hintergrund. Für Kreuzfahrtschiffe, die Richtung Alaska unterwegs sind, ist Seattle ebenfalls eine willkommene Zwischenstation.

Aber Seattle betrat in den 1990er-Jahren nicht zum ersten Mal die internationale Bühne. Schon Ende der 1890er-Jahre erlebte die 1851 gegründete Stadt eine Blüte, nach dem Goldrausch am Klondyke. Damals, als die Stadt der Hauptankunftshafen für hoffnungsfrohe Goldsucher war, verdoppelte sich die Bevölkerungszahl und die Wirtschaft boomte. 1962 wurde für die Weltausstellung die Space Needle errichtet, und Elvis drehte hier den Film *It Happened at the World's Fair* (dt. *Ob blond, ob braun*).

Seit Beginn des 20. Jhs. hat der Flugzeugbauer **Boeing** als mächtiger Arbeitgeber wichtigen Anteil am wirtschaftlichen Aufstieg der Stadt. Jüngere Erfolgsgeschichten schrieben **Microsoft**, **Starbucks** und **Amazon**. Ein Vorur-

---

### Der erste Starbucks?

Ob es einem gefällt oder nicht: **Starbucks** hat sich zu einer riesigen globalen Café-Kette entwickelt, die in Asien und Europa genauso bekannt ist wie in Amerika. Und am Pike Place fing alles an: Hier eröffnete 1971 der Originalladen, und dieses oft sehr volle Café in der 1912 Pike St gegenüber dem Eingang zum Markt, ✆ 206 448 8762, ⌨ www.starbucks.com, verfügt auch noch über das ursprüngliche Logo (nicht zu verwechseln mit der viel neueren Filiale in der Pike, Ecke 1st St). Im Café gibt's spezielle Getränke und Artikel, die nur hier erhältlich sind, der Kaffee selbst ist jedoch Standard-Starbucks-Bräu. Allerdings zog Starbucks erst 1977 an diese Stelle: Die echte erste Niederlassung befand sich nicht weit entfernt in der 2000 Western Avenue – das Gebäude wurde inzwischen abgerissen. ⏱ tgl. 6–21 Uhr.

---

teil über Seattle hat auf jeden Fall seine Berechtigung: Es regnet wirklich viel, besonders von Oktober bis Mai.

## Pike Place Market
Pike St, Ecke 1st Ave ▪ ⏱ Mo–Sa 9–18, So 9–17 Uhr ▪ Eintritt frei ▪ ✆ 206 682 7453, ⌨ www.pikeplacemarket.org

Nur wenige Städte der USA können mit so etwas wie dem 1907 ins Leben gerufenen und direkt am Wasser gelegenen **Pike Place Market** aufwarten, dem ältesten durchgehend existierenden öffentlichen Markt des Landes. An unzähligen Ständen werden hier Hummer, Krebse, Lachs, Gemüse, Obst und Blumen verkauft. Zwar wird der Markt im Sommer oft von Touristen belagert, aber auch die Einheimischen kaufen hier ein. Sie waren es auch, die den Markt in den 1970er-Jahren vor dem Abriss retteten, und darauf sind sie heute noch stolz. Der Markthallenkomplex besteht aus 13 Gebäuden auf einem rund 3 1/2 ha großen, dreieckigen Gelände mit 300 Gemüse- und Fischhändlern, Bäckern, Handwerkern und kleinen Einzelhändlern. Eine geplante Erweiterung soll 2017 fertig sein und dann unter anderem rund 40 neuen Ständen und einer Brauerei Platz bieten.

Am Haupteingang in der Pike Street werfen die Fischhändler der **Pike Place Fish Co** ihre Ware hin und her – zum großen Vergnügen der Zuschauer. Dazu sorgen Straßenkünstler für Unterhaltung. Hier steht auch die Messingstatue von „**Rachel dem Schwein**", einem riesigen Sparschwein für wohltätige Zwecke. Und wenn man nichts einkaufen möchte: Hier befinden sich einige interessante Restaurants sowie der erste **Starbucks** aller Zeiten (s. Kasten). Auch sollte man einen Blick auf die etwas eklige **Gum Wall** in einer Gasse an einer Seite des Marktes werfen: Die Mauer ist über und über mit benutzten Kaugummis überzogen.

## Seattle Aquarium und Waterfront
1483 Alaskan Way (Pier 59) ▪ ⏱ tgl. 9.30–17 Uhr ▪ Eintritt $22,95, Kinder 4–12 J. $15,95 ▪ ✆ 206 386 4300, ⌨ www.seattleaquarium.org

Vom Pike Place Market führen Treppen hinab zum Wasser und zum **Seattle Aquarium**. Dort leben Hunderte Fisch-, Vogel- und Pflanzenarten

sowie Meeressäugetiere, wobei der Schwerpunkt auf dem Meeresleben im Puget Sound liegt. Zu seinen Highlights zählen eine Lachszucht mit Fischleiter, die stets beliebten **Otter** und **Pelzrobben**.

Vom Aquarium aus kann man die **Waterfront** Richtung Norden oder Süden entlangbummeln. Gleich südlich warten weitere Highlights für Familien mit Kindern: **Miner's Landing** (Pier 57) und das **Seattle Great Wheel**, ein 53 m hohes Riesenrad, 🖳 www.seattlegreatwheel.com, 🕑 Juli–Mitte Sep Mo–Do und So 10–23, Fr und Sa 10–24, Mitte Sep–Juni Mo–Do 11–22, Fr 11–24, Sa 10–24, So 10–22 Uhr, Eintritt $13, Kinder 4–11 J. $8,50.

## Seattle Art Museum

1300 1st Ave ▪ 🕑 Mi & Fr–So 10–17, Do 10–21 Uhr ▪ Empfohlene Spende $19,95, erster Do im Monat frei ▪ 📞 206 654 3100, 🖳 www.seattleartmuseum.org

Wenn es auch keine übermäßig großen Sensationen zu bieten hat, Kunstfreunde werden das **Seattle Art Museum** mit seinen zahlreichen Sonderausstellungen an regnerischen Nachmittagen zu schätzen wissen. Die Sammlung des Hauses ist äußerst vielfältig: von alten griechischen Vasen und Maya-Statuen bis zu amerikanischer Malerei und moderner Kunst **australischer Aborigines**. Interessant sind auch der **Porcelain Room** mit mehr als tausend Stücken, die wunderbar nach Themen geordnet präsentiert werden, sowie die amerikanischen Abteilungen mit Arbeiten von Bierstadt, Hassam, Copley und Singer Sargent sowie den wichtigsten Künstlern aus Seattle der 1930er- und 1940er-Jahre.

Die große Stärke des Museums ist jedoch ethnische Kunst: indianische Totempfähle, Rasseln und Kanus sowie bunter Kopfschmuck, Masken, Körbe und Stoffe, aber auch zeitgenössische und traditionelle afrikanische Kunst mit einigen überraschenden Stücken wie einem Sarg in der Form eines Mercedes von Kane Kwei aus Ghana.

## Columbia Center

701 5th Ave ▪ Aussichtsplattform 🕑 tgl. 8–23 Uhr ▪ Eintritt $14,75, Kinder 6–12 J. $9 ▪ 📞 206 386 5564, 🖳 www.skyviewobservatory.com

Hoch über Downtown erhebt sich der glitzernde gläserne Büroturm **Columbia Center** von 1985.

Das 320 m hohe Gebäude ist der zweithöchste Wolkenkratzer an der Westküste. Von der **Aussichtsplattform** im 73. Stock, zu erreichen über die Lobby der 5th Avenue, bietet sich ein toller Blick über Seattle und die Umgebung. Unter der Woche lässt sich die Aussicht auch bei einem Kaffee im Starbucks (S. 461) im 40. Stock genießen.

## Frye Art Museum

704 Terry Ave ▪ 🕑 Di, Mi und Fr–So 11–17, Do 11–19 Uhr ▪ Eintritt frei ▪ 📞 206 622 9250, 🖳 www.fryemuseum.org

Fünf Blocks östlich des Columbia Center befindet sich im Viertel First Hill das **Frye Art Museum**. Das Kunstmuseum zeigt Werke von Winslow Homer, John Singer Sargent und Thomas Eakins sowie eine Sammlung der **Münchner Schule** mit Schwerpunkt auf der Kunst der Belle Époque zwischen 1870 und 1900. Neuere Exponate haben das Spektrum auf zeitgenössischere Kunst erweitert, darunter Multimediakunst, Performance und Installationen.

## Pioneer Square

**Pioneer Square** ein paar Blocks südlich des heutigen Stadtzentrums ist das älteste Viertel von Seattle: Hier nahm die Siedlung in den 1850er-Jahren ihren Anfang. Zwischen alten roten Backsteingebäuden mit schmiedeeisernen Elementen verstecken sich viele nette Buchhandlungen und Galerien. Der Name Pioneer Square bezeichnet ein Viertel mit Parks und Plätzen wie dem Occidental Park und dem Pioneer Place. Einen Platz mit dem Namen Pioneer Square gibt es jedoch nicht. Im Viertel sind ein paar recht raue Clubs und Bars ansässig, und auch Obdachlose gehören zum Gesamtbild. Nett für Kinder ist der **Waterfall Garden**, 219 Second Ave South, 🕑 tgl. 8–17.30 Uhr, Eintritt frei.

### Smith Tower

506 2nd Ave ▪ 🕑 tgl. 9–20 Uhr ▪ Eintritt $12 ▪ 📞 206 622 0414, 🖳 www.smithtower.com

Der elegante, 1914 in weißem Terrakotta erbaute **Smith Tower** war der erste Wolkenkratzer der Stadt und über lange Jahre *das* Wahrzeichen von Seattle, bevor es von der Space Needle als wichtigstem Postkartenmotiv abgelöst wurde.

Von der **Aussichtsplattform** auf dem Dach eröffnet sich ein hervorragender Rundumausblick. Die Fahrt in den 35. Stock erfolgt mit einem der schönen alten Smith-Fahrstühle.

### Underground Tour

Eingang 608 1st Ave ▪ Anfangszeiten der Führungen unterschiedlich, meist 9–19 Uhr jeweils zur vollen Stunde ▪ $19, Kinder 7–12 J. $9 ▪ ✆ 206 682 4646, 🖵 www.undergroundtour.com

Mehr über die düstere Vergangenheit der Stadt vermittelt eine 90-minütige **Underground Tour**. Auf dem Rundgang erfährt man, wie nach einem verheerenden Brand im Jahre 1889 das Straßenniveau um ein Stockwerk angehoben und die ursprünglichen Erdgeschosse somit unter der Erde lagen, verbunden durch unterirdische Gänge. Die Führungen beginnen am Zugang zu den Passagen in der First Avenue, die Tour führt allerdings nur unter die Straßen von Pioneer Square.

### Klondike Gold Rush National Historical Park

319 2nd Ave S ▪ ✆ tgl. 9–17 Uhr ▪ Eintritt frei ▪ ✆ 206 220 4240, 🖵 www.nps.gov/klse

Seattles Boom der 1890er-Jahre wird im **Klondike Gold Rush National Historic Park** dokumentiert. In dem Informationszentrum wird an die Zeit erinnert, als Seattle das Tor zum Gold des Yukon war und Goldgräber und Händler – sowie einige Betrüger – sich eine goldene Nase verdienten. Das Zentrum befindet sich im alten Cadillac Hotel von 1889.

## Seattle Center

305 Harrison St ▪ Eintritt frei ▪ ✆ 206 684 7200, 🖵 www.seattlecenter.com

Nördlich von Downtown liegt das **Seattle Center**, das anlässlich der Weltausstellung 1962 erbaut wurde. Seitdem ist der knapp 30 ha große Komplex als Standort von Museen und Veranstaltungsort für Sportereignisse, Konzerte und Festivals (S. 463) das kulturelle Zentrum der Stadt.

Das **Pacific Science Center**, ✆ 206 443 2001, 🖵 www.pacsci.org, hält einige naturwissenschaftliche Exponate für Kinder bereit. ✆ Sommer tgl. 10–18, sonst Mo–Fr 10–17, Sa und So 10–18 Uhr, Eintritt $19,75, Kinder 3–5 J. $11,75, 6–15 J. $15,75.

Ein weiteres Highlight für den Nachwuchs ist das **Children's Museum**, ✆ 206 441 1768, 🖵 www.thechildrensmuseum.org. Es bietet Attraktionen wie den künstlichen Bergwald, in dem die Kleinen durch Baumstämme kriechen oder über Felsen klettern können. ✆ Mo–Fr 10–17, Sa und So 10–18 Uhr, Eintritt $9.25.

### Space Needle

400 Broad St ▪ ✆ Mo–Do 10–23, Fr und Sa 9–23.30, So 8–23 Uhr ▪ Eintritt $22, zwei Besuche innerhalb von 24 Std. $29 ▪ ✆ 206 905 2100, 🖵 www.spaceneedle.com

Die Monorail vom Westlake Center zum Seattle Center (s. o.) hält an der **Space Needle**. Der spindeldünne, 184 m hohe Turm von 1962 bezaubert vor allem bei Dunkelheit, wenn er angestrahlt ist. Der Panoramablick von der Aussichtsplattform in knapp 160 m Höhe ist ein echter Besuchermagnet.

### Chihuly Garden and Glass

305 Harrison St ▪ ✆ Mo–Do und So 10–20, Fr und Sa 10–21 Uhr ▪ Eintritt $22 ▪ ✆ 206 753 4940, 🖵 www.chihulygardenandglass.com

Das faszinierende **Chihuly Garden and Glass** neben der Space Needle wurde 2012 eröffnet, um Dale Chihulys extravagante Kreationen zu präsentieren, von der „Persischen Decke" bis zu den hoch aufragenden Wäldern aus blauem Glas. Einige der größten Installationen des Starkünstlers aus Tacoma kann man bei einem Blick über die Hecke erspähen, richtig genießen kann man das Ganze aber nur drinnen.

### EMP Museum

325 5th Ave N ▪ ✆ tgl. 10–19, im Winter bis 17 Uhr ▪ Eintritt $25, Kinder 5–17 J. $16 ▪ ✆ 206 770 2700, 🖵 www.empmuseum.org

Wer sich für Seattles Musikgeschichte interessiert, sollte das nach Plänen von Frank Gehry gestaltete **EMP Museum (Experience Music Project)** aufsuchen. Es ist in einem riesigen Baukörper aus farbigem Aluminium untergebracht und beherbergt eine Sonderausstellung zur Rocklegende **Jimi Hendrix**, der 1942 in Seattle geboren wurde, außerdem eine bewegende Abteilung zur wegweisenden Band **Nirvana** und deren Leadsänger **Kurt Cobain**, der sich 1994 in Seattle das Leben nahm. Ansonsten gibt es hier die Installation *If Vi was IX* des Künstlers Trimpin, einen Turm aus mehr als 700 Gitarren und anderen Instrumenten, das psychedelische „Sky Church"-Auditorium und eine Science-Fiction-Hall-of-Fame mit verschiedenen Erinnerungsstücken aus Horrorfilmen.

## Capitol Hill

Der leicht alternativ angehauchte Stadtteil **Capitol Hill**, ein buntes Viertel mit historischen Häusern und einer blühenden LGBT-Community ist von Downtown aus in östlicher Richtung mit dem Bus in 15 Minuten zu erreichen. An der Hauptstraße durch den Bezirk, dem **Broadway**, findet sich eine gute Auswahl an Restaurants, Plattenläden, Clubs und Cafés. Und an dessen nördlichem Ende, zwischen East Roy Street und East Highland Drive, liegt der **Harvard-Belmont Historic District**, ein Viertel mit riesigen klassizistischen Villen und historischen Anwesen. Führungen veranstaltet die **Seattle Architectural Foundation**, ✆ 206 667 9184, 🖳 www.seattlearchitecture.org, ⊕ April–Dez Do–Sa, unterschiedliche Zeiten, Ticket $25.

### Asian Art Museum

1400 E Prospect St (Volunteer Park) ▪ wegen Renovierung bis 2019 geschlossen, Infos s. Website ▪ Empfohlene Spende $7 ▪ ✆ 206 654 3100, 🖳 www.seattleartmusem.org

### Bruce Lee

Kampfsportfans zieht es auf den historischen Lakeview Cemetery unmittelbar nordöstlich von Capitol Hill, 1554 15th Ave E. Dort können sie dem Filmstar **Bruce Lee** (1940–73) Respekt zollen, der hier neben seinem Sohn **Brandon Lee** (1965–93) bestattet ist. Bruce Lee wurde in San Francisco geboren und wuchs in Hongkong auf; später wurde er ein berühmter Filmstar im Kung-Fu-Genre. Seine Frau Linda stammte aus Seattle und ließ ihn hier begraben. Die beiden recht bescheidenen Marmorgräber sind oft mit Blumen geschmückt. Der Friedhof ist täglich von 9 Uhr bis Sonnenuntergang geöffnet.

Im Volunteer Park am Nordrand von Capitol Hill befindet sich das **Asian Art Museum** mit einer der umfangreichsten Sammlungen ostasiatischer Kunst in den USA. Zu seinen kostbarsten Stücken zählen japanische Landschaftsbilder und altchinesische Statuen von Grabwächtern, Höflingen und Kriegern.

## Das Universitätsviertel

Rund fünf Meilen von Downtown entfernt liegt nördlich des Lake Union der **University District**, abgekürzt U-District. Die lebendigen Cafés und Boutiquen sind voll und ganz auf die Bedürfnisse der 40 000 Studenten der University of Washington zugeschnitten. Das Leben konzentriert sich rings um den **University Way** mit vielen preiswerten, exotischen Restaurants und einigen guten Buchhandlungen und Plattenläden.

Auf dem Campus zeigt die **Henry Art Gallery**, 15th Ave NE, Ecke NE 41st St, ✆ 206 543 2280, 🖳 www.henryart.org, Gemälde und Fotografien aus Amerika und Europa aus den vergangenen beiden Jahrhunderten sowie fantasievolle zeitgenössische Werke. ⊕ Mi und Fr–So 11–16, Do 11–21 Uhr, Eintritt $10.

Das **Burke Museum**, 17th Ave NE, Ecke NE 45th St, ✆ 206 543 5590, 🖳 www.burkemuseum.org, nennt die größte Sammlung an Kunst und Kunsthandwerk der amerikanischen Ureinwohner westlich des Mississippi sein Eigen und präsentiert außerdem Teile seiner gewaltigen Sammlung von 2,75 Mio. Fossilien und Eiszeit-Skeletten, darunter Überreste eines 12 000 Jahre alten Faultiers. ⊕ tgl. 10–17 Uhr, Eintritt $10.

## Fremont

Fünf Meilen nördlich von Downtown Seattle erstreckt sich der Bezirk **Fremont**, ein betont hippes Szeneviertel mit vielen Boutiquen, Buchhandlungen und Cafés. Im Mittelpunkt der Aktivitäten steht der Abschnitt der Fremont Avenue N zwischen N 34th Street und N 37th Street. In unmittelbarer Nähe der N 34th Street liegt der **Fremont Sunday Market**, ✆ 206 781 6776, 🖳 www.fremontmarket.com, eine Art Flohmarkt mit über 200 Ständen, wo es so Essen, neuen und gebrauchten Schmuck, Möbel, Kleidung, Kuriositäten und Tonträger zu kaufen gibt. ⊕ So 10–17 Uhr, Eintritt frei.

Die **Fremont Fair & Solstice Parade**, ☎ 206 297 6801, 🖥 www.fremontfair.org, Mitte Juni, ist Seattles größtes Fest mit Hunderten von Imbissbuden und Kunsthandwerksständen sowie einem Umzug für nackte Radfahrer und Festwagen, die nur von Menschenhand bewegt werden. Am Ende der Route im Gas Works Park folgt ein festliches Schauspiel.

Eine weitere Hauptattraktion in Fremont sind die kuriosen **öffentlichen Kunstwerke**, allen voran der unter der Aurora Bridge hervorspickende **Fremont Troll**, 36th St, Ecke Aurora Ave, der mit seiner Pranke einen echten VW-Käfer umklammert. An der Ecke N 36th Street und Fremont Place erhebt sich über die Autos eine **Leninstatue** aus der Slowakei.

## Future of Flight Aviation Center & Boeing Tour

Eingang am Hwy 526, ein paar Meilen westlich der Ausfahrt 189 des I-5 ▪ ☉ tgl. 8.30–17.30 Uhr (Führungen 9–15 Uhr) ▪ Eintritt $20, Kinder 5–15 J. $14 ▪ ☎ 425 438 8100, 🖥 www.futureofflight.org
Rund 25 Meilen nördlich von Seattle, in **Everett**, dem letzten größeren Vorort am I-5, befinden sich die Boeing-Werke mit dem beliebten **Future of Flight Aviation Center & Boeing Tour**. Neben der Aviation Center Gallery mit interaktiven Ausstellungen werden 90-minütige Führungen durch die Fertigungshalle angeboten, in der man Flugzeuge der Typen 747, 777 und 787 in verschiedenen Stadien der Fertigstellung sehen kann. Die 40 ha große **Fertigungshalle** steht mit einem Innenraum von über 13 Mio. m$^3$ als Gebäude mit dem weltweit größten Raumvolumen im *Guinness Buch der Rekorde*. Bei den Führungen sind nur Kinder zugelassen, die mindestens 1,22 m groß sind.

## Museum of Flight

9404 E Marginal Way (I-5 Exit 158) ▪ ☉ tgl. 10–17 Uhr; Airpark ☉ tgl. 10–17 Uhr (ausgewählte Flugzeuge zugänglich Juni–Aug Fr–So 11–15 Uhr) ▪ Eintritt $21, Kinder 5–17 J. $13 ▪ ☎ 206 764 5720, 🖥 www.museumofflight.org ▪ Bus Nr. 124 (30 Min.)

Das **Museum of Flight** bietet in zwei riesigen Galerien voller Flugzeuge eine der größten und besten Sammlungen historischer Flugzeuge in den USA, von einer russischen Soyuz TMA-14 und einem Spionageflugzeug vom Typ *M-21 Blackbird* bis zu einer Spitfire und Messerschmitt. Die Galerien flankieren die restaurierte **Red Barn** von 1909, die rote Scheune, in der sich ursprünglich die Boeing-Fabrik befand; heute beherbergt sie eine Ausstellung über die Anfangstage der Fliegerei. Wer möchte, kann sich an verschiedenen Flugsimulatoren ($6) versuchen. Weitere Flugzeugikonen sind auf dem großen Außengelände des Museums zu sehen, dem sogenannten **Aviation Pavilion**. Die Sammlung umfasst die Boeing-Typen 737 und 747 sowie ein Exemplar der Concorde und die erste Präsidentenmaschine Air Force One.

### ÜBERNACHTUNG

🛏 **Ace Hotel**, 2423 1st Ave, ☎ 206 448 4721, 🖥 www.theacehotel.com. Hotel im Herzen von Belltown gleich nördlich von Downtown. Die modernen, weißen, minimalistischen Zimmer haben Massivholzfußböden, hohe Decken und Gemeinschaftsbad. Es gibt auch komfortablere Suiten mit Bad. DZ $129, Suiten $219
**Alexis**, 1007 1st Ave, Downtown, ☎ 206 624 4844, 🖥 www.alexishotel.com. Nobel ausgestattetes Hotel etwas südlich des Pike Place Market mit Wellnesszentrum und Dampfbad. Fast die Hälfte der Zimmer sind Suiten, die größeren davon mit Kamin und Speisezimmer. $325
**City Hostel**, 2327 2nd Ave, ☎ 206 706 3255, 🖥 www.hostel seattle.com. Das freundliche Hostel im lebhaften Belltown hat eine geräumige, gut ausgestattete Küche, ein Kino im Keller und einen kleinen Hof mit Grillplatz. Außerdem Schlafsäle für 4–6 Pers., aber auch Privatzimmer. Dorms $32, DZ $99
**Green Tortoise Hostel**, 105 Pike St, Downtown, ☎ 206 340 1222, 🖥 www.greentortoise.net. Hostel direkt gegenüber vom Pike Place Market mit 4- bis 8-Bett-Dorms und einigen DZ. Inkl. Frühstück, Internetterminals und Abholung von Amtrak-, Greyhound- oder Fährterminal. Im

Sommer werden Stadtführungen angeboten.
Dorms $32, DZ $58

**HI-Seattle at the American Hotel**, 520 S King St, ☎ 206 622 5443, 🖥 www.americanhotelseattle. com. Gut gelegenes Hostel in einem Gebäude von 1926 beim Amtrak-Bahnhof, mit gemütlichen Dorms und Privatzimmern sowie den üblichen Gemeinschaftseinrichtungen wie WLAN, Waschmaschinen, TV-Raum und Küche. Nicht-Mitglieder zahlen $3 pro Nacht extra. Dorms $37, DZ $97

**Hotel Five**, 2200 5th Ave, ☎ 206 441 9785, 🖥 www.hotelfiveseattle.com. Hippes Boutiquehotel mit bunter Pop-Art-Einrichtung sowie tgl. 16–19 Uhr kostenlosen Kokos-Ananas-Cupcakes und Kaffee und kostenloser Fahrradnutzung. Parkplatz $20 pro Tag. $192

**Hotel Vintage Park**, 1100 5th Ave, ☎ 206 624 8000, 🖥 www.hotelvintagepark.com. Stilvolles Boutiquehotel, dessen Zimmer unter dem Motto „Wein" gestaltet sind. Sie verfügen über Yogamatten, Pillow-Top-Betten und Stereoanlage – und abends ist natürlich Weinprobe angesagt. $295

**Inn at the Market**, 86 Pine St, ☎ 206 443 3600, 🖥 www.innatthemarket.com. Erstklassige Unterkunft beim Pike Place Market mit Ausblick auf Markt, Stadt oder Bucht sowie geschmackvoller Einrichtung und Dachterrasse. $350

**Monaco**, 1101 4th Ave, Downtown, ☎ 206 621 1770, 🖥 www.monaco-seattle.com. Hotel mit luxuriöser Designer-Ausstattung und einem beeindruckenden Foyer, Fitnesscenter und eleganten Suiten mit hochwertiger Badeinrichtung, teilweise auch mit Whirlpool. $329

**Pensione Nichols**, 1923 1st Ave, Belltown, ☎ 206 441 7125, 🖥 www.pensionenichols.com. Das noble kleine B&B bietet kleine, saubere Zimmer, Gemeinschaftsbad und einfache, geschmackvolle Einrichtung in einem Gebäude aus dem Jahr 1908 ohne Fahrstuhl, TV und Klimaanlage. Im Sommer 2 Nächte Mindestaufenthalt. $180

**Shafer-Baillie Mansion**, 907 14th Ave E, Capitol Hill, ☎ 206 322 4654, 🖥 www.sbmansion.com. Tudor-Revival-Villa von 1914 mit vertäfelten Wänden. 3 Zimmer und 2 Suiten (plus 3 Units in einem unterteilten Ballsaal) mit antiker Badewanne, Kühlschrank und DVD-Player. $209

**University Inn**, 4140 Roosevelt Way NE, University District, ☎ 206 632 5055, 🖥 www. universityinnseattle.com. Trendiges Hotel in Uni-Nähe mit kostenlosen Cupcakes und Kaffee nachmittags und heller, moderner Einrichtung. Alle Zimmer mit Mikrowelle, Frühstück inkl. Es gibt auch einen saisonal nutzbaren Pool. $169

Seattle hat viele gute Lokale, vom hippen Diner in Capitol Hill bis zu den **Restaurants** mit Küchen unterschiedlichster Länder und Regionen im Uni-Viertel – und natürlich jede Menge Fisch im Pike Place Market. Darüber hinaus kann man sich in den **Coffeehouses** bei günstigem Essen unters kulturell interessierte Volk mischen oder im Internet surfen. **Seafood** bildet den Schwerpunkt auf den meisten Speisekarten, z. B. Lachs, heutzutage zumeist aus Alaska, Dungeness-Krebse und Austern aus dem Puget Sound.

### Belltown

**Dahlia Lounge**, 2001 4th Ave, ☎ 206 682 4142, 🖥 www.tomdouglas.com. Dieses Gourmetrestaurant ist v. a. für sein köstliches Seafood bekannt. Wer die Preise für ein exklusives Abendessen (Hauptgerichte $22–37) nicht bezahlen will oder kann, findet leckere Kleinigkeiten in der ausgezeichneten Bäckerei Dahlia nebenan. ⏰ Mo–Do 11.30–14.30 und 17–22, Fr 11.30–14.30 und 17–23, Sa 9–14 und 17–23, So 9–14 und 17–21 Uhr.

**Tilikum Place Café**, 407 Cedar St, ☎ 206 282 4830, 🖥 www.tilikumplacecafe.com. Europäisch angehauchtes Bistro mit vorzüglichem Brunch am Wochenende – holländische Minipfannkuchen mit Obst ($9), gehaltvolle Quiche ($9) und verschiedene Varianten von Eiern Benedict ($14). Die Hauptgerichte am Abend ($22–30) sind genauso lecker. Reservierung ratsam. ⏰ Mo–Fr 11–15 und 17–22, Sa und So 8–15 Uhr.

### Capitol Hill

**Café Flora**, 2901 E Madison St, ☎ 206 325 9100, 🖥 www.cafeflora.com. Das beste vegane und vegetarische Restaurant der Stadt, das mit seinen kreativen Suppen, Salaten und Haupt-

DER NORDWESTEN

speisen (Hauptgerichte abends $15–19) auch überzeugte Fleischesser anlockt. ⊙ Mo–Fr 9–22, Sa 9–14 und 17–22, So 9–14 und 17–21 Uhr.
**Dick's Drive-In**, 115 Broadway E, ✆ 206 323 1300, 🖳 www.ddir.com. Etabliertes Fastfood-Lokal von 1954 mit brauchbaren Burgern ($2,70), cremigen Shakes ($2,15) und knusprigen Pommes. 5 weitere Filialen in der Stadt. ⊙ tgl. 10.30–2 Uhr.

🔶 **Espresso Vivace**, 532 Broadway E, ✆ 206 860 2722, 🖳 www.espressovivace. com. Großes Café für passionierte Kaffeetrinker unter Leitung wahrer „Spezialisten in Sachen Espresso-Röstung und -Zubereitung". Das dazugehörige Straßencafé am 321 Broadway E ist ideal zum Leutebeobachten. ⊙ tgl. 6–23 Uhr.
Marination Station, 1412 Harvard Ave, ✆ 206 325 8226, 🖳 www.marinationmobile.com. Hier verbinden sich hawaiianische, mexikanische und koreanische Küche und heraus kommen Kalbi-Rindfleisch-Tacos, Kalua-Schwein-und-Kimchi-Quesadillas und *SPAM sliders*. ⊙ Mo–Sa 11–20, So 12–20 Uhr.

### Downtown und Pioneer Square

**Ivar's Acres of Clams**, 1001 Alaskan Way (Pier 54), ✆ 206 624 6852, 🖳 www.ivars.com. Edles Restaurant direkt am Wasser seit 1938 (Lachs $31, Kabeljau und Pommes $15) sowie schnörkelloser Imbiss „Fish Bar": Hier kostet Kabeljau mit Pommes $7,99, Lachs mit Pommes $8,99. ⊙ Mo–Do und So 11–22, Fr und Sa 11–23 Uhr.
**Phnom Penh Noodle House**, 660 S King St, südlich von Pioneer Square, ✆ 206 748 9825, 🖳 www.phnompenhnoodles.com. Dieses grundsolide kambodschanische Restaurant serviert große Portionen Nudeln mit diversen

## Kaffee mit Aussicht

Die **beste Café-Aussicht** in Seattle bietet sich von der Starbucks-Filiale, ✆ 206 447 9934, im 40. Stock des Columbia Center (S. 456). Die Fahrt mit dem Aufzug ist umsonst, und für den Preis einer Tasse Kaffee genießt man atemberaubende Ausblicke auf das Zentrum von Seattle. ⊙ Mo–Fr 5–18 Uhr.

Soßen und andere traditionelle Favoriten, darunter scharfe Suppen und Fischkuchen. ⊙ Mo, Di und Do 9–20, Fr 9–20.30, Sa 8.30–20.30, So 8.30–20 Uhr.
**Pike Place Chowder**, 1530 Post Alley (beim Pike Place Market), ✆ 206 267 2537, 🖳 www. pikeplacechowder.com. Einfache Cafeteria mit preisgekrönter Muschelsuppe (ab $6,45) sowie Krebs-Hummer-Brötchen; gewöhnlich muss man ein bisschen warten. ⊙ tgl. 11–17 Uhr.

🔶 **Salumi**, 309 3rd Ave S, Pioneer Square, ✆ 206 621 8772, 🖳 www.salumicured meats.com. Traditionelle Würstchen im Sandwich aus selbst gebackenem Brot, z. B. heiße Soppressata, Lamm-Prosciutto und Mole-Salami (mit Schokolade und Chili). ⊙ Mo 11–13.30 Uhr nur zum Mitnehmen, Di–Fr 11–15.30 Uhr.
Zeitgeist Coffee, 171 S Jackson St, ✆ 206 583 0497, 🖳 www.zeitgeistcoffee.com. Toller Espresso ($2,25), Cappuccino ($2,80), ein paar Sandwiches, ab und zu umwerfende Brombeerpasteten ($5,50) und moderne Kunst zeichnen dieses angenehme Café im Herzen der Galerieszene von Pioneer Square aus. ⊙ Mo–Fr 6–19, Sa 7–19, So 8–18 Uhr.

### Freemont und Umgebung

**Canlis**, 2576 Aurora Ave N, südlich von Fremont, ✆ 206 283 3313, 🖳 www.canlis.com. Köstliche *cuisine nouveau* des Nordwestens mit z. B. Canlis-Salat, Wagyu-Filet mignon und Schwarzer Zackenbarsch (3-Gänge-Menüs ab $85). Fein rausputzen und reservieren! ⊙ Mo–Fr 17.30–22, Sa 17–22 Uhr.
**Paseo Caribbean**, 4225 Fremont Ave N, ✆ 206 545 7440, 🖳 www.paseoseattle.com. Extrem angesagter Sandwichladen in Fremont mit fabelhaften, saftigen Baguettes mit Pulled Pork Schweinefleisch ($9,75) oder gedünsteten Jakobsmuscheln ($11,50). ⊙ Di–Fr 11–21, Sa 11–20, So 11–18 Uhr.

### Queen Anne (Seattle Center)

**The 5 Spot**, 1502 Queen Anne Ave N, ✆ 206 285 7768, 🖳 www.chowfoods.com. Origineller Diner im Südstaatenstil mit erschwinglichen Speisen wie roten Bohnen mit Reis, Brathühnchen mit Cheddar-Schalotten-Waffel sowie in

**Athenian**, 1517 Pike Place, ✆ 206 624 7166, 🖳 www.athenianinn.com. Das seit 1909 bestehende Fischrestaurant hatte schon einen Auftritt in *Schlaflos in Seattle*. ⏰ Mo–Sa 8–21, So 9–16.30 Uhr.

**Beecher's Handmade Cheese**, 1600 Pike Place, ✆ 206 956 1964, 🖳 www.beechershandmade cheese.com. Erstklassiger Käse, gegrillte Sandwiches und sehr gute Makkaroni mit Käse ($5). ⏰ tgl. 9–19 Uhr.

**Lowell's**, 1519 Pike Place, ✆ 206 622 2036, 🖳 www.eatatlowells.com. Legendäres Frühstückslokal seit 1957, mit spektakulärem Ausblick auf den Hafen von drei Stockwerken. ⏰ Mo–Do und So 7–18, Fr und Sa 7–19 Uhr.

**Piroshky Piroshky**, 1908 Pike Place, ✆ 206 441 6068, 🖳 www.piroshkybakery.com. Russische Bäckerei mit Pasteten mit Füllungen wie Räucherlachs oder Rhabarber. ⏰ Mo–Fr 8–18, Sa und So 8–18.30 Uhr.

**Three Girls Bakery**, 1514 Pike Place, ✆ 206 622 1045. Eine Institution am Markt seit 1912, serviert riesige Sandwiches und frisch gebackenes Shortbread, Haselnuss-Schokoladenkekse und *rugelach*. ⏰ tgl. 7–18 Uhr.

Coca-Cola-Marinade gedünstete Rinderbrust (Hauptgerichte $10–11). ⏰ Mo–Fr 8–23, Sa und So 8–15 und 17–24 Uhr.

**El Diablo Coffee Co.**, 1811 Queen Anne Ave N, ✆ 206 285 0693, 🖳 www.eldiablo coffee.com. In der Küche dieses freundlichen Cafés gehen Kuba und der Nordwesten eine gelungene Beziehung ein, vom *Cubano* (doppelter Espresso) und *Mocha* über die Empanadas bis zu den Frühstückssandwiches. ⏰ Mo–Fr 5.30–20, Sa 6.30–20, So 6.30–18 Uhr.

## UNTERHALTUNG

Zwar herrscht heute nicht mehr dieselbe Stimmung wie in den 1990er-Jahren, aber Seattle kann immer noch mit einem munteren Nachtleben und einer quirligen Musikszene aufwarten. Am lebendigsten präsentiert sich die Kneipenszene in **Pioneer Square**. Weitere gute Gegenden für Livemusik sind **Capitol Hill** sowie Downtown und Belltown.

### Kneipen und Clubs

**5 Point Café**, 415 Cedar St, ✆ 206 448 9991, 🖳 www.the5pointcafe.com. Klassische, rund um die Uhr geöffnete Kneipe mit dem Motto „Alkoholiker bedienen Alkoholiker seit 1929". Auch tolle Burger und Frühstück zu jeder Tages- und Nachtzeit. ⏰ tgl. 24 Std. (Bar 6–2 Uhr).

**Alibi Room**, 85 Pike St (Post Alley), ✆ 206 623 3180, 🖳 www.seattlealibi.com. Schicke Bar, versteckt in einer Gasse hinter dem Pike Place Market. Hervorragendes Essen (Ofenpizza, Salate usw.) in Kaffeehaus-Atmosphäre im Obergeschoss, während unten DJs auflegen. Die Happy Hour beginnt schon mittags. ⏰ tgl. 12–2 Uhr.

**Central Saloon**, 207 1st Ave S, Pioneer Square, ✆ 206 622 0209, 🖳 www.centralsaloon.com. Seattles ältester Saloon existiert schon seit 1892 und ist immer voll, meist mit einer Mischung aus Travellern und einheimischem Szenepublikum. Livemusik von Indie-Rock über Blues bis Metal. ⏰ tgl. 11–2 Uhr.

**Comet Tavern**, 922 E Pike St, Capitol Hill, ✆ 206 323 9853, 🖳 www.comettavern.com. Die älteste Bar (jetzt neuer Inhaber) in Capitol Hill ist eine echte Grunge-Institution. Sie präsentiert sich zwar nicht mehr so abgewrackt wie früher, aber die Musik ist immer noch laut und das Bier billig (Pitcher $4 um 16 Uhr). ⏰ tgl. 12–24 Uhr.

**Elysian Brewing**, 1221 E Pike St, Capitol Hill, ✆ 206 860 1920, 🖳 www.elysian brewing.com. Von einer der besten Mikrobrauereien der Gegend geführter Pub in einem Lagerhaus von 1919 mit würzigem Bier wie Space Dust IPA, Mens Room Red und Avatar Jasmine IPA. Auch das Essen ist nicht schlecht, z. B. Sandwiches und Fisch-Tacos. ⏰ Mo–Fr 11.30–2, Sa und So 12–2 Uhr.

**Kells Irish Pub**, 1916 Post Alley, Pike Place Market, ✆ 206 728 1916, 🖳 www.kellsirish. com/seattle. Gut besuchter Irish Pub mit Restaurant in zentraler Lage nahe Elliott Bay. Tische draußen und Livemusik von irisch angehauchten Folk- und Rockgruppen.

Hauptsächlich von Touristen und Publikum aus dem Geschäftsviertel besucht. ⏲ tgl. 11.30–2 Uhr.

**Lava Lounge**, 2226 2nd Ave, Belltown, ✆ 206 441 5660, 🖥 www.lavaloungeseattle.com. Kitschige Tiki-Lounge im Stil der 50er-Jahre mit einem breiten Livemusik-Spektrum; abends legen DJs auf. Happy Hour von 15 bis 19 Uhr, Shuffleboard. ⏲ tgl. 15–2 Uhr.

**Pike Pub & Brewery**, 1415 1st Ave, Downtown, ✆ 206 622 6044, 🖥 www.pikebrewing.com. Kleine Brauerei mit Kneipe, in der eigene und auswärtige Biersorten angeboten werden. Das Essen ist jedoch nichts Besonderes. Wegen der Lage am Pike Place Market vor allem bei Touristen beliebt. ⏲ tgl. 11–24 Uhr.

**Trinity Nightclub**, 111 Yesler Way, Pioneer Square, ✆ 206 697 7702, 🖥 www.trinitynightclub.com. Riesiger Tanzclub auf zwei Ebenen mit der chinesischen Card Room Lounge, erstklassigem Sound, bekannten DJs und zwei geräumigen Tanzflächen. Der Hauptraum soll einer der größten an der West Coast sein. ⏲ Mi–Sa 20–2 Uhr.

### Livemusik

🎵 **Dimitriou's Jazz Alley**, 2033 6th Ave, Belltown, ✆ 206 441 9729, 🖥 www.jazzalley.com. Die beste Adresse für Jazz-Liebhaber; Konzerte von arrivierten internationalen Künstlern verschiedenster Richtungen und jungen „Rohdiamanten". Tickets ab $25. ⏲ unterschiedlich, s. Website.

**Highway 99 Blues Club**, 1414 Alaskan Way, Downtown, ✆ 206 382 2171, 🖥 www.highwayninetynine.com. Bodenständiger Treff mit Blues-, Rockabilly- und R&B-Künstlern aus dem ganzen Land, geselliger Atmosphäre und Tanzfläche, außerdem Essen nach Louisiana-Art. Fr und Sa Eintritt $10–20. ⏲ Mi und Do 16–1, Fr 16–2, Sa 18–2 Uhr.

**Moore Theatre**, 1932 2nd Ave, Belltown, ✆ 206 682 1414, 🖥 www.stgpresents.org. Dieses frühere Vaudeville-Theater von 1907 präsentiert auch spannende Newcomer-Bands, meist aber etablierte Größen aus den Bereichen Pop und Rock sowie Comedy, Tanz, Kinder-Unterhaltung usw. Die Kasse öffnet 90 Min. vor Vorstellungsbeginn; Tickets gibt's

**Bumbershoot**, ✆ 206 281 7788, 🖥 www.bumbershoot.org. Am langen Labor-Day-Wochenende (Anfang September) treten mehrere Hundert Künstler auf zig Bühnen in der ganzen Stadt auf.

**Northwest Folklife Festival**, ✆ 206 684 7300, 🖥 www.nwfolklife.org. Am Memorial Day (Ende Mai) geben sich Folkmusiker aus der ganzen Welt im Seattle Center die Ehre.

**Seattle International Film Festival**, ✆ 206 464 5830, 🖥 www.siff.net. Im Mittelpunkt des Ende Mai/Anfang Juni stattfindenden Festivals stehen traditionelle Filmtheater in Capitol Hill.

**Seafair**, ✆ 206 728 0123, 🖥 www.seafair.com. Buntes und ausgelassenes Fest im Juli und Anfang August in der ganzen Stadt: Flugschauen, Schnellbootrennen, eine Regatta mit originellen „Milchtütenbooten" und mehr.

auch beim Paramount Theatre Box Office, 9th Ave, Ecke Pine St, ⏲ Mo–Fr 10–18 Uhr.

**Neumo's**, 925 E Pike St, Capitol Hill, ✆ 206 709 9442, 🖥 www.neumos.com. Dieser wilde Club hat es inzwischen (fast) an die Spitze der Indie-Szene von Seattle geschafft. Meistens trashige Garagenbands der Genres Punk, Gothic, Rock und Indie. Konzerte gewöhnlich tgl. 20 Uhr, Genaues auf der Website.

**Showbox at the Market**, 1426 1st Ave, Downtown, ✆ 206 628 3151, 🖥 www.showboxpresents.com. Dieser 1000 Zuschauer fassende Saal gegenüber dem Pike Place Market ist die beste Anlaufstelle für Nachwuchsbands auf Tournee und namhafte lokale Gruppen. Meist Indie. ⏲ unterschiedlich.

**Sunset Tavern**, 5433 Ballard Ave NW, Ballard, ✆ 206 784 4880, 🖥 www.sunsettavern.com. Nicht nur eine illustre Karaoke-Bar, sondern auch eine interessante Bühne für junge aggressive Rockbands und verschiedene andere Künstler. ⏲ tgl. 17–2 Uhr.

**Tractor Tavern**, 5213 Ballard Ave NW, Ballard, ✆ 206 789 3599, 🖥 www.tractortavern.com. Solider Club mit viel Atmosphäre und guten Bieren aus Kleinstbrauereien. Roots-Musik aller Art, zum Beispiel Zydeco, Irish Folk, Blues und

**DER NORDWESTEN**

Bluegrass. Kasse ⊕ Mo–Fr 12–16 Uhr, Konzerte siehe Website.

**Triple Door**, 216 Union St, Downtown, ✆ 206 838 4333, 🖥 www.thetripledoor.net. Der attraktive Komplex ist gut für Folk, Roots, Alternative Country und Blues. Auf der Hauptbühne spielen große Namen und gute Nachwuchsbands, das kleinere Musicquarium mit einem über 7000 Liter fassenden Aquarium bringt bei freiem Eintritt DJs und Experimentelleres auf die Bühne. ⊕ tgl. 16–2 Uhr.

### Konzerte und Theater

**5th Avenue Theatre**, 1308 5th Ave, ✆ 206 625 1900, 🖥 www.5thavenue.org. Bühne von 1926 in Downtown mit großen Musicals.

**Benaroya Hall**, 200 University St, ✆ 206 215 4747, 🖥 www.seattlesymphony.org. Die gläserne Konzerthalle in Downtown ist die Spielstätte des Seattle Symphony Orchestra (Eingang Ecke Second Ave und Union St). Konzertsaison Sep–Juli.

**Intiman Theatre**, 201 Mercer St, ✆ 206 441 7178, 🖥 www.intiman.org. Erstklassige Inszenierungen klassischer Stücke und Premieren neuer Werke, besonders beim Intiman Theatre Festival (Juni–Sep).

**Marion Oliver McCaw Hall**, 321 Mercer St, ✆ 206 733 9725, 🖥 www.mccawhall.com. Elegante und moderne Einrichtung im Seattle Center, Spielstätte der **Seattle Opera**, ✆ 206 389 7676, 🖥 www.seattleopera.org. Hier bringt das **Pacific Northwest Ballet**, ✆ 206 441 2424, 🖥 www.pnb.org, außerdem von September bis Juni durchschnittlich zehn Stücke auf die Bühne.

**Seattle Repertory Theatre**, 155 Mercer St (Seattle Center), ✆ 206 443 2222, 🖥 www.seattlerep.org. Mit zwei Bühnen: dem Bagley Wright Theatre und dem kleineren Leo Kreielsheimer Theatre.

## SONSTIGES

### Informationen

**Visitor Center**, im Washington State Convention and Trade Center, 7th Ave, Ecke Pike St, ✆ 206 461 5840, 🖥 www.visitseattle.org, ⊕ Mo–Fr 9–17, Juni–Aug auch Sa und So 9–17 Uhr. Außerdem im Pike Place Market, ⊕ tgl. 10–18 Uhr.

### Touren

**Let's Tour Seattle**, ✆ 206 632 1447, 🖥 www.letstourseattle.com, veranstaltet 4-stündige Busrundfahrten (ab $49) durch die Stadt. Bootstouren bietet ganzjährig **Argosy Cruises**, ✆ 206 623 1445, 🖥 www.argosycruises.com, an, $25.

## NAHVERKEHR

Seattles öffentliches Verkehrssystem **Metro**, ✆ 206 553 3000, 🖥 www.metro.kingcounty.gov, bietet Busverbindungen in der ganzen Stadt. Infoschalter gibt es im King Street Center, 201 S Jackson St (⊕ Mo–Fr 8.30–16.30 Uhr), und an der Westlake Station, Nähe 4th Ave, Ecke Pine St (⊕ jeweils an den ersten und letzten vier Tagen im Monat Mo–Fr 9–17.30 Uhr). Beide bieten Fahrpläne, Routenpläne und ORCA Cards. Das sind Guthabenkarten, die in Bussen und Bahnen und auf Fähren gültig sind (es gibt sie auch online unter 🖥 www.orcacard.com). Die Busse verkehren wochentags ab 5 oder 5.30–24 oder 1 Uhr, manche auch länger (RapidRide und Night Owl). An Wochenenden fahren sie meist 1 Stunde später und hören 1 Std. früher auf. Ein Einzelticket kostet $2,50 bzw. bis zu $3,25 in der Rushhour (Mo–Fr 6–9 und 15.30–18 Uhr). ORCA Cards kosten $5; man kann $5–300 Guthaben aufladen.

Das Einkaufszentrum **Westlake Center**, 400 Pine St, ist die südliche Endstation der 1,3 Meilen langen **Monorail**, 🖥 www.seattlemonorail.com, zum Seattle Center (Mo–Fr 7.30–23, Sa und So 8.30–23 Uhr, alle 10 Min.). Einfache Fahrt $2,25, Kinder 5–12 J. zahlen $1; nur Barzahlung, keine ORCA Cards.

Die **Schnellbahn Central Link**, 🖥 www.soundtransit.org, verkehrt mit sechzehn Stopps auf einer 22 Meilen langen Strecke zwischen der University of Washington und Angle Lake (eine Station südlich der Haltestelle am Sea-Tac Airport); Mo–Sa 5–1, So 6–24 Uhr, alle 6–15 Min., je nach Strecke $2,25–3,25, auch mit ORCA Cards.

DER NORDWESTEN

Washington-State-**Fähren**, ℡ 206 464 6400, 🖥 www.wsdot.wa.gov/ferries, von Bainbridge Island und Bremerton legen im Hafen von Downtown am Pier 52 an. Fähren von Vashon Island und Southworth bieten Anschluss in Fauntleroy in West Seattle, 4829 SW Barton St.

## TRANSPORT

### Busse

**Greyhound**-Busse halten am 503 S Royal Brougham Way, am Südrand von Downtown. **Bolt Bus**, 🖥 www.boltbus.com, hält in der 5th Ave S, Ecke S King St; Bolt-Busse fahren für nur $14 nach PORTLAND (5x tgl.) und VANCOUVER (4x tgl.).

**Busse nach**:
OLYMPIA (3x tgl., 1 1/2 Std.),
PORT ANGELES (2x tgl., 3 1/2 Std.),
PORTLAND (3x tgl., 3 3/4–4 1/4 Std.),
PORT TOWNSEND (2x tgl., 2 1/4–3 Std.),
SPOKANE (3x tgl., 5 1/2–7 1/2 Std.),
TACOMA (4x tgl., 45 Min.),
VANCOUVER (3x tgl., 4 1/4 Std.).

### Eisenbahn

Züge verkehren vom **Amtrak**-Terminal der **King Street Station** an der 303 S Jackson St. Gleich östlich davon via Jackson Street liegt die International District Station, ein Knotenpunkt der häufig verkehrenden Metro-Busse in Richtung Downtown (S. 464).

**Züge nach**:
PORTLAND (5x tgl., 3 3/4–4 1/4 Std.),
SPOKANE (1x tgl., 8 Std.),
TACOMA (5x tgl., 45 Min.),
VANCOUVER (2x tgl., 4 Std.),
WEST GLACIER (1x tgl., 14 1/2 Std.).

### Flüge

Der internationale Flughafen **Sea-Tac** liegt 14 Meilen südlich von Downtown Seattle, ℡ 206 787 5388, 🖥 www.portseattle.org/sea-tac.
**Shuttle Express**, ℡ 425 981 7000, 🖥 www.shuttleexpress.com, bringt Passagiere von Tür zu Tür (tgl. rund um die Uhr, ab $18 bis

Downtown). **Taxis** ins Stadtzentrum kosten etwa $40; die Fahrt vom Zentrum zum Flughafen kostet immer $40.
Viel billiger und überhaupt die beste Option ist die **Link Light Rail**, ℡ 206 398 5000, 🖥 www.soundtransit.org, die den Flughafen in weniger als 40 Minuten mit dem Bahnhof Westlake in Downtown verbindet (Mo–Sa 5–1, So 6–24 Uhr, alle 7–15 Min., $3).

# Whidbey Island

Mit ihren steilen Klippen und rauen Stränden, den schroffen Felsen und der grünen Prärie-Landschaft ist Whidbey mit einer Nord-Süd-Ausdehnung von fast 50 Meilen die zweitgrößte Insel innerhalb des US-amerikanischen Festlands. Sie liegt rund 30 Meilen nördlich von Seattle am Nordende des **Puget Sound**.

Nur ein paar Meilen vom Fähranleger in Clinton entfernt liegt der Ort **Langley**, ein 1890 von deutschen Einwanderern gegründeter, wohlhabender Küstenort an einem malerischen Steilufer mit einer Reihe von Ladenfronten im Wildwest-Stil. Reizvoll ist er wegen seiner Antiquitätengeschäfte und Galerien.

Die Mitte von Whidbey Island, **Ebey's Landing**, 🖥 www.nps.gov/ebla, steht mit den Garnisonen Fort Casey und Fort Ebey vom Ende des 19. Jhs. als National Historic Reserve unter Schutz. ⌚ tgl. 8 Uhr bis Sonnenuntergang, der Eintritt ist frei

Ganz in der Nähe liegt das reizende kleine **Coupeville** mit seinen makellos erhaltenen viktorianischen Villen und der von Geschäften und Restaurants gesäumten Front Street. Hier wurden Teile des Films *Zauberhafte Schwestern* von 1998 gedreht, obwohl dieser eigentlich in New England spielen sollte.

Der **Deception Pass State Park**, 5175 N Hwy-20, ℡ 360 675 2417, an der Nordspitze der Insel ist ein Pflichtstopp (Eintritt $10 pro Fahrzeug). Der Park nimmt über 16 km² zerklüftete Landschaft und Meeresfläche ein und ist ein ausgezeichnetes Revier zum Wandern, Angeln, Tauchen und Vogelbeobachten. ⌚ tgl. Sommer 6.30 Uhr bis Sonnenuntergang, sonst 8 Uhr bis Sonnenuntergang.

**DER NORDWESTEN**

**Anchorage Inn**, 807 N Main St, Coupeville, ℡ 360 678 5581, 🖥 www.anchorage-inn.com. Zu Recht beliebtes viktorianisches B&B mit sieben zeitgenössisch eingerichteten Zimmern, ruhiger Veranda, köstlichem Frühstück und freundlichen Gastgebern. $109

**Braeburn**, 197 2nd St, Langley, ℡ 360 221 3211, 🖥 www.braeburnlangley.com. In dem gemütlichen Diner sind Gerichte wie Hackbraten, Sandwiches, *biscuits and gravy*, Pancakes und Omeletts zu haben. Sogar eine Terrasse ist vorhanden. ⏱ Mo–Fr 8–15, Sa und So 7–15 Uhr.

**Christopher's**, 103 NW Coveland St, Coupeville, ℡ 360 678 5480, 🖥 www.christopherson whidbey.com. Köstliche Fischgerichte wie frischer Lachs und lokale Venusmuscheln, dazu Pasta, Schweinefilet und herzhafte Eintöpfe. ⏱ Mo und Mi–So 11.30–14 und 17–21 Uhr.

**Country Cottage of Langley**, 215 6th St, Langley, ℡ 360 221 8709, 🖥 www.acountrycottage.com. Sechs rustikale, aber gemütliche Cottages um ein restauriertes Farmhaus aus den 1920er-Jahren, mit Kühlschrank und Kamin, einige mit Whirlpool für 2 Pers. $149

**Kapaws Iskreme**, 21 NW Front St, Coupeville, ℡ 360 929 2122. Cremiges Eis (3 Kugeln $3); im Sommer lange Schlangen, es geht aber schnell voran. ⏱ tgl. 11.30–17.30 Uhr.

**Useless Bay Coffee Co**, 121 2nd St, Langley, ℡ 360 221 4515, 🖥 www.shop.uselessbay coffee.com. Der beste Kaffee auf der Insel und ein gutes Plätzchen für ein schnelles, köstliches Frühstück oder Mittagessen (z. B. Panini, Suppe und Scones) – hierher kommen die Einheimischen, während die Touristen eher das Braeburn bevorzugen. ⏱ tgl. 7.30–16.30 Uhr.

**Chamber of Commerce**, 905 Northwest Alexander St, Coupeville, ℡ 360 678 5434, 🖥 www.coupevillechamber.com, ⏱ Mo–Sa 10–16, So 13–15.30 Uhr, und 208 Anthes Ave, Langley, ℡ 360 221 6765, 🖥 www.visitlangley. com, ⏱ April–Okt tgl. 11–16 Uhr, Nov–März So geschlossen.

Von Seattle erreicht man Whidbey Island am schnellsten über das 30 Meilen nördlich der Stadt gelegene Mukilteo, wo **Fähren** nach Clinton am Südzipfel von Whidbey ablegen (tgl. 5.05–1.05 Uhr, Fahrzeit 20 Min.; Passagiere $4,90, Fahrzeug und Fahrer $6,85–10,80). Von Port Townsend auf der Olympic Peninsula (S. 473) fährt eine Fähre nach Coupeville (6.30–22 Uhr, Fahrzeit 35 Min., $3,30, Fahrzeug und Fahrer $8,90–14,05), 🖥 www.wsdot.wa.gov/ ferries.

**Busse** von Sea Tac Shuttle, 🖥 www.seatac shuttle.com, fahren vom Sea-Tac Airport alle größeren Orte auf Whidbey an (9x tgl., $41–44,50 einfach).

Das **Busnetz** von Whidbey, betrieben von Island Transit, ℡ 360 678 7771, 🖥 www.islandtransit. org, umfasst 9 kostenlose Strecken (Mo–Fr 5.05–20.15 Uhr), die zusammen die gesamte Insel abdecken.

# San Juan Islands

Nordwestlich von Whidbey liegen auf halbem Weg zwischen Seattle und Vancouver im Puget Sound die urwüchsigen San Juan Islands mit jeder Menge Kleinstadtcharme, kulinarischen Genüssen und Orcas vor der Küste. Im Sommer kommen viele Touristen, besonders auf die größten Inseln San Juan und Orcas. Reservierungen für Unterkunft und Transport sind dann sehr zu empfehlen. Fähren fahren von Anacortes auf dem Festland 80 Meilen nördlich von Seattle; von dort gibt es auch Verbindungen nach Sidney in Kanada.

## Orcas Island

Auf der hufeisenförmigen Insel **Orcas** führen einsame Straßen durch zerklüftete Hügellandschaften, wilde Strände säumen die Ufer, und die Insel erfreut sich einer reichen Tierwelt. Die Attraktion der Insel ist der **Moran State Park** am Horseshoe Highway südöstlich von Eastsound (⏱ tgl. 8 Uhr bis Sonnenuntergang; $10 pro Fahrzeug), dem Hauptort der Insel. Im Park gibt es über 30 Meilen Wanderwege durch dich-

DER NORDWESTEN

te Wälder und über offene Felder zu verschiedenen Süßwasserseen sowie zum Gipfel des
**Mount Constitution**, dem mit 734 m höchsten
Punkt der San Juan Islands mit einem steinernen Aussichtsturm.

## San Juan Island

San Juan Island ist am bekanntesten für den
an der Südspitze der Insel gelegenen **San Juan
Island National Historical Park**, ℡ 360 378 2902,
🖵 www.nps.gov/sajh. Das dortige **American
Camp** spielte einst eine bedeutende Rolle im
sogenannten „Schweinekrieg" von 1859, einem ziemlich absurden Grenzkonflikt zwischen
den USA und Großbritannien – es wurden keine Schüsse abgefeuert, und die Insel wurde
1872 an die USA abgetreten. ☉ Besucherzentrum Sommer tgl. 8.30–17, sonst tgl. 8.30–16.30,
Mitte Okt–Mai Mi–So 8.30–16.30 Uhr, Eintritt frei.

Attraktiver ist jedoch das in Küstennähe gelegene **English Camp** mit seinen Ahornbäumen
und grünen Feldern. Hier wurden vier Gebäude
aus den 1860er-Jahren sowie ein Garten hübsch
hergerichtet. ☉ Besucherzentrum Juni–Aug tgl.
9–17 Uhr, Eintritt frei.

**Friday Harbor** ist ein netter kleiner Ferienort mit Cafés, Geschäften und einer Uferzone,
die zum Bummeln einlädt. Das **Whale Museum**,
62 1st St N, 🖵 www.whalemuseum.org, zeigt
Walskelette und eine Ausstellung über die Wanderungen der Meeressäuger sowie Hörproben
ihrer Gesänge. ☉ Sommer tgl. 9–18, sonst tgl.
10–16 Uhr, Eintritt $6.

Wer echte Orcas sehen möchte, begibt sich
an den Buchten auf der Westseite der Insel vorbei zum **Lime Kiln Point State Park**, 6158 Lighthouse Rd, wo sich früher ein Kalksteinbruch befand; ☉ tgl. 8 Uhr bis Sonnenuntergang; $10 pro
Fahrzeug. Im Sommer kommen die **Orcas** hierher, um sich an den wandernden Lachsen güt-
lich zu tun, und lassen sich mindestens einmal
pro Tag aus der Nähe bestaunen.

### ÜBERNACHTUNG

#### Orcas Island
**Beach Haven Resort**, 684 Beach Haven Rd,
Eastsound, ℡ 360 376 2288, 🖵 www.beach-
haven.com. Apartments und sehr rustikale
Blockhütten an einer wunderschönen bewaldeten Bucht mit Blick auf den Sonnenuntergang, im Sommer nur wochenweise Vermie-
tung. Jeweils mit Küche, aber ohne TV und
WLAN, und der Mobilfunkempfang ist sehr
lückenhaft. $125

**Orcas Hotel**, 18 Orcas Hill Rd, Orcas Village,
℡ 360 376 4300, 🖵 www.orcashotel.com. Die
beste Unterkunft in der Nähe des Fähranlegers.
Die vornehmsten Zimmer des restaurierten
viktorianischen Gebäudes haben Whirlpool,
Balkon und Blick auf den Hafen. $92

🧳 **Outlook Inn on Orcas Island**, 171 Main St,
Eastsound, ℡ 360 376 2200, 🖵 www.
outlookinn.com. Eine der besten Unterkünfte
auf der Insel, mit behaglichen Zimmern von
Luxussuiten bis zu Standardzimmern ohne Bad
und TV. Reservierung dringend anzuraten. $99

#### San Juan Island
🧳 **Bird Rock Hotel**, 35 1st St, Friday Harbor,
℡ 360 378 5848, 🖵 www.birdrockhotel.
com. Boutiquehotel mit Designermöbeln,
kostenlosen Fahrrädern, HDTV sowie einigen
Zimmern mit Whirlpool. Die billigsten Zimmer
haben nur Gemeinschaftsbad. $143

**Lakedale Resort**, 4313 Roche Harbor Rd, Friday
Harbor, ℡ 360 378 2350, 🖵 www.lakedale.com.
Das große Resort bietet diverse Unterkünfte,
von eleganten Lodge-Zimmern bis zu Wohn-
zelten und Blockhütten für bis zu 6 Pers. Cabins
nur Mai–Sep. Zimmer $269, Wohnzelte $179,
Hütten $399

🧳 **Trumpeter Inn**, 318 Trumpeter Way,
Friday Harbor, ℡ 360 378 3884, 🖵 www.
trumpeterinn.com. Hervorragendes, modernes
B&B mit 6 gemütlichen Zimmern, Portier,
Gourmetfrühstück und ofenfrischem Nach-
mittagsgebäck. $179

### ESSEN

#### Orcas Island
**Brown Bear Baking**, 29 N Beach Rd, Eastsound,
℡ 360 855 7456. Ob süß (leckere *sticky buns*
mit Pecannüssen) oder herzhaft (Tarte mit
Heirloom-Tomaten) – in dieser Bäckerei mit
Sonnenterrasse kommt jeder auf sein Kosten.
☉ tgl. außer Di 8–17 Uhr.

**New Leaf Café**, 171 Main St (Outlook Inn), Eastsound, ☎ 360 376 2200, 🖳 www.outlookinn.com. Frische, französisch angehauchte Küche des Nordwestens, Meerblick und Gerichte wie Strohkartoffeln mit Trüffel ($8), Räucherlachs-Pasta ($22) und gedünstete Jakobsmuscheln machen den Laden zu einem der beliebtesten Restaurants der Insel. ⏰ Mo, Do und Fr 17–21, Sa und So 8–12 und 17–21 Uhr.

### San Juan Island

**Bakery San Juan**, 775 Mullis St, Friday Harbor, ☎ 360 378 5810, 🖳 www.bakerysanjuan.com. Tolles Sauerteigbrot, aber auch exzellente Pizza ($5 pro Stück), Limettenkuchen und Zimtschnecken. ⏰ Mo–Fr 8–18 Uhr.

🧳 **Duck Soup Inn**, 50 Duck Soup Lane, beim Lakedale Resort, Friday Harbor, ☎ 360 378 4878, 🖳 www.ducksoupinn.com. Das beste Gourmetrestaurant der Insel, spezialisiert auf saisonale Gerichte wie Nessel-Pancakes, gedünsteten Heilbutt und weitere erstklassige Gerichte der Nordwestküche (Hauptgerichte $29–35). ⏰ Juli und Aug Di–So 17–22, April–Mitte Mai und Okt Fr–So 17–22, Mitte Mai–Juni und Sep Do–So 17–22 Uhr.

**Rocky Bay Cafe**, 225 Spring St, Friday Harbor, ☎ 360 378 5051. Gut für ein amerikanisches Frühstück mit Omeletts, Eiern Benedict und *biscuits and gravy*. ⏰ tgl. 6.30–14.30 Uhr.

## SONSTIGES

### Fahrräder

**Wildlife Cycles**, 350 N Beach Rd, Eastsound, Orcas Island, ☎ 360 376 4708, 🖳 www.wildlifecycles.com. $40 pro Tag. ⏰ Mai–Sep tgl. 10–18, Okt–Dez und Feb–April Di–Sa 10–17 Uhr.

**Island Bicycles**, 380 Argyle St, Friday Harbor, San Juan Island, ☎ 1-360 378-4941, 🖳 www.islandbicycles.com. Räder für $10–13 pro Std., $40–52 pro Tag. ⏰ Mitte Juni–Anfang Sep tgl. 9–18, restlicher Sep und Mai tgl. 10–17.30 Uhr, Okt–April unterschiedlich.

### Informationen

**Chamber of Commerce**, 65 N Beach Rd, Eastsound, Orcas, ☎ 360 376 2273, 🖳 www.orcasislandchamber.com.

**Chamber of Commerce**, 135 Spring St, Friday Harbor, San Juan, ☎ 360 378 5240, 🖳 www.sanjuanisland.org. ⏰ tgl. 10–16 Uhr.

### Touren

**Orcas Island** ist ein bekanntes **Kajakmekka**. Geführte Touren bieten Shearwater Kayak Tours, 138 N Beach Rd, Eastsound, ☎ 360 376 4699, 🖳 www.shearwaterkayaks.com, 3 Std. $79, und Spring Bay Kayak Tours, 464 Spring Bay Trail, 20 Meilen von der Ferry Landing, ☎ 360 376 5531, 🖳 www.springbayonorcas.com. Zweistündige, von Naturkundlern geführte Touren $45 pro Pers.

**San Juan Safaris**, ☎ 360 378 1323, 🖳 www.sanjuansafaris.com. Einer von mehreren Veranstaltern, die dreistündige **Whale-Watching-Touren** anbieten (nur April–Okt, $85), und außerdem Touren mit **Seekajaks** (Juni–Sep) zum gleichen Preis veranstalten.

## NAHVERKEHR

Auf **Orcas Island** verkehren im Sommer Minibusse von **San Juan Transit**, ☎ 360 378 8887, 🖳 www.sanjuantransit.com, zwischen Eastsound, Moran State Park und der Ferry Landing: $5 pro Fahrt (nur Barzahlung, kein Wechselgeld).

Auf **San Juan Island** verkehren Minibusse von **San Juan Transit**, ☎ 360 378 8887, 🖳 www.sanjuantransit.com, von Mitte Mai bis Mitte September zwischen den Hauptattraktionen der Insel: $5 einfach, Tagesticket $15.

## TRANSPORT

Die **Washington State Ferries** fahren von einem Terminal ein paar Meilen westlich von Anacortes zu den Inseln. Der Ort ist mit **Airporter Shuttle** (6–23.30 Uhr, Fahrzeit 3 Std., $40 einfach, $76 hin und zurück), ☎ 866 235 5247, 🖳 www.airporter.com, zu erreichen, und zwar mit elf Bussen tgl. vom Sea-Tac Airport und zwei Bussen von Downtown Seattle. Die Fähre, ☎ 206 464 6400, 🖳 www.wsdot.wa.gov/ferries, verkehrt 12–18x tgl. (5.30–22.30 Uhr) und steuert die Inseln Lopez, Shaw, Orcas und San Juan an. Im Sommer bilden sich an den Anlegestellen lange Autoschlangen – es lohnt sich, früh da zu sein. Der **Fahrpreis** beträgt hin und zurück $13,25 für Fußgänger bzw. $35,75–44,80 pro Auto inkl. Fahrer. Die Preise variieren je nach Fahrtziel und Saison und werden schon auf der Hinfahrt kassiert. Auf den zwischen den einzelnen Inseln verkehrenden Fähren ist der Transport für Fußgänger kostenlos (Fahrräder kosten $4). Die schnelle Passagierfähre **Victoria Clipper**, 📞 206 448 5000, 🖥 www.clippervacations.com, fährt 1x tgl. vom Pier 69 in Seattle zum Friday Harbor von San Juan ($50–74 einfach, $81–97,50 hin und zurück), mit 5 1/4 Std. Aufenthalt. Es gibt auch zweieinhalbstündige Walbeobachtungstouren (kosten extra).

**Kenmore Air**, 📞 866 435 9524, 🖥 www.kenmore air.com, fliegt regelmäßig vom Lake Union und Boeing Field in Seattle mit einem Wasserflugzeug nach Friday Harbor und Orcas Island (jeweils $161 einfach).

# Tacoma

Das 30 Meilen südlich von Seattle am I-5 gelegene Tacoma verschmilzt immer mehr mit dem Großraum Seattle. Es ist eine alte Industriestadt, die sich seit den 1990er-Jahren mit neuen Museen, Theatern und Restaurants ein neues Image verordnet hat. Den Mittelpunkt des Geschehens bilden die blau-weiße **Tacoma Dome**, 📞 253 272 3663, 🖥 www.tacomadome.org, eine große Veranstaltungshalle beim Freeway, und das **Broadway Center for the Performing Arts**, 901 Broadway, 📞 253 591 5890, 🖥 www. broadwaycenter.org. Dessen zwei atemberaubende alte Filmpaläste sind mit ihren Terrakotta-Fassaden und den historischen Schmuckelementen echte Hingucker.

Die meisten Sehenswürdigkeiten Tacomas liegen an der nahen **Pacific Avenue**, doch zum großen Teil verdankt die Stadt ihre Anziehungskraft dem Glaskünstler **Dale Chihuly**, der hier 1941 geboren wurde.

## Museum of Glass

1801 E Dock St ▪ 🕐 Sommer Mo–Sa 10–17 Uhr, sonst Mo und Di geschl. ▪ Eintritt $12 (Parken $5 für 3 Std.) ▪ 📞 253 284 4750, 🖥 www.museumofglass.org

Das **Museum of Glass**, das sich oberhalb der Dock Street Marina wie ein glitzernder Science-Fiction-Brennofen erhebt, beeindruckt mit erstklassiger Glaskunst. In der Brennofenabteilung ist der Hot Shop untergebracht, eine offene, von Bänken umgebene Werkstatt, in der man Glasbläsern bei der Arbeit zuschauen kann. In den Galerien im Hauptgebäude werden in der Regel drei oder vier Ausstellungen gezeigt, die jedes halbe Jahr wechseln. Arbeiten von Dale Chihuly schmücken auch den Platz draußen sowie die nahe Fußgängerbrücke, die **Bridge of Glass** mit zwei kristallblauen Türmen und einer Vitrinenwand mit Glasvasen und zahlreichen anderen Werken; 🕐 tgl. Sonnenauf- bis Sonnenuntergang, Eintritt frei.

## Union Station und Tacoma Art Museum

Union Station 1717 Pacific Ave ▪ 🕐 Mo–Fr 8–17 Uhr ▪ Eintritt frei ▪ 📞 253 863 5173 ▪ Tacoma Art Museum 1701 Pacific Ave ▪ 🕐 Di–So 10–17 Uhr ▪ Eintritt $10 ▪ 📞 253 272 4258, 🖥 www.tacomaartmuseum.org

Auf der Westseite der Bridge of Glass markiert eine Kupferkuppel die **Union Station** von 1911, die 1992 zu einem Gerichtsgebäude umgebaut wurde. Im Hauptsaal sind nun einige der extravaganteren Werke Chihulys zu sehen, darunter die orange getönten Glasschmetterlinge im Monarch Window. Zum Betreten des Gebäudes benötigt man einen Lichtbildausweis. Einen Block nördlich zeigt das **Tacoma Art Museum** Wechselausstellungen vorwiegend mit moderner Kunst aus dem Nordwesten sowie einige permanente Glasinstallationen von Chihuly.

## Washington State History Museum

1911 Pacific Ave ▪ 🕐 Di–So 10–17 Uhr ▪ Eintritt $12, Kinder 6–17 J. $8 (Parken $4 für 2 Std.) ▪ 📞 253 272 9747, 🖥 www.washingtonhistory.org

Auf der Südseite der Union Station wird im tollen **Washington State History Museum** die Geschichte des Bundesstaats nach Themen geordnet erzählt. Besonders erhellend sind die Abteilungen zu den indigenen Bewohnern, der Welt der Pionierstädte und den Anfängen der Forstwirtschaft. Detailliert wird auch die Verwandlung des Columbia River in einen wichtigen

Stromlieferanten dargestellt, genauso wie die Weltwirtschaftskrise der 1930er-Jahre, die sich hier oben besonders krass auswirkte.

## Karpeles Manuscript Library Museum und Umgebung

407 S G St ▪ ◷ Di–Fr 10–16 Uhr ▪ Eintritt frei ▪ ☎ 253 383 2575, ▭ www.karpeles.com

Das wunderbare **Karpeles Manuscript Library Museum** in einem kleinen klassizistischen Saal der American Legion von 1931 ist ein wenig besuchtes Juwel der Region. Dank der Karpeles Library in Santa Barbara kann das Museum eine enorm umfangreiche Sammlung an Dokumenten, Briefen und Handschriften zeigen, darunter die Schlussseite von Darwins *Origin of Species* (dt. *Über die Entstehung der Arten*), eine Entwurfseite für *Das Kapital* von Karl Marx sowie die japanische Kapitulationsurkunde von 1945 und das Logbuch der *Enola Gay*. Die Ausstellungen sind gewöhnlich thematisch geordnet und wechseln alle vier Monate.

## Point Defiance Park

5400 N Pearl St, abseits des Ruston Way ▪ ◷ Sonnenauf- bis Sonnenuntergang ▪ Eintritt frei ▪ Fort Nisqually ◷ Mai–Sep tgl. 11–17, Okt–April Mi–So 11–16 Uhr ▪ Eintritt $7, Kinder 5–17 J. $4 ▪ ☎ 253 591 5339, ▭ www.fortnisqually.org

Vier Meilen nördlich des Zentrums liegt der malerische **Point Defiance Park**. Von dem Rundweg **Five-Mile-Drive** bieten sich schöne Ausblicke auf den Puget Sound, und es gibt Zugang zu zahlreichen netten Wegen. Außerdem finden sich hier ein Zoo und ein Aquarium, am interessantesten ist jedoch das **Fort Nisqually**, der Nachbau eines 1833 17 Meilen weiter südlich eingerichteten Pelzhandelspostens der Hudson's Bay Company mit Unterkünften und Lagerhäusern, die das harte Leben der ursprünglichen Bewohner in den 1850er-Jahren veranschaulichen.

**Geiger Victorian Bed & Breakfast**, 912 N I St, ☎ 253 383 3504, ▭ www.geigervictorian.com. Schön restauriertes Wohnhaus von 1889 mit den zu erwartenden Antiquitäten und plüschigen Einrichtungen, dazu in den drei Zimmern Kamine und Badewannen mit Klauenfüßen. $129

**Hotel Murano**, 1320 Broadway Plaza, ☎ 253 986 8083, ▭ www.hotelmurano tacoma.com. Jede Menge Kunstwerke aus Glas von über 45 Künstlern zieren dieses Hotel mit Designer-Ausstattung. $199

**Engine House No 9**, 611 N Pine St, ☎ 253 272 3435, ▭ www.ehouse9.com. Das „E-9" residiert in einer alten Feuerwache von 1907 und verströmt jede Menge historisches Flair. Hier gibt's Bier aus örtlichen Kleinbrauereien, gute Pizza und Fisch-Tacos – die übrigen angebotenen Speisen sind eher durchschnittlich. ◷ Mo–Mi 11–1, Do und Fr 11–2, Sa 10–2, So 10–1 Uhr.

**Frisko Freeze**, 1201 Division Ave, ☎ 253 272 6843. Das alte Burgerlokal mit Drive-in bietet schon seit 1956 altmodische Burger, tolle Shakes und fette Zwiebelringe. ◷ Mo–Do und So 10–23, Fr und Sa 10–2 Uhr.

**Southern Kitchen**, 1716 6th Ave, ☎ 253 627 4282, ▭ www.southernkitchen tacoma.com. Ziemlich authentische, köstliche Südstaatenküche mit Gumbo (Eintopf), Catfish, Hush Puppies (frittierte Bällchen), kandierten Süßkartoffeln und gebratenen Okraschoten (Hauptgerichte ab $9,95). ◷ Mo–Do 8–20, Fr und Sa 8–21, So 8–19 Uhr.

**Swiss Restaurant & Pub**, 1904 S Jefferson Ave, ☎ 253 572 2821, ▭ www.theswisspub.com. Dieser Laden hat mit der Schweiz eigentlich nichts zu tun. Das Essen ist okay, die Biere sind besser, aber was einen Besuch lohnt, ist die verrückte Einrichtung des Gebäudes von 1913, mit Chihulys gläsernen „Eight Venetians" über der Theke, ausgestopften Tieren und Akkordeons. ◷ Mo–Do und So 11–24, Fr und Sa 11–2 Uhr.

**Visitor Center**, im Greater Tacoma Convention & Trade Center, 1516 Commerce St, ☎ 253 284 3254, ▭ www.traveltacoma.com.

⊕ Sommer Mo–Fr 10–16, Sa 10–15, sonst Di–Fr 10–16, Sa 10–15 Uhr.

### NAHVERKEHR

In der Innenstadt verkehrt zwischen Tacoma Dome, Union Station und Broadway Center die **Tacoma Link Light Rail** ($1,50), ✆ 206 398 5000, 🖳 www.soundtransit.org, ⊕ Mo–Fr 5–22, Sa 8–22, So 10–18 Uhr.

### TRANSPORT

#### Busse
**Greyhound**-Busse, ✆ 253 383 4621, halten in der 510 Puyallup Ave, 1 Meile südlich von Downtown.

**Busse nach**:
OLYMPIA (3x tgl., 40 Min.),
PORTLAND (3x tgl., 2 3/4 Std.–3 1/4 Std.),
SEATTLE (4x tgl., 3/4 Std.–1 1/4 Std.).

#### Eisenbahn
Der **Amtrak**-Bahnhof befindet sich in der 1001 Puyallup Ave, 1,5 Meilen südöstlich von Downtown. Züge fahren nach PORTLAND (5x tgl., 3–3 1/2 Std.) und SEATTLE (5x tgl., 1–1 1/4 Std.).

# Olympia und Umgebung

Das liberal-relaxte Olympia wurde 1853 Hauptstadt des Territoriums Washington und 1889 Hauptstadt des Bundesstaates. Es hat ein ordentliches, kompaktes Zentrum, doch der schönste Teil der Stadt liegt unmittelbar südlich auf dem Washington State Capitol Campus mit seinen vielen neoklassizistischen Gebäuden.

## Legislative Building
416 Sid Snyder Ave SW ▪ ⊕ Mo–Fr 7–17.30, Sa und So 11–16 Uhr; Führungen Mo–Fr 10–15 Uhr jeweils zur vollen Stunde (Sa und So 11–15 Uhr) ▪ Eintritt frei ▪ ✆ 360 902 8880, 🖳 www.leg.wa.gov
Zwar ist das stattliche neoklassizistische **Legislative Building** nicht so aufwendig verziert wie andere Kapitole der USA, aber schon die riesi-

## Olympia Farmers' Market

Der **Olympia Farmers Market**, 700 N Capitol Way, 🖳 www.olympiafarmersmarket.com, wartet mit einem guten Angebot an Obst, Gemüse, Kräutern und Kunsthandwerk auf. ⊕ April–Okt Do–So 10–15, Nov–Dez Sa und So, Jan–März nur Sa. Günstige Speisen gibt's an Essensständen wie Soba, Curry in a Hurry und Dingey's (Krebsküchlein und Fish 'n' Chips ab $8,99).

ge zentrale Rotunde lohnt einen Besuch; innen ist sie gänzlich mit weißem Alaska-Marmor ausgekleidet. Der Sandsteinbau wurde 1928 fertiggestellt. Er verfügt über eine 87 m hohe Kuppel und sechs mächtige Bronzetüren, die mit Szenen aus der Geschichte des Bundesstaats geschmückt sind. Interessant ist auch der große runde Walnusstisch im State Reception Room, dessen Basis in Form von Adlerklauen aus einem einzigen Walnussstamm gefertigt ist.

## Wolf Haven International
3111 Offut Lake Rd SE, Tenino ▪ ⊕ 50-minütige Führung nur mit Buchung ▪ Eintritt $12 ▪ ✆ 360 264 4695, 🖳 www.wolfhaven.org
Zehn Meilen südlich von Olympia, zu erreichen über den Old Hwy-99, bietet die gemeinnützige Organisation **Wolf Haven International** Wölfen (von Grauen Wölfen bis Wolfhunden), die nicht fähig sind, in der Wildnis zu überleben, Schutz. Nicht versäumen sollte man das Event **A Midsummer's Night** (Juli und Aug, $95), eine Veranstaltung mit Übernachtung von Samstag auf Sonntag, bei der jeweils 25 Teilnehmer die Gelegenheit haben, die Wölfe aus der Nähe zu erleben.

### ÜBERNACHTUNG

**Double Tree by Hilton**, 415 Capitol Way, ✆ 360 570 0555, 🖳 www.doubletree.com. Vornehmes Businesshotel mit großem TV, Kühlschrank und Mikrowelle in jedem Zimmer plus Pool, Whirlpool und Fitnessraum. $159
**Inn at Mallard Cove**, 5025 Meridian Rd NE, ✆ 360 491 9795, 🖳 www.theinnatmallardcove.

**DER NORDWESTEN**

Olympia ist zwar relativ klein und steht stets im Schatten des großen Seattle, aber die Stadt gilt als eine der Geburtsstätten des amerikanischen **Indie-Rock**. Nach der Gründung von K Records 1982 entfaltete sich die Szene in den 1990er-Jahren hier zu voller Blüte. Zu den bekanntesten Bands aus Olympia gehörten Dub Narcotic Sound System, Beat Happening, Bikini Kill und Some Velvet Sidewalk. Zu den angesagten Bands zählen die Psychedelic-Rockband Nudity und die Hardcore-Punkband G.L.O.S.S.

Livemusik wird vor allem rund um die E Fourth Avenue geboten. Gute Adressen sind stets die **Brotherhood Lounge**, 119 Capitol Way N, ✆ 360 352 4153, 💻 www.thebrotherhood lounge.com, ⏱ tgl. 16–2 Uhr, und **Le Voyeur**, 404 E 4th Ave, ✆ 360 943 5710, 💻 www.voyeur olympia.com, ⏱ tgl. 11.30–2 Uhr.

DER NORDWESTEN

com. Fachwerkbau im Tudor-Revival-Stil mit 3 reizenden Zimmern, teilweise mit Kamin, Terrasse und/oder Whirlpool. $199
**Swantown Inn**, 1431 11th Ave SE, ✆ 360 753 9123, 💻 www.swantowninn.com. 4 luxuriöse Zimmer in einem Queen-Anne-Gebäude von 1887, mit Tages-Wellness-bereich, köstlichem Frühstück und Blick auf das Kapitol. $129

### ESSEN UND UNTERHALTUNG

**5th Avenue Sandwich Shop**, 117 5th Ave SE, ✆ 360 705 3393, 💻 www.5thavesandwich.com. Sehr gute Sandwiches, z. B. das klassische „Reuben" ($10,50) mit Corned Beef und Sauerkraut. ⏱ Mo–Fr 10–16, Sa 11–16 Uhr.
**Batdorf & Bronson**, 516 S Capitol Way, ✆ 360 786 6717, 💻 www.batdorfcoffee.com. Hervorragender Kaffee (Espresso und Cappuccino $3,05), Frühstück, Backwaren und Quiches. Kostenloses WLAN. ⏱ Mo–Fr 6.30–18, Sa und So 7–18 Uhr.
**Eastside Club Tavern**, 410 E 4th Ave, ✆ 360 357 9985, 💻 www.theeastsideclub.com. Kneipe von 1942 mit einer großen Auswahl an

Gerstensäften. Das Essen (gebratene Austern, Sandwiches usw.) kommt von Our Table nebenan. ⏱ Mo–Fr 12–2, Sa und So 13–2 Uhr.
**Gardner's Restaurant**, 111 Thurston Ave NW, ✆ 360 786 8466, 💻 www.gardnersrestaurant. com. In dieser versteckten Perle von einem Restaurant werden unter freiliegenden Holzbalken mit Krebsfleisch und Jakobsmuscheln gefüllte Cannelloni ($33), Lammkeule ($34) und kräftige Martinis ($10) serviert. ⏱ Di–Sa 17–22 Uhr.

### INFORMATIONEN

**Visitor Center**, 103 Sid Snyder Ave SW, beim Capitol Campus, ✆ 360 704 7544, 💻 www.visit olympia.com, ⏱ Mo–Fr 9–17, Sa 10–15 Uhr.

### NAHVERKEHR

**Intercity Transit**, ✆ 360 786 1881, 💻 www. intercitytransit.com, betreibt **Stadtbusse** ($1,25 pro Fahrt, Tagesticket $2,50) sowie einen kostenlosen DASH-Shuttleservice zwischen Downtown, Farmers' Market und Capitol Campus, ⏱ Mo–Fr 7–18 Uhr, April–Aug auch Sa; alle 10–15 Min.

### TRANSPORT

Greyhound-**Busse**, ✆ 360 357 5541, halten in der 107 7th Ave SE, Ecke Capitol Way, etwas nördlich vom Capitol Campus. Busse verkehren nach PORTLAND (3x tgl., 2–2 1/2 Std.), SEATTLE (3x tgl., 1 1/2 Std.) und TACOMA (3x tgl., 40 Min.).

# Olympic Peninsula

Rund 30 Meilen nordwestlich von Seattle endet der Bundesstaat Washington mit der **Olympic Peninsula**, einer in großen Teilen unberührten Wildnis mit mächtigen, schneebedeckten Gipfeln, dichten Regenwäldern und jungfräulichen Stränden am Pazifik. Hier sind **acht indigene Völker** zu Hause. Und junge Leute wissen natürlich, dass dies die Landschaft aus Stephenie Meyers **Twilight**-Serie ist, in der es vor Vampiren nur so wimmelt – die Filme wurden zwar zumeist in Oregon gedreht, aber die Bücher spielen in der Holzfällersiedlung **Forks** unmittelbar außerhalb des **Olympic National Park**. Dieser wundervolle Nationalpark mit seinen erstklassigen Wanderwegen, Campingplätzen und Lodges lohnt am ehesten einen Besuch hier oben.

## Port Townsend und Umgebung

Port Townsend, mit seinen bunten Villen am Wasser und gemütlichen Cafés, ist eine charmante, überschaubare Stadt des ausgehenden 19. Jhs. Die Stadt liegt gegenüber von Whidbey Island am Nordostzipfel der Halbinsel und ist zweigeteilt: Eine Hälfte befindet sich auf einem Felsvorsprung, die andere auf Meereshöhe. Diese Teilung geht auf die sozialen Gepflogenheiten des 19. Jhs. zurück, als die wohlhabenden Kaufleute ihre Häuser weit oberhalb des lauten Gewimmels unten am Hafen errichteten. Das Stadtzentrum konzentriert sich am Fuß der Anhöhe um die **Water Street**, in deren stolzen viktorianischen Steinhäusern heute Restaurants, Boutiquen und Kunstgalerien untergebracht sind.

### Jefferson Museum of Art & History

540 Water St ▪ ☉ tgl. 11–16 Uhr ▪ Eintritt $6 ▪ ✆ 360 385 1003, 🖵 www.jchsmuseum.org

Einen detaillierten Einblick in die ereignisreiche Geschichte von Port Townsend liefert das Museum der **Jefferson Museum of Art & History**. In der alten City Hall von 1892 findet sich eine bunte Sammlung von Artefakten, darunter ein alter Fotografensessel, der mit Bären- und Büffelfell bespannt ist, sowie alte landwirtschaftliche und nautische Gerätschaften und ungewöhnliche Harfengitarren mit zwei Hälsen aus der Zeit der Jahrhundertwende.

### Fort Worden State Park

200 Battery Way ▪ **Park** ☉ tgl. Sonnenauf- bis Sonnenuntergang ▪ Eintritt $10/Fahrzeug (Discovery Pass $30) ▪ **Guardhouse Visitor Center** ☉ April–Okt tgl. 10–16, März Mo–Do 10–15.30, Nov und Dez Do–Mo 10–16 Uhr ▪ ✆ 360 344 4400, 🖵 www.fortworden.org

Ende der 1890er-Jahre wurde das Gebiet nördlich von Port Townsend zum Militärstützpunkt erklärt; dessen Überreste bilden heute den idyl-

lischen **Fort Worden State Park** mit mehreren Museen, dem Point Wilson Lighthouse und einem kleinen Strand, an dem sich manchmal Robben tummeln, sowie einigen guten Wanderwegen zu den massigen Betongeschützstellungen am Artillery Hill.

Orientierung bietet das **Guardhouse Visitor Center** von 1904, wo man auch einiges über das beliebte romantische Filmdrama *Ein Offizier und Gentleman* von 1982 erfährt, das in Port Townsend und im Fort Worden gedreht wurde.

Das **Coast Artillery Museum** von 1908, ✆ 360 385 0373, dokumentiert die Geschichte der Stätte, Eintritt $4, Kinder 6–12 J. $2, ☉ Sommer Mo–Do und So 11–16, Fr und Sa 10–17, sonst tgl. 11–16 Uhr.

Das **Commanding Officer's Quarters Museum** von 1904 ist so eingerichtet, dass es den Lebensstil eines Offiziers in der Zeit um 1910 wiedergibt, Eintritt $6, ☉ April–Nov tgl. 12–17 Uhr. Das **Marine Science Center** unten am Strand, ✆ 360 385 5582, informiert über die hiesigen Robben und Orcas, Eintritt $5, ☉ April, Mai und Sep–März Fr–So 12–17, Juni–Aug tgl. außer Di 11–17 Uhr.

## Festivals in Port Townsend

In Port Townsend herrscht das ganze Jahr über reichlich Betrieb, doch während der diversen **Sommerfestivals** geht es besonders hoch her, z. B. bei den **American Fiddle Tunes** im Worden State Park Anfang Juli, beim **Jazz Port Townsend** Ende Juli (Infos zu beiden siehe 🖵 www.centrum.org) und beim **Wooden Boat Festival** Anfang September, ✆ 360 385 4742, 🖵 www.woodenboat.org.

**Manresa Castle**, 7th St, Ecke Sheridan St, ℡ 360 385 5750, ⌨ www.manresacastle.com. Das 1892 vom ersten Bürgermeister des Orts, Charles Eisenbeis, erbaute Gebäude sieht aus wie ein preußisches Schloss; die Bandbreite der 30 Zimmer reicht vom gemütlichen (günstigen) EZ bis zu den eleganten Suiten im Turm. $109

**Old Consulate Inn**, 313 Walker St, ℡ 360 385 6753, ⌨ www.oldconsulate.com. Romantisches B&B im Hastings House von 1889 mit spitzem Turm und einer Veranda. 7 luxuriöse Suiten (und ein recht kleines Zimmer). $135

**Palace Hotel**, 1004 Water St, ℡ 360 385 0773, ⌨ www.palacehotelpt.com. Reizendes altes Gebäude von 1889, das schon bessere Zeiten gesehen hat, aber immer noch eine schöne antike Einrichtung inklusive Badewanne mit Klauenfüßen und ausgezeichnete Ausblicke auf den Sound bietet. Das Bad des billigsten Zimmers liegt am Ende des Flurs. $109

**Fountain Café**, 920 Washington St, ℡ 360 385 1364, ⌨ www.fountain cafept.com. Seafood- und Pasta-Spezialitäten ($16–18) in einem hübschen Holzgebäude nur wenige Schritte vom Hafen. Spezialitäten sind pfannengebratene Austern aus der Umgebung ($15) und Paella ($26). ⏰ Mo–Do und So 11–15 und 17–21, Fr und Sa 11–15 und 17–21.30 Uhr.

**Port Townsend Brewing Co**, 330 10th St, ℡ 360 385 9967, ⌨ www.porttownsend brewing.com. Brauerei mit schnörkellosem Schankraum und nettem Biergarten für Livemusik, am Rand der Marina rund eine Meile südlich von Downtown – ein beliebter Treff der Einheimischen. ⏰ Mo–Do, Sa und So 12–19, Fr 12–21 Uhr.

**Silverwater Café**, 237 Taylor St, ℡ 360 3856448, ⌨ www.silverwatercafe.com. In dem Gourmetrestaurant wird Seafood wie Lachsfilets ($25), Lavendel-Pfeffer-*ahi* ($24) und mit Prosciutto ummantelter Lengdorsch ($21) serviert, außerdem gibt's hier die leckersten Fish 'n' Chips im Ort ($13). ⏰ tgl. 11.30–15 und 17–21 Uhr.

**Spruce Goose Café**, 302 Airport Rd, ℡ 360 385 3185, ⌨ www.sprucegoosecafe.com. Da das

Café am Flughafen liegt, kann man den Propellermaschinen dabei zusehen, wie sie vor den malerischen Olympic Mountains starten und landen. Ansonsten kommen die Leute hierher, um die berühmten Törtchen (z. B. Kirsch-Rhabarber, Bananencreme oder Marionberry) zu genießen. Es gibt aber auch klassische Dinergerichte wie mit Käse überbackenes Thunfisch-Sandwich ($8,99) und Frühstückseier ($11,99). ⏰ tgl. 7–16 Uhr.

**Visitor Center**, 440 12th St, ℡ 360 385 2722, ⌨ www.enjoypt.com. ⏰ Mo–Fr 9–17, Sa 10–16, So 11–16 Uhr.

Das 125 Meilen von Seattle gelegene Port Townsend ist zwar leicht per Straße zu erreichen, es gibt aber auch eine **Fährverbindung** der Washington State Ferries ab COUPEVILLE (S. 465). Der Fährterminal befindet sich gleich südlich von Downtown an der Water Street.

## Port Angeles

Das 50 Meilen westlich von Port Townsend gelegene **Port Angeles** ist das beliebteste Eingangstor zum wenige Meilen südlich gelegenen Olympic National Park. Der Hafen liegt vor einer spektakulären Bergkulisse, doch im Grunde bietet sich die Stadt nicht für einen längeren Aufenthalt an, allenfalls als Zwischenstopp, da sie die besten Verkehrsverbindungen der Halbinsel sowie das größte Angebot an Motels, Supermärkten und günstigen Restaurants besitzt.

**Domaine Madeleine**, 146 Wildflower Lane, ℡ 360 457 4174, ⌨ www.domainemadeleine.com. Die beste Unterkunft der Stadt ist ein recht nobles B&B mit einem reizenden, 2 ha großen Garten und 5 jeweils nach einem Kunstmotto gestalteten Zimmern, die z. T. Sprudelwanne, Kamin oder Balkon bieten. $210

**Kokopelli Grill**, 203 E Front St, ℡ 360 457 6040, ⌨ www.kokopelli-grill.com. Hier gibt es frische

Autofähren der **Black Ball Ferry Line**, 📞 360 457 4491, 🖥 www.cohoferry.com, fahren von Port Angeles nach Victoria in Kanada, 23 Seemeilen über die Strait of Juan de Fuca entfernt; März–Dez 2–4x tgl., 90 Min., Fußgänger $18,50 einfach, Fahrzeug und Fahrer $64.

Seafood-Gerichte à la Southwest, etwa Räucherlachs-Chowder mit Röstmais ($7) oder *plump crab cakes* mit Koriander-Aioli ($27). ⊙ Mo–Do 11–20, Fr und Sa 11–22, So 16–20 Uhr. **Olympic Bagel Co**, 802 E 1st St, 📞 360 452 9100, 🖥 www.olympicbagel.com. Die besten Bagels der Stadt, Kaffee, hausgemachte Suppen, Omeletts und Panini. Kostenloses WLAN. ⊙ Mo–Sa 6–15, So 7–14 Uhr.

### INFORMATIONEN

**Visitor Center**, 121 E Railroad St, neben den Fährlanlegestellen, 📞 360 452 2363, 🖥 www.portangeles.org, ⊙ Mo–Fr 9–17 Uhr.

### TRANSPORT

#### Busse

Der **Busbahnhof**, 📞 360 565 8015, für **Greyhound** und **Olympic Bus Lines** befindet sich am Ufer in der 111 E W Front St.

**Busse nach**:
PORT TOWNSEND (2x tgl., 1 1/2 Std.),
SEATTLE (2x tgl., 2 3/4–3 1/4 Std.),
SEA-TAC AIRPORT (2x tgl., 3 3/4–4 1/4 Std.).

# Olympic National Park

Der Park ist rund um die Uhr geöffnet; einige Straßen, Campingplätze und andere Besuchereinrichtungen werden im Winter geschlossen. Der Eintritt für den Park, zahlbar an Kiosken an den Parkeingängen, beträgt $7 p. P. bzw. $20 pro Fahrzeug; das Ticket ist in beiden Fällen 7 Tage gültig.

Der faszinierende **Olympic National Park** umfasst die mächtigen Olympic Mountains in der zentralen Region der Halbinsel sowie einen 60 Meilen langen Küstenstrich am Pazifik. Der Park ist eines der wichtigsten Wildnisgebiete Washingtons und bietet neben reißenden Flüssen, Bergwiesen und mit Moos überwucherten Regenwäldern eine Fülle grandioser Wanderwege sowie jede Menge Gelegenheiten, Wildtiere in der Natur zu beobachten. Recht häufig kommen **Maultierhirsche** vor, die auch nur wenig Scheu vor Menschen haben. Seltener zu Gesicht bekommt man Schwarzbären, Olympic-Wapitis und Pumas.

Rund 95 % des Parks sind mit dem Auto nicht zugänglich. Durch das Zentrum des Parks verlaufen keine Straßen, stattdessen führen sie vom Rand speichenähnlich ins Innere. Das Hauptbesucherzentrum in Port Angeles bietet Infos, u. a. über die Wetterbedingungen. 17 Meilen lang ist die Straße auf die 1598 m hohe **Hurricane Ridge** hinauf, von der sich atemberaubende Ausblicke auf schroffe Gipfel und die glitzernden Gletscher um den **Mount Olympus** (2432 m) bieten, den höchsten Berg im Park (der nur von erfahrenen Bergsteigern bezwungen werden kann).

### Sol Duc Hot Springs und Lake Crescent

Ein Highlight im Park sind die **Sol Duc Hot Springs**, rund 36 Meilen (eine Autostunde) westlich von Port Angeles. Dort warten ein stilles Resort (S. 476), Wanderwege zu den sanften **Sol Duc Falls** und die **heißen Quellen** selbst – drei Freiluftbecken sowie ein unbeheizter Pool mit mineralhaltigem Wasser mit einer Temperatur von 37–40 °C, ⊙ Ende März–April und Sep–Okt tgl. 9–20, Mai–Sep tgl. 9–21 Uhr, Eintritt $14 extra für Tagesgäste, für Resortgäste kostenlos.

Auf dem Weg nach Sol Duc (20 Meilen von Port Angeles) führt der US-101 vorbei am malerischen, zwölf Meilen langen **Lake Crescent**, der von dicht bewaldeten Bergen gesäumt ist und an dem Besucher gern übernachten (s. unten). Das Seeufer und die Wege an dieser Stelle, etwa der einfache Weg zu den **Marymere Falls** (1,8 Meilen hin und zurück), sind die einzigen Teile des Parks, die ohne Eintrittsgebühr besucht werden können.

### Pazifikküste und Quinault-Regenwald

Wer noch mehr Zeit hat, kann auch die wilden **Strände** des Parks am Pazifik erkunden. Am **Rialto Beach** ragen schwarze Felsen aus dem

Meer; der attraktive **Ruby Beach** verdankt seinen Namen schwarzen und roten Kieseln.

Der westlichste Abschnitt des Parks umfasst den **Hoh Rain Forest** (88 Meilen bzw. 2 Autostunden von Port Angeles) und den **Quinault Rainforest**, den schönsten Regenwald auf der Halbinsel. Er erstreckt sich am Ufer des von Gletschern ausgehobelten **Lake Quinault** rund 128 Meilen und mehr als drei Autostunden von Port Angeles.

## ÜBERNACHTUNG UND ESSEN

Im Nationalpark gibt es 16 ausgezeichnete, vom National Park Service betriebene **Campingplätze** ($15–23), ☏ 360 565 3130, 🖳 www.recreation.gov. Besonders empfehlenswerte Plätze sind **Heart o' the Hills**, 6 Meilen südlich von Port Angeles an der Hurricane Ridge Rd, und **Fairholme** weiter westlich, der wie einige andere von Mitte September bis Mitte Mai geschlossen ist. Ab $15

**Lake Crescent Lodge**, 416 Lake Crescent Rd, ☏ 360 928 3211, 🖳 www.olympicnationalparks.com. Gasthaus von 1916, wunderschön in dichten Wäldern am Südufer des Lake Crescent gelegen. Einfache Zimmer ohne TV, Telefon und WLAN sowie elegante Cottages im umliegenden Wald. 🕑 Mai–Okt. $189

**Lake Quinault Lodge**, 345 South Shore Rd, ☏ 360 288 2900, 🖳 www.olympicnationalparks.com. Reizvolle, 1926 am Ufer des Lake Quinault erbaute Unterkunft mit Pool, Sauna sowie Zimmern mit Kamin und Seeblick (keine Telefone und TVs, WLAN nur in der Lobby, dafür kostenlos). $209

**Sol Duc Hot Springs Resort**, 12076 Sol DucHot Springs Rd, ☏ 866 476 5382, 🖳 www.olympicnationalparks.com. Das 12 Meilen vom US-101 entfernte, tief im Park gelegene Resort bietet 26 gemütliche, einfache Hütten mit Bad (kein TV, Handysignal oder WLAN) sowie teurere Suiten mit 3 Schlafzimmern und Küche. Gäste haben freien Zugang zu den heißen Quellen (S. 475). Zum Resort gehört das sehr gute Spring Restaurant (🕑 in der Saison tgl. 7.30–10 und 17–22 Uhr; Hauptgerichte abends $16–32). 🕑 Ende Mai–Okt. $200

## INFORMATIONEN

Das **Visitor Center**, 3002 Mount Angeles Rd, am Rand von Port Angeles, ☏ 360 565 3100, 🖳 www.nps.gov/olym, hat recht nützliche Infobroschüren und Wanderkarten. 🕑 variabel, oft tgl. 9–16, im Sommer bis 18 Uhr.
Kleinere **Besucherzentren** gibt es auf der Hurricane Ridge und am Hoh Rain Forest. Das **Wetter** ist oft regnerisch und manchmal liegt bis in den Juni hinein Schnee.

## Die Südwestküste

Vom Lake Quinault sind es auf dem US-101 Richtung Süden etwa 40 Meilen bis zur Industriestadt **Aberdeen**, in der **Kurt Cobain** und andere Mitglieder der Band Nirvana aufwuchsen; von hier bieten sich zwei Strecken zur Weiterfahrt an: US-12/Hwy-8 führen Richtung Osten nach Olympia (S. 471), während die US-101 weiter nach Süden über die Berge verläuft, vorbei an der schlammigen Willapa Bay und der **Südwestküste** von Washington.

An der Bucht erstreckt sich das rund 6000 ha große **Willapa National Wildlife Refuge**, ☏ 360 484 3482, 🖳 www.fws.gov/willapa, in dessen abwechslungsreicher Landschaft aus Dünen, Wäldern, Marschen und Schlickflächen rund 200 Watvogelarten während des Vogelzugs temporär Quartier beziehen. 🕑 tgl. Sonnenauf- bis Sonnenuntergang, Eintritt $10 pro Fahrzeug.

### Long Beach Peninsula

Die **Long Beach Peninsula**, 7 Meilen südwestlich des Willapa National Wildlife Refuge, ist ein recht günstiges Ferienziel; im Norden der Halbinsel liegt die Geisterstadt Oysterville mit einer Ansammlung von alten Gebäuden, in denen die **Oysterville Sea Farms**, ☏ 360 665 6585, 🖳 www.willabay.com, untergebracht sind, zu erkennen an den Muschelschalenhaufen und bekannt für die frischen Venusmuscheln und geräucherten Austern; 🕑 Mo, Di und Fr–So 9.30–17 Uhr.

Gut für die Geschmacksnerven ist auch das **Pacific Coast Cranberry Museum** der Ortschaft Long Beach, 2907 Pioneer Rd, ☏ 360 642-5553, 🖳 www.cranberrymuseum.com, wo man sich

OBEN FRIDAY HARBOR, SAN JUAN ISLAND (S. 467); UNTEN LINKS MULTNOMAH FALLS (S. 494);
UNTEN RECHTS TOUTLE RIVER VALLEY, MOUNT ST. HELENS (S. 481)

bei einem Rundgang verschiedene Moosbeerenarten anschauen und mit den Beeren zubereitete Leckereien erstehen kann. ⊕ April–Mitte Dez tgl. 10–17 Uhr, Eintritt frei.

### Cape Disappointment State Park

Hwy-100, Ilwaco ▪ ⊕ tgl. 6.30 Uhr bis Sonnenuntergang ▪ Eintritt $10/Fahrzeug ▪ 📞 360 642 3078, 🖥 www.parks.wa.gov

Am äußersten Südwestzipfel Washingtons liegt an der Mündung des Columbia River auf einer felsigen Landzunge der reizvolle **Cape Disappointment State Park**. Wer möchte, kann sich das verwitterte, aber immer noch funktionierende **North Head Lighthouse** von 1898 anschauen (⊕ Sommer tgl. 12–16 Uhr, Führung $2,50) oder dem **Lewis and Clark Interpretive Center** einen Besuch abstatten, das die berühmte Lewis-und-Clark-Expedition der Jahre 1804–1806 und die Gefahren der Befahrung des Columbia River dokumentiert. Auch der harte Winter wird thematisiert, den der Expeditionstrupp hier 1805 erlebte. ⊕ April–Sep tgl. 10–17 Uhr, Okt–März Mo und Di geschl., Eintritt $5.

Heute überqueren Reisende den Fluss auf der langen **Astoria–Megler Bridge** von 1966, über die der US-101 nach Oregon (S. 483) führt.

## ÜBERNACHTUNG

**Cape Disappointment State Park**, Hwy-100, Ilwaco, 📞 888 226 7688. Die Unterkünfte im Park reichen von verschiedenen Campingplätzen (einige davon mit Strom und Wasser) bis zu 14 Jurten für je 3 Pers. in Gehnähe zum Strand, jede ausgestattet mit Herbergsbetten und Heizgerät. Außerdem gibt's am Ufer des Lake O'Neil drei rustikale Hütten. Camping ab $12, Cabins $74 und Jurte $69

# Die North Cascades und der Cascade Loop

Das Rückgrat des Bundesstaates Washington bildet die mächtige Cascades-Gebirgskette, die man am besten über den **Cascade Loop Scenic Highway** erkundet, 📞 509 662 3888,

🖥 www.cascadeloop.com. Dieser Rundweg beschreibt eine 400 Meilen lange Route durch die Berge – die gesamte Rundstrecke ist allerdings nur im Sommer möglich, da zu anderen Zeiten die Bergpässe geschlossen und nicht passierbar sind.

Die Schleife beginnt mit dem Hwy-20, dem North Cascades Highway, der in Burlington vom I-5 Richtung Osten abzweigt und nach 60 Meilen durch das Skagit River Valley die mächtigen Berge des **North Cascades National Park** erreicht, 📞 360 854 7200, 🖥 www.nps.gov/ noca. Das Visitor Center im winzigen Newhalem, Hwy-20, Meilenstein 120, 📞 206 386 4495, erteilt Auskunft über Straßen- und Wanderbedingungen, ⊕ tgl. Juni–Sep 9–17, Mai und Okt Sa und So 9–17 Uhr.

Jenseits der Hochpässe des Parks führt der Hwy-20 durchs Methow Valley 30 Meilen hinunter in die trockenen Hügel Zentral-Washingtons und ins kleine **Winthrop**, eine offiziell 1891 gegründete Minenstadt, die dank einer örtlichen Bauvorschrift nur aus Wildwestgebäuden besteht.

Der reizende Ort **Chelan**, 60 Meilen südlich von Winthrop, liegt am unteren Ende des gleichnamigen Sees, der einen von Gletschern ausgeschnittenen tiefen Graben inmitten der Berge füllt. Rund um Chelan präsentieren sich die Hügel trocken und wüstenartig, und in den Hotels und an den kleinen Stränden am See ist es im Sommer heiß, was die Gegend zu einem beliebten Ferienziel macht.

## Leavenworth

40 Meilen südlich von Chelan schwenkt der Cascade Loop etwas nördlich der Apfelstadt **Wenatchee** auf den US-2 nach Westen, der nach 22 Meilen in das kleine, in den 1860er-Jahren gegründete **Leavenworth** führt. Nach 30 Jahren in der wirtschaftlichen Talsohle entschied sich der Ort für einen alpinen Anstrich, um dem Tourismus Auftrieb zu verleihen. Deshalb ist Leavenworth heute ein pseudo-bayrischer Ort mit spitzen Giebeln und Fachwerk sowie vergnüglichen Restaurants, und außerdem ist es ein guter Ausgangspunkt für Outdoor-Aktivitäten in der spektakulären Umgebung.

Um die Größe und Schönheit des **Lake Chelan** würdigen zu können, sollte man mit der **Fähre** die 50 Meilen lange Strecke zum anderen Ende des Sees bei **Stehekin** fahren, einem winzigen alten Berg-bauort, der ansonsten nur mit dem Wasserflugzeug erreichbar ist. Auf der Fahrt nach Norden wer-den die Berge immer höher, und die Landschaft verändert sich von wüstenhaft zu alpin. Die meisten Besucher unternehmen nur einen Tagesausflug und bleiben nur zwei Stunden im Ort, bis die Fähre zurückfährt. Man kann den 95 m hohen **Rainbow Falls** einen Besuch abstatten, die rund drei Meilen vom Bootsanleger entfernt liegen, jedoch nur im Frühjahr in ihrer ganzen Pracht zu erleben sind; nach Ankunft der Fähre beginnen 45-minütige Bustouren ($8). Außerdem gibt es hier den Kunstgewerbe-laden **The House That Jack Built**, der seit 1977 am Fähranleger existiert, ☉ tgl. 10.30–14.30 Uhr, und das **Visitor Center**, ✆ 360 854 7365, ☐ www.stehekin.com, ☉ unterschiedlich, im Sommer tgl. 9–17 Uhr.

### Transport

Die **Lake Chelan Boat Company**, 1418 W Woodin Ave, ✆ 509 682 4584, ☐ www.ladyofthelake.com, betreibt vom Anleger eine Meile westlich des Orts die Personenfähre nach Stehekin: Abfahrt Mai–Mitte Okt tgl. 8.30 Uhr, 90 Min. Aufenthalt in Stehekin; Rückfahrt um 14 Uhr, Ankunft in Chelan 18 Uhr; $24 einfach, $40,50 hin und zurück. Ein schnelleres Boot (Mitte Juni–Mitte Sep tgl. 8.30 Uhr, Ankunft 11 Uhr, 1 Std. Aufenthalt, Rückfahrt um 12 Uhr, $37 einfach, $61 hin und zurück) erreicht Stehekin in der Hälfte der Zeit. Bei Kombitrips (Hinfahrt mit dem Expressboot, Rückfahrt mit dem langsameren) hat man 3 Std. in Stehekin.

**Chelan Seaplanes**, ✆ 509 682 5555, ☐ www.chelanseaplanes.com, fliegt tgl. zwischen Lake Chelan und Stehekin (30 Min., $89 einfach, $179 hin und zurück).

## Snoqualmie Falls

6501 Railroad Ave SE (Hwy-202) ▪ ☉ tgl. Sonnenauf-bis Sonnenuntergang ▪ Eintritt frei ▪ ☐ www.snoqualmiefalls.com

Westlich von Leavenworth führt der US-2 über den Stevens Pass; die wichtigste Ost-West-Ver-bindung verläuft allerdings weiter südlich: Der I-90 verbindet Seattle mit dem Yakima Val-ley. Nur drei Meilen nördlich der Ausfahrt 25 vom I-90 ergießen sich die ausnehmend schö-nen **Snoqualmie Falls** gut 80 m in die Tiefe. Die luxuriöse, 1919 erbaute Salsih Lodge dahinter, ☐ www.salishlodge.com, ist vor allem dafür be-kannt, dass sie in den frühen 1990er-Jahren in der TV-Kultserie *Twin Peaks* von David Lynch als das Great Northern Hotel fungierte.

### ÜBERNACHTUNG UND ESSEN

#### Winthrop

**North Cascades Mountain Hostel**, 209 Castle Ave, Winthrop, ✆ 509 699 0568, ☐ www.northcascadesmountainhostel.com. Sauberes, modernes Hostel mit Cabins, Dorms, Gemein-schaftsküche und -bädern, Waschmaschinen, kostenlosem WLAN und Fahrrädern. Dorms $25, Cabin $70

**Old Schoolhouse Brewery**, 155 Riverside Ave, Winthrop, ✆ 509 996 3183, ☐ www.oldschoolhousebrewery.com. Erstklassiger Pub mit Craft-Bieren, Terrasse mit Ausblick und leckeren Snacks wie die Pub-Brezel mit Stout-Senf. ☉ Sommer Mo–Do und So 12–21, Fr und Sa 12–22, sonst Mo–Do 16–20, Fr 16–22, Sa 12–22, So 12–20 Uhr.

**Campbell's Resort**, 104 W Woodin Ave, Chelan, ✆ 509 682 2561, ☐ www.campbellsresort.com. Die Grande Dame der Resorthotels am Lake Chelan thront seit 1901 im Herz des Orts über dem Ufer und bietet geräumige Suiten und Zimmer mit Blick aufs Wasser, Whirlpools, Pools, Strandzugang und alle modernen Annehmlichkeiten. Im haus-eigenen **Pub & Veranda** gibt's exzellentes Sea-food und heimische Biere, Weine und Speisen wie Lammburger ($17) oder mit Applewood geräucherte Rippchen ($29). ☉ Mo–Do und So 7–21, Fr und Sa 7–21.30 Uhr. $275

## Leavenworth

**Andreas Keller**, 829 Front St, ☎ 509 548 6000, 🖥 www.andreaskeller restaurant.com. Erstklassiges Restaurant mit herzhafter deutscher Küche in großen Portionen, darunter eingelegter Hering, Schnitzel und Spätzle. ☉ Mo–Do und So 11.30–20, Fr und Sa 11.30–21 Uhr.

**Enzian Inn**, 590 US-2, ☎ 509 548 5269, 🖥 www. enzianinn.com. Stilvolle Zimmer mit handgeschnitzten österreichischen Möbeln, Frühstücksbuffet inkl. $140

**Hotel Pension Anna**, 926 Commercial St, ☎ 509 548 6273, 🖥 www.pensionanna.com. Die Zimmer strotzen vor fröhlichem teutonischem Kitsch; die Suiten verfügen über Kamin und Whirlpool. $189

**Icicle Brewing Co**, 935 Front St, ☎ 509 548 2739, 🖥 www.iciclebrewing.com. Die Kleinbrauerei bietet gutes Bier nach deutscher Art wie Hefeweizen sowie Kneipenkost, z. B. einen *ploughman's platter* und Truthahn-Sandwiches. ☉ Mo–Mi 12–23, Fr–So 11–23 Uhr.

### INFORMATIONEN UND TOUREN

**Visitor Center**, 940 US-2, ☎ 509 548 5807, 🖥 www.leavenworth.org. ☉ Mo–Do 8–17, Fr und Sa 8–20, So 8–16 Uhr.

**River Rider**, 10860 US-2, Meilenstein 102, ☎ 206 448 7238, 🖥 www.riverrider.com, bietet Tubing-Trips auf dem Wenatchee River ($20 p. P.) sowie Kajak- und Rafting-Exkursionen ($65–95) auf verschiedenen Flüssen in den Cascades.

# Mount Rainier National Park

Es gibt vier Parkeingänge: Nisqually im Südwesten, Stephen's Canyon im Südosten, White River im Nordosten und Carbon River im Nordwesten. Nur der Nisqually-Eingang (weil es dort auch Skilanglaufloipen gibt) und der Carbon River-Eingang sind ganzjährig geöffnet, gesperrt ist die Carbon River Road für Fahrzeuge gesperrt; die übrigen Eingänge sind Juni–Sep zugänglich. ▪ Das 1 Woche gültige Ticket für den Park kostet $10 p. P. und $25 pro Auto.

Der von Gletschern bedeckte **Mount Rainier**, mit 4392 m der höchste Gipfel der Cascade Moun-

tains und der siebthöchste Berg der USA, ist ein Wahrzeichen Washingtons. Erst im Juni sind hier die Straßen nach der Schneeschmelze wieder befahrbar. Dann zeigen sich Hirsche und Bergziegen, und strahlend schöne Wildblumen tauchen die Bergwiesen in bunte Farben – ideale Bedingungen für eine ausgedehnte Wanderung.

Wer nur einen Tag zur Verfügung hat, kann vom Eingang Nisqually am Hwy-706 den südöstlichen Teil des Nationalparks in Angriff nehmen. Acht Meilen hinter dem Eingang liegt **Longmire**: Hier entstand in den 1880er-Jahren das erste Hotel der Gegend, und es gibt ein kleines **Museum**, ☎ 360 569 6575, ☉ tgl. 9–16.30 Uhr, Eintritt frei.

Neun Meilen von hier entfernt rauschen direkt an der Straße die wunderbaren **Narada Falls** gut 50 m in die Tiefe; danach steigt die Straße noch zwei Meilen zum Besucherzentrum in Paradise (S. 481) an. Den Mount Rainier selbst zu besteigen, ist extrem gefährlich und sollte nur von erfahrenen Bergsteigern in Erwägung gezogen werden (Permit $46).

### ÜBERNACHTUNG UND ESSEN

**Mounthaven**, 38210 Hwy-706, Ashford, ☎ 360 569 2594, 🖥 www.mounthaven. com. Nur 5 Meilen außerhalb des Parks, mit 9 Hütten, meist mit Kamin, Küche, Kühlschrank, Holzofen und Veranda. Keine TVs, kein Handyempfang, jedoch kostenloses WLAN. $120

**National Park Inn**, Longmire, ☎ 360 569 2275, 🖥 www.mtrainierguestservices.com. Die klassische Lodge im Park mit 25 Zimmern (einige davon mit Gemeinschaftsbad), Restaurant und Terrasse ist ganzjährig geöffnet. Kein TV, WLAN und Mobilfunkempfang. $119

**Paradise Inn**, Paradise Valley Rd S, ☎ 360 569 2275, 🖥 www.mtrainierguestservices.com. In dieser rustikalen Lodge von 1916 in Gipfelnähe (1652 m) zu nächtigen, ist ein echtes Erlebnis, besonders wenn auf den umliegenden Wäldern noch Schnee liegt und in der prächtigen Zedernholzlobby der Kamin glimmt. Die Zimmer sind alt und klein, und es gibt keine TVs und Telefone und kein WLAN. Aber das Essen im Restaurant ist hervorragend, und es gibt auch ein kleines Café. Weit im Voraus reservieren! ☉ Ende Mai–Anfang Okt. $119

Landkarten und Auskünfte über den Zustand der Wanderwege bekommt man in den **Visitor Centers** in Longmire, Sunrise, ✆ 360 569 6581, ☼ Juli und Aug tgl. 10–18 Uhr, und Paradise (das beste), ✆ 360 569 6571, 🖥 www.nps.gov/mora, ☼ Anfang Mai–Mitte Juni tgl. 10–17, Juni–Sep 10–17, Okt–Mai Sa und So 10–19 Uhr.

Die kleineren **Wilderness & Climbing Information Centers** sind gewöhnlich länger geöffnet: Paradise, ✆ 360 569 6641, ☼ Mitte Mai–Sep tgl. 7–16.30 Uhr, und White River, ✆ 360 569 6670, ☼ Ende Mai–Okt tgl. 7.30–17 Uhr.

Der Nationalpark liegt etwa 60 Meilen süd-östlich von Tacoma. Die Anfahrt erfolgt zunächst über den Hwy-7 und von dort über den kleineren Hwy-706.

# Mount St. Helens

Beim letzten Ausbruch des mächtigen Vulkans Mount St. Helens am 18. Mai 1980 hat die Druckwelle ein Gebiet von 600 km² verwüstet, und eine gewaltige Lawine aus Schlamm und Geröll wälzte sich die Flusstäler hinab und tötete 57 Menschen. Langsam erholen sich die Wälder, und unter der Asche entwickelt sich neues Leben, trotz kleinerer Ausbrüche 2004 und 2005. Besonders gut haben sich die unter privater Verwaltung stehenden Wälder in der Umgebung erholt. Der Berg selbst ist als **Mount St. Helens National Volcanic Monument** geschützt, das vom Forestry Service verwaltet wird. Der Park ist über drei Straßen zugänglich, der Berg selbst jedoch nicht.

## Spirit Lake Memorial Highway (Hwy-504)

Wer zum ersten Mal hier ist, sollte sich dem Mount St. Helens über den **Spirit Lake Memorial Highway** (Hwy-504) nähern, der ungefähr auf halber Strecke zwischen Olympia und Portland vom I-5 abzweigt. Die Straße windet sich auf einer 52 Meilen langen Strecke von Castle Rock zur Johnson Ridge (1280 m) durch dunkelgrüne Wälder. Die nach dem Ausbruch von 1980 entstandenen Mondlandschaften sind heute weitestgehend verschwunden; nur das karge Tal des Toutle River und die von Gras überwachsenen Baumstümpfe zeugen noch von der Naturgewalt in der Vergangenheit.

Fünf Meilen vom Interstate entfernt befindet sich in Silver Lake das **Mount St. Helens Visitor Center** (S. 482) mit einer großen Ausstellung zur Geschichte des Ausbruchs und der Region. Von hier sind es 22 Meilen zum kleineren **Hoffstadt Bluffs Visitor Center**, 🖥 www.hoffstadtbluffs.com, ☼ tgl. 9.30–17 Uhr, Eintritt frei, auf 427 m Höhe, mit Restaurant, Andenkenladen und einer Ausstellung zum alten Hotel Spirit Lake, das 1980 zerstört wurde.

Die Zerstörung der Wälder und ihre allmähliche Erholung steht sechs Meilen weiter bergauf (auf 808 m Höhe) im Mittelpunkt: im **Forest Learning Center**, ✆ 360 274 7750, ☼ Mitte Mai–Sep tgl. 10–16 Uhr, Eintritt frei, mit einer Ausstellung zu den von Weyerhaeuser in den 1980er-Jahren durchgeführten Wiederaufforstungsarbeiten. Draußen kann man auf der Flussebene manchmal Wapitiherden beobachten.

Von hier sind es noch zehn Meilen zum schönen Clearwater Lake und dann noch neun Meilen hinauf zum **Johnston Ridge Observatory**, ✆ 360 274 2140, das sich mit einem tollen Film und einer Ausstellung dem Ausbruch selbst widmet und eine herrliche Aussicht auf die noch immer dampfenden Kraterwände bietet; ☼ Mitte Mai–Okt tgl. 10–18 Uhr, Eintritt $8.

## Mount St. Helens: Süd- und Ostseite

Die Süd- und die Ostflanke des Bergs sind auch über die Forststraßen 83 und 99 (Ende Juni–Okt) zugänglich. Zu sehen sind hier der Lava Canyon mit den nahen Lavaröhren Ape Cave, Panoramen über den Spirit Lake sowie der Aschelaharen und der **Windy Ridge** (1271 m) auf der Nordostseite (2 Std. vom Lava Canyon), wo noch ganze Berghänge frei von Vegetation sind und riesige Baumstämme wie Zweige herumliegen. Die Fahrt von der Johnston Ridge zum Lava Canyon dauert etwa drei Stunden (4 Std. zur Windy Ridge).

Wer auf dem Gebiet des Mount St. Helens National Volcanic Monument Höhen von über 1400 m überschreiten will, braucht ein spezielles **Gebirgspermit**. Von April bis Mitte Mai werden pro Tag 500 Permits ausgestellt, von Mitte Mai bis Oktober nur 100. Sie kosten $22 und müssen online unter 🖳 www.mshinstitute. org bestellt werden; es werden auch geführte Besteigungen angeboten ($195). Für einigermaßen ausdauernde Besucher ist die Besteigung zu schaffen – auf fünf Meilen Strecke werden 1372 Höhenmeter überwunden; Auf- und Abstieg dauern etwa sieben bis zwölf Stunden.

### ÜBERNACHTUNG

**Eco Park Resort**, 14000 Spirit Lake Hwy, 📞 360 274 7007, 🖳 www.ecoparkresort.com. Rustikales Resort auf der Westseite des Mount St. Helens mit gemütlichen Holzhütten (2 oder 4 Pers.) mit Gemeinschaftsbad sowie billigeren Jurten und Zeltplätzen. Begrenzter Handyempfang, kein TV oder WLAN. Zelte $25, Jurten $75, Cabins $135

**Lone Fir Resort**, 16806 Lewis River Rd, Cougar, 📞 360 238 5210, 🖳 www.lonefirresort.com. Sehr praktisch für den Besuch der Südseite des Mount St. Helens, mit großen, alternden Zimmern mit Mikrowelle und Kühlschrank. Kein Telefon-/Handynetz, aber gratis WLAN. $109

### INFORMATIONEN

Die Fahrt über den Spirit Lake Hwy ist kostenlos, einige der Visitor Centers (S. 481) nicht. Für die Wanderwege rund um den Coldwater Lake und das Johnston Ridge Observatory benötigt man **Monument Pass** ($8, 1 Tag). Für die Süd- und Ostseite des Bergs braucht man den **National Forest Recreation Pass** ($5), erhältlich auf den jeweiligen Parkplätzen.
**Visitor Center**, Hwy-504, Meilenstein 5, 📞 360 274 0962, 🖳 www.mountsthelens.com, 🕐 Sommer tgl. 9–17 Uhr, Winter-Öffnungszeiten telefonisch erfragen. Siehe auch 🖳 www. fs.usda.gov/mountsthelens.

# Spokane

Das trockene östliche Washington hat kaum etwas an nennenswerten Sehenswürdigkeiten zu bieten; für eine Pause auf der langen, langweiligen Fahrt auf dem I-90 bietet sich **Spokane**, ein paar Meilen vor der Grenze zu Idaho, an, die einzige wirkliche Stadt in der Gegend. Das Zentrum der Stadt bildet der 40 ha große **Riverfront Park**, 🖳 www.spokaneriverfrontpark.com. Er erstreckt sich über zwei Inseln in der Mitte des Spokane River, der sich über die felsigen **Spokane Falls** ergießt. Hier fand 1974 die Weltausstellung statt. Zu den Attraktionen im Park zählen ein IMAX-Kino ($6,50), eine Eislaufbahn (Okt–März, $5), ein Karussell ($2) und die Seilbahn **Spokane Falls Skyride** ($7,50), die einen Blick auf die Wasserfälle und die Umgebung ermöglicht. 🕐 unterschiedlich, oft Mo–Fr 11–18, Sa und So bis 20 Uhr, Tagesticket $20.

Die meisten Relikte aus der Glanzzeit der in den 1870er-Jahren gegründeten Stadt finden sich mehrere Blocks südwestlich des Riverfront Park an der West Riverside Avenue um die Kreuzung mit der Jefferson Street herum. Einen Besuch wert ist das **Northwest Museum of Art and Culture**, 2316 W 1st Ave, 📞 509 456 3931, 🖳 www.northwestmuseum.org, das sich besonders mit der Geschichte und Kunst der Region und der indianischen Kultur beschäftigt, aber auch Stücke aus dem Japan des 19. und den Niederlanden des 17. Jhs. zeigt. 🕐 Di und Do–So 10–18, Mi 10–20 Uhr, Eintritt $10.

Das benachbarte **Campbell House** wurde 1897 als Pseudo-Fachwerkbau für einen Silberbaron errichtet. 🕐 Di und Sa 12–16 Uhr, Führungen Mi–Fr und So 12–15 Uhr jeweils zur vollen Stunde, im Museumseintritt inbegriffen.

### ÜBERNACHTUNG UND ESSEN

**Davenport Hotel**, 10 S Post St, 📞 509 455 8888, 🖳 www.davenporthotel collection.com. Stattliches Gebäude von 1914 mit prachtvoller Lobby und geräumigen, designten Suiten. $184

**Frank's Diner**, 1516 W 2nd Ave, 📞 509 747 8798, 🖳 www.franksdiners.com. Klassischer Diner in einem Eisenbahnwaggon

DER NORDWESTEN

von 1906 (ein Diner ist es erst seit 1931) mit tollem, sättigendem Frühstück ($5–12), engen Sitznischen und pragmatischen Kellnerinnen. ⊕ tgl. 6–21 Uhr.

**Hotel Ruby**, 901 W 1st Ave, ✆ 509 747 1041, 🖳 www.hotelrubyspokane.com. Die farbenfrohe Unterkunft mit Retro-Touch ist nur wenige Gehminuten vom Riverfront Park und dem Ausgehviertel entfernt. Frühstück und WLAN inkl. $87

**Milford's Fish House**, 719 N Monroe St, ✆ 509 326 7251, 🖳 www.milfordsfishhouse. com. Gutes Seafood, zum Beispiel gebratene Austern, Hummerschwänze, frisch vor Ort gefangene Forelle und *Manila clams* (Hauptgerichte kosten zumeist $25–29). ⊕ Di–Sa 17–21, So 16–20 Uhr.

### INFORMATIONEN

**Visitor Centre**, 808 W Main Ave, ✆ 509 747 3230, 🖳 www.visitspokane.com, ⊕ Mo–Fr 10–17, Sa 10–18, So 11–16 Uhr.

### TRANSPORT

**Amtrak** und **Greyhound** nutzen gemeinsam das **Transit Centre**, 221 W 1st St.

## Grand Coulee Dam

Der gewaltige **Grand Coulee Dam,** 80 Meilen westlich von Spokane, ist das größte Betonbauwerk des Landes: Er wurde zwischen 1933 und 1942 am Columbia River errichtet und war eines der zentralen Projekte von Präsident Franklin D. Roosevelts New-Deal-Programm. Auch heute noch zählt der Staudamm zu den größten Stromerzeugern aus Wasserkraft auf der Welt.

Das **Visitor Centre** am Hwy-155 auf der Westseite des Damms, ✆ 509 633 9265, 🖳 www. usbr.gov/pn/grandcoulee, ⊕ Juni und Juli tgl. 8.30–23, Aug 8.30–22.30, Sep 8.30–21.30, Okt–Mai 9–17 Uhr, Eintritt frei, bietet kostenlose 50-minütige Führungen zur Staumauer und zu einem der riesigen Kraftwerke (von April–Okt finden die Führungen täglich statt).

**Busse nach**:
BOISE (1x tgl., 9 1/4 Std.),
COEUR D'ALENE (2x tgl., ¾ Std.),
PORTLAND (1x tgl., 6 1/2 Std.),
SEATTLE (3x tgl., 5 1/2–8 Std.);

**Züge nach**:
PORTLAND (1x tgl., 7 1/2 Std.),
SANDPOINT (2x tgl., 1 Std.),
SEATTLE (1x tgl., 8 1/4 Std.),
WEST GLACIER (2x tgl., 5 3/4 Std.).

# Oregon

Für die Pioniere, die im 19. Jh. auf dem beschwerlichen Oregon Trail in dieser Gegend ankamen, war das fruchtbare Tal des **Willamette River** das gelobte Land. Es ist auch heute noch der gesellschaftliche, politische und kulturelle Mittelpunkt des Bundesstaats. Die größte Stadt, **Portland**, ist alternativ, kreativ und derzeit einer der coolsten Städte der USA, Oregons Hauptstadt **Salem** hat dagegen eher kleinstädtisches Flair. Die Stadt **Eugene** ist eine liebenswerte Collegestadt.

Östlich von Portland stürzen Wasserfälle über die moosbedeckten Klippen der schönen **Columbia River Gorge**. Weiter südlich erhebt sich die imposante Silhouette des **Mount Hood**. Hotspot Zentral-Oregons ist der beliebte Erholungsort **Bend**. Weiter Südlich sorgt das liberale **Ashland** mit dem jährlichen Shakespeare-Festival für einen anspruchsvollen Spritzer Kultur.

**Astoria**, die nördlichste Küstenstadt Oregons, hat einige imposante viktorianische Gebäude vor spektakulärer Kulisse zu bieten. Weiter südlich werden die unberührten breiten Sandstrände von zerklüfteten schwarzen Monolithen durchbrochen; auf kahlen Landzungen stehen hübsche Leuchttürme, hinter rauen Klippen verstecken sich kleine, geschützte Buchten.

Die öden Wüsten und Lavafelder im **Osten Oregons** liegen ziemlich weitab vom Schuss, einige Kleinstädte feiern dort noch jährlich ihre Cowboy-Vergangenheit mit einem ausgelassenen Rodeo.

# Portland

**Portland** mit seinen umweltbewussten Bewohnern stand lange im Schatten anderer Westküstenmetropolen wie San Francisco und Seattle. Die Stadt kann aber, was die Coolness angeht, immer besser mit ihren Rivalinnen mithalten. Dafür sorgen blühende Kunst-, Restaurant-, Kaffee- und Kneipenszenen, eine unerklärlich große Zahl von Programmkinos, in denen sogar Bier serviert wird, und eine alternative Öko-Kultur, für die Portland im ganzen Land bekannt ist. Es gibt hier zwar keine umwerfenden Sehenswürdigkeiten, doch mit seinen exzentrischen Bewohnern, Cafés und Märkten, schattigen Parks und bunten Vierteln ist Portland eindeutig das attraktivste Ziel in Oregon. Die Stadt ist berühmt für ihre **Fahrradkultur**, und wer im Juni hier ist, erfährt, warum sie auch als „**Stadt der Rosen**" bekannt ist: Dann entwickeln sich die öffentlichen Gärten zu wahren Blütenmeeren.

Die Stadt wird durch den **Willamette River** in einen Ost- und Westteil geteilt; die Downtown erstreckt sich zwischen dem Westufer des Flusses und dem I-405. Doch wer Portland wirklich kennenlernen möchte, muss die **Wohnviertel** der Stadt erkunden.

Portland boomt: Hier sind Firmen wie Nike und Columbia Sportswear ansässig, Intel gehört zu den größten Arbeitgebern, und Adidas hat hier sein nordamerikanisches Hauptquartier aufgeschlagen. Aber das heißt natürlich noch lange nicht, dass hier alles perfekt ist. Besucher werden schnell feststellen, dass Portland ein großes Obdachlosenproblem hat; Schätzungen zufolge leben hier über 3000 Menschen auf der Straße.

## Pioneer Courthouse Square

Unbestrittenes Zentrum der Stadt ist der **Pioneer Courthouse Square** mit dem angrenzenden Pioneer Courthouse, einem klassizistischen Bauwerk aus dem Jahr 1868, das bis heute als Gerichtsgebäude dient. Auf den von historischen weißen Terrakotta-Bauten umgebenen, geschwungenen Backsteinterrassen tummeln sich Straßenmusiker und Passanten. Hier befindet sich auch die Touristeninformation (S. 492).

## Portland Art Museum

1219 SW Park Ave ▪ ⏱ Di, Mi, Sa und So 10–17, Do und Fr 10–20 Uhr ▪ Eintritt $19,99 ▪ ✆ 503 226 2811, ▢ www.portlandartmuseum.org

Mit seiner gewaltigen, auf zwei Gebäude verteilten Sammlung ist das **Portland Art Museum** eine Schatztruhe der internationalen Kunst. Im Hauptgebäude sind verschiedenste Artefakte von indigenen Völkern des Nordwestens, japanische Siebdrucke und alte chinesische Töpferwaren zu sehen. Die Sammlung **amerikanischer Kunst** im ersten Stock enthält eine Abteilung mit Mount-Hood-Landschaften und Arbeiten der amerikanischen Impressionisten Childe Hassam und J. Alden Weir.

Im **Center for Northwest Art** im zweiten Stock ist ein Saal dem frühen Modernismus von C. S. Price, der 1929 nach Portland zog, gewidmet. Außerdem ist hier eines von Rembrandt Peales

---

## Portlands versteckte Juwelen

**Darcelle XV Showplace**, 208 NW 3rd Ave, ▢ www.darcellexv.com. Portlands letzte echte klassische Varieté- und Travestieshow; seit 1967.

**Hippo Hardware**, 1040 E Burnside, ▢ www.hippohardware.com. Eine Institution seit 1976: ein edler Ramschladen mit Schwerpunkt auf geretteten Architekturteilen aus den 1850er- bis 1960er-Jahren.

**Kidd's Toy Museum**, 1300 SE Grand Ave, ▢ www.kiddstoymuseum.com. Altes Spielzeug aus der Zeit von 1869 bis 1939, die exzentrische Sammlung eines gewissen Frank Kidd.

**Mill Ends Park**, Mittelstreifen des SW Naito Pkwy, Höhe Taylor St. Offiziell der kleinste Park der Welt, von der Größe eines Esstellers.

**Rocky Horror Picture Show**, Clinton Street Theater, 2522 SE Clinton St. Dieser Film läuft hier schon seit 1978 jeden Samstag um Mitternacht. Es ist eine äußerst „interaktive" Vorstellung – dies nur als Warnung. Eintritt $6.

**DER NORDWESTEN**

„Schlüssellochporträts" von George Washington zu sehen. Die Sammlung **europäischer Kunst** dominiert Stücke des Barock, des italienischen Manierismus und des französischen Rokoko von etwa Boucher und Fragonard. Darüber hinaus sind aber auch das Selbstbildnis *Der Cellist* von Gustave Courbet und van Dycks *Porträt von Cardinal Rivarola* zu sehen.

Im benachbarten, durch einen unterirdischen Gang zu erreichenden **Mark Building** liegt der Schwerpunkt auf modernistischer und zeitgenössischer Kunst. So findet man hier eine wechselnde Ausstellung mit Videoarbeiten von Künstlern wie Nicholas Galanin und Steve McQueen sowie Werke von Rothko, Pollock und Frank Stella. Die Publikumslieblinge sind jedoch in der **Impressionismus**-Abteilung versammelt: Degas, Monet (mit einem seiner *Seerosen*-Bilder), Renoir und Cézanne sind hier gut vertreten, und es gibt einen interessanten van Gogh: *Charette de Boeuf.*

## Oregon History Museum

1200 SW Park Ave ▪ ⊕ Mo–Sa 10–17, So 12–17 Uhr ▪ Eintritt $11 ▪ ✆ 503 222 1741, 🖥 www.ohs.org

Gegenüber vom Kunstmuseum steht auf der anderen Seite der South Park Blocks das mit riesigen Trompe-l'œil-Wandmalereien dekorierte **Oregon History Museum**. Anhand fantasievoller Exponate werden verschiedene Facetten der Geschichte des Staates Oregon beleuchtet. Die Abteilung „Oregon My Oregon" oben liefert einen chronologischen Abriss der Geschichte, beginnend mit den indigenen Völkern der Region, während „Oregon Voices" eher thematisch sortiert ist und sich mit Fragen wie der Obdachlosigkeit in Portland und der grünen Bewegung von 1950 bis zur Gegenwart befasst.

## Old Town

Portlands Keimzelle ist die Old Town in der unmittelbaren Umgebung der **Burnside Bridge** – hier wurde 1843 die Stadt gegründet, und von hier wurden der Überlieferung zufolge durch unterirdische Gänge regelmäßig angetrunkene Männer abgeschleppt, um dann auf Schiffen Richtung Asien quasi Zwangsarbeit zu leisten. Heutzutage finden sich hier Missionen für Obdachlose, Galerien, Kneipen, Boutiquen und viele Clubs. Ein Besuch lohnt sich vor allem am

Wochenende, wenn hier der **Weekend Market**, 🖥 www.portlandsaturdaymarket.com, abgehalten wird, wo man in erster Linie Kunsthandwerk und feuriges Essen bekommt. ⊕ März–Dez Sa 10–17, So 11–16.30 Uhr.

## Chinatown

Nördlich der Burnside Street, an der Ecke 4th Avenue, bildet ein prunkvolles Tor den Eingang zu den Relikten von Portlands **Chinatown**. Bis zu den 1880er-Jahren beherbergte das expandierende Portland die zweitgrößte chinesische Gemeinde der USA. Es kam jedoch zu rassistischen Übergriffen, und die meisten chinesischen Arbeiter waren gezwungen, die Stadt zu verlassen. Dennoch gibt es nach wie vor eine beträchtliche chinesische Gemeinde und dementsprechend viele billige Chinarestaurants.

Der bezaubernde, im Jahr 2000 von Chinesen angelegte **Lan Su Chinese Garden**, 239 NW Everett St, Ecke NW 3rd St, 🖥 www.lansugarden.org, ist ein klassischer chinesischer Garten nach Vorbild der berühmten Gärten in Suzhou in China mit traditioneller Vegetation, Teichen und Spazierwegen – Suzhou ist eine Partnerstadt Portlands. ⊕ April–Okt tgl. 10–18, Nov–März 10–17 Uhr, Eintritt $9,50.

## Washington Park

SW Park Place ▪ ⊕ tgl. 5–22 Uhr ▪ Eintritt frei ▪ ✆ 503 823 252, 🖥 www.washingtonparkpdx.org

Der 65 ha große **Washington Park** drei Meilen südwestlich von Downtown wartet mit einigen

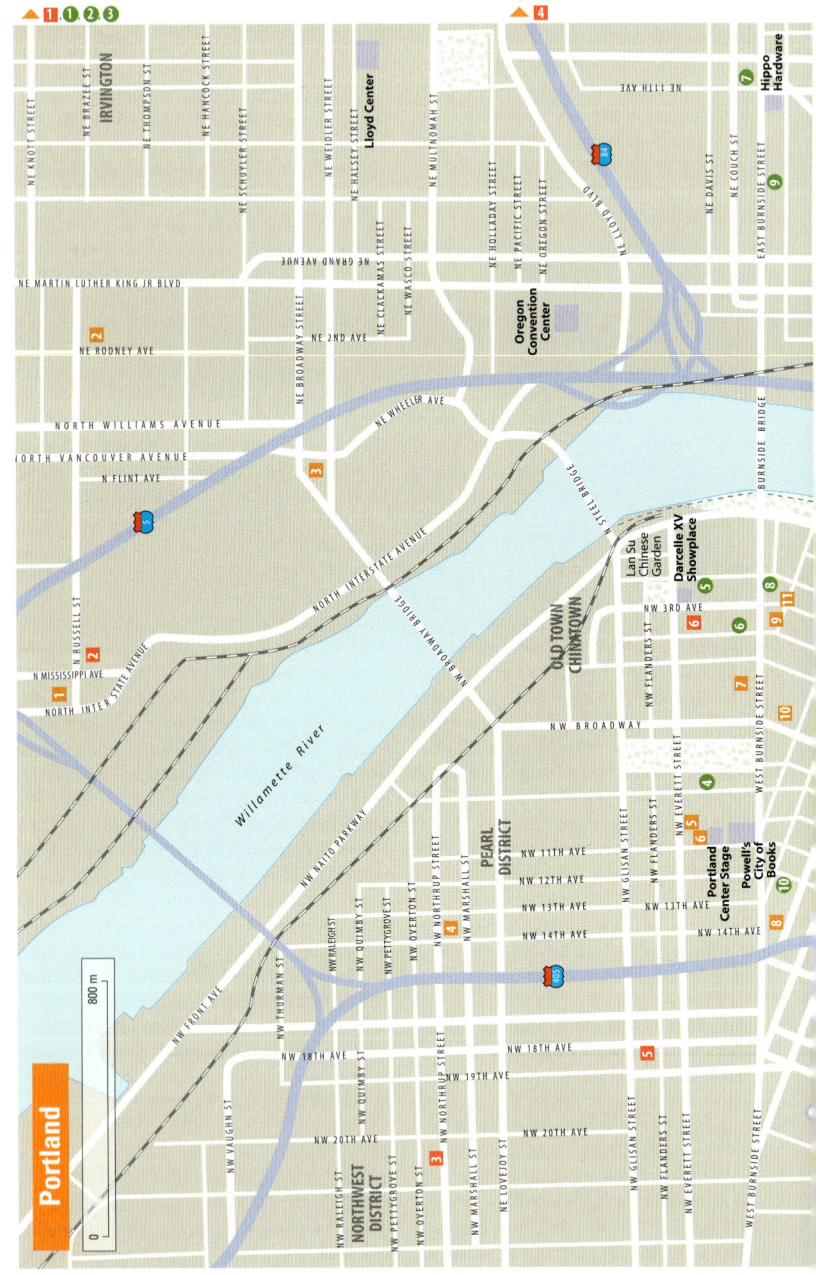

DER NORDWESTEN

Portland

Lloyd Center

Hippo Hardware

NE IRVINGTON

NE KNOTT STREET
NE BRAZEE ST
NE HANCOCK STREET
NE THOMPSON ST
NE HANCOCK STREET
NE SCHUYLER STREET
NE WEIDLER STREET
NE HALSEY STREET
NE MULTNOMAH ST
NE 11TH AVE
NE DAVIS ST
NE COUCH ST
EAST BURNSIDE STREET

NE MARTIN LUTHER KING JR BLVD
NE RODNEY AVE
NE BROADWAY STREET
NE 2ND AVE
NE GRAND AVENUE
NE CLACKAMAS STREET
NE WASCO ST
NE HOLLADAY STREET
NE PACIFIC STREET
NE OREGON STREET
NE LLOYD BLVD

Oregon Convention Center

NORTH WILLIAMS AVENUE
NORTH VANCOUVER AVENUE
N FLINT AVE
NE WHEELER AVE
BURNSIDE BRIDGE

STEEL BRIDGE

Lan Su Chinese Garden
Darcelle XV Showplace

NW 3RD AVE
NW FLANDERS ST

OLD TOWN CHINATOWN

N MISSISSIPPI AVE
N RUSSELL ST
NORTH INTERSTATE AVENUE
N INTERSTATE AVENUE
NORTH INTERSTATE AVENUE

NW BROADWAY

NW FLANDERS ST
NW EVERETT STREET
WEST BURNSIDE STREET

Willamette River

NW BROADWAY BRIDGE

NW NAITO PARKWAY

PEARL DISTRICT

NW 11TH AVE
NW 12TH AVE
NW 13TH AVE
NW 14TH AVE

NW RALEIGH ST
NW QUIMBY ST
NW PETTYGROVE ST
NW OVERTON ST
NW NORTHRUP STREET
NW MARSHALL ST

NW GLISAN STREET
NW FLANDERS ST

Portland Center Stage
Powell's City of Books

NW EVERETT STREET
NW 13TH AVE
NW 14TH AVE

NW FRONT AVE
NW THURMAN ST
NW VAUGHN ST
NW 18TH AVE
NW 20TH AVE
NW RALEIGH ST
NW QUIMBY ST
NW PETTYGROVE ST
NW OVERTON ST
NW NORTHRUP STREET
NW 19TH AVE
NW 18TH AVE
NW 20TH AVE
NW MARSHALL ST
NE LOVEJOY ST
NW GLISAN STREET
NW FLANDERS ST
NW EVERETT STREET
WEST BURNSIDE STREET

NORTHWEST DISTRICT

800 m

0

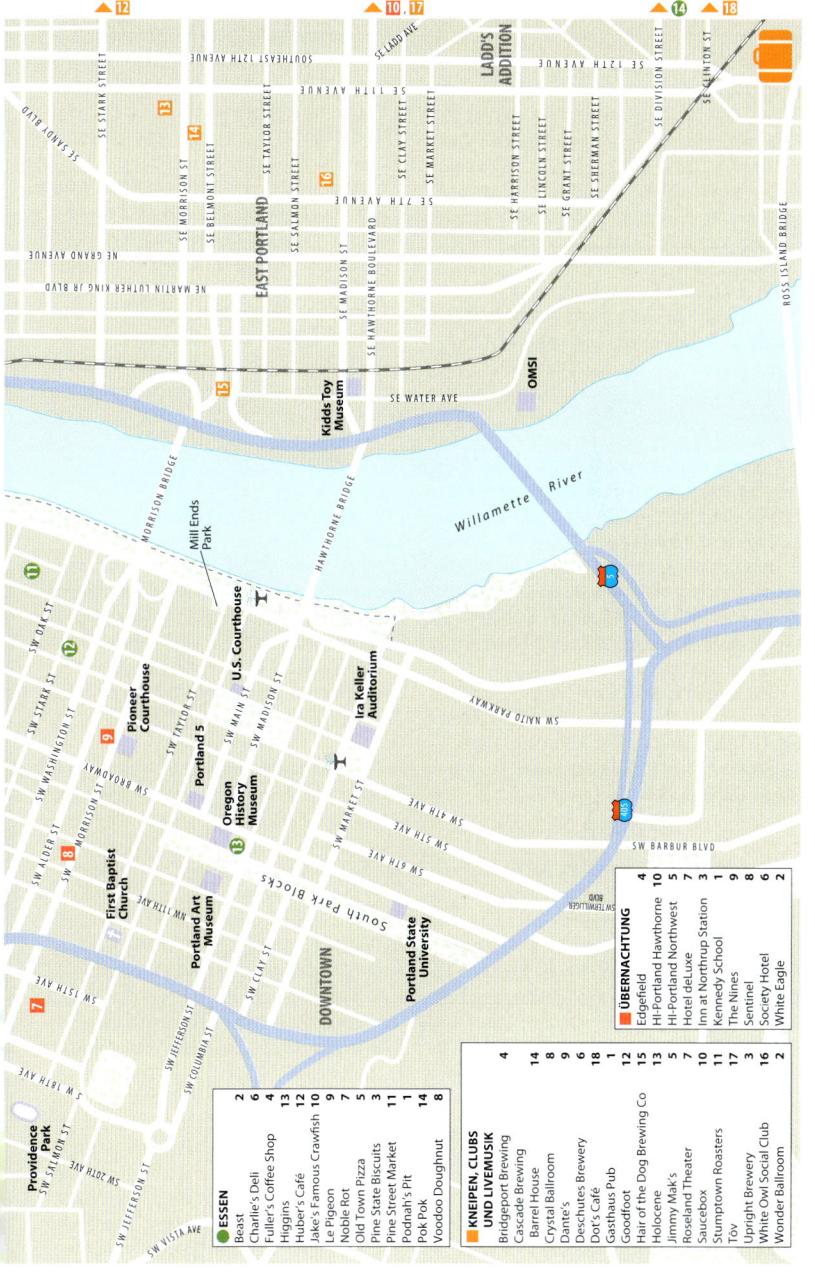

## ● ESSEN

| | |
|---|---|
| Beast | 2 |
| Charlie's Deli | 6 |
| Fuller's Coffee Shop | 4 |
| Higgins | 13 |
| Huber's Café | 12 |
| Jake's Famous Crawfish | 10 |
| Le Pigeon | 9 |
| Noble Rot | 7 |
| Old Town Pizza | 5 |
| Pine State Biscuits | 3 |
| Pine Street Market | 11 |
| Podnah's Pit | 1 |
| Pok Pok | 14 |
| Voodoo Doughnut | 8 |

## ■ KNEIPEN, CLUBS UND LIVEMUSIK

| | |
|---|---|
| Bridgeport Brewing | 4 |
| Cascade Brewing | 14 |
| Barrel House | |
| Crystal Ballroom | 8 |
| Dante's | 9 |
| Deschutes Brewery | 6 |
| Dot's Café | 18 |
| Gasthaus Pub | 1 |
| Goodfoot | 12 |
| Hair of the Dog Brewing Co | 15 |
| Holocene | 13 |
| Jimmy Mak's | 5 |
| Roseland Theater | 7 |
| Saucebox | 10 |
| Stumptown Roasters | 11 |
| Tōv | 17 |
| Upright Brewery | 3 |
| White Owl Social Club | 16 |
| Wonder Ballroom | 2 |

## ■ ÜBERNACHTUNG

| | |
|---|---|
| Edgefield | 4 |
| HI-Portland Hawthorne | 10 |
| HI-Portland Northwest | 5 |
| Hotel deLuxe | 7 |
| Inn at Northrup Station | 3 |
| Kennedy School | 9 |
| The Nines | 9 |
| Sentinel | 8 |
| Society Hotel | 16 |
| White Eagle | 2 |

**DER NORDWESTEN**

Am Nordrand von Downtown befindet sich eine der größten Attraktionen Portlands, die berühmte Buchhandlung **Powell's City of Books**, 1005 W Burnside St, 🖥 www. powells.com. Mit über einer Million neuen und gebrauchten Büchern auf vier Etagen, darunter auch seltene Exemplare, nimmt Powell's einen gesamten Straßenblock ein. Es gibt auch noch mehrere kleinere Filialen in der Stadt. Am Eingang werden Lagepläne ausgegeben, damit die Kunden sich nicht verlaufen. ⏱ tgl. 9–23 Uhr.

der wichtigsten Besuchermagnete für Familien mit Kindern in Portland auf. Einer davon ist der reizvolle **International Rose Test Garden**, ⏱ tgl. 7.30–21 Uhr, Eintritt frei. Ein weiterer ist der ruhige **Japanese Garden**, ☎ 503 223 1321, 🖥 www. japanesegarden.com, der fünf traditionelle Gärten mit Teichen, Brücken, Bäumen und Sandmustern umfasst. ⏱ Mitte März–Sep Mo 12–19, Di–So 10–19, Okt–Mitte März Mo 12–16, Di–So 10–16 Uhr, Eintritt \$9,50.

Den **Oregon Zoo**, 🖥 www.oregonzoo.org, bevölkern die üblichen Affen, Pinguine, Elefanten etc. ⏱ März–Ende Mai tgl. 9–16, Juni–Aug 9.30–18, Sep–Ende Mai 9.30–16 Uhr, Eintritt März–Sep \$14,95, Okt–Feb \$9,95.

## Eastside

Seit dem Ende des 19. Jhs. lebt der Großteil der Einwohner Portlands auf der Eastside. Ein Ausflug auf die andere Flussseite lohnt sich schon für einen Spaziergang oder eine kleine Radtour entlang der 1,5 Meilen langen **Eastbank Esplanade** mit zum Beispiel schwimmenden Gehwegen zwischen der Hawthorne Bridge und der Steel Bridge. Außerdem genießt man von der Esplanade schöne Ausblicke hinüber nach Downtown.

Am Südende der Esplanade, in **Central Eastside**, bietet das **Oregon Museum of Science and Industry (OMSI)**, 1945 SE Water Ave, 🖥 www. omsi.edu, interaktive Ausstellungsstücke, ein Planetarium, ein IMAX-Kino und Hightech-Spielereien vor allem für Kinder und Erwachse-

ne ohne wissenschaftliche Kenntnisse. ⏱ Sommer tgl. 9.30–19, sonst Di–So 9.30–17.30 Uhr, Eintritt \$13, Kinder 3–13 J. \$9,50. Das spektakulärste Ausstellungsstück hier ist wohl die **USS Blueback**, das letzte nicht-nuklear betriebene U-Boot der US-Marine, das für die Dreharbeiten des Films *Jagd auf Roter Oktober* (1990) benutzt wurde. Technikfreaks lieben die speziellen zweistündigen Führungen von echten U-Boot-Veteranen (jeder 2. und 4. Sonntag im Monat, \$15 extra).

Der **Hawthorne District** zwei Meilen östlich des Flusses ist Portlands Zentrum der alternativen Szene, mit viktorianischen und Arts-and-Crafts-Häusern und originellen Restaurants und Kneipen.

## ÜBERNACHTUNG

🧳 **Edgefield**, 2126 SW Halsey St, ☎ 503 669 8610, 🖥 www.mcmenamins.com/ edgefield. Einzigartiges Brauerei-Resorthotel in einem Gebäude von 1911 im Vorort Troutdale mit Restaurants, Bars, Weinkellerei, Kino und Golfplatz, jedoch ohne TV und Telefone; selbst das Gratis-WLAN ist begrenzt. Ein eigenes Hostel ist ebenfalls angegliedert. Die billigsten DZ haben Gemeinschaftsbad. Dorms $30, DZ $130

**HI-Portland Hawthorne**, 3031 SE Hawthorne Blvd, ☎ 503 236 3380, 🖥 www.portlandhostel. org. Hübsches viktorianisches Haus im Hawthorne District. Kostenloses WLAN, Touren zu den Sehenswürdigkeiten der Stadt, günstiger Fahrradverleih und gelegentlich Livemusik. Dorms $35, Nichtmitglieder 38, Zimmer $75

**HI-Portland Northwest**, 425 NW 18th Ave, ☎ 503 241 2783, 🖥 www.nwportlandhostel. com. Vier historische Häuser, u. a. eine Villa von 1889 in Northwest Portland. Schattige Grünflächen, Kaffee-Bar, kostenloses WLAN, Küchen, Kamine. Dorms $29, Zimmer $74

🧳 **Hotel deLuxe**, 729 SW 15th Ave, ☎ 503 219 2094, 🖥 www.hoteldeluxeportland. com. Schickes Boutiquehotel mit eleganter Einrichtung und in guter Lage unmittelbar westlich von Downtown. Ein Fitnesscenter, WLAN sowie HDTV und ein "pillow menu", aus dem sich die Gäste ihre Kissenfüllung aussuchen können, gehören in allen Zimmern zur Ausstattung. Im Sommer werden donnerstagabends auf dem Dach Filme gezeigt. $279

**Inn at Northrup Station**, 2025 NW Northrup St, ✆ 503 224 0543, 🖥 www. northrupstation.com. Hübsches Boutiquehotel direkt an der Straßenbahnlinie in Northwest Portland. Bunte Suiten in auffälligem Design, einige mit Küche, Terrasse und Bartresen. $209

**Kennedy School**, 5736 NE 33rd Ave, ✆ 503 249 3983, 🖥 www.mcmenamins.com/ kennedyschool. Künstlerisch angehauchte Zimmer in einem renovierten Schulgebäude von 1915 mit Original-Schultafeln und Garderobenschränken, aber auch modernem Komfort. Kneipe, Kino, Schwimmbad unter freiem Himmel und eine Bar mit dem Namen „Nachsitzen". $155

**The Nines**, 525 SW Morrison St, ✆ 877 229 9995, 🖥 www.thenines.com. Das zentralste Hotel der Stadt, am Pioneer Courthouse Square, mit edler Designer-Ausstattung, DVD-Playern, Regenduschen und angeschlossenem Ballsaal und Fitnessstudio. $295

**Sentinel**, 611 SW 11th Ave, ✆ 503 224 3400, 🖥 www.sentinelhotel.com. Stilvolles Gebäude von 1909 mit eleganten, aber dennoch gemütlichen Zimmern und Suiten mit Kamin, Spa und Sofas. Zur Anlage gehören ein Pool und Fitnesszentrum. Nur einen Straßenblock entfernt von MAX- und Streetcar-Linien. $329

**Society Hotel**, 203 NW 3rd Ave, ✆ 503 445 0444, 🖥 www.thesocietyhotel.com. Das Boutiquehotel befindet sich in einem restaurierten Gebäude von 1881 in Old Town Chinatown. Es besitzt 36 Zimmer, darunter Dorms (Mehrbettzimmer), mit Gemeinschaftsbad und Suiten. Außerdem gibt es ein Café und eine Dachterrasse mit herrlichem Ausblick auf die Stadt. Dorm $50, Zimmer $119, Suite $149

**White Eagle**, 836 N Russell St, ✆ 503 335 8900, 🖥 www.mcmenamins.com/452-white-eagle-home. Sehr günstiges Hotel von 1905 nördlich von Downtown mit angesagter Hausbrauerei und allabendlichen Rockkonzerten – nicht ganz so toll, wenn man früh schlafen möchte. Die Zimmer mit Gemeinschaftsbad sind schlicht und sauber. Auch „Bunks": Zimmer für 2 Pers. mit Etagenbett. Bunks $65, DZ $75

**ESSEN**

Portlands **Northwest Cuisine** ist ein Mix aus internationaler Küche und frischen regionalen Erzeugnissen. Die Stadt ist landesweit bekannt für ihre vielen ausgezeichneten Restaurants. Ansonsten bieten Downtown, Pearl District (nordwestlich von Downtown, ein gentrifiziertes Viertel mit Lofts, Galerien und Boutiquen) und Northwest Portland (auch Nob Hill genannt, zwischen Burnside und Pettygrove St an der NW 23rd und 21st Ave) schnieke Cocktail-Bars, gediegene Bistros und muntere Kneipen mit Hausbrauerei. Viele der besten neuen Restaurants der Stadt befinden sich in der Eastside.

### Downtown

**Fuller's Coffee Shop**, 136 NW 9th Ave, ✆ 503 222 5608. In diesem altmodischen Diner werden an zwei hufeisenförmigen Tresen günstige Frühstücks- und Mittagsgerichte serviert. Die üppigen Frühstücksteller gibt es ab $4,25, Burger kosten $3,95 und ein Stück Obstkuchen $4,25. Nur Barzahlung. ⊙ Di–Fr 6–15, Sa 7–14, So 8–14 Uhr.

**Higgins**, 1239 SW Broadway, ✆ 503 222 9070, 🖥 www.higginsportland.com. Das Restaurant, ein Pionier der *farm-to-table*-Bewegung, ist auf teure Northwest Cuisine der Nobelklasse spezialisiert. Die Karte ändert sich regelmäßig – mit etwas Glück stehen die Pazifische Kabeljau, das Entenconfit oder die üppige „whole pig plate" (ein Fest für Schweinefleischfans) drauf. ⊙ Mo–Do 11.30–14 und 17–21.30, Fr 11.30–14 und 17–21, Sa 17–22.30, So 16–12.30 Uhr.

## Portland Farmers' Market

Am Südende der South Park Blocks findet auf dem Campus der Portland State University der beliebte **Portland Farmers' Market**, 🖥 www. portlandfarmersmarket.org, statt – mit Obst und Gemüse, Backwaren, Kerzen und Kunsthandwerk; ⊙ März–Okt Sa 8.30–14, Nov–Feb 9–14 Uhr. Im Stadtgebiet und außerhalb finden noch weitere Märkte unter diesem Namen statt; die Öffnungszeiten sind saisonal bedingt unterschiedlich.

**Huber's Café**, 411 SW 3rd Ave, ☎ 503 228 5686, 🖥 www.hubers.com. Das älteste Restaurant Portlands datiert von 1879 und ist spezialisiert auf Truthahnbraten ($16,95) und „spanischen Kaffee" mit Rum, Bols, Kahlua, Kaffee und Schlagsahne – pompös zubereitet und am Tisch flambiert. ⊕ Mo–Do 11.30–22, Fr und Sa 11.30–23, So 16–22 Uhr.

**Jake's Famous Crawfish**, 401 SW 12th Ave, ☎ 503 226 1419. Das berühmte Restaurant besteht seit 1892 und hat eine unglaubliche Auswahl an teurem frischem Seafood, darunter Forelle, Dungeness-Krebse und Krebsküchlein mit Jalapeño. Auch die Desserts sind ausgezeichnet. ⊕ Mo–Do 11.30–22, Fr und Sa 11.30–23, So 10–22 Uhr.

**Pine Street Market**, 126 SW 2nd Ave, 🖥 www.pinestreetpdx.com. Dies ist der erste Food Court der Stadt mit einer bunten Auswahl. Im Pollo Bravo gibt's Hühnchen auf spanische Art und bei Marukin wird Ramen aufgetischt. ⊕ tgl. 8–15 Uhr.

🗇 **Voodoo Doughnut**, 22 SW 3rd Ave, ☎ 503 241 4704, 🖥 www.voodoodoughnut.com. Kultiger Laden mit leckeren Donuts ab $0,95, für die man aber meistens anstehen muss. ⊕ tgl. 24 Std.

### Chinatown

**Charlie's Deli**, 22 NW 4th Ave, ☎ 503 902 9428, 🖥 www.charliesdeli.com. Frisch zubereitete Sandwiches mit reichlich Zutaten von selbst gemachtem Corned Beef ($9,75) bis hin zu vor Ort geräuchertem Schweinefleisch ($9). Wer es salzig-süß mag, sollte die *bacon caramels* probieren. ⊕ Mo–Fr 11–20 Uhr.

**Old Town Pizza**, 226 NW Davis St, ☎ 503 222 9999, 🖥 www.oldtownpizza.com. Touristische, aber gute Pizzeria (Pizza ab $10,95) und gutes eigenes Bier. ⊕ Mo–Do und So 11.30–23, Fr und Sa 11.30–24 Uhr.

### Eastside

**Beast**, 5425 NE 30th Ave, ☎ 503 841 6968, 🖥 www.beastpdx.com. Erstklassiges Lokal für Fleischfreunde. Hier gibt's alles von Rind und Schweinsfuß-Ossobuco bis zu Hähnchenleber-Mousse und Wachteleier-Toast. Gäste werden abends nur zu zwei festen Zeiten begrüßt (6-Gänge-Festpreismenü $102), also am besten reservieren. Sonntags gibt's Brunch. ⊕ Mi–Sa 18 und 20.45, So 10, 11.30, 13 und 19 Uhr.

🗇 **Le Pigeon**, 738 E Burnside St, ☎ 503 546 8796, 🖥 www.lepigeon.com. Dieses Restaurant gilt als eines der besten der Stadt,

wenn nicht des gesamten Nordwestens, und bietet teure, aber erstklassige Küche mit französischem Touch wie Rinderbäckchen-Bourguignon, gegrillte Taube und scharf gebratene Entenleberpastete. ⊕ tgl. 17–22 Uhr.
**Noble Rot**, 1111 E Burnside St, ✆ 503 233 1999, ⌨ www.noblerotpdx.com. Das wahre Highlight hier ist der tolle Ausblick auf die Stadt, aber auch die Weinverkostungssets, der Zwiebel-kuchen und die zu Recht gerühmten Makkaroni mit Käse sind nicht schlecht. ⊕ Mo–Do 17–22, Fr und Sa 17–23, So 17–21 Uhr.
**Pine State Biscuits**, 2204 NE Alberta St, ✆ 503 477 6605, ⌨ www.pinestatebiscuits.com. Super Frühstück mit guten *biscuit*-Sandwiches (z. B. Wedgie, $8). ⊕ Mo–Mi 7–15, Do–So 7–21 Uhr.
**Podnah's Pit**, 1625 NE Killingsworth St, ✆ 503 281 3700, ⌨ www.podnahspit.com. Klassische BBQ-Gerichte wie Räucherforelle, Rinderbrust, Pulled Pork und Rippchen. ⊕ Mo–Do 11–21, Fr 11–22, Sa 9–22, So 9–21 Uhr.

📙 **Pok Pok**, 3226 SE Division St, ✆ 503 232 1387, ⌨ www.pokpokpdx.com. Eines der besten Thai-Restaurants der USA: fabel-hafte Curry-Nudelsuppe, Papayasalat und Salat aus geräucherten Auberginen. Die vietnamesi-schen Chicken Wings mit Fischsauce sind legendär. ⊕ tgl. 11.30–22 Uhr.

## UNTERHALTUNG

Portland ist ein Paradies für Biertrinker. Zurzeit gibt es hier 61 **Kleinbrauereien**; Ende Juli findet in der Stadt jedes Jahr das Oregon Brewers Festival, ⌨ www.oregonbrewfest.com, statt. Außerdem wartet Portland mit einer rührigen **Indie-Musikszene** auf – einer der erfolg-reichsten Musiker der Stadt war Elliott Smith. Heute sind Bands wie Blind Pilot, The Shins, The Thermals und M. Ward angesagt.

### Bars und Coffeehouses

**Dot's Café**, 2521 SE Clinton St, Eastside, ✆ 503 235 02 03. In der mit zusammengewürfelten Möbeln eingerichteten Szenekneipe für Nacht-schwärmer werden gute Biere, klassische Burger, Käse-Jalapeño-Pommes und sogar erstklassige Martinis serviert. ⊕ Mo–Fr 12–2.30, Sa und So 10–2.30 Uhr.

**Saucebox**, 214 SW Broadway, Downtown, ✆ 503 241 3393, ⌨ www.saucebox.com. Großartige Gerichte aus ganz Asien, bunte Cocktails und abendliches Musikprogramm locken Poser in schwarzen Klamotten und andere Szenetypen in das Loft und Restau-rantgäste in den vorderen Raum. ⊕ Di–Fr 16.30–2, Sa 17–2 Uhr.

📙 **Stumptown Roasters**, 128 SW 3rd Ave, Downtown, ✆ 503 295 6144, ⌨ www.stumptowncoffee.com. Die Mischung aus afrikanischen, südamerikanischen und indonesischen Bohnen ergeben den besten Kaffee der Stadt (Espresso $2,75). Darin sind sich die Gäste des geselligsten und am zentralsten gelegenen Cafés dieser lokalen Kette einig. ⊕ Mo–Fr 6–19, Sa und So 7–19 Uhr.

**Tōv**, 3207 SE Hawthorne Blvd, ✆ 541 908 2555, ⌨ www.tovcoffee.com. Die freundlichen Betreiber dieses Doppeldeckerbusses servieren ihren Gästen türkischen Kaffee, Pfefferminztee und Sahlep, ein süßes Milch-getränk mit Schaum, das aus der ägyptischen Heimat des Besitzers stammt. ⊕ tgl. 7–18 Uhr.

**White Owl Social Club**, 1305 SE 8th Ave, ✆ 503 236 9672, ⌨ www.whiteowlsocialclub.com. Neben Tattoos und Rock 'n' Roll werden hier auch Craft-Cocktails und regionales Bier gebo-ten. Mit dem Glas in der Hand ist es auf der großen Terrasse am offenen Feuer besonders behaglich. Am Wochenende wird es voll und laut. ⊕ 15–2 Uhr.

### Livemusik und Clubs

**Crystal Ballroom**, 1332 W Burnside St, Down-town, ✆ 503 225 0047, ⌨ www.mcmenamins.com. Tanzsaal aus dem 19. Jh., 2 Etagen über dem Ringlers Pub. „Schwebende" federgela-gerte Tanzfläche und Livemusik zumeist von bekannten Indie-Rockern. „Lola's Room" im Stockwerk dazwischen bringt Retro-DJs der Stadt auf die Bühne. ⊕ unterschiedlich.

**Dante's**, 350 W Burnside St, ✆ 503 226 6630, ⌨ www.danteslive.com. Cabaret und Live-musik. Markenzeichen des Clubs ist die sonn-tägliche „Sinferno"-Nacht mit Strip-Show ($10), montags „Karaoke from Hell". ⊕ tgl. 11–2.30 Uhr.

**Bridgeport Brewing**, 1313 NW Marshall St, ☎ 503 241 3612, 🖥 www.bridgeport-brew.com. Das ausgezeichnete IPA trinkt man am besten frisch im quirligen Brewpub im Pearl District. Der älteste Craft-Brauer Oregons. ⏱ Di–Do 11.30–23, Fr und Sa 11.30–24, So und Mo 11.30–22 Uhr.

**Cascade Brewing Barrel House**, 939 SE Belmont St, ☎ 503 265 8603, 🖥 www.cascade-brewingbarrelhouse.com. Preisgekrönte im Fass gereifte und saure Biere. ⏱ Mo–Do und So 12–22, Fr und Sa 12–24 Uhr.

**Deschutes Brewery**, 210 NW 11th Ave, ☎ 503 296 4906, 🖥 www.deschutesbrewery.com. Filiale der gerühmten Kleinbrauerei Bend, mit vage schottischem Motto und 26 Zapfhähnen. ⏱ Mo–Do und So 11–23, Fr und Sa 11–24 Uhr.

**Gasthaus Pub** (Widmer Brothers), 955 N Russell St, ☎ 503 281 3333, 🖥 www.widmerbrothers.com. Hausspezialitäten: Widmer Brothers' Upheaval IPA und Steel Bridge Porter. ⏱ Mo–Do und So 11–22, Fr und Sa 11–23 Uhr.

**Hair of the Dog Brewing Co**, 61 SE Yamhill St, ☎ 503 232 6585, 🖥 www.hairofthedog.com. Spezialisiert auf die in der Flasche gereifte Biere mit hohem Alkoholgehalt. ⏱ Di–Sa 11.30–22, So 11.30–20 Uhr.

**Upright Brewery**, 240 N Broadway, ☎ 503 735 5337, 🖥 www.uprightbrewing.com. Das Bier wird nach französischem und belgischem Vorbild aus regionalen Zutaten gebraut. ⏱ Do 17–21, Fr 16.30–21, Sa und So 13–18 Uhr.

**Goodfoot**, 2845 SE Stark St, Eastside, ☎ 503 239 9292, 🖥 www.thegoodfoot.com. Wilder Konzertschuppen und Club. Am Wochenende immer heiß, laut und voll – trotzdem lohnt es sich, die erstklassigen DJs zu erleben, die hier Funk und alten Soul scratchen. ⏱ tgl. 17–2 Uhr.

**Holocene**, 1001 SE Morrison St, Eastside, ☎ 503 239 7639, 🖥 www.holocene.org. In diesem Laden, stets rappelvoll mit zeigefreudigen Szenetypen und ein Pflichtstopp für lokale DJs, werden alle möglichen Cocktails und ein noch breiteres Spektrum an Musikrichtungen gemixt.

Eintritt gewöhnlich $5–10. ⏱ Mi und Do 20.30–2, Fr und Sa 21–2 Uhr.

**Jimmy Mak's**, 221 NW 10th Ave, Downtown, ☎ 503 295 6542, 🖥 www.jimmymaks.com. Der Club bietet jeden Abend Live-Jazz in einer Stadt, die nicht gerade als Hochburg des Swing bekannt ist. ⏱ Mo–Do 17–24, Fr und Sa 17–1 Uhr.

**Roseland Theater**, 8 NW 6th Ave, Downtown, ☎ 971 230 0033, 🖥 www.roselandpdx.com. In einer der finsteren Ecken der Stadt, aber eine Topadresse für Rock- und Indie-Bands. Oft der letzte bezahlbare Veranstaltungsort für Fans, bevor die Gruppen nur noch in Stadien auftreten. ⏱ unterschiedlich.

**Wonder Ballroom**, 128 NE Russell St, Eastside, ☎ 503 284 8686, 🖥 www.wonderballroom.com. In dem speziell renovierten ehemaligen Ballsaal von 1914 treten heute die interessanteren nationalen und internationalen Indie-Rockbands auf. Da der Saal an einem zwielichtigen Abschnitt des MLK Blvd liegt, nimmt man besser das Auto oder ein Taxi. ⏱ unterschiedlich.

### Klassik und Theater

**Portland 5**,1111 SW Broadway, ☎ 503 248 4335, 🖥 www.portland5.com. Der Komplex umfasst die Arlene Schnitzer Concert Hall, ein aufwendig restauriertes Varieté- und Filmtheater von 1928, das große Inszenierungen aus den Bereichen Musical, Tanz und Theater präsentiert; Spielstätte der **Oregon Symphony**, ☎ 503 228 1353, 🖥 www.orsymphony.org. Zum Center gehört auch das 1917 erbaute **Ira Keller Auditorium**, 222 SW Clay, Hausbühne der Portland Opera, ☎ 503 241 1407, 🖥 www.portlandopera.org, und des Oregon Ballet Theater, ☎ 503 222 5538, 🖥 www.obt.org.

**Portland Center Stage**, 128 NW 11th Ave, ☎ 503 445 3700, 🖥 www.pcs.org. Erstklassiges Ensemble, das im stilvoll renovierten Gerding Theater at the Armory von 1891 klassische und moderne Stücke auf die Bühne bringt.

### INFORMATIONEN

**Visitor Center**, 701 SW 6th Ave, Pioneer Square, ☎ 503 275 8355, 🖥 www.travelportland.com, ⏱ Mo–Fr 8.30–17.30, Sa 10–16, Mai–Okt auch So 10–14 Uhr.

Portland verfügt über ein ausgedehntes Netz von **Fahrradwegen**. Die beiden zentral gelegenen Fahrradverleihfirmen sind **Waterfront Bicycles**, 10 SW Ash St, ✆ 503 227 1719, 🖥 www.waterfrontbikes.com; $9 pro Std. oder $28 für einen halben Tag, ⊕ tgl. 10–18 Uhr, und **Cycle Portland Bike Tours**, 117 NW 2nd Ave, ✆ 844 739 2453, 🖥 www. portlandbicycletours.com; $5 pro Std. oder $35 pro Tag. ⊕ tgl. 9–18 Uhr.

### Stadtbusse

Die **Tri-Met**-Busse befahren entlang der 5th und 6th Avenue die sogenannte Transit Mall in Downtown.
Das **Tri-Met Ticket Office**, Pioneer Square, ✆ 503 238 7433, 🖥 www.trimet.org, ⊕ Mo–Fr 8.30–17.30 Uhr, hat kostenlose Übersichtspläne des öffentlichen Verkehrsnetzes und verkauft Einzelfahrscheine ($2–2,50), Tageskarten für sämtliche Zonen ($5) und Sammeltickets.

### Straßenbahnen

**Max** (Metropolitan Area Express), Portlands Straßenbahn bringt Touristen von Downtown nach Old Town (und zurück), befördert Pendler in die westlichen und östlichen Vororte (Red und Blue Line) sowie nach Nord-Portland (Yellow Line) und in die weiter außerhalb gelegenen östlichen und südlichen Vororte (Green Line). Standard-Fahrpreis $2,50.
Die Straßenbahn North/South Line von **Portland Streetcar**, 🖥 www.portlandstreetcar. org, befährt die westlichen Kernbezirke der Stadt, z. B. den Pearl District, Downtown und das Südufer. Die Rundbahnen A Loop (im Uhrzeigersinn) und B Loop (entgegen dem Uhrzeigersinn) verbinden diese Viertel bis nach Willamette im Osten. Ein Einzelfahrschein kostet $2.

### Taxi

Taxis können nicht an der Straße angehalten werden. Entweder vor einem Hotel eines nehmen oder anrufen:
**Broadway Cab**, ✆ 503 333 3333,
**Radio Cab**, ✆ 503 227 1212.

### Busse

Die **Greyhound**-Station, 550 NW 6th Ave, ✆ 503 243 2361, Pearl District, liegt beim Amtrak-Bahnhof.

### Busse nach:

ASTORIA (2x tgl., 2 3/4 Std.),
EUGENE (4x tgl., 2 1/2–3 1/4 Std.),
SACRAMENTO (4x tgl., 12 1/2–14),
SALEM (4x tgl., 1–1 1/4 Std.),
SEATTLE (4x tgl., 4 Std.)

### Eisenbahn

Der **Amtrak**-Bahnhof **Union Station**, 800 NW 6th Ave, liegt fußläufig zum Stadtzentrum. Bei später Ankunft nimmt man am besten ein Taxi, da dieser Teil der Stadt nach Einbruch der Dunkelheit nicht der sicherste ist.

### Züge nach:

EUGENE (3x tgl., 2 1/2 Std.),
SALEM (3x tgl., 1 Std.),
SEATTLE (5x tgl., 3 3/4–4 1/4 Std.),
SPOKANE (1x tgl., 7 1/2 Std.),
VANCOUVER (1x tgl., 8 Std.).

### Flüge

Der **Portland International Airport** (PDX, 🖥 www.pdx.com) liegt 13 Meilen nordöstlich von Downtown. Von hier fahren Straßenbahnen der **MAX Red Line** (4.45–23.50 Uhr, alle 5–20 Min.; $2,50) in 40 Min. ins Zentrum. Ein **Taxi** vom Flughafen kostet ca. $40–45.

# Columbia River Gorge und Mount Hood

Östlich von Portland windet sich der Columbia River auf einer Länge von 75 Meilen durch die schneebedeckten Berge der Cascades – schon seit Jahrtausenden eine wichtige Verbindung zwischen Ost und West. Die U-förmige Schlucht wurde während der Eiszeit von gewaltigen Gletschern ausgeschliffen. In der wilden Naturlandschaft, die als nationales Schutzgebiet ausgewiesen ist, 🖳 www.fs.usda.gov/crgnsa, stürzen Wasserfälle über nackte Klippen in die Tiefe, während die Tannen- und Ahornwälder im Herbst in sagenhaften Gold- und Rottönen erstrahlen.

## Historic Columbia River Highway

Auch wenn die Schlucht von beiden Seiten des Flusses beeindruckend ist – am Nordufer liegt der Bundesstaat Washington –, ist die in Oregon liegende Seite die interessantere. Von Portland kommend, verlässt man den I-84 an der Ausfahrt 17 und biegt auf den **Historic Columbia River Highway** (US-30) ab, eine schmale, kurvenreiche Straße, die mehrere ausgezeichnete Aussichtspunkte bietet, vor allem den **Crown Point**, 25 Meilen östlich des Zentrums von Portland. Hier wurde das 1918 erbaute, 223 m hoch über der Schlucht gelegene **Vista House**, ☎ 503 695 2240, 🖳 www.vistahouse.com, wieder in seine einstige Jugendstilpracht zurückversetzt. Im Innern erfährt man einiges über die Geschichte des zwischen 1913 und 1922 angelegten Highways. ⏲ Mai–Sep tgl. 9–18, Okt, Nov, März und April tgl. 9–16, Dez–Feb Fr–So 9–16 Uhr, Eintritt frei.

Weiter östlich passiert der Highway einige der atemberaubendsten Wasserfälle der Gegend, zum Beispiel den zweistufigen **Bride's Veil**, 4,5 Meilen vom Vista House. Nach weiteren vier Meilen erreicht man die spektakulären und sehr beliebten **Multnomah Falls**, ☎ 503 695 2373. Dieser zweitgrößte Wasserfall der USA stürzt zunächst mehr als 165 m von einem Felsen in einen Pool hinab und strömt dann weitere 20 m in die Tiefe. Im Sommer ist es hier sehr, sehr voll. ⏲ tgl. Sonnenauf- bis Sonnenuntergang, Eintritt frei.

Ein paar Meilen weiter östlich trifft der Highway wieder auf den I-84; nach neun Meilen überquert er den Fluss mit der 1926 erbauten **Bridge of the Gods** ($1) und führt weiter Richtung **Stevenson** (WA). Hier erzählt das **Columbia Gorge Interpretive Center Museum**, ☎ 509 427 8211, 🖳 www.columbiagorge.org, die Geschichte der Schlucht anhand von Videos und Ausstellungen. Besonderes Augenmerk gilt der **Cascades Portage**, mit der einst sieben Meilen lange Stromschnellen überwunden wurden (die

Stromschnellen verschwanden 1940 durch den Bonneville Dam), ⏲ tgl. 9–17 Uhr, Eintritt $10.

Über die wackelige Hood River Bridge von 1924 ($1) gelangt man wieder hinüber nach Oregon und in das 23 Meilen östlich von Stevenson gelegenen Ort **Hood River**. Im Sommer sind hier auf dem Fluss zahlreiche Kite- und Windsurfer unterwegs. Als romantische Kulisse dient der dunstumhüllte Mount Hood, den man sich am besten vom **Panorama Point** am Hwy-35 unmittelbar südlich des Orts anschaut.

🏠 **Full Sail Brewing**, 506 Columbia St, Hood River, ☎ 541 386 2247, 🖳 www.fullsailbrewing.com. Gute Kleinbrauerei. Mit Blick auf Hood River und das Columbia Valley kann man hier z. B. ein Imperial Stout, ein Fassbier ($4,75), sowie erstklassige Burger ($12) oder Bier-Käse-Suppe ($6) genießen. Kostenlose Brauereiführungen tgl. um 13, 14, 15 und 16 Uhr. ⏲ tgl. 11–21 Uhr.

**Sakura Ridge**, 5601 York Hill Drive, ☎ 541 386 2636, 🖳 www.sakuraridge.com. Ruhiges B&B mit 5 Zimmern im Blockhausstil (alle mit Bad) auf einem Gelände mit Obstbäumen, Wiesen und überwältigenden Ausblicken auf Mount Hood. Mindestaufenthalt 2 Nächte. $205

**Tad's Chicken 'n Dumplings**, 1325 E Historic Columbia River Hwy, Troutdale, ☎ 503 666 5337, 🖳 www.tadschicdump.com. In der altmodischen Raststätte werden köstliches Huhn mit Klößen ($15,95) und jede Menge Fisch aus der Gegend aufgetischt. ⏲ Mo–Fr 17–22, Sa und So 16–22, So 16–21 Uhr.

## Mount Hood

Südlich des Columbia River und des Orts Hood River erhebt sich die majestätische Kulisse des **Mount Hood**, ein ruhender Vulkan mit elf Gletschern und mit 3426 m der höchste Berg Oregons. Die Rundstrecke Mount Hood Scenic Loop über die Highways 35 und 26 beinhaltet sowohl den Berg als auch die Columbia Gorge, außerdem führt die Strecke an zahlreichen Obstgärten vorbei, wo man im Sommer wunderbar frisches Obst, Säfte und Desserts probieren kann; 🖳 www.hoodriverfruitloop.com.

Am Mount Hood gibt es **sechs Skigebiete**: Timberline Lodge, Mount Hood Meadows, Ski Bowl, Cooper Spur, Snow Bunny und Summit. Timberline, ☎ 503 272 3158, 🖥 www.timberlinelodge.com, bietet die einzige ganzjährige Möglichkeit zum Skifahren mit Skiliftservice in Nordamerika (Liftkarte $66 pro Tag). Mount Hood Meadows, 🖥 www.skihood.com, ($79), und Ski Bowl, 🖥 www.skibowl.com, ($53), sind die besten Alternativen, haben jedoch keine so hübsche Lodge zu bieten.

Der Berg lässt sich auf zahlreichen Wanderwegen erkunden, vor allem im **Mount Hood National Forest**. Nähere Informationen erhält man in den Rangerstationen. Auf den Gipfel des Mount Hood führen jedoch keine Wege. Die Gipfelbesteigung sollten nur erfahrene Bergsteiger in Angriff nehmen (kostenlose Permits erforderlich).

Kurz nachdem der Hwy-35 auf den US-26 trifft, führt eine Abzweigung in die Berge hinauf zur stattlichen **Timberline Lodge** (s. unten), die als Kulisse für die Außenaufnahmen von Stanley Kubricks *The Shining* diente.

### ÜBERNACHTUNG

🏨 **Timberline Lodge**, 27500 W Leg Rd, Government Camp, ☎ 503 272 3311, 🖥 www.timberlinelodge.com. Solider Bau aus Naturstein und Holz von 1937, mit kunstvollen Holzmöbeln und antiker Einrichtung sowie supergemütlichen Zimmern und einem ganzjährig geöffneten beheizten Swimming Pool draußen. $260

### INFORMATIONEN

**Hood River Ranger Station**, 6780 Hwy-35, Parkdale, ☎ 541 352 6002; ⊕ Mo–Fr 8–16.30 Uhr.
**Zigzag Ranger Station**, 70220 E Hwy-26, Zigzag, 45 Meilen südöstlich von Portland, ☎ 503 622 3191; ⊕ Sommer tgl. 7.45–12 und 13–16.30 Uhr, sonst Sa und So geschl.

# Willamette Valley

Das Willamette Valley südlich von Portland gilt als das Herz von Oregon, seitdem in den 1840er-Jahren die ersten Siedler über den Oregon Trail in diese Region kamen. Im Vergleich zu dem, was sie vorher gesehen hatten, musste ihnen das Tal geradezu paradiesisch erscheinen. Auch heute noch wird es vielfältig landwirtschaftlich genutzt. Besonders bekannt ist diese Gegend für seine **überdachten Brücken** und für seine Weinerzeugnisse. Die reizvolle Strecke durch das Weinanbaugebiet, der Hwy-99 W, erschließt Dutzende bekannter **Weingüter**, die Cabernet, Riesling und Pinot noir von hervorragender Qualität liefern. Karten für diese Weinregion sind in den hiesigen Visitor Centers und auf 🖥 www.oregonwine.org erhältlich.

## Salem

Die meisten Reisenden denken, dass Portland die Hauptstadt von Oregon ist; diese Ehre gebührt jedoch **Salem**, einer grünen Stadt mit 160 000 Einwohnern 45 Meilen weiter südlich am Ufer des Willamette River. Hauptattraktion hier ist das ungewöhnliche, 1938 im Art-déco-Stil erbaute **State Capitol** aus Vermont-Marmor, 900 Court St NE, ☎ 503 986 1388, 🖥 www.oregonlegislature.gov. Die 50 m hohe Kuppel des Gebäudes ist von einem großen vergoldeten Pionier gekrönt, Axt in der Hand und Blick gen Westen. ⊕ Mo–Fr 8–17 Uhr, Eintritt frei.

Das **Willamette Heritage Center**, 1313 Mill St SE, ☎ 503 585 7012, 🖥 www.willametteheritage.org, bietet neun gut erhaltene Pioniergebäude, darunter Gebäude, die mit der Methodistenmission der 1840er- und 1850er-Jahre in Zusammenhang stehen, sowie die düstere Thomas Kay Woollen Mill aus den 1890er-Jahren. ⊕ Mo–Sa 10–17 Uhr, Eintritt $7.

### ÜBERNACHTUNG UND ESSEN

**Betty's Bed & Breakfast**, 965 D St NE, ☎ 503 399 7848, 🖥 www.salemoregonbandbreakfast.com. Reizendes, 1922 im Arts-and-Crafts-Stil erbautes Haus in Zentrumsnähe, mit zwei einfachen, behaglichen Zimmern. Ein echter Genuss ist das Frühstück. $125

**Grand Hotel in Salem**, 201 Liberty St SE, ☎ 503 540 7800, 🖳 www.grandhotelsalem.com. Edles Hotel im Herz der Innenstadt mit breitem Angebot an gemütlichen, geräumigen Zimmern, kostenlosen Parkplätzen, kleinem Fitnessstudio und Hallenbad. $159

**Sassy Onion**, 1244 State St, ☎ 503 378 9180, 🖳 www.sassyonion.com. Örtliche Minikette mit Filiale am State Capitol, perfekt für einen *French toast* ($6,79) zum Frühstück oder einen Burger ($7,29) zum Mittagessen. ⊙ Mo–Fr 6–15, Sa und So 7–15 Uhr.

## Eugene

Die Studenten- und Hippie-Hochburg Eugene 110 Meilen südlich von Portland ist die zweitgrößte Stadt Oregons. Eugene ist eine liberale Enklave und ein munteres Kulturzentrum. Der Campus der **University of Oregon** (UO) verleiht der Stadt jugendlichen Schwung, besonders spürbar entlang der 13th Avenue westlich des Campus – hier wurde der 1970er-Jahre-Kultfilm *Animal House* gedreht. Einer treuen Gefolgschaft erfreut sich die Football-Mannschaft der Universität, die Ducks, www.goducks.com, und auch sonst hat Eugene ein bedeutendes sportliches Erbe hervorgebracht: 1964 wurde hier der Grundstein für das Unternehmen Nike gelegt.

### Jordan Schnitzer Museum of Art

1430 Johnson Lane (Campus der UO) ▪ ⊙ Mi 11–20, Do–So 11–17 Uhr ▪ Eintritt $5 ▪ ☎ 541 346 3027, 🖳 www.jsma.uoregon.edu

Auf dem Campus der UO lohnt das **Jordan Schnitzer Museum of Art** einen Besuch, das

---

### Oregon Country Fair

In **Veneta**, einem kleinen Ort zehn Meilen westlich von Eugene an US-126, findet jedes Jahr im Juli die **Oregon Country Fair**, ☎ 541 343 4298, 🖳 www.oregoncountry-fair.org, statt, ein altehrwürdiges Hippiefestival mit Musik, Kunst, Essen und Tanz (Tickets $24–29). Da hier in dieser Zeit auf den Straßen nicht mehr viel geht, ist es einfacher, mit dem Bus zu fahren – die LTD (S. 497) bietet zu diesem Anlass Sonderbusse.

---

immer nur 5 % seiner rund 14 000 Kunstschätze ausstellen kann. Ein Großteil des Museums ist meist mit erstklassigen Sonderausstellungen belegt. Unter den Dauerausstellungen ist besonders die **asiatische Abteilung** sehenswert, mit Gegenwartskunst aus Japan, China und Korea sowie traditionellen Rollbildern, Textilien und Keramiken. Dazu kommt eine interessante Sammlung an russisch-orthodoxen Ikonen, und auch Kunst und Fotografie des Nordwestens ist immer gut vertreten. Schön ist auch der ruhige **Garten**.

### Museum of Natural & Cultural History

1680 E 15th Ave ▪ ⊙ Di–So 11–17 Uhr ▪ Eintritt $5, Kinder 3–18 J. $3 ▪ ☎ 541 346 3024, 🖳 www.natural-history.uoregon.edu

Das hübsche **Museum of Natural & Cultural History** auf dem Campus der UO ist ein echtes Schmuckstück. Es beherbergt Ausstellungen und Artefakte zur Natur- und Kulturgeschichte der Region, z. B. eine 10 000 Jahre alte Sandale und 15 000 Jahre alte getrocknete menschliche Exkremente.

### ÜBERNACHTUNG

**Campbell House**, 252 Pearl St, ☎ 541 343 1119, 🖳 www.campbellhouse.com. Elegantes viktorianisches Gästehaus von 1892 mit 14 hübschen Zimmern im Haupthaus und 6 Suiten im Carriage House. $129

**Eugene Whiteaker International Hostels**, 970 W 3rd Ave, ☎ 541 343 3335, 🖳 www.eugenehostels.com. 1930 erbaut, im hippen Viertel Whiteaker, mit Männer- und Frauen-Dorms, Einzelzimmern und einer Familiensuite. Gemeinschaftsküche, Waschmaschinen, kostenloses WLAN und kleines Frühstück. Dorms $35, Zimmer $45, Familiensuite $100

**Excelsior Inn**, 754 E 13th Ave, ☎ 541 342 6963, 🖳 www.excelsiorinn.com. Kleines Hotel bei der University of Oregon mit 14 Zimmern und Suiten. $135

### ESSEN UND UNTERHALTUNG

**Newman's Fish Company**, 1545 Willamette St, ☎ 541 344 2371, 🖳 www.newmansfish.com.

Die Kleinstadt **Ashland**, 180 Meilen südlich von Eugene, huldigt William Shakespeare alljährlich mit dem **Oregon Shakespeare Festival**. Dabei führt eine Theatertruppe, die bereits 1935 ins Leben gerufen wurde, zwischen Februar und Anfang November jeweils elf verschiedene Stücke auf, vier von Shakespeare und sieben von anderen Dramatikern, sowohl klassischen als auch modernen. Die Aufführungen finden im Fachwerkbau des Allen Elizabethan Theatre (Anfang Juni–Mitte Okt) sowie im benachbarten Angus Bowmer Theatre und im schlichten Thomas Theatre statt. Die drei Bühnen teilen sich eine Theaterkasse, 15 S Pioneer St, ℡ 541 482 4331, 🖳 www.osfashland.org, Tickets $25–115.

Wer im Sommer hier ist, kann auch das 20 Meilen nordwestlich gelegene, gut erhaltene Wildwest-Dorf **Jacksonville** ansteuern: Hier wird jedes Jahr von Juni bis September das **Britt Festival** abgehalten, ℡ 541 773 6077, 🖳 www.brittfest.org (Tickets meist $28–68; dabei treten Top-Acts aus den Bereichen Klassik, Jazz, Pop, Rock und Country auf.

In Ashland gibt es etwa 25 B&Bs, viele davon in charmanten viktorianischen Häusern; Ashland B&B Network, ℡ 800 944 0329, 🖳 www.stayashland.com.

Ausgezeichnetes Fischrestaurant mit sättigenden Fish 'n' Chips, Muschelsuppen und Garnelenspießen für unter $10. ⊕ Mo–Fr 11–19, Sa 11–18.30 Uhr.

**Ninkasi Brewing Co**, 272 Van Buren St, ℡ 541 344 2739, 🖳 www.ninkasibrewing. com. Erste und immer noch beste der örtlichen Kleinbrauereien, mit guten, hopfenbetonten Bieren, im Bohèmeviertel Whiteaker. ⊕ Mo–Mi & So 12–21, Do–Sa 12–22 Uhr.

**Prince Pückler's**, 1605 E 19th Ave, ℡ 541 344 4418, 🖳 www.princepucklers.com. Tolle Eiscreme beim Campus der University of Oregon, im Sommer mit frischen Fruchtaromen. ⊕ tgl. 12–23 Uhr.

**Sam Bond's Garage**, 407 Blair Blvd, ℡ 541 431 6603, 🖳 www.sambonds.com. Entspannte Unterkunft im lebhaften Viertel Whiteaker. Die Getränke werden in Mason-Krügen serviert und auf der kleinen Bühne präsentieren sich Bluegrass-, Rock- und Folkbands. ⊕ tgl. 16–2 Uhr.

### INFORMATIONEN

**Visitor Center**, 754 Olive St, ℡ 541 484 5307, 🖳 www.eugenecascadescoast.org, ⊕ Mo 9–17, Di–Fr 8–17 Uhr. Die Filiale in Springfield, 3312 Gateway St, I-5 Exit 195A, ℡ 541 484 5307, bietet etwas umfassendere Informationen. ⊕ tgl. 9–18 Uhr.

### NAHVERKEHR

Eugene verfügt über ein tolles Busnetz, betrieben von **LTD**, ℡ 541 687 5555, 🖳 www.ltd. org. Einzelfahrt $1,75, Tagesticket $3,50.

### TRANSPORT

**Busse**

**Greyhound**-Station, 987 Pearl St, Downtown.

**Busse nach**:
PORTLAND (4x tgl., 2 1/2–3 1/4 Std.),
SACRAMENTO (4x tgl., 9 3/4–11 1/2 Std.),
SALEM (4x tgl., 1 1/4–1 3/4 Std.).

**Eisenbahn**

**Amtrak**-Bahnhof, 433 Willamette St. Züge fahren u. a. nach PORTLAND (3x tgl., 2 1/2 Std.) und SALEM (3x tgl., 1 1/4 Std.).

# Die Küste Oregons

Die Pazifikküste Oregons kann auf einer Länge von 400 Meilen mit traumhaften und teilweise abgeschiedenen Stränden aufwarten, die fast alle öffentlich zugänglich sind. Viele Parks und Campingplätze bieten beste Bedingungen für Camper, Wanderer, Strandbummler, Muschelsammler und Walbeobachter.

## Astoria und Umgebung

Die auf einer hügeligen Halbinsel an der Mündung des Columbia River gelegene Stadt **Astoria** hat sich in den letzten Jahren zu einer altmodisch-schicken Stadt mit Boutiquen, Brauereikneipen, Restaurants und Antiquitätenläden gewandelt, auch wenn es hier und da immer noch ein paar rauere Ecken gibt. Die Innenstadt liegt nicht weit vom Wasser entfernt mit Blick auf die spektakuläre, vier Meilen lange Brücke hinüber zum Bundesstaat Washington (S. 453). Die Stadt selbst ist nach dem Tycoon John Jacob Astor benannt, der hier 1811 einen Pelzhandelsposten gründete (er war selbst jedoch nie hier). Ein kleines Denkmal inklusive Blockhaus in der Exchange Street hinter der Fort George Brewery erinnert an sein **Fort Astoria**, das 1813 den Briten übergeben und in Fort George umbenannt wurde.

### Flavel House und Oregon Film Museum

Das im Queen-Anne-Stil erbaute **Flavel House**, 441 8th St, ☎ 503 325 2203, ⌨ www.cumtux.org, ist das bei Weitem auffälligste Bauwerk der Stadt. Das prächtige, 1886 fertiggestellte Haus war das Zuhause des einflussreichen Seekapitäns George Flavel. In den Haupträumen werden Dioramen gezeigt, die mit Möbeln aus der Zeit und opulenter Ausstattung aufwarten. ⊕ Mai–Sep tgl. 10–17, Okt–April 11–16 Uhr, Eintritt $6.

Um die Ecke befindet sich im alten Gefängnis heute das **Oregon Film Museum**, 732 Duane St, ⌨ www.oregonfilmmuseum.com, das sich v. a. mit in Oregon gedrehten Filmen befasst. ⊕ Mai–Sep tgl. 10–17, Okt–April 11–16 Uhr, Eintritt $6.

### Columbia River Maritime Museum

1792 Marine Drive ▪ ⊕ tgl. 9.30–17 Uhr ▪ Eintritt $14 ▪ ☎ 503 325 2323, ⌨ www.crmm.org
Das **Columbia River Maritime Museum** informiert über die Seefahrtgeschichte Astorias. Es zeigt beeindruckende Ausstellungen mit indigenen Artefakten und Schiffen wie dem Feuerschiff *Columbia* sowie Inuit-Skulpturen aus Walrosszähnen, die gerne von Seeleuten gekauft wurden. Die ältesten Stücke des Museums sind seltene Landkarten des Pazifischen Nordwestens, die Anfang des 16. Jhs. entstanden. Zu den Neuzugängen gehört ein japanisches Fischer-

eischiff, das hier zwei Jahre nach dem Tōhoku-Erdbeben und Tsunami im Jahr 2011 an die Küste gespült wurde.

### Astoria Column

Astor Column Park ▪ ⊕ tgl. 5–22 Uhr (Turm Mo–Fr 9–17.30, Sa und So 9–17 Uhr) ▪ Eintritt frei, Parken $5 ▪ ⌨ www.astoriacolumn.org
Oben auf dem Coxcomb Hill steht die hübsche, 38 m hohe **Astoria Column**. An der Außenwand des 1926 fertiggestellten Turms dokumentiert ein großes Wandgemälde die frühe Geschichte Astorias. Von der Spitze eröffnet sich ein schöner Blick über die Stadt und den Fluss.

### Fort Clatsop

Fort Clatsop Rd ▪ ⊕ Mitte Juni–Anfang Sep tgl. 9–18, Anfang Sep–Mitte Juni 9–17 Uhr ▪ Eintritt $5 ▪ ☎ 503 861 2471, ⌨ www.nps.gov/lewi
Das **Fort Clatsop** knapp 10 Meilen südlich von Astoria ist ein Nachbau des Winterlagers der Forschungsreisenden Lewis und Clark, das hier irgendwo in dieser Gegend 1805 errichtet wurde. Vom echten Lager sind nie Überreste gefunden worden, doch Beschreibungen legen nahe, dass es sich hier in der Nähe befand. Die Exponate im Visitor Center und das in Zedernholz rekonstruierte Fort, umgeben von riesigen Sitka-Fichten, lohnen die Anreise. Das Fort bildet einen Teil des **Lewis & Clark National Historical Park**, der noch weitere Stätten im Bundesstaat Washington umfasst (S. 453).

### Fort Stevens State Park

100 Peter Iredale Rd, Hammond ▪ ⊕ tgl. Sonnenaufbis Sonnenuntergang ▪ Eintritt frei, Parken $5 ▪ ☎ 503 861 1671, ⌨ www.oregonstateparks.org
Der **Fort Stevens State Park** abseits des US-101, neun Meilen westlich von Astoria, bietet gute Wanderwege und lange Strandabschnitte sowie die Überreste der Erdbefestigungen von 1865. Außerdem versinkt hier langsam das Wrack der 1906 gesunkenen **Peter Iredale** im Sand, das zum Herumkraxeln einlädt.

### ÜBERNACHTUNG UND ESSEN

**Bowpicker Fish & Chips**, 1634 Duane St, ☎ 503 791 2942, ⌨ www.bowpicker.com.

Auf dem umgebauten Stellnetzboot gibt es die leckersten Fish (Weißer Thunfisch in Bierteig) 'n' Chips ($8–10) weit und breit. ⊕ April–Okt Mi–So 11–16, Nov–März Do–So 11 Uhr bis Sonnenuntergang.

🏨 **Cannery Pier Hotel**, 10 Basin St, ✆ 503 325 4996, 🖥 www.cannerypierhotel.com. Einladendes Boutiquehotel auf einem Pier mit schicken, modernen Zimmern mit Kamin und Balkon. $309

**Columbia River Coffee Roaster (Three Cups Coffee House)**, 279 W Marine Drive, ✆ 503 325 7487, 🖥 www.thundermuck.com. Der beste Kaffee im Ort, in historischem Gebäude mit Blick auf den Fluss in kleinen Mengen geröstet. ⊕ tgl. 7–16 Uhr.

**Drina Daisy Bosnian Restaurant**, 915 Commercial St, ✆ 503 338 2912, 🖥 www.drinadaisy.com. Bosnische Hausmacherkost wie Lammbraten, eingelegtes Gemüse und köstliche schwere Eintöpfe. ⊕ Mi–So 11–22 Uhr.

🍺 **Fort George Brewery**, 1483 Duane St, ✆ 503 325 7468, 🖥 www.fortgeorge brewery.com. Kleinbrauerei in einem Lagerhaus von 1924 (Pint $4,85, Pitcher $16). Außerdem gibt's hier recht gute Burger ($9,95), Wurst aus eigener Herstellung ($9,95), Fisch-Tacos ($10,95) und Rinderlende mit Pommes ($17,95). ⊕ Mo–Do 11–23, Fr und Sa 11–24, So 12–23 Uhr.

**Hotel Elliott**, 357 12th St, ✆ 503 325 2222, 🖥 www.hotelelliott.com. Reizendes historisches Gebäude aus dem Jahr 1924 mitten in der Stadt. Die Zimmer und Suiten sind mit allerlei Luxus ausgestattet, darunter einem Kamin und einem Whirlpool. $209

### INFORMATIONEN

**Visitor Center**, 111 W Marine Drive, ✆ 503 325 6311, 🖥 www.oldoregon.com. ⊕ Mo–Fr 9–17, Sa 10–17, im Sommer auch So 10–17 Uhr.

### TRANSPORT

**Astoria Transit Center**, 900 Marine Drive, Downtown. Von hier fahren Busse nach PORTLAND (2x tgl., 2 1/4 Std.) über CANNON BEACH und SEASIDE.

## Cannon Beach

Während des großartigen Sandburgenwettbewerbs, der **Sandcastle Competition** im Mai oder Anfang Juni, zeigt sich **Cannon Beach** von seiner lebendigsten Seite. Von diesem Spektakel einmal abgesehen ist die Stadt vor allem für seinen einladenden, vier Meilen langen Strand und den 72 m hohen schwarzen Monolithen **Haystack Rock** bekannt, auf dem Seemöwen nisten und Gelbschopflunde herumtollen. Bei Ebbe sind seine Gezeitenbecken zugänglich, aber den Felsen selbst kann man definitiv nicht erklettern. Es gibt hier weder Parkmöglichkeiten noch einen Zugang zum Strand. Man muss in der Hemlock Street oder der Gower Street in Midtown parken (ausgeschildert als „Haystack Parking") und dann zu Fuß gehen. Einen Alternative ist, von der mehrere Meilen nördlich gelegenen hübschen „Downtown" von Cannon Beach, die eigentlich nur aus der von Geschäften und Restaurants gesäumten Hemlock Street besteht, mit dem Bus zu fahren.

Im vier Meilen nördlich gelegenen **Ecola State Park** ziehen sich dichte Nadelwälder über die Basaltklippen am Tillamook Head. ⊕ Sonnenauf- bis Sonnenuntergang, Eintritt $5 pro Fahrzeug. Richtung Süden gibt es im nach einem bekannten Gouverneur benannten **Oswald West State Park** einen schönen Strand, eine felsige Landspitze und Küstenregenwald. ⊕ Sonnenauf- bis Sonnenuntergang, Eintritt frei.

## Tillamook und der Three Capes Scenic Loop

Tillamook, 40 Meilen südlich von Cannon Beach, ist bekannt durch die **Tillamook Cheese Factory**, etwas nördlich der Stadt am US-101, 🖥 www.tillamook.com, wo man sich die Käseproduktion anschauen und leckere Eiscreme probieren kann. ⊕ tgl. 8–18, Mitte Juni–Anfang Sep bis 20 Uhr, Eintritt frei.

Südlich von Tillamook windet sich der US-101 im Landesinneren durch idyllische Täler; schöner ist allerdings der längere **Three Capes Scenic Loop**, der an malerischen Buchten und schroffen Landspitzen, über Tiefland und an Bergen entlangführt, bis die Straße westlich des **Siuslaw National Forest** schließlich auf den US-101 trifft.

## Newport

Die 44 Meilen südlich von Tillamook gelegene **Lincoln City**, die sich über sieben scheußliche Meilen am Highway entlangzieht und die hässlichste Stadt an der Küste von Oregon ist, lässt sich leider nicht umgehen. Jedoch erreicht man nach 30 weiteren Meilen **Newport**, eine gute Basis für die Erkundung des mittleren Küstenabschnitts.

Newports Anlaufpunkt für die meisten Touristen ist die **Historic Bayfront** am Bay Boulevard mit ihren Souvenirläden, Seafood-Restaurants und Seelöwen, die sich am Kai wälzen. Etwas weiter westlich der Stadt liegt **Nye Beach**, ein beschauliches Juwel am Pazifik.

Südlich des Zentrums liegt jenseits der Brücke das beeindruckende **Oregon Coast Aquarium**, 2820 SE Ferry Slip Rd, ✆ 541 867 3474, ▭ www.aquarium.org, wo sich u. a. Seeotter, Robben, Papageientaucher und Tintenfische vor den Augen der Besucher tummeln. Ein Höhepunkt ist *Passages of the Deep,* ein Unterwassertunnel mit Haifischen im Mittelpunkt. ⊙ Sommer 10–18, sonst 10–17 Uhr, Eintritt $22,95, Kinder 3–13 J. $14,95, 13–17 J. $19,95.

Nördlich der Stadt liegt die andere Hauptattraktion von Newport, **Yaquina Head**, 750 NW Lighthouse Drive, ✆ 541 574 3100, ▭ www.blm.gov/or. Dort gibt es ein Interpretive Center (⊙ tgl. 9.30–17 Uhr), einen 28 m hohen Leuchtturm (kostenlose Führungen Mo, Di und Fr–So 12–15 Uhr) und künstliche Gezeitenbecken. Zwischen den Felsen in Ufernähe leben Robben und

### Sea Lion Caves

38 Meilen südlich von Newport führt der US-101 an den außergewöhnlichen **Sea Lion Caves** vorbei, ✆ 541 547 3111, ▭ www.sealioncaves.com, dem größten Meereshöhlensystem der USA, oft angefüllt mit Hunderten von bellenden Seelöwen. Man riecht die Tiere, bevor man sie sieht. Die Höhlen sind mit einem 69 m langen Fahrstuhl zugänglich; am wahrscheinlichsten sind hier im Herbst und Winter Seelöwen anzutreffen – im Sommer lümmeln sie sich oft auf den Felsen draußen. ⊙ tgl. 9–17 Uhr, Eintritt $14.

Seelöwen. ⊙ tgl. 8 Uhr bis Sonnenuntergang, Dreitagesticket $7 pro Fahrzeug.

### ÜBERNACHTUNG UND ESSEN

**Cafe Stephanie**, 411 NW Coast St, ✆ 541 265 8082. Leckere Sandwiches, Fisch-Tacos und Lachssuppe sowie ein sättigendes Frühstücksangebot. ⊙ tgl. 7.30–15 Uhr.

**Chowder Bowl**, am Nye Beach, 728 NW Beach Drive, ✆ 541 265 7477, ▭ www.newportchowderbowl.com. Sieht sehr gewöhnlich aus, serviert aber die beste Fischsuppe der Stadt ($6,50). ⊙ tgl. 11–20, Sommer 11–21 Uhr.

**Rogue Ales Public House**, 748 SW Bay Blvd, ✆ 541 265 3188, ▭ www.rogue.com. Der lustigste Schuppen zum Essen und Trinken in Newport vermietet auch „Bed und Beer"-Hotel-Units mit 1 oder 2 Schlafzimmern ($125–145, inkl. 1 oder 2 Flaschen Bier; ✆ 541 961 0142). So können die Gäste direkt ins Bett fallen, falls es mal zu lustig wird. ⊙ Mo–Do und So 11–24, Fr und Sa 11–1 Uhr.

**Sylvia Beach Hotel**, 267 NW Cliff (Nye Beach), ✆ 541 265 5428, ▭ www.sylviabeachhotel.com. Gutes, leicht verwohntes Hotel. Die 21 Zimmer tragen die Namen berühmter Schriftsteller, von Hemingway bis Alice Walker. Keine Fernseher, Radios, Telefone, kein WLAN auf dem Zimmer. $130

**Tyee Lodge**, 4925 NW Woody Way, ✆ 541 265 8953, ▭ www.tyeelodge.com. Strandhaus von 1940 im Schatten von Bäumen mit 5 luxuriösen B&B-Zimmern mit Blick aufs Meer. $195

### INFORMATIONEN

**Chamber of Commerce**, 555 SW Coast Highway, ✆ 541 265 8801, ▭ www.newportchamber.org. ⊙ Mo–Fr 8.30–17 Uhr

### TRANSPORT

Newports Busbahnhof, ✆ 541 265 2253, liegt in der 956 SW 10th St. Für PORTLAND (2x tgl., 4 Std.) wie auch für andere Ziele muss man in Corvallis oder Salem umsteigen.

## Fahren und Surfen auf den Dünen

Die **Dünen Oregons** sind berühmt für ihre Allrad-Tauglichkeit. Für Autotouren sind bestimmte Bereiche reserviert (Karten im Visitor Center). Verschiedene Sandbuggys und Geländefahrzeuge (ATV) verleiht Spinreel Dune Buggy & ATV Rental, 35 Meilen südlich von Florence am US-101, ☎ 541 759 3313, ▱ www.ridetheoregondunes.com. Die Kunst, auf den Dünen zu surfen, kann man im Sand Master Park erlernen, 5351 US-101 in Florence, ☎ 541 997 6006, ▱ www.sandmasterpark.com, mit Brettverleih ab $10 für 24 Std.

### Oregon Dunes National Recreation Area

⊕ tgl 24 Std. ▪ Eintritt $5/Fahrzeug ▪ Visitor Center 855 Highway Ave, Reedsport, US-101 (20 Meilen südlich von Florence) ▪ ⊕ Mo–Fr 8–16.30 Uhr ▪ ☎ 541 271 6000

Bei der Stadt Florence 50 Meilen südlich von Newport beginnt ein 42 Meilen langer Strandabschnitt mit riesigen, bis zu 150 m hohen Sanddünen, gelegentlich unterbrochen von Wald- und Seegebieten. Vom US-101 aus sind die Dünen nur gelegentlich zu sehen. Etwa die Hälfte von ihnen liegt in der **Oregon Dunes National Recreation Area** und ist öffentlich zugänglich. Der US Forest Service, dem die Dünen unterstehen, unterhält interessante **Wanderwege** durch verschiedenste Terrains, die größtenteils nicht von Allradfahrzeugen befahren werden dürfen.

### Von Port Orford zur kalifornischen Grenze

Die Abstände zwischen den Orten werden am US-101 immer größer. Die schönsten Abschnitte der Küste liegen südlich von **Port Orford**, 100 Meilen südlich von Florence. Hier ziehen sich sanft abfallende bewaldete Berge bis hinunter ans Meer. Sie bilden die Westgrenze des **Siskiyou National Forest**, einer riesigen einsamen Wildnis, die sich am besten ab **Gold Beach** mit dem Boot auf dem wilden Rogue River erkunden lässt. Das Visitor Center bietet Infos über das Angebot an Rafting- und Schnellboot-Exkursionen.

Sieben Meilen südlich von Gold Beach liegen drei sehr ansprechende State Parks (alle ⊕ tgl. Sonnenauf- bis Sonnenuntergang, Eintritt frei): **Cape Sebastian**, mit einem schönen Aussichtspunkt 60 m über der tosenden Brandung und Wanderwegen, die über Blumenwiesen und Meeresklippen führen, **Pistol River**, das vor allem wegen seiner Felstürme und der regelmäßig stattfindenden Surfwettbewerbe bekannt ist, und **Samuel H. Boardman**, ein zwölf Meilen langer Küstenstreifen mit Aussichtspunkten, Picknickplätzen und schönen Pfaden.

**Brookings**, im Südwestzipfel des Bundesstaates, ist ein bei Ruheständlern beliebter Ort mit einem milden Klima, der sich als Ausgangspunkt für die Erkundung des kalifornischen **Redwood National Park** (S. 445) anbietet; das Hauptbüro des Parks liegt nur 25 Meilen weiter südlich in Crescent City (S. 446).

# Bend und Umgebung

Das boomende **Bend** (80 000 Einw.) ist die beste Basis für die Erkundung der trockenen Hügel Zentral-Oregons, denn die Stadt bietet Zugang zu zahlreichen Outdoor-Aktivitäten. Außerdem gibt es hier viele gute Lokale, Sportläden und ein umwerfendes Angebot an **Kleinbrauereien**. Zwar wirken die Außenbezirke mit ihren Einkaufszentren und Highways etwas zersiedelt, doch das Zentrum mit dem beliebten **Drake Park** am Deschutes River ist überschaubar und durchaus ansprechend. Der Park ist etwa eine halbe Meile lang und hat einige schattige Wege, den sogenannten Deschutes River Trail und eine Outdoor-Bühne am **Mirror Pond zu bieten.**

Davon abgesehen ist das fünf Meilen südlich des Zentrums am US-97 gelegene **High Desert Museum**, ☎ 541 382 4754, ▱ www.highdesert museum.org, die unangefochtene Hauptattraktion der Stadt: eine faszinierende Sammlung von Artefakten der amerikanischen Ureinwohner und frühen Siedler. Daneben finden sich Exponate zur heimischen Tier- und Pflanzenwelt – Flussotter, Stachelschweine usw. – sowie eine rekonstruierte Pionierfarm mit kleinem Sägewerk hinter dem Haus. ⊕ Mai–Okt tgl. 9–17 Uhr, Eintritt $15, Nov–April 10–16 Uhr, Eintritt $12.

## Newberry National Volcanic Monument

58201 S Hwy-97, 11 Meilen südlich von Bend, ✆ 541 593 2421, 🖵 www.fs.fed.us ▪ 🕐 ▪ Sonnenauf- bis Sonnenuntergang ▪ Eintritt $5 pro Fahrzeug ▪ **Visitor Center** 🕐 Mai Mo und Do–So 10–16, Juni–Aug tgl. 9–17, Sep tgl. 9–16, Okt Sa und So 10–16 Uhr

Die sogenannten **Lava Lands** bedecken ein riesiges Gebiet Zentral-Oregons. Besonders reizvoll ist das **Newberry National Volcanic Monument** in der Umgebung von Bend. Dort finden sich zahlreiche Zeugnisse vulkanischer Aktivitäten, die auf den Ausbruch von Mount Newberry und Mount Mazama vor 7000 Jahren zurückgehen, darunter kegelförmige Berge *(buttes),* steinerne Bäume und zahlreiche Höhlen wie die eine Meile lange **Lava River Cave**, ein unheimlicher unterirdischer Gang in einem Lavatunnel, in dem stets eine Temperatur von 5,5 °C herrscht (Leihtaschenlampen $5). 🕐 Mai–Sep Sonnenauf- bis Sonnenuntergang, Tageskarte $5 pro Fahrzeug.

Das **Lava Lands Visitor Center** ist eine ausgezeichnete Quelle für Landkarten und Informationen zu den Wanderwegen. Von hier geht auch ein Shuttle (Juni–Sep, alle 20 Min., $2) zur anderen Hauptattraktion des National Volcanic Monument, dem sogenannten **Lava Butte**. Der schmale Rand des enormen, über 150 m hohen Schlackekegels kann in einer kurzen Wanderung umrundet werden. Während der Monate, in denen das Shuttle verkehrt, ist die Anfahrt mit dem Wagen nicht gestattet.

### ÜBERNACHTUNG UND ESSEN

**The Blacksmith**, 211 NW Greenwood Ave, ✆ 541 318 0588, 🖵 www.bendblacksmith. com. Teure, aber köstliche Nordwestküche: z. B. Ribeye-Steak, in Cider mariniertes Schweinekotelett und Bio-Königslachsfilet (Hauptgerichte $15–82). 🕐 Mo–Do 16–22, Fr und Sa 16–24, So 16–21 Uhr.

**Deschutes Brewery**, 1044 NW Bond St, ✆ 541 382 9242, 🖵 www.deschutes brewery.com. Kredenzt einige der besten Biere im Nordwesten und dazu Pizza, Burger, Seafood und Salate, alles unter Berücksichtigung von Saisonalität und Nachhaltigkeit. 🕐 Mo–Do und So 11–22, Fr und Sa 11–23 Uhr.

**Goody's**, 957 NW Wall St, ✆ 541 389 5185, 🖵 www.goodyschocolates.com. Handgefertigte Schokolade, Popcorn und unglaublich gute Eiscreme. 🕐 Mo–Do und So 10–21, Fr und Sa 10–23 Uhr.

**Lara House**, 640 NW Congress St, ✆ 541 388 4064, 🖵 www.larahouse.com. Das romantische B&B hat 6 schöne Zimmer mit Bad in einem Anwesen von 1910, zentral geregelter AC und mit Kerzen beleuchteter Vorderterrasse. $210

**McKay Cottage Restaurant**, 62910 O.B. Riley Rd, ✆ 541 383 2697, 🖵 www.themckaycottage. com. Der Essbereich dieses Restaurants in einem schönen Bungalow von 1916 erstreckt sich bis auf den Vorderrasen. Hier genießt man z. B Erdbeer-Crêpes ($8,95), Grillfisch-Tacos ($12,95) sowie ofenfrische Scones und Muffins. 🕐 tgl. 7–14 Uhr.

**Old St. Francis School**, 700 NW Bond St, ✆ 541 382 5174, 🖵 www.mcmenamins. com. Die reizende ehemalige katholische Schule von 1936 bietet 19 noble Hotelzimmer, ein Cottage, ein Kino sowie einen eigenen Pub. Die Zimmer befinden sich im früheren Nonnenkloster, Mönchskloster und Pfarrhaus. $185

### INFORMATIONEN

**Visitor Center**, 750 NW Lava Rd, Suite 160, Höhe Oregon Ave, ✆ 541 382 8048, 🖵 www.visitbend. com; 🕐 Mo–Fr 9–17, Sa und So 10–16 Uhr.

**14 HIGHLIGHT**

# Crater Lake National Park

🕐 24 Std.; einige Straßen, Wege und Besuchereinrichtungen sind im Winter bei Schnee geschlossen ▪ 7 Tage gültiger Eintritt $15 pro Fahrzeug bzw. $10 pro Motorrad, Fahrrad und Fußgänger

Gut 100 Meilen südlich von Bend erhebt sich der Vulkan Mount Mazama mit dem herrlichen **Crater Lake**. Der See entstand infolge einer Explosion, die 42-mal stärker war als der Ausbruch des Mount St. Helens. Die größte Insel im See,

Wizard Island, ist die Spitze eines noch wachsenden Aschekegels. Das sogenannte Phantom Ship hingegen ist ein zerklüfteter vulkanischer Deich, der bei Dämmerung oder Nebel an ein Geisterschiff erinnert. Der Anblick des über 600 m tiefen Gewässers inmitten einer gottverlassenen Schneewüste flößt Ehrfurcht ein. Im Sommer blühen an seinem hohen Kraterrand Wildblumen.

Von Mitte Juli bis Mitte September legen an der Cleetwood Cove tgl. von 9.35 bis 15.30 Uhr regelmäßig Ausflugsboote, ☎ 888 774 2728, 🖥 www.craterlakelodges.com, zu Fahrten über den See ab (2 Std., $35). Den einzigen Zugang zum über 200 m tiefer gelegenen Seeufer und zur Anlegestelle bietet der steile, eine Meile lange Cleetwood Cove Trail (Juni–Okt). Der Weg befindet sich am Nordufer des Sees, die Einrichtungen für Besucher sind jedoch am Südrand im winzigen Rim Village. Dort gibt's auch die kostenlosen Genehmigungen zum Tauchen (Juni–Sep) in den Tiefen des blauen Sees.

### ÜBERNACHTUNG

Cabins at Mazama Village, abseits des Hwy-62, sieben Meilen vom Krater entfernt, ☎ 303 297 2757, 🖥 www.craterlakelodges.com. Saubere, aber einfache Zimmer mit einem oder zwei Doppelbetten und Bad, ohne TV, Telefon, WLAN und Klimaanlage. ⊙ Ende Mai–Anfang Okt. $152

🔶 Crater Lake Lodge, ☎ 303 297 2757, 🖥 www.craterlakelodges.com. Vornehme, vollständig renovierte Lodge von 1915. Sie liegt am Südufer des Sees und bietet ein atemberaubendes, großes Foyer mit Art-déco-Schnörkeln und einfache, aber schöne Zimmer. Besonders lohnen die Eckzimmer oder jene mit Seeblick. Kostenloses WLAN. ⊙ Mitte Mai–Mitte Okt. $219

### INFORMATIONEN

Sitz der Parkverwaltung ist das Steel Visitors Center, 3 Meilen südlich des Crater Lake abseits des Hwy-62, ☎ 541 594 3100, 🖥 www. nps.gov/crla. ⊙ Ende April–Anfang Nov tgl. 9–17, Anfang Nov–Ende April 10–16 Uhr.

Rim Visitor Center, 3 Meilen weiter den West Rim Drive entlang und mit Blick auf den See, 2 Ende Mai–Ende Sep tgl. 9.30–17 Uhr.

### TRANSPORT

Um den Crater Lake zu erreichen, braucht man auf jeden Fall ein Auto. Allerdings ist nur die südliche Route (US-62) ganzjährig befahrbar, während die deutlich schönere, nördliche Zufahrt (über Hwy-138) durch Wälder und Wüsten von Nov–Juni geschlossen ist – ebenso der spektakuläre, 33 Meilen lange Rim Drive.

# Journey Through Time Scenic Byway

Die sehr dünn besiedelten Felswüsten und Lavafelder Ost-Oregons strahlen eine herbe Schönheit aus und erinnern mehr an Arizona als an die kühleren Küstenregionen. In kultureller Hinsicht ähnelt diese Region eher dem wilden Westen als der Westküste, geprägt durch Ranches und kleine Orte. Eine Fahrt auf dem östlichen Abschnitt des Journey Through Time Scenic Byway (einer Kombination der Highways 26 und 7), von den John Day Fossil Beds bis zu den einsamen, schneebedeckten Blue Mountains, bietet schon eine recht gute Einführung in die Region, für die man sich am besten zwei oder drei Tage Zeit nimmt.

## John Day Fossil Beds National Monument

Nordöstlich von Bend und der Ochoco Mountains liegt am US-26 das John Day Fossil Beds National Monument: Hier sind in einer atemberaubenden Berglandschaft unterschiedlichste Pflanzen- und Tierfossilien erhalten geblieben, die zwischen 45 und 5 Mio. Jahre alt sind. Die erste der drei Fossilienstätten ist die Painted Hills Unit, zehn Meilen nordwestlich von Mitchell in der Nähe des US-26. Die in Beige-, Rost- und Brauntönen gestreiften sandburgartigen Hügel sind von kleinen Wasserläufen durchzogen, durch die Wasser abfließt. Auch Mitchell selbst lohnt durchaus einen Stopp, eine fast völlig verlassene Wildwest-Stadt mit dem stimmungsvollen Little Pine Café.

### Sheep Rock Unit und Clarno Unit

30 Meilen östlich von Mitchell befindet sich am Hwy-19, zwei Meilen von der Kreuzung mit dem US-26 entfernt und am Ende der spektakulären **Painted Gorge**, die **Sheep Rock Unit** mit Basaltsäulen, die wie uralte Burgruinen aus der Erde hervorstechen. Hier bietet das **Thomas Condon Paleontology Center**, ☎ 541 987 2333, 🖥 www.nps.gov/joda, eine wunderbare Einführung in die Welt der Fossilien. ⏲ unterschiedlich; siehe Website, Eintritt frei.

Am Zentrum beginnen kurze Wanderwege. Das **Cant Ranch Historic Home** ganz in der Nähe wurde 1917 von der Familie Cant erbaut und beherbergt jetzt eine Ausstellung zur Siedlungsgeschichte der Region, ⏲ Mo–Do 9–16 Uhr, Eintritt frei. Eine Meile nördlich vom Center erstreckt sich die **Blue Basin Area**, ein natürliches, bläuliches Amphitheater. Der eine Meile lange **Island In Time Trail** führt hier an Nachbildungen von Fossilien vorbei, z. B. von einer Säbelzahnkatze und einer Schildkröte, die vor Millionen von Jahren zu Tode kam.

Die letzte der drei Stätten, die **Clarno Unit**, liegt 18 Meilen westlich der Stadt Fossil, welche wiederum 60 Meilen nordwestlich von Mitchell und dem US-26 entfernt ist. Hier gibt es kein Besucherzentrum, dafür aber den 400 m langen **Trail of the Fossils**, die einzige Stelle, wo man sich ganz aus der Nähe Fossilien von Pflanzen anschauen kann, sowie die riesigen **Palisades**, Felsklippen, die vor 44 Mio. Jahren durch vulkanische Schlammlawinen entstanden.

### John Day und Prairie City

Die Kleinstadt **John Day** rund 40 Meilen östlich der Fossilienstätten am US-26 fungiert heute als Versorgungszentrum im Tal des John Day River – früher war sie jedoch von erheblich größerer Bedeutung. In den Jahren des Goldrausches des 19. Jhs. war John Day eine wichtige Stadt mit der drittgrößten Chinatown in den USA. Über dieses Erbe informiert die **Kam Wah Chung State Heritage Site** (am Westrand der Stadt ausgeschildert, 125 Canton Rd). Hier steht das Geschäft und Wohnhaus eines chinesischen Kaufmanns und seines Geschäftspartners, der ein traditioneller chinesischer Heiler war. Die beiden kamen in den 1880er-Jahren hierher und blieben bis ans Ende ihrer Tage.

Ihre faszinierende Geschichte und die anderer chinesischer Einwanderer in Oregon wird im **Interpretation Center**, ☎ 541 575 2800, dokumentiert (⏲ Mai–Okt tgl. 9–17 Uhr, Eintritt frei). Das Haus selbst, das sich mit einer exotischen Einrichtung im Stil der 1940er-Jahre präsentiert, ist nur im Rahmen einer Führung (30–45 Min., kostenlos, bis 16 Uhr jeweils zur vollen Stunde) zu besichtigen.

Nach weiteren 13 Meilen auf dem US-26 und am John Day River entlang erreicht man das winzige, aber schöne **Prairie City** mit Wildwestgebäuden sowie einigen guten Restaurants und Kneipen. Von hier windet sich der Scenic Byway durch die südlichen Abschnitte des **Wallowa-Whitman National Forest** sowie über zwei kleine Bergpässe – die Ausblicke sind jedoch meist durch die dicht stehenden Gelbkiefern verstellt.

### Baker City

1861 wurde am Powder River Gold entdeckt, und drei Jahre später entstand die boomende Goldgräberstadt **Baker City**. Deren **Main Street** säumen einige schöne alte Gebäude in unterschiedlichsten europäischen Stilen von Neugotik bis Neorenaissance, zumeist erbaut mit Steinen aus

---

#### Pendletons Round-Up Rodeo

Das 95 Meilen nördlich von Baker City am I-84 gelegene Pendleton ist am bekanntesten wegen des beliebten einwöchigen **Pendleton Round-Up** im September, ☎ 541 276 2553, 🖥 www.pendletonroundup.com, bei dem seit 1910 traditionelle Rodeoveranstaltungen mit extravaganten Festumzügen kombiniert werden ($15–28 pro Veranstaltung). Die **Round-Up Hall of Fame**, 1114 SW Court Ave, ☎ 541 276 0815, 🖥 www.pendletonhalloffame.com, ist vollgestopft mit Erinnerungsstücken. ⏲ Mo–Sa 10–16 Uhr, Eintritt $5. Im Ort werden in zahlreichen Westernläden Cowboyhüte und Fransenhemden verkauft.

der Umgebung – hier hat sich seit den Zeiten des Goldrausches nur wenig verändert. Baker City ist trotz der vielen Motels am Ortsrand ein ruhiger, altmodischer Ort. Im Zentrum findet man einige nette Geschäfte und Cafés.

### Oregon Trail Interpretive Center
22267 Hwy-86 (I-84 Exit 302) ▪ ⊕ April–Okt tgl. 9–18, Nov–März 9–16 Uhr ▪ Eintritt April–Okt $8, Nov–März $5 ▪ ✆ 541 523 1843, 🖥 www.blm.gov/or/oregontrail

Das dramatisch auf einem trockenen, windgepeitschten Hügel fünf Meilen östlich des Zentrums gelegene **Oregon Trail Interpretive Center** beleuchtet das Leben der Pioniere auf dem Oregon Trail der 1840er-Jahre und bietet neben Dioramen, Nachbauten, Relikten und audiovisuellen Displays auch 13 Meilen des historischen Trails mit Wagenspuren und anderen Hinterlassenschaften.

### ÜBERNACHTUNG UND ESSEN

**Barley Brown's Brewpub**, 2190 Main St, ✆ 541 523 4266, 🖥 www.barleybrownsbeer.com. Kneipenessen von verlässlicher Qualität und gute Biere aus eigener Herstellung. ⊕ Mo–Sa 16–22 Uhr.

**Bridge Street Inn**, 134 Bridge St, ✆ 541 523 6571, 🖥 www.bridgestreetinn.net. Unabhängiges Motel mit sauberen, einfachen Zimmern mit Kabel-TV, WLAN, Kühlschrank und Mikrowelle. Grillstellen für Gäste. $60

**Geiser Grand**, 1996 Main St, ✆ 541 523 1889, 🖥 www.geisergrand.com. 1889 erbaut und in den 1990er-Jahren umfassend modernisiert, mit jede Menge historischem Flair und geräumigen Zimmern mit zeitgenössischer Einrichtung und modernen Annehmlichkeiten. Das Café und die Bar sind recht gut fürs Frühstück und Abendessen. $139

**Oregon Trail Motel Restaurant**, 211 Bridge St, ✆ 541 523 5844, 🖥 www.oregontrailmotelandrestaurantbakercity.com. Zuverlässiger Diner nahe der Main St, in dem sich die Einheimischen günstiges Frühstück und sättigende Waffeln mit Beerenkompott gönnen. Der Kaffee erreicht jedoch kein Portland-Niveau. ⊕ tgl. 6–20 Uhr.

**York's Covered Wagon**, 1549 Campbell St, ✆ 541 523 2577. Wildwestkitsch in einem Wahrzeichen von 1925, teils Souvenirgeschäft, teils normaler Gemischtwarenladen, mit riesigem Wandbild des Oregon Trail. Hier gibt's auch Burger ($4,99), Truthahn ($5,99) sowie für $5,99 Chili con Carne bis zum Abwinken (16–19 Uhr). ⊕ tgl. 5.30–20 Uhr.

# Anhang

## Bücher

Es würde den Rahmen des Reiseführers sprengen, an dieser Stelle einen umfassenden Überblick über die amerikanische Literatur geben zu wollen. Die folgende Liste kann daher nur eine subjektive Auswahl von Büchern sein und ist als Orientierungshilfe für interessierte Leser zu verstehen.

Autorentipps: Die gekennzeichneten Bücher finden wir ganz besonders empfehlenswert.

### Geschichte und Gesellschaft

**Willi Paul Adams / Peter Lösche** (Hrsg.) *Länderbericht USA*. Detaillierter Überblick über amerikanische Geschichte, Politik, Geografie, Wirtschaft, Gesellschaft und Kultur.

**Dee Brown** *Begrabt mein Herz an der Biegung des Flusses*. Bis heute die beste Schilderung über die Auswirkungen der weißen Besiedlung des nordamerikanischen Westens auf das Leben der Ureinwohner.

**Mike Davis** *City of Quartz*. Der linksliberale Soziologe verwebt Lokalpolitik, Straßenbanden, Gewerkschaften, Film Noir und Religion zu einer preisgekrönten und hyperbolischen Interpretation von Los Angeles.

**W.E.B. DuBois** *The Souls of Black Folk*. Die herausragende Sammlung der zum größten Teil autobiografischen Aufsätze untersucht die Rassentrennung in der amerikanischen Gesellschaft zu Beginn des 20. Jhs. Englisch.

**Norbert Finzsch / James O. Horton / Lois Horton** *Von Benin nach Baltimore. Die Geschichte der African Americans*. Ausgezeichnete Gesamtdarstellung zur Geschichte der Afroamerikaner.

**Doris Kearns Goodwin** *Team of Rivals*. Die Autorin beschreibt detailliert die klugen Schachzüge, mit denen es Abraham Lincoln gelang, sein widerspenstiges Kabinett so zu lenken, dass die Union siegreich aus dem Bürgerkrieg hervorging. Beim Lesen wird klar, weshalb Lincoln als der größte aller US-Präsidenten gilt.

**David Halberstam** *Die Elite*. Die nach wie vor relevante und erschütternde Analyse zeigt, wie es dazu kam, dass die gebildete Creme der amerikanischen Gesellschaft ihr Land in den ersten Krieg stürzte, den es auf katastrophale Weise verlor.

**Wolfgang Hälbich** u. a. (Hrsg.) *Briefe aus Amerika. Deutsche Auswanderer schreiben aus der Neuen Welt 1830–1930*. Hervorragend kommentierte Auswahl von Briefen deutscher Auswanderer.

**Hans Läng** *Kulturgeschichte der Indianer Nordamerikas*. Ausführliche und lesenswerte kulturhistorische Gesamtdarstellung.

**Aldo Leopold** *Am Anfang war die Erde. Sand Country Almanac. Plädoyer zur Umwelt-Ethik*. Überlegungen zur Naturkunde und Landschaft vom Urvater des Umweltschutzes.

**Magnus Magnusson** *Die Wikinger. Geschichte und Legende*. Wer noch immer glaubt, die Geschichten über die Wikinger als erste Europäer auf dem amerikanischen Kontinent seien nichts als Legenden, wird hier mittels einer minutiösen Aufarbeitung von Einzelheiten eines Besseren belehrt.

ANHANG

**James M. McPherson** *Für die Freiheit sterben. Die Geschichte des amerikanischen Bürgerkrieges*. Äußerst lesenswerte und präzise Darstellung des amerikanischen Bürgerkriegs unter Einbeziehung und Erläuterung der komplexen gesellschaftlichen, wirtschaftlichen, politischen und militärischen Faktoren.

**James Mooney** *The Ghost Dance Religion* und *The Sioux Outbreak of 1890*. Der außergewöhnliche Bericht des Bureau of Ethnology wurde erstmals 1890 veröffentlicht, ist aber immer noch als Taschenbuch erhältlich. Mooney überzeugte seine Vorgesetzten in der Regierungsbehörde für Völkerkunde in Washington von seinem Vorhaben, den amerikanischen Westen ausgiebig zu bereisen, um Informationen aus erster Hand sammeln zu können. Er führte sogar ein persönliches Gespräch mit dem indianischen Propheten Wovoka zum Thema Geistertanz. Nur englisch.

**Perry Miller** *Errand into the Wilderness*. Etwas akademisch, aber immer noch ein überaus wichtiger Text, um die Kultur, Gesellschaft und Politik der Puritaner im Amerika des 17. Jhs. zu verstehen. Englisch.

**Edmund Morgan** *American Slavery, American Freedom*. Komplexe historische Darstellung der raffinierten Methoden, mit denen Virginias reiche Plantagenbesitzer durch die Ausweitung der Sklaverei Konflikte mit der weißen Arbeiterklasse vermieden. Englisch.

**David Reynolds** *Waking Giant: America in the Age of Jackson*. Mitreißendes neues Porträt Amerikas in der ersten Hälfte des 19. Jhs., vom plumpen Versuch, Kanada im Krieg von 1812 an sich zu reißen, bis zur erfolgreicheren mexikanischen Landnahme drei Jahrzehnte später – alles rund um Andrew Jackson als zentrale Gestalt dieser Periode. Englisch.

**Hampton Sides** *Blood and Thunder*. Kurzweilige Neuerzählung der Abenteuer von Kit Carson und seiner Rolle in den Feldzügen gegen die Navajo-Indianer.

**Henry David Thoreau.** Wenige moderne Autoren können es an Bedeutung mit diesem Urgestein des 19. Jhs. aufnehmen, der mit *Walden oder Leben in den Wäldern* die Umweltbewegung 100 Jahre vorwegnahm und mit *Über die Pflicht zum Ungehorsam gegen den Staat (Civil Disobedience)* die Vorlage für ein bis heute unentbehr-

liches Instrument der Aktivisten und Bürgerrechtler lieferte.

**Bob Woodward** und **Carl Bernstein** *Die Watergate-Affäre* und *Amerikanischer Alptraum*. Auch wenn Woodward immer noch am laufenden Band interessante Enthüllungen über Washingtoner Zustände herausbringt: Am faszinierendsten bleiben seine Klassiker aus der Nixon-Ära, in denen er schildert, wie eifrige Jungjournalisten einen korrupten Präsidenten zu Fall brachten und in welch unvorstellbare Manie sich dieser Präsident hineingesteigert hatte.

# Biografien und Oral History

**Muhammad Ali** *Lebensweisheiten einer Legende*. Die mitreißende und unterhaltsame Autobiografie des Jungen aus Louisville (Kentucky), der es bis zum Schwergewichtsweltmeister im Profiboxen brachte. Mit Hilfe seiner dritten Tochter Hana Yasmeen Ali beschreibt er seine Karriere und seine Konvertierung zum Sufismus.

**Paul Auster** (Hrsg.) *Mohr Sieb – wahre Geschichten aus Amerika*. Eine Sammlung authentischer Geschichten, die Auster für ein öffentliches nationales Radioprojekt zugeschickt bekam. Die thematisch geordnete Anthologie lässt sich am besten quer lesen; zwischen den vielen rührseligen und banalen Geschichten verstecken sich auch immer viele schrullige, bewegende oder schlichtweg durchgeknallte Storys, die das Buch durchaus lesenswert machen.

**Bill Clinton** *Mein Leben*. Ausführliche und etwas langatmige Autobiografie des letzten US-Präsidenten des 20. Jhs. An der Person Clinton faszinieren vor allem die unbändige Energie und Leidenschaft, mit der er sich seiner politischen Karriere widmete.

**Taylor Branch** *America in the King Years*. Brillantes dreibändiges Werk über die enormen und längst überfälligen Veränderungen, die Amerika während der Bürgerrechtsbewegung in den 1950er- und 1960er-Jahre durchmachte – geschildert aus der Sicht von Martin Luther King Jr. Englisch.

**William F. Cody** *Buffalo Bill, der letzte große Kundschafter*. Die imponierende Autobiografie einer der größten Persönlichkeiten des Wilden

Westens. In besonderer Erinnerung bleibt der Moment, in sich Cody selbst als „Bison William" bezeichnet.

**Robert Dallek** *An Unfinished Life: John F. Kennedy, 1917–1963: (The Morland Dynasty)*. Vielschichtige Biografie des zugleich visionären und getriebenen Präsidenten John F. Kennedy. Die spannende Erzählung beleuchtet die Gerüchte um seine Affären, Mafiakontakte und Krankheiten und zeichnet ein schillerndes Porträt des ehrgeizigen, widersprüchlichen und charismatischen Menschen. Auch seine politischen Entscheidungen erscheinen in einem neuen Licht. Englisch.

**Frederick Douglass et al** *The Classic Slave Narratives*. Sammlung von Autobiografien ehemaliger Sklaven, von Olaudah Equíanos Entführung aus Afrika und seiner Odyssee um die halbe Welt bis zu Frederick Douglass, der auf seine sprachgewandte Art die Sklaverei anprangert. Enthalten ist auch die Geschichte der Flucht von Harriet Jacobs aus Edenton in North Carolina. Englisch.

**Jill Ker Conway** (Hrsg.) *Written by Herself*. Vorzügliche Zusammenstellung weiblicher Autobiografien aus der Mitte der 19. Jhs., u. a. von Afroamerikanerinnen, Wissenschaftlerinnen, Künstlerinnen und Pionierinnen. Englisch.

**U.S. Grant** *Personal Memoirs*. Von Mark Twain ermutigt, verfasste der Nordstaatengeneral und spätere Präsident die Autobiografie noch kurz vor seinem Tod, um seine horrenden Schulden wettzumachen (was ihm auch gelang). Zunächst wirkt das Buch seltsam undramatisch, doch mit zunehmender Dauer setzt sich die nüchterne Bescheidenheit des Autors auf überzeugende Weise durch. Englisch.

**Malcolm X, mit Alex Haley** *Malcolm X*. Die bewegend ehrliche und packende Lebensgeschichte des radikalen schwarzen Bürgerrechtlers und seines Aufstiegs vom Straßengangster zum politischen Führer. Das Buch porträtiert auch die Entwicklung seines Denkens vor, während und nach seiner Trennung von der Nation of Islam. Extrem quälend ist der Schlussteil, in dem Malcolm X über seine bevorstehende Ermordung schreibt.

**Luc Sante** *Low Life*. Die rasante Schilderung der New Yorker Unterwelt des 19. Jhs. macht deutlich, wie Gangster, Prostituierte, Politbosse und Schlägertypen das Ihre zum Gepräge und Charakter der Stadt beitrugen, im Guten wie im Schlechten. Englisch.

**T.J. Stiles** *Custer's Trials: A Life on the Frontier of a New America*. Kompromisslose Biografie einer der charismatischsten Persönlichkeiten des Wilden Westens: todesmutiger General einerseits, selbstverliebter Aufschneider andererseits. Englisch.

**Frank Waters** *Book of the Hopi*. Die außergewöhnlichen Einsichten in die Traditionen und Glaubensvorstellungen der Hopi-Indianer sind durch mehrjährige Interviews fundiert und wurden von Stammesälteren abgesegnet. Englisch.

**Gary Younge** *Stranger In A Strange Land* und *No Place Like Home*. Der schwarze, britische Journalist Gary Younge ist ein genauer Beobachter des heutigen Amerika. Spannend dokumentiert er seine Erfahrungen im selbsternannten „neuen Süden". Englisch.

## Unterhaltung und Kultur

**Kenneth Anger** *Hollywood Babylon* und *Hollywood Baylon II*. Ebenso boshafter wie temperamentvoller Rundumschlag durch die größten Skandale der Filmmetropole, reich illustriert mit blutrünstigen und abstoßenden Fotografien und stets bereit, die Fakten im Sinne einer guten Story zu verbiegen. Der schlampig recherchierte zweite Band beschäftigt sich mit der jüngeren Vergangenheit.

**Bob Dylan** *Chronicles: Volume One*. Als einer der einflussreichsten Musiker und Lyriker war und ist Bob Dylan zweifellos eine der zentralen Figuren der amerikanischen Kultur. Mit seiner Autobiografie entfernt er sich weit von dem ungeordneten, assoziativen Schreibfluss seiner früheren Werke. Dabei legt er den Fokus auf drei Zeitabschnitte seines Lebens, die er in fast mikroskopischer Detailgenauigkeit schildert, darunter Greenwich Village in den 60ern und New Orleans in den 80er-Jahren.

**Robert Evans** *Abgerechnet wird zum Schluss. Ein Hollywood-Tycoon erinnert sich*. Fesselnder Insiderbericht über die Machenschaften in Hollywood nach dem Ende des Studiosystems. Der Autor führte zu deren Glanzzeiten die Filmgesellschaft Paramount.

**Charlotte Greig** *Will You Still Love Me Tomorrow. Mädchenbands von den 50ern bis heute.* Enthusiastischer Bericht aus feministischem Blickwinkel auf (überwiegend amerikanische) Girl-Groups von den Chantels und den Crystals der 50er-Jahre bis zu den Rap-Stars der 80er wie Salt 'n' Pepa. Inzwischen logischerweise etwas veraltet, doch die zahlreichen Fotos und persönlichen Erinnerungen sorgen auch heute noch für großen Lesespaß.

**Peter Guralnick** *Lost Highways, Feel Like Going Home* und *Sweet Soul Music.* Die gründlich recherchierten und persönlichen Geschichten aus der Welt der schwarzen Popmusik sind gespickt mit Informationen und Fakten zu den großen Künstlern. In seinen neueren Elvis-Presley-Biografien, *Last Train to Memphis* und *Careless Love*, zeichnet der Autor den Aufstieg und Fall des „King" nach und setzt sich als einer von Wenigen auch noch ernsthaft mit Elvis als Musiker auseinander. Englisch.

**Gerri Hershey** *Nowhere to Run: The History of Soul Music.* Überzeugende Darstellung der Entwicklung der Soul-Musik von der Blüte des Gospel in den 40er-Jahren über die Musikszenen von Memphis, Motown und Philly bis zu den Black Sounds der frühen 80er. Eine besondere Stärke ist der gesellschaftliche und politische Kontext, den die Autorin auch mit zahlreichen Anekdoten und Interviews beleuchtet. Englisch.

**Greil Marcus** *Die Legende lebt.* Ungemein unterhaltsame Sammlung der vielen Legenden über Elvis Presley, wenn auch etwas voreilig zusammengeschustert aus bereits zuvor veröffentlichten Artikeln. Das Buch *Mystery Train* des gleichen Autors ist eine intelligente und fesselnde Darstellung der amerikanischen Popmusik, von Robert Johnson über Elvis Presley bis Randy Newman.

**Michael Ondaatje** *Buddy Bolden Blues.* Außergewöhnliche, traumartige Umsetzung des Lebens von Jazz-Musiker Buddy Bolden in Romanform. Das Buch über den gegen Ende in geistige Umnachtung verfallenen Kornettisten aus New Orleans ist in einem Stil geschrieben, der in Rhythmus und Tempo an Jazz-Improvisationen erinnert. Ondaatje ist übrigens der Autor von *Der englische Patient.*

**Geoffrey C. Ward, Ken Burns et al** *Jazz: A History of America's Music.* Die Geschichte endet kurz nach der Periode des Bebop, doch der äußerst lesenswerte Band zeichnet mit mehreren Hundert seltenen Fotografien, Berichten aus erster Hand und lebendigen Artikeln ein wunderschönes Porträt von Amerikas ureigener Musik und ihren wichtigsten Protagonisten. Englisch.

# Reiseberichte

**Edward Abbey** *The Journey Home.* Hinreißend komische Reportagen über Wildwasser-Rafting und Wüstenwanderungen im Wechsel mit Aufsätzen des Autors, der als Vorreiter der radikalen Umweltschutzbewegung Earth First! gilt. Abbeys Bücher, allen voran *Desert Solitaire*, eine Art Tagebuch aus seiner Zeit als Ranger im Arches-Nationalpark, sind ausnahmslos großartige Reisebegleiter. Englisch.

**Alistair Cooke** *Alistair Cooke's America.* Der tiefschürfende, eloquente Überblick über Amerikas Leben und Bräuche vermittelt einen guten Eindruck von der Komplexität seiner Kultur und Politik. Englisch.

**Charles Dickens** *Aufzeichnungen aus Amerika.* Satirischer USA-Kommentar aus der Perspektive des desillusionierten Briten und um einiges leichter im Ton als Dickens' späterer Roman *Martin Chuzzlewit.*

**Jack Kerouac** *Unterwegs.* Der ultimative Roman über die transkontinentalen Streifzüge der Beatniks liest sich heute wie ein seltsam veraltetes Historienstück.

**James A. MacMahon** (Hrsg.) *Audubon Society Nature Guides.* Attraktiv aufgemachte, vollständig illustrierte und einfach zu benutzende Naturführer zur Flora und Fauna von sieben verschiedenen regionalen Ökosystemen in den USA, die sich von Küste zu Küste über das ganze Land erstrecken und vom Grasland bis zum Gletscher reichen. Englisch.

**John McPhee** *Encounters with the Arch Druid.* In drei miteinander verwobenen Geschichten kämpft David Brower, der verstorbene Umweltaktivist und Gründer von Friends of the Earth, gegen Baufirmen, Bergbauunternehmen und Staudammprojekte bei seinem Versuch, drei unterschiedliche amerikanische Wildnisgebiete zu schützen, nämlich die Atlantikküste, den Grand Canyon und die Kaskadenkette im Pazifischen Nordwesten. Englisch.

**Edmund White** *States of Desire: Travels in Gay America*. Ein offenherziger Bericht über das Leben in den Schwulengemeinden Amerikas mit besonderem Schwerpunkt auf San Francisco und New York. Englisch.

# Belletristik

## Amerika allgemein

**Raymond Carver** *Würdest du bitte endlich still sein, bitte?* Geschichten aus der amerikanischen Arbeiterklasse, geschrieben in einem auffällig kargen, fast schon trockenen Stil, der möglicherweise von Hemingway inspiriert ist und ganz sicher unzählige moderne amerikanische Schriftsteller beeinflusst hat. Die Geschichten dienten auch als Grundlage für den Film *Short Cuts* von Robert Altman.

**Michael Chabon** *Die unglaublichen Abenteuer von Kavalier & Clay*. Den Pulitzer-Preis gewann Chabon mit diesem Roman über den Aufstieg und Fall zweier Cousins, die als Comic-Zeichner in New York City leben – der eine flüchtete im Zweiten Weltkrieg aus dem besetzten Prag, der andere ist noch nie aus Brooklyn herausgekommen. Chabons im Anschluss erschienener Roman *Telegraph Avenue* zeichnet ein gleichermaßen faszinierendes Porträt von Oakland, Kalifornien.

**Don DeLillo** *Weißes Rauschen* und *Spieler*. Der erstgenannte Titel ist das beste Buch des Autors, eine lustige und scharfsinnige Forschungsreise durch die Popkultur. *Spieler* zählt dagegen zu den in den meisten Fällen fehlgeschlagenen Versuchen, das amerikanische Leben des 20. Jhs. in einem einzigen großen Roman zu verpacken, ist aber dennoch lesenswert.

**John Dos Passos** *USA*. Ungemein ambitionierter Roman (ursprünglich eine Trilogie), der sich aus allen möglichen Blickwinkeln mit den USA in den ersten Jahrzehnten des

20. Jhs. beschäftigt. Fesselnde Geschichten über Menschen aus einer betont politischen und historischen Perspektive.

**William Kennedy** *Wolfsmilch*. Eine knappe und rührende Geschichte über ein vom Glück verlassenes Alkoholikerpärchen, das von den Geistern seiner bewegten Vergangenheit heimgesucht wird. Die ausgezeichnete Studie über das Amerika der 1930er-Jahre ist in der Arbeiterklasse von Albany im Bundesstaat New York angesiedelt.

**Herman Melville** *Moby Dick*. Der umfangreiche und spannende Roman zum Thema Walfang im 19. Jh. steckt voller Details über das damalige Leben in Amerika zwischen Neuengland und Pazifik.

**Annie Proulx** *Das grüne Akkordeon*. Das Meisterwerk kommt dem „großen amerikanischen Roman" so nah, wie es nur geht. Als Leitmotiv für die faszinierende Geschichte von Einwanderern in allen Teilen Nordamerikas dient ein ramponiertes sizilianisches Akkordeon. Empfehlenswert ist auch die Kurzgeschichtensammlung *Brokeback Mountain: Geschichten aus Wyoming*.

**Donna Tartt** *Der Distelfink*. Dieser Bestseller hat der Autorin den Pulitzerpreis eingebracht. Er spielt u. a. in New York und Las Vegas, behandelt unterschiedliche Sujets von Kunstgeschichte bis Terroranschlag und ist ein 21.-Jahrhundert-Anwärter auf den Titel „Great American Novel".

## Rocky Mountains und Südwesten

**Willa Cather** *Der Tod bittet den Erzbischof*. Hervorragende Darstellung der Landschaften und Kulturen im New Mexico des 19. Jhs.

**A.B. Guthrie Jr.** *The Big Sky*. Nach seiner Erstveröffentlichung in den 30er-Jahren zerschmetterte der Roman das mythisch verklärte Image des amerikanischen Westens. Erstklassige und realistische Prosaliteratur mit historischem Hintergrund um den Bergbewohner und Flüchtling Boone Caudill, dessen idyllisches Leben in Montana durch die Ankunft der weißen Siedler beendet wird.

**Tony Hillerman** *Der Wind des Bösen* u.v.a. Die Abenteuer des Navajo-Polizisten Jim Chee in den Reservaten Nord-Arizonas sind verwoben mit den bösen Geistern und geheimnisvollen Riten der Vorfahren der Pueblo-Indianer.

Barbara Kingsolver *Siebengestirn*. Die Schriftstellerin zählt zu den besten Prosastilistinnen Amerikas und liefert hier eine großartige Darstellung der Spannungen und Realitäten im modernen amerikanischen Südwesten.

## Kalifornien und der Westen

**Raymond Chandler** *Der große Schlaf* und *Leb' wohl, Liebling*. Die Originale um Philip Marlowe, den typischen harten Kerl und Inbegriff des Privatdetektivs, sind wesentlich komplexer und anspruchsvoller geschrieben, als es die entsprechenden Kinoverfilmungen erahnen lassen. Trivialliteratur vom Feinsten aus der Feder eines Amerikaners, der in London aufwuchs.

**David Guterson** *Schnee, der auf Zedern fällt*. Der packende und atmosphärisch dichte Kriminalroman fängt auf faszinierende Weise die Spannungen zwischen den Rassen im amerikanischen Nordwesten nach dem Zweiten Weltkrieg ein.

**Armistead Maupin** *Stadtgeschichten*. Umfangreiche Reihe sympathischer und unterhaltsamer Geschichten über das Leben in San Francisco, die auch als Einzelromane überraschend gut funktionieren. Da viele der Schlüsselfiguren homosexuell sind, wurde die Serie über die Jahre zu einer Chronik über die Auswirkungen von Aids auf die Stadt. Maupins *Maybe the Moon* (nur auf Englisch) ist die ergreifende und authentische Lebensgeschichte seiner Freundin, der kleinwüchsigen Schauspielerin, die den Außerirdischen E.T. verkörperte, ihre wahre Identität aber nie preisgeben durfte.

**Thomas Pynchon** *Echos Höhle*. Der kurze, witzige Roman über Technikfreaks und Kiffer im Kalifornien der 60er-Jahre enthüllt unter anderem die erotische Seite des Briefmarkensammelns.

**John Steinbeck** *Früchte des Zorns*. Klassische Erzählung über eine Familie, die den Mittleren Westen verlässt, um in das Gelobte Land zu ziehen. Steinbecks scharf beobachtete Novelle *Die Straße der Ölsardinen* fängt den Vorkriegsalltag in der Küstenstadt Monterey ein. In seinem wie eine Neufassung der Bibel wirkenden Epos *Jenseits von Eden* beleuchtet Steinbeck die sich über drei Generationen entfaltenden Fehden einer Familie im Salinas Valley.

# Film

Die folgende Liste beinhaltet bedeutende Filme aus verschiedenen Genres und mit Schauplätzen in den gesamten USA, die dazu beigetragen haben, das Bild von Amerika weltweit zu prägen. Sie zementierten kulturelle Stereotypen oder nationale Symbole wie etwa den Gangster, den Cowboy, das blonde Revuegirl, weite Prärien, endlose Highways, Straßenschluchten mit Wolkenkratzern oder Traumvillen in Vorstädten. Mit einem Koffer gekennzeichnete Filme sind besonders empfehlenswert.

## Musikfilme und Musicals

**8 Mile** (Curtis Hanson, 2002). In dem mit autobiografischen Elementen durchzogenen Film liefert Eminem ein beeindruckendes Leinwanddebüt als Möchtegern-Rapper Rabbit in den düsteren Straßen von Detroit.

**Du sollst mein Glücksstern sein** (Stanley Donen / Gene Kelly, 1952). Gefeierte musikalische Komödie über Hollywood in den Anfangstagen des Tonfilms mit energiegeladenen Darbietungen des Stars Gene Kelly, des kumpelhaften Donald O'Connor und einer elfengleichen Debbie Reynolds. Songs wie *Make 'Em Laugh* und das Originaltitelstück *Singin' In The Rain* sind unvergessen.

**Gimme Shelter** (Albert und David Maysles, 1969). Ausgezeichneter Dokumentarfilm über das verhängnisvolle Konzert der Rolling Stones im kalifornischen Altamont. Ein eindringlicher Blick auf hausgemachte Gewalt in Amerika und das Chaos der Vietnam-Ära Ende der 60er-Jahre.

**Die Goldgräber von 1933** (Mervyn LeRoy / Busby Berkeley, 1933). Choreograf Berkeley verwendete als erster in Hollywood Deckenlaufkräne für Kameraaufnahmen der präzise einstudierten Nummern glamouröser Revuetänzerinnen. Sie auch **42nd Street** und **Parade im Rampenlicht**.

**Heute gehn wir bummeln** (Stanley Donen / Gene Kelly, 1949). Mitreißende musikalische Reise durch New York City, angeführt von Gene Kelly und Frank Sinatra, der einen Matrosen auf Landurlaub mimt.

**Schwere Colts in zarter Hand** (David Butler, 1953). Doris Day als toughe Revolverheldin Calamity Jane, die sich durch den Wilden Westen singt und vom noch tougheren Howard Keel (beinahe) gezähmt wird.

**Woodstock** (Michael Wadleigh, 1969). Das optimistische Gegenstück zu *Gimme Shelter* dokumentiert den musikalischen Höhepunkt der Hippie-Ära. Eine halbe Million angetörnter und matschverschmierter Blumenkinder tanzt friedlich auf einem Farmgelände im Norden des Bundesstaates New York zu Musik von Jimi Hendrix, The Who, Sly and the Family Stone u.v.m.

## Stummfilme

**Die Geburt einer Nation** (D.W. Griffith, 1915). Vielleicht der einflussreichste Film der amerikanischen Kinogeschichte, sowohl wegen seiner bahnbrechenden Technik mit Nahaufnahmen und Kreuzschnitten als auch wegen seiner entsetzlich rassistischen Tendenz, die eine Wiederbelebung des Ku-Klux-Klan zur Folge hatte.

**Der General** (Buster Keaton, 1926). Eine gute Einführung in Keatons akrobatische Slapsticks und seine einfallsreiche Regie. In der Komödie spürt der Mann mit dem steinernen Gesichtsausdruck seine im Amerikanischen Bürgerkrieg entführte Lokomotive wieder auf.

**Gier** (Erich von Stroheim, 1923). Die gewagte Szene-für-Szene-Adaption des Romans *Gier nach Gold* von Frank Norris ist eine tragische Geschichte von Liebe und Rache in San Francisco. Das durch MGM von zehn auf zweieinhalb Stunden zusammengestauchte Werk ist und bleibt ein Triumph für das Kino wegen seiner bemerkenswerten Kompositionen, seinem monumentalen Drama und dem wahrhaft herzerschütterndem Ende.

**Goldrausch** (Charlie Chaplin, 1925). Chaplins bester Film zeigt den Tramp, wie er während eines Schneesturms in Alaska in einer Hütte festsitzt. In der anrührenden Geschichte bringt er die Mischung aus viel Gefühl und großer Komödie in eine nahezu perfekte Balance.

**Sonnenaufgang – Lied von zwei Menschen** (F.W. Murnau, 1927). In einer der schönsten Hollywood-Produktionen aller Zeiten beeindruckt der aus Deutschland stammende Regisseur durch bemerkenswerte Lichteffekte, komplexe Kamerafahrten und überzeugende Darsteller. Die Geschichte handelt von einem Jungen vom Lande, der wegen einer Femme Fatale aus der Großstadt auf die schiefe Bahn gerät.

## Western

**McCabe und Mrs. Miller** (Robert Altman, 1971). In diesem Anti-Western führt Entrepreneur Warren Beatty die Prostitution in einer Kleinstadt im Staat Washington ein und versucht sich selbst als Revolverheld neu zu erfinden.

**Panik am roten Fluss** (Howard Hawks, 1948). Emporkömmling Montgomery Clift kämpft während des ersten großen Viehtriebs durch den Mittleren Westen gegen den Rindfleischbaron John Wayne. Typische Hawks-Geschichte vom Aufeinanderprallen zweier starker Charaktere und coolen Profis auf dem weiten Weideland.

**Der schwarze Falke** (John Ford, 1956). Vielleicht der symbolhafteste der Western unter Fords Regie. Die äußerst einflussreiche Produktion mit starker Kinotechnik und monumentalen Ausmaßen zeigt John Wayne als gnadenlosen Jäger eines Indianerhäuptlings, der für das Massaker an seiner Familie und seinen Freunden verantwortlich war.

**Spiel mir das Lied vom Tod** (Sergio Leone, 1968). Der Inbegriff des Spaghetti-Western, von einem italienischen Regisseur in Spanien gedreht und mit amerikanischen Mythen durchsetzt.

**The Wild Bunch – Sie kannten kein Gesetz** (Sam Peckinpah, 1969). Ein Film, der genauso viel über das chaotische Ende der 1960er-Jahre aussagt wie über den Wilden Westen. Eine Bande von Killern jagt den Frauen und einem Schatz hinterher und endet in einem Blutbad, wie es die Filmgeschichte bis dahin noch nicht gesehen hatte.

## Americana

**Citizen Kane** (Orson Welles, 1941). Der wohl beste amerikanische Spielfilm aller Zeiten stellt die Geschichte „vom Tellerwäscher zum Millionär" auf den Kopf: Ein armer Junge vom Lande stürzt ins blanke Elend, nachdem er ein Vermögen geerbt hat.

**Denn sie wissen nicht, was sie tun** (Nicholas Ray, 1955). Die Apotheose der Existenzangst Heranwachsender mit einem James Dean, der sich gegen die Heuchelei der heilen Welt in der Familie auflehnt und in allerlei Raufhändel, tödliche Beschleunigungsrennen und nächtliche Prügeleien mit der Polizei verwickelt wird.

**E.T. – Der Außerirdische** (Steven Spielberg, 1982). Großer Kinohit aus der Reagan-Ära als gefühlsduselige Variation der Monsterfilme aus den 50er-Jahren unter Leitung eines Regisseurs mit einer hartnäckigen Vorliebe für abweisende Väter, Vorstadtfantasien und extraterrestrische Erlöser. Ein gutes Beispiel für die endlose Suche des amerikanischen Kinos nach der verlorenen Unschuld.

**Frühstück bei Tiffany's** (Blake Edwards, 1961). Manhattan war nie eleganter, und Audrey Hepburn wurde als zerbrechliches Partygirl Holly Golightly, von Givenchy eingekleidet, zur ultimativen Stilikone – und auch der Filmsong *Moon River* von Henry Mancini wurde zum Klassiker. Autor der Geschichte war Truman Capote, der sich ursprünglich Marilyn Monroe für die Rolle der Holly Golightly wünschte.

**Mr. Smith geht nach Washington** (Frank Capra, 1939). Demagogischer Film, der wegen seines rosaroten Glaubens an das Gute in „Otto Normalverbraucher", seiner düsteren Darstellung der politischen Elite und seiner aufrichtigen Hoffnung auf eine wunderbare Zukunft Amerikas noch immer die Gemüter bewegt. Der Film **Hier ist John Doe** desselben Regisseurs ist eine pessimistischere Variante der gleichen Geschichte.

**There Will Be Blood** (Paul Thomas Anderson, 2007). Die verstörende Saga über den amerikanischen Ölboom um die Wende vom 19. zum 20. Jh. weicht in unerwarteter Weise von Upton Sinclairs Romanvorlage *Öl!* ab und wird ganz von ihrem fragwürdigen Helden Daniel Day Lewis dominiert. Seine meisterliche Darstellung des undurchschaubaren, monströsen Ölsuchers Daniel Plainview wirft viele beunruhigende Fragen über den Amerikanischen Traum auf.

**So wie wir waren / Jene Jahre in Hollywood** (Sidney Pollack, 1973). Solche Hollywoodfilme gehören leider der Vergangenheit an: Ein politischer Film von politischen Filmemachern über politisch engagierte Menschen in politisch bewegten Zeiten. Hervorragend verkörpert Barbra Streisand eine überzeugte linke Intellektuelle, die sich in den 30er-Jahren leidenschaftlich in den blonden WASP Robert Redford verliebt. Der erstklassige Film zeigt die Beziehung der beiden in einer Zeit gewaltiger sozialer und kultureller Veränderungen.

**Twelve Years A Slave** (Steve McQueen, 2013). Der englische Regisseur McQueen hat diesen zutiefst erschütternden Film über die brutale Wirklichkeit der Sklaverei nach der wahren Geschichte eines New Yorker Musikers gedreht, der in den 1840er-Jahren verschleppt und als Sklave auf eine Plantage nach Louisiana verkauft wurde.

**Der unsichtbare Dritte** (Alfred Hitchcock, 1959). Nicht nur ein aufregender Verfolgungsfilm, in dem der internationale Verbrecher James Mason den Werbemann Cary Grant jagt, sondern auch ein filmischer Reisebericht, der auf der New Yorker Madison Avenue beginnt und bei den Klippen von Mount Rushmore endet.

**Der Zauberer von Oz** (Victor Fleming, 1939). Der Meilenstein für Kinematografie und fantastische Technicolor-Inszenierung zeigt Hollywood auf seinem Zenit, romantisiert das kleinstädtische Leben im Mittleren Westen und liefert unglaubliche Fantasy-Bilder von guten und bösen Hexen, tanzenden Zwergen, fliegenden Affen und einer Judy Garland mit rubinroten Schuhen auf der gelben Pflasterstraße.

# Roadmovies

**Badlands – Zerschossene Träume** (Terrence Malick, 1973). Martin Sheen als einsamer Loser aus dem Mittleren Westen mit seiner Freundin Sissy Spacek auf Amok-Tour durch das amerikanische Herzland. Das Leben *on the road* als Metapher einer sinnlosen Existenz.

**Easy Rider** (Dennis Hopper, 1969). Peter Fonda und Regisseur Hopper entdecken Amerika auf verrückt zurechtgemachten Bikes, lesen unterwegs den dämlichen Jack Nicholson auf, werfen auf einem Friedhof in New Orleans LSD-Trips ein und werden schließlich von bewaffneten Rednecks getötet. Ein melancholischer Film voller Sehnsucht.

**Friendship** (Markus Goller, 2010). Nach dem Fall der Mauer reist Matthias Schweighöfer auf der Suche nach seinem Vater quer durch die Staaten. Völlig abgebrannt und ohne Englischkenntnisse schlägt er sich mit Kumpel Friedrich Mücke bis nach San Francisco durch. Gute Unterhaltung.

**Thelma und Louise** (Ridley Scott, 1991). Ein Roadmovie als feministisches Manifest, in dem sich die Freundinnen Susan Sarandon und Geena Davis auf der Flucht befinden, nachdem eine von ihnen einen Vergewaltiger getötet hat. Viele eindrucksvolle Bilder aus dem amerikanischen Südwesten.

## Films Noirs und Gangsterfilme

**Bonnie und Clyde** (Arthur Penn, 1967). Warren Beatty und Faye Dunaway spielen zwei Gangster während der Weltwirtschaftskrise in einem Film, der einen erheblichen Beitrag zur Eliminierung von Hollywoods Zensurkodex leistete, indem er eine filmische Ära der freien Sexualität und ungeschönten Blut- und Gewaltszenen einläutete.

**Klute** (Alan J. Pakula, 1971). Feministischer Film noir, der Jane Fondas Wandlung vom Sexsymbol zur Polit-Aktivistin markiert. Sie zeichnet ein nuanciertes Porträt eines selbstbewussten New Yorker Callgirls, das sich der Rettung durch Privatdetektiv Donald Sutherland verweigert.

**Mildred Pierce** (Michael Curtiz, 1945). Eine Mischung aus Film noir und Mutter-Tochter-Melodram: Ur-Diva Joan Crawford liefert eine Glanzleistung in der Titelrolle als Femme fatale und gleichzeitig leidende Heldin.

**Chinatown** (Roman Polanski, 1974). Jack Nicholson ist Jake Gittes, ein moralisch integrer Privatdetektiv, dessen hartnäckige Ermittlungen zur Aufdeckung von Korruption, Rassismus und Inzest in Los Angeles führen. Ein düsterer Ableger des Film Noir, in dem der Held ebenso viele Probleme heraufbeschwört wie er löst.

**Frau ohne Gewissen** (Billy Wilder, 1944). In vielerlei Hinsicht der Inbegriff des Film Noir mit kunstvoll-dunkler Fotografie und bemer-kenswert fatalistischem Ende. Der weichherzige Versicherungsvertreter Fred MacMurray wird von der Femme Fatale Barbara Stanwyck ins Unglück gestürzt.

**Der Pate** (Francis Ford Coppola, 1972). Der Kultfilm sorgte für eine moderne Wiederbelebung des Gangster-Genres, indem er auf die karikaturhaft gezeichneten Banditen und eiskalten Killer seiner Vorbilder verzichtete und sich stattdessen auf die Familienhierarchien des organisierten Verbrechens und deren tiefe Verwurzelung in allen Schichten der amerikanischen Gesellschaft konzentrierte. *Der Pate II* ist, falls überhaupt möglich, noch besser, der Aufstieg und Fall des Corleone-Clans nachzeichnet.

## Independent- und Kultfilme

**The Big Short** (Adam McKay, 2015). Der unkonventionelle, tragikkomische Finanzthriller beleuchtet menschliche Tragödien, verursacht durch die zweitklassigen Hypothekenkredite, die 2008 zum Zusammenbruch des US-Immobilienmarkts führten und eine weltweite Finanzkrise auslösten.

**Blue Velvet** (David Lynch, 1986). Ein junger Mann (Kyle MacLachlan) blickt hinter Amerikas fröhliche Apfelkuchenfassade und findet eine düstere Unterwelt mit gefolterten Barsängerinnen, brutalen Sexspielen und narkotische Substanzen inhalierenden Perverslingen.

**Bowling For Columbine** (Michael Moore, 2002). Regisseur Moore kassierte einen Oscar für seine Augen öffnende Dokumentation über die US-amerikanische Schusswaffenkultur.

**Fargo** (Joel Coen, 1996). Schrullige, in der verschneiten Landschaft von Nord-Minnesota und North Dakota angesiedelte Geschichte eines Autoverkäufers, dessen Plan, die eigene Ehefrau zu entführen und das Lösegeld zu kassieren, fürchterlich schief geht. Für viele der beste Film der Coen-Brüder (Ethan Coen ist Koautor und Produzent).

**Mystery Train** (Jim Jarmusch, 1989). Indie-Darling Jarmusch liefert ein stimmungsvolles und in bekannter Manier verfremdetes Porträt der heruntergekommenen Musikstadt Memphis, erzählt in vier Episoden um die Gäste eines schäbigen Motels. Der Soundtrack kommt von Musikerlegenden wie Rufus Thomas, Screamin' Jay Hawkins und Tom Waits.

**Pulp Fiction** (Quentin Tarantino, 1994). Stilvoller, dreister und mit viel Verve inszenierter Meilenstein des amerikanischen Independent-Kinos mit drei genial ineinander verwobenen Handlungssträngen.

**Slacker** (Richard Linklater, 1990). Dieses Highlight des Independent-Kinos ist ein Sinnbild für die Übersättigung der Generation X in den 90er-Jahren und bringt das Kunststück fertig, 96 Figuren mit episodenhaften Monologen über einen Zeitraum von 24 Stunden in der texanischen Stadt Austin unter einen Hut zu bringen.

**Taxi Driver** (Martin Scorsese, 1976). Robert De Niro als unvergesslicher psychotischer Einzelgänger und Möchtegern-Attentäter Travis Bickle, der in eine jugendliche Prostituierte (Jodie Foster) vernarrt ist. Im wirklichen Leben diente der Film als Inspiration für ein versuchtes Attentat auf Ronald Reagan fünf Jahre später.

# Index

## A

Aberdeen 476
Acoma 71
Ácoma Pueblo 256
Adler 196
Adobe 241
Adressen 66
Adventure Cycling
  Association 63
Alaska 69
Albuquerque 252
Aleüten 70
Alkohol 39
Amarillo 144
American Automobile
  Association 54, 63
American Football 56
Amerikanischer Bürgerkrieg
  83
Amerikanische Revolution 76
Amtrak 61
Anasazi 25, 165, 241

Anreise 35
Apachen 240
Apotheke 43
Arapahos 194
Arcata 445
Arches National Park 301
Architektur 24
Arizona 262
Arizona-Sonora Desert
  Museum 265
Ärzte 43
Ashcroft Ghost Town 175
Aspen 174
Aspen Music Festival 177
Astoria 498
Auslandskranken-
  versicherung 66
**Austin** 117
  Essen 121
  Informationen 125
  LBJ Library and Museum
    120
  Sehenswürdigkeiten 117
  South Congress 119
  Transport 125

Übernachtung 120
University of Texas 119
Zilker Park 119
Autofahren 62
**Autostrecken**
  Cascade Loop 478
  High Road, NM 247
  Highway 1 389
  Highway 12 296
  Journey Through Time
    Scenic Byway 503
  Nordwesten 453
  Old Fall River Road 169
  Rim Rock Drive 181
  Rocky Mountains 157
  Route 66 254
  Südwesten 240
  Trail Ridge Road 169
  US-14A (Bighorn
    Mountains) 195

## B

Baker City 504
Bakersfield 377
Bald Mountain 227

## Abkürzungen der Bundesstaaten

| AK | Alaska | KY | Kentucky | NY | New York |
|----|--------|----|----------|----|----------|
| AL | Alabama | LA | Louisiana | OH | Ohio |
| AR | Arkansas | MA | Massachusetts | OK | Oklahoma |
| AZ | Arizona | MD | Maryland | OR | Oregon |
| CA | California | ME | Maine | PA | Pennsylvania |
| CO | Colorado | MI | Michigan | RI | Rhode Island |
| CT | Connecticut | MN | Minnesota | SC | South Carolina |
| DC | Washington DC | MO | Missouri | SD | South Dakota |
| DE | Delaware | MS | Mississippi | TN | Tennessee |
| FL | Florida | MT | Montana | TX | Texas |
| GA | Georgia | NC | North Carolina | UT | Utah |
| HI | Hawaii | ND | North Dakota | VA | Virginia |
| IA | Iowa | NE | Nebraska | VT | Vermont |
| ID | Idaho | NH | New Hampshire | WA | Washington |
| IL | Illinois | NJ | New Jersey | WI | Wisconsin |
| IN | Indiana | NM | New Mexico | WV | West Virginia |
| KS | Kansas | NV | Nevada | WY | Wyoming |

ANHANG

ANHANG

ANHANG

ANHANG

# Notizen

# Bildnachweis

# Impressum

**USA**

Der Westen

Stefan Loose Travel Handbücher
6., vollständig überarbeitete Auflage **2017**
© DuMont Reiseverlag, Ostfildern

Übersetzt von „The Rough Guide to the USA", 12th Edition,
publiziert von Rough Guides Ltd, 80 Strand, London, WC2R 0RL, 2017
Originaltitel: The Rough Guide to the USA
© Rough Guides Limited, 2017

Text © Rough Guides Limited, 2017
Karten © Rough Guides Limited, 2017
Übersetzung © Rough Guides Ltd 2017, DuMont Reiseverlag 2017

**Gesamtredaktion und -herstellung**
**Bintang Buchservice GmbH**
Zossener Str. 55/2, 10961 Berlin
www.bintang-berlin.de
**Übersetzung**: Jürgen Dünnebier, Silvia Mayer, Gunter Mühl
An früheren Auflagen haben mitgewirkt: Sabine Bösz, Anne Dehne, Günter Feigel,
Rainer Höh, Silvana Höh, Dagmar Klotz, Silvia Mayer, Gunter Mühl
**Redaktion**: Silvia Mayer, Jan Düker, Sabine Bösz
**Satz und Bildredaktion**: Anja Linda Dicke, Jan Düker
**Karten**: Oliver Kiesow
**Reiseatlas**: DuMont Reisekartografie, Fürstenfeldbruck

**Printed in Poland**

# Kartenverzeichnis

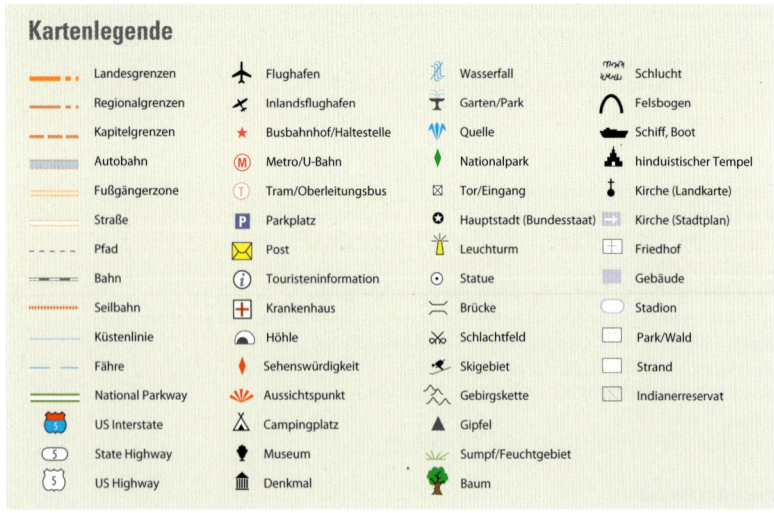

## Kartenlegende

| | |
|---|---|
| Landesgrenzen | Flughafen |
| Regionalgrenzen | Inlandsflughafen |
| Kapitelgrenzen | Busbahnhof/Haltestelle |
| Autobahn | Metro/U-Bahn |
| Fußgängerzone | Tram/Oberleitungsbus |
| Straße | Parkplatz |
| Pfad | Post |
| Bahn | Touristeninformation |
| Seilbahn | Krankenhaus |
| Küstenlinie | Höhle |
| Fähre | Sehenswürdigkeit |
| National Parkway | Aussichtspunkt |
| US Interstate | Campingplatz |
| State Highway | Museum |
| US Highway | Denkmal |
| Wasserfall | Schlucht |
| Garten/Park | Felsbogen |
| Quelle | Schiff, Boot |
| Nationalpark | hinduistischer Tempel |
| Tor/Eingang | Kirche (Landkarte) |
| Hauptstadt (Bundesstaat) | Kirche (Stadtplan) |
| Leuchtturm | Friedhof |
| Statue | Gebäude |
| Brücke | Stadion |
| Schlachtfeld | Park/Wald |
| Skigebiet | Strand |
| Gebirgskette | Indianerreservat |
| Gipfel | |
| Sumpf/Feuchtgebiet | |
| Baum | |

| | | |
|---|---|---|
| Autobahn (Tollway) | ✈ ✈ | Internationaler; Regionaler Flughafen |
| Autobahn (Freeway) | ⚓ ✛ | Hafen; Flugplatz |
| Schnellstraße | ☗ ☗ | Kirche, Kapelle; Kloster |
| Fernstraße | ★ ⸫ | Sehenswürdigkeit; Archäologische Stätte |
| Hauptstraße | ⌂ 🏠 | Hotel, sonstige Unterkunft; Tankstelle |
| Nebenstraße | 🏛 ⍭ | Turm; Leuchtturm |
| Fahrweg, Piste | 🌊 ∩ | Wasserfall; Höhle |
| Fußweg, Pfad | ▲ )( | Berggipfel; Pass, Joch |
| Straße in Bau | 🏖 🐚 | Badestrand; Schiffswrack |
| Straße in Planung | ⛵ 🏄 | Windsurfen; Wellenreiten |
| Tunnel | 🤿 🐟 | Schnorcheln; Tauchen |
| Staatsgrenze | ⓒ 🌿 | Campingplatz; Aussichtspunkt |
| Bundesstaatsgrenze | ℹ ✚ | Information; Krankenhaus |
| Nationalparkgrenze | Ⓜ 🎭 | Museum; Theater, Oper |
| Naturparkgrenze | ✿ ✉ | Polizei; Post |
| Indianer-Reserat | 🚍 ⚑ | Busbahnhof; Denkmal, Monument |
| Militärisches Sperrgebiet | 🅿 🅿 | Parkhaus; Parkplatz |

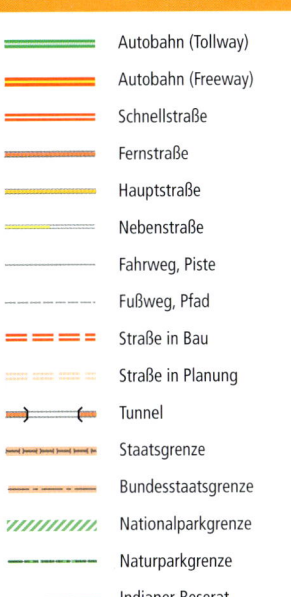

Bonners Ferry
Moyie Springs
Roosville
Waterton Lakes National Park
Raymond
Foremost
Interprov. P

Rexford
Carway
Cardston
Warner
Etzikom Coulee
Pakowki L.
Manyb

Eureka
Waterton Park
ALBERTA
Del Bonita
MONTANA

Troy
Stryker
8107
Mt. Cleveland 10448
Babb
St. Mary
North Milk R.
Coutts
Sweetgrass
Sunburst
6982
Wild Ho

Libby
Polebridge
Waterton Glacier International Peace Park
Browning
Cut Bank
Shelby
Whitlash
Fresno Re

Ross Creek Scenic Area Giant Cedars ★
Snowshoe Pk. 8711
Whitefish
West Glacier
Glacier National Park
Valier
Lothair
Chester
Rudyard
Gildford

Grove of Ancient Cedars ★
Columbia Falls
Essex
East Glacier Park
Conrad
Dupuyer
L. Elwell

Kellogg
Kalispell
Somers
Bigfork
Hungry Horse Res.
Great Bear Wilderness
Collins
Teton R.
Carter
Fort Benton
87

Wallace
Mullan
Lookout Pass 4725
Thompson Falls
Big Arm
Flathead L.
7500
Flathead Indian Reservation
Scapegoat Wilderness
9449
Choteau
Dutton
Fairfield
Great Falls ★
Fort Benton Ruins ★
Geraldin
7652

De Borgia
Plains
Ronan
Augusta
Sun R.
Vaughn
Ulm
Great Falls
Belt

St. Regis
Ravalli
McDonald Pk. 10290
Arlee
Seeley Lake
9186
Red Mtn. 8435
Cascade
Monarch
9189
Stanford

Travellers Rest ★
Missoula
Clearwater
Wolf Creek
Helena
287
Mineral Springs ★
White Sulphur Springs
9186
Harlowton

Lolo
Lolo Hot Springs
Milltown
Blackfoot R.
Holter L.
Canyon Ferry Canyon
Mount Edith 9701
Townsend
Ringling
Crazy Pk. 11214

Clearwater
Grave Pk. 8270
9334
Stevensville
Drummond
Goldcreek
Canyon Creek
Hauser L.
9403
Boulder
Toston
191

Selway-Bitterroot Wilderness
8661
Southern Cross
Garrison
Deer Lodge
Avon
12
Jefferson City
8822
Three Forks
Belgrade
Clyde Park
Big Timber
Reedpoint

Hamilton
Grant-Kohrs Ranch National Hist. Site ★
Anaconda
Butte
90
Norris
Bozeman
Livingston

Anaconda Pintler Wilderness
Mt. Evans 10656
Divide
Whitehall
191
Gallatin Pk. 11014
Big Sky
Absaroka-Beartooth Wilderness
Mt. Wood 12661

Frank Church River of no Return
Chief Joseph Pass 7241
Sula
Lost Trail Pass 7014
Big Hole National Battlefield ★
Pioneer
Wisdom
Melrose
Twin Bridges
10741
Ennis
Koch Pk. 11293
Electric Pk. 11155
Mammoth Silver Gate
Granite Pk. 12799

Gibbonsville
Mountains
Dillon
10656
Madison Canyon Earthquake Area
10336
Hot Springs
Gardiner
212

Salmon
Ajax Pk. 10898
Monida
Garfield Mtn. 10961
Monida Pass 6829
Hebgen Lake
Tarzee Pass 7073
West Yellowstone
Old Faithful Geysir
Yellowstone National Park
Sylvan Pass 8530
Dead India 12215
Pahaska

Fort Lemhi Monument ★
Leadore
Lidy Hot Springs ★
Dubois
Island Park Res.
Macks Inn
West Thumb
14

Challis
11299
Terreton
Arco
Rexburg
Driggs
Grand Teton Pk. 13766
Moran
Togwotee Pass 9658
Francs Pk. 13153

Sawtooth National Recreation Area
Borah Pk. 12662
Leslie
Rigby
Victor
Grand Teton National Park
John D. Rockefeller Jr. Nat. Memorial Parkway
12503
Washi Wildli

Idaho Falls
Swan Valley
Moose
Jackson
Gros Ventre Wilderness Area
Dubois

S. 536
Blackfoot
Fort Hall
Palisades
10039
Hoback Junction
WYOMING

S. 531

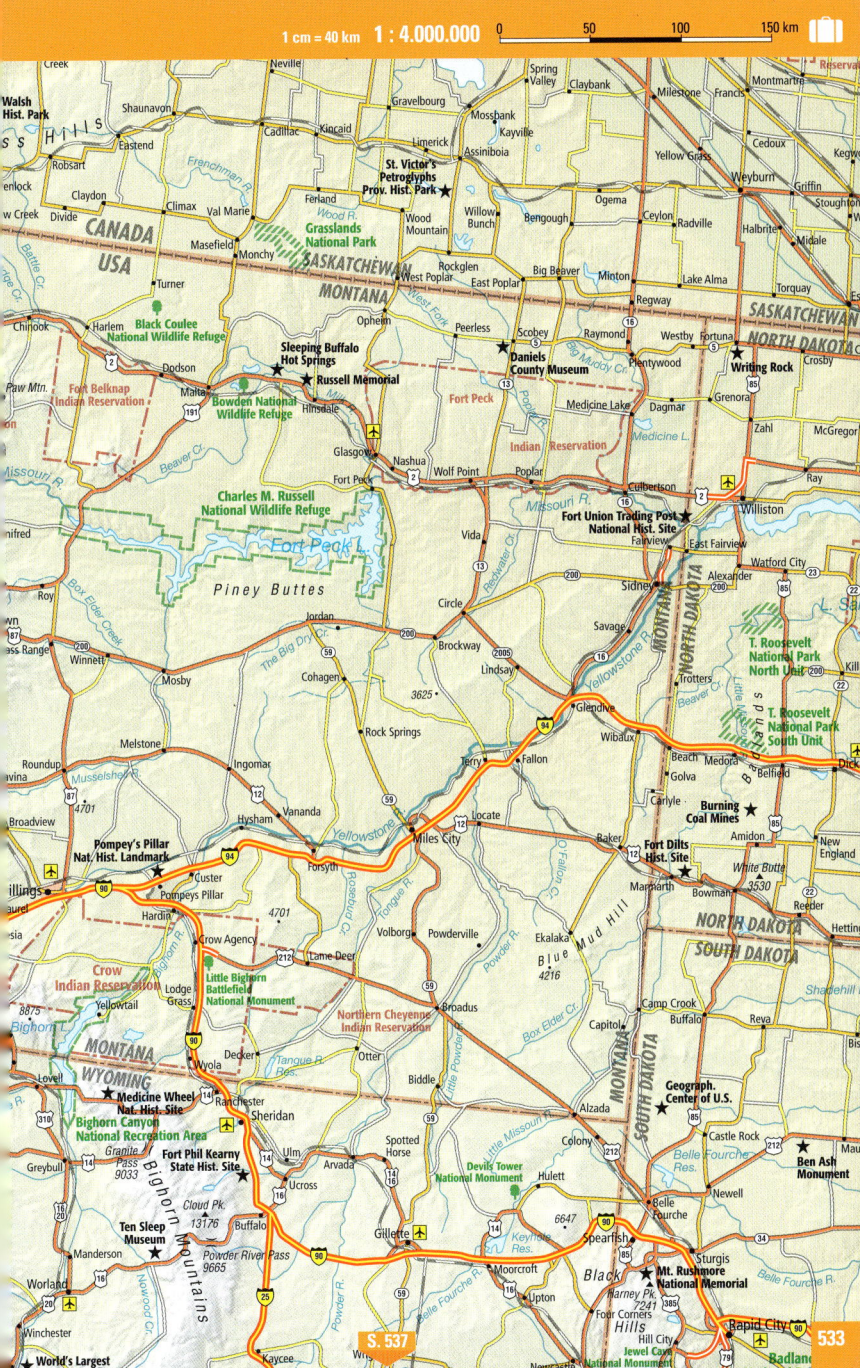

0  50  100  150 km

Walsh Hist. Park
ss Hills
Neville
Spring Valley
Claybank
Milestone
Francis
Montmartre
Reservati

Shaunavon
Gravelbourg
Mossbank
Kayville

Eastend
Cadillac
Kincaid
Limerick
Assiniboia
Yellow Grass
Cedoux
Kegwo

Robsart
Val Marie
Ferland
Willow Bunch
Ogema
Ceylon
Radville
Weyburn
Griffin

Claydon
Climax
Wood R.
Wood Mountain
St. Victor's Petroglyphs Prov. Hist. Park ★
Bengough
Halbrite
Stoughton
Midale

w Creek
Divide
Masefield
Monchy
Grasslands National Park
West Poplar
Rockglen
Big Beaver
Minton
Regway
Lake Alma
Torquay
Es

CANADA
USA
SASKATCHEWAN
MONTANA
Ophiem
Peerless
Scobey
Raymond
Westby Fortuna
SASKATCHEWAN
NORTH DAKOTA

Chinook
Harlem
Black Coulee National Wildlife Refuge
Dodson
Sleeping Buffalo Hot Springs ★
★ Russell Memorial
Daniels County Museum ★
Plentywood
Crosby
Writing Rock ★

Paw Mtn.
Fort Belknap Indian Reservation
Malta
Bowden National Wildlife Refuge
Hinsdale
Fort Peck
Medicine Lake
Dagmar
Grenora
Zahl
McGregor

Missouri R.
Glasgow
Nashua
Fort Peck
Wolf Point
Poplar
Indian Reservation
Medicine L.
Culbertson
Ray

Charles M. Russell National Wildlife Refuge
Fort Peck L.
Fort Union Trading Post National Hist. Site
Fairview
East Fairview
Williston

Piney Buttes
Vida
Watford City

Jordan
Circle
Sidney
Alexander

Roy
Box Elder Creek
Winnett
Mosby
Cohagen
Brockway
Savage
T. Roosevelt National Park North Unit
Kill

Melstone
Ingomar
Lindsay
Yellowstone R.
Trotters
T. Roosevelt National Park South Unit

Rock Springs
3625
Glendive
Wibaux
Beach
Medora
Belfield
Dicki

Roundup
Broadview
Mosby
Hysham
Terry
Fallon
Golva
Carlyle
Burning Coal Mines ★
Amidon
New England

Pompey's Pillar Nat. Hist. Landmark ★
Custer
Forsyth
Miles City
Locate
Baker
Fort Dilts Hist. Site ★
White Butte 3530
Reeder

Billings
Hardin
Pompeys Pillar
Crow Agency
Volborg
Powderville
Ekalaka
Marmarth
Bowman
Hetting

Crow Indian Reservation
Lodge Grass
Little Bighorn Battlefield National Monument
Lame Deer
Broadus
Blue Mud Hill 4216
Camp Crook
NORTH DAKOTA
SOUTH DAKOTA

Yellowtail
Northern Cheyenne Indian Reservation
Otter
Capitol
Buffalo
Reva

MONTANA
WYOMING
Wyola
Decker
Biddle
Alzada
Geograph. Center of U.S.
Castle Rock
Ben Ash Monument

Medicine Wheel Nat. Hist. Site ★
Ranchester
Sheridan
Ulm
Arvada
Spotted Horse
Colony
Belle Fourche Res.
Newell

Bighorn Canyon National Recreation Area
Fort Phil Kearny State Hist. Site ★
Ucross
Devils Tower National Monument
Hulett
Castle Rock

Ten Sleep Museum ★
Buffalo
Gillette
6647
Keyhole Res.
Belle Fourche
Spearfish
Sturgis
Mt. Rushmore National Memorial ★

Worland
Powder River Pass 9665
Moorcroft
Upton
Black Hills
Rapid City
Badlan

World's Largest
S. 537
Hill City
Jewel Cave National Monument

**533**

Mountains

Wilderness 10328
Ellis
Monument
Leadore
Challis
Stanley
Sawtooth National Recreation Area
Castle Pk. 11820
Fairfield
Sun Valley
Hailey
Magic Res.
Shone Indian Ice Caves
Gooding
Carey
Richfield
Jerome
Shoshone
Shoshone Falls
Twin Falls
Filer
Burley
Rupert
Minidoka
American Falls
Oakley
Malta
Cache Pk. 10339
Holbrook
Strevell
9386
ase Creek
9892
Rosette
Snowville
Lucin
Great Salt Lake Desert
10715
Desert Pk. 6984
Hill Air Force Range
endover
Knolls
Wendover Range
Salt Lake Desert
Skull Valley Indian Res.
Grantsville
11030
Desert Pk.
Magna
Dugway
Dugway Proving Grounds
Orainic Peak 7067
Vernon
Desert Test Center
Sand Pass 4790
9727
Lynndyl
Delta
Scipio
Holden
Kanosh
6329

Challis 93
Garfield Mtn. 10961
Monida Pass 6823
Lidy Hot Springs
Dubois
Terreton
Arco
Rexburg
Craters of the Moon National Monument
Atomic City
Idaho Falls
Blackfoot
Fort Hall Indian Reservation
Pocatello
McCammon
Arbon
Downey
Soda Springs
Bancroft
Formation Cave
Grover
Montpelier
Geneva
Border
St. Charles
Oxford
Weston
Preston
Lewiston
Logan
Brigham City
Bear River Migratory Bird Refuge
Golden Spike National Hist. Site
Tremonton
Sage
Ogden
Roy
Clearfield
Layton
Bountiful
Woods Cross
Salt Lake City
Sandy
Park City
American Fork
Pleasant Grove
Orem
Provo
Springville
Payson
Nephi
Levan
Mt. Pleasant
Ephraim
Manti
Gunnison
Salina
Sevier

Madison Canyon Earthquake Area
Hebgen L.
Targhee Pass 7073
West Yellowstone
Old Faithful Geysir
Mack's Inn
West Thumb
National Park
Island Park Res.
Driggs
Victor
Swan Valley
Palisades Res.
Grays L.
Alpine Junction
Freedom
Thayne
Smoot
Wyoming Peak 11411
Kemmerer
Fossil Butte National Monument
Fontenelle Res.
Woodruff
Evanston
Fort Bridger
Fort Bridger State Hist. Site
Flaming Gorge Res.
High Uintas Wilderness Area
Coalville
Heber City
Fruitland
Strawberry Res.
Duchesne
West Tavaputs Plateau
Myton
Helper
Price
Wellington
Huntington

Absaroka-Beartooth Wilderness
Alpine
Granite Pk. 12799
Silver Gate
Mammoth Hot Springs
Gardiner
Yellowstone
Yellowstone Lake
Sylvan Pass 8500
Dead Indian 12215
Pahaska
John D. Rockefeller Jr. Nat. Memorial Parkway
Grand Teton National Park
Jackson L.
Moran
Togwotee Pass 9658
Brand Teton Pk. 13766
Jackson
Hoback Junction
Moose
Gros Ventre Wilderness Area
Dubois
Bondurant
Bridger Wilderness Area
Green River Rendezvous
Daniel
Father De Smet Monument
Boulder
Big Piney
Green River Basin
Pinedale
Fontenelle
Farson
Granger
Green River
Green River Museum
Rock Springs
Reliance
Point of Rocks
Flaming Gorge National Recreation Area
McKinnon
Dutch John
Uinta Mountains
Kings Pk. 13528
Uintah and Ouray Indian Reservation
Vernal
Dinosaur Quarry
Gusher
Ouray N.W.R.
Ouray
Bonanza
Dinosaur National Monument
Dinosaur Nat. Mon. Headquarters
Dinosaur
Rangely
Whit Mus
8369
Douglas Pass 8268
Mack
De Beque
Colorado

Fitzpatrick Wilderness Area
Mt. Baldy 12103
Popo Agie Wilderness Area
South Pass City State Hist. Site
South Pass 7550
Lander
Fort Washak

S. 532
S. 535

# Los Angeles, San Francisco, Las Vegas

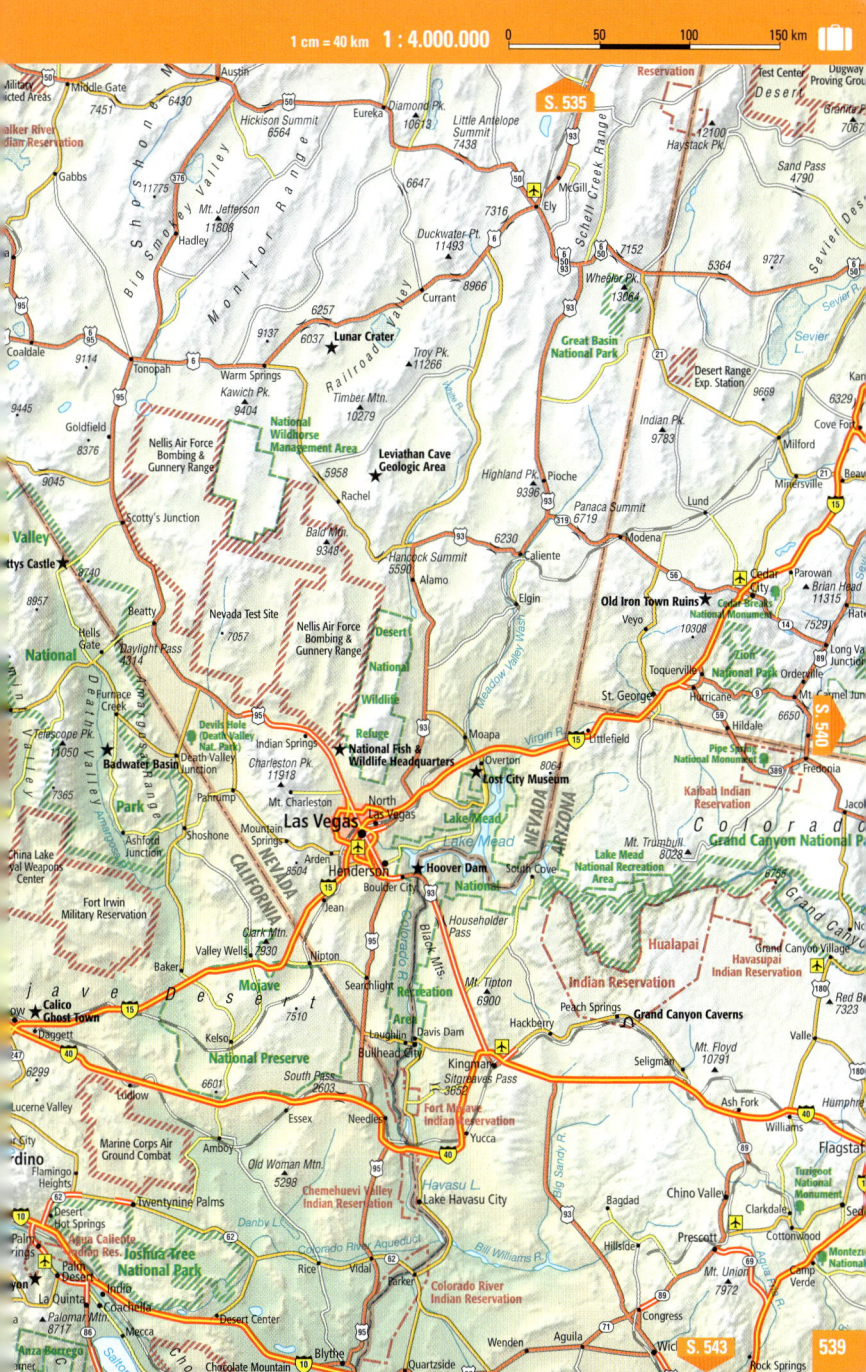

Test Center
Dugway Proving Grounds
Desert
Granite Peak 7067
Dugway
American Fork
Pleasant Grove
Orem
S. 536
Provo
Springville
Heber City
Kings Pk. 13528
Uintah and Ouray Indian Reservation
Vernal
Gusher
Dinosaur Quarry
Dinosaur National Monument
Dugway
Vernon
10584
Payson
Fruitland
Duchesne
Myton
Ouray N.W.R.
Ouray
Dinosaur
Dinosaur Nat. Mon. Headquarters
White Museu
M
Lynndyl
Nephi
11877
6329
West Tavaputs Plateau 9101
191
Bonanza
Rangely
8369
Delta
Levan
Mt. Pleasant
Ephraim
Helper
Price
Meek
Holden
Scipio
Gunnison
11132
Wellington
Huntington
10248
Uintah and Ouray Indian Reservation
Douglas Pass 8268
8930
13
Kanosh
Richfield
7894
Green River
Crescent Junction
Cisco
Roan Cliffs
9511
Mack
De Beque
8950
Rifl
Cove Fort
6329
Salina
70
Grand Junction
Clifton
Whitewater
Colorado National Monument
Beaver
Marysvale
Mt. Marvine 11611
Koosharem
24
Cathedral Valley
Arches National Park
Mt. Poale 12720
Delta
Ute Indian Museum
Montr
Minersville
8386
Loa
Torrey
Antimony
Hanksville
Moab
La Sal Junction
Canyonlands National Park
Naturita
Cedar City
Parowan
Brian Head 11315
Mt. Dutton 11800
Mt. Ellen 11522
Glen Canyon
95
Mt. Marvine 11611
Abajo Pk. 11360
Monticello
Ridgway
Uncom
Capitol Reef National Park
Bryce Canyon National Park
Escalante
Natural Bridges National Monument
Dove Creek
Telluride
Hatch
National
Recreation Area
Blanding
Lowry Indian Ruins
Pleasant View
Long Valley Junction
Cannonville
Grand Staircase-Escalante National Monument
Hovenweep National Monument
Canyons of the Ancients Nat. Monument
Wilder
Mt. Carmel Junction
L. Powell
Rainbow Bridge National Monument
Mexican Hat
Bluff
Montezuma Creek
Cortez
13225
14091
Kanab
Fredonia
Glen Canyon
Page
Navajo Mtn. 10388
Ute Mountain Indian Reservation
Mesa Verde National Park
Durango
Jacob Lake
Navajo National Monument
Monument Valley Navajo Tribal Park
Mexican Water
Pastora Pk. 9412
Shiprock
Southern Ute Indian Res.
Grand Canyon National Park
Kayenta
Marsh Pass 6699
Rough Rock
Round Rock
Navajo
Aztec
Aztec Ruins National Monument
Bloomfield
Navajo C
Grand Canyon Village
Tuba City
Roof Butte 9806
Farmington
Jicarilla Apa Indian Reserva
Hopi
Yale Point 8074
Canyon de Chelly National Monument
Sheep Springs
Nageezi
Valle
Cameron
Kykotsmovi Village
Chinle
Naschitti
Chaco Culture Nat. Hist. Park
Counselor
Humphreys Pk. 12633
Wupatki National Monument
Second Mesa
Reservation
Sawmill
Pueblo Pintado
Williams
Sunset Crater Volcano National Monument
Leupp
Indian
Hubbell Trading Post National Hist. Site
Ganado
St. Michaels
Whitehorse
Hospah
Torre
Flagstaff
Walnut Canyon National Monument
Winona
Indian Wells
Gallup
Crownpoint
Tuzigoot National Monument
Sedona
8851
Winslow
6234
Sanders
Thoreau
San Mateo
Clarkdale
Happy Jack
87
Holbrook
Zuni
Ramah
El Morro National Monument
Mt. Taylor 11301
Grants
Canoni
Indian Res
Cottonwood
Montezuma Castle National Monument
Camp Verde
Snowflake
Petrified Forest National Park
Zuni Indian Res.
Acoma Indian Res.
Cubero
Laguna National
Indian
Payson
Heber
Saint Johns
Ramah Navajo Indian Res
S. 544

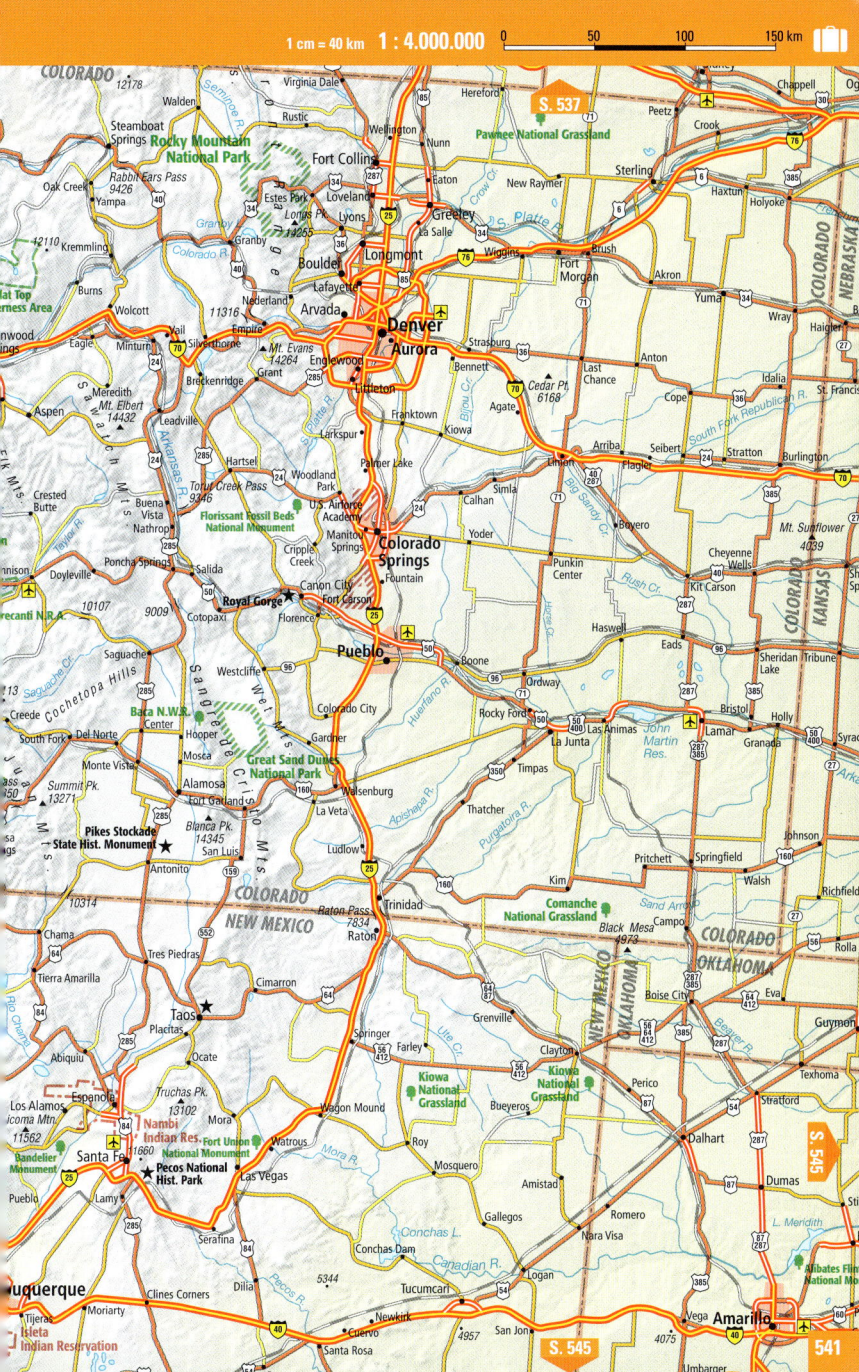

S. 539

## Pacific Ocean

## Gulf of Santa Catalina

Dome Land Wilderness
South Sierra Wilderness
Tule River Indian Reservation
Richgrove
Glennville
Oildale
Lake Isabella
Isabella
ersfield
Arvin
Caliente
Tehachapi Pass 3793
Tehachapi
Wheeler Ridge
Frazier Park
on Pass 4133
Gorman
Santa Clarita
Castaic
Lake Hughes
Santa Paula
Fillmore
mi Valley
Santa Monica
Hollywood
Burbank
Glendale
Pasadena
Ontario
LOS ANGELES
Torrance
Long Beach
Huntington Beach
Newport Beach
Laguna Beach
Catalina I.
Avalon
San Clemente I.
China Point

China Lake Naval Weapons Center
6995
Inyokern
Trona
Ridgecrest
China Lake Naval Weapons Center
Red Mountain
Mojave
California City
Boron
Edwards Air Force Base
Rosamond
Lancaster
Palmdale
Littlerock
Victorville
Pinon Hills
Hesperia
Cajon
San Fernando
Norwalk
Riverside
Anaheim
Santa Ana
Disneyland
Moreno Valley
Lake Elsinore
Hemet
Temecula

Fort Irwin Military Reservation
Barstow
Calico Ghost Town
Daggett
Lucerne Valley
Ludlow
Big Bear City
Marine Corps Air Ground Combat
San Bernardino
Redlands
Flamingo Heights
Banning
Desert Hot Springs
Twentynine Palms
Agua Caliente
Palm Springs
Palm Desert
Joshua Tree National Park
Indio
Coachella

Badwater Basin
Death Valley Nat. Park
Ashford Junction
Shoshone
Mojave Desert
Baker
Valley Wells 2930
Nipton
Kelso
National Preserve
South Pass 2603
Essex
Amboy
Old Woman Mtn. 5298
Danby L.
Rice
Vidal
Chocolate Mtns
Desert Center
Blythe
Quartzsite

Telescope Pk.
Devils Hole
Charleston Pk. 11918
Pahrump
Mt. Charleston
Indian Springs
Las Vegas
North Las Vegas
Henderson
Boulder City
Jean
Clark Mtn.
Searchlight
Laughlin
Bullhead City
Davis Dam
Needles
Havasu L.
Lake Havasu City
Parker
Colorado River Aqueduct

National Fish & Wildlife Headquarters
Lost City
Lake Mead
Hoover Dam
Householder Pass
Mt. Tipton 6900
Kingman
Sitgreaves Pass 3652
Fort Mojave Indian Reservation
Yucca
Chemehuevi Valley Indian Reservation
Bill William
Colorado River Indian Reservation
Wenden

Oceanside
Carlsbad
Encinitas
Solana Beach
SAN DIEGO
La Mesa
El Cajon
Lemon Grove
Chula Vista
Tijuana
Rosarito
Ensenada
Maneadero
Pta. Sto. Tomás
Santo Tomás

Escondido
Warner Springs
Julian
Ramona
Descanso
Campo
Tecate
Cantamar
Guadalupe
Ojos Negros

Anza Borrego Desert State Park
Palomar Mtn. 8717
Mecca
Salton Sea
Salton City
West-morland
Calipatria
Brawley
El Centro
Plaster City
Mexicali
El Faro
Veracruz
San Luis Río Colorado
Sonora

Chocolate Mountain Gunnery Range
Niland
Glamis
Calexico
Proving Ground
Yuma
Somerton
Ligurta
Barry M. Goldwater Air F
USA
MEXICO
Cabeza Pr National Wildli

Cabrillo National Monument

CALIFORNIA
BAJA CALIF. NORTE

Parque Nacional Constitución de 1857
Parque Nacional Sierra de San Pedro Mártir
Observatorio de San Pedro
Colonia Vicente Guerrero
San Quintín
Cabo San Quintín
Bahía Santa Maria

Cabo Colnett
Colnett
Lázaro Cárdenas
5098
San Felipe
Punta Estrella
El Chinero
El Golfo de Santa Clara
Parque Nacional del Gran Desierto del Pinacate
Bahía de Adair
Puerto Peñasco
San Pedro
Bahía San Jorge
Sahuaro

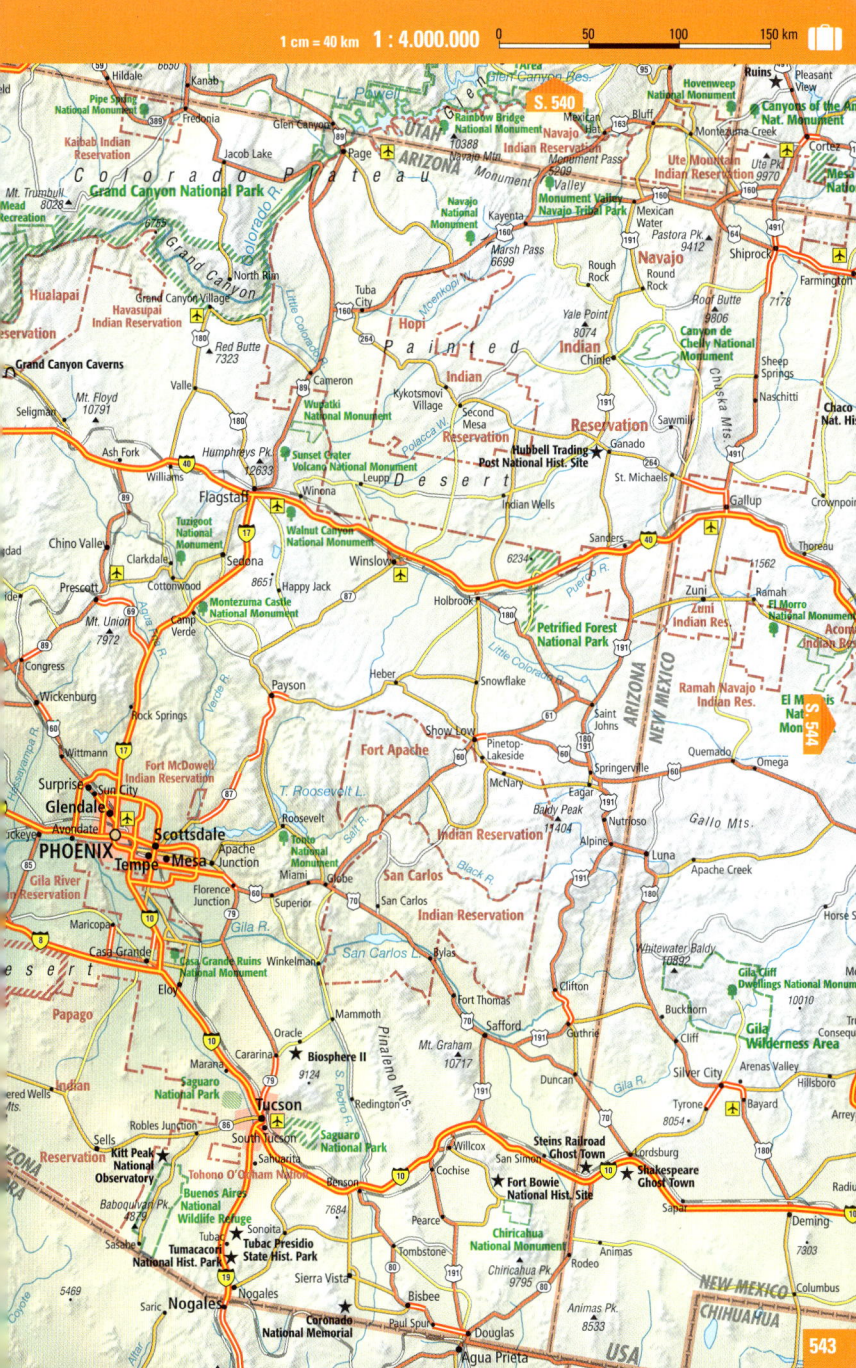

S. 545
S. 544

Odessa
★ Permian Basin Petroleum Museum
Sterling City
Winters
Bronte
Ballinger
★ Meteor Crater
Crane
Pecos R.
Pecos
Pyote
Concho R.
Fort Concho Museum
M
San Angelo
Paint Rock
Toyah
Verhalen
McCamey
Rankin
Big Lake
Carlsbad
Mertzon
Twin Buttes Res.
Eden
Kent
Fort Stockton
Iraan
Barnhart
Sheffield
Fort Lancaster State Hist. Park
Ozona
Eldorado
Fort McKavett State Hist. Site
Alpine
Marathon
Cathedral Mtn. 6880
Santiago Pk. 6521
Sanderson
Dryden
Pecos R.
Juno
Caverns of Sonora
Sonora
Junction
Marfa
Carrizo Pk.
Shafter
Presidio
Fort Leaton State Hist. Park
Big Bend Ranch State Natural Park
Lajitas
Study Butte
Panther Junction
Big Bend National Park
Grande Village
Boquillas del Carmen
Judge Roy Bean Saloon & Museum
Langtry
Loma Alta
Devil's River State Natural Area
Rocksprings
USA
MEXICO
TEXAS
COAHUILA
Comstock
Seminole Canyon State Hist. Park
International Amistad Res.
Amistad Reservoir
Amistad N.R.A.
Del Rio
Brackettville
Concan
Uvalde
Parque Int. del Río Bravo
El Milagro
La Morita
Los Picos
Ciudad Acuña
Santa Eulalia
Spofford
Normandy
La Pryor
Batesville
Llanos de los Caballos Mesteños
La Florida
El Tule
Zaragoza
Piedras Negras
Eagle Pass
Crystal City
CHIHUAHUA
COAHUILA
Acebuches
8727
Morelos
Nava
Allende
Santa Mónica
Carrizo Springs
Catarina
Encinal
Bolsón
de Mapirí
Santa Elena
La Mora
Cenzontle
Múzquiz
Palau
Nueva Rosita
Sabinas
Don Martín
Nuevo Laredo
Laredo
USA
MEXICO
TEXAS
Sierra Mojada
El Puertecito
Ocampo
Minas de Barroteran
R. Sabinas
R. Salado
Cuatrociénegas de Carranza
San Blas
10 de Mayo
San Buenaventura
Sacramento
Lampazos de Naranjo
Anáhuac
Tanque Nuevo
La Soledad
Castaños
Monclova
Candela
Estación Candela
Juárez
Vallecillos
Guerrero
Paras
Carretera Interoceánica
Presa Falcón
35
85
Sierra Mojada
San Pedro de las Colonias
Entronque La Cuchilla
Cameleon
Hidalgo
Marín
Cerralvo
Los Al
546
Matamoros
Paila
García Cave
San Nicolás de los Garzas
Santa Catarina
MONTERREY
Agualeguas
TAMAULIPAS
NUEVO LEON
Palmito Cave
Villaldama
Sabinas Hidalgo
TAMAULIPAS
COAHUILA
NUEVO LEON

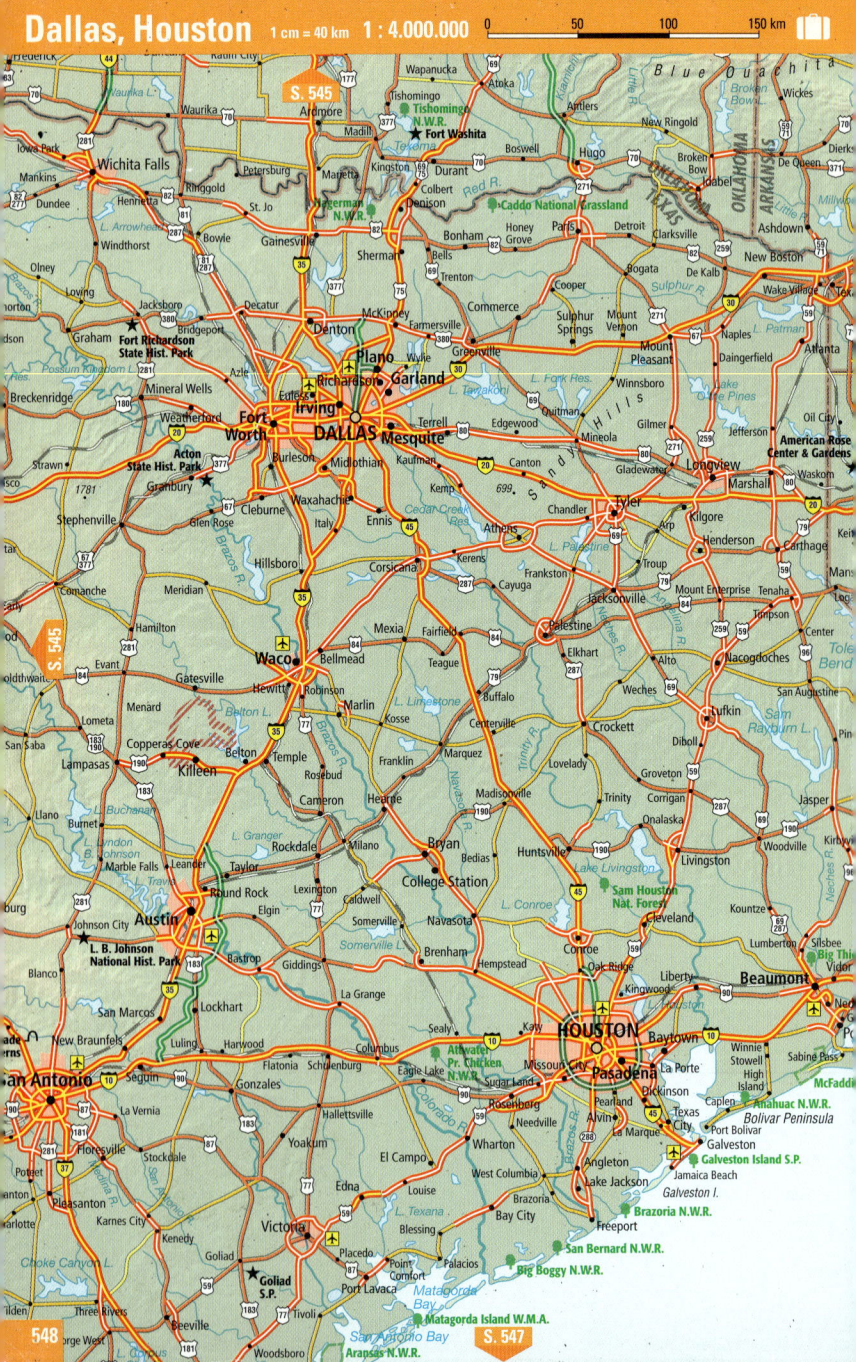